ジャパンスタディ
「日本研究」人物事典

日外アソシエーツ

Japan Study

A Biographical Dictionary of Japanology

Compiled by
Nichigai Associates, Inc.

©2008 by Nichigai Associates, Inc.
Printed in Japan

本書はディジタルデータでご利用いただくことができます。詳細はお問い合わせください。

●編集担当● 城谷 浩
装　丁：浅海 亜矢子

刊行にあたって

　13世紀末にイタリア人のマルコ・ポーロが口述した「東方見聞録」によって、西洋世界に初めて日本が紹介された。同書に述べられた「黄金の国ジパング」像は誇張の多い伝聞であったが、ヨーロッパの東洋観に大きな影響を与え、コロンブスはその伝説を信じて航海に出たという。その後16世紀のポルトガル船の来航以降、ルイス・フロイスの「日本史」をはじめ、来日した外国人による見聞記や紀行がいくつも書かれ、日本の正確な情報をヨーロッパに伝えた。幕末の開国以降はさらに多くの外国人によって日本が研究・紹介され、ブルーノ・タウト、ルース・ベネディクトらの日本論は日本人にも広く親しまれている。また、日本の美術作品がヨーロッパの芸術家や文学者に多くの影響を与え、ジャポニスムの潮流を作った。今日では、日本に滞在する研究者・ジャーナリスト・外交官などのほか、世界各国の日本研究機関や大学で多くの日本研究者が研究・発表を行っている。

　こうした外国人の日本研究を文献の面から一覧するツールとして、小社ではこれまでに「「日本研究」図書目録 1985-2004」「文献目録 日本論・日本人論の50年 1945-1995」「文献目録 日本論・日本人論 1996-2006」などの文献目録を刊行してきた。これに対して本書は、日本を研究・紹介した外国人の人物像を紹介する人名事典である。日本で著作が刊行された人物を収録対象とし、国籍・肩書・経歴などのプロフィールとともに、日本関係の著作一覧を付し、人物像と日本研究の内容がわかるようにした。収録人物を時代別に見るとマルコ・ポーロから現代まで700年余、国別では欧米各国からアジア・

中南米まで、分野別では、歴史・地理・政治・経済・社会・文化・文学・芸術の幅広い分野にわたる。巻末には、国別、分野別の索引を付した。なお、収録にあたっては、"外からの視点"を基準に外国人を位置づけているため、ラフカディオ・ハーンのように日本に帰化した人物も含む一方、日本で生まれ育った"在日"の人物は対象外とした。

　編集にあたっては、内容に正確を期すよう努めたが、不十分な点もあるかと思われる。お気づきの点はご教示いただければ幸いである。本書が、既刊の文献目録とともに、国際交流、異文化理解の一助になれば幸いである。

　　2008年1月

　　　　　　　　　　　　　　　　　　　　　　　　日外アソシエーツ

目　次

凡　例 .... (6)

ジャパンスタディ　「日本研究」人物事典 3

国別索引 567

分野別索引 593

凡　　例

1. 基本方針

　　本書は、日本に関心を持ち、研究・紹介等の著作が日本国内で刊行された外国人を収録した人名事典である。中世から現代までの1,703人を収録した。

2. 人名見出し

　1) 見出し人名は、本名・別名などのうち、一般的に最も多く使用されているものを採用した。
　2) 漢字は日本の常用漢字、新字体に統一した。
　3) 西洋人名は原則として、姓・名の順でカタカナで表記した。
　4) 韓国・朝鮮人名の読みは民族読み、中国人名の読みは日本語読みに拠った。

3. 見出し人名の排列

　1) 見出し人名は、姓・名をそれぞれ一単位とし、姓・名の順に読みの五十音順に排列した。
　2) 濁音・半濁音は清音扱い、促音・拗音は直音扱いとし、長音符は無視した。

4. 文献

　1) 原則として戦後に日本国内で刊行された本書収録人物による日本関係著作を収録したが、例外として重要文献に限り戦前に刊行されたものも含めている。
　2) 文献は刊行年月順に排列した。

5. 記載事項

　　記載事項およびその順序は以下の通り。
　1) プロフィール

　　　見出し人名／人名よみ／アルファベット表記／職業／肩書／生年月日／没年月日／国籍／出生地・出身地／本名／旧姓名／別

名／学歴／学位／資格／専門分野／所属団体／経歴／受賞・叙勲歴／記念館・記念碑
　2） 文献（著作）
　　（1） 図書
　　　書名／巻次／版表示／著編者名／出版者／出版年月／叢書名・叢書番号／図書収載論文の論題
　　（2） 雑誌
　　　論題／著編者名／掲載誌名／巻号／発行年月（日）

6． 国別索引
　1） 人物を出身国別に掲載し、見出し人名と本文掲載ページを示した。
　2） 国の掲載順は、索引先頭の「国別索引目次」に示した。

7． 分野別索引
　1） 人物を研究分野別に掲載し、見出し人名と本文掲載ページを示した。
　2） 分野の掲載順は、索引先頭の「分野別索引目次」に示した。

8． **参考資料**
　「データベースWHO」日外アソシエーツ
　「外国人による日本論の名著―ゴンチャロフからパンゲまで」佐伯彰一，芳賀徹編　中公新書　1987
　「外国人による戦後日本論―ベネディクトからウォルフレンまで」村上勝敏著　窓社　1997
　「日本絶賛語録」村岡正明編　小学館　2007
　「事典 外国人の見た日本」富田仁編　日外アソシエーツ　1992
　「来日西洋人名事典　増補改訂普及版」武内博編著　日外アソシエーツ　1995
　「「日本研究」図書目録 1985-2004」日外アソシエーツ　2005
　「文献目録 日本論・日本人論の50年 1945～1995」日外アソシエーツ　1996
　「文献目録 日本論・日本人論 1996～2006」日外アソシエーツ　2007
　その他、日本論関連図書、各種人名事典など

ジャパンスタディ
「日本研究」人物事典

【ア】

アイアコッカ, リー
Iacocca, Lee A.
実業家　アイアコッカ・キャピタル・グループ（ICG）会長　クライスラー社会長・CEO

［生年月日］1924年10月15日
［国籍］米国　［出生地］ペンシルベニア州アレンタウン　［本名］Iacocca, Lido Anthony Lee　［学歴］リーハイ大学工学部〔1945年〕卒、プリンストン大学大学院〔1946年〕修了
イタリア移民の子。1946年フォード・モーターに入社。'60年副社長・事業部マネジャーとなり、'70年社長に就任するが、'78年フォード2世により解任され、同年クライスラー社長に転身。'79年9月より会長・CEO。抜群の指導力を発揮し同社始まって以来の業績達成にこぎつける。日本に対しては「強い意志と勤勉さと粘り強さと知性があれば、人間はここまでなし遂げられるのだという見本を、日本はみなに示してくれ」たと（「アイアコッカの直言」）日本の経済発展を高く評価する一方、行動する経営者として経済活動の公正さを重視し、日本市場の閉鎖性を厳しく批判する立場に立つ。'92年1月ブッシュ大統領訪日に同行した経済ミッションの一人として来日、対日批判を強める。同年12月会長兼CEOを辞任。'93年5月カジノ経営会社MGMグランド取締役。同年9月クライスラー顧問。'94年2月航空業界や娯楽産業に投資する新会社アイアコッカ・キャピタル・グループ（ICG）を設立し会長に就任。同年米国自動車殿堂入り。'84年出版の自伝「アイアコッカ」は全世界で750万部のベストセラーとなった。　［受賞］ジェファーソン賞〔1985年〕、愛国者賞〔1989年〕
【著作】
◇アイアコッカの直言　リー・アイアコッカ著, 仙名紀訳　朝日新聞社　1986.12
◇アメリカはなぜ、日本に「ノー」を言うべきなのか　リー・アイアコッカ：THIS IS 読売　1(1)　1990.4

アイゼンシュタット, シュモール
Eisenstadt, Shmuel Noah
社会学者　ヘブライ大学政治社会学教授

［生年月日］1923年9月10日
［国籍］イスラエル　［出生地］ワルシャワ（ポーランド）　［学歴］ヘブライ大学社会学部　［学位］博士号（ヘブライ大学）　［専門］比較政治社会学
1964年からヘブライ大学教授。この間、マサチューセッツ工科大学カーネギー客員教授、ハーバード大学客員教授、イスラエル社会学会会長などを務めた。著書に「ヨーロッパの政治システム」「近代化の挫折」などがかる。
【著作】
◇日本比較文明論的考察　1　S. N. アイゼンシュタット〔著〕, 梅津順一, 柏岡富英訳　岩波書店　2004.7
◇日本比較文明論的考察　2　S. N. アイゼンシュタット著, 梅津順一, 柏岡富英訳　岩波書店　2006.4

アインシュタイン, アルバート
Einstein, Albert
理論物理学者

［生年月日］1879年3月14日
［没年月日］1955年4月18日
［国籍］米国　［出生地］ドイツ・ウルム　［学歴］チューリヒ工科大学〔1900年〕卒
両親はユダヤ人。1895年ミュンヘンからイタリアのミラノへ移住。スイスのチューリヒ工科大で数学、物理学を学ぶ。1901年スイス市民権取得、'02年ベルンのスイス特許局技師となり、'05年「光量子論」「ブラウン運動論」「特殊相対性理論」の3論文を発表。'08年ベルン大講師、'11年プラハ大教授、'12年チューリヒ工科大教授、'13年プロイセン科学アカデミー正会員、'14年ベルリン大教授、カイザー・ウィルヘルム研究所長となり、ドイ

ツ市民権取得。'16年一般相対性理論を完成した。'24年「ボース・アインシュタイン統計の理論」を発表。'33年ヒトラーのユダヤ人排斥でドイツを追われ、米国に亡命、プリンストン高等研究所終身所員となる。'39年ドイツの原爆研究の進展をルーズベルト大統領に警告する手紙に署名、'40年米国市民権取得。'55年核兵器廃絶と戦争廃止のための平和声明発表。'22年来日。日本文化や日本美術を高く評価し、著書「アインシュタイン日本で相対論を語る」では「この国に由来するすべてのものは、愛らしく朗らかであり、自然を通じてあたえられたものと密接に結びついています」と称賛の言葉を寄せている。著書に「物理学入門」「物理学はいかに創られたか」(共著)がある。'99年12月「タイム」の"20世紀を代表する人物"に選ばれた。　〔受賞〕ノーベル物理学賞〔1921年〕「数理物理学への貢献—光電効果の発見」、プランクメダル(ドイツ物理学会)〔1926年〕、ベンジャミン・フランクリン賞
【著作】
◇アインシュタイン日本で相対論を語る　アルバート・アインシュタイン著,杉元賢治編訳　講談社　2001.10

アヴリル, フィリップ
Avril, Philippe
金融家

[生年月日] 1960年
[国籍]フランス　[学歴]エコール・ポリテクニク(数学,物理学)〔1983年〕修士課程修了,パリ・ドーフィン大学(パリ第9大学)大学院(国際マクロ経済学)〔1985年〕博士課程修了,パリ政治学院(経済学,政治学)修士課程修了
インドスエズ銀行に入行し、1987年8月〜'90年1月東京支店通貨オプション部長、同年パリ本店通貨オプション部に勤務。同年10月〜'93年5月同銀行グループのW・I・CARR証券会社東京支店トレーディング・リスクマネジメント本部長、同年5月〜'94年6月ドイツ銀行フランクフルト本店株式派生商品部バイスプレジデント、'95年11月〜'97年12月ドイチェ・モルガン・グレンフェル証券会社東京支店マネージング・ディレクター、'98年1月〜'99年12月第一勧業銀行東京支店投資銀行部シニアバイスプレジデントを経て、コメルツ証券会社東京支店に勤務。著書に「ドイツの先物オプションレポート」「日本のエクイティデリバティブ」がある。
【著作】
◇外人金融マンの警鐘—日本の金融機関は本当に生き残れるのか　フィリップ・アヴリル著,米屋史訳　総合法令出版　2001.3

アキタ, ジョージ
Akita, George
歴史学者　ハワイ大学名誉教授

[生年月日] 1926年
[国籍]米国　[出生地]ハワイ　[別名等]日本姓=秋田　[学歴]ハワイ大学〔1951年〕卒,ハーバード大学　[学位]Ph. D.(ハーバード大学)〔1961年〕　[専門]近代日本政治史
両親が広島県出身の日系2世。第2次大戦後、GHQの二世兵として日本に進駐。その後、ハーバード大学でライシャワー博士に師事し、1953年修士号、'61年明治期の日本における議会政治の発達に関する論文で博士号取得。'57〜61年米国政府研究員、'61年からハワイ大学に勤務。近代化を成功させた日本の秘密を独自の視点で探り、研究分野は明治の元勲から地方政治にまで広がる。'90年開設100周年の国会で記念講演。著書に「伊藤博文と明治立憲政」('71年)、「伊藤博文関係文書」('79年)、「山県有朋文書」(論文)、「日本論をどう読むべきか」など。　[受賞]吉田賞(出版補助金)〔1991年〕「日本論をどう読むべきか」
[叙勲]勲四等旭日小綬章(日本)〔1994年〕
【著作】
◇日本外交の危機認識(年報・近代日本研究)　近代日本研究会編　山川出版社　1985.10〈内容：山県有朋と「人種競争」論(ジョージ・アキタ,伊藤隆)〉
◇我が国議会の過去・現在・未来—講演会・シンポジウム　衆議院,参議院編　衆議院　1991.3〈内容：記念講演「外国から見た日本憲政の歩み…その百年」(ジョージ・アキタ)〉

◇大国日本アメリカの脅威と挑戦―リビジョニストの思考と行動　ジョージ・アキタ著, 広瀬順皓, 牛尾四良訳　日本評論社　1993.12

アクーニン, ボリス
Akunin, Boris
推理作家, 翻訳家, 文芸批評家

[生年月日]1956年
[国籍]ロシア　[出生地]ソ連・グルジア共和国トビリシ　[本名]チハルチシヴィリ, グリゴリー〈Chartishvili, Grigorii〉　[学歴]モスクワ大学(日本文学・日本語)卒　[専門]日本文学

父がグルジア系だが、モスクワで育った。少年時代、安部公房の作品集を読み、日本文学の魅力に取りつかれる。1970年東海大学交換留学生として来日。'80年代後半にはペレストロイカで解禁となった三島由紀夫をはじめ、島田雅彦、多和田葉子らの作品を次々とロシアに紹介する。特に三島作品「サド侯爵夫人」「近代能楽集」「真夏の死」「金閣寺」のロシア語訳で知られる。文芸誌「外国文学」評論部長を経て、副編集長、のち編集長。ロシア語版「日本文学選集」の編集責任者も務め、日本の雑誌「新潮」などに寄稿する気鋭の批評家でもある。2007年三島由紀夫のロシア語訳で野間文芸翻訳賞を受賞。一方、ボリス・アクーニン(悪人)のペンネームでミステリー作家としても活躍し、1998年〈ファンドーリンの冒険〉シリーズを発表。気品ある作風で人気を呼び、俗悪とされていた推理小説の印象を変えた。ミリオンセラーを連発し、世界各国で翻訳されている。他の作品に「堕ちた天使 アザゼル」「ロマン・キノー」、研究書に「作家と自殺」などがある。'91年8月革命時には妻とともに"ホワイトハウス"前でエリツィン派と行動をともにした。　[受賞]アンチ・ブッカー賞〔2000年〕「ファンドーリンの冒険」、野間文芸翻訳賞(第16回)〔2007年〕

【著作】
◇とどまる力と越え行く流れ―文化の境界と交通　東京大学大学院人文社会系研究科多分野交流演習論文集　沼野充義編　〔沼野充義〕　2000.3〈内容：日本とロシアの作家の自殺について(グリゴーリイ・チハルチシビリ)〉

アクロイド, ジョイス
Ackroyd, Joyce
クイーンズランド大学教授・日本文学部長

[生年月日]1918年11月23日
[国籍]オーストラリア　[出生地]ニューサウスウェールズ州ニューキャッスル　[学歴]ケンブリッジ大学〔1952年〕卒　[専門]日本文化, 日本文学, 新井白石

1952～56年オーストラリア国立大学研究助手、'58～61年同大講師、'61～65年同大準教授を経て、'65年からクイーンズランド大学教授・日本文学部長。オーストラリアにおける日本文化研究の第一人者で、新井白石の翻訳のほか、日本の歴史、平安期の文学から現代詩に至るまでの幅広い研究・著作活動を通じて、日本文化を広く海外に紹介している。主な著書に「封建時代の日本女性」('59年)、「知られざる日本人」('67年)、「日本人の詩」('71年)、「今日の日本」('73年)、「幽玄と逃避―能と歌舞伎」('76年)。主な英訳に高村光太郎著「失われたモナリザ」('76年)、新井白石著「折たく柴の記」('79年)、「読史余論」('82年)など。　[受賞]翻訳文化賞(1980年度)「折たく柴の記(新井白石)」、山片蟠桃賞(第2回)〔1983年〕「Lessons from History」他　[叙勲]勲三等宝冠章〔1983年〕

【著作】
◇オーストラリアから日本の心をたずねて　ジョイス・アクロイド：中央公論　1984.4

アゴンシリョ, テオドロ
Agoncillo, Teodoro A.
歴史学者　フィリピン大学教授

[生年月日]1912年
[没年月日]1985年1月14日
[国籍]フィリピン　[出生地]バタンガス州
[学歴]フィリピン大学卒, フィリピン大学大学院修士課程修了

1930年代から'40年代にかけて国立国語研究所研究・翻訳部で言語関係補佐官のち部長。戦後しばらくタガログ語文学・語学を私立大学で教え、'58年にフィリピン大学歴史学教授に就任、ほどなく歴史学科主任となる。'63年マカパガル大統領から歴史委員会（のち歴史学会）のメンバーに指名され、'77年には国立科学協会の社会学部門（歴史学）代表に選ばれた。それまでスペインや米国など宗主国の立場から書かれていたフィリピンの歴史をフィリピン人の観点から再評価した功績がある。著書に「The Revolt of the Masses:The Story of Bonifacioand Katipunan」（'56年）、「Malolos:The Crisis of the Republic」（'60年）、「フィリピン史物語」（'69年）、「運命の歳月―フィリピンにおける日本の冒険 1941-1945」など。
【著作】
◇運命の歳月―フィリピンにおける日本の冒険1941-1945 第1巻（東南アジアブックス）テオドロ・A. アゴンシリョ著，二村健訳 井村文化事業社 1991.12

アーシー, イアン
Arthy, Iain
翻訳家

[生年月日]1962年
[国籍]カナダ [学歴]ブリティッシュ・コロンビア大学人文学部〔1983年〕卒，トロント大学大学院東アジア研究科〔1990年〕修士課程修了
1984～87年日本の中学校で英会話教師、'89～91年山口大学研究生として留学。雑誌「中央公論」に、日本政官界に関する記事を執筆し、これをまとめて「政・官・財（おえらがた）の国語塾」を出版。その後、カナダに帰国し、和文英訳の翻訳家となる。他の著書に「マスコミ無責任文法」「怪しい日本語研究室」など。
【著作】
◇政・官・財の国語塾 イアン・アーシー著 中央公論社 1996.11
◇政・官・財の日本語塾（中公文庫） イアン・アーシー著 中央公論新社 1999.9
◇怪しい日本語研究室 イアン・アーシー著 毎日新聞社 2001.3
◇怪しい日本語研究室（新潮文庫） イアン・アーシー著 新潮社 2003.5

アシュケナージ, マイケル
Ashkenazi, Michael
ベングリオン大学講師

[生年月日]1950年
[学歴]テルアビブ大学卒 [学位]Ph. D.（エール大学） [専門]文化人類学
主な著作に「Matsuri, Priests, Carpenters, and Household Heads From Tachi Soba to Naorai」など。
【著作】
◇宗教の比較文明学 梅棹忠夫，中牧弘允編 春秋社 1993.3〈内容：神道とユダヤ教の儀礼専門家―階層制と差異（マイケル・アシュケナージ）〉

アシュトン, ドリー
Ashton, Dore
美術評論家

[国籍]米国 [出生地]ニュージャージー州 [学歴]ハーバード大学（美術史）
1950年代半ばから「ニューヨーク・タイムズ」で美術記事を書き、J. ポロック、M. ロスコなど戦後を代表するニューヨーク派の画家と交流。著書に「ニューヨーク・スクール」などがある。'97年ニューヨーク・スクール展を企画し来日。
【著作】
◇評伝イサム・ノグチ ドーレ・アシュトン著，笹谷純雄訳 白水社 1997.5

アストン, ウィリアム
Aston, William George
外交官，日本学者 駐日英国公使館書記官

[生年月日]1841年4月9日
[没年月日]1911年11月22日
[国籍]英国 [出生地]アイルランド・ロンドンデリー [学歴]クイーンズ・カレッジ〔1862年〕卒 [専門]日本語, 神道

安政条約締結後の1864年江戸駐在英国公使館の通訳生として赴任。1875年書記官補、1880年駐兵庫領事、1886年東京駐在書記官などを歴任。この間、1884年に朝鮮総領事として京城に赴任。アーネスト・サトウとともに外交官として活躍した。1889年の帰国後、日本語、朝鮮語、中国語、ヨーロッパ諸語にわたる非凡な語学力と、25年間の滞日中蒐集した膨大な文献資料を駆使して、日本関係のすぐれた著書を著し、日本学の巨人とうたわれた。「日本書紀」(全2巻、1896年)の英訳は代表作として知られる。他の著書に「神道」などがある。没後の1912年収集した日本関係資料約9500点がケンブリッジ大学に収蔵された。

【著作】
◇日本文学史(かりん百番) W.G.アストン著、川村ハツエ訳 七月堂 1985.4
◇神道 W.G.アストン著、安田一郎訳 青土社 1988.1
◇神道 W.G.アストン著、安田一郎訳 青土社 1992.1
◇神道 新版 W.G.アストン著、安田一郎訳 青土社 2001.9

アダチ, バーバラ
Adachi, Barbara
文楽研究家、日本研究家

[生年月日]1924年
[没年月日]2004年2月9日
[国籍]米国 [出生地]中国・ハルビン [本名]アダチ, バーバラ・カーティス

銀行員の父と来日し、11歳の時、初めて文楽を知る。第二次大戦後、占領軍の職員として1946年から滞日。'49年日系米国人の夫と結婚。文楽の公演に行く度に楽屋を訪れ、舞台をつくる人々を取材。著書「文楽のひとびと」('78年)では、人形遣いや太夫、三味線弾きから、首彫り、床山、衣装、小道具方に至る裏方の仕事や日常までを写真付きで細かく紹介するなどして、舞台の表裏を熟知していると評価された。また、日本人の秘書と共同作業で蒔絵師や和紙づくりなど民芸の人間国宝の記録をまとめたほか、英字紙に日本文化や歴史を織り込んだ料理のコラムも掲載した。他の主著に「The Living Treasures of Japan」など。2000年生涯をかけて集めたスライド、写真などの資料をコロンビア大学図書館に寄贈した。

【著作】
◇人間国宝―The living treasures of Japan 本文:バーバラ・アダチ, 写真:ハリー・ベチノッテイ 〔モービル石油〕 1973
◇文楽の人びと バーバラ C. 足立著、ジェイソン・G.チョウイ訳 講談社インターナショナル 1978

アダミ, ノルベルト
Adami, Norbert R.
ドイツ日本文化研究所研究員

[生年月日]1953年
[国籍]ドイツ [出生地]ボッフム [専門]東アジア史、日露交流史

ボッフム大学(旧西独)で東アジア学及びインド学、ケルン図書館情報大学で図書情報学を専攻。ボン大学韓国学部講師を経て、1988年東京のドイツ日本文化研究所図書館長、'90年同研究所研究員(思想史)を務める。'93年帰国。20ケ国以上の言語を読み、8ケ国語を話す。著書に「Einführung in die Hilfsmittel der Japanolologie」「Religion und Schamanismus der Ainu auf Sachalin」「遠い隣人―近世日露交渉史」他がある。

【著作】
◇遠い隣人―近世日露交渉史(平凡社選書) ノルベルト・R.アダミ著、市川伸二訳 平凡社 1993.7

アダムズ, フランシス
Adams, Francis Ottisell
外交官、日本史学者 駐日イギリス公使館書記官

[生年月日]1826年10月10日
[没年月日]1889年7月12日
[国籍]英国 [学歴]ケンブリッジ大学 [学位]M.D.〔1851年〕

陸軍の軍人の子としてイギリスで生まれ、名門のラグビー校からケンブリッジ大学に進学した。1854年外交官としてスウェーデンのス

トックホルムに赴任した。さらに、'56年にはセント・ペテルブルグに、'58年7月にはテヘラン、同年12月再びペテルブルグに帰任した。翌年、パリに転じ'64年にワシントンに転出した。のち、パリ駐在を経て'68年5月に駐日イギリス公使館員として来日した。'71年5月パーク公使が休暇で帰国した際には代理公使を務めた。'72年2月日本を去りベルリンに赴任した。その後、パリに転じ'78年に開催された万国郵便会議のイギリス代表として活躍した。'81年ベルリン特命イギリス全権大使に任命されたが、'84年に引退した。国際会議にしばしば列席し、ベルリン万国著作権会議には'83年、'85年および'86年にそれぞれイギリス代表として参加した。日本歴史の研究者としても有名で論文も数多く発表し、著作「The History of Japan.」2vols. はわが国の開国直後の歴史を知る上でも貴重な文献である。'78年にはナイトに叙せられた。

【著作】
◇Report on silk culture in Japan.　3　F. O. Adams.　Japan Mail Office　1870

アーチャー, ジェフリー
Archer, Jeffrey Howard
作家, 政治家　英国上院議員　英国保守党副幹事長

[生年月日] 1940年4月15日
[国籍] 英国　[出生地] サマーセット州　[学歴] オックスフォード大学卒

職業軍人の子として生まれる。大学在学中はスプリンターとして活躍、100ヤード9.6秒の記録を持ち、またビートルズを呼んでチャリティー・コンサートを開いた。卒業後アロー・エンタプライズ社を設立し、チャリティー・コンサートのプロデュースを手掛けるが、やがて政界に進出。1966年史上最年少(26歳)で大ロンドン市議会議員となり、'69年最年少議員として保守党より下院入りを果たした。'74年投機に失敗して破産、議員を辞職するが、'76年借金返済のために書いた小説「百万ドルをとり返せ!」がベストセラーとなり作家としてデビュー。以降「大統領に知らせますか?」「ケインとアベル」「ロスノフスキ家の娘」「めざせダウニング街10番地」「ツァーの王冠」「無罪と無実の間」「チェルシー・テラスへの道」など次々とヒット作を発表。'85年サッチャー首相(当時)に才能を買われ保守党副幹事長に就任したが、'86年スキャンダルで辞任。'87年、保守党スポークスマンとして復帰。'90年サッチャー首相退任時には叙勲リストから外されたが、'92年1代男爵(ライフ・ピア)となる。2006年「フォールス・インプレッション」(誤った印象)を出版、創作活動を再開。政治家として日本に関する著書もあり、小説「ゴッホは欺く」では舞台として日本も登場する。

【著作】
◇英国人作家の見た日本と日本人―いちばん変わったのはファッション(対談)　ジェフリー・アーチャー, 羽根田公男：Will　10(2) 1991.2
◇ジェフリー・アーチャー日本を糺す　ジェフリー・アーチャー著, 永井淳訳　講談社　1993.1

アッカーマン, エドワード
Ackerman, Edward A.
地理学者

[生年月日] 1911年12月5日
[没年月日] 1973年3月8日
[国籍] 米国

1946年GHQ技術顧問となり、日本の資源の調査研究を行う。帰国後、TVAの副総支配人やカーネギー研究所理事になり、行政・調査を行った。著書に「Japan's natural sources」('60年)がある。

【著作】
◇日本の資源と米国の政策　エドワード・A. アッカーマン著, 経済安定本部資源委員会事務局訳編　経済資源委員会事務局　1948
◇日本の将来―アッカーマン博士報告「日本の天然資源」より　アッカーマン著, 経済安定本部資源調査会事務局訳編　経済安定本部資源調査会事務局　1950
◇日本的自然資源　愛徳華・奥克曼着, 任永温訳　中華文化出版事業社　1959

アッシャー, デービッド
Asher, David L.
経済コンサルタント　AEIアジア担当副部長, マサチューセッツ工科大学上級客員研究員

［国籍］米国　［学歴］コーネル大学卒, コーネル大学大学院修了　［専門］日米経済問題
1991～94年米国下院共和党の政策集団、ウェンズデー・グループのスタッフとして日米通商関係の議会作業部会を率い、日本経済に関する報告書を多く執筆。バージニア州アーリントンで政府、企業対象のコンサルタントを務める。のちマサチューセッツ工科大学上級客員研究員。2000年ワシントンのシンクタンク・AEIのアジア担当副部長に就任。
【著作】
◇悲劇は起こりつつあるかもしれない―5つのDを克服する日本経済10の処方箋　D.アッシャー, A.スミザーズ著, 三原淳雄訳　ダイヤモンド社　1999.4

アップハム, フランク
ボストンカレッジ教授

［生年月日］1945年
［国籍］米国　［学歴］プリンストン大学卒, ハーバード・ロースクール卒　［専門］大規模小売店舗法
1965年来日し、その後同志社大、上智大、東大で客員教授。現在ハーバード・ロースクールなどで日本法を講義。大規模小売店舗法（大店法）に詳しい。
【著作】
◇外から見た日本法　石井紫郎, 樋口範雄編　東京大学出版会　1995.8〈内容：日本的行政規制スタイルの試論的モデル（フランク・アッパーム）〉

アディス, スティーブン
Addiss, Stephen
リッチモンド大学教授

［生年月日］1941年
［国籍］米国　［学歴］ハーバード大学卒　［学位］博士号（ミシガン大学）〔1977年〕　［専門］日本美術史
著書に「Tall Mountains and Flowing Waters:The Arts of Uragami Gyokudo」（1987年）、「The Art of Zen:Paintings andCalligraphy by Japanese Monks, 1600-1925」（'89年）、「幕末・明治の画家たち―文明開化のはざまに」（共著）他。
【著作】
◇幕末・明治の画家たち―文明開化のはざまに　辻惟雄編著　ぺりかん社　1992

アトキンソン, デービッド
Atkinson, David
銀行アナリスト　ゴールドマン・サックス証券マネージング・ディレクター

［国籍］英国　［学歴］オックスフォード大学日本学部〔1987年〕卒
米国アンダーセン・コンサルティング社などを経て、ゴールドマン・サックス証券東京支店調査部金融調査室長、のちマネージング・ディレクター。1991年にリポートで"主要21銀行の不良債券の総額は20兆円にのぼる。"と具体的な数字を示した分析で反響を呼ぶ。'94年にまとめたリポートは約100本。同年「銀行不良債券からの脱却」を日本語で出版。
【著作】
◇銀行-不良債権からの脱却　デービッド・アトキンソン著　日本経済新聞社　1994

アトキンソン, ロバート
Atkinson, Robert William
化学者

［生年月日］1850年
［没年月日］1929年12月10日
［国籍］英国　［出生地］ニューカッスル・アポン・タイン
1872～1874年王立化学学校とロイヤル・スクール・オブ・マインで学ぶ。1874年東京開成学校化学教師に着任。1877～1881年同校が東京大学となったのち引き続き理学部教授。分析化学、応用化学を講じ、日本の化学育成に

努めた。日本の酒の醸造過程を研究、著書に「日本醸酒編」（1881年）がある。
【著作】
◇日本醸酒編　ロベルト・ウキリアム・アトキンソン撰著, 中沢岩太, 藤豊太共訳　〔出版者不明〕　1881

アードマン, ポール
Erdman, Paul Emile
作家, エコノミスト　ユナイテッド・カリフォルニア銀行（UCB）頭取

［生年月日］1932年5月19日
［国籍］米国　［出生地］オンタリオ州スタンフォード（カナダ）　［学歴］ジョージタウン大学, バーゼル大学　［学位］哲学博士（バーゼル大学）〔1958年〕　［団体］アメリカ探偵作家クラブ, Authors Guild, Authors League of America
ジョージタウン大学（米国）で修士号、バーゼル大学（スイス）で博士号を取り、スタンフォード研究所の欧州駐在代表を務める。37歳の時スイスのユナイテッド・カリフォルニア銀行（UCB）の頭取の座につくが、ココア取引の失敗でUCBを破綻させ、現地責任者として1年間獄中生活を送る。その間に「十億ドルの賭け」（1973年）を執筆、この作品でアメリカ探偵作家クラブ最優秀新人賞を獲得、作家に転身。同時に「1979年の大破局」「アメリカ最後の日々」などのフィクション作品で世界経済を予測し、エコノミストとしても世界的な地位を確立。他に「円への警告」、金融サスペンス小説「ゼロクーポンを買い戻せ」（'93年）などがある。　［受賞］MWA賞最優秀新人賞〔1974年〕「十億ドルの賭け」
【著作】
◇円への警告　ポール・アードマン著, 角間隆訳　集英社　1992.3
◇日米大不況は来るか―アードマンの世紀末予測　ポール・アードマン著, 吉川明希訳　日本経済新聞社　1995.9

アトリー, フリーダ
Utley, Freda
ジャーナリスト

［生年月日］1898年1月23日
［国籍］英国　［出生地］ロンドン　［本名］ベルジィチェフスキー, ウィニフリッド〈Berdichevsky, Winifred〉
1928～29年「Manchester Guardian Commercial」紙の通信員として滞日。'31～36年モスクワの世界経済政治研究所勤務。'38年「News Chronicle」紙通信員として、'45～46年「リーダーズ・ダイジェスト」誌通信員として中国に滞在。のちAmerica-China Policy Association Inc.　会長。第2次大戦前はマルキストとして活動、戦後はマッカッシーとともに反共陣営で論陣を張り、のちに袂を分かった。著書に「極東における綿業」（'31年）、「Japan'sfeet of clay（日本の粘土の足）」（'36年）、「アトリーのチャイナ・ストーリー」など。
【著作】
◇日本の粘土の足―迫りくる戦争と破局への道　F. アトリー著, 石坂昭雄, 西川博史, 沢井実訳　日本経済評論社　1998.3

アパム, フランク
Upham, Frank
ボストン大学法律大学院教授

［国籍］米国　［学歴］プリンストン大学〔1967年〕卒, ハーバード大学法律大学院〔1974年〕修了　［専門］日本法
1972年京都大学留学。'77年日米交流基金の招きで来日。以来、しばしば日本で研究生活を送る。日本法の権威。著書に「戦後日本の法律と社会変化」など。
【著作】
◇歴史としての戦後日本　下　アンドルー・ゴードン編, 中村政則監訳　みすず書房　2001.12〈内容：社会的弱者の人権（フランク・アパム）〉

アビト, ルベン
Habito, Ruben L. F.
カトリック司祭　龍谷大学教授, マリア観音禅会主宰

[生年月日] 1947年10月2日
[出生地] フィリピン・ラグナ州　[学歴] フィリピン国立大学卒, アテネオ・デ・マニラ大学卒, 東京大学大学院人文科学研究科印度哲学専攻〔1978年〕博士課程修了　[学位] 文学博士　[専門] 宗教学, 仏教学　[団体] 日本印度学仏教学会, 日本宗教学会, 比較思想学会
1970年イエズス会のカトリック宣教師として来日。大学院で仏教を学んだ後、'78年より上智大学文学部哲学科助教授、'89年米国テキサス州南メソジスト大学客員教授を経て、'98年龍谷大学教授。著書に「親鸞とキリスト教の出会いから」「解放の神学と日本」「病める日本を見つめて」「アキノ政権とフィリピン社会」「アジアのことが気にならないあなたに」（共著）「フィリピンの民衆と解放の神学」（編著）他。　[受賞] 哲学科賞

【著作】
◇これからのフィリピンと日本—民際交流のすすめ　ルベン・アビト著　亜紀書房　1987.5
◇蓮如の世界—蓮如上人五百回忌記念論集　大谷大学真宗総合研究所編　文栄堂書店　1998.4〈内容：本願とその適応—蓮如の遺したもの、そして現代の私たちのいくつかの仕事（ルーベン・アビト）〉

アベグレン, ジェームス・クリスチャン
Abegglen, James Christian
経営学者　上智大学教授, アジア・アドバイザリー・サービス会長, ジェミニ・コンサルティング会長

[生年月日] 1926年2月2日
[没年月日] 2007年5月2日
[出生地] 米国・ウィスコンシン州　[学歴] シカゴ大学〔昭和31年〕卒　[学位] 心理学博士（シカゴ大学）〔昭和31年〕, 社会学博士（シカゴ大学）〔昭和31年〕　[専門] 経営管理論
第二次大戦では海兵隊員としてガダルカナル島や硫黄島を転戦。戦後は戦略爆撃調査団の一員として広島を調査した。除隊後、シカゴ大学で心理学博士号を取得。同大学専任講師、マサチューセッツ工科大学助教授、マッキンゼーなどを経て、昭和40年ボストン・コンサルティング・グループ創業メンバーとなり、41年東京支社を設立。東京代表、パリ代表を経て、57年上智大学教授。59年アジア・アドバイザリー・サービス会長に就任。60年日本エヌ・シー・アール取締役を兼務。平成4年ジェミニ・コンサルティング（ジャパン）会長。8年上智大学教授を退任、9年日本に帰化した。昭和30年フォード財団研究員として来日調査を行い、33年日本の経営を分析した「日本の経営」を刊行、"終身雇用" "年功序列" という言葉を生み出した。

【著作】
◇日本の経営　J. アベグレン著, 占部都美監訳　ダイヤモンド社　1958
◇日本的経営の体質は変わるか（対談）　J・C・アベグレン, 中根千枝：中央公論　82(11)　1967.10
◇日本人だけが気づかぬ日本の評判—米国経済はどう変わるか　ジェームズ・C・アベグレン：中央公論　1979.4
◇カイシャ—次代を創るダイナミズム　ジェームス・C. アベグレン, ジョージ・ストーク著, 植山周一郎訳　講談社　1986.6
◇日本解剖—経済大国の源泉　1　NHK取材班, ジョージ・フィールズ著, ジェームズ・C. アベグレン, 牛尾治朗著　日本放送出版協会　1987.3
◇転機に立つ日本型企業経営　内野達郎, J. C. アベグレン編著　中央経済社　1988.10
◇日本の企業社会　ジェームス・C. アベグレン著, 井尻昭夫訳　晃洋書房　1989.3
◇カイシャ（講談社文庫）　J. アベグレン, G. ストーク〔著〕, 植山周一郎訳　講談社　1990.8
◇欧米人の性に合わない終身雇用（インタビュー）　ジェームズ・C. アベグレン：朝日ジャーナル　33(35)　1991.8.30
◇東アジア巨大市場—日本は「脱米入亜」に舵を取れ　ジェームズ・アベグレン〔著〕, 山岡洋一訳　ティビーエス・ブリタニカ　1994.11
◇新・日本の経営　ジェームス・C. アベグレン著, 山岡洋一訳　日本経済新聞社　2004.12
◇日本の経営—新訳版　ジェームス・C. アベグレン著, 山岡洋一訳　日本経済新聞社　2004.12
◇日本的経営　勝ち組企業は今も変わらず「終身雇用制」を堅持している（何が「ホワイトナイト」だ！何が「株主の論理」だ！この

ままでは日本の会社はズタズタに八つ裂きだ ニッポン株式会社「解体新書」） James C. Abegglen：SAPIO 17(7) 2005.4.27
◇今なお強い、日本の経営（特別企画 特別講演会 グローバル高収益企業を目指して―日本的経営の強みと課題） ジェームス・C. アベグレン：経営センサー 80 2006.3

アベール，ダニエル
Haber, Daniel
フランス国際商社連合副会長

[国籍]フランス　[学歴]パリ高等商業学校卒，パリ政治学院（IEP）卒　[学位]経済学博士
商社副支配人として2年間滞日。日本の総合商社の活動を研究し「ニッポンの総合商社」を著す。フランス経済社会評議会報告書「Pourune Politique Européenne et Française face au Japon」（1991年）作成に参加。他の著書に「La Leçon Japonaise」「日欧衝突―いかに回避するか」（ともに共著）がある。
【著作】
◇日欧衝突―いかに回避するか　ジャン・マンデルボーム，ダニエル・アベール著，山本一郎訳　サイマル出版会　1992.6

アマコスト，マイケル・ヘイドン
Armacost, Michael Hayden
政治学者, 外交官　スタンフォード大学アジア太平洋研究センター特別フェロー　駐日米国大使

[生年月日] 1937年4月15日
[国籍]米国　[出生地]オハイオ州クリーブランド　[学歴]カールトン大学〔1958年〕卒，コロンビア大学大学院修了　[学位]国際政治学博士（コロンビア大学）〔1965年〕　[専門]国際関係, 日米関係, 安全保障問題
1962～65年カリフォルニア・ポモナ大学政治学講師，'66～68年同助教授，'68～69年日本の国際基督教大学客員準教授などを経て，'69年国務省入り。'70年ジョンズ・ホプキンス大学，'71年ジョージタウン大学で教鞭をとる。'72～74年インガソル駐日大使特別補佐官を務めたあと，'74～77年国務省政策企画室員，'77～78年国家安全保障会議（NSC）東アジア担当上級スタッフなどを歴任。'78～80年国防副次官補，'80～82年東アジア担当国務副次官補，'82～84年駐フィリピン大使，'84年5月～'89年政治担当国務次官を経て，'89年3月～'93年7月第23代駐日大使。'93年9月米大手保険会社AFLAC顧問、10月エレクトロニクス大手TRW取締役。'94年スタンフォード大学アジア太平洋研究センター上級研究員。'95年10月～2002年9月米国有力シンクタンクのブルッキングズ研究所（ワシントン市）所長。'97年ミャンマーを訪問。のちスタンフォード大学アジア太平洋研究センター特別フェロー。国家安全保障と外交問題に関する著書多数。アメリカ官界切ってのアジア通、知日家として知られる。著書に「The Foreign Relations of United States（米国の国際関係）」（'69年）、「武器開発の政治学」（'69年）のほか、回顧録「友人か、ライバルか」などがある。　[受賞]米国国防総省特別市民功労賞〔1980年〕，米国大統領功労賞〔1985年〕，米国大統領特別功労賞〔1987年〕，米国国務長官特別功労賞〔1988年〕　[叙勲]旭日大綬章（日本）〔2007年〕
【著作】
◇新しい国際秩序における日本の役割―日・米・欧のこれからの協力の方途を探る　国際情報戦略フォーラム特別シンポジウム議事録　国際情報戦略フォーラム特別シンポジウム　1991.12〈内容：新しい国際秩序における日本の役割―日・米・欧のこれからの協力の方途を探る（棚橋祐治, 船橋洋一, マイケル・H. アマコスト, ヴィルヘルム・ハース, サー・ジョン・ホワイトヘッド, 倉成正）〉
◇友か敵か　マイケル・H. アマコスト著, 読売新聞社外報部訳　読売新聞社　1996.5
◇INSIDE AMERICA―アマコスト元大使インタビュー（News&Forecast）　アマコスト, マイケル・ヘイドン：東洋経済　5724　2001.10.13

アーミテージ, リチャード・リー
Armitage, Richard Lee
外交官　アーミテージ・インターナショナル社長　米国国務副長官, 米国国防次官補, 米国大統領特使（旧ソ連支援問題）

[生年月日] 1945年4月26日

[国籍]米国　[出生地]マサチューセッツ州ボストン　[学歴]米国海軍士官学校〔1967年〕卒
米国海軍に入り、1973年に退役。'75年国防総省代表部スタッフ、'78年ドール上院共和党院内総務の主席補佐官を務める。'79年東南アジア問題のコンサルタント会社を設立。一方、レーガン政権下では国防次官補代理（東アジア担当）などを、ブッシュ政権下では、対旧ソ連緊急援助の大統領特使（総合調整役）などを歴任。'93年コンサルタント会社所長として国防総省のアドバイザー役となり、国防諸問委員も務める。2001年3月ブッシュJr.政権下で国務副長官に就任。外交・安全保障政策の対アジア部門を担当。米国で起きた同時多発テロ後、日本政府高官に対し"ショー・ザ・フラッグ（日本の旗を見せて欲しい）"と自衛隊派遣を求めた。2005年1月退任。日本の外交・安保政策関係者とは太いパイプがあり、日米同盟強化路線の生みの親とも言われる。2005年2月コンサルタント会社、アーミテージ・インターナショナル社長。2007年2月に発表された「米日同盟─2020年までアジアをいかにして正しい方向に導くか」（アーミテージ・リポート2）を主導した。

【著作】
◇今こそ、「イエス」と言える日本　リチャード・アーミテージ, 金子宜子訳：Foresight　4(8)　1993.8
◇岡本行夫の「日本人を思う」対談〔50完〕真実だけは語りたい　Richard Lee Armitage, 岡本行夫：外交フォーラム　12(12)　1999.12
◇「無条件勝利」のアメリカと日本の選択　ロナルド・A. モース編著, 日下公人監修, 時事通信社外信部ほか訳　時事通信社　2002.1〈内容：米日の成熟したパートナーシップに向けて─米国防大学国家戦略研究所（INSS）特別報告書（リチャード・L. アーミテージ〔ほか〕）〉

アミトラーノ, ジョルジョ
Amitrano, Giorgio
翻訳家, 映画研究家　ナポリ東洋大学教授

[生年月日]1957年
[国籍]イタリア　[出生地]アンコーナ県イエージ市　[学位]東洋学博士　[専門]日本文学
大学で日本近代・現代文学の教鞭をとるかたわら、「ラ・レプッブリカ」などのイタリア主要新聞、雑誌に文芸評論および映画評論も執筆する。日本留学中の1980年代末、よしもとばなな作品に目をつけ、イタリアに紹介した人物として知られる。　[受賞]エルサ・モランテ翻訳賞（1996年）, 第1回アルカンターラ翻訳賞（1998年）, 第12回野間文芸翻訳賞（2001年）

【著作】
◇『山の音』こわれゆく家族（理想の教室）　ジョルジョ・アミトラーノ著　みすず書房　2007.3

アラム, バクティアル
Alam, Bachtiar
インドネシア大学日本研究センター所長

[生年月日]1958年
[国籍]インドネシア　[出生地]南セレベス
[学歴]インドネシア大学文学部日本研究科卒, ハーバード大学大学院社会人類学科博士課程修了　[学位]Ph. D.（ハーバード大学）　[専門]社会人類学, ASEAN・日本関係
インドネシア大学日本研究センター副所長を経て、1998年所長。同年5月のインドネシア政変以来、インドネシアに関する情報等を掲載したニュースレター「インドネシア・ウォッチング」（日本語）をインターネット上で提供。

【著作】
◇沖縄文化の源流を探る─環太平洋地域の中の沖縄　復帰20周年記念沖縄研究国際シンポジウム　「復帰20周年記念沖縄研究国際シンポジウム」実行委員会編　「復帰20周年記念沖縄研究国際シンポジウム」実行委員会　1994.3〈内容：伝統宗教と社会構造の変容─バリと沖縄の事例比較〔発表の要約〕（バクティアル・アラム）〉
◇あの国、あの人　変遷し続けるアジア諸国の日本観　Bachtiar Alam：グローバル人づくり　24(1)　2006.5

アリスター, ウィリアム
Allister, William
作家, 画家

[生年月日]1919年

[国籍]カナダ
広告デザインなどに携わっていたが、1941年軍隊に志願。通信兵として香港に赴くが、香港陥落の際に日本軍の捕虜となり、終戦まで東京近辺の2収容所で生活した。戦後は作家としてメキシコ、ニューヨークを拠点に活動。のちカナダへ戻り、作家兼画家として活躍する。'89年日本での捕虜体験記「キャンプ」を出版。2001年同作品でカナダ首相出版賞を受賞。同年日本での刊行を実現する。1983年、2001年来日。　[受賞]カナダ首相出版賞〔2001年〕「キャンプ」
【著作】
◇キャンプ—日本軍の捕虜になった男　ウィリアム・アリスター著,丙栗訳　朔北社　2001.7

アリュー, イヴ・マリ
Allioux, Yves Marie
日本文学研究者　トゥールーズ・ル・ミライユ大学日本語学科助教授

[国籍]フランス
1971年京都日仏学館のフランス語教師として初来日。若い頃中原中也に熱中したという京都大学の多田道太郎教授に鍛えられ比較文学の道へ。小林一茶の「おらが春」を仏訳した妻のブリジッドとともに、日本文学をフランス語に翻訳できる数少ない一人。'95年山口市の中原中也祭での講演のため来日。
【著作】
◇言語文化学の可能性—現在と未来　国際シンポジウム報告書 Linguisticulture:Where do we go from here？　国際シンポジウム「言語文化学の可能性」組織委員会編　国際シンポジウム「言語文化学の可能性」組織委員会　1996.12〈内容：日本文学の翻訳において生じる言語・文化的諸問題（イヴ=マリー・アリュー）〉
◇世界に拡がる宮沢賢治—宮沢賢治国際研究大会記録集　宮沢賢治学会イーハトーブセンター生誕百年祭委員会記念刊行部会編　宮沢賢治学会イーハトーブセンター　1997.9〈内容：フランスにおける宮沢賢治（イブ・マリー・アリュー）〉

アルヴァレス, ジョゼ
Alvares, José
ポルトガル文化センター主宰,東京外国語大学ポルトガル・ブラジル語学科客員教授

[生年月日]1939年
[国籍]ポルトガル　[出生地]ゴア（インド）
[学歴]コインブラ大学卒,コインブラ大学大学院〔1966年〕修了　[専門]日葡交渉史
2年間教職に就いた後、文化交流の一環で文部省に招かれ来日。1968年から東京外国語大学などで客員教授を務める。'87年ポルトガル文化センターを東京に設立。'92年「ポルトガル日本文化交流史」を出版。
【著作】
◇ポルトガル日本交流史　マヌエラ・アルヴァレス,ジョゼ・アルヴァレス著,金七紀男〔ほか〕訳　彩流社　1992.5

アルヴァレス, マヌエラ
Alvares, Manuela
ポルトガル文化センター所長

[国籍]ポルトガル　[出生地]ポルト　[学歴]コインブラ大学文学部〔1968年〕卒　[団体]新日本文学会
夫と共に政府派遣の日本語研究者として来日。現在、早稲田大学、上智大学各講師の傍らポルトガル文化センター所長を務める。著書に「ポルトガル日本交流史」（共著）がある。
【著作】
◇ポルトガル日本交流史　マヌエラ・アルヴァレス,ジョゼ・アルヴァレス著,金七紀男〔ほか〕訳　彩流社　1992.5

アルク, ウムット
Arik, Umut
外交官　駐日トルコ大使

[生年月日]1938年
[国籍]トルコ　[学歴]アンカラ大学政治学部・法学部卒,ロンドン・スクール・オブ・エコノミックス卒,パリ大学卒
1959年アナトリア通信社入社。'60年トルコ外務省に入り、政策企画スタッフを務め、'65

年駐英大使館一等書記官、'68年駐シリア・アレッポ領事館領事、'70年外務省経済関係局長、'72年OECD代表部公使、'75年同事務総長特別補佐官（エネルギー・国際財政担当）、'80年外務省経済関係局長官などを歴任。'83年から駐サウジアラビア大使などを務め、'87年から駐日トルコ大使。国際経済の専門家で、親日家。主な著書に「Economic Relations with the Eastern Block」「OECDとトルコ」「トルコと日本」「星と三日月の国トルコ」がある。

【著作】
◇トルコと日本―特別なパートナーシップの100年　ウムット・アルク著, 村松増美, 松谷浩尚訳　サイマル出版会　1989.6
◇日本・トルコ友好百周年記念講演会　〔日本・トルコ友好百周年記念行事委員会〕〔1990〕〈内容：トルコ・日本の政治関係―トルコ側の展望（ウムト・アルク）〉

アルチュノフ, セルゲイ
民族学者　ロシア科学アカデミー民族学人類学研究所教授

[生年月日] 1932年7月
[国籍] ロシア　[出生地] ソ連・グルジア共和国トビリシ　[学歴] モスクワ東洋学研究所日本科卒

父はアルメニア人、母はロシア人。1954年科学アカデミー民族学研究所（現・民族学人類学研究所）研究員に。'85年からカフカス部長。この間英米等の大学で客員教授も務め、訪日も10回にのぼる。専門は日本、インド、カフカスで20ケ国語以上を解する。ロシアにおける民族学研究の第一人者。'95年来日。

【著作】
◇民族学的日本訪問記―ソヴェート民族学者の日本の印象　S・A・アルチノフ, 香山陽坪訳：民族学研究　26(4)　1962.9

アルトマン, アブラハム
Altman, Avraham A.
歴史学者

[生年月日] 1922年
[国籍] イスラエル　[出生地] ニューヨーク市

日本史を専門とし、博士論文は明治期の新聞の発達で、1960～62年文部省留学生、'72年国際交流基金研究生として滞日。ヘブライ大の講師を務め、ヨーロッパ日本学会会員、アジア研究学会会員でもある。ファイ・ベータ・カッパ受賞。主著に「Modern Japan, Aspects of History, Literature and Society」('75年）がある。

【著作】
◇イスラエルにおける日本研究　アブラハム・アルトマン：日本文化研究国際会議議事録　日本ペンクラブ　1973

アルパートフ, ウラジーミル
Alpatov, Vladimir Mikhailovich
ロシア科学アカデミー東洋学研究所言語部部長

[生年月日] 1945年
[国籍] ロシア　[学歴] モスクワ大学文学部〔1968年〕卒　[学位] 文学博士　[専門] 日本語
著書に「現代日本語における敬語」(1973年)、「現代日本語における文法単位の構造」('79年)、「日本―言語と社会」('88年)、「ある神話の歴史―マールとマール主義」('91年)、「ロシア・ソビエトにおける日本語研究」がある。

【著作】
◇ロシア・ソビエトにおける日本語研究　ウラジーミル・ミハイロヴィッチ・アルパートフ著, 下瀬川慧子〔ほか〕共訳　東海大学出版会　1992.11
◇言語学林　1995-1996　言語学林1995-1996編集委員会編　三省堂　1996.4〈内容：ロシヤおよび日本における標準語―比較の試み（V. M. Alpatov）〉
◇新しい言語理論と日本語（国立国語研究所国際シンポジウム報告書）　国立国語研究所　1997.3〈内容：人間中心主義、体系中心主義と日本語（ウラディーミル・M. アルパートフ）〉

アルハンゲリスキー, ワレンティン
Arkhangelskii, Valentin Akimovich
作家, ジャーナリスト　ロシア国会専門員　タシケント市長,「イズベスチヤ」副編集長

[生年月日] 1928年
[国籍] ロシア

13歳の時、少年兵として独ソ戦の最前線に出征。瀕死の重傷を負って記憶喪失となり、数年間療養生活を送った。のち週刊誌「ニェジェーリャ」編集長、新聞「イズベスチヤ」副編集長、ウズベキスタン国会議員、タシケント市長などを経て、作家、ジャーナリストとして活躍。この間、日本人抑留に関するソ連の膨大な機密文書を10年以上かけて集め、2000年ノンフィクション「プリンス近衛殺人事件」を刊行。その中で、近衛文麿元首相の長男・文隆がソ連諜報機関に殺害されたと紹介し話題となる。

【著作】
◇レーニンと会った日本人—ドキュメント〈歴史の30分〉　ワレンチン・アルハンゲリスキー著, 古本昭三訳　サイマル出版会　1987.4
◇プリンス近衛殺人事件　V. A. アルハンゲリスキー〔著〕, 滝沢一郎訳　新潮社　2000.12

アルペロビッツ, ガー
Alperovitz, Gar
政策研究所所長, 全米経済代替案センター代表, メリーランド大学上級研究員

[生年月日] 1936年
[国籍] 米国　[出生地] ウィスコンシン州ラシーン　[学歴] ウィスコンシン大学(歴史学専攻)〔1958年〕卒, カリフォルニア大学バークレー校(経済学専攻)〔1960年〕修士課程修了　[学位] 政治経済学博士(ケンブリッジ大学)〔1964年〕　[専門] 歴史学, 政治経済学

米国連邦議会のスタッフ、国防省特別補佐官を経て、ケンブリッジ大学キングスカレッジ、ハーバード大学政治研究所、ブルッキングズ研究所などの研究員を歴任。1987年から政策研究所所長。全米経済代替案センター代表、メリーランド大学研究員を兼任。著書に「Atomic Diplomacy:Hiroshima and Potsdam」('65年)、「Cold War Essays」('70年)、「原爆投下決断の内幕」('95年)、共著に「Strategy and Program」('73年)、「Rebuilding America」('84年)、「American Economic Policy」('84年)などがある。

【著作】
◇原爆投下決断の内幕—悲劇のヒロシマ・ナガサキ　上　ガー・アルペロビッツ著, 鈴木俊彦〔ほか〕訳　ほるぷ出版　1995.8
◇原爆投下決断の内幕—悲劇のヒロシマ・ナガサキ　下　ガー・アルペロビッツ著, 鈴木俊彦〔ほか〕訳　ほるぷ出版　1995.8

アルミニヨン, V. F.
Arminjon, Vittorio F.
海軍軍人　イタリア通商使節, ジェノヴァ市議会議員

[生年月日] 1830年
[没年月日] 1897年
[国籍] イタリア　[出生地] サヴォア地方シヤンベリー

フランスとイタリアとの間の係争地であったフランスのサヴォア地方のシャンベリーで生まれる。1860年にサヴォア地方がフランスに帰属するとフランス海軍に所属したが、翌年にはイタリア海軍に入る。南アメリカ、東南アジアを経て日本、そのあと中国への遠征に同行する。これは政治上、通商上に加えて学術調査の任務をもった遠征であった。海防艦マジェンタ号の指揮官として1866年2月2日、モンテビデオを出航し、6月に下田港に入港。江戸・三田小山の大中寺を公使館にして幕府の役人と通商の折衝を行う。滞在中の見聞を記録し、1869年に刊行された。当時としては卓越した日本地図をも作成している。海軍退役後はジャーナリズムに話題を投げかけるような論文を寄稿し、晩年はカトリック教徒代表としてジェノヴァ市議会議員を務めた。
[受賞] イタリア地理学会メダリアドーロ

【著作】
◇イタリア使節の幕末見聞記　V. F. アルミニヨン著, 大久保昭男訳　新人物往来社　1987.2

◇イタリア使節の幕末見聞記（講談社学術文庫） V. F. アルミニヨン〔著〕，大久保昭男訳　講談社　2000.2

アレツハウザー，アルバート
Alletzhauser, Albert
作家，実業家　「ザ・ハウス・オブ・ノムラ」の著者

[生年月日] 1960年
[国籍] 米国　[出生地] ニューヨーク州　[学歴] コルゲート大学〔1982年〕卒

ウォール街の法律事務所に就職。香港の証券会社を経て、1986～88年英国の大手証券会社ジェイムズ・ケイペル社東京支店の営業マンとして滞日。その後ロンドンで投資リサーチ会社を経営。'90年「ザ・ハウス・オブ・ノムラ」を出版、経済大国ニッポンの功罪などについて書き、全世界でベストセラーに。その後執筆と証券ビジネスの双方に力を注ぐ。

【著作】
◇ザ・ハウス・オブ・ノムラ（新潮文庫）　アル・アレツハウザー〔著〕，佐高信監訳　新潮社　1994.4

アレン，ジョージ
Allen, George C.
経済学者　ロンドン大学名誉教授

[生年月日] 1900年
[没年月日] 1982年
[国籍] 英国

政治経済学、特に日本の経済発展に造詣が深く、旧制名古屋高商で経済学を教授した経験を持つ。著書に「Japan's Economic Expansion」（'65年）、「Japan as a Market and Source of Supply」（'67年）などがある。

【著作】
◇西欧諸国の対日理解と日本のとるべき対応策―経済力にふさわしい度量を　批判に敏感すぎる日本（特別講義）　George Cyril Allen，米倉淑子（訳）：日本経済研究センター会報　343　1979.5.1

アレン，ルイ
Allen, Louis
日本学者　ダーラム大学教授

[生年月日] 1922年
[没年月日] 1991年12月22日
[国籍] 英国　[学歴] マンチェスター大学，ロンドン大学SOSA

1940年マンチェスター大学でフランス語を学ぶ。'42年から44年ロンドン大学SOSAにて日本語を学ぶ。第2次大戦中、軍の命令で日本語の特訓を受け、情報将校としてビルマ（現・ミャンマー）戦線に派遣された。'45年の日本軍によるシッタン川渡河作戦の司令書を英軍は事前に入手し、アレンはこの作戦書を素早く読解。英軍はこの事前情報で日本軍を撃破、ビルマ戦線での日本軍敗退のきっかけとなった。'45年から47年ビルマを中心に捕虜収容キャンプで日本人に接した。この体験がきっかけとなり、戦後はダーラム大学でフランス文学を講じる一方、日本研究と第2次大戦史研究を続ける。イギリス日本学会、全欧日本学会の会長を務めた。会田雄次の「アーロン収容所」の英訳の他に、「日本軍脱出作戦」「ビルマ戦線全史」「Lafcadio Hearn:Japan's Great Interpreter」などの著書がある。

【著作】
◇英国知性が語るニッポン（インタビュー）11　ルイ・アレン：知識　89　1989.5
◇『アーロン収容所』と日本の知性―日英理解のために『アーロン収容所』を英訳した訳者があえて語る日本人の戦争観　ルイ・アレン：知識　94　1989.10
◇ビルマ遠い戦場―ビルマで戦った日本と英国1941-45年　上　ルイ・アレン著，平久保正男〔ほか〕訳　原書房　1995.6
◇ビルマ遠い戦場―ビルマで戦った日本と英国1941-45年　中　ルイ・アレン著，平久保正男〔ほか〕訳　原書房　1995.6
◇ビルマ遠い戦場―ビルマで戦った日本と英国1941-45年　下　ルイ・アレン著，平久保正男〔ほか〕訳　原書房　1995.11

安 志敏　あん・しびん
An Zhi-min
考古学者　中国社会科学院考古研究所教授・元副所長

[生年月日] 1924年4月5日
[国籍] 中国　[出生地] 山東省烟台市　[学歴] 中国大学歴史系〔1948年〕卒　[専門] 中国新石器時代考古学

中国考古学界を代表する学者で、石器時代以後を幅広く研究。"長江下流域文化の日本渡来"を中国で最初に提唱。中国社会科学院考古研究所副所長兼第一研究室（原始社会考古）主任をつとめた。過去35年間にわたり数多くの考古学調査隊を指導。中国北部を主要な活動地域とするが、同時に北西部や北東部においても調査を行う。著書に「中国石器時代論集」「新中国の考古学的収穫」、「徐福伝説を探る」（共著）他がある。1989年11月国際シンポジウム「古代日本の再発見」に出席のため来日。

【著作】
◇日本史の黎明—八幡一郎先生頌寿記念考古学論集　八幡一郎先生頌寿記念考古学論集編集委員会編　六興出版　1985.3〈内容：長江下流域先史文化の日本への影響（安志敏）〉
◇徐福伝説を探る—日中合同シンポジウム　安志敏〔ほか〕著　小学館　1990.7〈内容：江南文化と古代の日本（安志敏）〉
◇吉野ケ里・藤ノ木と古代東アジア—日・中・韓国際シンポジウム　上田正昭編　小学館　1991.5〈内容：吉野ケ里遺跡のイメージについて（安志敏）〉

安 東濬　アン・ドンジュン
元・政治家　東西文化環境研究会会長，忠州美徳学園理事長　韓国国会議員

[生年月日] 1919年
[国籍] 韓国　[別名等] 号＝中山　[学歴] 中央大学法学部卒，韓国陸軍士官学校卒，韓国陸軍大学卒

第2次大戦中、研究科在学中学徒兵入隊、1945年終戦で解放帰国。国防部政訓局長を経て、第3、5、6、7代国会議員に選出、国防・予算決算委員長をつとめる。また忠州美徳学園を設立、国際観光公社総裁、韓国古典研究会会長、韓国書画作家協会諮問委員長を歴任。著書に「韓族と古代日本王室」がある。

【著作】
◇韓族と古代日本王室　安東濬著　近代文芸社　1995.2

安 秉直　アン・ビョンジク
Ahn Pyong-jick
ソウル大学校経済学科教授

[生年月日] 1936年
[国籍] 韓国　[学歴] ソウル大学経済学部卒，ソウル大学大学院修士課程修了　[専門] 韓国近代経済史

1985年から2年間東京大学で教鞭を執る。主著に「韓国近代民族運動史」（'1980年、共著）、「日本帝国主義と朝鮮民衆」（'86年）、「近代朝鮮工業化研究」など。

【著作】
◇日本帝国主義と朝鮮民衆（韓国現代社会叢書）　安秉直著，宮嶋博史訳　御茶の水書房　1986.1

アンガー，J.マーシャル
Unger, J. Marshall
言語学者　メリーランド大学ヘブライ東亜語学文学科主任教授

[生年月日] 1947年
[国籍] 米国　[出生地] オハイオ州クリーブランド　[学位] 言語学博士（エール大学）

ニュージーランドのカンタベリー大学で教鞭を取った後、ハワイ大学教授となる。1985年から1年余国際交流基金の招きで東京大学客員研究員。'92年8月からメリーランド大学ヘブライ・東亜語学・文学科主任教授。言語学研究、日本語教育の傍ら、先端的教育用コンピュータPLATOの日本語機能の開発などにも従事。著書に「Studies in Early Japanese Morphophonemics」、「ことばの比較文明学」（共著）、「コンピュータ社会と漢字—言語学者がみた第五世代コンピュータ」がある。

【著作】
◇コンピュータ社会と漢字—言語学者がみた第五世代コンピュータ　J.マーシャル・アンガー著，奥村睦世訳　サイマル出版会　1992.9

◇占領下日本の表記改革—忘れられたローマ字による教育実験　J.マーシャル・アンガー著, 奥村睦世訳　三元社　2001.10

アンコビック, デニス
Unkovic, Dennis
弁護士, ビジネス・コンサルタント, 著述家　メイヤー・アンコビック・アンド・スコット法律事務所上級パートナー

［生年月日］1948年

［国籍］米国　［出生地］ペンシルベニア州ピッツバーグ

米国および日本などアジア各国企業の法律問題の代理人を務め、国際事業展開の責任者を歴任。米国議会上院司法委員会の特許・商標・著作権小委員会顧問。得意な分野は技術移転、知的所有権、特許権問題でジョイント・ベンチャーを設立、国際特許取引の実務で実績がある。「トレード・シークレット」に関する著作、「1982年輸出商社法」に関する解説をはじめ、専門的著述多数。日米関係についても、貿易問題で注目される論文・記事を発表。日本経済新聞に「テクノロジーとその未来」が掲載されたほか、日本で経営者セミナーに招かれた経験を持つ。著書に「アメリカの苛立ち—日本恐怖論が生まれたこれだけの理由」('90年)など。

【著作】
◇アメリカの苛立ち—日本恐怖論が生まれたこれだけの理由　デニス・アンコヴィック著, 堀紘一監訳, 赤井照久訳　ダイヤモンド社　1990

アンサール, ピエール
Ansart, Pierre
社会学者　パリ第5大学名誉教授

［生年月日］1922年2月20日

［国籍］フランス　［出生地］マルヌ県コルベイユ

1950年代にはベトナムで教職に携わる。1967年ソルボンヌ大学にて専任講師。1969年レイモン・アロンのもとでソルボンヌにおいて博士号取得。ジョルジュ・ギュルヴィッチの指導も受ける。1970年よりパリ第7大学教授。1990年パリ第7大学名誉教授。日本とフランスの高齢化社会を研究する。

【著作】
◇高齢社会と生活の質—フランスと日本の比較から　佐々木交賢, ピエール・アンサール編　専修大学出版局　2003.10

アーンズ, レーン
Earns, Lane R.
歴史学者　ウィスコンシン州立大学オシコシ校歴史学科教授

［国籍］米国　［学歴］博士号(ハワイ大学)　［専門］日本史

ハワイ大学で日本史を専攻した。著書に「長崎居留地の西洋人—幕末・明治・大正・昭和」などがある。

【著作】
◇時の流れを超えて—長崎国際墓地に眠る人々　レイン・アーンズ, ブライアン・バークガフニ著, フミコ・アーンズ〔ほか〕訳　長崎文献社　1991.7
◇長崎居留地の西洋人—幕末・明治・大正・昭和　レイン・アーンズ著, 福多文子訳・監訳, 梁取和紘訳　長崎文献社　2002.12

アンソン, ギャリー
Anson, Gary
編集者　「ジ・オーストラリアン・ジャーナル・オブ・チャイニーズ・アフェアズ」誌編集次長

［国籍］オーストラリア　［学歴］オーストラリア大学

オーストラリア大学で日本文学と英文学の比較研究を専攻、日本語を学ぶ。1984年日本の文部省の奨学金を受け来日。豪日研究センターの出版編集者を経て、「ジ・オーストラリアン・ジャーナル・オブ・チャイニーズ・アフェアズ」誌の編集次長。編著に「私が出会った日本—オーストラリア人の異色体験・日本人観」がある。

【著作】
◇私が出会った日本—オーストラリア人の日本観　ジェニファー・ダフィ, ギャリー・アンソン編, 村松増美監訳　サイマル出版会　1995.7

アンダーソン, アラン
Anderson, Allan W.
宗教学者, 詩人　サンディエゴ州立大学名誉教授

[国籍]米国　[専門]東洋宗教
カリフォルニア州のサンディエゴ州立大学宗教学教授を経て, 名誉教授。東洋宗教研究者で詩人。著書にインド生れの哲学者・宗教家であるジッドゥ・クリシュナムルティとの対話「生の全変容」（共著）がある。
【著作】
◇冷戦後の世界と日本―世界の著名ジャーナリストが直言する　アラン・アンダーソン〔ほか著〕, フォーリン・プレスセンター編　ジャパンタイムズ　1990.11

アンダーソン, リチャード
Anderson, Richard W.
民俗学者

[生年月日]1946年
[国籍]米国　[出生地]デトロイト　[学歴]ミシガン大学航空宇宙工学〔1967年〕卒, インディアナ大学大学院修士課程修了　[学位]民俗学博士（インディアナ大学）〔1988年〕　[団体]アメリカ民俗学会, カリフォルニア民俗学会, 米国宗教学会, アメリカ人類学会, アジア学協会
1967～69年ボーイング社でボーイング747の設計に従事。'69～71年平和部隊員としてマレーシアに配属。高校で数学と物理を教える。'72～77年大阪の住友電工社のコピーライター。'80年インディアナ大学で民俗学の修士号を取得。'80～81年東京のスタンフォード大学センターで日本語学研究。'84年インディアナ大学で東アジア学の修士号を取得。'84～86年フルブライト奨学金を得て筑波大学で学位論文のため調査研究。'90～94年東京の池上本門寺・事業部に勤務。著書に「体験―ニッポン新宗教の体験談フォークロア」。
【著作】
◇体験―ニッポン新宗教の体験談フォークロア　リチャード・W. アンダーソン著, 土岐隆一郎, 藤堂憶斗訳　現代書館　1994.11

◇お寺の事情―アメリカ人民俗学者が見たニッポンの寺　リチャード・アンダーソン著, 岡崎真理訳　毎日新聞社　2000.6

アンダーソン, レオン
Anderson, Leon
アンダーソン・ダイレクト・レスポンス社代表

[生年月日]1937年
[国籍]米国　[出生地]シカゴ
シアーズ・ローバックなど数社で製品開発・市場開発に携わったのち, 1982年貿易コンサルタント会社アンダーソン・ダイレクト・レスポンス社を設立。三菱, シャープ等の日本企業とも取引を行ない米国屈指の日本通ビジネスマンとして活躍。著書に「拝啓 石原慎太郎殿」('92年）がある。
【著作】
◇拝復・石原慎太郎殿　レオン・アンダーソン著, 鈴木主税訳　飛鳥新社　1993.4

アンドラ, ポール
Anderer, Paul
コロンビア大学教授

[生年月日]1949年
[国籍]米国　[学歴]ペンシルベニア州フィラデルフィア　[専門]日本文学, 比較文学
コロンビア大学東アジア諸言語・文化部門の責任者。ドナルド・キーンらに続く第二世代の日本文学研究者として活躍する。著書に「異質の世界―有島武郎」「Other Worlds」など。
【著作】
◇異質の世界―有島武郎論　ポール・アンドラ著, 植松みどり, 荒このみ訳　冬樹社　1982

アンベッケン, エルスマリー
Anbäcken, Els-Marie
ストックホルム大学講師

[生年月日]1954年
[国籍]スウェーデン　[出生地]大阪府　[出身地]大阪市

大阪市内で宣教師をしていた両親のもとに生まれ、中学時代まで日本で生活。その後米国を経て、母国スウェーデンにもどり、神学を学ぶ。25歳から4年間日本で布教活動に携わったのち結婚。子育ての傍ら、ストックホルム大学で日本学の講師を務める。一方、大学で医療、福祉を教える夫が、日本からの視察受け入れを手伝ったことをきっかけに、日本の高齢化に関心を持つ。以来毎年来日し、関西を中心に、高齢者と同居する家庭や、特別養護老人ホームの取材活動を続け、日本の老人介護について研究。1997年同大から「だれがみるの？—日本の高齢者ケアの文化、構造、介護の担い手」を出版。

【著作】
◇Who cares？—スウェーデン人がみた日本の家族とケア　エルスマリー・アンベッケン著，浅野仁，峯本佳世子監訳　中央法規出版　2003.1

アンベール，エーメ
Humbert, Aimé
官吏　スイス遣日使節団長

[生年月日] 1819年6月12日
[没年月日] 1900年9月19日
[国籍]スイス　[出生地]ラ・ショー・ドーフォン近く　[学歴]チュービンゲン大学中退
大学で言語学・哲学・一般文学を専攻したが中退し、モルジュの高等学校教師を勤めた。1848年州内閣の文部長官に任命される。1862年5月スイス連邦立法議会の遣日使節団長に任命されて、日本と国交を開くべく1862年11月20日にマルセーユを出航。1863年4月9日に来日し、1864年2月6日に徳川幕府とスイスとの修好通商条約を締結した。約10カ月の滞日中、日本の実情を調べ、歴史、地理、宗教、社会制度、政治機構、風俗習慣などを観察、"Le tour du Monde"誌に"Le Japon"と題する記事を掲載、帰国後に加筆して見聞記として刊行した。1864年6月任務を終えて帰国の後はローザンヌやヌーシャテルのアカデミーなどで1893年まで教職にあって仏文学や一般文学を担当したが、隠棲後に発病し、7カ年にわたる闘病生活ののち他界した。

【著作】
◇幕末日本図絵（上）（下）高橋邦太郎訳　雄松堂書店（新異国叢書 14, 15）　1969-70
◇絵で見る幕末日本（講談社学術文庫）　エメェ・アンベール〔著〕，茂森唯士訳　講談社　2004.9
◇絵で見る幕末日本　続（講談社学術文庫）　エメェ・アンベール〔著〕，高橋邦太郎訳　講談社　2006.7

【イ】

李 元植　イ・ウォンシク
近畿大学文芸学部教授

[生年月日] 1924年1月1日
[国籍]韓国　[出生地]ソウル　[学歴]ソウル大学文学部中国語文学科卒，ソウル大学大学院修了，台湾国立師範大学研究所中国文学専攻博士課程修了　[学位]文学博士（京都大学）　[専門]東アジア研究　[団体]朝鮮学会，日本言語学会，中国語学会
成均館大学教授、台湾国立政治大学、中国文化大学各教授、中華学術院韓国研究所長を経て、1972年京都産業大学客員教授として来日。'87年近畿大学教授。著書に「朝鮮通信使と筆談唱和の研究」「朝鮮通信使と日本人」（共著）。

【著作】
◇朝鮮通信使と日本人　李元植〔ほか〕著　学生社　1992.3
◇アジア市民と韓朝鮮人　徐竜達先生還暦記念委員会編　日本評論社　1993.7〈内容：淀川と朝鮮通信使—川船と淀浦の水車を中心に（李元植）〉
◇朝鮮通信使の研究　李元植著　思文閣出版　1997.8

李 元淳　イ・ウォンスン
Lee Won-soon
ソウル大学名誉教授

[生年月日] 1926年

[国籍]韓国　[出生地]平安南道平原郡　[学歴]ソウル大学師範学部社会生活科〔1949年〕卒　[専門]朝鮮史, 歴史教育

1957～58年米国ピーボディ大学にて研究。'76年ソウル大学師範学部歴史科教授, '83～84年筑波大学客員教授, '89～91年ソウル大学師範学部長を歴任。'91年停年退官し, ソウル大学名誉教授に。財団法人の民族文化推進会会長, 韓国比較歴史教育研究会会長を務める。著書に「歴史教育―理論と実際」('85年),「朝鮮西学史研究」('86年),「朝鮮時代史論集」('92年),「韓国から見た日本の歴史教育」('94年)など。　[受賞]韓国精神文化研究院附設韓国学大学院名誉文学博士

【著作】
◇韓国から見た日本の歴史教育　李元淳著　青木書店　1994.8
◇韓国発・日本の歴史教科書への批判と提言―共存の教科書づくりのために　李元淳監修, 鄭在貞, 石渡延男編　桐書房　2001.10

李 元馥　イ・ウォンボク
漫画評論家, 漫画家　徳成女子大学教授　韓国漫画アニメ学会会長

[生年月日] 1946年

[国籍]韓国　[出生地]忠清南道大田　[学歴]ソウル大学卒

大学で建築を学び, 1975年ドイツに留学。徳成女子大学で産業美術を教えるかたわら, 韓国初の漫画評論家として活躍。'90年漫画「資本主義と共産主義」を出版, 大ベストセラーになる。他の作品に「コリア驚いた！」などがある。一方, 韓国漫画アニメ学会を設立し, 会長を務めた。

【著作】
◇コリア驚いた！韓国から見たニッポン　李元馥著, 松田和夫, 申明浩訳　朝日出版社　2001.6

李 御寧　イ・オリョン
Lee O-young
文芸評論家, 作家, 記号学者　韓国文化相

[生年月日] 1934年1月15日

[国籍]韓国　[出生地]忠清南道牙山　[学歴]ソウル大学文理学部国文学科〔1956年〕卒, ソウル大学大学院〔1960年〕修士課程了　[学位]文学博士(檀国大学)〔1987年〕　[専門]比較文学, 日本文化論

1960～72年「ソウル日報」「京都新聞」「中央日報」「朝鮮日報」で論説委員, '67年梨花女子大学国文学科助教授, のち副教授を経て, '89年まで同教授。この間, '81～82年国際交流基金の招きで東大比較文学研究室客員研究員として来日。'89年京都の国際日本文化研究センター客員教授。'90年1月～'91年12月韓国の初代文化相(文化部長官)を務めた。'95年梨花女子大学教授。'99年大統領直属の諮問機関, 新千年準備委員会が発足, 委員長に就任。著書は韓国で「世界文章大事典」(全6巻),「韓国と韓国人」(全6巻),「李御寧全集」(全20巻)のほか, 小説, シナリオ, エッセイなど多数。2005年勝敗をはっきり決める西洋の文化とは違い, 東アジアにはジャンケンに象徴される"三すくみ"肯定の思想があると主張した「ジャンケン文明論」を出版。他の著書に、ベストセラーとなった「『縮み』志向の日本人」や「恨の文化論」「韓国人の心:増補版恨の文化論」「俳句で日本を読む」「ふろしき文化のポスト・モダン」「『ふろしき』で読む日韓文化」などがある。　[受賞]韓国文化芸術賞〔1979年〕, 日本文化デザイン大賞〔1992年〕, 国際交流基金賞(日本)〔1996年〕　[叙勲]韓国文化勲章〔1989年〕

【著作】
◇「縮み」志向の日本人　イー・オリョン著　学生社　1982.1
◇引っ込み思案3Sの日本人が膨張主義に走ると危ない(対談)　竹村健一, 李御寧：週刊ポスト　1982.5.14
◇縮み志向の日本人にいま必要なものはなにか(対談)　石塚庸三, 李御寧：ダイヤモンド　70(19)　1982.5.15
◇「縮み」の文化の可能性(対談)　李御寧, 吉村貞司：中央公論　97(6)　1982.6
◇顔のない巨人―不安の中の選択(国際シンポジウム)　開高健, ドナルド・キーン, 佐藤誠三郎, ロナルド・ドーア, 山崎正和, 永井陽之助, 公文俊平, 蠟山昌一, 高坂正堯, 馬場正雄, 森口親司, 李御寧：文芸春秋　60(7)　1982.6

◇歴史の矜りと埃―「教科書摩擦」をどうみるか 李御寧：中央公論 97(10) 1982.10
◇「縮み志向」再考 李御寧：松下政経塾講話録 part 5 PHP研究所 1982.12
◇日本の伝統はどこまで伝統的か〔ほか〕 開高健, ドナルド・キーン, 李御寧, 山崎正和, 永井陽之助, 高坂正堯, ロナルド・ドーア：日本は世界のモデルになるか 文芸春秋 1983.4
◇俳句で日本を読む―なぜ「古池の蛙」なのか―日本人の美意識・行動様式を探る(21世紀図書館) 李御寧著 PHP研究所 1983.5
◇なぜ今「縮み」志向論なのか（日本文化シンポジウム） 李御寧：知識 31 1983.7
◇「縮み」志向の日本人（講談社文庫） 李御寧著 講談社 1984.10
◇「縮み」志向の日本人 愛蔵版 イー・オリョン著 学生社 1984.11
◇「手本」を失った日本人―続・縮み志向の日本人 李御寧：NEXT 2(5) 1985.5
◇風呂敷文化のポスト・モダン―日本・韓国の伝統文化を再読する 1～10 李御寧：中央公論 103(3)～104(3) 1988.3～1989.3
◇日本文化のポストモダニズム 李御寧：正論 190 1988.6
◇ふろしき文化のポスト・モダン―日本・韓国の文物から未来を読む 李御寧著 中央公論社 1989.9
◇現代における人間と文学（国際シンポジウム） 国際日本文化研究センター編 国際日本文化研究センター 1993.3〈内容：文学―人と物の距離「日本の俳句を韓国の時調から読む」（李御寧)〉
◇蛙はなぜ古池に飛びこんだか―「俳句」と日本人の発想 李御寧著 学生社 1993.11
◇日韓文化論―日韓文化の同質性と異質性 韓国文化通信使フォーラム 在日本韓国文化院編 学生社 1994.6〈内容：韓国文化と日本文化―その同質性と異質性（李御寧)〉
◇緊急提言・いいかげんにしろ日本人！世界の知識人からの「手紙」 ボブ・グリーン, 李御寧, スラク・シバラクサ, ジョルジュ・シュフェール, ボビー・バレンタイン, 孫斌, ロジャー・ゲイル, 許慶雄, カルメリータ・ヌクイ：週刊現代 38(6) 1996.2.17
◇「縮み」志向の日本人(Bilingual books) 李御寧著 講談社インターナショナル 1998.9
◇「ふろしき」で読む日韓文化―アジアから発信する新しい文明… 李御寧著 学生社 2004.11

李 康勲 イ・カンフン
独立運動家 光復会会長

[没年月日] 2003年11月12日

[国籍]韓国

1919年3月日本の植民地支配に抗議する3.1独立運動に参加後、上海に樹立された大韓民国臨時政府に勤務。'33年駐中国日本公使の暗殺を企てたとして逮捕、'45年まで日本で収監された。'46年在日本朝鮮居留民団（現・在日本大韓民国民団）副団長に就任したが、まもなく脱退。'60年韓国に帰国し、'88～92年独立運動に携わった人々と遺族で構成する光復会の会長を務めた。

【著作】
◇わが抗日独立運動史―有吉公使爆殺未遂事件 李康勲著, 倉橋葉子訳 三一書房 1987.5

李 基鐸 イ・キテク
延世大学教授

[生年月日]1935年
[国籍]韓国 [出生地]ソウル [学歴]延世大学政治外交科卒, 東京大学大学院修士課程修了, ソルボンヌ大学大学院博士課程修了 [専門]国際政治

東京大学、ソルボンヌ大学に留学。駐日、駐仏公報官などを経て、延世大学教授。同大社会科学研究所長を歴任も務めた。

【著作】
◇訪日学術研究者論文集―アカデミック 第1巻 日韓文化交流基金〔編〕 日韓文化交流基金 1999.3〈内容：北朝鮮の政治変動・日米安全保障・ソ連・北朝鮮関係（李基鐸)〉

李 基文 イ・キムン
言語学者 ソウル大学名誉教授

[生年月日] 1930年10月23日
[国籍]韓国 [出生地]平安北道定州 [学歴]ソウル大学文理学部国文学科〔1953年〕卒 [学位]文学博士（ソウル大学）〔1973年〕

韓国語研究の第一人者。韓国語とアルタイ諸語、日本語の比較研究を行い、韓国の古典言語である高句麗語と他言語の比較考察が有名。1962年ソウル大学文理大学専任講師、のち助教授、副教授を経て、のち名誉教授。ハーバード大学、ワシントン大学、コロンビア

大学、東京大学などで客員教授も務めた。著書に「国語音韻史」「国語史概説」などがある。韓国学術院会員。　[受賞]3・1文化賞, 福岡アジア文化賞（大賞）〔1998年〕
【著作】
◇日本語の起源—世界の言語学者による論集　馬淵和夫編　武蔵野書院　1986.7〈内容：日本語比較研究の方法について（李基文）〉

李 吉鉉　イ・キルヒョン
Lee Gil-hyun
実業家　韓国親善協会中央会副会長　三星物産副社長, 韓日産業技術協力財団委員長

[国籍]韓国　[学歴]延世大学経済学部〔1951年〕卒, ワシントン大学経営経営大学院修了
延世大学助教授、韓国日報、中央日報・東京支社長を経て、1973年三星物産取締役。'87年副社長。東京支店長など、日本駐在は20年以上にわたった。　[叙勲]旭日中綬章（日本）〔2005年〕
【著作】
◇'91アジア技術交流フォーラムin広島—グローバリゼーションの潮流の中で中小企業の針路を探る　報告書　アジア技術交流フォーラム実行委員会　1992.3〈内容：ひろしまとアジアの一体的発展をめざして—ビジネスパートナーとしてのアジア諸国からのメッセージ（チョウ・キット・ボイ, カリドゥ・イブラヒム, 李吉鉉, アンワール・ナスチオン, 王英偉）〉

李 光奎　イ・クァンギュ
Lee Kwang-kyu
ソウル大学人類学科教授

[生年月日]1932年
[国籍]韓国　[出生地]京畿道仁川　[学歴]ソウル大学歴史学専攻〔1960年〕卒、ウィーン大学大学院〔1964年〕修了　[学位]哲学博士　[専門]人類学　[団体]韓国人類学会（会長）
1966年ソウル大学社会科学部、'69年ハワイ東西センターのSenior Professor, '79年カリフォルニア大学バークレー校交換教授、'85年アリゾナ州立大学交換教授を経て、ソウル大学人類学科教授。在外韓人研究会会長、「在外韓人研究」発行人などを務める。著書に「韓国家族分析」「在日韓国人」「在美韓国人」、分担執筆に「アジア市民と韓朝鮮人」がある。
【著作】
◇アジア市民と韓朝鮮人　徐竜達先生還暦記念委員会編　日本評論社　1993.7〈内容：在日・在中僑胞の比較研究—異民族政策の相違をめぐって（李光奎）〉
◇日韓文化論—日韓文化の同質性と異質性　韓国文化通信使フォーラム　在日本韓国文化院編　学生社　1994.6〈内容：韓日の生活文化の比較—家族と家庭生活を中心に（李光奎）〉

李 鍾恒　イ・ジョンハン
政治学者　韓国国民大学学長

[生年月日]1919年
[国籍]韓国　[学歴]満州建国大学政治学科〔1943年〕卒　[専門]韓国政治史
1947年から慶北大学教授、文教部高等教育局長、奨学室長等を歴任し、'68年国民大学学長、'84年退官。著書に「韓国政治史」「政治学概論」「韓半島からきた倭国—古代加耶族が建てた九州王朝」など。
【著作】
◇韓半島からきた倭国—古代加耶族が建てた九州王朝　李鍾恒著, 兼川晋訳　新泉社　1990.3
◇韓半島からきた倭国—古代加耶族が建てた九州王朝　新装　李鍾恒著, 兼川晋訳　新泉社　2000.10

李 鐘允　イ・ジョンユン
韓国外国語大学教授

[生年月日]1945年
[国籍]韓国　[学歴]ソウル大学経済学科卒, 一橋大学大学院博士課程修了　[学位]経済学博士（一橋大学）　[専門]経済学
大韓商工会議所韓国経済研究センター研究員を経て、韓国外国語大学教授。
【著作】
◇訪日学術研究者論文集—アカデミック　第2巻　日韓文化交流基金〔編〕　日韓文化交流基金　1999.3〈内容：『経済発展構造の韓・日比較』（李鐘允）〉
◇訪日学術研究者論文集—一般　第11巻　日韓文化交流基金編　日韓文化交流基金　〔2004〕

〈内容：アジア金融危機以降の韓・日経済の対応方式の差異と評価（李鐘允）〉

李 進　イ・ジン
韓国環境庁次官

[生年月日] 1942年8月17日
[国籍] 韓国　[出生地] 公州　[学歴] ソウル大学政治外交学科〔1964年〕卒
民正党政策調整室副室長・副代弁人、国務総理秘書室長などを歴任。
【著作】
◇訪日学術研究者論文集―アカデミック　第2巻　日韓文化交流基金〔編〕　日韓文化交流基金　1999.3〈内容：日本の経験からみた環境保全と開発との統合に関する考察（李進）〉

李 寿甲　イ・スガプ
自主平和統一民族会議共同議長, 民族正気守護協議会常任議長

[生年月日] 1926年
[国籍] 韓国
韓国の市民運動連合組織・自主平和統一民族会議共同議長と日本による戦争被害の調査団体・民族正気守護協議会常任議長を兼任。1994年と'95年来日。
【著作】
◇世界が問う日本の戦争責任―戦争犯罪と戦後補償を考える国際市民フォーラム報告書 和解と平和の21世紀をめざして　「国際市民フォーラム報告集」編集委員会編　国際市民フォーラム　2000.8〈内容：日本の戦争体制作りと歴史認識（パネルシンポジウム（3）-A）（李寿甲、殷燕軍、アルバート・何俊二、グレッグ・スミス、栗原君子、宜保幸男）〉

李 忠烈　イ・チュンヨル
作家

[生年月日] 1954年
[国籍] 韓国　[出生地] ソウル
1974年大学在学中、家族とともに米国に移住。短編小説「近くて遠い道」を実践文学に発表して文壇にデビュー。ルポルタージュ「北の作家を訪ねて」「ラスベガスの韓人」「ロス暴動と怒った韓国人」「平壌を行く」を発表する。他の著書に「北朝鮮★見聞録―旅行・完全マニュアル」などがある。
【著作】
◇訪日学術研究者論文集―アカデミック　第8巻　日韓文化交流基金〔編〕　日韓文化交流基金　2001.9〈内容：永井荷風研究―「つゆのあとさき」を中心に（李忠烈）〉

李 庭植　い・ちょんしく
ペンシルベニア大学教授

[生年月日] 1931年
[学位] 博士号（カリフォルニア大学バークレー校）　[専門] 韓国現代政治史
韓国・北朝鮮の現代政治史を専攻。著書に「The Politics of Korean Nationalism」、訳書に「戦後日韓関係史」がある。
【著作】
◇戦後日韓関係史（中公叢書）　李庭植著, 小此木政夫, 古田博司訳　中央公論社　1989.4

李 大淳　イ・デスン
政治家　韓日親善協会副会長　韓国通信公社理事長

[生年月日] 1933年4月18日
[国籍] 韓国　[出生地] 高興　[学歴] ソウル大学法学部〔1957年〕卒
韓国郵政省長官、国会議員、韓国通信公社理事長などを歴任。韓国民自党政策評価委員会教育分科委員長を務める。のち韓日親善協会副会長。　[叙勲] 青条勤政勲章, 韓国国民勲章牡丹章, 勲二等旭日重光章(日本)〔2000年〕
【著作】
◇訪日学術研究者論文集――一般　第11巻　日韓文化交流基金編　日韓文化交流基金〔2004〕〈内容：韓国と日本における教育委員会制度の成立過程に関する考察（李大淳）〉

李 東元　イ・ドンウォン
Lee Dong-woon
政治家　韓国外相

[生年月日] 1926年9月8日
[没年月日] 2006年11月18日
[国籍] 韓国　[出生地] 咸鏡南道北青　[学歴] リオグランデ大学〔1950年〕卒, ケント州立

大学大学院（英国）〔1952年〕卒，コロンビア大学大学院修了，オックスフォード大学大学院（政治）〔1958年〕卒　〔学位〕政治学博士（オックスフォード大学）〔1958年〕

中学校時代、反日活動のために投獄された経験を持つ。延世大学3年修了後、米国・英国に留学。帰国後、国際問題評論誌を編集。1961年軍事クーデター後の対米交渉に従事、'62年国際政治学者から朴正熙大統領秘書室室長に起用される。'63年駐タイ大使、'64年37歳の若さで外相に就任。この間、'65年に日韓条約の全権代表として韓日間の国交正常化を果たした。'66年にASPAC第1回会議を開催。同年外相を退き、'67年より民主共和党より国会議員、外務委員長、'73年駐スイス大使、'79年維新政友会より国会議員、のち韓日協会会長などを歴任。'95年国民会議党入り。2000年政界引退。　〔叙勲〕一等修交勲章，韓国国民勲章無窮花章

【著作】
◇韓日条約締結秘話—ある二人の外交官の運命的出会い　李東元著，崔雲祥監訳　PHP研究所　1997.12

李 男徳　イ・ナムドク
梨花女子大学教授

〔生年月日〕1920年

〔国籍〕韓国　〔出生地〕忠清南道牙山　〔学歴〕京城帝大法文学部卒，梨花女子大学大学院修士課程修了　〔学位〕文学博士　〔専門〕言語学，韓国語

1944年結婚、三男一女をもうけるが死別。その後、教育者、研究者の道を歩む。東亜大学、淑明女子大学、'53年梨花女子大学教授を歴任。著書に「韓国語形態素分類論」、日本語での著作として「韓国語と日本語の起源」（全4巻）他。また、「ソウルの人民軍—朝鮮戦争下に生きた歴史学者の日記」もある。

【著作】
◇韓国語と日本語の起源　李男徳著　学生社　1988.6

李 憲模　イ・ホンモ
政治学　中央学院大学法学部専任講師

〔生年月日〕1963年

〔国籍〕韓国　〔出生地〕京畿道抱川　〔学歴〕京畿大学校人文学部〔1990年〕卒，早稲田大学大学院政治学研究科博士課程　〔学位〕政治学博士（早稲田大学）〔2000年〕

1990年大学卒業と同時に来日。早稲田大学大学院で学位取得後、2002年中央学院大学専任講師。

【著作】
◇比較地方自治論—日本と韓国の大都市制度を中心に　李憲模著　敬文堂　2004.2

李 永植　イ・ヨンシク
Lee Young-sik
高麗大学文学部韓国史学科非常勤講師

〔生年月日〕1955年

〔国籍〕韓国　〔出生地〕ソウル　〔学歴〕高麗大学文学部史学科〔1979年〕，高麗大学大学院史学科（韓国古代史専攻）〔1983年〕碩士課程修了，早稲田大学大学院文学研究科日本古代史専攻〔1991年〕博士後期課程修了　〔学位〕文学博士（早稲田大学）〔1991年〕　〔専門〕韓国古代史，日本古代史

1992年高麗大学文学部非常勤講師となる。著書に「加耶諸国と任那日本府」、論文に「所謂『任那日本府』の語意について」「五世紀倭王の称号の解釈をめぐる一視角」「古代人名からみた『呉』—『応神・雄略記』の『呉』について」がある。

【著作】
◇古代日本の任那派遣氏族の研究—的臣・吉備臣・河内直を中心として　李永植〔著〕，富士ゼロックス・小林節太郎記念基金　富士ゼロックス・小林節太郎記念基金　1990.8
◇六世紀における任那日本府と加羅諸国　李永植〔著〕，富士ゼロックス・小林節太郎記念基金編　富士ゼロックス・小林節太郎記念基金　1991.8
◇加耶諸国と任那日本府　李永植著　吉川弘文館　1993.4
◇訪日学術研究者論文集—歴史　第6巻　日韓文化交流基金編　日韓文化交流基金　〔2002〕
〈内容：加耶諸国と古代日本の交流史研究—

日本列島における加耶関連の文献と遺跡を中心に〈李永植〉〉

イエリン, ロバート・リー
Yellin, Robert Lee
陶磁器研究家 青山学院大学非常勤講師

[生年月日]1960年
[国籍]米国 [出生地]ニュージャージー州 [団体]日本陶磁協会(三島支部)
1984年来日し、日本の焼きものに魅かれる。青山学院大学、富士フェニックス短期大学各非常勤講師を務める。著書に「やきもの讃歌―ぐい呑と徳利」がある。
【著作】
◇やきもの讃歌―ぐい呑と徳利 ロバート・リー・イエリン著, 山岸文明訳 光芸出版 1995

石黒 マリーローズ いしぐろ・マリーローズ
Ishiguro Marierose
英知大学文学部国際文化学科教授, レバノン文化教育センター館長

[生年月日]1943年8月25日
[国籍]レバノン [出生地]ベイルート [学歴]聖ヨセフ大学哲学科卒, アンシティチュー・カトリック・ドゥ・パリ大学卒 [専門]言語学, 社会学
レバノンとフランスの大学で哲学を学んだ後、王室付き師長としてクウェート王女、カタール王子の教育を担当。また各国の外交官や学者を対象にフランス語、英語、アラビア語などを指導。その間、ベイルートで日本人・石黒道兼と知りあい、1972年来日し、結婚。社会学と言語学の研究者で、英知大学文学部助教授を経て、教授。大阪教育大学講師、兵庫県学校教育審議会委員も務める。'83年には自宅にレバノン文化教育センターを設立して、広くレバノン文化を紹介する。著書に、ベストセラーとなった「キリスト教文化の常識」「キリスト教英語の常識」、母国の父の手紙をもとにした「父の心―娘への手紙」、他に「レバノンの黒い瞳―日米を射る」「フランス語は難しくない」「レバノン杉と桜」「ちょっと お節介ですが―愛する日本人へひと言」「聖書に学ぶいつのまにか人づきあいがうまくなる心の習慣」などがある。 [受賞]国際交流賞(神戸市)〔1989年〕
【著作】
◇レバノンの黒い瞳―日・米を射る 石黒マリーローズ著, 黒崎民子訳 日本教育研究センター(発売) 1987.6

イトコネン, ライヤ
Itkonen, Raija
ICA中央委員・執行委員, フィンランド生協中央会国際担当・広報部長

[国籍]フィンランド [学歴]ヘルシンキ経済大学卒
フィンランド生協での活動20年というキャリアを持つ。同生協中央会国際担当の実力は高く評価されている。ICA(国際協同組合同盟)中央委員で執行委員16人の中の紅一点として活躍。語学にも精通しており、母国語のほか英・独・スウェーデン語が勘能。1986年4月東京で開かれる「ICA婦人・生協委合同会議」出席のため来日。
【著作】
◇先進国生協運動の基本的価値―国際シンポジウム報告 日本生協連国際部編 コープ出版 1992.1〈内容：SESSION 日本の生協にとっての基本的価値とは何か(スヴェン・オーケ・ベーク, イアン・マクファーソン, ライヤ・イトコネン, ジークフリート・ロム, 高村勲)〉

任 東権 イム・ドンゴォン
Im Dong-kwon
民俗学者 韓国中央大学名誉教授

[生年月日]1926年5月22日
[国籍]韓国 [出生地]忠清南道扶余 [学歴]国学大学〔1951年〕卒, 慶熙大学大学院〔1960年〕修了 [学位]文学博士(友石大学)〔1968年〕 [専門]民謡, 口碑文学, 芸能, 民間信仰, シャーマニズム
1954年母校の国学大学で韓国初の民俗学講座を開講。民謡、口碑文学、芸能、民間信

仰、シャーマニズムなど韓国の民俗を採集する一方、そのルーツや伝播を調べるため、日本をはじめアジア各地での現地調査を行う。徐羅伐芸術大学教授、中央大学教授を務める傍ら、韓国民謡学会会長、韓国民俗学会会長などを歴任。百済文化研究院院長、韓国文化財保護財団理事として文化財の発掘・保護にも活躍し、これらの永年の功績により文化勲章をはじめとする数々の国家的栄誉賞を授与された。著書に「韓国民謡研究」「韓国民俗文化論」「韓国の民俗と伝承」「韓国の民俗大系」（全5巻）など。中学時代を戦時中の東京で過ごし、日本民俗学界との縁も深く、日韓国交正常化に先立つ'63年から40年間、北海道から沖縄まで日本の各地で民俗調査を続けるとともに、日本人との共同研究も推進した。2005年アジア固有の文化の保存と創造に貢献した人を顕彰する福岡アジア文化賞大賞を受賞。　［受賞］ソウル市文化賞、福岡アジア文化賞大賞（第16回，日本）〔2005年〕　［叙勲］韓国国民勲章牡丹章

【著作】
◇日本の中の百済文化―師走祭りと鬼室神社を中心に（Academic series new Asia）　任東権著，竹田旦訳　第一書房　2001.3
◇大将軍信仰の研究（Academic series new Asia）　任東権著，竹田旦訳　第一書房　2001.12

林 八龍　イム・パルヨン
韓国外国語大学教授

［生年月日］1948年
［国籍］韓国　［学歴］大阪大学院修士課程修了　［専門］日本語文法論・表現論
比較言語学を研究する。

【著作】
◇論集日本語研究 1　宮地裕編　明治書院　1986.11〈内容：現代日本語の慣用的表現の類型（林八竜）〉
◇日本語の研究―宮地裕・敦子先生古稀記念論集　宮地裕・敦子先生古稀記念論集刊行会編　明治書院　1995.11〈内容：日本語と韓国語における表現構造の対照考察―日本語の名詞表現と韓国語の動詞表現を中心として（林八龍）〉

◇日本語日本文学の研究―前田富祺先生退官記念論集　前田富祺先生退官記念論集刊行会編　前田富祺先生退官記念論集刊行会　2001.3〈内容：身体語彙・身体語彙慣用句考（林八竜）〉
◇日・韓両国語の慣用的表現の対照研究―身体語彙慣用句を中心として　林八竜著　明治書院　2002.11

任 孝宰　イム・ヒョジェ
ソウル大学考古美術史学科教授，全国国立博物館協会長

［生年月日］1941年5月25日
［国籍］韓国　［出生地］ソウル　［学歴］ソウル大学考古人類学科〔1965年〕卒，テキサス州立大学院〔1975年〕修了　［学位］文学博士（九州大学）〔1984年〕

1969年ソウル大学専任講師、のち助教授、副教授を経て現在、教授。著書に「教養としての考古学」「韓国新石器時代の研究」「江原道オサンリ新石器文化の研究」などがある。

【著作】
◇琉球・東アジアの人と文化―高宮広衛先生古稀記念論集　下巻　高宮広衛先生古稀記念論集刊行会編　高宮広衛先生古稀記念論集刊行会　2000.10〈内容：土器・石器からみた韓国と九州・沖縄との文化交流（任孝宰）〉

林 永春　イム・ヨンチュン
作家

［生年月日］1932年
［国籍］韓国　［学歴］全北大学大学院修了，延世大学大学院修了

漢陽大学、円光大学などで講師・助教授を歴任。著書に「脈」「大地の遺言」「醜い韓国人が醜い日本人に応える」（1995年）がある。

【著作】
◇醜い韓国人が醜い日本人に応える　林永春著，姜求栄，尹大辰訳　三一書房　1995.7
◇嫌韓反日の構造　望月幹夫，林永春編著，尹大辰訳　白帝社　1997.8〈内容：『醜い韓国人（歴史検証編）』に反駁する（林永春，望月幹夫）〉

任 栄哲　イム・ヨンチョル
言語学者　中央大学文科学部日語日文学科教授

[生年月日] 1949年
[国籍]韓国　[出生地]全羅南道　[専門]日本語学, 社会言語学

日本に留学し、徳川宗賢、真田信治に師事。著書に「箸とチョッカラク」がある。

【著作】
◇在日・在米韓国人および韓国人の言語生活の実態〈日本語研究叢書〉　任栄哲著　くろしお出版　1993.4
◇韓国人と日本人のコミュニケーション・ギャップに関する研究　任栄哲：訪日学術研究者論文集 アカデミック　8　日韓文化交流基金　2001.9
◇訪日学術研究者論文集—アカデミック　第8巻　日韓文化交流基金〔編〕　日韓文化交流基金　2001.9〈内容：韓国人と日本人のコミュニケーション・ギャップに関する研究（任栄哲）〉
◇箸とチョッカラク—ことばと文化の日韓比較（ドルフィン・ブックス）　任栄哲, 井出里咲子著　大修館書店　2004.5

インピー, オリバー・R.
Impey, Oliver R.
日本美術研究家　オックスフォード大学教授・附属アシュモリアン美術博物館東洋美術部長

[生年月日] 1936年5月28日
[国籍]英国　[出生地]オックスフォード　[学歴]オックスフォード大学マートンカレッジ（動物学）卒　[学位]博士号　[専門]日本の輸出美術品, 有田焼

12歳の時、ロンドンの友達の家で有田焼の色絵磁器や中国の染め付けを見たのが、東洋美術を研究するきっかけとなる。大学では動物学を専攻したが、有田焼への思いは断ち難く、陶磁器の勉強だけは続けた。1968年オックスフォード大学附属アシュモリアン美術館の役職に就く。専門は日本の輸出美術品で、特にヨーロッパに輸出された有田磁器（古伊万里や柿右衛門）については世界の権威。元学習院大学客員教授。マートンカレッジ同窓の皇太子・浩宮殿下を自宅に招き食事をしたこともある。'91年来日。　[受賞]小山冨士夫記念賞（第17回）〔1996年〕

【著作】
◇ナセル・D. ハリリ・コレクション—海を渡った日本の美術　第3巻　オリバー・インピー, マルカム・フェアリー〔編〕, オリバー・インピー〔ほか〕執筆, 本田和美訳　同朋舎出版　1994.11
◇ナセル・D. ハリリ・コレクション—海を渡った日本の美術　第1巻　オリバー・インピー, マルカム・フェアリー〔編〕, オリバー・インピー〔ほか〕執筆, 本田和美訳　同朋舎出版　1995.1
◇ナセル・D. ハリリ・コレクション—海を渡った日本の美術　第2巻　オリバー・インピー, マルカム・フェアリー〔編〕, オリバー・インピー〔ほか〕執筆, 本田和美訳　同朋舎出版　1995.3
◇ナセル・D. ハリリ・コレクション—海を渡った日本の美術　第2巻〔下〕　オリバー・インピー, マルカム・フェアリー〔編〕, オリバー・インピー〔ほか〕執筆, 本田和美訳　同朋舎出版　1995.5
◇ナセル・D. ハリリ・コレクション—海を渡った日本の美術　第4巻　オリバー・インピー〔ほか編〕, 郷家忠臣〔ほか〕執筆, 菊池裕子訳　同朋舎出版　1995.7
◇ナセル・D. ハリリ・コレクション—海を渡った日本の美術　第4巻〔下〕　オリバー・インピー, マルカム・フェアリー〔編〕, 郷家忠臣〔ほか〕執筆, 菊池裕子訳　同朋舎出版　1995.8
◇ナセル・D. ハリリ・コレクション—海を渡った日本の美術　第5巻〔上〕　オリバー・インピー, マルカム・フェアリー〔編〕, オリバー・インピー〔ほか〕執筆, 本田和美訳　同朋舎出版　1995.9
◇ナセル・D. ハリリ・コレクション—海を渡った日本の美術　第5巻〔下〕　オリバー・インピー, マルカム・フェアリー〔編〕, オリバー・インピー〔ほか〕執筆, 本田和美訳　同朋舎出版　1995.10

インブリー, ウィリアム
Imbrie, William
宣教師

[生年月日] 1845年1月1日
[没年月日] 1928年8月4日
[国籍]米国　[出生地]ニュー・ジャージー州　[学歴]プリンストン大学〔1865年〕, プリンストン神学校〔1870年〕　[学位]神学博士（プリンストン大学）〔1884年〕

1875年、アメリカ長老派教会宣教師として来日し、東京一致神学校(のちの明治学院)で新約聖書について講義を行なった。1890年5月17日に本郷向ケ岡の第一高等学校グラウンドで行なわれた一高対明治学院の野球試合中に起こった「インブリー事件」は、わが国野球史上有名な出来事として記憶されている。明治学院教授インブリーが野球場の柵を越えて入場、場内は混乱し試合は30分にわたり中断、中止となった。在日47年に及んだが1922年に帰国した。神学関係の著作も多いが、英語教授用として刊行された"Handbook of English - Japanese Etymology"(1880)や"Textbook on Conversation"(1880)は多く用いられた。在日中1909年には日本政府より勲四等旭日小綬章が贈られた。

【著作】
◇Handbook of English-Japanese etymology. William Imbrie. Torindow 1884

インモース, トーマス
Immoos, Thomas
上智大学名誉教授

[生年月日] 1918年9月15日
[没年月日] 2001年10月20日
[国籍] スイス [学歴] ロンドン大学東洋アフリカ古典中国語専攻卒、チューリヒ大学大学院東洋学研究科中国文学専攻博士課程修了 [学位] 文学博士 [資格] オーストリア科学アカデミー会員 [専門] 宗教学, ドイツ文学
1938年から7年間スイスの高等教育機関で神学と哲学を専攻。'46年から4年間ロンドン大学東洋研究所で中国古典を研究。'52年岩手大学講師、'59年上智大学文学部教授、'68年東京大学教養学部講師などを経て、上智大学名誉教授。著書に「原形との出会い」「変わらざる民族」「ファウストとドイツ精神史」「深い泉の国 日本」などがある。

【著作】
◇ヨーロッパ人と日本人―変わらざる民族 トマス・インモース, 尾崎賢治訳: 自由 12(9) 1970.9
◇日本教としての法華経 (座談会) 山本七平, 小室直樹, トマス・インモース: 中央公論 1981.2
◇深い泉の国「日本」―異文化との出会い トーマス・インモース, 加藤恭子著 春秋社 1985.7
◇ドイツ演劇・文学の万華鏡―岩淵達治先生古希記念論集 岩淵達治先生古希記念論集刊行会編 同学社 1997.12〈内容: シュヴィーツにおける日本人劇(トーマス・インモース)〉
◇深い泉の国「日本」―異文化との出会い(中公文庫) トーマス・インモース, 加藤恭子著 中央公論新社 1999.2

【ウ】

禹 守根 ウ・スグン
Woo Su-keun
「たたかれる覚悟で書いた韓国人禹君から日本への直言」の著者

[生年月日] 1967年
[国籍] 韓国 [出生地] 仁川 [学歴] 仁荷大学政治外交科〔1995年〕卒、慶応義塾大学大学院法学研究科国際法専攻博士課程 [専門] 国際法
1995年文部省の国費留学生として来日。'96年慶応義塾大学大学院法学研究科に入学。2001年日本人大学生2人と共にアジアの子どもたちを支援する日韓アジア基金を設立。日韓両国で寄付を募り、民家を借り、先生を探してカンボジア・プノンペン郊外に寺子屋風のアジア未来学校を開校。著書に「たたかれる覚悟で書いた韓国人禹君から日本への直言」がある。

【著作】
◇たたかれる覚悟で書いた韓国人禹君から日本への直言 禹守根著 スリーエーネットワーク 2000.12
◇韓国人ウ君の「日韓の壁」ってなんだろう 禹守根著 講談社 2003.8

于 青 う・せい
ジャーナリスト 「人民日報」東京特派員

[生年月日] 1952年

[国籍]中国　[出生地]北京市　[学歴]ハルビン師範大学（日本語）
文革中の1968年から'79年まで「下放青年」として黒竜江省の農場で過ごす。社会科学院新聞研究所を経て、'86年人民日報に入社。国際部を経て、'88年から東京特派員を務める。
【著作】
◇永遠の隣人―人民日報に見る日本人　孫東民主編，于青副主編，段躍中監訳，横掘幸絵〔ほか〕訳　日本僑報社　2002.10

于 耀明　う・ようめい
Yu Yao-ming
龍谷大学大学院非常勤講師

[生年月日]1955年
[国籍]中国　[出生地]寧夏　[学歴]大連外国語大学日本語学科〔1978年〕卒，同志社大学大学院〔1984年〕修士課程修了，武庫川女子大学大学院〔1999年〕博士後期課程修了　[学位]博士（武庫川女子大学）　[専門]近代日本文学
1984年中国西北大学外国語学部講師、副教授を経て、龍谷大学大学院非常勤講師。同志社大学言語文化教育研究センター嘱託講師も務める。著書に「周作人と日本近代文学」がある。
【著作】
◇周作人と日本近代文学　于耀明著　翰林書房　2001.11

ヴァリエー，ラーシュ
Vargö, Lars
外交官、日本文学研究家　スウェーデン国会国際局長

[生年月日]1947年
[国籍]スウェーデン　[出生地]ストックホルム　[学歴]ウプサラ大学卒，ストックホルム大学東洋学部〔1971年〕卒　[学位]博士号（ストックホルム大学）〔1982年〕
1972～73年大阪外国語大学、'73～76年京都大学国史科に留学、日本文学を学び「日本古代国家形成の研究」で博士号を取得。'78年スウェーデン外務省に入り、在日スウェーデン大使館に勤務。'83～84年在リビア大使館、'84～87年在日大使館、'87～90年在米大使館などに赴任し、'93～98年駐日公使。その後、駐リトアニア公使、外務省東アジア部長などを経て、国会国際局長。俳句、詩の研究にも従事し、公使在任中の'93年在日大使館内に事務局を置く日本スウェーデン文学協会が発足、'95年文学誌「ひかり」を創刊し、日本文学を紹介。スウェーデン語訳に日本詩集「井戸の中の月」がある他、著書に「装われた静けさの日本」（'92年）、共著に「日本の世界的役割」（'94年）、「スウェーデンから見た日本の素顔」、編著に「種田山頭火句集」などがある。　[受賞]スウェーデン王立アカデミー文学賞〔1998年〕
【著作】
◇スウェーデンから見た日本の素顔　ラーシュ・ヴァリエー著，児玉千晶訳　メイナード出版　1998.3
◇種田山頭火句集（芸林21世紀文庫）　種田山頭火著, Lars Vargo編　芸林書房　2002.12

ヴァリニャーノ，アレッサンドロ
Valignano, Alessandro
イエズス会宣教師

[生年月日]1530年2月20日
[没年月日]1606年1月20日
[国籍]イタリア　[出生地]キエチ
ナポリ王国の貴族の家に生まれる。パデュ大学で法律を学び、1566年にイエズス会に入会する。1573年東洋伝道を志し、インドのゴア、中国のマカオを経て、1579年（天正7）7月25日来日。織田信長に謁見し、キリシタン大名の知遇も得て、巡察師として1579年から1582年、1590年から1592年、1597年から1603年までの3回にわたり滞日し、布教に努めた。また、伊東マンショら天正少年使節を引率し、日本に印刷機械を移入したことで、日本文化史上に果たした役割も大きい。教会のほか、病院、学校等を建て、「東洋の天使」と称された。ヴァリニアーノが巡察師として記した布教活動記録は、ポルトガルのアジュダ図書館所蔵の草稿として遺され、「日本巡察記」にまとめられた。

【著作】
◇日本巡察記　ヴァリニャーノ著, 松田毅一他訳　平凡社　1973

ヴァレ, オドン
Vallet, Odon
宗教学者　パリ第1大学, パリ第7大学

［生年月日］1947年
［国籍］フランス　［学歴］国立行政学院（ENA）卒, パリ政経学院卒　［学位］法学博士, 宗教学博士
パリ第1大学、第7大学で政治と宗教、法律と社会の関係などについて教える。著書に「世界の宗教」「イエスとブッダ」「宗教とはなにか」「女性と宗教」などがある。
【著作】
◇中国と日本の神─仏教、道教、儒教、神道（「神の再発見」双書）　オドン・ヴァレ著, 佐藤正英監修, 遠藤ゆかり訳　創元社　2000.11

ヴァンデルメルシュ, レオン
Vandermeersch, Léon
フランス国立高等研究院教授, フランス極東学院院長

［国籍］フランス　［学位］文学博士　［専門］中国思想史, 中国法制史
元日仏会館フランス学長。著書に「アジア文化圏の時代」など。
【著作】
◇創造的日本文化の輸出を　レオン・バンデルメルシュ：THIS IS　1(6)　1984.9

ヴァン・ブラフト, ヤン
Van Bragt, Jan
カトリック神父　南山大学名誉教授

［生年月日］1928年5月26日
［没年月日］2007年4月12日
［国籍］ベルギー　［学歴］ルーヴァン大学（ベルギー）神学部卒, ルーヴァンカソリック大学大学院哲学研究科博士課程修了　［学位］神学博士（ルーヴァン大学）〔1961年〕　［専門］浄土真宗, キリスト教　［団体］日本宗教学会, キリスト教学会, 東西宗教交流学会

1961年来日し、姫路にあるベルギーの宣教組織・淳心会に所属して日本語を学ぶ。大阪の堺教会で助任司祭を務めた後、'65年より京都大学で宗教学の武内義範教授に師事。'76年南山大学教授となり、南山宗教文化研究所長を兼務した。'96年定年退職、花園大学教授に就任。著書に「Zen und die Kunste」（共著）「浄土教とキリスト教」（共編）。
【著作】
◇明日への提言─京都禅シンポ論集　堀尾孟編　天龍寺国際総合研修所　1999.3〈内容：西谷啓治における宗教と科学（ヤン・ヴァン・ブラフト）〉

ウィグモア, ジョン・ヘンリー
Wigmore, John Henry
法学者　ノースウエスタン大学法学部長

［生年月日］1863年3月4日
［没年月日］1943年4月20日
［国籍］米国　［出生地］カリフォルニア州サン・フランシスコ　［学歴］ハーバード大学〔1883年〕　［学位］博士号（ウィスコンシン大学）
大学卒業後ボストンで実務に就いたのち1889年に来日し、慶応義塾大学で英米法を教授した。1893年帰国しノースウエスタン大学法学部において講義をおこない、1901年から1929年まで同大学の法学部長をつとめた。著書も多く、特に日本法制史の資料編纂に多大の貢献を果たした。"Notes on Land Tenure and Local Institions in Old Japan"（1890）および"Materials for the Study of Private Law in Old Japan"（1941）でわが国の法律を外国に紹介した。ノースウエスタン大学を辞職後は、同大学名誉教授となった。
【著作】
◇外国人の見た日本　第3　筑摩書房　1961〈内容：福沢諭吉（ウィグモア著, 清岡暎一訳）〉

ウィシュワナタン, サヴィトリ
Vishwanathan, Savitri
日本研究家　デリー大学教授

［生年月日］1934年
［国籍］インド　［出生地］ニューデリー　［学歴］デリー大学大学院（政治学）〔1960年〕修

士課程修了　[学位]博士号(ジャハラール・ネルー大学)〔1970年〕　[専門]日本の政治および外交政策
1966年から2年半東京外国語大学に留学、日本語を学ぶ。'69年デリー大学中国・日本研究学部講師となり、'77年助教授を経て、'85年から教授。'82年日本語教育および日本研究の振興、文化交流の推進に寄与したとの理由で日本政府から勲四等瑞宝章を受章。知日家。著書に「Normalisation of Japanese-Soviet Relations:1945-1970」('75年)、「日本」('76年)など。'91年6月～'92年5月国際日本文化研究センター客員教授として日本に滞在。
[叙勲]勲四等瑞宝章(日本)〔1982年〕

【著作】
◇インドは日本から遠い国か？—第二次大戦後の国際情勢と日本のインド観の変遷　サウィトリ・ウィシュワナタン〔述〕, 国際日本文化研究センター編　国際日本文化研究センター　1993.6

ウィーズナー, マサミ・コバヤシ
Wiesner, Masami Kobayashi
社会運動家　日系人の安心した老後を考える会会長

[国籍]米国
1984年からサンフランシスコに在住。エイズワークをはじめ、日系人の精神衛生や障害者自立運動など、幅広い社会活動に関わる。専門は比較文化心理学。'93年ベルリン国際エイズ会議では"アジアの女性とエイズ"、'94年横浜会議では"米国の血友病 家族とHIV問題"、'96年のバンクーバー会議では"エイズ情報のあり方"のシンポジウムを企画・運営。著書に「エイズ！アメリカの闘い」、共著に「エイズの時代」「老いを生きるためのヒント—アメリカに暮らす日本人たちの老後」など。

【著作】
◇老いを生きるためのヒント—アメリカに暮らす日本人たちの老後　斉藤弘子, マサミ・コバヤシ・ウィーズナー著　ジャパンタイムズ　1996.4

ヴィッテ, セルゲイ
Vitte, Sergei Yulievich
政治家　ロシア首相

[生年月日]1849年6月29日
[没年月日]1915年3月13日
[国籍]ロシア　[出生地]チフリス　[学歴]オデッサ大学理学部卒
伯爵。高官の家に生まれる。数学教授を目指すが、官吏となり、1892～1903年鉄道局長、運輸相、蔵相を歴任。鉄道の延長、金本位制の採用、外資の導入など内政の改革を推してロシア帝政主義の立て役者となり、日露戦争の遠因をなした。'05年第一次革命の渦中に、日露戦争のポーツマス講和会議の首席全権として渡米。外交的手腕を発揮して日本の代表と折衝し、当時のロシアに有利な講和条約を締結した。帰国後の同年10月全国的なストライキの中で十月宣言を起草し、自由主義ブルジョアジーへの譲歩により革命を収拾。その公布とともに首相に任命されたが、半年で辞任した。晩年は上院議員、財政委員会議長などを務める傍ら、「回想録」(3巻)の執筆に捧げた。同書は没後の'23～24年に出版され、帝政末期の重要な政治・外交史料となった。

【著作】
◇日露戦争と露西亜革命—ウイッテ伯回想記　上, 中, 下巻　ウイッテ著, ロシア問題研究所〔編〕, 大竹博吉監修　ロシア問題研究所　1930
◇日露戦争と露西亜革命—ウイッテ伯回想記　上, 中, 下巻　ウイッテ著, ロシア問題研究所〔編〕, 大竹博吉訳　南北書院　1931
◇日露戦争と露西亜革命—ウイッテ伯囘想記　セルゲイ・ユリエヴィチ・ウィッテ著, 大竹博吉訳　南北書院　1931
◇ウイッテ伯回想記日露戦争と露西亜革命　上　大竹博吉監訳　原書房　1972
◇ウイッテ伯回想記日露戦争と露西亜革命　中　大竹博吉監訳　原書房　1972
◇ウイッテ伯回想記日露戦争と露西亜革命　下　大竹博吉監訳　原書房　1972

ウィーラー, ジミー
Wheeler, Jimmy W.
エコノミスト　ハドソン研究所上級研究員

[国籍]米国　[専門]日本の産業政策

インジアナ州インジアナポリスに本部を持つシンクタンク、ハドソン研究所の上級研究員として4年以上にわたりアジア太平洋地域の経済問題を共同研究。その一環として米政府の委託を請けた日本の産業政策に関する調査研究を行ない、「日本の競争力—アメリカが見た日本経済の源泉」(共著)にまとめた。

【著作】
◇日本の競争力—アメリカが見た日本経済の源泉　T. ペッパー, M. E. ジェイノー, J. W. ウィーラー著, 野村誠訳　ダイヤモンド社　1989

ウィリアムズ, ジャスティン(Sr.)
Williams, Justin(Sr.)
歴史学者　連合国軍総司令部(GHQ)民政局国会対策担当課長, ウィスコンシン大学教授

[生年月日]1906年3月2日
[没年月日]2002年3月15日
[国籍]米国　[出生地]アーカンソー州グリーンブライア　[学歴]アーカンソー州立教育大学卒　[学位]博士号(アイオワ州立大学)〔1933年〕

1928〜42年ウィスコンシン州リバーフォール州立大学で歴史学を教える。太平洋戦争で軍務につき、'46年5月連合国軍総司令部(GHQ)民政局立法課職員。同年8月同課長、改組により日本の国会対策担当課長。国会法(昭和22年法律79号)制定過程では国会との橋渡し役を務め、帝国議会衆議院の4次までの草案にそのつど指示を発し、5次案でようやくアメリカ法的民主主義の原則を盛り込んだ法案を確定させた。'48年の山崎猛首班工作におけるGHQ側の中心人物だった。講和条約成立後は在日国連軍総司令官政治顧問を経てワシントンの国際協力機関韓国部長を長く務めた。著書に「マッカーサーの政治改革」('89年)がある。　[叙勲]勲三等瑞宝章(日本)〔1992年〕

【著作】
◇マッカーサーの政治改革　ジャスティン・ウィリアムズ著, 市雄貴, 星健一訳　朝日新聞社　1989.1

ウィリアムズ, ハロルド・S.
Williams, Harold S.
著述業

[生年月日]1898年
[没年月日]1987年1月15日
[国籍]オーストラリア　[専門]外国人居留地の研究

1919(大正8)年オーストラリアから来日。神戸における外国人の歴史を'53年から13年間、英文毎日にシリーズで紹介した。「シェイド・オブ・ザ・パースト」('58年)「フォリナーズ・イン・ミカド」('63年)などの英文著書がある。

【著作】
◇ミカドの国の外国人　ハロルド・S. ウィリアムズ著, 西村充夫訳　近代文芸社　1994.3

ウィリアムソン, ヒュー
Williamson, Hugh
ジャーナリスト

[生年月日]1964年
[国籍]英国　[専門]労働問題

1987〜91年ロンドンの代替産業技術センター(CAITS)の研究員として労働関係の調査を担当し、'91〜92年にかけて、アジア労働資料センター(AMRC)の研究員として香港に在住し、著書「日本の労働組合—国際化時代の国際連帯活動」の調査を進める。精力的な労働ジャーナリストとして多くの論文を発表。ロンドン・スクール・オブ・エコノミクスの大学院に学び、ドイツの放送局のアジア担当ジャーナリストとして活躍。共書に「New Management Techniques:New Union Strategies」がある。

【著作】
◇日本の労働組合—国際化時代の国際連帯活動(国際労働問題叢書)　ヒュー・ウイリアムソン著, 戸塚秀夫監訳　緑風出版　1998.2

ウィリス, パティ・クリスティナ
Willis, Patty Christian
「虫愛づる姫君後日譚」の著者

[国籍]米国　[出生地]イリノイ州
2歳のときから、大学教授の父について中近東、中南米、ヨーロッパなどを転々とする。フランス語、スペイン語、イタリア語、アラビア語を話す。来日して日本文化に興味を覚え、日本語も習得。金沢市郊外に住んで陶芸を学ぶ。幼いころから虫好きで、堤中納言物語に一体感を覚え、脚本「虫愛づる姫君後日譚」を執筆。
【著作】
◇虫愛づる姫君後日譚　パティ・クリスティナ・ウィリス作、伊藤俊一訳　金沢医科大学出版局　1996.9

ウィルキンソン, エンディミヨン
Wilkinson, Endymion
外交官

[生年月日]1941年
[国籍]英国　[学歴]ケンブリッジ大学キングス・カレッジ〔1964年〕卒
北京、東京での研究生活を経て、1970年にプリンストン大学から学位を取得後、ロンドン大学で教鞭をとる。'74年からEC外交官として東京、ブリュッセル、東南アジアに6年ずつ駐在。著書に「The History of Imperial China:A Research Guide」('75年)、「Studies in Chinese Price History」('80年)、「新版 誤解―日米欧摩擦の解剖学」('92年)。ほかに中国語からの翻訳書などがある。
【著作】
◇さかさまの異境―ヨーロッパが抱きつづける日本像　Endymion Wilkinson、徳岡孝夫訳：中央公論　94(6)　1979.6
◇欧米崇拝の日本史―和魂漢才から和魂洋才へ　エンディミヨン・ウィルキンソン、徳岡孝夫訳：中央公論　95(2)　1980.2
◇誤解―ヨーロッパvs.日本　エンディミヨン・ウィルキンソン著、徳岡孝夫訳　中央公論社　1980.6
◇誤解から理解へ―ヨーロッパと日本の相互誤解を解く道は（対談）　木村尚三郎、エンディミヨン・ウィルキンソン：中央公論経営問題　1980.秋
◇引き裂かれた大国日本の未来構想（国際シンポジウム）　ジェームズ・ブキャナン、高坂正堯、小松左京、坂田道太、下河辺淳、蠟山昌一、馬場正雄、森口親司、山崎正和、永井陽之助、フィリップ・トイザレス、エンディミヨン・ウィルキンソン：文芸春秋　1981.6
◇日本は変わり者の国か　エンディミヨン・ウィルキンソン、坂田道太、高坂正堯：日本は「ただ乗りの大国」か　文芸春秋　1981.12
◇誤解―日欧摩擦の歴史的解明　増補改訂版（C books）　エンディミヨン・ウィルキンソン著、徳岡孝夫訳　中央公論社　1982.10
◇誤解―日米欧摩擦の解剖学　新版　エンディミヨン・ウィルキンソン著、白須英子訳　中央公論社　1992.3

ウィルコックス, ブラッドリー
Willcox, Bradley J.
「オキナワ式食生活革命―沖縄プログラム」の著者

トロント大学医学部を経て米メイヨ・クリニック、ハーバード大学医学部において老年医学のトレーニングを受け、ハワイ大学医学部講師、パシフィック・ヘルス研究所の老年医学主要研究員となる。1994年より琉球大学医学部地域医療部の鈴木信氏と共同研究を始め、「沖縄百寿者研究」の共同研究者。
【著作】
◇オキナワ式食生活革命―沖縄プログラム　ブラッドリー・ウィルコックス、クレイグ・ウィルコックス、鈴木信著、吉岡晶子訳　飛鳥新社　2004.8

ウィルソン, ディック
Wilson, Dick
ジャーナリスト

[生年月日]1928年
[国籍]英国　[学歴]オックスフォード大学〔1952年〕卒　[専門]アジア
1955年に「ファイナンシャル・タイムズ」社に入社、ジャーナリストとしての修業を積んだ後'58年～'64年香港にて「極東経済レビュー」誌を編集。それをきっかけにアジア専門のジャーナリストとなる。10年間シンガポールで「レビュー」の編集顧問をした後'73年ロン

ンに戻り「チャイナ・クォータリー」編集責任者となる。その後著作に専念。日英経済問題についての客観的レポートには定評がある。著書には「周恩来」「真昼のニッポン」など。
【著作】
　◇1990年のニッポン診断—ヨーロッパの見たその素顔　ディック・ウィルソン著，北川晃一訳　CBS・ソニー出版　1985.2
　◇真昼のニッポン　ディック・ウィルソン著，竹村健一訳　三笠書房　1987.4
　◇英国知性が語るニッポン（インタビュー）5　ディック・ウィルソン：知識　83　1988.11
　◇日英摩擦—もう一つの「日本叩き」　ディック・ウィルソン，池田雅之：知識　83　1988.11

ウィルソン, リチャード
Wilson, Richard L.
陶芸家　国際基督教大学教養学部人文科学科教授

［生年月日］1949年
［国籍］米国　［出生地］ニューヨーク市　［学歴］カンサス大学卒　［学位］美術史学博士　［専門］美術史, 考古学
来日し京都市立芸術大学に学ぶ。考古学研究センター・ディレクター、日本研究ディレクター。東京都立および都内遺跡調査会団長。著書に「The Art of Ogata Kenzan」「InsideJapanesCeramics」「尾形乾山」(全4巻)、共著に「乾山焼入門」がある。
【著作】
　◇尾形乾山—全作品とその系譜　リチャード・ウィルソン，小笠原佐江子共著　雄山閣出版　1992.12

ヴィルマン, O. E.
Willman, Olof Eriksson
海軍軍人

［生年月日］1623年？
［没年月日］1673年？
［国籍］スウェーデン　［出生地］ビヨルクスタ
牧師の子として生まれる。1644年学校を中退しスウェーデン陸軍に入り、のちオランダからインドに渡り東インド会社に入る。ジャワに3年間勤務した後、日本派遣のオランダ使節アドリアン・ファン・デル・ブルクに随行して1651年7月江戸に参府する。来日した最初のスウェーデン人とされる。1652年離日。同年12月にバタヴィアに到着。1654年にストックホルムに帰った後は、ウェーデン海軍士官となり、艦長として活躍した。滞日中の見聞を「日本旅行記」および「日本略史」として刊行した。
【著作】
　◇日本旅行記　尾崎義訳　弘文堂（アテネ文庫　第212）　1953

ウェストン, ウォルター
Weston, Walter
登山家, 宣教師

［生年月日］1861年12月25日
［没年月日］1940年3月18日
［国籍］英国　［出生地］イングランド・ダービー
［学歴］ケンブリッジ大学クレアカレッジ卒, リドレー・ホール神学校卒　［団体］アルパイン・クラブ，イギリス王立地理学協会（顧問），日本山岳会（名誉会員）
25歳頃からスイス・アルプスで本格的な登山を始める。イギリス聖公会宣教師として1888年（明治21年）来日、神戸の聖アンドルーズ教会の牧師として伝道に携わるかたわら九州の諸山に上り、ついで、のちに日本アルプスとして親しまれるようになった信州の山々に登る。1896年一旦帰国し、1902年再び来日、鳳凰山の地蔵仏に我が国初の岩登りを行った。日本山岳会の設立を提唱し、'05年には日本山岳会名誉会員。同年帰国、'11年再来日し、'15年帰国した。著書に日本アルプスを世界に紹介した「Mountaineering and Exploration in the Japanese Alps（日本アルプス・登山と探検）」（1896年）、「The Playground of the Far East（極東の遊歩場）」（1918年）や「A Wayfarer in Unfamiliar Japan」（'25年）、「Japan」（'26年）などがある。"日本近代登山の父"といわれ、'47年以来毎年上高地のレリーフの前でウェストン祭が開かれる。'90年2月ウェストンの日記が英国山岳会本部でみつかり、その足跡に数多くの新事実が明らか

になる。'91年1月日本山岳会のウェストン研究グループにより4年がかりでウェストンの年譜が完成され、機関誌「山岳」に掲載された。　　［叙勲］勲四等瑞宝章（日本）〔1937年〕
［記念碑］レリーフ＝長野県上高地大正池畔
【著作】
◇日本アルプス—登山と探検　岡村精一訳　創元社　1953
◇日本アルプスの登山と探検　山崎安治, 青木枝朗共訳　あかね書房　1962
◇極東の遊歩場　岡村精一訳　山と渓谷社　1970
◇日本アルプスの登山と探検　黒岩健訳　大江出版社　1982
◇ウェストンの明治見聞記—知られざる日本を旅して　W. ウェストン著, 長岡祥三訳　新人物往来社　1987.4
◇日本アルプス登攀日記（東洋文庫）　W. ウェストン〔著〕, 三井嘉雄訳　平凡社　1995.2
◇日本アルプス—登山と探検（平凡社ライブラリー）　ウォルター・ウェストン著, 岡村精一訳　平凡社　1995.4
◇日本アルプス再訪（平凡社ライブラリー）　ウォルター・ウェストン著, 水野勉訳　平凡社　1996.9
◇日本アルプスの登山と探検（岩波文庫）　ウェストン著, 青木枝朗訳　岩波書店　1997.6
◇ウォルター・ウェストン未刊行著作集　下巻　ウォルター・ウェストン〔著〕, 三井嘉雄訳　郷土出版社　1999.11

ウェッツラー, ピーター
Wetzler, Peter
歴史学者　ルドヴィヒスハフェン州立大学教授・東アジアセンター日本学科長

［生年月日］1943年
［国籍］米国　［学位］博士号（カリフォルニア大学バークレー校）　［専門］日本近代史
日本に留学して日本語、日本史を学び、東北大学では日本思想史を学ぶ。平安朝の文人についての研究でカリフォルニア大学バークレー校博士号を取得。のちドイツのルドヴィヒスハフェン州立大学教授、同大東アジアセンター日本学科長。日本と取引のある企業の顧問も務める。1998年著書「Hirohito and War」（邦題「昭和天皇と戦争」）を発表し、日本的意思決定のプロセスの中で昭和天皇と政治家、軍人たちの果たした役割を解明。昭和天皇の戦争責任を厳しく追及したハーバート・ビックス著「昭和天皇」とは異なる視点で、皇統を守ろうとした姿を前面に押し出して話題となる。2002年同書の日本語版刊行のため来日。
【著作】
◇昭和天皇と戦争—皇室の伝統と戦時下の政治・軍事戦略　ピーター・ウエッツラー著, 森山尚美訳　原書房　2002.11
◇ゆがめられた昭和天皇像—欧米と日本の誤解と誤訳　森山尚美, ピーター・ウエッツラー共著　原書房　2006.2

ウェッブ, ジョージ
Webb, George
ラドヤード・キップリング研究家

［生年月日］1929年
［国籍］英国　［出生地］英国領ケニア　［学歴］マルバン・カレッジ卒, ケンブリッジ大学キングズ・カレッジ
父親は英国領ケニアの視学官。1938年英国に戻り、英国陸軍勤務を経て、大学で学ぶ。その後植民地行政官としてケニアに赴任。'56年ケニア独立後は英国に戻り、外務省職員としてバンコクやテヘランなどに勤務。'85年からはロンドンのシティ・ユニバーシティの成人教育部門担当スタッフを務める。一方、少年の頃からラドヤード・キプリング作品を愛読。'80～2000年キプリング協会の機関誌「Kipling Journal」編集長を務め、研究を行う。
【著作】
◇キプリングの日本発見　ラドヤード・キプリング著, ヒュー・コータッツィ, ジョージ・ウェッブ編, 加納孝代訳　中央公論新社　2002.6

ウェーリー, アーサー
Waley, Arthur David
東洋学者, 翻訳家　「源氏物語」の英訳者

［生年月日］1889年8月19日
［没年月日］1966年6月27日
［国籍］英国　［出生地］タンブリッジ・ウェルズ
［学歴］ケンブリッジ大学キングズ・カレッジ

古典学科〔1910年〕中退　[**資格**]日本学士院客員〔1965年〕

裕福なユダヤ系の家に生れる。貿易商のおじの下で働いたのち、1913年から大英博物館に勤務。東洋部門で収集された中国や日本の絵画の整理・目録作成の仕事を担当、のち版画絵画部門副部長（'30年まで）。必要にせまられて日本語、中国語を独学し、'16年頃から白楽天、李白などの唐詩・宋詩を翻訳。さらに「源氏物語」の翻訳（「The Tale of Genji」全6巻、'25〜33年）、「枕草子」の翻訳（'28年）によって日本の古典文学を世界に紹介した。第2次大戦中は日本文の出版物の検閲に当り、戦後は主に中国関係の著述に専念。英米の東洋学者を数多く育てたが、自身は一度も中国・日本を訪れたことがなかった。翻訳は他に「論語」「西遊記」、和歌・能の英訳、評論に「李白の詩と生涯」「中国人の見たアヘン戦争」などがある。　[**受賞**]日本政府功労賞〔1959年〕

【著作】
◇日本の詩歌―うた（かりん百番）　アーサー・ウェリー〔著〕、川村ハツエ訳註　雁書館　1989.4
◇ウェイリーと読む枕草子　〔ウェイリー〕〔原著〕、津島知明著　鼎書房　2002.9

ヴェルナー，シャウマン
大正大学文学部国際文化学科教授

[**生年月日**]1948年
[**国籍**]ドイツ　[**出生地**]シュトゥットガルト
[**学歴**]ボン大学（日本学），早稲田大学　[**学位**]文学博士（ボン大学）〔1981年〕　[**専門**]日本文学

ボン大学在学中に日本学を専攻し、早稲田大学に留学。1981年仮名垣魯文に関する論文でボン大学博士号を取得。群馬大学教師を経て、大正大学文学部国際文化学科教授。著書に「遊びの概念史」「仮名垣魯文論」がある。

【著作】
◇俳句とハイク―シンポジウム短詩型表現をめぐって―俳句を中心に　日本文体論学会編　花神社　1994.11〈内容：ドイツにおけるハイク1（シャウマン・ヴェルナー）ドイツにおけるハイク2（シャウマン・ヴェルナー）〉

ヴェルナー，リチャード
Werner, Richard A.
エコノミスト　プロフィット・リサーチ・センター取締役チーフエコノミスト

[**生年月日**]1967年
[**国籍**]ドイツ　[**出生地**]ミュンヘン郊外　[**学歴**]ロンドン・スクール・オブ・エコノミクス卒，東京大学大学院経済学研究科，オックスフォード大学大学院博士課程修了

1989年ドイツ銀行東京支店エコノミストのアシスタントとして初来日。その後、ドイツ銀証券、日銀金融研究所、大蔵省財政金融研究所等の研究員などを経て、'91年日本開発銀行設備投資研究所では下村フェローに。同年〜93年オックスフォード大学経済統計研究所研究員として日本銀行金融研究所、大蔵省財政金融研究所で研究を重ねる。'94年ジャーディン・フレミング証券東京支店チーフエコノミスト。'98年2月プロフィット・リサーチ・センターを設立、取締役チーフエコノミスト。傍ら、'97年より上智大学で通貨と銀行業務論、国際金融論も講じる。著書に「円の支配者」がある。

【著作】
◇円の支配者―誰が日本経済を崩壊させたのか　リチャード・A.ヴェルナー著，吉田利子訳　草思社　2001.5
◇円の支配者　草思社　2002
◇虚構の終焉―マクロ経済「新パラダイム」の幕開け　フィクション・エコノミクス　リチャード・A.ヴェルナー著，村岡雅美訳　PHP研究所　2003.4
◇謎解き！平成大不況―誰も語らなかった「危機」の本質　リチャード・A.ヴェルナー著　PHP研究所　2003.4
◇福井日銀・危険な素顔　リチャード・ヴェルナー，石井正幸著　あっぷる出版社　2003.6
◇なぜ日本経済は殺されたか　吉川元忠，リチャード・A.ヴェルナー著　講談社　2003.7
◇不景気が終わらない本当の理由　リチャード・A.ヴェルナー著，吉田利子訳　草思社　2003.8
◇知れば知るほどコワくなる！日本銀行24のヒミツ（実用百科）　リチャード・ヴェルナー監修　実業之日本社　2003.11

ウォーカー，ジョン・カール
Wocher, John Carl
鉄蕉会亀田総合病院特命副院長

[生年月日] 1943年
[国籍] 米国　[出生地] オハイオ州　[学歴] メリーランド大学〔1978年〕卒　[団体] 全米医療管理者学会，全米診療管理者学会

1961年より米国海軍本部および日本を含む各地の海軍基地医療サービス部に勤務。'91年神奈川県アメリカ海軍横須賀基地医療サービス部管理部長から鉄蕉会亀田総合病院管理部長に。管理統括副院長を経て，'96年より特命副院長。全米医療管理者学会特別研究員、アイオワ大学医学部客員講師、アイオワ大学大学院病院管理学専攻指導教官も務める。

【著作】
◇ニッポンの病院　ジョン・カール・ウォーカー著，川合達也訳　日経BP社　2000.10

ウォーナー，デニス
Warner, Denis Ashton
ジャーナリスト　「アジア・パシフィック・ディフェンス・レポーター」編集者

[生年月日] 1917年12月12日
[国籍] オーストラリア　[出生地] タスマニア
[学歴] ハーバード大学

第2次大戦初期オーストラリア軍の一員として中東で戦い、1944～45年新聞特派員として連合軍のサイパン上陸から沖縄戦まで日本軍の特攻攻撃を艦上で目撃して報道、特攻機の突入により負傷し、帰国。'47～49年ロイター通信社東京支局長として滞日、アジア各地を旅行し、朝鮮戦争、インドシナ独立戦争を報道した。'81年から「アジア・パシフィック・ディフェンス・レポーター」編集者。著書に「Out of the Gun」('56年)、「The Last Confucian」('63年)、妻との共著に「日露戦争全史」('74年)、「ドキュメント神風」('82年)、「掴めなかった勝機—サボ島海戦50年目の雪辱」('92年)など。

【著作】
◇ドキュメント神風　上(徳間文庫)　デニス・ウォーナー〔ほか〕著，妹尾作太男訳　徳間書店　1989.8
◇ドキュメント神風　中(徳間文庫)　デニス・ウォーナー〔ほか〕著，妹尾作太男訳　徳間書店　1989.8
◇ドキュメント神風　下(徳間文庫)　デニス・ウォーナー〔ほか〕著，妹尾作太男訳　徳間書店　1989.8
◇掴めなかった勝機—サボ島海戦50年目の雪辱　デニス・ウォーナー，ペギー・ウォーナー著，妹尾作太男訳　光人社　1994.7

ウォーナー，ペギー
Warner, Peggy
ジャーナリスト，戦史研究家

[国籍] オーストラリア

第2次大戦後ロイター通信社東京支局長として赴任した夫デニス・ウォーナーとともに東京に滞在。その後夫とともにシンガポールに移り広くアジア地域を取材旅行した。著書に「Asia is People」「Don't Type in Bed」、夫との共著に「日露戦争全史」('74年)、「ドキュメント神風」('82年)、「掴めなかった勝機—サボ島海戦50年目の雪辱」('92年)など。

【著作】
◇特殊潜航艇戦史　ペギー・ウォーナー，妹尾作太男著，妹尾作男訳　時事通信社　1985.8
◇特殊潜航艇戦史(徳間文庫)　ペギー・ウォーナー，妹尾作太男著，妹男作太男訳　徳間書店　1990.8
◇掴めなかった勝機—サボ島海戦50年目の雪辱　デニス・ウォーナー，ペギー・ウォーナー著，妹尾作太男訳　光人社　1994.7

ウォーナー，ラングドン
Warner, Langdon
東洋美術学者　ハーバード大学附属フォッグ美術館東洋美術部主事

[生年月日] 1881年8月1日
[没年月日] 1955年6月9日
[国籍] 米国　[出生地] マサチューセッツ州ケンブリッジ　[学歴] ハーバード大学〔1903年〕卒　[学位] 法学博士(カリフォルニア大学)〔1939年〕

1906年ボストン美術館に入り、同年来日して岡倉天心に師事。'09年再来日し、茨城県五

浦の日本美術院で日本美術を研究、横山大観、下村観山らと親交を結ぶ。同館東洋部副部長(～'13年)の後、'15年クリーブランド博物館調査員、'17～23年フィラデルフィア市博物館館長。'23～50年ハーバード大附属フォッグ美術館の東洋美術部主事。この間、しばしば中国や日本を訪れた。第二次大戦中は〈戦争地域美術及び記念物擁護委員会〉にあって京都・奈良の爆撃阻止のために尽力。戦後も日本占領軍最高幹部の一員として3度来日し、日本文化の保存等に助言を与えた。著書に「Japanese Sculpture of the Suiko period (推古彫刻)」('23年)、「The Enduring art of Japan(邦訳「不滅の日本芸術」)」('50年)など。　[叙勲]勲二等瑞宝章〔1955年〕　[記念碑]法隆寺境内(奈良市)、文珠院(桜井市)、記念像＝五浦美術文化研究所(茨城大学内)

【著作】
◇不滅の日本藝術　ラングドン・ウォーナァ著, 壽岳文章譯　朝日新聞社　〔刊年不明〕
◇日本彫刻史　ラングドン・ウォーナー著, 宇佐見英治訳　みすず書房　1956
◇推古彫刻　ラングドン・ウォーナー, ロレーヌ・ド・ウォーナー〔共著〕, 寿岳文章訳　みすず書房　1958

ウォルドロン, アーサー
Waldron, Arthur
米国海軍大学教授, ブラウン大学教授

[国籍]米国　[学歴]ハーバード大学博士課程修了　[専門]中国及びアジア地域の歴史と政治
中国およびアジア地域の歴史と政治が専門で、アジア滞在の経験も長い。著書に「How the Peace Was Lost」などがある。

【著作】
◇平和はいかに失われたか――大戦前の米中日関係・もう一つの選択肢　ジョン・V. A. マクマリー原著, アーサー・ウォルドロン編著, 北岡伸一監訳, 衣川宏訳　原書房　1997.7

ヴォルピ, ヴィットリオ
Volpi, Vittorio
銀行家, 投資コンサルタント　UBSグループ駐日代表　在日イタリア商工会議所会頭

[生年月日] 1939年
[国籍]イタリア　[出生地]ミラノ　[学歴]ミラノ聖心大学卒　[学位]経済学博士
シティバンクのミラノ支店から、イタリア商業銀行に。1973年東京支店総支配人などを経て、パラレルを設立。日本市場に進出するイタリア人投資家・企業のコンサルタントを行う。'95年スイス銀行コーポレーション(SBC)グループ駐日代表。'98年6月同社がスイス・ユニオン銀行との合併でUBS銀行となり、UBSグループ駐日代表に就任。この間、'82～90年在日イタリア商工会議所会頭を務める。著書に「日本がいま、やるべきこと」がある。

【著作】
◇経済大国ニッポンに明日はあるのか――過ぎたる成功は危険な成功　ヴィットリオ・ヴォルピ著　日新報道　1987.5
◇日本よ敵か味方か――イタリア人の見たニッポン　ヴィットリオ・ヴォルピ〔著〕, 藤井盛夫〔ほか〕訳　日本経済評論社　1994.12
◇日本がいま、やるべきこと　ヴィットリオ・ヴォルピ著　新潮社　2000.4

ウォルフレン, カレル・ファン
Wolferen, Karel G. Van
ジャーナリスト, 評論家　アムステルダム大学教授　「NRCハンデルスブラット」紙極東特派員

[生年月日] 1941年
[国籍]オランダ　[出生地]ロッテルダム　[専門]政治経済比較論
18歳の時からアジア・中東を旅行。1962年来日し、英語教師の傍ら著作に従事。'72～89年オランダの「NRC Handels blad(ハンデルスブラット)」紙極東特派員、'82～83年日本外国特派員協会(外国人記者クラブ)会長を務めた。'87年フィリピン"革命"報道によりオランダのジャーナリズム最高賞(オランダ賞)を受賞。その後米誌「フォーリン・アフェ

アーズ」の掲載論文「ジャパン・プロブレム」が大きな反響を呼び、対日政策の見直しを提唱する"リビジョニスト"として台頭。'89年「日本/権力構造の謎」を刊行、在日30年のジャーナリストの目から見た日本社会論として大きな話題を呼び、10ケ国語に翻訳された。また、「人間を幸福にしない日本というシステム」もベストセラーとなる。他に「日本の知識人へ」「支配者を支配せよ 選挙/選挙後」などがある。

【著作】
◇日本問題（ジャパン・プロブレム）―「フォーリン・アフェアーズ」掲載の問題論文　K. G. V. ウォルフレン, 西岡公訳：諸君　19(4)　1987.4
◇『日本問題』（ジャパン・プロブレム）ふたたび―本当の問題点が見えない日本の知識人へ　K. G. V. ウォルフレン, 西岡公訳：諸君　19(6)　1987.6
◇『日本問題』（ジャパン・プロブレム）大激論　田久保忠衛, 古森義久, K. G. V. ウォルフレン, 椎名素夫：諸君　19(7)　1987.7
◇なぜ日本の知識人はひたすら権力に追従するのか　K. G. V. ウォルフレン, 西岡公訳：中央公論　104(1)　1989.1
◇「政治中枢不在の国ニッポン」を嗤う―『ジャパン・プロブレム』の著者ウォルフレン氏が指摘する日本の政・官界の問題点（対談）カレル・ファン・ウォルフレン, 霍見芳浩：プレジデント　27(3)　1989.3
◇日本権力構造の謎　早川書房　1990
◇『日本権力構造の謎』抄訳〔上〕ジャパン・プロブレムの根幹　カレル・ファン・ウォルフレン：月刊Asahi　2(3)　1990.3
◇真の政治論議をもてない国ニッポン　K. G. V. ウォルフレン, 中村保男訳：中央公論　105(3)　1990.3
◇『日本権力構造の謎』抄訳〔下〕手なずけられる法律　カレル・ファン・ウォルフレン：月刊Asahi　2(4)　1990.4
◇著者からふたたび反論する―なぜ私の分析が気に入らないのか　カレル・ファン・ウォルフレン：月刊Asahi　2(5)　1990.5
◇徹底討論・"文明摩擦"は不可避だ　K. ウォルフレン, 矢野暢：中央公論　105(5)　1990.5
◇伊藤憲一氏への再反論―政治的な建前に対し本音を抉る私の論証　カレル・V. ウォルフレン：月刊Asahi　2(6)　1990.6
◇政治の中枢に巣食う巨大な空洞―ウォルフレン氏が見たニッポン官僚（インタビュー）Karel van Wolferen：Asahi journal　32(31)　1990.8.3

◇日本権力構造の謎　上　カレル・ヴァン・ウォルフレン著, 篠原勝訳　早川書房　1990.9
◇日本権力構造の謎　下　カレル・ヴァン・ウォルフレン著, 篠原勝訳　早川書房　1990.9
◇佐藤欣子氏は「謎」を解いたか―彼女はなぜ権力を分析した私を「ジャパン・バッシャー」呼ばわりするのか　カレル・ヴァン・ウォルフレン：THIS IS 読売　1(8)　1990.11
◇再び「ジャパン・プロブレム」を論ずる　カレル・ファン・ウォルフレン, 橋本美智子訳：中央公論　105(11)　1990.11
◇日本の権力構造はガイジンの批判を許さない（対談）　K. V. ウォルフレン, デーブ・スペクター：週刊文春　32(43)　1990.11.15
◇What'sジャパン？―日本「再統一」の脅威　NPQ (New Perspective Quarterly) 編著, 関元, 吉岡晶子訳　JICC出版局　1991.3〈内容：夜明け前の暗闇（カレル・ヴァン・ウォルフレン）〉
◇日本をどうする!?―あきらめる前に, 144の疑問　K. V. ウォルフレン著, 篠原勝訳　早川書房　1991.9
◇「日本人は不幸」ですか（インタビュー）　K・V・ウォルフレン：諸君　23(10)　1991.10
◇日本人よ, 夢想的, 共同体的現実観を改めよ　K. V. ウォルフレン, 篠原勝訳：エコノミスト　70(10)　1992.3.10
◇ニッポン市民への手紙（「ニッポン人への手紙」を連載中に改題）1〜58　カレル・v・ウォルフレン：SAPIO　4(11)〜6(22)　1992.6.11〜1994.12.22
◇無責任国家・日本に, 今こそNOを！―成金国家, 日本は世界にあって世界にあらずか？（鼎談）　落合信彦, K. V. ウォルフレン, 新井将敬：パート　2(11)　1992.6.8
◇日本は官僚支配構造を克服できるか―政治家優位への困難な道　カレル・ヴァン・ウォルフレン, 篠原勝訳：エコノミスト　71(49)　1993.11.16
◇人間を幸福にしない日本というシステム　毎日新聞社　1994
◇日本権力構造の謎　上（ハヤカワ文庫）カレル・ヴァン・ウォルフレン著, 篠原勝訳　早川書房　1994.4
◇日本権力構造の謎　下（ハヤカワ文庫）カレル・ヴァン・ウォルフレン著, 篠原勝訳　早川書房　1994.4
◇民は愚かに保て―日本官僚, 大新聞の本音　カレル・ヴァンン・ウォルフレン著, 篠原勝訳　小学館　1994.6
◇人間を幸福にしない日本というシステム　カレル・ヴァン・ウォルフレン著, 篠原勝訳　毎日新聞社　1994.11
◇日本の知識人へ　窓社　1995
◇国民を不安にさせる日本というシステム　K. V. ウォルフレン：THIS IS 読売　6(4)

1995.7
◇日本の知識人へ　カレル・ヴァン・ウォルフレン著, 西岡公〔ほか〕訳　窓社　1995.10
◇支配者を支配せよ―選挙選挙後　カレル・ヴァン・ウォルフレン著, 大原進訳　毎日新聞社　1996.10
◇なぜ日本人は日本を愛せないのか―この不幸な国の行方　カレル・ヴァン・ウォルフレン著, 大原進訳　毎日新聞社　1998.3
◇対談・なぜ日本人は日本を変えようとしないのか―「市民」は一個の政治的主体であり、政治を変えていける存在だ(特別企画・国民が問われる参院選)　ウォルフレン, K. V., 清水邦男：潮　473　1998.7
◇怒れ!日本の中流階級　カレル・ヴァン・ウォルフレン著, 鈴木主税訳　毎日新聞社　1999.12
◇米・露・独・蘭「世界の知性」5人が特別提言「日本人よ、目を覚ませ」　ヘンリー・キッシンジャー, カレル・V. ウォルフレン, ボブ・グリーン, ロマン・ポプコーヴィチ, ヘルムート・シュミット：週刊現代　42(4)　2000.1.29
◇不思議の国ニッポン―美しい国土を公共事業で破壊する日本の愚　ウォルフレン, カレル・V.：プレジデント　38(6)　2000.4.17
◇日蘭交流400年の歴史と展望―日蘭交流400周年記念論文集 日本語版(日蘭学会学術叢書)　レオナルド・ブリュッセイ, ウィレム・レメリンク, イフォ・スミッツ編　日蘭学会　2000.4〈内容：オランダ人から見た戦後日本―戦争犯罪と歴史の効用をめぐって(カレル・ファン・ウォルフレン)〉
◇明日への視点 K. V. ウォルフレン(アムステルダム大学教授)―中産階級の目覚めが古い日本的システムを打破する　K. V. ウォルフレン：実業の日本　103(12)　2000.10
◇不思議の国ニッポン―日本人よ「自殺増加」に過剰反応するな(情報スクランブル)　ウォルフレン, カレル・V.：プレジデント　38(17)　2000.10.2
◇人間を幸福にしない日本というシステム―新訳決定版(新潮OH!文庫)　カレル・ヴァン・ウォルフレン〔著〕, 鈴木主税訳　新潮社　2000.10
◇中流階級の育成で日本を立て直せ(特集1 日本の国家戦略未だ見えず)　ウォルフレン, カレル・ヴァン：論争 東洋経済　28　2000.11
◇不思議の国ニッポン―国際機関で注目される「できる」日本人(情報スクランブル)　ウォルフレン, カレル・V.：プレジデント　38(20)　2000.11.13
◇不思議の国ニッポン―フロリダと長野に見る民主主義への「幻滅」と「希望」アメリカと日本、21世紀型政治システムを築けるのはどっちだ(情報スクランブル)　ウォルフレン, カレル・V.：プレジデント　38(22)　2000.12.18
◇アメリカを幸福にし世界を不幸にする不条理な仕組み　カレル・ヴァン・ウォルフレン著, 福島範昌訳　ダイヤモンド社　2000.12
◇不思議の国ニッポン―日本から「スモールイズ ビューティフル」が消えていく(情報スクランブル)　ウォルフレン, カレル・V.：プレジデント　39(2)　2001.1.15
◇日本政府も企業も現状維持の発想を捨てて「国益」を取り戻せ(ニッポン・ネオナショナリズム宣言―21世紀の日本に必要なのはコスモポリタンではない)　ウォルフレン, K. V.：SAPIO　13(2)　2001.1.24・2.7
◇フォーリン・アフェアーズ傑作選―アメリカとアジアの出会い 1922-1999　下　フォーリン・アフェアーズ・ジャパン編・監訳　朝日新聞社　2001.2〈内容：日本問題(カレル・ファン・ウォルフレン)〉
◇不思議の国ニッポン―「酔っ払い」の「世界標準」と日本人の文明度 アルコールとのつきあい方は「社会の鏡」である(情報スクランブル)　ウォルフレン, カレル・V.：プレジデント　39(5)　2001.3.5
◇日本という国をあなたのものにするために　カレル・ヴァン・ウォルフレン著, 藤井清美訳　角川書店　2001.7
◇憂国対談　カレル・ヴァン・ウォルフレン, 鈴木邦男：サンデー毎日　80(40)　2001.8.5
◇快楽ウォルフレンの「日本ワイド劇場」　カレル・ヴァン・ウォルフレン著, 藤井清美訳　プレジデント社　2001.11
◇ウォルフレン教授のやさしい日本経済　カレル・ヴァン・ウォルフレン著, ダイヤモンド社, 藤井清美訳　ダイヤモンド社　2002.5
◇アメリカからの「独立」が日本人を幸福にする　カレル・V. ウォルフレン著　実業之日本社　2003.12
◇世界が日本を認める日―もうアメリカの「属国」でいる必要はない　カレル・ヴァン・ウォルフレン著, 藤井清美訳　PHP研究所　2005.2
◇年収300万円時代日本人のための幸福論　カレル・ヴァン・ウォルフレン, 森永卓郎著　ダイヤモンド社　2005.5
◇幸せを奪われた「働き蟻」国家日本―Japanシステムの偽装と崩壊　カレル・ヴァン・ウォルフレン, ベンジャミン・フルフォード著　徳間書店　2006.3
◇もう一つの鎖国―日本は世界で孤立する　カレル・ヴァン・ウォルフレン著, 井上実訳　角川書店　2006.7

ヴォルペ, アンジェラ
Volpe, Angela
南山大学総合政策学部助教授

［生年月日］1959年
［国籍］イタリア　［学歴］グレゴリアナ大学卒　［学位］神学博士　［専門］比較文化論, 国際文化序説

名古屋聖霊短期大学講師を経て、南山大学助教授。一方、途上国の支援を続けるイタリアの国際NGO（非政府組織）のAALMA（アルマ＝中南米・メキシコ・アジア協会）の指導者と親交を結び、1993年個人的な組織として日本版アルマ・ジャパンを設立。以来教え子らとともに中米・エルサルバドルに、内戦で路上生活者となった孤児たちの救援施設をつくるため、バザーなどで資金集めを行った。'94年パウロ三木センターと名付けた施設を開設し、その運営資金集めのためイタリア語教室を開くなど支援活動を続ける。

【著作】
◇例会講演要旨集　南山経済人クラブ　1991.1〈内容：外から見た日本 内から見た日本（アンジェラ・ヴォルペ）〉
◇隠れキリシタン　アンジェラ・ヴォルペ著　南窓社　1994.12

ウォロノフ, ジョン
Woronoff, Jon
国際エコノミスト

［生年月日］1938年
［国籍］米国　［出生地］ニューヨーク市　［学歴］ニューヨーク大学教養学部卒, ジュネーブ大学（スイス）国際研究大学院修了

日本との関係は、ビジネスマンとして、後には国際エコノミストとして10年以上に及ぶ。1970年代中ごろには外国企業数社のコンサルタントとして活躍、近年はアジア諸国の主要な雑誌のために経営事情を取材、発表してきた。著書に「新日本事情」「とまどう日本人」「幻の繁栄・ニッポン」「これでも日本はNo. 1か？」など。

【著作】
◇新ニッポン事情　ジョン・ウォロノフ著, 加藤寛監訳, 首藤信彦訳　三笠書房　1980.4
◇とまどう日本人—気質・体質・その未来　ジョン・ウォロノフ著, 加藤寛監訳　三笠書房　1980.12
◇幻の繁栄・ニッポン　ジョン・ウォロノフ著, 野村二郎訳　講談社　1981.12
◇いじわるニッポン論　ジョン・ウォロノフ著, 浜田真喜子訳　東洋経済新報社　1982.5
◇幻の繁栄・ニッポン（講談社文庫）　ジョン・ウォロノフ著, 野村二郎訳　講談社　1983.9
◇ジャパン・シンドローム—日本病の診断と治療　J. ウォロノフ著, 長谷川慶太郎訳　ダイヤモンド社　1984.9
◇ジャパンズマーケット—日本市場は閉鎖的か　ツィンコータ, ウォロノフ著, 鈴木武監訳　同文館出版　1989.8
◇これでも日本はno. 1か？—査定・ニッポン　ジョン・ウォロノフ〔著〕, 竹村健一訳　ティビーエス・ブリタニカ　1990.12
◇アメリカ人の見た日本の市場開放—今日の日本においてマーケットの獲得と進出の機会について　M. R. ツィンコウタ, J. ウォロノフ著, 浅野恭右, 渡辺俊幸監訳　中央経済社　1993.5

ウーダン, シェリル
WuDunn, Sheryl
ジャーナリスト

［生年月日］1959年
［国籍］米国　［出生地］ニューヨーク　［学歴］コーネル大学卒, ハーバード大学大学院修了, プリンストン大学ウッドローウィルソンスクール卒

中国系。国際行政官の資格を取得し、銀行員から1984年記者に転身。'87年香港に移り、ロイター通信などで活動。'88年ニコラス・クリストフと結婚。同年夫婦で北京支局に赴任。'89年天安門事件報道で夫婦でピュリッツァー賞を受賞。中国での5年間の蓄積を「China Wakes」として夫婦で出版。'95年東京特派員として来日。　［受賞］ピュリッツァー賞（第74回）〔1990年〕

【著作】
◇アジアの雷鳴—日本はよみがえるか⁉　ニコラス・クリストフ, シェリル・ウーダン著, 田口佐紀子訳　集英社　2001.10

ウッダード，ウィリアム
Woodard, William P.
宣教師　GHQ宗教調査官

[生年月日] 1886年9月10日
[没年月日] 1973年2月19日
[国籍] 米国　[出生地] ミシガン州　[学歴] ミシガン大学，ユニオン神学校

1921年に宣教師として来日。日本組合教会主事などを務め，'41年帰国。終戦後'45年10月に米軍の軍属として来日。GHQ民間情報教育局（CIE）宗教調査官として国家神道の解体など，国による宗教の政治的利用を禁止する占領政策の履行状況を監視，監督した。占領終結後の'54年に国際宗教研究所を創設，内外宗教者の対話と交流を推進した。'66年に引退，帰国。著書に'72年刊行の「The Allied Occupation of Japan 1945—52 and Japanese Religions」（邦訳「天皇と神道」'89年）がある。

【著作】
◇天皇と神道—GHQの宗教政策　ウィリアム・P. ウッダード著，阿部美哉訳　サイマル出版会　1988.4

ウッド，クリストファー
Wood, Christopher
ジャーナリスト　「エコノミスト」誌ニューヨーク支局長

[生年月日] 1957年6月25日
[国籍] 英国　[出生地] ロンドン　[学歴] ブリストル大学（近代政治経済史）

ロンドンのローカル社に2年間勤務した後，「ファー・イースタン・エコノミック・レビュー」誌記者として香港に駐在。その後「エコノミスト」誌に移り，ニューヨークのウォール街を中心に取材。1990年7月〜'93年8月東京に赴任。東京を拠点に日本の金融問題について取材活動を行う。その後，米国金融市場担当，ニューヨーク支局長として米国に渡る。著書に「BOOM AND BUST」「バブル・エコノミー—日本経済・衰退か再生か」「合意の崩壊—日本株式会社の誤算」がある。

【著作】
◇マネービジネス　クリストファー・ウッド著，藤本直訳　朝日新聞社　1990.2
◇バブル・エコノミー—日本経済・衰退か再生か　クリストファー・ウッド著，植山周一郎訳　共同通信社　1992.9
◇沈みゆく日本　クリストファー・ウッド，金子宜享訳：Foresight　4(3)　1993.3
◇合意の崩壊—日本株式会社の誤算　クリストファー・ウッド著，三上義一訳　ダイヤモンド社　1994.4

ウッドワード，トレイシー
Woodward, Tracy A. M.
貿易商，切手収集家

[生年月日] 1876年
[没年月日] 1937年
[国籍] 米国　[出生地] レユニオン島

1879年に母親に伴われて来日。横浜に居住し，16歳で居留地194番のタスカ商会に勤めたのち独立，横浜において貿易商をはじめ，神戸，大阪にも支店を出すに至った。父が切手収集家であったこともあり，切手収集に熱心でのちに日本切手収集の第一人者となった。著書に"The Postage Stamps of Japan and Dependences"がある。晩年は南仏に住んだが，1937年上海に来てその帰途船中で死去。

【著作】
◇大日本及同属国の郵便切手　A. M. トレーシィ・ウッドワード著，杉浦孝明訳　日本郵趣協会　1972

ウトカン，ネジャッティ
Utkan, Necati
外交官　駐日トルコ大使

[生年月日] 1942年12月17日
[国籍] トルコ　[学歴] アンカラ大学政治学部〔1965年〕卒

1965年外務省入省，'75年外務省人事課長，'77年在ブリュッセル，ECのトルコ代表団事務所参事官，'83年在パリ，トルコ情報センター局長，駐フランス大使館一等参事官・代理大使，'86年外務省経済局副局長，'90年駐イラク大使を経て，'91年から駐日大使。

【著作】

◇ユーラシアの新しい架け橋を求めて—21世紀の日本とトルコ フォーラム 報告集 日本トルコ文化協会編 日本トルコ文化協会 1994.5〈内容:トルコ大使館は交流の橋渡しを(ネジャティ・ウトカン)〉

ウーブリュー，ジャン・ベルナール
Ouvrieu, Jean Bernard
外交官 駐日フランス大使

［生年月日］1939年
［国籍］フランス ［出生地］オワーズ県 ［学歴］国立行政学院(ENA)卒
フランス外務省経済局長、1985~87年韓国大使、'89~93年ブラジル大使を経て、'93年12月駐日大使に就任。
【著作】
◇駐日大使が語る「日本と私」 L・A・チジョーフ，ベルナール・ウーヴリュー:文芸春秋 72(12) 1994.12

ヴルピッタ，ロマノ
Vulpitta, Romano
京都産業大学経営学部教授

［生年月日］1939年2月24日
［国籍］イタリア ［出生地］ローマ ［学歴］ローマ大学法学部刑法専攻〔1961年〕 ［専門］哲学，日欧比較文化 ［団体］経営教育学会
1962年来日し、東京大学文学部で日本文学を学ぶ。'64年イタリア外務省に入り、駐韓国イタリア二等書記官、駐日イタリア大使館一等書記官。'72~75年ナポリ東洋大学大学院教授として現代日本文学を講じる。'75年EC委員会駐日代表部次席代表。'78年外務省を退職し京都産業大学専任講師に。助教授を経て、'90年教授。著書に「不敗の条件—保田与重郎と世界の思潮」「ムッソリーニ」などがある。
【著作】
◇比較文化からみた日本的経営の功罪—「日本的経営」再考の時(講演) ロマノ・ヴルピッタ:日本経済研究センター会報 547 1987.11.1

◇「解放者」の日本解釈—ウォルフレンの"The Enigma of Japanese Power"を読む ロマノ・ヴルピッタ:文化会議 257 1990.11
◇日本人は傲慢になり、身のほど知らずになった(歴史的位置)(エコノミストの日本診断) ヴルピッタ，ロマノ:AERA 10(53) 1997.12.20
◇今こそ首相は靖国公式参拝せよ!(英霊よ、安らかに眠れ) スチュアート・ピッケン，ロマノ・ヴルピッタ，所功:諸君! 32(9) 2000.9

ウンク・アジズ
Ungku Aziz
経済学者 マレーシア国民生活協同組合会長 マラヤ大学総長

［生年月日］1922年1月28日
［国籍］マレーシア ［出生地］英国・ロンドン [本名]Ungku Abdul Aziz ［学歴］ラッフルズ・カレッジ(シンガポール)〔1947年〕卒，早稲田大学政治経済学部 ［学位］経済学博士(早稲田大学)〔1964年〕，哲学博士(ピッツバーグ大学)〔1971年〕 ［専門］農村経済学
マラヤ王族の出身。1943年1月徳川義親の紹介で早稲田大学に留学、'45年帰国。'52年マラヤ大学講師、'61~65年経済学部長、'68~88年総長を務める。この間、'70年マレーシア国民生活協同組合(アンカサ)を設立し、会長に就任。国連のアジア極東経済委員会、ユネスコ、国連食糧農業機関、ILOなどの委員を務めた。毎年1回来日する知日家で、'74~75年英連邦大学協会議長や、アジア高等教育協会(ASAIHL)の各種委員となるなど、学術・教育機関の役職多数。妻・アザはマレー文化研究家の第一人者。 [受賞]国際交流基金賞〔1981年〕，福岡アジア文化賞(学術研究賞，第4回)〔1993年〕
【著作】
◇アジアの平和—シンポジウム 京都国際会議・日本の役割をさぐる 安全保障問題研究会編 サイマル出版会 1972

【エ】

エアハート, バイロン
Earhart, Byron
ウエスタン・ミシガン大学宗教学部教授

[生年月日］1935年
[国籍］米国　[出生地］イリノイ州　[学歴］シカゴ大学卒　[専門］宗教学
1962年から'65年まで東北大学で修験道を研究。'66年からウエスタン・ミシガン大学宗教学部に、'75年同大教授。'88年国際交流基金の招きで来日。研究テーマは「富士山—日本人のアイデンティティーの文化的宗教的象徴—の研究」。著書に「羽黒修験道」などがある。
【著作】
◇羽黒修験道　H．バイロン・エアハート著，鈴木正崇訳　弘文堂　1985.5
◇日本宗教の世界——一つの聖なる道　H．バイロン・エアハート著，岡田重精，新田均共訳　朱鷺書房　1994.8
◇往生考—日本人の生・老・死　国立歴史民俗博物館国際シンポジウム　宮田登，新谷尚紀編　小学館　2000.5〈内容：曖昧な「日本の宗教」（H. B. エアハート）〉

易　錦銓　えき・きんせん
中国信託商業銀行東京駐在員事務所代表

[生年月日］1928年
[国籍］台湾　[出生地］台中州　[学歴］東呉大学，早稲田大学商学研究所修士課程・博士課程修了
日本の統治下で教育を受け、優秀な生徒に与えられる佐久間総督賞を受賞。1941年から州立の商業学校に通い、終戦で卒業、台湾電力に入社。'54年東呉大学へ入学。兵役などを経て、'60年台湾セメントに入社。'63年早稲田大学に留学で来日。帰国後大生貿易副社長に就任、仕事のかたわら東呉大学で教鞭をとる。'77年遠東貿易サービスセンターの初代東京所長として再来日。その後台湾経済研究院の東京事務所長を経て、'95年中国信託商業銀行東京駐在員事務所初代代表に就任。
【著作】
◇運命共同体としての日米そして台湾—二十一世紀の国家戦略　中村勝範編著　展転社　1998.8〈内容：日台経済交流の現状（易錦銓）〉

エズラティ, ミルトン
Ezrati, Milton
エコノミスト，投資ストラテジスト　Lord. Abbett&Co.　シニア・エコノミスト・ストラテジスト　ノムラ・アセット・マネジメント上級副社長

[生年月日］1947年
[学歴］ニューヨーク州立大学卒，バーミンガム大学大学院（数理経済学）修士課程修了
シティバンク、チェースマンハッタン銀行など数社を経て、1987年野村証券の米投資顧問会社・ノムラ・アセット・マネジメント上級副社長、2000年Lord. Abbett&Co. シニア・エコノミスト兼ストラテジスト。「ニューヨーク・タイムズ」「フィナンシャル・タイムズ」「フォーリン・アフェアーズ」などの新聞・雑誌に国際関係、投資環境に関する論考を掲載する。
【著作】
◇もう日本は黙っていない—「経済・外交・軍事」必然のシナリオ　ミルトン・エズラティ著，桜井よしこ監訳，北濃秋子訳　ダイヤモンド社　2000.11

エセンベル, セルチュク
Esenbel, Selcuk
歴史学者　ボスポラス大学教授

[国籍］トルコ　[本名］エセンベル, アイシェ・セルチュク〈Esenbel, Ayse Selcuk〉　[学歴］国際基督教大学，ジョージ・ワシントン大学，ジョージ・タウン大学，コロンビア大学　[学位］博士号（日本史，コロンビア大学）〔1981年〕　[専門］日本近代史
父は外交官で、1960年代の高校・大学時代を東京で暮らす。国際基督教大学とジョージ・ワシントン大学で歴史学学士号取得後、'69

年ジョージ・タウン大学で修士号（日本語及び言語学）、'81年コロンビア大学にて博士号（日本史）を取得。博士論文では長野県高山村で明治初年に起こった百姓一揆を取り上げる。'82〜85年イスタンブールのボスポラス大学助教授、'97年同教授（'94年〜2003年歴史学科長を兼務）。トルコにおける日本研究の草分け的存在で、1993年トルコの日本研究学会創設に参画、2002年より会長を務める。
[受賞]国際交流基金国際交流奨励賞（日本研究賞、日本）〔2007年〕　[叙勲]旭日小綬章（日本）〔2007年〕
【著作】
◇日本・トルコ友好百周年記念講演会　〔日本・トルコ友好百周年記念行事委員会〕〔1990〕〈内容：トルコ・日本の文化関係—トルコ側の展望（セルチュク・エセンベル）〉
◇ユーラシアの新しい架け橋を求めて—21世紀の日本とトルコ　フォーラム　報告集　日本トルコ文化協会編　日本トルコ文化協会　1994.5
◇トルコの日本研究　セルチュク・エセンベル：日本研究　10　1994.8
◇近代日本とトルコ世界（慶応義塾大学地域研究センター叢書）　池井優、坂本勉編　勁草書房　1999.2〈内容：世紀末イスタンブールの日本人—山田寅次郎の生涯と『土耳古画観』（セルチュク・エセンベル）〉
◇比較日本論への一般的コメント　Selcuk Esenbel, 柏岡富英：思想　953　2003.9

エッカート, カーター
Eckert, Carter J.
歴史学者　ハーバード大学教授・コリアン・インスティチュート所長

[国籍]米国　[専門]朝鮮史
ハーバード大学教授で朝鮮史を研究する。「日本帝国の申し子」でジョン・ホイットニー・ホール・ブック賞、ジョン・キング・フェアバンク賞を受賞。　[受賞]ジョン・ホイットニー・ホール・ブック賞「日本帝国の申し子」、ジョン・キング・フェアバンク賞「日本帝国の申し子」
【著作】
◇日本帝国の申し子—高敞の金一族と韓国資本主義の植民地起源1876-1945　カーター・J. エッカート著, 小谷まさ代訳　草思社　2004.1

エック, ロジェ・ヴァン
Hecke, Rojer Van
画家　南山大学講師

[生年月日]1923年
[国籍]フランス　[出生地]ワルコワン市　[学歴]国立美術学校卒
北フランスに生まれ、パリのレコル・ナショナル・シュペリウル・デ・ボザール（国立美術学校）を卒業後、キュビスムの画家フェルナン・レジェなどに師事する。1952年来日。南山大学講師として勤務するかたわら、東京・大阪で個展を開く。名古屋を主に、東京・神奈川・富士・伊勢・土佐なども訪れ、各地で触れた「日本的なもの」を、17篇のエッセーとペン画にまとめ、1955年に「青い目の日本のぞ記」として刊行した。夫人は日本人でこの印象記の翻訳を担当した。
【著作】
◇一旅行者の眼　ロジェ・ヴァン・エック：文学界　7(9)　1953
◇日本の神秘　ロジェ・ヴァン・エック：芸術新潮　5(5)　1954.5
◇青い目の日本のぞ記　片岡美智訳　朝日新聞社（朝日文化手帖64）　1955

エーデラー, ギュンター
Ederer, Günter
ジャーナリスト, テレビディレクター

[生年月日]1941年
[国籍]ドイツ
南西ドイツ放送、ドイツ第2テレビ（2DF）を経て、独立のテレビ・ディレクター会社を経営。1985〜90年ZDFの東京支局通信員として日本に滞在。著書に「勝者・日本の不思議な笑い—なぜ日本人はドイツ人よりうまくやるのか？」がある。　[受賞]ドイツ・フランス・ジャーナリスト大賞, ラスター・オブ・ヒーロー, エルンスト・シュナイダー賞
【著作】
◇勝者・日本の不思議な笑い—なぜ日本人はドイツ人よりうまくやるのか？　ギュンター・エーデラー著, 増田靖訳　ダイヤモンド社　1992.8

エドワーズ, ジャック
Edwards, Jack
元・軍人

[国籍]英国　[出生地]ウェールズ
1939年英軍の通信部隊員として第2次大戦に従軍。ノルウェー、ベルギー、インドを経て、'42年シンガポールで日本軍の捕虜になり台湾北部の捕虜収容所で苛酷な銅山採掘労働を強いられた。現在香港でビル管理会社の顧問を務める。'90年戦争の傷としての憎しみの感情を、平和への祈りにと捕虜体験記「くたばれ、ジャップ野郎！」を香港で出版。'92年日本語の翻訳出版で来日。
【著作】
◇くたばれ、ジャップ野郎！―日本軍の捕虜になったイギリス兵の記録　ジャック・エドワーズ著, 薙野慎二, 川島めぐみ訳　径書房　1992.7

エマーソン, ジョン
Emmerson, John K.
外交官　駐日米国公使

[生年月日]1908年3月17日
[没年月日]1984年3月24日
[国籍]米国　[出生地]コロラド州キャニオン市　[学歴]パリ大学, コロラド大学, ニューヨーク大学修士課程修了
3度にわたって日本勤務の経験を持つ米国務省有数の日本専門家。1935年国務省に入り、'36年から41年まで駐日大使館勤務、'43〜45年中国・ビルマ・インド地域のスティルウェル大将付政治顧問、'45〜46年マッカーサー連合軍最高司令官の政治顧問。のち、国務省で初期対日講話条約案作成に従事。'62年からライシャワー大使の下で駐日公使及び代理大使として日米親善に尽くした。'68年3月国務省退官後もスタンフォード大学フーバー研究所上級研究員として日米関係の動向分析に当たり、'80年前後、米国内で対日非難が燃え上がった際には「米国側の非難には事実誤認や誇張も多い」と米国側に警告を発するなど、"日米摩擦"の行方に頭を痛めた。「日本のジレンマ」「嵐のなかの外交官」などの著書がある。
【著作】
◇日米同盟に未来はあるか　ジョン・K. エマソン, ハリソン・M. ホランド著, 岩島久夫, 岩島斐子訳　朝日新聞社　1991.3

エメリック, マイケル
Emmerich, Michael
翻訳家

[生年月日]1975年
[国籍]米国　[出生地]ニューヨーク州　[学歴]プリンストン大学卒, 立命館大学大学院文学研究科修士課程修了, コロンビア大学大学院博士課程
立命館大学で修士号を取得。のちコロンビア大学大学院博士課程に在学。翻訳によしもとばなな「ムーンライト・シャドウ」「白河夜船」「TUGUMI」、高橋源一郎「さようなら、ギャングたち」、川端康成「富士の初雪」など。
【著作】
◇能の翻訳―文化の翻訳はいかにして可能か（21世紀COE国際日本学研究叢書）　野上記念法政大学能楽研究所編　法政大学国際日本学研究センター　2007.5〈内容：能にとって詩とは何か（マイケル・エメリック述）〉

エモット, ビル
Emmott, Bill
ジャーナリスト　「エコノミスト」編集長

[生年月日]1956年8月6日
[国籍]英国　[出生地]ロンドン　[本名]エモット, ウィリアム〈Emmott, William John〉　[学歴]オックスフォード大学モードリン・カレッジ〔1980年〕卒　[学位]博士号
オックスフォード大学ナフィールド・カレッジでの研究生活を経て、1980年から英経済誌「エコノミスト」に勤務し、ブリュッセル特派員を経て、'83年東京支局長として来日。'86年帰国し、'88年以降エコノミスト・ニュースペーパー社の科学部長や経済部長などを務め、'93年3月〜2006年3月「エコノミスト」編集長。在任中、同誌は約50万部から100万部

へと倍増した。また1989年に刊行した日本経済の斜陽化を予測した著書「日はまた沈む—ジャパン・パワーの限界」は37万部のベストセラーとなり論議を呼ぶ。'93年2作目「来るべき黄金時代—日本復活への条件」を刊行。他の著書に「官僚の大罪」（'96年）、「20世紀の教訓から21世紀が見えてくる」（2003年）、「日はまた昇る」（2006年）などがある。　［受賞］経済エッセイ・コンテスト最優秀賞（アメリカン・エクスプレス銀行主催）〔1988年〕「日本の力の限界」

【著作】
◇日はまた沈む　草思社　1990
◇'90年代の日本は"沈む大国"か（緊急対談）石原慎太郎, ビル・エモット：週刊現代　32（13）　1990.3.31
◇日はまた沈む—ジャパン・パワーの限界　ビル・エモット著, 鈴木主税訳　草思社　1990.3
◇日本の衰退はもう始まっている（対談）ビル・エモット, 下村満子：週刊朝日　95（15）1990.4.6
◇警告の書『日はまた沈む』は思い上がった日本経済社会の最悪のシナリオだ　ビル・エモット：政界往来　56（7）　1990.7
◇日本の繁栄の周期が終わるとき（インタビュー）ビル・エモット：潮　376　1990.7臨増
◇『日はまた沈む』か『日はまだ高い』か、資産大国・日本は永遠か？—日本は覇権国になる潜在能力はあっても覇権は争わない（対談）鈴木淑夫, ビル・エモット：東洋経済4945　1990.9.1
◇日本は本当に沈むのか!?（対論）ビル・エモット, 鈴木正俊：サンサーラ　1（4）　1990.10
◇ビル・エモットの「日はまた沈む」論　ビル・エモット：月刊ウィークス　7（6）　1991.1臨増
◇誌上対決・エモットvsボーゲル（対談）ビル・エモット, エズラ・ボーゲル：月刊ウィークス　7（6）　1991.1臨増
◇日は昇るのか沈むのか（対談）ビル・エモット, 鈴木淑夫：THIS IS 読売　2（10）　1992.1
◇来るべき黄金時代—日本復活への条件　ビル・エモット著, 鈴木主税訳　草思社　1992.9
◇「日がまた昇る」ための条件（対談）前, 後　ビル・エモット, 竹村健一：週刊ポスト　24（41, 42）　1992.10.23, 10.30
◇貧しくなった日本　ビル・エモット：中央公論　108（2）　1993.1臨増
◇1990年代における日本の戦略的課題—JIIA-IISS国際シンポジウム　日本国際問題研究所　1993.3〈内容：[報告]日本の経済戦略と対外政策上の意味（ウィリアム・J. エモット）〉
◇官僚の大罪　ビル・エモット著, 鈴木主税訳　草思社　1996.6
◇日本にまた日が昇ろうとしている—日本経済の落日を予見した気鋭の経済ジャーナリストの指摘（国際海外ジャーナリストは今の日本をどう見ているか、TIMEが見た「新しい日本」とは）エモット, ビル：プレジデント　35（7）　1997.7
◇日はまた昇る—日本のこれからの15年　ビル・エモット著, 吉田利子訳　草思社　2006.2
◇対談・日本は再びアジアの主役になる　ビル・エモット, 田中直毅：中央公論　121（4）　2006.4
◇これから10年、新黄金時代の日本（PHP新書）ビル・エモット著, 烏賀陽正弘訳　PHP研究所　2006.10

エライユ, フランシーヌ
Hérail, Francine
フランス国立東洋言語文化学院教授

［国籍］フランス　［学歴］ソルボンヌ大学（西洋史）卒　［専門］平安期の研究

ソルボンヌ大学で西洋史を専攻したが、卒業後封建制度を比較するため日本史を学び、平安期の研究にのめり込む。1961～64年日仏会館の研究員をしていた時藤原道長の自筆日記「御堂関白記」に出会う。以来フランス語訳に取り組み、'94年完訳。国立高等研究院教授、国立東洋言語文化学院教授を歴任。　［受賞］山片蟠桃賞（第12回）〔1994年〕　［叙勲］勲四等瑞宝章〔1996年〕

【著作】
◇貴族たち、官僚たち—日本古代史断章（フランス・ジャポノロジー叢書）フランシーヌ・エライユ著, 三保元訳　平凡社　1997.6

エリアーデ, ミルチア
Eliade, Mircea
宗教学者, 作家　シカゴ大学名誉教授

［生年月日］1907年3月9日
［没年月日］1986年4月22日

［国籍］ルーマニア　［出生地］ブカレスト　［学歴］ブカレスト大学哲学科卒　［学位］哲学博士（ブカレスト大学）〔1932年〕　［専門］宗教史学, インド学

ブカレスト大学で哲学を学んだ後、1929年インドのカルカッタ大学に留学してヨガを研究。'34〜40年ブカレスト大学でインド哲学史を教え、'40年大使館付文化担当官としてロンドン、リスボンに滞在。国際的な宗教雑誌「ザルモクシス」を創刊。第2次大戦後は帰国をあきらめ、ソルボンヌ大学を中心にヨーロッパ各地の大学で宗教学を教えた。'56年シカゴ大学客員教授、'83年名誉教授。あらゆる宗教現象に共通する"聖"の原初的構造を"祖型"としてとらえて宗教学を集大成し、独自の宗教哲学を生み出した世界的な宗教学者。文化人類学、心理学、民俗学など関連領域にも深い影響を与えた。日本については、ユーラシア大陸東端の日本列島を文明の「吹きだまり」と位置づける。アメリカに移住した後も小説・日記・自叙伝などはルーマニア語で書き続けた。著作は「エリアーデ著作集」（全13巻, せりか書房）、「世界宗教史」（全3巻, 筑摩書房）など多数。「TheEncyclopedia of Religion」（全16巻）の編集主幹を務めた。
【著作】
◇シャーマニズム　下（ちくま学芸文庫）　ミルチア・エリアーデ著, 堀一郎訳　筑摩書房　2004.4

エリセーエフ，セルゲイ
Eliseev, Sergei Grigorievich
日本学者　ソルボンヌ大学高等研究院教授，ハーバード大学教授・イエンチン研究所所長

[生年月日]1889年1月13日
[没年月日]1975年4月13日
[国籍]フランス　[出生地]ロシア・ペテルブルク　[別名等]日本名＝英利世夫　[学歴]ラリンスキー大学(ロシア)〔1907年〕卒, ベルリン大学附属東洋語学院〔1908年〕卒, 東京帝大文科大学国文科〔1912年〕卒, 東京帝大大学院国文学専攻〔1914年〕修了
ロシア人で、西欧におけるジャパノロジー(日本学)の始祖。フランス風にSerge Elisseeffとも綴る。豪商エリセーエフ兄弟商会の次男に生まれる。少年時代から東洋文化に惹かれ、ベルリン大学で出会った言語学者・新村出らのすすめで1908年来日、東京帝大に英利世夫の名で入学、上田万年、芳賀矢一らに師事。また同窓の漱石門下の小宮豊隆らと親交、漱石の木曜会に出席、薫陶をうけた。'14年ロシアに帰国後ペトログラード大学の日本語講師、助教授、美術史学院助教授、東洋研究所日本部長など務めるが、ロシア革命で投獄され、'21年パリに亡命。この間の苦渋をのちに「赤露の人質日記」として日本語で出版。'22年ソルボンヌ大学講師、'29年パリ日本館初代館長、'30年ソルボンヌ大学高等研究院講師、'32年教授。この間'31年フランスに帰化、雑誌「日本と極東」の編集に携わり谷崎潤一郎や志賀直哉、永井荷風などを翻訳、日本紹介を活発に行った。'32年ハーバード大学の東洋語学部長として招聘され、'34年東洋語部教授兼ハーバード・イエンチン研究所所長に就任。E. ライシャワー, J. ホールら著名な日本研究者を育てた。'57年ハーバード大を辞して帰国、ソルボンヌ大高等研究所研究員として近世日本文学の講義を担当した。　[受賞]国際交流基金賞〔1974年〕　[叙勲]レジオン・ド・ヌール勲章〔1946年〕, 勲二等瑞宝章〔1969年〕
【著作】
◇外国人の見た日本語—エリセーフ氏の意見　セルジュ・エリセーフ：言語生活　21　1953.6

エルスケン，エド・ファン・デル
Elsken, Ed van der
写真家

[生年月日]1925年3月10日
[没年月日]1990年12月28日
[国籍]オランダ　[出生地]アムステルダム
24歳の時パリに出て、第二次大戦後の混乱の中で生きる人々を写した。1956年「サンジェルマン・デ・プレの恋」が認められデビュー。以降'60年代にかけて現代写真家の旗手として世界的に活躍した。他の代表作にアフリカで撮影した「バガラ」('57年)やヨーロッパでの「ジャズ」('59年)、「スイート・ライフ」('60年)など。'59年世界一周の船旅の途中に初来日、以来、日本にひかれて12回も来日し、'60

年代の日本の生活・風俗を撮った「ニッポンだった」('87年)などの写真集も出版した。また、がん宣告から65歳の死まで自身の末期をビデオで記録し続け、'90年「Bye」として完成させた。　【受賞】国際アフリカ旅行協会賞,フィルム芸術国家賞(オランダ)
【著作】
◇エルスケンニッポンだった—1959・1960　エド・ヴァン・デル・エルスケン著,中野恵津子訳　リブロポート　1987.12
◇ニッポンだった& after—エルスケン写真集　エド・ヴァン・デル・エルスケン著,中野恵津子,大沢類訳　東京書籍　2000.6

エルセバイ, アブデル・バセット
Elsebai, Abdel Baset
冶金学者　リヤド大学助教授,イスラミックセンター理事

[生年月日] 1938年
[国籍]エジプト　[出生地]パレスチナ　[学歴]カイロ大学工学部〔1961年〕卒,東京大学大学院修士課程修了　[学位]博士号(冶金学,東京大学)〔1973年〕
1963年冶金学を研究するために来日。'77年サウジ・アラビアのリヤド大学助教授となり,日本のイスラミックセンターへ派遣され,理事としてイスラームと日本の交友協力のための文化的,社会的仕事に活躍。'80～81年東京大学外国人研究員。'81年帰国。著書に「イスラームと日本人—激動する世界の中で」などがある。
【著作】
◇イスラームと日本人—激動する世界の中で　A. B. エル・セバイ著　潮文社　1981
◇イスラームと日本人—激動する世界の中で　新装版　A・B・エル・セバイ著,〔黒田壽郎,亀井淳訳〕　潮文社　2001

エルドリッジ, ロバート
Eldridge, Robert D.
大阪大学大学院国際公共政策研究科准教授,国際安全保障政策研究センター主任研究員

[生年月日] 1968年1月23日

[国籍]米国　[学歴]リンチバーグ大学国際関係論学部〔1990年〕卒,神戸大学大学院法学研究科修了　[学位]政治学博士　[専門]国際政治,日本政治外交史　[団体]日本国際政治学会
日本学術振興会特別研究員,サントリー文化財団フェロー,平和・安全保障研究所研究員を経て、大阪大学助教授。外交史家の五百旗頭真に師事。著書に「奄美返還と日米関係」「沖縄問題の起源」。　【受賞】読売論壇新人賞(最優秀賞,第5回)〔1999年〕「サンフランシスコ講和条約と沖縄の処理」,サントリー学芸賞(思想・歴史部門,第25回)〔2003年〕「沖縄問題の起源」
【著作】
◇沖縄問題の起源—戦後日米関係における沖縄1945-1952　ロバート・D. エルドリッヂ著　名古屋大学出版会　2003.6
◇奄美返還と日米関係—戦後アメリカの奄美・沖縄占領とアジア戦略　ロバート・D. エルドリッヂ著　南方新社　2003.8

エルマンジャ, マフディ
Elmandjra, Mahdi
国際政治経済学者　モハマンド5世大学教授　世界未来研究連合会長

[生年月日] 1933年
[国籍]モロッコ　[学歴]コーネル大学卒　[学位]経済学博士(ロンドン・スクール・オブ・エコノミクス)　[資格]アフリカ科学アカデミー会員　[専門]未来研究
1960年初めから'70年代半ばにかけて国連・ユネスコ本部の文化・科学局長,事務次長などを歴任。この間ローマクラブの調査研究活動を推進。現在の欧米優位の国際秩序に対し,文化の多様性を擁護,南北対話を推進する立場から批判的姿勢を示す。著書に「Premiere Guerre Civilisationnelle」「La Decolonisation Culturelle」「南の声～21世紀の声」「第二次文明戦争としてのアフガン戦争」,共著に「地球村の行方」などがある。'68年以来,度々来日。
【著作】
◇新・日本人論—世界の中の日本人　読売新聞調査研究本部編　読売新聞社　1986.4〈内

容：「日本人論」―その未来像（マハディ・エルマンジュラ）〉

エレンブルグ，イリヤ
Erenburg, Iliya Grigorievich
作家

[生年月日] 1891年1月27日
[没年月日] 1967年8月31日
[国籍]ソ連　[出生地]キエフ
ユダヤ系。15歳でボリシェビキの地下運動に参加、17歳で投獄される。釈放後パリに亡命、1910年処女詩集「詩編」を発表、カフェ・ロトンドに集まる芸術家や亡命政治家らと交友を結ぶ。革命後の'17年帰国。'21年再びパリを訪れるが追放され、ベルギーへ。アバンギャルド芸術運動の中心となり、'22年処女長編「フリオ・フレニトの奇妙な遍歴」を発表、以後散文に転向。'30年代からソ連体制の支持者となり、スペイン内戦や第2次大戦で従軍記者として活躍。戦後はソ連の数少ない国際的知識人として平和運動に奔走。スターリン死後'54年中編「雪どけ」を発表、表題はソ連の自由化を象徴する言葉となり流行語にもなった。他の作品に小説「13本のパイプ」（'23年）、「トラストDE」（'23年）、「第二の日」（'33年）、「パリ陥落」（'42年）、「嵐」（'47年）、自伝「わが回想」（'61〜65年）など。　[受賞]スターリン平和賞〔1952年〕、レーニン賞〔1961年〕
【著作】
◇日本印象記　イリヤ・エレンブルグ：中央公論　72(12)　1957.11
◇日本印象記　N.エレンブルグ，加藤周一編：外国人の見た日本　第5　筑摩書房　1961

エロシェンコ，ワシリー
Eroshenko, Vasilii Yakovlevich
詩人、童話作家

[生年月日] 1890年1月12日
[没年月日] 1952年12月23日
[国籍]ソ連　[出生地]クルスク県アブホーフカ村　[学歴]ロンドン王立盲人音楽師範学校
4歳で失明、モスクワ第一盲学校卒後1911年ロンドンに渡航。'14年来日、東京盲学校特別研究生となった。'17年ロシア革命で送金が絶え、東京・新宿中村屋の相馬愛蔵夫妻の援助を受け、秋田雨雀らと交友、日本語による口述筆記の「提燈の話」「雨が降る」を発表。ビルマ、インド旅行後再来日、第2次「種蒔く人」同人となって作品を発表。'21年社会主義へ傾斜したため日本追放、中国に渡り、魯迅の支援で北京大学教授。'23年帰国、極東勤労者共産主義大学、国立図書出版局などに勤めた。他の著書に「夜明け前の歌」「最後の溜息」「人類のために」「桃色的雲」「エロシェンコ全集」（全3巻）など。
【著作】
◇日本追放記（ワシリイ・エロシェンコ作品集2所収）　高杉一郎編　みすず書房　1974

エンゼル，ロバート
Angel, Robert C.
サウスカロライナ大学国際政治学部準教授

[生年月日] 1941年
[国籍]米国　[出生地]ニューヨーク州バース
[学歴]コロンビア大学〔1971年〕卒　[専門]国際政治学（日米経済関係）
コロンビア大学大学院博士課程在学中に日本語研修のために1年、執筆調査のために1年、東京に滞在。1978〜84年日本政府がワシントンに設置している対米調査広報機関、日本経済研究所(JEI)に勤務。リビジョニズムの先駆者であり、"ガイアツ""ジャパン・バッシング"といった言葉を米国内に定着させた一人。'94年来日。著書に「円の抗争―『ガイアツ』依存国家の陥穽」がある。
【著作】
◇円の抗争―「ガイアツ」依存国家の陥穽　ロバート・C.エンゼル著、安藤博, 江良真理子訳　時事通信社　1993.4

エントウィッセル，バーゼル
Entwistle, Basil
マキノカレッジ初代理事長　MRA（道徳再武装）日本駐在代表

[国籍]米国　[学歴]オックスフォード大学（哲学・政治学・経済学）卒

大学を首席で卒業、一旦教職に就いた後、MRA（道徳再武装）運動に加わり、欧州、アジア、北米で活躍。やがて日本の指導者の招きで1950年来日、MRA駐日代表として8年間日本で過ごす。第2次大戦中は米空軍欧州本部で活躍、空軍の3つの広報誌の編集に従事した。'60年代に再び教職に戻り、ミシガン州にマキノカレッジを創立、初代理事長に就任。著書に「日本の進路を決めた10年―国境を超えた平和のかけ橋」がある。

【著作】
◇日本の進路を決めた10年―国境を超えた平和のかけ橋　バーゼル・エントウィッセル著，藤田幸久訳　ジャパンタイムズ　1990.4

エンブリー，ジョン
Embree, John Fee
文化人類学者，日本研究家　エール大学東南アジア研究所長

[生年月日] 1908年
[没年月日] 1950年
[国籍] 米国　[学歴] ハワイ大学〔1931年〕卒，トロント大学大学院〔1934年〕修士課程修了，シカゴ大学大学院博士課程修了　[学位] Ph.D.（シカゴ大学大学院）〔1937年〕　[専門] 社会人類学

1937～41年ハワイ大学，'41～43年トロント大学を経て，'43～45年シカゴ大学人類学助教授，準教授などを歴任。'48年エール大学社会学準教授。のち同大東南アジア研究所所長を務めた。一方，'35年27歳の時東アジアの社会組織の比較研究のため妻とともに来日。1年間熊本県の須恵村に住み込み，人口の出入りや有業者数，機械の台数，新聞購読状況など緻密な農村調査を実施。村人との信頼関係も築き，村の行事や冠婚葬祭にも招かれた。'39年研究が「日本の村・須恵村（Suye Mura a Japanese Village）」としてまとめられ，出版。現地調査に基づいた戦前の日本農村の研究として日本研究の古典の一つとなる。

【著作】
◇須恵村，1935～1985―写真民族誌　ジョン・エンブリー，牛島盛光〔撮影〕，牛島盛光著　日本経済評論社　1988.12
◇日本の村―須恵村　ジョン・F. エンブリー著，植村元覚訳　日本経済評論社　2005.4

エンライト，ジョセフ
Enright, Joseph F.
元・軍人　米国海軍大西洋方面潜水艦隊参謀長

[生年月日] 1910年9月
[国籍] 米国　[出生地] ノース・ダコタ州　[学歴] アナポリス海軍兵学校〔1933年〕卒

海軍兵学校を出て戦艦メリーランドに勤務。1936年海軍中尉，潜水艦学校に入校。'38年大尉，潜水艦S35号，S22号に乗り組む。'43年少佐でデイス号艦長となり，'44年11月日本近海の哨戒に従事中，第5次哨戒航行で日本の軍艦信濃を発見し撃沈した。'45年9月には日本の降伏調印式のため艦とともに東京湾に入る。'52年大佐，大西洋方面潜水艦隊参謀長，'59年ミサイル巡洋艦ボストン艦長となったあと，再度の海軍作戦本部室勤務を経て'63年7月退役。著書の海戦ドキュメント「信濃！―日本秘密空母の沈没」は全米，全英のベストセラーとなった。

【著作】
◇信濃！―日本秘密空母の沈没　ジョセフ・F. エンライト，ジェームス・W. ライアン著，高城肇訳　光人社　1990.12
◇信濃！―日本秘密空母の沈没（光人社NF文庫）　ジョセフ・F. エンライト，ジェームス・W. ライアン著，高城肇訳　光人社　1994.3

【オ】

呉 淇坪　オ・キピョン
西江大学社会学部教授・社会科学研究所長

[生年月日] 1934年11月20日
[国籍] 韓国　[出生地] 康津　[学歴] ソウル大学法学部〔1957年〕卒，ミネソタ大学大学院〔1965年〕修了　[学位] 政治学博士（ミネソタ大学）〔1971年〕

国際政治学会会長、現代日本研究会会長などを歴任。著書に「北朝鮮外交論-北朝鮮のUN外交」「現代国際機構政治論」「世界外交史」などがある。

【著作】
- ◇訪日学術研究者論文集―アカデミック 第4巻 日韓文化交流基金〔編〕 日韓文化交流基金 1999.3〈内容:日本の国連外交―安保理の常任理事国化の問題(呉淇坪)〉

呉 善花 オ・ソンファ
評論家、エッセイスト、翻訳家 拓殖大学国際開発学部教授

[生年月日] 1956年9月

[国籍]韓国 [出生地]済州島 [学歴]大邱大学卒、大東文化大学、東京外国語大学大学院(北米地域研究)修士課程修了

4年の軍隊生活を終えて病院に勤務した後、1983年に来日、大東文化大学の留学生となる。のち日韓ビジネスの通訳、翻訳業のかたわら韓国語と日本語を教え、東京外国語大学研究生、のち院生としてアメリカ、カナダ比較文化を研究。著作、講演活動の傍ら、国際大学グローバル・コミュニケーション・センター主任研究員を経て、拓殖大学日本文化研究所客員教授を務める。2004年同大国際開発学部教授。著書に韓国人ホステスの生活を描いた「スカートの風―日本永住をめざす韓国のおんなたち(韓国語訳「東京25時」)」、「続スカートの風」「攘夷の韓国 開国の日本」「日本が嫌いな日本人へ」「韓国人から見た北朝鮮」「日本浪漫紀行」などがある。 [受賞]山本七平賞(第5回)〔平成8年〕「攘夷の韓国開国の日本」

【著作】
- ◇スカートの風―チマパラム 日本永住をめざす韓国の女たち 呉善花著 三交社 1990.12
- ◇「不寛容な愛国者」韓国人と「曖昧に逃げる」日本人 呉善華:SAPIO 3(18) 1991.9.26
- ◇スカートの風―チマパラム 続 呉善花著 三交社 1991.10
- ◇家族への「孝」韓国と会社への「忠」日本 呉善花:サンサーラ 3(7) 1992.7
- ◇新スカートの風―チマパラム 日韓=合わせ鏡の世界 呉善花著 三交社 1992.12
- ◇日本で働く外国人ホステス(福武文庫) 呉善花:日本日記 福武書店 1993.2
- ◇日本の驕慢・韓国の傲慢―新日韓関係の方途 渡部昇一,呉善花著 徳間書店 1993.3
- ◇「外国人」を意識してはじまる合わせ鏡の日本と韓国 呉善花:ワールドプラザ 27 1993.5
- ◇向かい風―日韓=異文化の交差点から 呉善花著 三交社 1994.1
- ◇恋愛交差点―韓国人と日本人=それぞれの愛の風景 呉善花著 角川書店 1994.6
- ◇ワサビと唐辛子―恨の国・韓国から見た「受け身文化」の国・日本(ノン・ブック) 呉善花著 祥伝社 1995.2
- ◇日本人と韓国人はワサビと唐辛子の違い 呉善花,大島信三聞き手:正論 271 1995.3
- ◇日本が嫌いな日本人へ 1, 2 呉善花:THE21 12(9,10) 1995.9, 10
- ◇日本が嫌いな日本人へ〔5〕 呉善花:THE21 13(1) 1996.1
- ◇日本が嫌いな日本人へ〔6〕 呉善花:THE21 13(2) 1996.2
- ◇日本が嫌いな日本人へ〔7〕 呉善花:THE21 13(3) 1996.3
- ◇日本が嫌いな日本人へ〔8〕 呉善花:THE21 13(4) 1996.4
- ◇韓国の高慢、日本の卑屈(徹底討論・日本人はなぜ韓国が嫌いか) 呉善花:文芸春秋 74(5) 1996.4
- ◇日本が嫌いな日本人へ〔9〕 呉善花:THE21 13(5) 1996.5
- ◇日本が嫌いな日本人へ〔10〕 呉善花:THE21 13(6) 1996.6
- ◇日本が嫌いな日本人へ〔11〕 呉善花:THE21 13(7) 1996.7
- ◇韓国の激情日本の無情―日韓反目の壁を超えて 渡部昇一,呉善花著 徳間書店 1996.7
- ◇日本が嫌いな日本人へ〔12〕 呉善花:THE21 13(8) 1996.8
- ◇日本が嫌いな日本人へ〔13〕 呉善花:THE21 13(9) 1996.9
- ◇攘夷の韓国開国の日本 呉善花著 文芸春秋 1996.9
- ◇日本が嫌いな日本人へ〔14〕 呉善花:THE21 13(10) 1996.10
- ◇日本が嫌いな日本人へ〔15〕 呉善花:THE21 13(11) 1996.11
- ◇日本が嫌いな日本人へ〔16〕 呉善花:THE21 13(12) 1996.12
- ◇日本が嫌いな日本人へ〔17〕 呉善花:THE21 14(1) 1997.1
- ◇日本が嫌いな日本人へ〔18〕 呉善花:THE21 14(2) 1997.2
- ◇スカートの風―日本永住をめざす韓国の女たち(角川文庫) 呉善花〔著〕 角川書店

1997.2
◇日本が嫌いな日本人へ〔19〕　呉善花：THE21　14(3)　1997.3
◇日本が嫌いな日本人へ〔20〕　呉善花：THE21　14(4)　1997.4
◇日本が嫌いな日本人へ〔21〕　呉善花：THE21　14(5)　1997.5
◇日本が嫌いな日本人へ〔22〕　呉善花：THE21　14(6)　1997.6
◇ワサビと唐辛子―受け身の日本人、攻めの韓国人その強さと弱さ　愛蔵版　呉善花著　祥伝社　1997.6
◇日本が嫌いな日本人へ〔23〕　呉善花：THE21　14(7)　1997.7
◇日本が嫌いな日本人へ〔24〕『たまごっち』がもつ「ソフト・アニミズム」を世界が求めだした　呉善花：THE21　14(8)　1997.8
◇日本が嫌いな日本人へ〔25〕日本人が抱える不安をシンボリックに代弁した『失楽園』ブームの深層　呉善花：THE21　14(9)　1997.9
◇日本人を冒険する―あいまいさのミステリー　呉善花著　三交社　1997.9
◇日本が嫌いな日本人へ〔26〕子孫を残す意識がない日本のシングル族はどこまで増えるのか？　呉善花：THE21　14(10)　1997.10
◇日本が嫌いな日本人へ〔27〕日本人がつくるナチュラル・サービスが世界的な傾向となる日　呉善花：THE21　14(11)　1997.11
◇日本が嫌いな日本人へ〔28〕自然に対する絶対受け身の思想が日本の技術を支える　呉善花：THE21　14(12)　1997.12
◇日本が嫌いな日本人へ〔29〕日本がやるべきは新リベラリズムを超えた行政改革だ　呉善花：THE21　15(1)　1998.1
◇日本が嫌いな日本人へ〔30・最終回〕優勝劣敗を是とするアメリカ型改革に日本は追随するなかれ　呉善花：THE21　15(2)　1998.2
◇日本が嫌いな日本人へ　呉善花著　PHP研究所　1998.9
◇偽りの日韓新時代、対韓「宥和政策」の失敗―韓国人の"甘え"と日本人の"弱腰"で結ばれた「日韓共同宣言」は問題を複雑系にした　呉善花，渡部昇一：諸君！　30(12)　1998.12
◇日本の瀬戸際―沈没する日本浮上する日本　呉善花著　日本教文社　1999.1
◇スカートの風　続（角川文庫）　呉善花〔著〕　角川書店　1999.3
◇私はいかにして〈日本信徒〉となったか　呉善花著　PHP研究所　1999.7
◇攘夷の韓国開国の日本（文春文庫）　呉善花著　文芸春秋　1999.9
◇「日本人の感性」が世界の未来を開く―私の日本文化体験記　呉善花：祖国と青年　255　1999.12

◇韓国併合への道（文春新書）　呉善花著　文芸春秋　2000.1
◇新スカートの風―日韓＝合わせ鏡の世界（角川文庫）　呉善花〔著〕　角川書店　2000.1
◇ワサビの日本人と唐辛子の韓国人（祥伝社黄金文庫）　呉善花著　祥伝社　2000.4
◇日本人が知らない日本のミステリアスな力―"前アジア"という可能性が打ち立てる世界理念（西暦2000年への対峙〔8〕）　呉善花：正論　337　2000.9
◇この国を形づくるもの―海、山、平地の複合景観が融合と調和の文化を生んだ　呉善花：Voice　275　2000.11
◇生活者の日本統治時代―なぜ「よき関係」のあったことを語らないのか　呉善花著　三交社　2000.12
◇日本が嫌いな日本人へ（PHP文庫）　呉善花著　PHP研究所　2000.12
◇縄文思想が世界を変える―呉善花が見た日本のミステリアスな力（麗沢の泉リシリーズ）　呉善花著　麗沢大学出版会　2001.3
◇日本の驕慢・韓国の傲慢（徳間文庫）　渡部昇一，呉善花著　徳間書店　2001.4
◇日本人の自然観　呉善花：Voice　281　2001.5
◇高野山と日本人―仏教と民間信仰の共存にこの国の「普遍意識」を見た　呉善花：Voice　285　2001.9
◇「反日韓国」に未来はない（小学館文庫）　呉善花著　小学館　2001.10
◇日本人を冒険する―あいまいさのミステリー（PHP文庫）　呉善花著　PHP研究所　2001.10
◇「脱亜超欧」へ向けて―日本は欧米・アジアの限界をどう変えるか　呉善花著　三交社　2001.11
◇悲しみをこらえるのはなぜ　呉善花：正論　353　2002.1
◇日韓関係を歪め続けた「きれいごと主義」　呉善花：正論　354　2002.2
◇コメント（第3部・セッションⅠ「日本のアイデンティティ：西洋でも東洋でもない日本」）　呉善花：日本国際フォーラム設立15周年記念「海洋国家セミナー」総括シンポジウム全討議記録　日本国際フォーラム　2002.3
◇日本的精神の可能性―この国は沈んだままでは終わらない！（PHP文庫）　呉善花著　PHP研究所　2002.12
◇脱亜超欧　日本的ビジネスと「もてなしの文化」　呉善花：日本文化　11　2003.3
◇私はいかにして「日本信徒」となったか（PHP文庫）　呉善花著　PHP研究所　2003.6
◇韓国人はいつの日か「靖国」を理解できるか（靖国と日本人の心）　呉善花：正論　臨増　2003.8

◇歴史と文化が日本をただす　呉善花, 八木秀次, 高森明勅著　モラロジー研究所　2003.12
◇女帝論―「天皇制度」の源流を訪ねて　呉善花著　PHP研究所　2004.6
◇日本の文化力が世界を幸せにする　日下公人, 呉善花著　PHP研究所　2004.12
◇日韓、愛の幻想　呉善花著　文芸春秋　2006.2
◇講演録 韓国人からみた日本人　呉善花：りそなーれ　4(6)　2006.6
◇「在日」よ、日本人になろう　浅川晃広, 呉善花, 鄭大均：諸君！　38(6)　2006.6
◇呉善花女史特別講演―韓国人と日本人　呉善花：鵬友　32(2)　2006.7
◇脱亜超欧〔21〕うつ病と日本人の精神性　呉善花：日本文化　24　2006.春
◇日本語の心―ことばの原風景をたずねて　呉善花著　日本教文社　2006.12

呉 善華　オ・ソンファ
東海大学外国語教育センター非常勤講師

[生年月日] 1959年
[国籍] 韓国　[出生地] ソウル　[学歴] ソウル国際大学日語日文学科〔1982年〕卒, 建国大学大学院日語日文学研究科〔1984年〕修了, 東海大学大学院文学研究科日本文学専攻〔1993年〕博士課程後期満期退学　[学位] 文学博士（東海大学）〔1998年〕　[専門] 日本文学
1984～88年韓国国際大学非常勤講師, '87～88年建国大学師範大学非常勤講師を務める。のち東海大学大学院で学び, '98年東海大学外国語教育センター非常勤講師となる。著書に「宮沢賢治の法華文学」がある。
【著作】
◇宮澤賢治の法華文学―彷徨する魂　呉善華著　東海大学出版会　2000

オア, マーク・テイラー
Orr, Mark Taylor
サウスフロリダ大学国際問題研究所所長
GHQ民間情報教育局教育課長

[生年月日] 1914年4月20日
[国籍] 米国　[出生地] サウスカロライナ州
[学歴] ノースカロライナ大学卒　[専門] 国際問題

地方新聞の記者、地域誌の編集などを経て、1941年応召し米陸軍航空隊に入隊。'44年バージニア大学付設陸軍軍政学校、'45年ミシガン大学付設陸軍民事要員訓練所などで教育を受けたのち、'45年10月GHQ民間情報教育局(CIE)に入り、'46年6月～'49年2月まで教育課長を務めた。のちサウスフロリダ大学教授となり、現在同大国際問題センター所長。GHQ在任中、米国の教育使節団招聘、教育基本法、学校教育法の制定、6・3制教育の導入、教科書検定制、教育の地方分権化など戦後教育改革の基本的枠組を作るのに尽力した。著書に「占領下日本の教育改革政策」など。
【著作】
◇占領下日本の教育改革政策　マーク・T. オア著, 土持ゲーリー法一訳　玉川大学出版部　1993.1

オアー, ロバート (Jr.)
Orr, Robert M. (Jr.)
日本モトローラ官公庁関連業務本部長

[国籍] 米国　[学歴] フロリダ・アトランティック大学〔1976年〕卒, ジョージタウン大学大学院修士課程修了, 東京大学大学院修了　[学位] 政治学博士（東京大学）　[専門] 日本政治・外交, 海外援助政策
フロリダ州選出のポール・ロジャーズ連邦下院議員の立法担当スタッフ, 下院外交委員会アジア・太平洋小委員会付スタッフなどを歴任。レーガン政権発足と共にアメリカ国際開発庁(AID)のアジア局長特別補佐官を務めた。1976年日本人女性と結婚。'83年に来日し、テンプル大学東京校助教授として教鞭をとる傍ら、浜田卓二郎自民党議員のアドバイザーも務める。'89年7月日本の国会初の外国人職員として参議院予算委員会調査室客員調査員に。のちスタンフォード日本センター所長となる。'93年日本モトローラ官公庁関連業務本部長に就任。著書に「日本の政策決定過程」。　[受賞] 大平正芳記念賞「The Emergence of Japan's Foreign Aid Power」
【著作】

◇日本の政策決定過程—対外援助と外圧　ロバート・M. オアー, Jr. 著, 田辺悟訳　東洋経済新報社　1993.8
◇ポスト冷戦時代の開発援助と日米協力（IDJ library）　海外開発評議会〔編〕, 市川博也監訳　国際開発ジャーナル社　1995.3〈内容：対外援助と日米間の政治的課題—新たな世界秩序の模索（ロバート・M. オアー, Jr.）〉

オイルシュレーガー, ハンス・ディーター
Olschleger, Hans Dieter
ボン大学近現代日本研究センター上級研究員

［生年月日］1952年
［国籍］ドイツ　［学歴］ボン大学文学部卒　［専門］日本研究, アイヌ
ドイツ日本研究所研究員を経て、ボン大学近現代日本研究センター上級研究員。アイヌ資料などを研究。著書に「Ainu. Jäger, Fischer und Sammler in Japans Norden」（共著, 1987年）、「Umwelt und Wirtschaft der Ainu」（'89年）。
【著作】
◇アイヌ—日本の北辺の狩猟、漁、採集の民：ラオテンシュトラオホ・ヨースト博物館コレクション収集の収蔵目録　ヨーゼフ・クライナー, ハンス-ディーター・オイルシュレーガー共著, 小松和弘訳　〔出版者不明〕　2002

オイレンブルク, フリードリッヒ
Eulenburg, Friedrich (Fritz) Albert, Graf zu
外交官, 政治家　プロシア内務大臣

［生年月日］1815年6月29日
［没年月日］1881年6月2日
［国籍］ドイツ　［出生地］ケーニヒスベルク
オイレンブルク家は12世紀以来のプロシアの名家で1786年にプロイセン王から伯爵に叙せられた。父はもとペルクイーケンの領主であったが、ナポレオン戦争の際土地を売却してケーニヒスブルクに移った。フリードリッヒはケーニヒスブルクとベルリンで法律学および政治学を学び、1835年司法官補とな

る。行政官を経て外交官に転じ、1852年ベルギーのアントワープ総領事となり、1859年4月ポーランドのワルシャワ総領事に任命される。しかし赴任を前に東アジア遠征隊の公使に抜擢され、1852年来日。1861年中国および日本との通商条約を締結した。1862年4月遠征から帰国。同年12月にはビスマルク内閣の内務大臣となり、在任15年の後、1877年病気を理由に休職、翌1878年政界から引退した。日本遠征の記録は「オイレンブルク日本遠征記」にまとめられている。本書はオイレンブルク自身が書いたものではなくプロシア政府の公式記録に基づく編纂書である。1860年9月5日から1861年1月31日までの江戸滞在中の事件、政情、人々の暮らし、風俗・習慣などが詳細に記されている。
【著作】
◇外国人の見た日本　第2　筑摩書房　1961
◇オイレンブルク日本遠征記　中井晶夫訳　雄松堂出版　1964
◇オイレンブルク日本遠征記　上　中井晶夫訳　雄松堂書店　1969
◇オイレンブルク日本遠征記　下　中井晶夫訳　雄松堂書店　1969

王　亜新　おう・あしん
Wang Ya-xin
東洋大学社会部社会文化システム学科教授

［生年月日］1954年
［国籍］中国　［学歴］北京大学大学院修了　［学位］文学博士　［専門］中国語学, 日本語学, 対照言語学　［団体］日本中国語学会, 日本言語学会
日本語と中国語の比較などを研究。東洋大学助教授を経て、教授。
【著作】
◇北京外国語学院・大東文化大学交流協定十周年記念論文集　北京外国語学院・大東文化大学交流協定十周年記念論文集編集委員会編　大東文化大学　1990.3〈内容：受動と使動の表現における日中両言語の違いについて（王亜新）〉
◇21世紀言語学研究—鈴木康之教授古希記念論集　04記念行事委員会編　白帝社　2004.7〈内容：日本語の「のだ」文と中国語の"是…(的)"文（王亜新）〉

王 維　おう・い
Wang Wei
香川大学経済学部助教授

[生年月日] 1962年
[国籍] 中国　[出生地] 瀋陽　[学歴] 中京大学社会学部〔1994年〕卒, 名古屋大学大学院人間情報学研究科〔1999年〕博士後期課程修了　[学位] 学術博士(名古屋大学)〔1999年〕　[専門] 文化人類学
中部大学中部高等学術研究所研究員などを経て, 香川大学経済学部助教授。著書に「日本華僑における伝統の再編とエスニシティ」がある。
【著作】
◇長崎華僑における祭祀とその変容　王維〔著〕,富士ゼロックス小林節太郎記念基金編　富士ゼロックス小林節太郎記念基金　1998.9
◇神戸・横浜華僑における祭祀・芸能とその変容　王維〔著〕,富士ゼロックス小林節太郎記念基金編　富士ゼロックス小林節太郎記念基金　1999.4
◇日本華僑における伝統の再編とエスニシティ—祭祀と芸能を中心に…　王維著　風響社　2001.2
◇素顔の中華街(新書y)　王維著　洋泉社　2003.5

王 偉彬　おう・いひん
Wang Wei-bin
広島修道大学法学部助教授

[生年月日] 1957年
[国籍] 中国　[出生地] 山東省　[学歴] 山東師範大学外国語学部卒, 北京大学大学院国際政治研究科修士課程修了, 大阪大学大学院法学研究科博士前期課程修了, 京都大学大学院人間・環境学研究科博士後期課程修了　[学位] 博士(人間・環境学)　[専門] 国際政治
山東省教育委員会, 中国国家教育委員会に勤務。1991年来日。のち広島修道大学助教授。
【著作】
◇「政経分離」の形成, 登場と1958年中日関係の断絶—戦後日本の対中国外交政策の考察を中心に　王偉彬〔著〕,富士ゼロックス小林節太郎記念基金編　富士ゼロックス小林節太郎記念基金　1998.8
◇中国と日本の外交政策—1950年代を中心にみた国交正常化へのプロセス(Minerva人文・社会科学叢書)　王偉彬著　ミネルヴァ書房　2004.2

王 芸生　おう・うんせい
Wang Yun-sheng
ジャーナリスト, 日本問題研究家　中日友好協会副会長, 大公報社長

[生年月日] 1901年
[没年月日] 1980年5月30日
[国籍] 中国　[出生地] 河北省　[本名] 王徳鵬
1928〜42年上海の「大公報」の編集長。第2次大戦後中国共産党に参加, '48年未解放区で新聞工作に従事した。解放後天津大公報社長, '60年全国新聞工作者協会副主席, '65年大公報社長をつとめ言論界で活躍。文化大革命中は失脚, '78年政協常務委員, '80年北京報道学会顧問。また知日家として知られ, '73年以降中日友好協会副会長をつとめ, 著書に「中日関係60年史」などがある。
【著作】
◇▽日支外交六十年史▽　建設社　1933-36
◇日本印象記　王芸生：世界　134　1957.2
◇日本拝見　王芸生,加藤周一編：外国人の見た日本　第5　筑摩書房　1961
◇日中外交六十年史　王芸生著, 長野勲, 波多野乾一編訳　竜渓書舎　1987.7

王 永祥　おう・えいしょう
歴史学者　南開大学周恩来研究センター所長

[国籍] 中国　[専門] 周恩来研究
共著に「周恩来と日本」があり, 周恩来総理の日本留学時代の足跡を手紙, 日記, 雑誌の寄稿文, 語録など多くの資料から現地調査を重ねて明らかにした。
【著作】
◇周恩来と池田大作　南開大学周恩来研究センター著, 王永祥編, 周恩来・鄧穎超研究会訳, 西園寺一晃監修　朝日ソノラマ　2002.1
◇周恩来と日本—苦悩から飛翔への青春　王永祥, 高橋強編著, 周恩来鄧穎超研究会訳　白帝社　2002.11

王 家驊　おう・かか
Wang Jia-hua
南開大学歴史研究所博士指導教授

[生年月日]1941年
[国籍]中国　[出生地]天津　[学歴]南開大学歴史学部卒　[専門]日本史
南開大学歴史研究所助手、専任講師、助教授、日本史研究室教授を経て、歴史研究所博士指導教授。北京大学比較文学・比較文化研究所兼任教授。中国社会科学院東方文化研究センター特任研究員、中国日本史学会思想史・文化史部会会長、「日本学刊」編集委員。また、東北大学日本文化研究施設客員研究員、早稲田大学文学部客員研究員、国際日本文化研究センター客員教授などを歴任。著書に「日中儒学の比較」（日本語）「儒家思想と日本文化」（中国語）、共著に「日本明治維新」「日本歴史文物伝」など。
【著作】
◇日中両国の伝統と近代化─依田憙家教授還暦記念　『依田憙家教授還暦記念論文集』編集委員会編　竜渓書舎　1992.4〈内容：日本儒学の特質（王家驊）〉
◇東アジアにおける近代化の指導者たち─中国国際シンポジウム 1995　国際日本文化研究センター　1997.3〈内容：試評中村正直的"敬天愛人"説─儒学思想與日本的現代化（王家驊）〉
◇日本思想の地平と水脈─河原宏教授古稀記念論文集　河原宏,河原宏教授古稀記念論文集刊行会編著　ぺりかん社　1998.3〈内容：西村茂樹の思想遍歴と儒学（王家驊）〉
◇日本の近代化と儒学（人間選書）　王家驊著　農山漁村文化協会　1998.8

王 学珍　おう・がくちん
Wang Xue-zhen
北京大学共産党委員会書記・校務委員会主席

[生年月日]1926年8月
[国籍]中国　[出生地]浙江省　[学歴]北京大学卒
大学時代、国民党時代の学生運動に参加。解放後は北京大学党委員会で活動。1953年以後は法律の勉強を続けながら同大の教務部の仕事に従事。文革中は批判されたこともあるが、一貫して北京大学の中で仕事を続けてきた。四人組追放後の'81年に副学長、'82年から大学の党委員会書記、校務委員会主席。'88年、4月に誕生した北京大学日本研究センターの主任に就任、北京大学の様々な分野の日本研究者たちをまとめる。'89年8月同大党書記を解任。
【著作】
◇北京大学与日本研究─王学珍主任在中日共同研討会上的講演（第I部　記念講演 1995.12.4）　王学珍：東アジアにおける近代化の指導者たち　1995　国際日本文化研究センター　1997.3
◇東アジアにおける近代化の指導者たち─中国国際シンポジウム 1995　国際日本文化研究センター　1997.3〈内容：北京大学與日本研究─王学珍主任在中日共同研討会上的講演（王学珍）〉

王 巍　おう・ぎ
中国社会科学院考古研究所助教授

[生年月日]1954年
[国籍]中国　[出生地]吉林省長春市　[学位]歴史学博士（九州大学）　[専門]考古学
古代史・考古学を研究。著書に「中国からみた邪馬台国と倭政権」がある。
【著作】
◇中国からみた邪馬台国と倭政権（考古学選書）　王巍著　雄山閣出版　1993.3
◇古代の日本と渡来の文化　上田正昭編　学生社　1997.4〈内容：弥生・古墳時代の墳丘墓から見た古代中国の影響（王巍）〉

王 暁秋　おう・ぎょうしゅう
北京大学歴史系教授・中国近代史教研室主任・日本研究センター・アジア太平洋研究センター研究員

[生年月日]1942年
[国籍]中国　[出生地]上海　[学歴]北京大学歴史系　[専門]中国近代史,中日関係史　[団体]北京歴史学会,中日関係史研究会,北京中日文化交流史研究会
著書に「早期日本游記五種」「中日文化交流史話」「アヘン戦争から辛亥革命─日本人の中国観と中国人の日本観」など。

【著作】
◇アヘン戦争から辛亥革命—日本人の中国観と中国人の日本観　王暁秋著, 中曽根幸子, 田村玲子訳　東方書店　1991.12
◇中日文化交流史話（中国文化史ライブラリー）　王暁秋著, 木田知生訳　日本エディタースクール出版部　2000.2
◇西洋近代文明と中華世界—京都大学人文科学研究所70周年記念シンポジウム論集　狭間直樹編　京都大学学術出版会　2001.2〈内容：京師大学堂と日本（王暁秋）〉

王 暁平　おう・ぎょうへい
天津師範大学教授, 比較文学比較文化研究所所長

［生年月日］1947年
［国籍］中国　［出生地］四川省　［学歴］内蒙古師範大学〔1981年〕修士課程修了　［専門］比較文学　［団体］中国比較文学学会（理事）, 中日関係史学会（理事）
1989年福岡大学外国人研究員として来日。'90〜91年国際日本文化研究センター客員助教授。著書に「近代中日文学交流史稿」「仏典・志怪・物語」, 共著に「中国文学在日本」, 編著に「文学」などがある。

【著作】
◇論集平安文学　第2号　後藤祥子ほか編　勉誠社　1995.5〈内容：都良香文学思想考（王暁平）〉
◇〈意〉の文化と〈情〉の文化—中国における日本研究（中公叢書）　王敏編著,〔岡部明日香〕〔ほか訳〕　中央公論新社　2004.10〈内容：敦煌文学と『万葉集』（王暁平）〉

王 金林　おう・きんりん
Wang Jin-lin
天津社会科学院日本研究所教授

［生年月日］1935年
［国籍］中国　［出生地］浙江省杭州　［学歴］南海大学歴史系日本史専攻卒　［専門］日本古代史, 考古学　［団体］中国日本史学会（常務副会長）
天津市歴史研究所日本史研究室を経て、天津社会科学院日本研究所副所長などを歴任。弥生時代を含め日本の古代史に造詣が深い。「日本歴史人物伝」「古代の日本」「鑑真」「奈良文化と唐文化」「邪馬台国と古代中国」など日本関連の著書多数。

【著作】
◇古代の日本—邪馬台国を中心として（人類史叢書）　王金林著　六興出版　1986.1
◇東アジアと日本　考古・美術編　田村円澄先生古稀記念会編　吉川弘文館　1987.12〈内容：唐代仏教と奈良仏教との比較-国家仏教の特質を中心として（王金林）〉
◇奈良文化と唐文化（東アジアのなかの日本歴史）　王金林著　六興出版　1988.4
◇邪馬台国と古代中国　王金林著　学生社　1992.9
◇弥生文化と古代中国　王金林著　学生社　1992.12

区 建英　おう・けんえい
新潟国際情報大学情報文化学部情報文化学科教授

［生年月日］1955年
［国籍］中国　［出生地］広州　［学歴］北京師範大学歴史学部〔1984年〕修士課程修了, 東京大学大学院総合文化研究科修了　［学位］学術博士（東京大学）〔1993年〕　［専門］歴史学
中国曁南大学歴史学部専任講師を経て、1987年東京大学大学院に入学、東アジア知識人の西洋文明理解をめぐって研究。のち新潟国際情報大学助教授を経て、教授。共著に「近代日本と東アジア」、中国語訳担当に丸山真男「福沢諭吉与日本近代化」、監修書に「日本的市民社会」（中国語）などがある。

【著作】
◇東アジア諸国の近代化の抱えた問題—福沢諭吉と厳復の問題意識を中心に　区建英〔著〕, 富士ゼロックス・小林節太郎記念基金編　富士ゼロックス・小林節太郎記念基金　1992

王 建康　おう・けんこう
復旦大学講師

［生年月日］1954年
［国籍］中国　［出生地］上海　［学歴］復旦大学日本言語文学学科〔1982年〕卒　［専門］日本文学

上海市放送局ラジオ日本語講座主任講師を務める。著書に「人性の追求」「現代人」、共訳に「傷だらけの山河」「日本随筆選」がある。
【著作】
◇東洋学論集―中村璋八博士古稀記念　中村璋八博士古稀記念論集編集委員会編　汲古書院　1996.1〈内容：仮名草子に見られる中国道教の影響―浅井了意の『浮世物語』を中心に（王建康）〉
◇日本と中国ことばの梯―佐治圭三教授古稀記念論文集　佐治圭三教授古稀記念論文集編集委員会編　くろしお出版　2000.6〈内容：日中言語対照の諸問題（王建康）〉

王宏　おう・こう
上海外国語学院教授、中国日語教学研究会会長

[生年月日] 1925年
[国籍] 中国　[学歴] 華北文法学院経済学部卒
[専門] 日本語学（文法）、日中対照研究
日本語教育などを研究。著書に「日本語助詞の新研究」「日本語表現形式の研究」がある。
【著作】
◇日本語国際シンポジウム報告書―海外における日本語教育の現状と将来　国際交流基金,国際文化フォーラム編　国際文化フォーラム　1989.3〈内容：中国の大学における日本語教育について（王宏）〉
◇新しい言語理論と日本語（国立国語研究所国際シンポジウム報告書）　国立国語研究所　1997.3〈内容：日中語対照研究と日本語研究（王宏）〉

汪向栄　おう・こうえい
Wang Xiang-rong
中日関係史研究会常務理事

[生年月日] 1920年
[没年月日] 2006年6月
[国籍] 中国　[出生地] 江蘇省青浦県（のちの上海市）　[専門] 中日関係史（主として古代）
第二次大戦中の1940年、京都大学に留学し東洋史を学ぶ。1978～86年中国社会科学院研究員（教授に相当）。'84～90年中国中日関係史研究会常務理事、のち同顧問。この間、'89年国際日本文化センター客員教授、'90年国際基督教大学客員教授を務めた。著書に「中日交渉年表」「鑑真」（邦訳）「中国の研究者のみた邪馬台国」（邦訳）「中日関係史文献論考」「中国的近代化与日本」「古代的中国与日本」「清国お雇い日本人」（邦訳）、「徐福・日本への中国移民」「徐福伝説を探る」（共著）など。
【著作】
◇弥生時期日本に来た中国人　汪向栄〔述〕,国際日本文化研究センター編　国際日本文化研究センター　1990.1
◇徐福伝説を探る―日中合同シンポジウム　安志敏〔ほか〕著　小学館　1990.7〈内容：中国の徐福学（汪向栄）〉
◇清国お雇い日本人　汪向栄著, 竹内実監訳　朝日新聞社　1991.7
◇古代の中国と日本　汪向栄著, 蔵中進, 由同来訳　桜楓社　1992.10

王効平　おう・こうへい
Wang Xiao-ping
北九州市立大学経済学部経営情報学科教授

[生年月日] 1962年
[学歴] 中国人民大学工業経済学部中退, 九州大学経済学部経営学科卒, 九州大学大学院経済学研究科〔1990年〕博士課程修了　[学位] 経済学博士　[専門] 地域経済, アジア的経営
1981年九州大学に入学。大学院修了後、国際東アジア研究センター研究員を経て、'92年北九州市立大学経済学部助教授、2000年教授。著書に「華人系資本の企業経営」、共著に「亜太地区経済発展趨勢和区域合作問題」、分担執筆に「環黄海経済圏」などがある。
【著作】
◇日・中・韓中小企業に関する調査研究　1　北九州市立大学北九州産業社会研究所　2001.8〈内容：日本中小企業財務構造の現状と課題―安全性分析を中心に（王効平）〉
◇日本における華僑華人研究―游仲勲先生古希記念論文集　游仲勲先生古希記念論文集編集委員会編　風響社　2003.5〈内容：変遷を遂げるか、華人系資本の企業経営（王効平）〉

オウ, コンダン
Oh, Kongdan
ランド研究所国際政治アナリスト

[生年月日] 1949年

［国籍］米国　［出生地］韓国　［学歴］西江大学国文科卒, ソウル大学大学院（韓国文学）修士課程修了　［学位］博士号（カリフォルニア大学）
1979年渡米,'86年米国に帰化。'87年ランド研究所の国際政治アナリストとなる。また,'89年カリフォルニア大学サンディエゴ校,'90～91年メリーランド大学にて客員教授。著書に「日韓の融和—1980年代における政治的、文化的および経済的協力関係に関する研究」「北朝鮮の指導者交代—金日成の後継者」、共著に「日本における消費者信用の発達と構造」「冷戦後の日米同盟—『成熟の歴史』終わりの始まり」など。
【著作】
◇冷戦後の日米同盟—「成熟の歴史」終わりの始まり　フランシス・フクヤマ, コンダン・オウ著, 近藤剛訳　徳間書店　1994.4

王　珊　おう・さん
国際関係学者　中国現代国際関係研究所助教授

［国籍］中国　［学歴］早稲田大学大学院　［専門］現代中日関係
1996～98年早稲田大学大学院に留学。のち中国現代国際関係研究所助教授。2002年AAN客員研究員として来日。
【著作】
◇〈意〉の文化と〈情〉の文化—中国における日本研究（中公叢書）　王敏編著,〔岡部明日香〕［ほか訳］　中央公論新社　2004.10〈内容：日本における新国家主義の発展（王珊, 孫政）〉

王　志松　おう・ししょう

［生年月日］1962年
［国籍］中国　［出生地］四川省重慶　［学歴］四川大学日本語学科〔1982年〕卒　［専門］日本近代文学
大学卒業後、四川大学日本語学科の助手となる。'89年政府派遣研究生として来日、広島大学大学院に学び、'92年4月同大学大学院教育学研究科日本語教育学修士課程を修了後、同大学大学院博士課程で研究を続ける。

【著作】
◇日本の探偵小説・推理小説と中国—その中国における受容と意味共同研究（松本清張研究奨励事業研究報告書）　王成, 林濤, 王志松, 李菁, 王中忱［著］　北九州市立松本清張記念館　2006.1〈内容：平林初之輔の探偵小説論（王志松）〉

王　守華　おう・しゅか
Wang Shou-hua

［生年月日］1938年
［国籍］中国　［出生地］江蘇省常熟県　［学歴］北京大学哲学科〔1961年〕卒, 北京大学大学院東洋哲学研究科卒　［専門］日本哲学
山東大学哲学系副主任・助教授、教授を経て、杭州大学日本文化研究所教授。中国社会科学院博士指導教授、同東方文化研究センター客員研究員。主要論文に「安藤昌益の社会観」「加藤弘之哲学浅見」「啓蒙思想家　津田真道の哲学」、日本語版の編著書に「安藤昌益 日本・中国共同研究」「戦後日本の哲学者」「近代日本の哲学者」「日本神道の現代的意義」などがある。
【著作】
◇日本神道の現代的意義（人間選書）　王守華著, 本間史訳　農山漁村文化協会　1997.11
◇東洋の環境思想の現代的意義—杭州大学国際シンポジウムの記録（人間選書）　農山漁村文化協会編　農山漁村文化協会　1999.3〈内容：日本神道における環境思想の現代的意義（王守華）〉
◇戦後日本哲学思想概論　卞崇道編著, 本間史訳　農山漁村文化協会　1999.11〈内容：宗教哲学と日本人の宗教意識 他（王守華）〉

王　雪萍　おう・せつへい
Wang Xue-ping
慶応義塾大学グローバルセキュリティ研究所助教

［生年月日］1976年
［学歴］慶応義塾大学大学院政策・メディア研究科博士課程
1998年交換留学生として中国から来日。2002年12月慶應義塾大学産業研究所共同研究員、2003年中国の環球時報（人民日報系列新聞）

駐日特約記者、2004年9月慶應義塾大学大学院政策・メディア研究科COE研究員などを経て、2006年慶應義塾大学グローバルセキュリティ研究所助教。
【著作】
◇SPECIAL REPORT 中国の教科書から見る分断した日本像と日中関係　王雪萍：東亜466　2006.4

王 増祥　おう・ぞうしょう
投資家　ニュービス・ホンコン・リミテッド社長

［生年月日］1926年
［国籍］香港　［出生地］台北（台湾）　［学歴］日大二中（旧制）卒
第2次世界大戦前日本に留学。1955年香港に渡り、国際投資家として不動産投資などで財を築く。株、金、銀などの取引も行い、米国、台湾にも資産、事業をもつ香港有数の資産家の一人となる。著書に「株式会社ニッポンとの対決」「悪業―証券腐敗の構図」「金融・証券崩壊の前夜」などがある。
【著作】
◇おとなしすぎる日本人―誰が日本をダメにしたのか　王増祥著　浩気社　1999.6

王 泰平　おう・たいへい
Wang Tai-ping
外交官　在大阪中国総領事

［国籍］中国　［学歴］北京外語学院（日本語）
北京日報特派員として来日後、在日中国大使館に勤務。帰国後、国際関係を扱う雑誌編集に長く携わり、1986年中国外務省に入省。'88～94年在日大使館政治部参事官、その後政策研究室副主任。'98年に札幌総領事、のち在福岡総領事を経て、在大阪大使級総領事。日本語に堪能。著書に「田中角栄」「大河奔流」などがある。
【著作】
◇大河奔流―戦後の中日関係を振り返って　王泰平著、青木麗子訳　奈良日日新聞社　2002.12
◇あのころの日本と中国―外交官特派員の回想　王泰平著、山本展男監訳、仁子真裕美訳　日本僑報社　2004.12

◇東アジア共同体の可能性―日中関係の再検討　佐藤東洋士、李恩民編　御茶の水書房　2006.7〈内容：21世紀中日関係の原点（王泰平）〉

王 智新　おう・ちしん
Wang Zhi-xin
宮崎公立大学人文学部国際文化学科教授

［生年月日］1952年
［国籍］中国　［出生地］上海　［学歴］上海外国語大学日本語日本文学科〔1975年〕卒、千葉大学大学院修了　［学位］教育学博士（東京大学）　［専門］教育学, 教育思想史
華東師範大学専任講師を経て、1985年来日。'94年宮崎公立大学人文学部助教授、のち教授。北京大学特別研究員。著書に「中日教育制度の比較研究」、分担執筆に「アジアから見た日本の教科書問題」、中国語訳に灰谷健二郎「兎の目」がある。
【著作】
◇近代中日教育思想の比較研究　王智新著　勁草書房　1995.12
◇日本の植民地教育・中国からの視点　王智新編著　社会評論社　2000.1
◇教育における民族的相克（日本植民地教育史論）　渡部宗助, 竹中憲一編　東方書店　2000.12〈内容：偽満洲国の高等教育について（一）―「九・一八事変」以前の東北高等教育を中心に（王智新）〉
◇批判植民地教育史認識　王智新〔ほか〕編　社会評論社　2000.12

王 仲殊　おう・ちゅうしゅ
Wang Zhong-shu
考古学者　中国社会科学院考古学研究所研究員

［生年月日］1925年10月25日
［国籍］中国　［出生地］浙江省寧波市　［学歴］北京大学歴史系〔1950年〕卒　［専門］漢代遺跡, 中国古代都市, 古代墓葬　［団体］中国考古学会
1950年中国科学院（現・中国社会科学院）考古学研究所に入り、以来各地の考古学発掘調査に参加。'82～89年同研究所長。'73年クスコ大学（ペルー）名誉教授。'79～89年中国考古

学会常務理事・秘書長、'83年から文化部国家文物委員会委員、'88年から中国人民政治協商会議全国委員会委員。現場の発掘と文献史料の照合を重視する研究方法をとり、古代日中交流史や日本古代文化に関する研究も発表している。著書に「漢代考古学概説」「中国古代都城概説」「輝県発掘報告」など。〔受賞〕福岡アジア文化賞(大賞,第7回)〔1996年〕
【著作】
◇三角縁神獣鏡の謎—日中合同古代史シンポジウム　王仲殊〔ほか〕著　角川書店　1985.10〈内容：日本の三角縁神獣鏡について（王仲殊）〉
◇謎の五世紀を探る—シンポジウム・東アジアの再発見　江上波夫,上田正昭共編　読売新聞社　1992.3〈内容：倭の五王をめぐって（王仲殊）〉
◇三角縁神獣鏡　王仲殊著,尾形勇,杉本憲司編訳　学生社　1992.6
◇中国からみた古代日本　王仲殊著,桐本東太訳　学生社　1992.11
◇東アジアの古代をどう考えるか—東アジア古代史再構築のために　第1回東アジア歴史国際シンポジウム　第1回東アジア歴史国際シンポジウム記録編集部編　飛鳥評論社　1993.7〈内容：邪馬台国の男王『帥升等』について（王仲殊）〉
◇三角縁神獣鏡と邪馬台国　王仲殊,樋口隆康,西谷正著　梓書院　1997.9
◇三角縁神獣鏡　新装普及版　王仲殊著,西嶋定生監修,尾形勇,杉本憲司編訳　学生社　1998.12
◇『東アジアから見た古代の東国』講演集—報告講演・シンポジウム　白石太一郎〔ほか〕講演　上毛新聞社　1999.3〈内容：中国から見た古代東国の成立—群馬県内の古墳から出土した銅鏡の背景について（王仲殊）〉

王廸　おう・てき
東洋大学東洋学研究所研究員

[生年月日]1949年
[国籍]中国　[出生地]台湾・台北　[学歴]早稲田大学第一文学部哲学科東洋哲学専修卒、早稲田大学大学院文学研究科東洋哲学専攻文学修士課程修了、お茶の水女子大学大学院人間文化研究科比較文化学専攻　[学位]人文科学博士　[専門]東洋哲学
日本学術振興会外国人特別研究員を経て、東洋大学東洋学研究所研究員、埼玉大学兼任講師、法政大学兼任講師など務める。著書に「日本における老荘思想の受容」、共著に「日語助詞区別使用法」などがある。お茶の水女子大学大学院在籍。
【著作】
◇日本における老荘思想の受容　王廸著　国書刊行会　2001.2

王敏　おう・びん
Wang Min
作家　法政大学国際日本学センター教授

[生年月日]1954年
[国籍]中国　[出生地]河北省承徳市　[学歴]大連外国語学院日本語学部〔1977年〕卒、四川外国語学院日本文学大学院修了,四川外国語学院日本研究生班（大学院）〔1981年〕修了　[学位]博士号（お茶の水女子大学）〔2000年〕　[専門]日中比較文化論,日本研究,宮沢賢治研究　[団体]宮沢賢治学会,日中関係史学会,東方美術研究会,中国比較文学研究会,中国少数民族文学研究会,中国民間文学研究会,日本ペンクラブ（国際委員）,中国作家協会,国際文化研究会
中国共産党高級幹部を父に持つが、文革で生活は一変、3年間の下放生活を送る。何万倍もの競争を勝ち抜いて大学に進学し、四川外国語学院講師となる。文革後初めての文科系大学教員から選出した国費留学生として、1982年1月に日本の宮城教育大学に留学し、日本近代文学、宮沢賢治を研究。帰国後、四川外国語学院国外中国学研究所および外国児童文学研究所日本アジア研究室主任を経て、松花江大学教授。'89年再来日し、法政大学社会学部講師（比較文化論）。のち東京成徳大学人文学部客員助教授、東京成徳大学助教授、教授を経て、法政大学教授。ほかに全国各地での講演、執筆、テレビ番組制作の協力など日中間の文化交流に関わる分野で活躍。宮沢賢治に関する翻訳、論文が多い。著書に「留日散記」「謎の西南シルクロードを行く」「謝々（シェシェ）!宮沢賢治」「中国人の『超』歴史発想—『食・職・色』5000年の研究」「花が語る中国の心」「もっと、エロスを!」、絵

本「モンゴルの白い馬」「ながいかみのむすめ」、エッセイ集「留日散記」、民話集「ぎんぎつねはまほうつかい」、共著に「三国志絵巻」「中国文化故事物語」、訳書に「中国4000年歴代王朝秘史」「戦場からニイハオ！」など。　[受賞]中国翻訳賞〔1990年〕、山崎賞（第18回）〔1992年〕

【著作】
◇王敏のアクセス・トーク 中国人への誤解、日本人への偏見　王敏：宝石　25(6)　1997.6
◇自己探究としての日本研究—「宮沢賢治」との出会いから(Vol. 2)　王敏：世界に拡がる宮沢賢治　宮沢賢治学会イーハトーブセンター　1997.9
◇世界に拡がる宮沢賢治—宮沢賢治国際研究大会記録集　宮沢賢治学会イーハトーブセンター生誕百年祭委員会記念刊行部会編　宮沢賢治学会イーハトーブセンター　1997.9〈内容：自己探究としての日本研究—「宮沢賢治」との出会いから（王敏）〉
◇中国における日本研究の新しい動き　王敏：世界週報　84(25)　2003.7.8
◇現代中国における日本研究概説〔その1〕社会文化を中心に　王敏：国際日本学　1　2003.10
◇変化に追い付かぬ中国研究と日本研究—都市化する中国に新たな視点を　王敏：世界週報　85(6)　2004.2.17
◇なぜ噛み合わないのか—日中相互認識の誤作動　王敏著　日本僑報社　2004.5
◇〈意〉の文化と〈情〉の文化—中国における日本研究（中公叢書）　王敏編著，〔岡部明日香〕〔ほか訳〕　中央公論新社　2004.10〈内容：日本文化研究の新展開:日本研究の改革開放への長い道（王敏）〉
◇中国の若者の日本観をめぐる一考察（小特集・中国の反日デモをどう捉えるか）　王敏：環　22　2005.Sum
◇反日デモから見える中国 若い世代が抱く愛憎二重の日本観　王敏：理戦　82　2005.Win
◇現代中国における日本研究概説〔その2〕社会文化を中心に　王敏：国際日本学　2　2005.3
◇二重性日本観の克服—文化の角度から（シンポジウム 国際文化学の中の日本学）　王敏：インターカルチュラル　4　2006
◇宮沢賢治にみる「日本の心」を発信する—法政大学国際日本学研究センター教授・王敏さん（特集・芸術・文化交流に活躍する外国人）　王敏：国際人流　19(1)　2006.1
◇対談・無思想の思想VS. 原理原則社会 日中間の「バカの壁」　養老孟司, 王敏：中央公論　121(6)　2006.6

◇謝々！宮沢賢治（朝日文庫）　王敏著　朝日新聞社　2006.8
◇日中2000年の不理解—異なる文化「基層」を探る（朝日新書）　王敏著　朝日新聞社　2006.10

王　勇　おう・ゆう
歴史学者　浙江工商大学教授・日本文化研究所所長, 中国日本史学会副会長

[生年月日]1956年
[国籍]中国　[出生地]浙江省　[学歴]杭州大学日本語学科〔1982年〕卒　[専門]中日文化交流史（古代）

1991年杭州大学教授、同日本文化研究センター所長を経て、2004年から浙江工商大学教授、同日本文化研究所所長。中国日本史学会副会長も務める。一方、1986年東海大学文学部訪問研究員、'91～92年国際日本文化研究センター客員教授、2000年国立国文学研究資料館客員教授を務める。2001年中国で戦後初めてとなる日本文化の通史「中国史のなかの日本像」を刊行。編著に「中国典籍在日本的流伝与影響」など。2007年大阪・住吉大社で開かれた日中交流1400年記念国際シンポジウムで来日。

【著作】
◇中国に於ける日本研究の過去と現在　王勇：日文研（国際日本文化研究センター）　3　1990.7
◇日本美術史の水脈　辻惟雄先生還暦記念会編　ぺりかん社　1993.6〈内容：日本扇絵の宋元明への流入（王勇）〉
◇浙江と日本（関西大学東西学術研究所国際共同研究シリーズ）　藤善真澄編著　関西大学東西学術研究所　1997.4〈内容：鑑真渡日の動機について—鑑真スパイ説と思託作為説への批判を兼ねて（王勇）〉
◇唐から見た遣唐使—混血児たちの大唐帝国（講談社選書メチエ）　王勇著　講談社　1998.3
◇日本仏教の史的展開　薗田香融編　塙書房　1999.10〈内容：望郷の還俗僧—弁正法師の在唐経歴をめぐって（王勇）〉
◇中国史のなかの日本像（人間選書）　王勇著　農山漁村文化協会　2000.9
◇中国資料に描かれた日本人像—遣唐大使の風貌を中心に　王勇：国際日本文学研究集会会議録〔境界と日本文学—画像と言語表現〕　24　2001.3

◇中国華東・華南地区と日本の文化交流(関西大学東西学術研究所国際共同研究シリーズ)　藤善真澄編著　関西大学東西学術研究所　2001.3〈内容:寧波天一閣所蔵の博多在住宋人の石碑について―石碑の由来と碑文の解読を中心に(王勇)〉
◇奈良・平安期の日中文化交流―ブックロードの視点から　王勇,久保木秀夫編　農山漁村文化協会　2001.9
◇日本民族起源の新説―「稲作・漁労民征服王朝説」をめぐって　王勇:宮城学院女子大学研究論文集　94　2001.12
◇中国に伝存の日本関係典籍と文化財(国際シンポジウム)　国際日本文化研究センター編　国際日本文化研究センター　2002.3〈内容:シルクロードとブックロード(王勇)〉
◇日本漢学研究初探　楊儒賓,張宝三共編　勉誠出版　2002.10〈内容:淡海三船をめぐる東アジアの詩文交流(王勇)〉
◇交錯する古代　早稲田大学古代文学比較文学研究所編　勉誠出版　2004.1〈内容:皇甫曽と鑑真和上(王勇)〉
◇日中関係をどう構築するか―アジアの共生と協力をめざして　毛里和子,張蘊嶺編　岩波書店　2004.3〈内容:グローバル化と東アジア(王勇)〉
◇日本古代文学と東アジア　田中隆昭編　勉誠出版　2004.3〈内容:日本僧転智の入呉越事跡について(王勇)〉
◇〈意〉の文化と〈情〉の文化―中国における日本研究(中公叢書)　王敏編著,〔岡部明日香〕〔ほか訳〕　中央公論新社　2004.10〈内容:日本扇の起源と中国における伝播(王勇)〉
◇日本文化への視座―模倣と独創の間(特集・日中相互認識のずれ―国際日本学研究という方法論)　王勇:アジア遊学　72　2005.2

王　耀華　おう・ようか
音楽学者　福建師範大学音楽系教授

[国籍]中国　[学歴]福建師範学院芸術系卒
[専門]中日音楽比較
福建師範大学で中国南方音楽・琉球音楽を研究。
【著作】
◇琉球・中国音楽比較論―琉球音楽の源流を探る　王耀華著　那覇出版社　1987.7
◇中国と琉球の三弦音楽(Academic series new Asia)　王耀華著　第一書房　1998.10

王　嵐　おう・らん
歴史学者

[生年月日]1965年
[国籍]中国　[出生地]雲南省昆明　[学歴]北京師範大学大学院教育史専攻〔1989年〕修了　[学位]博士号(神戸大学)〔2002年〕
雲南師範大学教育学部に講師として6年間勤務。1995年来日、2002年博士号を取得。著書に「戦前日本の高等商業学校における中国人留学生に関する研究」がある。
【著作】
◇戦前日本の高等商業学校における中国人留学生に関する研究　王嵐著　学文社　2004.2

欧陽　菲　おうよう・ひ
産能大学兼任講師

[生年月日]1957年
[国籍]中国　[出生地]北京　[学歴]北京経済学院〔1982年〕卒,拓殖大学大学院〔1990年〕修士課程修了,拓殖大学大学院〔1993年〕博士課程後期修了　[学位]商学博士　[専門]経営学,中国語
中国北方工業大学経営工学部助手、講師。1987年同大学派遣留学生として来日。'93年日本文部省留学生。日本的経営や日本中小企業などの研究に従事。拓殖大学、産能短期大学、産能大学兼任講師。著書に「日本的経営生成の軌跡」、共著「新・経営行動科学辞典」「人事労務用語事典」がある。
【著作】
◇日本的経営生成の軌跡　欧陽菲著,小林末男監修　創成社　1995
◇新・経営行動科学辞典―日・英・独・仏・中語標記　増補改訂版　高宮晋監修,小林末男責任編集　創成社　1996

オオイシ,ジーン
Oishi, Gene
ジャーナリスト　メリーランド州教職員組合出版部長

[生年月日]1933年

「日本研究」人物事典

オシュリ

[国籍]米国　[出生地]カリフォルニア　[学歴]カリフォルニア大学ロサンゼルス校大学院修了

AP通信を経て「ボルティモア・サン」紙記者となり、同紙ボン特派員を務める。その後メリーランド州知事報道官を経て、同州教職員組合出版部長。著書「引き裂かれたアイデンティティ―ある日系ジャーナリストの半生」がある。

【著作】
◇引き裂かれたアイデンティティ―ある日系ジャーナリストの半生　ジーン・オオイシ著，染矢清一郎訳　岩波書店　1989.8

オキモト，ダニエル
Okimoto, Daniel I.
政治学者　スタンフォード大学政治学部教授・アジア太平洋研究センター名誉所長

[生年月日]1942年8月14日
[国籍]米国　[出生地]カリフォルニア州　[学歴]プリンストン大学歴史学部〔1965年〕卒，ハーバード大学大学院〔1967年〕修士課程修了，ミシガン大学大学院〔1977年〕博士課程修了　[学位]Ph. D.（ミシガン大学）〔1977年〕　[専門]比較政治経済学，日米関係論，ハイテク論

日系2世としてカリフォルニア州の日系人仮収容所で生まれる。ハーバード大学で修士号を取得後，1968年から3年間，東京大学大学院で研究生として滞日。'77年ミシガン大学で博士号を取得。'79年スタンフォード大学政治学部教授，'85～98年同大アジア太平洋研究センター所長。米国・北東アジア国際政策フォーラム座長を務めるなどジャパノロジストとして有名。安全保障と技術問題に詳しく，著書に「日系二世に生まれて」「日米半導体競争」「通産省とハイテク産業」など。
[叙勲]旭日中綬章（日本）〔2007年〕

【著作】
◇日米半導体競争　ダニエル・I. オキモト〔ほか〕編著，土屋政雄訳　中央公論社　1985.6
◇国際環境の変容と日米関係　細谷千博，有賀貞編　東京大学出版会　1987.2
◇通産省とハイテク産業―日本の競争力を生むメカニズム　ダニエル・I. 沖本著，渡辺敏訳　サイマル出版会　1991.3
◇システムとしての日本企業―国際・学際研究　青木昌彦，ロナルド・ドーア編，NTTデータ通信システム科学研究所訳　NTT出版　1995.12〈内容：日米半導体産業における研究開発組織（ダニエル・オキモト，西義雄）〉
◇仮面のアメリカ人―日系二世の精神遍歴　ダニエル・沖本著，山岡清二訳　サイマル出版会　1997.2

オザキ，ロバート
Ozaki, Robert S.
カリフォルニア州立大学ヘイワード校教授

[生年月日]1934年
[国籍]米国　[学歴]オハイオ・ウェスレヤン大学卒，ハーバード大学博士課程修了　[専門]経済学

小山台高卒業後渡米し，現在米国籍を取得。日米両国の経済システムに精通し，「アメリカ人と日本人」「ヒューマン・キャピタリズム―国境を超える日本型経済」をはじめ，英語ならびに日本語の著書多数がある。

【著作】
◇Human capitalism―国境を越える日本型経済　ロバート・S. オザキ著，村田忠夫訳　講談社　1992.10

オーシュリ，ラブ
Oechsle, Rob
宣教師

[生年月日]1952年12月1日
[国籍]米国　[出生地]ペンシルベニア州フィラデルフィア　[学歴]ベイラー大学附属陸軍医療アカデミー・オブ・ヘルス・サイエンス〔1973年〕卒

米国の大学を卒業後，沖縄で陸軍病院薬剤師として2年4ケ月間勤める。1975年11月キリスト教宣教師訓練校に入学。'78年5月日本人女性と結婚。免許取得後，'78～87年宣教師，国際交流子供キャンプ理事等を務める。'91年日本青年会議所より外国人初のTOYP賞を受賞。のち博物館・遊園地・観光施設デザイ

ナー、3Dアトラクション（映画・映像）製作、講演などで活躍。　[受賞]TOYP賞〔1991年〕
【著作】
◇青い目が見た「大琉球」　ラブ・オーシュリ，上原正稔編著　ニライ社　1987.8
◇青い目が見た「大琉球」　改版　ラブ・オーシュリ，上原正稔編著，照屋善彦監修，上原正稔訳　ニライ社　2000.5

オーシロ，ジョージ
Oshiro, George M.
桜美林大学国際教育センター教授

[生年月日] 1945年10月16日
[国籍] 米国　[出生地] ハワイ州ヒロ市　[学歴] ハワイ大学地理学科〔1968年〕卒，国際基督教大学大学院〔1977年〕修士課程修了，ブリティッシュ・コロンビア大学大学院（カナダ）日本歴史（日本近代史）専攻〔1985年〕博士課程修了　[学位] Ph. D.　[専門] 近代日本史，国際文化交流史　[団体] 日本カナダ学会，Association of Asian Studies, American Historical Assoc.
桜美林大学助教授を経て，教授。著書に「新渡戸稲造」「現代に生きる新渡戸稲造」（以上共著），「新渡戸稲造―国際主義の開拓者」がある。
【著作】
◇新渡戸稲造の"BUSHIDO The Soul of Japan"（特集・武士道と日本人）　George M. Oshiro：国際交流　20(4)　1998.7

オータニ，レイモンド・ヨシテル
Otani, Raymond Yoshiteru
ニューヨーク国際文化交流協会代表理事，アブコテックテクノロジー社代表取締役

[国籍] 米国　[出生地] 大阪府　[学歴] 関西大学法学部〔1952年〕卒，コロンビア大学　[学位] 法学博士（パシフィック・コースト大学），環境学博士（地球環境大学）
大学卒業と同時にニューヨークに渡った日系アメリカ人。1958年ニューヨーク法人・イースタンクラフト貿易会社代表取締役，'59年アジア人学生のためにイースト・ウェスト・インスティテュートを創立。'65年カコストロボ・アメリカ社長。'73年国際文化交流協会を設立，代表理事に。'77年NY州顧問（経済開発担当）。他にアブコテックテクノロジー社代表取締役，NY州（社）ジャパンアワー放送協会理事，ジャパニーズ・イエローページ代表理事，地球環境大学ラウンド・テーブル副総長を務める。著書に「日本の大学はやめなさい」「FAZ（Foreign Access Zone）で日本経済は立ち直る」など。
【著作】
◇日本の大学はやめなさい　レイモンド・オータニ著　ほんの木（発売）　1990.2
◇自由貿易時代への流通維新―FAZ上陸、そして第三の開国　レイモンド・オータニ著　世界FTZ協会日本支部　1995.11
◇日本の改革は沖縄から―沖縄フリーポートへの提案　レイモンド・オータニ著　世界FTZ協会日本事務局　1996.9

オダネル，ジョー
O'Donnell, Joe
写真家

[生年月日] 1922年5月
[没年月日] 2007年8月10日
[国籍] 米国　[出生地] ペンシルベニア州ジョンズタウン　[学歴] ジョンズタウン高〔1941年〕卒
1941年米国海兵隊に志願し，'42年より従軍カメラマンとして航空写真撮影などの訓練を受けた。'45年9月海兵隊の専従カメラマンとして来日。約7ヶ月の滞在中に被爆地の広島・長崎を中心にカメラに収め，亡くなった弟を背負った少年を写した「焼き場に立つ少年」などを撮影。'46年帰国し，除隊。またホワイトハウスの専従カメラマンとしてルーズベルト，トルーマン，アイゼンハワー，ケネディ，ジョンソンと5代の大統領に仕えたが，'68年健康上の都合によりホワイトハウスを去った。被爆の影響で入退院を繰り返すうちに原爆投下の疑問が再び膨らみ，ショックのために未現像だった当時のネガを取り出し，'90年から米国で写真展「昭和20年8月の4日間」を開始。'92年日本で写真展を開催。'95年スミソニアン博物館で開催予定の写真展は在郷

軍人会などの反対によって中止された。同年日本で「トランクの中の日本—米従軍カメラマンの非公式記録」を出版。2003年来日し、戦後の焼け跡で出会った子どもたちと再会を果たした。
【著作】
◇トランクの中の日本—米従軍カメラマンの非公式記録 J. オダネル写真集　ジョー・オダネル写真, ジェニファー・オルドリッチ聞き書き　小学館　1995.6

オッペンハイム, フィリップ
Oppenheim, Phillip
政治家　英国蔵相, 英国下院議員(保守党),「What to Buy for Business」編集者

[生年月日]1956年3月20日
[国籍]英国　[本名]Oppenheim, Phillip Anthony Charles Lawrence　[学歴]オックスフォード大学卒
ビジネス情報誌「What to Buy for Business」の共同創刊者及び編集者。1983年国会議員に選出され、以来下院において貿易・産業問題の専門家として活躍。'96年メージャー改造内閣の蔵相に就任。EU寄りで貿易障壁に対する熱心な反対論者として知られている。コンピューター、電気通信に関する著作もある。著書に「A Handbook of New Office Technology」('82年)、「Telecommunications:a user's handbooks」('83年)、「日本・正々堂々の大国—間違いだらけの日本異質論」などがある。
【著作】
◇日本・正々堂々の大国—間違いだらけの日本異質論　フィリップ・オッペンハイム著, 阿部司訳　日本経済新聞社　1993.6

オーバードーファー, ドン
Oberdorfer, Don
ジャーナリスト　ジョンズ・ホプキンズ大学高等国際問題研究大学院客員研究員「ワシントン・ポスト」記者

[生年月日]1931年
[国籍]米国　[出生地]ジョージア州アトランタ　[学歴]プリンストン大学〔1952年〕卒

1953年朝鮮戦争に従軍、日本にも滞在。ノースカロライナ州の「オブザーバー」で記者生活を始め、ナイト・ニュースペーパーを経て、'68年「ワシントン・ポスト」に入社。ベトナム戦争の取材、'72〜75年極東総局長を務め、米国国務省など主に外交担当記者として活躍。'93年4月退職。同年よりジョンズ・ホプキンズ大学高等国際問題研究大学院で研究、執筆活動に入る。ワシントンでは数少ないアジア通ジャーナリストとして知られる。著書に「テト」「ターン」「二つのコリア」など。
[受賞]アジア太平洋賞(日本)(第10回)〔1998年〕
【著作】
◇21世紀の日米関係—経済・外交・安保の新たな座標軸　ドン・オーバードーファー, 小島明著　日本経済新聞社　1998.11
◇日米戦後関係史—パートナーシップ 1951-2001　入江昭, ロバート・A. ワンプラー編, 細谷千博, 有賀貞監訳　講談社インターナショナル　2001.9〈内容:駐日米大使たち(ドン・オーバードーファー)〉

オーバービー, チャールズ
Overby, Charles M.
平和運動家　オハイオ大学名誉教授, 憲法第九条の会(米国)会長

[生年月日]1926年3月18日
[国籍]米国　[出生地]モンタナ州　[学歴]ミネソタ大学卒, ウィスコンシン大学大学院修了　[学位]博士号(機械工学, ウィスコンシン大学)　[専門]産業システム工学
1950年朝鮮戦争にB29のパイロットとして従軍。公害防止、環境保護などのシステム工学を専門とする技術者で、オハイオ州立大学教授などを経て、オハイオ大学名誉教授。'81年中部大学(愛知県)客員教授として来日、広島で原爆資料館を見学し、"憲法第九条"の本来の意味を実感。'91年3月オハイオ州で"憲法第九条の会"を発足させ、以来妻とともに戦争を放棄した日本国憲法九条の理念を世界各地に広める活動に入る。2007年には5月から1カ月間来日し、約20カ所で講演した。また平和のための在郷軍人の会の一員でもある。著書に「地球憲法第九条」がある。

【著作】
◇地球憲法第九条—対訳 増補版 チャールズ・M.オーバビー著, 國弘正雄訳 たちばな出版 2005.7

オフチンニコフ, フセヴォロド
Ovchinnikov, Vsevolod
ジャーナリスト ロ中友好協会副会長

［国籍］ソ連 ［学歴］東洋学大学卒
1951年プラウダ入社。'53〜59年北京特派員、'62〜69年東京特派員。その後本社アジア・アフリカ諸国部長、'74年から5年間ロンドン特派員を経て、'79年から政治評論員。著書に「桜の枝」「樫の根」など。

【著作】
◇サクラと沈黙—日本人の心理をさぐる フセヴォロド・オフチンニコフ著, 石黒寛訳 徳間書店 1971
◇サクラの枝—日本についての二十七章 オフチンニコフ著, 三木卓訳 新潮社 1971
◇一枝の桜—日本人とはなにか V.オフチンニコフ著, 早川徹訳 読売新聞社 1971
◇ヒロシマの灰はまだ熱い—続・サクラと沈黙 フセヴォロド・オフチンニコフ著, 石黒寛訳 徳間書店 1971
◇サクラと沈黙 フセヴォロド・オフチンニコフ：日本教養全集 18 角川書店 1974
◇桜の枝—ソ連の鏡に映った日本人 フセヴォロド・オフチンニコフ著, 早川徹訳 サイマル出版会 1983.4
◇新・日本人論—世界の中の日本人 読売新聞調査研究本部編 読売新聞社 1986.4〈内容：普遍的なカギ(フセボロド・V.オフチンニコフ)〉

オームス, ヘルマン
Ooms, Herman
カリフォルニア大学ロサンゼルス校教授

［生年月日］1937年
［出生地］ベルギー ［学位］博士号(シカゴ大学)
ノートルダム・ド・ラペ大学、セント・ベルシュマン大学、東京大学で各々修士号取得。イリノイ大学教授を経て、カリフォルニア大学ロサンゼルス校教授。著書に「Charismatic Bureaucrat—A Political Biography of Matsudaira Sadanobu, 1758—1829」(1975年)、「祖先崇拝のシンボリズム」「徳川イデオロギー」など。 ［受賞］和辻哲郎文化賞(第4回)〔1992年〕「徳川イデオロギー」

【著作】
◇徳川イデオロギー ヘルマン・オームス著, 黒住真ほか共訳 ぺりかん社 1990.10
◇宗教研究とイデオロギー分析 ヘルマン・オームス著, 大桑斉編訳 ぺりかん社 1996.7
◇シンポジウム〈徳川イデオロギー〉 ヘルマン・オームス著, 大桑斉編 ぺりかん社 1996.7

オリガス, ジャン・ジャック
Origas, Jean-Jacques
日本文学研究家, 比較文学者 フランス国立東洋言語文化研究所日本語学科教授

［生年月日］1937年
［没年月日］2003年1月26日
［国籍］フランス ［出生地］アザルス ［学歴］パリ大学卒, フランス国立東洋学校卒 ［専門］近代日本文学, 日本語教育
1961〜64年交換学生として早稲田大学に留学し、東京外国語大学講師を務めた。'68年パリ第3大学教授、国立東洋言語文化総合研究所教授。フランスの日本文化研究の第一人者で、夏目漱石や森鷗外、正岡子規ら近代文学の紹介や、日本語教育に尽力した。またフランス語で初の本格的な「日本文学事典」を編集。国際日本文化研究センター(京都)の客員教授も務めた。'98年勲三等瑞宝章を受章。他の著書に「物と眼—明治文学論集」などがある。 ［受賞］国際交流基金奨励賞(日本)〔1988年〕「日本語教育への功績」, やまなし文学賞(研究評論部門, 第12回)〔2004年〕「物と眼」 ［叙勲］勲三等瑞宝章(日本)〔1998年〕

【著作】
◇漱石作品論集成 第4巻 鳥井正晴, 藤井淑禎編 桜楓社 1991.5〈内容：「蜘蛛手」の街—漱石初期の作品の一断面(ジャン・ジャック・オリガス)〉
◇俳句とハイク—シンポジウム短詩型表現をめぐって—俳句を中心に 日本文体論学会編 花神社 1994.11〈内容：フランスの場合—フランス現代詩に見られる俳句の影響を中心に(ジャン=ジャック・オリガス, 原子朗)〉

◇日本における宗教と文学—創立十周年記念国際シンポジウム　国際日本文化研究センター編　国際日本文化研究センター　1999.11〈内容：生き地獄、そして花—明治時代の散文にあらわれた宗教と文学の関わりあい、考察と仮説（ジャン・ジャック・オリガス）〉
◇物と眼—明治文学論集　ジャン＝ジャック・オリガス著　岩波書店　2003.9

オリファント，ローレンス
Oliphant, Laurence
駐日イギリス公使館一等書記官

[生年月日] 1829年
[没年月日] 1888年12月23日
[国籍] 英国　[出生地] 南アフリカ・ケープタウン

父親はスコットランドの名家の出身。ローレンスは8歳の頃教育を受けるため母に連れられてイギリスに帰り、スコットランドの父の家に住んで学校に通った。父親がセイロン島の最高裁判所長に任ぜられ赴任し母親も同伴したので、セイロンまで陸路3カ月かかって辿りついた。17歳の時大学に入るため再びイギリスに帰ったが、大学で学ぶ代わりに父親と共に2年間ヨーロッパ各地を旅行して見聞を広め、セイロンで父の秘書を務めることとなった。1850年末ネパールに旅行して「カトマンズへの旅」という書物を刊行し大いに文名をあげた。さらにロシアへも旅行し「黒海のロシア沿岸」を出版した。カナダ知事を務めていたJ. B. エルギン卿と知り合いカナダに渡った。エルギン卿は1857年に清国へアロー号事件解決のため派遣され、天津条約を締結、同年日本にも渡り翌年に日英修好通商条約を締結した。エルギンに同行したオリファントは、1860年日本公使館の第一書記官に任命された。翌1861年6月江戸芝高輪の東禅寺に到着した。7月3日長崎に旅行中であったSir. R. オールコック公使一行が東禅寺に入り、画家のC. ワーグマンも各地でスケッチを描いて同行した。翌4日夜水戸浪士達の襲撃があり負傷し、赴任10日ほどで負傷のため帰国するに至った。その後宗教家T. L. ハリスの影響を受けてアメリカに渡った。1886年に妻のアリスが死亡、2年後再婚し新婚旅行中ロンドンにおいて死亡した。

【著作】
◇エルギン卿遣日使節録　ローレンス・オリファント著，岡田章雄訳　雄松堂書店　1968
◇英国公使館員の維新戦争見聞記　ローレンス・オリファント，ウィリアム・ウィリス〔著〕，中須賀哲朗訳　校倉書房　1974
◇エルギン卿遣日使節録　ローレンス・オリファント〔著〕，岡田章雄訳　雄松堂書店　1978.10

オールコック，ラザフォード
Alcock, Sir Rutherford
外交官　初代駐日イギリス公使

[生年月日] 1809年5月
[没年月日] 1897年11月2日
[国籍] 英国　[出生地] ロンドン郊外

著名な医師のトーマス・オールコックの子に生まれる。幼い頃母親を失い、北イングランドのノーカンバランドの親戚宅で幼少期を過ごす。医学を学び、1832年ポルトガル派遣の軍医となるが、従軍時の後遺症で両手が麻痺し外科医を断念。外交官に転じ、中国の福州、上海、広東の領事を経て、1859年、初代駐日イギリス公使となる。イギリス公使館襲撃、生麦事件などの外交問題の処理にあたる。1864年9月5日英・米・仏・蘭連合艦隊が下関を砲撃したことの処理方法で外相ラッセルと対立し、本国に召還される。1864年12月24日江戸を去り再び来日することはなかった。1871年、70歳で外交官を辞し、晩年は地理学会の会長や王立アジア協力会の副会長等を歴任した。日本関係の多くの著作がある。

【著作】
◇大君の都（上）（下）　岩波文庫　1962
◇大君の都—幕末日本滞在記　岩波書店　1962
◇日本の美術と工芸　ラザフォード・オールコック著，井谷善恵訳　小学館スクウェア　2003.9

オルシ，マリーア・テレーザ
ローマ・ラ・サピエンツァ大学日本語日本文学教授

[生年月日] 1940年

［国籍］イタリア　［出生地］トルトーナ　［学歴］ナポリ東洋大学日本学部卒　［専門］日本語, 近代日本文学
1967～72年日本滞在後帰国し、ナポリ東洋大学教授を経て、'84年ローマ・ラ・サピエンツァ大学日本語日本文学教授。主な訳書に津島佑子「寵児」、夏目漱石「三四郎」、坂口安吾「桜の森の満開の下」など。　［受賞］岡野賞〔1991年〕(日本), 野間文芸翻訳賞(第5回)〔1994年〕
【著作】
◇谷崎潤一郎国際シンポジウム　アドリアーナ・ボスカロ〔ほか〕著　中央公論社　1997.7〈内容：「陰翳」の色(マリア・テレーザ・オルシ)〉
◇海外における源氏物語の世界——翻訳と研究(国際日本文学研究報告集)　伊井春樹編　風間書房　2004.6〈内容：イタリアにおける『源氏物語』(マリア・テレサ・オルシー)〉

オルソン, ローレンス
Olson, Lawrence
日本研究学者　ウェズリアン大学名誉教授

［生年月日］1918年
［没年月日］1992年3月17日
［国籍］米国　［学歴］ミシシッピ大学〔1938年〕卒, ハーバード大学大学院〔1939年〕修士課程修了　［学位］博士号(ハーバード大学)〔1955年〕　［専門］日本政治史, 日本の外交政策　［団体］アジア研究学会, ジャパン・ソサエティ
第2次大戦中、海軍大尉として、日本軍の暗号解読に当たった太平洋艦隊無線部隊(ハワイ)に所属。1951～52年フィリピンの米国大使館で文化アタッシェを勤め、'55年ハーバード大学で日本研究で博士号取得。'50年代から'60年代にかけ、フォード財団、ロックフェラー財団、、フルブライト基金の各研究員として滞日し、日本の歴史、社会を研究。'55～66年アメリカ大学フィールド・スタッフ(地域研究の民間調査機関)専任研究員, '66～84年ウェズリアン大学教授。著書に「日本の各次元」('63年)、「戦後アジアにおける日本」('70年)などのほか、死去の直前に出版した「対立感情の近代主義者たち」(江藤淳など日本の現代の文学者、評論家ら4人に関する評論集)がある。　［叙勲］勲三等瑞宝章(日本)〔1987年〕
【著作】
◇アンビヴァレント・モダーンズ——江藤淳・竹内好・吉本隆明・鶴見俊輔　ローレンス・オルソン著, 黒川創, 北沢恒彦, 中尾ハジメ訳　新宿書房　1997.9

オールドリッジ, アルフレッド
Aldridge, Alfred Owen
イリノイ大学名誉教授

［生年月日］1915年12月16日
［没年月日］2005年1月29日
［国籍］米国　［学位］博士号(デューク大学, パリ大学)　［専門］比較文学
歴史学・文学を研究。著書に「Shaftesbury and the Deist Manifesto」「Benjamin Franklin and His French Contemporaries」「Man of Reason:The Life of Thomas Paine」「Jonathan Edwards」「Benjamin Franklin and Nature's God」「Comparative Literature:Matter and Method」など。
【著作】
◇日本と西洋の小説　アルフレッド・オーエン・オールドリッジ著, 秋山正幸編訳　南雲堂　1985.4

オルファネール, ヤシント
Orfanel, Iacinto
ドミニコ会宣教師

［生年月日］1578年11月18日
［没年月日］1622年9月10日
［国籍］スペイン　［出生地］バレシア王国カステリヨン・デ・ラ・プラナ県　［旧姓名］ペドロ　［専門］キリシタン史
1600年3月バルセロナで聖ドミニコ会に入会。この時に洗礼名をペドロからヤシントに改めた。翌1601年3月2日に誓願を立てる。1605年7月イスパニアを出発しメキシコに向かい、同年12月に到着。1607年3月フィリピンに向かい5月に到着。同年マニラから薩摩に来日。鹿児島地方でキリスト教の伝道に従

事したが、迫害を受け佐賀に転じ、さらに長崎に赴き伝道をおこなったが、禁教令が届き有馬に派遣されるまで潜伏し、有馬および口ノ津で迫害の様子を目撃する。1615年筑後、豊前、豊後および日向地方を巡回。その後長崎近郊において伝道をおこなう。かたわら1621年からは「日本キリシタン教会史」の編纂にあたる。1621年4月25日捕えられ鈴田に護送され、翌1622年9月10日長崎において火あぶりで処刑された。のち1867年7月7日カトリック教会から殉教者として福者に列せられた。編書「日本キリシタン教会史」はその後D. コリァードにより追加され、1630年マドリードで刊行された。イエズス会のフロイス「日本史」の続編ともいうべき著作であり、17世紀日本キリシタン教会史の唯一の編年体概説史である。公正で正確な事実叙述で研究者から高い評価を得ている。
【著作】
◇日本キリシタン教会史—1602-1620年　オルファネール著, 井手勝美訳　雄松堂書店　1977.3

オルブライト, ロバート
Albright, Robert
ジョンソンCスミス大学学長

[生年月日] 1944年
[国籍] 米国　[出生地] フィラデルフィア
歴史学や教育学を学び、政府の教育担当特別補佐官などを歴任、1983年からジョンソン・C・スミス大学学長。全米教育協議会副会長も兼任し、黒人らマイノリティーの教育向上のため活動。'90年日本の高等教育やマイノリティーに対する意識などを研究するため来日。
【著作】
◇日本人はなぜ「壁」をつくるのか—黒人が見たニッポン（座談会）カレン・アントン, ジョン・ラッセル, ロバート・オルブライト, J. R. ダッシュ：朝日ジャーナル　32(40)　1990.10.5

【 カ 】

カー, E. バートレット
Kerr, E. Bartlett
戦史家

[国籍] 米国　[専門] 第二次大戦
朝鮮戦争に従軍。その後、「米国陸軍第二次大戦史全集」の刊行にあたり著述陣の一人として参加。著書に「降伏と生存」「アメリカ兵の捕虜体験1941～1945」などがある。
【著作】
◇戦略・東京大空爆—一九四五年三月十日の真実　E. バートレット・カー著, 大谷勲訳　光人社　1994.12
◇東京大空襲—B29から見た三月十日の真実（光人社NF文庫）E. バートレット・カー著, 大谷勲訳　光人社　2001.3

カー, アレックス
Kerr, Alex
東洋文化研究家, 作家

[生年月日] 1952年6月16日
[国籍] 米国　[出生地] メリーランド州　[学歴] 慶応義塾大学日本語コース〔1973年〕修了, エール大学日本学部〔1974年〕卒, オックスフォード大学〔1977年〕　[専門] 東アジア、特に日本の伝統文化の研究・研修・保存活動
1964年初来日、横浜在住を経て、'77年より京都の亀岡市に住む。この間、慶応義塾大学で日本語を、オックスフォード大学で中国学を学ぶ。通訳、コンサルタントや文化イベントのプロデュースなどで活動。茶道、歌舞伎、書、仕舞などの日本文化に親しむ。'73年に江戸中期の民家・ちいおり（徳島県東祖谷山村）を購入。東洋の書画骨董のコレクターとしても知られる。著書に「美しき日本の残像」（英語版「Lost Japan」）「犬と鬼」（英語版「Dogs and Demons」）がある。　[受賞] 新潮学芸賞（第7回）〔1993年〕「美しき日本の残

像」(外国人初), オックスフォード大学学長随筆賞「チベットについて」(米国人初)
【著作】
◇失われし美を求めて〔5〕 アレックス・カー: 新潮45 10(6) 1991.6
◇美しき日本の残像 アレックス・カー著 新潮社 1993.7
◇アメリカからきた日本美の守り手と(対談) アレックス・カー, 司馬遼太郎:週刊朝日 100(1) 1995.1.6・13
◇神道と日本文化—国際シンポジウム 講演録 神道国際学会編 神道国際学会 1995.6〈内容:パネル・ディスカッション:神道と異教(アレックス・カー, 中西旭, 鎌田東二, 深見東州, ジョン・ブリーン, 梅田善美)〉
◇翻訳文化の怖さ アレックス・カー:週刊新潮 40(37) 1995.9.28
◇神道—その普遍性—神道国際学会設立記念国際シンポジウム 講演録 神道国際学会編 神道国際学会 1996.7〈内容:神道の文化と日本の日常性について(アレックス・カー, 大原康男, 深見東州, ジョン・ブリーン)〉
◇美しき日本の残像(朝日文庫) アレックス・カー著 朝日新聞社 2000.10
◇犬と鬼—知られざる日本の肖像 アレックス・カー著 講談社 2002.4
◇「立派な日本人」が「ダメな日本」をつくる—激論!この国を蝕む「安定という罠」「安心という病」 猪瀬直樹,カー,アレックス: プレジデント 40(14) 2002.7.29
◇「日本ブランド」で行こう(That's Japan) アレックス・カー著 ウェイツ 2003.12

何 燕生 か・えんせい
郡山女子大学短期大学部助教授

[生年月日] 1962年11月
[国籍]中国 [出生地]湖北省 [学歴]仏教大学文学部仏教学科〔1987年〕卒, 東北大学大学院文学研究科実践哲学専攻〔1997年〕博士課程修了 [学位]文学博士(東北大学) [専門]宗教学 [団体]日本宗教学会, 日本仏教学会, 印度学宗教学会, 中国宗教学会
東北大学助手を経て、郡山女子大学助教授。日本と中国における仏教の比較研究が専門。2004年道元「正法眼蔵」を中国語に翻訳し出版。 [受賞]印度学宗教学会賞〔1999年〕, 日本宗教学会賞〔2000年〕「道元と中国禅思想」
【著作】

◇道元における中国禅思想の理解—三教一致説批判の背景をめぐって 何燕生〔著〕, 富士ゼロックス小林節太郎記念基金編 富士ゼロックス小林節太郎記念基金 1997.7
◇仏教と他教との対論 日本仏教学会編 平楽寺書店 1997.8〈内容:道元における三教一致説批判(何燕生)〉
◇道元と中国禅思想 何燕生著 法蔵館 2000.1

夏 応元 か・おうげん
中国社会科学院歴史研究所研究員・教授

[生年月日] 1929年
[国籍]中国 [出生地]瀋陽 [学歴]北京大学歴史系卒 [専門]日本史, 中日関係史 [団体]中国中外関係史学会(副会長), 中国日本史学会(副会長), 北京市中日文化交流史研究会(副会長)
1950年代から'80年にかけて、北京大学と中国社会科学院歴史研究所に在籍、日中関係史の研究、講義を行う。'90年代以降、日中の歴史学者、考古学者と協力し、中国における日中交流に関する史跡を研究。著書に「海上絲綢之路的友好使者東洋篇」, 分担執筆に「日中文化交流史叢書〈1〉歴史」がある。
【著作】
◇中国からの視点—日中文化交流の歴史過程をかえりみて(亀岡生涯学習市民大学) 夏応元〔述〕 亀岡市 2001.3

何 義麟 か・ぎりん
Ho I-Lin
国際関係学者 台北師範学院社会科教育学科助理教授

[生年月日] 1962年
[国籍]台湾 [出生地]花蓮県 [学歴]東呉大学日本語学科〔1984年〕卒, 東京大学大学院総合文化研究科国際関係論〔1993年〕修士課程修了 [学位]学術博士(東京大学)
大学進学まで冬山河沿いの村に住む。1980年台北の東呉大学日本語学科に進学、日本時代の台湾史に興味を持つようになり、大学卒業後、2年間文化大学日本研究所(大学院)修士課程で学ぶ。2年の義務兵役を経て、短期間雑誌社に就職。1990年から日本留学、1999年

東京大学大学院総合文化研究科国際社会科学専攻から博士号(学術)を取得、2000年から台北師範学院に勤務。著書に「二・二八事件」。
[受賞]大平正芳記念賞(第20回)〔平成16年〕「二・二八事件」
【著作】
◇台湾の近代と日本(社研叢書) 台湾史研究部会編 中京大学社会科学研究所 2003.3〈内容:戦時下台湾のメディアにおける使用言語の問題(何義麟)〉
◇二・二八事件—「台湾人」形成のエスノポリティクス 何義麟著 東京大学出版会 2003.3

賈 蕙萱 か・けいけん
Jia Hui-Xuan
北京大学日本研究センター教授

[生年月日]1941年3月2日
[国籍]中国 [学歴]北京大学東方言語文学系〔1966年〕卒 [専門]日本研究
1966年アジア・アフリカ・ジャーナリスト協会に就職し、'70年中国人民平和保衛委員会に勤務。'72年中国日本友好協会に転勤後、同協会理事、友好交流部長などを歴任。'88年北京大学日本研究センターに転勤し秘書長、'97年同センター教授。この間、'84年慶応義塾大学に研究留学、'91年明治大学経営学部で集中講義を担当。'93~94年国際日本文化研究センター客員教授、'94~98年国立民族学博物館客員教授を務める。著書に「日本風土人情」「日本と中国—楽しい民俗学」、共著に「食をもって天となす」など。
【著作】
◇日本と中国楽しい民俗学 賈蕙萱,春日嘉一共著 社会評論社 1991.3
◇日本と中国楽しい民俗学 増補改訂版 賈蕙萱,春日嘉一共著 社会評論社 1996.2

夏 剛 か・ごう
Xia Gang
立命館大学国際関係学部教授

[生年月日]1954年7月25日
[国籍]中国 [出生地]上海市 [学歴]黒龍大学日本語科〔1982年〕卒、中国社会科学院大学院外国文学学部〔1984年〕修了 [専門]日中比較文学・比較文化 [団体]日本ペンクラブ
文化大革命中、黒龍江省に下放。大学院修了後、中国社会科学院外国文学研究所東方研究室助理研究員(講師)を務める一方、文芸評論家(中国現代文学)として活躍。1987年日本国際交流基金フェロー、京都大学人文研招聘外国人学者として来日、'89年4月京都工芸繊維大学助教授となり、日本文学(戦後中心)を講義。'92年立命館大学に移籍し、2001年より教授。著書に「"文革"後の中国文学と日本文学」「中国、中華民族、中国人の国家観念・民族意識・『国民自覚』」など。
【著作】
◇日本文学における「私」 中西進編 河出書房新社 1993.12〈内容:『名人』に見る三重の「私」と川端康成の「実」—古典的、道—禅的、「反射描法」的な読解の試み(夏剛)〉
◇日中国交回復30周年—日中の過去・現在・未来(立命館土曜講座シリーズ) 立命館大学人文科学研究所編 立命館大学人文科学研究所 2002.12〈内容:生活風景の中の「文化溝(カルチャーギャップ)」—衣・食・住・行における日中文化の比較(夏剛)〉
◇東北アジア時代への提言—戦争の危機から平和構築へ 武者小路公秀監修,徐勝,松野周治,夏剛編 平凡社 2003.7

何 治浜 か・じひん
奥羽大学文学部日本語日本文学科助教授

[生年月日]1954年
[国籍]中国 [出生地]ハルビン [学歴]ハルビン師範大学外国語学部日本語科〔1982年〕卒、東京学芸大学大学院修士課程修了、東京大学大学院博士課程修了、東北大学大学院修了 [学位]経済学博士(東京大学)〔1998年〕
[専門]経済史学
ハルビン師範大学助手を経て、1986年留学生として来日。のち奥羽大学助教授。退職後、中国語講師の傍らレストランを経営する。また、'99年「現代日本経済」を創刊、副編集長を務める。著書に「中国東北と日本の経済関係史」などがある。
【著作】

◇中国東北と日本の経済関係史—1910・20年代のハルビンを中心に　何治浜著　白帝社　2002.2

何　天義　か・てんぎ
石家荘市党史研究会副会長

［国籍］中国　［専門］中国人強制連行
軍時代、夜間大学などで歴史や政治を勉強。軍の広報担当を退いて、1985年中国共産党石家荘市委員会党史研究室に勤務、党史を調べるうちに捕虜を日本へ送り込んでいた収容所があったことを知り、独自に中国人強制連行の研究を始める。同研究は、'92年盧溝橋事件55周年のシンポジウムで内外の注目を集めた。のち党や行政から離れ、石家荘市党史研究会副会長を務める。10年間の内外の研究をまとめた資料・論文集「日本軍銃剣下の中国労工」を刊行。'96年中国人強制連行国際シンポジウムに招かれ初来日。

【著作】
◇世界が問う日本の戦争責任—戦争犯罪と戦後補償を考える国際市民フォーラム報告集　和解と平和の21世紀をめざして　「国際市民フォーラム報告集」編集委員会編　国際市民フォーラム　2000.8〈内容：強制連行と捕虜虐待（分科会C）（レスター・テニー、ギルバート・ヘア、バリー・フィッシャー、何天義）〉

解　学詩　かい・がくし
Xie Xue-shi
吉林省社会科学院満鉄資料館名誉館長

［生年月日］1928年
［国籍］中国　［出生地］遼寧省　［学歴］吉林大学大学院〔1953年〕修了　［専門］中日関係史
日本の中国東北侵略史について研究し、吉林省社会科学院日本研究所研究員を経て、満鉄資料館名誉館長。1982年文部省の教科書改訂を批判。共著に「偽満州国史」（'80年）、「戦争と疫病—七三一部隊のもたらしたもの」「満鉄労働史の研究」などがある。

【著作】
◇共生から敵対へ—第4回日中関係史国際シンポジウム論文集　衛藤瀋吉編　東方書店　2000.8〈内容："七・七"事変前后的満鉄華北経済調査（解学詩）〉

◇満洲国機密経済資料　第9巻　解学詩監修・解題　本の友社　2000.10
◇満洲国機密経済資料　第18巻　解学詩監修・解題　本の友社　2001.10
◇満鉄労働史の研究　松村高夫、解学詩、江田憲治編著　日本経済評論社　2002.4

カウスブルック, ルディ
Kousbroek, Rudy
作家, 評論家

［生年月日］1929年
［国籍］オランダ　［出生地］東インド（現・インドネシア）　［学歴］アムステルダム大学　［学位］哲学博士
旧オランダ領の東インドで生まれ育ち、1942～45年オランダ軍降伏によりスマトラ島の旧日本軍民間人抑留所に抑留される。'46年帰国、アムステルダム大学に入学し数学、物理学を専攻。'50年頃から文学活動を開始、文学運動の"50年代派"に参加。'53年「南回帰線時代を葬る」を出版。'75年オランダ最高の文学大賞のP・C・ホーフツ賞を受賞。'98年日本のインドネシア占領を追求した「西欧の植民地喪失と日本」を出版。自伝的エッセイ「再び生国の土を踏んで」はベストセラーとなる。他の作品に「蘭領東印抑留所シンドローム」（'95年）がある。'50～90年パリに住む。'98年来日。　［受賞］P．C．ホーフツ賞〔1975年〕

【著作】
◇西欧の植民地喪失と日本—オランダ領東インドの消滅と日本軍抑留所　ルディ・カウスブルック著, 近藤紀子訳　草思社　1998.9

ガウランド, ウィリアム
Gowland, William
冶金技師, 考古学研究家　大阪造幣寮技師

［生年月日］1842年
［没年月日］1922年6月10日
［国籍］英国　［出生地］グラム州サンダーランド　［学歴］ロイヤル・カレッジ・オブ・ケミストリー, ロイヤル・スクール・オブ・マインズ卒　［専門］古墳研究

当初は医学を志したが、ロイヤル・カレッジ・オブ・ケミストリー、ロイヤル・スクール・オブ・マインズで化学と冶金学を専攻。1870年よりマンチェスターのブロートン精銅所で化学及び冶金の技師として働いた後、1872年（明治5年）明治政府の招きで来日。大阪造幣寮で化学及び冶金を講じた。滞日年数はお雇い外国人としては異例の16年間に及び、帰国後は再びブロートン精銅所に勤務し、冶金主任技師に就任。1892年からはロイヤル・スクール・オブ・マインズ教授を務めた。日本の古墳研究に先鞭をつけ、古墳の写真記録などを遺し、帰国後は英国の学会に日本の古墳に関する論文を発表した。また日本アルプスの命名者でもある。　［叙勲］勲四等旭日小綬章〔1883年〕，勲三等旭日中綬章〔1888年〕

【著作】
◇日本古墳文化論—ゴーランド考古論集　W.ゴーランド著，上田宏範校注，稲本忠雄訳　創元社　1981.7

カーカップ，ジェームズ
Kirkup, James
詩人，随筆家　英国俳句協会会長　京都大学英文学教授

［生年月日］1918年4月23日
［国籍］英国　［出生地］南シールズ　［学歴］ダーハム大学　［学位］B. A.

少年時代を描いた自伝「一人っ子」（1957年）で名をあげ、多彩な創作活動で知られる。機知を持って情景や社会の諸相を観察し描く。'59年に来日し、東北大学で教鞭をとったあと、世界中を取材旅行、日本では日本女子大学、名古屋大学、京都大学（'77～89年）などで教えた。日本文化の紹介者としてL. ハーンやE. C. ブランデンらの系譜となる。現在、英国俳句協会会長を務める。ほかの著書に詩集「正確な同情」（'52年）、「紙の窓」（'68年）、「禅の瞑想」（'78年）、随筆「日本は、いま」（'66年）、「天国、地獄、そしてハラキリ」（'74年）、「Gaijin on the Ginza」（'91年）など多数。

【著作】
◇にっぽんの印象—「角立つ島々」の日記　ジェイムズ・カーカップ著，速川浩，徳永暢三共訳　南雲堂　1964
◇扇をすてた日本　ジェイムズ・カーカップ著，速川浩，徳永暢三訳　南雲堂　1966
◇日本随想　ジェイムズ・カーカップ著，三浦富美子訳　朝日出版社　1971
◇日本人と英米人—身ぶり・行動パターンの比較　ジェイムズ・カーカップ，中野道雄共著　大修館書店　1973
◇記憶の茂み—斎藤史歌集　和英対訳　斎藤史著，ジェイムズ・カーカップ，玉城周選歌・英訳　三輪書店　2002.1

郭　沫若　かく・まつじゃく
Guo Mo-ruo
文学者，作家，歴史学者，政治家　中国政務院副総理，中国科学院院長，中国文連主席，中日友好協会名誉会長

［生年月日］1892年11月16日
［没年月日］1978年6月12日
［国籍］中国　［出生地］四川省楽山県　［本名］郭開貞　［別名等］別名＝郭鼎堂，号＝尚武，幼名＝文豹，筆名＝沫若，麦克昂，易坎人　［学歴］九州帝国大学医学部〔1923年〕卒

1914年日本に留学、一高医科予科、六高医科などに学ぶ。'16年日本人看護婦・佐藤をとみと知り合い同棲。'19年九州帝大に入学。'21年郁達夫らと創造社を結成、「創造季刊」を発行。'23年九大卒業後、妻をとみと3人の子供とともに帰国。'26年広東の中山大学文学院院長となる。同年北伐に参加。'27年中国共産党に入党。国共分裂後の'28年蒋介石の逮捕をのがれて日本に亡命、千葉県市川市に10年間住み、文学研究、中国古代社会史研究を続けた。'37年日中戦争が起こると妻子を残し帰国、武漢で抗日文化宣伝を指導。のち重慶に移り、劇作と評論に専念。'49年新中国の人民政府樹立後は政務院副総理、科学院院長、中国科技大学初代校長、中国文連主席など要職に就き、中国の文化界の代表を務めた。この間'58年に中国共産党に再入党し、第9・10・11期中央委員を務める。'66年文化大革命ではいち早く自己批判。また、戦前戦後を通じた知日派で日中友好に尽力し、'63年中日友好協会名誉会長。著書に歴史劇「屈原」、

詩集「女神」、「李白と杜甫」、「中国古代社会研究」「甲骨文字研究」「十批判書」、「郭沫若全集」(全38巻)、「郭沫若自伝」(全6巻、東洋文庫)などがある。'92年生誕100周年を記念し三鷹市のアジア・アフリカ図書館で「郭沫若展」が開かれた。　[受賞]スターリン平和賞〔1951年〕

【著作】
◇日本人の支那人に対する態度　郭沫若：支那人の見た日本人　青年書房　1940
◇日本国民に訴える　平野義太郎編訳　三一書房　1953
◇日中の将来　郭沫若,加藤周一編：外国人の見た日本　第5　筑摩書房　1961
◇北伐の途上で　ほか(郭沫若自伝4所収)小野忍, 丸山昇訳　平凡社　1971（東洋文庫178)
◇続海涛集・帰去来(郭沫若自伝5所収)小野忍, 丸山昇訳　平凡社　1971（東洋文庫199)
◇抗日戦回想録(中公文庫)　郭沫若著,岡崎俊夫訳　中央公論新社　2001.8

カション, メルメ・ド
Cachon, Mermet de
通訳, 宣教師

[生年月日] 1828年9月11日
[没年月日] 1871年？
[国籍]フランス　[出生地]レ・ブーシュー　1852年7月にパリ外国宣教会に入り、'54年6月には司祭に叙階された。中国南部でのキリスト教布教後、'55年2月香港からL. T. フューレやジラールとともに沖縄に来航し那覇に上陸、首里主府を訪れ琉球においてキリスト教の伝道をおこないたい旨の申入れをしたが受け入れられず、天久(あめぐ)の聖現寺に居住し、役人達の監視のもとに琉球語を学んだ。'58年日仏通商條約締結のため全権公使グロの通訳として来日。'59年6月、神奈川、長崎、函館が開港され、同年8月にはフランス総領事ベルクールの通訳として再び来日。公使館を江戸三田済海寺に定め、9月22日には日仏修好通商条約批准書が交換された。その後函館に赴任し称名寺内に居住、栗本瀬兵衛(のち鯤)等にフランス語を教えた。'63年夏一旦帰国したが、翌年3月L. ロッシュが駐日公使に任ぜられると再び通訳として登用された。'66年帰国。帰国後はパリにおいて「日本養蚕論」および「仏和辞典」を刊行した。さらにパリ万国博覧会にも出席、日本代表徳川昭武が'67年4月28日にフランス皇帝ナポレオン3世に謁見した際、通訳として陪席した。この頃パリ外国宣教会を脱会したといわれ、'71年ニースで死去したらしいが確かでない。

【著作】
◇仏英和辞典　メルメ・ド・カション編　カルチャー出版社　1977.11

カスタニエダ, ハイメ
Castañeda, Jaime F.
上智短期大学学長

[生年月日] 1931年6月27日
[出生地]スペイン　[学歴]上智大学神学部神学科卒, セントルイス大学大学院哲学研究科博士課程修了　[学位]Ph. D.　[専門]政治哲学　[団体]日本独文学会, 上智大学人間学会
上智大学教授を経て、上智短期大学学長。著書に「差別社会と人権侵害」「ライフサイクルと人間の意識」(共著)「人間学」(編著)他。

【著作】
◇日本型の良き民主主義を求めて　ハイメ・カスタニエダ：未来の人間学　理想社　1981.7

ガーストル, アンドルー
Gerstle, C. Andrew
ロンドン大学教授

[生年月日] 1951年
[国籍]米国　[学歴]コロンビア大学　[専門]日本文学
日本留学の後、コロンビア大学で日本語、日本文化を本格的に勉強し始める。ドナルド・キーンの講義で近松門左衛門の英訳を読み感動。シェークスピア悲劇との共通、比較研究をテーマに、日本、米国、オーストラリア、英国の大学で研究するかたわら、教鞭をとる。1995年研究で来日。

【著作】
◇異文化との出会い—日本文化を読み直す　神奈川大学言語研究センター編、ヴァン・C. ゼッセル, アンドリュー・ガーストル, ジャン-ピエール・ベルトン, ヴィクトル・ルイビン, カレル・フィアラほか著　勁草書房　1995.7

- ◇Kabuki—Changes and prospects International Symposium on the Conservation and Restoration of Cultural Property Tokyo National Research Institute of Cultural Properties c1998〈内容：歌舞伎と文楽—近松の『双生隅田川』（アンドリュー・ガーストル））
- ◇近松は世界に翔く—「近松国際フォーラムin Yamaguchi」の報告　山口県立大学　2002.3
- ◇都市の異文化交流—大阪と世界を結ぶ（大阪市立大学文学研究科叢書）　大阪市立大学文学研究科叢書編集委員会編　清文堂出版　2004.3〈内容：遊びの文化（アンドリュー・ガーストル））
- ◇日本文学翻訳の可能性（国際日本文学研究報告集）　伊井春樹編　風間書房　2004.5〈内容：パフォーマンスの翻訳の可能性（アンドリュー・ガーストル））

カズンズ，ノーマン
Cousins, Norman
ジャーナリスト，作家，平和運動家　カリフォルニア大学ロサンゼルス校教授，「サタデー・レビュー・オブ・リテラチャー」編集長

[生年月日] 1915年6月24日
[没年月日] 1990年11月30日

[国籍]米国　[出生地]ニュージャージー州　[学歴]コロンビア大学ティーチャーズ・カレッジ卒　[学位]文学博士，教育学博士，人文学博士
大学卒業後，ニューヨーク・イブニング・ポスト社に入社。その後，カレント・ヒストリー社に転じ，1939年文学書誌「サタデー・レビュー・オブ・リテラチャー」誌編集部に入り，'42〜71年編集長を務めた。この間に，発行部数は2万部から65万部に増加し，その書評欄はアメリカで最も権威あるものとされるに至った。また，戦後'49年に来日し，広島の原爆孤児救済，原爆乙女医療にも貢献した。以後，国際文化交流，平和運動，世界連邦運動などのため世界中を駆けめぐる。'56年全米世界連邦主義者連盟名誉会長，'65年世界連邦主義者世界協会会長。'78年からカリフォルニア大ロサンゼルス校で文学と哲学を講義する傍ら，同大脳医学研究所で研究員として脳機能の研究にも従事した。また，アイゼンハワー，ケネディ，ジョンソンなど歴代の米国大統領の外交使節も務めた。著書に「ノーモア・ヒロシマ」「ある編集者のオデッセイ」「死の淵からの生還」「五百分の一の奇跡」「人間の選択」「権力の病理」「脳こそ第一—希望の生命学」ほかがある。　[受賞]国連平和賞，アメリカ平和賞，広島市特別名誉市民〔1964年〕，谷本清平和賞〔1987年〕，庭野平和賞（第7回）〔1990年〕，シュバイツァー賞〔1990年〕

【著作】
- ◇外人の見た日本の現状—パチンコ亡国への道・日本人のあてこみ根性を戒める　ノーマン・カズンズ：サンデー毎日　1954.5.2

カタソノワ，エレーナ
Katasonova, Elena L.
全国抑留者補償協議会

[国籍]ロシア　[学歴]モスクワ大学附属東洋語大学日本語学科卒　[専門]シベリア抑留者問題

大学では谷崎潤一郎や芥川龍之介など日本文学を研究。ソ連対外文化協会連合会ソ日協会で日ソ文化親善事業に10年間携わったのち，ソ連科学アカデミー東洋学研究所上級研究員となり日本企業の文化的活動について研究を続ける。1991年より鶴岡市に本部がある全国抑留者補償協議会に勤務し，来日を重ねる。シベリア抑留問題でソ連側との折衝役や通訳を担当し，日ソの橋渡し役を務める。著書に「シベリアに架ける橋—斎藤六郎全抑協会長とともに」がある。

【著作】
- ◇シベリアに架ける橋—斎藤六郎全抑協会長とともに　エレーナ・L.カタソノワ著，橋本ゆう子訳，白井久也監修　恒文社　1997.8
- ◇ゾルゲ事件関係外国語文献翻訳集　no. 4　日露歴史研究センター事務局編　日露歴史研究センター事務局　2004.6〈内容：現代ロシアにおけるリヒアルト・ゾルゲ（エレーナ・カタソノワ））
- ◇関東軍兵士はなぜシベリアに抑留されたか—米ソ超大国のパワーゲームによる悲劇　エレーナ・カタソノワ著，白井久也監訳　社会評論社　2004.10

カッツ, リチャード
Katz, Richard
ジャーナリスト 「オリエンタル・エコノミスト・リポート」シニア・エディター

[生年月日] 1951年
[国籍] 米国 [学歴] コロンビア大学歴史学〔1973年〕卒, ニューヨーク大学経済学〔1989年〕修士課程修了 [専門] 日米関係, アジア経済

日本や米国の新聞、雑誌で活躍するフリーのジャーナリスト。専門は日米関係とアジア経済で、歴史観に裏付けされた経済記事には定評がある。月刊ニュースレター「オリエンタル・エコノミスト・リポート」シニア・エディターのほか、ニューヨーク州立大学客員教授も務める。著書に「腐りゆく日本というシステム」がある。

【著作】
◇腐りゆく日本というシステム リチャード・カッツ著, 鈴木明彦訳 東洋経済新報社 1999.4
◇不死鳥の日本経済 リチャード・カッツ著, 伊豆村房一, 藤井真人訳 東洋経済新報社 2002.12

ガッティ, フランチェスコ
ベネチア大学副学長, ベネチア大学教授

[生年月日] 1935年
[国籍] イタリア [出生地] トリノ [学歴] ナポリ東洋大学卒, トリノ大学卒 [専門] 中亜極東諸国制度史・政治史 [団体] イタリア・日本研究協会

1960年イズメオ（中亜極東協会）において日本文化で卒業免許状を取得, '61年から日本語・日本史・中国史の教鞭をとる。以後, ボローニャ大学, トリノ大学, ベネチア大学で講座を担当。日本の学校制度, 日本のファシズムなどの社会経済的問題や制度史を中心に研究。'83～85年3回にわたり研究員の資格で日本に滞在, 早稲田大学社会学研究所で研究を続ける。著書に「日本モデル…試される資本主義」「日本の復興, 1945～55年まで」「日本のファシズム」など。 [受賞] 岡野賞（1993年度）

【著作】
◇日本思想の地平と水脈—河原宏教授古稀記念論文集 河原宏, 河原宏教授古稀記念論文集刊行会編著 ぺりかん社 1998.3〈内容：イタリアにおける日本史学（フランチェスコ・ガッティ）〉

カッテンディーケ, ヴィレム・ホイセン・ファン
Kattendijke, Willem Johan Cornelis, Ridder Huijssen van
長崎海軍伝習所教官

[生年月日] 1816年1月22日
[没年月日] 1866年2月6日
[出生地] オランダ [学歴] メデムブリク海軍兵学校

1831年メデムブリク海軍兵学校に入学。卒業後1835年5月にフレゲート艦「ムーズ」号乗艦を命ぜられて、西インド諸島に航海した。1835年10月一等海軍士官候補生に任ぜられ他艦乗務の上東インドに航海、1839年海軍大尉に昇進。フレゲート艦「ライン」号艦長に就任, 大西洋航海に就航した。1841年9月海軍大臣補佐官となったが、1846年10月に辞職。さらに西インド, 大西洋周航を経たのち1849年にはオランダ国王副官となった。1857年8月徳川幕府から発注された「ヤパン」号（のちの咸臨丸）を引き渡すため長崎に来航。幕府はオランダ海軍から伝習を受け、カッテンディーケは第1次海軍教育班の後任として約1ヶ年長崎で勝安芳、榎本武楊等の海軍伝習生を育成した。1859年11月海軍伝習所が閉鎖され、部下9名とともに帰国。のち海軍大臣に任ぜられ、日本からの海軍留学生に幾多の便宜を与えた。徳川幕府から「開陽丸」の注文を受けた際にはその斡旋に力を尽した。一時外務大臣をも兼任したこともある。

【著作】
◇長崎海軍伝習所の日々 カッテンディーケ著, 水田信利訳 平凡社 1964
◇長崎海軍伝習所の日々 カッテンディーケ著, 水田信利訳 平凡社 1974
◇長崎海軍伝習所 星亮一〔著〕 角川書店 1989.9

カップ, ロッシェル
Kopp, Rochelle
経営コンサルタント　ジャパン・インターカルチュアル・コンサルティング社長

[生年月日] 1964年6月29日
[国籍] 米国　[学歴] エール大学〔1986年〕卒, シカゴ大学経営大学院修了　[学位] M.B.A. 安田信託銀行国際企画部で2年間勤務。ビジネススクール時代に日本の多国籍企業の国際人事管理に関する調査研究を開始。1994年ジャパン・インターカルチュアル・コンサルティング（本社・シカゴ）を設立。日本語が堪能で、大手日本企業の顧客を多数持つ。著書に「雇用摩擦―日本企業の文化破壊」、共著に「"カイシャ"の中の外国人」などがある。

【著作】
◇雇用摩擦―日本企業の文化破壊　ロッシェル・カップ著, 上野俊一訳　産能大学出版部 1993.12
◇上司と部下―ビジネス現場の「日米摩擦」（特別企画・進化する日米関係）　カップ, ロッシェル：潮　484　1999.6

ガッリ, パオロ
Galli, Paolo
外交官　駐日イタリア大使

[生年月日] 1934年
[国籍] イタリア　[出生地] ベオグラード（ユーゴスラビア）　[学歴] パドワ大学法学部卒 外務省入省。英国、米国、ポーランドで勤務し、1980年ECのイタリア政府代表部公使参事官、のち駐ポーランド大使、本省経済協力局長などを経て、'92年1月から駐日大使。

【著作】
◇駐日大使が語る「日本と私」　サー・ジョン・ボイド, パオロ・ガッリ：文芸春秋　73(1) 1995.1

カーティス, ケネス
Courtis, Kenneth S.
エコノミスト　ドイツ銀証券ストラテジスト, ドイツ銀ケッツ・リミテッド副社長・首席エコノミスト

[生年月日] 1950年
[国籍] カナダ　[出生地] カナダ　[学歴] トロント大学卒, サセックス大学大学院修了, ヨーロッパ・インスティテュート・オブ・ビジネス・アドミニストレーション　[学位] 博士号（フランス経済政治学院）
ヨーロッパ最大の金融機関でドイツ銀行の投資銀行部門、ドイツ銀行キャピタル・マーケッツ・リミテッド副社長を務める。アジア関係の首席エコノミスト兼任で、研究論文は国際的な賞を数多く受賞。ロバート・ライシュ米国労働長官らの友人として米国の新政権のアジア戦略についてもブレーンを務める。のちドイツ銀証券ストラテジスト。1983年来日し、東京大学、筑波大学、慶応義塾大学の客員教授を歴任。著書に「見えざる富の帝国」など。

【著作】
◇見えざる富の帝国　ケネス・S. カーティス著, 山岡洋一〔訳〕　講談社　1994.8
◇脱グローバリズム宣言―パクス・アメリカーナを超えて　R. ボワイエ, P-F. スイリ編, 青木昌彦他著, 山田鋭夫, 渡辺純子訳　藤原書店　2002.9〈内容：アメリカ、日本、ヨーロッパ（ケネス・カーチス）〉

カーティス, ジェラルド
Curtis, Gerald L.
政治学者, 日本研究家　コロンビア大学政治学部教授

[生年月日] 1940年9月18日
[国籍] 米国　[出生地] ニューヨーク市ブルックリン　[学歴] ニューメキシコ州立大学〔1962年〕卒, コロンビア大学大学院国際政治学専攻〔1969年〕博士課程修了　[学位] 政治学博士（コロンビア大学）〔1969年〕　[専門] 現代日本政治, 国際関係学, 比較政治学　[団体] 米国政治科学アカデミー
1969年コロンビア大学助教授、'74年準教授を経て、'76年教授。'74～82年、'86～91年同大学東アジア研究所長を務めた。日米欧委員会委員、東京大学などの客員教授、「ニューズウィーク」（日本・韓国版）顧問、中日新聞本社客員としても活躍。朝日新聞フォーラム21委員も務める。'67年1月の日本の総選挙で佐藤

文生自民党代議士が初当選するまでの選挙運動を密着取材し、これをまとめた論文で博士号を取得。同論文は「代議士の誕生」（'71年）として刊行され、日本社会を映すベストセラーとなった。他の著書に「日米の責任分担」「日本型政治の本質」「ポスト冷戦時代の日本」「日本の政治をどう見るか」「永田町政治の興亡」などがあり、米国内有数の日本通として知られる。夫人は日本人の翠さん。　［受賞］大平正芳記念賞（第5回）〔1989年〕「The Japanese Way of Politics（邦題・日本型政治の本質）」、国際交流基金賞〔2002年〕　［叙勲］旭日重光章（日本）〔2004年〕
【著作】
◇代議士の誕生—日本式選挙運動の研究　新版　ジェラルド・カーティス著, 山岡清二訳　サイマル出版会　1983.7
◇土建国家ニッポン—「世界の優等生」の強みと弱み　ジェラルド・カーティス, 石川真澄著　光文社　1983.11
◇「日本型政治」の本質—自民党支配の民主主義　ジェラルド・カーティス著, 山岡清二訳　ティビーエス・ブリタニカ　1987.10
◇何一つイニシアティブをとれない日本（インタビュー）　ジェラルド・カーチス, 北岡和義：潮　382　1991.1
◇ポスト冷戦時代の日本　ジェラルド・L. カーティス著, 東京新聞外報部訳　東京新聞出版局　1991.12
◇あの頃の日本人, 今どきの日本人—高名なジャパノロジストが「異質論」「嫌米」など, この国と国びとについて語る　ドナルド・キーン, ジェラルド・カーティス, 土井あや子：プレジデント　32（3）　1994.3
◇日本の政治をどう見るか（NHK人間大学）　ジェラルド・L. カーティス〔述〕　日本放送出版協会　1995.1
◇日本の政治をどう見るか（NHKライブラリー）　ジェラルド・L. カーティス著, 木村千旗訳　日本放送出版協会　1995.11
◇20世紀の総括と展望—日本の役割を中心として　東京シンポジウム（平和研究会議報告）世界平和研究所　1996.3〈内容：20世紀の総括と展望—日本の役割を中心として（ジェラルド・L. カーティス, ロナルド・P. ドーア, 佐藤誠三郎）〉
◇政ូ論争がなさすぎる（「特別企画」日本への提言）　カーティス, ジェラルド：潮　467　1998.1
◇永田町政治の興亡　ジェラルド・L. カーティス〔著〕, 野口やよい訳　新潮社　2001.6

◇社会の変化に追いつけない国家—いたずらな悲観論より, 改革に向かう危機感を（2002年日本の実力）　カーチス, ジェラルド：論座　81　2002.2

ガードナー, ケネス
Gardner, Kenneth Burslam
日本研究家, ライブラリアン

［生年月日］1924年6月5日
［没年月日］1995年4月19日
［国籍］英国　［出生地］ロンドン　［学歴］ロンドン大学東洋アフリカ研究所（日本語専攻）卒　1950～54年ロンドン大学東洋アフリカ研究所、'55年大英博物館勤務を経て、'74～86年大英図書館東洋コレクション副主席をつとめる。同図書館の日本関係の図書の調査および拡充に貢献。'94年には調査結果を「大英図書館蔵・日本古版本目録」としてまとめ, その業績により, '95年山片蟠桃賞を受賞。同年その贈呈式と記念講演会のため来日。退職後は日本協会事務局に勤務。　［受賞］山片蟠桃賞（第13回）〔1995年〕「大英図書館蔵・日本古版本目録」　［叙勲］勲三等瑞宝章（日本）〔1954年〕
【著作】
◇江戸時代の挿絵版画家たち（教養選書4）　K. B. ガードナー著　めいせい出版　1977
◇大英圖書館蔵日本古版本目録—Descriptive catalogue of Japanese books in the British Library printed before 1700　ケネス B. ガードナー編　The British Library　1993

カーニー, レジナルド
Kearney, Reginald
神田外語大学外国語学部助教授

［生年月日］1938年
［出生地］ニュージャージー州パターソン　［別名等］日本名＝加仁礼治　［学歴］モーガン州立大学卒, ケント州立大学大学院博士課程修了　［学位］政治学博士　［専門］歴史学
フルブライト研究生として1992年来日, 桜美林大学で約9カ月, 日本人のアフリカ系アメリカ人観を中心に研究。モーガン州立大学助教授、ハンプトン大学助教授を経て、'94年神

田外語大学外国語学部助教授。著書に「20世紀の日本人―アメリカ黒人の日本人観1900～1945」。
【著作】
◇20世紀の日本人―アメリカ黒人の日本人観 1900-1945　レジナルド・カーニー著,山本伸訳　五月書房　1995.8

金子 マーティン　かねこ・マーティン
日本女子大学人間社会学部現代社会学科教授

[生年月日]1949年7月20日
[国籍]オーストリア　[出生地]ブリストル(英国)　[学歴]ウィーン大学哲学部日本学科卒,ウィーン大学大学院日本学研究所日本学専攻〔1978年〕博士課程修了　[学位]哲学博士　[専門]社会学　[団体]社会科学的日本研究連盟,日本研究協会

1956～66年神奈川県で育つ。'78年ウィーン大学日本学研究所助手、講師を経て、'91年日本女子大学人間社会学部助教授、のち教授。訳書に「『ジプシー収容所』の記憶―ロマ民族とホロコースト」、編訳に「ナチス強制収容所とローマ―生還者の体験記と証言」がある。
【著作】
◇アジア市民と韓朝鮮人　徐竜達先生還暦記念委員会編　日本評論社　1993.7〈内容：戦前期繊維業における植民地朝鮮出身の女性労働者と労働運動―国内被差別集団との関連（金子マーティン）〉
◇ナチス・ドイツと天皇制日本が酷似する「血の神話」と国家思想(『朝日』と『文春』のための世界現代史講座〔12〕)　金子マーティン：週刊金曜日　5(6)　1997.2.14

カバット,アダム
Kabat, Adam
武蔵大学人文学部比較文化学科教授

[生年月日]1954年3月26日
[国籍]米国　[出生地]ニューヨーク　[学歴]ウエズリアン大学(コネチカット州)卒,東京大学大学院総合文化研究科日本文学専攻博士課程修了　[専門]近世・近代日本文学, 比較文学　[団体]日本比較文学会,日本英文学会,泉鏡花研究会

高校時代「源氏物語」に魅せられ、以来日本文学に親しむ。1979年来日、1年間日本語を研修した後、'81年文部省奨学金を受け東京外国語大学で1年研修。のち、東京大学大学院に学び、'88年武蔵大学講師、助教授を経て、教授。著書に「江戸化物草紙」「江戸滑稽化物尽くし」、共著に「美女の図像学」「『甘え』で文学を解く」、翻訳に向田邦子「思い出トランプ」、筒井康隆「家族八景」など。日本文学の英訳多数。
【著作】
◇美女の図像学　川本皓嗣編　思文閣出版　1994.3〈内容：影の女―泉鏡花の美人たち（アダム・カバット）〉
◇河童と日本人　アダム・カバット：草思　1(10)　1999.10
◇大江戸化物細見　アダム・カバット校注・編　小学館　2000.2
◇江戸の文事　延広真治編　ぺりかん社　2000.4〈内容：豆腐小僧の系譜―黄表紙を中心に（アダム・カバット）〉
◇江戸滑稽化物尽くし(講談社選書メチエ)　アダム・カバット著　講談社　2003.3
◇もももんがあ対見越入道―江戸の化物たち　アダム・カバット著　講談社　2006.11

ガビンス,ジョン・ハリントン
Gubbins, John Harrington
外交官

[生年月日]1852年1月24日
[没年月日]1929年2月23日
[国籍]英国

1871年外交官として来日、'86年から翌年にかけての条約改正の際イギリス側代表として東京において活躍した。駐日イギリス大使館書記官を経て'94年には関税委員会イギリス代表に就任。1900年5月京城総領事として朝鮮に渡り、翌年11月まで在任した。日本文化の研究に従事し、帰国後'09年から'10年にかけてオックスフォード大学において6回連続の日本に関しての特別講義をおこない、それを元に'11年に"The Progress of Japan, 1853-1871"を刊行した。同書は幕末から明治にか

けてのわが国の近代化を取扱った研究書として評価が高い。
【著作】
◇The civil code of Japan.　Translated by John Harington Gubbins　Z. P. Maruya　1897, 1899

カーフ，クリフトン
Karhu, Clifton
版画家

[生年月日] 1927年
[没年月日] 2007年3月24日
[国籍] 米国　[出生地] ミネソタ州ダルー　[学歴] ミネアポリス美術学校〔1952年〕卒　[専門] 木版　[団体] 日本版画協会

フィンランド系米国人。戦後、1946年軍人として初来日、2年間の滞在で日本の文化や風物に興味をもつ。'55年宣教師として再来日、'58年職を辞し油絵、水彩に専心。'63年京都に移り木版に転じる。日本、米国、東南アジアおよび欧州諸国で個展を開催。京都・室町にアトリエを構えたが、平成7年金沢に移り住んでからは浅野川河畔・主計町の茶屋跡をアトリエに、金沢の風情を描くことに心血を注いだ。空き缶のポイ捨て防止を呼びかけるCMにも出演した。著書に「カーフ版画」「京都再見」「京都発見」「柱絵作品集　一筆先は…」などがある。　[受賞] 中部太平洋美術協会展第1位〔1961年〕，京都市市民憲章推進者〔1996年〕
【著作】
◇板画　クリフトン・カーフ著　芸艸堂　1975
◇板画京都再見—クリフトンカーフ作品集　クリフトン・カーフ著　淡交社　1979
◇京都発見　クリフトン・カーフ版画，ドナルド・リチー文　講談社　1981
◇一筆先は…—柱絵作品集　クリフトン・カーフ著　芸艸堂　1991

カプラン，デービッド・E.
Kaplan, David E.
ジャーナリスト

[生年月日] 1955年
[国籍] 米国　[出生地] シカゴ

全世界の新聞・雑誌に寄稿。また米国を基地に、組織犯罪、スパイ・軍事問題で多数の記事を発表し、国際ジャーナリスト賞はじめ様々な賞を受賞している。主な著書に「ヤクザ—ニッポン的犯罪地下帝国と右翼」など。大学時代の'75年、一時京都で日本人家庭のホームステイをしたことがある。　[受賞] 国際ジャーナリスト賞（2回）
【著作】
◇ヤクザ—ニッポン的犯罪地下帝国と右翼　デイビット・E.カプラン，アレック・デュブロ著，松井道男訳　第三書館　1992.9
◇ヤクザが消滅しない理由。—「調査報道」で疑問水解！　デイビッド・E.カプラン，アレック・デュブロ著，松井道男，坂井純子訳　不空社　2003.12
◇ヤクザが消滅しない理由—江戸時代から今日までヤクザビジネスの正体　新装版　デイビッド・E.カプラン，アレック・デュブロ著，松井道男，坂井純子訳　不空社　2006.7

カーボー，ジョン（Jr.）
Carbaugh, John E. (Jr.)
弁護士, ロビイスト　マディソン・グループ代表

[生年月日] 1945年9月
[没年月日] 2006年3月19日
[国籍] 米国　[出生地] サウスカロライナ州グリーンビル　[学歴] サウス・スワニー大学〔1967年〕卒，サウスカロライナ大学ロースクール（法律大学院）修了，ジョージ・タウン大学大学院修了　[学位] 博士号

1970年代共和党保守派のジェシー・ヘルムズ上院議員のスタッフとして外交政策立案に加わり、中南米を中心に反共政治工作を展開。またリベラルなカーター政権の外交を弱腰と批判して名を上げた。'82年議会を離れてからはワシントンで法律事務所を経営、米・アジア関係を中心にしたニュースレターを発行。防衛関連の企業など国内約40社のコンサルタントを務める保守派論客の代表格として知られた。日米関係にも関与し、'84年以来数多く来日。日本の政財界にも豊富な人脈を築き、両国の政府高官のパイプ役としてフィクサー的な役割を果たした。次期支援戦闘機（FSX）の日本国産化問題では日米共同開発を

支持。レーガン、ブッシュ両政権下でも共和党政策委員会政策起草者として活躍した。民主、共和両党の有力議員が参加するマディソン・グループ(大統領への政策提言ブレーン)代表。著書に「敵としての日本」「アメリカの対日依存が始まる—日米関係の真実」など。
【著作】
◇敵としての日本—アメリカは何を怒っているのか(カッパ・ブックス) J. カーボー、加瀬英明編・監訳 光文社 1991.6
◇アメリカの対日依存が始まる—日米関係の真実(カッパ・ブックス) J. カーボー、加瀬英明編・監訳 光文社 1992.12

カマーゴ, オーランド
Camargo, Orlando
科学技術庁科学技術政策研究所研究員

[生年月日]1960年
[国籍]米国 [出生地]コロンビア [学歴]ロチェスター工科大学(米国)卒, 筑波大学大学院経営政策科学科修士課程修了 [専門]科学技術政策

4歳の時米国ニューヨーク州に移住。1983年来日。茨城県教委に2年間勤め、中、高校を回って英語教育を指導。一度帰国し、'84年再来日。筑波大で日本語、日本文化を勉強、さらに大学院で経済学を研究。日本の科学技術政策の長所、短所を勉強し、日米の経済摩擦の実態を学ぶため、'89年6月科学技術政策研究所のスタッフに。

【著作】
◇異議あり!ニッポン人の国際化(在日外国人の眼) オーランド・カマーゴ著 日本経営協会総合研究所 1991.6

カミングス, ウィリアム
Cummings, William K.
京都情報大学大学院大学教授 ハーバード大学教授

[生年月日]1943年
[国籍]米国 [学歴]ミシガン大学〔1965年〕卒 [学位]Ph. D.(ハーバード大学)〔1972年〕 [専門]学校・企業内教育国際比較研究

フォード財団研究員、シカゴ大学助教授、シンガポール大学、ハワイ大学教授、全米科学財団専門員などを歴任後、ハーバード大学教授に就任。教育政策および管理の国際比較の研究、教育にあたる。のち来日して、京都情報大学大学院教授。著書に「日本の大学教授」「日本の学校」「アメリカ大学日本校—アメリカが見た日米教育ベンチャーの現状」(共著)など。

【著作】
◇教育は「危機」か—日本とアメリカの対話 天野郁夫〔ほか〕編 有信堂高文社 1987.4 〈内容:日本人からみたアメリカの教育(ウィリアム・K. カミングス) 学力水準の日米比較(ウィリアム・K. カミングス) むすびに代えて—日本とアメリカの対話(ウィリアム・K. カミングス, 市川昭午)〉
◇日本の教育 第3巻 ウィリアム・K. カミングス, 結城忠編著 教育開発研究所 1990.5
◇アメリカ大学日本校—アメリカが見た日米教育ベンチャーの現状 ゲイル・S. チェンバース, ウィリアム・K. カミングス著 アルク 1990.9

カミングス, ブルース
Cumings, Bruce
シカゴ大学教授

[生年月日]1943年
[国籍]米国 [学歴]コロンビア大学政治学専攻卒 [学位]政治学博士(コロンビア大学) [専門]アメリカ外交, 東アジア政治経済, 朝鮮現代史

博士号は政治学と東アジア研究で取得。ワシントン大学国際関係学部助教授・準教授を経て、1987年シカゴ大学歴史学部教授。ノースウェスタン大学国際史および政治学教授も務めた。この間、'67〜68年徴兵を忌避して平和部隊に参加し、韓国で英語教師として働く。'71〜72年には韓国と日本で資料収集・調査活動を行い、本格的に朝鮮現代史研究を進めた。冷戦史研究ではいわゆる修正主義派に属するとされる。また、ベトナム戦争批判をきっかけに結成された"憂慮するアジア学者委員会"(CCAS)のメンバーとしても活躍。著書に「The Origins of The Korean War(朝鮮戦争の起源)」「現代朝鮮の歴史」「戦争とテ

レビ」など。また、「The Nation」や「The Seattle Weekly」にしばしば寄稿するなど、多数の論文を発表している。　[受賞]ハリー・トルーマン賞「朝鮮戦争の起源」
【著作】
◇人類は戦争を防げるか―日・米・中・国際シンポジウム　児島襄〔ほか〕著　文芸春秋　1996.10〈内容：東の風、雨―赤い風―黒い雨　日米戦争、始まりと終り（ブルース・カミングス））
◇歴史としての戦後日本　上　アンドルー・ゴードン編, 中村政則監訳　みすず書房　2001.12〈内容：世界システムにおける日本の位置（ブルース・カミングス））

カミンスキ, マレック
Kaminski, Ignacy-Marek
文化人類学者, 作家

[生年月日]1947年
[国籍]スウェーデン　[出生地]ポーランド
[学歴]クラコフ大学卒　[学位]文化人類学博士
1972年スウェーデンの大学に留学し、亡命。来日して沖縄で研究を続け、一時スウェーデンに戻った後'87年再来日。「朝日ジャーナル」などに寄稿。作家、文化人類学者として活躍。著書に各国語に翻訳されている「State of Ambiguity」や邦訳書「日本的ファジー発想が世界を救う」などがある。
【著作】
◇日本的ファジー発想が世界を救う　マレック・カミンスキ著, 千葉昭訳　日新報道　1992.1

カラカウア
David Kalākaua
ハワイ王国第7代国王

[生年月日]1836年11月16日
[没年月日]1891年1月20日
[国籍]ハワイ
ルナリロ王の後を継いで1874年2月12日に国王に即位。1881年に日本、中国、インド、エジプトやヨーロッパ諸国を歴訪。世界で初めて日本を訪れた外国の国家元首となった。日本では明治天皇と会見、日本からの移民や山階宮定麿王とカイウラニ王女との政略結婚を要請したが、後者は実現することがなかった。王自身はサモアと組んでポリネシア連合を形成することを希望していたが、1887年、アメリカ系移民を中心にアメリカ合衆国への併合を要求する声が高まってクーデターが起こり、実質的な権力を失った。
【著作】
◇カラカウア王のニッポン仰天旅行記　荒俣宏, 樋口あやこ翻訳　小学館　1995

カリー, ウィリアム
Currie, William Joseph
カトリック神父　上智大学学長

[生年月日]1935年5月27日
[国籍]米国　[出生地]フィラデルフィア　[学歴]フォーダム大学卒, ミシガン大学大学院博士課程修了　[学位]Ph. D.　[専門]比較文化
1953年イエズス会士となる。'60年来日。栄光学園講師、上智大学助教授を経て、教授。比較文化学部長、'99年学長に就任。2005年退任。著書に「疎外の構図―安部公房・ベケット・カフカの小説」「日本におけるモダニズム」など多数。
【著作】
◇疎外の構図―安部公房・ベケット・カフカの小説　ウィリアム・カリー〔著〕, 安西徹雄訳　新潮社　1975

ガリグ, アンヌ
Gurrigue, Anne
ジャーナリスト

[国籍]フランス
フランスの通信社などで記者としてキャリアを積み、外交官の夫の転勤をきっかけに、1984～88年、'95年から日本に滞在。'98年日本女性をテーマに書いたルポルタージュ「日本女性、やわらかな革命」を出版、話題を呼ぶ。
【著作】
◇自分らしさとわがままの境で―日本女性の静かな革命　アンヌ・ガリグ著, 後藤淳一訳　草思社　2002.8

◇自分らしさとわがままの境で―日本女性の静かな革命　アンヌ・ガリグ著, 後藤淳一訳　日本点字図書館〔製作〕　2002.10

カール, ダニエル
Kahl, Daniel
タレント

［生年月日］1960年3月30日
［国籍］米国　［出生地］カリフォルニア州モンロビア　［学歴］パシフィック大学〔1981年〕卒　［専門］山形弁

8歳の時日本に興味を持ち、高校2年の時交換留学生として来日。智弁学園に入る。帰国後パシフィック大学で国際研究学を学ぶ傍ら再来日し、京都、新潟、佐渡で生活。1981年日本の文部省の教育指導主事の助手に応募。山形県の教育委員会に在籍し、3年間約210の中学、高校で英語を指導。この時に知り合った日本人女性と結婚。のち川崎市の広告代理店に2年間勤務後、翻訳会社を設立し社長に。一方'89年TBSのテレビ番組に出演、流暢な山形弁で人気を得る。「ザ・サンデー」「噂の東京マガジン」「世界ふしぎ発見」「おもいっきりテレビ」「ほっとモーニング」「おーいニッポン」などテレビ出演多数。著書に「ダニエル・カールの国際交流入門」「ダニエル先生ヤマガタ体験記」「超簡単 トラベル英会話」「オラが心の日本アメリカ」「ダニエルさん家のアットホームイングリッシュ」がある。

【著作】
◇「超日本人」のススメ　ダニエル・カール著　構造システム, ミニワールド〔発売〕　1995.3
◇ダニエル先生ヤマガタ体験記　ダニエル・カール著　実業之日本社　1995.6
◇ダニエル先生ヤマガタ体験記（集英社文庫）ダニエル・カール著　集英社　2000.10
◇ジャパングリッシュdamedas講座―なぜか"英語ツウ"になれちゃう　ダニエル・カール監修　東峰書房　2006.8

カルダー, ケント
Calder, Kent E.
日本政治研究家　ライシャワー・センター所長　駐日米国大使特別補佐官（経済担当）

［生年月日］1948年4月18日
［国籍］米国　［出生地］ユタ州ソルトレイクシティー　［学歴］ユタ大学〔1970年〕卒, ハーバード大学大学院政治学専攻〔1979年〕博士課程修了　［学位］Ph. D.（ハーバード大学）〔1979年〕　［専門］政治学

ハーバード大学大学院でライシャワー教授に師事、ケープタウン大学、クリスチャン・アルブレヒト大学（ドイツ）留学を経て、1974～79年日本に留学。米国国際貿易委員会のスタッフ、'79年ハーバード大学講師、同大日米研究所初代事務局長、'83年プリンストン大学政治学部教授、'89年同大日本研究部長、日米研究所長などを経て、ジョンズ・ホプキンズ大学ライシャワー東アジア研究所所長、ライシャワー・センター所長。一方、'89年ワシントンD. C.の戦略国際研究センター（CSIS）日本部長、'91年上級顧問、'96年駐日米国大使特別補佐官（経済担当）を務めた。米国民主党の論客。野党も含めた米国の対日全方位外交を提唱。日本の永田町に幅広い人脈を持つ。著書に「Market and the Japanese Policy process」「天下りの研究」「日米貿易摩擦」「脱アメリカの時代」「自民党長期政権の研究」「クロスオーバーポイント（逆転時点）」「戦略的資本主義」「アジア危機の構図」などがある。
［受賞］大平正芳記念賞（第6回）〔1990年〕「自民党長期政権の研究」, 有沢広巳賞「自民党長期政権の研究」, アジア太平洋賞（第9回）〔1997年〕「アジア危機の構図」

【著作】
◇自民党長期政権の研究―危機と補助金　ケント・E. カルダー著, 淑子・カルダー訳　文芸春秋　1989.9
◇クロスオーバー・ポイント―逆転時代の日米関係　ケント・E. カルダー著, 田口汎訳　日本放送出版協会　1992.7
◇1990年代における日本の戦略的課題―JIIA-IISS国際シンポジウム　日本国際問題研究所　1993.3〈内容：〔報告〕西暦二〇〇〇年

に向けて─冷戦後の日米関係の課題（ケント・E.カルダー）〉
◇戦略的資本主義─日本型経済システムの本質　ケント，E.カルダー著，谷口智彦訳　日本経済新聞社　1994.9
◇アジア危機の構図─エネルギー・安全保障問題の死角　ケント・E.カルダー著，日本経済新聞社国際部訳　日本経済新聞社　1996.4
◇2003年の日米関係─ライシャワーセンター年次報告書　ケント・カルダー監修，ジョンズ・ホプキンズ大学高等国際問題研究大学院著，井上明子，江口一元訳　ジャパンタイムズ　2004.11
◇2004年の日米関係─ライシャワーセンター年次報告書　ケント・カルダー監修，ジョンズ・ホプキンズ大学高等国際問題研究大学院著，今井明子，岩城新，丸谷浩史，村上博美訳，江口一元監訳　ジャパンタイムズ　2005.12
◇日中関係はどこへ向かうのか─政治化された歴史とライバル意識の行方　カルダー，ケント・E.：論座　131　2006.4

カルツァ，ジャン・カルロ
Calza, Gian Carlo
ベネチア大学教授

[生年月日]1940年
[国籍]イタリア　[出生地]ロンバルディア州オスティアーノ　[学歴]パヴィア大学卒　[専門]東洋美術史
大学卒業後，パヴィア大学助教授としてアジア・アフリカ諸国制度史を担当，ハークネス特別研究奨学金を獲得。カリフォルニア大学バークレー校，ニューヨークのコロンビア大学客員研究員，北斎絵画プロジェクト研究調査主任を歴任。1990年北斎絵画国際会議を組織。著書に「日本の人気版画作家」「能の幽玄，葵の上」「井原西鶴:好色一代男，好色五人女」「北斎:富士百景」「今日の日本ポスター」「北斎絵画」，監修に「今井俊満画集」など。　[受賞]岡野賞（1993年度）
【著作】
◇北斎　〔葛飾北斎画〕，ジャン・カルロ・カルツァ〔著〕，須田志保，増島麻衣子訳　ファイドン　2005

ガルトゥング，ヨハン
Galtung, Johan
社会学者，平和学者　立命館大学国際関係学部客員教授　オスロ国際平和研究所所長

[生年月日]1930年10月24日
[国籍]ノルウェー　[出生地]オスロ　[学位]数学博士（オスロ大学）〔1956年〕，社会学博士（オスロ大学）〔1957年〕
1957～60年コロンビア大学社会学部助教授，'69～77年オスロ大学教授，その後ジュネーブ開発高等研究所客員教授，パリ新国際大学学長，プリンストン大学，ハワイ大学客員教授などを歴任。のちヴィッテン・ヘルデッケ大学社会科学客員教授，スウェーデン人文・社会科学研究院オロフ・パルメ客員教授。この間，'55年アルネ・ネスとともに「ガンディの政治倫理」を著し，平和研究を始め，'59年オスロ国際平和研究所を創設し"平和学"という学問分野を開拓，所長を務めた。"構造的暴力"の概念の創造者としても有名。のち平和活動を行うNGOトランセンドを主宰。世界の多くの大学で教鞭を執るかたわら国連の専門機関のコンサルタントも務める。著書に「平和研究論集」（全6巻）「社会科学の理論と方法」（全2巻）のほか，「平和への新思考」「形成されつつあるヨーロッパ」「90年代日本への提言─平和学の見地から」「仏教─調和と平和を求めて」「日本は危機か」などがある。
[受賞]平和文化賞（創価学会インターナショナル）〔1986年〕，ライト・ライブリフッド賞〔1987年〕，ノルウェー人道賞〔1988年〕
【著作】
◇90年代日本への提言─平和学の見地から（中央大学現代政治学双書）　ヨハン・ガルトゥング〔著〕，高柳先男〔ほか〕訳　中央大学出版部　1989.12
◇'96国際平和学シンポジウム報告集─戦争・民族紛争は何をもたらしたか　沖縄国際大学　1997.3〈内容:戦争と暴力がもたらしたもの─沖縄とアルスター（ヨハン・ガルトゥング）〉
◇金融スキャンダルなど二つの提案（「特別企画」日本への提言）　ガルトゥング，ヨハン：潮　467　1998.1

◇日本は危機か　ヨハン・ガルトゥング,安斎育郎著　かもがわ出版　1999.8

ガルビン，ロバート
Galvin, Robert W.
実業家　セマテック会長,モトローラ経営委員会会長

[生年月日] 1922年10月9日
[国籍] 米国　[出生地] ウィスコンシン州マーシュフィールド　[学歴] ノートルダム大学卒,シカゴ大学卒

モトローラ社創業者の父親に10歳の時から実地の経営学をたたき込まれ、1944年同社に正式入社。'48年副社長、'56年社長を経て、'64年会長となり、'84～86年CEO兼任、同社を世界有数のエレクトロニクス・メーカーに育て上げた。'90年1月より同社経営委員会会長。'91年1月米国国防省と半導体14社が共同出資する半導体開発会社、セマテックの会長に就任。戦後アイゼンハワー共和党政権の依頼で日本を視察、産業復興を支援した知日派。通信機器で対日市場開放を強く推して名を馳せ、ブッシュ大統領との強力なコネを持つ実力派財界人。著書に「日本人に学び、日本に挑む」がある。'92年1月ブッシュ米大統領訪日に同行した経済ミッションの一人として来日。

【著作】
◇日本人に学び、日本に挑む―モトローラと日米ハイテク戦争（日経ビジネス人文庫）ロバート・ガルビン著　日本経済新聞社　2000.11

ガルブレイス，ジョン・ケネス
Galbraith, John Kenneth
経済学者　ハーバード大学名誉教授

[生年月日] 1908年10月15日
[没年月日] 2006年4月29日
[国籍] 米国　[出生地] カナダ・オンタリオ州アイオナステーション　[学歴] オンタリオ農業大学卒,カリフォルニア大学バークレー校〔1931年〕卒　[学位] 経済学博士（カリフォルニア大学）〔1934年〕

1934年ハーバード大学講師となり、'37年米国籍を取得。当初は農業経済学が専門だったが、英国ケンブリッジ大学に留学してケインズ経済学を学ぶ。'39年プリンストン大学助教授。'41～43年ルーズベルト民主党政権下では戦時経済政策の立案に携わり、物価安定局次長としてインフレ抑制のための物価統制を担当、また大統領スピーチの執筆にも関わった。'43～48年雑誌「フォーチュン」編集委員。この間、第二次大戦直後の日本を米国戦略爆撃調査団の一員として訪問。帰国後国務省に勤務し、'46年「フォーチュン」に復帰。'49～74年ハーバード大学経済学教授、'75年名誉教授。ケネディ大統領のブレーンの一人で'61～63年同政権の駐インド大使を務めた。'72年米国経済学会長。'55年「大暴落―1929」がベストセラーとなり、'60年代から'70年代にかけて「ゆたかな社会」（'58年）「新しい産業国家」（'67年）「経済学と公共目的」（'73年）の三部作で20世紀の米国を代表する経済学者となった。「不確実性の時代」（'77年）では巨大企業や大都市化、途上国の貧困などが20世紀の不確実性を拡大していると指摘、世界的なベストセラーとなり、日本でも流行語となった。米経済学界では2大潮流であるケインズ学派（ニュー・エコノミックス）、シカゴ学派（マネタリズム）のいずれにも属さない非主流派で、公共投資の重要性を説く公共経済学派の近い立場をとり、リベラル派知識人の代表格として歴代民主党政権の政策に大きな影響を与えた。経済学者の他に歴史家、文明批評家の視点を併せ持った論客として資本主義の欠点を指摘し、最晩年まで市場まかせの経済運営に警鐘を鳴らし続けた。他の主著に「マネー」「経済学の歴史」「バブルの物語―暴落の前に天才がいる」など。　[叙勲] 自由勲章〔2000年〕

【著作】
◇富国強兵の誘惑に負けるな―「不確実性の時代」の著者からの助言（ガルブレイス教授からの手紙）　ガルブレイス,J.K：サンデー毎日　1979.1.14
◇飽食のあとの日本人へ　J.K.ガルブレイス：SAPIO　3(24)　1991.12.26

◇自信喪失の日本人へ——満足の文化に蝕まれたアメリカの轍を踏むな　J.K.ガルブレイス, 塩路博己訳：SAPIO　6(2)　1994.1.27・2.10
◇「一億総自信喪失症の日本人よ！焼け跡からの奇跡の経済復興を思い起こせ」　J.K.ガルブレイス：SAPIO　6(15)　1994.8.25・9.8
◇ガルブレイス、キッシンジャーほか緊急インタビュー 世界の知識人10人から「ドン底ニッポン」復活への提言！(新年大特集・どうなるニッポン！)　サミュエル・ハンチントン, ジョン・ガルブレイス, ヘルムート・シュミット, ヘンリー・キッシンジャー, 陳放, ジョセフ・ナイ, スラク・シバラクサ, フランコ・カッラーロ, ウィリアム・クノーキ, チャールズ・クルーラック：週刊現代　41(2)　1999.1.16・23
◇おもいやりの経済(未来ブックシリーズ)　ジョン・ケネス・ガルブレイス著, 福島範昌訳　たちばな出版　1999.8
◇日本経済への最後の警告　ジョン・ケネス・ガルブレイス著, 角間隆訳　徳間書店　2002.7

カルポフ, ヴィクトル・ワシーリエヴィチ
Karpov, Viktor V.
軍人　ウクライナ軍中央博物館館長

[生年月日]1960年
[国籍]ウクライナ　[出生地]ソ連・ウクライナ共和国ウラジーミル・ヴォリンスキー　[学歴]ソ連人文科学大学軍事教育学部歴史科卒 極東軍管区戦史博物館長(ハバロフスク)、ウクライナ国防省教育総局を経て、1995年ウクライナ軍中央博物館館長。一方、'89年より日本軍のシベリア抑留問題の研究に取り組み、'97年「シベリア抑留 スターリンの捕虜たち」を出版。
【著作】
◇スターリンの捕虜たち—シベリア抑留 ソ連機密資料が語る全容　ヴィクトル・カルポフ著, 長勢了治訳　北海道新聞社　2001.3

ガロン, シェルドン
Garon, Sheldon
歴史学者　プリンストン大学教授

[生年月日]1951年
[国籍]米国　[学位]博士号(エール大学)　[専門]日本近現代史

日本の近現代史研究に従事し、日本研究の代表的論文集と言われる「歴史としての戦後日本」に寄稿。日本の国家と市民社会との関係を歴史的に分析する。また「近代日本の国家と労働」でフェアバンク賞を受賞。　[受賞]フェアバンク賞「近代日本の国家と労働」
【著作】
◇歴史としての戦後日本　上　アンドルー・ゴードン編, 中村政則監訳　みすず書房　2001.12〈内容：社会契約の交渉(シェルドン・ガロン)〉

カロン, フランソア
Caron, François
貿易家　平戸オランダ商館長, フランス東インド会社首席理事

[生年月日]1600年
[没年月日]1673年4月5日
[国籍]オランダ　[出生地]ブリュッセル
亡命フランス人の両親の子に生まれる。1619年19歳でオランダ東インド会社に入社。同年東インド会社船員として来日。平戸のオランダ商館に勤務し、日本婦人と結婚し一子をもうけた。商館では助手、通訳、商人、商人頭となり、1639年から1641年まで商館長を務めた。滞日23年に及ぶ。離日後はセイロン島遠征艦隊長官や台湾長官として活躍、1647年には商務総監に就任。商務総監は総督につぐ要職で、次期総督に目されたが、1650年に本国から召還される。禁止されていた私貿易を行なったとの疑いのためといわれる。調査を受けて解職されたが、フランス政府に雇われ東インド会社首席理事となった。やがてフランス司令官からも疎まれ、本国に送還された。帰国の途中、浅瀬の事故によりリスボン港口近くで沈没、溺死した。滞日中著わした「日本大王国志」は鎖国直後の1645年に出版され、一般読者に歓迎され、翌年には再版されている。オランダ人が書いた最初の日本関係書で、当時のヨーロッパ人が極東の日本事情を知り得る出版物としては唯一の図書だった。

【著作】

◇日本大王国　フランソア・カロン原著, 幸田成友訳著　東洋堂　1948
◇日本大王国志　フランソア・カロン著, 幸田成友訳　東洋堂　1949
◇日本大王国志　フランソア・カロン原著, 幸田成友訳　平凡社　1967

ガワー, エリック
Gower, Eric
投資家, 編集者

[生年月日]1961年
[国籍]米国　[出生地]ペンシルベニア州　[学歴]カリフォルニア大学バークレー校現代日本文学専攻卒

「アトランティック・マンスリー」誌の編集者を経て、来日。経済企画庁の英文ライター、NIRA（総合研究開発機構）レビュー誌の編集者などを務める一方、投資を積極的に行い、私的なヘッジ・ファンドを自分の家族と友人たちのために運用する。共著に「日本は金持ち。あなたは貧乏。なぜ？」がある。

【著作】
◇日本は金持ち。あなたは貧乏。なぜ？―普通の日本人が金持ちになるべきだ　R. ターガート・マーフィー, エリック・ガワー著, 飛永三器訳　毎日新聞社　1999.3

カワバタ, ダグラス
Kawabata, Douglas K.
エコノミスト　アメリカン・イースタン・セキュリティーズ日本担当エコノミスト

[国籍]米国

日本企業での活動を10数年経験後、金融界に転進。日本での経験と米国、英国系の投資銀行勤務を経て、2001年よりアメリカン・イースタン・セキュリティーズ所属、日本担当エコノミスト。

【著作】
◇マネーに支配された日本、マーケットを支配するアメリカ―日本型資本主義の成立と新技術立国を目指して　ダグラス・K. カワバタ著　すばる舎　2002.1

カン, T. W.
Kang, T. W.
グローバル・シナジー・アソシエーツ代表取締役

[生年月日]1957年
[出生地]東京都　[学歴]マサチューセッツ工科大学〔1979年〕卒　[学位]M. B. A.（ハーバード大学）〔1983年〕

アメリカ半導体企業の大手、インテル社に入社。アメリカ国内および極東地域へのマーケティング活動に従事。1983年ハーバード・ビジネス・スクールでMBAを取得、この間に韓国エレクトロニクス業界についてのケーススタディを完成。以後、インテルにもどり、日韓米に関する製品企画、企業戦略、企業間提携、マーケティング等を担当する。'87年インテル・ジャパンのシステム本部長を経て、'90年ハイテク関連の国際戦略コンサルタント会社、グローバル・シナジー・アソシエーツを設立、代表取締役となる。著書に「韓国―日本を超えられるか」「GAISHI―日本における外資系企業」「巨象のタップダンス」、共著に「ベンチャー第三の波」など。

【著作】
◇韓国―日本を超えられるか　T. W. カン著, 竹内宏監訳　ティビーエス・ブリタニカ　1990.3
◇日米ビジネス・パニック―経済戦争は回避できるか　T. W. カン著, 植山周一郎訳　ティビーエス・ブリタニカ　1991.12
◇「真の国際化は損」が日本人の本音？　T. W. カン：サンサーラ　3(3)　1992.3
◇日・韓同盟vs中国―経済サバイバーゲームの「勝ち組」は!?　T. W. カン著　ビジネス社　2002.5
◇日本企業改革開放論―中国人の上司とうまくやれますか　T. W. カン著　東洋経済新報社　2006.8

姜 仁求　カン・イング
嶺南大学教授

[生年月日]1937年1月14日
[国籍]韓国　[出生地]仁川　[学歴]ソウル大学史学科〔1963年〕卒　[学位]文学博士（九州大学）〔1978年〕

精神文化研究院教授を経て、嶺南大学教授。韓国古代史を研究。著書に「百済古墳研究」「三国時代墳丘墓研究」「新羅五綾」などがある。
【著作】
◇東アジアの古代をどう考えるか—東アジア古代史再構築のために 第1回東アジア歴史国際シンポジウム 第1回東アジア歴史国際シンポジウム記録編集部編 飛鳥評論社 1993.7〈内容：高松塚古墳の年代と被葬者について（姜仁求）〉
◇『東アジアから見た古代の東国』講演集—報告講演・シンポジウム 白石太一郎〔ほか〕講演 上毛新聞社 1999.3〈内容：関東地方の古墳と韓半島の古墳—前方後方墳を中心にして（姜仁求）〉

韓 暁 かん・ぎょう
侵華日軍第七三一部隊罪証陳列館館長

[生年月日]1937年
[国籍]中国 [出生地]黒龍江省
1953年中学卒業後、省城哈尔濱の南郊外平房の国営航空工場で飛行機部品の組み立て工となる。奇しくもそこがかつての七三一部隊本部跡であり、そこで日本軍細菌工場の話を聞いたことがきっかけで七三一部隊の歴史的研究に入る。著書に「七三一部隊の犯罪—中国人民は告発する」がある。
【著作】
◇七三一部隊の犯罪—中国人民は告発する（三一新書） 韓暁著, 山辺悠喜子訳 三一書房 1993.9
◇日本軍の細菌戦・毒ガス戦—日本の中国侵略と戦争犯罪 七三一部隊国際シンポジウム実行委員会編 明石書店 1996.5〈内容：日本侵略軍第七三一部隊はどのような性質の部隊か（韓暁）〉
◇死ぬまえに真実を—侵略日本軍第七三一部隊の犯罪 上 韓暁, 金成民著, 中野勝訳 青年出版社 1997.5
◇死ぬまえに真実を—侵略日本軍第七三一部隊の犯罪 下 韓暁, 金成民著, 中野勝訳 青年出版社 1997.8

姜 再鎬 カン・ジェホ
行政学者 釜山大学行政学科助教授

[生年月日]1959年
[国籍]韓国 [出生地]慶尚南道 [学歴]釜山大学大学院行政学科〔1988年〕修士課程修了, 東京大学大学院法学政治学研究科〔1999年〕博士課程修了
1992年以降、東京大学助手、講師、群馬大学助教授を経て、釜山大学行政学科助教授。著書に「植民地朝鮮の地方制度」などがある。
【著作】
◇明治前期の末端地方行政区画制（東京大学都市行政研究会研究叢書） 姜再鎬〔著〕, 東京大学都市行政研究会編 東京大学都市行政研究会 1992.10
◇植民地朝鮮の地方制度 姜再鎬著 東京大学出版会 2001.7

姜 声允 カン・ソンユン
東国大学教授, 韓国統一省諮問委員, 韓国統一問題研究所協議会幹事

[生年月日]1945年6月
[国籍]韓国 [専門]北朝鮮体制
1981年から東国大学教授。北朝鮮の体制、安保問題の専門家として、'96年北韓研究学会会長に就任。'97年から韓国統一省諮問委員。また韓国全土の大学にある約100ケ所の統一問題関連研究所でつくる、統一問題研究所協議会幹事として北朝鮮研究のまとめ役を果たす。
【著作】
◇訪日学術研究者論文集—アカデミック 第2巻 日韓文化交流基金〔編〕 日韓文化交流基金 1999.3〈内容：日本の対北朝鮮政策の研究（姜声允）〉

姜 東鎮 カン・ドンジン
筑波大学客員教授

[生年月日]1925年9月23日
[没年月日]1986年11月15日
[国籍]韓国 [出生地]慶尚南道 [学歴]ソウル大学〔1950年〕卒 [学位]文学博士〔1979年〕 [専門]近代日韓関係史
建国大学文理学部教授を経て、1971年東京大学文学部外国人研究員として来日。1982年に筑波大の外国人教師に採用される。'84年3月末の契約更新で再契約を拒否され、地位確認

と給与の支払いを求めて民事訴訟し、'86年客員教授として再任。著書に学位論文となった「日本の朝鮮支配政策史研究」や「日本言論界と朝鮮」など。
【著作】
◇韓国から見た日本近代史 上 姜東鎮著、高崎宗司訳 青木書店 1987.11
◇韓国から見た日本近代史 下 姜東鎮著、高崎宗司訳 青木書店 1987.12

カーン, ハーマン
Kahn, Herman
物理学者, 数学者, 戦略研究家 ハドソン研究所会長

[生年月日]1922年2月15日
[没年月日]1983年7月7日
[国籍]米国 [出生地]ニュージャージー州ベイオン [学歴]カリフォルニア大学〔1945年〕卒, カリフォルニア工科大学

ダグラス航空、ノースロップ航空会社勤務などを経て、1947年ランド研究所に入り、核兵器の設計や核戦略の研究に従事。'61年国際環境の調査のためハドソン研究所を設立、同所長となる。一方で、原子力委員会技術審議会、ゲイザー戦略戦争委員会に参加するなど精力的に活動。著書「熱核戦争論」('60年)、「エスカレーション論」('65年)などで核抑止論の有効性を説いた。また未来学者としても知られ、「21世紀は日本の世紀」という有名な言葉は日本で話題となった。ほかの著書に「考えられないことを考える」('62年)、「超大国日本の出現」('70年)、「未来への確信」('76年)など。
【著作】
◇日本未来論 ハーマン・カーン著, 読売新聞社編 読売新聞社 1969
◇何が日本の前途を狂わせるか ハーマン・カーン:未来産業社会との対話 ダイヤモンド社 1969
◇超大国日本の挑戦 ハーマン・カーン著, 坂本二郎, 風間禎三郎訳 ダイヤモンド社 1970
◇"超経済大国日本"の将来（インタビュー）ハーマン・カーン, 高松康雄:財界 1972.9.15
◇ハーマン・カーン石油危機を笑う—日本人はもっと誇りが高いはずだ！ ハーマン・カーン:サンデー毎日 1973.12.16
◇経営者は自信を持て、日本国はまだ成長国だ（インタビュー）ハーマン・カーン:財界 1976.10.1
◇日本は国内開発に全力を—ハーマン・カーンの日本診断（インタビュー）ハーマン・カーン, 濃野滋:通産ジャーナル 10(10) 1978.1

姜 範錫 カン・ボムソク
Kang Bom-sok
京郷新聞亜洲本部長（東京駐在） 駐日韓国公使

[生年月日]1934年
[国籍]韓国 [出生地]丹東（中国）[学歴]早稲田大学政経学部政治学科〔1959年〕卒 [学位]法学博士（大阪市立大学）〔1991年〕

高校時代から日本に留学。早大卒業後、「韓国日報」政治部記者、「中央日報」東京特派員、「韓国日報」政治部次長などを経て、1973年官界入り。駐日大使館文化公報参事官、文化公報部海外公報館海外部長・文化交流部長、駐日公使などをつとめた。本務の傍ら、西郷隆盛に関する資料を収集。'85年退官後研究生活に入り、'90年より大阪市立大学客員教授。'91年9月、大著「征韓論政変—明治6年の権力闘争」を著して大阪市立大より法学博士号を取得。同時に18年ぶりに言論界に復帰。他の著書に「Xの日本論—経済超大国の形成」「明治14年の政変—大隈重信一派が挑んだもの」など。 [叙勲]巨象体育勲章「ソウル・オリンピック誘致功労」
【著作】
◇明治14年の政変—大隈重信一派が挑んだもの（朝日選書）姜範錫著 朝日新聞社 1991.10

ガンサー, ジョン
Gunther, John
ジャーナリスト, 著述家

[生年月日]1901年8月30日
[没年月日]1970年5月29日
[国籍]米国 [出生地]イリノイ州シカゴ [学歴]シカゴ大学卒

1922年「シカゴ・デイリー・ニュース」に入り、ヨーロッパ各地の特派員を務め、'35～36

年ロンドン支局長。'36年新聞社を辞め著作活動に入る。同年「ヨーロッパの内幕」を発表、ベストセラーとなり世界的名声を得る。その後も進歩的な立場から数々の内幕物を発表。他の著書に「死よ驕るなかれ」('49年)、「ガンサーの内幕」('62年)がある。

【著作】
◇マッカーサーの謎—日本・朝鮮・極東　木下秀夫,安保長春訳　時事通信社　1951
◇占領下の日本の内幕—裸にされた今日の東京と天皇会見記　ジョン・ガンサー：文芸春秋　29(8)　1951.6
◇天皇・FDR・マッカーサー—20世紀リーダーの大行進(集英社文庫)　ジョン・ガンサー著,内山敏訳　集英社　1988.7

カーンズ, ケビン
Kearns, Kevin L.
米国ビジネス評議会会長　国務省職員

[生年月日] 1947年9月
[国籍] 米国　[出生地] ニューヨーク　[学歴] フォーダム大学卒、ニューヨーク州立大学大学院修士課程修了　[資格] 弁護士　[専門] 安全保障問題, 日米関係(Bチーム構想)
国務省では主に日本、韓国、フィリピンなどで安全保障関係を担当。その後上院外交委に派遣されタカ派のヘルムズ議員(共和党)の知遇を得てFSX論争の中心人物となる。1986年から2年間日本の米国大使館に勤務。日本の友人も多いが、ジャパン・バッシー(日本たたき派)とも目されている。日米関係見直しの論客で、'89年暮れに戦後45年間の日米関係を全面的に再検討するBチーム構想を発表、国務省内のアジア担当セクションとあつれきを起こす。'90年、13年間務めた国務省を辞め、自由な立場でBチーム構想を進めるため、「日米逆転」の著者プレストウィッツ元商務省審議官(日本担当)が設立した民間の新シンクタンク「経済戦略研究所」に入る。のち、米国ビジネス産業評議会代表。

【著作】
◇小沢式日本改造計画に騙されるな　ケビン・カーンズ,堀田佳男訳：週刊現代　36(26)　1994.7.16
◇「日本叩き本」に騒ぐ必要などない　ケビン・カーンズ：週刊現代　36(34)　1994.9.17

ガンドウ, アンドレアス
Gandow, Andreas
ジャーナリスト　「ハンデルスブラット」東京特派員・北東亜局長

[生年月日] 1951年
[国籍] ドイツ　[出生地] ベルリン　[学歴] ベルリン自由大学卒
高校卒業後、1971~1972年に来日し、身障者施設で指導・訓練にあたる。帰国後、ベルリン自由大学で経済学、日本学を学ぶ。3年間のドイツ銀行勤務を経て、1981年経済専門紙「ハンデルスブラット」国際経済部に入り、'85年より東京特派員。知日家として知られる。

【著作】
◇外国人記者のみたニッポン経済—国際協調型への構造転換をめぐって(座談会)　アンドレアス・ガンドウ, C. スミス, N. グロス, 松藤哲夫：通産ジャーナル　21(3)　1988.3
◇外から見た"天皇教"—外国人記者座談会　アンドレアス・ガンドウ, 岡孝, ハバート・パッシン, 李民熙, サイモン・グローブ, 加瀬英明：文芸春秋　67(4)　1989.3臨増
◇「バブルの塔」は日本のエピローグ—外国人特派員いっきり座談会　林国本, アンドレアス・ガンドウ, リチャード・ハンソン：サンサーラ　2(1)　1991.1
◇「喘ぐドイツ」と「驕る日本」—民族・政治・経済を比較検証する(対談)　アンドレアス・ガンドウ, 永井清彦：現代　25(8)　1991.7
◇日本人の本当の選択はこれからだ—外国人特派員座談会　鄭importantSKDz, アンドレアス・ガンドウ, トーマス・R. リード：東洋経済　5161　1993.8.7

カンボン, ケネス
Cambon, Kenneth
外科医　ブリティッシュ・コロンビア大学教授

[生年月日] 1923年
[国籍] カナダ　[出生地] ケベック州ケベック
1941年志願兵として英国連邦の香港守備隊に配属される。直後に始まった第2次大戦で日本軍捕虜となり、終戦まで香港と新潟市の

捕虜収容所で強制労働の日々を過ごした。帰国後医学を学びブリティッシュ・コロンビア大学教授を務め、'95年引退するまで外科医として活躍。'90年新潟での捕虜収容所での過酷な体験を綴った「ゲストオブヒロヒト」を出版、'95年日本での出版を機に来日。
【著作】
◇ゲストオブヒロヒト—新潟俘虜収容所1941-1945　ケネス・カンボン著, 森正昭訳　築地書館　1995.12

カーン・ユスフザイ, U. D.
Khan-Yousufuzai, Umar Daraz
ジャーナリスト　「アラブニューズ」駐日特派員

［生年月日］1934年
［国籍］パキスタン　［出生地］ブーシェル(イラン)　［学歴］カラチ大学(パキスタン)卒, 東京大学大学院博士課程修了　［学位］理学博士(カラチ大学), 農学博士(東京大学)　［団体］在日外国報道協会(会長), 日本外国特派員協会(理事)
カラチ大学を卒業後、1959年放射能が生物に与える影響の研究のため日本に留学。'66年米国フィラデルフィアの科学情報研究所に勤務。'76年からサウジアラビアの「アラブニューズ」特派員として東京駐在。理科系に強く、日本語が達者な国際ジャーナリストとして日本外国特派員協会理事、FPIJ(在日外国報道協会)会長などを務める。第三世界やアジアの事情にも詳しい。著書に「私のアラブ私の日本」「あなたに平和を」「ODA大国日本へ」など。
【著作】
◇ライスとご飯の間　U・K・ユーソフゼイ：週刊朝日　1974.4.26
◇フシギなニッポンの政府と新聞(座談会)　G・ヒールシャー, カーン・ユスフザイ, 李度珩：文芸春秋臨増　1981.7
◇日本人が「国際人」といわれないワケ—在日外国人からの提言　グレン・デイビス, ユ・デ・カーン・ユスフザイ, ローラン・デュボワ, ジャン・マーク・ベース著　経林書房　1988.9
◇ODA大国ニッポンへ(Journalist-eye)　U.D.カーン・ユスフザイ著　梨の木舎　1989.11
◇ODA大国ニッポン(福武文庫)　U・D・カーン・ユスフザイ：日本日記　福武書店　1993.2

【 キ 】

魏　栄吉　ぎ・えいきつ
Wei Jung-chi
名古屋外国語大学中国語学科教授

［生年月日］1942年9月26日
［国籍］台湾　［出生地］新竹州　［学歴］中興大学法学部公共行政学系卒, 東京教育大学大学院文学研究科東洋史学専攻修士課程修了　［学位］学術学博士　［専門］経済学, 東洋史, 国際関係論　［団体］社会文化史学会, 現代中国研究学会, 日本中華学術会
台湾新竹州で茶業を経営する旧家に生まれる。東京大学大学院、筑波大学大学院にも学んだ。著書に「台湾の茶業」「中華民国地政史序説」「中国近現代史の諸問題」「元・日関係史の研究」がある。
【著作】
◇元・日関係史の研究(史学叢書)　魏栄吉著　教育出版センター　1985.4
◇元・日関係史の研究(史学叢書)　魏栄吉著　教育出版センター　1993.3

魏　常海　ぎ・じょうかい
北京大学哲学部副教授

［生年月日］1944年
［国籍］中国　［出生地］河北省　［学歴］北京大学〔1969年〕卒　［専門］日本哲学, 日本思想史
1992年日本の現代図書を翻訳出版する法人を、北京在住日本人の西村公克らとともに作り、代表も務める。
【著作】
◇日中比較近代化論—松阪大学日中シンポジウム　山田辰雄, 中井良宏編　晃洋書房　1996.5〈内容：儒家の倫理思想と中国の近代化—日本との比較を兼ねて（魏常海）〉
◇世紀の交における哲学思考　岩崎允胤監修, 大阪経済法科大学, 北京大学哲学系共編　大

阪経済法科大学出版部　1999.11〈内容：渋沢栄一の『論語』観（魏常海）〉
◇戦後日本哲学思想概論　卞崇道編著, 本間史訳　農山漁村文化協会　1999.11〈内容：日本文化論学派（魏常海）〉

キサラ, ロバート
Kisala, Robert
カトリック司祭　南山大学人文学部キリスト教学科教授

［生年月日］1957年
［国籍］米国　［出生地］イリノイ州シカゴ　［学歴］Catholic Theological Union〔1985年〕卒, 東京大学大学院人文研究科修士課程修了, 東京大学大学院人文研究科宗教学専攻博士課程
［学位］文学博士　［専門］宗教学

1985年カトリック司祭叙階。同年来日、カトリック吉祥寺教会司祭を務める。のち南山大学人文学部助教授を経て、教授。著書に「現代宗教と社会倫理」「宗教的平和思想の研究」など。

【著作】
◇宗教的平和思想の研究—日本新宗教の教えと実践　ロバート・キサラ著　春秋社　1997.2
◇宗教と宗教の〈あいだ〉　南山宗教文化研究所編　風媒社　2000.3〈内容：天理教の教派神道化—「おさしづ」を中心に（ロバート・キサラ）〉
◇宗教から東アジアの近代を問う—日韓の対話を通して　柳炳徳〔ほか〕編　ぺりかん社　2002.4〈内容：戦後日本の使命観と宗教—世界平和建設とその問題点（ロバート・キサラ）〉
◇信頼社会のゆくえ—価値観調査に見る日本人の自画像（リベラ・シリーズ）　ロバート・キサラ, 永井美紀子, 山田真茂留編　ハーベスト社　2007.2

ギッシュ, ジョージ
Gish, George
青山学院大学名誉教授, 合同メソディスト教会ボランティア宣教師

［生年月日］1936年
［国籍］米国　［出生地］カンザス州　［学歴］エンポリア・カンザス州立大学卒　［専門］琵琶音楽

大学卒業後、来日。名古屋学院大学附属中学高校で教鞭を執る。日本音楽に興味を抱き、後にミシガン大学ジャパン・スタディ・センターで琵琶音楽を研究。以後、日米間を行きし日本基督教団の広報活動、琵琶音楽の普及活動を続ける。傍ら青山学院大学文学部、経営学部で琵琶音楽を中心テーマとした日本文化史等を講義。

【著作】
◇ワンダフルディファレンス—日本の素晴らしさを知らない日本人へ　素晴らしき「違い」ジョージ・ギッシュ著　学習研究社　2004.3

キッシンジャー, ヘンリー
Kissinger, Henry Alfred
政治家, 政治学者　キッシンジャー・アソシエーツ社会長　米国国務長官・大統領補佐官, ハーバード大学教授

［生年月日］1923年5月27日
［国籍］米国　［出生地］ドイツ・フュルト　［学歴］ハーバード大学大学院〔1954年〕修了　［学位］博士号〔1954年〕

ユダヤ系の生まれ。ナチスの迫害を逃れ、1938年渡米。第二次世界大戦に従軍。'43年帰化。ハーバード大学で政治学を専攻、'57年同大講師、'59年助教授、'62年教授兼国防問題研究室長となる。この間、'57年出版の「核兵器と外交政策」で戦略研究家として認められ、'61～62年ケネディ・ジョンソンの民主党政権の防衛問題担当顧問を務める。'69年1月ニクソン大統領特別補佐官（国家安全保障担当）に。'71年米中国交回復のため「隠密外交」で活躍する。'73年9月国務長官に就任。同年ベトナム和平協定実現や第4次中東戦争収拾への貢献でノーベル平和賞を共同受賞。フォード政権でも国務長官に留任したが、'75年大統領補佐官兼務を解かれ、'77年1月国務長官も辞任。ブッシュ政権下では大統領外国情報諮問委員会委員を務める。その後、キッシンジャー・アソシエーツ社（ニューヨーク）のコンサルタント業務のほか、国際オリンピック委員会（IOC）のIOC2000委員会委員などを務める。著書に「アメリカの外交政策」（全3巻、'69年）、「キッシンジャー回顧録」など。

来日多数。日本に関して「日本人はマラソンランナー」と評価する。2002年、キッシンジャー訪中時の周恩来との会談を記録した文書が公開され、批判的な日本観が明らかになった。　［受賞］ノーベル平和賞〔1973年〕,早稲田大学名誉博士号〔2007年〕
【著作】
◇ガルブレイス、キッシンジャーほか緊急インタビュー 世界の知識人10人から「ドン底ニッポン」復活への提言！（新年大特集・どうなるニッポン！）　サミュエル・ハンチントン, ジョン・ガルブレイス, ヘルムート・シュミット, ヘンリー・キッシンジャー, 陳放, ジョセフ・ナイ, スラク・シバラクサ, フランコ・カッラーロ, ウィリアム・クノーキ, チャールズ・クルーラック：週刊現代　41(2) 1999.1.16・23
◇米・露・独・蘭「世界の知性」5人が特別提言「日本人よ、目を覚ませ」　ヘンリー・キッシンジャー, カレル・V. ウォルフレン, ボブ・グリーン, ロマン・ポプコーヴィチ, ヘルムート・シュミット：週刊現代　42(4) 2000.1.29
◇キッシンジャー博士日本の21世紀を予言する　ヘンリー・A. キッシンジャー, 日高義樹著 集英社インターナショナル　2000.9
◇周恩来・キッシンジャー機密会談録　毛里和子, 増田弘監訳　岩波書店　2004

キップリング, ラドヤード
Kipling, Rudyard
作家, 詩人

［生年月日］1865年12月30日
［没年月日］1936年1月18日
［国籍］英国　［出生地］インド・ボンベイ　［本名］Kipling, Joseph Rudyard

官吏の子に生まれ、5歳の時から英国で教育を受け、1882年からインドのジャーナリズム界で活動。日本、中国、アメリカ、オーストラリア、アフリカなど広く世界を旅し、インド在住の英国人を題材にした短編集「高原平話」を1888年カルカッタで出版し出世作となる。1889年帰国してロンドンに住む。このほか児童文学「ジャングル・ブック」（1894年）、「キムの冒険」（1901年）なども世界的な好評を博す。また軍隊生活をうたった詩集「兵営の歌」（1892年）もかつてのバイロンをしのぐほどの売行きを示した。1907年にはノーベル文学賞を受賞したが、その後帝国主義的と批判された。他の作品に長編「消えた光」（1891年）、詩集「七つの海」（1896年）「退場の歌」（1897年）などがある。　［受賞］ノーベル文学賞〔1907年〕
【著作】
◇キプリングの日本発見　ラドヤード・キプリング著, ヒュー・コータッツィ, ジョージ・ウェッブ編, 加納孝代訳　中央公論新社　2002.6

キーナート, マーティ
Kuehnert, Marty
スポーツジャーナリスト, スポーツコメンテーター　東北大学特任教授, 楽天イーグルス社長補佐

［生年月日］1946年7月19日
［国籍］米国　［出生地］ロサンゼルス　［本名］キーナート, マーティン・ポール〈Kuehnert, Martin・Paul〉　［学歴］スタンフォード大学政治学部〔1968年〕卒, 慶応義塾大学日本語コース修了　［専門］スポーツビジネス全般　［団体］日本外国特派員協会, 日本ティーボール協会（理事）, 東京運動記者クラブ

1965年初来日以来一貫、日米を通じたスポーツビジネスに身をおく。日本におけるスポーツライセンスビジネスをスタートさせ、テレビ、ラジオでスポーツ解説もするかたわら、多くのスポーツ選手と親交を結ぶ。'90年から2年間、米国のマイナーリーグ（2A）バーミングハム・バロンズ（'94年マイケル・ジョーダン在籍チーム）のオーナー兼現地球団社長も務め、この間、サザンリーグ優勝も果たす。自身も、高校当時MLBにスカウトされた程の腕前の野球（キャッチャー）、アメリカンフットボール、バスケットボールを12年間、また日本社会人野球、ラグビーなど多くのスポーツを実際にプレイしたスポーツマンであり、また日本におけるスポーツバーの元祖創立者でもある。滞日30余年、流暢な日本語をいかし、ビジネス、プレーヤー両方の実経験から、スポーツを通じて日本人が気づかないさまざまな国民性、国際感覚にスポットを当て、日米気質の比較や日本人の国際性に鋭く切り込むスポーツジャーナリストとして活動中。そ

の感動を生み出すプレイヤーたちをこよなく愛し、日本のスポーツをよりよくしたい熱い想いにあふれている。著書に「文武両道日本になし」「松井がジャイアンツを去る日」「スター選手はなぜ亡命するか〜その時イチローいかないでとさけんでももう遅い〜」などがある。2003年早稲田大学スポーツ科学部客員教授。2004年プロ野球パリーグの新球団・東北楽天ゴールデンイーグルス(通称・楽天イーグルス)の初代ゼネラルマネジャー(GM)に就任。05年東北大学特任教授。
【著作】
◇文武両道、日本になし—世界の秀才アスリートと日本のど根性スポーツマン　マーティ・キーナート著, 加賀山卓朗訳　早川書房　2003.4

キーナン, ジョセフ・ベリー
Keenan, Joseph Berry
法律家　極東国際軍事裁判(東京裁判)主席検事

[生年月日] 1888年1月11日
[没年月日] 1954年12月8日
[国籍]米国　[出生地]ロードアイランド州ポータケット　[学歴]ブラウン大学卒, ハーバード大学〔1913年〕卒
1913年オハイオ州クリーブランドで弁護士開業。'19年オハイオ州検事総長の犯罪捜査特別補佐官,'33年7月連邦検事総長特別補佐官となり, 同年10月司法省刑事部つき検事総長補佐官。'36〜39年にかけて検事総長補をつとめ, リンドバーグ法(州外誘拐者処罰法)の起草やギャング対策に辣腕をふるった。'39年以降はワシントンで弁護士をしていたが,'45年12月トルーマン大統領から特に任命されて極東国際軍事裁判(東京裁判)の首席検事となり, 来日。精力的な起訴活動を行う一方, 占領政策の円滑化という観点から天皇免責を主張し, 決定させた。裁判終了後,'48〜49年には国連パレスチナ委員会の米国代表も務める。著書に「国際法に対する犯罪」('50年, 共著)など。
【著作】

◇日本再建の諸問題—アメリカの諸権威は語る　朝日新聞社　1946

ギブニー, フランク
Gibney, Frank Bray
ジャーナリスト, 日本研究家　ポモナ大学環太平洋研究所所長, TBSブリタニカ副会長

[生年月日] 1924年9月21日
[没年月日] 2006年4月9日
[国籍]米国　[出生地]ペンシルベニア州スクラントン　[別名等]別名=吉布尼　[学歴]エール大学〔1945年〕卒, コロンビア大学大学院
第二次大戦中の1942年, 米国海軍予備士官となり, 情報将校として日本語を学ぶ。終戦直後, 連合国軍総司令部(GHQ)の将校として来日。'47〜54年「タイム」誌の通信記者・副主筆,'54〜57年「ニューズウィーク」誌主任記者,'57〜61年「ライフ」誌編集記者・論説委員を経て,'61〜64年出版社ショーマガジン社長。'65〜69年エンサイクロペディア・ブリタニカ日本社長,'69〜75年TBSブリタニカ社長,'76年より副会長。'75〜79年エンサイクロペディア・ブリタニカ(シカゴ)副社長,'79年より副会長。同年ポモナ大学環太平洋研究所所長。また,'81年ハドソン・リポート・インタナショナル取締役,'84年日米友好協会副会長, 日米教育文化交換委員会副委員長,'86年リフォルニア大学サンタバーバラ校極東研究準教授を歴任。知日派のジャーナリストとして知られ, 一時, ジョンソン大統領のスピーチライターも務めた。著書に21世紀をアジアの時代とみた「太平洋の世紀」('92年)の他,「Five Gentlemen of Japan」('53年),「The Secret World」('60年),「The Khurushchev Pattern」('61年),「The Reluctant Space Farers」('65年)などがある。　[受賞]大平正芳記念賞(第9回)〔1993年〕「太平洋の世紀」, 国際交流基金賞〔1999年〕　[叙勲]勲三等旭日中綬章(日本)〔1976年〕, 勲二等瑞宝章(日本)〔1986年〕
【著作】
◇蜘蛛の巣の天皇—新日本誕生の裏面　F・ギブニー：文芸春秋　29(17)　1951

◇日本の五人の紳士　フランク・ギブニイ著, 石川欣一訳　毎日新聞社　1953
◇日本よ、40にして惑うなかれ　F・ギブニー: 文芸春秋　44（5）　1966.5
◇日本よ、引っこみ思案を排せ　F・ギブニー: 文芸春秋　45（4）　1967.4
◇ブームの中のもう一つの「日本人論」（対談）　フランク・B・ギブニー, 村松剛: 週刊新潮　1972.2.12
◇人は城、人は石垣―日本人資質の再評価　フランク・ギブニー著, 大島正臣訳　サイマル出版会　1975
◇人は城、人は石垣―日本の活力について　新版　フランク・ギブニー著, 大前正臣訳　サイマル出版会　1980
◇明治維新　永井道雄, M.ウルティア編　国際連合大学　1986.6
◇太平洋の世紀　上　フランク・ギブニー〔著〕, 堺屋太一監訳　ティビーエス・ブリタニカ　1993.6
◇太平洋の世紀　下　フランク・ギブニー〔著〕, 堺屋太一監訳　ティビーエス・ブリタニカ　1993.7
◇官僚たちの大国―規制撤廃と第三の開国を　講談社　1996.3
◇日米戦後関係史―パートナーシップ 1951-2001　入江昭, ロバート・A.ワンプラー編, 細谷千博, 有賀貞監訳　講談社インターナショナル　2001.9〈内容：ジャーナリズムの五〇年、日本型とアメリカ型と（フランク・ギブニー）〉

金　日　坤　キム・イルゴン
経済学者　釜山大学商学部教授・日本問題研究所長

［生年月日］1932年2月21日
［国籍］韓国　［出生地］釜山　［別名等］号＝史路
［学歴］釜山大学経済学科〔1955年〕卒, 釜山大学大学院〔1957年〕修了　［学位］経済学博士（釜山大学）〔1973年〕
1958年釜山大学講師となり、助教授、副教授を経て、'72年より教授。'74～78年商学部長。著書に「韓国経済開発論」「釜山地域の金融研究」「経済学原論」「経済成長と貯蓄性向研究」「人口経済学」、日本語版に「韓国経済入門」「第三世界と経済学」「文化と経済発展」「儒教文化圏の秩序と経済」「韓国、その文化と経済活力」など。
【著作】
◇新・日本人論―世界の中の日本人　読売新聞調査研究本部編　読売新聞社　1986.4〈内容：日本経済のダイナミズムはどこからくるのか？（金日坤）〉
◇儒教文化圏の秩序と経済（国際経済摩擦研究叢書）　金日坤著, 名古屋大学経済学部附属経済構造分析資料センター監修　名古屋大学出版会　1986.12（第2刷）

金　元　龍　キム・ウォンリョン
Kim Won-yong
考古学者　ソウル大学名誉教授, 韓国国立博物館館長

［生年月日］1922年8月24日
［没年月日］1993年11月14日
［国籍］韓国　［出生地］平安北道泰川　［別名等］号＝三仏　［学歴］京城帝国大学（現・ソウル大学）法文学部史学科〔1945年〕卒, ニューヨーク大学大学院〔1957年〕修了, ロンドン大学大学院〔1969年〕修了　［学位］哲学博士（ニューヨーク大学）〔1957年〕　［資格］韓国学術院会員
1962～87年ソウル大学考古美術史学科教授。かたわら韓国国立博物館（現・中央博物館）学芸員、同館長（'70～71年）、ソウル大学大学院院長、翰林大学科学院院長などを歴任。百済時代の武寧王陵など主要な遺跡を発掘調査し、韓国考古学会会長を務めた韓国考古学界の重鎮。著書に「韓国考古学概説」「新羅土器の研究」、「韓国の考古学」「韓国美術」（全3巻）（編著）、「随筆集　一　日々の出逢い」などがある。奈良県明日香村の高松塚古墳発見の際に来日して調査団に参加。シンポジウムなどでも度々来日し、日韓両国の文化交流に尽力した。　［受賞］ソウル詩文化賞, 韓国出版賞, 福岡アジア文化賞（第3回・大賞）〔1992年〕　［叙勲］韓国国民勲章牡丹章
【著作】
◇環日本海（東海）松江国際シンポジウム報告書―日本海沿岸地域の文化交流と地域振興　環日本海（東海）松江国際シンポジウム実行委員会編　環日本海（東海）松江国際シンポジウム実行委員会　1987.3〈内容：古代出雲と韓半島（金元竜）〉
◇吉野ケ里・藤ノ木と古代東アジア―日・中・韓国際シンポジウム　上田正昭編　小学館　1991.5〈内容：韓半島からの見方（金元竜）〉

◇沖縄文化の源流を探る—環太平洋地域の中の沖縄 復帰20周年記念沖縄研究国際シンポジウム 「復帰20周年記念沖縄研究国際シンポジウム」実行委員会編 「復帰20周年記念沖縄研究国際シンポジウム」実行委員会 1994.3〈内容:韓国から見た先史・原史沖縄(金元龍)〉

金 基桓 キム・キハン
Kim Ki-hwan
大韓貿易振興公社理事長 韓国商工省次官

[生年月日]1932年2月15日
[国籍]韓国 [出生地]慶尚北道義城郡 [学歴]ソウル大学,グリンベル大学歴史科卒,エール大学〔1959年〕卒 [学位]経済学博士(カリフォルニア大学)〔1971年〕
カリフォルニア大学助教授、オークランド州立大学助教授、副教授、韓国開発研究院(KDI)院長、1983年商工省次官、南北経済会談韓国側首席代表などを歴任。東京大学客員研究教授、カリフォルニア大学バークレー校客員教授を経て、'92年からソウルの大手法律事務所常任顧問。のち大韓貿易振興公社(KOTRA)理事長や'93年より韓国太平洋経済協力委員会会長などを務める。著書に「The Korean Economy」などがある。 [叙勲]黃条勤政勲章
【著作】
◇訪日学術研究者論文集—アカデミック 第1巻 日韓文化交流基金〔編〕 日韓文化交流基金 1999.3〈内容:1990年代以降の日・韓・米の関係(金基桓)〉

金 慶敏 キム・キョンミン
軍事アナリスト 漢陽大学教授

[生年月日]1954年
[国籍]韓国 [出生地]釜山 [学歴]漢陽大学政治外交学科卒 [学位]政治学博士(ミズーリ州立大学) [専門]政治外交学
ミズーリ州立大学で日本政治および国際政治で政治学博士号を取得。帰国後漢陽大学政治外交学科教授に。1991年日韓交流基金の招きにより、東海大学で日本教育の世界化を研究。'92年ジャパン・ファンデーションの招きで防衛庁防衛研究所で日本の軍事力の分析と東北アジアの安全保障体制の可能性についての研究を行なう。'94年ドイツのフリードリヒ・ナウマン財団の招きでドイツと日本の戦後清算の比較に関する研究を行なった。著書に「甦る軍事大国ニッポン」「日本人も知らない日本」がある。
【著作】
◇甦る軍事大国ニッポン—韓国人専門家が見た自衛隊の本当の実力 金慶敏著,金淳鎬訳 徳間書店 1996.8
◇訪日学術研究者論文集—アカデミック 第1巻 日韓文化交流基金〔編〕 日韓文化交流基金 1999.3〈内容:東アジアの安保協力と日本の役割(金慶敏)〉
◇訪日学術研究者論文集—アカデミック 第6巻 日韓文化交流基金〔編〕 日韓文化交流基金 2000.3〈内容:東北アジアの安全保障と日本の役割(金慶敏)〉

金 光植 キム・クァンシク
外交官 駐日韓国文化院長

[生年月日]1936年7月18日
[国籍]韓国 [出生地]安城 [学歴]ソウル大学〔1962年〕卒
駐日公報官、文公部文化芸術局長、駐英公報官などを歴任。 [叙勲]勤政褒章
【著作】
◇訪日学術研究者論文集—歴史 第2巻 日韓文化交流基金〔編〕 日韓文化交流基金 1999.3〈内容:日本の放送環境の変化と言論法制(金光植)〉

金 光洙 キム・クァンス
Kim Kwang-soo
ソウル放送企画本部長

[生年月日]1939年5月12日
[国籍]韓国 [出生地]ソウル [学歴]韓国外国語大学ドイツ語学科〔1964年〕卒,ソウル大学大学院新聞学研究科〔1967年〕修了
1964年文公部放送文化研究室、'67年韓国放送公社企画調査室に勤務。'78年から文化放送でTV制作局長、編成局長などを務める。'90年ソウル放送に移り、制作理事、TV

編成担当理事、東京支社長を歴任。'95年常務理事、企画本部長に就任。
【著作】
◇訪日学術研究者論文集―歴史　第1巻　日韓文化交流基金〔編〕　日韓文化交流基金　1999.3〈内容：日本の近代化と漱石の時代批評―「それから」とその辺を中心として（金光洙）〉

金　公七　キム・コンチル
済州大学日語日文科教授

[生年月日]1934年
[国籍]韓国　[学歴]韓国公州師範大学国文科卒,韓国外国語大学大学院日本語科修士課程修了,韓国中央大学大学院日語日文科博士課程修了　[専門]日本語研究
日本の東北大学大学院（言語学科）、東京大学大学院(国語国文)で研究。1997年9月〜'98年7月北海道大学文学部外国人研究者。著書に「万葉集と古代韓国語―枕詞に隠された秘密」「方言学」「日本語学概論」「日本語古典文法」「古代日本語文法の研究」「日本語語彙論」「日語学概論」「原始韓日共通語の研究」などがある。
【著作】
◇日本語の起源―世界の言語学者による論集　馬淵和夫編　武蔵野書院　1986.7〈内容：韓国語と日本語との同系論（金公七）〉
◇万葉集と古代韓国語―枕詞に隠された秘密（ちくま新書）　金公七著　筑摩書房　1998.8

金　思燁　キム・サヨプ
Kim Sa-yeup
東国大学教授・日本学研究所所長,大阪外国語大学客員教授

[生年月日]1912年2月8日
[没年月日]1992年8月20日
[国籍]韓国　[出生地]慶尚北道大邱　[別名等]号=清渓　[学歴]京城帝国大学法文学部韓国語文学専攻〔1943年〕卒　[学位]文学博士（ソウル大学）〔1956年〕　[専門]朝鮮語,朝鮮文学,日本学,日韓文学の比較研究　[団体]利鎬日本学研究財団

1955〜56年米国ハーバード大学留学。'56〜60年慶北大学大学院長、'60〜62年東国大学教授、'63〜78年京都大学文学部講師、'63〜82年大阪外国語大学客員教授を歴任した後、'82〜91年東国大学教授兼日本学研究所所長。「朝鮮のこころ」「古代朝鮮語と日本語」「朝鮮文学史」「記紀万葉の朝鮮語」「朝鮮の風土と文化」などの日本語の著書と、「韓国古代史」「三国遺事」「三国史記」の日本語訳や「万葉集」の韓国語訳などがある。　[受賞]山片蟠桃賞（第4回）〔1985年〕　[叙勲]勲四等旭日小授章（日本）〔1984年〕
【著作】
◇記紀万葉の朝鮮語（ロッコウブックス）　金思燁著　六興出版　1989.7
◇記紀万葉の朝鮮語　金思燁著　明石書店　1998.2
◇金思燁全集　29　金思燁〔著〕　金思燁全集刊行委員会　2004.3

金　長権　キム・ジャングォン
世宗研究所研究委員

[生年月日]1956年
[国籍]韓国　[出生地]ソウル　[学歴]ソウル大学社会科学部政治学科〔1980年〕卒,ソウル大学大学院〔1982年〕修士課程修了,筑波大学大学院歴史・人類学研究科〔1989年〕博士課程修了　[学位]文学博士（筑波大学）〔1989年〕　[専門]近代日本地方自治
1984年日本政府奨学生として筑波大学研究生となる。'81年以来ソウル大学の助手・非常勤講師などをつとめた後、世宗研究所研究委員に。著書に「近代日本地方自治の構造と性格」。ほかに日本の地方自治や外交に関する論文多数。
【著作】
◇訪日学術研究者論文集―アカデミック　第2巻　日韓文化交流基金〔編〕　日韓文化交流基金　1999.3〈内容：近代日本における地方自治の思想と政策の研究―近代化との係りを中心として（金長権）〉
◇近代日本の歴史的位相―国家・民族・文化　大浜徹也編　刀水書房　1999.11〈内容：近代日本の地方自治思想―国家主義との関わりかたを中心として（金長権）〉

金 正根　キム・ジョングン
ソウル大学保健大学院教授

[生年月日] 1933年12月28日
[国籍] 韓国　[学歴] ソウル大学医学部卒, ミネソタ州立大学保健大学院修士課程修了　[学位] 医学博士, 保健学博士 (東京大学)　[専門] 保健学

著書に「保健統計学概論」(1990年)、編著に「在日韓国・朝鮮人の健康・生活・意識―人口集団の生態と動態をめぐって」などがある。

【著作】
◇在日韓国・朝鮮人の健康・生活・意識―人口集団の生態と動態をめぐって　金正根〔ほか〕編　明石書店　1995.3

金 正勲　キム・ジョンフン
文学者　全南科学大学助教授

[生年月日] 1962年
[国籍] 韓国　[出生地] 全羅南道務安　[学歴] 朝鮮大学国語国文学科〔1985年〕卒, 関西学院大学大学院文学研究科〔1992年〕修士課程修了, 関西学院大学大学院文学研究科〔1995年〕博士課程修了　[学位] 文学博士 (関西学院大学)〔2001年〕　[専門] 日本文学

全南大学講師を経て, 全南科学大学助教授。著書に「漱石―男の言草・女の仕草」などがある。

【著作】
◇漱石―男の言草・女の仕草 (近代文学研究叢刊 27)　金正勲著　和泉書院　2002
◇労働を見る社会の視線―日韓新聞社説の比較　金 正勲〔著〕　富士ゼロックス小林節太郎記念基金　2007

金 智龍　キム・ジリョン
著述家

[生年月日] 1964年
[国籍] 韓国　[学歴] ソウル大学経営学科卒, 慶応義塾大学大学院 (経営学)　[専門] 日本文化論

ソウル大学経営学科を卒業後、1992年日本に留学し、慶応義塾大学大学院で経営学を学ぶ。のち、韓国の新聞・雑誌に日本文化論を発表して注目を集め、韓国の新世代を代表するオピニオン・リーダーの座に就く。'98年「私は韓国人。でも日本文化がスキだ！」を出版し、ベストセラーになる。韓国与党・国民会議の韓日文化交流政策企画団の諮問委員も務める。

【著作】
◇私は韓国人。でも日本文化がスキだ！　金智龍著, 志村由紀子訳　ザ・マサダ　1998

金 素雲　キム・ソウン
Kim So-un
詩人, 随筆家

[生年月日] 1907年12月5日
[没年月日] 1981年11月2日
[国籍] 韓国　[出生地] 釜山　[本名] 金教煥　[別名等] 別名=鉄甚平　[学歴] 開成中夜間部 (東京) 中退

生後まもなく父が暗殺され孤児となり、大阪の親類を頼って1920 (大正9) 年13歳の時日本へ。北原白秋や白鳥省吾などと交流をもち、'25 (大正14) 年詩集「出帆」を発表して日本文壇で注目を浴びる。詩作のほかに日本語と朝鮮語の類似性などを独力で研究、'33 (昭和8) 年「諺文 (おんもん) 朝鮮口伝民謡集」として発表した。戦前、日本に34年間滞在し「朝鮮民謡集」「朝鮮童謡選」「朝鮮民謡選」など朝鮮半島の伝承文学を多く紹介した。第2次大戦後、韓国籍を得て、帰国後も母国語と日本語の両方で活躍し、日本で「朝鮮詩集」、エッセイ集「日本という名の汽車」「近く遙かな国から」などを出版。'52年から'65年まで日本に滞在。帰国後には、「現代韓国文学選集」(全5巻) を編訳し、「韓日辞典」を大成させた。自伝的随筆「天の涯に生くるとも」がある。　[叙勲] 韓国文化勲章〔1980年〕

【著作】
◇天の涯に生くるとも　同和出版社　1968
◇天の涯に生くるとも　金素雲著　新潮社　1983.5
◇天の涯に生くるとも　金素雲著, 上垣外憲一, 崔博光訳　講談社　1989.11

金 成珪 キム・ソンギュ
外交官　在仙台韓国総領事

[国籍]韓国
通算で約10年間、在日韓国大使館に勤務。1996年1月に仙台韓国総領事。'97年著書「もう一つの日本」が韓国でベストセラーになる。
【著作】
◇もうひとつの日本—韓国外交官が見た日本の素顔　金成珪著, 佐桑徹訳　イースト・プレス　1998.7

金 達寿 キム・タルス
Kim Tal-su
小説家

[生年月日]1919年11月27日
[没年月日]1997年5月24日
[国籍]韓国　[出生地]慶尚南道昌原郡　[別名等]ペンネーム=大沢達雄　[学歴]日本大学専門部芸術科〔昭和16年〕卒　[団体]新日本文学会, 日本文芸家協会, リアリズム研究会, 文学芸術の会, 現代文学研究会

昭和5年10歳のとき日本に渡航、以後屑拾いや土方、見習い工員などで働きながら、小学校夜間部、夜間中学、神田の正則英語学校などに通う。大学在学中、大学の雑誌「芸術科」に第1作「位置」を発表、以後、卒業までに大沢達雄のペンネームで「をやじ」「雑草」などを書く。16～20年まで神奈川新聞記者。この間、18年5月から1年間ソウルの京城日報記者となる。終戦直後、在日朝鮮人連盟の結成に参加。21年日本語の朝鮮事情紹介誌「民主朝鮮」の創刊、編集に携わり、ここに「後裔の街」を連載し、作家としての活動を開始する。27～28年「玄海灘」で高い評価と大きな反響を呼ぶ。その後、朝鮮戦争、35年前後の文学者の大量離党問題などの渦中にあって、一貫して朝鮮人への差別を直視し、古代からの日朝関係を探る。著書に「太白山脈」「朴達(パウタル)の裁判」「密航者」「日本の中の朝鮮文化」(全12巻)「金達寿小説全集」(全7巻)「金達寿評論集」など多数。　[受賞]平和文化賞(日本文化人会議)〔昭和32年〕
【著作】
◇朝鮮人の日本観　金達寿〔ほか〕: 日本と朝鮮　勁草書房　1969
◇日本人と朝鮮人—あなた方は調和的すぎませんか　金達寿: サンデー毎日　1971.5.16
◇日本文化の源流をどこに求めるか(対談)　谷川健一, 金達寿: 流動　1972.11
◇"日本人"はようするに"朝鮮人"ではないのか—渡来人と帰化人　金達寿: 週刊読売　1975.7.5
◇日本文化と朝鮮文化(対談)　司馬遼太郎, 金達寿: 現代　1977.10
◇日本古代史と朝鮮(講談社学術文庫)　金達寿〔著〕講談社　1985.9
◇飛鳥ロマンの旅—畿内の古代遺跡めぐり(河出文庫)　金達寿著　河出書房新社　1985.11
◇古代日本文化の源流(河出文庫)　金達寿, 谷川健一編　河出書房新社　1986.3
◇加耶から倭国へ—韓国・日本古代史紀行　金達寿〔ほか〕著　竹書房　1986.5
◇古代朝鮮と日本文化—神々のふるさと(講談社学術文庫)　金達寿〔著〕講談社　1986.9
◇日本の中の朝鮮文化　9　金達寿著　講談社　1986.10
◇日本の中の朝鮮文化　10　金達寿著　講談社　1988.4
◇地名の古代史　九州篇　谷川健一, 金達寿著　河出書房新社　1988.8
◇日本の中の朝鮮文化　6(講談社文庫)　金達寿著　講談社　1988.11
◇日本の中の朝鮮文化　7(講談社文庫)　金達寿著　講談社　1989.7
◇日本の中の朝鮮文化　11　金達寿著　講談社　1989.8
◇中野重治と私たち—「中野重治研究と講演の会」記録集　中野重治研究会編　武蔵野書房　1989.11〈内容: 中野さんの思い出(金達寿)〉
◇渡来人と渡来文化　金達寿著　河出書房新社　1990.12
◇地名の古代史　近畿篇　谷川健一, 金達寿著　河出書房新社　1991.6
◇日本の中の朝鮮文化　12　金達寿著　講談社　1991.11
◇日本の中の朝鮮文化　9(講談社文庫)　金達寿〔著〕講談社　1992.12
◇日本の中の朝鮮文化　10(講談社文庫)　金達寿〔著〕講談社　1993.11
◇見直される古代の日本と朝鮮　金達寿著　大和書房　1994.6
◇日本の中の朝鮮文化　11(講談社文庫)　金達寿〔著〕講談社　1994.12

◇日本の中の朝鮮文化　12（講談社文庫）　金達寿〔著〕　講談社　1995.12
◇日本の朝鮮文化—座談会　改版（中公文庫）　司馬遼太郎, 上田正昭, 金達寿編　中央公論社　1998.5

金　賛会　キム・チャンフェ
Kim Chan-hoe
立命館アジア太平洋大学アジア太平洋マネジメント学部助教授

［生年月日］1959年
［国籍］韓国　［出生地］公州　［学歴］韓南大学大学院日語日文学科修了, 立命館大学大学院日本文学専攻博士課程修了　［学位］文学博士　［専門］比較文学
韓南大学校助手, 東亜大学校講師, 大谷女子大学兼任講師, 立命館大学常勤講師を経て, 立命館アジア太平洋大学助教授。

【著作】
◇巫覡・盲僧の伝承世界　第1集　福田晃, 荒木博之編　三弥井書店　1999.10〈内容：本解「成造クッ」と「百合若大臣」（金賛会）〉
◇伝承文化の展望—日本の民俗・古典・芸能　福田晃監修, 古稀記念論集刊行委員会編　三弥井書店　2003.1〈内容：韓国済州島の「七星本解」考—日本の本地物語「筑波富士の本地」とかかわって（金賛会）〉

金　春美　キム・チュンミ
Kim Choon-mie
高麗大学文科学部日本語日本文学科教授, 韓国日本学会会長

［生年月日］1943年1月20日
［国籍］韓国　［出生地］慶尚北道安東　［学歴］梨花女子大学（英語英文学）〔1965年〕卒, 韓国外国語大学大学院（日本文学）〔1977年〕修了　［学位］比較文学博士（高麗大学）〔1984年〕　［専門］日本語, 日本文学
外交官の娘として生まれ, 小中学生時代を東京で過ごす。結婚後, 日本語の実力を生かすために大学院で学び直し, 1979年から韓国外国語大学助教授, 主任教授を経て, '85年高麗大学教授に就任。日本国際文化研究センター客員教授, 高麗大学日本学研究所所長なども務め, 2003年韓国日本学会会長に選出。現代日本小説の韓国語訳も多数手掛ける。著書に「ヒロシマノート」「文学の理解と鑑賞シリーズ—谷崎純一郎編」, 訳書に「愛に関する甘い嘘達」「余白の芸術」「筆談」「海辺のカフカ」などがある。

【著作】
◇日本の想像力　中西進編　JDC　1998.9〈内容：月と文学—韓国と日本の近代文学に見る月の心象風景（金春美）〉
◇訪日学術研究者論文集—アカデミック　第2巻　日韓文化交流基金〔編〕　日韓文化交流基金　1999.3〈内容：日本近代知識人の思想と実践—有島武郎の場合（金春美）〉
◇文学における近代—転換期の諸相　国際日本文化センター共同研究報告（日文研叢書）　井波律子, 井上章一編　国際日本文化研究センター　2001.3〈内容：日・韓の現代文学に見られる「老い」の問題（金春美）〉

金　宅圭　キム・テクギュ
文化人類学者, 民俗学者　嶺南大学教授

［生年月日］1929年5月27日
［没年月日］1999年
［国籍］韓国　［出生地］慶州北道大邱　［別名等］号＝斗山　［学歴］青丘大学〔1953年〕卒, 慶北大学大学院〔1958年〕修了　［学位］文学博士（嶺南大学）〔1975年〕, 社会学博士（東京大学）〔1987年〕
1957～94年嶺南大学文化人類学科教授。韓国文化人類学会理事長, 郷土史研究全国協議会会長を歴任。著書に「同族部落の生活構造の研究」「韓国部落の慣習史」「氏族部落の構造研究」「韓国民俗文芸論」「日韓民俗文化比較論」ほか多数がある。

【著作】
◇日韓比較文明論のすすめ　金宅圭：対論「日本探究」　講談社　1987.5
◇日韓民俗文化比較論　金宅圭著　九州大学出版会　2000.5
◇日本人と米（遊学叢書）　諏訪春雄編　勉誠出版　2000.10〈内容：日本人と米（金宅圭, 菅沼紀子, 玉真之介, 守山弘, 星寛治）〉

金　泰俊　キム・テジュン
東国大学人文学部教授, 東アジア比較文化国際会議会長

［生年月日］1939年

［国籍］韓国　［出生地］黄海道長淵　［学歴］東国大学〔1961年〕卒　［専門］朝鮮史
著書に「壬辰倭乱と朝鮮戦争」「虚学から史学」他。

【著作】
◇日韓文化論—日韓文化の同質性と異質性　韓国文化通信使フォーラム　在日本韓国文化院編　学生社　1994.6〈内容：十九世紀末の韓日文化交流—東京外国語学校教師・李樹延の東京時代（金泰俊）〉
◇韓国における日本文学史序説—日本文学の特徴とそのアジア的普遍性をめぐって（特集・第11回日本研究国際セミナー2000—世界における日本研究と加藤周一—Bセッション：「日本文学史序説」をめぐって—中国・韓国の視点から）　金泰俊：Fukuoka UNESCO 37　2001
◇討議（特集・第11回日本研究国際セミナー2000—世界における日本研究と加藤周一—Bセッション：「日本文学史序説」をめぐって—中国・韓国の視点から）　川本皓嗣, 金泰俊, 葉渭渠：Fukuoka UNESCO 37　2001
◇日本を問い続けて—加藤周一, ロナルド・ドーアの世界　加藤周一, ロナルド・ドーア監修, 福岡ユネスコ協会編　岩波書店　2004.7〈内容：韓国における『日本文学史序説』（金泰俊）〉

金　泰昌　キム・テチャン
Kim Tae-chang
政治学者　将来世代総合研究所所長

［生年月日］1934年8月1日
［国籍］韓国　［出生地］清州　［学歴］延世大学政治学部政治外交学科〔1957年〕卒, インディアナ大学大学院社会学科〔1969年〕修了, サウスカロライナ大学大学院国際関係学科〔1972年〕修了, 延世大学大学院政治学科〔1978年〕博士課程修了　［学位］政治学博士（延世大学）〔1980年〕　［専門］現代政治, 比較政治社会哲学

1959年高等学校教師, '66年駐韓アメリカ経済協力センター企画補佐官, '69年忠北大学専任講師, 助教授, 副教授を経て, '85年教授。同大学行政学科長, 政治外交学科長, 社会科学研究所長, 社会科学学部長, 統一問題研究所長, '92年行政大学院院長。のち将来世代総合研究所所長。韓国未来学会副会長, グローバル環境文化研究所評議員も務める。'90〜92年東京大学客員教授。著書に「星を数える心」「人間, 現実そして神」「創造的人間と健康な社会」「社会科学における挑戦」「力のバランスを越えて」「共産主義の基本理解とその批判」「現代政治学概論」「現代政治学入門」「公共哲学」（共編著, 全10巻）などがある。　［叙勲］韓国国民勲章冬柏章

【著作】
◇「和」の文化と「志」の文化　金泰昌：知識115　1991.6
◇日本における公と私（公共哲学）　東京大学出版会　2002.1
◇文化と芸能から考える公共性（公共哲学）　宮本久雄, 金泰昌編　東京大学出版会　2004.11

金　泰勲　キム・テフン
日本大学文理学部講師

［国籍］韓国　［出生地］清州　［学歴］日本大学大学院文学研究科教育学専攻〔1987年〕博士課程前期修了, 日本大学大学院文学研究科教育学専攻〔1993年〕博士課程後期修了　［学位］教育学博士　［専門］日韓教育関係史, 比較教育学

恵泉女学園大学短期大学部講師、日本学術振興会特別研究員、東京都立大学人文学部客員研究員、国立教育研究所客員研究員、東京家政学院大学人文学部講師などを経て、日本大学講師、目白大学講師。著書に「近代日韓教育関係史研究序説」、共編に「近代日本のアジア教育認識」などがある。

【著作】
◇近代における日韓教育交渉に関する研究—日本の対韓教育政策を中心に　金泰勲著　富士ゼロックス・小林節太郎記念基金　1991
◇近代日韓教育関係史研究序説　金泰勲著　雄山閣　1996

金　都亨　キム・ドヒョン
経済学者　産業研究院日本研究センター所長

［生年月日］1944年1月
［国籍］韓国　［出生地］慶尚南道　［学歴］ソウル大学経済学部卒, 一橋大学大学院経済研究

科〔1983年〕修了　[学位]経済学博士（一橋大学）　[専門]日韓産業協力

1974年日本留学。日本の計量計画研究所、米国UCLA経済学部招請研究員、建設省国土開発研究院首席研究員を経て、'85年12月産業研究院（KIET）日本室長・貿易政策室長。'93年日本研究センター所長。著書に「韓国の高度成長と所得分析」。

【著作】
◇訪日学術研究者論文集—アカデミック　第5巻　日韓文化交流基金〔編〕　日韓文化交流基金　1999.3〈内容：日本の新しい分権・分散・分業条件（金都亨）〉

金　学鉉　キム・ハクヒョン
中央大学総合政策学部教授

[生年月日]1929年10月10日
[国籍]韓国　[出生地]江原道原州　[学歴]中央大学文学部哲学科卒，中央大学大学院文学研究科西洋哲学専攻博士課程修了　[専門]朝鮮文化論

1960年NHK国際局勤務、'81年桃山学院大学助教授、のち教授を経て、中央大学教授。著書に「荒野に呼ぶ声」「民族・生・文学」、共著に「1920年代の光芒」「分断社会と女性・家族」他、訳書に、咸錫憲「苦難の韓国民衆史」金大中「獄中書翰」高銀「祖国の星」他。

【著作】
◇朝鮮の「モッ」と日本の「いき」—その美意識をめぐる試論　金学鉉：文学　53（6）1985.6
◇いき・意気・モッ—日本の「いき」と朝鮮の「モッ」　金学鉉：文学　54（5）1986.5

金　芳漢　キム・バンハン
ソウル大学名誉教授，韓国言語学会会長

[生年月日]1925年8月17日
[国籍]韓国　[出生地]木浦　[学歴]ソウル大学〔1952年〕卒　[学位]文学博士（ソウル大学）〔1973年〕

1953年ソウル大学講師、のち助教授、副教授を経て'90年まで教授を務める。著書に「韓国語の系統」「語源論」「歴史比較言語学」「日本語の起源」（訳）、「言語学史」などがある。
[叙勲]韓国国民勲章冬柏章

【著作】
◇日本語の起源—世界の言語学者による論集　馬淵和夫編　武蔵野書院　1986.7〈内容：韓国語と日本語の関係（金芳漢）〉

金　鉉球　キム・ヒョング
歴史家　高麗大学師範学部教授・学部長，韓国日本史研究学会会長

[生年月日]1944年
[国籍]韓国　[出生地]忠清南道錦山　[学歴]高麗大学史学科卒，高麗大学大学院日本史専攻修了　[学位]博士号（早稲田大学）〔1985年〕
[専門]日本古代史，韓日関係史　[団体]韓国日本史研究学会

日本古代史と韓日関係史分野で先駆的役割を担う。著書に「大和政権の対外関係研究」「任那日本府研究」「金（キム）教授の日本談義（イルボンイヤギ）—韓国人のみた日本の虚像と実像」、共著に「東アジア思想の保守と改革」など。

【著作】
◇大和政権の対外関係研究　金鉉球著　吉川弘文館　1985.4
◇翔古論聚—久保哲三先生追悼論文集　久保哲三先生追悼論文集刊行会編　久保哲三先生追悼論文集刊行会　1993.5〈内容：「神功紀」の加羅七国平定記事に関する一考察（金鉉球）〉
◇金教授の日本談義—韓国人のみた日本の虚像と実像　金鉉球著，大槻健〔ほか〕訳　桐書房　1997.11
◇訪日学術研究者論文集—歴史　第2巻　日韓文化交流基金〔編〕　日韓文化交流基金　1999.3〈内容：白村江の戦いと日本の大陸関係の再開—唐との関係を中心に（金鉉球）〉

金　柄徹　きむ・びょんちょる
Kim Byung-chul
亜細亜大学国際関係学部助教授

[生年月日]1965年
[出生地]釜山　[学歴]ソウル大学校人類学科〔1991年〕卒，東京大学大学院総合文化研究科〔1999年〕博士課程修了　[専門]文化人類学

1989年兵役後、日本に留学し東京大学大学院を修了。のち亜細亜大学国際関係学部助教授。
【著作】
◇日本の船世帯民―船に住む豊島の漁民　金柄徹〔著〕，富士ゼロックス小林節太郎記念基金編　富士ゼロックス小林節太郎記念基金　1999.10

金 渙　キム・ファン
韓日文化研究所所長　名古屋韓国学校校長

[国籍]韓国　[学歴]成均館大学卒　[学位]文学博士　[専門]日韓関係史
高校教師を経て、1962年愛知韓国学園教頭、'74年同園長。'75〜89年名古屋韓国学校校長。同年名古屋市中村区に韓日文化研究所を開設、所長。中京大学、愛知大学、同朋大学、各非常勤講師。愛知韓国学園副理事長、名古屋日韓親善協会理事、在日本大韓民国居留民団中央本部教育委員。著書に「韓国と日本の比較文化論」「韓国歳時記」。
【著作】
◇韓国と日本の比較文化論（講座制「民族大学」ブックレット）　金渙著　明石書店　1994.10

金 浩燮　キム・ホソプ
世宗研究所研究委員

[生年月日]1954年
[国籍]韓国　[出生地]釜山　[学歴]ミシガン大学大学院政治学研究科博士課程修了　[学位]政治学博士（ミシガン大学）〔1987年〕　[専門]日本政治
博士論文に「Policy-making of Japanese ODA to the ROK, 1965〜83」（1987年）、分担執筆に「アジア太平洋新時代」（'91年）。
【著作】
◇訪日学術研究者論文集―アカデミック　第2巻　日韓文化交流基金〔編〕　日韓文化交流基金　1999.3〈内容：冷戦後の日本の東北アジア外交政策（金浩燮）〉

金 文吉　キム・ムンギル
釜山外国語大学日本語科教授

[生年月日]1945年
[国籍]韓国　[出生地]広島県（日本）　[学歴]京都大学文学部（日本文化），神戸大学大学院文化学研究科日本文化専攻博士課程修了　[学位]文学博士（神戸大学）　[専門]日本語学，日本史　[団体]日本地域学会，韓日日語日文学会，韓国日本学会嶺南地会
1946年韓国に帰国。のち日本に留学。'96年文部省招聘で京都大学文学部客員教授。2002年日本国際文化研究センター外国人研究員を経て、釜山外国語大学日本語科教授。著書に「日本神代文字研究」「壬辰倭乱は文化戦争」「近代日本キリスト教と朝鮮―海老名弾正の思想と行動」などがある。　[受賞]大韓民国国際総理研究功労表彰〔2000年〕
【著作】
◇日本の思想と朝鮮―海老名弾正の思想について　金文吉著　螢雪出版社　1990
◇近代日本キリスト教と朝鮮―海老名弾正の思想と行動　金文吉著　明石書店　1998
◇神代文字と日本キリスト教―国学運動と国字改良　金文吉〔述〕，国際日本文化研究センター編　国際日本文化研究センター　2003
◇津田仙と朝鮮―朝鮮キリスト教受容と新農業政策　金文吉著　世界思想社　2003

金 容雲　キム・ヨンウン
数学者，哲学者，文化評論家　漢陽大学名誉教授

[生年月日]1927年
[国籍]韓国　[出生地]東京　[学歴]早稲田大学鉱山学科〔1947年〕中退，朝鮮大学〔1958年〕卒，オーボンヌ大学卒，アルバータ大学大学院博士課程修了　[学位]理学博士（アルバータ大学）〔1967年〕　[専門]位相数学，数学史，文明論，比較文化論，外交論
東京で生まれるが、1947年解放後の韓国に帰国し、朝鮮動乱を体験する。'58年から米国、カナダで学究生活を続け、米国ウィスコンシン州立大学助教授を経て、'69年から漢陽大学教授、'93年名誉教授。同年6月から国際日

本文化研究センター客員教授。'99年6月日韓文化交流会議メンバーとなる。知日派で、日韓問題などについての評論でも知られ、日本語による日韓比較論「韓国人と日本人」「日韓民族の原型」や「訪れる没落」「日本の喜劇」「『かしこ型』日本人と『かちき型』韓国人」「醜い日本人―『嫌韓』対『反日』をこえて」の著書がある。

【著作】
◇韓国人と日本人―双対文化のプリズム　金容雲著　サイマル出版会　1983.7
◇日韓民族の原型―同じ種から違った花が咲く　金容雲著　サイマル出版会　1986.10
◇シンポジウム「日本文化と東アジア」―1985～1986（日本文化所研究報告）　東北大学文学部附属日本文化研究施設編　東北大学文学部附属日本文化研究施設　1988.3〈内容：日本文化のあり方について―技術史の立場から（金容雲）〉
◇訪れる没落―「原型史観」が示した日韓米の盛衰　金容雲著　情報センター出版局　1988.9
◇日本の喜劇―「のらくろ国家」の成長と限界の構造　金容雲著　情報センター出版局　1992.12
◇アジアの眼で「独善国家ニッポン」を糾す（対談）　金容雲,陳舜臣：サンサーラ　5(5)　1994.5
◇「かしこ型」日本人と「かちき型」韓国人　金容雲著　学生社　1994.6
◇醜い日本人―「嫌韓」対「反日」をこえて（三一新書）　金容雲著　三一書房　1994.9
◇詳説「醜い日本人」　金容雲：サンサーラ　5(11)　1994.11
◇盆地の宇宙・歴史の道―大和盆地を中心に　シンポジウム　井上昭夫編著　善本社　1995.5〈内容：景観と文化―日韓の民族原型を考える（金容雲）〉
◇グローバル化と民族文化　国学院大学日本文化研究所編,井上順孝責任編集　新書館　1997.3〈内容：日中韓の文化原型と未来の展望（金容雲）〉
◇日韓歴史の理解　金容雲著,亜細亜文化交流協会編訳　白帝社　1997.8
◇訪日学術研究者論文集―アカデミック　第1巻　日韓文化交流基金〔編〕　日韓文化交流基金　1999.3〈内容：日本の原型と工業化社会―日本の経済成長の原型論的考察（金容雲）〉
◇突破口の三国史―二一世紀を生きる　日本・中国・韓国　陳舜臣,金容雲著　徳間書店　1999.6
◇在日を生きる思想―『セヌリ』対談集　朴鉄民編　東方出版　2004.7〈内容：地域差別は韓国社会のガンだ（金容雲,鄭煥麒）〉
◇和算と韓算を通してみた日韓文化比較　金容雲〔述〕,国際日本文化研究センター編　国際日本文化研究センター　1994

金 容徳　キム・ヨンドク
Kim Yong-deok
歴史家　ソウル大学国際大学院院長

[生年月日]1944年
[国籍]韓国　[学歴]ソウル大学史学科卒　[学位]歴史学博士（ハーバード大学）　[専門]東洋史,日本史
ハーバード大学日本研究所研究員、東京大学客員研究員などを経て、1980年ソウル大学東洋史学科教授に就任。同学科長を務めた。'97年同大日本資料センターの設立に尽くし、2004年日本研究所が設立されると同所長。2003年からは同大国際大学院院長も兼務。著書に「明治維新の土地税制改革」（1989年）、「日本近代史を見る目」（'91年）、共著に「19世紀日本の近代化」（'96年）などがある。
[受賞]国際交流奨励賞（日本）〔2006年〕
【著作】
◇近代交流史と相互認識　1（日韓共同研究叢書）　宮嶋博史,金容徳編著　慶応義塾大学出版会　2001.1

金 永明　キム・ヨンミョン
Kim Yong-myung
政治学者　翰林大学教授

[生年月日] 1954年
[国籍]韓国　[学歴]ソウル大学外交学科〔1977年〕卒，ソウル大学大学院〔1979年〕修士課程修了　[学位]政治学博士（ニューヨーク州立大学）〔1985年〕
1992年から1年間東京大学東洋文化研究所の客員研究員として滞日。新世代の理論派として注目を浴びる。著書に「第三世界の軍部の統治と政治経済」「軍部政治論」「韓国現代政治史」「日本の貧困」などがある。
【著作】
◇若き韓国人学者の見た「大国日本」　金永明著, 安宅植訳　飛鳥新社　1995.4
◇訪日学術研究者論文集―アカデミック　第2巻　日韓文化交流基金〔編〕　日韓文化交流基金　1999.3〈内容：日本は，韓国発展のモデルか・政治経済的比較研究（金永明）〉

キム, レーホ
Kim, Rekho
ロシア科学アカデミー世界文学研究所教授

[生年月日] 1928年
[国籍]ロシア　[出生地]朝鮮・咸興　[別名等]漢字名＝金麗湖　[学歴]モスクワ大学大学院修了　[専門]日本文学
1955年朝鮮民主主義人民共和国からモスクワ大学大学院に留学，日本文学の研究を始める。そのままモスクワに滞在し，'62年ソ連国籍を取得。'89年法政大学に客員教授として来日，文学部で日本・ロシア比較文学の講座を担当する。'91年12月〜'92年11月国際日本文化研究センター客員教授。著書に「現代日本小説論」「ロシア古典文学と日本文学」「ヒロシマの警鐘」などがある。
【著作】
◇国際日本文学研究集会会議録　第8回(1984)　国文学研究資料館編　国文学研究資料館　1985.3
◇レフ・トルストイと現代―論文集　S. ローザノワ編　ラドガ出版所　1985.12〈内容：レフ・トルストと現代日本文学の諸問題（キム・レーホ）〉

金 完燮　キム・ワンソプ
作家, 評論家, ジャーナリスト

[生年月日] 1963年
[国籍]韓国　[出生地]全羅南道光州　[学歴]ソウル大学物理学部中退
1980年高校生の時に光州事件が起こり，市民軍に参加，国家有功者に。コンピューター関係雑誌の記者を経て，'92年フリーの作家となる。'95年著書「娼婦論」がベストセラーに。'96年から約2年間オーストラリアで暮らす。帰国後「コスタク新聞」を創刊し，編集主幹を務める。2002年日韓併合を評価する著書「親日派のための弁明」を出版するが，当初は青少年有害図書に指定され販売禁止に近い措置が取られる。2003年親日的発言が告訴の対象となり，韓国検察当局から出国禁止を通告される。2002年9月初来日。
【著作】
◇親日派のための弁明　金完燮著, 荒木和博, 荒木信子訳　草思社　2002.7
◇特別対談・日本はアジアの盟主たりえるか　石原慎太郎, 金完燮：SAPIO　15(2)　2003.1.22・2.5
◇日韓大討論　西尾幹二, 金完燮著　扶桑社　2003.5
◇韓国「諸悪の根源」を日本人に押しつける反日洗脳教育が韓国人をダメにした（どうして，いつから日本人は誇りも自信も愛国心も失ってしまったのか「歪められた日本」はこうしてつくられる）　金完燮：SAPIO　15(13)　2003.7.9
◇日韓「禁断の歴史」　金完燮著　小学館　2003.11
◇親日派のための弁明　2　金完燮著, 星野知美訳　扶桑社　2004.11
◇親日派のための弁明（扶桑社文庫）　金完燮著　扶桑社　2004.11

キムラ・スティーブン, チグサ
Kimura-Steven, Chigusa
カンタベリー大学教授

[生年月日] 1942年

[学歴]ブリティッシュ・コロンビア大学(カナダ)修士課程修了　[学位]Ph. D.(カンタベリー大学)　[専門]日本近代文学
ニュージーランドのカンタベリー大学助教授、アジア語学科長を経て、教授。論文に「A New Approach to the Analysis of the Plot in Kawabata Yasunari's Snow Country」「『三四郎』論の前提」「『舞姫』の歴史性について」など。
【著作】
◇うたの響き・ものがたりの欲望—アメリカから読む日本文学　関根英二編　森話社　1996.1〈内容:『三四郎』における語りの構造（千種・キムラ=スティーブン)〉
◇世界と漱石国際シンポジウム報告書　「'96くまもと漱石博」推進100人委員会編　「'96くまもと漱石博」推進100人委員会　1997.9〈内容:地球的視野による夏目漱石（清水孝純、ジェイ・ルービン、キム・レーホ、アレキサ・小嶋、千種キムラ・スティーブン、呂元明、呉英珍、権赫建)〉

ギメ, エミール
Guimet, Emile Etienne
実業家, 古美術品蒐集家　ギメ博物館創立者

[生年月日]1836年6月2日
[没年月日]1918年10月12日
[国籍]フランス　[出生地]リヨン
父親のジャン・バプテスト・ギメは国立工科大学出身の化学者かつ実業家で、ツールーズの火薬製造所社長等を歴任した。若い頃から父親の仕事を手伝い、フルーリューの染料工場の跡を継ぎ、他にもいくつかの工場をも経営する。一方で世界各地を旅行し、美術工芸品を熱心に収集する。1879年リヨンに博物館を設立、1885年に国に寄附し自らその館長となった。パリに博物館を設立する運動を計画し、文部省に働きかけ1888年新しいギメ博物館を創立した。1876年夏、画家のF.レガメーと共に来日し、横浜、東京、日光、伊勢、京都など日本各地を旅行する。帰国後2人で「日本散策」(Promenades Japonaises)を1878年に刊行した。
【著作】

◇東京日光散策　ギメ〔著〕, 青木啓輔訳　〔刊年不明〕
◇1876ボンジュールかながわ—フランス人の見た明治初期の神奈川　エミール・ギメ著, 青木啓輔訳　有隣堂　1977.7
◇日本素描紀行　レガメ〔著〕, 青木啓輔訳　雄松堂出版　1983.7

キャンプ, ジェフリー
Camp, Jeffrey A.
日本企業で実習生として働いた米国大学生

[生年月日]1967年
[国籍]米国　[学位]ハーバード大学東洋学専攻
1987年と'88年に来日して日本の代表的優良企業2社で実習。日本的経営を体験学習するとともに、在日外国人ビジネスマン数十人にインタビュー調査を行った。'89年に日本で出版された「ジェフの見た日本のエクセレント・カンパニー」はその体験記録。
【著作】
◇ジェフの見た日本のエクセレント・カンパニー　ジェフリー・A.キャンプ著, 大野陽子訳　有斐閣　1989.6

キャンベル, カート
Campbell, Kurt M.
新米国安全保障研究所(CNAS)所長
米国戦略国際問題研究所(CSIS)上級副所長, 米国国防次官補代理

[国籍]米国　[出生地]カリフォルニア州　[学歴]カリフォルニア大学サンディエゴ校卒　[学位]博士号(オックスフォード大学)
ハーバード大学助教授、米国国家安全保障会議(NSC)部長などを経て、1995年5月クリントン政権で国防次官補代理となり、アジア政策や沖縄の基地問題を担当、日米防衛協力指針(ガイドライン)の見直し、日米同盟に関する「アーミテージ報告」の執筆などに携わる。2000年5月戦略国際問題研究所(CSIS)上級副所長に就任、国際安全保障プログラムを担当。2007年2月退任し、新しいシンクタンク"新米国安全保障研究所(CNAS)"を立ち上

げる。著書に「ハードパワー(軍事力)」(2006年)など。
【著作】
◇「無条件勝利」のアメリカと日本の選択　ロナルド・A. モース編著, 日下公人監修, 時事通信社外信部ほか訳　時事通信社　2002.1〈内容：米日安全保障パートナーシップの活性化（カート・M. キャンベル））

キャンベル, ジョン
Campbell, John Creighton
政治学者　ミシガン大学政治学部教授

[生年月日] 1941年
[国籍]米国　[出生地]ニューヨーク市　[学歴]コロンビア大学〔1965年〕卒　[学位]政治学博士（コロンビア大学）〔1973年〕　[専門]日本の政治・医療政策・政策決定過程　[団体]アジア研究学会（代表幹事）
1973年ミシガン大学助教授、準教授を経て、教授。'82〜87年同大学日本研究センター所長を務める。'89年慶応義塾大学客員教授として滞日。2001年スタンフォード日本センター京都日本研究センター所長代理として滞日。日本の公共政策に焦点をあてた研究が多い。著書に「Contemporary Japanese Budget Politics（予算ぶんどり）」、共著に「日本の医療―統制とバランス感覚」などがある。　[受賞]大平正芳記念賞（第9回）〔1993年〕「How Policies Change:the Japanese Government and the Aging Society（日本政府と高齢化社会）」
【著作】
◇予算ぶんどり―日本型予算政治の研究　ジョン・C. キャンベル著, 小島昭, 佐藤和義訳　サイマル出版会　1984
◇日本政府と高齢化社会―政策転換の理論と検証　ジョン・C. キャンベル著, 三浦文夫, 坂田周一監訳　中央法規出版　1995
◇日本政府と高齢化社会―政策転換の理論と検証　ジョン・C. キャンベル著, 三浦文夫, 坂田周一監訳　中央法規出版　1995.8
◇日本の医療―統制とバランス感覚（中公新書1314）　池上直己, J. C. キャンベル著　中央公論社　1996
◇高齢社会を共に生きる―利用者主体のケア・システムを目指して（日本生命財団シンポジウムの記録集）　日本生命財団　1996.12〈内容：アメリカ人から見た日本の高齢者福祉―官僚と政治家、そして日本型福祉社会（ジョン・キャンベル））

キャンベル, ルース
Campbell, Ruth
ソーシャルワーカー　ミシガン大学ターナー老人医療クリニック・ソーシャルワーク部長

[国籍]米国　[学歴]ミシガン大学　[学位]M. S. W.
1976年ミシガン大学で社会福祉学修士号を取得。同クリニックでボランティア・プログラムや支援グループを開発。'89〜90年東京都老人総合研究所で、日本における高齢化と介護の研究、'95年3月〜6月日本社会事業大学で研究活動を行う。分担執筆に「高齢者ケアはチームで―チームアプローチのつくり方・進め方」がある。
【著作】
◇老人介護の国際比較―老人介護政策国際シンポジウム報告　全国社会福祉協議会社会福祉研究情報センター編　中央法規出版　1991.3〈内容：コメント 日本（ルース・キャンベル））

キャンベル, ロバート
Campbell, Robert
東京大学大学院総合文化研究科助教授

[生年月日] 1957年
[国籍]米国　[学歴]カリフォルニア大学バークレイ校卒, ハーバード大学大学院日本近世文学専攻博士課程修了　[学位]文学博士（ハーバード大学）　[専門]江戸文学, 明治文学, 漢詩文　[団体]日本近世文学会
大学進学後日本語を学ぶ。大学院時代、近世文化専攻の中野三敏（九大教授）の著述に接し、1985年来日後師事。近世後期漢詩文とそれを著した文人を研究テーマに江戸文学を研究。九州大学専任講師として漢文を教えたのち、国文学研究資料館文献資料部助教授、東京大学助教授に就任。
【著作】
◇国文学年次別論文集近世　昭和62(1987)年 1　学術文献刊行会編　朋文出版　1989.2〈内

容：天保期前後の書画会（ロバート・キャンベル）〉
◇江戸小説と漢文学（和漢比較文学叢書） 和漢比較文学会編 汲古書院 1993.5〈内容：中村仏庵の文事（一）—柳原園の文物集散と交遊（ロバート・キャンベル）〉
◇明治開化期と文学—幕末・明治期の国文学 国文学研究資料館編 臨川書店 1998.3〈内容：在野十年代の視程—儒者・石川鴻斎年譜稿抄（ロバート・キャンベル）〉
◇江戸の声—黒木文庫でみる音楽と演劇の世界 黒木文庫特別展実行委員会著，ロバート・キャンベル編 東京大学大学院総合文化研究科教養学部美術博物館 2006.3
◇江戸の声—黒木文庫でみる音楽と演劇の世界 黒木文庫特別展実行委員会著，ロバート・キャンベル編 東京大学大学院総合文化研究科, 東京大学出版会〔発売〕 2006.6

邱 奎福　きゅう・けいふく
アジア学生文化協会アジアセミナー中国語主任講師

[生年月日] 1962年
[国籍] 中国　[出生地] 黒竜江省　[学歴] 牡丹江師範学校卒, 早稲田大学大学院
専門学校教師を経て、1988年来日。早稲田大学大学院博士課程に在学、日本文化を研究。著書に「やさしい中国語」などがある。
【著作】
◇民家に見る日本文化の一側面　邱奎福：明の星女子短期大学紀要　20　2002

ギューリック，シドニー・ルイス
Gulick, Sidney Lewis
宣教師

[生年月日] 1860年4月10日
[没年月日] 1945年12月20日
[国籍] 米国　[出生地] マーシャル群島エボン
[学歴] ダートマス大学〔1883年〕, ユニオン神学校
1887年アメリカン・ボード派遣の宣教師として来日、熊本および松山等、主として九州・四国においてキリスト教の伝道に従事した。1906年京都に転じ、同志社で神学を教え、のち京都帝国大学でも比較宗教学を講じ、さらに大阪梅花女学校でも教えた。この間日本に関して多くの著述を刊行した。とくに日本人の国民性を考察した"Evolution of the Japanese, Social and Psychic"（'03）は多くの反響を得た。日米親善に多大の貢献を果たし、'21年からNational Committee on American-Japanese Relationの事務局勤務となった。移民問題にも関与し、'24年の排日法の通過は大変な失望を与えた。親日家のギューリックは日米友情の「人形使節」として13000個のキューピッドをわが国に送った。'14年には"The American Japanese Problem"を刊行するなど、日本に関する正確な知識をアメリカ人に伝えた。'34年には引退しホノルルに移住、晩年は東洋哲学および東洋思想の研究を続けた。
【著作】
◇日本へ寄せる書　シドニイ・エル・ギューリック著, 東京日日新聞社, 大阪毎日新聞社編　東京日日新聞社〔ほか〕 1939

許 慶雄　きょ・けいゆう
淡江大学大学院日本研究学科教授

[生年月日] 1948年
[国籍] 台湾　[学歴] 台湾大学法学部卒　[学位] 法学博士（近畿大学）　[専門] 比較憲法
淡江大学日本研究所助教授、同所長を経て、1990年教授。「憲法概論」「社会権論」「日本政治」等の著作がある。
【著作】
◇緊急提言・いいかげんにしろ日本人！世界の知識人からの「手紙」　ボブ・グリーン, 李御寧, スラク・シバラクサ, ジョルジュ・シュフェール, ボビー・バレンタイン, 孫斌, ロジャー・ゲイル, 許慶雄, カルメリータ・ヌクイ：週刊現代　38(6)　1996.2.17

許 国雄　きょ・こくゆう
教育者, 政治家　東方工商専科大学学長, 台湾国民大会代表

[生年月日] 1922年10月1日
[没年月日] 2002年5月20日
[国籍] 台湾　[出生地] 高雄　[学歴] 福岡県立医歯専（現・九州歯科大学）卒, 九州高等医専（現・久留米大学医学部）卒　[学位] 医学博士, 教育学博士

台湾国民大会代表（参院議員）を14年務め、のち国民党顧問。行政院僑務委員会顧問、国際汎太平洋私学教育連合会副会長なども務めた。一方、高雄に東方工商専科大学を創立。台湾省教育会理事長なども務め、教育改革に尽力した。1994年日本の原点を学ぶのに最適と学校で教育勅語を採用。神社参りが趣味で20年に1度の伊勢遷宮には2度立ち会った。著書に「台湾と日本がアジアを救う」、監修に「台湾と日本・交流秘話」などがある。

【著作】
◇亡国自虐史観を撃つ―日本の真姿とアジアの使命をめぐる日・韓・台合同シンポジウム　日本をまもる会　1996.11〈内容：台湾から見た日本―あるべき日本の姿とアジアの危機（許国雄）〉
◇台湾と日本がアジアを救う―光は東方より　許国雄著　明成社　2003.2

許 世楷　きょ・せいかい
Hsu Shih-kai
国際政治学者　台北駐日経済文化代表処代表（駐日台湾大使）、津田塾大学名誉教授　台湾独立建国連盟総本部主席

[生年月日] 1934年7月7日

[国籍] 台湾　[出生地] 彰化県　[学歴] 台湾大学法学部政治系〔1957年〕卒, 早稲田大学大学院政治学研究科修士課程修了, 東京大学大学院法学政治学研究科政治学（日本政治外交史）専攻〔1968年〕博士課程修了　[学位] 法学博士（東京大学）〔1968年〕　[専門] 国際法学, 憲法学, 政治史（日本・東アジア政治外交史）
[団体] 日本国際政治学会, アジア政経学会
1959年日本に留学。'68年津田塾大学学芸学部講師、のち助教授、教授を歴任。'90〜92年には同大学附属国際関係研究所所長を兼任。のち名誉教授。この間、'60年東京で結成された台湾青年社（のち台湾青年独立連盟）に参加、機関誌「台湾青年」編集委員となり、台湾独立運動派として活動。国民党政権からパスポートを取り消され、強制送還の危機にさらされながら投降の呼びかけにも屈せず独立運動を続け、'70年新成立の台湾独立連盟日本本部中央執行委員、'72年日本本部委員長、'81年同連盟総本部副主席を歴任、'87年台湾独立建国連盟に改称し、同総本部主席（'91年まで）に就任、同年12月台湾共和国憲法草案を起草し「民主時代」誌に発表。国民党政権の軟化で'92年連盟総本部中央委員会が初めて台湾で開催されたのを機に33年ぶりに一時帰国した。'93年6月帰台、12月民進党に入党。その後、静宜大学教授、台湾文化学院院長、台湾憲政研究センター委員長などを経て、2004年7月台北駐日経済文化代表処代表（駐日大使に相当）に就任。著書に「日本統治下の台湾―抵抗と弾圧」「台湾新憲法論」（台湾）、共編著に「国際関係論基礎研究」、共著に「日本政治裁判記録」（全5巻）、「日本内閣史録」（全6巻）などがある。

【著作】
◇日本統治下の台湾―抵抗と弾圧　許世楷著　東京大学出版会　1972
◇日本内閣史録　林茂,辻清明編集,1-6　第一法規出版　1981

許 文龍　きょ・ぶんりゅう
実業家　奇美実業会長

[生年月日] 1928年2月25日

[国籍] 台湾　[出生地] 台南　[学歴] 台南高級工業学校卒

台南省立高級工業学校附属中学を卒業後町工場で働く。数年後台南高級工業学校に入り、電気、機械、化学を学ぶ。卒業後兄弟2人と玩具、日用雑貨の製造を始め、玩具とシャツのボタンでは台湾のトップに。1959年奇美実業を設立、ABS樹脂で世界のトップメーカーに育てた。経営と所有の分離、従業員持ち株制、週休2日制の導入など、台湾の企業経営を常にリードする手法を取り入れる。'99年富士通と技術提携し、パソコンの基幹部品であるTFT型LCD（液晶表示装置）の事業に参入。また、'96年から総統府国策顧問を務める。　[受賞] 日経アジア賞（第4回）〔1999年〕

【著作】
◇素晴らしい日本人へ―「早く自信を取り戻せ！」"元日本人"からの熱いメッセージ　許文龍,杉江弘充：正論　324　1999.8

ギラン, リオネル
Guillain, Lionel
写真家

[生年月日]1955年
[国籍]フランス　[出生地]ブローニュ　[学歴]パリ大学文学部卒

テレビ局アンテナ2でビデオカメラマンの仕事を始め、のちソ連のノーボスチ通信などを経て、1985年から東京在住。「東海道五十三次」や「日本人の生活の鼓動」をテーマに写真を撮り続ける。地下鉄の車内で居眠りする日本人にカルチャーショックを受け、以後車内の"眠り人"の被写体を追って地下鉄を乗り回し、眠りのポーズに日本人の伝統を感得。撮りためた"眠り人"は700枚に達し、'90年4月東京・市谷の日仏学院ギャラリーで個展を開いた。昼下がりの千代田線が居眠りが最も多いという。

【著作】
◇パリジェンヌと東京（トキオ）ジェンヌ　リオネル・ギラン著　河出書房新社　1997

ギラン, ロベール
Guillain, Robert
ジャーナリスト　「ル・モンド」紙極東総局長

[生年月日]1908年9月4日
[没年月日]1998年12月29日
[国籍]フランス　[出生地]パリ近郊ムドン
[学歴]ソルボンヌ大学卒　[学位]法学博士

1934年アヴァス通信社（AFPの前身）に入社。'37年上海特派員として中国勤務ののち、'38～46年滞日。'47年「ル・モンド」紙に移る。論説記者としてインド、さらに'48年ビルマ、タイ、インドシナを回り、'49年には革命前後の中国共産党を取材。その後、'58～62年「ル・モンド」紙記者として、'69～76年同紙極東総局長として滞日した。国際的ジャーナリストとして活躍し、著書に「六億の蟻―私の中国旅行記」「中国―これからの三十年」「ゾルゲの時代」「第三の大国・日本」「日本人と戦争」「アジア特電 1937～1985」などがある。

[叙勲]勲三等瑞宝章（日本）〔1969年〕、勲三等旭日中綬章（日本）〔1994年〕

【著作】
◇パリ—東京—パリ　ロベール・ギラン：週刊朝日　1951.10.7～12.2
◇最後のアジア・日本　ロベール・ギラン：文芸春秋　1956.4
◇パリのノエル・東京の正月　ロベール・ギラン：週刊朝日　1959.1.4
◇日本の微笑　ロベール・ギラン：婦人画報　1959.3
◇日本はどこへゆく―復興のかげにひそむ危険　R・ギラン：調査月報（内閣調査室）　5(4)　1960
◇日本の暴力　ロベール・ギラン：週刊朝日　1961.1.1
◇第三の大国・日本　ロベール・ギラン著, 井上勇訳　朝日新聞社　1969
◇第三の大国, 無責任日本を叱る（対談）　森恭三, ロベール・ギラン：潮　135　1971.1
◇わが内なる日本（対談）　ドナルド・キーン, ロベール・ギラン：週刊朝日　1974.8.23, 8.30
◇「昭和史」の中の日本人像（対談）　ロベール・ギラン, 色川大吉：潮　191　1975.5
◇「二一世紀の日本」への提言―"二つのイスの間に座る"困難をどう切り抜けるか　Robert Guillain, 根本長兵衛訳：朝日ジャーナル　21(1)　1979.1.12
◇「経済巨人」日本は「非軍事政治大国」への大転換が必要だ！（対談）　J. J. S. シェレーベル, ロベール・ギラン：週刊ポスト　1981.2.6
◇日本人と戦争（朝日文庫）　ロベール・ギラン著, 根本長兵衛, 天野恒雄訳　朝日新聞社　1990.12

キーリー, ティモシー・ディン
Keeley, Timothy Dean
九州産業大学経営学部国際経営学科教授

[生年月日]1956年8月9日
[国籍]米国　[出生地]オハイオ州アクロン
[学歴]南カロライナ大学大学院国際経営学研究科〔1988年〕修了　[学位]M. B. A.　[専門]経営学　[団体]Academy of International Business, 多国籍企業研究会

ゼネラルエレクトリック社勤務等を経て、九州産業大学経営学部講師、のち助教授、教授。著書に「自動車ディーラーの日米比較―『系列』を視座として」がある。

【著作】

◇自動車ディーラーの日米比較─「系列」を視座として　塩地洋, T. D. キーリー共著　九州大学出版会　1994

桐谷 エリザベス　きりたに・エリザベス
Kiritani, Elizabeth
ジャーナリスト, アナウンサー

[国籍]米国　[出生地]マサチューセッツ州ボストン　[学歴]ホイートン大学卒
アメリカン・ヒューマニスト・アソシエーション編集長を経て、ハーバード大学附属病院で心臓と肺の研究をすると同時に、同附属病院で血液専門家として働く。1979年休職し、茶道、華道の勉強のため来日。'82年画家の桐谷逸夫と出会い、'83年結婚。長屋暮らしにあこがれ、東京・谷中の棟割長屋に居住。NHK総合テレビ英語ニュースでアナウンサーをする傍ら、コラムニストとして英字新聞の連載を担当。また、下町の街並みや人情を守るため夫婦で下町保存運動に取り組む。タウン誌「谷中・根津・千駄木」の制作にもかかわり、不忍池地下駐車場反対の署名運動やシンポジウム開催などの傍ら、アジア系外国人との交流を目指す会を開くなど幅広く活動。'90年下町を描いた展覧会「東京いま・むかし」を、'93年「不忍池国際写真展」を夫妻で開催。NHK衛星放送や「ラジオ・ジャパン」のキャスターを務める。著書に「日本人も知らなかったニッポン」、夫との共著に「バニッシング・ジャパン（消えゆく生活と職人の技）」「消えゆく日本─ワタシの見た下町の心と技」「不便なことは素敵なこと」「東京いま・むかし」「下町いま・むかし」「日米人情すごろく」などがある。　[受賞]日本文芸大賞（ルポライター賞）〔1998年〕「消えゆく日本」、日本文芸大賞（画文賞）「下町いま・むかし」
【著作】
◇消えゆく日本─ワタシの見た下町の心と技（丸善ブックス）　桐谷エリザベス著, 桐谷逸夫訳・画　丸善　1997.4
◇日本人も知らなかったニッポン　桐谷エリザベス著, 吉野美耶子訳　中央公論新社　2001.4

キリチェンコ, アレクセイ
Kirichenko, Aleksei A.
ロシア科学アカデミー東洋学研究所対外交流部長

[生年月日]1936年
[国籍]ロシア　[出生地]白ロシア共和国ゴメリ州チェシコフ村　[学歴]白ロシア大学歴史学部, KGB上級学校〔1964年〕卒　[学位]博士号　[専門]外交問題, 日ソ関係（第2次大戦中）
1965年よりソ連国家保安委員会（KGB）第二総局に勤務。'83年からソ連科学アカデミー（現・ロシア科学アカデミー）東洋学研究所所長補佐として日本近代史を専攻。'86年KGB大佐で退役。'87年ソ連科学アカデミー世界経済国際関係研究所（IMEMO）対外交流部長、'89年より東洋学研究所対外交流部長。日本の対ソ世論の研究家。ソ日相互理解協議会議長も務め、シベリア抑留日本人問題にとりくみ、'91年テレビ映画「ああシベリア」の脚本を担当。
【著作】
◇シベリア抑留死亡者名簿（東北アジア研究センター叢書）　A. A キリチェンコ編　東北大学東北アジア研究センター　2003.3

ギル, トム
Gill, Tom
ジャーナリスト　東京大学社会科学研究所助教授

[生年月日]1960年10月25日
[国籍]英国　[出生地]ポーツマス　[学歴]ケンブリッジ大学英文学専攻卒, ロンドン・スクール・オブ・エコノミックス　[学位]博士号（ロンドン・スクール・オブ・エコノミー）〔1996年〕　[専門]文化人類学
ケンブリッジ大学で英文学を専攻後、1983年英語教師として来日、山梨県の駿台甲府高校に赴任。のち共同通信社嘱託社員として東京の山谷争議団の殺人事件の取材に携わったことがきっかけで日雇い労働者の町ドヤ街に魅せられ、以後も英紙「デイリー・メイル」特派員やフリー記者としてドヤ街の取材を続けた。'90年帰国し、ロンドン・スクール・オブ・

エコノミックスに入学。人類学の博士号論文「日本における日雇い労働者の社会構造」のため'93年再来日し、横浜・寿地区や大阪のあいりん地区で研究。著書に「トム・ギル氏の英国風ユーモア教えます」「トム・ギル氏の笑って学べ！」がある。

【著作】
◇往生考—日本人の生・老・死 国立歴史民俗博物館国際シンポジウム　宮田登,新谷尚紀編　小学館　2000.5〈内容:山口さんの不滅機械—寄せ場労働者の老いと死の扱い方（トム・ギル）〉

ギル, ロビン
Gill, Robin
コラムニスト, 編集者

[生年月日] 1951年
[国籍] 米国　[出生地] フロリダ州マイアミ・ビーチ　[学歴] ジョージタウン大学国際政治学卒, ハワイ大学大学院中退　[専門] 日本人論, 日本語

大学で日本語を学び、在学中、ヤマハ発動機の技術顧問を務める父を頼って来日、10ケ月滞在。帰国後、日本語と日本人論の研究に従事し、1979年再来日、以後日本に定住。日本語著書に「誤訳天国—ことばのplayとmisplay」「反日本人論—a touch of nature」「日本人論探検—uniqueness syndrome」「英語はこんなにニッポン語—言葉くらべと日本人論」「コラッ!む」「19世紀のアメリカ人が集めた中国のマザーグース」など。

【著作】
◇反日本人論—a touch of nature ドドにはじまる　ロビン・ギル著　工作舎　1985.5
◇日本人論探検—ユニークさ病の研究　ロビン・ギル著　ティビーエス・ブリタニカ　1985.12
◇『日本人論探検』ロビン・ギル氏　ロビン・ギル：週刊現代　28(8)　1986.2.22
◇英語はこんなにニッポン語—言葉くらべと日本人論（ちくま文庫）　ロビン・ギル著　筑摩書房　1989.5
◇李先生、文化帝国主義は困ります　ロビン・ギル：中央公論　105(5)　1990.5
◇日本人の「NO」　佐藤綾子,ロビン・ギル：AERA　4(48)　1991.11.12

◇「四季」狂い（福武文庫）　ロビン・ギル：日本日記　福武書店　1993.2

ギルバート, ケント
Gilbert, Kent
弁護士, タレント

[生年月日] 1952年5月25日
[国籍] 米国　[出生地] アイダホ州ポカテロ　[学歴] ブリガム・ヤング大学大学院修了　[学位] M.B.A.〔1980年〕　[資格] カリフォルニア州弁護士

1970年にユタ州のブリガム・ヤング大学に入学し、1年後、伝道活動のために初来日。復学後は同大学院で経営学、法学を専攻。司法試験合格後の'80年企業の法律コンサルタントとして再来日。弁護士の傍ら英会話学校経営にも乗り出す。また、テレビ番組「世界まるごとHOWマッチ」「関口宏のサンデーモーニング」にレギュラー出演するなど、タレントとしても活躍。著書に「ケントの面白大国ニッポン！」「ボクが見た日本国憲法」「知ってるつもり大論争」「日本人英語の間違い」など。

【著作】
◇Kentの面白大国ニッポン！　ケント・S.ギルバート著　ダイナミックセラーズ　1984.4
◇あっとhomeニッポン—ちょっと不思議な日本のパパ・ママ　ケント・ギルバート著　ジャテック出版　1986.9
◇いまの日本人を見て、どない思う？—約束は簡単にするけど、守ることはほとんど期待できないね　ケント・ギルバート,横山やすし：週刊宝石　7(24)　1987.7.3
◇ボクが見た日本国憲法　ケント・ギルバート著　PHP研究所　1988.5
◇ニホン人はもっと怒ったら—不満をかくさず、言いたいことを言おう！　ケント・ギルバート著　リクルート出版　1989.12
◇日本は外人スラムを作りたいわけ？（福武文庫）　ケント・ギルバート：日本日記　福武書店　1993.2
◇日米知ってるつもり大論争　加瀬英明,ケント・S.ギルバート著　日本教文社　1993.2
◇ケント・ギルバートの素朴な疑問—不思議な国ニッポン　ケント・ギルバート著　素朴社　1998.3
◇国際化途上国ニッポン　ケント・ギルバート著　近代文芸社　1998.11

◇三国感情―鮨とキムチとハンバーガー　ケント・ギルバート，池東旭，植田剛彦著　黙出版　2001.6

ギレスピー，ジョン
Gillespie, John K.
クラーク・コンサルティング・グループ・ニューヨーク支局長

[生年月日] 1945年
[国籍]米国　[学歴]ヒューストン・バプティスト大学卒　[学位]比較文学博士(インディアナ大学)　[専門]比較演劇
宣教師だった父と共に、2歳から高校卒業まで大阪、神戸で過ごす。米国で大学を卒業した後、ドイツ、フランス、日本の各地で日本と西洋の演劇の相互影響を研究。ジャパン・ソサエティ(ニューヨーク)のPerforming Arts Directorを経て、クラーク・コンサルティング・グループ・ニューヨーク支局長。著書に「Alternative Japanese Drama」、共著に「日本文化を英語で紹介する事典」がある。

【著作】
◇日本文化を英語で紹介する事典　杉浦洋一，ジョン・K.ギレスピー共著　ナツメ社　1993.11
◇日本文化を英語で紹介する事典　改訂新版　杉浦洋一，ジョン・K.ギレスピー共著　ナツメ社　1999.7
◇日本文化を英語で紹介する事典　第3版　杉浦洋一，ジョン・K.ギレスピー共著　ナツメ社　2004.8

キーン，E. B.
政治学者　ケンブリッジ大学日本研究所助教授

[生年月日] 1953年
[国籍]米国　[出生地]ワシントンD. C.　[学位]政治学博士(カリフォルニア大学バークレー校)　[専門]日本政治
フルブライト奨学研究生として2度来日、慶応義塾大学、埼玉大学、東京大学で研究。1991年からケンブリッジ大学日本研究所助教授。著書に「霞が関の特権官僚」がある。

【著作】

◇「もっと日本を知的に捉えようではないか」チャルマーズ・ジョンソン，E. B. キーン：THIS IS 読売　5(7)　1994.10

金　熙徳　きん・きとく
Jin Xi-de
政治学者　中国社会科学院日本研究所教授

[生年月日] 1954年
[国籍]中国　[出生地]延吉　[学歴]延辺大学政治学科〔1977年〕卒、延辺大学大学院〔1985年〕修士課程修了　[学位]学術博士(東京大学)〔1994年〕　[専門]日本外交，日中関係，北東アジア研究
「西田哲学の理論的特徴」で修士号を取得後、延辺大学大学院講師となる。1986年より1年間米国コネティカット州立大政治学科客員研究員。'89年より東京大学大学院総合文化研究科に在籍。'94年より中国社会科学院日本研究所に勤務、研究院教授を務める。

【著作】
◇日中人文社会科学交流協会創立二十周年記念日中学術シンポジウム論文集　日中人文社会科学交流協会　2000.3〈内容:日中関係の現状と将来(金熙徳)〉
◇徹底検証！日本型ODA―非軍事外交の試み　金熙徳著，鈴木英司訳　三和書籍　2002.4
◇日中「新思考」とは何か―馬立誠・時殷弘論文への批判　金熙徳，林治波著　日本僑報社　2003.9
◇平和と暴走の葛藤―日本はどこへ行くべきなのか(政策シリーズ)　高増杰編著　公共政策研究所　2004.3〈内容:冷戦後の国際政治思想(金熙徳)〉
◇二一世紀の日中関係―戦争・友好から地域統合のパートナーへ　金熙徳著，董宏，鄭成，須藤健太郎訳　日本僑報社　2004.3

金　太基　きん・たいき
東国大学校政治外交学科講師，江陵大学校日本学科講師

[生年月日] 1963年2月
[学歴]東国大学校政治外交学科卒，一橋大学大学院法学研究科国際関係専攻博士課程単位取得退学　[学位]法学博士(一橋大学)〔1996年〕　[専門]国際関係

1985年来日。一橋大学大学院に学んだ後、'92～94年同大学法学部助手。'97年東国大学校政治外交学科講師、江陵大学校日本学科講師を務める。著書に「戦後日本政治と在日朝鮮人問題」がある。
【著作】
◇米国の対在日朝鮮人占領政策―政策形成過程を中心に　金太基〔著〕，富士ゼロックス小林節太郎記念基金編　富士ゼロックス小林節太郎記念基金　1993.12
◇戦後日本政治と在日朝鮮人問題―SCAPの対在日朝鮮人政策1945～1952年　金太基著　勁草書房　1997.12

金 智栄　きん・ちえい
翻訳家　北京国際政治学院中央編訳局日文処処長

[生年月日] 1933年3月1日
[国籍] 中国　[出生地] 咸鏡北道鍾城郡龍渓面（朝鮮）　[学歴] 延辺漢語師範学校〔1953年〕卒, ハルビン外国語大学ロシア語科〔1957年〕卒, 北京師範学院中国語言文学科〔1958年〕修了
5歳のとき、中国吉林省へ移る。1967～75年吉林人民放送局朝鮮語部主任。'75～81年中央民族翻訳中心レーニン・スターリン組組長。'81～87年北京国際政治学院外国語系日本語科主任、日本問題研究室主任、副教授、'87年より中央編訳局日文処処長、副教授。著書に「『日韓合併』とアリラン」（共著）他。
【著作】
◇「日韓合併」とアリラン　金智栄, 山川力共著, 山川力編　北海道新聞社　1992.12

キーン, デニス
Keene, Dennis
詩人, 翻訳家　日本女子大学文学部教授

[生年月日] 1934年7月10日
[没年月日] 2007年11月30日
[国籍] 英国　[出生地] ロンドン　[学歴] オックスフォード大学文学部英文学〔1957年〕卒, オックスフォード大学大学院比較文化研究科日本近代文学専攻〔1973年〕博士課程修了　[学位] 文学博士（オックスフォード大学）〔1973年〕　[専門] 英文学, 現代日本文学
1961年来日。同年～63年京都大学、'66～69年九州大学、'70年より日本女子大学で教鞭を執った。一方、日本文学の英訳に取り組み、'91年丸谷才一「横しぐれ」の英訳で第1回英国インディペンデント紙外国文学賞特別賞を受けた。'92年北杜夫「幽霊」の英訳で野間文芸翻訳賞。他の著書に「モダニスト横光利一」「日本近代散文詩」、訳書に丸谷才一「たった一人の反乱」「笹まくら」、北杜夫「楡家の人びと」などがある。　[受賞] インディペンデント紙外国文学賞特別賞（第1回）〔1991年〕「Rain in the Wind（横しぐれ）」, 野間文芸翻訳賞（第3回）〔平成4年〕「Ghosts（幽霊）」
【著作】
◇デニス・キーン日本女子大学教授から『私の日本理解―あんぱんとの苦闘』の話を聞き出す　デニス・キーン, 丸谷才一：週刊ポスト　22(45)　1990.11.23
◇忘れられた国ニッポン　デニス・キーン著　講談社　1995.1

キーン, ドナルド
Keene, Donald
日本文学者　コロンビア大学名誉教授

[生年月日] 1922年6月18日
[国籍] 米国　[出生地] ニューヨーク市　[学歴] コロンビア大学比較文学専攻〔1942年〕卒, ケンブリッジ大学大学院〔1949年〕博士課程修了, コロンビア大学大学院外国語研究科〔1951年〕修了　[学位] 文学博士〔1951年〕　[資格] 米国芸術文学アカデミー正会員〔1986年〕, 米国芸術科学アカデミー会員, 日本学士院客員〔1990年〕　[専門] 日本文学, 日本文化史　[団体] 日本ペンクラブ, American Academy of Arts and Letters, American Academy of Arts and Science, 朝日新聞友の会
コロンビア大学で角田柳作教授らに師事し、比較文学を学ぶかたわら、日本語と中国語の手ほどきを受ける。第二次世界大戦中の1942年米国海軍日本語学校に入学。'43年卒業し、ハワイなどで情報関係の軍務につく。'45年

暮れ、初めて日本の土を踏む。コロンビア大学大学院に復学し、東洋文学、特に近松門左衛門を研究。英国ケンブリッジ大学の日本語副講師となり、「Anthology of Japanese Literature」（全2巻）などを刊行。また、'53年から2年間京都大学に留学し、芭蕉・西鶴・近松を研究。コロンビア大学日本文学助教授、准教授を経て、'60年教授。以降年の半分を日本で過ごす。研究分野は広く、日本の古典・現代文学のみならず、歴史・文化・芸能にもおよぶ。'86年コロンビア大学にドナルド・キーン日本文化センター設立。'88年コロンビア大学の最高称号であるユニバーシティ・プロフェッサーに任命される。'90年谷崎潤一郎賞選考委員、国際日本文化研究センター教授も務める。'82～92年朝日新聞客員編集委員。'92年6月コロンビア大学を退任、名誉教授。2002年文化功労者。2003年海外に日本文化を普及させる目的でニューヨークにドナルド・キーン財団を設立した。主な著書に「Landscapes and Portraits」「日本の作家」「百代の過客—日記にみる日本人」「少し耳の痛くなる話」「二つの母国に生きて」「古典を楽しむ」「日本人の質問」「明治天皇」、「日本文学の歴史」（全18巻, 中央公論社）などがあり、近松門左衛門、太宰治、三島由紀夫、安部公房らの日本文学の英訳も数多く手がけている。　〔受賞〕文化功労者〔2002年〕、菊池寛賞〔1962年〕、米国アカデミー賞〔1982年〕、山片蟠桃賞（第1回）〔1983年〕「WorldWithin Walls」、国際交流基金賞〔1983年〕、日本文学大賞〔1984年〕「日本文学史」、読売文学賞（評論伝記賞）〔1985年〕「百代の過客」、日本文学大賞（学芸部門）〔1985年〕「百代の過客」、東京都文化賞〔1987年〕、全米文芸評論家賞（NBCC賞）〔1991年〕、福岡アジア文化賞（芸術・文化賞, 第2回）〔1991年〕、NHK放送文化賞（第45回）〔1993年〕、井上靖賞（第2回）〔1994年〕、東北大学名誉博士号〔1997年〕、朝日賞〔1998年〕、早稲田大学名誉博士号〔1993年〕、東京外国語大学名誉博士号〔1999年〕、敬和大学名誉博士号〔2000年〕、毎日出版文化賞（人文・社会部門, 第56回）〔2002年〕「明治天皇」、京都産業大学名誉博士号〔2002年〕　〔叙勲〕勲三等旭日中綬章〔1975年〕, 勲二等旭日重光章〔1993年〕

【著作】
◇外国人の見た日本人の道徳的心性—私的生活と公的生活の「矛盾」　ドナルド・キーン：現代道徳講座　第3巻　河出書房　1955
◇日本文化の理解を妨げるもの　ドナルド・キーン：中央公論　70（5）　1955.5
◇碧い眼の太郎冠者　ドナルド・キーン著　中央公論社　1957
◇日本文学教師の憂鬱　D. キーン：中央公論　72（5）　1957.4
◇アメリカにいる日本人たち　ドナルド・キーン：中央公論　1960.8
◇日本文化の理解　D. キーン, 加藤周一編：外国人の見た日本　第5　筑摩書房　1961
◇ニューヨークの一人の日本人—わが師、角田柳作先生のこと　ドナルド・キーン：文芸春秋　1962.5
◇日本大国論—大国的な我儘を遠慮しさえすれば…　ドナルド・キーン：中央公論　77（6）　1962.5
◇日本人の西洋発見—本多利明とその他の発見者たち（中公叢書）　中央公論社　1968
◇日本人と日本文化（中公新書）　司馬遼太郎, ドナルド・キーン対談　中央公論社　1972
◇日本研究の外国人に冷淡な政府（対談）　大橋巨泉, ドナルド・キーン：週刊朝日　1972.9.1
◇日本学とは何か—世界的視野に立って日本文化は問い直されるべきだ　ドナルド・キーン：中央公論　1972.10
◇生きている日本　ドナルド・キーン著, 江藤淳, 足立康訳　朝日出版社　1973
◇伊勢遷宮・私と日本の二十年　ドナルド・キーン：諸君　1974.2
◇わが内なる日本（対談）　ドナルド・キーン, ロベール・ギラン：週刊朝日　1974.8.23, 8.30
◇日本史・日本語・日本人—「いつも自己を批判…」「遊ぶのも一生懸命…」（対談）　ロナルド・ドーア, ドナルド・キーン：週刊朝日　1975.8.8
◇碧い目の太郎冠者　中央文庫　1976
◇日本についての30章　ドナルド・キーン他著, 小津次郎, 藤巻典子編注　弓書房　1978.4
◇日本文学のなかへ—語学将校として筆者が初めて見た日本とは…　ドナルド・キーン：諸君　1979.1～1979.8
◇日本の魅力—対談集　ドナルド・キーンほか著　中央公論社　1979.3
◇日本を理解するまで　ドナルド・キーン著　新潮社　1979.5
◇日本人の西洋発見—本多利明とその他の発見者たち（中公文庫）　中央公論社　1982

◇顔のない巨人―不安の中の選択（国際シンポジウム）開高健, ドナルド・キーン, 佐藤誠三郎, ロナルド・ドーア, 山崎正和, 永井陽之助, 公文俊平, 蠟山昌一, 高坂正堯, 馬場正雄, 森口親司, 李御寧：文芸春秋　60(7)　1982.6
◇ドナルド・キーンの日本診断　ドナルド・キーン：リーダーズ・ダイジェスト　38(4)〜41(2)　1983.4〜1986.2
◇日本の伝統はどこまで伝統的か〔ほか〕　開高健, ドナルド・キーン, 李御寧, 山崎正和, 永井陽之助, 高坂正堯, ロナルド・ドーア：日本は世界のモデルになるか　文芸春秋　1983.4
◇日本人の質問（朝日選書）　ドナルド・キーン著　朝日新聞社　1983.6
◇モシモシ・すみません・どうも　ドナルド・キーンほか著, 松本道弘訳　講談社　1983.11
◇日本人と日本文化（中公文庫）　司馬遼太郎, ドナルド・キーン対談　中央公論社　1984.4
◇シンポジウム平泉―奥州藤原氏四代の栄華　高橋富雄編　小学館　1985.11〈内容：ひらいずみ文化私観（ドナルド・キーン）〉
◇日本文学史　近代・現代篇3　ドナルド・キーン著, 徳岡孝夫訳　中央公論社　1985.11
◇少し耳の痛くなる話　ドナルド・キーン著, 塩谷紘訳　新潮社　1986.6
◇二つの母国に生きて（朝日選書）　ドナルド・キーン著　朝日新聞社　1987.1
◇日本文学史　近代・現代篇4　ドナルド・キーン著, 徳岡孝夫, 角地幸男訳　中央公論社　1987.2
◇教養講座講演集　第1集　日本大学工学部『教養講座講演集』編集委員会編　日本大学工学部　1987.10〈内容：日本古典文学の特徴（ドナルド・キーン）〉
◇わたしの好きなレコード（中公文庫）　ドナルド・キーン著, 中矢一義訳　中央公論社　1987.12
◇百代の過客―日記にみる日本人　続　上（朝日選書）　ドナルド・キーン著, 金関寿夫訳　朝日新聞社　1988.1
◇百代の過客―日記にみる日本人　続　下（朝日選書）　ドナルド・キーン著, 金関寿夫訳　朝日新聞社　1988.2
◇NHK文化講演会　18　NHK編　日本放送出版協会　1988.9〈内容：外国人と俳句（ドナルド・キーン）〉
◇百代の過客―日記にみる日本人　続　ドナルド・キーン著, 金関寿夫訳　朝日新聞社　1988.12
◇日本文学史　近代・現代篇5　ドナルド・キーン著, 徳岡孝夫, 角地幸男訳　中央公論社　1989.12
◇古典を楽しむ―私の日本文学（朝日選書）　ドナルド・キーン著　朝日新聞社　1990.1
◇私と奥の細道―奥の細道三〇〇年芭蕉祭記録集記念講演・シンポジウム再録　奥の細道300年芭蕉祭実行委員会企画・編集　奥の細道300年芭蕉祭実行委員会　1990.1〈内容：奥の細道の世界（ドナルド・キーン）〉
◇日本人の美意識　ドナルド・キーン著, 金関寿夫訳　中央公論社　1990.3
◇北への視角―シンポジウム「松浦武四郎」　松浦武四郎研究会編　北海道出版企画センター　1990.9〈内容：松浦武四郎を読んでみて（ドナルド・キーン）〉
◇異文化を結ぶためのメッセージ―東洋大学国際シンポジウム　東洋大学国際シンポジウム実行委員会編　東洋大学　1991.3
◇日本文学史　近代・現代篇6　ドナルド・キーン著, 新井潤美訳　中央公論社　1991.12
◇恐ろしく高級な日本人と恐ろしく低級な日本人の同居　ドナルド・キーン：新潮45　11(1)　1992.1
◇古典の愉しみ　ドナルド・キーン著, 大庭みな子訳　JICC出版局　1992.3
◇世界のなかの日本―十六世紀まで遡って見る　司馬遼太郎, ドナルド・キーン著　中央公論社　1992.4
◇日本文学史　近代・現代篇7　ドナルド・キーン著, 新井潤美訳　中央公論社　1992.4
◇音楽の出会いとよろこび（中公文庫）　ドナルド・キーン著, 中矢一義訳　中央公論社　1992.5
◇声の残り―私の文壇交遊録　ドナルド・キーン著, 金関寿夫訳　朝日新聞社　1992.12
◇日本文学史　近代・現代篇8　ドナルド・キーン著, 角地幸男訳　中央公論社　1992.12
◇世界のなかの日本文化（県民カレッジ叢書）　ドナルド・キーン〔述〕, 富山県民生涯学習カレッジ編　富山県民生涯学習カレッジ　1993.3
◇日本語の美　ドナルド・キーン著　中央公論社　1993.10
◇このひとすじにつながりて（朝日選書）　ドナルド・キーン著, 金関寿夫訳　朝日新聞社　1993.11
◇奥の細道・芭蕉講演会―講演録　草加市自治文化課編　草加市　1994.1〈内容：講演録　外国から見た奥の細道（ドナルド・キーン）〉
◇あの頃の日本人、今どきの日本人―高名なジャパノロジストが「異質論」「嫌米」など, この国と国びとについて語る　ドナルド・キーン, ジェラルド・カーティス, 土井あや子：プレジデント　32(3)　1994.3
◇日本文学の歴史　1　ドナルド・キーン著, 土屋政雄訳　中央公論社　1994.5
◇日本文学の歴史　2　ドナルド・キーン著, 土屋政雄訳　中央公論社　1994.7
◇日本文学の歴史　3　ドナルド・キーン著, 土屋政雄訳　中央公論社　1994.9

- ◇日本文学の歴史 4 ドナルド・キーン著, 土屋政雄訳 中央公論社 1994.11
- ◇日本文学の歴史 5 ドナルド・キーン著, 土屋政雄訳 中央公論社 1995.1
- ◇日本文学の歴史 6 ドナルド・キーン著, 土屋政雄訳 中央公論社 1995.3
- ◇戦後日本人が失ったもの 永六輔, 川崎洋, ドナルド・キーン, 佐藤愛子, 西沢潤一, 林健太郎, 平山岩四, 平山郁夫, 堀田力, 南博: THIS IS 読売 6(2) 1995.5
- ◇日本文学の歴史 7 ドナルド・キーン著, 徳岡孝夫訳 中央公論社 1995.5
- ◇日本文学の歴史 8 ドナルド・キーン著, 徳岡孝夫訳 中央公論社 1995.7
- ◇日本文学の歴史 9 ドナルド・キーン著, 徳岡孝夫訳 中央公論社 1995.9
- ◇日本文学の歴史 10 ドナルド・キーン著, 徳岡孝夫訳 中央公論社 1995.11
- ◇世界のなかの日本―十六世紀まで遡って見る(中公文庫) 司馬遼太郎, ドナルド・キーン著 中央公論社 1996.1
- ◇日本文学の歴史 11 ドナルド・キーン著, 徳岡孝夫訳 中央公論社 1996.1
- ◇日本文学の歴史 12 ドナルド・キーン著, 徳岡孝夫訳 中央公論社 1996.3
- ◇日本文学の歴史 13 ドナルド・キーン著, 徳岡孝夫訳 中央公論社 1996.5
- ◇日本文学の歴史 14 ドナルド・キーン著, 角地幸男訳 中央公論社 1996.7
- ◇日本人と日本文化 改版(中公文庫) 司馬遼太郎, ドナルド・キーン対談 中央公論社 1996.8
- ◇日本文学の歴史 15 ドナルド・キーン著, 徳岡孝夫, 角地幸男訳 中央公論社 1996.9
- ◇日本文学の歴史 16 ドナルド・キーン著, 新井潤美訳 中央公論社 1996.11
- ◇日本文学の歴史 17 ドナルド・キーン著, 新井潤美訳 中央公論社 1997.1
- ◇日本文学の歴史 18 ドナルド・キーン著, 角地幸男訳 中央公論社 1997.3
- ◇谷崎潤一郎国際シンポジウム アドリアーナ・ボスカロ〔ほか〕著 中央公論社 1997.7〈内容:はじめに―海外における谷崎文学(ドナルド・キーン) 谷崎の戯曲(ドナルド・キーン)〉
- ◇声の残り―私の文壇交遊録(朝日文芸文庫) ドナルド・キーン著, 金関寿夫訳 朝日新聞社 1997.8
- ◇日本文学における日誌の地位(新島講座) Donald Keene著 同志社 1998.5
- ◇九州国際文化会議報告書 第8回(1998) 福岡ユネスコ協会編 福岡ユネスコ協会 1998.7
- ◇百代の夢―奥の細道・芭蕉企画事業・講演録集成 奥の細道・芭蕉企画事業十周年記念誌編集委員会編 草加市奥の細道まちづくり市民推進委員会 1998.9〈内容:外国から見た奥の細道(ドナルド・キーン)〉
- ◇もう一つの母国、日本へ(Bilingual books) ドナルド・キーン著, 塩谷紘訳 講談社インターナショナル 1999.1
- ◇日本人の美意識(中公文庫) ドナルド・キーン著, 金関寿夫訳 中央公論新社 1999.4
- ◇21世紀に生きる君たちへ―対訳 司馬遼太郎著, ドナルド・キーン監訳, ロバート・ミンツァー訳 朝日出版社 1999.11
- ◇後世に残すべき日本の価値とは―日本人はグローバル・スタンダードに対抗しうるか(シンポジウム)(特集・世紀さいごの一年) ドナルド・キーン, 河合隼雄, 榊原英資, 嶌信彦:中央公論 115(2) 2000.1
- ◇日本語の美(中公文庫) ドナルド・キーン著 中央公論新社 2000.1
- ◇古典の愉しみ(宝島社文庫) ドナルド・キーン著, 大庭みな子訳 宝島社 2000.8
- ◇日本人の美意識を訪ねて(足利義政と銀閣寺序章) キーン, ドナルド:中央公論 116(4) 2001.4
- ◇能・文楽・歌舞伎(講談社学術文庫) ドナルド・キーン〔著〕, 吉田健一, 松宮史朗訳 講談社 2001.5
- ◇反劇的人間―対談集(Chuko on demand books) 安部公房, ドナルド・キーン著 中央公論新社 2001.7
- ◇碧い眼の太郎冠者(Chuko on demand books) ドナルド・キーン著 中央公論新社 2001.7
- ◇明治天皇 上巻 ドナルド・キーン著, 角地幸男訳 新潮社 2001.10
- ◇明治天皇 下巻 ドナルド・キーン著, 角地幸男訳 新潮社 2001.10
- ◇明治天皇と日本文化(講演記録) Donald Keene:京都産業大学日本文化研究所紀要 7・8 2002年度
- ◇明治天皇と大正天皇―日本の近代を作った対照的な父と子の素顔とは キーン, 原武史:文芸春秋 80(2) 2002.2
- ◇近松は世界に翔く―「近松国際フォーラムin Yamaguchi」の報告 山口県立大学 2002.3〈内容:基調講演 近松の文学(ドナルド・キーン)〉
- ◇果てしなく美しい日本(講談社学術文庫) ドナルド・キーン〔著〕, 足立康訳 講談社 2002.9
- ◇足利義政―日本美の発見 ドナルド・キーン著, 角地幸男訳 中央公論新社 2003.1
- ◇明治天皇を語る(新潮新書) ドナルド・キーン著 新潮社 2003.4
- ◇日本文学散歩(朝日選書) ドナルド・キーン著, 篠田一士訳 朝日新聞社 2003.6
- ◇百代の過客―日記にみる日本人 続 上(朝日選書) ドナルド・キーン著, 金関寿夫訳 朝日新聞社 2003.6

◇百代の過客—日記にみる日本人　続　下（朝日選書）　ドナルド・キーン著, 金関寿夫訳　朝日新聞社　2003.6
◇日本文学は世界のかけ橋　ドナルド・キーン著　たちばな出版　2003.10
◇日本人捕虜の目に浮かんだ涙(完全保存版56人の証言・運命の8月15日—ついに明かされる新事実、秘話、語り継がれる体験談)　キーン, ドナルド：文芸春秋　83(12)　2005.9
◇思い出の作家たち—谷崎・川端・三島・安部・司馬　ドナルド・キーン著, 松宮史朗訳　新潮社　2005.11
◇国際化時代における京都文化の役割—第十回国際文化フォーラム 京都府国際センター講演録　ドナルド・キーン講演, ドナルド・キーン, 西島安則対談, 京都府国際センター監修　京都府国際センター　2006.2
◇座談会 日本文化再発見シンポジウム 伝統と美意識は永遠なり　小倉和夫, 千宗屋, ドナルド・キーン, 辻井喬：中央公論　121(2)　2006.2
◇21世紀の仕掛け人 司馬文学は戦後日本の達成だ　ドナルド・キーン, 尾崎真理子：Voice　339　2006.3
◇昨日の戦地から—米軍日本語将校が見た終戦直後のアジア　ドナルド・キーン編, 松宮史朗訳　中央公論新社　2006.7
◇玉砕Gyokusai　小田実, ティナ・ペプラー, ドナルド・キーン著　岩波書店　2006.9〈内容：「玉砕」によせて:英訳版『玉砕』のための「まえがき」（ドナルド・キーン著, 金井和子訳）〉
◇明治天皇　1(新潮文庫)　ドナルド・キーン著, 角地幸男訳　新潮社　2007.3
◇明治天皇　2(新潮文庫)　ドナルド・キーン著, 角地幸男訳　新潮社　2007.3
◇渡辺崋山　ドナルド・キーン著, 角地幸男訳　新潮社　2007.3
◇明治天皇　3(新潮文庫)　ドナルド・キーン著, 角地幸男訳　新潮社　2007.4
◇おくのほそ道—英文収録（講談社学術文庫）　松尾芭蕉[著], ドナルド・キーン訳　講談社　2007.4
◇明治天皇　4(新潮文庫)　ドナルド・キーン著, 角地幸男訳　新潮社　2007.5

金 美齢　きん・びれい
評論家　台湾総統府国策顧問

[生年月日] 1934年
[国籍]台湾　[出生地]台北　[学歴]早稲田大学大学院文学研究科〔1971年〕博士課程修了
[団体]日本文芸家協会

1959年留学生として来日、早稲田大学文学部英文科に入学。'60年台湾独立運動に参加したため、国民党政府よりパスポートを収奪され帰国の道を絶たれる。'92年10月ブラックリスト解除に伴い、31年ぶりに帰国を果たす。'71年早大博士課程修了後、同大で英語講師をつとめる。'88年柴永国際学園ジェット（JET）日本語学校の創立に参画、'89年より校長を務める。のち理事長。テレビのコメンテーターとしても活躍。2001年金美齢事務所を設立。著書に「自分の自生、自分で決める」「金美齢の私は鬼かあちゃん」「日本が子どもたちに教えなかったこと」「日本ほど格差のない国はありません！」、共著に「ジョイスからジョイスへ」、訳書にベティ・パオ・ロード「中国の悲しい遺産—この四十年の検閲なき証言」などがある。

【著作】
◇鍵は「台湾」にあり！—「日・台」新関係がアジアを変える　深田祐介, 金美齢著　文芸春秋　1996.3
◇台湾で生きている「日本精神」—「リップンチェンシン（日本精神）」の意は「清潔」「公正」「誠実」「勤勉」「責任感」「紀律順守」エトセトラ…。　金美齢：新潮45　15(8)　1996.8
◇誠実さと感覚的不誠実さ(特集・日本の「強さ」と「弱さ」)　金美齢：Voice　258　1999.6
◇「日の丸・君が代」と漂流する日本人のアイデンティティ　金美齢：正論　322　1999.6
◇自立できない国日本—勇気があれば人生は拓ける　桜井よしこ, 金美齢著　日本文芸社　1999.9
◇世界一豊かで幸せな国と、有難みを知らない不安な人々　金美齢著　PHP研究所　1999.9
◇隣の国からみた日本(国民会館叢書)　金美齢著　国民会館　1999.11
◇金美齢の直言　金美齢著　ワック　1999.12
◇21世紀の日本の進路—第26回防衛セミナー講演集(防衛開眼)　守屋保編　隊友会　2000.3〈内容:求む！リーダーシップ（金美齢）〉
◇国籍意識に見る日本人の危うさ　金美齢：正論　332　2000.4
◇日本人に生まれて幸せですか　金美齢著　海竜社　2000.11
◇敵は中国なり—日本は台湾と同盟を結べ　深田祐介, 金美齢著　光文社　2000.11

◇本格座談・日本人の気概、台湾人の心―「日本」とは、「国家」とは何か。隣国との"歴史の合わせ鏡"に映るもの　小林よしのり, 金美齢, 小堀桂一郎：正論　340　2000.12
◇世界中でこんなにナメられている日本　金美齢, 高山正之, 浜田和幸：諸君！　33(1)　2001.1
◇日本を捨てた男と、日本を好いた女の直言―次代に伝えたい、美しい日本の心　金美齢, 林秀彦：正論　342　2001.2
◇「日本人」を育てよ(特集・21世紀に求められること)　金美齢：ていくおふ　93　2001.3
◇入国拒否―『台湾論』はなぜ焼かれたか　小林よしのり, 金美齢著　幻冬舎　2001.7
◇日本人に見る「覚悟の欠如」　金美齢：月刊自由民主　585　2001.12
◇金美齢と素敵な男たち　金美齢著　ワック　2002.7
◇「無告の民」と日本　金美齢：月刊自由民主　593　2002.8
◇覚悟と原則なき国の狼狽(ワイド特集・なぜかくも日本男子は無様となりしか)　金美齢：正論　360　2002.8
◇国の礎となった父祖たちとの"約束"を反故にしてはならない―傲岸と政治主義の議論を戒める(靖国と日本人の心―台湾人にとっての靖国)　金美齢：正論　臨増　2003.8
◇朝まで生テレビ！「愛国心」「国益」とはなにか。　田原総一朗責任編集, 金子勝, 姜尚中, 金美齢, 小林よしのり, 高野孟, 西部邁, 樋口恵子, 森本敏著　アスコム　2004.2
◇日本ほど格差のない国はありません！(ワックBUNKO)　金美齢著　ワック　2006.12

キーン, マーク・ピーター
Keane, Marc Peter
造園建築家　京都造形芸術大学講師

[生年月日] 1958年
[国籍]米国　[出生地]ニューヨーク・マッハッタン　[学歴]コーネル大学造園建築科卒　[資格]小型飛行機操縦士

フランス人の母は、ラルフ・ローレンのデザイナーとして活躍。父は従軍カメラマンとして戦後の日本に滞在。帰国した父が持ち帰った鬼の面、刀、木版画などを見て日本文化に興味を持つ。大学卒業後、バーモント州シェルバーン博物館に勤めたのち、造園建築事務所に5年間勤務。27歳で来日後、いくつかの造園建築設計事務所に勤める傍ら、京都大学理学部林学科造園研究室の研修員として2年間学ぶ。1993年京都造形芸術大学の環境デザインの講師に。傍ら造園建築家として活躍し、京都の伝統的な町家造りを生かした民芸おばんざい屋・百千足館の石畳路地、中庭、壺庭などを手がける。京都を守る会代表。
【著作】
◇石をたてん事―京都の庭園の随筆　マーク・ピーター・キーン著, セルデン恭子訳　観峰文化センター　2004.3

キング, フランシス
King, Francis Henry
作家　国際ペンクラブ会長

[生年月日] 1923年3月4日
[国籍]英国　[出生地]スイス　[学歴]オックスフォード大学卒

幼年期をスイス、インドで過ごす。1949年ブリティッシュ・カウンシル(英国文化協会)に入り、イタリア、ギリシャ、フィンランド、日本と様々な任地におもむき、17年間働く。'59年～63年京都支部のディレクター(京都イギリス文化会館館長)を務めた。一方、'46年23歳の時小説集「暗黒の塔へ」を出版し作家としてデビュー、以後40年以上20数冊の小説集を出版している。'64年からフルタイムの作家として活動。日本を舞台にした作品が多い。創作のほかに多くの週刊誌の書評欄に執筆。'78～86年英国ペンクラブ会長を経て、'86年1月～89年6月国際ペンクラブ会長を務めた。'90年小泉八雲来日100年記念フェスティバルに参加のため来日。作品には「岩の上の男」('57年)、「凍った音楽」('87年)や、日本を題材にした長編「The Custom House(税関)」、短編集「The Japanese Umbrella(日本傘)」、自伝「Yesterday Came Suddenly」('93年)、「E. M. フォスター評伝」などがある。　[受賞]サマセット・モーム賞(1952年度)「The Driving Stream」, キャサリン・マンスフィールド短編小説賞〔1965年〕「The Japanese Umbrella」
【著作】
◇文学者の声1984―第47回国際ペン東京大会論集　日本ペンクラブ編　小学館　1985.12

〈内容：日本の中のイギリス文学—ヴィクトリア朝作家の影響（フランシス・キング）〉
◇簡潔の美学に学ぶ　フランシス・キング, 池田雅之：知識　85　1989.1
◇日本の文化の豊饒性—元国際ペン会長が語る（対談）　フランシス・キング, 池田雅之：正論　219　1990.11
◇日本の雨傘—フランシス・キング作品集　フランシス・キング〔著〕, 横島昇訳　河合出版　1991.6

キングストン, J.
Kingston, Jeff
テンプル大学日本校助教授

［生年月日］1957年
［国籍］米国　［出生地］コネチカット州　［学歴］コロンビア大学卒　［学位］歴史学博士　［専門］経済政策
コロンビア大学で国際関係を専攻した後、同大学院に進み歴史学の博士号を取得。1987年より、テンプル大学日本校で教鞭を執っている。現在、同大学のアジア研究所所長。「ジャパンタイムズ」「ウォールストリート・ジャーナル」などに寄稿する論客としても知られる。
【著作】
◇国家再生—日本復活への4つの鍵　ジェフ・キングストン著, 匝瑳玲子訳　早川書房　2006.7

キンモンス, アール
Kinmonth, Earl H.
歴史学者, 日本研究家　シェフィールド大学日本研究センター上級講師

［生年月日］1946年
［国籍］米国　［出生地］イリノイ州　［学歴］ウィスコンシン大学（歴史学）
コーネル大学助教授、カリフォルニア大学教授を経て、1990年以降シェフィールド大学日本研究センター上級講師。著書に「立身出世の社会史—サムライからサラリーマンへ」がある。
【著作】
◇立身出世の社会史—サムライからサラリーマンへ　E. H. キンモンス著, 広田照幸〔ほか〕訳　玉川大学出版部　1995.1

【ク】

丘　秉朔　ク・ビョンサク
高麗大学名誉教授, 韓日法学会会長, アジア太平洋公法学会会長

［生年月日］1926年6月29日
［国籍］韓国　［出生地］舒川　［学歴］ソウル大学〔1950年〕卒　［学位］法学博士（友石大学）〔1968年〕
1971年より'91年まで高麗大学法科大学教授。著書に「日本の近代化と制度」「韓国憲法論」「新行政法」などがある。　［叙勲］韓国国民勲章牡丹章
【著作】
◇憲法学の展望—小林直樹先生古稀祝賀　樋口陽一〔ほか〕編　有斐閣　1991.9〈内容：韓国・日本両国憲法の特質比較（丘秉朔）〉

クー, リチャード
Koo, Richard C.
エコノミスト　野村総合研究所主席研究員

［生年月日］1954年
［国籍］米国　［出生地］兵庫県　［出身地］神戸市　［学歴］カリフォルニア大学バークレー校〔1976年〕卒, ジョンズ・ホプキンズ大学大学院政治経済学研究科〔1981年〕博士課程修了
米国籍だが日本、台湾、中国の流れを引く。1967年渡米。'81年ニューヨーク連邦銀行に入行。国際調査部、外国局などを経て、'84年野村総研に入社。'90年投資調査部主任研究員。'98年より早稲田大学客員教授。著書に「良い円高　悪い円高」「金融危機からの脱出」「日本経済　回復への青写真」「デフレとバランスシート不況の経済学」などがある。
【著作】
◇良い円高悪い円高—日本経済を変える投資家の反乱　リチャード・クー著　東洋経済新報社　1994.8
◇投機の円安実需の円高　リチャード・クー著　東洋経済新報社　1996.1

◇「有事」のアジア―迷走する中国と平和ボケの日本　長谷川慶太郎, リチャード・クー著　PHP研究所　1996.5
◇特別講演 日本型システムの崩壊と再構築への道　リチャード・クー：Omni-management　5(11)　1996.11
◇将軍のいない国―ブレーキがきかないいまの日本式システムを変えよ（特集・漂流する日本）　クー, リチャード：Voice 233　1997.5
◇金融危機からの脱出―沈みゆく日本経済をどう救うか　リチャード・クー著　PHP研究所　1998.3
◇未来はいま決まる―ビッグバンの予測と現実　リチャード・クー, ピーター・タスカ, R. ターガート・マーフィー〔述〕, 堺屋太一編著　フォレスト出版　1998.6
◇岡本行夫の「日本人を思う」対談〔37〕銀行を今潰したら国が沈没する　リチャード・クー, 岡本行夫：外交フォーラム　11(10)　1998.10
◇日本経済回復への青写真―診断、治療そしてリハビリ　リチャード・クー著　PHP研究所　1999.2
◇良い財政赤字悪い財政赤字―「俗説」の呪縛を解き景気回復へ　リチャード・クー著　PHP研究所　2001.1
◇日本経済生か死かの選択―良い改革悪い改革　リチャード・クー著　徳間書店　2001.10
◇デフレとバランスシート不況の経済学　リチャード・クー著, 楡井浩一訳　徳間書店　2003.10
◇「陰」と「陽」の経済学―我々はどのような不況と戦ってきたのか　リチャード・クー著　東洋経済新報社　2007.1

グエン・ズイ・ズン
Nguyen Duy Dung
ベトナム日本研究センター副所長・上級研究員

[生年月日] 1957年
[国籍] ベトナム　[学歴] ハノイ大学卒　[学位] 博士号（エレバン大学）　[専門] 国際政治学, 国際経済学
専攻は, 政治経済学。「Vietnam economic review」などに論文を発表。共著に「日本とベトナムの社会福祉にかんする若干の問題」（1996年）、「日越経済関係の現状と展望」（'95年）などがある。
【著作】

◇日本・ベトナム関係を学ぶ人のために　木村汎, グエン・ズイ・ズン, 古田元夫編　世界思想社　2000.10〈内容：アジア太平洋地域協力における越日関係 他（グエン・ズイ・ズン）〉

権 五琦　クォン・オギ
Kwon O-gi
政治家, ジャーナリスト　韓国副首相・統一院長官, 東亜日報社長

[生年月日] 1932年12月10日
[国籍] 韓国　[出生地] 慶尚北道安東　[学歴] ソウル大学法学部〔1957年〕卒
1957年京郷新聞記者。'59年東亜日報記者となり, '63年同東京特派員, '70～74年同ワシントン特派員, '77年同編集局長, '83年同主筆, 専務理事を経て, '89年副社長, '93年社長。夕刊紙だった「東亜日報」を朝刊にした。この間'85年新聞編集人協会会長。'95年12月金泳三大統領が行った内閣改造で副首相兼統一院長官（現・統一相）となる。'98年3月退任。その後, 大学教授, 財団理事長など幅広く活動。韓国を代表する日本通。著書に「対談集―現代史の主役たちの政治証言」、「韓国と日本国」（若宮啓文との対談）など。
【著作】
◇韓国と日本国　権五琦, 若宮啓文著　朝日新聞社　2004.11

権 錫永　クォン・ソクヨン
Kweon Seok-Yeong
北海道大学大学院文学研究科助教授

[生年月日] 1964年1月8日
[国籍] 韓国　[学歴] 清州大学〔1991年〕卒, 北海道大学大学院文学研究科国文学専攻〔1998年〕博士課程修了　[学位] 文学博士（北海道大学）〔1998年〕　[専門] 日本近代思想, 文化研究, 日韓文化関係史　[団体] 日本近代文学会, 国語国文学会, 韓日関係史学会, 韓国日本文化学会, 日本社会文学会, 歴史学研究会
清州大学在学中の1992年日本近現代の思想・文化を研究するため北海道大学に留学, さらに大学院に進み博士号を取得。のち助教授に就任。

【著作】
◇太宰治(日本文学研究論文集成)　安藤宏編　若草書房　1998.5〈内容:〈時代的言説〉と〈非時代的言説〉―「惜別」(権錫永)〉

権 丙卓　クォン・ビョンタク
Kwon Byong-tack
伝統治鉄匠ドドリジブ経営者　嶺南大学教授

[生年月日] 1929年7月7日
[国籍]韓国　[出生地]大邱　[学歴]慶南大学法政学部〔1953年〕卒　[学位]経営学博士(慶北大学)〔1969年〕　[専門]韓国経済史
1962年から大邱大学講師、副教授、'67~94年嶺南大学経済学科教授。'89年からは松光梅の普及運動本部長を務める。'91年伝統治鉄匠・ドドリジブを開業。著書に「韓国経済史特殊研究」「伝統陶磁器の生産と需要」「韓国経済史」「薬令市研究」などがある。　[受賞]慶北文化賞、韓国経済学会賞、茶山経済学賞　[叙勲]韓国国民勲章牡丹賞
【著作】
◇恨―朝鮮人軍夫の沖縄戦　海野福寿、権丙卓著　河出書房新社　1987.7

権 寧夫　クォン・ヨンブ
Kwon Young-boo
著述家

[生年月日] 1961年
[国籍]韓国　[出生地]釜山　[学歴]東亜大学日本語日本文学科〔1989年〕卒、東京外国語大学日本語学科、韓国外国語大学大学院修士課程
1986年文部省の国費留学生として東京外国語大学日本語学科で1年間修学。'88~91年釜山商船の東京現地法人駐在員として二度目の来日。東京外国語大学在学時は主に学友との交流を通して日本を学び、駐在員勤務時は日本のサラリーマン、港湾の事情などを通して見聞を広げる。のち韓国経済研究所を経て、ソウルで日本語学校の教師となる。'95年韓国外国語大学大学院修士課程に入学するが、のち休学。著書に「韓国と日本 これから21世紀の誤解と友情」などがある。
【著作】
◇韓国と日本これから21世紀の誤解と友情　権寧夫著　自由国民社　2002

グザノフ, ヴィタリー
Guzanov, Vitaliy
作家, 歴史家

[没年月日] 2006年2月6日
[国籍]ロシア
海軍将校を経て、作家生活に入り、多数の海洋小説や歴史ルポ、映画脚本を執筆。日本に絡む作品も多く、邦訳に「ロシアのサムライ」などがある。旧ソ連による日本人捕虜のシベリア抑留問題でソ連を批判した。
【著作】
◇ロシアのサムライ―日露の歴史をあやなすモザイクの世界　ヴィターリー・グザーノフ著, 左近毅訳　元就出版社　2001.4

クーシュー, ポール・ルイ
Couchoud, Paul-Louis
詩人, 哲学者, 精神科医

[生年月日] 1879年
[没年月日] 1959年
[国籍]フランス　[出生地]イゼール県ヴィエンヌ　[学歴]エコール・ノルマル(哲学)〔1901年〕卒　[学位]医学博士〔1911年〕
俳句(ハイカイ Haïkaï)をヨーロッパに本格的に紹介した詩人。自ら三行短詩Haïkaïを作り、リルケも刺激されて三行詩を試みるなど、文化交流の上で画期的な役割を果たした。1903年24歳で来日。'04年4月大阪、広島を訪問。日露戦争時の日本の国家・民衆・社会・習慣・文化などについて克明な日記を綴った後、帰国。'12年日本を再訪。帰途、中国・曲阜の孔子廟を訪問。'13年セバストス夫人の所有する療法院レ・タマリスの医師となる。'18年同夫人と結婚。'20年フランス語訳俳句作品のうち4編にブリユアンが、'24年和歌14編にデルヴァンクールが作曲。著書に「明治日

本の詩と戦争―アジアの賢人と詩人」などがある。
【著作】
◇明治日本の詩と戦争―アジアの賢人と詩人 ポール=ルイ・クーシュー〔著〕，金子美都子，柴田依子訳 みすず書房 1999.11

クズネツォフ, セルゲイ・イリイチ
Kuznetsov, Sergei Il'ich
歴史学者 イルクーツク国立大学教授

[生年月日] 1956年
[国籍] ロシア [出生地] イルクーツク [学歴] イルクーツク国立大学歴史学部〔1978年〕卒，レニングラード国立大学歴史学部大学院修了 [学位] 歴史学博士 [専門] 日ロ関係史
イルクーツク国立大学教授で日ロ関係史を専門とする研究者。2007年6月〜2008年3月北海道大学文学部の客員教授として札幌に滞在。来日回数は十数回に及び、ロシア側でシベリア抑留の調査に本格的に取り組む。著書に「ロシアに渡った日本人」など多数。
【著作】
◇イルクーツク州の日本人墓地 セルゲイ・イリーチ・クズネツォフ，石川県東シベリア墓参団著，金沢ロシア語協会訳：石川県ロシア協会編集 石川県ロシア協会 1993
◇イルクーツク州の日本人墓地 セルゲイ・イリーチ・クズネツォフ著，金沢ロシア語研究会，石川県東シベリア墓参団訳，石川県ロシア協会編 石川県ロシア協会 1993.6
◇シベリアの日本人捕虜たち―ロシア側から見たラーゲリの虚と実 セルゲイ・I. クズネツォフ著，岡田安彦訳 集英社 1999.7
◇シベリアの日本人捕虜たち―完訳 セルゲイ・I. クズネツォーフ著，長勢了治訳 長勢了治 2000.10
◇ロシアに渡った日本人―江戸・明治・大正・昭和(ユーラシア・ブックレット) セルゲイ・クズネツォフ〔著〕，荒井雅子訳 東洋書店 2004.6
【翻訳】
◇シベリヤの物語―一兵士の記録 普及版 山下静夫画・文，セルゲイ・クズネツォーフ監訳，長勢了治訳 山下静夫画集「シベリヤの物語」刊行委員会 2006

クスマノ, マイケル
Cusumano, Michael A.
マサチューセッツ工科大学教授

[生年月日] 1954年
[国籍] 米国 [学歴] プリンストン大学〔1976年〕卒 [学位] 博士号(ハーバード大学)〔1984年〕 [専門] 経営学
1976〜78年ICUで講師を務め、'80〜83年には2件のフルブライト奨学金を得て東京大学で経済学を専攻。'84年ハーバード大学でビジネス史及び日本学の研究で博士号を取得。'84〜86年ハーバード大学ビジネススクール生産管理部門ポスト・ドクトラル・フェローを経て、マサチューセッツ工科大学スローン・スクール・オブ・マネジメント準教授、のち教授。日本には5年間以上にわたり在住し、国際基督教大学での教歴もある。日本関係の論文、著書が多く、主著に「日本の自動車産業」('85年)、「日本のソフトウェア戦略―アメリカ式経営への挑戦」('91年)、「食うか食われるか ネットスケープVS. マイクロソフト」('98年)など。
【著作】
◇日本のソフトウェア戦略―アメリカ式経営への挑戦 マイケル・A. クスマノ著，富沢宏之，藤井留美訳 三田出版会 1993.2
◇リーディングサプライヤー・システム―新しい企業間関係を創る 藤本隆宏，西口敏宏，伊藤秀史編 有斐閣 1998.1〈内容：自動車産業における部品取引関係の日米比較(マイケル・A. クスマノ，武石彰)〉
◇ソフトウェア企業の競争戦略 マイケル・A. クスマノ著，サイコム・インターナショナル監訳 ダイヤモンド社 2004.12

グーセン, セオドア
ヨーク大学準教授、国際日本文化研究センター客員助教授

[国籍] カナダ [出生地] ニューヨーク州(米国) [専門] 日本文学
ベトナム戦争が激しさを増した1968年、徴兵を避けようと奨学金に応募し、早稲田大学国際部に留学。その後、幾度も日本と米国を行き来し、日本文学を研究。カナダ国籍を取り、

127

ヨーク大学準教授となる。京都の国際日本文化研究センター客員助教授も務める。定評のある英オックスフォード叢書の1つ「オックスフォード日本短編小説集」('97年刊)の編者をつとめた。
【著作】
◇テクストの発見(叢書比較文学比較文化) 大沢吉博編　中央公論社　1994.10〈内容：『FRONT』の裏面—日本の戦時報道写真(セオドア・グーセン)〉

クチコ, ウラジーミル
ジャーナリスト　タス通信

[生年月日]1946年
[国籍]ロシア　[出生地]モスクワ　[学歴]モスクワ国際関係大学日本学科〔1976年〕卒 1973年ソ連青年団体副団長として初来日。'76年タス通信社に入り、'77年東京特派員、'82年アジア副部長を経て、'86年から東京支局長。'92年7月帰国しモスクワ本社勤務となる。
【著作】
◇「分相応社会」の摩訶不思議　ウラジーミル・クチコ：プレジデント　28(6)　1990.6

クックス, アルビン
Coox, Alvin D.
歴史学者　サンディエゴ日米センター所長、サンディエゴ州立大学名誉教授

[生年月日]1924年
[没年月日]1999年11月4日
[国籍]米国　[出生地]ニューヨーク州ロチェスター　[学歴]ニューヨーク大学〔1945年〕卒　[学位]Ph. D.(ハーバード大学)〔1951年〕　[専門]日本軍事史
戦後、連合国軍総司令部(GHQ)で作戦アナリストを務め、ハーバード大学、ジョンズ・ホプキンズ大学での研究生活を経て、1951年日本軍事研究のため来日。'54〜55年滋賀大学客員教授。'55〜57年米陸軍の日本軍事史研究部で研究に従事。'57〜63年米空軍情報部上級アナリスト。'64年サンディエゴ州立大学に移り、のち同大学歴史学教授兼日本研究所所長。'94年名誉教授。その後、サンディエゴ市の日米センター所長に就任。日本の軍事史に詳しく、特に旧満州で勢威をふるった対ソ作戦の関東軍の研究で知られ、旧日本軍人約400人にインタビューして書いた「ノモンハン」や、「天皇の決断」「もう一つのノモンハン—張鼓峯事件」の著書がある。　[受賞]サミュエル・E. モリソン賞〔1988年〕、横浜文化賞(第42回)〔1993年〕　[叙勲]勲三等旭日中綬章(日本)〔1992年〕
【著作】
◇ノモンハン—草原の日ソ戦—1939　上　アルヴィン・D. クックス著、岩崎俊夫訳　朝日新聞社　1989.8
◇ノモンハン—草原の日ソ戦—1939　下　アルヴィン・D. クックス著、岩崎俊夫、吉本晋一郎訳　朝日新聞社　1989.12
◇ノモンハン　1(朝日文庫)　アルヴィン・D. クックス著、岩崎俊夫訳　朝日新聞社　1994.3
◇ノモンハン　2(朝日文庫)　アルヴィン・D. クックス著、岩崎俊夫訳　朝日新聞社　1994.5
◇ノモンハン　3(朝日文庫)　アルヴィン・D. クックス著、岩崎俊夫、吉本晋一郎訳　朝日新聞社　1994.6
◇ノモンハン　4(朝日文庫)　アルヴィン・D. クックス著、岩崎俊夫、吉本晋一郎訳　朝日新聞社　1994.7
◇もう一つのノモンハン張鼓峯事件—1938年の日ソ紛争の考察　アルヴィン・D. クックス著、岩崎博一、岩崎俊夫訳、秦郁彦監修・解説　原書房　1998.9

グッドマン, デービッド
Goodman, David Gordon
日本文学研究家, 翻訳家　イリノイ大学教授

[生年月日]1946年2月12日
[国籍]米国　[出生地]ウィスコンシン州ラシーヌ　[学歴]エール大学(日本語)卒　[学位]博士号(コーネル大学)　[専門]日本近代演劇, 原爆文学, 比較文学
1966年来日し、'68年以来演劇集団「68/71」と関係をもつ。'69〜73年その英文機関誌「Concerneal Theatre Japan」の編集長として評論活動を行う。'76〜77年イスラエルに滞在。のち、イリノイ大学教授。日本の近代演劇と原爆文学研究の欧米における第一人

者。日本の戯曲の英訳を次々と公刊する一方で、日本語での著作を発表。著・訳書に小熊秀雄詩集「Long, Long Autumn Nights」、原爆戯曲集「After Apocalypse」、60年代日本演劇論「Japanese Drama and Culture in the 1960s」、「ユダヤ人陰謀説」など。また、日本語の著書に「逃亡師―私自身の歴史大サーカス」「イスラエル・声と顔」「富士山見えた―佐藤信における革命の演劇」「走る―国際化時代の父親術」がある。

【著作】
◇私自身の歴史大サーカス―中入り　ディヴィッド・グッドマン：展望　1976.3
◇走る―国際化時代の父親術　デイヴィッド・グッドマン著　岩波書店　1989.10
◇ロシア文化と日本―明治・大正期の文化交流 国際討論　中村喜和, トマス・ライマー編　彩流社　1995.1〈内容：演劇における日露文化交流（デイヴィド・G. グッドマン）〉
◇ユダヤ人陰謀説―日本の中の反ユダヤと親ユダヤ　デイヴィッド・グッドマン, 宮沢正典著, 藤本和子訳　講談社　1999.4

グッドマン, ロジャー
Goodman, Roger
社会人類学者　国立民族学博物館客員教授

[生年月日]1960年
[国籍]英国　[学歴]ダーラム大学〔1981年〕卒, オックスフォード大学大学院〔1985年〕修了　[学位]博士号（オックスフォード大学）　1985年オックスフォード大学日産日本問題研究所研究員, '88年ロンドン大学インペリアル・カレッジ講師, '89年エセックス大学現代日本文化研究センター講師。英語教師として来日し、1年間帰国子女受け入れ校に勤務。フィールドワークの結果を著書「帰国子女―新しい特権層の出現」にまとめた。'91年一橋大学客員教授として来日し, 日本の養護学校をフィールドワークした。'93年オックスフォード大学社会人類学研究所講師。'98年4月再び来日し, 国立民族学博物館客員教授。

【著作】
◇帰国子女―新しい特権層の出現　ロジャー・グッドマン著, 長島信弘, 清水郷美訳　岩波書店　1992.11

◇デュルケムと現代教育　ジェフリー・ウォルフォード, W. S. F. ピカリング編, 黒崎勲, 清田夏実訳　日日教育文庫　2003.4〈内容：日本の教育（ロジャー・グッドマン）〉
◇日本の児童養護―児童養護学への招待　ロジャー・グッドマン著, 津崎哲雄訳　明石書店　2006.4

クーデンホーフ・カレルギー, リヒャルト・ニコラウス
Coudenhove-Kalergi, Richard Nikolaus
政治学者, パン・ヨーロッパ運動家

[生年月日]1894年11月16日
[没年月日]1972年7月27日
[国籍]オーストリア　[出生地]東京　[別名等]日本名＝栄次郎, 英二郎　[学歴]ウィーン大学（哲学・近代史）　[学位]哲学博士〔1917年〕　駐日オーストリア公使の父と日本人の母の間に生まれる。第1次大戦後のヨーロッパ復権を唱え, パン・ヨーロッパ主義者として世に出る。1924年「パン・ヨーロッパ」誌を発刊, '26年には「パン・ヨーロッパ連盟」を結成, 総裁となり, '30年パン・ヨーロッパ会議を主催した。'38年ナチス政権樹立と共にスイスに移り, 次いで米国に亡命, ニューヨーク大学教授となる。第2次大戦後ヨーロッパに戻り, 再びヨーロッパ統合運動の理論的指導者として活躍した。'78年その遺志を伝えるため, ジュネーブにクーデンホフ＝カレルギー財団が設立される。著書に「パン・ヨーロッパ」（'23年）,「Pazifismus」（'24年）,「Kampf um Paneuropa」（全3巻, '25～28年）,「Totaler Staat-totaler Mensch」（'37年）,「Kampf um Europa-Aus meinem Leben」（'48年）などがある。

【著作】
◇美の国：日本への帰郷　リヒァルト・クーデンホフ・カレルギー著, 鹿島守之助訳　鹿島研究所出版会　1968
◇日本は大陸　C. カレルギー：日本―もう一つの大陸　PHP研究所　1971

【著作】
◇大陸日本―R. クーデンホーフ＝カレルギー講演集　R. クーデンホーフ＝カレルギー著　潮出版社　1971

◇文明・西と東　C.カレルギー，池田大作〔対談〕　サンケイ新聞社出版局　1972

クナーゼ，ゲオルギー
Kunadze, Georgii Fridrikhovich
日本研究家，外交官　ロシア世界経済国際関係研究所首席研究員　駐韓ロシア大使，ロシア外務次官

［生年月日］1948年12月21日
［国籍］ロシア　［出生地］ソ連・ロシア共和国モスクワ　［学歴］モスクワ大学東洋語学部日本史専攻〔1971年〕卒　［学位］歴史学博士〔1976年〕

グルジア人。1971～83年ソ連科学アカデミー東洋学研究所日本部研究員を経て，'83～86年在日大使館に一等書記官として勤務。帰国後，科学アカデミーの世界経済国際関係研究所（IMEMO）に入り，'90年日本韓国政治部長。ソ連が北方領土領有の根拠にしているヤルタ秘密合意の破棄を主張，"歯舞・色丹二島返還，残る二島の日ソ共同占有"を提案するなど，対日柔軟派の代表的論客。'91年1月ソ連軍のリトアニアへの武力行使に抗議して共産党を脱退。5月対日政策を重視するロシア共和国の外務次官に就任。8月の保守派クーデターの際には，発生と同時に同共和国最高会議ビルに立てこもり，エリツィン大統領の"知恵袋"となった。同年10月，日ソ領土小委員会のソ連代表となる。'93年12月駐韓国大使に転出。のちロシア世界経済国際関係研究所首席研究員。
◇文明・西と東　C.カレルギー，池田大作〔対談〕　聖教新聞社　1975
◇世界史のなかの日本占領―法政大学第8回国際シンポジウム（法政大学現代法研究所叢書）　袖井林二郎編　法政大学現代法研究所　1985.3〈内容：ソ連のおかれた立場〔討論〕（ゲオルギー・クナーゼ）〉

クニッピング，エルヴィン
Knipping, Erwin
内務省暴風雨取調掛，教師（大学南校：数学）

［生年月日］1844年4月27日
［没年月日］1922年11月22日
［出生地］ドイツ・クレフェ

同地の中学に学んだが，1862年退学して船乗りとなった。西アフリカ，地中海，ブラジル，黒海等を航海したのち，1864年オランダのアムステルダムの商船学校に入学。同校を卒業して三等運転士の免状を受け，1865年には志願兵としてプロイセンの海軍に入り，1867年二等運転士に昇進して汽船クーリエ号に乗船し中国，日本，シベリヤ東部を航海した。1871年一等運転士に進み東京で下船，失業中ドイツ人G.ワグネルの紹介で大学南校の数学教師となった。ついで通信省に入り海員試験掛となった。かねてから気象観測に興味を持ち自宅で行なっていたが，やがて内務省暴風雨取調掛となり暴風雨警報事業創設に当った。正戸豹之助を助手として全国に15ケ所の測候所の位置を撰定した。こうして1883年2月16日天気図を作成し，同年5月26日に初めて暴風警報を発するに至った。1891年任期満了してドイツに帰り，ハンブルグ海洋気象台の助手として働いていたが1909年65歳で定年退職。帰郷後，'21年にキールに移り，翌年死去。行年79歳。
【著作】
◇クニッピングの明治日本回想記　エルヴィン・クニッピング〔著〕，小関恒雄，北村智明訳編　玄同社　1991.6

クネヒト，ペトロ
Knecht, Peter
南山大学人文学部教授・人類学研究所所長

［生年月日］1937年4月11日
［国籍］スイス　［学歴］グレゴリアナ大学神学部卒，東京大学大学院社会学研究科文化人類学専攻博士課程修了　［学位］社会学博士　［専門］文化人類学，民族学　［団体］日本民族学会，European Association for Japanese Studies, Association for Asian Studies

南山大学助教授を経て，教授。著書に「シュミット―文化圏と文化層」「村落の形成と念仏講」「民族文化の世界」（共著）などがある。
【著作】

◇例会講演要旨集　南山経済人クラブ　1991.1〈内容：異人・外人・日本人（ペトロ・クネヒト）〉

クーパー，マイケル
Cooper, Michael
上智大学モニュメンタ・ニポニカ所長，「モニュメンタ・ニポニカ」編集長

[生年月日] 1930年
[国籍]英国　[出生地]ロンドン　[学位]社会人類学博士（オックスフォード大学）　[専門]日欧交渉史（16世紀）　[団体]全米アジア学会
1948年イエズス会に入会，'54年に来日。日本語の課程を修了したあと英国に戻り，オックスフォード大学でジョアン・ロドリゲスの研究により学位を取得。'69年再来日し，上智大学で英語を教え，のち同大発行による英語による季刊の日本研究学術誌「モニュメンタ・ニポニカ（MN）」編集長を務める。著書に「通辞ロドリゲス―南蛮の冒険者と大航海時代の日本・中国」「They came to Japan:An Anthology of European Reports on Japan, 1543―1640」，「This Island of Japan:Joao Rodrigues' Account of 16th-century Japan」など。　[受賞]ヨゼフ・ロゲンドルフ賞（第7回）〔平成3年〕「通辞ロドリゲス」
【著作】
◇通辞ロドリゲス―南蛮の冒険者と大航海時代の日本・中国　マイケル・クーパー著，松本たま訳　原書房　1991.1
◇通辞ロドリゲス―南蛮の冒険者と大航海時代の日本・中国　マイケル・クーパー著，松本たま訳　日本点字図書館（製作）　1992.7

クープランド，ダグラス・キャンベル
Coupland, Douglas Campbell
作家

[生年月日] 1961年12月30日
[国籍]カナダ　[出生地]西ドイツ
旧西ドイツのNATO軍基地で生れた後，家族とともにカナダのバンクーバーに移住。1984年にアート・スクールを卒業。'83年交換留学生として半年間札幌に滞在。'85～86年には東京で経営学を学びながら出版社に勤務。'91年パーム・スプリングスで書き上げた処女長編「ジェネレーションX」を発表。ポスト・ヤッピー世代の圧倒的な支持を受け，その書名は"新世代"を指す呼称となる。他の作品に「シャンプー・プラネット」「ライフ・アフター・ゴッド」「God Hates Japan 神は日本を憎んでる」などがある。
【著作】
◇神は日本を憎んでる　ダグラス・クープランド著，江口研一訳　角川書店　2001.12

クラー，ルイス
Kraar, Louis
ジャーナリスト　「フォーチュン」編集委員

[生年月日] 1934年
[国籍]米国　[学歴]ノースカロライナ大学卒
[専門]アジア経済
「ウォールストリート・ジャーナル」で太平洋地域経済を担当。その後「タイム」誌のニューデリー，バンコク，シンガポール各支局長を歴任。1992年オーバーシーズユニオン銀行（OUB）創業者リエン・イン・チョウの伝記をシンガポールで出版した。現在経済誌「フォーチュン」の編集委員のひとりで，アジア経済の専門家として知られる。著書に「日本の異端経営者―キヤノンを世界に売った男・滝川精一」がある。
【著作】
◇日本の異端経営者―キヤノンを世界に売った男・滝川精一　ルイス・クラー著，飯田雅美訳　日経BP出版センター　1994.7

クライナー，ヨーゼフ
Kreiner, Josef
日本研究家　ボン大学近現代日本研究センター所長・教授

[生年月日] 1940年3月15日
[国籍]オーストリア　[出生地]ウィーン　[学歴]ウィーン大学文学部卒，ウィーン大学博士課程修了　[学位]文学博士（ウィーン大学）〔1964年〕　[専門]文化人類学，日本文化，日

独交流史　[団体]日本民族学会，日本民俗学会

ウィーン大学在学中の1961～63年，東京大学東洋文化研究所に文部省の留学生として在籍，奄美・沖縄を調査。ウィーン大学教授を経て，'77年よりボン大学教授。同大近現代日本研究センター所長も務める。'88年12月ドイツ日本研究所初代所長。ドイツの日本研究の中心的存在。著書に「地域性からみた日本」，編著に「ケンペルのみたトクガワ・ジャパン」，共著に「南西諸島の神観念」「アイヌ」，共訳に「小シーボルト蝦夷見聞記」などがある。　[受賞]沖縄文化協会賞(比嘉春潮賞, 第17回)〔1995年〕，山片蟠桃賞(第14回)〔1995年〕，国際交流基金賞〔2003年〕　[叙勲]旭日中綬章(日本)〔2005年〕

【著作】
◇日本民俗文化研究に関するスラヴィク教授の見解　ヨーゼフ クライナー：東京都立大学社会人類学研究会報　5　1967.5
◇日本学・日本研究と日本文化研究:日本を対象とする学問研究の本質についての一考察　ヨーゼフ・クライナー：日本文化研究論集　日本ペンクラブ　1973
◇外国人から見た日本と日本人(座談会)　レオナルド・モース, ヨーゼフ・クライナー, 牧田茂, 村井隆：月刊自由民主　237　1975.9
◇外国人の日本文化研究　ヨーゼフ・クライナー：対論「日本探求」　講談社　1987.5
◇ヨーロッパ思想史における日本像(講演)　ヨーゼフ・クライナー：民博通信　42　1988
◇沖縄の宗教と民俗—窪徳忠先生沖縄調査二十年記念論文集　窪徳忠先生沖縄調査二十年記念論文集刊行委員会編　第一書房　1988.3〈内容：ヨーロッパにおける沖縄関係コレクションの歴史と現状-中間報告に換えて(クライナー・ヨーゼフ)〉
◇ヨーロッパにおける民族学の立場からの研究　Josef Kreiner：民族学研究　54(3)　1989.12
◇国際化と日本文化(鼎談)　Joseph Kleiner, 青木保, 中野毅：東洋学術研究　29(3)　1990
◇ヨーロッパ思想史における日本観　Josef Kreiner：日本文化研究所研究報告　26　1990.3
◇アジア諸民族の歴史と文化—白鳥芳郎教授古稀記念論叢　白鳥芳郎教授古稀記念論叢刊行会編　六興出版　1990.11〈内容：オーストリアと沖縄(クライナー・ヨーゼフ)〉
◇アイヌ—日本の北に住む狩人，漁師，採集者　ヨーゼフ・クライナー, ハンスディーター・エールシュレーガー共著, 小松和弘訳〔小松和弘〕　1991.10
◇ケンペルのみたトクガワ・ジャパン　ヨーゼフ・クライナー編　六興出版　1992.1
◇隼人族の生活と文化　隼人文化研究会編　雄山閣出版　1993.9〈内容：A. スラヴィク「隼人の問題」に関する若干のコメント(クライナー・ヨーゼフ, 住谷一彦)「車田」雑考—A. スラヴィクの研究紹介(クライナー・ヨーゼフ)〉
◇真の豊かさを求めて—日独の政治・経済・社会システムと価値観を探る 日独シンポジウム　日独協会, ベルリン日独センター編〔日独協会〕　1994.11〈内容：主要テーマ:新しい時代での日本人の価値観(日)/ドイツ統一と欧州統合下のドイツ人アイデンティティー(独)(山崎正和, グレゴリー・クラーク, 三島憲一, テオ・ゾマー, ヨゼフ・クライナー, ハンス・ディーター・シェール, ゲプハルト・ヒールシャー)〉
◇東アジア経済圏における九州・沖縄(地球科学叢書)　ヨーゼフ・クライナー〔ほか〕編著　ひるぎ社　1995.1
◇日本研究・京都会議　1994　国際日本文化研究センター, 国際交流基金　国際日本文化研究センター　1996.3〈内容：中部ヨーロッパ・北欧における日本研究の動向—社会科学的なアプローチを中心として(Josef KREINER)〉
◇ケンペルのみた日本(NHKブックス)　ヨーゼフ・クライナー編　日本放送出版協会　1996.3
◇地域性からみた日本—多元的理解のために　ヨーゼフ・クライナー編　新曜社　1996.12
◇資料と通信 アレキサンダー・スラヴィクの日本研究　住谷一彦, Josef Kreiner：民族学研究　62(3)　1997.12
◇南西諸島の神観念　復刊　住谷一彦, クライナー・ヨーゼフ著　未来社　1999.7
◇海を渡った文化財—様々なすがたとわざ　1999 第13回「大学と科学」公開シンポジウム組織委員会編　クバプロ　1999.11〈内容：ドイツのなかの日本文化(ヨーゼフ・クライナー)〉
◇阿蘇に見た日本—ヨーロッパの日本研究とヴィーン大学阿蘇調査(一の宮町史)　ヨーゼフ・クライナー著　一の宮町　2000.12
◇アイヌ—日本の北辺の狩猟、漁、採集の民　ラオテンシュトラオホ・ヨースト博物館コレクション収蔵目録　ヨーゼフ・クライナー, ハンス=ディーター・オイルシュレーガー共著, 小松和弘訳・編〔小松和弘〕2002.6
◇江戸・東京の中のドイツ(講談社学術文庫)　ヨーゼフ・クライナー〔著〕, 安藤勉訳　講談社　2003.12

クライバウム, ゲルト
Kreibaum, Gerd
チバガイギージャパン社長　上智大学教授

[生年月日] 1931年
[国籍] ドイツ　[学位] 法学博士（フリブール大学）　[専門] 法学

ゲッチンゲン大学、ハンブルク大学で法律学を学び、のちフリブール大学（スイス）で法学博士号を取得。上智大学教授を経て、薬品製造のチバガイギー日本支社長を務める。著書に「日本人とドイツ人どっちが優秀か―経済大国の秘密」がある。

【著作】
◇日本人とドイツ人どっちが優秀か―経済大国の秘密　ゲルト・クライバウム著, 仲山順一訳　徳間書店　1991.2

グライムス, ウィリアム
Grimes, William W.
政治学者　ボストン大学国際関係学部助教授

[生年月日] 1965年9月
[国籍] 米国　[学歴] エール大学〔1987年〕卒　[学位] 博士号（プリンストン大学）〔1995年〕　[専門] 日本の金融政策

1996年からボストン大学国際関係学部助教授。この間、日本の財政金融研究所や東京大学で、研究員として主に日本の金融政策や日米金融関係を専攻。

【著作】
◇日本経済失敗の構造　ウイリアム・W.グライムス著, 太田〔タケシ〕監訳, 大和銀総合研究所訳　東洋経済新報社　2002.6

クラインシュミット, ハラルド
Kleinschmidt, Harald
筑波大学大学院人物社会科学研究科教授

[生年月日] 1949年
[国籍] ドイツ　[学歴] ゲッティンゲン大学〔1973年〕卒　[学位] Ph. D.　[専門] ヨーロッパ史

1978年学位取得、'85年シュツットガルトで教授資格取得。'78～80年ベルリン・プロセイン文化財国立図書館で司書研修。'80～89年シュツットガルト大学助手を経て、'90年筑波大学助教授、のち教授。著書に「新岳調練」（'89年）、「中世―異界としての過去」（共編,'90年）、「ヴュルテンベルクと日本。日独関係の地方史的諸局面」など。

【著作】
◇碧眼に映ったジパング国―自由貿易と欧州から見た日本像について　ハラルド・クラインシュミット, 伊藤庄一, 田中圭子訳：日本及日本人　1608　1992.10

クラウス, ウイリー
Kraus, Willy
経済学者　ボッフムルール大学教授

[生年月日] 1918年
[国籍] ドイツ　[出生地] デュッセルドルフ　[学歴] ボン大学, ケルン大学　[学位] 博士号（ボン大学）〔1949年〕　[専門] 東アジア経済, 日本研究　[団体] ドイツ・アジア研究学会

1945～49年ボン大学、ケルン大学で経済学と社会学を学ぶ。'50～57年ロックフェラーのフェローとしてジョンズ・ホプキンズ大学、スタンフォード大学で研究。その後'63年までケルン大学講師、'64年までギーセン大学教授。'66年よりボッフムルール大学教授。'80年東大教養学部の客員教授として来日。45歳頃から日本の社会・経済の発展に興味を持ち、以後文献研究を通して本格的な日本研究、環太平洋地域研究に取り組んでいる。'89年南山大学（日本）から名誉経済学博士号を贈られた。主著に「Industriegesellschaften in Wandel, Japan und die BRD」（'70年）、「Die japanische Herausforderung」（'82年）など多数。　[受賞] 南山大学名誉経済学博士号〔1989年〕

【著作】
◇型の試練―構造変化と日独経済　第11回・日独経済学・社会科学シンポジウム東京大会　渡辺尚, ヲルフガング・クレナー編　信山社出版　1998.1〈内容：日独の試練としての中ロにおける体制変革過程（ウィリイ・クラウス）〉

クラウス, エリス　Krauss, Ellis S.

[生年月日]1944年
[国籍]米国　[出生地]テネシー州メンフィス
[学歴]スタンフォード大学大学院修了
ニューヨーク市で初等中等教育から大学学部教育を終えた後、20歳のときにスタンフォード大学大学院に入学し、Ph. D. を取得。西ワシントン大学、ピッツバーグ大学を経て、1995年からカリフォルニア大学サンディエゴ校の国際関係・太平洋研究大学院で教授として教鞭をとる。日本の政治とジャーナリズムを研究。
【著作】
◇NHK vs 日本政治　エリス・クラウス著, 村松岐夫監訳, 後藤潤平訳　東洋経済新報社　2006.11

クラウス, フリードリッヒ
Krauss, Friedrich S.
民俗学者

[生年月日]1859年
[没年月日]1938年
[出生地]クロアチア　[学歴]ウィーン大学(言語学, 民族学)　[学位]博士号　[専門]南スラブ民間伝承
1890年代より南スラブ人の民間伝承の収集に力を注ぐ。1904年雑誌「アントロポフィテイア」を創刊。著書に「日本人の性意識」('07年)、共著に「ロシアの民間伝承、ウクライナ農民の性生活」('09年)がある。
【著作】
◇日本人の性生活　F. S. クラウス著, 安田一郎訳　河出書房　1957
◇日本人の性と習俗―民俗学上の考察　F. S. クラウス著, 安田一郎訳　桃源社　1965
◇日本人の性と習俗―民俗学上の考察　F. S. クラウス著, 安田一郎訳　桃源社　1978.1
◇性風俗の日本史―名著絵題　F. クラウス著, 風俗原典研究会編訳　河出書房新社　1988.11
◇日本人の性生活　フリートリッヒ・S. クラウス著, 安田一郎訳　青土社　2000.12

クラウダー, ロバート
Crowder, Robert
日本画家

[国籍]米国　[出生地]イリノイ州ベスニー
[専門]屏風絵
1934年音楽教師として平壌に赴任する途中日本に寄港、風景に魅せられる。'35年夏休みに来日、望月春江に師事し日本画を勉強、'39年熊本の旧制五高(現・熊本大学)の英語教師として着任、日本画の勉強も続ける。太平洋戦争開戦により、'43年帰国。日本で習得した生け花の技術を生かし、シカゴの花屋でフラワーデザインを始める。のちインテリアデザイン事業とともに日本画制作に専念、「滅びゆく日本の鳥」シリーズなど屏風絵を描く。
【著作】
◇わが失われし日本―五高最後の米国人教師　ロバート・クラウダー著, 渡辺章子訳　葦書房　1996.4

グラウビッツ, ヨアヒム
学術政治財団教授

[生年月日]1929年
[国籍]ドイツ　[学歴]ライプツィヒ大学卒, ハンブルク大学卒　[専門]東アジアの国際関係
1962～65年東京のゲーテ・インスティチュート所長。'68年国際関係や安保軍縮問題を研究するミュンヘンの学術政治財団入り。著書に「毛沢東への反論」「80年代のソ連とアジアの関係」など。
【著作】
◇「転機に立つ国際情勢と日ソ関係」報告―国際シンポジウム'85　北方領土問題対策協会〔1985〕〈内容:ゴルバチョフ政権の対アジア, 対日政策の展望(ヨアヒム・グラウビッツ)ゴルバチョフ政権の対アジア, 対日政策の展望(ヨアヒム・グラウビッツ)〉

クラーク, ウィリアム
Clark, William Smith
科学者, 教育者　札幌農学校初代教頭

[生年月日]1826年7月31日
[没年月日]1886年3月9日

[国籍]米国　[出生地]マサチューセッツ州　[出身地]アッシュフィールド　[学歴]アマースト大学〔1848年〕卒

開業医の子に生まれる。大学を卒業後、1850年まで母校のウイリストン高等学校で教鞭をとる。1850年ドイツに留学、ゲオルギア・アウグスタ大学で化学の学位を取得。同年帰国してアマースト大学の農芸化学教授に就任。1867年マサチューセッツ州立農科大学学長となる。1876年6月29日に来日、約1カ月東京および近郊に滞在の後、7月31日に札幌に入り、札幌農学校初代教頭に就任する。以来8カ月にわたって生徒の育成にあたり、植物学の教授のかたわらキリスト者の信仰を伝えた。翌年4月16日札幌を出発して帰国。途中島松まで見送った生徒達に対して残した"Boys, be ambitious!"「少年よ、大志をいだけ！」という言葉は、札幌農学校の生徒のみならず青年に贈る言葉として広く知られている。日本各地を旅行の後、5月24日横浜を出航、6月9日にサン・フランシスコ港に到着、7月28日アマーストに帰任した。のち鉱山業に手を染めたが失敗、多額の借財を残し失意と病弱の晩年を過ごした。1926年5月クラークの遺志を讃えて胸像が当時の北海道帝国大学構内に建てられたが、太平洋戦争中に供出され、1948年10月再建された。さらにクラーク送別の場所となった島松にも記念碑が建てられている。

[記念碑]札幌市北海道大学構内, 千歳郡恵庭町島松駅

【著作】
◇クラークの一年—札幌農学校初代教頭の日本体験　昭和堂　1979
◇クラークの手紙—札幌農学校生徒との往復書簡　佐藤昌彦〔ほか〕編・訳　北海道出版企画センター　1986.6
◇地球市民社会と若者の国際交流—会議報告書　日米民間国際交流団体会議　国際文化交流推進協会編　国際文化交流推進協会　1997.3〈内容：アジア太平洋地域における日米交流の重要性（ウィリアム・クラーク）〉

クラーク, グレゴリー
Clark, Gregory
国際教養大学副学長, 多摩大学名誉学長

[生年月日] 1936年5月19日

[国籍]オーストラリア　[出生地]英国・ケンブリッジシャー州ケンブリッジ　[学歴]オックスフォード大学大学院経済学専攻〔1957年〕修士課程修了, オーストラリア国立大学大学院経済学専攻〔1969年〕博士課程修了　[学位]経済学博士（オーストラリア国立大学）〔1969年〕　[専門]経済学, 政治学, 日本人論

1957年オーストラリア外務省に入り、外交官として香港、モスクワ駐在。ソ連大使館一等書記官などを務め、'65年退官。日本の対外投資研究のため来日した後、'69～74年「ジ・オーストラリアン」紙東京初代局長。'74～76年ホイットラム政権下で政策顧問。'79年から上智大学教授。'95年～2001年多摩大学学長を務め、のち名誉学長。2004年新設の国際教養大学副学長に就任。この間、1990年よりアジア経済研究所開発スクール校長を兼任。通産省の海外滞在型余暇研究会委員も務める。中国語、ロシア語も堪能。著書に「国際政治と中国」「ユニークな日本人」「内外人がみた日本」「誤解される日本人」など。　[受賞]東京都文化賞（第6回）〔1994年〕

【著作】
◇日本軍人とCM—日本人論　グレゴリー・クラーク：週刊朝日　1973.7.19
◇日本人—ユニークさの源泉　グレゴリー・クラーク著, 村松増美訳　サイマル出版会　1977
◇クラーク先生（上智大）のベタボメ新日本人論—「日本は世界でたった一つの"部族国家"」グレゴリー・クラーク：サンデー毎日　1977.5.8
◇日本人論決定版（対談）　グレゴリー・クラーク, 山本七平：週刊朝日　1977.5.27
◇「日本人論」を論ず—人間関係の社会と思想中心の社会　グレゴリー・クラーク：国際交流　18　1978
◇日本人の「ユニークさ」（シンポジウム）　グレゴリー・クラーク：ソフィア　27(1)　1978.4
◇日本人と余暇（対談）　グレゴリー・クラーク, 森英良：労働時報　31(6)　1978.7

◇牛ドンとカラオケ―スポーツクラブに主婦が殺到し働きたがらない若者がふえたが… グレゴリー・クラーク：現代 1978.11
◇日本の生活文化を考える グレゴリー・クラーク, アリフィン・ベイ, 國弘正雄：国際交流講演会・座談会記録集 神奈川県渉外部国際交流課 1979.3
◇「会社は永遠…」の生き方・死に方―詰め腹の思想を外国人はどう見ているのか（座談会） 渡辺昇一, G・クラーク, P・ミルワード, 鈴木卓郎：経済往来 1979.4
◇「日本人」論と日本人―朝日ゼミナール北海道講座から（鼎談） 堀田善衛, Gregory Clark, 青木利夫：朝日ジャーナル 21(35) 1979.9.14
◇欧米と違う日本人の知と心のバランス Gregory Clark：朝日ジャーナル 21(35) 1979.9.14
◇感受性の問題―内外「日本人論」の盲点を斬る（書評） グレゴリー・クラーク：週刊新潮 1979.11.8
◇日本人と日本経済―日本は先進国病にかかるか―社会のバランスが生む成長余力 グレゴリー・クラーク：日本経済研究センター会報 355 1979.11.1
◇ユニークな日本人（講談社現代新書） グレゴリー・クラーク著, 竹村健一聞き手 講談社 1979.11
◇日本人への提言（現代セミナー） グレゴリー・クラーク著 現代研究会 1980.5
◇日本は部族社会か（三愛新書） グレゴリー・クラーク：人間と文化 10 三愛会 1980.12
◇内外人がみた日本 長谷川慶太郎, グレゴリー・クラーク対談 秀英書房 1981.7
◇そとから見た日本人―上級管理者セミナーでの講演の要旨 グレゴリー・クラーク：ファイナンス 大蔵省広報 17(10) 1982.1
◇日本人は本当に勤勉か グレゴリー・クラーク：日経ビジネス 319 1982.5.31
◇日本はアジアの国家ではない グレゴリー・クラーク, 藤本直：Voice 59 1982.11
◇日本人のユニークさについて グレゴリー・クラーク：都市銀行研修会講義集 第47回東京銀行協会 1983.5
◇「世界の教科書」の問題写真から「新・黄禍論」を斬る（対談） 永井道雄, G・クラーク：週刊ポスト 15(22) 1983.6.3
◇父親を叱る―「こんな甘やかしの横行はニッポンだけです」 グレゴリー・クラーク：現代 17(10) 1983.10
◇日本人―ユニークさの源泉 新版 グレゴリー・クラーク著, 村松増美訳 サイマル出版会 1983.10
◇日本人は世界唯一の右利き人間―上智大学教授グレゴリー・クラーク氏に聞く（インタビュー） グレゴリー・クラーク：通産ジャーナル 17(5) 1984.5
◇日本社会にみる「公」と「私」―西欧社会との相違 Gregory Clark, 中村実男訳：運輸と経済 44(9) 1984.9
◇矛盾の国・ニッポンの誘惑 1～3 グレゴリー・クラーク：新潮45 4(12), 5(2, 3) 1985.12, 1986.2, 3
◇「理知」によるつながり グレゴリー・クラーク：日経ビジネス 430 1986.3.3
◇日本人が国際的孤立を免れる条件―ユニークさ認め鎖国解消の努力を グレゴリー・クラーク：エコノミスト 64(40) 1986.9.23
◇日本人は日本人を知らない グレゴリー・クラーク：日経ビジネス 453 1986.12.8
◇貿易摩擦を超えて―日米シンポジウム報告書 国際大学日米関係研究所 1987.3〈内容：ディスカッション・ディナー「摩擦を超えて」（松山幸雄、ウィリアム・H・ブランソン, 佐波正一, 佐藤隆三, 田淵節也, リチャード・R. ウェスト, 盛田昭夫, グレゴリー・クラーク, 大来佐武郎）〉
◇日本人は"エコノミックアニマル"か グレゴリー・クラーク：日経ビジネス 466 1987.5.25
◇日本人は"倹約家"か グレゴリー・クラーク：日経ビジネス 482 1987.11.23
◇"非・欧米化"した戦後の日本人 グレゴリー・クラーク：日経ビジネス 486 1988.1.18
◇「鎖国の汎パラダイム」 金容雲著, サイマル出版会 グレゴリー・クラーク：文学界 1988.1
◇米ソ軍縮交渉と日本の安全保障―第14回防衛トップセミナー講演・討論集（防衛開眼）隊友会 1988.2〈内容：米ソ軍縮交渉と日本の安全保障（パネル・ディスカッション）（緒方彰, グレゴリー・クラーク, 森本忠夫, 舛添要一, 滝沢一郎）〉
◇「地域の国際化」名古屋セミナー'88―地域の国際化の新たなる展開をめざして 名古屋国際センター広報企画, 中央出版株式会社編 名古屋国際センター 1989.3〈内容：基調講演I「世界の中の日本―地域の国際化に望むこと」（グレゴリー・クラーク）〉
◇あらためて派閥を見直そう グレゴリー・クラーク：日経ビジネス 529 1989.6.19
◇「一揆」と「派閥」と「民主主義」―話題の書『日本人とは何か』をめぐる東西比較文明論（対談） 山本七平, グレゴリー・クラーク：Voice 143 1989.11
◇両極化する"エニグマ"の評価 月刊Asahi 1990年3月号
◇誤解される日本人 グレゴリー・クラーク著 講談社 1990.2
◇両極化する「エニグマ」の評価―激突ディベート「日本権力構造の謎」をめぐって（対

談）グレゴリー・クラーク,伊藤憲一：月刊Asahi　2(3)　1990.3
◇日本人の感性的価値観が誤解を呼ぶ　グレゴリー・クラーク：財界　38(10)　1990.4.20臨増
◇著者ウォルフレン氏に反論する—「文化に無理解」ではないか　グレゴリー・クラーク：月刊Asahi　2(5)　1990.5
◇「不可解な軟体動物」から脱するには　グレゴリー・クラーク：プレジデント　28(6)　1990.6
◇「日本異質論」への反論は愚　グレゴリー・クラーク：日経ビジネス　563　1990.8.13
◇日本の中の外国人、世界の中のニッポン人（対談）グレゴリー・クラーク, 荒俣宏：SAPIO　3(4)　1991.2.28
◇ご都合主義の国際化に未来はない　グレゴリー・クラーク：日経ビジネス　598　1991.7.15
◇素晴らしい日本—その風景・伝統・四季　マイク・ラングフォード写真, グレゴリー・クラーク文　チャールズ・イー・タトル出版　1991.7
◇いまでも有効な「空気」論（インタビュー）グレゴリー・クラーク, 稲垣武聞き手：Voice特別増刊　1992.3.1〈山本七平追悼記念号〉
◇'91アジア技術交流フォーラムin広島—グローバリゼーションの潮流の中で中小企業の針路を探る　報告書　アジア技術交流フォーラム実行委員会　1992.3〈内容：ユニークな日本人（グレゴリー・クラーク）〉
◇日本は今でも「民は知らしむべからず」　グレゴリー・クラーク：東洋経済　5168　1993.9.18
◇「武士道」、倫理の荒廃と社会の崩壊への一考察—明治の国際人・新渡戸稲造が欧米に紹介すべく筆をとった「サムライの精神」　グレゴリー・クラーク：プレジデント　32(3)　1994.3
◇真の豊かさを求めて—日独の政治・経済・社会システムと価値観を探る　日独シンポジウム　日独協会, ベルリン日独センター編　〔日独協会〕　1994.11〈内容：主要テーマ：新しい時代での日本人の価値観（日）／ドイツ統一と欧州統合下のドイツ人アイデンティティー（独）（山崎正和, グレゴリー・クラーク, 三島憲一, テオ・ゾマー, ヨゼフ・クライナー, ハンス・ディーター・シェール, ゲプハルト・ヒールシャー）〉
◇21世紀への提言—第25回防衛セミナー講集（防衛開眼）　守屋保編　隊友会　1999.3〈内容：外から見た日本と中国の関係（グレゴリー・クラーク）〉

グラシック, W.
アナウンサー　「日本プロ野球メディアガイド」発行人

[国籍]米国　[出生地]ニュージャージー　[学歴]上智大学卒

1969年、21歳の時、空軍の一員として福岡市西戸崎の米軍基地に駐屯。米軍撤収の直前、日本の女子大生と結婚し、日本に在住。日本のプロ野球にくわしく、プロ野球、フットボールなど2カ国語放送のアナウンサーのほか、日本に住む外国人向け発行の「TOKYO WEEKENDER」紙のスポーツエディターも務める。英字紙のスポーツコラム、野球雑誌などにも寄稿。日本でプレーした外国人選手について調査し、英語版の「日本プロ野球メディアガイド」として2万部を発行、改訂を重ねる。

【著作】
◇長島茂雄と王貞治の比較から導き出される"もうひとつの日本人論"（新春異色対談）R・ホワイティング, W・グラシック：プレイボーイ　1981.1.1

クラズナー, スティーブン
Krasner, Stephen David
スタンフォード大学政治学部教授

[生年月日]1942年

[国籍]米国　[出生地]ニューヨーク　[学歴]コーネル大学（歴史学）〔1963年〕卒, コロンビア大学大学院国際関係論専攻〔1967年〕修士課程修了, ハーバード大学〔1972年〕博士課程修了　[学位]政治学博士　[専門]国際政治経済学, 国際政治学, 国際関係論

1971年ハーバード大学政治学部助教授、'76年カリフォルニア大学ロサンゼルス校政治学部教授を経て、'81年からスタンフォード大学政治学部教授。'84〜91年学部長。'86〜92年国際政治経済理論誌「International Organization」編集委員長など多数の学術研究誌の編集委員を歴任。著書に「Defending the National Interest」('78年)、「International Regimes」('83年)、「Structural Conflict」

（'85年）、「日米経済摩擦の政治経済学」などがある。
【著作】
◇国際環境の変容と日米関係　細谷千博, 有賀貞編　東京大学出版会　1987.2〈内容：日本の通商姿勢の変容（スティーヴン・D. クラスナー, ダニエル・I. オキモト））
◇日米経済摩擦の政治経済学　スティーブン・クラズナー著, 高中公男訳　時潮社　1995.7

グラック，キャロル
Gluck, Carol
歴史学者　コロンビア大学歴史学教授, アジア学会会長

[生年月日] 1941年
[国籍]米国　[出生地]ニュージャージー州　[学歴]ウェルズリー大学〔1962年〕卒　[学位]博士号（コロンビア大学）〔1977年〕　[専門]明治時代以降の日本史・日米関係論
ミュンヘン大学、東京大学にも学ぶ。1991年からハーバード大学客員教授、'92年から東京大学法学部客員研究員を兼任。'96年アジア学会会長。日・米・欧の歴史学の潮流をカバーしつつ、日本近代史の諸問題に鋭い問題意識を投げかける。著書に「日本近代の神話—明治後期のイデオロギー」「Showa:The Japan of Hirohito」など。[受賞]米国歴史学会賞〔1985年〕「Japan's modern myths:Ideology in the late Meiji period」
【著作】
◇近代日本における「思想」の意味　Carol Gluck, 木村勝彦訳：東洋学術研究　29（3）1990
◇文学にみる二つの戦後—日本とドイツ　アーネスティン・シュラント, J. トーマス・ライマー編, 大社淑子〔ほか〕訳　朝日新聞社　1995.8〈内容：二つの「長い戦後」—共通性と対照性（キャロル・グラック））
◇歴史としての戦後日本　上　アンドルー・ゴードン編, 中村政則監訳　みすず書房　2001.12〈内容：現在のなかの過去（キャロル・グラック））
◇鼎談・戦後の「日米関係」を再考する(特集：「日米関係」再考—歴史と展望）　キャロル・グラック, 和田春樹, 姜尚中：環　8　2002.1
◇提言 日本人は何を望んでいるのか（よみがえれニッポンの底力）　グラック, キャロル：ニューズウィーク日本版　17（39）　2002.10.15

◇日本はどこへ行くのか（日本の歴史）　キャロル・グラック〔ほか〕著　講談社　2003.1
◇「日米関係」からの自立—9・11からイラク・北朝鮮危機まで　姜尚中編, 和田春樹, キャロル・グラック, 姜尚中〔著〕　藤原書店 2003.2
◇反論 それでも日本は「日本らしい」—外国人が期待するカルチャーショックの幻影(Cover Story 日本人とは何者か)　Carol Gluck：ニューズウィーク日本版　21（8）　2006.2.22
◇歴史で考える　キャロル・グラック著, 梅崎透訳　岩波書店　2007.3

クラハト，クラウス
Kracht, Klaus
フンボルト大学日本学研究所所長・森鷗外記念館館長

[生年月日] 1948年
[国籍]ドイツ　[出生地]ディンスラーケン
[学歴]ボーフム・ルール大学大学院東洋学部博士課程修了　[学位]哲学博士（ボーフム・ルール大学）　[専門]日本思想史
儒学などの日本思想史を専門とし、1993年京都大学で研究を行う。来日時に日本のクリスマスを経験、資料集めを始め、'99年「クリスマス どうやって日本に定着したか」を出版。他の著書に「藤田東湖およびその弘道館記述義」「近世日本朱子学の鬼神論」など。
【著作】
◇クリスマス—どうやって日本に定着したか　クラウス・クラハト, 克美・タテノクラハト著　角川書店　1999.11

クラフト，ウーグ
Krafft, Hugues
明治の生活を記録した日本で最古の乾板写真の撮影者

[生年月日] 1853年
[没年月日] 1935年
[国籍]フランス　[出生地]ランス
シャンパン貴族の末えい。20歳の時、父の死で膨大な遺産を手にし、小さい時から夢見ていた世界一周旅行を計画。1882年弟や友人らと出港、同年夏に長崎に来港、横浜で5ヶ月余滞在、その間身につけた写真術で、最新のガラス乾板により日本中を撮影した。1996年

ランスにあるクラフトの収集品や遺品の中から日本最古の乾板写真が発見された。

【著作】
◇ボンジュール・ジャポン—フランス青年が活写した1882年　ウーグ・クラフト著, 後藤和雄編　朝日新聞社　1998.6

クランシー, ジュディス
Clancy, Judith A.
翻訳家

[国籍]米国

小学生の頃から日本に興味を持つ。1970年から10年間大阪の大手繊維メーカーに勤め日本語を磨いた。'90年から本格的に京都の歴史の翻訳に取り組み京都御所内の立て看板の解説に初めて挑戦。以来京都の旧跡や歴史人物などを英訳し主に外国人向け観光案内書「キョウト・ビジターズ・ガイド」に発表。また平安時代から江戸時代までの「王朝の遊び」を英訳し、'92年出版。

【著作】
◇米国人の眼から見た「混迷の国ニッポン」(特集・日本および日本人の再発見—現代日本を考える)　Judith Clancy：CEL　48　1999.3

クランプ, ジョン
Crump, John
ヨーク大学

[生年月日]1944年
[国籍]英国　[学歴]ロンドン大学歯学部〔1966年〕卒, シェフィールド大学(政治学, 日本語)
[学位]博士号〔1980年〕　[専門]政治学
1973〜75年東京大学に留学、日本の社会主義思想を研究。「Japan Forum」などに研究を発表。著書に「八太舟三と日本のアナキズム」。

【著作】
◇八太舟三と日本のアナキズム　ジョン・クランプ著, 碧川多衣子訳　青木書店　1996.7
◇日経連—もうひとつの戦後史　ジョン・クランプ著, 渡辺雅男, 洪哉信訳　桜井書店　2006.1

クランプ, トーマス
Crump, Thomas
アムステルダム大学教授

[学歴]ケンブリッジ大学トリィニティカレッジ(数学)　[学位]博士号(ロンドン大学)〔1976年〕　[専門]文化人類学
1980年代フィールドワークのため日本に滞在、それをもとに英語、オランダ語、フランス語、日本語で新聞雑誌に寄稿を続ける。'87年日本国際交流基金特別会員, '89年昭和天皇の葬儀に参列のため来日。著書に「誰にも役立つ法律」('63年)、「人間とその本質」('74年)、「貨幣の現象」('81年)、「天皇崩御—岐路に立つ日本」('89年)、「数の人類学」('90年)などがある。'71年以降アムステルダムに在住。

【著作】
◇天皇崩御—岐路に立つ日本　トーマス・クランプ著, 駐文館編集部訳　駐文館　1991.9

グリゴリエワ, タチアナ
Grigorieva, Tatiyana Petrovna
日本文学研究家　ロシア科学アカデミー東洋学研究所教授

[生年月日]1929年
[国籍]ロシア　[出生地]レニングラード　[学歴]ソ連科学アカデミー東洋学研究所卒, モスクワ大学大学院　[学位]文学博士〔1980年〕
[資格]ロシア科学アカデミー会員
日本学者の両親に影響を受け、日本文学の道に進む。モスクワ大学大学院で学んだ後、ロシア科学アカデミー東洋学研究所研究員に。1959年国木田独歩の研究で文学博士候補の学位を取得。'80年研究論文「日本の芸術伝統」で博士号取得。著書に「Lone Wanderer」('67年)、「美しい日本の私」など。

【著作】
◇世界の中の川端文学　川端文学研究会編　おうふう　1999.11 〈内容：「美しい日本の私」について（T. グリゴーリエワ）〉

クリストフ, ニコラス
Kristof, Nicholas D.
ジャーナリスト　「ニューヨーク・タイムズ」副編集長

［生年月日］1959年
［国籍］米国　［出生地］イリノイ州シカゴ　［学歴］ハーバード大学卒, オックスフォード大学卒, アメリカン大学（カイロ）卒

1984年「ニューヨーク・タイムズ」に入社。振り出しは経済担当だったが、'86〜87年香港支局長、'88〜93年北京支局長を務める。この間、'88年同僚で中国系米国人のシェリル・ウーダンと結婚。在職中の'89年におきた天安門事件の報道で夫婦でピュリッツァー賞を受賞。中国での5年間の蓄積を「新中国人」として夫婦で出版。以来、辛口の中国ウオッチャーとして知られる。'95〜99年夫婦で東京支局に着任、支局長を務める。のち本社に戻り、副編集長に就任。［受賞］ピュリッツァー賞（第74回）〔1990年〕

【著作】
◇アジアの雷鳴—日本はよみがえるか!?　ニコラス・クリストフ, シェリル・ウーダン著, 田口佐紀子訳　集英社　2001.10

クリッシャー, バーナード
Krisher, Bernard
ジャーナリスト　「ザ・カンボジア・デイリー」発行人・編集長

［生年月日］1931年
［国籍］米国　［出生地］ドイツ・フランクフルト　［学歴］クイーンズ・カレッジ（ニューヨーク）〔1953年〕卒

1941年両親とともに米国移住。'55年「ニューヨーク・ワールド・テレグラム&サン」記者になり、'62年「ニューズウイーク」誌東京特派員、'68〜80年支局長。この間世界で初めて昭和天皇との単独インタビューに成功。'81年フォーチュン社に移籍、特派員、のち、新潮社顧問、MITメディアラボ極東代表を経て、'93年「ザ・カンボジア・デイリー」発行人兼編集長。'95年から日本人の妻とともに民間活動団体ジャパン・リリーフ・フォー・カンボジアを設立し、カンボジアに無料診察病院、学校を設立する支援活動を続ける。なお、'61年コロンビア大学にて日本語を学び、同大東アジア研究所研究員、'78〜79年ハーバード大学東アジア研究センター研究員を務めた。主著に「インタビュー」（'76年）、「日本人に生まれて損か得か」（'78年）、「ハーバードの見た日本」（'79年）などがある。

【著作】
◇日本と韓国—気質似ていて違う両国民　バーナード・クリッシャー：週刊朝日　1978.5.19
◇日本人に生まれて損か得か　バーナード・クリッシャー, 加瀬英明共著　山手書房　1978.11
◇日本は大国の役割を担えるか—滞日十七年私の総括　バーナード・クリッシャー, 小松修幸訳：中央公論経営問題　18(4)　1979.9
◇だから無神経といわれる日本人　バーナード・クリッシャー, 土屋政雄訳：中央公論　95(3)　1980.3
◇コスモポリタン的日本人の誕生　バーナード・クリッシャー：通産ジャーナル　13(1)　1980.4
◇日本人の忠誠心について—忠ならんと欲すれば、会社は永遠なり、三島理解の相違〔ほか〕　バーナード・クリッシャー：中央公論　95(10)　1980.8
◇住んでみた日本—東と西は理解し合えるか　バーナード・クリッシャー著, 仙名紀訳　サイマル出版会　1986.3
◇ジャパンアズナンバーワン—それからどうなった（未来ブックシリーズ）　エズラ・F.ヴォーゲル著, 福島範昌訳, バーナード・クリッシャー企画・監修　たちばな出版　2000.5

グリフィス, ウイリアム・エリオット
Griffis, William Elliot
教育者　福井藩理化学教師

［生年月日］1843年9月17日
［没年月日］1928年2月5日
［国籍］米国　［出生地］ペンシルベニア州フィラデルフィア市　［学歴］ラトガース大学〔1869〕卒　［学位］M. A.

1859年セントラル高校に入学したが、父親の事業失敗のため翌年中退する。1863年南北戦争に従軍、1865年南北戦争終了後、ラトガース大学理学科に入学。グラマー・スクールの

教師となり、日本からの留学生横井左平太・太平兄弟や日下部太郎にギリシア語、ラテン語を教える。1870年12月アメリカ改革派教会派遣の宣教師として来日。1871年3月福井に赴任し、福井藩理化学教師となる。廃藩置県により翌年福井を去り東京で大学南校の教師となる。1874年7月離日。ニューヨークのユニオン神学校に入学し、牧師になる準備と並行して「皇国」執筆を進める。1926年には夫人同伴で福井を再訪、その際日本政府から勲三等旭日章を授与された。

【著作】
◇維新外論 巻之上 希利比士（グリヒス）著, 牟田豊訳 牟田豊〔ほか〕 1875
◇日本近世変革論 希利比士（グリヒス）著, 牟田豊訳 牟田豊 1882
◇グリフィス博士の観たる維新時代の福井 グリフイス〔著〕, 斎藤静〔訳〕 明新会 1927
◇近代日本の序幕 W. E. グリフィス, 大久保利謙編：外国人の見た日本 第3 筑摩書房 1961
◇ミカド―日本の内なる力 W. E. グリフィス著, 亀井俊介訳 研究社出版 1972
◇皇国 ウィリアム・E. グリフィス：アメリカ古典文庫 22 研究社出版 1975
◇明治日本体験記（『皇国』第二部）―日本における個人的体験、観察、研究（一八七〇―一八七四）山下英一訳 平凡社（東洋文庫430） 1984
◇明治日本体験記 グリフィス〔著〕, 山下英一訳 平凡社 1984.2
◇われに百の命あらば―中国・アメリカ・日本の教育にささげたS. R. ブラウンの生涯 W. E. グリフィス著, 渡辺省三訳 キリスト新聞社 1985.5
◇明治日本体験記 平凡社東洋文庫 1986
◇グリフィスの化学講義ノート―本文と注解 グリフィス〔原著〕, 内田高峰〔ほか著〕, 日下部・グリフィス学術・文化交流基金編 日下部・グリフィス学術・文化交流基金 1987.3
◇武士道「緒言」 岩波書店 1991
◇ヘボン―同時代人の見た W. E. グリフィス〔著〕, 佐々木晃訳 教文館 1991.10
◇The Mikado's Empire—a history of Japan from the age of gods to the Meiji Era（660 BC-AD 1872）〔by〕William Elliot Griffis Yohan（distributor） c2006

グリーン, ボブ
Greene, Bob
コラムニスト

[生年月日] 1947年5月10日
[国籍] 米国　[出生地] オハイオ州コロンバス
[学歴] ノースウェスタン大学〔1969年〕卒
高校時代から新聞に興味を持ち、1969年大学卒業後、「シカゴ・サン・タイムズ」に入社。レポーターを経て、23歳の若さでコラムを書くようになった。'79年「シカゴ・トリビューン」に移りコラムを担当。人間に対する好奇心とみずみずしい文体で、全米約250紙に掲載され、短編小説を思わせる"人生コラム"に多くの読者を持つ。新聞のコラムの傍ら、月刊誌「エスクァイア」をはじめ各誌に寄稿をつづけている。日本での訳書には「アメリカン・ビート」「チーズバーガーズ」「ボブ・グリーンの父親日記」「十七歳1964春・1964秋」「アメリカン・スナップショット―22歳の視線」「アメリカン・ヒーロー」「アメリカン・スタイル」「ホーム カミング」「マイケル・ジョーダン リバウンド」「シボレー・サマー」などがある。またABCテレビの報道番組「ナイト・ライン」のリポーターもつとめた。2度来日。

【著作】
◇緊急提言・いいかげんにしろ日本人！世界の知識人からの「手紙」 ボブ・グリーン, 李御寧, スラク・シバラクサ, ジョルジュ・シュフェール, ボビー・バレンタイン, 孫斌, ロジャー・ゲイル, 許慶雄, カルメリータ・ヌクイ：週刊現代 38(6) 1996.2.17
◇米・露・独・蘭「世界の知性」5人が特別提言「日本人よ、目を覚ませ」 ヘンリー・キッシンジャー, カレル・V. ウォルフレン, ボブ・グリーン, ロマン・ポプコーヴィチ, ヘルムート・シュミット：週刊現代 42(4) 2000.1.29
◇デューティ―わが父、そして原爆を落とした男の物語 ボブ・グリーン著, 山本光伸訳 光文社 2001.7

グリーン, マイケル
Green, Michael J.
国際政治学者　ジョージタウン大学準教授, 米国戦略国際問題研究所(CSIS)日本部長　米国国家安全保障会議(NSC)上級アジア部長

[生年月日]1961年
[国籍]米国　[出生地]ワシントンD.C.　[学歴]ジョンズ・ホプキンス大学高等国際問題研究大学院博士課程修了　[学位]博士号（ジョンズ・ホプキンス大学）　[専門]日本政治, 日米安全保障

1983年日本の文部省が募集する英語教員として来日。'86年再来日し、東京大学の佐藤誠三郎教授に師事して日本政治を研究した他、椎名素夫参議院議員秘書を務めた。のちジョンズ・ホプキンス大学客員助教授。'95年米国国防総省附属防衛分析研究所(IDA)研究員を経て、'97年外交問題評議会主任研究員。国防総省アジア太平洋担当政策顧問も兼務し、日米防衛指針見直しに参画。2001年2月ブッシュ政権の国家安全保障会議(NSC)日本・朝鮮部長を経て、2004年上級アジア部長に就任。ブッシュ政権の対日政策に重要な役割を果たした。2005年12月退任し、ジョージタウン大学準教授、戦略国際問題研究所(CSIS)日本部長に就任。著書に「日米同盟の再定義」などがある。

【著作】
◇分析と資料日米安保と沖縄問題　東海大学平和戦略国際研究所編　社会評論社　1997.5
◇日米同盟—米国の戦略　マイケル・グリーン, パトリック・クローニン編, 川上高司監訳　勁草書房　1999.9
◇賠償請求は日本たたきではない（コラム・オン・ジャパン〔64〕）　グリーン, マイケル：ニューズウィーク日本版　16(3)　2001.1.24
◇日米戦後関係史—パートナーシップ 1951-2001　入江昭, ロバート・A. ワンプラー編, 細谷千博, 有賀貞監訳　講談社インターナショナル　2001.9〈内容：能動的な協力関係の構築に向けて（マイケル・ジョナサン・グリーン）〉
◇「無条件勝利」のアメリカと日本の選択　ロナルド・A. モース編著, 日下公人監修, 時事通信社外信部ほか訳　時事通信社　2002.

1〈内容：米日同盟の役割と任務を再考する（マイケル・グリーン, ロビン・サコダ）〉

グルー, ジョセフ・クラーク
Grew, Joseph Clark
外交官　駐日米国大使, 米国国務次官

[生年月日]1880年5月27日
[没年月日]1965年5月25日
[国籍]米国　[出生地]ボストン　[学歴]ハーバード大学〔1902年〕卒

1904年国務省に入り、カイロ総領事館書記官、メキシコ、ロシア各大使館、'14年ドイツ大使館参事官、第一次大戦米国参戦の際ウィーン代理公使、デンマーク、スイス公使。'24年国務次官、'27年トルコ大使を経て、'31年駐日大使となり、日米親善に尽力、'41年の日米開戦回避に向け奔走。'42年国務長官特別補佐官、'44年国務省極東局長、同年12月～'45年国務次官。知日家で第二次大戦の戦後処理にかかわり、天皇制を擁護した。著書に「滞日十年」「波高き時代」など。

【著作】
◇東京報告　細入藤太郎訳　日本橋書店　1946
◇滞日十年—日記・公文書・私文書に基く記録　上, 下　石川欣一訳　毎日新聞社　1948
◇滞日十年　毎日新聞社　1948
◇滞日10年　ジョセフ・C. グルー：アメリカ古典文庫　22　研究社出版　1975
◇滞日十年〔抄訳〕　研究社　1975

クルーグマン, ポール
Krugman, Paul Robin
経済学者　プリンストン大学教授

[生年月日]1953年2月28日
[国籍]米国　[出生地]ニューヨーク州アルバーニー　[学歴]エール大学〔1974年〕卒, マサチューセッツ工科大学大学院〔1977年〕博士課程修了　[学位]Ph. D.（マサチューセッツ工科大学）〔1977年〕　[専門]国際経済学, 国際金融

1977年エール大学助教授等を経て、'80年マサチューセッツ工科大学準教授、'83年教授。この間、'82～'83年米国大統領経済諮問委員会(ECA)の上級エコノミストのほか、世界銀

行、EC委員会などの経済コンサルタントを務め、世界的な国際経済学者の一人として知られる。'90年著書「期待低下の時代」で米国の赤字や保護主義のマイナス効果は絶望的なほど大きくはないと主張して注目を集める。のちプリンストン大学教授。著書に「Trade Policy and Market Structure」「為替レートの謎を解く」「予測90年代、アメリカ経済はどう変わるか。」「クルーグマン教授の経済入門」「グローバル経済を動かす愚かな人々」「世界大不況への警告」「良い経済学悪い経済学」、共著に「International Economics」などがある。　[受賞]ジョン・ベーツ・クラーク賞〔1991年〕
【著作】
◇What'sジャパン？—日本「再統一」の脅威　NPQ（New Perspective Quarterly）編著, 関元, 吉岡晶子訳　JICC出版局　1991.3〈内容：日本は勝てない相手ではない（ポール・クルーグマン）〉
◇経済政策を売り歩く人々　日本経済新聞社　1995
◇日米はなぜ対立するのか—『フォーリン・アフェアーズ』アンソロジー　P. クルーグマンほか著, 竹下興喜監訳　中央公論社　1995.9
◇恐慌の罠—なぜ政策を間違えつづけるのか　ポール・クルーグマン著, 中岡望訳　中央公論新社　2002.1
◇クルーグマン教授の〈ニッポン〉経済入門　ポール・クルーグマン, ラルス・E. O. スヴェンソン著, 山形浩生編訳・解説　春秋社　2003.11

クルーゼンシュテルン, イヴァン・フェードロヴィチ
Kruzenshtern, Ivan Federovich
ナジェージダ号艦長, 遣日ロシア使節レザーノフ搭乗

[生年月日] 1770年11月19日
[没年月日] 1846年8月24日
[出生地] エストニア

貴族の家柄で生まれる。1785年クロンシュタットの海軍士官学校に入学し、1887年見習士官として対トルコ及びスウェーデン戦に参加した。1893年から99年までイギリスに派遣され訓練を受けた。1802年ロシア皇帝に世界周航遠征隊の太平洋派遣を申請し、自ら隊長として日本派遣全権使節レザーノフが搭乗した「ナジエージダ」号艦長として日本に向かった。レザーノフ一行は1804年（文化元年）9月に長崎に来航したが、幕府により上陸を拒否されその帰途報復として利尻島などを攻撃した。クルーゼンシュテルンは日本近海の測量を果たし、「1806年における世界周航記」を刊行した。わが国では青地林宗訳高橋景保校訂により「奉使日本紀行」として知られる。

【著作】
◇異国叢書〔第12, 13〕　駿南社　1931
◇クルウゼンシュテルン日本紀行 上, 下　羽仁五郎訳注　雄松堂書店（異国叢書 12, 13）　1966
◇北方未公開古文書集成　第5巻　寺沢一〔ほか〕責任編集　叢文社　1979.6
◇クルウゼンシュテルン日本紀行　上巻　クルウゼンシュテルン[著], 羽仁五郎訳註　雄松堂出版　2005.5
◇クルウゼンシュテルン日本紀行　下巻　クルウゼンシュテルン[著], 羽仁五郎訳註　雄松堂出版　2005.5

クルマス, フロリアン
Coulmas, Florian
ゲアハルト・メルカトル大学東洋学研究科教授

[生年月日] 1949年
[国籍] ドイツ　[出生地] ハンブルク　[専門] 社会言語学

1971年大学在学中に初来日。その後も教育や研究目的で日本に何度か滞在し、米国のジョージタウン大学を経て、日本の中央大学文学部教授。のち政策学部に移り、'99年まで12年間を家族とともに日本で暮らす。帰国後、ノルトライン・ウェストファーレン州ドゥイスブルクにあるゲアハルト・メルカトル大学東洋学研究科で、近代日本文化および歴史担当教授を務める。著書に「まだまだまともな日本」など。

【著作】
◇まだまだまともな日本　フロリアン・クルマス著, 山下公子訳　文芸春秋　2002.12

クレイサ, ジュリア
Krejsa, Julia
科学ジャーナリスト

[国籍]オーストリア　[学位]生物学博士(ウィーン大学)〔1951年〕

化学雑誌に携わるかたわら、1978年から医学、繊維工芸中心のフリーのジャーナリストとして活動。'88年からは薬事関係のPRアドバイザーもしている。著書に「ウィーンの日本」(共著)。

【著作】
◇ウィーンの日本—欧州に根づく異文化の軌跡　ペーター・パンツァー, ユリア・クレイサ〔著〕, 佐久間穆訳　サイマル出版会　1990.3

グレイスティーン, ウィリアム(Jr.)
Gleysteen, William H. (Jr.)
外交官　ジャパン・ソサエティ(ニューヨーク)理事長

[生年月日]1926年
[没年月日]2002年12月6日
[国籍]米国　[出生地]中国・北京　[学歴]エール大学卒, エール大学大学院修了

父がミッションスクールの校長をしていた関係で中国・北京に生まれ、中学まで育つ。第二次大戦時に日本軍に抑留された。1951年米国国務省に入省、外交官として台北、香港、ソウルなどに勤務し、'58〜62年には東京に駐在した。'74〜76年、'77〜78年東アジア太平洋担当国務次官補代理、'76〜77年国家安全保障会議スタッフ、'78〜81年駐韓大使などを歴任。'79年10月の朴正熙大統領暗殺事件や、'80年5月の光州事件に遭遇した。'81年退官後はアジア協会ワシントン・センター所長、外交問題評議会研究部長を経て、'89年4月ニューヨークにある米国の民間財団ジャパン・ソサエティ(日本協会)理事長に就任。日米交流に尽くし、'96年日本の勲二等瑞宝章を受章した。俳句を好む知日家として知られた。

[叙勲]勲二等瑞宝章(日本)〔1996年〕

【著作】
◇新しい時代の日米交流の課題と展望—国際シンポジウムより　国際交流基金日米センター編　国際交流基金日米センター　1991.8〈内容：グローバル・コンテクストにおける日米協力(ウィリアム・グライスティーン)〉

クレモンス, スティーブン
Clemons, Steven
エコノミスト　米国経済戦略研究所副所長

[生年月日]1962年
[国籍]米国　[出生地]カンザス州　[学歴]カリフォルニア大学ロサンゼルス校卒

日本の高校を卒業後、カリフォルニア大学ロサンゼルス校で政治学修士号取得。ニクソン、レーガン、ブッシュなど歴代共和党大統領のスピーチライターを務め、JPRI(日本政策研究所)を創立、初代所長。のち、ワシントンの米国経済戦略研究所副所長として国際経済の調査、分析にあたる。

【著作】
◇「合理的選択理論」という乱暴な学説　スティーブン・クレモンズ：THIS IS 読売　5(7)　1994.10

◇アメリカの視点 金正日が拉致を認めたことで日本の「愛国心」は目覚めた(噴出する「ニッポン・ナショナリズム」批判の渦中、戦後58年間タブー視されてきた「国のために戦う心」が試されている「日本の愛国心」どこが悪い)　Steve Clemons：SAPIO　15(25)　2003.12.24

クロコウ, クリスティアン・グラーフ・フォン
Krockow, Christian Graf von
政治学者, 歴史家, 作家

［生年月日］1927年5月26日
［国籍］ドイツ　［出生地］ポンメルン（現・ポーランド領）　［学位］博士号（ゲッティンゲン大学）〔1954年〕

北プロイセンの貴族の家系。1961年からゲッティンゲン、ザールブリュッケン、フランクフルトの各大学で政治学を講じるが、'69年大学教授の職を辞し、著作に専念。専門的著作に「Die Entscheidung:Eine Untersuchung über Ernst Jünger, Carl Schmitt, Martin Heidegger」（'58年）、「Politik und menschliche Natur:Dämme gegen die Selbstzerstörung」（'87年）、「ドイツの神話について」（'95年）、「決断―ユンガー、シュミット、ハイデガー」などがあり、「Die Reise nach Pommern（ポンメルンへの旅）」（'85年）は話題を呼ぶ。また'88年の「女たちの時―ドイツ崩壊の淵で1944―1947」はドイツでベストセラーとなったあと、ポーランド語訳（'90年）と英訳（'91年）が刊行される。

【著作】
◇日本の挑戦　Christian G. von Krockow, 大坪健一郎紹介：日本労働協会雑誌　13（5）1971.5

グロータース, ウィレム
Grootaers, Willem A.
カトリック神父, 言語学者

［生年月日］1911年5月26日
［没年月日］1999年8月9日
［国籍］ベルギー　［出生地］ナミュル　［別名等］別名＝愚老足　［学歴］ルヴェン淳心会神学校〔1939年〕卒、ルヴェン大学卒　［専門］日本方言地理学, 言語地理学　［団体］日本言語学会

1939年中国山西省に淳心会神父として赴任。輔仁大学教授を兼務し、察哈爾（チャハル）省の方言・民俗の研究、調査に従事。'48年中国を追われ、'50年来日。日本の方言学に言語地理学的方法論を導入し、国立国語研究所の「日本言語地図」（全6巻）の作成に協力した。'73年から'83年定年退官まで上智大学言語学講師。著書に「日本の言語地理学のために」「私は日本人になりたい」「それでもやっぱり日本人になりたい」、共編に「知識人たちの阿片―サルトル・カミュ・メルロー・ポンティ」など多数。　［受賞］ルベン大学名誉博士〔1981年〕　［叙勲］勲三等瑞宝章〔1984年〕

【著作】
◇外国人の見た日本語―グロータス氏の意見　W. A. グロータス：言語生活　21　1953.6
◇わたしは日本人になりたい（グリーンベルト・シリーズ）　W. A. グロータース著, 柴田武訳　筑摩書房　1964
◇日本語・外国語―心と魂のことば（PHP青春の本）　W. A. グロータース：日本の美と心　PHP研究所　1973
◇日本の特産品―土壇からトルコ風呂まで（座談会）　村松剛, 山崎正和, W・グロータース, 坂本二郎, 加瀬英明：文芸春秋　1973.11
◇日本文化のオモテとウラ　W. A. グロータース著, 柴田武訳　筑林書林　1975
◇にっぽん文化考・その他―誤解と錯覚　W. A. グロータース著　ダイヤモンド社　1976
◇私は日本人になりたい―知りつくして愛した日本文化のオモテとウラ（グリーン・ブックス）　W. A. グロータース著, 柴田武訳　大和出版　1984.10
◇日本語講座　第1巻　金田一春彦編　大修館書店　1990.4〈内容：日本語の語彙の特色（W. A. グロータース）〉
◇日本語研究諸領域の視点　上巻　平山輝男博士米寿記念会編　明治書院　1996.10〈内容：千葉県安房郡および館山市における農家の間取りの呼び名（W. A. グロータース）〉

クローデル, ポール
Claudel, Paul Louis Charles
詩人, 劇作家, 外交官　駐日フランス大使

［生年月日］1868年8月6日
［没年月日］1955年2月23日
［国籍］フランス　［出生地］エーヌ県ビルヌーヴ・シュル・フェール　［学歴］高等政治学専

門学院（経済学）　[資格]アカデミー・フランセーズ会員〔1946年〕

カトリックの家庭に生まれるが、パリのリセ生活で信仰を失う。1886年ランボーの詩から啓示を受け、同年ノートルダム寺院で回心、その後カトリック詩人として強固な信仰を獲得。1890年自由詩形の戯曲「黄金の頭」と「都市」を書き、象徴派の詩人たちに認められる。同年外交官となり、以後世界各地に赴任。'21〜26年には駐日大使を務め、日仏会館を創設するなど日仏の文化交流に尽力した。のちワシントン、ブリュッセルに駐在。一方、マラルメ、ベルレーヌ、ランボーに傾倒、詩・劇作にはげむ。作品は旧約聖書やアイスキュロス、ピンダロスなどの影響による言葉とリズムの力強さを特徴とし、独特のうねりをもつ壮大な詩句を編み出す。公職引退後は、信仰と創作に余生を過ごした。主な作品に詩集「五大頌歌」（'10年）、「三声による頌歌」（'13年）、戯曲「人質」（'10年）、「マリアへの受胎告知」（'12年）、「繻子の靴」（'29年）、散文詩「東方の認識」、美術論「目は聴く」、日本文化論「朝日の中の黒い鳥」などがある。近代産業育成の父・渋沢栄一と駐日フランス大使を務めたポール・クローデルは固い友情で結ばれて、1924年の日仏会館設立に奔走、日仏友好に尽力した。二人の功績を称え、'84年渋沢・クローデル賞が創設され、日本人とフランス人の若手研究者が相手国について行った研究（著作，翻訳）に対し賞が与えられる。

【著作】
◇日本のこころを訪れる眼―日光の学生たちのための講演（1923年7月）　P・クローデル，芳賀徹訳：風俗（日本風俗史学会）　3(4)　1964.3.31
◇朝日の中の黒い鳥（講談社学術文庫）　ポール・クローデル〔著〕，内藤高訳　講談社　1988.11
◇天皇国見聞記　ポール・クローデル著，樋口裕一訳　新人物往来社　1989.8
◇孤独な帝国日本の一九二〇年代―ポール・クローデル外交書簡一九二一―二七　ポール・クローデル著，奈良道子訳　草思社　1999.7

グロード，フィリップ
Gourraund, Philippe
カトリック司祭　旭ケ岡の家（特別養護老人ホーム）園長，函館野外劇の会理事長，パリ外国宣教会宣教師

[生年月日]1927年
[国籍]フランス　[出生地]ナント郊外　[学歴]パリ外国宣教会神学校〔1953年〕卒

1954年宣教師として来日。北海道八雲町に教会を設立、'61年より16年間、函館元町カトリック教会の主任司祭を務める。この間、社会福祉活動を手がけ、'77年特別養護老人ホーム・旭ケ岡の家を創立。'96年函館市郊外に在宅総合支援施設・ベレルをオープン。'97年から弁護士らで構成する苦情申し立て機関、高齢者オンブズマン制度を導入、'98年旭ケ岡ホームに高齢者人権憲章を制定するなど高齢者のために尽力。また箱館戦争など北海道の歴史に精通し、'88年からは函館野外劇の会実行委員長、のち理事長をつとめる。日本語で執筆した「日本のお年より―老人ホームの四季」「横町のご隠居たち」などの著書がある。　[受賞]サントリー地域文化賞〔1993年〕，北海道新聞文化賞（社会文化賞，第50回）〔1996年〕　[叙勲]シュバリエ勲章〔1977年〕，レジオン・ド・ヌール勲章シュバリエ章〔1990年〕

【著作】
◇三人寄ればニッポンが見える―エレガンス・老いと死・ユーモア　アルフォンス・デーケン，フランソワーズ・モレシャン，フィリップ・グロード著　旬報社　1997.12
◇全労済協会創立10周年記念出版―地方シンポジウム版 91年大阪〜99年群馬シンポジウム報告書収録　全労済協会　1999.10〈内容：パネルディスカッション　高齢者に優しい福祉のまちづくり（忍博次，フィリップ・グロード，佐藤正晴，浅田明広，岡本祐三)〉

クローニン，パトリック
Cronin, Patrick M.
米国平和研究所調査部長

[生年月日]1958年

[国籍]米国　[出生地]フロリダ州　[学歴]フロリダ大学卒　[学位]博士号(オックスフォード大学)

ローズ・スカラシップで英国に留学。米国議会スタッフ、海軍大学教官を経て、国防総省唯一のシンクタンク、国防大学戦略問題研究所上級研究所入り。上級研究員、1990年アジア太平洋研究部長を経て、'96年副所長。'98年平和研究所調査部長。著書に「グローバリズムからリージョナリズムへ―アメリカの外交・防衛政策における新しい展望」など安全保障に関する著書多数。'94年来日。

【著作】
◇日米同盟―米国の戦略　マイケル・グリーン, パトリック・クローニン編, 川上高司監訳　勁草書房　1999.9
◇日本はどうあるべきか(特集・国のあり方を考える―日本への期待)　Patrick M. Cronin：経済trend　53(1)　2005.1

クローニン, リチャード
Cronin, Richard P.
米国議会図書館議会調査局外交国防部アジア問題担当スペシャリスト

[生年月日]1941年
[国籍]米国　[学歴]ヒューストン大学(経済学)卒

米国議会図書館議会調査局の国防アナリストなどを経て、1988年から同調査局外交国防部アジア問題担当スペシャリスト。'94年来日。

【著作】
◇日米関係:クリントン政権と第103議会の政策課題(米国議会調査局報告書)　リチャード・P. クローニン〔著〕, C-NET〔訳〕　C-NET　1993.5
◇日本の連立政権新時代:米国の利益と政策に対する影響(米国議会調査局報告書)　リチャード・P. クローニン〔著〕, C-NET〔訳〕　C-NET　1995.5
◇1996年1月の日本の首相交代・銀行の規制緩和立法(米国議会調査局報告書)　リチャード・クローニン, M. モリーン・マーフィー〔著〕, C-NET〔訳〕　C-NET　1996.2
◇沖縄の米軍基地と日米安保協力・日米関係:90年代の議会の論点(米国議会調査局報告書)　リチャード・P. クローニン, ロバート・G. サッター編, C-NET〔訳〕　C-NET　1997.3

クロフォード, ジョン
Crawford, John
オーストラリア国立大学長

[没年月日]1984年10月28日
[国籍]オーストラリア

第二次世界大戦後のオーストラリアの経済復興に一貫して寄与したエコノミスト。貿易省次官として1957年に日本との間で通商協定をまとめたほか、ホーク首相の片腕として産業構造改革の具体化に取り組んでいた。「日本、オーストラリア間の相互理解促進に多年にわたり貢献した」理由で84年10月初めに日本の国際交流基金賞を受賞したばかり。また72年にも同じ理由で勲一等瑞宝章を受けている。サーの称号も持つ。　[受賞]国際交流基金賞〔1984年〕　[叙勲]勲一等瑞宝章〔1972年〕

【著作】
◇日豪と西太平洋経済―大来佐武郎ジョン・クロフォード合同委員会報告　日豪調査委員会編　日本経済研究センター　1976.4

グンデルト, ヴィルヘルム
Gundert, Wilhelm
ドイツ語教師　ハンブルク大学学長

[生年月日]1880年4月
[没年月日]1971年
[国籍]ドイツ　[出生地]シュトゥットガルト
[学歴]チュービンゲン大学, ハレ大学, ハンブルク大学

1902年から4年間ドイツ・ルーテル教会で勤務。'06年来日して東京の第1高等学校でドイツ語を教え、'09年まで在職した。のち東京や新潟県においてキリスト教の伝道に従事したが、'15年ふたたび第1高等学校に復職し'20年まで勤めた。一旦帰国したが、'22年ふたたび来日し水戸高等学校に赴任し、'27年まで留まった。その後上京して日独文化協会主事に転じ、'35年まで在職。同年ドイツに帰国し'36年ハンブルク大学に就任、翌年同大学長に選任された。のち退職しエルランゲンに自適の生活を送っていたが、'71年死去。内村鑑三の研究家でもあり、さらに能や狂言

等日本文学古典の紹介につとめた。'60年に刊行した「碧巌録」のドイツ語訳は高く評価されている。

【著作】
◇日独文化講演集　第10輯　日独文化協会編　日独文化協会　1936〈内容：独逸に於ける日本学の意義(ウイルヘルム・グンデルト)〉
◇講座禅　第8巻　編集:西谷啓治　筑摩書房　1974〈内容：『碧巌録』独訳余話(ヴィルヘルム・グンデルト)〉

【ケ】

邢 志強　けい・しきょう
国士舘大学21世紀アジア学部教授

[生年月日] 1953年
[国籍]中国　[出生地]内モンゴル自治区　[学歴]大連外国語学院日本語学科〔1977年〕卒, 北京日本語研修センター〔1983年〕修了　[専門]日本語文法論, 日中言語比較研究　[団体]日本中国語学会(理事), 日中言語対照研究学会(理事), 日本語教育学会, 在日華人漢語教師協会(理事)

北海学園大学客員研究員, 内蒙古大学日本語学科長などを経て, 1992年4度目の来日をし, 北海学園北見大学講師となる。'98年助教授。2002年国士舘大学21世紀アジア学部教授。在日華人漢語教師協会理事などを務める。著書に「日本語表現の研究」「実用中国語会話」「覚えやすい中国語会話」「すぐに使える初級中国語」「易しい中国語会話」、共編に「中日・日中学習辞典」、共著に「負笈東瀛写春秋」「日本と中国ことばの梯」「当代中国人看日本」などがある。

【著作】
◇日本と中国ことばの梯(かけはし)—佐治圭三教授古稀記念論文集　佐治圭三教授古稀記念論文集編集委員会編　くろしお出版　2000

ケイディン, マーティン
Caidin, Martin
作家, 航空評論家

[生年月日] 1927年
[没年月日] 1997年

米国UPI通信社航空専門記者として活躍した。航空機・航空問題の権威として知られ、その科学知識を駆使して書き上げた処女作「Marooned(宇宙からの脱出)」を発表以来、作家として活動。「Flying Forts!」「メッサーシュミットBf109戦闘機」などの宇宙・航空関係の著書のほか、小説にテレビシリーズ「600万ドルの男」「バイオニック・ジェミー」の土台となったサイボーグもの、「インディ・ジョーンズ 魔空の覇者」など、ノンフィクション作品には、東京大空襲を扱った「A Torch to the Enemy」など70冊以上の著作があり、航空・宇宙作家協会からジェームズ・J・ストレビッグ記念トロフィーを2度受賞した。　[受賞]ジェームズ・J・ストレビッグ記念トロフィー(航空・宇宙作家協会, 2回)

【著作】
◇零式艦上戦闘機—日本海軍の栄光(第2次大戦兵器ブックス)　マーチン・ケイディン著, 加登川幸太郎訳, 戸高一成監修　並木書房　2000.1

ゲイン, マーク
Gayn, Mark Julius
ジャーナリスト

[生年月日] 1909年4月21日
[没年月日] 1981年12月17日

[国籍]カナダ　[出生地]中国東北部　[旧姓名]旧名＝ギンズバーグ, モー〈Ginsburg, Moe〉[学歴]コロンビア大学大学院ジャーナリズム専攻修了

ユダヤ系ロシア人の子として生まれ、幼少時を中国、ソ連で過ごした。米国の大学を卒業後、1934年「ワシントンポスト紙」上海特派員となり、以後、「中国通信」「ニューズウィーク」「タイムマガジン」などの特派員を歴任。第2次大戦後の'45年12月「シカゴ・サン」紙特派員として来日、ニューディール左派の立

場から、マッサーサ元帥や占領政策を冷静な目で鋭く分析した「ニッポン日記」を書いた。ニューヨークでは'48年に出版されたが、占領下日本では「禁書」であり、対日講和調印後の'51年10月やっと邦訳が出、たちまちベストセラーとなり数十万部を売り尽くした。'46年10月離日、その後も数回来日。'59年にカナダ国籍を取得、「トロントスター」紙論説委員となる。'71年には中国、'72年北朝鮮をルポした。「続ニッポン日記」がある。

【著作】
◇ニッポン日記 上 マーク・ゲイン著, 井本威夫訳 筑摩書房 1951
◇ニッポン日記 下巻 マーク・ゲイン著, 井本威夫訳 筑摩書房 1951
◇「大安クラブ」覚え書—「ニッポン日記」への反論 安藤明, マーク・ゲイン：文芸春秋 1952.4
◇ニッポン日記（筑摩叢書） マーク・ゲイン著, 井本威夫訳 筑摩書房 1963
◇歴史の証言者、マーク・ゲインが語る巨大産業国家ニッポンへの警告（インタビュー） マーク・ゲイン：週刊ポスト 1980.8.22
◇新ニッポン日記—あるジャーナリストの遺稿 マーク・ゲイン著, 久我豊雄訳 日本放送出版協会 1982.4
◇ニッポン日記（ちくま学芸文庫） マーク・ゲイン著, 井本威夫訳 筑摩書房 1998.7

ゲッパート, リチャード
Gephardt, Richard Andrew
政治家 米国下院議員（民主党） 米国民主党下院院内総務

[生年月日] 1941年1月31日
[国籍] 米国 [出生地] ミズーリ州セントルイス [学歴] ノースウェスタン大学卒, ミシガン大学法律大学院修了 [学位] 法学博士（ミシガン大学）

勤労者階級の家庭で育ち、苦学してミシガン大学大学院を卒業。弁護士からセントルイス市議（1971～76年）を経て、'77年よりミズーリ州選出の連邦下院議員。この間、'85年民主党の内部改革をめざす政策集団・民主党指導協議会を設立し初代会長。'87年包括貿易法案審議で提案した保護主義的色彩の強い修正案（ゲッパート条項）で名をあげた対日強硬派。'88年大統領予備選に出馬したが敗れる。'89年6月民主党下院院内総務に就任。2002年11月退任。2004年大統領選党予備選に出馬するが、途中で撤退。

【著作】
◇「ジャパン・バッシング」の"元凶"、ゲプハート米下院議員に聞く（インタビュー） リチャード・A. ゲプハート：諸君 19(7) 1987.7
◇敵としての日本—「日本は真の友人ではない！日本に対するアメリカの寛容な政策は、即刻転換すべきだ」 リチャート・ゲッパート：SAPIO 3(9) 1991.5.9

ケニー, ダン
Kenny, Don
ケニー・アンド・オガワ・キョーゲン・プレイヤーズ代表

[専門] 狂言

1963年来日。翻訳家の傍ら、狂言に興味を持ち、'64年和泉流狂言師の野村万作に師事。夜間大学に通って日本語を学びながら修業し、'75年狂言師の小川七郎とともに英語で狂言を演じる会ケニー・アンド・オガワ・キョーゲン・プレイヤーズを結成、代表に。以来フリーの英語狂言師として国内外で公演。'91年頃からフランス語狂言に取り組み、'93年東京日仏学院ホールで初のフランス語狂言を上演、「痺（しび）り」「附子（ぶす）」のほかピアニスト・エリック・サティーの戯曲「メデュースのわな」を狂言にアレンジした新作を披露。

【著作】
◇私の日本文化論—シリーズ英和対訳 1 ダン・ケニー編訳 講談社 1985.10
◇私の日本文化論—シリーズ英和対訳 2 ダン・ケニー編訳 講談社 1985.10
◇私の日本文化論—シリーズ英和対訳 3 ダン・ケニー編訳 講談社 1985.10
◇英語で話す「日本の文化」（Bilingual books） NHK国際局文化プロジェクト, 講談社インターナショナル株式会社編, ダン・ケニー訳 講談社インターナショナル 1997.9

ケネディ, ポール
Kennedy, Paul Michael
歴史学者 エール大学教授

[生年月日] 1945年6月17日

［国籍］英国　［出生地］ウォールス・エンド（英国北部）　［学歴］ニューカッスル大学卒、オックスフォード大学大学院博士課程修了　［学位］博士号（オックスフォード大学）　［専門］国際関係論、戦略史　［団体］王立歴史学会（特別会員）

歴史学教授として欧米各地の大学で教えた後、1983年からエール大学教授。この間、プリンストン大学高等研究所、西ドイツのアレクサンダー・フォン・フンボルト協会特別研究員を務め、のち王立歴史学会特別会員。'88年著書「大国の興亡」が世界的大ベストセラーになる。他の著書に「21世紀の難問に備えて」（'93年）、「The Parliament of Man:The United Nations and the Quest for World Goverment」(2006年)など。'88年9月初来日。

【著作】
◇大国の興亡　草思社　1988
◇超大国アメリカの衰退と日本の将来（対談）ポール・ケネディ、筑紫哲也：朝日ジャーナル　31(1)　1989.1.6
◇特別対論・21世紀への日本生存システムを考える―世界的歴史学者が解読する『昭和日本の興亡』　ポール・ケネディ、エドウィン・ライシャワー：週刊ポスト　21(3)　1989.1.20
◇自己を改革しなければ亡国の道だ　ポール・ケネディ：月刊ウィークス　5(6)　1989.3
◇日本の組織力と欧州のロマン主義を誇れ（対談）　ポール・ケネディ、矢野暢：週刊ポスト　21(17)　1989.4.28
◇「興亡」史観から見た日本のユニークさ　ポール・ケネディ、中西輝政訳：中央公論　104(7)　1989.7
◇日本人よ自信を持て！（講演）　ポール・ケネディ、広淵升彦訳：文芸春秋　67(8)　1989.7
◇日本独特のシステムが反日感情をあおる　ポール・ケネディ：ニューズウィーク日本版　4(33)　1989.8.17・24
◇日本は世界の理想的な牽引車　ケネディ・P.：サンサーラ　2(8)　1991.8
◇ポール・ケネディ（『大国の興亡』の著者・エール大教授）―「最悪のシナリオ」を現実としないために（どうする？どうなる？私たちの21世紀）　ケネディ、ポール：文芸春秋　78(8増刊)　2000.6

ケプロン, ホーレス
Capron, Horace
軍人　北海道開拓使顧問、米国農務局長

［生年月日］1804年3月31日
［没年月日］1885年2月22日
［国籍］米国　［出生地］マサチューセッツ州

父親は綿布製造業を経営し、1829年メリーランド州の織物工場、ついで紡績工場の監督となる。1834年メリーランド州義勇軍少佐に任官、1835年大佐に昇進。1848年米国農業会副会長となり、1850年にはメリーランド州代表としてロンドン万国博覧会に出席。1861年に始まった南北戦争では北軍に参加、終戦まで従軍し、1866年代将に任官。1867年米国農務局長に就任。1871年北海道開拓次官だった黒田清隆の招聘を受け、66歳の高齢ながら閣僚級の重職をなげうって、同年7月来日。北海道開拓使顧問として他の米国人顧問を統括し、科学的な地質調査を行う一方、毎年夏に探査旅行をして道路・鉄道敷設、鉱山採掘、機械化農業導入などを提言した。1875年帰国。　［記念碑］オーク・ヒル軍人墓地（ワシントン市）

【著作】
◇蝦夷と江戸―ケプロン日誌　ホーレス・ケプロン著，西島照男訳　北海道新聞社　1985.2

ケーベル, ラファエル・フォン
Koeber, Raphael von
哲学者, ピアニスト　東京帝大文科大学教師

［生年月日］1848年1月15日
［没年月日］1923年6月14日
［国籍］ロシア　［出生地］ニジュニ・ノヴゴロド　［学歴］モスクワ音楽院〔1872年〕卒、イエナ大学、ハイデルベルク大学　［学位］Ph.D.〔1882年〕

父はドイツ系ロシア人。6歳より母方の祖母からピアノを学ぶ。1867年モスクワ音楽院に学び、N.ルービンスタイン、チャイコフスキーらに師事。1873年からドイツに留学、イエナ大学、ハイデルベルク大学で哲学を学び、ショーペンハウアー研究でエドアルド・フォン・ハルトマンの賞讃を受ける。1884年カール

スルーエ音楽学校教師となるが、翌年辞職しミュンヘンで哲学書の著述に専念する。1893年（明治26年）ハルトマンの推薦で来日。東京帝大文科大学で哲学、古典語、ドイツ文学を講じる傍ら、1898年から1909年まで東京音楽学校でピアノの指導にあたる。'14年東京帝国大学を辞し帰国の準備をしていたが、第一次大戦勃発のため日本に留まった。著書に「ショーペンハウアーの解脱論」（1882年）、「エー・フォン・ハルトマンの哲学体系」（1884年）、著作集に「ケーベル博士小品集」「ケーベル博士随筆集」がある。
【著作】
◇ケーベル博士随筆集　久保勉訳, 安倍能成編　岩波書店　1928
◇ケーベル博士随筆集　改訂版　久保勉訳, 安倍能成編　岩波書店　1939
◇ケーベル先生随筆集　ケーベル［作］, 松山武夫編註　第三書房　1956.3
◇ケーベル博士随筆集　改版　久保勉訳編　岩波書店　1957　22刷
◇人と自然と生活—私の見た日本　R. ケーベル, 唐木順三編：外国人の見た日本　第4　筑摩書房　1961

ケラー, マリアン
Keller, Maryann N.
自動車産業アナリスト　プライスライン自動車部門社長

[国籍]米国　[学歴]ラトガース大学（化学）〔1966年〕卒　[学位]M. B. A.（ニューヨーク市立大学）〔1973年〕
1972年以降自動車産業の分析に携わり、その手腕を買われキダー・ピーボディー、ペイン・ウエバーなど有力証券会社に迎えられる。証券会社ファーマン・セルツ取締役を経て、INGベアリング・ファーマン・セルツ証券マネージング・ディレクター。'99年6月インターネット販売を行うプライスライン自動車部門社長に就任。"ニューエコノミーへの人材流入"として話題を呼んだが、2000年11月退社。自動車アナリストの第一人者としても知られ、「モーター・トレンド」「オートモーティブ・ニュース」など米国の業界誌に毎月健筆を振う。日本での知名度も高い。著書に1980年代のGM経営を批判した「GM帝国の崩壊」（'89年）や「激突」などがある。
【著作】
◇激突—トヨタ、GM、VWの熾烈な闘い　マリアン・ケラー著, 鈴木主税訳　草思社　1994.2

ゲラー, ロバート
Geller, Robert James
東京大学大学院理学系研究科教授

[生年月日]1952年2月9日
[国籍]米国　[学歴]カリフォルニア工科大学地球科学部卒, カリフォルニア工科大学大学院博士課程修了　[学位]Ph. D.　[専門]地球物理学, 地震学　[団体]地震学会, Royal Astronomicai Society
スタンフォード大学助教授を経て、1984年東京大学理学部の地球物理学教室に助教授として招かれる。'89年独自に外国人教員の待遇について調査。その結果、外国人教員に対して排他的な日本の大学の閉鎖性を指摘。この主張は英誌「ネイチャー」にも掲載され、内外の大学関係者に波紋を投げかけた。'91年には日本の地震予知の現状を厳しく批判した論文を「ネイチャー」誌に発表。のち教授。
【著作】
◇アメリカと日本（東京大学公開講座）　吉川弘之〔ほか〕著　東京大学出版会　1994.11〈内容：アメリカと日本の大学における基礎研究（ロバート・J. ゲラー）〉

ケーリ, オーティス
Cary, Otis
日本文化研究家　同志社大学名誉教授, アーモスト大学名誉教授

[生年月日]1921年10月20日
[没年月日]2006年4月14日
[国籍]米国　[出生地]北海道　[出身地]小樽市富岡町　[学歴]アーモスト大学（米国）歴史人類学専攻〔1946年〕卒, エール大学（米国）大学院文学研究科歴史学専攻〔1951年〕修士課程修了　[専門]日米交渉史・比較文化論　[団体]アメリカ学会, 京都ロータリークラブ, Asiatic Society of Japan

祖父、父ともに同志社大学に深い関係を持ち、北海道の小樽で生まれ、少年時代を日本で過ごす。10歳で1度帰国し、高校進学のため1936年14歳で再び帰国。大学在学中に学徒兵として太平洋戦争に参加、米国海軍日本語学校（バークレー）で日本語の特訓を受けた後、海軍の情報将校として日本人捕虜収容所長などを務めた。'45年日本に進駐。昭和天皇の弟宮である高松宮を介して連合国軍総司令部（GHQ）と皇室をつなぎ、天皇の人間宣言に関与した。'47年同志社大学にアーモスト大学代表として派遣され、'70年同志社大学文学部教授。'92年退職。'47～80年同大の学生寮アーモスト館館長も務めた。'96年帰国。日英両語による「天皇の孤島―日本進駐記」の他、「日本の若い者」「日本開眼」「ジープ奥の細道」「よこ糸のない日本」「爆撃を免れた京都」など日本語による著書も多い。
［受賞］京都府文化功労賞〔1984年〕、京都市文化功労賞〔1989年〕　［叙勲］勲三等瑞宝章〔1987年〕

【著作】
◇日本の若い者　日比谷出版社　1950
◇日本開眼　法政大学出版局　1953
◇ジープ奥の細道　法政大学出版局　1953
◇閑話休題（対談）　O・ケーリ、伊吹武彦：週刊サンケイ　1953.6.28
◇外国人の見た日本人の道徳的心性―「一日一題」式雰囲気　オーテス・ケーリ：現代道徳講座　第3巻　河出書房　1955
◇青い眼のみた文化日本（対談）　J・オシュコルヌ、O・ケーリー：週刊サンケイ　1955.12.11
◇日本との対話―私の比較文化論　オーテス・ケーリ著　講談社　1968
◇岡目七目　オーテス・ケーリ：日本人の再発見　弘文堂　1972
◇アメリカ生活と日本的なもの　オーテス・ケーリ、アリス・S. ケーリ、本間長世：日本とアメリカ―比較文化論　3　南雲堂　1973
◇ハワイ捕虜収容所での日本人　オーテス・ケーリ：潮　163　1973.1
◇日本には「ニホン」が似合う　オーティス・ケーリ：月刊Asahi　3(13)　1991.12
◇新島襄―近代日本の先覚者―新島襄生誕一五〇年記念論集　同志社編　晃洋書房　1993.2〈内容：新島襄と内村鑑三とアーモスト大学（オーテス・ケーリ）〉
◇忘れ得ぬ日本　ケーリ、オーテス：文芸春秋　74(5)　1996.4

ケリー, ポール
Kelly, Paul M.
関西外国語大学英語学科教授

［生年月日］1936年10月15日
［国籍］米国　［出生地］マサチューセッツ州　［学歴］ホーリークロス大学経済学部卒、ニューヨーク州立大学大学院教育学専攻修士課程修了　［専門］英語, 英文学　［団体］JACET, JALT
1964年に来日、'69年から関西外国語大学で教鞭をとり、関西外国語大学英語学科教授。また、外国人教師のコーディネイターも務める。著書に「ケリーさんのすれちがい100―日米ことば摩擦」（共著）。

【著作】
◇ケリーさんのすれちがい100―日米ことば摩擦　ポール・ケリー〔ほか〕著　三省堂　1990.10

ゲルサンライター, デービッド
Gelsanliter, David
作家, ジャーナリスト

［生年月日］1938年
［国籍］米国　［出生地］オハイオ州ガンビア
10年間外交官を務めたあとジャーナリストに転身。「フォーブス」「エスクワィア」誌の記者として活躍後フリーとなった。著書に「日本がアメリカの中心にやってきた」。

【著作】
◇日本がアメリカの中心にやってきた（講談社ビジネス）　ディヴィッド・ゲルサンライター著, 笹野洋訳　講談社　1991.1

厳 安生　げん・あんせい
北京外国語大学教授, 北京日本学研究センター主任教授

［生年月日］1937年11月
［国籍］中国　［出生地］湖北省武漢　［学歴］中国外交学院（国際関係論・日本語）〔1961年〕卒, 東京大学大学院比較文学・比較文化専攻〔1981年〕修了　［学位］博士号（東京大学）〔1989年〕　［専門］日本近代文学, 近代日中比較文学史

1962年北京外国語学院日本語学部助教授を経て、教授。'92年日本語学部長。のち北京日本学研究センター主任教授を兼任。この間、'79年に41歳で日本へ留学、東大大学院で2年間比較文化を専攻した。その体験から、中国人留学生たちの日本における精神史を研究。特に清朝末の中国から大挙して日本に留学した大勢の留学生がなぜ反日になっていったのかを追い、著書「日本留学精神史―近代中国知識人の軌跡」(岩波書店)にまとめた。非共産党員。　　【受賞】大仏次郎賞(第19回)〔1992年〕「日本留学精神史」,アジア太平洋賞大賞(第4回)〔1992年〕「日本留学精神史」
【著作】
◇一中国人留学生の見た明治日本　厳安生：日文研(国際日本文化研究センター)　2　1989.7
◇日本留学精神史―近代中国知識人の軌跡　厳安生著　岩波書店　1991.12
◇間(あわい)を生きる―陶晶孫と郭沫若の九大留学時代(特集・「第12回日本研究国際セミナー2001」―21世紀の世界と日本の課題―Bセッション 文化・比較文学)　厳安生：Fukuoka UNESCO　38　2002

厳 紹璗　げん・しょうとう
北京大学教授

[生年月日]1940年
[国籍]中国　[出生地]上海　[学歴]北京大学文学部卒　[専門]日本文化,日本文学
北京大学古文献研究所副所長を経て、比較文学・比較文化研究所教授。中国中日文学関係研究会副会長、中国博士学位指導教授も務める。また、京都大学人文科学研究所、仏教大学文学部、宮城学院女子大学日本文学科、国際日本文化研究センターで客員教授を歴任。著書に「日本の中国学者」「中日古代文学の交流史稿」「日本における中国文化」、共著に「日本における中国文学」など。
【著作】
◇論集平安文学　第2号　後藤祥子ほか編　勉誠社　1995.5〈内容：かぐや姫の研究 二題―『竹取物語』の研究レポート(その一)(厳紹璗)〉
◇記紀神話における二神創世の形態―東アジア文化とのかかわり　厳紹璗〔述〕、国際日本文化研究センター編　国際日本文化研究センター　1996.2
◇共立女子大学北京大学共同研究叢書　漢籍部門・芸術部門　近藤瑞男編　共立女子大学総合文化研究所　2001.4〈内容：漢籍が日本に東伝する軌跡と形式(厳紹璗,劉建輝,劉萍)　日本内閣文庫の宋本と明人識文(厳紹璗)〉
◇交錯する古代　早稲田大学古代文学比較文学研究所編　勉誠出版　2004.1〈内容：『万葉集』における「水江浦嶋子」の文化学的意義について(厳紹璗)〉
◇日本古代文学と東アジア　田中隆昭編　勉誠出版　2004.3〈内容：カナの西漸と和歌の漢訳(厳紹璗)〉
◇日本・中国交流の諸相(アジア遊学別冊)　早稲田大学古代文学比較文学研究所編　勉誠出版　2006.3〈内容:内容：基調講演:日本の古代文学を発生学から考える(厳紹璗述)〉

ケント, ポーリン
Kent, Pauline
龍谷大学国際文化学部助教授

[生年月日]1960年
[国籍]オーストラリア　[出生地]英国　[学歴]オーストラリア国立大学卒,千葉大学文学部卒,大阪大学大学院人間科学研究科〔1989年〕博士課程単位取得退学　[専門]比較文化論,社会学
英国に生まれ、のちオーストラリアに移住。高校留学、大学留学と滞日が長い。大学、大学院ではルース・ベネディクトの「菊と刀」を再検討した。1989年10月国際日本文化研究センター助手を経て、'96年龍谷大学助教授。共著に「日本人の行動パターン」など。
【著作】
◇『菊と刀』のうら話(日文研フォーラム)　ポーリン・ケント述,国際日本文化研究センター編　国際日本文化研究センター　1998.9
◇「個人」の探求―日本文化のなかで　河合隼雄編著　日本放送出版協会　2003.2〈内容：日本人のコジンシュギ(ポーリン・ケント)〉

ケンペル, エンゲルベルト
Kämpfer, Engelbert
医師, 博物学者　長崎オランダ商館医師

[生年月日]1651年9月16日
[没年月日]1716年11月2日

[国籍]ドイツ　[出生地]レムゴー　[学歴]クラカウ大学卒, ライデン大学卒

1667年ハーメルンの学校に入学したが、翌年にはオランダのリューネブルクの学校に転じ、ついでリューベックの学校に移り、歴史、地理、語学、音楽等を熱心に学ぶ。ダンチヒ、クラカウ、ケーニヒスベルク、ウプサラの各大学で学び、クラカウ大学で学位を取得する。1683年スウェーデン使節国に従ってロシアに渡り、のちペルシアに赴き、ペルシア誌を執筆、のちに「廻国奇観」に収録された。1689オランダ東インド会社に入り、船医として1690年長崎に来航、出島オランダ商館付医師となる。翌1691年2月13日に長崎を出発して江戸に向かった。この間、日本の実績を詳細に研究する。在日2年ののち、1692年バタヴィア経由でオランダに赴く。1694年ライデン大学で医学の学位を取得。のち故郷のレムゴーに帰り、1700年結婚、ノートを整理して1712年に「廻国奇観」を刊行。生前の著書はこの1冊のみで、没後の1727年、英国に渡った遺稿が「日本誌」（The History of Japan, with a description of the Kingdom of Siam）としてロンドンで刊行された。滞日2年間に観察・研究した日本の地理、歴史、風俗、習慣をはじめ、動植物や鉱物など広範な記述を含む貴重な資料となっている。

【著作】
◇日本誌　今井正訳　霞ヶ関出版　1973
◇日本誌―日本の歴史と紀行　改訂・増補　エンゲルベルト・ケンペル著, 今井正編訳　霞ケ関出版　1989.10
◇明治後期産業発達史資料　第252巻（経済・社会一班篇）エンゲルベルチェス・ケンプヘル〔著〕, 島田壮介〔抄訳〕　竜渓書舎　1995.6
◇検夫爾日本誌　下巻　エンゲルベルト・ケンペル著, 坪井信良訳　霞ヶ関出版　1997.6
◇日本誌―日本の歴史と紀行　第1分冊　改訂・増補　新版（古典叢書）エンゲルベルト・ケンペル著, 今井正編訳　霞ケ関出版　2001.7
◇日本誌―日本の歴史と紀行　第2分冊　改訂・増補　新版（古典叢書）エンゲルベルト・ケンペル著, 今井正編訳　霞ケ関出版　2001.7
◇日本誌―日本の歴史と紀行　第3分冊　改訂・増補　新版（古典叢書）エンゲルベルト・ケンペル著, 今井正編訳　霞ケ関出版　2001.7
◇日本誌―日本の歴史と紀行　第4分冊　改訂・増補　新版（古典叢書）エンゲルベルト・ケンペル著, 今井正編訳　霞ケ関出版　2001.7
◇日本誌―日本の歴史と紀行　第5分冊　改訂・増補　新版（古典叢書）エンゲルベルト・ケンペル著, 今井正編訳　霞ケ関出版　2001.7
◇日本誌―日本の歴史と紀行　第6分冊　改訂・増補　新版（古典叢書）エンゲルベルト・ケンペル著, 今井正編訳　霞ケ関出版　2001.7
◇日本誌―日本の歴史と紀行　第7分冊　改訂・増補　新版（古典叢書）エンゲルベルト・ケンペル著, 今井正編訳　霞ケ関出版　2001.7
◇ケンペル江戸参府紀行　上巻（異国叢書）ケンペル〔著〕, 呉秀三訳註, 呉茂一校訂　雄松堂出版　2005.5
◇ケンペル江戸参府紀行　下巻（異国叢書）ケンペル〔著〕, 呉秀三訳註, 呉茂一校訂　雄松堂出版　2005.5

ケンリック, ダグラス・ムーア
Kenrick, Douglas Moore
著述家　ケンリック極東会社長, ケン・ライン船舶会社会長

[生年月日]1912年
[国籍]ニュージーランド　[学歴]オークランド大学経済学部卒

ロンドンで経済学を学ぶ。ニュージーランド銀行勤務後、1945年香港政府に入り、'47年東京駐在代表として来日。'50年ケンリック極東会社とケン・ライン船舶会社を設立、会長を務める。この間、在日外国人アジア協会副会長も務める。主著に「ニュージーランドの銀行業務」「ある東京一家の死」「相撲入門」「日本の西洋学百年」「なぜ『共産主義』が日本で成功したのか」など。

【著作】
◇なぜ"共産主義"が日本で成功したのか　ダグラス・M. ケンリック著, 飯倉健次訳　講談社　1991.11
◇日本アジア協会100年史―日本における日本研究の誕生と発展　ダグラス・M. ケンリック著, 池田雅夫訳, 市民文化研究センター編　横浜市立大学経済研究所　1994.1

【コ】

呉 学文　ご・がくぶん
Wu Xue-wen
日本研究家, ジャーナリスト　中国現代国際関係研究所顧問　新華通信国際部編集委員

[生年月日] 1923年
[国籍] 中国　[出生地] 黒竜江省呼蘭県　[学歴] 日本陸軍士官学校卒
新華通信社に入社、1954年戦後日本を訪れた初めての中国人記者となる。その後東京特派員（'79〜82年）、国際部編集委員などを経て国務院のシンクタンクである現代国際研究所入り、教授となる。絶えず日中間を往来し、中国の対日政策に影響力を持つ日本研究者として知られる。当代経済技術諮問公司会長兼務。著書に「東瀛（とうえい）展望」「岐路に立つ日本―中国から見た期待と警戒」などがあるほか、「人民日報」「瞭望」などの新聞雑誌に多数の論文を発表している。　[叙勲] 勲四等旭日小綬章（日本）〔1998年〕

【著作】
◇岐路に立つ日本―中国から見た期待と警戒　呉学文編著, 高野啓輔訳　サイマル出版会　1989.12

胡 金定　こ・きんてい
Hu Jin-ding
甲南大学国際言語文化センター教授

[生年月日] 1956年
[国籍] 中国　[学歴] 厦門大学卒, 大阪外国語大学大学院修士課程修了, 神戸大学大学院博士課程修了　[専門] 中国語学, 日中比較文学, 日中比較文化
厦門大学専任講師を経て、1985年来日。'96年甲南大学国際言語文化センター助教授、'99年教授。2007年外国人として初めて同センター長に就任。著書に「郁達夫研究」などがある。

【著作】
◇相浦杲先生追悼中国文学論集　相浦杲先生追悼中国文学論集刊行会　1992.12〈内容：郁達夫と日本文学（胡金定）〉

胡 潔　こ・けつ
Hu Jie
お茶の水女子大学大学院人間文化研究科助手

[生年月日] 1956年
[国籍] 中国　[出生地] 上海　[学歴] 上海外国語学院日本語・アラビア語学部〔1983年〕卒, お茶の水女子大学大学院〔1999年〕博士課程修了　[学位] 博士（人文科学）　[専門] 平安文学
1983年上海大学国際商業学院日本語学部専任教員を経て、お茶の水女子大学助手。著書に「平安貴族の婚姻慣習と源氏物語」などがある。　[受賞] 関根賞（第9回）〔平成14年〕「平安貴族の婚姻慣習と源氏物語」

【著作】
◇新しい日本学の構築―お茶の水女子大学大学院人間文化研究科国際日本学専攻シンポジウム報告書　お茶の水女子大学大学院人間文化研究科国際日本学専攻編　お茶の水女子大学大学院人間文化研究科国際日本学専攻　1999.12〈内容：平安貴族の婚姻と女性（胡潔）〉
◇平安貴族の婚姻慣習と源氏物語　胡潔著　風間書房　2001.8
◇海外における源氏物語の世界―翻訳と研究（国際日本文学研究報告集）　伊井春樹編　風間書房　2004.6〈内容：「長恨歌」と「桐壺」巻（胡潔）〉

胡 志昂　こ・しこう
文学研究家

[生年月日] 1955年
[国籍] 中国　[出生地] 上海　[学歴] 復旦大学日文科〔1978年〕卒, 復旦大学研究生院〔1981年〕碩士課程修了, 慶応義塾大学大学院〔1994年〕博士課程修了　[学位] 文学博士（慶応義塾大学）〔1994年〕　[専門] 日本文学, 上代文学
1994年論文「旅人・房前倭琴贈答歌文と詠琴詩賦」等により、上代文学会賞を受賞。著書に「奈良万葉と中国文学」「日蔵古抄百二十

詠詩注」、共編著に「龍虎風雲・中国歴史ドラマ撰」がある。　[受賞]上代文学会賞(第11回)〔1994年〕
【著作】
◇奈良万葉における大陸文学との交流─主として歌人兼詩人の作品に見る新たな文学展開を巡って　胡志昂〔著〕,富士ゼロックス小林節太郎記念基金編　富士ゼロックス小林節太郎記念基金　1993.12
◇東洋学論集─中村璋八博士古稀記念　中村璋八博士古稀記念論集編集委員会編　汲古書院　1996.1〈内容:憶良文学に於ける仏教思想の位相(胡志昂)〉
◇奈良万葉と中国文学(笠間叢書)　胡志昂著　笠間書院　1998.12
◇野鶴群芳─古代中世中国文学論集　池田利夫編　笠間書院　2002.10〈内容：奈良王朝の「翰墨之宗」─藤原宇合論(胡志昂)〉

高 濬煥　コ・ジュンファン
Go Zoon-hwan
韓国教授仏子連合会会長, ジョージ・ワシントン大学交換教授

[生年月日]1942年
[国籍]韓国　[出生地]京畿道華城　[学歴]ソウル大学法学科卒, 国民大学大学院法学科卒
[学位]法学博士　[専門]法学

東亜日報社記者当時、東亜放送筆禍事件で投獄される。同記者労組創立、自由言論実践宣言。同言論庁護闘争委員会委員、慶南大学教授、京畿大学教授を歴任。また、韓国教授仏子連合会会長、ジョージ・ワシントン大学交換教授を務める。著書に「ただ一つの韓国」「企業法論」「国際商事仲裁論」「『伽耶』を知れば日本の古代史がわかる─卑弥呼の国 幻の伽耶の謎を追う」がある。
【著作】
◇「伽耶」を知れば日本の古代史がわかる─卑弥呼の国幻の伽耶の謎を追う　高濬煥著, 池田菊敏訳　双葉社　1995.12
◇「伽耶」を知れば日本の古代史がわかる(ふたばらいふ新書)　高濬煥〔著〕,池田菊敏訳　双葉社　1999.3

高 鮮徽　コ・ソンフィ
中央大学講師

[国籍]韓国　[出生地]済州島　[専門]社会学

韓国・ソウルで会社勤めをしたのち、1985年日本に留学し、中央大学で社会学を専攻。'92年から1年半、大阪・生野区のコリアンタウンに住み込み、かつて出稼ぎ労働者として来日した済州島出身者約100人の生活史の聞き取り調査を実施。戦後密航船で来阪し、働きながら在留資格を得た潜在居住者に光をあて、同じ村出身者でつくる互助組織・親睦会のネットワークが、生活の支えになってきたことも解明した。その博士論文をもとに、'98「20世紀の滞日済州島人─その生活過程を中心に」を出版。同大講師。
【著作】
◇在日済州島出身者の生活過程─関東地方を中心に　高鮮徽著　新幹社　1996.5
◇都市エスニシティの社会学─民族文化共生の意味を問う(都市社会学研究叢書)　奥田道大編著　ミネルヴァ書房　1997.7〈内容：済州島から横浜へ─1980年代来日者の定住の試み(高鮮徽)〉
◇20世紀の滞日済州島人─その生活過程と意識　高鮮徽著　明石書店　1998.12
◇多文化社会への道(講座グローバル化する日本と移民問題)　駒井洋編著　明石書店　2003.12〈内容:「新韓国人」-適応による潜在化と孤立(高鮮徽)〉

高 柄翊　コ・ビョンイク
Koh Byong-ik
中国史学者　日韓賢人会議韓国側座長
ソウル大学総長

[生年月日]1924年3月5日
[国籍]韓国　[出生地]慶尚北道聞慶　[学歴]福岡高(旧制)卒, ソウル大学〔1956年〕卒　[学位]文学博士(ミュンヘン大学)〔1959年〕　[資格]韓国学術院会員

東京帝国大学東洋史学科に入学したが、太平洋戦争で帰国。ソウル大学を卒業し、延世大学教授などを経て、1979年にはソウル大学総長も務めた、韓国では著名な中国史学者。学術機関の精神文化研究院長だった'80年、当時の全斗煥大統領が同院を政策諮問機関に組織変えしようとしたことに抗議して院長を辞職。'88年新時代のパートナーシップを探る「日韓二十一世紀委員会」(日韓賢人会議)の韓国側座長に就任。著書に「アジアの歴史

像」「東アジアの伝統と近代史」などがある。
[受賞]韓国学術院著作賞
【著作】
◇奈良国際シンポジウム'91報告書—ユネスコ・シルクロード海洋ルート調査　なら・シルクロード博記念国際交流財団　1993.3〈内容：東アジア3国間の友好時代におくる文化交流（高柄翊）〉

呉　密察　ご・みっさつ
Wu Mi-cha
歴史家　台湾歴史博物館館長, 台湾大学歴史系教授

[生年月日] 1956年
[国籍]台湾　[出生地]台南　[学歴]台湾大学文学部卒, 東京大学大学院人文科学研究科博士課程修了　[専門]台湾近現代史
台湾大学文学部助教を経て、東京大学大学院に留学。福沢諭吉とアジアをテーマに研究。帰国後、台湾大学文学部副教授、のち同大教授、台湾歴史博物館館長。著書に「台湾近代史研究」「一個台湾人的日本経験」「台湾対話録」「日本観察――一個台湾的視野」など。気鋭の歴史家として知られると同時に、時事問題についても活発な発言を行う。
【著作】
◇黒船と日清戦争—歴史認識をめぐる対話　比較史・比較歴史教育研究会編　未来社　1996.3〈内容：台湾の植民地型近代化への再認識（呉密察、鄭超）〉
◇日清戦争と東アジア世界の変容　上巻　東アジア近代史学会編　ゆまに書房　1997.9〈内容：日清戦争と台湾（呉密察）〉

胡　蘭成　こ・らんせい
著述家

[生年月日] 1906年
[没年月日] 1981年7月25日
[国籍]中国　[出生地]浙江省　[学歴]燕京大学中退
汪兆銘政府法制局長官のとき来日し、紀元二千六百年祭に参列。のち漢口大楚報社長となるが、戦後日本に政治亡命。名古屋、筑波山梅田開拓筵と移り住み、1981年東京・青梅の自宅で死去。著書に「山河歳月」「中国のこ

ころ」「心経随喜」「建国新書」「自然学」「日本及び日本人に寄せる」「天と人との際」などがある。
【著作】
◇岡潔胡蘭成（新学社近代浪漫派文庫）　岡潔, 胡蘭成著　新学社　2004.11

高　海寛　こう・かいかん
Gao Hai-kuan
中国国際友好連絡会理事・副秘書長, 中国中日関係史学会理事, 中国アジア太平洋学会理事

[国籍]中国　[学歴]北京外国語学院日本語科〔1975年〕卒
1985年在日大使館一等書記官。'90年中国国際友好連絡会の平和と発展研究センター主任を経て、'93年から同連絡会理事兼副秘書長。著書に「当面における日本の国際戦略とアジア太平洋地域諸国との関係」などがある。
【著作】
◇新中国に貢献した日本人たち―友情で綴る戦後史の一コマ　中国中日関係史学会編, 武吉次朗訳　日本僑報社　2003.10〈内容：思い出は永遠に―林弥一郎先生の墓参を終えて（高海寛）　芸術で結んだ友誼―武村泰太郎氏（高海寛）　歩きぬいた青春―浅野芳男氏（高海寛）〉

孔　健　こう・けん
Kong Jian
ジャーナリスト　チャイニーズドラゴン新聞社主幹, 中国孔子文化大学教授, 日中経済貿易促進協会理事長, 中国画報協会副会長

[生年月日] 1958年5月7日
[国籍]中国　[出生地]青島　[本名]孔祥林　[学歴]山東大学日本語科〔1982年〕卒, 上智大学大学院文学研究科新聞学専攻博士後期課程修了　[専門]新聞学, 孔子学, 中国地域学　[団体]日本マスコミ学会, 日本漢文教育学会, 日中スポーツ文化交流協会, 日中経済貿易促進協会
1982年中国の山東大学を卒業して、同年中国政府発行のグラフ雑誌・中国画報社に勤務。'85年来日、中国画報社の編集委員・日本代表

として活躍の傍ら、上智大学大学院新聞学科博士課程に留学。中国と日本を往来してペンとカメラで日中文化交流に活躍するジャーナリスト。また、コーケンチャイナセンターの代表取締役を務め、中国山東省と青島市の駐日経済貿易代表を兼任。孔子の第75代子孫にあたる。著書に「中国人から見た日本人」「中国人とつき合う法」「孔子の経営学」「ザ・中国人」「中国人の本音」「孔子家の家訓」「中国人と中国系人」などがある。　[受賞]神奈川写真新人賞〔1986年〕、国際書道連盟外務大臣賞〔1990年〕

【著作】
◇日本人はなぜ、努力しても尊敬されないのか？　孔健：サンサーラ　2(11)　1991.11
◇目先の「甘い話」に弱い日本人　孔健：サンサーラ　2(12)　1991.12
◇中国人からみた日本人——島国根性と武士道と町人と　孔健著　学生社　1992.3
◇日本人を貶めるもの　孔健：サンサーラ　3(4)　1992.4
◇算盤と論語、日本型経営を支える「徳治思想」　孔健：サンサーラ　3(7)　1992.7
◇「反省ザル」は日本の姿　孔健：サンサーラ　3(9)　1992.9
◇日本人の発想 中国人の発想（PHP文庫）　孔健著　PHP研究所　1994.1
◇日本人は愚かである!?——金ぼけ、色ぼけ、名ぼけと言われないために親愛なる"同志"に捧ぐ　孔健著　ごま書房　1994.6
◇日本人は永遠に中国人を理解できない　孔健著　講談社　1996.5
◇中国人から見た日本人（ゴマブックス）　孔健著　ごま書房　1997.5
◇がんこな中国人あいまいな日本人——中華商人の発想・行動はこうだ！　孔健著　PHP研究所　1997.9
◇日本人と中国人、どっちが「馬鹿」か　孔健著　講談社　1998.3
◇日本人は永遠に中国人を理解できない（講談社＋α文庫）　孔健〔著〕　講談社　1999.1
◇日本人につけるクスリ　孔健著　大和書房　1999.4
◇論語に学ぶ「人の道」（One Plus Book）　ビル・トッテン、船井幸雄、呉智英、孔健、野村興児著　ビジネス社　1999.7
◇儲けることにきれい汚いはない——日本と中国は世界の「巨竜」になれるか　孔健著　講談社　2000.3
◇日本人と中国人どっちが残酷で狡猾か——乱世は論語に学べ　渡部昇一, 孔健著　徳間書店　2000.3
◇交渉術——日本人vs中国人、最後に笑うのはどっちか（講談社＋α文庫）　孔健〔著〕　講談社　2001.8
◇中国は即儲かる！——日本・中国共存繁栄論　孔健著　講談社　2004.11
◇なぜニッポン人は美しい風景を捨てるのか——親日家8人からの熱きメッセージ　明拓出版編集部編、ピーター・フランクル, ダリオ・ポニッスィ, 孔健, アマドゥ・トゥンカラ, 紀井奈栗守, ビル・トッテン, 郭洋春, キム・ヨンジャ著　明拓出版　2006.2
◇中国が永遠に日本を許さない66の理由——新・日中戦争はもう始まっている！　孔健著　日本文芸社　2006.7
◇なぜ中国は日本にケンカを売るのか　孔健著　講談社　2006.7

黄 幸　こう・こう
Huang Xin
著述家、翻訳家、元・外交官　在日中国大使館参事官

[生年月日]1924年
[国籍]中国　[出生地]台湾省台南　[学歴]台湾大学工学部〔1948年〕卒

1948年10月上海に渡り、中日友好交流活動に従事。在日中国大使館一等書記官、参事官、中国国際友好連絡会理事、同平和と発展研究センター顧問研究員などを歴任。'60年代より「毛沢東選集」と中央指導者の文選、選集、人民代表大会文献などの翻訳、訳文の審査、決定稿作りを担当。「日中中日双方向辞典」の編集主任を務める。

【著作】
◇新中国に貢献した日本人たち——友情で綴る戦後史の一コマ　中国中日関係史学会編, 武吉次朗訳　日本僑報社　2003.10〈内容：鶴崗炭鉱の日本人労働者（黄幸）〉

高 増傑　こう・ぞうけつ
中国社会科学院大学院教授・日本研究所副所長

[生年月日]1944年
[国籍]中国　[出生地]北京　[学歴]北京大学東方言語文学部〔1965年〕卒、北京大学大学院日本文化専攻修士課程修了、国際基督教大学大学院文化研究科〔1993年〕博士課程修了

［学位］博士号　［専門］日本文化, 比較文化, 中日関係
中国社会科学院に入り、1984年から日本へ留学。東京大学、国際基督教大学で学ぶ。その後、社会科学院教授に就任。のち同院日本研究所社会文化研究室長を経て、同研究所副所長。著書に「日本近代成功の示唆」「近代初期の中日文化の比較研究」「『源氏物語』日本文化」「国家と社会」「現代日本の社会思想」「平和の日本」「日本文化研究を論ず」など。
【著作】
◇シンポジウム「日本文化と東アジア」—1985〜1986（日本文化研究所研究報告）　東北大学文学部附属日本文化研究施設編　東北大学文学部附属日本文化研究施設　1988.3〈内容：日本文化の位相について（高増傑）〉

黄　彬華　こう・ひんか
Wong Pimg-fah
ジャーナリスト, コラムニスト　「聯合早報」論説委員

［生年月日］1936年
［国籍］シンガポール　［出生地］広東省梅県（中国）　［学歴］早稲田大学政経学部〔1963年〕卒, 法政大学大学院〔1966年〕修士課程修了
1947年シンガポールへ移住。'58〜66年私費で日本に留学。'71年「星州日報」に入社。論説委員などを歴任。'83年合併に伴い「聯合早報」に移り、論説委員をつとめた。主に国際関係を担当。著書に「アジアから日本を見つめて」、共編に「シンガポールの政治哲学—リー・クアンユー首相演説集」など。
【著作】
◇アジアから日本を見つめて—一知日派ジャーナリストの期待と不安　黄彬華著, 田村宏嗣, 田村玲子編訳　高文研　1994.9

黄　文雄　こう・ぶんゆう
評論家, 文明史研究家

［生年月日］1938年
［国籍］台湾　［出生地］高雄　［学歴］早稲田大学商学部卒, 明治大学大学院政治経済研究科修士課程修了
1964年来日。「中国の没落」（台湾・前衛出版社）が大反響を呼び、評論家活動に入る。著書に「陰謀学入門」「毛の策略」「逆転ねまわし雄弁術」「中国にもう花は咲かない」「中国文明論集」「台湾・国家の条件」「呪われた中国人」「それでも日本だけが繁栄する」「捏造された日本史」「満州国の遺産」他。　［受賞］巫永福文明評論賞〔1994年〕, 台湾ペンクラブ賞〔1994年〕
【著作】
◇それでも日本だけが繁栄する—欧米にとって代わる東アジア（カッパ・ブックス）　黄文雄著　光文社　1992.2
◇日本の繁栄はもう止まらない—知的通商国家としての歴史の必然（カッパ・ブックス）　黄文雄著　光文社　1993.6
◇大東亜共栄圏の精神—なぜアジアだけが繁栄するのか（カッパ・ビジネス）　黄文雄著　光文社　1995.8
◇中国・韓国の歴史歪曲—なぜ、日本人は沈黙するのか（カッパ・ブックス）　黄文雄著　光文社　1997.8
◇捏造された日本史—日清戦争—太平洋戦争まで　日中一〇〇年抗争の謎と真実　黄文雄著　日本文芸社　1997.9
◇日本がつくったアジアの歴史—7つの視点　黄文雄, 池田憲彦著　総合法令出版　1998.8
◇歪められた朝鮮総督府—だれが「近代化」を教えたか（カッパ・ブックス）　黄文雄著　光文社　1998.8
◇立ち直れない韓国—"謝罪要求"と"儒教の呪い"（カッパ・ブックス）　黄文雄著　光文社　1998.10
◇韓国人の「反日」台湾人の「親日」—朝鮮総督府と台湾総督府（カッパ・ブックス）　黄文雄著　光文社　1999.4
◇罠に嵌った日本史—日米中一〇〇年戦争の謎と真実　黄文雄著　日本文芸社　1999.5
◇「竜」を気取る中国「虎」の威を借る韓国—そして日本はしゃぶられ続ける　黄文雄著　徳間書店　1999.12
◇つけあがる中国人うろたえるな日本人—「21世紀」日中文明の衝突　黄文雄著　徳間書店　2000.9
◇台湾は日本人がつくった—大和魂への「恩」中華思想への「怨」　黄文雄著　徳間書店　2001.4
◇台湾の親日は本物か—日本人がいなければ今日の台湾はなかった　黄文雄：祖国と青年　272　2001.5
◇満州国の遺産—歪められた日本近代史の精神　黄文雄著　光文社　2001.7

◇日中戦争知られざる真実―中国人はなぜ自力で内戦を収拾できなかったのか　黄文雄著　光文社　2002.1
◇捏造された近現代史―日本を陥れる中国・韓国の罠　黄文雄著　徳間書店　2002.1
◇中華思想の罠に嵌った日本――一人が支配する国・中国の病理を暴く　黄文雄著　日本文芸社　2002.1
◇韓国は日本人がつくった―朝鮮総督府の隠された真実　黄文雄著　徳間書店　2002.4
◇近代中国は日本がつくった―日清戦争以降、日本が中国に残した莫大な遺産　黄文雄著　光文社　2002.10
◇日本人の価値観再考〔1〕義理人情の考現学　黄文雄：日本文化　11　2003.1
◇日本人の価値観再考〔2〕「恩」の交易学―今でもあなたは恩を施せば「果報は寝て待て」」？　黄文雄：日本文化　12　2003.春
◇中国「反日」の狂奔　黄文雄著　光文社　2003.3
◇中国が首相参拝に猛反発する七つの理由（靖国と日本人の心）　黄文雄：正論　臨増　2003.8
◇日本人の価値観再考〔3〕「仁義」の偽善学―仁義道徳以上に偽善的な美徳はあるか　黄文雄：日本文化　13　2003.夏
◇日本人の価値観再考〔4〕「忠孝」の奴婢倫理学―忠孝の倫理徳目は現代でも時代の激流に耐えられるか　黄文雄：日本文化　14　2003.秋
◇日本人が台湾に遺した武士道精神　黄文雄著　徳間書店　2003.10
◇日本の植民地の真実―台湾朝鮮満州　黄文雄著　扶桑社　2003.10
◇中国が葬った歴史の新・真実―捏造された「日中近代史」の光と闇　黄文雄著　青春出版社　2003.12
◇中国こそ逆に日本に謝罪すべき9つの理由―誰も言わない「反日」利権の真相　黄文雄著　青春出版社　2004.2
◇中国の日本潰しが始まった　黄文雄著　徳間書店　2004.4
◇日本人の価値観再考〔5〕「恥」の美容学―恥の文化はどこまで日本人の顔を美しくしたか　黄文雄：日本文化　15　2004.冬
◇日本人の価値観再考〔6〕「罪」の非法学―罪意識は日本人の行動様式をどこまで規定しているか　黄文雄：日本文化　16　2004.春
◇日本人の価値観再考〔7〕「名」の市場学―日本人の名利・名分と名誉・名声の思想はどこからきたのか　黄文雄：日本文化　17　2004.夏
◇日本人の価値観再考〔8〕「縁」の因果学―縁起は衆生の関係をどこまで説明できるか　黄文雄：日本文化　18　2004.秋

◇歴史から消された日本人の美徳―今蘇るこの国の"心の遺産"とは　黄文雄著　青春出版社　2004.12
◇日本人から奪われた国を愛する心　黄文雄著　徳間書店　2005.2
◇日本人が知らない日本人の遺産―教科書が教えないもうひとつの歴史　黄文雄著　青春出版社　2005.6
◇日本人の価値観再考〔9〕「和」の環境学―和の原理はいかにして日本の社会と自然を作ったか　黄文雄：日本文化　19　2005.冬
◇日本人の価値観再考〔10〕「運命」の操縦学―逆らえない運命の中でいかに切り開いていくか　黄文雄：日本文化　20　2005.春
◇日本人の価値観再考〔11〕「生」の仏神学―日本人はいかにして永生・再生を考えるか　黄文雄：日本文化　21　2005.夏
◇日本人の価値観再考〔12〕「死」の美学―なぜ日本人は死を恐れないのか　黄文雄：日本文化　22　2005.秋
◇日本人よ、自分の国に誇りを持ちなさい―世界モデルとしての日本人論　黄文雄著　飛鳥新社　2006.7
◇日本人の価値観再考〔13〕「善悪」の民族学　黄文雄：日本文化　23　2006.冬
◇日本人の価値観再考〔14〕「善悪」の超倫理学　黄文雄：日本文化　24　2006.春
◇日本の主権復活の日（巻頭特集・小泉首相の靖国参拝に思う）　黄文雄：正論　415　2006.10
◇日本人から奪われた国を愛する心（徳間文庫）　黄文雄著　徳間書店　2006.11

孔 令敬　こう・れいけい

[生年月日] 1936年
[国籍] 中国　[出生地] 北京　[学歴] 北京外国語大学日本語学科卒, 北京外国語大学大学院言語文化研究科修了, 大正大学大学院仏教学博士課程修了　[専門] 中国茶, 仏教文化

北京外国語大学専任講師を経て、平成2年大東文化大学客員講師兼研究員として来日。のち大正大学、東洋大学、青山学院女子短大等で講師を務める。著書に「中国茶・五感の世界」がある。

【著作】
◇北京外国語学院・大東文化大学交流協定十周年記念論文集　北京外国語学院・大東文化大学交流協定十周年記念論文集編集委員会編　大東文化大学　1990.3〈内容：中日の茶文化における美意識について（孔令敬）〉

コーウィン, チャールズ
Corwin, Charles
宣教師

[生年月日] 1925年
[国籍] 米国 [出生地] オハイオ州 [学位] 博士号 (アジア・日本語学, クレアモント大学)〔1966年〕

第二次大戦後、占領軍士官として横須賀に着任。精神的に枯渇した日本の状況を見て献身を決意。1946年帰国するが、'52年宣教師として家族と共に再来日し、群馬県、埼玉県、栃木県で教会の仕事に携わったのち東京に移り、大学生の指導を始める。地方出身者のために東京、デリー、カトマンズなど世界10ケ所に学寮ティラナス・ホールを設立、寮夫として活動。のちカリフォルニア州ニューポートビーチに拠点を置き、執筆を行う。また若い頃から親しんでいたサーフィンを通じ、ユニークな"サーファー伝道"を行う。著書に「英語イディオム『自由自在』辞典」「21世紀のサムライ—新・武士道が日本の未来を切り拓く」、共著に「なかから見た中国」などがある。

【著作】
◇父の子 チャールズ・コーウィン編著, 伊藤肇, 深見純名訳 東京ティラナス・ホール 1995.10
◇21世紀のサムライ—新・武士道が日本の未来を切り拓く チャールズ・コーウィン著, 伊藤肇訳 築地書館 2000.1

コーエン, スティーブン
Cohen, Stephen D.
アメリカン大学教授

[国籍] 米国 [学歴] アメリカン大学卒, シラキュース大学 [専門] 国際経済学, 貿易政策
財務省国際エコノミスト、日米貿易委員会チーフ・エコノミスト、ホワイトハウスの議会合同対外政策研究委員会メンバーなどを歴任。日米の文化的差異を論じた「Cowboys and Samurai(日米大決戦)」は話題となった。他の著書に「アメリカの国際経済政策」など。

【著作】
◇反撃—アメリカ・トップエリート6名の対日戦略 「超・開発指向国家」ニッポンへの挑戦状 S.コーエン他著, 斎藤精一郎訳・解説 福武書店 1985.4
◇日米経済摩擦—アメリカの主張 スティーブン・コーエン著, 山田進一訳 ティビーエス・ブリタニカ 1985.5
◇日米大決戦—世界経済を制するのはカウボーイかサムライか スティーヴン・D.コーエン著, 五味俊樹訳 徳間書店 1992.8
◇日本的「和」が国際摩擦の元凶だ スティーヴン・コーエン, 古賀林幸訳:サンサーラ 3 (12) 1992.12

コーエン, セオドア
Cohen, Theodore
GHQ経済科学局労働課長

[生年月日] 1918年5月31日
[没年月日] 1983年12月21日
[国籍] 米国 [出生地] ニューヨーク市 [学歴] ニューヨーク市立大学(社会科学・歴史学)〔1938年〕卒, コロンビア大学大学院〔1939年〕修士課程修了

「1918〜38年における日本の労働運動」で修士号を取得。1937〜41年ニューヨーク市立大学歴史学講師を経て、国務省に入り'41〜44年戦時事務局(OSS)勤務、'44〜45年外国経済局(FEA)労働・マンパワー課日本係主任。この間、対日労働政策の起草作業を担当。'45年9〜12月陸軍省軍政要員訓練所顧問、'46年1月〜'47年3月連合国軍最高司令部(GHQ)経済科学局の2代目労働課長として日本に赴任。労働関係調整法・労働基準法の制定、労働省の設置、戦前の産業報国会役員らの労働行政からの追放(労働パージ)などを通じて日本の民主的労働運動の発展に尽力。'47〜50年GHQ経済科学局長マーカット少将の経済顧問、'49年GHQ内の為替レート決定特別委員会議長として1ドル=360円レート設定に関与。GHQ退職後、国連アジア極東経済委員会アメリカ代表、帰国後カナダ系商社副社長などを経て、メキシコに移住し、'73年メキシコ政府経済顧問。著書に「日本占領革命」がある。

【著作】

◇日本占領革命—GHQからの証言　上，下　セオドア・コーエン〔著〕，大前正臣訳　TBSブリタニカ　1983

コーガン, トーマス・ジョセフ
Cogan, Thomas J.
早稲田大学社会科学部教授

[生年月日] 1947年10月28日
[学歴]オハイオ州立大学外国語学部日本語中国語科卒，ハワイ大学大学院文学研究科日本文学専攻博士課程修了　[学位]Ph. D.(ハワイ大学)　[専門]英語，中世日本文学　[団体] Asiatic Society of Japan, JACET, Association of Teacher of Japan.
神田外語大学助教授を経て、早稲田大学社会科学部教授。「ランダムハウス英和大辞典」「ブライト和英辞典」など英語辞典の編集にも従事。監修書に「ハートが伝わる英会話BEST表現132」。

【著作】
◇日本文化の"鎖国シンドロール"（座談会）ポール・スノードン，トーマス・コーガン，J. フェルナンデス：知識　40　1985.4

コジェンスキー, J.
Korenský, Josef
教育者　ボヘミア教育総監

[生年月日] 1847年
[没年月日] 1938年
[国籍]チェコスロバキア　[出生地]東ボヘミア オーストリア・ハンガリー帝国のスシュナ村に小農の子として生まれる。幼少の頃から音楽、自然科学など多方面に興味を持つ。無類の旅行好きでもあり、教師を職業としながらボヘミアをくまなく旅行する。1878年にはフランス、イギリス、ドイツを旅行する。その後、毎年外国旅行に出て、1893年5月から世界一周旅行に出発。世界旅行の中で、1893年9月26日に友人のジェスニチェックとともに来日。教育総監として日本の教育制度や学校を視察、あわせて日本各地を旅行した。1ケ月余の期間中、東京、日光、鎌倉、江の島などを巡り、東海道を下って京都を経て長崎と赴く。11月2日、長崎を出航し離日。日本観察記を1895年に刊行、チェコ人の見た日本という点から貴重な日本見聞記とされる。終生独身で旅行、音楽、自然科学に通じ、他にも多くの著作を残した。

【著作】
◇明治のジャポンスコ—ボヘミア教育総監の日本観察記　鈴木文彦訳　サイマル出版会　1985
◇明治のジャポンスコ—ボヘミア教育総監の日本観察記　ヨゼフ・コジェンスキー著, 鈴木文彦訳　サイマル出版会　1985.1
◇ジャポンスコ—ボヘミア人旅行家が見た1893年の日本（朝日文庫）　ヨゼフ・コジェンスキー著, 鈴木文彦訳　朝日新聞社　2001.2

コシュマン, J. ビクター
Koschmann, J. Victor
歴史学者　コーネル大学歴史学部教授

[生年月日] 1942年
[国籍]米国　[出生地]アラスカ州フェアバンクス　[本名]コシュマン, ジュリアン・ビクター
[学歴]国際基督教大学〔1965年〕卒, 上智大学大学院〔1971年〕修士課程修了, シカゴ大学大学院〔1980年〕博士課程修了　[学位]Ph. D.（歴史学, シカゴ大学）　[専門]日本思想史
1962年来日。国際基督教大学、上智大学大学院に学んだ後、日本で英字専門誌の翻訳、編集に携わる。のちシカゴ大学講師、コーネル大学助教授を経て、教授。著書に「水戸イデオロギー」、共著に「総力戦と現代化」などがある。

【著作】
◇なぜこんなにこじれるのか? 日米文化摩擦の位相—ジャパノロジスト座談会in USA　酒井直樹, ハリー・ハルトゥーニアン, J. ビクター・コシュマン, ボブ・ワカバヤシ, マサオ・ミヨシ, 山口二郎：月刊Asahi　2(7)　1990.7
◇文学にみる二つの戦後—日本とドイツ　アーネスティン・シュラント, J. トーマス・ライマー編, 大社淑子〔ほか〕訳　朝日新聞社　1995.8〈内容：『近代文学』と日本共産党—文学論争の時代 (J. ヴィクター・コシュマン)〉
◇立教国際シンポジウム報告集—近代日本における時間の概念と経験　北山晴一編　立教大学　1997.3〈内容：1940年代の「市民社会派」の思想—資本主義における「時間」と「空間」（Victor KOSCHMANN)〉

◇水戸イデオロギー—徳川後期の言説・改革・叛乱　J. ヴィクター・コシュマン著, 田尻祐一郎, 梅森直之訳　ぺりかん社　1998.7
◇歴史としての戦後日本　下　アンドルー・ゴードン編, 中村政則監訳　みすず書房　2001.12〈内容:知識人と政治 (J. ヴィクター・コシュマン)〉
◇歴史叙述の現在—歴史学と人類学の対話　森明子編, 森明子〔ほか〕著　人文書院　2002.12〈内容:アメリカにおける日本研究—言語論的転回以降の人類学と歴史学 (J. ヴィクター・コシュマン)〉

コズィラ, アグネシカ
Kozyra, Agnieszka
日本学者　ワルシャワ大学日本学科助教授

[生年月日] 1963年5月22日
[国籍] ポーランド　[出生地] ワルシャワ　[学歴] ワルシャワ大学日本学科卒, 大阪市立大学大学院文学部〔1990年〕修士課程修了, ワルシャワ大学大学院哲学部宗教学研究科〔1992年〕修了　[学位] Ph. D. (ワルシャワ大学)〔1994年〕
日本の文部省国費留学生として大阪市立大学文学部で学ぶ。1990年ワルシャワ大学日本学科助手を経て、助教授。著書に「日本と西洋における内村鑑三」など。
【著作】
◇日本と西洋における内村鑑三—その宗教思想の普遍性　A. コズィラ著　教文館　2001

コータッチ, ヒュー
Cortazzi, Hugh
日本学者, 元・外交官　駐日英国大使

[生年月日] 1924年5月2日
[国籍] 英国　[出生地] ヨークシャー州セドバー
[学歴] セント・アンドリューズ大学卒, ロンドン大学東洋アフリカ研究所日本語コース修了
セント・アンドリューズ大学で仏語、英語を学び、ロンドン大学で現代日本語の学位を取得。1946～47年空軍将校として初来日。'49年英国外務省入り、'66～71年在日英大使館参事官、'75年アジア・極東・太平洋担当次官代理、'80年6月～'84年3月退官するまで駐日大使を務めた。大使時代は流暢な日本語で名物大使。源氏鶏太のサラリーマン小説を英訳するなどでも話題に。その後も日本学者、銀行の日本担当重役、ロンドンのジャパン・ソサエティ(日本協会)理事長として活動。'91年9月～'92年2月同協会主催により大規模な"日本フェスティバル"を英国で開催。'80年"サー"の称号を受ける。日本語の著書に「東の島国、西の島国」「外交官夫人の見た日本」「日本の業績」などがある。　[受賞] 山片蟠桃賞(第9回)〔1990年〕　[叙勲] 聖マイケル聖ジョージ勲章(CMG)〔1967年〕, 勲一等瑞宝章(日本)〔1995年〕
【著作】
◇英国大使のTOKYO日記　ヒュー・コータッツィ:中央公論　1982.1
◇日英比較考察—階級社会?階層社会?　Hugh Cortazzi:中央公論　99(2)　1984.2
◇「東の島国」に言い残したこと—英国大使H・コータッツィ氏の辛口批評(インタビュー)　Hugh Cortazzi, 千本健一郎:朝日ジャーナル　26(9)　1984.3.2
◇ある英人医師の幕末維新—W. ウィリスの生涯　ヒュー・コータッツィ〔著〕, 中須賀哲朗訳　中央公論社　1985.4
◇離れて見た第2の故郷ニッポン　ヒュー・コータッツィ:中央公論　100(5)　1985.5
◇私の感じた日本・日本人・日本企業—日本人よ、盲目的忠誠心を捨てるべきだ　サー・コータッツィ・ヒュー:東洋経済　4656　1986.5.10
◇ある英国外交官の明治維新—ミットフォードの回想　ヒュー・コータッツィ著, 中須賀哲朗訳　中央公論社　1986.6
◇東の島国西の島国(中公文庫)　ヒュー・コータッツィ著　中央公論社　1986.12
◇東の島国西の島国　続　ヒュー・コータッツィ著, 松村耕輔訳　中央公論社　1987.5
◇英国公使夫人の見た明治日本　メアリー・フレイザー著, ヒュー・コータッツィ編, 横山俊夫訳　淡交社　1988.3
◇日本人の国際化を阻むもの(インタビュー)　ヒュー・コータッツィ, 池田雅之:知識　79　1988.7
◇維新の港の英人たち　ヒュー・コータッツィ著, 中須賀哲朗訳　中央公論社　1988.8
◇日英関係の回顧と展望　ヒュー・コータッツィ〔述〕　英国暁星国際大学　1992
◇世界における日本のイメージ　ヒュー・コータッチ:正論　269　1995.1
◇外からみた日本のイメージ　ヒュー・コータッツイー:経済人　49(2)　1995.2

◇英国と日本―架橋の人びと　サー・ヒュー・コータッツィ, ゴードン・ダニエルズ編著, 横山俊夫解説, 大山瑞代訳　思文閣出版　1998.11
◇日英の間で―ヒュー・コータッツィ回顧録　ヒュー・コータッツィ著, 松村耕輔訳　日本経済新聞社　1998.12
◇対談―"より成熟した国"となるための条件（知日家の視点）（どうする？どうなる？私たちの21世紀）　コータッツィ, サー・ヒュー, ドーア, ロナルド：文芸春秋　78（8増刊）　2000.6
◇厳しい年に立ち向かうには根本的な改革こそが必要（特集2・日本経済に問われているもの）　コータッチ, ヒュー：論争 東洋経済　30　2001.3
◇キプリングの日本発見　ラドヤード・キプリング著, ヒュー・コータッツィ, ジョージ・ウェッブ編, 加納孝代訳　中央公論新社　2002.6

コタンスキ, ヴィエスワフ
Kotański, Wiesław Roman
日本文化研究家　ワルシャワ大学日本学科名誉教授

［生年月日］1915年
［没年月日］2005年8月8日
［国籍］ポーランド　［出生地］ワルシャワ　［学歴］ワルシャワ大学卒　［学位］博士号（ワルシャワ大学）〔1951年〕

子どもの頃、日本語の文字を初めて見て不思議に思ったのが日本研究のきっかけとなり、中学生の時に梅田忠良教授から日本語を伝授された。1968年ワルシャワ大学教授に就任。日本語学科を創設し、日本研究所長を務めるなどポーランドでの日本研究の第一人者として活動。「古事記」全訳、「万葉集」「徒然草」「雨月物語」「雪国」の翻訳など日本研究の開拓、発展に貢献。'92年には日本の女性翻訳家と共同で、日本を代表する詩人たちの作品の日本語・ポーランド語対訳詩集を10年がかりで完成させた。'57年以来度々来日。'79年からポーランド日本協会副会長を務めるなど両国の交流にも貢献した。著書に「日本文学集」（'61年）、「日本における宗教発展の概要」（'63年）など。　［受賞］国際交流基金賞〔1990年〕、日本翻訳出版文化賞（第28回）〔1992年〕「ふゆのさくら現代日本名詩選」、山片蟠桃賞〔1999年〕

【著作】
◇ポーランドの日本研究と戦後文学　コタンスキ, W.：東大新聞　1958.7.2
◇神道及び神道史―西田長男博士追悼論文集　国学院大学神道史学会編　名著普及会　1987.6〈内容：日本の天地開闢説（ヴィエスワフ・コタンスキ）〉
◇ポーランドにおける日本認識及びその文化研究へのアプローチ　W・コタンスキ：日本研究　10　1994.8
◇奥田省吾学長追悼論文集　奥田省吾学長追悼論文集刊行委員会編　大阪国際大学　1997.3〈内容：日本の「はじめにありしもの」は何か（W.コタンスキ）〉
◇古事記の新しい解読―コタンスキの古事記研究と外国語訳古事記　ヴィエスワフ・コタンスキ著, 松井嘉和編著　錦正社　2004.3

コックス, リチャード
Cocks, Richard
イギリス平戸商館長

［生年月日］1566年1月20日
［没年月日］1624年3月27日
［出生地］イギリス

1613年4月（慶長18）にロンドン・東インド会社の貿易船隊司令官J. セーリスに随行してクローブ号に乗船して来日。長崎平戸にイギリス商館が設立され館長に任命された。館員ウィッカムを江戸、駿府、イートンを大阪に、セイヤースを対馬にそれぞれ駐在させるなどして業務の拡張を図ったが、オランダ商館におくれをとった。その後日本商館を閉鎖し、1623年滞日10年ののち日本を去った。1624年バタビアから本国に向う途中船中において死去。滞日中残した日記は当時を知る上で非常に貴重な資料であり、E. M. トムソンによって刊行された。　［記念碑］平戸市幸町橋

【著作】
◇日本関係海外史料　〔3〕上　東京大学史料編纂所編　〔東京大学〕　1978.3
◇日本関係海外史料　〔3〕中　東京大学史料編纂所編纂　東京大学　1979.3
◇日本関係海外史料　〔4〕上　東京大学史料編纂所編　東京大学　1979.3
◇日本関係海外史料　〔4〕中　東京大学史料編纂所編　東京大学史料編纂所　1980.3
◇日本関係海外史料　〔4〕下　東京大学史料編纂所編　東京大学史料編纂所　1980.3

ゴッホ, フィンセント・ウィレム・ファン
Gogh, Vincent van
画家

[生年月日] 1853年3月30日
[没年月日] 1890年7月29日
[国籍] オランダ　[出生地] ズンデルト

オランダ南部に生まれ、1869年、美術商の伯父の紹介でグーピル商会に入り、1880年画家を志す。印象派を出発点としつつ、日本の浮世絵から深い影響を受ける。代表作の一つ、耳を切った自画像の背後にも浮世絵が描かれている。日本文化への憧憬は強く、最も仲の良かった弟テオドルへの手紙で「自然の中に生きていくこんなに素朴な日本人たちがわれわれに教えるものこそ、真の宗教とも言えるものではないだろうか」と述べている。また、南フランスのアルルに移住したのは、日本の気候に似ていると信じたためだった。生前は評価されず不遇の暮らしを送り、パリ近郊で猟銃自殺した。

【著作】
◇ゴッホの手紙—弟テオドルへの手紙　第1　ゴッホ著, 式場隆三郎訳　創芸社　1951
◇ゴッホの手紙—弟テオドルへの手紙　第2　ゴッホ著, 式場隆三郎訳　創芸社　1952
◇ゴッホの手紙—弟テオドルへの手紙　第3　ゴッホ著, 式場隆三郎訳　創芸社　1952
◇ゴッホの手紙—弟テオドルへの手紙　第4　ゴッホ著, 式場隆三郎訳　創芸社　1952
◇ゴッホの手紙　中　ヴィンセント・ヴァン・ゴッホ著, 硲伊之助訳　岩波書店　1961
◇ゴッホの手紙　下　ヴィンセント・ヴァン・ゴッホ著, 硲伊之助訳　岩波書店　1970
◇炎の画家ゴッホ—式場隆三郎選集　式場隆三郎訳　ノーベル書房　1981.7

ゴデール, アルメン
Godel, Armen
作家, 俳優, 演出家

[生年月日] 1941年
[国籍] スイス　[出生地] ジュネーブ

母はアルメニア人、父は言語学者のロベルト・ゴデール。1980年から観世流の木月孚行に師事する。日本に関する著作をフランスで出版、'91年「Mes algues d'Ōsaka」で、ピタール賞を受賞。'83年世阿弥と三島由紀夫の2作品「班女」に想を得た舞台劇を上演。'87年井上靖「猟銃」の翻案劇を上演。アイスキュロス、バイロン、オストロブスキー、トチアン、三島由紀夫、水上勉、井上ひさしの戯曲を訳出。'94年小説「Raratonga」でリプ・ジュネーブ賞を受賞。ジュネーブとローザンヌのコンセルバトワールで演劇のクラスを持つ。そのほかの著書に「能楽師」「Visages cachés, sentiment mêlés」、共著に「La Lande des mortificatuions」がある。　[受賞] ピタール賞〔1991年〕「Mes algues d'Ōsaka」, リプ・ジュネーブ賞〔1994年〕「Raratonga」

【著作】
◇能楽師　アルメン・ゴデール著, 小野暢子訳　ブリュッケ　1997.12

コトキン, ジョエル
Kotkin, Joel
ジャーナリスト　「インク」誌編集者, ペーパーダイン大学特別研究員

[生年月日] 1952年
[国籍] 米国　[出生地] ハイデルベルク(ドイツ)　[学歴] カリフォルニア大学バークレー校〔1975年〕卒

ロシア系ユダヤ人の移民の孫。大学在学中からジャーナリスト活動を始め、卒業後「ワシントン・ポスト」紙記者を経て、経済誌「インク」(発行部数約60万部)の編集者を務める。そのかたわら取材、執筆活動を続け、日系アメリカ人のヨリコ・キシモト(岸本陽里子)との共著で、ポール・ケネディの「大国の興亡」を否定し、米国の再生はアジアとの共棲にあると主張する「第三の世紀」を1988年に出版。他に「カリフォルニア株式会社」「トライブス」などの著書がある。現在、ペパーダイン大学特別研究員でもある。'89年4

月来日. [受賞]ピュリッツァー賞(パブリック・サービス部門)〔1978年〕
【著作】
◇第三の世紀—経済大国日本への警告 ジョエル・コトキン, ヨリコ・キシモト著, 徳山二郎訳 扶桑社 1989.4
◇What'sジャパン?—日本「再統一」の脅威 NPQ(New Perspective Quarterly)編著, 関元, 吉岡晶子訳 JICC出版局 1991.3〈内容:日本の正常化(ジョエル・コトキン)〉

コトラー, フィリップ
Kotler, Philip
ノースウエスタン大学経営大学院課程教授

[国籍]米国 [学歴]シカゴ大学, マサチューセッツ工科大学 [学位]経済学博士(マサチューセッツ工科大学) [専門]マーケティング [団体]マーケティング・サイエンス学会
マサチューセッツ工科大学のマーケティング教授ハロルド・T・マーティン、ノースウエスタン大学経営学部教授J. L. ケロッグのもとで研究。のちにノースウエスタン大学経営大学院課程(通称ケロッグ・スクール)教授。マーケティング研究の世界的権威者で、数ある著書のうち邦訳されているものに「マーケティング・マネジメント」「マーケティング原理」「エッセンシャル・マーケティング」などがある。
【著作】
◇日米新競争時代を読む—日本の戦略とアメリカの反撃 フィリップ・コトラー他著, 増岡信男訳 東急エージェンシー出版部 1986.6
◇ニューコンペティション—日米マーケティング戦略比較 フィリップ・コトラー, リアム・ファヘイ, S. ジャツスリピタク著, 増岡信男訳 東急エージェンシー出版事業部 1991.7

ゴードン, アンドルー
Gordon, Andrew
歴史学者 ハーバード大学教授・歴史学部長

[生年月日]1952年

[国籍]米国 [出生地]マサチューセッツ州ボストン [学歴]ハーバード大学大学院〔1975年〕修士課程修了 [学位]博士号(歴史, 東アジア言語, ハーバード大学) [専門]日本近現代労働運動史
1984〜95年デューク大学を経て、'95年よりハーバード大学歴史学教授。'98年〜2004年同大学ライシャワー日本研究所所長、のち同大歴史学部長。頻繁に来日し、滞在年数も長い。東大や法大の客員教授として招かれ、日本の労使関係や雇用制度などを研究。編著書に「歴史としての戦後日本」「日本の200年」など。一方、スポーツへの造詣も深く、熱狂的なレッドソックスのファンで、松坂大輔投手を通し日米文化の変革を研究・執筆する。
[受賞]ジョン・キング・フェアバンク賞〔1992年〕「Labor and Imperial Democracy in Prewar Japan」
【著作】
◇歴史としての戦後日本 上 アンドルー・ゴードン編, 中村政則監訳 みすず書房 2001.12〈内容:序論(アンドルー・ゴードン)〉
◇歴史としての戦後日本 下 アンドルー・ゴードン編, 中村政則監訳 みすず書房 2001.12〈内容:職場の争奪(アンドルー・ゴードン)〉
◇日本研究を真面目に考える(特集・アメリカの日本研究—現在・未来) Andrew Gordon, 平山洋:季刊日本思想史 61 2002
◇歴史学の現在 日本の近現代史を再考する—アメリカの日本研究との対話(特集・日本現代史をどう描くか) 中村政則, アンドルー・ゴードン:世界 718 2003.9
◇日本の200年—徳川時代から現代まで 上 アンドルー・ゴードン[著], 森谷文昭訳 みすず書房 2006.10
◇日本の200年—徳川時代から現代まで 下 アンドルー・ゴードン[著], 森谷文昭訳 みすず書房 2006.10

ゴードン, ハリー
Gordon, Harry
ジャーナリスト, 作家, 歴史家 オーストラリア国立戦争記念館顧問

[生年月日]1925年
[国籍]オーストラリア

メルボルンの「サン」を経て、「ヘラルド」「ウィークリー・タイムズ」などオーストラリアの代表的な新聞の編集長を歴任。APP通信委員長、豪日交流基金副理事長なども歴任。著書に「生きて虜囚の辱めを受けず―カウラ第12戦争捕虜収容所からの脱走」がある。　［受賞］国連メディア平和賞金賞　［叙勲］聖ミカエル勲章, 聖ジョージ勲章
【著作】
◇生きて虜囚の辱めを受けず―カウラ第十二戦争捕虜収容所からの脱走　ハリー・ゴードン著, 山田真美訳　清流出版　1995.11

ゴードン, ベアテ・シロタ
Gordon, Beate Sirota
GHQ民政局日本国憲法起草委員会メンバー, 日米協会舞台芸術部長

［生年月日］1923年
［国籍］米国　［出生地］オーストリア・ウィーン　［旧姓名］シロタ, ベアテ　［学歴］ミルズ大学（言語学・文学）卒
両親はウクライナ出身のユダヤ人。1928年ピアニストの父レオ・シロタが山田耕筰に招かれて東京音楽学校（現・東京芸術大学）教授として来日したのにともない両親とともに来日、5歳から15歳まで日本に滞在。'39年進学のため単身渡米、カリフォルニアのミルズ大学に入学し、19歳で卒業、「タイム」誌の調査員となる。のち米国籍を取得。日本で消息不明となった両親に会うため、第二次大戦後の'45年、連合国軍総司令部（GHQ）職員として再来日。日本語能力や滞日経験を買われ、'46年2月"日本国憲法"の草案作りに参画、憲法起草委員会人権部門のスタッフの一人として女性の権利を大幅に広げる男女同権条項を作った。'47年5月憲法の誕生を見届けて帰国。'54年ジャパン・ソサエティー学生交流委員会ディレクターを経て、'60年アジア・ソサエティー舞台芸術ディレクターに就任。'91年退職後も同協会上級顧問として文化交流のために働いている。'93年来日し、日本国憲法成立の事情を半世紀ぶりに証言した。'97年50回目の憲法記念日を前に来日講演を行うなど度々

来日。2005年憲法第24条がどう日本に根付いていったのかをまとめたドキュメンタリー映画「ベアテの贈り物」（藤原智子監督）が公開される。　［受賞］エイボン女性年度賞（女性大賞）〔1997年〕　［叙勲］勲四等瑞宝章（日本）〔1998年〕
【著作】
◇1945年のクリスマス―日本国憲法に「男女平等」を書いた女性の自伝　ベアテ・シロタ・ゴードン著, 平岡磨紀子構成・文　柏書房　1995.10
◇憲法に男女平等起草秘話（岩波ブックレット）　土井たか子, ベアテ・シロタ・ゴードン〔著〕　岩波書店　1996.4
◇私は男女平等を憲法に書いた―ベアテ・シロタ・ゴードンさん講演会（新潟ウィメンズ企画Women's studies in にいがた）　ベアテ・シロタ・ゴードン〔述〕　新潟ウィメンズ企画　1999.8
◇ベアテと語る「女性の幸福」と憲法　ベアテ・シロタ・ゴードン語る人, 村山アツ子聞く人, 高見沢たか子構成　晶文社　2006.4

ゴードン・スミス, リチャード
Gordon Smith, Richard
博物学者, 冒険家

［生年月日］1858年
［没年月日］1918年
［国籍］英国
1898年に来日し、主に神戸で暮らした。大英博物館の標本採集員として魚類の採集にあたり、各地の風俗、民話（怪談）、日本人の精神生活の研究にも従事した。少なくとも1915年まで日本に滞在し、その後帰国。この間、英国で「日本の昔話と伝説」を著した。80年代初めに、遺族が昔話収集帳5冊と日記8冊を発見。日記から日本の記述を抜粋して刊行された。
【著作】
◇ゴードン・スミスのニッポン仰天日記　荒俣宏, 大橋悦子翻訳　小学館　1993
◇日本の昔話と伝説　吉沢貞訳　南雲堂　1993
◇ゴードン・スミスの日本の奇談と怪談　吉沢貞, 吉沢小百合訳　南雲堂フェニックス　1998
◇ゴードン・スミスの日本怪談集　荒俣宏訳　角川書店　2001

コナフトン, R. M.
Connaughton, R. M.
軍人　英国陸軍大佐

[国籍]英国
極東で7年間グルカ旅団勤務、西ドイツで輸送連隊長勤務などの後、キャンバレーの英陸軍幕僚学校やオーストラリア陸軍指揮幕僚学校の教官を務めた。著書に「ロシアはなぜ敗れたか―日露戦争における戦略・戦術の分析」がある。
【著作】
◇ロシアはなぜ敗れたか―日露戦争における戦略・戦術の分析　R. M. コナフトン著, 妹尾作太男訳　新人物往来社　1989.12

コバヤシ, カサンドラ
Kobayashi, Cassandra
弁護士

[国籍]カナダ
日系3世。バンクーバーで弁護士として活躍。ロイ・ミキとともに日系カナダ人関係のプロジェクトを多数手がける。日系人コミュニティーの代表であり、リドレス解決を政府と交渉したNAJC戦略委員会メンバーとして、日系カナダ人リドレス運動で積極的な役割を果たす。共著に「Spirit of Redress:JapaneseCanadians in Conference」「正された歴史―日系カナダ人への謝罪と補償」などがある。　[受賞]カナダ首相出版賞特別賞〔1995年〕「正された歴史―日系カナダ人への謝罪」
【著作】
◇正された歴史―日系カナダ人への謝罪と補償　ロイ・ミキ, カサンドラ・コバヤシ著, 下村雄紀, 和泉真澄訳　つむぎ出版　1995.8

コバルビアス, F. D.
Covarrubías, Francisco Díaz
天文学者　国立チャプルテペック天文台初代所長

[生年月日]1833年
[没年月日]1889年
[国籍]メキシコ

国立鉱山学校で地形学と天文学を、のち国立技術学校で数学、測地学、天文学を教える。測地学と天文学を地理学に応用した。フランス軍によるメキシコ統治が終了すると土木省次官に就任した。1874年、105年ぶりに太陽面を通過する金星を観測するために、金星観測隊隊長として日本に派遣された。隊長のコルビアスのほか、副隊長、測量士、歴史家兼記録係の計5人から成る大型の観測隊であった。帰国後、金星観測日誌・日本滞在記録となる「メキシコ天文観測隊日本旅行記」を1876年に出版した。
【著作】
◇メキシコ天文観測隊日本旅行記　大垣貴志郎、坂東省次訳　雄松堂（新異国叢書　第2輯 7）1983
◇ディアス・コバルビアス日本旅行記　大垣貴志郎, 坂東省次訳　雄松堂出版　1983.5

コーヘン, J. B.
Cohen, Jerome B.
経済学者　ニューヨーク大学教授

[専門]戦時経済, 中国通商
1937～1945年に日本の戦時経済の研究で博士号を取得。第二次大戦後まもなく、戦略爆撃調査団の一員として来日。のち1949年シャウブ博士の随員として再来日、日本の税制研究に従事した。
【著作】
◇戦時戦後の日本経済　上巻　J. B. コーヘン著, 大内兵衛訳　岩波書店　1950
◇戦時戦後の日本経済　下巻　J. B. コーヘン著, 大内兵衛訳　岩波書店　1951

コーヘン, エリ
Cohen, Eli
外交官　駐日イスラエル大使

[生年月日]1949年
[国籍]イスラエル　[出生地]エルサレム　[学歴]ヘブライ大学数学・物理学科, テームズバリー大学
ヘブライ大学数学・物理学科, テームズバリー大学で学び、M. B. A. を取得。マーレアドミム市副市長、イスラエル国防相補佐官、

ハイテク企業経営を経て、2002年〜2003年イスラエル国会議員。2004年駐日イスラエル大使。2007年退任。イスラエル松涛館空手道協会会長を務め、空手5段の腕前。著書に「大使が書いた日本人とユダヤ人」がある。
【著作】
◇大使が書いた日本人とユダヤ人　エリ・コーヘン著, 青木偉作訳　中経出版　2006.8
◇ユダヤ人に学ぶ日本の品格　エリ＝エリヤフ・コーヘン, 藤井厳喜著, 青木偉作訳　PHP研究所　2007.9

コマロフスキー, ゲオルギー
Komarovskii, George E.
外交官, 比較宗教学者　駐大阪ロシア総領事

[生年月日] 1933年
[没年月日] 2004年8月8日
[国籍]ロシア　[出生地]ソ連・ベラルーシ共和国ミンスク　[学歴]モスクワ国際関係大学〔1955年〕卒, モスクワ国際関係大学大学院〔1959年〕修了, モスクワ東洋大学日本語科　[学位]歴史学博士〔1992年〕
1959年旧ソ連外務省に入省, 同年外交官補として日本に赴任。本国外務省日本課長などを経て, '86年から在日ソ連大使館参事官, '92年ロシア外務省アジア太平洋総局上級参事官, '93年4月駐大阪ロシア総領事に就任。日ロサロン設立, 大阪府議会日ロ友好親善議員連盟発足, 大阪商工会議所経済調査団極東地域訪問など日本とロシアの友好に尽力した。'98年12月総領事を退任し帰国。退職後は大阪学院大学などで比較宗教学を講じたほか,「円空上人の仏像五千体」「神々の道」「奈良—日本文明の発祥地」など日本の宗教・文化・美術への造詣の深さを示す著書を多数発表した。
【著作】
◇ロシア人の見た「天理」—『奈良—日本文化の揺籃歴史・宗教・文化』から(道友社ブックレット)　G. E. コマロフスキー著, 岡林宏倪訳　天理教道友社　1995.5
◇神道—その普遍性—神道国際学会設立記念国際シンポジウム 講演録　神道国際学会編　神道国際学会　1996.7〈内容：神道の世代継承と国際的・宗際的活動について（櫻井勝之進, マーク・テーウェン, 鎌田東二, ゲオルギー・コマロフスキー, 三宅善信, 遠田勝）〉
◇日本文明揺籃の地—ロシア人の見た「奈良」　ゲオルギー・E. コマロフスキー著, 岡林宏倪訳　善本社　1996.11

コリア, バンジャマン
Coriat, Benjamin
パリ第13大学教授・産業経済研究所(CREI)所長

[生年月日] 1948年
[国籍]フランス　[出生地]ラバト（モロッコ）
[学歴]グルノーブル大学　[学位]経済学博士(ナンテール大学)〔1976年〕　[専門]経済学
パリ第7大学助教授を経て、1985年教授資格国家試験に合格, リール大学教授。'88年パリ第13大学教授, のち学部長を経て, 同大学産業経済研究所(CREI)所長。"産業計画, 国際革新とストラテジー"を研究。ILO, EC, OECDなどの国際機関で調査に携わる。「産業チャレンジの新兵器」という工業省の調査を共同担当し, '92年「Made in France」報告を発表。ハイテク, 人材資源などに関する著書多数。
【著作】
◇逆転の思考—日本企業の労働と組織(レギュラシオン・ライブラリー)　バンジャマン・コリア〔著〕, 花田昌宣, 斉藤悦則訳　藤原書店　1992.3

コリック, マーティン
Collick, Martin
社会学者　関西学院大学商学部教授・国際交流部長

[生年月日] 1937年
[国籍]英国　[出生地]バンスリィ　[本名]Collick, Robert Martin Vesey　[学歴]オックスフォード大学東洋学部〔'60年〕卒　[学位]博士号(オックスフォード大学)　[専門]日本と英国の比較社会史
1960年文部省の留学生として京都大学に留学。帰国後, オックスフォード大学大学院で日本の労働運動史研究で博士号を取得。'63年シェフィールド大学日本研究センター設立

以来、同センターで日本人の妻とともに学生の指導に当たる。'94年関西学院大学教授となり、2000年からは国際交流部長も務める。編著に「新和英中辞典」(研究社)などがある。
【著作】
◇サッチャリズムで浮上する日本学(対談) マーティン・コリック, 池田雅之：知識 80 1988.8
◇日本学の現在と学生気質 マーティン・コリック：翻訳の世界 13(12) 1988.12

コリンズ, ロバート
Collins, Robert J.
ボイデン・インターナショナル社参与, 東京アメリカン・クラブ会長

[生年月日] 1939年
[国籍] 米国 [出生地] イリノイ州 [学歴] アイオワ大学卒
ロックフォード大、ニューヨーク大にも学ぶ。CNA、AIUなど保険業界の管理職を経て、ボイデン・インターナショナル社パートナーに。この間、1977年に来日した。著書に「MAX DANGER」「More MAX DANGER」「日米摩擦、やっと原点が見えてきた—マックス一家が味わった"特殊な国"ニッポンのズレ」など。
【著作】
◇日米摩擦、やっと原点が見えてきた—マックス一家が味わった"特殊な国"ニッポンのズレ(ワニの本) ロバート・J. コリンズ著, 井上篤夫編〔訳〕 ベストセラーズ 1990.8

コール, イェスパー
Koll, Jesper J. W.
エコノミスト メリルリンチ日本証券チーフエコノミスト

[生年月日] 1961年
[出生地] ドイツ [学歴] アメリカン大学(パリ)〔1983年〕卒, ジョンズ・ホプキンス大学大学院国際経済学〔1986年〕修士課程修了
OECD、新井将敬衆議院議員事務所、シティコープ、S. G. ウォーバーグ証券東京支店チーフエコノミスト、1994年モルガン銀行(現・J・P・モルガン証券)東京支店調査部長兼バイスプレジデント、'98年大手ヘッジファンドのタイガー・マネジメント・マネジングディレクターなどを経て、メリルリンチ証券東京支店(現・メリルリンチ日本証券)チーフエコノミスト。2001年6月にはオニール財務長官ら米国政府要人と日本の改革具対策を討議。
【著作】
◇米国で再び高まるジャパン・プロブレム(エコノミストの往復書簡) コール, イェスパー・J. W.：財界 45(12) 1997.4.22
◇日本型資本主義が変質し始めた(トレンド 緊急リポート・山一証券消滅の衝撃) コール, イェスパー：日経ビジネス 918 1997.12.1
◇時代遅れの「日本型資本主義」を破壊し新規参入者にチャンスを与えよ(総力特集・定年後危機—有力エコノミスト5人アンケート、日本経済「危機」の深さと立ち直りまでの長い時間) コール, イェスパー：エコノミスト 77(12) 1999.3.16
◇ニュー・ジャパンの息吹を感じる(ネット株高騰は日本復活の証か) コール, イェスパー：論争 東洋経済 25 2000.5
◇日本経済これから黄金期へ イェスパー・コール著 ダイヤモンド社 2000.10
◇「夢」のない国家は繁栄しない(総特集・我々はこの5年、何を議論し続けたか—言論不況日本の論争を総括する) コール, イェスパー：論争 東洋経済 31 2001.5
◇平成デフレの終焉—沸騰する日本株 イェスパー・コール, 上坂郁著 有楽出版社 2003.12

コール, ロバート
Cole, Robert Eran
社会学者 カリフォルニア大学バークレー校教授

[生年月日] 1938年
[国籍] 米国 [学位] 博士号(イリノイ大学)
[専門] 産業社会学, 日本の社会構造, 経営学
1964年初来日し、博士論文の調査のため自動車部品工場で働く。'71年初の著書「日本のブルーカラー」を出版。以来、自動車産業調査のため数多来日。'80年代に国際自動車産業フォーラムの米欧州プロジェクト部長を務め、'89年には国際交流基金の招きで10ケ月日本に滞在し、慶応義塾大学客員教授も務めた。その後、ミシガン大学教授・日本研究センター所長を経て、カリフォルニア大学バー

クレー校教授。ハース・ビジネススクール教授も務める。
【著作】
◇システムとしての日本企業—国際・学際研究　青木昌彦, ロナルド・ドーア編, NTTデータ通信システム科学研究所訳　NTT出版　1995.12〈内容：二つの品質パラダイムと組織学習（ロバート・コール）〉

コルカット, マーティン
Collcutt, Martin
日本史研究家　プリンストン大学東洋学部教授

[生年月日] 1939年
[国籍] 米国　[出生地] 英国・ロンドン　[学歴] ケンブリッジ大学歴史学部〔1962年〕卒, ハーバード大学大学院〔1975年〕博士課程修了　[専門] 日本中世文化史
横浜国立大学や東京大学で教鞭を執り、皇太子殿下の英語教師も務めた。1986年プリンストン大学教授。'92年9月国際日本文化研究センター客員教授。ライシャワー博士らの次の時代を担う穏健派の日本研究者。著書に「五山—中世日本の臨済宗寺院」、共著に「日本〈図説世界文化地理大百科〉」、共訳に「THE IWAKURA EMBASSY（欧米回覧実記）」など。　[受賞] 日本翻訳出版文化賞（第38回）〔2002年〕「THE IWAKURA EMBASSY」
【著作】
◇中国禅宗制度と日本人の社会　マーチン・コルカット：講座・比較文化　第6巻　研究社出版　1977.9
◇『米欧回覧実記』の学際的研究　田中彰, 高田誠二編著　北海道大学図書刊行会　1993.3〈内容：岩倉使節団と明治初期の宗教論（マーチン・コルカット）〉
◇日本（図説世界文化地理大百科）　マーティン・コルカット〔ほか〕著・編・訳　朝倉書店　1993.11
◇周縁文化と身分制　脇田晴子, マーチン・コルカット, 平雅行共編　思文閣出版　2005.3〈内容：山城国一揆再考（マーチン・コルカット）〉

ゴールド, ハル
Gold, Hal
コピーライター, フリーライター

[生年月日] 1929年
[国籍] 米国　[出生地] ニューヨーク市　[学歴] コロンビア大学卒
私立探偵などを経て、1964年東京五輪の取材のため来日。以来京都在住。コピーライターとして日本企業の海外向け広告制作に携わる一方、テレビ・ラジオにも出演。著作に「右脳ビジネス発想」「証言・731部隊の真相」。
【著作】
◇日本の英知に学びたいしかし…—日本を知りすぎた外人の日本診断　ハル・ゴールド著　日新報道　1981.7
◇右脳ビジネス発想—外人コピーライターの眼 Right brain society　ハル・ゴールド著　ダイヤモンド社　1988.9
◇証言・731部隊の真相—生体実験の全貌と戦後謀略の軌跡　ハル・ゴールド著, 浜田徹訳　広済堂出版　1997.8
◇証言・731部隊の真相—生体実験の全貌と戦後謀略の軌跡（広済堂文庫）　ハル・ゴールド著, 浜田徹訳　広済堂出版　2002.3

ゴールドマン, アラン
Goldman, Alan
異文化コミュニケーション・コンサルタント　ゴールドマン・アンド・アソシエーツ社長, アリゾナ州立大学

[国籍] 米国　[学位] 博士号（フロリダ大学）
フロリダ大学でコミュニケーションの分野で博士号を取得した後、フロリダの法律事務所で刑事、民事事件をコミュニケーション的側面から助言するコンサルタントを務め、またフロリダ大学で組織コミュニケーション、異文化コミュニケーション、説得コミュニケーションの授業を担当。現在アリゾナ州立大学で異文化コミュニケーションを講じるかたわら、ゴールドマン・アンド・アソシエーツ社長として日本と米国を中心としたコンサルタント業で活躍している学者・実務家。著書に「英語ビジネス交渉の心得」がある。
【著作】

◇英語ビジネス交渉の心得（桐原語学ライブラリー）　アラン・ゴールドマン著，岡部朗一訳　桐原書店　1993.1

コールドレイク，ウィリアム
建築学者　メルボルン大学教授

[生年月日] 1952年
[国籍] オーストラリア　[出生地] 日本・東京
[学歴] ハーバード大学大学院（建築学）博士課程　[専門] 江戸時代の建築

1947～56年に日本聖公会の宣教師として来日していた父のもと、東京で生まれる。ハーバード大学で江戸時代の建築を研究。'10年に米国による空襲で破壊された徳川2代将軍秀忠をまつる台徳院霊廟に興味を持ち、史料の収集を始める。'82年台徳院霊廟の消失を悼み、ハーバード大学で報告会を行う。'90年英国文化省の要請で、ロンドン・ヒースロー空港近くの倉庫内で発見された日本の建築物の模型を確認に行ったところ、'10年にロンドンの日英博覧会で展示された台徳院の模型だったことが判明。2000年英国ロイヤルコレクションの協力を得て、ロンドンで模型の修復に取り組む。一方、父の遺志を継ぎ日豪相互理解の促進にも尽力。父が日本滞在中の活動や見聞について書き送ったニュースレターや写真を整理し、2003年戦後の日本復興と父の活動を紹介する「日本　戦争から平和」を出版。

【著作】
◇研究と資料と情報を結ぶ─「日本研究学術資料情報の利用整備に関する国際会議」の記録　国際文化会館図書室編　国際交流基金　2002.12〈内容：建物は嘘つき！日本建築史の視点からみた実体的でも短命な資料（ウィリアム・コールドレイク）〉

コルヌヴァン，エレーヌ
Cornevin, Hélène
ジャーナリスト　「ラ・クロワ」紙東京特派員

[国籍] フランス　[学歴] パリ高等商業学校卒　1978年から仏ラジオ局東京特派員。一時帰国後、'85年「ラ・クロワ」東京特派員として再来日。'91年7月よりロンドンに移住。

【著作】
◇現実に盲いた幻想の国─1200字"ニッポン論"　エレーヌ・コルヌバン：朝日ジャーナル　21（1）　1979.1.12

コールマン，サミュエル
Coleman, Samuel
文化人類学者　ノースカロライナ州立大学日本センター副所長

[国籍] 米国　[学位] 博士号（文化人類学，コロンビア大学）〔1978年〕　[専門] 日本社会

ノースカロライナ州立大学日本センター副所長を務め、研究・プログラム開発準責任者として、日米科学協力のためのハリー・C・ケリー記念日米科学協力財団設立に指導的役割を果たす。1990年日本の研究環境を調査するため来日。8年間に及ぶ観察と考察の結果を、2002年「検証　なぜ日本の科学者は報われないのか」として出版。同年来日。

【著作】
◇日本研究・京都会議　1994　国際日本文化研究センター，国際交流基金編　国際日本文化研究センター　1996.3〈内容：What College Students in the United States Want to Know about Japan（Samuel K. COLEMAN）　Trends in Research Cooperation:Gaining Access for Long-term Fieldwork in Japan（Samuel K. COLEMAN）〉
◇検証・なぜ日本の科学者は報われないのか　サミュエル・コールマン著，岩舘葉子訳　文一総合出版　2002.4

ゴレグリャード，ウラジスラフ
Goreglyad, Vladislav Nikanorovich
日本文学研究家　ソ連科学アカデミー東洋学研究所レニングラード支部極東部長，レニングラード大学日本語科主任教授

[生年月日] 1932年10月24日
[国籍] ソ連　[出生地] シベリア・ニージュネウディンスク　[学歴] レニングラード大学〔1956年〕卒　[学位] 博士号〔1975年〕

1956年科学アカデミー東洋学研究所レニングラード支部初級研究員、'66年同支部日本科長、'68年同研究所上級研究員を経て、'82年より同研究所極東部長に。レニングラード大学日本語科主任教授も務める。主な著作・論文に「日本の写本・木版本・古印刷本目録全6巻」('63〜71年)、「兼好法師・徒然草」('70年、翻訳・注解)、「10-13世紀日本文学における日記と随筆」('75年)、「紀貫之」('83年)、「13-14世紀日本文学における紀行文」('85年)、「古代の日本」('86年)など。 [受賞]山片蟠桃賞(第5回)〔1987年〕

【著作】
◇ロシア文化と日本—明治・大正期の文化交流 国際討論 中村喜和, トマス・ライマー編 彩流社 1995.1〈内容：日露関係—政治的背景と文化的な諸傾向（ウラジスラフ・N.ゴレグリャード）〉
◇日本研究・京都会議 1994 国際日本文化研究センター, 国際交流基金編 国際日本文化研究センター 1996.3〈内容：ロシアと東欧諸国における日本文学の出版と翻訳の状況（Vladislav Nikanorovich GOREGLIAD）〉
◇鎖国時代のロシアにおける日本水夫たち（日文研フォーラム）ヴラディスラブ ニカノロヴィッチ ゴレグリャード〔述〕, 国際日本文化研究センター編 国際日本文化研究センター 2001.6

コレン, レナード
Koren, Leonard
ジャーナリスト

[生年月日] 1948年
[国籍] 米国　[出生地] ニューヨーク　[学歴] カリフォルニア大学ロサンゼルス校（建築学）卒
ロサンゼルスで育う。1976年にユニークな雑誌「Wet」を創刊、日本でも評判になった。また「ターザン」や「ブルータス」などでコラムを執筆するなど、日米両国で活躍している。著書に「ニッポンの実用新案283」('88年)、「Success Stories—How Eleven of Japan's Most Interesting Companies Came to Be」('90年)、「レイアウトひらめき事典」（共著）「交渉の達人—人を"その気"にさせる86の作戦」（共著）。

【著作】
◇ニッポンの実用珍案283—イラスト・ウォッチング レナード・コーレン著, ジョーン・中野訳, シャック・三原絵 ジャパンタイムズ 1988.11

コワルスキ, フランク
Kowalski, Frank
軍人, 政治家　GHQ民事局民事部別室幕僚長, 米国下院議員

[生年月日] 1903年
[没年月日] 1975年
[国籍] 米国　[出生地] コネティカット州　[学歴] ウェストポイント陸軍士官学校〔1930年〕, マサチューセッツ工科大学卒, マサチューセッツ工科大学大学院機械工学専攻〔1937年〕修士課程修了
ポーランド人移民の子に生れる。第2次大戦中はヨーロッパ戦線でアイゼンハワー大将の幕僚を務め、1947年12月日本占領軍の一員として日本に赴任、京都、大阪、四国、中国地方の各軍政部長を歴任し、'50年連合国軍最高司令部(GHQ)民事局副官。陸軍大佐。同年7月警察予備隊（自衛隊の前身）創設に際し、その準備を担当した民事局長シェパード少将のもとで民事部別室（後の在日軍事援助顧問団）の幕僚長として警察予備隊の組織・装備・訓練の方針決定を指導にあたり、自衛隊の育ての親の一人となった。'52年帰国し、'58年退役。のち米国下院議員を2期務め、ケネディ大統領により行政判事に任じられたが、'66年引退し、バージニア州アレキサンドリアに住んだ。著書に回想録「日本再軍備」がある。

【著作】
◇日本再軍備—米軍事顧問団幕僚長の記録（中公文庫）フランク・コワルスキー著, 勝山金次郎訳　中央公論新社 1999.8

コワレンコ, イワン
Kovalenko, Ivan Ivanovich
ソ連共産党中央委国際部日本課長

[生年月日] 1918年
[没年月日] 2005年7月27日
[国籍] ロシア　[学歴] 極東大学日本語科

極東の沿海地方に生まれ、ウラジオストクの極東大学で日本語を学んだ。1945年8月の日ソ停戦交渉に通訳として立ち会う。シベリアに捕虜として連行された日本人抑留者の収容所で、抑留者向けに発行された「日本新聞」の編集責任者を務め、抑留者を親ソ派にするための思想教育"民主化運動"を主導。抑留者が最も恐れたソ連人だった。'51年除隊。その後、ソ連共産党中央委員会国際部で対日政策を担当。日本課長、副部長として、'90年まで在籍した。'61年以来ソ日協会代表団団長として多数来日。'65年日本外務省に入国を拒否される。'68年スースロフ党政治局員兼書記に同行して来日。対日恫喝外交の信奉者として知られ、日本政界とも太いパイプを持っていた。また戦後日ソ関係の"闇の司祭"とも称された。

【著作】
◇対日工作の回想　イワン・コワレンコ著,清田彰訳　文芸春秋　1996.12

ゴーン,カルロス
Ghosn, Carlos
実業家　日産自動車社長・共同会長・CEO,ルノー会長・CEO

[生年月日] 1954年3月9日

[国籍] フランス　[出生地] ブラジル・ロンドニア州　[学歴] エコール・ポリテクニク（国立理工科学校）〔1974年〕卒,エコール・デ・ミーヌ（国立鉱業学校）卒

実業家の父はレバノン系ブラジル人、母はレバノン系フランス人で、フランスとブラジルの国籍を持つ。レバノンの高校を卒業後、フランスに移住。経済学の修士号を取得し、1978年9月タイヤメーカー大手のミシュランに入社、工場長などを経て、'85年7月ミシュラン・ブラジルCOO（最高執行責任者）。'89年4月ミシュラン・ノース・アメリカ会長兼CEO（最高経営責任者）。ブラジルと北米で黒字化を果たした実績によりヘッドハンティングで'96年10月ルノーに上級副社長として入社、ここでもベルギー工場閉鎖などリストラで腕を振う。ルノーグループ経営委員会メンバー。'99年6月日産自動車とルノーの資本提携で、倒産寸前といわれた日産自動車のCOOに就任。10月日本産業界で最大級のリストラ策といわれた"日産リバイバル・プラン"を発表。2000年度の連結決算の黒字化、2002年度の売上高における営業利益率4.5％、有利子負債半減という3つの目標を掲げた。以後、東京・村山工場の閉鎖やグループで2万1000人の削減、取引関係先も半減させるなど大ナタを振い、経営改革の中枢を担う事実上の社長職を務め、2000年6月正式に社長に就任。2001年6月CEOを兼務。リバイバル・プランは1年前倒しで達成され、2003年3月には有利子負債ゼロを達成、就任から4年間で2兆1000億円あった借金を完済した。同年6月共同会長を兼務。2005年4月ルノー会長兼CEOに就任。同年9月には"世界における日産の年間販売台数を2001年度より100万台増やす"とした2002年5月の公約を達成。2006年3月日産グループのトラック事業部門である日産ディーゼル工業株の売却を発表。2007年3月期（'06年度）の連結決算で初の営業減益となる。この間、2000年7月Jリーグの横浜Fマリノス会長に就任。2003年6月ソニー社外取締役に就任。2004年3月米国IBMの社外取締役に就任（2005年4月退任）。著書に「ルネッサンス」がある。　[受賞] 日本パブリックリレーションズ大賞（企業部門賞,第2回）〔2000年〕,日本文化デザイン賞（大賞）〔2002年〕,九州大学名誉博士号〔2003年〕　[叙勲] 藍綬褒章〔2004年〕

【著作】
◇私はこうして日産を変えた—ゴーン氏の講演から（カルロス・ゴーン氏が日本的経営に突きつけた絶縁状）　カルロス・ゴーン：エコノミスト　79(37)　2001.9.4
◇わが日本型経営の真髄を語ろう—瀕死の日本企業再生のためのゴーン流経営哲学　カルロス・ゴーン：文芸春秋　81(10)　2003.8

コンスタンティーノ, レナト
Constantino, Renato
思想家, 歴史学者, ジャーナリスト, コラムニスト　フィリピン国立大学(UP)マニラ校講師, 自由人権促進運動議長

[生年月日] 1919年
[没年月日] 1999年9月15日

[国籍]フィリピン　[出生地]マニラ　[学歴]フィリピン国立大学法学部〔1941年〕卒, ニューヨーク大学大学院

在学中に伝統ある学生新聞「カレジアン」編集長を務めた。3年半の抗日ゲリラ活動を経て, 独立後の1946～49年外交官としてニューヨークの国連本部, パリに駐在。ファー・イースタン大学教授, 「マニラ・クロニクル」コラムニスト, フィリピン国立大学(UP), ロンドン大学, ルンド大学(スウェーデン)各客員教授などを経て, UPマニラ校講師, 「フィリピン・デーリー・グローブ」コラムニストとして活躍。マルコス, アキノ政権に批判的な論陣を張ったほか, 植民地支配でゆがめられてきたフィリピンの歴史を民族主義の観点から見直し, 民衆の自立による意識の革命を訴え続けた。また, 津田塾大学客員教授も務めるなど日本とのつながりも深めた。著書に「フィリピン民衆の歴史」(全4巻), 「フィリピン・ナショナリズム論」「第二の侵略—東南アジアから見た日本」など。　[受賞]フィリピン国立大学名誉法学博士

【著作】
◇世界史のなかの日本占領—法政大学第8回国際シンポジウム (法政大学現代法研究所叢書)　袖井林二郎編　法政大学現代法研究所　1985.3〈内容：フィリピン側から見た占領〔報告〕(レナト・コンスタンチノ) フィリピン外交の現場から〔討論〕(レナト・コンスタンチノ)〉
◇第二の侵略—東南アジアから見た日本　レナト・コンスタンティーノ著, 津田守監訳　全生社　1990.12
◇日本の役割—東南アジア6カ国からの直言　レナト・コンスタンティーノ編, 津田守, 奥野知秀訳　びすく社　1992.3

ゴンチャローフ, イワン
Goncharov, Ivan Alexandrovich
遣日ロシア使節プチャーチン随行員

[生年月日] 1812年6月6日
[没年月日] 1891年9月15日

[出生地]ロシア・シンビルスク市　[学歴]モスクワ大学卒〔1834年〕

父親は裕福な商人であったと伝えられる。1822年から1830年までモスクワ市立商業学校に学び, 1831年モスクワ大学文学部に入学した。1834年同大学を卒業したのち故郷に帰り, シンビルスク県知事官房に勤務した。1835年県知事のザグリャーシュスキーの家族とともにペテルブルグ(現在のレニングラード)に転じ, 大蔵省貿易省に職を得たがまもなく海外通信翻訳事務に移った。1852年10月戦艦パルラダ号に搭乗し, 遣日ロシア使節プチャーチン提督に随行して日本に向かった。身分は大蔵省官吏であった。翌年8月長崎に到着したが, 江戸幕府により交渉を拒否されやむを得ず帰国, 1858年には日本への航海記「戦艦パルラダ」を出版した。1859年文学者としての代表作「オブローモフ」を刊行し, ロシア文学史上多大の影響を与えた。日本から帰国後の1856年文部省に転じ, 検閲官として奉職したが1860年に退職した。のち, 再び検閲官の仕事に復帰したが1867年に正式に退官した。ペテルブルグで死去, 行年79歳。アレクサンドロ・ネフスキー寺院の墓地に埋葬された。

【著作】
◇日本旅行記　ロシア問題研究所　1930
◇日本旅行記　ゴンチヤロフ著, 平岡雅英訳　ロシア問題研究所　1930
◇日本渡航記　岩波文庫　1941
◇日本渡航記—フレガート「パルラダ」号より　ゴンチャロフ著, 井上満訳　岩波書店　1941
◇日本旅行記　ゴンチャロフ著, 平岡雅英訳　東潮社　1964
◇ゴンチャローフ日本渡航記　雄松堂　1969
◇現代日本記録全集　第1　筑摩書房　1969
◇日本渡航記　ゴンチャロフ著, 高野明, 島田陽共訳　雄松堂書店　1969

コンデ, デービッド
Conde, David W. W.
ジャーナリスト　GHQ民間情報教育局（CIE）映画演劇課長

[生年月日] 1906年7月18日
[没年月日] 1981年4月23日
[国籍] 米国　[出生地] オンタリオ州（カナダ）
16世紀フランスのユグノー戦争の英雄コンデ公の子孫としてカナダに生まれる。幼時カリフォルニアに移住し米国民となり、独学で日本問題を研究した。太平洋戦争中は米軍マッカーサー司令部心理作戦課で対日宣伝に従事する。戦後GHQ民間情報教育局（CIE）の映画演劇課長となり、チャンバラ映画の追放や軍国主義撤廃をテーマとした「日本の悲劇」（日映）の製作を奨励するなど、日本映画の民主化を推進する。'46年6月GHQの右傾化に反対して辞職。ロイター通信社東京特派員となったが、'47年GHQの検閲政策を批判して国外退去処分を受け帰国した。'64年「カナディアン・フォーラム」誌特派員として再来日した。著書に「アメリカはどこへいく」「アメリカの夢は終った」「絶望のアメリカ」「朝鮮戦争の歴史」「CIA黒書」「アメリカ・日本—アジアの枢軸」など多数がある。

【著作】
◇これが日本だ　1〜11完　D. W. コンデ：現代の眼　8(4)〜9(3)　1967.4〜68.3
◇東京進駐から27年目の覚え書—いま世界は日本人の誠実さと、人間なみの良心を問おうとしている　デビッド・コンデ：潮　1972.8
◇日本文化についての一考察　デイビッド・コンデ, 山根正一訳：月刊社会党　217　1975.2
◇誰が今、日本を信頼するだろうか　デイビッド・コンデ, なかじまさなえ訳：月刊社会党　229　1976.1

コンティヘルム, マリー
Conte-Helm, Marie
サンダーランド・ポリテクニック日本研究科代表

[生年月日] 1949年
[国籍] 英国　[学歴] ニューヨーク市立大学（美術史）〔1971年〕卒, ハワイ大学（中国美術史）〔1973年〕卒　[専門] 日英関係史, 日本美術史

ハワイ大学東西センターで修士号取得後、1975年渡英、ロンドンの日本大使館に勤務、文化官として日本の教育・文化紹介を担当。'79年英国の歴史学者と結婚してからはイングランド北東部に移り住み、サンダーランドポリテクニックの日本研究科代表。以来、異文化交流への関心を持ちながら多くの論文を執筆、ラジオ・テレビのコメンテーターとしても活躍。著書に「イギリスと日本—東郷提督から日産までの日英交流」。

【著作】
◇英国知性が語るニッポン（インタビュー）10　マリー・コンテヘルム：知識　88　1989.4
◇イギリスと日本—東郷提督から日産までの日英交流　マリー・コンティヘルム著, 岩瀬孝雄訳　サイマル出版会　1990.12
◇日本人とヨーロッパ—イメージ・投資・文化交換　Marie Conte-Helm, 藤田弘夫：社会学論叢　125　1996.3
◇日英交流史—1600-2000　4　細谷千博, イアン・ニッシュ監修, 杉山伸也, ジャネット・ハンター編　東京大学出版会　2001.6〈内容：戦後の日英投資関係（マリー・コンテ=ヘルム）〉

ゴントナー, ジョン
Gauntner, John
日本酒評論家, 日本酒ジャーナリスト　サケワールド社長

[生年月日] 1962年
[国籍] 米国　[出生地] オハイオ州
1988年ジェットプログラム英語教員として来日。電子エンジニアを経て、日本酒の奥深さに感銘を受け日本酒専門のジャーナリストに。「JAPAN TIMES」「Savour」に日本酒のコラムを連載する。また、在日外国人向け日本酒セミナーを定期的に開催する。著書に「The Sake Handbook」「日本人も知らない日本酒の話」など。

【著作】
◇日本人も知らない日本酒の話—アメリカ人の日本酒伝導師、ジョン・ゴントナー　ジョン・ゴントナー著, 鴇沢麻由子訳　小学館　2003.8

コンドル, ジョサイア
Conder, Josiah
建築家　帝国大学名誉教授

［生年月日］1852年9月28日
［没年月日］1920年6月21日
［国籍］英国　［出生地］ロンドン　［学歴］サウスケンシントン美術学校, ロンドン大学（建築学）　［学位］工学博士〔1915年〕
ゴシック様式の建築家バージェスに師事。1877年（明治10年）御雇外国人として来日、工部大学校（のち帝国大学工科大学、東大工学部の前身）造家学科教師に就任、辰野金吾、曽根達蔵、片山東熊など多くの建築家を育て、日本の近代洋風建築の基礎を作った。一方、工部省営繕局顧問も兼ね、皇居造営事業や官庁集中計画にも参加した。1888年辞職し、わが国最初の設計事務所を開設、以後20年にわたって多くの洋風建築を設計した。代表作に「築地訓盲院」「東京帝室博物館」「鹿鳴館」「有栖川宮邸」「ニコライ堂」「海軍省庁舎」「三菱1号館」「三井倶楽部」「旧岩崎家住宅洋館」などがある。著書に「造家必携」など。また来日4年目に日本女性と結婚し、生涯を日本で過ごした。　［受賞］ソーン賞（英国王立建築学会）〔1876年〕　［記念碑］銅像＝東大工学部建築学科の前庭
【著作】
◇美しい日本のいけばな　ジョサイア・コンドル著, 工藤恭子訳　講談社　1999.4
◇河鍋暁斎（岩波文庫）　ジョサイア・コンドル著, 山口静一訳　岩波書店　2006.4

【サ】

蔡 毅　さい・き
南山大学外国語学部教授

［生年月日］1953年
［学歴］京都大学大学院中国文学専攻博士課程修了　［専門］中国文学

島根大学助教授を経て、南山大学外国語学部教授。著書に「中国歴代飲酒詩賞析」、分担執筆に「日中文化交流史叢書〈第9巻〉」などがある。
【著作】
◇日本の想像力　中西進編　JDC　1998.9〈内容：海を渡る想像力—日本漢詩における中国詩のイメージの受容と変容（蔡毅）〉
◇興膳教授退官記念中国文学論集　興膳教授退官記念中国文学論集編集委員会編　汲古書院　2000.3〈内容：空海在唐作詩考（蔡毅）〉
◇日本における中国伝統文化　蔡毅編　勉誠出版　2002.3

蔡 錦堂　さい・きんどう
歴史人類学者　淡江大学歴史学系専任助教授

［生年月日］1951年
［国籍］台湾　［出生地］台湾県　［学歴］台湾海洋学院〔1974年〕卒, セント・ジョンズ大学〔1980年〕修士課程修了, 筑波大学大学院歴史人類学研究科〔1986年〕修士課程・〔1990年〕博士課程修了　［学位］文学博士（筑波大学）〔1990年〕
著書に「日本帝国主義下台湾の宗教政策」（1994年）がある。
【著作】
◇近代日本の歴史的位相—国家・民族・文化　大浜徹也編　刀水書房　1999.11〈内容：日本統治初期台湾公学校「修身」教科書の一考察（蔡錦堂）〉
◇台湾の近代と日本（社研叢書）　台湾史研究部会編　中京大学社会科学研究所　2003.3〈内容：台湾の忠烈祠と日本の護国神社・靖国神社との比較（蔡錦堂）〉

蔡 焜燦　さい・こんさん
実業家　偉詮電子股份有限公司会長

［生年月日］1927年
［国籍］台湾　［出生地］台中州清水　［学歴］台中州立彰北商業学校卒
1945年岐阜陸軍航空整備学校奈良教育隊に入校。終戦翌年の'46年、中華民国に接収された台湾に帰国。体育教師を目指すが、実業界に入り、航空貨物の取扱い、ウナギの養殖な

どの事業を手掛ける。のち"台湾のシリコンバレー"と呼ばれる新竹工業団地内にある半導体のデザイン会社・偉詮電子股份有限公司董事長(会長)に就任。台湾財界で著名な人物となる。台湾を代表する親日家の一人で、日本の統治下にあった台湾の義務教育の歴史を残そうと、母校清水公学校の「綜合教育読本」を復刻した。また、司馬遼太郎の名作「台湾紀行」で博識の愛国者として登場する"老台北"としても知られる。

【著作】
◇台湾人と日本精神—日本人よ胸を張りなさい 蔡焜燦著 日本教文社 2000.7
◇"愛日家"台湾人実業家の軟弱日本人への提言 蔡焜燦:SAPIO 12(19) 2000.11.8
◇台湾人と日本精神—日本人よ胸を張りなさい(小学館文庫) 蔡焜燦著 小学館 2001.9

蔡 茂豊 さい・もほう
Tsai Mao-feng
東呉大学客員教授 東呉大学外国語文学院院長,台湾日本語教育学会理事長

[生年月日] 1933年

[国籍]台湾 [出生地]屏東県 [学歴]国立成功大学卒 [専門]日本語教育,教育史
日本植民地時代に南部の屏東県で生まれ、小学5年生まで日本語を使った。大学では中国(大陸)文学を専攻。1964年日本政府国費留学生として東京教育大学(現・筑波大学)に留学。そこで恩師に勧められ、日本語教育に転身。'72より東呉大学に勤務し、外国語文学院院長を務めた。台湾の日本語教育と教育史の第一人者といわれ、多数の著書は教科書的な存在となっている。2005年旭日中授章を受章。台湾人が日本の叙勲を受章したのは、日本と台湾が1972年に外交関係を断絶して以来初めてとなった。 [叙勲]旭日中授章(日本)〔2005年〕

【著作】
◇国語学論叢—奥村三雄教授退官記念 奥村三雄教授退官記念論文集刊行会編 桜楓社 1989.6〈内容:戦後台湾の日本語教育史における一考察(蔡茂豊)〉

ザイスマン, ジョン
Zysman, John
国際政治経済学者 カリフォルニア大学バークレー校政治学部教授

[国籍]米国 [学位]博士号(マサチューセッツ工科大学)
バークレー国際経済研究所(BRIE)所長、カリフォルニア大学バークレー校政治学部教授を務める。国際政治・経済問題を精力的に研究。産、学、官各方面の広いネットワークを有し、大きな影響力を持つ。著書に「脱工業化社会の幻想」、「日米産業競争の潮流—経済摩擦の政治経済学」(共編)など。

【著作】
◇日米産業競争の潮流—経済摩擦の政治経済学 ジョン・ザイスマン,ローラ・タイソン編著,国則守生〔ほか〕訳 理工図書 1990.8〈内容:半導体—半導体に関する産業発展と貿易問題(日本の挑戦と米国の対応)(共著)(ジョン・ザイスマン,マイケル・ボーラス,ジェームズ・ミルスタイン)〉
◇「閉鎖大国」ニッポンの構造—変革求められる日本経済 ローラ・D.タイソン,チャルマーズ・ジョンソン,ジョン・ザイスマン著,大岡哲,川島睦保訳 日刊工業新聞社 1994.3

サイデンステッカー, エドワード・ジョージ
Seidensticker, Edward George
日本文学者 コロンビア大学名誉教授

[生年月日] 1921年2月11日
[没年月日] 2007年8月26日

[国籍]米国 [出生地]コロラド州キャッスルロック [学歴]コロラド大学(英文学)〔1942年〕卒
父は開拓者で、コロラド州デンバー近郊のキャッスルロックで生まれる。幼い頃からロシア文学などに親しむ。コロラド大学在学中に太平洋戦争が始まり、卒業後に米国海軍の日本語学校に入り初めて日本語に触れた。海兵隊付情報将校として硫黄島、ハワイを経て、戦後は佐世保に勤務。この間、「源氏物語」の英訳などに接し、日本文学への関心を深める。1946年終戦処理の任務を終えて帰国、外交官試験に合格してエール大学、ハーバード

大学で日本語の集中教育を受け、'48年国務省の外交官として再来日。'50年退官して東京大学大学院で平安朝文学を研究、「蜻蛉日記」を英訳。'55年まで在学し、卒業後は上智大学で教鞭をとりながら翻訳家として活躍した。'62年帰国し、'64年スタンフォード大学、'66年ミシガン大学を経て、'77年よりコロンビア大学教授を歴任。海外に日本文学を広く紹介してその研究の基礎を築いた。精緻で格調の高い翻訳に定評があり、谷崎潤一郎「蓼食ふ虫」「細雪」、川端康成「雪国」「千羽鶴」「山の音」、三島由紀夫「天人五衰」などを訳出。'68年川端がノーベル文学賞を受賞した際には、川端より"半分は訳者の手柄"と讃えられた。'75年には15年を費やした「源氏物語」の全訳を完成させ、'77年その業績により菊池寛賞を受賞。また、批評家、エッセイストとしても一家をなし、「現代日本作家論」「異形の小説」「源氏日記」「私のニッポン日記」「東京 下町山の手」「Kafu the Scribbler」「Tanizaki Jun-ichiro:1886-1965」「This Country Japan」などがある。米国と日本を半年ずつ行き来する生活を続けていたが、2006年永住権を得て日本に定住。2007年4月東京・湯島の自宅近くで転倒して頭を打ち、8月亡くなった。　[受賞]菊池寛賞〔1977年〕、五島美代子賞〔1981年〕、山片蟠桃賞（第10回）〔1991年〕　[叙勲]勲三等旭日中綬章〔1975年〕

【著作】
◇碧眼弥次さん膝栗毛　E・G・サイデンステッカー：サンデー毎日　1951.4.22
◇西洋人と日本　E・サイデンステッカー：理想　311　1954.4
◇外国人の見た日本人の道徳的心性―日本人の罪悪感　サイデンステッカー：現代道徳講座　第3巻　河出書房　1955
◇日本のおかみさん　E.サイデンステッカー：文芸春秋　1955.3
◇青い目からながめた文化日本―ザックバラン異人さんの放談（座談会）　サイデンステッカー、ストラミジョリ、レオン・ブルー：週刊読売　1955.11.13
◇外人が見た日本女性　アーネスト・オーブライト, E・D・サイデンステッカー、ハインリッヒ・エンゲル：サンデー毎日別冊　1956.4.21

◇日本文化の伝統と変遷　高柳賢三,竹山道雄,木村健康,高坂正顕,鈴木成高,西谷啓治,平林たい子,林健太郎,関嘉彦,大平善梧,河北倫明,唐木順三,石井良助,直井武夫,ハバート・パシン,E.G.サイデンステッカー,ジョセフ・ロゲンドルフ：日本文化の伝統と変遷　新潮社　1958
◇アメリカ人と日本人―外国好きの外国人嫌い　E・G・サイデンステッカー、岡崎康一訳：自由　12(9)　1970.9
◇強者の悲しみ　エドワード・G.サイデンステッカー：反日感情　日新報道出版部　1973
◇世界における日本の文化―いま問われるべきものの本質（シンポジウム）　3完　エドワード・G.サイデンステッカー, 若泉敬, 三木新, 佐藤吉昭, 荒木雄豪, 坂本吉之, 曽我身郁夫, 辻久也, 広岡正久, 湯川摂子, 萬勲, 間宮茂樹：京都産業大学論集　8(4)　1979.6
◇私のニッポン日記（講談社現代新書）　E.G.サイデンステッカー著, 安西徹雄訳　講談社　1982.5
◇文学者の声1984―第47回国際ペン東京大会論集　日本ペンクラブ編　小学館　1985.12〈内容：アメリカにおける日本文学（エドワード・サイデンステッカー）〉
◇東京 下町 山の手 1867-1923　TBSブリタニカ　1986
◇東京下町山の手―1867-1923　エドワード・サイデンステッカー著, 安西徹雄訳　ティビーエス・ブリタニカ　1986.3
◇英訳源氏物語―原文からの一考察　抄1　E.サイデンステッカー〔原著〕, 中村諒一著　中村諒一　1987.3
◇私の東京　E.G.サイデンステッカー, 百瀬博教著　富士見書房　1989.11
◇ウォルフレンと日本のジレンマ―外交の意思決定メカニズム　E.G.サイデンステッカー, 篠原勝訳：東洋経済　4971　1991.1.25臨増
◇日本との50年―私の生きた道　エドワード・G.サイデンステッカー, 安西徹雄訳：潮　400　1992.7
◇立ちあがる東京―廃墟、復興、そして喧騒の都市へ　エドワード・サイデンステッカー著, 安西徹雄訳　早川書房　1992.10
◇東京下町山の手（ちくま学芸文庫）　エドワード・サイデンステッカー著, 安西徹雄訳　筑摩書房　1992.12
◇日本との50年戦争―ひと・くに・ことば　エドワード・サイデンステッカー著, 安西徹雄訳　朝日新聞社　1994.10
◇好きな日本好きになれない日本　エドワード・サイデンステッカー著　広済堂出版　1998.4
◇世界の中の川端文学　川端文学研究会編　おうふう　1999.11〈内容：川端の文章、その他（エドワード・G.サイデンステッカー）〉

◇土俵に上がりたがる女たちへ―平等が伝統を"押し倒す"愚 ジェームソン, S., ホルバート, A., 加瀬英明, サイデンステッカー, E.：諸君！ 32(5) 2000.5
◇豊かな21世紀をめざして―武庫川女子大学の教育と研究 武庫川学院創立60周年記念シンポジウム記録集 武庫川学院 2000.5〈内容：世界における日本文学(10月2日)(E. G. サイデンステッカー, たつみ都志, 広瀬唯二, 郷路行生)〉
◇国際化の中の日本文学研究(国際日本文学研究報告集) 伊井春樹編 風間書房 2004.3〈内容：海外における日本文学研究、日本文学の諸問題:翻訳―積年の課題を再考する(エドワード・G. サイデンスティッカー)〉
◇流れゆく日々―サイデンステッカー自伝 エドワード・G. サイデンステッカー著, 安西徹雄訳 時事通信出版局 2004.7
◇世界文学としての源氏物語―サイデンスッカー氏に訊く サイデンステッカー述, 伊井春樹編 笠間書院 2005.10

サヴァリッシュ, ウォルフガング
Sawallisch, Wolfgang
指揮者, ピアニスト フィラデルフィア管弦楽団音楽監督, バイエルン州立歌劇場名誉会員, NHK交響楽団桂冠名誉指揮者

[生年月日]1923年8月26日
[国籍]ドイツ [出生地]ミュンヘン [学歴]ミュンヘン音楽大学〔1946年〕卒
幼少からピアノ・作曲を学ぶ。1942年ミュンヘン音楽大学入学後は、J. ハース、ハンス・ロスバウトに師事。第二次大戦の兵役を経て'46年大学を卒業、翌'47年アウグスブルク市立劇場のコレペティートアとなり、のち第1指揮者に就任。その後アーヘン、ヴィースバーデン、ケルンの各歌劇場音楽総監督を歴任。'61年ケルン音楽大学指揮科教授に就任。ウィーン交響楽団主席指揮者などを歴任。'71～92年12月ミュンヘンのバイエルン州立歌劇場音楽総監督、'92年12月同オペラの名誉会員。'64年以来毎年のように来日し、特にNHK交響楽団を高く評価。'67年から同楽団名誉指揮者、'94年桂冠名誉指揮者となる。ピアノ奏者としても知られる。2004年の来日公演が最後の日本公演となった。 [受賞]NHK放送文化賞〔1983年〕, ビデオ・ウィナー'90特別賞〔1991年〕, サントリー音楽賞(第25回・特別賞)〔1994年〕, 国際交流基金賞〔1999年〕 [叙勲]勲三等旭日中綬章(日本)〔1986年〕, レジオン・ド・ヌール勲章
【著作】
◇日本と私・音楽とともに Wolfgang Sawallisch〔著〕, 古池好編 〔刊年不明〕
◇Japanische Symphonie 同学社 1989.10

サヴィトリ, ヴィシュワナタン
Savitri, Vishwanathan
日本研究家 デリー大学中国日本研究科教授

[生年月日]1934年1月25日
[国籍]インド [学歴]パンジャブ大学(夜間)卒, デリー大学大学院〔1961年〕修了 [学位]博士号(ネルー大学)〔1970年〕 [専門]日ソ関係論, 日本政治学
父の仕事の関係で幼い頃パキスタンで過ごすが、同国独立で難民のようになってインドへ戻る。インドで学業を終え、1961年結婚したが、ノイローゼになり'76年離婚。デリー大学の国際関係論研究のグループに入り、女性史の研究にも取り組み始める。'66年から2年間、日本の文部省の奨学金で日本に留学、東京外大で日本語を学び、日ソ関係論を研究。'69デリー大学に中国日本研究科が設立されると同時に講師となり、その後教授に就任。インディラ・ガンディー首相らインド政府要人の日本語通訳を何度か務めており、'84年5月の中曽根首相訪印でも通訳を任された。著書に「Normalisation of Japan-Soviet relations 1945-1970」('73年)、「Japan」('76年)など。 [叙勲]勲四等宝冠章〔1982年〕
【著作】
◇インドは日本から遠い国か？―第二次大戦後の国際情勢と日本のインド観の変遷 サヴィトリ・ヴィシュワナタン〔述〕, 国際日本文化研究センター編 国際日本文化研究センター 1993

サカイ, セシル
Sakai, Cécile
翻訳家　パリ第七大学東アジア言語文化研究科助教授

[生年月日] 1957年
[出生地]東京都　[学歴]パリ第七大学フランス文学・日本学専攻　[学位]第三課程博士号（パリ第七大学）〔1983年〕　[専門]日本文学
1974年フランスに渡る。パリ第七大学東アジア言語文化研究科助教授を務める傍ら、谷崎潤一郎、河野多恵子、吉行淳之介らの作品を翻訳。著書に「日本の大衆文学」がある。
[受賞]大衆文学研究賞（研究・考証部門、第11回）〔平成9年〕「日本の大衆文学」
【著作】
◇日本の大衆文学（フランス・ジャポノロジー叢書）　セシル・サカイ著、朝比奈弘治訳　平凡社　1997.2

サクソンハウス, ゲイリー
ミシガン大学教授

[生年月日] 1943年
[国籍]米国　[出生地]ニューヨーク　[学歴]エール大学〔1964年〕卒　[学位]経済学博士（エール大学）〔1971年〕　[専門]国際経済学
エール大学講師、ミシガン大学講師・助教授を経て、1980年からミシガン大学教授。政府や議会の各種コンサルタントも歴任。著書に「日本経済の法と貿易問題」など。
【著作】
◇日本型資本主義は世界に通用するか—日本の経済システムはアンフェアではない（インタビュー）　ゲイリー・サクソンハウス：東洋経済　5091　1992.8.28増
◇21世紀に向かう日本経済—人口・国際環境・産業・技術　小宮隆太郎、佐瀬正敬、江藤勝編　東洋経済新報社　1997.11〈内容：第11章 日本経済の不況と将来の展望（ゲイリー・サクソンハウス）〉

ザゴルスキー, アレクセイ
世界経済国際関係研究所（IMEMO）主任研究員

[生年月日] 1957年
[国籍]ロシア　[出生地]モスクワ　[学歴]モスクワ国際関係大学〔1980年〕卒, モスクワ国際関係大学大学院〔1986年〕博士課程修了　[学位]博士号（モスクワ国際関係大学）　[専門]国際関係論
著書に「ソ連は日本をどう見ているか？」「東洋における伝統的社会の社会階級」「日本と中国—日本歴史史に見た社会発展の道」（以上共著）など。
【著作】
◇ソ連は日本をどう見ているか？—急進展する民主化の原点と政策　コンスタンチン・サルキソフ, イリーナ・レベデワ, ヴィクトル・ローシン, ウラジーミル・エリョーミン, アレクセイ・ザゴルスキー共著　日新報道　1991.9
◇独ソ・日米開戦と五十年後—日・米・独・ソ国際シンポジウム　中井晶夫〔ほか〕共編　南窓社　1993.2〈内容：パネルディスカッション（エバーハルト・イエッケル, ジョナサン・アトリー, アレクセイ・M. フィリトフ, 黒沢文貴, アレクセイ・V. ザゴルスキー, ハリー・レイ, デイビッド・スピーヴァック, 高橋, 蠟山道雄, 中井晶夫）　北方領土—第二次世界大戦の最後の法的残滓（アレクセイ・V. ザゴルスキー）〉

サッチャー, マーガレット
Thatcher, Margaret Hilda
政治家　英国首相, 英国保守党党首

[生年月日] 1925年10月13日
[国籍]英国　[出生地]リンカーンシャー州グランサム　[学歴]オックスフォード大学化学科〔1947年〕卒
在学中から政治家を志す。1954年弁護士資格取得。'59年保守党下院議員に初当選。'69〜70年"影の内閣"教育相。'70〜74年ヒース政権で教育科学相。'75年2月保守党党首公選の結果、初の女性党首となる。'79年5月総選挙で勝利し英国史上初の女性首相となる。'83年6月と'87年6月の総選挙にも連続大勝し、連続3期組閣。保守主義と自由主義経済擁護を強め"鉄の女"の異名をとる。'89年12月党首再選。'90年11月首相・党首を辞任。強い個性と"サッチャー主義"といわれる硬派保守路線で内外に強い存在感を示した。'92年6月一

代貴族として男爵位（Baroness）を授与され、同月上院議員。'92〜98年バッキンガム大学総長、'94年〜2000年ウィリアム・メリー大学総長を務めた。1993年「回顧録」出版。'77年の初来日以来6度来日。著書「新しい日本」では、日本人の生き方・考え方を問い、日本版サッチャリズムを提言。2002年3月事実上の政界引退を表明。　【受賞】バッキンガム大学名誉法学博士号〔1986年〕、デイリー・スター年度金賞〔1989年〕、ノエル賞政治指導者賞（国連女性開発基金・第1回）〔1990年〕、ムバラク・アル・カビル・メダル（クウェート）〔1991年〕　【叙勲】自由勲章（米国）〔1991年〕、ガーター勲章〔1995年〕、勲一等宝冠章（日本）〔1995年〕、チェコ国家勲章〔1999年〕

【著作】
◇「世界と日本」を語る—マーガレット・サッチャー講演録　マーガレット・サッチャー〔述〕　日本電信電話　1991.10
◇新しい日本—サッチャーからの提言　マーガレット・サッチャー〔述〕、松下政経塾出身政治家の会著　PHP研究所　1998.1

サトウ, アーネスト
Satow, Ernest
外交官, 日本学者　駐日英国公使

［生年月日］1843年6月30日
［没年月日］1929年8月26日
［国籍］英国　［出生地］ロンドン　［本名］サトウ, アーネスト・メイスン〈Satow, Ernest Mason〉

英国外務省通訳生試験に合格後、1861年中国に派遣され、同年駐日公使館付通訳生に任命される。1862年（文久2年）初来日し、1865年横浜領事館付き日本語通訳官、1868年日本語書記官に昇任、オールコック、パークス両公使の下で維新の激動期における日英外交に従事した。この間、1866年「ジャパン・タイムス」誌に対日外交問題について「英国策論」を発表、幕末の政策に大きな影響を与えた。1884年シャム総領事を務めたのち、1895年駐日公使に就任し再来日。その後、1900〜05年駐支公使を最後に外交官生活を引退。以後デボン州オッテリーに住んだ。また英国の日本学者の草分けで、とくにキリシタン研究に功績があった。主著に「日本耶蘇会刊行書誌」、自叙伝「一外交官の見た明治維新」の他、「明治日本旅行案内」や「英日国語辞書」など日本語及び日本事情研究の著書も多い。1895年ナイトの称号を受ける。1993年写真アルバムが子孫から横浜開港資料館に譲渡された。

【著作】
◇一外交官の見た明治維新　上, 下（岩波文庫）　坂田精一訳　岩波書店　1960
◇遠い崖—アーネスト・サトウ日記抄I　萩原延寿訳　朝日新聞社　1980
◇アーネスト・サトウ公使日記　1　アーネスト・サトウ著, 長岡祥三訳　新人物往来社　1989.10
◇アーネスト・サトウ公使日記　2　アーネスト・サトウ著, 長岡祥三, 福永郁雄訳　新人物往来社　1991.1
◇日本旅行日記　1（東洋文庫）　アーネスト・サトウ〔著〕, 庄田元男訳　平凡社　1992.1
◇日本旅行日記　2（東洋文庫）　アーネスト・サトウ〔著〕, 庄田元男訳　平凡社　1992.6
◇明治日本旅行案内　上巻　アーネスト・サトウ編著, 庄田元男訳　平凡社　1996.10
◇明治日本旅行案内　中巻　アーネスト・サトウ編著, 庄田元男訳　平凡社　1996.11
◇明治日本旅行案内　下巻　アーネスト・サトウ編著, 庄田元男訳　平凡社　1996.12
◇一外交官の見た明治維新　上（岩波文庫）　アーネスト・サトウ著, 坂田精一訳　岩波書店　2002.8
◇一外交官の見た明治維新　下（岩波文庫）　アーネスト・サトウ著, 坂田精一訳　岩波書店　2003.4
◇アーネスト・サトウ神道論（東洋文庫）　アーネスト・サトウ［著］, 庄田元男編訳　平凡社　2006.11
◇薩英戦争—遠い崖　アーネスト・サトウ日記抄　2（朝日文庫）　萩原延寿著　朝日新聞社　2007.10
◇旅立ち—遠い崖　アーネスト・サトウ日記抄　1（朝日文庫）　萩原延寿著　朝日新聞社　2007.10

サブレ, ジャン・フランソワ
Sabouret, Jean-François
社会学者　フランス国立科学研究センター（CNRS）研究員

［生年月日］1946年
［国籍］フランス　［出生地］ベリー地方

1974年来日。北海道大学、学習院大学で教師を務めた。1990年フランス国立科学研究センター（CNRS）に日本支部を開設，'96年まで所長。同期間に国営ラジオ、フランス・アンテールの日本特派員も兼任。現在、CNRS研究員。パリ人間科学会館（MSH）内アジアネットワーク代表。この間、部落差別や受験戦争など、日本の抱える問題点を追求してきた。2007年、来日当初の'76〜81年に触れ合った日本人の回想録「日本、ぼくが愛するその理由は」を出版。

【著作】
◇ここまできた日本研究（若手ジャポノロジスト座談会）　ジャン・フランソワ・サブレ，コリーヌ・ブレ，ピエール・スイリ：中央公論　103(10)　1988.10
◇日本、ぼくが愛するその理由は　ジャン＝フランソワ・サブレ著，鎌田愛訳　七つ森書館　2007.3

サミュエルズ，リチャード
Samuels, Richard J.
政治学者　マサチューセッツ工科大学教授

[生年月日] 1951年
[国籍] 米国　[学歴] コルゲート大学〔1973年〕卒，タフツ大学大学院修士課程修了　[学位] 博士号（マサチューセッツ工科大学）
フルブライト国立科学財団研究員として通算6年間を日本で過ごす。マサチューセッツ工科大学政治学部教授を務め、1992〜97年学部長。著書に「メイド・イン・アメリカ」「メイド・イン・ジャパン」「Rich Nation, Strong Army（富国強兵の遺産）」など。[受賞] 大平正芳記念賞（第4回）〔1963年〕「The Business of the Japanese State:Energy Markets in Comparative and Historical Perspective」，ジョン・ホイットニー・ホール賞「富国強兵の遺産」，有沢広巳賞〔1996年〕「富国強兵の遺産」

【著作】
◇富国強兵の遺産—技術戦略にみる日本の総合安全保障　リチャード・J. サミュエルズ著，奥田章順訳　三田出版会　1997.4
◇日本における国家と企業—エネルギー産業の歴史と国際比較　リチャード・J. サミュエルス著，廣松毅監訳　多賀出版　1999.9

◇ハードパワーとソフトパワー-アジアにおける勢力均衡を確保するために　リチャード・J. サミュエルズ[述]　経済広報センター　2006.2
◇マキァヴェッリの子どもたち—日伊の政治指導者は何を成し遂げ、何を残したか　リチャード・J. サミュエルズ著，鶴田知佳子，村田久美子訳　東洋経済新報社　2007.5

サミュエルソン，ポール
Samuelson, Paul Anthony
経済学者　マサチューセッツ工科大学（MIT）名誉教授

[生年月日] 1915年5月15日
[国籍] 米国　[出生地] インディアナ州ゲリー
[学歴] シカゴ大学〔1935年〕卒，ハーバード大学大学院〔1940年〕修了　[学位] 経済学博士（ハーバード大学）〔1941年〕
1940年マサチューセッツ工科大学（MIT）講師，'44年助教授，'47年準教授，'66年同大附属研究所教授，'85年名誉教授。この間、'51年計量経済学会会長，'61年アメリカ経済学会会長，'65〜68国際経済学協会会長を歴任。ケインズ学派の所得分析理論を発展させた新古典派総合といわれる理論的立場をとる。アイゼンハワー、ケネディ、ジョンソン各政権の経済ブレーン。'70年ノーベル経済学賞受賞。経済学の入門書「経済学」（'48年）は改訂を重ね、全世界で41ケ国語に翻訳され、約400万部を売る教科書市場の大ベストセラーとなった。他の著書に「経済分析の基礎」（'47年）、「線形計画と経済分析」（'58年）、「科学的論文集」（全4巻，'66〜78年）ほか多数。
[受賞] ノーベル経済学賞〔1970年〕，ジョン・ベーツ・クラーク賞（第1回）〔1947年〕「経済分析の基礎」

【著作】
◇ノーベル賞経済学者サミュエルソン博士大いに日本を叱る　サミュエルソン：週刊文春　1973.4.2

サリバン, J. J.
Sullivan, Jeremiah J.
ワシントン大学経営学教授, 米国商務省顧問

[生年月日] 1940年
[国籍] 米国　[学歴] ニューヨーク大学卒, ニューヨーク大学修士課程・博士課程修了, ワシントン大学経営学修士課程修了　[専門] 経営学
ウィルミントン・カレッジで3年間教鞭をとったのち、1978年ワシントン大学経営学教授となり、同大学ビジネス・スクールで教える。国際投資とカントリーリスク、日米ビジネス、各国の勤労意欲比較など、国際ビジネスに関する広範な調査を行ない、数々の論文を発表。ワシントン州US・ジャパン・ソサエティ会員として日米間のビジネスに携わる人々に情報提供を行なっている。著書に「孤立する日本企業―在米日本人サラリーマンはどう見られているか」がある。
【著作】
◇孤立する日本企業―在米日本人サラリーマンはどう見られているか　J. J. サリヴァン著, 尾沢和幸訳　草思社　1995.4

サルキソフ, コンスタンチン
Sarkisov, Konstantin O.
日本研究家　山梨学院大学法学部政治行政学科教授　ロシア科学アカデミー東洋学研究所（IVAN）副所長・日本研究センター所長

[生年月日] 1942年
[国籍] ロシア　[出生地] ソ連・アルメニア共和国エレバン　[学歴] レニングラード大学東洋学部日本語学科〔1966年〕卒, ソ連科学アカデミー東洋学研究所大学院〔1974年〕修了　[学位] 歴史学博士　[専門] 日本外交, 日ロ政治
1979～83年在日ソ連大使館一等書記官。その後、ソ連科学アカデミー（現・ロシア科学アカデミー）附属東洋学研究所（IVAN）の国際関係研究部課長、'86年日本研究部長、'89年同研究所副所長、'90年日本研究センター初代所長を歴任。'96年法政大学客員教授を兼務。2000年山梨学院大学客員教授を経て、のち教授。日ロ友好協会副会長も務める。日露修好通商条約の際、日本とロシア国境をウルップ・エトロフ間で設定するとのロシア皇帝ニコライ1世の指示を初めて明らかにして注目された。著書に「日本と国際連合」、共著に「ソ連は日本をどう見ているか？」「日・米・ロ新時代へのシナリオ―『北方領土』ジレンマからの脱出」「日本の領土問題」など。
【著作】
◇ソ連は日本をどう見ているか？―急進展する民主化の原点と政策　コンスタンチン・サルキソフ他著　日新報道　1991.9

サルズ, ジョナ
Salz, Jonah
能法劇団主宰, 龍谷大学国際文化学部教授

[生年月日] 1956年
[国籍] 米国　[学歴] ニューヨーク大学大学院修了　[専門] 比較演劇論
1980年来日。演劇を人類学的に研究していたことから、'81年京都で狂言師・茂山あきらと能法劇団を旗揚げ。以来日本語・英語バイリンガルの狂言「濯川（すすぎがわ）」やシェイクスピア劇を能様式で演じ、'83年から4年連続で米国公演を行うなど活動を展開。同年から外国の芸術家に日本の伝統芸能を学ぶ機会を提供するT. T. T.（トラディッショナル・シアター・トレーニング）の活動も続ける。'93年米国のフランクリン＆マーシャルカレッジの教官に就任するため離日。大学で演劇や日本学を教え、茂山狂言をテーマにした博士論文も執筆。傍ら日本から能楽師を招いた集中講座や、'94年同劇団のニューヨーク公演なども計画し、日本と西洋文化の交流にも努める。'96年龍谷大学国際文化学部助教授を経て、教授。
【著作】
◇猿から尼まで―狂言役者の修業（日文研フォーラム）　ジョナ・サルズ〔著〕, 国際日本文化研究センター編　国際日本文化研究センター　2002.7

サロー, レスター・カール
Thurow, Lester C.
経済学者　マサチューセッツ工科大学(MIT)教授

[生年月日] 1938年5月7日
[国籍] 米国　[出生地] モンタナ州リビングストン　[学歴] ウィリアムズ・カレッジ〔1960年〕卒, オックスフォード大学哲学〔1962年〕修士課程修了, ハーバード大学大学院博士課程修了　[学位] 経済学博士(ハーバード大学)〔1964年〕

1964年ハーバード大学経済学部助教授を経て、'68年からマサチューセッツ工科大学(MIT)教授、'87～93年9月同大スローン・スクール経営大学院長。かたわら'64～65年ジョンソン政権下で大統領経済諮問委員会(CEA)スタッフ、'80～81年「ニューヨーク・タイムズ」経済論説委員、'81～83年「ニューズ・ウィーク」論説委員、'83～87年「タイム・マガジン」経済学者委員を務め、その後も「ロサンゼルス・タイムズ」など多数の論説委員や米国教育テレビ経済ニュース番組論説委員、マンスフィールド太平洋問題研究所理事、トライラタラル・コミッション・メンバー、ユナイテッド・テクノロジー社教育諮問委員会委員長を兼任。アメリカのリベラル派を代表する経済学者。著書に世界的ベストセラーとなった「ゼロ・サム社会」や「貧困と差別」「デンジャラスカレンツ—流砂の上の現代経済」「不平等を生み出すもの」「大接戦」「ゼロ・サム社会—解決編」「現代経済学」(上下)「資本主義の未来」「日本は必ず復活する」「富のピラミッド」などがある。サウジアラビアでの走破体験、北極熊撮影旅行、南米・ヒマラヤ登山など多彩な趣味を持つ。'99年来日。

【著作】
◇新しい経済学—日本人は「富の分配」から苦痛の分配へ転換できるか(対談)　L.サロー, 岸本重陳, 山田智彦：週刊ポスト　1981.7.17
◇世界経済の生きる道—経済政策と開発　大来佐武郎博士古稀記念　宍戸寿雄, 佐藤隆三編訳　サイマル出版会　1987.6〈内容：アメリカ産業政策への提言-日本から学ぶもの(L. C.サロー)〉
◇大接戦—日米欧どこが勝つか　レスター・C.サロー著, 土屋尚彦訳　講談社　1992.5
◇大接戦—日米欧どこが勝つか(講談社文庫)　L.サロー〔著〕, 土屋尚彦訳　講談社　1993.6
◇日本へのイエロー・カード！(熱血書想倶楽部)　サロー, L.：SAPIO　8(10)　1996.6.12
◇ジャパン・バッシング(日本叩き)は終わったがジャパン・パッシング(日本無視)が始まった！—「資本主義の未来」の著者レスター・C.サロー氏と日本の生き残り戦略について考える〔2〕(世界の読み方〔741〕)　サロー, レスター・C., 竹村健一：週刊ポスト　28(48)　1996.12.20
◇日本は必ず復活する　レスター・C.サロー〔著〕, 山岡洋一, 広瀬裕子訳　ティビーエス・ブリタニカ　1998.11

サンガー, デービッド
Sanger, David E.
ジャーナリスト　「ニューヨーク・タイムズ」記者

[生年月日] 1960年
[国籍] 米国　[出生地] ニューヨーク　[学歴] ハーバード大学〔1982年〕卒

1982年ニューヨーク・タイムズに入社。'86年スペースシャトル事故取材でピュリッツァー賞受賞。'88年東京特派員として来日、'92～94年東京支局長を務めた。同年大相撲の小錦報道で話題をよぶ。'95年日米自動車交渉におけるCIAの盗聴をスクープした。　[受賞] ピュリッツァー賞〔1986年〕

【著作】
◇日本人よ、なぜ「彼」の価値が分からない？—米三代全紙東京支局長「ニッポン診断」(座談会)　T.リード, D.サンガー, J.バッシー：中央公論　108(3)　1993.2
◇クリントン大統領訪日直前「日本叩き」を激論したホワイトハウスの緊急会議　サンガー, デイビッド：週刊現代　40(45)　1998.11.28

サンコン, オスマン
Sankhon, Ousmane
タレント, 元外交官　ギニア日本交流協会顧問

[生年月日] 1949年3月11日

[国籍]ギニア　[出生地]ボファ　[本名]サンコン, オスマン・ユーラ〈Sankhon, Ousmane Youra〉　[学歴]コナクリ大学〔1969年〕卒, ソルボンヌ大学〔1970年〕卒

1971年国家公務員上級試験合格。ギニア労働省を経て、'72年外務省入省。同年ギニア友好大使館開設のために初来日。'80年ワシントンに転勤。'82年日本人女性と結婚。'84年日本ギニア友好協会広報官として再来日。のち同会秘書のほか大使館顧問も務める。母国のスス語、フランス語、日本語、英語の4ケ国語をこなす。日本人にギニアを知ってもらうためにタレント活動も始め、'85年フジテレビ「笑っていいとも！」への出演で人気者となる。その後、外務省を休職し、テレビ・ラジオ番組の出演、新聞・雑誌の取材、全国各地の講演などを通じて日本とギニアの友好に貢献する一方、介護問題や教育・福祉活動にも取り組む。著書に自伝「サガタラ（少年）」、「『視力6.0』が見たニッポン」など。

【著作】
◇ヘンな外人から見たミョ〜な日本人（座談会）　ケント・デリカット, オスマン・サンコン, デイブ・スペクター：女性自身　1987.6.30
◇ボクの視力は6.0。ところが…（福武文庫）　オスマン・ユーラ・サンコン：日本日記　福武書店　1993.2
◇"珍しき"仲にも礼儀あり（婦人公論井戸端会議）　オスマン・サンコン, 辺真一, 糸井重里：婦人公論　86(10)　2001.5.22

サンジャック, バーナード
Saint-Jacques, Bernard
愛知淑徳大学コミュニケーション学部言語コミュニケーション学科教授

[生年月日] 1928年4月26日
[国籍]カナダ　[学歴]モントリオール大学文学部哲学科卒, 上智大学大学院, ジョージタウン大学大学院, パリ大学大学院文学研究科言語学専攻博士課程修了　[専門]英語学, 言語学　[団体]アメリカ言語学会, 日本言語学会, 日本音声学会

1966年4月から1年間、上智大学助教授。ブリティッシュコロンビア大学教授を経て、'88年愛知淑徳大学教授。異文化コミュニケーションを講義。

【著作】
◇カナダの一大学における日本研究　バーナード・サンジャック：日本文化研究論集　日本ペンクラブ　1973
◇日本語教育国際シンポジウム報告書　南山大学　1990.4〈内容：日本語教科書についての期待（バーナード・サンジャック）〉

サンソム, キャサリン
Sansom, Katharine
外交官夫人

[生年月日] 1883年
[没年月日] 1981年
[国籍]英国　[出生地]ヨークシャー州

イングランドの小村に生まれ育つ。1927年、ロンドンで、一時帰国中の外交官・日本研究家のジョージ・サンソムと知り合い、サンソムの赴任地の日本に行くことを約束する。1928年5月に来日し、東京でサンソムと結婚する。1925年〜1940年に駐日外交官として勤務した夫とともに、キャサリンも日本各地を旅行、伝統文化に触れる。1936年に日本の印象を記した「東京に暮す」を出版する。日英関係悪化により1939年に夫婦で帰国。戦後は夫とともにアメリカに移住した。「東京に暮す」では、イギリス人女性の目に映った日本人の生活・文化が、軽妙でユーモラスな筆致で綴られている。

【著作】
◇東京に暮す—1928-1936　キャサリン・サンソム著, 大久保美春訳　岩波書店　1994.12

サンソム, ジョージ・ベイリー
Sansom, George Bailey
外交官, 歴史学者, 日本研究家　コロンビア大学東アジア研究所長, 連合国極東委員会米国代表

[生年月日] 1883年11月28日
[没年月日] 1965年3月8日
[国籍]英国　[出生地]ロンドン　[学歴]リセ・マレルブ（フランス）卒, ギーセン大学（ドイツ）, マールブルク大学（ドイツ）　[資格]日本学士院名誉会員〔1951年〕

1904年英国外務省に入り、'06年日本に赴任。長崎、函館、東京の領事館に勤務する傍ら、日本の言語・古典・歴史・文化の研究を行い、欧米の日本研究の第一人者となり、多くの著作を発表。第一次大戦中は帰国し英国海軍軍令部、陸軍情報部に勤務。'20年駐日英国大使館参事官代理、'25～40年同大使館商務参事官として東京に在勤。この間'35年外交官としての功績によりサーの称号を受け、また'35～36年、'40～41年米国コロンビア大学の客員教授として日本学を講じた。第二次大戦中は'41年戦争経済省極東派遣団顧問、'41～42年シンガポールの極東戦争会議文官委員、'42年ジャワの連合軍総司令部付を経て、'42～47年駐米英国館付公使。戦後'46～47年日本管理の最高機関である連合国極東委員会の英国代表として来日。'47～53年コロンビア大学教授、'49年同大学東アジア研究所の初代所長。'56年以降スタンフォード大学客員教授。晩年は研究と著述に専念。著書に代表作「日本史」(全3巻)のほか、「日本文化史」「西欧世界と日本」「世界史における日本」など。　【受賞】コロンビア大学名誉法学博士〔1954年〕

【著作】
◇日本文化史　上, 中, 下(創元選書232)　福井利吉郎訳　創元社　1951～1952
◇世界史における日本(岩波新書)　大窪愿二訳　岩波書店　1951
◇世界史における日本(対談)　G・サンソム, 長与善郎: 中央公論　1951.2
◇西欧世界と日本(筑摩叢書)　筑摩書房　1966
◇西欧世界と日本　上(ちくま学芸文庫)　ジョージ・ベイリー・サンソム著, 金井円〔ほか〕訳　筑摩書房　1995.2
◇西欧世界と日本　中(ちくま学芸文庫)　ジョージ・ベイリー・サンソム著, 金井円〔ほか〕訳　筑摩書房　1995.3
◇西欧世界と日本　下(ちくま学芸文庫)　ジョージ・ベイリー・サンソム著, 金井円〔ほか〕訳　筑摩書房　1995.4

サンダース, ソル
Sanders, Sol
著述家, ジャーナリスト

[国籍]米国　[学歴]ノースカロライナ大学, コロンビア大学, ソルボンヌ大学

「マグローヒル・ワールド・ニュース」極東通信員として東京に駐在後、「USニューズ・アンド・ワールド・リポート」誌アジア総局長、世界銀行東京事務所次長、ホンコン大学教授、ザ・リサーチ・インスティテュート・オブ・アメリカ社編集長、「ビジネス・ウィーク」シニアライターなどを歴任。ニューヨークに居を構えて「ウォールストリート・ジャーナル」や「クリスチャン・サイエンスモニター」「ナショナル・レビュー」に投稿するなど、執筆活動を行う。著書に「ミスター・ホンダ」など。

【著作】
◇ミスター・ホンダ―本田宗一郎　改訂新版　ソル・サンダース著, 田口統吾, 中山晴康訳　コンピュータ・エージ社　1991.12

サンチス・ムニョス, ホセ・ラモン
Sanchís Muñoz, José Ramon
外交官　駐日アルゼンチン大使　サルバドル大学教授

[生年月日]1933年
[国籍]アルゼンチン　[学歴]ブエノスアイレス大学卒, アメリカン大学大学院外交・国際関係論専攻修了　[資格]弁護士　[専門]国際関係論　[団体]アルゼンチン環境学会

1960年アルゼンチン外務省に入省。以後、外務本省、在ワシントン・アルゼンチン大使館、在ジュネーブ国際機関代表部を経て、駐日アルゼンチン公使。'92年本省の国際経済交渉担当次官、'93年駐日アルゼンチン特命全権大使に。一方、'72～74年ブエノスアイレスのサルバドル大学で国際関係論・20世紀史・経済史の教授を務める。'79、80年ジュネーブで規制的通商慣習に関する国連会議の議長を務める。'86、87年ニューヨークで個人的に国連の相談役の役割を果たす。'94年アルゼンチン国際関係審議会(CARI)委員。'97年から

立命館アジア太平洋大学アドバイザリー・コミッティ委員。著書に「アルゼンチンと日本―友好関係史」「アルゼンチンと第二次世界大戦」がある。
【著作】
◇アルゼンチンと日本―友好関係史　ホセ・R.サンチス・ムニョス著, 高畑敏男監訳　日本貿易振興会　1998.11

サンド，ジョルダン　Sand, Jordan

[生年月日] 1960年
[国籍] 米国　[学歴] コロンビア大学大学院歴史学科日本近代史専攻博士課程　[専門] 建築都市史
大学時代から日本の言語・歴史を専攻。のち建築都市史学者として東京の街をテーマに研究し、4年間東京・谷中に住み、谷中・根津の地主の変遷と建物の調査や日常生活に関わる聞き書きなどを続けた。1993年コロンビア大大学院の学生として再来日し、博士論文作成のため文献調査に取り組む。一方、地域雑誌「谷中根津千駄木」編集人・森まゆみとともに佃の住民の生活を調査し、'95年共著「ビジュアルブック水辺の生活誌 佃に渡しがあった」を刊行。佃島の歴史や図像的な位置づけなどの解題を担当した。
【著作】
◇佃に渡しがあった（ビジュアルブック水辺の生活誌）　尾崎一郎写真, ジョルダン・サンド, 森まゆみ文　岩波書店　1994.11

【シ】

池　景来　ジ・キョンレ
全南大学教授

[生年月日] 1938年
[国籍] 韓国　[出生地] 全羅南道宝城　[学歴] 全南大学大学院修了、崇田大学大学院修了、早稲田大学大学院日本文学研究科修了、上智大学大学院日本文学研究所修了　[専門] 日本語学
茨城大学教養部研究員を経て、全南大学副教授、のち教授。著書に「大学日本語」「日本語学概論」、共著に「日本語と韓国語の敬語」「言語学入門―日・韓語対照」など。
【著作】
◇日本語と韓国語の敬語　森下喜一, 池景来著　白帝社　1989.10

池　東旭　ジ・ドンウク　Chi Tong-wook
ジャーナリスト, 経済評論家　「韓日ビジネス」発行人・社長, コリア・ビジネス・リサーチセンター理事長

[生年月日] 1937年3月11日
[国籍] 韓国　[出生地] 慶尚北道大邱　[学歴] 慶北大学経済学科〔1958年〕中退　[専門] 国際問題, 国際経済　[団体] 国際文化会館（日本）, 韓国外信記者クラブ
1958年より「韓国日報」記者。外報部、経済部勤務、海外特派員で東京にも駐在経験を持つ。'78年経済部長を最後に同紙を退職、フリーのジャーナリストに。'81年週刊誌「韓日ビジネス」を創刊、主幹・社長を務める。日本語で自ら健筆をふるい、政治・経済を専門に、論評で高い評価を得る。韓国語、日本語での著書があり、「韓国財閥興亡史」「韓国50大企業」「韓国現代史」「時評集風車」「ソウルの日本語新聞は書く」（'88年）、「韓国シンドローム」（'89年）、「秒針の軌跡」「百想張基栄」「テラスで読む韓国経済物語」（'92年）など。英語、フランス語、ドイツ語にも堪能。
【著作】
◇どうなる?朝鮮半島と日本　池東旭著　草思社　1991.8
◇在日をやめなさい　池東旭著　ザ・マサダ　1997.3
◇誰も言わない日韓・日朝ホンネとタテマエ　池東旭, 宮崎正弘著　総合法令出版　1997.10
◇変化した韓国人の対日観 石原発言にも冷静（愛憎関係）　池東旭：世界週報　81(22) 2000.6.13

◇三国感情—鮨とキムチとハンバーガー　ケント・ギルバート, 池東旭, 植田剛彦著　黙出版　2001.6
◇日本が失ったプレステージ　池東旭：世界週報　82(31)　2001.8.14
◇コリアン・ジャパニーズ（角川oneテーマ21）　池東旭〔著〕　角川書店　2002.5

謝 雅梅　しぇ・やーめい
Hsieh Ya-mei
翻訳家, エッセイスト　産能短期大学講師

[生年月日] 1965年
[国籍] 台湾　[出生地] 桃園　[学歴] 拓殖大学大学院商学研究科修士課程修了
1987年来日。大学院修了後、出版社勤務を経て、翻訳・著述業に。著書に「日本に恋した台湾人」「台湾論と日本論」、訳書に「大華僑伝・台湾の松下幸之助・王永慶」など。

【著作】
◇台湾人と日本人—日本人に知ってほしいこと　謝雅梅著　総合法令出版　1999.2
◇日本に恋した台湾人　謝雅梅著　総合法令出版　2000.3
◇台湾論と日本論—日本に来たら見えてきた「台湾と日本」のこと　謝雅梅著　総合法令出版　2001.4
◇『台湾論と日本論』謝雅梅　謝雅梅：SAPIO　13(9)　2001.5.23
◇新視点「台湾人と日本人」—女子留学生が見た"合わせ鏡"の両国（小学館文庫）　謝雅梅著　小学館　2001.6
◇日本精神とリップチェンシン　謝雅梅：正論　352　2001.12
◇日本に恋した新世代の一人として敬意を表したい—あの時代を生きた台湾人と日本人に思いを込めて（靖国と日本人の心—台湾人にとっての靖国）　謝雅梅：正論　臨増　2003.8

シェアード, ポール
Sheard, Paul
ストラテジスト　リーマン・ブラザーズ証券チーフエコノミスト

[生年月日] 1954年
[国籍] オーストラリア　[出生地] アデレード
[学歴] モナシュ大学卒　[学位] 博士号（オーストラリア国立大学）

オーストラリア国立大学豪日研究センターPost-doctoral Fellow、経済学科Lecturerとなり、スタンフォード大学経済学部、大阪大学社会経済研究所、日本銀行金融研究所客員研究員を経て、1993年から大阪大学経済学部国際協調寄付講座助教授となる。'90年以降オーストラリア国立大学豪日研究センターAssociate、'92年以降スタンフォード大学アジア太平洋研究センターDistinguished Associate。'92年以降「Journal of the Japanese and International Economies」書評編集者、またAssociate Editorとしても活躍。'95年1月ストラテジストとしてベアリング投信に入社、のち日本投資チームヘッド、リーマン・ブラザーズ証券チーフエコノミストのアジア担当に就任。日本のコーポレート・ガバナンス・システム、企業間関係と系列問題などを研究分野とする。国際学会誌、書籍等に日本の企業システムに関する論文を多数執筆。著書に「メインバンク資本主義の危機」など。
[受賞] サントリー学芸賞（政治・経済部門, 第20回）〔平成10年〕「メインバンク資本主義の危機」

【著作】
◇システムとしての日本企業—国際・学際研究　青木昌彦, ロナルド・ドーア編, NTTデータ通信システム科学研究所訳　NTT出版　1995.12〈内容：株式持合いとコーポレート・ガバナンス（ポール・シェアード）〉
◇日本のメインバンク・システム　青木昌彦, ヒュー・パトリック編, 東銀リサーチインターナショナル訳　東洋経済新報社　1996.5〈内容：日本のメインバンク・システム：概観 他（ヒュー・パトリック, ポール・シェアード）〉
◇メインバンク資本主義の危機—ビッグバンで変わる日本型経営　ポール・シェアード著　東洋経済新報社　1997.7
◇企業と銀行の関係—もたれ合いから株主重視への転換が不可欠（崩壊する日本的信用）　シェアード, ポール：東洋経済　5525　1998.11.14
◇日本型経営論争の不毛（特集1・2000年日本大変容の行方）　シェアード, ポール：論争東洋経済　23　2000.1
◇残された日本問題は何か（秋の夜長に考えよう, 21世紀経済21のQ&A）　シェアード, ポール：エコノミスト　78(46)　2000.10.31

シェアマン, スザンネ
Schermann, Susanne
東京外国語大学大学院非常勤講師

［生年月日］1958年
［国籍］オーストリア　［出生地］ウィーン　［学歴］ウィーン応用美術大学大学院美術教育学科修士課程修了, 早稲田大学大学院文学研究科芸術学専攻〔1995年〕博士課程修了　［専門］映画学
パリのソルボンヌ大学に留学中、日本映画と出会う。1987年に来日、早稲田大学で映画を専攻した。東京外国語大学大学院、東京薬科大学各非常勤講師。著書に「成瀬巳喜男―日常のきらめき」がある。
【著作】
◇成瀬巳喜男―日常のきらめき　スザンネ・シェアマン著　キネマ旬報社　1997

シェイ, ジョン
Shea, John
野球記者　「サンフランシスコ・クロニクル」記者

［生年月日］1958年
［国籍］米国　［出生地］イリノイ州シカゴ　［学歴］サンディエゴ州立大学〔1982年〕卒
1987年サンディエゴ郡の「エスコンディード・タイムズ・アドヴォケート」で、野球担当記者となる。'88～92年ガネット・ニュース・サービスで野球を担当し、「USAトゥデイ」「ベースボール・ウィークリー」などに記事を掲載。その後、「オークランド・トリビューン」「サンフランシスコ・エグザミナー」を経て、2001年から「サンフランシスコ・クロニクル」野球記者。長年サンフランシスコ・ジャイアンツを担当。著書に「SHINJO」がある。
【著作】
◇Shinjo　ジョン・シェイ著, 寺尾まち子訳　朝日新聞社　2003.1

シェクナー, リチャード
Schechner, Richard
前衛演出家, 評論家　ニューヨーク大学芸術学部大学院教授

［生年月日］1934年
［国籍］米国　［出生地］ニュージャージー州ニューアーク　［学歴］コーネル大学卒
テュレーン大学で博士号を取得。1962～67年コーネル大学助教授、'67年ニューヨーク大学芸術学部大学院教授となる。同時にテュレーン大学時代に発刊した演劇雑誌「テュレーン・ドラマ・レビュー（TDR）」（のち「ザ・ドラマ・レビュー（TDR）」と改題）の編集長を'69年春までつとめ、前衛演劇を評論、紹介した。A. アルトーの演劇理論に影響を受け、新しい演劇空間の創造をめざす"環境演劇"を唱え、'67年にはパフォーマンス・グループを結成、エウリピデスの「バッカス」の現代版「ディオニソス'69」を'68年6月からニューヨークのガレージで上演し、注目を浴びた。著書に「環境劇場」（'73年）など。
【著作】
◇「東アジアにおける民俗と芸能」国際シンポジウム論文集　たおフォーラム編　「東アジアにおける民俗と芸能」国際シンポジウム論文集刊行委員会　1995.7〈内容：地戯、ナマハゲと「民俗芸能」という問題（リチャード・シェクナー）〉

シェパード, ローウェル
Sheppard, Lowell
宣教師

［国籍］カナダ　［出生地］バンクーバー
英国に13年暮らし、その間非営利支援団体の代表を務めた。イギリス地理学研究所特別会員。1995年宣教師として来日。日本の若者の文化をテーマに修士論文を発表。NGO組織・ホープ・インターナショナル開発機構アジア代表を務める。著書に「日本は『心』で溢れてる」がある。
【著作】
◇日本は「心」で溢れてる―桜前線を追いかけた外人クリスチャンの日記　ローウェル・シェパード著, 祖父江英之訳　リック　2002.5

ジェルマントマ, オリヴィエ
Germain-Thomas, Olivier
作家, テレビプロデューサー

[生年月日] 1943年7月
[国籍] フランス　[出生地] コレーズ県　[学歴] ソルボンヌ大学(哲学)　[学位] 美学博士(ソルボンヌ大学)

フランス国営文化放送プロデューサーとして活躍する一方、1993年作家として小説「有史前童心のままに」でヴァレリー・ラルボー賞を受賞。初代ド・ゴール研究所理事長も務める。1974年から6度来日。作品に「仏陀―開かれた土地」「有史前童心のままに」「ビルマ断想」「日本待望論―愛するゆえに憂えるフランス人からの手紙」などがある。　[受賞] ヴァレリー・ラルボー賞〔1993年〕「有史前童心のままに」、カトリック文学グランプリ〔1993年〕「仏陀―開かれた土地」

【著作】
◇日本待望論―愛するゆえに憂えるフランス人からの手紙　オリヴィエ・ジェルマントマ著、竹本忠雄監修、吉田好克訳　産経新聞ニュースサービス　1998.11

ジェレヴィーニ, アレッサンドロ
Gerevini, Alessandro G.
日本学者, 翻訳家　東京経済大学講師

[生年月日] 1969年
[国籍] イタリア　[出生地] クレモナ　[学歴] ベネチア大学日本語日本文学科卒, 東京大学大学院日本文学専攻博士課程修了　[学位] 学術博士(東京大学)〔2000年〕

高校生の時に読んだ谷崎潤一郎の「細雪」で日本文学と出会う。大学時代ホームステイで初来日。1993年日本現代文学研究のため日本に留学、東大で表象文化論を学ぶ。吉本ばなな作品のイタリア語訳を手がけ、世界のばなブームの先導役となった。2005年日本語で初の自伝的小説「ファザーランド」を出版。他の著書に「ボクが教えるほんとのイタリア」、訳書にイタリアでベストセラーとなった吉本ばななの「TUGUMI」、「ハチ公の最後の恋人」「不倫と南米」など。

【著作】
◇イタリアンばなな(生活人新書)　アレッサンドロ・G. ジェレヴィーニ, よしもとばなな著　日本放送出版協会　2002.11

シェンク, ヒューバート
Schenck, Hubert Gregory
地質学者　スタンフォード大学教授, GHQ天然資源局長

[生年月日] 1897年9月24日
[没年月日] 1960年6月19日
[国籍] 米国　[出生地] テネシー州メンフィス
[学歴] オレゴン大学地質学専攻〔1922年〕卒, カリフォルニア大学大学院修了

第1次大戦に応召、軍務に就いたのち、大学に進学。フィリピン政府科学局鉱山課嘱託、カリフォルニア大学講師を経て、1924〜43年スタンフォード大学助教授、教授。この間'37〜38年アミレニアン・オイル会社の嘱託学者(古生物学)としてイラン、アフガニスタンで調査活動に従事。第2次大戦で'43年再び軍務に就き、戦後日本に赴任し'45年10月連合国軍最高司令部(GHQ)天然資源局長(陸軍大佐)となり占領終結まで務めた。この間日本の鉱物・地質、農林・水産の各分野にわたり総合的調査を行い、資源の有効利用について助言、また農地改革を指導・推進。'51年相互安全保障使節団長として台湾に転任。'53年軍籍を離れ帰国。'54〜55年在外活動本部(FOA)顧問。'54年から再びスタンフォード大学教授となり、フーバー研究所研究員を兼ねた。

【著作】
◇日本の天然資源問題　ハーバート・G. スケンク著、経済安定本部資源委員会事務局訳編　経済安定本部資源委員会事務局　1949

ジップル, リチャード
Szippl, Richard
南山大学外国語学部教授・副学長

[生年月日] 1951年3月23日
[国籍] 米国　[学歴] 南山大学文学部神学科卒, ノートルダム大学大学院修了　[学位] Ph.D.
[専門] ヨーロッパ近代史

南山大学助教授を経て、教授。のち副学長を務める。
【著作】
◇明治時代の一ドイツ人宣教師の日本観—C. ムンチンガー著Die Japaner『日本人』についての一考察　Richard Szippl：アカデミア文学・語学編　64　1998.3

シートン, アリステア
Seton, Alistair
帝塚山学院大学文学部教授

[生年月日] 1942年11月5日
[国籍] 英国　[出生地] ケニア　[学歴] オックスフォード大学スペイン語・ドイツ語専攻卒
[学位] M. A.　[専門] 英語, 英米文学
オックスフォード大学卒後ロンドンで同時通訳をしながらアバディーン教育大学で教育理論を学ぶ。その後、海外協力隊員としてチュニジア、西アフリカ、サウジアラビアで英語を教える。1972年来日。外国語学校講師を経て、神戸大学外国人講師を務め、関西の私立大学で英語を教える傍ら翻訳業に従事。'88年帝塚山学院大学文学部国際文化学科助教授を経て、教授。古美術、陶磁器、文学に関する執筆活動や現代劇の編集に携わり、著書に「歌は世界を結ぶ」「神戸スケッチブック」「読んで話す日本語ボキャブラリー」「IGEZARA（いげ皿）—PRINTED CHINA」がある。
【著作】
◇世界と日本　帝塚山学院大学創立25周年記念論集編集委員会編　帝塚山学院大学　1992.3〈内容：Transfer-printed ceramics in Britain and Japan（アリステア・シートン）〉

ジバゴ, レオニード
Zhibago, Leonid
日本研究者

[生年月日] 1955年
[国籍] ソ連　[出生地] モスクワ　[学歴] モスクワ大学卒
日本の政治、経済、社会を中心に研究。長期滞在を含め、1985年のつくば科学博視察など日本を数回訪問した。著書に「拝啓、日本国総理大臣殿—知日派ソ連研究者の提言」。

【著作】
◇拝啓、日本国総理大臣殿—知日派ソ連研究者の提言　レオニード・ジバゴ著, 鈴木康雄訳　筑摩書房　1990.12

シフェール, ルネ
Sieffert, René
日本文学研究者　フランス国立東洋言語文化研究所所長, パリ日仏協会会長

[生年月日] 1923年8月4日
[没年月日] 2004年2月13日
[国籍] フランス　[出生地] モゼル県　[学歴] ストラスブール大学, ソルボンヌ大学文学部卒, フランス国立東洋語学校日本語科卒
大学では数学を専攻したが、フランスにおける日本研究の草分け、シャルル・アグノエル教授に出会い、日本に興味を持った。1950年初来日。東京日仏会館の要職を務めながら日本語に磨きをかけた。'54年フランス国立東洋語学校日本語科教授に就任。のち同校を再編した国立東洋言語文化研究所（INALCO）の初代所長を務めた。親交のあった民俗学者、柳田国男の影響で日本の古典や伝統文化に強い関心を抱き、世阿弥の能の理論書「風姿花伝」の他「能狂言集」、「近松戯曲集」、「源氏物語」、上田秋成の「雨月物語」などを翻訳。'99年「万葉集」の翻訳により日仏翻訳文学賞を受賞。一方、'81年からパリ日仏協会会長を務め、同年勲三等瑞宝章を受章した。主な著作に「日本文学史」「日本の宗教」などがあり、仏訳は「仮名手本忠臣蔵」「竹取物語」「平家物語」など多数。　[受賞] 日仏翻訳文学賞（第6回）〔1999年〕「万葉集」　[叙勲] 勲三等瑞宝章（日本）〔1981年〕
【著作】
◇フランス人の日本文明論　ルネ・シフェール：対論「日本探究」　講談社　1987.5
◇講演会記録集　ルネ・シフェール〔述〕　多摩市立図書館　1989.7

ジベール, ステファン
Gibert, Stephen P.
ジョージタウン大学教授

[生年月日] 1926年

[国籍]米国　[学歴]ハーバード大学卒，ジョンズ・ホプキンズ大学卒　[専門]国際政治，安全保障問題

1958年以来アメリカ政府各機関，特に国防総省顧問として委託研究に携わる。スタンフォード研究所，リサーチ・アナリシス・コーポレーション，アトランティック・リサーチ・コーポレーションなどの研究事業に参画。米国の外交政策，国際安全保障に関する多数の研究プロジェクトのリーダーを務める。レーガン大統領選対本部の防衛問題顧問等を経て，ジョージタウン大学教授。著書に「合衆国外交政策における東アジア」「アメリカと台湾」「北東アジアの安全保障」『NO』と言えるアメリカ」ほか多数。

【著作】
◇「No」と言えるアメリカ　ステファン・ジベール著，新庄哲夫監訳　東急エージェンシー出版部　1994.6

シーボルト，アレキサンダー・ゲオルク・グスタフ・フォン
Siebold, Alexander Georg Gustav von
通訳

[生年月日]1846年8月16日
[没年月日]1911年1月23日
[国籍]ドイツ　[出生地]ライデン

長崎オランダ商館医官として来日して日本を世界中に紹介したことで知られるフランツ・シーボルトの長男として生まれた。1859年父に伴なわれて来日。父が帰国する直前にイギリス公使館の通訳となり，1867年幕府遣欧使節徳川昭武がフランスに渡った際には同行し，一行とともに数カ月パリに滞在，のちヨーロッパ各地を訪れた。帰国後1869年2月からイギリス公使館の勤務にもどったが，同年10月にはオーストリア・ハンガリーの貿易使節が来日した際使節団通訳として対日交渉に活躍した。その功によりフランツ・ヨーゼフ皇帝より男爵の爵位を授与された。1870年8月イギリス外交官を辞し日本政府に雇用された。刑部省に勤務し1874年には参議府，1879年にはベルリン日本公使館，1882年井上外務卿付きとなり，1884年から1ヶ年間ローマの日本公使館付きとして特にヨーロッパにおいて活躍した。やがて日本に帰国し外務省卿付となった。1887年ヨーロッパに帰り，ドイツに居住し父シーボルトの収集物や遺稿の整理に当り，弟ハインリッヒ・シーボルトと協力して1897年父シーボルト生誕100年の記念に"Nippon"縮小第2版を刊行した。アレキサンダー自身も著作が多く，単行本9冊，雑誌論文は47篇に及ぶといわれる。　[叙勲]勲二等瑞宝章（日本）

【著作】
◇シーボルトの最終日本紀行　アレキサンデル・フォン・シーボルト著，小沢敏夫訳註　駿南社　1931
◇ジーボルト最後の日本旅行　A．ジーボルト〔著〕，斎藤信訳　平凡社　1981.6

シーボルト，ウィリアム
Sebald, William Joseph
法律家，外交官　GHQ外交局長

[生年月日]1901年11月5日
[没年月日]1980年
[国籍]米国　[出生地]メリーランド州ボルティモア　[学歴]米国海軍兵学校〔1925年〕卒，メリーランド大学（法律）

1925～30年の間日して駐日米国大使館付語学将校を務め，'30年退役してメリーランド大学で法律学を学び，'33年再来日した。この間'30年に日英混血のエディスと結婚した。'33～39年神戸で弁護士を開業，太平洋戦争中は軍務に復帰し，諜報部太平洋課長を務めた。'46年日本の法律の専門家としてGHQの政治顧問団に加わり，'47年には殉職したジョージ・アチソンの後継として首席政治顧問，GHQ外交局長，対日理事会議長に就任。対日理事会で日本のため発言し，また対日講和条約締結に尽力した。'52年駐ビルマ米国大使。著書に「日本占領外交の回想」（'66年），「日本の前途―選ぶべき道と機会」（'67年）など。

【著作】
◇日本の前途―選ぶべき道と機会（鹿島平和研究所選書）　W．J．シーボルト，C．N．スピ

ンクス共著,鹿島平和研究所訳　鹿島研究所出版会　1967

シーボルト,フィリップ・フランツ・フォン
Siebold, Philipp Franz von
博物学者,医学者

[生年月日] 1796年2月17日
[没年月日] 1866年10月18日
[国籍]ドイツ　[出生地]ウュルツブルク　[学歴]ウュルツブルク大学〔1820年〕卒

父はバワリア王国のウュルツブルク大学の生理学教授、弟のカールも生理学・動物学者として名を成した学者一家に生まれる。1815年ウュルツブルク大学に入学し、医学を専攻する傍ら地学や民俗学を学ぶ。また自然哲学者オーケンの影響を受けて自然科学や万有学にも興味を持つ。1820年大学を卒業後、1822年オランダ植民相ファルクの計らいで東インド陸軍病院外科少佐となり、ジャワ、バタビアを経て(この間、長崎出島のオランダ商館医員に任ぜられる)、1823年長崎に着任。はじめは出島のオランダ商館内で館員を相手に施療をしていたが、1824年長崎奉行の認可により長崎町内の吉雄幸載塾や楢林塾で診療や医学の講義をするようになり、さらに同町郊外の鳴滝に塾を開くことを許された。同塾は学生たちの宿舎や薬園を備えており、週1回出張して実際の診療に当たるとともに、集まった門弟に臨床講義や医学以外の様々な分野の講義をも実施し、高野長英、小関三英、伊藤玄朴、石井宗謙、二宮敬作、美馬順三、川原慶賀、高良斎といった俊英を育てた。1826年正月には新任の商館長に随行して江戸参府旅行に出発。江戸到着後は約1ヶ月にわたって滞在し、島津重豪、最上徳内、宇田川榕庵、桂川甫賢、大槻玄沢、高橋景保、土生玄碩とも面会、博物学や地理、医学、民俗学に渡る様々な知識を交換した。同年6月長崎に帰着。11年任期が満了したため離日しようとしたところ、滞日中に収集した研究資料を積んだ船が台風に遭って難破・漂着。その中から日本地図や葵の紋服など国禁の品々が発見さ

れたことから門弟や長崎通詞も含めて厳しい取調べを受け、特に日本地図を彼に与えたといわれる天文方の高橋景保は獄中で死亡した(シーボルト事件)。1829年幕府から日本退去・再来の禁止を命じられ、離日。ヨーロッパに戻った後はライデンでその膨大な日本資料の整理と著述に専念。またオランダ国王による幕府への開国勧告の起草にも当たった。日本の開国後、日蘭修好条約の締結により再来の禁が解かれると1859年再び来日して幕府顧問を務め、1862年まで日本に滞在した。1866年明治維新を見ぬままドイツのミュンヘンで死去。なお最初の日本滞在中、長崎の芸者・楠本其扇(お滝)との間に生まれた娘・イネは長じて産婦人科医の先駆者となった。

【著作】
◇異国叢書　〔第2〕　駿南社　1928
◇江戸参府紀行　ジーボルト著,斎藤信訳　平凡社　1967
◇日本―日本とその隣国、保護国―蝦夷・南千島列島・樺太・朝鮮・琉球諸島―の記録集。日本とヨーロッパの文書および自己の観察による。中井晶夫他訳　雄松堂書店　1977-79
◇日本　第1巻　フィリップ・フランツ・フォン・シーボルト著,中井晶夫訳　雄松堂書店　1977.11
◇日本　第2巻　フィリップ・フランツ・フォン・シーボルト著,中井晶夫,斎藤信訳　雄松堂書店　1978.1
◇日本　図録第1巻　フィリップ・フランツ・フォン・シーボルト著,中井晶夫,八城圀衛訳　雄松堂書店　1978.3
◇日本　第3巻　フィリップ・フランツ・フォン・シーボルト著,斎藤信,金本正之訳　雄松堂書店　1978.5
◇日本　第4巻　フィリップ・フランツ・フォン・シーボルト著,中井晶夫〔ほか〕訳　雄松堂書店　1978.7
◇日本　図録第2巻　フィリップ・フランツ・フォン・シーボルト著,中井晶夫,金本正之訳　雄松堂書店　1978.9
◇日本　第5巻　フィリップ・フランツ・フォン・シーボルト著,尾崎賢治訳　雄松堂書店　1978.12
◇日本　図録第3巻　フィリップ・フランツ・フォン・シーボルト著,末木文美士ほか訳　雄松堂書店　1979.2
◇博物図譜ライブラリー　6　シーボルト〔著〕,木村陽二郎,大場秀章解説　八坂書房　1992.8
◇シーボルト日本の植物　P.F.B.フォン・シーボルト著,瀬倉正克訳　八坂書房　1996.6

◇日本植物誌—フローラ・ヤポニカ　シーボルト〔著〕，木村陽二郎，大場秀章解説　八坂書房　2000.12
◇シーボルト江戸参府紀行　シーボルト〔著〕，呉秀三訳註，呉茂一校訂　雄松堂出版　2005.5

沈 箕載　シム・キジェ
檀国大学史学科非常勤講師

[生年月日] 1959年
[国籍] 韓国　[出生地] 全州　[学歴] 檀国大学校史学科卒，京都大学大学院文学研究科日本史学専攻修士課程修了，京都大学大学院文学研究科日本史学専攻博士課程修了　[専門] 日本近代史
外交史を専門とする。著書に「幕末維新日朝外交史の研究」がある。
【著作】
◇幕末維新日朝外交史の研究　沈箕載著　臨川書店　1997.12

沈 奉謹　シム・ボングン
東亜大学教授・附属博物館館長

[生年月日] 1943年
[国籍] 韓国　[出生地] 慶尚南道固城郡　[学歴] 東亜大学史学科卒，東亜大学大学院　[専門] 考古学
大学院を経て、1977年九州大学に留学。'89年から東亜大学考古美術史学科教授。同大附属博物館館長も務める。著書に「韓国青銅器文化の理解」「韓国の考古学」などがある。
【著作】
◇魏志倭人伝と一支国—大陸との交渉 甦る一支国の王都原の辻遺跡 国史跡指定記念シンポジウム2　長崎県教育委員会編　長崎県教育委員会　1998.3〈内容：基調講演 韓国からみた壱岐・原の辻遺跡（沈奉謹）〉

謝 南光　しゃ・なんこう
政治家　中国全国人民代表大会（全人代）常務委員

[生年月日] 1902年2月13日
[没年月日] 1969年7月26日
[国籍] 中国　[出生地] 台湾　[学歴] 台北師範学校，東京高等師範学校〔1925年〕卒

台北師範学校を経て、東京高等師範学校で心理学を学ぶ。卒業後、「台湾日報」の記者となったが、台湾総督府の追求を受け、1931年上海に脱出。中国国民政府に入り、軍事委員会国際問題研究所に所属。抗日戦争下の重慶では、陸軍中将の地位にあったと言われる。日本の敗戦と同時に、国民政府駐日代表団文化組副組長として日本に進駐。その後、離職して横浜で貿易商となり、日中友好樹立のため風見章などと接触。新中国について報告した。'51年再度中国に渡り、全国人民代表大会常務委員、人民外交学会理事などを歴任。日本に多くの知己を持った。
【著作】
◇民主日本の姿（中国の日本論 所収）中国研究所編　潮流社　1948
◇中国の日本論　中国研究所編　潮流社　1948
◇台湾人は斯く観る・台湾人の要求・日本主義的没落　謝南光著　竜渓書舎　1974

謝 端明　しゃ・はたあき
イー・ロジテック社長

[生年月日] 1962年
[国籍] 中国　[出生地] インドネシア　[学歴] 中国無錫軽工業学院大学自動化工学部〔昭和58年〕卒，早稲田大学大学院理工学研究科〔平成3年〕博士課程前期修了
華僑3世。昭和58年中国軽工業部杭州軽工業機械研究所入社。62年来日、平成3年コニカを経て、6年アンダーセンコンサルティング入社。製造業を中心とするコンサルタントで活躍、中国へ進出する日系企業へのコンサルティングも行う。専門は企業戦略、生産管理、生産システム戦略。のち独立し、イー・ロジテック社長。中国情報のインターネット配信、中国企業と日本企業の業務提携仲介などを手掛ける。早稲田大学太平洋研究センター特別研究員、オープン・カレッジ講師も務める。著書に「日語読音速査手冊」、共著に「中国で企業を育てる秘訣」などがある。
【著作】
◇日系企業のどこがいけないのか？—中国人に敬遠される日本式経営スタイル（経営革新入

門 中国ビジネス戦略〔2〕） 謝端明：東洋経済　5709　2001.7.28

シャイブリー, ドナルド・ハワード
Shively, Donald Howard
歴史学者, 日本文化研究者　カリフォルニア大学バークリー校教授・東アジア図書館長

［生年月日］1921年
［没年月日］2005年8月13日
［国籍］米国　［出生地］日本・京都　［学歴］ハーバード大学卒　［学位］博士号（ハーバード大学）〔1951年〕
京都で宣教師の家庭に生まれ、神戸のカナディアン・アカデミーを卒業。ハーバード大学を卒業し、第二次大戦中は米海兵隊で日本語教官を務めた。戦後はアジア、特に日本の文化研究分野で第一人者となり、カリフォルニア大学バークリー校のほか、スタンフォード大学、ハーバード大学で日本文化を教えた。1951年近松門左衛門の「心中天の網島」の翻訳・解説でハーバード大学より博士号を取得。'92年カリフォルニア大学バークリー校を退職。著書に「日本文化における伝統と近代化」「網島の心中」。他にE. ライシャワーの「日本の歴史と個性」を編集した。　［叙勲］勲三等旭日章（日本）〔1982年〕
【著作】
◇日本の歴史と個性　上, 下（現代アメリカ日本学論集）　A. M. クレイグ, D. H. シャイヴリ編, 本山幸彦, 金井圓, 芳賀徹監訳　ミネルヴァ書房　1973

シャウイン, テリー・リー
Sherwin, Terry Lee
神奈川大学助教授

［生年月日］1947年10月21日
［没年月日］1997年6月27日
［学歴］ピッツバーグ大学卒, ミシガン大学大学院日本史専攻修士課程修了　［専門］日本史
ミシガン大学で日本史を研究。分担執筆に「芸能と祭祀」などがある。
【著作】
◇芸能と祭祀（人文学研究叢書）　神奈川大学人文学研究所編　勁草書房　1998.2〈内容：アマノイワヤ段考—アメノウズメの新しい読み（テリー・シャーウィン））〉

シャーウィン, ボブ
Sherwin, Bob
スポーツジャーナリスト　「シアトル・タイムズ」記者

［生年月日］1949年
［国籍］米国　［学歴］ボウリンググリーン大学卒
大学卒業後、クリーブランド近郊で週刊誌を発行する新聞社に勤務。その後、日刊紙「マンスフィールド・ニュース・ジャーナル」、1979年「アリゾナ・デイリー・スター」スポーツ編集長、「サンフランシスコ・エグザミナー」スポーツ副編集長を経て、'85年から「シアトル・タイムズ」に勤務。'86年からメジャーリーグのシアトル・マリナーズ担当記者。この間、'88年のカルガリー五輪、ワールド・シリーズ、オールスター・ゲーム、NBAの決勝および準決勝、スーパーボウルなど、幅広くスポーツイベントの取材活動を行う。'93年米国北西部で起きたハンバーガーによる集団食中毒事件に巻きこまれた末娘の記事を書き、ピュリッツァー賞にノミネートされる。著書に「ICHIRO—メジャーを震撼させた男」などがある。
【著作】
◇ドリーム・チーム—佐々木、イチロー、長谷川のマリナーズ2002　ボブ・シャーウィン著, 清水由貴子訳　朝日新聞社　2002.12
◇Ichiro—メジャーを震撼させた男（朝日文庫）　ボブ・シャーウィン著, 清水由貴子, 寺尾まち子訳　朝日新聞社　2004.4
◇Ichiro　2　ボブ・シャーウィン著, 清水由貴子, 寺尾まち子訳　朝日新聞社　2005.4

シャーウィン, マーティン
Sherwin, Martin J.
歴史学者　タフツ大学核時代史センター長

［生年月日］1937年
［国籍］米国　［専門］核時代史

米国海軍の志願兵として日本の岩国市に駐留中の1961年、広島市の平和記念資料館で遺品や被爆者の写真に触れ衝撃を受ける。この体験をきっかけに除隊し、大学院へ進んで核時代史の研究を始める。'76年「破滅への道程—原爆と第二次世界大戦」がピュリッツァー賞候補となり、日本でも出版される。2002年広島平和研究所が開いたシンポジウム参加のため来日。
【著作】
◇太平洋戦争の終結—アジア・太平洋の戦後形成　細谷千博〔ほか〕編　柏書房　1997.9〈内容：歴史としてのヒロシマ（マーティン・J. シャーウィン）〉

シャウプ, カール
Shoup, Carl Summer
財政学者, 租税学者　コロンビア大学教授, 国際財政学会会長

[生年月日]1902年10月26日
[没年月日]2000年3月23日
[国籍]米国　[出生地]カリフォルニア州サンホセ　[学歴]スタンフォード大学卒　[学位]経済学博士（コロンビア大学）〔1930年〕
1928年コロンビア大学講師となり、助教授を経て、'45〜71年教授、租税を中心とする財政学の講義を担当した。この間、'37年米国財務省の租税顧問、'46年同調査顧問となり、'49〜50年税制使節団を率い団長として来日。日本国内を4ヶ月かけて実地調査し、マッカーサー日本占領軍総司令官に税制改革に関する勧告書「日本税制報告書（シャウプ勧告）」を提出、税の負担の公平と資本価値の保全を主眼に、直接税中心主義の確立、申告納税制度の拡充、資産再評価の実施など広範な改革案を提言し、その内容は'50年の日本の税制改正で大幅に取り入れられた。'50年から3年間は国際財政学会会長を務め、国連の税制顧問としても活動。また米国租税協会会長のほか、ベネズエラ、リベリアの税制調査団長を務め、内外の税制改革に貢献した。著書に「インフレ防止のための税制」「財政学」「国民所得分析の原理」など。　[叙勲]勲一等瑞宝章（日本）〔1989年〕
【著作】
◇シャウプの証言—シャウプ税制使節団の教訓　カール・S. シャウプ著, 柴田弘文, 柴田愛子訳　税務経理協会　1988.12

シャーキー, ジョン
Sharkey, John
詩人, 映画作家

[生年月日]1936年
[国籍]アイルランド　[出生地]ダブリン　[専門]古代ケルト研究
詩人、映画作家、展覧会オーガナイザーなどとして活動するかたわら、古代ケルトの美術と詩の研究に従事、各地の古代遺跡を訪ねてはケルト文化の再発見に努めている。著書に「島々の道」「ウェールズのオガム文字遺物」「ミステリアス・ケルト」など。
【著作】
◇日英交流史—1600-2000　2　細谷千博, イアン・ニッシュ監修, 木畑洋一〔ほか〕編　東京大学出版会　2000.5〈内容：英日関係における経済外交（ジョン・シャーキー）〉
◇日英交流史—1600-2000　4　細谷千博, イアン・ニッシュ監修, 杉山伸也, ジャネット・ハンター編　東京大学出版会　2001.6〈内容：一九二〇年代における英国の対日経済認識（ジョン・シャーキー）〉

シャーマン, ビル
Shireman, Bill
環境保護運動家

[国籍]米国
コカ・コーラ、クアーズ、ナイキ、三菱、ウェアハウザーなどの世界最大級の企業と、グリーンピース、レインフォレスト・アクション・ネットワーク、シエラ・クラブなどの環境団体の仲介者として、両者のパートナーシップの促進に手腕を振るう。カリフォルニア州で"ボトル法案"を作成、飲料容器の回収率を飛躍的に向上させるなど活躍。グローバル・フューチャーズCEO、フューチャー500CEOを務める。
【著作】
◇西暦2000年の日本　ダニエル・ベル, ヘンリー・ロソフスキー, トーマス・ホルステッド,

ノーマン・ミネタ, ウィリアム・シャーマン〔ほか〕：サンデー毎日　1976.2.8
◇熱帯雨林が教えてくれること—21世紀型企業経営とは　木内孝, ビル・シャーマン著, 椿正晴訳　主婦の友社　2004.3

シャーマン, フランク・エドワード
Sherman, Frank Edward
GHQ教育局印刷・出版担当官

［生年月日］1917年
［没年月日］1991年10月11日
［国籍］米国　［出生地］ボストン
第2次大戦後の1945年11月GHQの広報・印刷物担当官として来日。「ニューズ・ウイーク」「タイム」などの極東版の刊行に当たる一方、日本の文化人との交流を積極的に求め、美術作品を収集し、日本美術界などに大きな影響を与えた。特に戦時中に戦争画を描いたため美術界から疎外されていた画家の藤田嗣治と親交を結び、作品を収集。また、'49年に藤田がアメリカ経由でフランスに移住するのを手助けした。藤田の死後、ほとんどの藤田作品を手放すが、大半が目黒区美術館の収蔵となった。
【著作】
◇履歴なき時代の顔写真—フランク・E. シャーマンが捉えた戦後日本の芸術家たち 1945〜1957　フランク・エドワード・シャーマン著　アートテック　1993.1

シャモニ, ウォルフガング
Schamoni, Wolfgang
文学者　ハイデルベルク大学日本学科教授

［生年月日］1941年9月
［国籍］ドイツ　［出生地］ハーメルン　［学歴］ボン大学大学院〔1970年〕修了　［学位］博士号　［専門］日本近代文学
1966〜68年早稲田大学に留学。'71年からミュンヘン大学助手。'77年北村透谷研究で教授資格をとり、'85年ハイデルベルク大学日本学科創設に伴って同大学教授に就任。'88年丸山真男の「日本の思想」のドイツ語訳を出版。　［叙勲］旭日中綬章〔2004年〕
【著作】
◇ネットワーク日本研究のための報告（分科会記憶のエクリチュール）　ヴォルフガング・シャモニ：新しい日本学の構築 2　お茶の水女子大学大学院人間文化研究科国際日本学専攻　2001.3
◇新しい日本学の構築—国際日本学シンポジウム 報告書 2　お茶の水女子大学大学院人間文化研究科国際日本学専攻編　お茶の水女子大学大学院人間文化研究科国際日本学専攻　2001.3〈内容：回想から自伝へ—日本十七世紀の場合（ヴォルフガング・シャモニ）　ネットワーク日本研究のための報告（ヴォルフガング・シャモニ）　なぜ外国で日本文学を研究するのか（ヴォルフガング・シャモニ）〉

シャラー, マイケル
Schaller, Michael
アリゾナ州立大学教授

［国籍］米国　［専門］歴史学
占領時代から現在までの日米関係の研究が専門。著書に「The U. S. Crusade in China」（1979年）、「The American Occupation of Japan」（'85年）、「マッカーサーの時代」などがある。
【著作】
◇マッカーサーの時代　マイケル・シャラー著, 豊島哲訳　恒文社　1996.1
◇アジアにおける冷戦の起源—アメリカの対日占領　マイケル・シャラー著, 立川京一〔ほか〕訳　木鐸社　1996.6
◇日米戦後関係史—パートナーシップ 1951-2001　入江昭, ロバート・A. ワンプラー編, 細谷千博, 有賀貞監訳　講談社インターナショナル　2001.9〈内容：日米中関係、この五〇年（マイケル・シャラー）〉
◇「日米関係」とは何だったのか—占領期から冷戦終結後まで　マイケル・シャラー著, 市川洋一訳　草思社　2004.7

シャルマ, M. K.
Sarma, M. K
「喪失の国、日本」の著者

［生年月日］1955年

[国籍]インド　[本名]シャルマ, モーハンダース・カラムチャンド　[学歴]ラージャスターン大学卒, デリー大学卒
インドの貧しいバラモンの家に生まれる。奨学金の給付を受け, ラージャスターン大学を卒業。デリー大学に学んだ後, インド鉄道局に勤務。のちニューデリーにある市場調査会社に転職し, 1992～94年日本に滞在した。帰国後, 砂漠の中の街ジャイサルメールに隠棲し, 画期的な日本論「喪失の国, 日本―インド・エリートビジネスマンの『日本体験記』」を執筆。
【著作】
◇喪失の国、日本―インド・エリートビジネスマンの「日本体験記」　M. K. シャルマ著, 山田和訳　文芸春秋　2001.3
◇喪失の国、日本―インド・エリートビジネスマンの「日本体験記」(文春文庫)　M. K. シャルマ著, 山田和訳　文芸春秋　2004.1

姜 克実　じゃん・くうしー
岡山大学文学部教授

[生年月日]1953年
[国籍]中国　[出生地]天津　[学歴]南開大学〔1982年〕卒, 早稲田大学大学院文学研究科〔1991年〕博士課程修了　[学位]文学博士〔1991年〕(早稲田大学)　[専門]日本近代史, 中国現代思想　[団体]同時代史学会, 歴史学研究会
1983年中国政府派遣留学生として来日。早稲田大学助手を経て, 岡山大学助教授, 教授。著書に「石橋湛山の思想史的研究」「現代中国を見る眼」などがある。　[受賞]石橋湛山賞(第14回)〔平成5年〕「石橋湛山の思想史的研究」
【著作】
◇日中両国の伝統と近代化―依田憙家教授還暦記念　『依田憙家教授還暦記念論文集』編集委員会編　竜渓書舎　1992.4〈内容:石橋湛山研究と中国の近代化(姜克実)〉
◇近代化の命題―湛山研究への道(特集1 第14回日本研究国際セミナー2004自由主義者 石橋湛山の思想と評論―その小日本主義をめぐって―第1部 "湛山の日本近・現代における思想史的意味")　姜克実:Fukuoka UNESCO　41　2005

◇満州幻想の成立過程―日露戦前の日本人と満州　姜克実:岡山大学文学部紀要　44　2005.12

ジャン, ショレー
Cholley, Jean
リヨン第3大学助教授

[生年月日]1940年
[国籍]フランス　[学歴]パリ東洋語学院日本語科卒　[学位]文学博士　[専門]日本語, 日本文学
1966年から愛知県立大学でフランス語の助教授, 教授をつとめたあと, '81年よりリヨン第3大学助教授として日本語と日本文学を教える。著書に「日本語講義」など。
【著作】
◇日本語講義　ショレー・ジャン, 島守玲子著　凡人社　1990

シャーン, ベン
Shahn, Ben
画家, 写真家, 版画家, 壁画家, 著述家

[生年月日]1898年9月12日
[没年月日]1969年3月14日
[国籍]米国　[出生地]リトアニア・カウナス
[本名]シャーン, ベンジャミン〈Shahn, Benjamin〉　[学歴]ニューヨーク大学, ニューヨーク市立大学, ナショナル・アカデミー・オブ・デザイン
ユダヤ人。1906年ニューヨークに移住。15歳の時から石版画工房の徒弟となり, 働きながら絵画を学ぶ。'22年ヨーロッパの美術館を訪れ, ルオーの影響を受ける。'30年初の個展を開催。'32年「サッコ・ヴァンゼッティ事件」や'33年の「労働運動家ムーニーの投獄」などの連作で注目される。'30年代末の不況時代に公共建築の壁画を制作, 第2次大戦中にはナチスの残虐行為を告発しポスターなどを制作, '60年来日, 第5福竜丸事件を調査し, 帰国後「ラッキードラゴンの伝説」の連作を制作するなど米国の良心を代表する社会的リアリズムの画家。写真やグラフィックデザイン, 挿絵も手がけ, 日本のデザイナー達にも

大きな影響を与えた。他の作品に「鉱夫の妻たち」（'48年）など。著書に「ある絵の伝記」（'57年）など。'91年日本で回顧展開催。
【著作】
◇市民画家のみた日本　B・シャーン，阿部展編訳：芸術新潮　11(5)　1960
◇アーティストによる日本人レポート　ブリュッス，M.，ミロ，J.，フンデルトワッサー，ホックニー，D.，ビュッフェ，B.，マチュウ，G.，カトラン，B.，バルテュス，セザール，ティンゲリー，J.，ガーベル，G.，ボイル，M.，アルマン，バイルレ，T.，ティテュス=カルメル，G.，アブラモヴィッチ，J.，ベン・シャーン，シュマイサー，J.，アレシンスキー：芸術新潮　35(4)　1984.4

張 明秀　ジャン・ミョンス
ジャーナリスト，コラムニスト　韓国日報社長

[生年月日] 1943年
[国籍] 韓国　[学歴] 梨花女子大学新聞放送学科卒

1963年韓国日報に入社。文化部で活躍後，'82年から韓国では珍しかった実名入りのコラムを担当。ライバル紙も称賛する有名記者となる。'98年主筆を経て，'99年8月社長に就任，女性として韓国初の全国紙社長となる。この間，'96～97年日韓交流基金の支援で日本で研究生活を行う。2000年4月東京で開催されたフォーラムに参加のため来日。
【著作】
◇訪日学術研究者論文集―アカデミック　第5巻　日韓文化交流基金〔編〕　日韓文化交流基金　1999.3〈内容：日本で書いた20のコラム―別冊書籍参照（張明秀）〉

ジャンセン，マリウス
Jansen, Marius Berthus
歴史学者　プリンストン大学名誉教授，日本学士院客員

[生年月日] 1922年4月11日
[没年月日] 2000年12月10日
[国籍] 米国　[出生地] オランダ　[学歴] プリンストン大学〔1943年〕卒，ハーバード大学大学院〔1948年〕修士課程修了　[学位] 歴史学博士（ハーバード大学）〔1950年〕　[専門] 日本近現代史

1923年渡米。第二次大戦中選抜されて日本語訓練を受け，専門を欧州史から日本史に転向。'50年孫文と日本の関連の研究でハーバード大学より博士号を取得。ワシントン大学教授を経て，'59年よりプリンストン大学歴史・東洋学部教授を務め，'92年名誉教授。'98年日本学士院客員。'99年11月外国生まれで初めて日本の文化功労者に選ばれた。日本近世・近代史の専門家で，急速な日本の近代化の成功の要因を江戸時代に遡ってとらえるという問題意識を確立，戦後の米国における日本研究の指導者的存在だった。特に坂本龍馬の研究で知られ，主著「坂本龍馬と明治維新」（'61年）は古典的名著とされる。他の著書に「日本における近代化の問題」（編，'65年），「日中関係―戦争から平和へ 1894-1972」（'75年），「日本と東アジアの隣人」，「近代日本の誕生」（2000年）などがある。　[受賞] 文化功労者（日本）〔1999年〕，山片蟠桃賞（第11回）〔1993年〕　[叙勲] 勲二等瑞宝章（日本）
【著作】
◇坂本竜馬と明治維新　マリアス・B.ジャンセン著，平尾道雄，浜田亀吉訳　時事通信社　1965
◇坂本竜馬と明治維新　新版　マリアス・ジャンセン著，平尾道雄，浜田亀吉訳　時事通信社　1973
◇アメリカ研究と日本研究（対談）　斎藤真，マリウス・ジャンセン：日本とアメリカ―比較文化論　1　南雲堂　1973
◇坂本竜馬と明治維新　新版　マリアス・B.ジャンセン著，平尾道雄，浜田亀吉訳　時事通信社　1989.7
◇人類は戦争を防げるか―日・米・中・国際シンポジウム　児島襄〔ほか〕著　文芸春秋　1996.10
◇日本と東アジアの隣人―過去から未来へ　マリウス・B.ジャンセン著，加藤幹雄訳　岩波書店　1999.6
◇日本研究・京都会議　1994　国際日本文化研究センター，国際交流基金編　国際日本文化研究センター　1996.3
◇日蘭交流400年の歴史と展望―日蘭交流400周年記念論文集　日本語版（日蘭学会学術叢書）　レオナルド・ブリュッセイ，ウィレム・レメリンク，イフォ・スミッツ編　日蘭学会　2000.4

◇明治維新　永井道雄, M. ウルティア編　国際連合大学　1986.6

朱 炎　しゅ・えん
Zhu Yan
富士通総研経済研究所主任研究員

[生年月日] 1957年
[国籍] 中国　[出生地] 上海　[学歴] 復旦大学経済学部〔1981年〕卒, 一橋大学大学院経済学研究科経済学・財政学専攻〔1990年〕修士課程修了　[専門] アジア経済論
上海市財政局財政研究所を経て、1986年来日、一橋大学大学院に入学。'90年富士総合研究所に入社、国際調査部主事研究員。'96年富士通総研経済研究所主任研究員。著書に「華人ネットワークの秘密」、共著に「動きだした中国巨大IT市場」などがある。
【著作】
◇日本における華僑華人研究—游仲勲先生古希記念論文集　游仲勲先生古希記念論文集編集委員会編　風響社　2003.5〈内容：通貨危機後華人企業のM&A（朱炎）〉

朱 家駿　しゅ・かしゅん
Zhu Jia-jun
文学者　厦門大学人文学院助教授

[生年月日] 1954年
[国籍] 中国　[出生地] 厦門　[学歴] 厦門大学外国語学部日本語科〔1982年〕卒, 大阪大学大学院文学研究科日本学専攻〔1988年〕博士前期課程修了, 大阪大学大学院文学研究科芸術学専攻〔1996年〕博士後期課程修了　[専門] 祭祀儀礼音楽
1985年来日し大学院で学ぶ。この間、研究・論文により外務大臣賞、日本外交協会賞および国際交流基金賞など受賞。その後、大阪大学大学院文学研究科助手を経て中国厦門大学人文学院助教授、同芸術学研究センター副所長。　[受賞] 外務大臣賞（日本）、日本外交協会賞、国際交流基金賞
【著作】
◇わたしの日本学—外国人による日本学論文集　3　京都国際文化協会編　文理閣　1994.3〈内容：神霊の「音づれ」—能登の音探索（朱家駿）〉

朱 京偉　しゅ・きょうい
北京外国語大学日語系教授

[生年月日] 1957年
[国籍] 中国　[出生地] 北京　[学歴] 北京外国語大学日語系〔1983年〕卒, 北京日本学研究センター大学院〔1987年〕修士課程修了　[専門] 日本語学, 中日比較語彙論, 中日語彙交流史
北京外国語大学日語系講師、助教授を経て、教授。
【著作】
◇近代日中新語の創出と交流—人文科学と自然科学の専門語を中心に　朱京偉著　白帝社　2003.10

朱 慧玲　しゅ・けいれい
中国国務院僑務弁公室

[国籍] 中国　[学歴] 広州大学
中国の対華僑政策を担当する国務院僑務弁公室のスタッフとして活躍。1989年立教大学大学院に留学、「在日華僑におけるアイデンティティーの再構築—華僑社会の変貌とその将来」と題した修士論文をまとめ、'93年5月帰国。
【著作】
◇華僑社会の変貌とその将来　朱慧玲著　日本僑報社　1999.12
◇日本華僑華人社会の変遷—日中国交正常化以後を中心に　朱慧玲著, 段躍中監修, 高橋庸子訳　日本僑報社　2003.6

朱 建栄　しゅ・けんえい
Zhu Jian-rong
東洋学園大学人文学部教授

[生年月日] 1957年8月3日
[国籍] 中国　[出生地] 上海　[学歴] 華東師範大学外国語学部日本文学科〔1981年〕卒, 上海国際問題研究所附属大学大学院国際政治学専攻〔1984年〕修士課程修了, 学習院大学大学院　[学位] 政治学博士（学習院大学）　[専

門]政治学, アジア・中国の政治, 中国現代史
[団体]現代中国学会（理事）, 社団法人中国研究所（理事）

上海国際問題研究所研究員当時の1986年総合研究開発機構（NIRA）の客員研究員として来日。'89年京都大学東アジア研究センター客員助教授, '90年学習院大学東洋文化研究所客員研究員・法学部講師, のち東洋女子短期大学助教授, 東洋学園大学助教授, '96年教授。著書に「毛沢東の朝鮮戦争」「政治学辞典」「江沢民の中国」「ある紅衛兵の告白」「江沢民時代の『大中国』」「中国2020年への道」「毛沢東のベトナム戦争」「中国第三の革命」, 訳書に「一九四五年満州進軍」がある。
[受賞]大平正芳記念賞（第8回）〔1992年〕「毛沢東の朝鮮戦争」, アジア太平洋賞特別賞（第4回・1992年度）「毛沢東の朝鮮戦争」

【著作】
◇戦後外交の形成（年報・近代日本研究）　近代日本研究会編　山川出版社　1994.11〈内容：中国の対日関係史における軍国主義批判―三回の批判キャンペーンの共通した特徴の考察を中心に（朱建栄）〉
◇「愛する国」より「愛される国」に（特集・私と愛国心―54人の, 54通りの, 「愛国心」考―。）　朱建栄：論座　134　2006.7

朱 実　しゅ・じつ
俳句研究家　上海市日本学会常務理事, 岐阜経済大学教授

[生年月日]1926年
[国籍]中国　[出生地]アモイ　[別名等]雅号＝瞿麦　[団体]上海俳句漢俳研究交流協会（会長）

台湾で大学まで教育を受ける。日中国交回復の後, 田中元首相が上海に来た時, 通訳を務めた。俳句の中国語訳、漢俳（中国俳句）化を手がけ, 中国にくる日本映画の吹き替え, 翻訳にも携わる。1980年から1年間早稲田大学へ招かれ, '86年から2年間神戸学院大学で客員教授。'90年10月2度目の早稲田大学客員教授として来日。'93年岐阜経済大学教授。

【著作】
◇国文学年次別論文集国文学一般　昭和61（1986）年　学術文献刊行会編　朋文出版　1987.12〈内容：日本文学における唐詩（朱実）〉
◇国文学年次別論文集国文学一般　昭和62（1987）年　学術文献刊行会編　朋文出版　1988.12〈内容：漢詩・俳句・漢俳-中日文化交流に関する一考察（朱実）〉

朱 捷　しゅ・しょう
Zhu Jie
同志社女子大学現代社会学部教授

[生年月日]1958年
[国籍]中国　[出生地]上海　[学歴]復旦大学〔1979年〕卒, 大阪外国語大学大学院修士課程修了, 京都大学大学院〔1987年〕博士課程修了　[学位]文学博士（京都大学）〔1989年〕
[専門]比較文学, 比較文化

1979年復旦大学を卒業して来日。大阪外国語大学, 京都大学大学院を修了し, '89年文学博士号取得。学位論文は「杜甫と芭蕉における虚構について」。国際日本文化研究センター共同研究員, 中京女子大学助教授を経て, '98年同志社女子大学助教授, のち教授。著書に「神さまと日本人のあいだ―『見立て』にみる民族の感覚」。

【著作】
◇神さまと日本人のあいだ―「見立て」にみる民族の感覚（Fukutake books）　朱捷著　福武書店　1991.5
◇「にほひ」にみる日本人の嗅覚　朱捷：日本研究　15　1996.12
◇日本語の地平線―吉田弥寿夫先生古稀記念論集　吉田弥寿夫先生古稀記念論集編集委員会編　くろしお出版　1999.12〈内容：源氏物語における「にほひ」の系譜（朱捷）〉
◇においとひびき―日本と中国の美意識をたずねて　朱捷著　白水社　2001.9

朱 徳蘭　しゅ・とくらん
台湾中央研究院中山人文社会科学研究所副研究員, 台湾国立中央大学歴史研究所助教授

[生年月日]1952年
[国籍]台湾　[出生地]台北　[学歴]台湾国立政治大学卒, 御茶の水女子大学修士課程修了　[学位]文学博士（九州大学）　[専門]近世・近代中日貿易史

著書に「近代台湾長崎貿易―『華夷変態』を中心として」「長崎華商貿易の史的研究」などがある。

【著作】
◇近代日本華僑・華人研究―第1回国際・近代日本華僑学術研究会論文集　近代日本華僑学術研究会編　近代日本華僑学術研究会　1989.4〈内容：近世台湾長崎貿易史―『華夷変態』を中心として（朱徳蘭）〉
◇長崎華商貿易の史的研究　朱徳蘭著　芙蓉書房出版　1997.1
◇台湾慰安婦関係資料集　第1巻　朱徳蘭編・解説　不二出版　2001.8
◇台湾慰安婦関係資料集　第2巻　朱徳蘭編・解説　不二出版　2001.8

朱 栄憲　ジュ・ヨンホン
Chu Yong-hon
考古学者　文化保存研究所研究士

[国籍]北朝鮮　[出生地]ソウル　[学歴]金日成総合大学（歴史）

日本の支配下で国民学校を出て鉄工所で働く。北朝鮮にあこがれ、朝鮮戦争で人民軍がソウルに入ったとき志願。停戦前に人材育成の対象とされ戦前から金日成総合大学に入学。社会科学院考古学研究所副所長を経て、1991年3月から文化保存研究所研究士。同年11月環日本海日朝国際交流会議に出席のため来日。

【著作】
◇高句麗と日本古代文化―シンポジウム　上田正昭〔ほか〕著　講談社　1986.12〈内容：高句麗と日本古代文化（上田正昭, 網干善教, 上原和, 朱栄憲, 孫永鐘, 井上秀雄, 蔡熙国）〉

周 恩来　しゅう・おんらい
Zhou En-lai
政治家, 革命家　中国首相

[生年月日]1898年3月5日
[没年月日]1976年1月8日
[国籍]中国　[出生地]江蘇省淮安県　[別名等]字＝翔宇, 号＝伍豪, 飛飛, 筆名＝少山, 恩来　[学歴]南開大学卒

1917年日本に留学、東京神田区高等予備校（現法政大学付属学校）、明治大学政治経済科に学ぶ。1919年帰国。'20年渡仏、'22年中国共産党に入党。'24年帰国し、国民革命に参加。'34年紅軍の長征に参加。'35年毛沢東が遵義会議で中央軍事路線の誤りを批判した際率直に誤りを認め、毛沢東の指導権確立を助けた。'49年新中国成立後は首相兼外交部長（外相）となり、4半世紀にわたり中国の内政、外交を担当、国際親善に努めた。'71年林彪失脚後、政治局常務委員として毛沢東に次ぐ地位を維持。対米改善、'72年日中国交回復を実現。'75年続いて首相となった。'92年金冲及主編「周恩来伝1898-1949」（全3巻）が邦訳刊行。'98年には天津市に記念館が開館した。2002年、キッシンジャー訪中時の周恩来との会談を記録した文書が公開され、批判的な日本観が明らかになった。

【著作】
◇周恩来『十九歳の東京日記』（小学館文庫）周恩来著, 矢吹晋編, 鈴木博訳　小学館　1999.10
◇周恩来・キッシンジャー機密会談録　毛里和子, 増田弘監訳　岩波書店　2004

周 作人　しゅう・さくじん
Zhou Zuo-ren
散文家, 翻訳家, 啓蒙家

[生年月日]1885年1月16日
[没年月日]1967年5月7日
[国籍]中国　[出生地]浙江省紹興県　[旧姓名]周櫆寿　[別名等]号＝起孟, 啓明, 字を兼ねる筆名＝仲密, 豈明, 知堂　[学歴]江南水師学堂卒

1906年日本に留学、'08年立教大学に入り、古代ギリシャ語と英文学を学んだ。'09年羽太信子と結婚。'11年辛亥革命直前に帰国、'17年北京大学教授となった。武者小路実篤の「新しき村」運動に賛同するなど、中国の封建思想批判の闘いを開始、評論、随筆、海外文学の翻訳、中国歌謡、伝説収集などに活躍した。'21年葉紹鈞らと文学研究会を組織、'24年語系社の結成に参加。日中戦争勃発後は日本軍の圧力を受けたが、日本軍国主義への怒りと日本文化への愛着との間で苦しみ、日本軍の傀儡政権（北京）の教育大臣となり、全中国に

衝撃を与えた。戦後"漢奸"とされて投獄、'49年釈放された。人民共和国建国後は北京で魯迅に関する著述、外国文学翻訳に専念した。文革中に激しい攻撃を浴び病死。著書に文芸批評集「自己の園地」('23年)、随筆「雨天の書」('25年)、「談虎集」(全2巻、'28年)、文学史論「中国新文学の源流」('34年)、「瓜豆集」('37年)、随筆「魯迅の故家」('52年)、自伝「知堂回想録」('70年)などがある。

【著作】
◇周作人随筆集　改造社　1938
◇瓜豆集　創元社　1940
◇周作人文藝随筆抄　富山房　1940
◇結緑豆　実業之日本社　1944
◇日本文化を語る　周作人著, 木山英雄訳　筑摩書房　1973
◇周作人全集　藍灯文化事業股份有限公司　1982
◇日本談義集(東洋文庫)　周作人著, 木山英雄編訳　平凡社　2002.3

ジュエル, マーク
Jewel, Mark
早稲田大学政経学部教授

[生年月日] 1951年3月8日
[国籍] 米国　[出生地] アイオワ州　[学歴] ハワイ大学卒, スタンフォード大学大学院外国語研究科・日本語専攻博士課程修了　[学位] Ph.D. (スタンフォード大学)　[専門] 日本文学
[団体] 日本比較文学会, 日本時事英語学会
早稲田大学政経学部講師、助教授を経て、教授。訳書に野坂昭如「火垂るの墓」(共編訳)。

【著作】
◇世界の中の川端文学　川端文学研究会編　おうふう　1999.11〈内容:「眠れる美女」の形式的完成美について—泉鏡花の「歌行灯」を対比に(マーク・ジュエル)〉

ジュゲ, ユージェン
Juguet, Eugnet
カトリック司祭　所沢カトリック教会司祭

パリ・ミッション(外国宣教)会に属するカトリック宣教師。1955〜61年来日。その後パリ・ミッション会神学校哲学教授を経て、'79年再来日、カトリック青年労働者連盟、カトリック労働運動の顧問司祭やカトリック正義と平和協議会事務局長などを経て、埼玉県所沢カトリック教会司祭。著書に「自由主義を超えて—先進諸国の解放のために」がある。

【著作】
◇自由主義を超えて—先進諸国の解放のために　ユージェン・ジュゲ著, 清水誠, 宮坂裕夫訳　岩波書店　1994.11

シュタイン, ローレンツ・フォン
Stein, Lorenz von
法学者　ウィーン大学教授

[生年月日] 1815年11月15日
[没年月日] 1890年9月23日
[国籍] ドイツ
1882年憲法調査のため欧米に出張した伊藤博文に憲法・行政法を講じて、大日本国憲法制定に大きな影響を与えた。

【著作】
◇国際比較法制研究—ユリスプルデンティア4　石田喜久夫〔ほか〕編　比較法制研究所　1995.6〈内容:日本帝国史および法史の研究(ローレンツ・フォン・シュタイン)〉

シュタルフ, ユルゲン
Stalph, Jürgen
ドイツ日本研究所図書室司書

[生年月日] 1954年
[国籍] ドイツ　[学歴] ボン大学卒, ボッフム大学卒　[学位] 文学博士　[専門] 比較文学
大学で日本学、英文学、一般言語学を学ぶ。1989年ドイツ日本研究所研究員として来日。同研究所図書室司書。共著に「日本関係欧文書誌目録」、訳書に安部公房「箱男」「燃えつきた地図」、共訳に村上春樹「羊をめぐる冒険」などがある。

【著作】
◇Japanbezogene Bibliographien in europaischen Sprachen—eine Bibliographie = 日本関係欧文書誌目録(Bibliographische Arbeiten aus dem Deutschen Institut fur Japanstudien der Philipp-Franz-von-Siebold-Stiftung / Deutsches Institut fur Japanstudien Bd. 1)　Hans Dieter Olschleger und Jurgen Stalph　Iudicium　1990

シュトラッツ, C. H.
Stratz, Carl Heinrich
婦人科医, 人類学者　東京帝国大学講師

[生年月日] 1858年
[没年月日] 1924年
[国籍] オランダ

医師としてパスツールやベルツと同学の友。ハーグで開業する。「人間の自然史」を著し、「人体学的人類学」を唱道し、この上に立って人体、とくに女体の美をきわめ、女体美の創造と改善との理想をめざして生涯を打ち込んだ。また、ジャヴァおよび日本に滞在し、東京帝国大学雇講師を長く務めた。

【著作】
◇日本人のからだ—生活と芸術にあらわれた　C. H. シュトラッツ著, 高山洋吉訳　岩崎書店　1954
◇日本人のからだ-生活と芸術にあらわれた　高山洋吉訳　刀江書院　1969
◇日本人のからだ—生活と芸術にあらわれた-第4版　高山洋吉訳　C. H. シュトラッツ著　刀江書院　1969

シュネー, ハインリッヒ
Schnee, Heinrich
政治家

[生年月日] 1871年
[没年月日] 1949年
[国籍] ドイツ

アフリカ植民政策の権威として知られ、ドイツ領東アフリカ知事、人民党代議士などを歴任。1931年中国東北部で起こった紛争を調査するために組織された国際連盟のリットン調査団に参加し、「『満州国』見聞記」を残した。他の著書に「世界政策論」「ドイツ興亡論」などがある。

【著作】
◇「満州国」見聞記—リットン調査団同行記　ハインリッヒ・シュネー著, 金森誠也訳　新人物往来社　1988.11
◇「満州国」見聞記—リットン調査団同行記（講談社学術文庫）ハインリッヒ・シュネー〔著〕, 金森誠也訳　講談社　2002.10

ジュノー, マルセル
Junod, Marcel
外科医, 赤十字活動家　赤十字国際委員会（ICRC）副委員長

[生年月日] 1904年5月14日
[没年月日] 1961年9月16日
[国籍] スイス　[出生地] ヌーシャテル州　[学歴] ジュネーブ大学卒

1935年赤十字国際委員会（ICRC）の依頼でイタリア軍爆撃下のエチオピアに派遣員として赴く。以後内戦下のスペイン、第2次大戦下のドイツとその占領地で捕虜の保護と市民救援のため活動。'44年駐日代表に任命され、決死の覚悟でロシア、中国を経て、'45年8月9日に着任。降伏直後の東京で任務に当たる間に広島からの報告を受け、同年9月原爆救援品を調達して広島へ行き医薬品分配を指揮した。ICRCへの救援依頼はGHQに阻まれた。'46年日本を離れ、後に「広島の残虐」という報告書を提出。'59年ICRC副委員長として来日、北朝鮮帰還問題について日赤を指導し問題の解決に務めた。著書に「ドクタージュノーの戦い（原題・第三の兵士）」がある。
[記念碑] 広島平和記念公園（広島県広島市）

【著作】
◇ドクター・ジュノーの戦い—エチオピアの毒ガスからヒロシマの原爆まで　増補版　マルセル・ジュノー著, 丸山幹正訳　勁草書房　1991.8
◇歴史の目撃者　ジョン・ケアリー編, 仙名紀訳　朝日新聞社　1997.2〈内容：一か月後のヒロシマ（一九四五年九月九日）（マルセル・ジュノー））

シュピルマン, クリストファー
Szpilman, Christopher W. A.
日本研究家, ジャーナリスト　ハーバード大学ライシャワー日本研究所客員研究員

[生年月日] 1951年
[国籍] 英国　[出生地] ポーランド・ワルシャワ
[学歴] リーズ大学哲学科卒, ロンドン大学日本語学科卒, エール大学大学院日本現代史専攻博士課程　[学位] 博士号（エール大学）

父はドイツ占領下のポーランドでホロコーストを生き延びたユダヤ系ピアニストのウワディスワフ・シュピルマン。映画「戦場のピアニスト」の主人公として知られる。エール大学博士課程で日本現代史を専攻。ロンドン市役所などを経て、1976年初来日。東京大学法学部で研究のかたわら、フリージャーナリストとして雑誌、新聞、テレビなどで活躍。'96年大学助教授の日本人の妻と福岡市に移り住み、大学の教壇にも立つ。のち拓殖大学日本文化研究所客員教授を経て、ハーバード大学ライシャワー日本研究所客員研究員。著書に「シュピルマンの時計」がある。

【著作】
◇二〇世紀日本の天皇と君主制—国際比較の視点から一八六七〜一九四七　伊藤之雄、川田稔編　吉川弘文館　2004.3〈内容：平沼騏一郎の政治思想と国本社（クリストファー・W. A. スピルマン）〉

ジュフロワ, アラン
Jouffroy, Alain
美術評論家, 詩人, 作家

[生年月日]1928年
[国籍]フランス
シュールレアリスム運動に携わった後、1967年雑誌「Opus international」創刊に参加。'74〜81年美術雑誌「ヴァンティエム・シエクル〈20世紀〉」編集長、'82〜85年駐日フランス大使館文化参事官を歴任。現在、「ル・モンド・ディプロマティック」「Lettres française」に寄稿。

【著作】
◇井上有一国際シンポジウム基調論文集(〈あしたの文字〉研究井上有一を中心に)　京都造形芸術大学　2000.11〈内容：有一・生即書（アラン・ジュフロワ）〉

シュミーゲロー, ヘンリク
Schmiegelow, Henrik
外交官　駐日ドイツ大使

[生年月日]1941年1月29日
[国籍]ドイツ　[出生地]ロストク県ロストク
[学歴]バージニア大学ロースクール修了　[学位]L. L. M.（バージニア大学）〔1973年〕
1961〜67年マールブルク、ジュネーブ、ハンブルクの大学で法学を、'68〜69年パリ国立行政学院で経済学と行政学を、'70〜71年バージニア大学ロースクールで政治学、法律学、経済学を専攻した。この間、'67〜72年ハンブルク州高等裁判所で司法修習。'72年西ドイツ外務省に入り、'74年在日西ドイツ大使館一等書記官、'77年在スリランカ西ドイツ大使館一等書記官、'80年外務省総務局人事課法務担当官、'84年在米西ドイツ大使館政務担当参事官、'87年中米・カリブ課長代理、'91年大統領府企画室長、'96年大統領府外務局長を経て、2001〜2006年駐日ドイツ大使。妻は日本研究家のミシェル・シュミーゲローで、1992年には共著「日本の教訓—戦略的プラグマティズムの成功」で大平正芳記念賞を受けた。　[受賞]大平正芳記念賞（第8回）〔1992年〕「日本の教訓—戦略的プラグマティズムの成功」（共著）

【著作】
◇日本の教訓—戦略的プラグマティズムの成功　ミシェル&ヘンリク・シュミーゲロウ著, 鳴沢宏英, 新保博監訳　東洋経済新報社　1991.8
◇欧米以上に欧米的な日本経済　ミシェル・シュミーゲロウ, ヘンリク・シュミーゲロウ, 鈴木健次訳：中央公論　108(1)　1993.1

シュミーゲロー, ミシェル
Schmiegelow, Michèle
日本研究家　ルーバン大学教授・アジア学研究センター所長, 世界経済戦略センター専務理事

[生年月日]1945年
[国籍]ベルギー　[出生地]ブリュッセル　[学歴]ルーバン大学, バージニア大学(米国)　[専門]政治学, 国際関係論
フランス、英国、米国、スリランカで研究生活。1974〜77年日本に滞在。夫は外交官のヘンリク・シュミーゲローで、'92年には共著「日本の教訓—戦略的プラグマティズムの成功」で大平正芳記念賞を受けた。　[受賞]大

大平正芳記念賞（第8回）〔1992年〕「日本の教訓—戦略的プラグマティズムの成功」（共著）
【著作】
◇日本の教訓—戦略的プラグマティズムの成功　ミシェル＆ヘンリック・シュミーゲロウ著，鳴沢宏英，新保博監訳　東洋経済新報社　1991.8
◇欧米以上に欧米的な日本経済　ミシェル・シュミーゲロウ，ヘンリック・シュミーゲロウ，鈴木健次訳：中央公論　108(1)　1993.1
◇日本への提言〔7〕戦略的プラグマティズムに立ち返れ　Michele Schmiegelow：日本経済研究センター会報　895　2002.10.1

シュミット，ヘルムート
Schmidt, Helmut
政治家，エコノミスト　「ディ・ツァイト」共同発行人　西ドイツ首相

[生年月日] 1918年12月23日
[国籍] ドイツ　[出生地] ハンブルク　[本名] Schmidt, Helmut Heinrich Waldemar　[学歴] ハンブルク大学経済学部〔1949年〕卒
第二次大戦中は東部戦線などに砲兵将校として従軍。1946年社会民主党(SPD)に入党。'53～61年および'65～87年連邦議会議員。'69～72年第1次ブラント政権で国防相，'72～74年財務相，'74年5月～82年10月首相を務めた。首相時代は"鉄の宰相"と呼ばれ，'75年にはジスカールデスタン仏大統領とともに主要先進国首脳会議（サミット）を組織。首相退任後は"OBサミット"や"シュミット委員会"の中心として活躍。"EC統合"では指導的な役割を果たした。'86年政界引退。'91年から"21世紀の日本委員会"メンバー。'93年ドイツ国民財団設立。著書に「シュミット外交回想録」「ドイツ人と隣人たち—続シュミット外交回想録」(上下)「隣人の中国」など。　[受賞] バートヴルザッハ市文学賞〔1990年〕「シュミット外交回想録」，慶応義塾大学名誉博士号〔1991年〕，広島大学名誉博士号〔1995年〕
【著作】
◇友人を持たない日本—経済的な巨人である日本はもはや政治的な小人にとどまっていてはならない(Die Zeit 11.Juli 1986)　Helmut Schmidt，大阿久尤児訳・解説・解説：世界　494　1986.11
◇孤立する経済大国—近隣諸国の目を意識せよ　ヘルムート・シュミット：AERA　1(1)　1988.5.24
◇世界が求める「日本改造」—「21世紀の日本」委員会フォーラム　朝日新聞社編　朝日新聞社　1991.12〈内容：〈鼎談〉転換期の国際秩序，日本とドイツの役割（ヘルムート・シュミット，松永信雄，矢野暢）〉
◇ガルブレイス，キッシンジャーほか緊急インタビュー　世界の知識人10人から「ドン底ニッポン」復活への提言！（新年大特集・どうなるニッポン！）　サミュエル・ハンチントン，ジョン・ガルブレイス，ヘルムート・シュミット，ヘンリー・キッシンジャー，陳放，ジョセフ・ナイ，スラク・シバラクサ，フランコ・カッラーロ，ウィリアム・クノーキ，チャールズ・クルーラック：週刊現代　41(2)　1999.1.16・23
◇米・露・独・蘭「世界の知性」5人が特別提言「日本人よ，目を覚ませ」　ヘンリー・キッシンジャー，カレル・V・ウォルフレン，ボブ・グリーン，ロマン・ポプコーヴィチ，ヘルムート・シュミット：週刊現代　42(4)　2000.1.29

シュラムコヴァ，スターニャ
Sramkova, Stana
武道家

[生年月日] 1966年
[国籍] チェコ　[出生地] ハラデッツクラローバ
13歳で空手を始め，1989年初段となる。'84～90年総合商社で秘書の仕事のかたわら子供たちに空手を教えていたが，'90年5月武道を学ぶため来日。東京都板橋区の久明館道場で修行を重ね，剣道，居合道，杖道各3段，弓道2段，空手初段を取得。'91年書道にも取り組み，瑞雲書道会の山脇紫龍に師事。同年同会主催の書道展で外国人で初めて入選。'94年12月末チェコに帰国し，故郷で道場"日本武道文化センター"の設立のために奔走。学校をまわっての講演，剣道クラブの開設やその指導など地道な活動が実を結び，'95年11月チェコ日本武道文化センター建設基金"希(のぞみ)"が設立される。同年12月再来日し，3ヶ月日本各地を回り，支援を訴える。　[受賞] 外国人の日本語スピーチコンテスト優勝（板橋区国際交流会）〔1991年〕
【著作】

◇遙かなる挑戦―日本の心を母国へ　スターニャ・シュラムコヴァ著　日本出版放送企画　1998.2

シュリーマン, ハインリッヒ
Schliemann, Heinrich
考古学者

[生年月日] 1822年
[没年月日] 1890年
[国籍] ドイツ

少年時代に出会ったホメロスの詩に描かれるトロヤ戦争に強い関心を持つ。事業家として成功した後、夢を果たすべく、1868年からアテネに居住。70～82年に小アジアのヒッサリクを発掘して、トロヤの実在を明らかにした。発掘方法は強引であったが、古代文明の発見者としての功績は大きい。また、トロヤ発掘を手がける前の1865年に、清国、および幕末の日本を訪れ、旅行記を著している。
【著作】
　◇シュリーマン旅行記―清国・日本　講談社学術文庫　1969
　◇シュリーマン旅行記―清国・日本　ハインリッヒ・シュリーマン著, 石井和子訳　エス・ケイ・アイ　1991.3
　◇シュリーマン旅行記―清国・日本（講談社学術文庫）ハインリッヒ・シュリーマン〔著〕, 石井和子訳　講談社　1998.4

シュルツ, ジョン
Schultz, John Alfred
歴史学者　マウント・アリソン大学教授・史学科長

[国籍] カナダ　[学歴] ミシガン州立大学卒, ロンドン大学　[学位] Ph. D.（ダルハウズィー大学）

1989～91筑波大学客員教授、'90～91年上智大学外国語学部英語学科「カナダ研究」非常勤講師をつとめた。著書に「Canada and the Commonwealth」('88年)、「Writing About Canada」('90年)、「カナダと日本―21世紀への架橋」(共編) など。
【著作】

◇カナダと日本―21世紀への架橋　ジョン・シュルツ, 三輪公忠編　彩流社　1991.10

シュレスタ, マノジュ
Shrestha, Manoj L.
甲南大学経営学部経営学科教授

[生年月日] 1959年
[国籍] ネパール　[出生地] カトマンズ　[学歴] トリブヴァン大学〔1981年〕卒, 京都大学大学院経済学研究科〔1988年〕博士課程修了
[専門] 経済学

大阪府立産業開発研究所所員、龍谷大学経済学部講師、国際日本文化研究センター来訪研究員、甲南大学経営学部助教授を経て、教授。著書に「企業の多国籍化と技術移転―ポスト雁行形態の経営戦略」がある。
【著作】
　◇わたしの日本学―外国人による日本学論文集　3　京都国際文化協会編　文理閣　1994.3〈内容：日本のODAの現状と課題（マノジ・シュレスタ）〉

シュロスタイン, スティーブン
Schlossstein, Steven B.
経営コンサルタント, 作家　SBSアソシエイツ社長

[生年月日] 1941年
[国籍] 米国　[出生地] テキサス州ダラス　[学歴] オースチン大学卒, ハワイ大学東西センター修了, 東京大学大学院修了

オースチン大学で歴史と哲学を学んだ後、ハワイ大学で東洋学の修士号を取り、東大で日本史を専攻。米国際開発庁（USAID）勤務後、1969～82年モルガン・ギャランティ・トラストに勤務。東京、香港、デュッセルドルフなどの支店で働き、ニューヨーク本社では米国企業の東南アジア進出、日本企業の米国内でのM&Aを手がけた。その後コロンビア大学ビジネススクールで上級経営講座を受講。'82年ニュージャージー州プリンストンでビジネス・コンサルティング会社SBSアソシエイツ社を設立、社長に。傍ら小説・評論など執筆活動を行う。'92年大統領選ではペロー選出委

員会プリンストン支部長を務めた。在野の日本通。著書に「Trade War（貿易戦争）」「The End of the American Century（アメリカの世紀の終り）」「Asia's New Little Dragons」「ヤクザ」「日本は悪くない」など。
【著作】
◇日本は悪くない！―異説・日米経済戦争　スティーブン・シュロスタイン著，前田俊一訳　日本経済新聞社　1984.5
◇エンド・オブ・アメリカ―日本は世界のリーダーとなりうるか　上　スティーブン・シュロスタイン著，植山周一郎訳　扶桑社　1990.10
◇エンド・オブ・アメリカ―日本は世界のリーダーとなりうるか　下　スティーブン・シュロスタイン著，植山周一郎訳　扶桑社　1990.10
◇世界のリーダーとして望まれない日本　致命的欠陥　國弘正雄，S. シュロスタイン：サンサーラ　2(3)　1991.3

徐 向東　じょ・こうとう
日経リサーチ主任研究員

［生年月日］1967年
［国籍］中国　［出生地］大連　［学歴］立教大学
［学位］博士号（立教大学）
北京外国語大学講師などを経て，日経リサーチ主任研究員となる。
【著作】
◇変革が迫られる日本型雇用と人事管理　徐向東：月刊経営労働　37(7)　2002.7

徐 送迎　じょ・そうげい
拓殖大学外国語学部非常勤講師

［生年月日］1956年
［国籍］中国　［出生地］ハルビン　［学歴］チチハル師範学院黒河分校〔1979年〕卒，黒龍江大学大学院中国文学専攻〔1986年〕修士課程修了，新潟大学大学院現代社会文化研究科国際社会文化論専攻〔1996年〕博士課程修了　［専門］中国文学
黒龍江大学助教授を経て，拓殖大学外国語学部非常勤講師などを務める。
【著作】
◇『万葉集』恋歌と『詩経』情詩の比較研究　徐送迎著　汲古書院　2002.2

曹 亨均　ジョ・ヒョンギュン
技術士，翻訳家　韓国科学技術奉仕団員，「シアル・マダン」編集委員

［生年月日］1929年
［国籍］韓国　［学歴］ソウル大学，メイン大学（米国）
執筆，講演などのかたわら，韓日間の文化交流と友好・理解のためのボランティア・ワークに励む。「シアル・マダン（シアルの広場）」編集委員。主な著書に「紙三十年」「韓日間に思うこと」（韓国語），「近くて近い人のことば―韓国人から日本人へ」（日本語），日本語訳に「核の子どもたち」（朴秀馥），韓国語訳に「ほの暗い灯火を消すことなく」（奥田貞子），「人間の大地」（犬養道子），「まだ，まにあうなら」（甘蔗珠恵子），「遠いまなざし」（押川成人），「荒野を見る目」（内坂晃），「老子の神話・史話・知恵」（王徳有），「捕虜虐殺の拒否」（渡部良三）など。
【著作】
◇近くて近い人のことば―韓国人から日本人へ　曹亨均著　新幹社　1997.8

趙 豊衍　ジョ・プンヘン
ジャーナリスト，ライター

［生年月日］1914年
［没年月日］1992年
［国籍］韓国　［出生地］ソウル　［学歴］延禧専門学校（現・延世大学）文科卒
「少年韓国日報」主幹をつとめた。著書に「時史随筆」「瞑想する庶民」「女性の道」「現実の証明」「韓国の風俗―いまは昔」などがある。
【著作】
◇韓国・朝鮮児童文学評論集　仲村修編訳　明石書店　1997.3〈内容：児童文学の韓日関係―研究の試案のために（趙豊衍）〉

趙 明哲　ジョ・ミョンチョル
Cho Myong-chol
経済学者　韓国対外経済政策研究院東北亜細亜協力センター統一国際チーム長　金日成総合大学経済学部教授

［生年月日］1959年
［国籍］韓国　［出生地］北朝鮮・平壌
1987年北朝鮮の最高学府・金日成総合大学教授に就任。'92年より中国の南開大学客員教授を務める。'94年韓国に亡命。亡命後は対外経済政策研究院世界地域研究センター北朝鮮チーム研究委員を経て、同東北亜細亜協力センター統一国際チーム長を務める。
【著作】
◇日露戦争前後の政治と軍事—中堅層の政策構想を中心に（東京大学日本史学研究叢書）趙明哲著　東京大学日本史学研究室　1996.2

曹 良旭　じょ・やんうく
Cho Yang-uk
ジャーナリスト　韓国日本文化研究所所長

［生年月日］1952年
［国籍］韓国　［出生地］慶尚南道宜寧　［学歴］ソウル外国語大学日本語科〔1979年〕卒、ソウル外国語大学大学院日本文学専攻修了
1979年共同通信ソウル通信員となり、光州事件などを報道。'83年「朝鮮日報」に移る。'88年10月「国民日報」に引き抜かれ、同年11月初代東京特派員として赴任。'91年12月帰国、文化部記者となる。のち韓国日本文化研究所所長。著書に「国民日報」に連載されたコラム「今、日本では」をまとめた「ジャパンリポート（日本リポート改題）」「韓国人よ、あなたは何者か」「川は流れず—小説日清戦争」「韓日修交20年」「千の顔—日本・日本・日本」などがある。　［受賞］ラジオたんばアジア賞（第8回）〔1991年〕「日本リポート」
【著作】
◇ジャパン・リポート—外国特派員のニッポン（人）探検　曹良旭著、金容権訳　亜州書館　1992

曹 永禄　ジョ・ヨンロク
歴史学者　東国大学教授

［国籍］韓国　［専門］東洋史
豊臣秀吉の朝鮮侵略から徳川家康による関係修復までの歴史を研究。編著に「朝鮮義僧将・松雲大師と徳川家康」がある。
【著作】
◇朝鮮義僧将・松雲大師と徳川家康　仲尾宏、曹永禄編　明石書店　2002.7

蒋 緯国　しょう・いこく
Chiang Wei-kuo
軍人　台湾国家安全会議秘書長

［生年月日］1916年10月6日
［没年月日］1997年9月22日
［国籍］台湾　［出生地］中国・上海　［学歴］東呉大学物理系〔1936年〕卒、ミュンヘン士官学校〔1937年〕卒、米国陸軍航空隊戦術学校〔1939年〕卒
ドイツと米国に留学し軍事技術を学ぶ。1940年米国より帰国し、抗日戦争に参加。'48年装甲部隊司令代理、'55年国防部第3庁、のち第5庁長、'58年陸軍装甲兵司令を経て、'62年陸軍参謀大学校長、'68年三軍連合大学副校長、'75年同校長（陸軍上将）、'80年連勤総司令、'84年国防部連合作戦訓練部主任、'86年6月より国家安全会議秘書長。'88年国民党中央評議会委員、同主席団主席、'90年中華戦略協会理事長、同年国家統一委員会委員。'93年2月国家安全会議秘書長解任。故蒋介石の二男とされ、遺族の立場から遺体の中国移送を要求していたが、'96年8月「自分は孫文の側近だった載李陶と日本人・重松金子との子供である」と伝記「十山独行—蒋緯国の人生の旅」で告白した。
【著作】
◇抗日戦争八年—われわれは如何にして日本に勝ったか　蒋緯国著、藤井彰治訳　早稲田出版　1988.9

蒋 介石　しょう・かいせき
　　Chiang Chieh-shih
　　政治家，軍人　台湾総統（第1代～第5代）

［生年月日］1887年10月31日
［没年月日］1975年4月5日
［国籍］台湾　［出生地］中国・浙江省奉化県　［別名等］名=中正，号=瑞元，字=介石，別名=志清　［学歴］保定軍官学校〔1906年〕卒，日本陸軍士官学校卒

1906年来日、東京清華学院で日本語を学ぶ。'08年再来日し中華国革命同盟に入会。'10年孫文と知り合う。'11年辛亥革命に参加。'12年中華民国成立。孫文の客死後'27年国民革命軍総司令となり北伐を強行、南京国民政府を樹立。'28年武漢両政府統合により国民革命軍総司令となり北伐を再開、中国を統一、中華民国国民政府主席に就任。同年宋美齢と再婚、浙江財閥との結びつきを強めた。'31年満州事変で対日不戦政策をとったが、'36年12月の西安事件で張学良に監禁され内戦を停止、抗日戦を余儀なくされた。'38年国民党総裁。同年「七・七一周年記念日に日本国民に告ぐ」と題した文書で日本民衆への信頼の念を表明。'42年連合軍中国戦区最高指揮官、'43年国民政府主席兼陸海空軍大元帥として活躍。日本敗戦後、'48年米国の援助で中華民国総統となる。'49年12月共産党の反撃で台湾へ逃れる。'71年中国の国連加盟により自ら脱退した。第1代～第5代台湾総統。

【著作】
◇蒋主席の対日言論集　其の1　第三方面軍司令部，改造日報館編　改造日報館　1946

尚 会鵬　しょう・かいほう
　　Shang Hui-peng
　　北京大学教授・アジアアフリカ研究所南アジア研究室主任

［生年月日］1953年
［国籍］中国　［出生地］河南省開封県　［学歴］上海外国語学院日本語科〔1978年〕卒，北京大学南アジア研究所　［専門］南アジア研究

著書に「日本人を知る」（1997年）、「中国人と日本人」「インド文化史」（'98年）など多数。

【著作】
◇東の隣人—中国人の目で見る日本人　尚会鵬，徐晨陽著　日本図書刊行会　2001.3
◇中国人は恐ろしいか!?—知らないと困る中国的常識　尚会鵬，徐晨陽著　三和書籍　2002.7
◇〈意〉の文化と〈情〉の文化—中国における日本研究（中公叢書）　王敏編著，〔岡部明日香〕〔ほか訳〕　中央公論新社　2004.10〈内容：儒家の文化戦略と中国人の日本観の深層（尚会鵬）〉

鍾 清漢　しょう・せいかん
　　川村学園女子大学教育学部教授

［生年月日］1928年9月30日
［国籍］台湾　［出生地］苗栗県　［学歴］台湾師範大学卒，早稲田大学教育学科卒，東京大学大学院教育学研究科教育社会学専攻博士課程修了　［学位］教育学博士　［専門］教育社会学，中国哲学

1962年来日。筑波大学講師、千葉明徳短期大学教授、文学女子大学教授を経て、川村学園女子大学教授。早稲田大学、文化女子大学、国士舘大学等講師を兼任。アジア文化総合研究所所長もつとめる。著書に「老師的背影」「教育と経済発展」「教育与経済発展之研究」「儒家思想と教育」「人間教育と社会」「日本植民地下における台湾教育史」がある。　［受賞］中国中山学術著作奨「教育と経済発展」、中国僑聯華文学術著作奨「教育与経済発展之研究」

【著作】
◇客家（ハッカ）語からみた日本と中国（特集・アジアと日本）　鍾清漢：アジア文化　22　1997.12

蒋 道鼎　しょう・どうてい
　　Jiang Dao-ding
　　ジャーナリスト　「光明日報」東京支局長

［生年月日］1940年
［没年月日］2006年6月11日

［国籍］中国　［出生地］安徽省　［学歴］北京外交学院日本語科〔1964年〕卒

1964年中国国営の通信社・新華社に入社。'69年同紙特派員として初めて日本に赴任。'73年帰国。'78年「光明日報」記者、'81年同紙東京特派員、'82～86年、及び'89～93年東京支局長。日本駐在は計16年に達し、中国有数の知日派記者として知られた。引退後も中国中日関係史学会副会長などを務め、日中間の架け橋役を担った。

【著作】
◇もっと深い理解が必要な日本メディアの中国報道（NEWS MEDIA NOTES—外国人記者の目）　蒋道鼎，島津友美子：放送文化　57　1999.3
◇新中国に貢献した日本人たち—友情で綴る戦後史の一コマ　中国中日関係史学会編，武吉次朗訳　日本僑報社　2003.10〈内容：解放軍の同志として—高橋範子さん（蒋道鼎）〉

蒋 立峰　しょう・りっぽう
中国社会科学院日本研究所所長補佐・政治室主任

［生年月日］1945年9月
［国籍］中国　［学歴］中国社会科学院大学院修了　［専門］日本近現代政治史

1981年中国国務院直属のシンクタンク、中国社会科学院に入る。'97年同院日本研究所副所長を経て、所長補佐。

【著作】
◇日中両国の伝統と近代化—依田憙家教授還暦記念　『依田憙家教授還暦記念論文集』編集委員会編　竜渓書舎　1992.4〈内容：一歩すすんで、二歩立ちもどった明治維新（蒋立峰）〉
◇中国人からみた日本—「中日」関係史の総括（近代文芸社新書）　蒋立峰主編，多田敏宏訳　近代文芸社　2002.11

ジョーダン，デイヴィッド・スター
Jordan, David Starr
動物学者　インディアナ大学総長，スタンフォード大学総長，バトラー大学教授

［生年月日］1851年1月19日
［没年月日］1931年9月19日

［国籍］米国　［出生地］ニューヨーク州ゲーンズビル　［学歴］コーネル大学卒業〔1872年〕　［学位］M. S.

幼少の頃より自然に親しんで育ち、大学では植物学および動物学を専攻。高校教師などを経て1875年インディアナポリス州バトラー大学生物学教授に就任した。さらにインディアナ大学の自然史教授となり、'85年には同大学総長に任ぜられた。ルイス・アガシー教授の影響をうけて魚類研究に専念するに至り、1085の属と2500におよぶ種を決定した。スタンフォード・ジュニアー・ユニバーシティならびにスタンフォード大学総長をそれぞれ歴任した。'96年をはじめに前後2回にわたって来日し、わが国魚類の研究に従事、日本産魚類に関しての著述もある。さらに親日家としても知られている。

【著作】
◇二十世紀の青年に告ぐ　デーヴィッド・スター・ジョーダン著，若宮卯之助訳　内外出版協会　1908

ショット，フレデリック
Schodt, Frederik L.
作家，翻訳家，通訳

［生年月日］1950年
［国籍］米国　［出生地］ワシントンD. C.　［学歴］カリフォルニア州立大学サンタバーバラ校アジア文化研究学科〔1972年〕卒

1970年代初め国際基督教大学留学中に漫画と出会い、漫画で日本語を覚え、病みつきになる。帰国後、'83年最初の日本漫画論「Manga！Manga！」を出版。中沢啓治、手塚治虫、松本零士らの漫画を数十冊翻訳。月刊誌「漫画人」に日本の大衆文化の解説を連載。'96年作品面、産業面から日本の漫画を概観した「ニッポンマンガ論（Dreamland Japan）」を出版、同年来日。2000年日本の漫画を海外に広く紹介した功績で手塚治虫文化賞特別賞を受賞。　［受賞］手塚治虫文化賞（特別賞，第4回）〔2000年〕

【著作】
◇Inside the robot kingdom—Japan, mechatronics, and the coming robotopia　Fred-

erik L. Schodt, : U. S., : Japan 1st ed. - Kodansha International 1988
◇Gaku stories(Kodansha English library 77) Makoto Shiina, translated by Frederik L. Schodt , illustrations by Hitoshi Sawano Kodansha International 1991
◇ニッポンマンガ論—日本マンガにはまったアメリカ人の熱血マンガ論 フレデリック L. ショット著, 樋口あやこ訳 マール社 1998
【翻訳】
◇英語版罪と罰—手塚治虫作品 手塚治虫漫画, フレデリック・ショット英訳 ジャパンタイムズ 1990

ショッパ, レオナード
Schoppa, Leonard James
バージニア大学准教授

[国籍]米国 [学歴]ジョージタウン大学国際関係学部〔1984年〕卒 [専門]政治学
ローズ奨学生としてオックスフォード大学で日本と欧州の政治を比較研究。'90年バージニア大学助教授、'94年准教授。
【著作】
◇崩壊する「日本というシステム」 ショッパ, レオナード・J.：論座 77 2001.10
◇「最後の社会主義国」日本の苦闘 レナード・ショッパ著, 野中邦子訳 毎日新聞社 2007.3

ジョデル, エチエンヌ
Jaudel, Etienne
弁護士 人権国際連盟事務総長

[国籍]フランス [学歴]パリ大学法学部卒 [専門]国際渉外
1956年から国際渉外専門の弁護士。パリ弁護士会代表などを歴任した後、人権国際連盟事務総長に就任。フランスに進出した日本の大手企業の顧問としても活躍している。'88年代用監獄の実情調査のため来日。
【著作】
◇警察留置所での拘禁—日本の代用監獄制度 1989年2月パーカー・ジョデル報告書 カレン・パーカー, エチエンヌ・ジョデル〔著〕 代用監獄廃止・接見交通権確立委員会 1989.6

ショート, ケビン
Short, Kevin
ナチュラリスト 東京情報大学総合情報学部教授

[生年月日]1949年
[国籍]米国 [出生地]ニューヨーク [学歴]アラスカ大学卒 [学位]Ph. D.（スタンフォード大学） [専門]生態学
アラスカ大学卒業後、北海道大学に留学。生態学、文化人類学を学び、スタンフォード大学で博士号取得。1972年に初来日、漁業権制度の研究で北海道に2年間暮らし、のち千葉県印西町に移住。地域住民のため自然とふれあおう会を指導。新聞、雑誌に寄稿する。のち東京情報大学総合情報学部教授。著書に「ケビンの里山自然観察記」「ドクター・ケビンの里山ニッポン発見記」など。
【著作】
◇ヤツと私—ケビン・ショートのフィールド・ノート ケビン・ショート〔ほか〕著, 市川緑の市民フォーラム企画部編集・制作 市川緑の市民フォーラム事務局 1994.3
◇ケビンの里山自然観察記 ケビン・ショート著 講談社 1995.9
◇ドクター・ケビンの里山ニッポン発見記—カントリーサイド・ウォーキングのすすめ ケビン・ショート文・絵, 森洋子訳 家の光協会 2003.5

ジョリヴェ, ミュリエル
Jolivet, Muriel
上智大学外国語学部フランス語学科教授

[生年月日]1951年8月28日
[国籍]フランス [出生地]ベルギー [学歴]パリ大学東洋語学校, ソルボンヌ大学卒 [学位]東洋学博士（パリ大学）〔1981年〕 [専門]フランス語 [団体]東方学会, EAJS
父の仕事の関係でアフリカやアジアの国々を次々移り、小学校だけで15回も転校。1973年奨学金を得て来日。'83年上智大学外国語学部フランス語学科専任講師、のち助教授を経て、教授。著書に「L'UNIVERSITÉ AUSERVICE DE L'ÉCONOMIE JAPONAISE（日本経済に寄与する大学）」「UNPAYS

EN MAL D'ENFANTS（子供不足に悩む国、ニッポン）」などがある。
【著作】
◇子供不足に悩む国、ニッポン―なぜ日本の女性は子供を産まなくなったのか　ミュリエル・ジョリヴェ著,鳥取絹子訳　大和書房　1997.2
◇ニッポンの男たち―フランス女性が聞いたホンネの話　ミュリエル・ジョリヴェ著,鳥取絹子訳　筑摩書房　2002.11

鄭　仁和　ジョン・インファ
ルポライター

[生年月日]1948年
[国籍]韓国　[出生地]東京都　[出身地]杉並区　[学歴]上智大学文学部新聞学科卒　[団体]日本シーサンパンナ文化協会（会長）,在日シャン人文化友好協会（顧問）
在日韓国人2世。昭和42年ノルウェーのラップランドでトナカイ牧畜に従事、44年上智大学西北タイ歴史文化調査団に参加。5ケ国語を話す。著書に「幻のアヘン草団」「いつの日か海峡を越えて―韓国プロ野球に賭けた男たち」「遊牧」、訳書に「米陸軍サバイバル全書」など。
【著作】
◇越境―閉ざされた国へきた「客人」たち（大型ドキュメント）　鄭仁和：中央公論　101(6)　1986.6

鄭　于沢　ジョン・ウテク
Chung Woo-thak
美学者　東国大学大学院

[国籍]韓国
著書に「高麗時代阿弥陀画像の研究」などがある。
【著作】
◇韓国の美術・日本の美術　鄭于沢,並木誠士編　昭和堂　2002.1

鄭　銀淑　ジョン・ウンスク
翻訳家,フリーライター

[生年月日]1967年

[国籍]韓国　[出生地]ソウル　[学歴]世宗大学大学院観光経営学修士課程修了
大学院修了後、日本へ留学。のちソウルで日本の出版物の韓国語翻訳、現地取材、執筆などを行う。著書に「ソウル旅行の得するボキャブラ」「韓国旅行会話ハンドブック」「ゼッタイ満足 とっておきの韓国」「韓国ソウルとっておきの現地生情報」、訳書に「ラスベガスの挑戦」などがある。
【著作】
◇馬を食べる日本人犬を食べる韓国人（ふたばらいふ新書）　鄭銀淑著　双葉社　2002.8
◇一気にわかる朝鮮半島―日本・韓国・北朝鮮の近現代関係史（図解「i」読本）　鄭銀淑著　池田書店　2003.10

鄭　敬謨　ジョン・キョンモ
Chong Kyong-mo
評論家,ジャーナリスト　「シアレヒム」編集・発行人

[生年月日]1924年7月11日
[国籍]韓国　[出生地]ソウル　[学歴]慶応義塾大学医学部予科〔1945年〕卒,エモリ大学化学科（米国）〔1950年〕卒　[専門]朝鮮近現代史
米国留学中の1950年朝鮮戦争勃発に際し国連軍停戦委員会委員、韓国政府技術顧問などを務める。'56年辞職し来日、'70年再来日。在日韓国人の立場から反朴政権運動に参加、韓国民主回復統一促進国民会議（韓民統）機関紙「民族時報」主筆として日本語、英語と韓国語で広範な文筆活動を展開。'79年から韓国問題専門誌「シアレヒム（一粒の力）」編集・発行人として、日韓の諸問題に鋭い論陣を張っている。'89年韓国の文益煥（ムン・イクファン）牧師らと平壌を訪問。邦訳の著書に「ある韓国人のこころ」「日本人と韓国」「岐路に立つ韓国―中間決算（朴射殺）後の行くすえ」「断ち裂かれた山河」、「クーデター」（全3巻,監修）など。
【著作】
◇日本人と韓国　鄭敬謨著　新人物往来社　1974
◇日本を問う（こみち双書）　鄭敬謨著　径書房　1985.9

鄭 貴文　ジョン・グィムン
作家

[没年月日] 1986年3月29日
[国籍] 韓国
10歳のとき一家と共に朝鮮から来日。のち喫茶店を営みながら執筆活動を続け、「民族の歌」「わがナグネ」などの作品がある。また弟の鄭詔文と1969年に創刊した季刊誌「日本のなかの朝鮮文化」は'81年に50号で休刊するまで、日朝文化の"懸け橋"の役割を果たした。
【著作】
◇日本のなかの朝鮮民芸美　鄭貴文著　朝鮮文化社　1987.3

鄭 求宗　ジョン・クジョン
ジャーナリスト　「東亜日報」編集局長

[生年月日] 1944年11月4日
[国籍] 韓国　[出生地] 忠清北道永同部　[学歴] 延世大学卒, 延世大学行政大学院〔1967年〕修了
1967年東亜日報に入社。社会・文化・経済部記者を経て、社会部次長、日本駐在特派員。'85年慶応大学大学院法学部に留学。東亜日報社会部長を経て、'91年東京支社長、のち編集局長(理事待遇)。国際交流基金フェローシッププログラムにより、慶応大学法学部訪問研究員('89〜90年)、朝日新聞社派遣研修('90年)、学習院大学東洋文化研究所客員研究員('90〜93年)。著書に「21世紀日本の国家戦略」('93年)などがある。
【著作】
◇アジア市民と韓朝鮮人　徐竜達先生還暦記念委員会編　日本評論社　1993.7〈内容:「知韓派」日本知識人の系譜(鄭求宗)〉
◇日本人の本当の選択はこれからだ—外国人特派員座談会　鄭求宗, アンドレアス・ガンドウ, トーマス・R. リード:東洋経済　5161　1993.8.7
◇新時代の日韓文化交流—平成11年度国際交流基金地域交流振興賞記念シンポジウム　国際交流基金国際交流相談室　2000.11〈内容:基調講演 新時代の日韓文化交流(鄭求宗)〉

鄭 秀賢　ジョン・スヒョン
東国大学文科学部教授

[生年月日] 1953年
[国籍] 韓国　[学歴] 大阪大学大学院文学研究科修士課程修了　[専門] 日本語学
編著に「日本語の研究—宮地裕・敦子先生古稀記念論集」がある。
【著作】
◇論集日本語研究　1　宮地裕編　明治書院　1986.11〈内容:現代日本語と韓国語の受身・使役表現(鄭秀賢)〉
◇日本語の研究—宮地裕・敦子先生古稀記念論集　宮地裕・敦子先生古稀記念論集刊行会　明治書院　1995.11〈内容:現代日本語の中の女性語—韓国語との対照考察(鄭秀賢)〉
◇訪日学術研究者論文集—アカデミック　第4巻　日韓文化交流基金〔編〕　日韓文化交流基金　1999.3〈内容:表現類型の日・韓対照研究—超域対照表現文法論として(鄭秀賢)〉
◇日本語日本文学の研究—前田富祺先生退官記念論集　前田富祺先生退官記念論集刊行会編　前田富祺先生退官記念論集刊行会　2001.3〈内容:ジェンダー表現の日韓対照考察(鄭秀賢)〉

鄭 炳浩　ジョン・ビョンホ
漢陽大学文化人類学科教授

[国籍] 韓国　[学歴] 韓国外国語大学卒　[学位] 人類学博士　[専門] 日本文化論
韓国外国語大学在籍中から差別や不平等の問題に関心を持つ。米国留学を経て、視点は沖縄や被差別部落、少数民族問題に向かう。1989年アイヌ民族研究のため北海道を訪れ、強制労働の歴史を掘り起こす地元市民団体と出会う。'97年北海道幌加内町の朱鞠内湖畔で行われた日韓共同ワークショップに代表として教え子ら50人と参加し、強制連行の犠牲者の遺骨を発掘。
【著作】
◇植民地主義とアジアの表象　筑波大学文化批評研究会編　佐藤印刷つくば営業所　1999.3〈内容:二葉亭四迷のナショナリズムのありよう—露国赴任前後の〈国際問題〉へのまなざし(鄭炳浩)〉
◇多文化社会における〈翻訳〉—複数的な文化状況とありうべき〈翻訳〉のかたち　筑波大学文化批評研究会編　佐藤印刷つくば

215

営業所　2000.6〈内容：小説の翻訳と理論の構築―坪内逍遙の『開巻悲憤慨世士伝』小考（鄭炳浩）〉
◇明治期雑誌メディアにみる〈文学〉　筑波大学近代文学研究会編　筑波大学近代文学研究会　2000.6〈内容：〈美術〉における「高尚性」という領分―『女学雑誌』の「文学・美術論」と「文明開化」への凝視（鄭炳浩）〉

丁　海昌　ジョン・ヘチャン
韓国大統領秘書室長

[生年月日] 1937年11月4日
[国籍] 韓国　[出生地] 大邱　[学歴] ソウル大学法学部〔1960年〕卒
大検次長検事、法務部次官・長官、刑事政策研究院長などを歴任。　[叙勲] 紅條勤政勲章, 黄條勤政勲章, 青條勤政勲章

【著作】
◇訪日学術研究者論文集―アカデミック　第5巻　日韓文化交流基金〔編〕　日韓文化交流基金　1999.3〈内容：現代日本文化の理解―未提出（丁海昌）〉

鄭　鴻永　ジョン・ホンヨン
歴史研究家

[生年月日] 1929年
[没年月日] 2000年1月18日
[国籍] 韓国　[出生地] 慶尚北道　[専門] 在日朝鮮史　[団体] 兵庫朝鮮関係研究会
第二次世界大戦中に朝鮮人が動員されてつくられた兵庫県西宮市の地下工場跡を発見し、保存を呼び掛けた。著書に「歌劇の街のもうひとつの歴史―宝塚と朝鮮人」「地下工場と朝鮮人強制連行」、共著に「兵庫と朝鮮人」「在日朝鮮人90年の軌跡―続・兵庫と朝鮮人」などがある。

【著作】
◇歌劇の街のもうひとつの歴史―宝塚と朝鮮人　鄭鴻永著　神戸学生・青年センター出版部　1997.1

田　麗玉　ジョン・ヨオク
Chon Yo-ok
ジャーナリスト　未来ユーステレビジョン制作局長

[生年月日] 1959年4月19日
[国籍] 韓国　[出生地] ソウル　[学歴] 梨花女子大学社会学科〔1982年〕卒, 西江大学大学院国際政治学専攻修士課程
1981年KBSに入社、韓国初の女性特派員として'91年1月～'93年8月東京に駐在。'94年8月ケーブルテレビ・未来ユーステレビジョン（Mirea Youth Television）制作局長となる。'93年に出版した「イルボヌン・オプタ（日本はない）」（邦訳「悲しい日本人」）はベストセラーとなる。他の著書に「続・悲しい日本人」「新・悲しい日本人」など。

【著作】
◇悲しい日本人　田麗玉著, 金学文訳　たま出版　1994.12
◇韓国世論を2分した「日本はない」vs「日本はある」大論争を完全収録　田麗玉, 徐賢燮：SAPIO　7(1)　1995.1.12
◇『醜い韓国人』vs『悲しい日本人』―日韓友好の道を探る　加瀬英明, 田麗玉, 大林高士, 崔書勉著　たま出版　1995.7
◇悲しい日本人　続　田麗玉著, 金学文訳　たま出版　1995.12
◇新・悲しい日本人　田麗玉著, 金学文訳　たま出版　1996.2

全　栄来　ジョン・ヨンレ
Jeon Young-rae
円光大学校客員教授

[生年月日] 1926年
[国籍] 韓国　[学歴] 全州師範学校卒　[専門] 考古学（百済史, 朝鮮半島の都城）
独学で1981年考古学専攻副教授資格取得。全北日報社論説委員、全州市立博物館長などを歴任。主要著作に「扶安地方古代囲郭遺跡とその遺物」「周留城・白江位置比定に関する新研究」「韓国青銅器文化の系譜と編年」「湖南地方の古墳文化」「古代山城の発生と編年」など。

【著作】

◇東アジアと日本　考古・美術編　田村円澄先生古稀記念会編　吉川弘文館　1987.12〈内容：古代山城の発生と変遷（全栄来）〉
◇古代朝鮮と日本（古代史論集）　西谷正編　名著出版　1990.7〈内容：弥生・稲作文化の源流（全栄来）〉

ジョンストン, ウィリアム
Johnston, William
司祭

[生年月日] 1925年
[国籍]アイルランド　[専門]キリスト教神秘主義, 日本文学

イエズス会所属の司祭で1951年に来日し、上智大学や東京大学で宗教、文学を講じる。遠藤周作「沈黙」や永井隆「長崎の鐘」の英訳者としても知られる。キリスト教神秘主義思想に関わる英文著作が多数あり、"瞑想"の実践の指導を通じて、日本の禅などとの宗教対話を積極的に試みる。

【著作】
◇谷崎潤一郎国際シンポジウム　アドリアーナ・ボスカロ〔ほか〕著　中央公論社　1997.7〈内容：『細雪』における隠喩としての病（ウィリアム・ジョンストン）〉

ジョンストン, ボブ
Johnstone, Bob
ジャーナリスト

[生年月日] 1951年
[国籍]英国　[学歴]リバプール大学卒

「ファー・イースタン・エコノミック・レビュー」「ニュー・サイエンティスト」の東京特派員などを経て、フリーのジャーナリストに。ビジネス、技術分野を中心に取材活動を行う。1995年から日本人の妻と子供とともにメルボルンに在住。著書に「チップに賭けた男たち」がある。

【著作】
◇チップに賭けた男たち　ボブ・ジョンストン著, 安原和見訳　講談社　1998.12
◇松下村起業家精神—日本のものづくりはこうして甦る　ボブ・ジョンストン著, 伊浦志津訳　東洋経済新報社　2006.6

ジョンソン, ウラル・アレクシス
Johnson, Ural Alexis
外交官　戦略兵器制限交渉（SALT）米側首席代表, 駐日米国大使

[生年月日] 1908年10月17日
[没年月日] 1997年3月24日
[国籍]米国　[出生地]カンザス州ファーレン
[学歴]オクシデンタル大学〔1931年〕卒, ジョージタウン大学卒

1935年外交官官吏となる。同年末語学研修生として日本に着任、その後、ソウル、天津、奉天に副領事として赴任。戦後の'45年9月マッカーサー軍の一員として再来日。以後'47年横浜総領事、'53年駐チェコ大使、'55～58年ジュネーブでの米中大使級会談代表などのあと、'61～64年及び'65～66年ケネディ及びジョンソン政権のもとで国務省政務担当副次官。この間'64年6月駐南ベトナム次席大使。'66年10月駐日大使に着任。'69年2月ニクソン政権下の国務次官（政治担当）。この間に小笠原・沖縄返還交渉に尽力した。'73年2月第二次戦略兵器制限交渉（SALT）首席代表。'77年1月国務省を退職。著書に「ジョンソン米大使の日本回想—2.26事件から沖縄返還・ニクソンショックまで」がある。　[叙勲]勲一等旭日大綬章〔1982年〕

【著作】
◇ジョンソン米大使の日本回想—二・二六事件から沖縄返還・ニクソンショックまで　U. アレクシス・ジョンソン著, 増田弘訳　草思社　1989.12

ジョンソン, シーラ
Johnson, Sheila K.
文化人類学者, ジャーナリスト

[国籍]米国　[学歴]カリフォルニア大学卒
著書に「アメリカ人の日本観」など。

【著作】
◇アメリカ人の日本観—ゆれ動く大衆感情　シーラ・ジョンソン著, 鈴木健次訳　サイマル出版会　1986.6
◇「菊」から「刀」へ揺れるアメリカ大衆の日本観—なぜ中国株が上がれば日本株は下がるのか（対談）　Sheila K. Johnson, 國弘正雄：Asahi journal　28(35)　1986.8.29

ジョンソン, チャルマーズ
Johnson, Chalmers
国際政治学者　米国日本政策研究所所長, カリフォルニア大学サンディエゴ校名誉教授

[生年月日] 1931年
[国籍] 米国　[出生地] アリゾナ州フェニックス　[学歴] カリフォルニア大学バークレー校〔1953年〕卒　[学位] 経済学博士(カリフォルニア大学), 政治学博士(カリフォルニア大学)〔1961年〕　[専門] 国際関係論, アジア・太平洋研究

1962年カリフォルニア大学バークレー校で教鞭をとり, '68年教授, '70年政治学部長, '88〜94年同大学サンディエゴ校大学院教授。のちジャパン・ポリシー・リサーチ・インスティテュート社長。'94年日本政策研究所を設立、所長。「通産省の奇跡」はじめ東アジアの政治・経済に関する著書・論文が多い。日本語と韓国語に堪能な"日本異質論者"(リビジョニスト)の一人。他の著書に「歴史は再び始まった」「Japan Who Governs？」など。

【著作】
◇通産省と日本の奇跡　チャルマーズ・ジョンソン著, 矢野俊比古訳　TBSブリタニカ　1982
◇「転機に立つ国際情勢と日ソ関係の展望」報告—国際シンポジウム'87　〔国際シンポジウム'87組織委員会〕〔1988〕〈内容：ゴルバチョフ政権当初における日ソ関係(チャルマーズ・ジョンソン)〉
◇田中—竹下にみる政治風土(インタビュー)　Chalmars Johnson, 五十嵐暁郎訳：中央公論 103(1)　1988.1
◇歴史は再び始まった—アジアにおける国際関係　チャルマーズ・ジョンソン著, 中本義彦訳　木鐸社　1994.2
◇「閉鎖大国」ニッポンの構造—変革求められる日本経済　ローラ・D. タイソン, チャルマーズ・ジョンソン, ジョン・ザイスマン著, 大岡哲, 川島睦郎訳　日刊工業新聞社　1994.3
◇「もっと日本を知的に捉えようではないか」チャルマーズ・ジョンソン, E. B. キーン：THIS IS 読売 5(7)　1994.10
◇アメリカ帝国への報復　チャルマーズ・ジョンソン著, 鈴木主税訳　集英社　2000.6
◇フォーリン・アフェアーズ傑作選—アメリカとアジアの出会い 1922-1999　下　フォーリン・アフェアーズ・ジャパン編・監訳　朝日新聞社　2001.2〈内容：中国と日本の相互認識(チャーマーズ・ジョンソン)〉
◇帝国アメリカと日本武力依存の構造(集英社新書)　チャルマーズ・ジョンソン著, 屋代通子訳　集英社　2004.7

ジョンソン, ポール
Johnson, Paul
ツアーガイド, ミュージシャン　JTBニューヨーク支店

[生年月日] 1956年
[国籍] 米国　[出生地] ワシントン州シアトル　[学歴] バークリー音楽院〔1978年〕卒

音大卒業後, ボストン大学とニューヨーク大学の日本語科で日本語を勉強し, 1983年より日本人観光客のツアーガイド(現在JTBニューヨーク支店専属)。またミュージシャンとしても活動。著書に「危ないニューヨークをひとり歩きできる本」。

【著作】
◇21世紀地球人へ！　ラシュワース・キッダー編, 筑紫哲也訳　集英社　1991.1〈内容：政治大国・軍事大国としての日本がふたたび姿を表すのは避けられない(ポール・ジョンソン)〉

シラク, ジャック
Chirac, Jacques René
政治家　フランス大統領

[生年月日] 1932年11月29日
[国籍] フランス　[出生地] パリ　[学歴] パリ政治学院卒, 国立行政学院(ENA)〔1959年〕卒

米国留学を経て, 1959年フランス会計検査院入り。'62年ポンピドー首相官房秘書官。'67年国民議会(下院)議員初当選。'68年五月革命の際, グルネン協定締結に活躍, 蔵相付(閣外相)。'72年農相。'74年第3次メスメル内閣内相。同年5月の大統領選でジスカール・デスタンを支持。'74〜76年8月ジスカール政権で首相。'76年12月共和国民主連合(UDR)を共和国連合(RPR)に改組して総裁(党首)。"ド・ゴール主義"を標榜。'77〜95年パリ市長。'81年4月大統領選に初出馬したが第1回投票で敗退。'86年3月〜'88年5月ミッテラン政権

で首相。'88年5月の大統領選に再出馬したがミッテラン大統領に敗れる。'94年11月大統領選出馬のためRPR総裁を辞任。'95年5月3度目の挑戦で大統領に当選。就任後、ムルロア環礁沖での核実験再開を発表し、9月から6回強行実施した。2002年5月再選。2005年5月欧州連合(EU)憲法条約の批准を国民投票にかけるが、大差で否決される。2007年5月引退。"持続可能な発展と文明間の対話のためのジャック・シラク財団"を設立。日本美術や仏教、陰陽道、大相撲を好む知日派で、多数来日している。　【受賞】ルイーズ・ミシェル賞〔1986年〕　【叙勲】フランス国家功労勲章シュバリエ章

【著作】
◇フランスと日本の新たな出会い　ジャック・シラク：三田評論(慶応義塾)　988　1997.2
◇日本嫌いを克服しよう-フランス元首相が訴える対日政策の見通し　ジャック・シラク：THIS IS 読売　1(5)　1990.8

シラネ, ハルオ
Shirane, Haruo
日本文学研究家　コロンビア大学教授

[生年月日]1951年
[国籍]米国　[出生地]東京　[別名等]日本名＝白根治夫　[学歴]コロンビア大学(英文学)〔1970年〕卒　[学位]博士号(コロンビア大学)〔1983年〕　[専門]日本古典文学, 源氏物語
1歳のとき物理学者の父、ピアニストの母とともに渡米し米国に帰化。英国に留学中に日本文学に興味を持ち、コロンビア大学に戻って日本文学を勉強し直した。日本古典文学、比較文学、文学理論を専攻し、1983年「源氏物語」研究でコロンビア大学より博士号取得。南カリフォルニア大学助教授を経て、'87年コロンビア大学教授。著書「夢の浮橋―『源氏物語』の詩学(The Bridge of Dreams)」は'87年度の全米の最もすぐれた人文科学研究書の1冊に選ばれた。他の著書に「芭蕉の風景」などがある。　【受賞】角川源義賞(第15回)〔1993年〕「夢の浮橋―『源氏物語』の詩学」、21世紀えひめ俳句賞(石田波郷賞, 第1回)〔2002年〕「芭蕉の風景」

【著作】
◇夢の浮橋―『源氏物語』の詩学　ハルオ・シラネ著, 鈴木登美, 北村結花訳　中央公論社　1992.2
◇創造された古典―カノン形成・国民国家・日本文学　ハルオ・シラネ, 鈴木登美編　新曜社　1999.4
◇芭蕉の風景文化の記憶(角川叢書)　ハルオ・シラネ著, 衣笠正晃訳　角川書店　2001.5
◇国際化の中の日本文学研究(国際日本文学研究報告集)　伊井春樹編　風間書房　2004.3〈内容：アメリカにおける日本古典文学の研究(ハルオ・シラネ)〉
◇海外における源氏物語の世界―翻訳と研究(国際日本文学研究報告集)　伊井春樹編　風間書房　2004.6〈内容：『源氏物語』について(ハルオ・シラネ)〉

シリング, ドロテウス
Schilling, Dorotheus
宣教師

[生年月日]1886年7月20日
[没年月日]1950年6月5日
[国籍]ドイツ　[出生地]アルテンミトュラウ
[専門]日本キリスト宣教史
1904年フランシスコ会に入会、フランシスコ会神学院哲学課程を経てスイスのフリブールのカトリック大学で神学の勉学を続けた。'12年7月司祭となり、同年宣教師として来日、札幌で布教に従事し「光明」の編集の他聖書など印刷物の刊行に当った。'20年ヨーロッパに帰り、日本におけるカトリック伝道史の研究をおこない「Das Schulwesen der Jesuiten der Jesuiten in Japan、1551-1614」(München、1931)を刊行し学位を得た。ヨーロッパ各国における日本キリシタン史料の収集にあたり、フロイスの「日本史」、アビア・ヒロンの「日本大王国記」の写本などを発見し学界に多大の貢献を行なった。'31年ローマのフランシスコ会の神学院の布教学教授に就任し、'35年からはローマのプロパンダ大学において日本学講座を担当した。

【著作】
◇きりしたん文化史　ドロテウス・シイリング著, 外山卯三郎訳　地平社　1944

シルバースティン, ジョエル
Silverstein, Joel
ディレクTV-JAPAN副会長

[生年月日] 1951年12月10日
[国籍] 米国 [出生地] ニューヨーク州マウント・バーノン [学歴] 南カリフォルニア大学卒, オハイオ州立大学大学院退学, カリフォルニア大学ロサンゼルス校〔1976年〕修士課程修了 [学位] M. B. A.（UCLA）
1969年南カリフォルニア大学国際関係学科に入学。'71～72年早稲田大学国際学部に留学。'73年オハイオ州立大学に入学するが、1年後退学。その後、UCLAでMBA（経営学修士）を取得。'76年ブラック＆デッカーに入社。日本、香港、シンガポール駐在の後、'81年に退社。'82年B&W社（ブラウン・アンド・ウイリアムソン・タバコ・コーポレーション）に入社。東京勤務に。'85年日本総支配人に就任。ピザハット・インクのアメリカ南部地区副社長を経て、デジタル衛星放送局、DIREC（ディレク）TV-JAPAN副会長。'98年1月退任。15年以上に及ぶ在日経験を生かし、独自の日本人論を展開。著書に「わが愛するサムライ日本」「アメリカ人から見た日本人」など。

【著作】
◇わが愛するサムライ日本　ジョエル・シルバースティン：新潮45　6(2)　1987.2
◇わが愛するサムライ日本　ジョエル・シルバースティン著　新潮社　1988.6
◇異文化の中の企業進出(NHKCTIブックレット)　塙義一, ジョエル・シルバースティン著　NHK放送研修センター　1989.2
◇日本人はまだ十二歳——アメリカ人ビジネスマンからの提言——日本人よ、もっと大人になれ　ジョエル・シルバースティン著　ごま書房　1994.9
◇アメリカ人から見た日本人（ゴマブックス）ジョエル・シルバースティン著　ごま書房　1997.6

シルババーグ, ミリアム
Silverberg, Miriam
カリフォルニア大学ロザンゼルス校歴史学部教員

[国籍] 米国　[学歴] シカゴ大学卒　[学位] Ph. D.（日本近代史）　[専門] 日本近代史
日本で成長後、シカゴ大学で学び、日本近代史の分野でPh. D. を取得。大原社会問題研究所客員研究員として来日。その間、藤田省三のもとで研究に従事。1989年よりカリフォルニア大学ロサンゼルス校歴史学部教員。著書に「中野重治とモダン・マルクス主義 Changing John」がある。　[受賞] フェアバンク賞「中野重治とモダン・マルクス主義」

【著作】
◇中野重治とモダン・マルクス主義　ミリアム・シルババーグ著, 林淑美, 林淑姫, 佐復秀樹訳　平凡社　1998.11

ジロー, イヴェット
Giraud, Yvette
シャンソン歌手

[生年月日] 1916年9月14日
[国籍] フランス　[出生地] パリ　[本名] ウーロン, イベット
レコード会社のタイピストをしていたが電話の声に魅力があると勧められ、1945年レコード歌手としてデビュー。翌年「あじさい娘」がヒット。'52年「詩人の魂」がACCディスク大賞を獲得、大ヒットして、編曲者・ピアニストのマルク・エランと結婚。'55年初来日して以来ほとんど毎年のように来演している。外国人歌手としては初めて日本語で歌い、一時期シャンソン・ブームを起こした。'91年アルバム「75ans」をリリース。'97年日本ツアー終了後に、アルバム「アデュー・ジャポン さようなら美しい日本」では日本語による歌をレコーディング。高齢を理由に日本でのコンサートは最後となった。　[受賞] ACCディスク大賞〔1952年〕　[叙勲] 勲四等宝冠章（日本）〔1994年〕

【著作】

◇幕が下りる前に…—私の歌、私の日本　イヴェット・ジロー著, 桐島敬子訳　日本経済新聞社　1999.11

シロニー, ベン・アミー
Shillony, Ben-Ami
歴史学者　ヘブライ大学教授

[生年月日] 1937年10月28日
[国籍]イスラエル　[出生地]ポーランド　[学歴]ヘブライ大学卒, ヘブライ大学大学院〔1965年〕修士課程修了　[学位]Ph. D.（プリンストン大学）〔1971年〕　[専門]日本史, アジア史, 天皇学
1941年ドイツ軍のポーランド侵攻で家族とともにソ連のウリャノフスクに逃がれる。戦後、ドイツに移り、'48年イスラエル建国でイスラエルに移住。大学卒業後、新聞記者をしながら、「広島、長崎に投下された原爆への一考察」で学位を取得。'67年9月から2年間、日本の国際基督教大学（ICU）に留学、次いで米国プリンストン大学で博士号を取得。'71年帰国後、母校のヘブライ大学東洋学科教授となり、ハリー・S・トルーマン平和研究所所長を兼務。'91年1月より半年間ハーバード大学で教鞭を執る。著書に「日本の反乱」「天皇陛下の経済学」「誤解される日本」「ミレニアムからの警告」「WARTIME JAPAN」「ユダヤ人と日本人」など。　[叙勲]勲二等瑞宝章（日本）〔2000年〕

【著作】
◇天皇陛下の経済学—日本の繁栄を支える"神聖装置"（光文社文庫）　B. A. シロニー著, 山本七平監訳　光文社　1986.4
◇誤訳される日本—なぜ、世界で除け者にされるのか（カッパ・ビジネス）　B. A. シロニー著, 山本七平監訳　光文社　1986.8
◇ミレニアムからの警告—千年期の発想 愛国心が日本を亡ぼす（カッパ・ビジネス）　B. A. シロニー著, 山本七平監訳　光文社　1989.5
◇Wartime Japan—ユダヤ人天皇学者が見た独裁なき権力の日本的構造　ベン・アミー・シロニー著, 古葉秀訳　五月書房　1991.11
◇ユダヤ人と日本人—成功したのけ者 異端視され、迫害されながら成功した両民族　ベン・アミー・シロニー著, 仲山順一訳　日本公法　1993.4

◇母なる天皇—女性的君主制の過去・現在・未来　ベン=アミー・シロニー著, 大谷堅志郎訳　講談社　2003.1
◇ユダヤ人と日本人の不思議な関係　ベン=アミー・シロニー著, 立勝訳　成甲書房　2004.11
◇エンペラー 世襲制度の改革より天皇制への無関心をなくすことが急務だ（「女系天皇論」は氷山の一角—「日本が日本であるアイデンティティ」が変質しようとしている このままでは「天皇制」が壊される）　Ben-Ami Shillony：SAPIO　18(3)　2006.2.8
◇日本とユダヤその友好の歴史　ベン・アミー・シロニー, 河合一充共著　ミルトス　2007.7

沈　海濤　しん・かいとう
Shen Haitao
歴史学者　吉林大学北東アジア研究院助教授

[生年月日] 1961年
[国籍]中国　[出生地]黒龍江省　[学歴]北京師範大学歴史学部卒, 吉林大学大学院修了, 東京大学大学院　[学位]文学博士（新潟大学）
[専門]日本近現代政治外交史, 日中関係史
吉林省社会科学研究院日本研究所勤務を経て、1991年来日。東京大学大学院、新潟大学大学院で学ぶ。のち吉林大学北東アジア研究院助教授。著書に「大正期日本外交における中国認識」がある。

【著作】
◇大正期日本外交における中国認識—日貨排斥運動とその対応を中心に　沈海濤著　雄山閣出版　2001.8
◇日中関係進化への新しい試み　沈海濤著　日本僑報社　2004.5

申　敬澈　シン・ギョンチョル
考古学者　釜山大学教授

[生年月日] 1951年
[国籍]韓国　[出生地]釜山　[専門]韓国古代史
慶星大学助教授を経て、釜山大学教授。金海大成洞古墳などの発掘を指導。著書に「古式鐙, 伽耶初期馬具」「古代の洛東江、栄山江、そして倭」など。

【著作】
◇武具—論集　野上丈助編　学生社　1991.6

◇謎の五世紀を探る—シンポジウム・東アジアの再発見　江上波夫,上田正昭共編　読売新聞社　1992.3〈内容：五世紀代における嶺南の情勢と韓日交渉（申敬澈）〉
◇東アジアと九州—シンポジウム　日本考古学協会編　学生社　1994.4〈内容：五世紀における日本と韓半島（申敬澈）〉
◇東アジアにおける文化交流の諸問題（'93国際学術シンポジウム報告書）　国際学術シンポジウム報告書編集委員会編　大阪経済法科大学出版部　1994.10〈内容：最近の発掘調査からみた加耶と倭《報告要旨》（申敬澈）〉

沈 才彬　しん・さいひん
三井物産戦略研究所中国経済センター長

[生年月日]1944年
[国籍]中国　[出生地]江蘇省　[学歴]中国社会科学院〔1981年〕修士課程修了
中国社会科学院助教授、1989年来日し、東京大学客員研究員、お茶の水女子大学客員研究員などを経て、'93年三井物産貿易経済研究所主任研究員、2001年戦略研究所中国経済センター長。一橋大学経済学部非常勤講師も務めた。著書に「日本近現代史講座」「天皇と中国の皇帝」「喜憂並存の中国」などがある。
【著作】
◇天皇と中国皇帝（東アジアのなかの日本歴史）　沈才彬著　六興出版　1990.4

申 熙錫　シン・ヒソク
日本研究家　韓国亜・太政策研究院院長

[生年月日]1945年7月
[国籍]韓国　[出生地]ソウル　[学歴]延世大学政治外交学科〔1968年〕卒、国際基督教大学大学院〔1972年〕修了,東京大学大学院　[学位]政治学博士（東京大学）〔1978年〕　[専門]日本外交・政治史
1976年から2年間東大客員研究員。帰国後、韓国外務省のシンクタンク・外交安保研究院入りし、助教授、副教授を経て、'90年教授、'91年同研究院アジア太平洋研究部長。のち韓国亜・太政策研究院院長。近・現代の日本外交、政治史では韓国の第一人者で、自民党政権に関する研究論文も多く、対日政策立案に携わる。著書に「自民党政治論」「現代日本の政治と外交」など。'90年東大と日韓文化交流基金の招きにより、1年間滞日。日本語に堪能。
【著作】
◇訪日学術研究者論文集—アカデミック　第1巻　日韓文化交流基金〔編〕　日韓文化交流基金　1999.3〈内容：盧大統領訪日以後の韓日関係の展望（申熙錫）〉

陳 明順　ジン・ミョンスン
釜山聖心外国語専門大学日本地域通商専任講師

[国籍]韓国　[学歴]東亜大学日語日文学科〔1986年〕卒, 慶南大学大学院日語科（碩士学位取得）, 大正大学大学院博士課程
1990年東亜大学日語日文学科講師、大正大学大学院（日本）留学を経て、'97年釜山聖心外国語専門大学日本地域通商科専任講師。著書に「漱石漢詩と禅の思想」など。
【著作】
◇漱石漢詩と禅の思想　陳明順著　勉誠社　1997.8

申 潤植　しん・ゆんしく
国土防災技術会長

[生年月日]1929年
[出生地]朝鮮・京城　[学歴]ソウル大学工学部中退, 東京大学大学院砂防工学専攻〔1963年〕修了　[学位]農学博士　[専門]土木工学
1966年国土防災技術の創立に参画、本社技術本部長を経て、'97年会長。同年韓国の詩人・趙炳華の詩画集「旅—近くて遠い異国の友へ」を日本語に翻訳して出版。他の著書に専門の著書に「地すべり工学—理論と実践」「地すべり工学—最新のトピックス」など。[受賞]地すべり学会賞「地すべり工学—理論と実践」
【著作】
◇ごり押しの韓国人きれい事の日本人—在日韓僑の目でみた文化論　申潤植著　山海堂　1999.3

ジンガー, クルト
Singer, Kurt
経済学者, 哲学者

[生年月日] 1886年5月18日
[没年月日] 1962年2月14日
[国籍]ドイツ [出生地]マクデブルク [学歴]シャルロッテンボルク専門学校, ベルリン大学, フライブルク大学, ストラスブルク大学
領事館秘書、ハンブルク通報の記者、ハンブルク経済雑誌の主事などを経て、1924~33年ハンブルク大学教授。'31年来日し、東京帝国大学客員教授を'35年まで務め、その後仙台の第2高等学校でドイツ語の教鞭をとった。'39年帰国。著書に「記号としての金銭」('20年)、「プラトンとギリシャ精神」('20年)、「創始者としてのプラトン」('27年)、「三種の神器―西洋人の日本文化史観」など。
【著作】
◇三種の神器―西洋人の日本文化史観(講談社学術文庫) クルト・ジンガー[著], 鯖田豊之訳 講談社 1994.2

シンチンガー, ロベルト
Schinzinger, Robert
独文学者

[生年月日] 1898年11月8日
[没年月日] 1988年10月9日
[国籍]ドイツ
ベルリン、フライブルク、マールブルク、ハンブルクの各大学において哲学およびドイツ文学を学んだ。ハンブルク大学に論文を提出し学士号を授与された。その後も、引き続きハイデルベルク大学で哲学およびドイツ文学を研究した。1923年9月大阪高等学校教師として招かれ来日。'30年3月に東北帝国大学に招かれドイツ文学および哲学を教授した。のち京都帝国大学講師を兼任し、さらに神戸のドイツ人学校でラテン語を教えた。'42年東京帝国大学文学部講師に就任し断続的に'59年まで在職した。'59年5月に多年の功績に対し勲四等瑞宝章を贈られた。のち学習院大学教授となりドイツ語およびドイツ文学を教えた。なおドイツ東亜協会会長などもつと

め、西田哲学の英独訳紹介者としても有名である。
【著作】
◇外国人の見た日本人の道徳的心性―日本の道徳の特異性 ロベルト・シンチンゲル:現代道徳講座 第3巻 河出書房 1955

シンハ, ラダ
Sinha, Radha
グラスゴウ大学教授

[国籍]英国 [専門]政治経済学
1964年よりグラスゴウ大学教授。「Japan's Option for the 1980s」など多くの著書、論文がある。
【著作】
◇ジャパン・クライシス―"準大国"日本への警告(有斐閣選書) ラダ・シンハ著, 中内恒夫他訳 有斐閣 1984.2
◇ヒューマン・ベターメントの経済学―生活の質へのアプローチ K.E. ボールディング編, 嵯峨座晴夫監訳 勁草書房 1989.8〈内容:文化と経済―インドと日本におけるヒューマン・ベターメント(ラダ・シンハ)〉

シンプソン, ジェームズ
Simpson, James
龍谷大学国際文化学部教授, フロリダ大学名誉教授

[生年月日] 1938年
[国籍] 米国　[学歴] テキサスA&M大学卒　[学位] Ph. D.　[専門] 国際農業経済, 畜産
1981年研究のために初めて訪日。その後、京都大学客員教授などを務め、世界銀行、アジア開発銀行など多くの国際機関のコンサルタント業務も行う。フロリダ大学教授を経て、'96年龍谷大学国際文化学部教授。日本、中国農業に関する著書多数。著書に「これでいいのか日本の食料」など。

【著作】
◇これでいいのか日本の食料—アメリカ人研究者の警告　ジェームス・R. シンプソン著, 山田優監訳　家の光協会　2002.7

【ス】

スィンゲドー, ヤン
Swyngedouw, Jan
オリエンス宗教研究所所員　南山大学宗教文化研究所教授

[生年月日] 1935年11月8日
[国籍] ベルギー　[学歴] ローマ・グレゴリアン大学卒, 東京大学大学院人文科学研究科宗教学宗教史学専攻博士課程修了　[専門] 宗教社会学　[団体] 日本宗教学会, 神道宗教学会, Conférence Intl. de Sociologie des Religions
1961年来日。上智、筑波各大学講師を経て、'75〜95年南山大学宗教文化研究所教授。のちオリエンス宗教研究所員。著書に「日本人との旅」「『和』と『分』の構造」、共著に「菊と刀と十字架と」など。

【著作】
◇「和」と「分」の構造—国際化社会に向かう宗教　ヤン・スィンゲドー著　日本基督教団出版局　1981
◇日本人との旅　ヤン・スィンゲドー著　日本基督教団出版局　1983

スエンソン, エドゥアルド
Suenson, Edouard
海軍軍人　駐日フランス公使付武官

[生年月日] 1842年
[没年月日] 1921年
[国籍] デンマーク
海軍中将を父にもち、父にならって海軍軍人の道を進む。修行のためフランス海軍に入り士官となる。1866年8月10日来日し、翌年夏にかけて滞在。駐日フランス公使レオン・ロッシュ付武官として、横浜のさまざまな日本人や外国人と交流。67年5月には大坂で、将軍徳川慶喜とフランス公使レオン・ロッシュとの謁見に陪席し、貴重な見聞の機会を得る。滞日経験を、帰国後の1869年から翌70年にかけて「日本素描」と題して雑誌に掲載した。1870年の帰国後、大北部電信会社に入社して再度来日し、電信技術を日本人に指導、73年に帰国した。のちデンマーク海軍大臣副官を経て大北電信会社社長。1891年には明治政府より勲二等瑞宝賞を授与された。日本に関する著書・論文多数がある。

【著作】
◇江戸幕末滞在記　E. スエンソン著, 長島要一訳　新人物往来社　1989.2
◇江戸幕末滞在記—若き海軍士官の見た日本（講談社学術文庫）　E. スエンソン〔著〕, 長島要一訳　講談社　2003.11

スカラピーノ, ロバート
Scalapino, Robert Anthony
政治学者　カリフォルニア大学名誉教授

[生年月日] 1919年10月19日
[国籍] 米国　[出生地] カンザス州レブンワース　[学歴] サンタバーバラ大学卒, ハーバード大学卒　[学位] 博士号（ハーバード大学）
[専門] 極東政治, アジア問題
第二次大戦中は海軍で日本語を学び、日本人捕虜の尋問を行う。終戦後に初来日、占領中は大阪を拠点に検閲を担当した。1949年

カリフォルニア大学バークレー校助教授となり、'56年より教授。'62～65年政治学部長、のち同大バークレー校東アジア研究所長を務めた。この間、'62年「Asian Survey」編集長。「現代日本の政党と政治」('62年)、「中国のアナキズム運動」をはじめとして、日本、中国などアジアに関する著書多数。徹底的な調査に基づく現実的な政治分析を学風とする。米国有数のアジア問題専門家。'94年第2回国連軍縮広島会議、2000年6月国際交流会議に出席のため来日。　[受賞]国際交流基金賞(日本)(1998年度)
【著作】
◇大国日本の役割　R・A・スカラピーノ, 直井武夫訳：自由　9(2)　1967.2
◇沖縄返還にみる戦後の国際関係の展開と日米関係—回顧と将来への展望　沖縄返還20周年記念セミナー　国際交流基金日米センター　1994.3〈内容：米国と日本:過去と未来 (ロバート・A.スカラピーノ)〉

スカレラ, ガレット
Scalera, Garrett N.
東京インスティテュート・オブ・ポリシィ・スタディーズ代表

[生年月日] 1941年
[国籍]米国　[出生地]ニュージャージー州サマービル　[学歴]ブラウン大学卒, コロンビア大学大学院修士課程修了　[学位]M. B. A.(コロンビア大学)　[専門]韓国情勢
米国教育長官国際教育諮問委員、日米友好基金副会長、ハドソン研究所日本代表、SRI上級研究員、フーバー研究所上級研究員を歴任。この間韓国開発院の研究に参加。のち東京インスティテュート・オブ・ポリシィ・スタディーズ代表。ワシントンの政界に太いパイプをもつ有力な研究者。著書に「日本はアメリカを越える」「世界経済の発展・1978～2000年」、共著に「80年代の日米経済をよむ」「第2次朝鮮戦争—『北』の脅威に日本はどう対応したらいいか」など。
【著作】
◇日本はアメリカを越える—強気経済のすすめ　ガレット・スカレラ著, 島村力訳　徳間書店　1978

スキャルシャフィキ, マークエステル
Squarciafichi, Marcestel
画家

[生年月日] 1943年
[国籍]フランス　[出生地]パリ
ホテル王の長子に生まれ、南仏で育ち、幼少時代はギリシャ神話を読みあさる。外交官となり、1970年に初来日。日本の水墨画の"にじみ"などに一目ぼれし、芸術家に転身。「古事記」を読み、神話を題材に油絵を描き始める。また巨匠シャガールやビュッフェら世紀の芸術家と交流。ピカソらとともにスイスのオークションに展示されて、華々しくデビューした。東洋の墨のにじみと西欧の色彩を融合させた技法は評判を呼び、'97年頃から伊勢神宮など日本の24の神社に作品を奉納。2006年には「古事記」の世界を約200点描いた作品集を7カ国語で出版。生来の優れた色彩感覚で"色彩の詩人"と呼ばれる。パリや東京など世界6カ所にアトリエがある。　[受賞]神道文化会文化奨励賞〔2007年〕
【著作】
◇日本神話 = Japanese mythology = Mythologie Japonaise　Marcsetel　Xiang-Hap　2006

スクーランド, ケン
Schoolland, Ken
経済学者　ハワイ・パシフィック大学経済政治科学部助教授

[生年月日] 1949年
[国籍]米国　[学歴]ジョージタウン大学卒
国際貿易委員会、商務省の国際エコノミストを歴任し、特別通商代表部にも在籍。シェルドン・ジャクソン大学とハワイ・ロア大学で経済経営学部の責任者を務めた。また1984年8月から2年間、交換教授として北海道に赴任し、三つの大学で教鞭をとった。著書に「学校の憂鬱—アメリカ人教授の見た"いじめ・体罰"」。
【著作】

◇学校の憂鬱―アメリカ人教授の見た"いじめ・体罰" ケン・スクーランド著, 山本俊子訳 早川書房 1992.10

スクリーチ, タイモン
Screech, Timon
ロンドン大学アジア・アフリカ研究学院（SOAS）助教授

[生年月日] 1961年
[国籍] 英国　[出生地] バーミンガム　[学歴] オックスフォード大学オリエンタル・スタディズ科〔1985年〕卒　[学位] 美術史学博士（ハーバード大学）〔1991年〕　[専門] 日本美術史, 江戸文化論
1989～91年, '94～95年日本に留学。"新美術史"の方法と光学・機械・身体論という視点の新しさによって江戸文化論に新局面を開こうとしている。著書に「江戸の身体を開く」「大江戸異人往来」「春画」「大江戸視覚革命」がある。

【著作】
◇大江戸異人往来（丸善ブックス）　タイモン・スクリーチ著, 高山宏訳　丸善　1995.11
◇江戸の身体を開く（叢書メラヴィリア）　タイモン・スクリーチ著, 高山宏訳　作品社　1997.3
◇大江戸視覚革命―十八世紀日本の西洋科学と民衆文化　タイモン・スクリーチ著, 田中優子, 高山宏訳　作品社　1998.2
◇春画―片手で読む江戸の絵（講談社選書メチエ）　タイモン・スクリーチ著, 高山宏訳　講談社　1998.4
◇江戸の思考空間　タイモン・スクリーチ著, 村山和裕訳　青土社　1999.1
◇トレンド英語日本図解辞典　タイモン・スクリーチ, マーガレット・プライス, マーク・大島明編　小学館　1999.1
◇今, 日本の美術史学をふりかえる―文化財の保存に関する国際研究集会　東京国立文化財研究所編　東京国立文化財研究所　1999.3〈内容：浮世絵の善と悪（タイモン・スクリーチ）〉
◇国際デザイン史―日本の意匠と東西交流　デザイン史フォーラム編　思文閣出版　2001.5〈内容：江戸時代の絵画と版画の国際的伝播―エロティカを中心に（タイモン・スクリーチ）〉
◇定信お見通し―寛政視覚改革の治世学　タイモン・スクリーチ著, 高山宏訳　青土社　2003.9

◇江戸の英吉利熱―ロンドン橋とロンドン時計（講談社選書メチエ）　タイモン・スクリーチ著, 村山和裕訳　講談社　2006.1

スコット・ストークス, ヘンリー
Scott-Stokes, Henry
ジャーナリスト　ニューヨーク・タイムズアジア代表, ニューヨーク・タイムズ・ファクスアジア代表

[生年月日] 1938年6月15日
[国籍] 英国　[出生地] ロンドン　[学歴] オックスフォード大学〔1961年〕卒
26歳のとき「ファイナンシャル・タイムズ」紙の初代東京支局長として, 来日。以後,「ロンドン・タイムズ」「ニューヨーク・タイムズ」の各東京支局長を歴任。その後,「ハーパー」誌の定期寄稿家となる。'91年よりニューヨーク・タイムズとニューヨーク・タイムズ・ファクスのアジア代表。この間, '68年3月に三島由紀夫と知り合い, 楯の会の富士演習を単独取材するなど三島の自決寸前まで親交をもった。15回忌に当たる'85年11月「三島由紀夫 死と真実」を出版。のち改訂版が出版され, 英語圏各国で好評を博す。また, '87年から環境芸術家クリストの日本事務所代表を務めた。

【著作】
◇三島由紀夫生と死　ヘンリー・スコット＝ストークス著, 徳岡孝夫訳　清流出版　1998.11
◇外国人にも伝染した日本人の「悲観論」　スコット・ストークス, ヘンリー：東洋経済 5668　2000.12.9
◇ザビエル報告書の"日本"はいまだ健在だ　スコット・ストークス, ヘンリー：東洋経済 5717　2001.9.15

スタイシェン, ミカエル
Steichen, Michael
カトリック神父, 日本研究家　パリ外国宣教会宣教師・司祭, 本郷上富士前教会任司祭

[生年月日] 1857年
[没年月日] 1929年7月26日
[国籍] フランス　[出生地] デュドランジュ（ルクセンブルク）　[別名等] 筆名＝秋庭紫苑, 須

田井飛燕, 洲庭泉, 捨井芝園, 赤石捨四郎　[学歴]パリ外国宣教会神学校卒　[専門]キリシタン史

パリで中学、大学教育を受け、1880年パリ外国宣教会に入会。1886年司祭に叙階され、1887年日本布教を命ぜられ来日。盛岡、東京・築地、静岡の教会司祭を歴任、1896年から東京・麻布、築地、横浜若葉町の教会に勤め、1909年聖心女学院付司祭。この間、伝道の傍ら、キリシタン史研究に没頭。'11年日本のカトリック雑誌「声」の編集主幹となり秋庭紫苑、須田井飛燕、赤石捨四郎等の筆名で執筆。'18年築地神学校校長となり築地教会主任司祭を兼任。'23年関東大震災罹災後健康を害し引退、関口教会で静養に務める。'28年本郷上富士前教会主任司祭に復帰。著書に「1637〜38の島原の乱」「キリシタン大名記」などがある。

【著作】
◇耶蘇基督真蹟考　斯定筌述, 久米邦武記　岩崎重雄　1897
◇切支丹大名史　スタイシエン著, ビリヨン訳　ビリヨン　1929

スタインホフ, パトリシア
Steinhoff, Patricia G.
ハワイ大学社会学部教授・元日本研究所所長、国際交流基金アメリカン・アドバイザリー・コミッティー・メンバー

[生年月日] 1941年12月9日

[国籍]米国　[出生地]ミシガン州デトロイト　[学歴]ミシガン大学日本語・日本文学部卒　[学位]社会学博士(ハーバード大学)　[専門]社会学, 日本研究

1961年初来日、以来年1、2度の割で日本に滞在。'72年テルアビブ空港襲撃事件以来、日本赤軍の研究を始める。'92年赤軍OBらが企画した「日本赤軍派」出版記念パーティー出席のため来日。他に妊娠中絶問題や、戦前の日本の転向問題などに関する著書多数。主著に「Abrotion Politics:The Hawaii Experience」(1977年、共著)、「Conflict in Japan」('84年、共著)、「Tenko:Ideology and Societal Integration in Prewar Japan」('91年)、「日本赤軍派—その社会学的物語」('91年)など。

【著作】
◇日本赤軍派—その社会学的物語　パトリシア・スタインホフ著, 木村由美子訳　河出書房新社　1991.10
◇日本研究・京都会議　1994　国際日本文化研究センター, 国際交流基金編　国際日本文化研究センター　1996.3〈内容：Who Knows? Who Wants to Know? Defining Japanese Studies in the 1990s:Audiences and Constituencies (Patricia G. STEINHOFF) Who Knows? Who Wants to Know? Doing Japanese Studies in the 1990s:Colleagues and Collaboration (Patricia G. STEINHOFF)〉
◇日本情報の国際的流通—日本研究の基盤を考える　日本研究司書研修シンポジウム記録　国際文化会館図書室編　国際交流基金　1999.12〈内容：アメリカにおける日本研究—その実体と特徴 (パトリシア・スタインホフ)〉
◇アメリカにおける、アメリカに属する、アメリカ発の、アメリカ経由の日本研究　Patricia G. Steinhoff：国際文化会館会報　13(2) 2002.12
◇死へのイデオロギー—日本赤軍派(岩波現代文庫 社会)　パトリシア・スタインホフ〔著〕, 木村由美子訳　岩波書店　2003.10

スタトラー, オリバー
Statler, Oliver
作家

[没年月日] 2002年2月14日

[国籍]米国

1947〜58年東京や横浜などに居住し、畦地梅太郎ら日本の版画家に注目、その活動を支援した。古き良き日本を紹介した歴史小説「ジャパニーズ・イン(日本宿)」や「シモダ・ストーリー(下田物語)」を著し、日本文化を世界に紹介した。

【著作】
◇ニッポン歴史の宿—東海道の旅人ものがたり　O. スタットラー著　三浦朱　〔出版年不明〕
◇東海道の宿—水口屋ものがたり(現代教養文庫 964)　オリヴァー・スタットラー著, 斎藤襄治訳　社会思想社　1978

スターリングス，バーバラ
Stallings, Barbara
ウィスコンシン大学政治経済学教授・グローバルスタディ研究所所長

［国籍］米国　［学位］経済学博士（ケンブリッジ大学），政治学博士（スタンフォード大学）
［専門］国際関係，ラテンアメリカ研究
著書に「Banker to the Third World:U. S. Portfolio Invbestment in Latin America, 1900-1986」（1987年）、「Debt and Democracy in Latin America」（'89年，編）。
【著作】
◇ラテンアメリカとの共存—新しい国際環境のなかで（ポリティカル・エコノミー）　バーバラ・スターリングス〔ほか〕編著　同文館出版　1991.9
◇ポスト冷戦時代の開発援助と日米協力（IDJ library）　海外開発評議会〔編〕，市川博也監訳　国際開発ジャーナル社　1995.3〈内容：一九九〇年代の展開—日米のパラダイム（バーバラ・スターリングス）〉

スティーブンソン，ハロルド
Stevenson, Harold W.
心理学者　ミシガン大学教授

［生年月日］1924年
［没年月日］2005年7月7日
［国籍］米国　［出生地］ワイオミング州　［学位］博士号（スタンフォード大学）〔1951年〕
コロラド大学、ミネソタ大学教授を経て、1971年ミシガン大学教授、人間の成長・発達センター勤務。'79年から子どもの学力に関する一連の国際共同研究を率いた。児童発達研究学会、行動発達研究国際学会、アメリカ心理学会の発達心理学会の会長を歴任。第二次大戦の従軍時に日本語をマスターし、戦後、日本や台湾の小学校教育を研究。特に算数の分野で日本が優れているのは、全ての児童を平等に扱い、間違いを徹底的に直す点にあると主張、米国の教育システム改革に大きな影響を与えた。東北福祉大学客員教授も兼任した。共著に「小学生をめぐる国際比較研究—日本・米国・台湾の子どもと親と教師」がある。　　［受賞］G. スタンリー・ホール賞（米国心理学会），アメリカ児童発達研究学会賞〔1993年〕
【著作】
◇小学生の学力をめぐる国際比較研究—日本・米国・台湾の子どもと親と教師　ハロルド・W. スティーブンソン，ジェームズ・W. スティグラー著，北村晴朗，木村進監訳　金子書房　1993.10

スティール，M. ウィリアム
Steele, Marion William
国際基督教大学教養学部社会科学科教授

［生年月日］1947年9月22日
［国籍］米国　［出生地］カリフォルニア州サンタ・クルーズ　［学歴］カリフォルニア大学歴史人類学部歴史学科日本史専攻卒，ハーバード大学大学院比較文化研究科東アジア言語・日本史専攻博士課程修了　［学位］Ph. D.（ハーバード大学）〔1976年〕　［専門］近代日本政治史, 近代日本社会史　［団体］日本思想史学会, Association for Asian Studies
ハーバード大学講師を経て、1981年国際基督教大学教養学部社会科学科歴史学講座助教授、のち教授。アジア文化研究所所長も兼務。著書に「Clura's diary」「もう一つの近代」、共著に「型と日本文化」「明治維新の革新と連続」、分担執筆に「日本近代史における転換期の研究」などがある。
【著作】
◇型と日本文化　源了円編　創文社　1992.6〈内容：行動の「型」（M. W. スティール）〉
◇明治維新の革新と連続—政治・思想状況と社会経済（年報・近代日本研究）　近代日本研究会編　山川出版社　1992.10〈内容：地方政治の発展—北多摩の場合（M. ウィリアム・スティール）〉
◇異文化交流と近代化—京都国際セミナー1996　松下鈞編　「異文化交流と近代化」京都国際セミナー1996組織委員会　1998.7
◇もう一つの近代—Localism and nationalism in modern Japanese history 側面からみた幕末明治　M. ウィリアム・スティール著　ぺりかん社　1998.10
◇幕末維新の社会と思想　田中彰編　吉川弘文館　1999.11〈内容：アメリカから見た日本の南北戦争（M. ウィリアム・スティール）〉
◇基調講演 討議 21世紀の世界と日本の課題（特集・「第12回日本研究国際セミナー2001」

—21世紀の世界と日本の課題）　内川芳美，樋口陽一，M. William Steele：Fukuoka UNESCO　38　2002
◇1990年代の日本思想史―近代性、ナショナル・アイデンティティ、現代(特集・アメリカの日本研究―現在・未来)　M. William Steele, 岡本尚央子：季刊日本思想史　61　2002
◇ローカルヒストリーからグローバルヒストリーへ―多文化の歴史学と地域史　河西英通，浪川健治，M. ウィリアム・スティール編　岩田書院　2005.8〈内容：日本地域史への欧米からのアプローチ(M. ウィリアム・スティール)〉

ステグナー, ウォーレス
作家　スタンフォード大学教授

［没年月日］1993年4月13日
［国籍］米国　［出生地］アイオワ州
1909年北欧移民の子として生まれる。スタンフォード大学などで英文学と創作を教える傍ら、西部の開拓精神をテーマとする小説を多数発表。「アングル・オブ・リポーズ」で'72年のピュリッツァー賞(小説部門)を受けた。また、'50年に来日、慶応大学で講演し、日本の作家と交流。帰国後、米誌に日本文学を紹介する橋渡し役となった。　［受賞］ピュリッツァー賞(小説部門)〔1972年〕「アングル・オブ・リポーズ」, O・ヘンリー賞
【著作】
◇日本雑感　ウォーレス・ステグナー：文芸　8(4)　1951

ステゼル, ジャン
Stoetzel, Jean
社会学者, 社会心理学者　パリ大学教授

［生年月日］1910年4月23日
［国籍］フランス　［出生地］ボージュ県サン・ディエ　［学歴］パリ大学卒, 高等師範学校卒
1945年ボルドー大学教授、'55年パリ大学教授となった。この間'38年フランス世論研究所を創立、主宰。'52年ユネスコの「社会的緊張」研究調査主任として来日、日本青年の価値態度に関する調査をし、戦後青年は合理的な考えを持つようになったが、十分自立していない点を指摘した。著書に「世論の理論」('43年)、「菊と刀なき日本」('54年)、「社会心理学」('63年)などがある。
【著作】
◇菊と刀なき日本―戦後の日本青年の態度　大野欣一訳　平野書房　1956
◇菊も刀もない青年たち　J. ステッツェル, 加藤周一編：外国人の見た日本　第5　筑摩書房　1961

ストークス, ブルース
Stokes, Bruce
ジャーナリスト

［生年月日］1948年
［国籍］米国　［出生地］ペンシルベニア州　［学歴］ジョージタウン大学, ジョンズ・ホプキンズ大学大学院, コロンビア大学大学院
世界銀行顧問などを経て、1984年「ナショナル・ジャーナル」国際経済担当記者。のち外交評議会上級研究員。「ニューヨーク・タイムズ」「ワシントン・ポスト」などへの寄稿多数。著書に「自助―全世界の問題の局地的解決」「日本の対米投資の動機と結果」など。'93年講演で来日。
【著作】
◇米国から見た「石原都知事」　ストークス, ブルース：Foresight　10(5)　1999.5
◇国際世論調査でわかった「ユーウツな日本人」　ストークス, ブルース：Foresight　14(1)　2003.1

ストックウィン, ジェームズ・アーサー
Stockwin, James Arthur
政治学者　オックスフォード大学日産近代日本問題研究所所長

［生年月日］1935年11月28日
［国籍］英国　［出生地］バーミンガム　［本名］エインスコー・ストックウィン, ジェームズ・アーサー〈Ainscow Stockwin, James Arthur〉　［学歴］オックスフォード大学〔1959年〕卒, オーストラリア国立大学大学院〔1965年〕修了　［学位］政治学博士(オーストラリア国立大学)〔1963年〕　［専門］比較政治学, 日本研究
1962年から1年3ケ月間、東京大学の社会学研究所に在籍。オーストラリア国立大学助教

授、教授を経て、'81年オックスフォード大学に戻り、'82年同大教授。'81年オックスフォード大学に日産の寄付により日産近代日本問題研究所が発足、'82年～2003年所長を務める。著書に「日本社会党と中立外交」「現代日本政治辞典」。英語、ロシア語、日本語、フランス語、イタリア語に堪能。　［叙勲］旭日中綬章（日本）〔2004年〕

【著作】
◇集中か分岐か—1990年代における日本とイギリス政治の比較（新島講座）　ジェームス・アーサー・ストックウィン〔述〕　同志社　1999.8

ストラミジョリ, ジュリアナ
Stramigioli, Giuliana
日本文学研究家　ローマ大学教授

［生年月日］1914年
［没年月日］1988年7月25日
［国籍］イタリア　［学歴］ローマ大学卒, 京都大学卒

ローマ大学で仏教を専攻した後1936年に初来日、京都大学で学んだ。その後も在日イタリア大使館やイタリア文化会館に勤務、東京外国語大学のイタリア語講師として日本に滞在した。'48年イタリア映画を日本に紹介するイタリア・フィルム社を設立、「自転車泥棒」「にがい米」「無防備都市」「道」「屋根」などの名作を次々に戦後の日本に紹介した。'65年イタリアに帰り、ローマ大学で日本語、日本文学の教鞭を取るかたわらイタリア中亜極東協会でも日本語、日本史を教えた。また「保元物語」「将門記」の翻訳も出版した。帰国後も日本ペンクラブ、国際交流基金の招きによって数度来日した。'82年に退官。　［受賞］カバリエーレ賞（イタリア）〔1956年〕, 岡野賞（日伊協会）〔1988年〕　［叙勲］勲三等宝冠章（日本）〔1982年〕

【著作】
◇青い目からながめた文化日本—ザックバラン異人さんの放談（座談会）　サイデンステッカー, ストラミジョリ, レオン・ブルー：週刊読売　1955.11.13

ストーリー, ジョージ・リチャード
Storry, George Richard
日本研究家　オックスフォード大学名誉教授

［生年月日］1913年10月20日
［没年月日］1982年2月19日
［国籍］英国　［学歴］オックスフォード大学〔1947年〕卒　［専門］日本政治史

1937～40年小樽高等商業学校の英語教師として滞日。戦後、オックスフォード大学教授となり、日本現代史を教える。'70年から同大極東研究センター・日本研究センターを主宰、多くの日本研究者を育成し、日本人留学生にも温かい手を差しのべた。'81年退官、名誉教授。英日協会の代表的メンバーで日英文化交流に貢献した。著書に「The double patriots」「A Study of Japanese Nationalism」（'57年）、「A History of Modern Japan」（'60年）、「Japan」（'67年）、「The Way of Samurai」（'78年）などがある。　［受賞］国際交流基金賞（日本）〔1981年〕

【著作】
◇イギリスにおける日本研究　リチャード・ストーリー：日本文化研究国際会議議事録　日本ペンクラブ　1973
◇ゾルゲ追跡　上（岩波現代文庫 社会）　F. W. ディーキン, G. R. ストーリィ〔著〕, 河合秀和訳　岩波書店　2003.1
◇ゾルゲ追跡　下（岩波現代文庫 社会）　F. W. ディーキン, G. R. ストーリィ〔著〕, 河合秀和訳　岩波書店　2003.1
◇超国家主義の心理と行動—昭和帝国のナショナリズム　リチャード・ストーリィ著, 内山秀夫訳　日本経済評論社　2003.6

ストロバー, マイラ
Strober, Myra H.
労働経済学者　スタンフォード大学教育学部教授

［国籍］米国

1987年の「アグネス論争」を紹介した米国『タイム』誌の記事を読み、アグネス・チャンに「男女の問題を歴史的、経済的側面から研究なさい。論争をただの騒ぎにせずに社会

に役立たせるためにも」と大学院での研究を勧める。研究成果は共著書「この道は丘へと続く―日米比較 ジェンダー、仕事、家庭」に結実した。
【著作】
◇この道は丘へと続く―日米比較ジェンダー、仕事、家族　アグネス・チャン、マイラ・ストロバー著、桃井緑美子訳　共同通信社　2003.9

ストロング, サラ
Strong, Sarah M.
日本文学研究家　ベーツ大学準教授

[生年月日] 1947年
[国籍] 米国　[出生地] フロリダ州キーウェスト
[学歴] オベリン大学（歴史学）〔1969年〕卒
[学位] 博士号（日本文学, シカゴ大学）〔1984年〕　[専門] 宮沢賢治作品, 古典詩, 中世能
大学で宮沢賢治の詩について研究。1983年からメイン州ルイストンのベーツ大学で日本語・日本文学を教え、のち準教授。古典詩と中世能を含む日本文学の論題を多数執筆。訳書に宮沢賢治「銀河鉄道の夜」（'91年）などがある。
【著作】
◇世界に拡がる宮沢賢治―宮沢賢治国際研究大会記録集　宮沢賢治学会イーハトーブセンター生誕百年祭委員会記念刊行部会編　宮沢賢治学会イーハトーブセンター　1997.9〈内容：山を喰い、空気を飲み、大地を救う賢治（サラ M. ストロング）山を喰い、空気を飲み、大地を救う宮沢賢治（サラ M. ストロング））

スナイダー, ゲーリー
Snyder, Gary Sherman
詩人　カリフォルニア大学デービス校教授

[生年月日] 1930年5月8日
[国籍] 米国　[出生地] カリフォルニア州サンフランシスコ　[学歴] リード大学, カリフォルニア大学バークレー校, インディアナ大学
[資格] 米国芸術科学アカデミー会員
オレゴン州のリード大学で人類学、インディアナ大学で言語学、カリフォルニア大学で東洋学・中国語・日本語を修め、1953年ごろワシントン州ノースカスケード山で森林看視人やきこりをし、のち西海岸を放浪、タンカー乗員として働いた。この間'56年に初来日、以来8年に渡って臨済禅を修行。また、日本人女性と結婚した。'59年の第一詩集「Riprap（割りぐり）」以来、自然との関係を重視し、'70年よりカリフォルニア州シェラ・ネバタ山中に生活。'75年「亀の島」（'74年）でピュリッツァー賞を受賞。A. ギンズバーグやJ. ケルアックとともにビート・ゼネレーションを代表する詩人とされる。文筆活動の他、自然保護運動にも活躍。ほかの作品に'56年から書いている「果てしなき山と川」や詩集「神話とテキスト」（'60年）、「斧の柄」（'83年）、散文集「インドを通る道」（'84年）「野生の実践」（'91年）など。寒山や宮沢賢治の詩の英訳もある。　[受賞] ピュリッツァー賞〔1975年〕「亀の島」, 仏教伝道文化賞（第32回）〔1998年〕, 正岡子規国際俳句賞（第3回, 日本）〔2004年〕
【著作】
◇逆方向に向う現代文明　ゲイリー・スナイダー：中央公論　1972.12

スノー, エドガー
Snow, Edgar Parks
ジャーナリスト

[生年月日] 1905年7月19日
[没年月日] 1972年2月15日
[国籍] 米国　[出生地] カンザス州カンザス・シティ　[学歴] ミズーリ大学（ジャーナリズム）卒
1928年世界一周旅行の途上、上海に足を止め、「チャイナ・ウィークリー・レビュー」の記者となり、'29年「シカゴ・トリビューン」紙、'34～37年「ニューヨーク・サン」紙、'32～41年「ロンドン・デーリー・ヘラルド」紙などの新聞、雑誌の特派員として中国に滞在、極東・中東各地を視察、アジア問題専門のジャーナリストとして活躍。この間'34～35年燕京大学講師。ヒューマニズムにあふれた青年記者として、日本の中国東北部（旧満州）への侵略を扱った「極東戦線」（'34年）

を書いた。'36年中国共産党が延安に入った際、封鎖をくぐって外国人記者として初めて解放地区に入り、毛沢東と会見、6カ月間中共軍と行動を共にする。中国の共産党支配地区の実情を生き生きと報道した「中国の赤い星」('37年)で世界的に名声を博した。'41年帰米、第2次大戦中は「サタデー・イブニング・ポスト」紙の従軍特派員としてヨーロッパ、ソ連、中国、インド、中近東などで取材活動を行い、スターリン、ガンジー、ネルー、イブン・サウドなどと会見。戦後、マッカーシズムの時代にスイスに移住。終生、中国の誠実な友として中国首脳部からも信頼が厚かった。'60、'65、'70年に訪中、「今日の中国」('60年)、「中国、もう一つの世界」('62年)、「革命はつづく」('71年)などを著わした。

【著作】
◇革命日本に寄す(対談) E・スノー, 山本実彦：改造 1946.2
◇敗戦日本とその前途 エドガー・スノー：世界週報 1946.4.13
◇抗日解放の中国—エドガー・スノーの革命アルバム エドガー・スノー〔著〕, ロイス・ホイーラー・スノー編, 高橋正訳 サイマル出版会 1986.4
◇極東戦線—一九三一〜三四 満州事変・上海事変から満州国まで(筑摩叢書) エドガー・スノー著, 梶谷善久訳 筑摩書房 1987.12
◇アジアの戦争—日中戦争の記録(筑摩叢書) エドガー・スノー著, 森谷巌訳 筑摩書房 1988.2
◇抗日解放の中国—エドガー・スノーの革命アルバム エドガー・スノー〔著〕, ロイス・ホイーラー・スノー編, 高橋正訳 サイマル出版会 1996.1

スノードン, ポール
Snowden, Paul
早稲田大学国際教養学部教授

[生年月日] 1946年10月31日
[国籍]英国 [出生地]ダービー [学歴]ケンブリッジ大学キングズ・カレッジ現代・中世言語学部卒, ケンブリッジ大学大学院現代・中世言語研究科現代・中世言語専攻修士課程修了 [専門]言語学, 英語 [団体]JACET, JALT, IATEFL

1969年英語教師として来日。早稲田大学政経学部助教授を経て、教授。平成16年の国際教養学部創設に関わり、19年同大初の外国人学部長となる。著書に「Cultural Awareness」「Cultural Images」「英語リンク・ワード事典」、共著に「自己紹介の英語」「英語で紹介する現代の日本 改訂新版」など。

【著作】
◇Fantasy and Ignorance about Japan—A Blief Review of Some Persistent Western Attitudes to Japan in the Last Century and a Half Paul Snowden：教養諸学研究(早稲田大学政治経済学部教養諸学研究会) 74・75 1983
◇日本文化の"鎖国シンドロール"(座談会) ポール・スノードン, トーマス・コーガン, J. フェルナンデス：知識 40 1985.4
◇英語で紹介する現代の日本 改訂新版 山本圭介, ポール・スノードン共著 ジャパンタイムズ 1990.3
◇ヨーロッパ人の見た文久使節団—イギリス・ドイツ・ロシア 鈴木健夫, P. スノードン, G. ツォーベル著 早稲田大学出版部 2005.2

スピンクス, ウェンディ
Spinks, Wendy A.
東京理科大学工学部第一部教授

[生年月日] 1957年
[国籍]オーストラリア [出生地]タスマニア州 [学歴]オーストラリア国立大学アジア学部卒, シドニー大学大学院経営学研究科博士課程修了 [学位]Ph. D., 経営学博士(シドニー大学)〔1996年〕 [専門]組織行動学, 人材管理学 [団体]日本テレワーク学会(代表幹事)

1974年初来日、東京大学新聞研究所留学を経て、帰国。'96年シドニー大学大学院経営学研究科で経営学博士取得(日・北米サテライトオフィスの国際比較)後、再来日。城西国際大学専任講師、助教授を経て、東京理科大学教授。国際フレックスワーク・フォーラム創設メンバー・幹事やヨーロッパ共同体テレワーク・フォーラムの日本窓口、国際テレワーク会議東京会議実行委員長などを務める。著書に「テレワーク世紀」がある。

【著作】
◇サテライトオフィス運営と日本型経営（特集・女性とその時代）　W. A. スピンクス：国際文化研究所紀要　2　1996.8

ズーフ，ヘンドリック
Doeff, Hendrik
長崎出島商館長

[生年月日] 1777年
[没年月日] 1835年10月19日
[国籍] オランダ

東インド会社に入り、ジャワを経て、1798年長崎オランダ商館の書記として来日する。1803年前任のワルデナール辞任後、27歳の若さでカピタンに就任し、17年まで在任した。その間に3度にわたり江戸に参府する。在任中、母国オランダがナポレオンのために統合され、イギリス総督ラッフルズが出島商館を手に入れようとしたが、これを拒否し母国の名誉を守った。のち長崎通詞の助けを借り、ハルマの「蘭仏辞書 第2版」に拠って「蘭日辞書」を編纂・完成させた。1817年に19年に及ぶ任期を終えバタビアに帰還し、1819年オランダに向かうが、途中インド洋で船が難破し、収集した日本の書物、研究資料を一切失った。

【著作】
◇日本回想録　斎藤阿具訳註　雄松堂書店（異国叢書 5）　1966
◇長崎オランダ商館日記　2（日蘭学会学術叢書）　日蘭学会編，日蘭交渉史研究会訳注　雄松堂出版　1990.3
◇長崎オランダ商館日記　3（日蘭学会学術叢書）　日蘭学会編，日蘭交渉史研究会訳注　雄松堂出版　1991.3
◇長崎オランダ商館日記　4（日蘭学会学術叢書）　日蘭学会編，日蘭交渉史研究会訳注　雄松堂出版　1992.3
◇長崎オランダ商館日記　5（日蘭学会学術叢書）　日蘭学会編，日蘭交渉史研究会訳注　雄松堂出版　1994.1
◇長崎オランダ商館日記　6（日蘭学会学術叢書）　日蘭学会編，日蘭交渉史研究会訳注　雄松堂出版　1995.3
◇ドゥーフ日本回想録（新異国叢書）　H. ドゥーフ著，永積洋子訳　雄松堂出版　2003.8
◇ズーフ日本回想録§フィッセル参府紀行（異国叢書）　ズーフ［著］，斎藤阿具訳註，斎藤文根校訂§フィッセル［著］，斎藤阿具訳註，斎藤文根校訂　雄松堂出版　2005.5

スペクター，デーブ
Spector, Dave
タレント，テレビプロデューサー，放送プロデューサー　（株）スペクター・コミュニケーションズ代表取締役

[生年月日] 1954年5月5日
[国籍] 米国　[出生地] イリノイ州シカゴ　[本名] スペクター，デービッド〈Spector, David〉
[学歴] シカゴIBA（放送大学）〔1975年〕卒
[資格] 文部省認定実用英語技能検定1級，上級救命技能　[専門] メディア，放送　[団体] 国際映画・テレビ監督組合，国際ドキュメント協会（理事），全米放送連盟，日本放送作家協会，米国テレビ・ラジオ出演労働組合，全米講演者協会，日本外国特派員協会，在日米国商工会議所，ラジオ・テレビジョン・ニュース・デレクターズ・アソシエーション，日本ガーディアン・エンジェルス（顧問）

1972年上智大学留学。'75年シカゴIBA卒業後、国際映画・テレビ監督労働組合（DGA）、米国テレビ・ラジオ出演者労働組合（AFTRA）、日本外国特派員協会（FCCJ）、在日アメリカ商工会議所（ACCJ）などに所属。子役として活躍、20代はDJ、雑誌編集、テレビ脚本家で鳴らし、米国ABCテレビ番組プロデューサーとして、'83年来日。日本のテレビ番組の買い付けの仕事のかたわら、日本のワイドショーやバラエティーショーに出演。「笑っていいとも」「ザ・ワイド」「とくダネ！」「ときめき夢サウンド」「朝まで生テレビ」などで人気を博す。現在、多数の講演を行うほか、米英のテレビにも出演。また、'91年コメディー映画「裸の銃を持つ男2 1/2」の日本語字幕監修を手掛ける。著書に「文明退化の音がする」「デーブ・スペクターの東京裁判」「僕はこうして日本語を覚えた」など。'97年大正大学非常勤講師。　[受賞] ニューポート・アジア・パシフィック大学人文学名誉博士号

【著作】
◇おもしろ外人のおもしろカルチャーショック！マイケル・マクドナルド，ケント・デリカッ

ト, マリアン, デイブ・ユーゾー・スペクター: 週刊明星　1984.8.9
◇可愛いい類人猿——日本人のここが大好き　デイブ・スペクター著　ワニブックス　1984.10
◇日本の女の子の七・不・思・議（対談）　デーブ・スペクター, ゲオーク・マテス:JUNON　1986.7
◇ぼくの不思議の国ニッポン——このままでは21世紀に日本は沈没する　デーブ・スペクター著　日新報道　1986.12
◇文明退化の音がする　デーブ・スペクター著, 桐山秀樹構成　新潮社　1987.4
◇ヘんな外人から見たミョ〜な日本人（座談会）　ケント・デリカット, オスマン・サンコン, デイブ・スペクター:女性自身　1987.6.30
◇デーブ・スペクター——「論よりギャグ」の日本人カルガモ論（対談）　デーブ・スペクター, 渡辺淳一:現代　23(4)　1989.4
◇日本人には「マイウェイ」は似合わない！（対談）　ジェームズ・ファローズ, デーブ・スペクター:週刊文春　31(48)　1989.12.7
◇「金魚付き合い」が大好きな「三原山民族」　デーブ・スペクター:プレジデント　28(6)　1990.6
◇日本の権力構造はガイジンの批判を許さない（対談）　K. V. ウォルフレン, デーブ・スペクター:週刊文春　32(43)　1990.11.15
◇アメリカ人は日本について無知で無関心だ（対談）　ウォルター・シャピロ, デーブ・スペクター:週刊文春　34(4)　1992.1.30
◇『ライジング・サン』の日本観は間違いだらけ（対談）　ウェザロール・ウィリアム, デーブ・スペクター:週刊文春　34(37)　1992.10.1
◇CM大国ニッポン（福武文庫）　デーブ・スペクター:日本日記　福武書店　1993.2
◇僕はこうして日本語を覚えた　デーブ・スペクター著　同文書院　1998.10

ズベル, ムハマド
Zubair, Mohammad
ジャーナリスト

[国籍]パキスタン

大学卒業後、日本で働く幼なじみに誘われ、1988年来日。日本の伝統文化について取材活動を始め、日本語も独学する。のち、日本に住む外国人労働者や国際結婚カップル、イスラム教徒コミュニティについて、内外のメディアに寄稿し、在日同胞向けの情報紙を発行。傍ら、ジャーナリストとして、イラクやアフガニスタンの現状報告にも力を入れる。

在日外国人がどんな思いで暮らしているのかを伝えたいと、15人の外国人を取材し、'99年「隣の外国人」として出版。

【著作】
◇隣の外国人（Photo journalism series）　ムハマドズベル著　同文書院　1999.5

スミス, シーラ
ボストン大学助教授, 国際日本文化研究センター客員助教授

[国籍]米国　[学歴]コロンビア大学大学院博士課程　[専門]国際政治学

海軍将校の父の転勤で1969年から2年間グアムに住み、病院で看護の手伝いを経験。'77年カリフォルニア州・サンノゼからワシントン市に移り、日本大使館の職員に。'79年語学勉強のため来日。'81年米国・コロンビア大学に入学し、日米安保関係を博士論文の主題に選ぶ。のち再び来日し、日本国際問題研究所・米国研究センター（ARC）のただ一人の外国人研究員に。のちボストン大学助教授。'98年琉球大学研究員として沖縄に住み、米軍基地問題を研究。のち国際日本文化研究センター客員助教授として京都在住。

【著作】
◇日米戦後関係史——パートナーシップ 1951-2001　入江昭, ロバート・A. ワンプラー編, 細谷千博, 有賀貞監訳　講談社インターナショナル　2001.9〈内容:隔てられた場所（シーラ・スミス）〉

スミス, パトリック
Smith, Patrick
ジャーナリスト

[国籍]米国

「ニューヨーク・タイムズ」「フィナンシャル・タイムズ」「インターナショナル・ヘラルド・トリビューン」「ニューヨーカー」などの編集者、記者を歴任。20年以上のキャリアのうち、14年はアジアに駐在。著書に、ヨットのアメリカズ・カップに初挑戦した日本チームを描いた「ニッポン・チャレンジ」などがある。

【著作】

◇ニッポン・チャレンジ　パトリック・スミス著,染田屋茂訳　文芸春秋　1992.5
◇日本人だけが知らない日本のカラクリ　パトリック・スミス〔著〕,森山尚美訳　新潮社　2000.11

スミス,ヘンリー (2世)
Smith, Henry D.（II）
歴史学者　コロンビア大学教授

[生年月日] 1940年11月18日
[国籍] 米国　[出生地] アリゾナ州ビズビー
[学歴] エール大学〔1962年〕卒,ハーバード大学〔1965年〕修士課程修了　[学位] 博士号（ハーバード大学）〔1970年〕
エール大学でJ.ホールの講義を受け日本史に関心を持つ。1966～68年フォード財団の奨学金を得て東京大学社会科学研究所に留学、石田雄の下で日本の戦前の学生運動の研究に従事。'69～75年プリンストン大学助教授、'75～76年コーネル大学研究員、'76～87年カリフォルニア大学サンタバーバラ校準教授を経て、コロンビア大学教授を務める。妻は日本人。著書に「新人会の研究」（'72年）、「広重名所江戸百景」（'86年）、「浮世絵にみる江戸名所」「北斎富嶽百景」「清親　明治日本の芸術家」など。　[受賞] 茶道文化学術賞（第1回）〔1991年〕

【著作】
◇新人会の研究―日本学生運動の源流　H.スミス著,松尾尊允,森史子訳　東京大学出版会　1978
◇広重名所江戸百景　ヘンリー・スミス著,安藤広重〔画〕,生活史研究所監訳　岩波書店　1992
◇浮世絵にみる江戸名所（ランドスケープ）（ビジュアルブック江戸東京 2）　ヘンリー・スミス編　岩波書店　1993

スミス,ユージン
Smith, Eugene
写真家

[生年月日] 1918年12月30日
[没年月日] 1978年10月15日
[国籍] 米国　[出生地] カンザス州ウィチタ
[本名] スミス,W.ユージン〈Smith, William Eugene〉　[学歴] ノートルダム大学〔1936年〕中退、ニューヨーク・インスティテュート・オブ・フォトグラフィー〔1937年〕卒
「ニューズ・ウイーク」、「ニューヨーク・タイムズ」などを経て、1939年「ライフ」と契約。'43年太平洋戦争に従軍、サイパン、グアム、硫黄島などを転戦、'45年沖縄で取材中に重傷、後送された。後遺症に苦しみながら'48年「田舎医者」、'51年「スペインの村」「助産婦モード・カレン」、'54年「慈悲の人シュバイツァー」などを発表、世界の注目を浴びた。'55年ライフを退社し、マグナムに参加。'56年グッゲンハイム奨学金を得て、大作「ピッツバーグ」に取り組む。'59年「ポピュラー・フォトグラフィ」誌の世界の10大写真家の一人に選ばれる。'71年来日、水俣病を取材、写真展を開いた。'72年五井工場での衝突（五井事件）で目を負傷。'75年妻アイリーンとの共著で写真集「MINAMATA」（英語版）を出版（'79年日本版「水俣」刊行）、水俣公害の恐ろしさをアピールした。'76年アイリーンと離婚、11月帰国。'77年アリゾナ大学教授。同大のセンター・フォー・クリエイティブ・フォトグラフィに全写真が永久保存される。　[受賞] USカメラ賞（1951年度）「スペインの村」、米国雑誌協会名誉牌〔1970年〕、ロバート・キャパ賞〔1976年〕

【著作】
◇水俣―写真集　W.ユージン・スミス,アイリーン・M.スミス著,中尾ハジメ訳　三一書房　1991.12

スミス,ロバート
Smith, Robert J.
コーネル大学人類学部教授

[生年月日] 1927年
[国籍] 米国　[学歴] ミネソタ大学卒,コーネル大学大学院　[学位] Ph.D.（コーネル大学）　[専門] 人類学,アジア研究,日本研究
1964年からコーネル大学で教鞭をとり、のち教授。長年人類学部長を務める。また、アメリカ応用人類学会誌編集にあたった事もあり、アメリカアジア研究学会会長などを歴

任。著書に「日本社会」「現代日本の祖先崇拝」などがある。

【著作】
◇関係 日本の家族 R. J. スミス：講座・比較文化 第6巻 研究社出版 1977.9
◇アメリカ人学者による日本の民族学的研究 Robert J. Smith：季刊人類学 14(1) 1983.2
◇アメリカの日本研究事始 ロバート・J・スミス：対論「日本探究」 講談社 1987.5
◇須恵村の女たち—暮しの民俗誌 ロバート・J. スミス, エラ・ルーリィ・ウィスウェル著, 河村望, 斎藤尚文訳 御茶の水書房 1987.11
◇米国における日本研究—民族学 Robert Smith：民族学研究 54(3) 1989.12
◇日本社会—その曖昧さの解明 ロバート・J. スミス〔著〕, 村上健, 草津攻訳 紀伊国屋書店 1995.10
◇現代日本の祖先崇拝—文化人類学からのアプローチ 新版 ロバート.J. スミス〔著〕, 前山隆訳 御茶の水書房 1996.4
◇現代家族の変貌—国際比較による総合的研究（竜谷大学地域総合研究所叢書） 中久郎編 行路社 1998.3〈内容：日本の家族に関するアメリカの研究動向—50年間の変化（ロバート・スミス））

スミット, ナンシー
Smit, Nancy
市光アメリカ（株）アシスタント営業マネジャー

[生年月日] 1962年
[国籍] 米国　[出生地] 東京　[学歴] カルビン私立大学〔1984年〕卒
横浜インターナショナルスクール中等部を卒業後帰国。1984年カルビン私立大学を卒業し再来日、石川県金沢市北陸学院で英語教師を務める。'85年帰国、ミシガン大学日本語科助手。'87年米国マツダ（MMUC）企業通訳。現在、市光アメリカのアシスタント営業マネジャー。著書に「111のトラブル 米国ビジネス現場の困った日本人」（'90年、共著）。

【著作】
◇111のトラブル 米国ビジネス現場の困った日本人 けい子・カールソン, ナンシー・スミット著 ネスコ, 文芸春秋〔発売〕 1990.3

スムラー, アルフレッド
Smoular, Alfred
「エール・エ・コスモス」特派員

[生年月日] 1911年2月14日
[没年月日] 1994年11月28日
[国籍] フランス　[学歴] ソルボンヌ大学卒
大学で哲学と民俗学を学び、トロカデロ博物館研究員。のち松尾邦之助らとともに「フランス・ジャポン」誌を創刊し、6年間編集に従事。この間島崎藤村らと親交を結ぶ。第二次世界大戦で出征、捕虜になるが脱走してパリに戻り、サルトルらと地下抵抗運動を開始。フランス武力闘争（FFP）指揮官、全国抵抗活動家潜入組織（NAP）事務局長などの要職につく。1944年ゲシュタポに捕えられ、アウシュビッツに送られるがのちに生還。戦後はAFP通信アジア特派員、「パリ・マッチ」特派員として活躍、最後は「エール・エ・コスモス」誌代表の資格で記者活動に従事。在日生活は43年間に及び、日本についての造詣が深く、新聞にも論評を掲載。著書に「日本は誤解されている」がある。

【著作】
◇私の見た日本と日本人 アルフレッド・スムーラ：世界 101 1954.5
◇観光ニッポン—私の日本（座談会） エリーゼ・グリーリー, アルフレッド・スムーラ, 益田義信：芸術新潮 7(1) 1956.1
◇ニッポンは誤解されている—国際派フランス人の日本擁護論 アルフレッド・スムーラー著, 長塚隆二, 尾崎浩共訳 日本教文社 1988.6
◇フランス人特派員がみたニッポン—日本人の「精神的敗北」を憂う（講演） アルフレッド・スムラー：月刊自由民主 429 1988.12

スラヴィーク, アサクサンダー
Slawik, Alexander
民族学者　ウィーン大学名誉教授, 日本文化研究所所長

[生年月日] 1900年12月27日
[没年月日] 1997年4月21日
[国籍] オーストリア　[出生地] ブドワイス（チェコスロバキア）　[学歴] ウィーン大学哲学部卒　[学位] 博士号（ウィーン大学）〔1935年〕

[専門]日本研究(日本古代史,日本民族学,アイヌ研究),古代中国・朝鮮研究
父が陸軍士官であったため日露戦争を通じて幼少から日本に強い関心を持ち、高校時代に独学で日本語を学んだ。1931年ウィーン大学哲学部に入学。在学中、斎藤茂吉、岡正雄ら日本人留学生と交友し、特に岡の影響で言語学から民族学へ転向、古朝鮮の文化層に関する研究で博士号を取得した。'36年ウィーン大学東洋文化研究所非常勤講師。'37年岡の下で日本研究所勤務。第2次大戦で召集され、復員後の'48年ウィーン大学民族学研究所副手、のち助手、講師。'53年助教授となり、日本学科設立に尽力。'59年哲学部日本学科員外教授。'65年同学科の日本文化研究所昇格に伴い所長。'68年J.クライナーとともに「阿蘇プロジェクト」を企画。'71年定年退職。ドイツ・オーストリア文化圏における社会科学的基盤に立脚した日本研究の形成に開拓者的役割を果たすとともに、後進の育成にも多大の貢献をした。「日本文化の古層」(日本語訳)、「日本語の語源」「まれびと考」ほか著書論文多数。'57年初来日。 [受賞]国際交流基金賞(日本)〔1989年〕 [叙勲]勲三等瑞宝章(日本)〔1966年〕

【著作】
◇隼人族の生活と文化 隼人文化研究会編 雄山閣出版 1993.9〈内容:日本建国神話におけるアウストロネシア系諸要素と隼人問題(A.スラヴィク)〉

スラヴィンスキー,ボリス
Slavinskii, Boris N.
外交史研究家、ジャーナリスト ロシア世界経済国際関係研究所上級研究員

[生年月日]1935年
[没年月日]2002年4月23日
[国籍]ロシア [出生地]ソ連・ウクライナ共和国 [本名]スラヴィンスキー,ボリス・ニコラエヴィチ [学歴]キエフ工業大学卒 [資格]ロシア科学アカデミー会員 [専門]極東の国際関係史,日露問題
1967年ソ連科学・技術国家委員会日本部長。'71年からウラジオストクのソ連科学アカデミー附属極東科学センター部長として日本など対外関係を担当。'82年モスクワに戻り、「今日の社会科学」副編集長、'88年「極東の諸問題」副編集長などを歴任。のちロシア世界経済国際関係研究所上級研究員。ソ連末期から未発表の資料を駆使して日ソ戦争、朝鮮戦争などの研究に取り組んだ。'98年には「独立新聞」紙上に、ロシアは南クリル(北方4島)に対する日本の主権を認め、国後、択捉の2島も含め一定期間の共同管理後に日本に引き渡すべきだ、との試案を発表した。著書に「極東におけるソ連対外政策史」「無知の代償―ソ連の対日政策」「千島占領1945年夏」(日・米・ロで同時出版)「日ソ中立条約」「日ソ戦争への道」「ヤルタ会談と北方領土問題」などがある。

【著作】
◇無知の代償―ソ連の対日政策 ボリス・スラビンスキー著,菅野敏子訳 人間の科学社 1991.12
◇千島占領――一九四五年夏 ボリス・N.スラヴィンスキー著,加藤幸広訳 共同通信社 1993.7
◇考証日ソ中立条約―公開されたロシア外務省機密文書 ボリス・スラヴィンスキー〔著〕,高橋実,江沢和弘訳 岩波書店 1996.2
◇日ソ戦争への道―ノモンハンから千島占領まで ボリス・スラヴィンスキー著,加藤幸広訳 共同通信社 1999.8
◇中国革命とソ連―抗日戦までの舞台裏「1917-37年」 ボリス・スラヴィンスキー,ドミートリー・スラヴィンスキー著,加藤幸広訳 共同通信社 2002.11

スリチャイ・ワンガェーオ
Surichai Wun'gaeo
チュラロンコン大学准教授

[生年月日]1949年
[国籍]タイ [出生地]ランプーン [学歴]チュラロンコン大学社会学部卒、東京大学大学院社会学研究科社会学専攻〔1975年〕博士課程修了 [専門]農村社会学,日本研究
チュラロンコン大学(バンコク)準教授を務め、タイにおける日本研究の気鋭の学者として知られる。'88年5月から'89年4月まで法政大学客員教授を務め、同大学で「東南アジア

の政治・社会発展史」を講義した。2006年9月のタイのクーデター後は、暫定議会議員も務める。
【著作】
◇日本研究・京都会議　1994　国際日本文化研究センター, 国際交流基金編　国際日本文化研究センター　1996.3

スリヨハディプロジョ, サイデマン
Suryohadiprojo, Sayidiman
外交官, 元・軍人　駐日インドネシア大使

[生年月日] 1927年
[国籍] インドネシア　[出生地] 東ジャワ
インドネシア独立運動に参加。陸軍中将、陸軍大学学長などを経て、退役。1979〜83年駐日大使、のち非同盟諸国担当大使、外務省専従上級移動大使など歴任。親日家。
【著作】
◇アジアの憎まれっ子ニッポン　サイディマン・スリヨハディプロジョ：リーダーズ・ダイジェスト　1983.8

スワード, ジャック
Seward, Jack
作家, 日本語学者　ダラス日米協会会長

[生年月日] 1924年
[国籍] 米国　[出生地] テキサス州ヒューストン　[学歴] オクラホマ大学卒, 米国陸軍日本語学校卒, ミシガン大学〔1946年〕卒　[学位] 哲学博士
16歳の時、2人の日系人に会い日本語を習いて以来日本に関心を寄せるようになった。1943年ミシガン大学に設けられた米国陸軍日本語学校に入学、優秀な成績で将校に昇格。'46年福岡の民間検閲局部長として日本に派遣される。'51年米国中央情報局 (CIA) の中国担当を務め、日本でスパイ候補者を探した。'56年日本人女性と結婚するためにCIAを辞職。日本の会社に勤務し、'73年帰国。'74〜75年テキサス大学、オースチン大学で日本語や日本文化史を講じ、その後環境アセスメント関係の会社の国際部長に。現在も自宅のテキサス州と日本を頻繁に往復している知日派。4回の結婚歴があり、3人の日本女性を妻にした。著書に「Japanese in Action」('68年)、「The Japanese」('71年)、「テキサスの鯉のぼり」('74年) など。　[叙勲] 勲三等瑞宝章〔1986年〕
【著作】
◇ココガワッカリマセン。—日本人のビジネス感覚　ジャック・スワード著　ダイヤモンド社　1977.10
◇こもんせんす—New Japanese & American's　ジャック・スワード著, 板坂元訳　三笠書房　1981.10
◇日米もののみかた (現代教養選書)　ジャック・スワード著　匠出版　1985.10
◇ジャパン—飢える狼—日米ビジネスマン比較　ハワード・ヴァン・ザント, ジャック・スワード著, 大前正臣訳　徳間書店　1985.11

ズンダーマイヤー, テオ
Sundermeier, Theo
神学者　ルーア大学教授

[生年月日] 1935年
[国籍] ドイツ　[出生地] ビュンデ・ウェストファーレン (ジュッドレンゲルン)
20歳の時ベテルで神学研究に着手、のちハイデルベルクに移り、ハンス・ウェルナー・ゲンジッヒェンの助手となる。その後副牧師となり、1964年ライン州宣教協会の派遣で南アフリカのオツィンビングエでミッション活動、教育活動に従事。マールブルクを経て、35歳で再び南アフリカに移る。ウムプムロ、ナタルのルーテ神学大学で教鞭を執ったのち40歳で帰国。ボッフムのルーア大学教授に就任。45歳の時ハイデルベルクに移り、教育に従事する。
【著作】
◇解放としての十字架—日本・韓国・アフリカ　テオ・ズンダーマイヤー著, 前田保, 鈴木啓順訳　日本基督教団出版局　2000.12

【セ】

盛 毓度　せい・いくど
留園会長

[生年月日]1913年
[没年月日]1993年7月23日
[国籍]中国　[出生地]中国・上海　[学歴]京都帝国大学経済学部〔昭和15年〕卒
中華民国の盛財閥に生まれる。昭和8年日本に留学。17年帰国するが、中国革命後の25年日本に亡命。貿易会社・大東通商を経営する一方、36年高級中華料理店・留園を設立した。62年東京・芝公園にある本店を閉店し、建物はそのまま中国・上海市に寄付、移築されることになった。著書に「韓民族から大和民族へ」「中国人五千年の生活の知恵」など。
【著作】
◇漢民族から大和民族へ　盛毓度著　留園出版　1971
◇世界のなかの日本―冷戦の禍巻きはとけ始めた　盛毓度：日本―もう一つの大陸　PHP研究所　1971
◇漢民族から大和民族へ・日本を憂え提言する―日本の進むべき道を指針する　盛毓度：今橋ニュース　1972.3
◇高度成長が日本の癌だ　盛毓度：経済界　1973.2
◇思い上りの大国意識　盛毓度：経済界　1973.5.1
◇「欲」と「貪欲」　盛毓度：経済界　1973.6.1
◇ツキが落ちた日本　盛毓度：経済界　1973.10.1
◇新・漢民族から大和民族へ―春風吹イテ又生ズ（V books）　盛毓度著　東洋経済新報社　1978.9
◇日本の商法が滅びるとき　盛毓度：中央公論　1984.4

セイウェル, ジョン
Saywell, John
ヨーク大学教授

[生年月日]1929年
[国籍]カナダ　[出生地]サスカチュワン州
[専門]政治学

「カナダ社会科学叢書」の監修及び編集顧問をつとめる。著書に「カナダの政治と憲法」（1994年）、「近代カナダの歩み」、共著に「カナダの政治」など。
【著作】
◇日本・カナダ関係の史的展開（国際政治）日本国際政治学会編　日本国際政治学会　1985.5〈内容：日加関係の回顧と展望―カナダの政治力学を視点として（ジョン・セイウェル）〉

セイズレ, エリック
Seizelet, Eric
フランス国立科学研究センター研究員

[国籍]フランス　[学歴]パリ第2大学（法学・政治学），パリ第4大学（歴史学），東洋語学院日本語博士課程修了　[専門]戦後日本政治史
1976年から2年間東京外語大でフランス語を教えるなど、3回にわたり通算6年間日本に滞在。'91年著書「戦後日本の君主制と民主主義」で第8回渋沢・クローデル賞受賞。　[受賞]渋沢・クローデル賞（第8回）〔1991年〕「戦後日本の君主制と民主主義」
【著作】
◇往生考―日本人の生・老・死　国立歴史民俗博物館国際シンポジウム　宮田登，新谷尚紀編　小学館　2000.5〈内容：安楽死と法―日本とフランスとの比較（エリック・セズレ）〉

セイヤー, ナサニエル
Thayer, Nathaniel
政治学者　ジョンズ・ホプキンス大学高等国際問題研究大学院教授・アジア室長

[生年月日]1929年11月30日
[国籍]米国　[出生地]ニューヨーク　[本名]セイヤー, ナサニエル・ボーマン〈Thayer, Nathaniel Bowman〉　[学歴]コロンビア大学〔1956年〕卒　[学位]博士号（コロンビア大学）〔1967年〕　[専門]日本の政治・マスコミ，東アジアの国際関係　[団体]アジア研究学会
1960年国務省入り。日本、韓国、沖縄を回り、'62～66年ライシャワー駐日大使時代に在日大使館で報道官、政務担当官を務める。'66～67年海外勤務職、'67～68年在ビルマ大使

館勤務。'68〜69年ジャパン・ソサエティの仕事に関わる。'69〜71年企業コンサルタント。'70〜71年コロンビア大学客員教授、'71〜75年ニューヨーク市立大学ハンター・カレッジ客員準教授、'75年ジョンズ・ホプキンズ大学準教授、のち同大高等国際問題研究大学院アジア室長。'67年に日本の自民党に関する研究でコロンビア大学東アジア研究所から博士号を取得した。主著に「Jiminto」('68年)。日本語が堪能、知日派。　[叙勲]旭日中綬章(日本)〔2005年〕

【著作】
◇世界が見えないニッポン　ナサニエル・セイヤー：THIS IS 読売　4(6)　1993.9
◇米国の国際交渉戦略—中国, ロシア (旧ソ連), 日本, フランス, エジプト, メキシコ　米国国務省外交研究センター編著, 神奈川大学経営学部教師グループ訳・解説　中央経済社　1995.6
◇日米戦後関係史—パートナーシップ 1951-2001　入江昭, ロバート・A. ワンプラー編, 細谷千博, 有賀貞監訳　講談社インターナショナル　2001.9〈内容：駐日アメリカ大使の軌跡（ナサニエル・セイヤー））〉

セイン, デービッド
Thayne, David A.
エートゥーゼット代表

[生年月日] 1959年
[国籍] 米国　[学歴] アズサパシフィック大学大学院 (社会学)　[専門] 英語教育

フィデリティー証券会社勤務ののち来日。インテリンゴ、バベルなどでの翻訳通訳の指導経験を生かし英語教材、教育プログラム、シナリオの執筆に従事。1999年英語をテーマにした企画を実行するクリエーターグループ・エートゥーゼットを設立。著書に「5単語までで通じる英会話」「言えそうで言えない日常生活の英会話」「朝日英語スタイルブック」「男と女の英会話」、共著に「アメリカ人の心がわかる英会話」「TOEICファーストステップシリーズ」「英語で答えるニッポンの不思議」他多数。

【著作】
◇断行—Lion heart アメリカ人の目が見た小泉純一郎語録　デイヴィッド・セイン編訳　三修社　2001.8

石 暁軍　せき・ぎょうぐん
Shi Xiao-jun
姫路獨協大学助教授

[生年月日] 1957年
[国籍] 中国　[出生地] 陝西省　[学歴] 関西大学大学院博士後期課程　[学位] 文学博士　[専門] 日中関係史

陝西師範大学専任講師を務めたのち、日本国際交流基金フェローとして来日。関西大学大学院非常勤講師を経て、姫路獨協大学助教授。

【著作】
◇『点石斎画報』にみる明治日本　石暁軍編著　東方書店　2004.2

石 剛　せき・ごう
Shi Gang
成蹊大学文学部国際文化学科教授

[生年月日] 1954年
[国籍] 中国　[出生地] 河北省石家荘市　[学歴] 河北大学〔1981年〕卒, 一橋大学大学院社会学研究科〔1993年〕博士課程単位取得　[専門] 社会学

1983〜84年北京語言学院日本語教師センターに在籍。'87年まで河北大学日本語教育・日本文学史担当。同年都留文科大学特別研究員として来日、'88年一橋大学社会学研究科に入学、'90年社会学修士号取得。横浜市立大学研究員、相模女子大学、学習院大学非常勤講師、東京経済大学非常勤講師などを経て、成蹊大学助教授、のち教授。著書に「植民地支配と日本語」がある。　[受賞] 全国論文賞「汎読課与外語教学的幾個問題」

【著作】
◇植民地支配と日本語—台湾、満洲国、大陸占領地における言語政策　石剛著　三元社　1993.1
◇植民地支配と日本語—台湾、満洲国、大陸占領地における言語政策　増補版　石剛著　三元社　2003.1

石平 せき・へい
Seki Ping
フリーライター，翻訳家

[生年月日]1962年
[国籍]中国　[出生地]四川省　[学歴]北京大学哲学系〔1984年〕卒，神戸大学大学院文化学研究科〔1995年〕博士課程修了
1988年留学のために来日，日本語学校入学。'95年神戸大学大学院博士課程修了。同年民間研究機関に研究員として勤めた後，フリー。著書に「なぜ中国人は日本人を憎むのか」など。
【著作】
◇なぜ中国人は日本人を憎むのか　石平著　PHP研究所　2002.1
◇「日中友好」は日本を滅ぼす！—歴史が教える「脱・中国」の法則（講談社＋α新書）　石平著　講談社　2005.7

セジウィック，ミッチェル
Sedgwick, Mitchel
社会人類学者　オックスフォード・ブルックス大学シニア・リサーチ・フェロー

[国籍]英国
人類学者として日本の組織を研究。著書に「日本の組織—社縁文化とインフォーマル活動」がある。
【著作】
◇日本の組織—社縁文化とインフォーマル活動　中牧弘允，ミッチェル・セジウィック編　東方出版　2003.7

薛鳴 せつ・めい
Xue Ming
中京学院大学経営学部教授

[生年月日]1957年
[国籍]中国　[学歴]東北師範大学外国語学部日本語学科卒，大阪外国語大学大学院修了，大阪大学大学院文学研究科日本学専攻博士課程満了　[専門]日本語学，日中言語比較，社会言語学，日本語教育，中国語教育　[団体]日本語学会，日本中国語学会，日本語教育学会，社会言語科学会

1982年中国・東北師範大学外国語学部日本語学科を卒業，同年中国政府派遣大学院生第一期生として来日。大阪外国語大学大学院日本語学修士課程，大阪大学大学院文学研究科日本学専攻博士課程修了，'88年中国・北京北方工業大学言語文学部日本語学科講師。'89年大阪大学文学研究科外国人客員研究員，愛媛大学，松山大学兼任講師。'91年中京短期大学専任講師，助教授を経て，'98年中京学院大学経営学部助教授，2002年教授。著書に「おじぎの国日本握手の国中国」，論文に「親族名称に見られる関係表示—日本語と中国語の比較から」「間接話法におけるダイクシスの転換」など。　[受賞]社会言語科学会徳川宗賢賞（第1回）〔2001年〕
【著作】
◇おじぎの国日本握手の国中国　薛鳴著　教育出版文化協会　1996.12
◇日本語の地平線—吉田弥寿夫先生古稀記念論集　吉田弥寿夫先生古稀記念論集編集委員会編　くろしお出版　1999.12〈内容：人称表現に見られる待遇的表示—日本語と中国語の比較から（薛鳴）〉

セット，アフターブ
Seth, Aftab
元・外交官　慶応義塾大学グローバルセキュリティ研究所所長　駐日インド大使

[生年月日]1943年
[国籍]インド　[学歴]慶応義塾大学（歴史），デリー大学卒，オックスフォード大学
1962年から1年間慶応義塾大学で江戸から昭和初期の歴史を学ぶ。のち外交官となり，'70年から2年間日本に滞在。駐ギリシャ大使，駐ベトナム大使を経て，2000〜2003年駐日大使。定年退職後，2004年慶応義塾大学グローバルセキュリティ研究所所長に就任。著書に「象は痩せても象である」がある。アジアを代表する知日家。
【著作】
◇象は痩せても象である—インドから見た巨象・日本の底力　アフターブ・セット著　祥伝社　2001.12

セルヴァン・シュレベール, ジャン・ジャック
Servan-Schreiber, Jean-Jacques
ジャーナリスト，政治家　フランス急進社会党党首，仏週刊誌「レクスプレス」創刊者

［生年月日］1924年2月13日
［没年月日］2006年11月7日
［国籍］フランス　［出生地］パリ　［学歴］高等理工科学校（エコール・ポリテクニック）卒
1948〜53年「ルモンド」編集担当を経て、'53年29歳で週刊誌「レクスプレス」を創刊。その後、政界に転身し、'69年急進社会党書記長、'70年下院議員、'71年党首。'74年5月シラク内閣の行政改革相に就任したが、核実験に反対したため同6月解任。同9月共和中道派と共に急進社会改革党を結成。'75年党首辞任。以後、米・欧を拠点に評論活動に従事。'81〜85年世界コンピューター・センター理事。'85年以来米国カーネギー・メロン大学理事。著書に「アメリカの挑戦」「世界の挑戦」「知識革命」、回想録「Passions」などがある。'89年来日。
【著作】
◇日本への提言　3　ジャン＝ジャック・セルバン＝シュレベール：リーダーズ・ダイジェスト　36（9）　1981.9

セルギイ・ティホミロフ
Sergie Tihomieroff
ロシア正教宣教師

［生年月日］1871年6月16日
［没年月日］1945年8月10日
［国籍］ロシア
神学校を卒業したのち1908年6月ロシア正教司祭に任ぜられ来日した。'12年京都地区司祭として赴任、のちP. R. ニコライの跡を継いで日本大司教となった。'27年ロシア革命や関東大震災による教会の不振を打開するため尽力し、'31年にはロシアの聖シノドより府主教に叙聖されたが、'40年には太平洋戦争を控え引退を余儀なくされた。
【著作】
◇掌院セルギイ北海道巡回記　宮田洋子訳　キリシタン文化研究会　1972
◇ロシア人宣教師の「蝦夷旅行記」　セルギー著，佐藤靖彦訳　新読書社　1999.7

セルフ, ベンジャミン
Self, Benjamin L.
国際関係学者　ヘンリー・スティムソン・センター上級研究員

［国籍］米国　［学歴］スタンフォード大学卒，ジョンズ・ホプキンス大学大学院〔1993年〕修士課程修了　［専門］日中関係
ウッドローウィルソン学術国際センター研究員、慶応義塾大学客員教授を経て、1996年ヘンリー・スティムソン・センター上級研究員。著書に「日本の変化する対中政策」などがある。
【著作】
◇軍事・外交—対外関係は確実に改善（2002年日本の実力）　セルフ，ベン：論座　81　2002.2

ゼレンスキー, ロバート
Zielinski, Robert G.
証券アナリスト　ジャーディン・フレミング・タナコム証券シニア・アナリスト

［国籍］米国　［出生地］ニューヨーク　［学歴］マサチューセッツ工科大学（原子力）〔1981年〕卒　［学位］M. B. A.（ハーバード・ビジネス・スクール）
東京大学工学部に研究生を経て、東洋エンジニアリングに入社。1983年プルーデンシャル・ベーチェ証券アナリスト。'87年ジャーディン・フレミング証券東京支社に入社し、シニア・アナリスト、現在タイのジャーディン・フレミング・タナコム証券勤務。共著に「日本金融制度の罪と罰—外国人アナリストだからこれだけ言える」がある。
【著作】
◇日本金融制度の罪と罰—外国人アナリストだからこれだけ言える　ロバート・ゼレンスキー，ナイジェル・ホロウェイ著，石関一夫訳　ティビーエス・ブリタニカ　1992.9

宣 一九 セン・イルグ
韓日問題研究所長

[没年月日] 2006年6月12日
[国籍] 韓国

韓国南部で生まれ、旧満州で敗戦を迎える。戦後、中学教師に。一方、なぜ日本の植民地支配を許したのかと自問し、日本文化を敵視する政治体制下、朝鮮動乱で避難した釜山などで日本研究に没頭。1982年家族とともに来日後、韓日問題研究所を開設。所長を務め、相互理解と相互尊重こそ平和に通じるとの理念で機関誌の発行や書籍の編纂など活動を続けた。'94年から学者や国会議員、外交官など多彩な分野の日本人、韓国人、在日韓国・朝鮮人240人を対象に取材活動を続け、「歴史を語る時代の証言〈前後編〉」をまとめた。

【著作】
◇サハリンの空に流れる歴史の木霊　宣一九著　韓日問題研究所・出版会　1990.8

銭 鷗 せん・おう
Qian Ou
同志社大学言語文化教育研究センター助教授

[国籍]中国　[出生地]重慶　[学歴]四川広播電視大学文学部中国語学文学専攻〔1985年〕卒, 京都大学大学院文学研究科中国語学中国文学専攻〔1994年〕博士課程修了　[学位]文学博士(京都大学)〔1997年〕　[専門]近代日中学術史

神戸大学講師を経て、同志社大学言語文化教育研究センター助教授。共著に「雑誌『太陽』と国民文化の形成」がある。

【著作】
◇日清戦争直後における対中国観及び日本の自己意識—『太陽』第一巻を通して　銭鷗〔著〕,富士ゼロックス小林節太郎記念基金編　富士ゼロックス小林節太郎記念基金　1996.1
◇共生から敵対へ—第4回日中関係史国際シンポジウム論文集　衛藤瀋吉編　東方書店　2000.8〈内容：近代中国学・東洋学の生成とその先駆者藤田豊八—清末と明治学術交流の架け橋（銭鷗）〉

銭 学明 せん・がくめい
Qian Xue-ming
日本国際問題研究所客員研究員

[生年月日] 1956年
[国籍]中国　[出生地]上海　[学歴]上海国際問題研究所附属大学院〔1983年〕修士課程修了, 東京大学大学院総合文化研究科国際関係論〔1991年〕博士課程修了　[専門]国際関係論,日中関係史

主要論文に「日米関係の現状と展望」（1986年）など。

【著作】
◇日中上海シンポジウム—アジア・太平洋地域の発展と21世紀に向かう日中関係(International conference report series)　総合研究開発機構　1986.12〈内容：日米関係の現状と展望（丁幸豪、銭学明）〉
◇戦後日本防衛政策の分析—吉田内閣から中曽根内閣まで　銭学明〔著〕,富士ゼロックス小林節太郎記念基金編　富士ゼロックス小林節太郎記念基金　1992.5

雋 雪艶 せん・せつえん
Juan Xue-yan
文学者　清華大学人文社会科学学院外語系講師

[生年月日] 1958年2月20日
[国籍]中国　[出生地]ハルビン　[学歴]北京大学中国語言文学系古典文献学科卒, 北京大学大学院哲学系博士課程　[学位]博士号(東京大学)〔1999年〕　[専門]日本文学

1987年から日本に留学。帰国後、北京日本学研究センター専任講師、北京大学大学院哲学系博士課程を経て、清華大学人文社会科学学院外語系専任講師。著書に「藤原定家『文集百首』の比較文学的研究」などがある。

【著作】
◇藤原定家「文集百首」の比較文學的研究　雋雪艶著　汲古書院　2002

ゼンゲージ, トーマス
Zengage, Thomas R.
アイ・ビイ・アイ取締役

[国籍]米国　[出生地]ニュージャージー州　[学歴]コロンビア大学, ワシントン大学大学院経営学専攻修士課程修了

大学では国際経済学、中国語、日本語などを学び、1981年来日、アイ・ビイ・アイに入社。現在、企業広報およびマネージメント・コンサルティング部門の取締役としてビジネス研究と財務広報を担当。「CBSイブニングニュース」、テレビ朝日「プレステージ」、NHK「ジャパン・ビジネストゥディ」などに出演し日米経済摩擦を論じる。著書に「日本の世紀—その挑戦と対応」（共著）「それでも『YEN』の世紀」がある。

【著作】
◇私はこうみる—2010年ごろまで「日本世紀」は続く（インタビュー）　C. T. ラトクリフ, T. R. ゼンゲージ：東洋経済　4825　1988.11.19
◇それでも「yen」の世紀—Japan's invincible economic power　トーマス・R. ゼンゲージ著　講談社　1991.11

【ソ】

徐　廷範　ソ・ジョンボム
言語学者　慶熙大学名誉教授・アルタイ語研究所長

[生年月日]1926年9月23日

[国籍]韓国　[出生地]忠清北道陰城　[学歴]慶熙大学国文学科〔1957年〕卒, 慶熙大学大学院〔1959年〕修了　[学位]文学博士（慶熙大学）〔1979年〕　[専門]ウラルアルタイ語, 日本語, 韓国語　[団体]韓国随筆家協会（副会長）

1960年慶熙大学専任講師、のち助教授、副教授を経て、'92年まで教授。その間、文人協会副理事長など歴任。著書に「音韻の国語史的研究」「韓国のシャーマニズム」（'80年）「日本語の源流をさかのぼる」（'89年）「韓国語で読む古事記」などがある。　[受賞]韓国文学賞〔1981年〕, 韓国ペンクラブ賞〔1993年〕

【著作】
◇日本語の源流をさかのぼる—ウラル・アルタイ諸語の海へ　徐廷範著　徳間書店　1989.1
◇韓国語で読み解く古事記　徐廷範著　大和書房　1992.5
◇日本語の源流と韓国語—日本語と韓国語は同系だった（三一新書）　徐廷範著　三一書房　1996.10

蘇　徳昌　そ・とくしょう
復旦大学日本科教授

[生年月日]1935年10月

[国籍]中国　[出生地]浙江省杭州　[学歴]北京大学（流体力学専攻）, 復旦大学大学院〔1966年〕博士課程修了　[専門]流体力学, 日本語学, 日本文化史

父は著名な数学者・蘇歩青博士、母は日本人。生後、母の実家のある仙台に行き、12年間暮らす。1948年帰国。復旦大学開学とともに上海に戻り、数学力学系の助手をしていたが、文革中、日本語能力を買われ、ラジオ講座を担当。それがきっかけになり、復旦大学で日本語を教えるようになり、教授に。東北大学、広島大学、国立国語研究所などで研究、教鞭をとるなど11回も訪日した知日家。著書に「日本文法研究」「新しい日本語の会話」「言語の構造」など。

【著作】
◇日中の敬語表現　蘇徳昌〔述〕, 国際日本文化研究センター編　国際日本文化研究センター　1996.3
◇中国人の日本観—魯迅　蘇徳昌：奈良大学紀要　28　2000.3
◇中国人の日本観—郭沫若　蘇徳昌：奈良大学紀要　29　2001.3
◇中国人の日本観—郁達夫　蘇徳昌：奈良大学紀要　30　2002.3
◇中国人の日本観—戴季陶　蘇徳昌：奈良大学紀要　31　2003.3
◇中国人の日本観—周仏海　蘇徳昌：奈良大学紀要　32　2004.3

徐 賢燮　ソ・ヒョンソプ
作家, 元・外交官　韓国外交通商部大使

[生年月日] 1944年10月8日
[国籍] 韓国　[出生地] 全羅南道求礼　[学歴] 建国大学畜産学部卒, 建国大学政治学部政治外交科〔1975年〕卒　[学位] 国際法学博士 (明治大学)〔1988年〕

1975年からの在日韓国大使館3等書記官時代に明治大学大学院で学ぶ。'80年代にはオランダのアムステルダム大学でオランダ・日本関係を研究。のち1等書記官として、'88年から参事官として日本に計6年間勤務。この時1000冊以上の日本関係書を読破。在ケニア大使館参事官、在日大使館参事官、在ロシア大使館参事官、欧州局審議官、外交情報管理官などを歴任。のち駐パプアニューギニア大使、'98年5月在福岡総領事を経て、2001年2月在横浜総領事、2002年2月ローマ法王庁大使を経て、2003年韓国外交通商部大使。2004年退官後、釜慶大学招聘教授。韓国内では知日派として知られ、1994年著書「イルボヌン・イッタ (日本の底力)」はベストセラーとなる。他の著書に「日本人とエロス」「日韓あわせ鏡」、日本語で書いた九州論「日韓曇りのち晴れ」などがある。　[受賞] 九州大学名誉博士号

【著作】
◇韓国世論を2分した「日本はない」vs「日本はある」大論争を完全収録　田麗玉, 徐賢燮: SAPIO　7 (1)　1995.1.12
◇日本の底力　徐賢燮著, 金容権訳　光文社 1995.6
◇日本人とエロス―韓国外交官の日本人論　徐賢燮著, 金容権監訳, 尹智実訳　総合法令出版社　1998.12
◇日韓曇りのち晴れ　徐賢燮著　葦書房　2000.6
◇日韓あわせ鏡　徐賢燮著　西日本新聞社 2001.3

宋 文洲　そう・ぶんしゅう
実業家　ソフトブレーンマネージメント・アドバイザー　ソフトブレーン会長

[生年月日] 1963年6月25日
[国籍] 中国　[出生地] 山東省栄成県　[学歴] 中国東北大学〔1984年〕卒, 北海道大学大学院工学研究科〔1991年〕博士課程修了　[学位] 工学博士 (北海道大学)〔1991年〕

上海で外国人相手に商売をしていた父親は、文化大革命で国賊扱いされる。迫害を逃れ、父とともに新疆ウイグル自治区や北朝鮮との国境近くを転々とする。1976年の"4人組の失脚"で行けなかったはずの高校に進学。大学卒業後、'85年第4期政府派遣留学生として来日。北海道大学大学院工学研究科に学び、'91年「2点法によるトンネルライニングの応力測定に関する研究」で工学博士号を取得。'92年ITベンチャー企業のソフトブレーンを設立、社長に就任。'99年会長。この間、大学院で開発した土木工事の解析ソフトをパソコン用にして売ったところ大ヒットし、5年間で7億円の利益をあげた。それを元手に売り出した携帯電話を用いた業務支援ツールを武器に急成長を遂げ、2000年東証マザーズ、2005年東証第一部に上場。2006年1月代表権を返上、8月取締役会長を退任し、マネージメント・アドバイザーに。著書に「やっぱり変だよ、日本の営業」がある。

【著作】
◇在日20年の宋氏が、事例研究600社から導き出した「日本的悪慣行」を激辛批評　中国人社長が直言「ここが変だよ！日本のマネジメント」 (特集・「緊急中毒」「グズの大忙し」から脱出する法「時間とムダ」の科学)　宋文洲:プレジデント　42 (11)　2004.6.14

曽 文彬　そう・ぶんひん
外交官　駐長崎中国総領事館総領事

[生年月日] 1941年3月5日
[国籍] 中国　[学歴] 北京外国語大学〔1965年〕卒

1980～85年、'89～93年通算9年間駐日中国大使館でマスコミ担当の報道官を務めた。外交部国外工作局参事官を経て、'96年駐長崎中国総領事館総領事に就任。知日家。

【著作】
◇新中国に貢献した日本人たち―友情で綴る戦後史の一コマ　中国中日関係史学会編, 武

ソクーロフ, アレクサンドル
Sokurov, Aleksandr Nikolaevich
映画監督

[生年月日] 1951年6月14日
[国籍] ロシア　[出生地] ソ連・ロシア共和国イルクーツク　[学歴] ゴーリキー大学歴史学科〔1974年〕卒, モスクワ映画大学監督科〔1980年〕卒

ゴーリキー大学時代からテレビ局で働き、こ こでフィルムに触れる。モスクワ映画大学卒業制作として、内戦後の帰還兵の苦悩を描いた「孤独な声」(1978年)が"革命前の哲学の影響が見られる"と大学に認められず、テレビ時代の作品を提出して卒業。タルコフスキーの推薦を受け、レンフィルムに入所。「格下げされた男」、次いで音楽家ドミトリー・ショスタコーヴィチを描いた「アルト・ソナタ」('81年)を制作するが、何れも公開禁止となる。続いてバーナード・ショウの戯曲に取り組むがこれも中止される。'87年ペレストロイカにより「孤独な声」が公開され、'88年にはモスクワテレビで「ソクーロフ特集」が放映される。'89年エリツィンの日常を撮った「ソビエト・エレジー」を発表。以後、10人以上のアーティストと共に結成したNorth Foundationを母体に活動。'99年作家・島尾敏雄の妻・ミホを奄美大島などで撮った「ドルチェ、優しく」を発表。2005年昭和天皇の終戦前後の苦悩を描いた「太陽」でサンクトペテルブルク国際映画祭グランプリを獲得。他の作品に「マリア」(短編ドキュメンタリー, 1975～88年)、「日陽はしづかに発酵し…」('88年)、「セカンド・サークル」('90年)、「ストーン/クリミアの亡霊」('92年)、「ロシアン・エレジー」('92年)、「静かなる一頁」('93年)、「精神の声」('95年)、「マザー、サン」('97年)、「モレク神」('99年)、「エルミタージュ幻想」(2002年)、「ファザー、サン」(2003年)など。タルコフスキーの正統の後継者と目されている。

1992年、'94年来日。　[受賞] モスクワ国際映画祭国際映画批評家連盟賞(第15回)〔1987年〕, ロカルノ国際映画祭銅賞〔1987年〕「孤独な声」, 山形国際ドキュメンタリー映画祭特別賞〔1993年〕「ロシアン・エレジー」, カンヌ国際映画祭脚本賞〔1999年〕「モレク神」, サンクトペテルブルク国際映画祭グランプリ〔2005年〕「太陽」

【著作】
◇映画『太陽』オフィシャルブック　アレクサンドル・ソクーロフほか著, リンディホップ・スタジオ編　太田出版　2006.8

ソコロワ・デリューシナ, タチアナ
Sokolova-Delyushina, Tatyana Lyubovna
翻訳家, 日本文学研究家　「源氏物語」のロシア語完訳者

[生年月日] 1946年
[国籍] ロシア　[出生地] ソ連・ロシア共和国モスクワ　[学歴] モスクワ大学附属東洋学大学日本語科〔1970年〕卒　[専門] 源氏物語

中国研究家の父の影響で、漢字で書かれたものも含め数多くの本に触れる。その中で、清少納言の「枕草子」などを読んでから日本文学に関心を持ち始める。ソ連科学アカデミー東洋学研究所を経て、1973年からプログレス出版所に勤め、日本文学のロシア語訳に従事。太宰治の短編や謡曲集を出版する他、日本から作家たちがやって来た時の通訳を務める。謡曲の翻訳を通じ、能の作品の土台にもなっている平安朝文化に魅せられたのを機に「源氏物語」の翻訳を始める。時間的余裕がないため'76年退職して翻訳に専念し、'86年に12年の歳月をかけ完訳。翻訳は与謝野晶子や谷崎潤一郎の現代語訳などを参考に念入りにチェックされている。'95～96年国際日本文化研究センター来訪客員。モスクワ文学者委員会委員も務める。2001年来日。　[受賞] 国際交流基金賞奨励賞(日本)〔1993年〕「『源氏物語』のロシア語完訳」

【著作】
◇タチアーナの源氏日記―紫式部と過ごした歳月　タチアーナ・L. ソコロワ＝デリュー

シナ著, 法木綾子訳　ティビーエス・ブリタニカ　1996.9

ソテール, クリスチャン
Sautter, Christian
政治家, 経済学者, 日本研究家　パリ副市長　フランス蔵相

[生年月日] 1940年4月9日
[国籍] フランス　[出生地] オテュン　[学歴] エコール・ポリテクニク〔1960年〕卒
1965～71年フランス国立統計経済研究所研究員。同年～72年経済企画庁経済研究所に留学で来日。以来度々来日。'73年パリで現代日本研究センターを主宰し、多くの知日家、親日家を輩出。'81年大統領府入りし、事務局次長やパリを含む首都圏、イル・ド・フランスの知事を歴任。'93年大蔵省財務監督官を経て、'97年6月ジョスパン政権で予算担当閣外相に就任。'99年11月ストロスカーン大蔵経済産業相(蔵相)の辞任にともない同相を兼務。2000年3月内閣改造で更迭される。のちパリ副市長に就任。日仏対話フォーラムのメンバーも務める。知日派。著書に「巨人の歯」「孤独な巨人ニッポン」「日本の鏡に写ったフランス」などがある。
【著作】
◇ジャポン―その経済力は本物か　クリスチャン・ソテー著, 小金芳弘訳　産業能率短期大学出版部　1974
◇孤独な巨人ニッポン―欧州がとらえた日本経済の死角　クリスチャン・ソテール著, 吉田寿孝訳　日本経済新聞社　1988.2
◇脱グローバリズム宣言―パクス・アメリカーナを超えて　R. ボワイエ, P-F. スイリ編, 青木昌彦他著, 山田鋭夫, 渡辺純子訳　藤原書店　2002.9〈内容：フランスと日本（クリスチャン・ソテール）〉

ゾペティ, デビット
Zoppetti, David
作家

[生年月日] 1962年2月26日
[国籍] スイス　[出生地] ジュネーブ　[学歴] ジュネーブ大学日本語学科〔1986年〕中退, 同志社大学文学部国文科〔1990年〕卒
父親はスイス人、母親は米国人で、英・仏語を母国語として育つ。日本語を独学で学び、兵役後の1983年初来日。ジュネーブ大学を中退し、'86年から日本に滞在。'91年テレビ朝日に入社、国際局を経て報道局に勤務、「ニュースステーション」の記者を務める。'96年同志社大学留学の経験をもとに執筆した小説「いちげんさん」がすばる文学賞を受賞、芥川賞候補などにもなった。同作品は、'98年京都市が映画製作に1億円を助成するシネメセナの第1回作品に選ばれ映画化された。のちテレビ朝日を退社し、執筆活動に専念。他の著書に「アレグリア」「旅日記」「命の風〈上・下〉」がある。　[受賞] すばる文学賞（第20回）〔1996年〕「いちげんさん」, 日本エッセイストクラブ賞（第50回）〔2002年〕「旅日記」
【著作】
◇たまごっちと日本人の精神生活（開いた日本　見た日本〔185〕）　ゾペティ, デビット：週刊新潮　42(18)　1997.5.15

ソーベル, ロバート
Sobel, Robert
経営学者　ホフストラ大学

ホフストラ大学で経営史を研究する傍ら、40冊以上の著作を執筆。
【著作】
◇カー・ウォーズ―日米自動車戦争の内幕　ロバート・ソーベル著, 東急エージェンシー・マーケティング局訳　東急エージェンシー出版部　1985.2
◇IBM vs. JAPAN―情報巨人IBMと技術大国日本の激突!　ロバート・ソーベル著, 羽林泰, 中山淳訳　ダイナミックセラーズ　1986.3

ソマーズ, ジェフリー
古書店主

[生年月日] 1936年
[国籍] 英国　[出生地] ロンドン　[学歴] ロンドン大学卒
卒業と同時にモーティベイション・リサーチの会社を設立。1962年書物への愛情が捨てがたく、ロンドンを中心に九つのオフィスをもつ出版社及び書店を始める。その後その会社

を手離し、大英博物館前に東洋専門の古書店Fine Books Orientalを営む。日本文化に造詣が深く、日英交流の民間バッファーとしても重要な役割を果している。

【著作】
◇日英交流の隠れたるバッファー　ジェフリー・ソマーズ：翻訳の世界　13(11)　1988.11

ゾルゲ, リヒアルト
Sorge, Richard
新聞記者, 共産主義者　ゾルゲ事件の中心人物

[生年月日] 1895年10月4日
[没年月日] 1944年11月7日
[国籍]ドイツ　[出生地]ロシア・バクー(現・アゼルバイジャン)　[学歴]ベルリン大学, ハンブルク大学　[学位]政治学博士

父はドイツ人、母はロシア人。2歳の時ドイツに帰国。1919年ドイツ共産党入党、'24年モスクワへ行きコミンテルンに所属、'30年から中国で諜報活動。'33年「フランクフルター・ツァイトゥンク」特派員として来日、ナチス党員としてドイツ大使館の私設情報担当として活躍。上海で知り合った朝日新聞記者・尾崎秀実らの協力で近衛文麿首相側近から日本の政治、外交、軍事の秘密情報を得、8年間諜報活動。'41年宮城与徳、尾崎に続き国際スパイとして警視庁に逮捕され(ゾルゲ事件)、東条英機内閣になった'43年から非公開スピード審理され、治安維持法、国家保安法、軍機保護法など違反の理由で'44年尾崎とともに死刑に処せられた。戦後'64年ソ連はゾルゲに"ソ連邦英雄"の最高勲章を贈り、モスクワにはリヒアルト・ゾルゲ通りが作られた。

【著作】
◇二つの危機と政治—1930年代の日本と20年代のドイツ　リヒアルト・ゾルゲ著, 勝部元〔ほか〕訳　御茶の水書房　1994.11
◇ゾルゲ事件獄中手記(岩波現代文庫　社会)　リヒアルト・ゾルゲ著　岩波書店　2003.5
◇ゾルゲの見た日本　〔ゾルゲ〕〔著〕, みすず書房編集部編　みすず書房　2003.6

孫 安石　ソン・アンソク
神奈川大学外国語学部助教授

[生年月日] 1965年
[国籍]韓国　[出生地]ソウル　[学歴]東京大学大学院総合文化研究科地域文化研究専攻
[専門]中国近代史

神奈川大学講師を経て、助教授。共編に「中国人日本留学史研究の現段階」がある。

【著作】
◇上海—重層するネットワーク　日本上海史研究会編　汲古書院　2000.3〈内容：上海をめぐる日・仏の情報交換ネットワーク—「帝国」と「植民地」の情報統制(孫安石)〉
◇中国人日本留学史研究の現段階　神奈川大学人文学会編　御茶の水書房　2002.5〈内容：「経費は游学の母なり」—清末〜一九三〇年代の中国留学生の留学経費と生活調査について(孫安石)　「外務省外交史料館」所蔵の中国留学生関連資料と目次(明治期)(孫安石)〉
◇『明六雑誌』とその周辺—西洋文化の受容・思想と言語(人文学研究叢書)　神奈川大学人文学研究所編　御茶の水書房　2004.3〈内容：一八六〇年代の上海における日本情報(孫安石)〉
◇中国における日本租界—重慶・漢口・杭州・上海(神奈川大学人文学研究叢書)　神奈川大学人文学研究所編, 大里浩秋, 孫安石編著　御茶の水書房　2006.3

孫 歌　そん・か
Sun Ge
中国文学者　中国社会科学院文学研究所研究員

[生年月日] 1955年
[国籍]中国　[出生地]吉林省長春　[学歴]吉林大学中国文学部卒　[専門]比較文学, 日本思想

中国社会科学院文学研究所比較文学研究室で研究員、講師を務める。著書に「私の日本論」「求錯集」「アジアを語ることのジレンマ」「竹内好という問い」、編著に「中国現代文学を読む—40年代の検証」、共著に「国外中国古典戯曲研究」、共編著に「ポスト〈東アジア〉」、訳書に桑原武夫著「文学序説」などがある。2002年来日。

【著作】
◇国旗・国歌問題からみた近代天皇制タブーの構図(日中討論) 孫歌,小森陽一：世界 666 1999.10
◇近代中国における日本イメージと日本研究の課題 孫歌：東西南北 2000 2000
◇アジアを語ることのジレンマ―知の共同空間を求めて 孫歌著 岩波書店 2002.6

孫 琪剛　そん・きごう

[生年月日] 1952年
[国籍] 中国　[出生地] 浙江省寧波　[専門] 新聞学
1983年10月、上智大学大学院に入学し、'86年修士課程修了後、同学大学院博士課程に学ぶ。

【著作】
◇新聞報道に見る中日コミュニケーション・ギャップ 孫琪剛〔著〕,富士ゼロックス・小林節太郎記念基金編 富士ゼロックス・小林節太郎記念基金 1989.6

孫 久富　そん・きゅうふ
Sun Ju-fu
相愛大学人文学部教授

[生年月日] 1954年6月4日
[国籍] 中国　[出生地] 瀋陽　[学歴] 大連外国語学院日本語学部〔1974年〕卒,北京外国語大学大学院〔1982年〕修士課程修了,富山大学大学院〔1990年〕修士課程修了,二松学舎大学大学院文学研究科〔1993年〕博士課程修了 [学位] 文学博士　[専門] 東洋文化,比較文学
1974年遼寧大学外国語学部専任教員、'82年北京国際関係学院日本語学部専任教員。'87年文部省国費留学生として来日。'92年相愛大学専任講師、助教授、のち教授。著書に「万葉集と中国古典の比較研究」「日本上代の恋愛と中国古典」など。 [受賞] 上代文学会賞(第9回)〔1992年〕「万葉集と中国古典の比較研究」

【著作】
◇万葉集と中国古典の比較研究(新典社研究叢書) 孫久富著 新典社 1991.7
◇日本上代の恋愛と中国古典(新典社研究叢書) 孫久富著 新典社 1996.7
◇古代中世文学論考 第4集 古代中世文学論考刊行会編 新典社 2000.5〈内容：言霊信仰の変容と大陸文化(孫久富)〉
◇日中古代文芸思想の比較研究(新典社研究叢書) 孫久富著 新典社 2004.12

ソーン, クリストファー
Thorne, Christopher Guy
サセックス大学教授

[生年月日] 1934年5月17日
[没年月日] 1992年
[国籍] 英国　[学歴] オックスフォード大学セントエドマンドホール〔1958年〕卒　[学位] 文学博士〔1980年〕　[資格] ブリティッシュ・アカデミー会員〔1982年〕　[専門] 国際関係論　[団体] 王立歴史学会
教師、BBCラジオ勤務などを経て、1972年サセックス大学講師、'77年教授。著書に「太平洋戦争とは何だったのか」「太平洋戦争における人種問題」「満州事変とは何だったのか」「米英にとっての太平洋戦争」など。 [受賞] バンクロフト賞「Allies of a Kind:the United States, Britain, and the War Against Japan(米英にとっての太平洋戦争)」

【著作】
◇太平洋戦争とは何だったのか―1941～45年の国家、社会、そして極東戦争 クリストファー・ソーン著,市川洋一訳 草思社 1989.3
◇太平洋戦争における人種問題 クリストファー・ソーン著,市川洋一訳 草思社 1991.12
◇満州事変とは何だったのか―国際連盟と外交政策の限界 上巻 クリストファー・ソーン著,市川洋一訳 草思社 1994.11
◇満州事変とは何だったのか―国際連盟と外交政策の限界 下巻 クリストファー・ソーン著,市川洋一訳 草思社 1994.11
◇米英にとっての太平洋戦争 上巻 クリストファー・ソーン著,市川洋一訳 草思社 1995.6
◇米英にとっての太平洋戦争 下巻 クリストファー・ソーン著,市川洋一訳 草思社 1995.6
◇太平洋戦争とは何だったのか―1941～45年の国家、社会、そして極東戦争 普及版 クリストファー・ソーン著,市川洋一訳 草思社 2005.7

孫 承喆　ソン・スンチョル
江原大学史学科教授

[生年月日] 1952年
[国籍] 韓国　[出生地] ソウル　[学歴] 成均館大学大学院史学専攻〔1983年〕博士課程修了
[学位] 文学博士　[専門] 韓日関係、朝鮮史
著書に「近世の朝鮮と日本—交隣関係の虚と実」、共著に「講座 韓日関係史」などがある。

【著作】
◇近世の朝鮮と日本—交隣関係の虚と実　孫承喆著, 鈴木信昭監訳, 山里澄江, 梅村雅英訳　明石書店　1998.8
◇訪日学術研究者論文集—アカデミック　第1巻　日韓文化交流基金〔編〕　日韓文化交流基金　1999.3〈内容：近世日朝関係の歴史的推移とその構造的特性の研究（孫承喆）〉

孫 東民　そん・とうみん
Sun Dong-min
ジャーナリスト　人民日報社国際部アジア・太平洋地域部長, 中華日本学会常務理事, 北京中日新聞事業促進会秘書長

[生年月日] 1945年
[国籍] 中国　[出生地] 山東省　[学歴] 北京外国語大学卒

北京市人民政府勤務を経て、人民日報社に入社。1982～89年同社東京特派員として東京に駐在。

【著作】
◇中国—国際化へのハードル　孫東民：世界週報　68(2)　1987.1.13
◇永遠の隣人—人民日報に見る日本人　孫東民主編, 于青副主編, 段躍中監訳, 横掘幸絵〔ほか〕訳　日本僑報社　2002.10
◇新中国に貢献した日本人たち—友情で綴る戦後史の一コマ　中国中日関係史学会編, 武吉次朗訳　日本僑報社　2003.10〈内容：新中国の日本語放送と八木寛氏（孫東民）〉

宋 熙永　ソン・ヒヨン
Son Hee-young
ジャーナリスト　朝鮮日報経済科学部長

[生年月日] 1953年
[国籍] 韓国　[学歴] ソウル大学英文科〔1978年〕卒

1978年朝鮮日報に入社。警察回りを経て、経済部記者として活躍。主としてマクロ経済と米国との貿易摩擦問題を担当し、ワシントンでの取材経験も多い。経済部次長から'90年から3年間駐日特派員。のち経済部長待遇となり、現在経済科学部長。著書に「日本経済の現場」「世界経済戦争」など。

【著作】
◇「利害制民主主義」の国ニッポン—政治家でなくロビイストを選ぶ国（座談会）　ゲップハルト・ヒールシャー, 宋熙永, T. R. リード, アンドリュー・ホルバート：東洋経済　5135　1993.4.9臨増

孫 平化　そん・へいか
Sun Ping-hua
中日友好協会会長, 中国人民政治協商会議全国委員会（全国政協）委員

[生年月日] 1917年8月20日
[没年月日] 1997年8月15日
[国籍] 中国　[出生地] 遼寧省　[本名] 斉守福
[学歴] 東京高等工業学校（現・東京工業大学）予科〔1943年〕中退

1938年東京高等工業に留学するが、'43年中退、帰国する。旧満州で中国共産党員として地下工作活動。終戦後も孫平化の名で活動を続ける。新中国建国後、長期にわたった日中関係の断絶期に民間名目の交流を維持、拡大を模索する"友好人士"の一人として活躍。'52年日本からの最初の訪中代表団の接待を担当し、'55年通商代表団副秘書長として訪日以来、各種代表団に加わって訪日、対日関係の第一線に立つ。'63年10月設立の中日友好協会常任理事兼副秘書長。'64年8月から文革開始まで廖承志事務所東京連絡所首席代表として中日民間貿易の促進に努め、'67年まで東京に滞在。文革中活動を停止したが、'72年7月上海舞劇団団長として訪日、大平正芳外相（当時）と会談、国交正常化に道を開き、2ケ月後には田中角栄首相（当時）と毛沢東主席（当時）の間で関係正常化に合意。同年中国人民対外友好協会常務理事。'76年1月中日友好協会副会長。'83年6月全国政協委員。'84年6月中日民間人会議中国委員会副主

任。'86年5月～97年第3代中日友好協会会長をつとめた。著書に「日本との30年」「中国と日本に橋を架けた男」がある。　〔叙勲〕勲一等瑞宝章（日本）〔1992年〕

【著作】
◇日本との30年—中日友好随想録　孫平化著，安藤彦太郎訳　講談社　1987.11

成 恵卿　ソン・ヘギョン
ソウル女子大学校副教授

[生年月日] 1960年
[国籍] 韓国　[出生地] ソウル　[学歴] 延世大学英語英文学科卒，東京大学大学院総合文化研究科〔1991年〕博士課程修了　[学位] 学術博士（比較文学）　[専門] 比較文学

韓国・延世大学在学中，交換留学生として来日し，国際基督教大学で1年間学ぶ。大学卒業後再び来日。東京大学教養学部助手，日本大学助教授。のちソウル女子大学校副教授。著書に「西洋の夢幻能—イェイツとパウンド」，共著に「『甘え』で文学を解く」がある。　[受賞] サントリー学芸賞（芸術文学部門，第22回）〔2000年〕「西洋の夢幻能」

【著作】
◇西洋の夢幻能　成恵卿著　河出書房新社　1999.9

宋 敏　ソン・ミン
Song Min
韓国国民大学文学部教授，韓国国語学会会長，国際日本文化研究センター客員教授

[生年月日] 1937年
[国籍] 韓国　[出生地] 全羅北道益山　[学歴] ソウル大学文理学部国語国文科〔1963年〕卒　[学位] 文学博士（ソウル大学）〔1985年〕　[専門] 韓国語，日本語，音韻史，語彙史　[団体] 韓国日本学会，韓国国語学会

韓国聖心女子大学（現・韓国カトリック大学）教授，東京大学文学部外国人研究員，韓国日本学会会長，韓国国立国語研究院院長などを歴任。のち韓国国民大学文学部教授，韓国国語審議会委員，韓国国語学会会長，国際日本文化研究センター客員教授。また国民大学文学部長を務めた。著書に「日本語の構造」「前期近代国語音韻論研究」「韓国語と日本語のあいだ」などのほか，韓日両国語系統，関係史の分野や韓国語音韻史，語彙史に関する論文を多数執筆。

【著作】
◇韓国語と日本語のあいだ　宋敏著，菅野裕臣〔ほか〕訳　草風館　1999.12
◇明治初期における朝鮮修信使の日本見聞（日文研フォーラム）　宋敏〔述〕，国際日本文化研究センター編　国際日本文化研究センター　2000.3

宋 永仙　ソン・ヨンソン
政治家，安全保障研究家　韓国国会議員（ハンナラ党），北朝鮮の自由と人権のための国際議員連盟事務総長　韓国国防省国防研究院安保政策室長

[生年月日] 1953年
[国籍] 韓国　[出生地] 慶尚北道大邱　[学歴] 慶北大学卒　[学位] 政治学博士（ハワイ大学）　[専門] 北東アジアの平和構造，朝鮮半島の核問題

慶南大学講師，1991年韓国国防省国防研究院主任研究員，のち日本研究室長を経て，安保政策室長。のちハンナラ党国会議員に当選。"北朝鮮の自由と人権のための国際議員連盟"事務総長を務める。舌鋒鋭い論客として知られる。著書に「北朝鮮の核開発，実験と意図」「朝鮮半島の核」などがある。

【著作】
◇訪日学術研究者論文集—アカデミック　第4巻　日韓文化交流基金〔編〕　日韓文化交流基金　1999.3〈内容：国連平和維持活動を囲んだ　韓-日協力可能性（宋永仙）〉
◇訪日学術研究者論文集—アカデミック　第5巻　日韓文化交流基金〔編〕　日韓文化交流基金　1999.3〈内容：同盟関係の変化—米・日新安保協力政策が韓・日関係に及ぼす影響（宋永仙）〉

ソーントン, リチャード
Thornton, Richard S.
コネティカット大学美術学教授

[国籍]米国　[専門]日本のグラフィックデザイン

20年以上にわたり、日本のデザインについて研究を続け、その間研究のため4回訪日、うち2回は半年間ずつ東京に滞在した。コネティカット大学でグラフィックデザインを教える傍ら、日本のグラフィックデザインの歴史についての著書を執筆。著書に「しるしばんてん 印袢纏＋手拭・紋様図案抄」など。

【著作】
◇しるしばんてん―印袢纏＋手拭・紋様図案抄　岩田アキラ著, リチャード・ソーントン序文　駸々堂出版　〔出版年不明〕

【タ】

戴　国煇　たい・こくき
歴史学者　文化大学（台湾）教授, 立教大学名誉教授, 台湾総統顧問

[生年月日]1931年4月15日
[没年月日]2001年1月9日

[国籍]台湾　[出生地]桃園県　[学歴]中興大学農学院〔1954年〕卒, 東京大学卒, 東京大学大学院農学研究科農業経済学専攻〔1966年〕博士課程修了　[学位]農学博士（東京大学）〔1966年〕　[専門]中国近現代史, 日中関係史, 台湾史, 華僑史　[団体]台湾近現代史研究会

1955年留学のため来日。アジア経済研究所主任研究員を経て、'76年から立教大学教授。'96年3月退任し、5月台湾に戻り李登輝政権下で防衛政策最高決定機関の総統顧問に就任。のち'99年まで国家安全会議諮問委員を務め、同年文化大学教授に就任。日本の台湾統治や国民党政権の民衆弾圧事件2.28事件の研究などで知られる。著書に学位論文「中国甘蔗糖業の展開」や「日本人とアジア」「新しいアジアの構図」「台湾と台湾人」「華僑」「台湾という名のヤヌス」「台湾」、共著に「台湾霧社蜂起事件」などがある。

【著作】
◇日本人との対話―日本・中国台湾・アジア　戴国煇著　社会思想社　1971
◇自分と「他分」―日本人のアジア認識　堀田善衞, 長洲一二, 戴国煇：討論日本のなかのアジア　平凡社　1973
◇日本人とアジア　戴国煇著　新人物往来社　1973
◇分断された民として日本に注文する（座談会）　陳若曦, 曺瑛煥, 戴国煇：中央公論　1982.10
◇私の日本体験　戴國煇：現代教養講座　15　ぎょうせい　1984.5
◇日本の友人へのメッセージ―今日の日本・その勘どころ　戴国煇：思想の科学　421　1986.12

タイソン, ローラ・ダンドレア
Tyson, Laura D'Andrea
経済学者　カリフォルニア大学バークレー校教授　米国大統領補佐官（国家経済会議担当）

[生年月日]1947年6月28日

[国籍]米国　[出生地]ニュージャージー州ジャージー　[学歴]スミス大学〔1969年〕卒, マサチューセッツ工科大学大学院修了　[学位]経済学博士(MIT)〔1974年〕　[専門]国際経済, 経済政策

1974～77年プリンストン大学助教授を経て、'78年からカリフォルニア大学バークレー校教授。'89～90年ハーバード大学客員教授。他に国際経済研究所(IIE)客員研究員、クオモ委員会、外交評議会などのメンバーも務めた。国際政治・経済問題を精力的に研究。産・学・官各方面に広いネットワークを有し、大きな影響力を持つ。'93年1月クリントン大統領の経済諮問委員会(CEA)委員長、'95年2月国家経済会議(NEC)議長を務める大統領補佐官に就任。ハイテク産業の育成を揚げる強硬な市場開放論者。'97年1月退任。著書に「日米産業競争の潮流―経済摩擦の政治経済部」（共編）、「誰が誰をたたいているのか―ハイテク産業の貿易紛争」（'92年）など。

【著作】

◇誰が誰を叩いているのか　ダイヤモンド社　1993
◇「閉鎖大国」ニッポンの構造―変革求められる日本経済　ローラ・D.タイソン〔ほか〕著，大岡哲，川島睦保訳　日刊工業新聞社　1994.3

タイタス，デービッド
Titus, David Anson
ウェズリアン大学政治学部教授

[生年月日] 1934年
[国籍] 米国　[学歴] コロンビア大学大学院修了　[学位] 政治学博士号　[専門] 天皇制
1963年から3年間，日本で天皇制と政治の関係を研究，帰国後ウェズリアン大学で政治学を担当。'71年にも来日，この研究成果は「日本の天皇政治」にまとめられコロンビア大学エンズリー賞を受賞した。日本語に堪能。
[受賞] エンズリー賞（コロンビア大学）「日本の天皇政治」
【著作】
◇日本の天皇政治―宮中の役割の研究　デイビッド・A.タイタス著，大谷堅志郎訳　サイマル出版会　1979

タイラー，ロイヤル
Tyler, Royall
日本文学研究家　オーストラリア国立大学アジア研究学部日本センター所長

[生年月日] 1936年
[国籍] オーストラリア　[出生地] 英国・ロンドン　[学歴] ハーバード大学（日本学）卒，コロンビア大学大学院修了
大学在学時から日本文学に興味を持つ。コロンビア大学でドナルド・キーンの指導を受け，1966年修士号（日本史），'77年博士号（日本文学）を取得。オハイオ州立大学，ウィスコンシン大学マディソン校，オスロ大学などで日本文学を講じ，'90年よりオーストラリア国立大学に在籍し，国籍を米国からオーストラリアに移した。'92年オーストラリア国立大学アジア研究学部日本センター所長となり，2002年の退官まで務めた。1992年頃から「源氏物語」の英訳を思い立ち，'94年より作業に携わる。2001年全訳本「The Tale of Genji」を完成させ，日米友好基金日本文学翻訳賞を受賞。多数の謡曲の翻訳・出版を通して能を海外に紹介した他，中世説話集の翻訳「Japanese Tales」（1987年）でも高い評価を得る。　[受賞] 日米友好基金日本文学翻訳賞（日本）〔2001年〕「The Tale of Genji」，国際交流基金賞（日本）〔2007年〕
【著作】
◇源氏物語と日本文学研究の現在―身体・ことば・ジェンダー　第二回フェリス女学院大学日本文学国際会議　フェリス女学院大学編　フェリス女学院大学　2004.3〈内容：源氏物語の翻訳（Royall Tyler）〉
◇海外における源氏物語の世界―翻訳と研究（国際日本文学研究報告集）　伊井春樹編　風間書房　2004.6〈内容：悲劇としての『源氏物語』第二部（ロイヤル・タイラー）翻訳者として『源氏物語』を考える（ロイヤル・タイラー）〉
◇能の翻訳―文化の翻訳はいかにして可能か（21世紀COE国際日本学研究叢書）　野上記念法政大学能楽研究所編　法政大学国際日本学研究センター　2007.5〈内容：内容：講演:能翻訳を考える（ロイヤル・タイラー述）〉

タウト，ブルーノ
Taut, Bruno
建築家

[生年月日] 1880年5月4日
[没年月日] 1938年12月24日
[国籍] ドイツ　[出生地] 東プロシア・ケーニヒスベルク（現・ロシア・カリーニングラード）　[学歴] ケーニヒスベルク土木建築学校〔1902年〕卒
働きながら大学を終え，22歳からドイツ各地を転々，1909年ベルリンで事務所を持った。'14年博覧会建築の「鉄鋼館」「ガラスの家」でデビュー。第一次大戦中に画文集「都市の冠」「アルプス建築」「宇宙建築師」「都市の解体」を出版。戦後'21年マグデブルク市建築課長となり「曙光」誌を発刊，色彩建築を宣言，市の建物に色を着けて歩き，3年間で解任された。'23～31年ベルリンで建築供給会社主任となり数多くの団地を設計。'29年主著「近代建築」を刊行。'32年モスクワに招かれるが，そのためナチスに追及され，'33

年出国、日本へ。商工省工芸指導所嘱託となり、仙台市や高崎市の工芸所で設計と制作を指導。また、桂離宮、伊勢神宮をはじめ日本の伝統美術の研究・著作に従事し、日本美の再発見者として知られた。'36年トルコへ赴き、イスタンブール美術学校教授、トルコ建設省企画局長を歴任。在日中の建築作品に熱海の旧日向別邸や東京の旧大倉邸があり、日本関係の著書に「ニッポン―ヨーロッパ人の眼で見た」「日本文化私観」「日本の家屋とその生活」「日本美の再発見」、「タウト全集」（全6巻、育生社弘道閣）「ブルーノ・タウト著作集」（全5巻、春秋社）などがある。　[記念碑]群馬県高崎市少林寺達磨寺

【著作】
◇日本文化私観　森儁郎訳　明治書房　1936
◇日本文化私観　ブルーノ・タウト著、森儁郎訳　明治書房　1940 8版
◇ニッポン―ヨーロッパ人の眼で見た　全面改訳版　森儁郎訳　明治書房　1941
◇日本文化私観　12版　ブルーノ・タウト著、森儁郎訳　明治書房　1947
◇タウト著作集　1～5　ブルーノ・タウト著　岩波書店　1950-54
◇忘れられた日本（創元文庫）　ブルーノ・タウト著、篠田英雄訳編　創元社　1952
◇日本―タウトの日記　第2　タウト著、篠田英雄訳　岩波書店　1955
◇日本―タウトの日記　第3　タウト著、篠田英雄訳　岩波書店　1957
◇日本―タウトの日記　第4　タウト著、篠田英雄訳　岩波書店　1958
◇日本―タウトの日記　第5　タウト著、篠田英雄訳　岩波書店　1959
◇日本の家屋と生活　岩波書店　1960
◇ニッポン、日本文化私観　ブルーノ・タウト、唐木順三編：外国人の見た日本　第4　筑摩書房　1961
◇ニッポン　B. タウト：世界教養全集　第7　平凡社　1961
◇日本文化私観（宝文選書）　ブルーノ・タウト著、森儁郎訳　宝文館出版　1969
◇日本―タウトの日記　1933年　タウト著、篠田英雄訳　岩波書店　1975
◇日本―タウトの日記　1934年　タウト著、篠田英雄訳　岩波書店　1975
◇日本―タウトの日記　1935-36年　タウト著、篠田英雄訳　岩波書店　1975
◇ニッポン―ヨーロッパ人の眼で見た（講談社学術文庫）　ブルーノ・タウト著、森儁郎訳　講談社　1991.12
◇日本文化私観―ヨーロッパ人の眼で見た（講談社学術文庫）　ブルーノ・タウト著、森儁郎訳　講談社　1992.10
◇日本の家屋と生活　ブルーノ・タウト著、篠田英雄訳　岩波書店　1995.9
◇画帖桂離宮　特別復刻版　ブルーノ・タウト著、篠田英雄訳　岩波書店　2004.11
◇忘れられた日本（中公文庫）　ブルーノ・タウト著、篠田英雄編訳　中央公論新社　2007.6

ダウナー，レズリー
Downer, Lesley
ジャーナリスト，日本文化研究家

[国籍]英国　[出生地]ロンドン　[学歴]オックスフォード大学（英文学），ロンドン大学（文学・宗教）

父はカナダ人、母は中国人。オックスフォード大学などで陶芸や日本文学を学ぶ。1978年英語教師として初来日、岐阜女子大学で英語講師を務めながら、俳句、座禅、歌舞伎、華道、茶道、合気道などの日本文化に親しむ。平泉・衣川の戦跡に興味を抱き、「奥の細道」行きを決断、芭蕉が歩いた「奥の細道」の全行程2400キロをヒッチハイク、新幹線、船などを利用して4ケ月間歩き、'94年エッセイ「芭蕉の道ひとり旅―イギリス女性の『おくのほそ道』」を出版。この本は優れた紀行文に与えられるトーマス・クック・トラベル・ブック賞の最終候補になった。また料理の著作も多く精進料理にも精通している。'83年に帰国後は、TBSロンドン支局に勤務。他の著書に堤清二、義明兄弟を描いた「血脈―西武王国・堤兄弟の真実」などがある。

【著作】
◇芭蕉の道ひとり旅―イギリス女性の「おくのほそ道」　レズリー・ダウナー著、高瀬素子訳　新潮社　1994.5
◇アフリカの友人が感じた「文化の共通項」　レズリー・ダウナー，柴田京子訳：週刊新潮　39(30)　1994.8.4
◇発見した日本の「グループ文化」　レズリー・ダウナー：週刊新潮　39(35)　1994.9.15
◇血脈―西武王国・堤兄弟の真実　レズリー・ダウナー著、常岡千恵子訳　徳間書店　1996.12
◇対談・日本人の宗教心と文化を考える　五木寛之，ダウナー，レズリー：潮　516　2002.2

◇マダム貞奴―世界に舞った芸者　レズリー・ダウナー著，木村英明訳　集英社　2007.10

タカキ，ロナルド
Takaki, Ronald
歴史学者　カリフォルニア大学バークレー校民族研究学部教授

[生年月日] 1939年
[国籍] 米国　[出生地] ハワイ州ホノルル　[学歴] ウースター大学〔1961年〕卒，カリフォルニア大学バークレー校大学院　[学位] 文学博士（カリフォルニア大学バークレー校）　[専門] 米国史，少数民族

日系3世。祖父は熊本県出身。少年時代、学生時代に日系人としての差別を体験。カリフォルニア大学ロサンゼルス校の黒人史講師を経て、1972年よりバークレー校でアジア系米国人の歴史、ハワイ史、少数民族差別の比較史などを研究。'95年著書「アメリカはなぜ日本に原爆を投下したのか」を出版、原爆投下は人種偏見やトルーマン大統領の人間性による要因が大きかったと述べる。他の著書に「Pau Hana:Plantation Life and Labor in Hawaii（パウ・ハナ―ハワイ移民の社会史）」など。

【著作】
◇パウ・ハナ―ハワイ移民の社会史（刀水歴史全書）　ロナルド・タカキ著，富田虎男，白井洋子訳　刀水書房　1986.1
◇アメリカはなぜ日本に原爆を投下したのか　ロナルド・タカキ著，山岡洋一訳　草思社　1995.6
◇もう一つのアメリカン・ドリーム―アジア系アメリカ人の挑戦　ロナルド・タカキ〔著〕，阿部紀子，石松久幸訳　岩波書店　1996.11
◇ダブル・ヴィクトリー―第二次世界大戦は、誰のための戦いだったのか？　ロナルド・タカキ著，大和弘毅訳　柏艪舎　2004.12

卓　南生　たく・なんせい
Toh Lam-Seng
龍谷大学国際文化学部教授

[生年月日] 1942年
[国籍] シンガポール　[出生地] シンガポール
[学歴] 早稲田大学政経学部〔1969年〕卒，立教大学大学院社会学研究科博士課程修了　[学位] 社会学博士（立教大学）　[専門] アジア新聞史、国際コミュニケーション論　[団体] マス・コミュニケーション学会

1966～73年早稲田大学、東京大学、立教大学などで新聞学を専攻。'76年イギリスのサセックス大学に留学。この間、'73年から「星洲日報」「南洋・星洲聯合早報」論説委員。'87年同東京特派員を経て、'89年東京大学新聞研究所（現・社会情報研究所）助教授を経て、'92年上智大学国際関係研究所客員研究員、のち、名古屋大学大学院客員教授、'94年龍谷大学教授。「聯合早報」特約政治評論員。主著に「東南アジアから見た日本」「中国近代新聞成立史」「国際化日本の壁」など。

【著作】
◇現代の鎖国―アジアから日本の実像が見える　卓南生著，田中宏，近藤正己訳　めこん　1985.5
◇不気味な"総決算"の中身　アジアからみた日本の実像（インタビュー）　卓南生：第三文明　1986.4
◇高度情報社会のコミュニケーション―構造と行動 創立40周年記念論文集　東京大学新聞研究所編　東京大学新聞研究所　1990.3〈内容：アジアの視点から見た日本の「内なる国際化」報道（卓南生）〉
◇国際化日本の壁―アジアの常識と日本の常識　卓南生著，田中宏，吉井敬雄訳　東洋経済新報社　1990.4
◇日本のアジア報道とアジア論　卓南生著　日本評論社　2003.2

タゴール，ラビンドラナート
Tagore, Rabindranāth
詩人，思想家，劇作家，小説家，作曲家

[生年月日] 1861年5月6日
[没年月日] 1941年8月7日
[国籍] インド　[出生地] カルカッタ　[本名] タークル〈Thākur, Ravindranāth〉

タゴールはベンガル名タークルの英語訛り。恵まれた環境の中でインド古典を学び、1877年英国に留学して西欧ロマン派にも触れる。1881年父の領地の管理をまかされることになり、帰国。1901年ボールプル近郊のシャーンティニケタンに野外学校・平和学園（のち

ヴィシュヴァバラティ大学)を設立し、自然の中の全人教育と農民の精神的、経済的自立をめざす農村改革運動を進めた。'21年タゴール国際大学開校。一方、8歳の頃から抒情詩をベンガル語で詩作、'13年英訳詩集「ギターンジャリ」('10年、英訳'12年)でノーベル文学賞を受賞。近代ベンガル文学最大の詩人であるとともに、音楽家・画家としても名高い。他の著書に、詩集「マーナシー」「黄金の舟」、詩劇「チトラーンガダー」「王女マーリニー」、長編小説「ゴーラ」、思想書「人間の宗教」「文明の危機」、「タゴール著作集」(全5巻)など。マハトマ・ガンジーとは生涯にわたって親交をつづけ、ガンジーとともに"国父"として仰がれた。また、精力的に世界中を歴訪して講演を行い、日本へも'13年以来5度来日、日本の軍国主義を批判したことでも知られる。'15年ジョージ5世からナイト爵を授けられるが、'19年英軍の虐殺行為に抗議して返上した。　【受賞】ノーベル文学賞〔1913年〕「ギターンジャリ」

【著作】
◇タゴール著作集(第十巻)「日本紀行」　第三文明社　〔刊年不明〕
◇日本へ寄せるインドのメッセージ　ラビンドラナート・タゴール, 山室静訳：近代文学 11(1)　1956.1
◇日本における国家主義　タゴール, 唐木順三編：外国人の見た日本　第4　筑摩書房　1961
◇ナショナリズム　第三文明社　1981

タスカ, ピーター
Tasker, Peter
金融証券アナリスト　アーカス投資顧問取締役

[生年月日] 1955年
[国籍] 英国　[学歴] オックスフォード大学ベイリオルカレッジ〔1976年〕卒

英国で法律事務所勤務の後、1978年に英国政府の国外派遣制度で来日、サントリーに2年間勤務。'81年帰国し、グリーブソン・グランド社に入社。'83年再び日本へ。'87年からクラインオート・ベンソン証券会社(日本)に勤務。以後日本専門の金融証券アナリスト、投資戦略専門家(ストラテジスト)として活躍。'92年から5年連続「日本金融新聞」によるマーケット・アナリスト人気ランキング第1位。「ニューズ・ウィーク」のコラムニストでもあり、ジャパン・ウォッチャーとしても注目される。'98年10月アーカス投資顧問取締役に就任。著書に「インサイド・ジャパン」、「メルトダウン/日米同時崩壊」('91年)、「日本の時代は終わったか」('92年)、「20世紀の崩壊 日本の再生」('93年)、「日本は甦るか」、「不機嫌な時代」('97年)、「日本の大チャンス」、「カミの震撼する日」(2002年)など。流暢な日本語を話す。

【著作】
◇カイシャホリックからの脱皮を　P. タスカ：朝日ジャーナル　31(19)　1989.4.25臨増
◇インサイド・ジャパン　ピーター・タスカ著, 笹野洋子訳　講談社　1989.8
◇ニッポン観察、常識とコモンセンス—おかしなおかしな日本の経済カルチャー　ピーター・タスカ：ダイヤモンド　78(1)　1990.1.6
◇日本の時代は終わったか　ピーター・タスカ著　講談社　1992.6
◇二〇世紀の崩壊日本の再生　ピーター・タスカ著　講談社　1993.2
◇揺れ動く大国ニッポン(講談社文庫)　P. タスカ〔著〕, 笹野洋子訳　講談社　1993.8
◇日本は甦るか　ピーター・タスカ著　講談社　1994.7
◇総崩れになった「日本の神話」　ピーター・タスカ：Foresight　6(4)　1995.4
◇いまなお「改革」に踏み出さない日本　タスカ, ピーター：Foresight　7(11)　1996.11
◇不機嫌な時代—Japan 2020　ピーター・タスカ著　講談社　1997.1
◇未来はいま決まる—ビッグバンの予測と現実　リチャード・クー, ピーター・タスカ, R. ターガート・マーフィー〔述〕, 堺屋太一編著　フォレスト出版　1998.6
◇対談・モデルなき時代の日本の針路、そして改革の担い手たち(特集・21世紀型社会を築くための日本の争点12)　船橋洋一, ピーター・タスカ：論座　46　1999.2
◇日本の大チャンス—Japan in play　ピーター・タスカ著　講談社　1999.7
◇日本式リストラの進むべき道(スペシャルインタビュー)(安易なダウンサイジングが日本産業を衰退させる、リストラの消化不良)　タスカ, ピーター：フォーブス日本版　9(6)　2000.6

◇ピーター・タスカ氏・ストラテジスト―夢が足りない日本人(編集長インタビュー)　ピーター・タスカ,野村裕知:日経ビジネス　1160　2002.9.30

ダッシュ, J. R.
Dash, J. R.
日本アフロアメリカ友好協会代表

[国籍]カナダ　[出生地]トロント
販売会社、週刊誌編集などを経て、1988年英会話学校教師として来日。在来国証券会社で情報誌を編集するかたわら、日本アフロアメリカ友好協会(JAFFA)代表として活動。日本人向けに「黒人はなぜ『ちびくろサンボ』が嫌いか」を説明するチラシ作りなどをする。
【著作】
◇日本人はなぜ「壁」をつくるのか―黒人が見たニッポン(座談会)　カレン・アントン,ジョン・ラッセル,ロバート・オルブライト,J. R. ダッシュ:朝日ジャーナル　32(40)　1990.10.5

タツノ, シェリダン
Tatsuno, Sheridan M.
技術コンサルタント　ネオコンセプト社社長

[生年月日]1947年
[国籍]米国　[学歴]エール大学(政治学・都市計画)〔1972年〕卒
1977年ハーバード・ケネディ・スクール・オブ・ガバメントで都市政策分析の修士号取得。その後データクエスト社勤務を経て、'90年技術コンサルタントのネオコンセプト社を設立。著書に「クリエイテッド・イン・ジャパン」など。
【著作】
◇テクノポリス戦略　シェリダン・タツノ著,正田宗一郎訳　ダイナミックセラーズ　1988.11

ダテル, ユージーン
Dattel, Eugene R.
金融コンサルタント

[国籍]米国　[学歴]エール大学〔1966年〕卒,バンダービルト大学ロースクール〔1969年〕修了
1969年ソロモン・ブラザーズ入社、セントルイス、ボストン、ニューヨーク、ロンドン勤務などを経て、'81年香港支店長。'82～87年東京支店長兼マネージング・ディレクター。'87年モルガン・スタンレー東京へ移り、マネージング・ディレクター。'89年独立し、日米の金融機関に対するコンサルタント活動に従事。著書に「昇らなかった太陽―日本・金融帝国の幻影とその真実」がある。
【著作】
◇昇らなかった太陽―日本金融帝国の幻影とその真実　ユージーン・R. ダテル著,三原淳雄,土屋安衛訳　ダイヤモンド社　1996.6

タトル, チャールズ・イー
Tuttle, Charles E.
チャールズ・イー・タトル商会会長

[没年月日]1993年6月9日
[国籍]米国
第2次大戦後、日本で英文書籍の輸入販売を始め、日本洋書業界の草分けとなった。1951年には英文書籍出版社も設立、夏目漱石「坊っちゃん」、川端康成「雪国」などの英語版を出版し、日本やアジアの文化の海外への紹介に努めた。
【著作】
◇Japan unbuttoned　1st ed　text & captions by Charles E. Tuttle, cartoons by Masakazu Kuwata　C. E. Tuttle　1954
◇Japan―theme and variations : a collection of poems by Americans　1st ed　Charles E. Tuttle　C. E. Tuttle　1959

タナカ, ケネス
Tanaka, Kenneth
武蔵野大学現代社会学部教授

[生年月日]1947年

[出生地]山口県　[学歴]スタンフォード大学卒，東京大学大学院博士課程中退，カルフォルニア州立大学バークレー校博士課程修了　[学位]文学博士，哲学博士(仏教学，Ph. D.)　[専門]仏教学

1958年日系2世の両親と渡米。'84年Graduate Theological Union, Berkeley, California准教授を経て、'98年武蔵野女子大学(現・武蔵野大学)教授。北カリフォルニア仏教連合会長、国際仏教キリスト教神学対話会評議員も務める。著書に「中国浄土教教義の夜明け」、分担執筆に「浄土真宗の平和学」がある。

【著作】
◇真宗入門　ケネス・タナカ著，島津恵正訳　法蔵館　2003.4

タナベ，ジョージ(Jr.)
Tanabe, Georg J. (Jr.)
ハワイ大学宗教学科助教授

[生年月日]1943年
[国籍]米国　[出生地]ハワイ州オアフ島　[学歴]ウィラメット大学，ユニオン神学校，コロンビア大学大学院修了　[学位]宗教学博士　[専門]日本仏教

博士号は「明恵上人研究」で取得。主著に「日本仏教の再生」。

【著作】
◇日本仏教の再生(仏教文化選書)　ジョージ・タナベ著，星野英紀，鳥井由紀子訳　佼成出版社　1990.10

ターニー，アラン
Turney, Alan J.
清泉女子大学教授

[生年月日]1938年9月27日
[没年月日]2006年12月19日
[国籍]英国　[学歴]ロンドン大学日本文化学部日本語日本文学卒，ロンドン大学大学院文学研究科日本文学専攻修了　[学位]文学博士　[専門]日本文学，翻訳研究

夏目漱石の「坊っちゃん」「草枕」などの英訳を手がけた。

【著作】
◇日本のなかの外国人(三省堂新書)　アラン・ターニー著，仲町和子，滝川ゆり子，浜島喜代子訳　三省堂　1970

ダニエルス，クリスチャン
Daniels, Christian
東京外国語大学アジア・アフリカ言語文化研究所教授

[生年月日]1953年
[国籍]オーストラリア　[出生地]フィジー　[別名等]漢語名=唐立　[学歴]東京大学大学院人文科学研究科博士課程修了　[学位]文学博士　[専門]中国技術史

就実女子大学専任講師を経て、東京外国語大学アジア・アフリカ言語文化研究所教授。

【著作】
◇清朝と東アジア―神田信夫先生古稀記念論集　神田信夫先生古稀記念論集編纂委員会編　山川出版社　1992.3〈内容:明末清初における甘蔗栽培の新技術-その出現及び歴史的意義（クリスチャン・ダニエルス)〉
◇清代中国の諸問題　石橋秀雄編　山川出版社　1995.7〈内容:近世日本の立木式油搾り機の起源―アジア域内諸国における在来産業技術系譜の一事例として（クリスチャン・ダニエルス)〉

ダニエルズ，ゴードン
Daniels, Gordon
歴史学者

[国籍]英国

シェフィールド大学で研究生活を送る。共編著に「日英交流史1600‐2000〈5〉社会・文化」がある。

【著作】
◇世界史のなかの日本占領―法政大学第8回国際シンポジウム(法政大学現代法研究所叢書)　袖井林二郎編　法政大学現代法研究所　1985.3〈内容:セッション 占領の磁場―対立する連合国（ゴードン・ダニエルズ，太田勝洪）　英連邦とくにオーストラリアの役割り〔討論〕（ゴードン・ダニエルズ)〉
◇英国と日本―架橋の人びと　サー・ヒュー・コータッツイ，ゴードン・ダニエルズ編著，横山俊夫解説，大山瑞代訳　思文閣出版　1998.11
◇日英交流史―1600-2000 5　細谷千博，イアン・ニッシュ監修，都築忠七，ゴードン・ダニエ

ルズ，草光俊雄編　東京大学出版会　2001.8〈内容：国民をして国民に平和を語らしめん他（ゴードン・ダニエルズ，フィリップ・シャーリエ）〉

ダニエルズ，ロジャー
Daniels, Roger
シンシナティ大学教授

[生年月日] 1927年
[国籍] 米国　[学位] 博士号（カリフォルニア大学ロサンゼルス校）　[専門] 歴史学

主な著書に「The Politics of Prejudice: The Anti-Japanese Movement in California and the Struggle for Japanese Exclusion」「Concentration Camps, U. S. A. : Japanese Americansand World War II」「Asian America: Chinese and Japanese in the United States Since 1850」「Coming toAmerica:A History of Immigration and Ethnicity in American Life」「罪なき囚人たち―第二次大戦下の日系アメリカ人」がある。

【著作】
◇罪なき囚人たち―第二次大戦下の日系アメリカ人　ロジャー・ダニエルズ著，川口博久訳　南雲堂　1997.11

ダフィ，ジェニファー
Duffy, Jennifer
編集者　ハーバード大学国際問題研究センター出版物編集責任者

[国籍] 米国　[学歴] コルゲート大学，コロンビア大学

1986～87年日本文部省奨学金給費研究生として来日，2年間豪日研究センター出版部員兼編集者をつとめ，米国へ帰国。のちハーバード大学国際問題研究センターの出版物編集責任者となる。編著に「私が出会った日本―オーストラリア人の異色体験・日本観」がある。

【著作】
◇私が出会った日本―オーストラリア人の日本観　ジェニファー・ダフィ，ギャリー・アンソン編，村松増美監訳　サイマル出版会　1995.7

タブロフスキー，ユーリー
ジャーナリスト　「ベスニク」誌編集長

[生年月日] 1949年
[国籍] ロシア　[学歴] レニングラード大学卒

モスクワ放送勤務を経て，1981～87年「ノーボエ・ブレーミヤ（新時代）」誌東京特派員，'87年からソ連共産党中央委員会勤務。現在，シェワルナゼ元ソ連外相が主宰する外交協会発行の「ベスニク」誌編集長を務める。著書に「日本精神の謎」「二階建ての日本」，写真集「日本変化の季節」がある他，プラウダ，イズベスチヤ両紙などに，アジア問題などについて多数寄稿していた。

【著作】
◇ロシア人と日本人　ユーリー・V・タブロフスキー：潮　377　1990.8

タムラ，リンダ
Tamura, Linda
ウィラメット大学教授

[国籍] 米国　[出生地] オレゴン州フッドリバー
[専門] 教育学

日系。りんご，梨園を経営する家に生まれる。オレゴン州のパシフィック大学に17年間在職，教育学部学科長，教育学教授を歴任。多文化プログラム，日米プロジェクトに関与，関係テーマについて数多くの発表をし，論文を執筆。著書に「フッドリバーの一世たち―アメリカ・オレゴン州フッドリバーに入植した日本人移民の肉声による歴史」がある。

【著作】
◇フッドリバーの一世たち―アメリカ・オレゴン州フッドリバーに入植した日本人移民の肉声による歴史　リンダ・タムラ著，中野慶之編訳　メイナード出版　1996.4

ダルビー，ライザ
Dalby, Liza
日本文学研究家

[生年月日] 1950年
[国籍] 米国　[出生地] ニューヨーク州　[学歴] スタンフォード大学大学院文化人類学専攻博

士課程修了　[学位]博士号(スタンフォード大学)
16歳の時、外国文学に造詣の深かった父の勧めで「源氏物語」を読む。1966年佐賀大学聴講生として来日、華道、茶道などを習い日本文化に触れる。帰国後、スタンフォード大学大学院に入学。'76年芸者をテーマにした博士論文の取材のために再来日し、京都で9ヶ月間芸者を経験する。'78年帰国し、博士号取得後、のちシカゴ大学で教鞭を執る。2000年日本での体験や「源氏物語」「紫式部日記」をもとに10年がかりで著した小説「紫式部物語」を発表、世界中で翻訳される。
【著作】
◇芸者―ライザと先斗町の女たち　ライザ・ダルビー著, 入江恭子訳　ティビーエス・ブリタニカ　1985.12
◇海外における源氏物語の世界―翻訳と研究 (国際日本文学研究報告集)　伊井春樹編　風間書房　2004.6〈内容：紫の道、恋の道(ライザ・ダルビー)〉

ダワー, ジョン
Dower, John W.
歴史学者　マサチューセッツ工科大学(MIT)教授

[生年月日] 1938年6月21日
[国籍] 米国　[出生地] ロードアイランド州
[学歴] アマースト大学(アメリカ研究)卒, ハーバード大学大学院(歴史学・極東語)修了
[学位] 博士号(ハーバード大学)〔1972年〕
[専門] 現代日本史
大学生時代に2度日本に滞在。1961～65年金沢女子短期大学講師、のちジョン・ヴェザーヒル出版社(東京)編集助手、ネブラスカ大学歴史学講師を経て、'71年ウィスコンシン大学歴史学助教授、'79年教授。'86年よりカリフォルニア大学サンディエゴ校日本学教授、'91年9月よりマサチューセッツ工科大学基金授与教授。米国における日本占領研究の第一人者。'70年代の日本近代化論の批判でも知られる。米国軍占領下の日本がたどった民主化への過程を描いた「敗北を抱きしめて」は2000年ピュリッツァー賞文芸ノンフィクション部門賞を受賞した他、多くの賞を総ナメした。日本に紹介されている著書に「紋章再発見」「吉田茂とその時代」「人種偏見―太平洋戦争に見る日米摩擦の底流」「日本・戦争と平和」「慈悲なき戦争」がある。「E. H. ノーマン著作集」の編集も務めた。ベトナム反戦運動や平和運動にも携わる。　[受賞] ピュリッツァー賞(文芸ノンフィクション部門)〔2000年〕「敗北を抱きしめて」, 全米書評家協会賞ノンフィクション部門第1位〔1986年〕「人種偏見」, 大平正芳記念賞(第5回)〔1989年〕, 大仏次郎論壇賞(特別賞, 第1回)〔2001年〕「敗北を抱きしめて」, 山片蟠桃賞(第20回)〔2001年〕「敗北を抱きしめて」
【著作】
◇世界史のなかの日本占領―法政大学第8回国際シンポジウム(法政大学現代法研究所叢書)　袖井林二郎編　法政大学現代法研究所　1985.3〈内容：吉田茂の史的位置〔報告〕(ジョン・ダワー)〉
◇人種偏見―太平洋戦争に見る日米摩擦の底流　ジョン・W. ダワー著, 斎藤元一訳　ティビーエス・ブリタニカ　1987.9
◇吉田茂とその時代　上巻(中公文庫)　ジョン・ダワー著, 大窪愿二訳　中央公論社　1991.8
◇吉田茂とその時代　下巻(中公文庫)　ジョン・ダワー著, 大窪愿二訳　中央公論社　1991.9
◇日本, この半世紀　J. W. ダワー, 國弘正雄訳：世界　603　1995.1
◇敗北を抱きしめて　岩波書店　2001
◇敗北を抱きしめて―第二次大戦後の日本人　上　ジョン・ダワー〔著〕, 三浦陽一, 高杉忠明訳　岩波書店　2001.3
◇敗北を抱きしめて―第二次大戦後の日本人　下　ジョン・ダワー〔著〕, 三浦陽一, 高杉忠明, 田代泰子訳　岩波書店　2001.5
◇日米戦後関係史―パートナーシップ 1951-2001　入江昭, ロバート・A. ワンプラー編, 細谷千博, 有賀貞監訳　講談社インターナショナル　2001.9〈内容：風刺画のなかの日本人、アメリカ人(ジョン・W. ダワー)〉
◇容赦なき戦争―太平洋戦争における人種差別(平凡社ライブラリー)　ジョン・W. ダワー著, 猿谷要監修, 斎藤元一訳　平凡社　2001.12
◇歴史としての戦後日本　上　アンドルー・ゴードン編, 中村政則監訳　みすず書房　2001.12〈内容：二つの「体制」のなかの平和と民主主義―対外政策と国内対立(ジョン・W. ダワー)〉

◇敗北を抱きしめて―第二次大戦後の日本人　上　増補版　ジョン・ダワー〔著〕,三浦陽一,高杉忠明訳　岩波書店　2004.1
◇敗北を抱きしめて―第二次大戦後の日本人　下　増補版　ジョン・ダワー〔著〕,三浦陽一,高杉忠明,田代泰子訳　岩波書店　2004.1

段 躍中　だん・やくちゅう
日本僑報社編集長,日中交流研究所長

[生年月日]1958年
[国籍]中国　[出生地]湖南省　[学歴]新潟大学大学院国際関係論専攻〔2000年〕　[学位]学術博士(新潟大学)〔2000年〕　[専門]在日中国人問題,日中交流史　[団体]日本華僑華人学会(常任理事),日本華人教授会議(幹事)
北京の「中国青年報」記者を経て、1991年日本に留学。2000年日中国交正常化以後の第2次留学ブームを中心にした研究論文「現代中国人の日本留学に関する研究」で、新潟大学から学術博士号を取得。1998年日本で活躍する学者や実業家など人名約1万人、企業や書物など約5万件の情報を収めたデータブック「在日中国人大全」を出版し、高い評価を受ける。'99年10月に、日中関係・華僑華人専門の出版社「日本僑報社」を設立。日中交流研究所長などを兼務。著書に「現代中国人の日本留学」、「日本の中国語メディア研究」「中国人の日本語著書総覧」「中国人の見た日本」「2004年の在日中国人」など。横浜国立大学非常勤講師など歴任。　[受賞]駒沢大学学長賞〔1995年〕,東京国際学生論文コンテスト優秀賞(読売新聞主催)〔1994年〕

【著作】
◇中国人の日本語著書総覧―1999～2000　段躍中編　日本僑報社　1998.11
◇永住帰化百問百答　佐藤重雄,段躍中編著　日本僑報社　1999.11
◇在日中国人媒体総覧　段躍中編著　日本僑報社　2000.3
◇中国人の見た日本―留学経験者の視点から　段躍中,朱建栄ほか著,田縁美幸ほか訳　日本僑報社　2000.7
◇日本僑報電子週刊総目次　1998-2001(華僑華人研究資料)　段躍中編　日本僑報社　2002.4
◇現代中国人の日本留学　段躍中著　明石書店　2003.1

◇2002年の在日中国人―日本僑報電子週刊第160～261号目次(華僑華人研究資料)　段躍中編著　日本僑報社　2003.2
◇日本華僑華人社会の変遷―日中国交正常化以後を中心に　朱慧玲著,段躍中監修,高橋庸子訳　日本僑報社　2003.6
◇鬼子又来了(「鬼子」がまたやって来た)―中国の若者が見た元日本兵・謝罪の旅　劉燕紅,段躍中保芳著,段躍中監修,太田直子,武藤倭文子訳　日本僑報社　2003.8
◇日本の中国語メディア研究―1985～1994　段躍中著　北溟社　2003.8
◇2003年の在日中国人―日本僑報電子週刊第262～352号目次(華僑華人研究資料)　段躍中編著　日本僑報社　〔2004〕

ダンヴェール, ルイ
Danvers, Louis
映画評論家,音楽家

[生年月日]1955年
[国籍]ベルギー　[出生地]ブリュッセル
1983年よりベルギー・フランス語圏の週刊紙「ル・ヴィフーレクスプレス」の映画欄を担当。共著に「ナギサ・オオシマ」など。

【著作】
◇ナギサ・オオシマ　ルイ・ダンヴェール,シャルル・タトム Jr.著,北山研二訳　風媒社　1995.3

ダンロップ, エドワード
Dunlop, E. E.
外科医　豪州戦争捕虜信託基金会長

[生年月日]1907年
[没年月日]1993年7月2日
[国籍]オーストラリア　[出生地]ビクトリア州スチュワートン　[学歴]大学〔1938年〕卒
1928年薬剤師、'34年医師の資格を取得。研究活動のため英国に渡るが、第2次大戦中、軍医として従軍。旧日本軍の捕虜となり、タイ―ミャンマー間の泰緬(たいめん)鉄道建設工事に徴用された捕虜などを、手製の医療器具で献身的に治療、第2次大戦の"英雄"とたたえられた。戦後は、生き残った捕虜たちの医療、福利に尽力した。大英帝国勲爵士(サー)。著書に「ウェアリ・ダンロップの戦争日

記—ジャワおよびビルマ‐タイ鉄道 1942‐1945」。
【著作】
◇ウェアリー・ダンロップの戦争日記—ジャワおよびビルマタイ鉄道1942-1945　エドワード・E. ダンロップ著, 河内賢隆, 山口晃訳　而立書房　1997.10

【 チ 】

遅 子建　ち・しけん
作家

[生年月日] 1964年
[国籍] 中国　[出生地] 黒龍江省漠河北極村
[学歴] 大興安嶺師範専門学校, 中国作家協会魯迅文学院修了　[団体] 中国作家協会
1983年から執筆活動を開始。魯迅文学賞, 女性文学賞などを受賞。著書に「満洲国物語」などがある。　[受賞] 魯迅文学賞(第1回), 女性文学賞
【著作】
◇満洲国物語　上　遅子建著, 孫秀萍訳　河出書房新社　2003.7
◇満洲国物語　下　遅子建著, 孫秀萍訳　河出書房新社　2003.7

池 明観　チ・ミョングァン
Chi Myong-kwan
宗教哲学者　翰林大学翰林科学院教授・日本学研究所所長, 東京女子大学教授

[生年月日] 1924年10月11日
[国籍] 韓国　[出生地] 平安北道(現・北朝鮮)
[別名等] 旧筆名＝T・K生　[学歴] ソウル大学文理学部宗教学科〔1954年〕卒, ソウル大学大学院宗教哲学専攻〔1958年〕修了
徳成女子大学助教授, ソウル大学文理学部講師, 雑誌「思想界」主幹などを経て, 1972年来日。'74年東京女子大学客員教授を経て, '86～93年現代文化学部教授。'93年韓国に帰国し, 翰林大学翰林科学院教授。'94年韓国で最大規模の日本学研究所・翰林大学日本学研究所を創設、所長。2004年教授退任。雑誌「歴史批判」(年2回刊)を主宰。'98年日韓歴史共同研究委韓国側座長, 日本文化解禁についての審議などを行う諮問機関・韓日文化交流政策諮問委員会委員長, '99年6月韓日文化交流会議委員長, '99～2005年5月国際日本文化研究センター客員研究員も務める。2000年日韓関係の改善に貢献したとして, 日本の国際交流基金賞を受賞。一方, 日本滞在中の1973～88年雑誌「世界」に匿名の韓国人"T・K生"として「韓国からの通信」を執筆。当時の韓国軍事政権による弾圧を告発する内容と, 匿名による執筆で論議を呼ぶが, 米国など世界にも発信されて軍政への国際圧力づくりに結びついた。2003年自らT・K生の正体を明かし話題となった。韓国屈指の知日派。著書に「韓国文化史」「現代史を生きる教会」「流れに抗して」「アジア宗教と福音の論理」「チョゴリと鎧」「現代に生きる思想」「韓国から見た日本—私の日本論ノート」他。英語, ドイツ語にも堪能。　[受賞] 国際交流基金賞〔2000年〕　[叙勲] 旭日重光章(日本)〔2007年〕
【著作】
◇新日本論ノート—世界史における現代日本の位置をめぐって　池明観：世界　553　1991.4臨増
◇韓国から見た日本—私の日本論ノート　池明観著　新教出版社　1993.2
◇日本滞在二十年と韓国への想い—対談池明観氏に聴く(「朝鮮問題」学習・研究シリーズ)　池明観〔ほか〕著　「朝鮮問題」懇話会　1993.3
◇日韓関係史研究—1965年体制から2002年体制へ　池明観著　新教出版社　1999.9
◇韓国から日本の右傾化と日韓関係(特集・歴史教科書問題とは何か)　池明観：世特　689　2001.6
◇日韓の相互理解と戦後補償　池明観〔ほか〕編著　日本評論社　2002.3
◇池明観 歴史文化ノート〔9〕韓国における日本研究　池明観：月刊韓国文化　272　2002.7
◇21世紀韓朝鮮人の共生ビジョン—中央アジア・ロシア・日本の韓朝鮮人問題 権荌・徐竜達先生古希記念論集　徐竜達編著　日本評論社　2003.3〈内容：韓国・在日朝鮮人・文化の多様性—21世紀への在日韓国・朝鮮人社会のビジョン (池明観)〉

◇この国に思想・良心・信教の自由はあるのですか　高橋哲哉, 池明観, 鈴木正三, 大津健一, 飯島信ほか著, 思想・良心・信教の自由研究会編　いのちのことば社　2006.3

崔 基鎬　チェ・キホ
加耶大学客員教授

[生年月日] 1923年
[国籍]韓国　[学歴]東国大学大学院経営科〔1955年〕修了, ソウル大学附属司法大学院（特殊法）〔1960年〕修了　[専門]経営学
1962年文理実科大学講師, '63年明知大学助教授, のち韓国中央大学経営大学院講師を兼任。その後, 東国大学経営大学院教授を経て, 加耶大学客員教授。また, '92〜97年富山県韓国交流推進アドバイザーを務める。著書に「これでは韓国は潰れる―恐るべき腐敗の実態」「韓国 堕落の2000年史」がある。
【著作】
◇日韓併合―歴史再検証 韓民族を救った「日帝36年」の真実　崔基鎬著　祥伝社　2004.9

崔 吉城　ちぇ・きるそん
広島大学総合科学部教授

[生年月日] 1940年6月17日
[学歴]ソウル大学校師範大学卒, 高麗大学校大学院博士課程修了, 成城大学大学院博士課程修了　[学位]文学博士（筑波大学）〔昭和60年〕　[専門]文化人類学, 民俗学　[団体]日本民族学会, 比較家族史学会, 日本民俗学会
陸軍士官学校講師, 慶南大学専任講師, 啓明大学校外国学大学日本学科副教授などを経て, 来日。成城大学大学院で民俗学を東京大学東洋文化研究所で社会人類学を研究。中部大学教授を経て, 広島大学教授。著書に「朝鮮の祭りと巫俗」「韓国のシャーマニズム」「韓国の祖上崇拝」など。
【著作】
◇韓国における人類学的日本研究　崔吉城：民族学研究　54(3)　1989.12
◇日本にとっての朝鮮文化（明治大学公開文化講座）　明治大学人文科学研究所　1992.5
◇神々の祭祀と伝承―松前健教授古稀記念論文集　上田正昭編　同朋舎出版　1993.6

◇日本植民地と文化変容―韓国・巨文島　崔吉城編著　御茶の水書房　1994.5
◇「親日」と「反日」の文化人類学（明石ライブラリー）　崔吉城著　明石書店　2002.8
◇沖縄文化の源流を探る―環太平洋地域の中の沖縄 復帰20周年記念沖縄研究国際シンポジウム　「復帰20周年記念沖縄研究国際シンポジウム」実行委員会編　「復帰20周年記念沖縄研究国際シンポジウム」実行委員会　1994.3
◇日本研究・京都会議 1994　国際日本文化研究センター, 国際交流基金編　国際日本文化研究センター　1996.3

崔 光準　チェ・クァンジュン
Choi Kwang-joon
日本文学者　新羅大学日語日文学科教授

[生年月日] 1956年
[国籍]韓国　[出生地]京畿道　[学歴]清州大学日語日文科卒, 日本大学大学院国文学科博士課程修了　[学位]文学博士　[専門]万葉研究　[団体]日本上代文学会会員
韓国における万葉研究家の第一人者。著書に「つぼみ―『万葉集』ゆかりの渡来人」。
【著作】
◇訪日学術研究者論文集―歴史　第1巻　日韓文化交流基金〔編〕　日韓文化交流基金　1999.3〈内容：万葉集の中のカラと渡来人研究（崔光準）〉

崔 相龍　チェ・サンリョン
Choi Sang-yong
政治学者　高麗大学教授　駐日韓国大使

[生年月日] 1942年3月28日
[国籍]韓国　[出生地]慶尚北道慶州　[学歴]ソウル大学文理学部外交学科〔1964年〕卒　[学位]政治学博士（東京大学）〔1972年〕　[専門]日本政治, アジア問題
1976〜82年韓国中央大学教授, '77年東京大学客員教授, '79〜81年ハーバード大学客員教授, 同年日本研究所研究員を経て, '82年高麗大学政治外交学科教授。同大アジア問題研究所日本研究室室長, のち同研究所所長も務める。また韓国政治学会会長, 韓国平和学会会長, 日韓・韓日文化交流会議韓国側副委

員長を歴任。2000年3月民間人初の駐日大使に就任。2001年4月日本の"中学歴史教科書問題"で自国の意見確認のため一時帰国。2002年2月退任し、高麗大学教授に再任。同年4月立教大学名誉博士号を授与される。知日派。著書に「米軍政と韓国民族主義」「日本・日本学」「現代日本の解剖」「韓国民族主義の理念」「平和の政治哲学」など。　[受賞]立教大学名誉博士号〔2002年〕
【著作】
◇21世紀東北アジアの安定と繁栄に果たす日韓の役割—東北大学東北アジア研究センター公開シンポジウム（東北アジア研究シリーズ 2）　成澤勝編　東北大学東北アジア研究センター　2001

崔 章集　チェ・ジャンジプ
Choi Jang-jip
高麗大学教授，韓国政治研究会会長

[生年月日]1943年
[国籍]韓国　[出生地]江陵　[学歴]高麗大学政経学部政治外交学科〔1965年〕卒，高麗大学大学院〔1969年〕修士課程修了　[学位]博士号（シカゴ大学）〔1983年〕　[専門]政治学
雑誌編集、青瓦台秘書広報室勤務を経て、1974年渡米。のち、'83年高麗大学政経学部政治外交学科教授。著書に「韓国の労働運動と国家」（'88年）、「韓国現代政治の構造と変化」（'89年）、「韓国民主主義の理論」（'93年）、「韓国民主主義の条件と展望」（'96年）、編著に「韓国戦争研究」（'90年）、「韓国社会と民主主義」（'97年）など。A．グラムシの研究者としても知られる。
【著作】
◇訪日学術研究者論文集—アカデミック　第4巻　日韓文化交流基金〔編〕　日韓文化交流基金　1999.3〈内容：日本と北朝鮮の市民社会と民主主義における比較研究（崔章集）〉

崔 碩莞　チェ・ソクワン
Choi Suk-wan
大真大学国際学部専任講師

[生年月日]1962年

[国籍]韓国　[出生地]ソウル　[学歴]韓国中央大学（史学科）〔1985年〕卒，東京大学大学院人文科学研究科国史専攻〔1993年〕修士課程修了，東京大学大学院人文社会系研究科日本文化研究専攻〔1996年〕博士課程修了　[専門]日本近現代史
著書に「日清戦争への道程」（1997年）がある。
【著作】
◇日清戦争への道程　崔碩莞著　吉川弘文館　1997.2

崔 書勉　チェ・ソミョン
歴史学者　東京韓国研究院院長

[生年月日]1926年4月4日
[国籍]韓国　[出生地]江原道原州　[学歴]延世大学政治外交学科卒　[学位]哲学博士，文学博士
カトリック教総務院事務局長を経て1957年来日、亜細亜大学客員教授（朝国史）。'69年研究院を設立、月刊誌「韓」を発行、「シンポジウム 日本にとって韓国とはなにか」を出版、政治家、マスコミに韓国を見直すべきだと訴えた。伊藤博文を暗殺した安重根の獄中記を発掘するなど安重根の資料収集と研究を続け、日韓関係史に関する蔵書18万冊を研究院図書館に集めた。誠意の人で日本人にも広く深い交友層があり日韓文化交流に大きく貢献。
【著作】
◇古く遠い反日の源流　崔書勉：反日感情　日新報道出版部　1973
◇共に生きる新しい世界—差別を越えて　李仁夏，崔書勉著，在日韓国老人ホームを作る会編　キリスト新聞社　1987.7
◇『醜い韓国人』vs『悲しい日本人』—日韓友好の道を探る　加瀬英明，田麗玉，大林高士，崔書勉著　たま出版　1995.7

崔 博光　チェ・バクグァン
翻訳家　成均館大学副教授

[生年月日]1941年
[国籍]韓国　[学歴]成均館大学卒　[専門]比較文化

韓国比較文学会会長、東京大学客員教授を務める。訳書に「天の涯に生くるとも」(金素雲)ほか。
【著作】
◇世界に拡がる宮沢賢治—宮沢賢治国際研究大会記録集　宮沢賢治学会イーハトーブセンター生誕百年祭委員会記念刊行部会編　宮沢賢治学会イーハトーブセンター　1997.9〈内容:韓国における宮沢賢治(崔博光)〉
◇訪日学術研究者論文集—アカデミック　第3巻　日韓文化交流基金〔編〕　日韓文化交流基金　1999.3〈内容:儒者と僧侶との交流—申維翰と月心性湛(崔博光)〉

崔　孝先　チェ・ヒョソン
大谷女子大学非常勤講師

[生年月日] S32年
[国籍]韓国　[出生地]京畿道　[学歴]漢陽大学日本語日本文学科卒、龍谷大学大学院文学研究科博士課程修了　[専門]日本文学　[団体]龍谷大学国文学会、朝鮮学会、解釈学会、日本文学会
昭和63年来日。龍谷大学REC韓国語講師、クレオ大阪西韓国語講師を経て、大谷女子大学非常勤講師。大阪国際理解教育研究センター、神戸学生・青年センターなどに所属。著書に「海峡に立つ人—金達寿の文学と生涯」がある。
【著作】
◇日本仏教文化論叢—北畠典生博士古稀記念論文集　下巻　北畠典生博士古稀記念論文集刊行会編　永田文昌堂　1998.6〈内容:在日朝鮮人文学とは(崔孝先)〉

崔　永禧　チェ・ヨンヒ
翰林大学教授、韓国文化財委員

[生年月日] 1926年8月14日
[国籍]韓国　[出生地]平壌　[学歴]高麗大学史学科〔1950年〕卒　[学位]文学博士(檀国大学)〔1975年〕
国史編纂委員会編史室長・事務局長・委員長などを歴任。著書に「日帝下の民族運動史」(共著)、「韓国史紀行」などがある。
【著作】

◇環日本海(東海)松江国際シンポジウム資料集—日本海沿岸地域の文化交流と地域振興　環日本海(東海)松江国際シンポジウム実行委員会　1986.5〈内容:古代韓日交流に関する韓国文献史料(崔永禧)〉

チェックランド, オリーブ
Checkland, Olive
歴史家　慶応義塾大学福沢研究センター客員所員

[学歴]バーミンガム大学地理学科〔1941年〕卒
1942年結婚。その後もリバプール、ケンブリッジ両大学で教鞭を執り、「ヴィクトリア朝スコットランドの博愛運動」などの著書を発表。また、日英交流史の研究に携わる。「Unbeaten Tracks in Japan」を読んでイザベラ・バードに興味を持つ。スコットランド国立図書館に埋もれていたイザベラの書簡集が発見されたことをきっかけに、フェミニストとしてのイザベラの一面に注目し、「Isabella Bird(イザベラ・バード　旅の生涯)」を執筆。他の著書に「Britain's Encounter with Meiji Japan, 1868-1912(明治日本とイギリス)」「Humanitarianism and the Emperor's Japan, 1877-1977」などがある。
【著作】
◇明治日本とイギリス—出会い・技術移転・ネットワークの形成(りぶらりあ選書)　オリーヴ・チェックランド著、杉山忠平、玉置紀夫訳　法政大学出版局　1996.6
◇リタとウイスキー—日本のスコッチと国際結婚　O.チェックランド著、和気洋子訳　日本経済評論社　1998.9
◇天皇と赤十字—日本の人道主義100年　オリーヴ・チェックランド〔著〕, 工藤教和訳　法政大学出版局　2002.10
◇日本の近代化とスコットランド　オリーヴ・チェックランド著, 加藤詔士、宮田学編訳　玉川大学出版部　2004.4

チェリー, キトレッジ
Cherry, Kittredge
ジャーナリスト

[国籍]米国

ロータリー財団の奨学生として1982年から3年間東京に留学。女性とコミュニケーションに関する研究で広い層に国際的評価を獲得。学術誌や「ウォール・ストリート・ジャーナル」「ニューズウィーク日本版」「マイアミ・デイリーニュース」などを舞台に発言を続ける。著書に「日本語は女をどう表現してきたか」など。
【著作】
◇日本語は女をどう表現してきたか　キトレッジ・チェリー著，栗原葉子，中西清美共訳　福武書店　1990.7
◇日本語は女をどう表現してきたか（福武文庫）　キトレッジ・チェリー著，栗原葉子，中西清美訳　ベネッセコーポレーション　1995.7

チェンバレン，バジル・ホール
Chamberlain, Basil Hall
言語学者，日本学者　東京帝国大学名誉教授

[生年月日] 1850年10月18日
[没年月日] 1935年2月15日
[国籍] 英国　[出生地] ポーツマス　[別名等] 号＝王堂

7歳の時母を亡くし，フランスの祖母の許で教育を受ける。数ケ国語をマスターしたといわれる。1867年英国に戻り銀行に就職したが，病弱なため地中海沿岸で療養。1873年5月来日，東京芝の青竜寺に居住し，日本の古典を学ぶ。1874年築地の海軍兵学寮の教師となり，英語や幾何学を教える。1886年帝国大学文科大学教師となり，日本語と博言語（言語学）を教授，日本語の近代的研究の確立に貢献，多くの俊秀を育てた。この頃北海道に渡り，J. バチェラー家に滞在してアイヌ語も研究。1890年病気のため帰国，東大を辞職。1891年ラフカディオ・ハーンを松江中学に紹介し，以後交流を続ける。同年外国人として初の東京帝大名誉教授となる。1911年3月日本を去り，スイスのジュネーブのレマン湖畔で余生を送る。著書に「琉球語の研究」「日本上代の詩歌」「日本小文典」「枕詞の研究」「アイヌ語研究より見た日本の言語神話及び地名」「日本国語提要」などがあり，また「古事記」の英訳をはじめ日本古典を訳出して日本文化を海外に紹介した。　[叙勲]勲三等瑞宝章〔1911年〕
【著作】
◇日本事物誌　1, 2（東洋文庫 131, 147）　高梨健吉訳　平凡社　1969
◇王堂チェンバレン―その琉球研究の記録　山口栄鉄編訳　琉球文化社　1976
◇日琉語比較文典　山口栄鉄訳　琉球文化社　1976
◇日本人の古典詩歌（かりん百番）　川村ハツエ訳　七月堂　1987
◇日本人の古典詩歌（かりん百番）　B. H. チェンバレン著，川村ハツエ訳　七月堂　1987.2
◇チェンバレンの明治旅行案内―横浜・東京編　楠家重敏訳　新人物往来社　1988
◇チェンバレンの明治旅行案内　横浜・東京編　B. H. チェンバレン，W. B. メーソン著，楠家重敏訳　新人物往来社　1988.1
◇「日本口語文典」全訳　チャンブレン著，丸山和雄，岩崎摂子訳　おうふう　1999.2
◇『日本語口語入門』第2版翻訳（笠間叢書）　チェンバレン〔著〕，大久保恵子編・訳　笠間書院　1999.2
◇琉球語の文法と辞典―日琉語比較の試み　バジル・ホール・チェンバレン原著，山口栄鉄編訳・解説　琉球新報社　2005.2

チジョフ，リュドヴィク
Chizhov, Lyudvig Aleksandrovich
外交官　駐日ロシア大使

[生年月日] 1936年4月25日
[国籍] ロシア　[出生地] ジトミル州（ウクライナ）　[学歴] モスクワ国際関係大学〔1960年〕卒

1959年日本に留学。'60年ソ連外務省入省。日本語通訳を振り出しに，'62〜66年，'71〜77年，'80〜86年と3度16年にわたり在日大使館に勤務し，'80〜86年駐日公使を務めた。この間，'77〜80年は外務省第2極東部の参事官，専門官，課長，次長を歴任。'86年太平洋諸国部長，'87年太平洋・東南アジア諸国局長を経て，'90年8月駐日大使に就任。'91年12月ソ連邦解体に伴い，ロシア連邦大使となる。'96年まで5年半にわたり大使を務めた知日派で日本語も堪能。
【著作】

◇駐日大使が語る「日本と私」　L・A・チジョーフ，ベルナール・ウーヴリュー：文芸春秋　72(12)　1994.12

チースリク，フーベルト
Cieslik, Hubert
カトリック神父　イエズス会司祭，キリシタン文化研究会会長代理

[生年月日]1914年7月2日
[没年月日]1998年9月22日
[国籍]ドイツ　[出生地]シュレジア地方ワイスワセル　[学歴]イエズス会修練院卒　[専門]キリシタン史

1933年にイエズス会に入り，'34年来日し東京着任。'43年司祭に叙階。'45年広島に赴任し，被爆。'50年東京聖三木修道院院長，'57～88年キリシタン文化研究会会長代理。傍ら上智大学大学院，聖心女子大学講師を兼任。著書に原爆投下直後の広島を描いたエッセイ「破壊の日」のほか，「北方探検記」「キリシタン人物の研究」「芸備キリシタン史料」「世界を歩いた切利支丹」「蒲生氏郷のすべて」（共著）などがある。

【著作】
◇キリシタン研究　第25輯　キリシタン文化研究会編　吉川弘文館　1985.7〈内容：レオナルド木村―絵描き―修道士―殉教者（Hubert Cieslik S. J.）〉
◇キリシタン研究　第26輯　キリシタン文化研究会編　吉川弘文館　1986.7〈内容：クリストヴァン・フェレイラの研究（Hubert Cieslik S. J.）〉
◇キリシタン研究　第27輯　キリシタン文化研究会編　吉川弘文館　1987.9〈内容：府内のコレジヨ―大友宗麟帰天四百周年によせて（Hubert Cieslik）〉
◇シンポジウム伊達政宗　高橋富雄〔ほか〕著　新人物往来社　1987.9〈内容：世界史の伊達政宗（H. チースリク）〉
◇キリシタン研究　第28輯　キリシタン文化研究会編　吉川弘文館　1988.12〈内容：一六〇四年、準管区長パジオの覚書（Hubert Cieslik S. J.）〉
◇キリシタン史考―キリシタン史の問題に答える（聖母文庫）　H. チースリク〔著〕　聖母の騎士社　1995.2
◇キリシタンの心（聖母文庫）　フーベルト・チースリク〔著〕　聖母の騎士社　1996.8
◇キリシタン（日本史小百科）　H. チースリク監修，太田淑子編　東京堂出版　1999.9

◇秋月のキリシタン（キリシタン研究）　H. チースリク著，高祖敏明監修　教文館　2000.9

チハーコーヴァー，ヴラスタ
Ciháková-Noshiro, Vlasta
美術評論家　日越コーポレーションプラハ駐在員

[生年月日]1944年
[国籍]チェコスロバキア　[出生地]プラハ　[学歴]カレル大学美学科卒，カレル大学東洋学科卒

1966年来日し，日本大学芸術学部，東京芸術大学に留学。'68年日本人と結婚。以後12年間東京に住み美術評論家として主に現代美術の評論及び展覧会の企画・制作，また美術・映画などチェコ文化の紹介に携わる。'81年プラハに戻り，日越コーポレーションのプラハ駐在員として，両国間の文化交流に努める。著書に「ニッポン審判―ぬけがけ社会の構造」「ハンガリー―歴史の街のバラーシュ〈世界の子どもたち34〉」「プラハ幻影―東欧古都物語」，訳書に「アンディ・ウーホール」など。

【著作】
◇ニッポン審判―ぬけがけ社会の構造　ブラスタ・チハーコヴァー著　新評社　1980.10

チャ，ビクター
Cha, Victor D.
政治学者　ジョージタウン大学教授　米国国家安全保障会議(NSC)アジア部長

[生年月日]1961年
[国籍]米国　[出生地]ニューヨーク　[学歴]コロンビア大学経済学部〔1983年〕卒，オックスフォード大学〔1986年〕卒，コロンビア大学大学院〔1994年〕修了　[学位]Ph. D.（政治学，コロンビア大学）〔1994年〕　[専門]東アジア政治，安全保障論

韓国系米国人。ハーバード大学ジョン・M. オーリン戦略研究所研究員，スタンフォード大学国際安全保障協力センター，およびフーバー研究所研究員を経て，ジョージタウン大学準教授，のち教授。また，エドモンド・ウォルシュ外交学院にてD. S. ソン・アジア・行政

研究のチェアー、および米国の同盟研究プロジェクトのディレクターを務める。2004年12月ホワイトハウス入りし、国家安全保障会議（NSC）アジア部長となり朝鮮半島や日本などを担当。6者協議ではヒル国務次官補のもとで米国次席代表を務めた。2007年5月NSC退任後は大学に復職。
【著作】
◇日本の戦争責任をどう考えるか―歴史和解ワークショップからの報告　船橋洋一編著　朝日新聞社　2001.8〈内容：日韓の歴史に根ざした情念（ビクター・チャ）〉
◇米日韓反目を超えた提携　ヴィクター・D.チャ著, 船橋洋一監訳, 倉田秀也訳　有斐閣　2003.5

チャイルズ, フィリップ・メイソン
Childs, Philip M.
企業コンサルタント, ライター

［生年月日］1941年
［出生地］ロンドン（英国）　［学歴］カリフォルニア大学バークレー校卒
米軍ケース・オフィサーとして1960年代前半からベトナム、ラオス、カンボジアで情報収集活動に従事。その後CIAを中心として、フィリピン、韓国、日本で情報活動、特に対テロリズム情報収集では勇名をはせる。現在、米国を始めとする企業に対するコンサルティングならびに執筆活動に携わる。著書に「CIA日本が次の標的だ―ポスト冷戦の経済諜報戦」がある。
【著作】
◇CIA日本が次の標的だ―ポスト冷戦の経済諜報戦　フィリップ・メイソン・チャイルズ著, 賀川洋訳　NTT出版　1993.11

チャップマン, ウィリアム
Chapman, William
ジャーナリスト　「ワシントン・ポスト」紙東京支局長

［国籍］米国
「ワシントン・ポスト」紙の記者となり、1977年来日、'84年まで同紙の東京支局長を務めた。'90年帰国。著書に「Inside the Philippine Revolution」、「日、出づる国、再び（Inventing Japan）」がある。
【著作】
◇日、出づる国、再び―元ワシントン・ポスト東京支局長が明かす戦後日本の軌跡　ウイリアム・チャップマン著, 松本道弘訳　日本文芸社　1992.12

チャップマン, ジョン
Chapman, John
「ジャパン・フォーラム」編集主幹, サセックス大学講師

［国籍］英国　［出生地］スコットランド　［学歴］オックスフォード大学
日独軍事関係史研究でオックスフォード大学の博士号を取得。研究者として第1次・2次大戦間の日本をめぐる国際環境解明を追求し、サセックス大学で講師を務めるかたわら、ヨーロッパ初の本格的日本研究誌「ジャパン・フォーラム」の編集主幹となり、'89年英国日本研究協会から創刊号を出した。
【著作】
◇日英交流史―1600-2000　3　細谷千博, イアン・ニッシュ監修, 平間洋一, イアン・ガウ, 波多野澄雄編　東京大学出版会　2001.3〈内容：戦略的情報活動と日英関係（ジョン・チャップマン）〉

チャン, アンドルー
Chang, Andrew C.
アメリカン国際経営大学院教授

［生年月日］1933年
［国籍］米国　［出生地］台湾　［別名等］中国名＝張介州　［学歴］台湾大学文化学院外国語文学系〔1956年〕卒, シートン・ホール大学（米国）, ワシントン大学教育学大学院　［専門］中国語, 日本語
1963年渡米。'64年シートン・ホール大学でアジア研究修士号取得。'64〜67年セント・ルイス市ワシントン大学教育学大学院にて比較教育学を研究。'65〜70年同大学中国語・日本語講師。'70年からアメリカン国際経営大学院（AGSIM）で教鞭をとり、のち日本語・中国

語の諸コースを担任、ビジネス・ジャパニーズを含む一連の教材を開発した。著書に「和英擬態語・擬音語分類用法辞典」など。
【著作】
◇和英擬態語・擬音語分類用法辞典　アンドルー・C.チャン著　大修館書店　1990.12

唱 新　チャン・シン
福井県立大学経済学部教授

[生年月日]1956年
[国籍]中国　[出生地]吉林省　[学歴]吉林大学外国語学部卒,吉林大学大学院日本経済研究科〔1984年〕修了　[専門]中国経済論,環日本海経済論

吉林大学日本研究所助教授、1992年同大学北東アジア総合研究所教授を経て、'97年金沢経済大学(現・金沢星稜大学)教授。のち福井県立大学教授。この間、'91年4月から1年間、関西学院大学客員研究員を務めた。著書に「グローバリゼーションと中国経済」、共著に「環日本海経済・最前線」、分担執筆に「北東アジア経済入門」などがある。
【著作】
◇吉林省と北陸地域との経済交流の可能性と今後の進め方　唱新,野村允〔著〕　北陸環日本海経済交流促進協議会　1996.12

張 建華　チャン・チェンファー
大阪府立大学客員研究員

[生年月日]1967年
[国籍]中国　[学歴]早稲田大学,大阪府立大学　[学位]経済学博士　[専門]経済学

上海の大学、北京の大学院で学び、1998年来日。早稲田大学や大阪府立大学で経済学を研究。また、日中の文化に興味を持ち、独自のリサーチを行う。中国語講師としても活躍。著書に「中国的小秘密」がある。
【著作】
◇日本語の研究と教育―窪田富男教授退官記念論文集　窪田富男教授退官記念論文集編集世話人編　専門教育出版　1995.12〈内容:日本語の取り立て助詞と中国語の範囲副詞についての対照研究―「だけ、しか、ばかり」と"只、光、浄"を中心に(張建華)〉

◇日中語の限定表現の研究―「だけ」「ばかり」「しか」と"只""浄"を中心に　張建華著　絢文社　1998.2

チャンセラー, エドワード
Chancellor, Edward
ジャーナリスト

[国籍]英国　[学歴]ケンブリッジ大学(歴史学),オックスフォード大学(歴史学)

1990年代前半、投資銀行ラザーズに勤務。のちフリーのジャーナリストとして、「フィナンシャル・タイムズ」「エコノミスト」などに寄稿する。'99年「バブルの歴史―チューリップ恐慌からインターネット投機へ」を刊行、全米でベストセラーとなる。
【著作】
◇バブルの歴史―チューリップ恐慌からインターネット投機へ　エドワード・チャンセラー著,山岡洋一訳　日経BP社　2000.4

チャンセラー, ジョン
Chancellor, John
ジャーナリスト　NBCアンカーマン

[生年月日]1927年7月14日
[没年月日]1996年7月12日
[国籍]米国　[出生地]シカゴ　[学歴]イリノイ州立大学

地方紙記者を経て、1950年NBCに入社。海外特派員として世界の50カ国で取材し、国内でも宇宙計画とホワイトハウスを担当。'70〜82年「NBCナイトリー・ニュース」のアンカーマンを務めた。解りやすく短いコメントが人気を集め、「テレビニュースの開拓者」と呼ばれた。その後、'93年に引退するまでレギュラーの解説者を務めた。報道とジャーナリズムの分野における業績と貢献に対して数々の賞を受けている。著書に「大国の復活―『偉大なアメリカ』のための条件と日本」。
【著作】
◇大国の復活―「偉大なアメリカ」のための条件と日本　ジョン・チャンセラー著,鈴木主税訳　角川書店　1991.5

チャンドラー, クレイ
Chandler, Clay
ジャーナリスト　「フォーチュン」エディター

[生年月日] 1960年
[国籍] 米国　[学歴] ハーバード大学卒, ハーバード大学大学院博士課程修了
「ジャパン・タイムズ」記者、「ウォールストリート・ジャーナル」東京特派員、1993年「ワシントン・ポスト」経済担当編集委員、のちアジア経済担当特派員(香港駐在)を経て、2002年雑誌「フォーチュン」エディター。日本に精通する。
【著作】
◇個性なく画一的で群れたがる若者　クレイ・チャンドラー, 柴田京子訳：週刊新潮 38 (38) 1993.10.7
◇メディアと政治—日米メディア・ダイアローグ　田勢康弘, クレイ・チャンドラー編著 明石書店 1999.10
◇いまだに没個性的な日本の若者たち(VIEW-POINT OF AMERICA—クレイ・チャンドラーのワールド・スコープ)　チャンドラー, クレイ：週刊現代 41(44) 1999.11.27

チャンドラー, デービッド　Chandler, David

[国籍] 英国　[学歴] シェフィールド大学大学院〔1999年〕修士課程修了　[専門] 東アジア研究, 外国語教育
大学ではアメリカ研究を専攻し、卒業後ワシントンD.C.で民主党の調査員となる。1992年英国に戻り、国会議員のスタッフとして議会で働く。その後、テレビ局のフリーの調査員として活動。'95～98年JETプログラムの一員として、長野県立長野高等学校に勤務。のち東アジア研究で修士号を取得。
【著作】
◇飛び込んでみよう！JETプログラム—地球時代の異文化コミュニケーション「草の根」国際交流と外国語教育の充実をめざして　D.チャンドラー, D.クーテニコフ編著, 多田孝志監訳　東洋館出版社 2002.12

曺 喜澈

[生年月日] 1953年
[国籍] 韓国　[出生地] 大邱　[学歴] 啓明大学卒, 中央大学大学院博士課程修了　[専門] 言語学
平成元年韓国蔚山大学助教授を休職して日本に留学、韓国の書店に依頼された日韓辞書の執筆に10年かかり、そのまま日本に在住。東京大学、東京外大、青山学院大などで非常勤講師を務める。著書に「ウリマル」「ニューミレニアム日韓辞典」「現代韓国を知るキーワード77」などがある。
【著作】
◇日韓同形異義漢語の研究—日韓辞典作成の基礎として　曺喜澈〔著〕, 富士ゼロックス・小林節太郎記念基金編　富士ゼロックス・小林節太郎記念基金 1990.11
◇日本近代語研究 1　近代語研究会編　ひつじ書房 1991.10〈内容：日韓同形漢語の語義・用法の相違(曺喜澈)〉

趙 文富　チョー・ムンブ
国立済州大学名誉教授

[生年月日] 1932年12月13日
[国籍] 韓国　[出生地] 済州道　[学歴] ソウル大学校法科大学行政学科卒　[学位] 政治学博士　[専門] 行政学
国立済州大学講師、助教授を経て、教授。1997～2001年総長。のち名誉教授。また東京大学客員研究員、エール大学客員研究員、韓国地方自治学会常任理事などを歴任。共著に「希望の世紀へ 宝の架け橋」がある。　[受賞] 韓国・国民褒賞　[叙勲] 青条勤政勲章
【著作】
◇予算決定過程の構造と機能—比較的視点から　趙文富著　良書普及会 1996.11
◇希望の世紀へ宝の架け橋—韓日の万代友好を求めて　趙文富, 池田大作著　徳間書店 2002.11

趙 安博　ちょう・あんはく
Zhao An-bo
政治家　中日友好協会顧問, 中国共産党中央対外連絡部副秘書長

[生年月日] 1915年

[没年月日]1999年12月23日
[国籍]中国　[出生地]浙江省上虞県
1934年日本へ留学、'35年第一高等学校へ入学。'37年7月抗日戦参加のため帰国、山西省の八路軍に配属され、中国共産党に入党。'41年日本人労農学校ができると、日本語能力を買われて教務長、のち副校長として日本人捕虜の世話と教育を担当。'45年旧満州で日本人居留民の送還工作に当たった。'50年から中国共産党中央対外連絡部で日中関係の通訳などを務めた。戦後'54年中国紅十字会代表団員として訪日。'55年日中漁業交渉出席と原水禁世界大会参加のため訪日。'56年中国紅十字会代表として釈放日本人戦犯引渡書に署名、中共漁業代表団代表として訪日。'60年、'62年、'63年原水禁世界大会参加の中共代表団副団長、秘書長として訪日。'63年中日友好協会秘書長兼理事。'64年訪日。同年党中央対外連絡部副秘書長。'66年貿易文化交流拡大のため日中両国友好協会共同声明に調印。'67年3月中日両国日貿促共同声明調印式に出席。その後、'78年3月中日友好協会顧問、'84年8月中日関係史研究会副会長、'88年3月中国人民政治協商会議全国委員会委員。のち中国国際交流協会理事。日中の橋渡し役をした知日派。
【著作】
◇新中国に貢献した日本人たち—友情で綴る戦後史の一コマ　中国中日関係史学会編、武吉次朗訳　日本僑報社　2003.10〈内容：往事を回顧（趙安博）〉

張　偉　ちょう・い
　日本文学研究家　大谷大学非常勤講師、同朋大学非常勤講師

[生年月日]1956年
[国籍]中国　[出生地]長春　[学位]文学博士（大東文化大学）
父は医師だったが文化大革命で批判され、自らも階級の敵として迫害される。大学で独学で日本文学研究を始め、卒業後日本の作家の作品を翻訳、特に野間宏の作品にひかれ、交流を持つ。1992年国費留学生として来日、大東文化大学で野間宏と親鸞の関連を研究。のち大谷大学非常勤講師、同朋大学非常勤講師を務める。著書に「海をこえて響くお念仏」などがある。
【著作】
◇海をこえて響くお念仏（ひとりふたり‥聞法ブックス）　張偉著　法蔵館　1999.6

張　威　ちょう・い
　中国現代国際関係研究所東亜研究室経済研究責任者

[生年月日]1961年
[国籍]中国　[出生地]上海　[学歴]北京国際関係学院卒　[専門]アジア経済
1983年中国現代国際関係研究所（国務院所属）入り。'88〜89年日本の総合研究開発機構（NIRA）客員研究員。中国のアジア経済のホープとして注目されている。著書に「岐路に立つ日本」（共著）など。
【著作】
◇結果可能表現の研究—日本語・中国語対照研究の立場から（Frontier series）　張威著　くろしお出版　1998.4
◇中国学・日本語学論文集—平井勝利教授退官記念　記念論文集編集委員会編　白帝社　2004.3〈内容：有対自動詞可能文のシンタクスと意味（張威）〉

張　偉雄　ちょう・いゆう
　Zhang Wei-xiong
　札幌大学文化学部比較文化学科教授・学部長

[生年月日]1955年
[国籍]中国　[出生地]広東　[学歴]広州外国語大学日本語日本文学学科〔1982年〕卒, 北京日本語研究センター〔1983年〕修了, 東京大学大学院比較文学比較文化専攻〔1994年〕博士課程修了　[専門]日本文学, 比較文化
広州外国語大学講師を経て、日本に留学。横浜国立大学講師を経て、札幌大学文化学部比較文化学科教授。著書に「文人外交官の明治日本」、共著に「異文化を生きた人々」、共編に「黄遵憲文集」がある。
【著作】

◇文人外交官の明治日本―中国初代駐日公使団の異文化体験　張偉雄著　柏書房　1999.4
◇日本と中国ことばの梯―佐治圭三教授古稀記念論文集　佐治圭三教授古稀記念論文集編集委員会編　くろしお出版　2000.6〈内容：虚辞助語 惜しむらくは通じ難し―黄遵憲の日本語論（張偉雄）〉
◇国際化時代の教育課題と人間形成―論集　朱浩東〔ほか〕編　三一書房　2004.7〈内容：明治初年に日中文人の交わした教育論（張偉雄）〉

張 蘊嶺　ちょう・おんれい
中国社会科学院アジア太平洋研究所所長・日本研究所所長

[生年月日]
[国籍]中国　[学歴]山東大学英語学部〔1970年〕卒　[専門]国際関係, 日米中関係
北京師範大学中国社会科学院欧州研究所、対外貿易経済省を経て、1985年ハーバード大学に留学。さらにジョンズホプキンス大学、イタリアの欧州大学にも留学。中国社会科学院に戻り、欧州研究所副所長などを経て、'93年から同院アジア太平洋研究所所長。日本研究所所長も兼務。アジア太平洋経済協力会議（APEC）政策研究センター主任も務める。中国のアジア太平洋政策ブレーンの一人。
【著作】
◇日中関係をどう構築するか―アジアの共生と協力をめざして　毛里和子, 張蘊嶺編　岩波書店　2004.3〈内容：経済のグローバル化のもたらすチャンスと挑戦（張蘊嶺）〉

張 輝　ちょう・き
テクノビジネスプロデューサー

[学歴]上海科学技術大学工学部卒　[学位]法学博士（立教大学）〔1995年〕
大学卒業後、上海市経済法制センター企業法律顧問コースを修了。中国の大手通信機器メーカー、企業発展研究所、弁護士事務所を経て、1988年来日。宇宙開発事業団で業務支援などに携わった後、レイヤーズ・ストラテジー・コンサルティング技術経営・知的財産マネジメント担当マネージャー、および地球科学政策研究所主席研究員を務める。

【著作】
◇日中学術シンポジウム「21世紀の科学と技術」並びに第2回全日本中国人博士協会シンポジウム講演論文集　日中学術シンポジウム実行委員会編　全日本中国人博士協会　1999.9〈内容：インターネット時代における中国知的財産法等の最新動向―日本企業の知的財産戦略はどうあるべきか（張輝）〉

張 起旺　ちょう・きおう
Zhang Qi-wang
中国語学者　北京大学教授

[生年月日]1938年
[国籍]中国　[学歴]北京大学中国語言文学系〔1965年〕卒
1965年より対外漢語教育と研究に従事。のち北京大学対外漢語教学教授。共著に「留学生のための中国語会話」など。
【著作】
◇日本人の間違えやすい中国語　張起旺著, 児玉充代訳　国書刊行会　2001.3

張 競　ちょう・きょう
Zhang Jing
明治大学法学部教授

[生年月日]1953年9月13日
[国籍]中国　[出生地]上海　[学歴]華東師範大学〔1982年〕卒, 東京大学大学院総合文化研究科比較文化専攻博士課程修了　[学位]芸術学博士（東京大学）　[専門]比較文学, 中国文明史
中国の華東師範大学助手を経て、1985年日本に留学。'92年東北芸術工科大学助教授。のち国学院大学助教授、明治大学助教授、教授。国際日本文化研究センター共同研究員も務める。'93年中国人の恋のかたちの変化を、漢民族文化と異民族文化の衝突と吸収という視覚からとらえ、中国文化の特質を解明した「恋の中国文明史」を出版。　[受賞]読売文学賞（第45回, 評論・伝記賞）〔1994年〕「恋の中国文明史」、サントリー学芸賞（芸術文学部門, 第17回）〔1995年〕「近代中国と『恋愛』の発見―西洋の衝撃と日中文学交流」
【著作】

◇中国人留学生が診断した「日本病」　張競：新潮45　8(9)　1989.9
◇美女の図像学　川本皓嗣編　思文閣出版　1994.3〈内容：朦朧の美学—中国古代の美人像をめぐって（張競）〉
◇対談・ジャパノロジーの新展開（特集・ニッポン研究）　白幡洋三郎,張競：IS　84　2000
◇「新しい世界への扉」（特集・日本語論—エッセイ「私にとって（日本語）とは何か」）　張競：環　4　2001.1
◇美女とは何か—日中美人の文化史　張競著　晶文社　2001.10

趙 軍　ちょう・ぐん
Zhao Jun
千葉商科大学教授

[生年月日] 1953年
[国籍]中国　[出生地]河南省　[学歴]華中師範大学大学院〔1986年7月〕博士課程修了　[学位]歴史学博士〔1987年〕　[専門]中国近現代史,日中関係史
1988年来日。東京大学客員研究員などを経て、千葉商科大学教授。日本華人教授会議事務局長も務める。著書に「大アジア主義と中国」など。　[受賞]堀川哲夫記念賞（孫中山研究会）〔1995年〕
【著作】
◇中国革命のなかの日本人—大陸浪人、大アジア主義と孫文の関係を中心として　趙軍〔著〕,富士ゼロックス・小林節太郎記念基金編　富士ゼロックス・小林節太郎記念基金　1993.3
◇鏡としての歴史教育—中国歴史教科書の中の日本像（シンポジウム報告　中央大学政策文化総合研究所開所1周年記念シンポジウム『世界の教科書と日本』—21世紀・日本の生存のために—セッション 1:台湾・中国の教科書と日本）　趙軍：中央大学政策文化総合研究所年報　1　1997
◇中国における歴史教科書と日本認識の変遷（特集・隣国から見た日本）　趙軍：CUC view & vision　20　2005.9

張 荊　ちょう・けい
北京工業大学人文社会科学学院助教授

[生年月日] 1957年
[国籍]中国　[出生地]北京　[学歴]四川大学哲学部〔1982年〕卒,一橋大学大学院博士課程　[学位]公共関係法博士（一橋大学）〔2003年〕
1982年中国社会科学院青少年研究所研究人員、'85〜92年中国社会科学院社会学研究所講師、中国青少年犯罪研究学会副事務局長、中国社会科学院雑誌「青年研究」副編集長。'92年来日し、'94年明治大学社会学研究所研究助手、'95年中国研究所客員研究員、'96年東海大学教養学部国際学科外国人訪問研究員。のち、中国北京工業大学人文社会科学学院助教授。著書に「来日外国人犯罪—文化衝突からみた来日中国人犯罪」がある。
【著作】
◇来日外国人犯罪—文化衝突からみた来日中国人犯罪　張荊著　明石書店　2003.12

張 健　ちょう・けん
Zhang Jian
天津社会科学院日本研究所副所長

[生年月日] 1956年
[国籍]中国　[出生地]天津　[学歴]南開大学大学院〔1988年〕修了　[専門]戦後日本史,日本外交史
1990〜91年東京大学客員研究員、立教大学奨励研究員を経て、天津社会科学院日本研究所副所長。著書に「世紀末のパートナー—中国人日本人 隔たりをこえる視座」、訳書に「美国人和日本人」（尾崎茂雄「アメリカ人と日本人」）、「技術与社会」（林武「技術と社会」）がある。
【著作】
◇世紀末のパートナー—中国人と日本人 隔たりをこえる視座　張健著,阿部治平訳　東研出版　1993.4

趙 建民　ちょう・けんみん
復旦大学教授

[生年月日] 1938年5月
[国籍]中国　[出生地]上海市宝山区　[学歴]復旦大学歴史学部〔1964年〕卒　[専門]日本史（中世・近世史）,中日関係史

復旦大学卒業後、大学に残って日本史を研究、とくに中世・近世史と中日関係史を専攻。中国の日本史学会理事、中日関係研究会理事などを経て、復旦大学教授。同大学日本研究センター研究員も務める。著書に「日本通史」があり、同学の徒と「中日関係事典」の編集を始めた。

【著作】
◇世界が問う日本の戦争責任―戦争犯罪と戦後補償を考える国際市民フォーラム報告集 和解と平和の21世紀をめざして 「国際市民フォーラム報告集」編集委員会編 国際市民フォーラム 2000.8〈内容：軍票と文化財破壊（分科会E）（呉溢興, 簡兆平, 趙建民, 李宋遠, 渡辺登, 何俊仁, ピーター・リー）〉

張 建明　ちょう・けんめい
Zhang Jian-ming
立命館大学講師

[生年月日] 1957年
[国籍]中国　[出生地]無錫　[学歴]北京大学卒, 広島大学大学院博士課程単位取得中退　[専門]中日近代文学比較
上海外国語学院助手を経て、日本に留学。のち、立命館大学講師。著書に「漱石のユーモア」がある。

【著作】
◇漱石のユーモア―「明治」の構造（講談社選書メチエ 204）　張建明著　講談社　2001

張 建立　ちょう・けんりゅう
茶道家

[生年月日] 1970年
[国籍]中国　[出生地]内モンゴル自治区　[別名等]茶名=宗建　[学歴]内蒙古大学外国語学院日本語学部〔1993年〕卒, 南開大学日本研究院日本思想史〔1996年〕修士課程修了, 裏千家学園研究科〔2000年〕卒, 立命館大学大学院文学研究科〔2003年〕博士課程修了　[学位]文学博士
平成8年茶道研修のため来日。のち、今日庵より茶名・宗建を授与される。

【著作】

◇茶道と茶の湯―日本茶文化試論　張建立著　淡交社　2004.3

張 香山　ちょう・こうざん
Zhang Xiang-shan
中日友好協会顧問

[生年月日] 1914年10月10日
[国籍]中国　[出生地]浙江省寧波　[別名等]別名=張春高　[学歴]天津中日学院中退
1933～37年日本の東京高師へ留学。'37年の盧溝橋事件で八路軍（共産党）へ加わり政治部で日本軍への宣伝文づくりなどに携わる。建国後は周恩来首相の下で党の対外部門で働き、'63年10月中日友好協会創設で常任理事、'73年6月から同協会副会長を務めるなど対日工作責任者の一人となる。一方、'72年外務省顧問、'73年8月党中央対外連絡部副部長、'77年1月～82年5月中央放送事業局長、'77年12月～82年5月党宣伝部副部長を経て、'82年6月党中央対外連絡部顧問。また'78年から全国政協常務委員。'88年3月中国国際交流協会副会長、中日友好21世紀委員会の中国側主席委員に就任。'90年中華日本学会顧問。'92年4月中日友好協会顧問。長年対日政策を担当した。知日派。　[受賞]筑波大学名誉博士号〔2000年〕　[叙勲]勲一等瑞宝章（日本）〔1992年〕

【著作】
◇日中関係の管見と見証―国交正常化30年の歩み　張香山著, 鈴木英司訳・構成　三和書籍　2002.9
◇日本回想―戦前、戦中、戦後想い出の記　張香山著, 除迪旻訳, 石原萌記監訳　自由社　2003.12

張 晶　ちょう・しょう
中国科学技術協会中国管理科学研究センター研究員, 中国科学技術講学団教授

[生年月日] 1942年
[国籍]中国　[出生地]黒龍江省ハルビン　[学歴]北京大学（日本語言文学）〔1969年〕卒
1970年唐山市新軍中学校教師、'76年天津市石油化学総公司国際部通訳となり、8年間石油化学・繊維工業部門で日本プラントの技術・

設備導入関係の分野で活躍。'84年北京外交学院講師、'87年中国科学技術協会管理科学研究センター研究員。'89年中国からの初めての特別研究員として来日し、科学技術政策研究所で2年間研究。以来、中国科学技術協会のスタッフの中でも有数の知日家として活躍。訳書に「リーダーシップ論」（大野力著）、「現代経営管理の要点」などがあり、「日本の労働力不足とわが国のあるべき対策」「日本の科学技術政策決定とその平易な分析」ほかの著作がある。
【著作】
◇戦後中日科学技術発展状況比較研究（科学技術政策研究所調査研究資料）　張晶〔編〕科学技術庁科学技術政策研究所第2研究グループ　1990.6
◇日本の先端科学技術の実力―中国科技日報記者が取材した　呉仲国，張晶共著，中屋信彦，橋本嘉文訳　東京教育情報センター　2001.10

趙 静　ちょう・せい
中国語教師　立命館大学講師

[生年月日] 1967年10月31日
[国籍] 中国　[学歴] 大阪教育大学大学院国際文化専攻〔1996年〕修了
1992年来日。'96年立命館宇治高校講師を経て、'99年立命館大学講師。
【著作】
◇くちまんちっく日本　趙静著，さくら吹雪絵　かもがわ出版　1997.7
◇紅葉の想い―言葉と習慣から見た日本と中国　趙静著，さくら吹雪絵　柳原出版　2003.3

趙 全勝　ちょう・ぜんしょう
Zhao Quan-sheng
アメリカン大学国際関係学部教授、ハーバード大学フェアバンク東アジアセンター研究員

[生年月日] 1949年
[国籍] 米国　[出生地] 中国・山東省　[学歴] 北京大学国際政治学部卒、カリフォルニア大学バークレー校政治学修士課程修了、ハーバード大学大学院博士課程修了　[学位] 博士号（カリフォルニア大学）　[専門] 国際関係学，比較政治学
米国タフツ大学フライシャー外交法律学部、シーメンス女子学院、オールド・ドミニオン大学、クリーブランド州立大学、香港科技大学において教鞭をとる。また、米国平和研究所、米国イースト・ウェスト・センター、カリフォルニア大学バークレー校、香港中文大学、東京大学、シンガポール国立大学、オックスフォード大学で研究に従事。著書に「日本政治背後的政治―兼論日本対華政策制定與中日関係」、編著に「国家の分裂と国家の統一――中国、朝鮮、ドイツ、ベトナムの研究」「Interpreting Chinese Foreign Policy: The Micro-Macro Linkage Approach」「Japanese Policymaking: The Politics Behind Politics」、共編著に「Politics of Divided Nations: China, Korea, Germany, and Vietnam」
【著作】
◇日中関係と日本の政治　趙全勝著，杜進，栃内精子訳　岩波書店　1999.2
◇東アジア共同体の可能性―日中関係の再検討　佐藤東洋士，李恩民編　御茶の水書房　2006.7

張 蔵蔵　ちょう・ぞうぞう
作家

[生年月日] 1964年
[国籍] 中国　[本名] 張小波　[別名等] Chinese foreign policy toward Korea and coordination with Japan　[学歴] 上海華東師範大学〔1984年〕卒
作品に詩集「都会人」、小説「毎日ひとりずつ子供が溺れ死ぬ河」などがある。「ノーと言える中国」の主要企画者で、第2弾「それでもノーと言える中国」の共著者。
【著作】
◇ノーと言える中国（新潮文庫）　張蔵蔵ほか著，莫邦富編訳　新潮社　1999.9

張　超英　ちょう・ちょうえい
Chang Chao-ying
台北駐日経済文化代表処新聞広報部長

[生年月日] 1933年2月17日
[没年月日] 2007年3月7日
[国籍]台湾　[出生地]東京都　[学歴]明治大学政経学部〔1956年〕卒, 上智大学大学院
東京で生まれ、上海、台北、香港で育つ。香港で高校を終え来日、明治大学、上智大学で学ぶ。1960年中華民国行政院新聞局に入り、13年間のニューヨーク勤務を経て、'80年対日断交後の大使館業務を代行する亜東関係協会東京弁事所にスポークスマンとして勤務。'85年退職、ニューヨークでテレビ・プロダクションを経営。'94年再び来日し、台北駐日経済文化代表処新聞広報部長に就任、卓越した語学力と見識でスポークスマンとして活躍した。退任後も李登輝総統の大著書「台湾の主張」の出版を仕掛けるなど、日台交流に尽くした。著書に「台湾をもっと知ってほしい日本の友へ」('98年)、自伝「宮前町九十番地」がある。　[受賞]台湾全国最優秀公務員奨〔1993年〕
【著作】
◇台湾をもっと知ってほしい日本の友へ　張超英著　中央公論社　1998.6

張　風波　ちょう・ふうは
Zhang Feng-bo
経済学者　中国国務院経済発展研究センター高級研究員, ハーバード大学研究員

[生年月日] 1957年
[国籍]中国　[出生地]湖北省　[学歴]上海外語大学卒　[学位]経済学博士(京都大学)〔1986年〕
1980年経済学を学ぶため日本に留学。'86年京都大学で博士号を取得後、帰国、国務院経済発展研究センターで中国経済の実証的研究に着手し、国家の研究プロジェクトチームを主宰。'88年からハーバード大学客員研究員を兼務。現在ニューヨークで日中米の経済協力事業で活躍。著書に「中国マクロ経済構造と政策」など。　[受賞]中国図書賞第1位(1987年度)「中国マクロ経済分析」
【著作】
◇日本・中国交通の経済分析　張風波著　昭和堂　1986.8

趙　文斗　ちょう・ぶんと
国際ジャーナリスト　中国経済日報東京支局長

[生年月日] 1944年
[国籍]中国　[出生地]河北省　[学歴]中国人民大学政治経済学部国際経済学科〔1968年〕卒
1978〜81年新華通信社編集員として香港に駐在。'83年上海・世界経済導報社に入社、'84〜89年同社東京支局長として来日。のち中国経済日報東京支局長。中国の経済改革と経済政策に多大な影響力をもつ、中国を代表する国際ジャーナリスト。著書に「動く中国 翔ぶ日本」がある。
【著作】
◇動く中国・翔ぶ日本　趙文斗著　講談社　1991.1

趙　鳳彬　ちょう・ほうひん
経済学者　筑紫女学園大学文学部教授

[生年月日] 1932年
[国籍]中国　[出生地]朝鮮・江原道　[学歴]吉林大学経系〔1959年〕卒　[専門]東アジア経済論, 理論経済学, 世界経済論
朝鮮系中国人。1939年兄が旧日本軍に徴兵されるのを避けるため、旧満州(中国東北部)に移住。第二次大戦後、文化大革命の波にさらされながら吉林大学で経済学の研究・指導に携わり、'59年吉林大学講師、'89年同大経済管理学院教授を歴任。'99年筑紫女学園大学教授に就任し、中国の地域文化や韓国、北朝鮮の情勢を教える。2003年退任、帰国するにあたり、自身の半生を綴った著書「東北アジアを生きる」を日本語で出版。
【著作】
◇「日中交流二千年」を考える—中国の日本認識を中心に　趙鳳彬：国際文化研究所論叢　13　2002.8

趙 夢雲　ちょう・むうん
Zhao Meng-yun

[生年月日] 1957年
[国籍] 中国　[出生地] 上海　[学歴] 上海外国語学院〔1982年〕卒, 法政大学大学院人文科学研究科〔1994年〕博士課程修了　[学位] 文学博士　[専門] 近代日本文学

中国国際旅行社に入社。1986年来日、'88年東京大学大学院人文科学研究生を経て、法政大学大学院博士課程を修了。中日両国語で執筆活動を行う。日本語の著書に「上海このごろ多事騒然」「とり急ぎ上海から」「上海・文学残像―日本人作家の光と影」、中国語の著書に「東京漫筆」「撥雲見『日』」。

【著作】
◇文学・社会へ地球へ　西田勝退任・退職記念文集編集委員会編　三一書房　1996.9〈内容：田岡嶺雲と上海（趙夢雲）〉
◇上海・文学残像―日本人作家の光と影（現代アジア叢書）　趙夢雲著　田畑書店　2000.5

張 茂森　ちょう・もしん
Chang Miki
ジャーナリスト　「台湾日報」駐日特派員

[生年月日] 1948年
[国籍] 台湾　[出生地] 嘉義県喜載　[学歴] 台湾師範大学社会教育学部新聞学科卒

「台湾日報」「中国時報」記者を経て、1978年私費で京都大学に留学、社会教育を学ぶ。'80年帰国。'81年「台湾日報」駐日特派員として再来日、東京支局長に。本国で日本関係の論文を多数発表する他、日本の新聞・雑誌にコラムなども執筆する。著書に「台湾の戦略―逆襲するドラゴン」「台湾二千万人の選択」、共著に「信心、智慧与行動」など。

【著作】
◇運命共同体としての日本と台湾―ポスト冷戦時代の国家戦略　中村勝範編著　展転社　1997.7〈内容：李登輝総統新体制下の台湾と日本（張茂森）〉

張 麗華　ちょう・れいか
ブリッジウォーターカレッジ外国語学部非常勤講師

[生年月日] 1953年
[学歴] 大阪大学大学院文学研究科修士課程修了　[専門] 日本語学

米国のブリッジウォータカレッジ外国語学部非常勤講師を務める。編著に「日本語の研究―宮地裕、敦子先生古稀記念論集」がある。

【著作】
◇論集日本語研究　1　宮地裕　明治書院　1986.11〈内容：日中同素異順語についての一考察（張麗華）〉
◇日本語の研究―宮地裕・敦子先生古稀記念論集　宮地裕・敦子先生古稀記念論集刊行会編　明治書院　1995.11〈内容：中日の四字熟語に見られる相違―中国起源のものを対象に（張麗華）〉

チョート，パット
Choate, Pat
政治経済学者　TRW社顧問

[生年月日] 1941年
[国籍] 米国　[出生地] テキサス州メイパール
[学歴] テキサス大学卒, オクラホマ大学大学院経済学〔1969年〕博士課程修了　[学位] 経済学博士（オクラホマ大学）　[専門] 経済開発、競争力、公共政策

バッテル記念研究所、オクラホマ州計画局長、大統領機構改革プロジェクト主任エコノミストなどを経て、1981年から軍需コングロマリット・TRW社政策分析担当副社長。'90年顧問に。'96年ロス・ペロー率いる改革党の副大統領候補に指名された。日本たたきの代表的な人物として知られる。米国の政官界にも影響力を持つ。著書に「荒廃するアメリカ」「戦略的思考」「米国経済の再構築」「影響力の代理人―アメリカ政治を動かすジャパンマネー」「ハイフレックス社会」。

【著作】
◇影響力の代理人―アメリカ政治を動かすジャパン・マネー　パット・チョート著, 岩瀬孝雄訳　早川書房　1991.4
◇日米の経済的インテグレーションと摩擦―国際シンポジウム（Occasional papers）　統

計研究会編　統計研究会　1993.3〈内容：日米の経済的インテグレーションと摩擦―舞台を欧州から日本に移せば（パット・チョート）〉

鄭 在貞　チョン・ジェジョン
歴史学者　ソウル市立大学国史学科教授

［生年月日］1951年9月18日
［国籍］韓国　［出生地］忠清南道唐津郡　［学歴］ソウル大学校師範大学歴史学科卒, 東京大学大学院人文科学研究科修士課程修了, ソウル大学大学院国史学科博士課程修了　［学位］文学博士　［専門］韓国近現代史, 韓日関係史, 歴史教育学

韓国放送通信大学教授を経て、ソウル市立大学教授。日本植民地時代の朝鮮の社会経済史を研究。日韓の歴史研究・歴史教育の交流促進に努め、日韓教科書共同研究に参加。著書に「日帝の韓国鉄道侵略と韓国人の対応1892～1945」「新しい韓国近現代史」「日帝侵略と韓国鉄道」など。

【著作】
◇新しい韓国近現代史　鄭在貞著, 石渡延男〔ほか〕訳　桐書房　1993.4
◇黒船と日清戦争―歴史認識をめぐる対話　比較史・比較歴史教育研究会編　未来社　1996.3〈内容：韓国における近代民族国家形成の挫折と清日戦争―東学農民戦争・甲午更張と関連して（鄭在貞）〉
◇韓国人の日本認識―その歴史的な進展と課題　鄭在貞：東北アジア研究　5　2000
◇韓国発・日本の歴史教科書への批判と提言―共存の教科書づくりのために　李元淳監修, 鄭在貞, 石渡延男編　桐書房　2001.10

鄭 夢準　チョン・モンジュン
Chung Mong-joon
政治家, 実業家　韓国サッカー協会会長, 国際サッカー連盟（FIFA）副会長, 韓国国会議員　現代重工業会長

［生年月日］1951年10月17日
［国籍］韓国　［出生地］釜山　［学歴］ソウル大学経済学部〔1975年〕卒, マサチューセッツ工科大学経営大学院〔1980年〕修了, ジョンズ・ホプキンズ大学　［学位］Ph. D.

韓国財閥・現代グループ総帥の鄭周永の六男。1975年グループの要のひとつである現代重工業に入社。常務を経て、'82年社長、'87年会長を歴任し、'90年顧問。'88年4月の総選挙で無所属から国会議員初当選。この間、'87年から約3年間東京大学客員教授も務めた。'92年の総選挙では韓国国民党より出馬し当選、同党政策委員長を務める。'93年2月国民党を離党。2000年4月4選。一方、1993年韓国サッカー協会会長となり、'94年国際サッカー連盟（FIFA）副会長に就任。2002年W杯の韓国誘致に尽力し、1996年5月FIFA理事会で日韓共催が決定。2002年5月～6月W杯日韓共催大会で韓国組織委員会共同会長を務め、韓国は4強入りを果たすなどW杯を成功に導く。同年11月新党・国民統合21を旗揚げ、12月に行われる大統領選への出馬を表明するが、盧武鉉候補との候補1本化で断念。著書に「企業経営理念」などがある。　［叙勲］銀塔産業勲章

【著作】
◇日本人に伝えたい！―KoreaJapan 2002　鄭夢準著　日経BP社　2001.10

陳 雲　ちん・うん
Chen Yun
政治家　中国共産党副首席, 中国副首相

［生年月日］1905年6月13日
［没年月日］1995年4月10日
［国籍］中国　［出生地］江蘇省清浦県（現・上海市青浦）　［旧姓名］廖陳雲　［別名等］別名＝廖程雲, 陳明, 史平, 筆名＝廉臣　［学歴］小学校卒

上海の植字工出身。1925年の5.30運動を指導、同年周恩来の紹介で中国共産党入党。'31年党中央委員、'40年党政治局員。この間、長征に参加。解放区での経済建設を指導し、'45年党書記候補、'48年全国総工会初代主席。'49年新中国成立で副首相、財政経済委主任、重工業相となり、敏腕を振るって悪性インフレと物資欠乏に悩んでいた中国経済を急速に立ち直らせた。'56年党副主席に昇格。毛沢東の大躍進政策失敗後、経済調整策を推進。文革で批判され'66年8月副主席

解任。'69年6月党中央委員に降格。'72年8月副首相に復活。'75年1月〜'79年7月全人代常務委副委員長。'78年12月党副主席に返り咲き、中央規律検査委第1書記。'79年7月〜80年9月副首相兼財経委主任として調整政策指導。'82年9月党政治局常務委員。'87年11月政治局常務委員と規律検査委第1書記を辞任し、党中央委から引退、中央顧問委主任となる。'92年10月党中央顧問委廃止。均衡派の大立物で、"政治の鄧小平"、"経済の陳雲"と並び称され、保守派長老の代表的人物といわれた。中国八長老の一人。著書に「陳雲文選」。
【著作】
◇戦後日本の高度経済成長は社会思潮をどう変えたか—併せてその中日関係に対する影響について（特集・日中相互イメージの交錯） 陳雲：中国21 22 2005.6

陳 永福　ちん・えいふく
農業経済学者　中国農業大学経済管理学院講師

［生年月日］1971年
［国籍］中国　［出生地］山東省　［学歴］中国西南農業大学農業経済学部〔1992年〕卒、愛媛大学大学院連合農学研究科〔2000年〕博士課程修了　［学位］学術博士
1993年愛媛大学農学部に研究生として留学。のち北京の中国農業大学経済管理学院講師となる。著書に「野菜貿易の拡大と食料供給力」、共著に「協同組合奨励研究報告第25輯」（2000年）などがある。
【著作】
◇野菜貿易の拡大と食糧供給力—中国・日本の比較研究　陳永福著　農林統計協会　2001.1

陳 永明　ちん・えいめい
華東師範大学比較教育研究所助教授

［生年月日］1953年
［国籍］中国　［出生地］上海　［学歴］華東師範大学卒、横浜国立大学大学院教育学研究科修士課程修了、筑波大学大学院教育学研究科博士課程修了　［学位］教育学博士（筑波大学）

〔1991年〕　［専門］比較教育学、教育制度学、教育行政学
1983年10月研究生として来日。筑波大学大学院に学び、'91年3月「中国と日本の教師教育制度に関する比較研究」で教育学博士号を取得。日本の国立教育研究所外国人研究協力者を経て、華東師範大学比較教育研究所助教授・日本研究中心対外連絡部長。中国在日学人教育研究会長。著書に「中国と日本の教師教育制度に関する比較研究」（日本語、'94年）がある。
【著作】
◇中国と日本の教師教育制度に関する比較研究　陳永明著　ぎょうせい　1994

陳 啓懋　ちん・けいぼう
Chen Qi-mao
国際政治経済学者　上海国際関係学会会長

［生年月日］1930年
［国籍］中国　［学歴］暨南大学卒
1980年7月上海市対外友協副会長、上海市青連主席、同年10月上海市共産党青年団書記、'83年外交部上海国際問題研究所所長を歴任。
【著作】
◇日中上海シンポジウム—アジア・太平洋地域の発展と21世紀に向かう日中関係（International conference report series）　総合研究開発機構　1986.12〈内容：21世紀に向かう日中関係（陳啓懋）〉

陳 捷　ちん・しょう
日本女子大学人間社会学部助教授

［生年月日］1963年
［国籍］中国　［出生地］北京　［学歴］北京大学中国語言文学系〔1985年〕卒、北京大学大学院中国語言文学系古典文献専攻〔1988年〕修士課程修了、東京大学大学院人文社会系研究科〔1998年〕博士課程単位取得退学　［学位］博士（文学）　［専門］日中文化
北京大学助手、講師を経て、1994年に来日。のち日本女子大学助教授。
【著作】

◇足利学校所蔵『論語義疏』の借鈔をめぐって―明治前期清国駐日公使館の文化活動に関する一考察　陳捷〔著〕, 富士ゼロックス小林節太郎記念基金編　富士ゼロックス小林節太郎記念基金　1997.6
◇中国に伝存の日本関係典籍と文化財(国際シンポジウム)　国際日本文化研究センター編　国際日本文化研究センター　2002.3〈内容：貴州省における日本関係典籍について―黎庶昌の古典籍蒐集およびその旧蔵書の行方を中心として(陳捷)〉
◇明治前期日中学術交流の研究―清国駐日公使館の文化活動(汲古叢書)　陳捷著　汲古書院　2003.2

沈　仁安　ちん・じんあん
歴史学者　北京大学歴史学部教授

[生年月日] 1935年2月14日
[国籍]中国　[出生地]江蘇省　[学歴]北京大学歴史学部〔1959年〕卒　[団体]中国日本史学会(名誉会長), 中華日本学会(理事)
北京大学歴史学部教授、同大日本研究センター副主任を歴任。
【著作】
◇倭国と東アジア(東アジアのなかの日本歴史)　沈仁安著　六興出版　1990.2
◇東アジアの古代をどう考えるか―東アジア古代史再構築のために第1回東アジア歴史国際シンポジウム　第1回東アジア歴史国際シンポジウム記録編集部編　飛鳥評論社　1993.7〈内容：倭王武上表文考(沈仁安)〉
◇中国からみた日本の古代―新しい古代史像を探る(シリーズ〈古代史の探求〉)　沈仁安著, 藤田友治, 藤田美代子訳　ミネルヴァ書房　2003.11

陳　振濂　ちん・しんれん
書法研究家　浙江美術学院助教授

[国籍]中国　[学歴]浙江美術学院卒　[専門]中国書道史, 日本書道史, 書美学, 書教育
1979年浙江美術学院に入学、建国以来初の書法専攻の碩士研究生(修士課程学生)となり、沙孟海教授らの指導を受ける。碩士卒業論文「尚意書風管窺」でたちまち中国書学界に若きホープとして迎えられ、以来母校の教壇に立ち、中国書道史、書の美学、書教育などさまざまな分野で活躍している。また日本書道史、特に日中書法交流史の研究にも力を注ぎ、「日本書壇概論」「日本篆刻史話」中国人による最初の本格的な日本書道通史「日本書法通鑑」などの論著を発表している。
【著作】
◇井上有一国際シンポジウム基調論文集(〈あしたの文字〉研究井上有一を中心に)　京都造形芸術大学　2000.11〈内容：漢字文化圏の審美意識と井上有一(陳振濂)〉

陳　生保　ちん・せいほ
上海外国語学院日本語学部副教授

[生年月日] 1936年
[国籍]中国　[出生地]上海　[学歴]北京大学東方語言文学系日本語科〔1960年〕卒, 北京大学東方語言文学系日本語科大学院〔1964年〕修了　[学位]学術博士(東京大学)〔1991年〕　[専門]日本語学
1964年上海外国語学院日本語学部講師。'80～82年名古屋の中京大学客員教授。'82年4月～8月京都大学文学部研修員。'87～91年東京大学比較文学研究室客員研究員として森鷗外を主に研究する。「森鷗外の漢詩」などの著書のほか、司馬遼太郎「豊臣家の人々」(共訳, '83年)、新田次郎「芙蓉の人」(共訳, '83年)、菊田一夫「君の名は」(共訳, '88年)などの訳書がある。
【著作】
◇森鷗外の漢詩　上, 下　陳生保著　明治書院　1993
◇中国と日本―言葉・文学・文化　陳生保著　麗澤大学出版会　2005

陳　沢禎　ちん・たくてい
ジャーナリスト, 評論家　聯合報東京特派員

[生年月日] 1946年8月25日
[国籍]中国　[出生地]南京　[学歴]輔人書院(香港)〔1963年〕卒, 建国中学(台湾)〔1967年〕卒, 早稲田大学法学部卒, 亜細亜大学大学院修士課程修了
祖父は日本に留学後、辛亥革命を孫文の片腕として闘い、志半ばで袁世凱の刺客の手に倒された陳其美。1969年台湾から来日。早稲田

大学語学教育研究所で1年半日本語を学ぶ。大学院修了後も日本に留まり、貿易関係の仕事についたのち、'81年から台湾の有力紙「聯合報」の東京特派員として活躍。また、テレビ朝日の深夜トーク番組「朝まで生テレビ」のコメンテーターとしても活躍。'91年日本の国を思う気持を托した「愛すれど不可解、日本」を出版。本の印税はすべてボランティア団体・国際親善の会に寄付。6月フリーとなり渡米。'92年よりナッシュビル在住。選定監修書に「熱河の対決」がある。

【著作】
◇愛すれど不可解、日本―試される日本の常識　陳沢禎著　朝日ソノラマ　1991.2
◇受け入れの実質が伴わない留学制度（福武文庫）　陳沢禎：日本日記　福武書店　1993.2
◇対論日本人と中国人―真の友人になることができるのか!?　保阪正康,陳沢禎著　光人社　1995.4

陳　肇斌　ちん・ちょうひん
東京大学法学部附属近代日本法政史料センター助教授

[生年月日]1963年
[国籍]中国　[学歴]北京国際関係学院〔1983年〕卒,東京大学大学院法学政治学研究科〔1997年〕博士課程修了　[学位]法学博士（東京大学）〔1997年〕　[専門]日本政治外交史
1986年留学生として来日し、東京大学法学部で日本政治外交史の研究を続ける。'97年論文「東アジア国際政治における日本の中国政策」で、中国人留学生としては初めて、同学部の大学院博士号を取得。のち同大学法学部附属近代日本法政史料センター助教授。著書に「戦後日本の中国政策―1950年代東アジア国際政治の文脈」など。　[受賞]大平正芳記念賞（第17回）〔2001年〕「戦後日本の中国政策」

【著作】
◇戦後日本の中国政策―1950年代東アジア国際政治の文脈　陳肇斌著　東京大学出版会　2000.7

陳　平　ちん・へい
河北省党史資料徴集編審委員会特約研究員,唐山史党史研究会会長

[生年月日]1925年
[国籍]中国　[出生地]河北省魯家峪　[本名]陳翰章
小学校教師、八路軍兵士、新華社記者、「唐山労働日報」副主編、唐山市党史弁公室主任などを歴任。退職後は抗日戦争と「無人区」をライフワークに研究活動を行う。陳平という名前は抗日戦争期の別名。邦訳書に「もうひとつの三光作戦」。

【著作】
◇もうひとつの三光作戦　姫田光義,陳平著,丸田孝志訳　青木書店　1989.9

陳　鵬仁　ちん・ほうじん
Chen Peng-jen
国民党党史委員会副主任委員,中国文化大学政治学研究所準教授

[生年月日]1930年12月2日
[国籍]台湾　[出生地]台南　[学歴]中興大学中退,明治大学大学院修了,シートン・ホール大学大学院修了
明治大学、東京大学、米国のコロンビア大学などに留学。日本現代評論雑誌社長、ニューヨーク中華青年雑誌社長を歴任。1974～85年亜東関係協会東京事務所僑務部長。'85年から国民党党史委員会副主任委員、拓殖大学客員教授、東海大学教授を歴任。著書に「ニューヨーク・東京・台北」「戦後日本の思想と政治」「孫中山と日本の友人」「宮崎滔夫と中国革命」。

【著作】
◇共生から敵対へ―第4回日中関係史国際シンポジウム論文集　衛藤瀋吉編　東方書店　2000.8〈内容:日本の対汪兆銘工作（陳鵬仁）〉

陳　力衛　ちん・りきえい
Chen Li-wei
目白大学人文学部言語文化学科教授

[生年月日]1959年

[出生地]中国・西安　[学歴]黒龍江大学〔1982年〕卒, 北京大学大学院〔1984年〕修士課程修了, 東京大学大学院人文科学研究科国語国文学専攻〔1990年〕博士課程単位取得中退　[学位]博士（文学, 日本大学）〔2004年〕　[専門]日本語学, 日中言語の対照研究　[団体]国語学会, 中国語学会, 東方学会
北京大学助手を経て、1986年来日。'90年東京大学大学院で学んだ後、スタンフォード大学客員研究員、国立国語研究所客員研究員を経て、目白大学短期大学部助教授。のち目白大学人文学部教授。著書に「和製漢語の形成とその展開」がある。

【著作】
◇日本近代語研究　1　近代語研究会編　ひつじ書房　1991.10〈内容:「文盲」考—「蚊虻」との関係を中心に（陳力衛）〉
◇日本近代語研究　2　近代語研究会編　ひつじ書房　1995.12〈内容:和製漢語成立の基盤—副詞による連用修飾の語構成件（陳力衛）〉
◇東京大学国語研究室創設百周年記念国語研究論集　東京大学国語研究室創設百周年記念国語研究論集編集委員会編　汲古書院　1998.2〈内容:語構成から見る和製漢語の特質（陳力衛）〉
◇国語国文学藻—井手至先生古稀記念論文集　井手至先生古稀記念会編　和泉書院　1999.12〈内容:「化粧」の意味変遷（陳力衛）〉
◇和製漢語の形成とその展開　陳力衛著　汲古書院　2001.2
◇アジアにおける異文化交流—ICU創立50周年記念国際会議　飛田良文〔ほか〕編　明治書院　2004.3〈内容:近代日本語における中国出自のことばについて（陳力衛）〉
◇日本語教育学の視点—国際基督教大学大学院教授飛田良文博士退任記念　論集編集委員会編　東京堂出版　2004.9〈内容:日中両国語における漢字の意味的相違について（陳力衛）〉
◇国語語彙史の研究　24　国語語彙史研究会編　和泉書院　2005.3〈内容:近世漢語の重層性について（陳力衛）〉

陳 立人　ちん・りつじん

[生年月日]1949年
[出生地]マレーシア　[学歴]法政大学社会学部卒, 神奈川大学大学院修了, 東京外国語大学大学院修了　[専門]日本語, 中国語

日本の3大学で日本語学と中国語学を専攻。1989年6月に日本で出版された陳原著作選1「新版　ことばと社会生活—社会言語ノート」の訳書を担当した。現在シンガポールに住む。

【著作】
◇チャイナタウンヨコハマ（徳間文庫）　陳立人著　徳間書店　1985.10

【 ツ 】

ツィンコータ, マイケル
Czinkota, Michael R.
経営学者　ジョージタウン大学経営大学院教授

[国籍]米国　[学歴]エアランゲン・ニュルンベルク大学卒, オハイオ州立大学　[学位]経営学博士〔1980年〕　[専門]国際貿易, マーケティング　[団体]米国マーケティング協会
西ドイツの大学で法学と経営学を修得したあと、1975年からフルブライト留学生としてオハイオ州立大学（米国）に留学し'80年に経営学博士に。その後、同大学に併設の国立輸出入研究所の所長や、通商情報分析担当の商務次官補を歴任し、その間にパリで開かれたOECD産業委員会の米国代表団長を務めた。国際貿易をテーマにした多数の論文のほかに、共著に「ジャパンズ　マーケット」「アメリカ人の見た日本の市場開放」などがある。

【著作】
◇ジャパンズマーケット—日本市場は閉鎖的か　ツィンコータ, ウォロノフ著, 鈴木武監訳　同文舘出版　1989.8
◇アメリカ人の見た日本の市場開放—今日の日本においてマーケットの獲得と進出の機会について　M. R. ツィンコウタ, J. ウォロノフ著, 浅野恭右, 渡辺俊幸監訳　中央経済社　1993.5

ツェケリー, ガブリエル
Székely, Gabriel
カリフォルニア大学サンディエゴ校アメリカ・メキシコ研究センター研究員

[国籍]メキシコ　[学歴]メキシコ国立自治大学卒, ジョンズ・ホプキンズ大学　[学位]政治学博士(ジョージ・ワシントン大学)〔1983年〕　[専門]国際関係論

1982年エル・コレヒオ・デ・メヒコ大学国際関係研究センター教授を経て、'87年からカリフォルニア大学サンディエゴ校アメリカ・メキシコ研究センター研究員。日本とメキシコ両政府による「21世紀委員会」メキシコ側委員。著書に「U. S. -Mexican Trade Relations:From the Generalized System of Preferences to a Formal Bilateral Trade Agreement」('85年)、「Manufacturing Across Borders and Oceans:Japan, the United States, andMexico」('91年) など。

【著作】
◇新世紀の日墨関係—NAFTAの現状と将来をみすえて—日本人メキシコ移住100周年・日墨修好110周年シンポジウム　報告書　ラテン・アメリカ協会編　ラテン・アメリカ協会　1998.3 〈内容:〔報告〕NAFTAの日本及びアジアに対する影響 (ガブリエル・セッケリー)〉

ツェリッシェフ, イワン
Tselichtchev, Ivan S.
経済学者　新潟経営大学教授, ロシア世界経済国際関係研究所日本代表

[生年月日]1956年
[国籍]ロシア　[出生地]ソ連・ロシア共和国モスクワ　[学歴]モスクワ大学アジア・アフリカ学部〔1979年〕卒　[学位]経済学博士　[専門]日本経済

1979年から科学アカデミー世界経済国際関係研究所(IMEMO)に勤務。'84年主任研究員、'86～89年「世界経済国際関係」副編集長。'89年から日本代表として滞日。新潟経営大学助教授を経て、教授。日本経済研究センター客員研究員も務める。著書に「系列国家日本の逆襲—企業の盛衰を握る『系列進化論』」などがある。

【著作】
◇系列国家日本の逆襲—企業の盛衰を握る「系列進化論」(カッパ・ブックス)　I. ツェリッシェフ著, 中村平八訳　光文社　1993.12
◇これからの都市と市民生活　第5集　小林国際都市政策研究財団みらい都市フォーラム委員会編　小林国際都市政策研究財団　1994.1 〈内容: ロシア人の見た日本の都市、東京とロシアの都市づくり (イワン・ツェリッシェフ)〉
◇日本を豊かにする3つの方法—暮らし方と働き方を変え、グローバル化の波に乗る(Sapio選書)　イワン・ツェリッシェフ著　小学館　2004.6

ツカモト, メアリー
Tsukamoto, Mary
教育家, 市民運動家

[没年月日]1998年1月6日
[国籍]米国　[出生地]カリフォルニア州フローリン

第二次大戦中、日系人であったことから、家族とともに強制収容所へ送られる。戦後、公立の小学校教師を務め、1989年にはカリフォルニア州教育委員会の選出で州教育者の栄誉の殿堂入りを果たしたほか、強制収容被害者の補償獲得に貢献したとして米国政府司法省から表彰を受け、'92年全米教育者大会で人道および市民権委員会により、エリソン・オニヅカ記念賞を授与された。同年カリフォルニア州フローリンにメアリー・ツカモト小学校が開校。共著に「アメリカを動かした日系女性—第二次世界大戦中の強制収容と日系人のたたかい」がある。　[受賞]エリソン・オニヅカ記念賞〔1992年〕

【著作】
◇アメリカを動かした日系女性—第二次世界大戦中の強制収容と日系人のたたかい　メアリー・ツカモト, エリザベス・ピンカートン著, 宇久真雄〔ほか〕訳　琉球新報社　2001.10

ツベートフ, ウラジーミル
TSvetov, Vladimir
ロシアテレビ東京特派員

［没年月日］1993年10月5日
ソ連国営テレビ時代に東京特派員として活躍、「竜安寺の庭の十五の石」など日本に関する著書がある。ペレストロイカ時代は、民主改革運動に積極参加。1991年のクーデター事件以降は、保守・共産主義勢力批判を精力的に展開した。大の親日家として知られ、北方領土問題を含む日本の紹介に尽くした。'92年から再び東京特派員として日本に派遣された。

【著作】
◇竜安寺の15番目の石—ソ連が日本に学ぶもの　ウラジーミル・ツベートフ著, 国分ミチコ訳　サイマル出版会　1991.8

ツンベルグ, カール
Thunberg, Carl Peter
医師, 植物学者　ウプサラ大学教授

［生年月日］1743年11月11日
［没年月日］1828年8月8日
［国籍］スウェーデン　［出生地］南スウェーデン・イエンチェピング
18歳でウプサラ大学に入学し、医学および植物学を専攻。リンネの下で博物学を学び、リンネ等の推選でオランダ東インド会社に入る。1771年東インド会社医師としてヨーロッパを出発、アフリカのケープ・タウンに赴任し1772年から3ヶ月を過ごした後、日本行き船医として1775年8月14日に来日し長崎に到着した。翌1776年江戸参府に随行したのち離日。日本滞在中には多くの弟子達を育成し、日本の医学、植物学に多大の影響を与えた。離日後は、バタビア、セイロン、オランダを経て、、1778年に本国に帰任した。母校ウプサラ大学教授を経て、1875年学長。後に来日したシーボルト(父)は、ツンベッルグとE. ケンペルを偲んで記念碑を建てた。著作に日本旅行の収穫をまとめあげた、"Flora Japanica"(1784)がある。

【著作】
◇江戸参府随行記(東洋文庫)　C. P. ツュンベリー［著］, 高橋文訳　平凡社　1994.11
◇ツンベルグ日本紀行(異国叢書)　ツンベルグ［著］, 山田珠樹訳註, 山田［ジャク］校訂　雄松堂出版　2005.5

【　テ　】

デアシス, レオカディオ
De Asis, Leocadio
法律家, 実業家　南方特別留学生会名誉会長

［生年月日］1919年
［国籍］フィリピン　［出生地］マニラ　［学歴］サンペーダ大学卒, サント・トマス大学法学部卒
歯科医の五男に生まれる。太平洋戦争でアメリカ軍に召集され、極東第二師団将校としてバターン戦で日本の捕虜となる。能力を認められ、フィリピン警察隊の教官となる。1943年7月、警察行政の研修を受けるため、南方特別留学生として日本に留学する。南方特別留学生は、日本の大東亜省が大東亜共栄圏の建設を担うための占領地の人材を育成するために選抜した留学生である。日本で日本語教育と警察行政の教育を受け、1944年10月フィリピンに帰国。この留学生活での交友と見聞を日記に記した。戦後、フィリピン陸軍将校を経て、法律事務所に転じ、また大学で法律を教える。その一方、実業界にも進出した。日本への留学生の組織であるアセアン元日本留学生評議会の初代会長を務め、のち南方特別留学生会名誉会長。フィリピン比日協会の中心メンバーとしても活動した。

【著作】
◇南方特別留学生トウキョウ日記――フィリピン人のみた戦時下の日本　レオカディオ・デアシス著, 高橋彰編訳　秀英書房　1982.12

丁 幸豪　てい・こうごう
上海米国学会会長,上海対外貿易学院国際経済貿易研究所所長

[国籍]中国　[専門]国際経済

元上海国際問題研究所米国研究室主任。1980年代以降、ブルッキングス研究所、ジョンズホプキンス大学高等国際問題大学院、カリフォルニア大学バークレー校で客員研究員を務める。

【著作】
◇日中上海シンポジウム―アジア・太平洋地域の発展と21世紀に向かう日中関係（International conference report series）　総合研究開発機構　1986.12〈内容：日米関係の現状と展望（丁幸豪,銭学明）〉

鄭 敏　てい・びん
Zheng Min
詩人,評論家,英文学者　北京師範大学外国文学部教授

[生年月日]1920年
[国籍]中国　[出生地]北京市東城区　[学歴]西南聯合大学哲学心理学部〔1943年〕卒,ブラウン大学大学院〔1952年〕修士課程修了

元外務省高級官僚の家に生まれる。2歳の時伯母の養女となる。日中戦争勃発時には南京にいたが、大虐殺前に避難。1938西南聯合大学（北京、清華、南開各大学の戦時合併大学）哲学心理学部に入学。'43年同大学を卒業し、重慶の中央通信社に入社。'48年米国留学するが、マッカーシズムのために経済的に極度の貧窮に陥る。'56年帰国、中国科学院外国文学研究所に勤務。'60年北京師範大学に左遷され、文革期間中苦難を経験。'79年30年ぶりに詩作を再開。'85年よりオランダ、米国、北欧などへ出国し、活躍。著書に「詩集一九四二～一九四七」「心象」「朝、わたしは雨のなかで花を採る」「鄭敏詩集」、翻訳に「アメリカ現代詩選」、論文集「英米詩劇研究」などがある。

【著作】
◇近代日本と「偽満州国」　日本社会文学会編　不二出版　1997.6〈内容：日本資本の東北での拡張（鄭敏）〉

鄭 友治　テイ・ユウジ
Chung Woo-chi
「聖書と民話―日本人の魂の奥底には何が眠っているのか」の著書

[生年月日]1957年
[国籍]韓国　[出生地]慶尚南道　[学歴]ソウル大学教育院卒

シアトル大学（米国）に留学ののち来日し、埼玉バイオ取締役として遺伝子工学の研究に携わったほか、新空港施設の本部長を務める。かたわら、日本民話に興味を持ち、研究する。著書に「聖書と民話―日本人の魂の奥底には何が眠っているのか」がある。

【著作】
◇聖書と民話―日本人の魂の奥底には何が眠っているのか　鄭友治著　ひらく　1997.7

鄭 励志　てい・れいし
Zheng Li-zhi
復旦大学日本研究センター所長,上海市日本学会会長

[生年月日]1924年
[国籍]中国　[出生地]台湾省台北　[学歴]復旦大学経済系〔1961年〕卒　[専門]世界経済論,東アジア経済,日本学

1949年中国大陸に渡る。上海の復旦大学経済学部卒業後、同大の教壇に立ち、'83～88年同大世界経済研究所副所長、所長を経て'89年10月より同大日本研究センター所長。'80年中国共産党入党。同年以降たびたび来日し、'88年10月から1年間東京大学客員研究員。上海市屈指の知日家で、日本語も堪能。上海日本学会会長も兼ねる。著書に「激動中国の90年代を読む」（共著）。

【著作】
◇中国経済の光と影―アジア太平洋時代へのインパクト ポスト鄧小平時代への岐路（HUぐろーぶ特別号）　阪南大学国際交流部　1997.3〈内容：中日経済交流と中日関係の展望（鄭励志）〉

ティエボー, フィリップ
Thiébaut, Philippe
オルセー美術館主任学芸員

［国籍］フランス　［専門］アール・ヌーヴォー
1985年リュクサンブール美術館のガレ展、'92年オルセー美術館のギマール展など、さまざまな展覧会を企画。また、国内外の新聞や雑誌に、論文やエッセイを多数寄稿。
【著作】
◇エミール・ガレ―その陶芸とジャポニスム　フィリップ・ティエボー、フランソワ・ル・タコン、山根郁信著、麻生妙子訳　平凡社　2003.7

ディオシー, アーサー
Diosy, Arthur
日本研究家　日本協会理事長　日英親交の父

［生年月日］1856年6月6日
［没年月日］1923年1月2日
［国籍］英国　［出生地］ロンドン
父はハンガリーの民族指導者の秘書。少年時代は病弱のため、家庭で父から教育を受ける。外国語に親しみ、10歳の頃に読んだフランス語の本に紹介されていた日本に興味を持ち、ポルトガル宣教師やオランダ商人が記した日本についての本を読むためにポルトガル語やオランダ語を独学。20歳の頃、劇場の隣の席に座っていた日本人に初めて日本語で話しかけると、偶然にも自分が独習した「日本語文典」の著者で、自由民権運動家の馬場辰猪だと判り、以来交友を結び、文通で日本文化についての教えを受けた。1882年英国人女優のフロレンス・ヒルと結婚。1891年ロンドンで開かれた国際東洋学者会議の日本分科会で、日本研究を促進するために日本に関心を持つ人々が一同に会する組織の設立を提案、これを元にして日本と英国の交流を促進する日本協会が設立され、名誉幹事、のち理事長に就任。英国各地で多数の講演を行い、また1898年には初の本格的近代日本論「新しい極東」を刊行するなど、極東の地で躍進を始めた日本を評価する言説を発表。1899年日英親善のために来日、明治天皇にも謁見する。帰国後、各地で来日報告の講演を行って日本を美点を礼賛し、1902年の日英同盟締結に大きな役割を果たした。'04年英国の流儀とはそぐわない派手な行動が疎まれ、日本協会理事長を退任。その後も英国を訪れる日本人の世話を続け、無名の青年から、'21年に訪問した皇太子（のちの昭和天皇）まで、上下の別なく手厚く迎え入れ、"日英親交の父"とされる。'23年滞在先のフランス・ニースで急死した。　［叙勲］勲三等旭日章（日本）〔1894年〕
【著作】
◇外国人の見た日本　第3　筑摩書房　1961
〈内容：日本と清国の戦闘力（アーサー・ディオシー著、上田和夫訳）〉

ディキンズ, F. V.
Dickins, Frederick Victor
軍医　駐日イギリス公使館付医官、ロンドン大学事務局長　日英親交の父

［生年月日］1838年5月24日
［没年月日］1915年8月16日
［国籍］英国　［出生地］マンチェスター　［学歴］ロンドン大学卒
ランカシャー州のパブリック・スクールを卒業したのちパリに留学。帰国後ロンドン大学で医学を専攻する。1861年イギリス海軍軍医として中国に赴任。同年、江戸品川の東禅寺のイギリス公使館付き医官として来日する。のち、退官し横浜で開業し弁護士としても活動。1872年に発生したマリア・ルーズ号事件の際は、ペルー側の弁護を担当し辣腕を揮った。帰国後、ロンドン大学事務局に勤務し1896年から1901年まで事務局長を務める。1901年バス勲位三等爵士を授与される。日本文学への造詣も深く、ブリストル大学で日本語や日本文学を教えた。日本文学の翻訳として「竹取物語」、「百人一首」、「仮名手本忠臣蔵」等があり、在英中の南方熊楠と協力して「方丈記」を英訳した。また1865～1883年まで18年間駐日イギリス公使を務めたパークスの伝記を執筆した。
【著作】

◇パークス伝―日本駐在の日々　F. V. ディキンズ著, 高梨健吉訳　平凡社　1984.1

ディーズ, ボーエン
Dees, Bowen C.
物理学者　フランクリン研究所所長
日英親交の父

[国籍]米国　[学位]博士号(ニューヨーク大学)〔1942年〕

経済協力開発機構(OECD)で国際的活動をするうち、日本占領連合国軍最高司令官のマッカーサーの要請により、総司令部(GHQ)の経済科学局科学技術課の課員として日本へ赴任。1947〜52年日本の経済復興のために科学技術の力を再構築する仕事に専念。その後、米国科学財団、アリゾナ大学副学長、フランクリン研究所所長を歴任。著書に「占領軍の科学技術基礎づくり―占領下日本1945〜1952」がある。

【著作】
◇占領軍の科学技術基礎づくり―占領下日本1945〜1952　ボーエン・C. ディーズ著, 笹本征男訳　河出書房新社　2003.2

ディーチェフ, トードル
Dichev, Todor Petkov
ブルガリア外務省国連事務局長　駐日ブルガリア大使　日英親交の父

[生年月日]1938年
[国籍]ブルガリア　[出生地]ソフィア　[学歴]ソフィア大学卒, モスクワ国際関係大学日本語科卒　[学位]経済学博士　[団体]ブルガリア・ジャーナリスト同盟

モスクワ国際関係大学を優秀な成績で卒業後、外交官として活躍。1978年から'82年まで駐日ブルガリア大使を務めた。その後も数回来日し、両国の友好親善に努めている。ブルガリア外務省・国連事務局長。東海大学の名誉博士である。著書に「ある外交官の見たニッポン」。

【著作】
◇ある外交官の見たニッポン　トードル・ディーチェフ著, 松永緑弥訳　恒文社　1989.6

ティチング, イザーク
Titsingh, Isaac
外科医　長崎出島商館長

[生年月日]1745年1月21日(洗礼)
[没年月日]1812年2月9日
[国籍]オランダ　[出生地]アムステルダム

早くから外科医を志し医学教育を受ける。1768年東インド会社に入社し、1773年バタビアの穀物倉庫副支配人となる。1779年長崎出島商館長として来日し、同年8月15日に長崎に入港。当時経営が悪化していたオランダ商館の再興に尽力する。1780年江戸参府で将軍徳川家治に謁見したほか、多くの日本人と交際し、とくに前薩摩藩主島津重豪や丹波福知山藩主朽木昌綱等と親しかった。同年11月に離日。1781年再び出島商館長に任命され来日、2度めの江戸参府を行なった。1783年11月まで2年間滞在。1784年6月には3度めの来日を果たすためバタビアを出航し、8月18日に長崎に入港した。同年暮に長崎を出港し、翌1785年1月にバタビアに到着した。来日3回延べ滞在日数3年8カ月に及び、当時のオランダに関する新知識を日本にもたらし、わが国蘭学者達に大きな影響を与えた。さらに日本に関する研究も行なった。のち、1785年チンスラ、1792年バタビアのインド参事官を経て、1795年使節として北京に赴任。フランス革命の影響で、オランダはフランスに占領されており、帰国が叶わず、1796年イギリスに渡り、さらにパリに移り住む。30年間に及ぶ東洋滞在時の資料整理を行い、コレクション、翻訳と執筆活動によって、東洋学研究者としての高い名声を得た。

【著作】
◇日本風俗図誌　ティチング著, 沼田次郎訳　雄松堂書店　1970

ディニーン, ジャクリーン
Dineen, Jacqueline
フリーライター

[生年月日]1953年
[国籍]英国　[学歴]ケンブリッジ大学卒

新聞記者を経て、フリーランスのライターに。科学・健康・環境問題などについての著書が多数ある。著書に「災害とたたかう」シリーズの「火山」「台風」がある。
【著作】
◇火山(災害とたたかう)　ジャクリーン・ディニーン著, 原まゆみ訳　偕成社　1996.4
◇台風(災害とたたかう)　ジャクリーン・ディニーン著, 平間あや訳　偕成社　1996.4

ディルクセン, ヘルベルト・フォン
Dirksen, Herbert von
外交官　駐日ドイツ大使

[生年月日] 1882年4月2日
[没年月日] 1955年12月19日
[国籍]ドイツ　[出生地]ベルリン　[学歴]ハイデルベルグ大学, ベルリン大学卒
父はプロシャのユンカーで枢密顧問官、国会議員を務めた。大学卒業後、軍務に服し第一次世界大戦で戦役につく。1917年、在ヘーグドイツ公使館の対英情報部門の職を皮切りに、外交官の道に進む。1928年から1933年まで駐ソ大使を務めた後、1933年から1938年まで駐日ドイツ大使、さらに1938年から1年間駐英大使を歴任する。革命後のロシアにあって、両国の政治経済のために尽くし、駐日時代は中日和平、日独親善に尽くした。英国大使の時は、大戦前夜、開戦の回避と両国の融和のために奔走した。それはしばしばナチス政権の外交政策と衝突し、リッペントロップの不信に出合った。戦後、戦犯となったが、無罪判決を受け、1949年自分の外交官時代の回想録を出版する。日本文化にも理解があり日本美術に造詣が深かった。
【著作】
◇モスクワ・東京・ロンドン　ヘルバート・フォン・デイルクセン著, 法眼晋作, 中川進共訳　読売新聞社　1953

ディ・ルッソ, マリーサ
di Russo, Marisa
東京外国語大学客員教授

[国籍]イタリア　[出生地]ペスカーラ　[学歴]ナポリ東洋大学〔1967年〕卒　[専門]イタリア語
東京大学史料編纂所に留学。のち東京外国語大学客員教授を務めた。共著に「イタリア語練習問題集」「英語から学ぶイタリア語会話」がある。　[叙勲]旭日中綬章(日本)〔2007年〕
【著作】
◇大日本全国名所一覧—イタリア公使秘蔵の明治写真帖　マリサ・ディ・ルッソ, 石黒敬章監修　平凡社　2001.6

ディングマン, ロジャー
Dingman, Roger
歴史学者　南カリフォルニア大学教授

[国籍]米国　[学歴]スタンフォード大学(歴史学)卒, ハーバード大学大学院博士課程修了　[学位]Ph. D.(ハーバード大学)　[専門]米国陸海軍史, 米国外交史
南カリフォルニア大学で米国陸・海軍の歴史、米国外交史を教える。米国・東南アジア関係の歴史に焦点を置いた多数の記事・論文は世界各国で出版される。またアジア太平洋地域の各地で広範に旅行や講義を行い、米国海軍大学、米国空軍士官学校、横浜国立大学で客員教授を歴任。
【著作】
◇世界史のなかの日本占領—法政大学第8回国際シンポジウム(法政大学現代法研究所叢書)　袖井林二郎編　法政大学現代法研究所　1985.3〈内容:依存外交—フィリピンと対日講和〔報告〕(ロジャー・ディングマン)〉
◇阿波丸撃沈—太平洋戦争と日米関係　ロジャー・ディングマン著, 川村孝治訳, 日本郵船歴史資料館監訳　成山堂書店　2000.6

デーケン, アルフォンス
Deeken, Alfons
カトリック神父, 哲学者　上智大学名誉教授

[生年月日] 1932年8月3日

[国籍]ドイツ　[出生地]エムステック　[学歴]フォーダム大学(米国)大学院〔1973年〕修了　[学位]哲学博士(フォーダム大学)　[専門]人間学, 倫理学, 死生学(サナトロジー)　[団体]日本財団ホスピス研究会, 死の臨床研究会, 日本ペンクラブ

8歳の時に妹を白血病で失い、12歳の時にはドイツ解放を祝い白旗を持って連合軍を歓迎に出た祖父が誤って射殺されるのを目撃して死を身近に感じる。23歳の時にボランティアをしていた病院で余命3時間の末期がん患者をみとった経験から"より良い死"を考える"死の哲学"について思索を重ねる。1959年に初来日。フォーダム大学で哲学博士号を取得した後、'73年から上智大学で教壇に立つ。'82年教授となり、2003年定年退職。大学で哲学を講じる傍ら、一般市民を対象に生と死を考えるセミナーを主宰。生と死を考える会全国協議会名誉会長、東京生と死を考える会名誉会長、厚生省末期医療検討会委員もつとめた。「死への準備教育」「老いと死をみつめて」「日本のホスピスと終末期医療」「生と死の教育」や国際的ベストセラー「第三の人生」など著作多数。　[受賞]アメリカ文学賞〔1975年〕, グローバル社会福祉医療賞(第3回)〔1989年〕, 米国死生学財団賞〔1991年〕, 菊池寛賞(第39回)〔1991年〕, 東京都文化賞〔1999年〕, 若月賞(第8回)〔1999年〕　[叙勲]ドイツ連邦共和国功労十字勲章〔1998年〕「『死への準備教育』普及の功績により」

【著作】
◇自分自身の死を全うする—日本人の死生観の転機　アルフォンス・デーケン：正論　221　1991.1
◇三人寄ればニッポンが見える—エレガンス・老いと死・ユーモア　アルフォンス・デーケン, フランソワーズ・モレシャン, フィリップ・グロード著　旬報社　1997.12
◇往生考—日本人の生・老・死　国立歴史民俗博物館国際シンポジウム　宮田登, 新谷尚紀編　小学館　2000.5〈内容：老いと死の教育(アルフォンス・デーケン)〉

デコスタ, アンソニー
D'Costa, Anthony
ワシントン大学教授

[国籍]米国　[学位]Ph. D.(ピッツバーグ大学)　[専門]発展途上国比較研究

インドの大学で経済学を学んだ後、米国のピッツバーグ大学でPh. D. を取得。論文に"Adjusting to Globalization: Japan and the Mobility of Asian Technical Talent - Abridged Version"など。

【著作】
◇スズキがもたらした"日本的生産革命"(特集・インドが注目される理由)　Anthony D'Costa：エコノミスト　74(47)　1996.11.5

デスラー, I. M.
Destler, I. M.
メリーランド大学教授, 国際経済研究所客員研究員

[生年月日]1939年
[国籍]米国　[学歴]ハーバード大学政治学部卒, プリンストン大学大学院修了　[学位]Ph. D.(プリンストン大学)　[専門]国際経済

ブルッキングス研究所主任研究員、カーネギー国際平和財団主任研究員、国際経済研究所上級研究員を経て、メリーランド大学教授、国際経済研究所客員研究員に。主著に「Our Own Worst Enemy—The Unmaking of American Foreign Policy」(1984年)、「貿易摩擦とアメリカ議会」('86年)、「反『保護主義』勢力—アメリカの貿易政治における圧力の変化」「ダラーポリティックス—ドルをめぐるワシントンの政治構造」(共著)など。

【著作】
◇沖縄返還にみる戦後の国際関係の展開と日米関係—回顧と将来への展望　沖縄返還20周年記念セミナー　国際交流基金日米センター　1994.3〈内容：沖縄返還:日米関係の転回点(I. M. デスラー)〉

デービッツ, ジョエル・ロバート
Davitz, Joel Robert
コロンビア大学ティーチャーズカレッジ名誉教授

［国籍］米国　［学歴］イリノイ大学〔1947年〕卒　［学位］Ph. D.（コロンビア大学）〔1951年〕　［専門］哲学
エール大学助教授などを歴任。夫人との共著に「思春期の子どもとどうつきあうか」「日本人のライフスタイル―アメリカ人が見た『特質』」がある。
【著作】
◇日本人のライフスタイル―アメリカ人が見た《特質》　ロイス＆ジョエル・デビッツ〔ほか〕共著, 梁井秀雄訳　サイマル出版会　1996.9

デビッツ, ロイズ
Davitz, Lois Leiderman
教育問題評論家　コロンビア大学ティーチャーズカレッジ主任研究員

［生年月日］1926年
［国籍］米国　［学歴］ミシガン大学〔1946年〕卒　［学位］理学博士（コロンビア大学）〔1959年〕　［専門］日米比較文化
コロンビア大学教授として心理学を教えながら、青少年などに関する日米比較文化研究に従事、米国と日本でしばしば講演している。同大学ティーチャーズカレッジ名誉教授の夫ジョエルとの共著「思春期の子どもとどうすごすか」のほか、「アメリカ人のライフスタイル」「日本の若者・アメリカの若者」（共著）など著書も多い。　［受賞］全米図書賞〔1982年〕「思春期の子どもとどうすごすか」
【著作】
◇日本の若者・アメリカの若者―高校生の意識と行動（NHKブックス 642）　千石保, ロイズ・デビッツ著　日本放送出版協会　1992
◇日本人のライフスタイル―アメリカ人が見た《特質》　ロイス・デビッツ〔ほか〕共著, 梁井秀雄訳　サイマル出版会　1996

デビッドソン, キャシー
Davidson, Cathy N.
アメリカ文学者　デューク大学教授

［国籍］米国
1980年、'86年日本の大学で教鞭をとった親日家。著書に「36 Views of Mount Fuji」「Revolution and the Word」「The Experimental Fictions of Ambrose Bierce」「恋する作家たち―107通のラヴレター」などがある。
【著作】
◇日本の心、アメリカの心―富岳三十六景　キャシー・N. デイヴィドソン著, 渡会和子訳　ディーエイチシー　1995.11

デ・プラダ, マリア・ヘスス
De Prada, Maria Jesús
作家, 詩人

［生年月日］1951年
［国籍］スペイン　［学歴］福岡大学大学院
フランコ政権下に学校教育を受け、そのときの経験をもとに「マードレ・テレサ」を書く。そのほか長編詩「ガラスの涙」、日本文化とスペイン文化の対置を背景として自己同一性の危機や哲学的探究を描いた小説「Al otro lado del túnel（トンネルの向う側へ）」などがある。
【著作】
◇日本文学の本質と運命―『古事記』から川端康成まで　マリア＝ヘスス・デ・プラダ＝ヴィセンテ著　九州大学出版会　2004.1

テマン, ミシェル
Temman, Michel
ジャーナリスト

［生年月日］1969年
［国籍］フランス　［出生地］パリ　［学歴］パリ第1大学卒
フリーのジャーナリスト、写真家として東京を拠点に活動。フランスの日刊紙、週刊誌などにアジアのニュースを配信する。著書に「アンドレ・マルローの日本」がある。
【著作】

◇アンドレ・マルローの日本　ミシェル・テマン著, 阪田由美子訳　ティビーエス・ブリタニカ　2001.11

デ・メンテ, ボイエ
De Mente, Boye Lafayette
ジャーナリスト, 編集者, コンサルタント

[生年月日] 1928年
[国籍] 米国　[出生地] ミズーリ州　[学歴] 国際マネジメント大学院卒, 上智大学卒
1949年米国の情報軍属として初来日して以来、ジャーナリスト、編集者、コンサルタントとして頻繁に日本を訪れる。著書に「日本化するアメリカ」「『型』日本の秘密兵器」「『日本らしさ』を英語にできますか？」などがある。

【著作】
◇ゴメンナサイ—にっぽん99の不思議　ボイエ・デ・メンテ著, 野本正夫訳　ビデオ出版　1964
◇日本化するアメリカ—米全土でどこまで進んでいるか　ボーイ・デ・メンテ著, 蓬田利文, 天川由記子共訳　中経出版　1986.11
◇「型」日本の秘密兵器—日本の未来を左右する強みと弱み　ボイエ・L.ディメンテ著, 田附正夫訳　HBJ出版局　1991.3
◇「日本らしさ」を英語にできますか？(Bilingual books)　松本道弘, ボイエ・デ・メンテ共著　講談社インターナショナル　2000.11

デュアメル, ジョルジュ
Duhamel, Georges
医師, 作家, 文明批評家

[生年月日] 1884年
[没年月日] 1966年
[国籍] フランス　[出生地] パリ　[資格] アカデミー・フランセーズ会員
1917年、第一次世界大戦に医師として従軍した体験から生まれた「殉難者の生涯」が出世作となる。以後、機械文明への批判と精神文明尊重を基調とした作品を著す。1935年にはアカデミー・フランセーズ会員に選ばれる。1933～1945年にかけて、大作「パスキエ家年代記」などを執筆し、ロマン・ロラン、マルタン・デュ・ガールなどと並ぶ小説家となる。

1952年来日。東京、横浜、仙台、京都、広島、名古屋などで講演を行う。敗戦を経て講和・独立から間もない日本への高い関心があらわれ、翌年「日本という国」として刊行された。

【著作】
◇日本という国　松尾邦之助訳　読売新聞社　1953
◇日本瞥見　ジョルジュ・デュアメル：新潮　50 (1)　1953.1
◇日本の文明　松尾邦之助訳　読売新聞社　1954
◇日本のよい点・悪い点　ジョルジュ・デュアメル：国民　260　19??

デューイ, ジョン
Dewey, John
哲学者, 教育学者, 心理学者

[生年月日] 1859年10月20日
[没年月日] 1952年6月1日
[国籍] 米国　[出生地] バージニア州バーリントン　[学歴] バーモント大学
ミネソタ・ミシガン・シカゴ各大学教授を経て、1904～30年コロンビア大学教授。'30年同大学名誉教授。ヘーゲル哲学から出発、W.ジェームズの影響をうけてプラグマチズムに進み、その後パースの立場を発展させ道具主義哲学を大成、米国哲学界に決定的影響を及ぼす指導的人物となる。教育学者としても、特に児童教育を実践的に指導、米国教育界に与えた影響も大きい。'20年代中国、日本、トルコ、ソ連等を訪問、各国の教育を視察指導。長い生涯にわたる研究領域は広く、社会心理学・芸術・道徳・政治の各方面に及び、サッコ・ヴァンゼッティ事件における被告擁護の活動にもみられるように市民的自由のためにも闘った。著書に「人間性と行為」('22年)、「経験と自然」('25年)、「公衆とその諸問題」('27年)、「経験としての芸術」('34年)、「論理学」('38年)など。

【著作】
◇中国と日本からの手紙　ジョン・デューイ, アリス・C.デューイ：アメリカ古典文庫　22　研究社出版　1975

デュバール, モーリス
Dubard, Maurice
海軍軍人　植民地監督本部長

[生年月日] 1845年
[没年月日] ？年
[国籍]フランス　[出生地]ディジョン南部　[出身地]ジュヴレ・シャンベルタン
登記所収入役の長男として生まれる。学生時代に1867年のパリ万博を見学。大学卒業とともにフランス海軍に入隊、68年から仏領セネガルで主計補佐官としての任務に就き、74年に主計大尉として来日、76年に帰国した。日本滞在中に横浜弁天通りの古美術商一家と家族ぐるみの交友をもち、この経験から「おはなさんの恋」を執筆する。1882年に海軍および植民地の行政財政局副監視官に、1889年には植民地監督本部長に就任した。この間1882年には、主に横浜滞在中のフランス人の生活を描いた「中国と日本の生活」を発表。1886年にはベトナム人との交流を描いた回想記「野生の二少女」を、1894年にはセネガルにおける現地人との交友を描いた回想記「アフリカの花」を発表した。

【著作】
◇おはなさんの恋―横浜弁天通り1875年　有隣堂　1991

デュブロ, アレック
Dubro, Alec
国際ジャーナリスト

[生年月日] 1944年
[国籍]米国
全米作家組合委員長、米国大統領組織暴力委員会顧問を歴任。著書に「ヤクザ」などがある。

【著作】
◇ヤクザ―ニッポン的犯罪地下帝国と右翼　ディビット・E. カプラン, アレック・デュブロ著, 松井道男訳　第三書館　1992.9
◇ヤクザが消滅しない理由。―「調査報道」で疑問氷解！　デイビッド・E. カプラン, アレック・デュブロ著, 松井道男, 坂井純子訳　不空社　2003.12
◇ヤクザが消滅しない理由―江戸時代から今日までヤクザビジネスの正体　新装版　デイビッド・E. カプラン, アレック・デュブロ著, 松井道男, 坂井純子訳　不空社　2006.7

デュモリン, ハインリヒ
Dumourin, Heinrich
上智大学名誉教授, イエズス会司祭

[生年月日] 1905年5月
[没年月日] 1995年7月21日
[国籍]ドイツ　[学歴]東京帝大大学院文学研究科宗教学専攻博士課程修了　[専門]宗教哲学
1935年来日。以後、禅を中心とする仏教史を研究。著書に「禅仏教史」(ドイツ語版)、「吉田松陰―明治維新の精神的起源」など。

【著作】
◇吉田松陰―明治維新の精神的起源　ハインリッヒ・デュモリン著, 東中野修道編訳　南窓社　1988.3

デュルクハイム, カールフリート
Dürckheim, Karlfried Graf
哲学者, 心理学者, 心理療法家

[生年月日] 1896年
[没年月日] 1988年
[国籍]ドイツ　[出生地]ミュンヘン　[学歴]ミュンヘン大学卒, キール大学卒　[学位]哲学博士
バイエルンの貴族の長男として生まれる。1914年第一次大戦に志願し、前線で4年間従軍。戦後ミュンヘン大学とキール大学で哲学と心理学を学び、哲学の博士号を取得。学者としての道を歩んでいたが、母方の祖母がユダヤ人であったため、ナチスにより公職を追放される。しかし、のちに外相となるリッペントロップに学者・文化外交官としての力量を認められ、'38年日本に派遣される。一時帰国した後、'40～47年日本に滞在。帰国後、坐禅と岡田式静坐法を応用した身体療法施設

をドイツ国内に開設した。著書に「肚―人間の重心」などがある。

【著作】
◇肚―人間の重心　カールフリート・デュルクハイム著, 落合亮一〔ほか〕訳　広池学園出版部　1990.3
◇肚―人間の重心　第2版　カールフリート・デュルクハイム著, 下程勇吉監修, 落合亮一, 奥野保明, 石村喬訳　麗沢大学出版会　2003.5

デュルト, ユベール
国際仏教学大学院大学仏教学研究科教授,「法宝義林」編集長

[生年月日]1936年
[国籍]フランス　[出生地]ベルギー・ブリュッセル　[学歴]ルーバン大学　[学位]哲学博士
[専門]仏教学

フランス国籍のベルギー人。子供のころから東洋に関心を持ち、大学では仏教学、古典学を専攻。1961年仏教学研究のため、東京大学、京都大学の研究生として来日。'66年からフランス国立極東学院京都支部法宝義林(ほうぼうぎりん)研究所でフランス語版仏教百科辞典「HOBOGIRIN(法宝義林)」(全12巻)の編さんに加わり、のち第3代編集長に。'96年国際仏教学大学院大学仏教学研究科教授。

【著作】
◇日本人への苦言―フランス　ユベール・デュルト：週刊ポスト　20(15)　1988.4.8

テラサキ, グエン
Terasaki, Gwen
外交官・寺崎英成の妻

[没年月日]1990年12月15日
[国籍]米国　[出生地]テネシー州　[本名]テラサキ, グエン・ドレン・ハロルド

1930年ワシントンの日本大使館に勤務していた外交官・寺崎英成と知り合い、翌年国際結婚。日米開戦により、当時駐米公使だった夫と引き離され、一人娘のマリコとともに日本人収容所に入れられた。その後、夫、娘とともに日本へ強制送還され、戦争中は長野県蓼科などに疎開。戦後、夫は宮内省御用掛となり、昭和天皇の通訳として天皇とマッカーサー元帥との会見などに立ち会う。自身は娘の教育のため'49年帰米。'51年夫死去。'57年戦争に引き裂かれた一家の苦しい生活をつづった自伝「太陽にかける橋」を出版、ベストセラーとなり、映画にもなる。'81年柳田邦男のノンフィクション「マリコ」がNHKでドラマ化され、出演。'90年夫の残した昭和天皇の独白録が発見され、話題を呼んだ。

【著作】
◇太陽にかける橋　新田満里子訳　小山書店新社　1958
◇太陽にかける橋―戦時下日本に生きたアメリカ人妻の愛の記録(中公文庫)　グエン・テラサキ著, 新田満里子訳　中央公論社　1991.5

デランク, クラウディア
Delank, Claudia
美術史家

[生年月日]1952年
[学歴]テュービンゲン大学, ケルン大学　[学位]哲学博士号(ケンブリッジ大学キングス・カレッジ)〔1981年〕　[専門]日本美術

テュービンゲン大学とケルン大学で、英文学と日本学、美術史を専攻後、ケンブリッジ大学キングス・カレッジに留学、1981年哲学博士号取得。'82～85年東北大学客員教授(ドイツ後)、'86～95年ケルン大学美術史研究所アジア部門非常勤講師、'95年よりボン大学アジア美術史ゼミナール非常勤講師(日本美術史)、'87～90年リンセン画廊、カルステン・グレーフェ画廊に勤務の後、'96年ブレーメンに東アジア現代美術専門画廊を開廊、2000年画廊をケルンに移転。日本美術および19～20世紀における西洋美術と日本美術の相互関係についての講演・論文多数。著書に「ドイツにおける『日本=像』―ユーゲントシュティールからバウハウスまで」など。　[受賞]ジャポニスム学会賞(第26回, 日本)〔2005年〕「ドイツにおける『日本=像』―ユーゲントシュティールからバウハウスまで」

【著作】

◇ドイツにおける〈日本=像〉―ユーゲントシュティールからバウハウスまで　クラウディア・デランク著，水藤竜彦，池田祐子訳　思文閣出版　2004.7

デリカット, ケント
Derricott, Kent Wetsel
タレント，企業コンサルタント

［生年月日］1955年3月3日
［国籍］米国　［出生地］カナダ・アルバータ州
［学歴］ブリガムヤング大学国際ビジネス専攻卒

1974年より宣教師として2年間日本滞在。'76年ユタ州のブリガムヤング大学に入学。在学中の'81年貿易会社DICOを設立。'83年再来日し、ダイコ・ジャパンを設立、社長として、輸出入、企業コンサルティングを行う。また、英会話学校ケント国際学院の校長も務める。一方、'84年フジテレビ「笑っていいとも！」の出演を機に、独特のキャラクターがうけてTVタレントとしても活躍。'91年ユタ州に帰国。著書に「パパになる！」がある。　［受賞］ゆうもあ大賞〔平成1年〕

【著作】
◇おもしろ外人のおもしろカルチャーショック！　マイケル・マクドナルド，ケント・デリカット，マリアン，デイブ・ユーゾー・スペクター：週刊明星　1984.8.9
◇日本人は島国根性まる出しやろ　国が狭いと、気持ちまで狭くなるんだねエ―ケント・デリカット　ケント・デリカット，横山やすし：週刊宝石　5(33)　1985.8.23・30
◇ヘンな外人から見たミョ～な日本人（座談会）　ケント・デリカット，オスマン・サンコン，デイブ・スペクター：女性自身　1987.6.30
◇ケントのケント一つかないニッポン人（実日新書）　ケント・デリカット著　実業之日本社　1988.11

デリダ, ジャック
Derrida, Jacques
哲学者，思想家　フランス社会科学高等研究院教授

［生年月日］1930年7月15日
［没年月日］2004年10月8日
［国籍］フランス　［出生地］アルジェリア・アルジェ近郊　［学歴］エコール・ノルマル・シュペリウール（高等師範学校）卒

アルジェリアのユダヤ系家庭に生まれる。高校卒業後、1949年フランスに渡り、パリの高等師範学校（エコール・ノルマル・シュペリウール）に進学。ハーバード大学を経て、'60年パリ大学講師となり、'65年エコール・ノルマル・シュペリウール哲学助教授、のち教授。'83年ミッテラン大統領の要請を受け、パリに国際哲学研究所を設立、初代所長。'84年社会科学高等研究院（エコール・プラティック・デ・オート・ゼチュード）教授に就任。フッサールの現象学から出発し、'60年代以降ニーチェやハイデッガーなど西洋哲学全体を批判、構造主義の方法を哲学に導入し、実存主義的現象学と対決しつつ、西洋中心主義を問い直す"脱構築"を提唱した。テキストを異なる視点から読み替える手法は、浅田彰や中沢新一をはじめ日本の論壇にも大きな影響を与え、ポスト構造主義の代表的哲学者として知られた。'90年代からは政治的、社会的な発言も積極的に行い、'94年に設立された国際作家審議会の中心メンバーとして、迫害されている作家の"避難都市"の呼びかけや、米国の黒人死刑囚の救援活動などに尽力。20世紀後半を代表する国際的な知識人でもあった。2003年ドイツ人哲学者のユルゲン・ハーバーマスとともに、イラク戦争後の欧州の役割について共同声明を発表し、注目を集めた。著書に「幾何学の起源」（1962年）、「根源の彼方に―グラマトロジーについて」（'67年）、「声と現象」（'67年）、「エクリチュールと差異」（'67年）、「ポジシオン」（'72年）、「散種」（'72年）、「弔鐘」（'74年）、「衝角」（'76年）、「デッサンと肖像」（'86年）、「他者の言語―デリダの日本講演」（'89年）、「他の岬―ヨーロッパと民主主義」（'91年）、「ジャック・デリダ」（共著，'91年）、「アポリア」「有限責任会社」など多数。'83年ミッテラン大統領の文化使節として来日。翌年には日仏文化サミットに参加するため再び来日した。'92年3度目の来日。　［受賞］ケンブリッジ大学名誉博士

号〔1992年〕, アドルノ賞〔2001年〕
【著作】
◇他者の言語—デリダの日本講演（叢書・ウニベルシタス）　ジャック・デリダ〔述〕, 高橋允昭編訳　法政大学出版局　1989.12

デール, キャロライン
Dale, Caroline
「イブニング・スタンダード」紙（英国）日本特派員

[国籍]英国
リーズ大で中国語を勉強した後日本へ。写真家・小林昭と結婚。1980年日本での取材活動や日常生活で興味を持った事をまとめた「マイ・カルチャー・ショック」を出版する。
【著作】
◇マイ・カルチャー・ショック—イギリス人女性記者の見た日本　キャロライン・デール著, 山本貴志訳　文化出版局　1980.2

デルポート, ジャネット妙禅
デルポート, ジャネットミョウゼン
Delprot, Jeanette Myōzen
元商社員

[生年月日]1945年
[出生地]南アフリカ
日本と仏教に興味を持ち、学校卒業後、日商岩井南アフリカ支社に勤務。1968年から名古屋の徳源寺専門僧堂で座禅をはじめる。'69年仏教布教会に参加して渡米し、'71年カナダに移住。'76年再び日本で座禅修業。カナダで座禅指導のかたわら、特攻研究のため、'89年三たび日本へ渡航。'95年11月～96年2月鹿児島県に滞在、鹿屋、知覧等で調査を実施。'96年南アフリカに帰国、「関大尉を知っていますか—青い目の女性が見た日本人と神風特攻」を著す。のち、ケープタウンの日本企業に勤務。
【著作】
◇関大尉を知っていますか—青い目の女性が見た日本人と神風特攻　ジャネット妙禅デルポート著, 服部省吾訳・監修　光人社　1997.7

デレヴィヤンコ, クズマ
Derevyanko, Kuzuma Nikolaevich
軍人　対日理事会（連合国日本管理委員会）ソ連代表

[生年月日]1903年
[没年月日]1954年12月31日
[国籍]ソ連　[学歴]モスクワ陸軍大学校〔1936年〕卒
1922年ソビエト陸軍に一兵卒として参加。'27年共産党入党。第2次大戦ではヨーロッパ戦線で独ソ戦を戦い、'45年赤軍を指揮してウィーンに入城。のち、太平洋戦線に転じ、マニラで極東アメリカ軍との間のソ連軍事使節団連絡将校として活躍。同年8月マッカーサーが連合軍総司令官に任命されたのに伴い、ソ連軍総司令官代表となり、同年9月戦艦ミズーリ号での日本の降伏文書調印にはソ連代表として出席。陸軍中将。同年対日軍事使節団団長、'46年対日理事会（連合国日本管理委員会）発足とともにソ連代表となり、日本占領においてソ連の立場を明らかにすることに務め、しばしばマッカーサー司令部を批判した。'50年5月帰国、代表を辞任。著書に「ソ連は日本に何を望むか—対日理事会におけるソ連代表の発言」がある。
【著作】
◇ソ連は日本に何を望むか—対日理事会におけるソ連代表の発言　テレヴヤンコ, キスレンコ共述, 日ソ親善協会訳編　黄土社　1949

デ・レーケ, ヨハネス
De Rijke, Johannes
土木技師　内務省土木技師　お雇い外国人

[生年月日]1842年12月4日
[没年月日]1913年1月20日
[国籍]オランダ　[出生地]ズトラン州コリンス・プラート
父が臨海土木の請負業者であったことから少年時代にその業を覚え、長じてアムステルダムの運河会社の上級技師となる。この間に土木技師・C.J. ファン・ドールンに認められ、日本政府に招かれてG. A. エッシャーら他の

3人の技師と共に1873年家族を伴い大阪に到着。大蔵省土木寮(のち内務省土木局)のお雇い外国人となる。大阪に赴任し、淀川の治水工事に従事。大阪築港、福井県三国港、広島港、長崎港、仙台湾内港湾、常願寺川改修などに携わった。1880年長工師(技術長)ファン・ドールンが帰国した後は東京に転任し、内務本省で土木工事を監督。1888年6月のコレラによる妻の死を乗り越え、木曽三川の治水に尽力。この間、日本の河川や港湾を50ケ所以上も調査し、150余の報告書を政府に提出した。水道工事の改良にも多くの功績を挙げ、1884年日本近代水道最初のものとなる分流式下水道を東京神田に施工。1891年天皇から直接任命される副大臣級の勅任官扱いとなる。1901年帰国に先立ち勲二等瑞宝章を授与。'05年中国政府より招かれ揚子江航路の改良工事に尽力したのち、'10年オランダに帰国した。　　[叙勲]勲二等瑞宝章
【著作】
◇工師デ・レーケ、吉野川検査復命書　デ・レーケ[著]　建設省徳島工事事務所　1996.8

テレングト アイトル
北海学園大学人文学部教授　お雇い外国人

[別名等]漢字名=艾特　[学歴]内蒙古大学日本語日本文学学科[昭和58年]卒、北京日本語講師育成センター[昭和59年]修了、大正大学大学院[平成5年]後期博士課程、東京大学大学院比較文学比較文化専攻[平成10年]博士課程　[学位]博士号(東京大学)[平成10年]　[専門]日本近代文学、比較文化、比較文学、超域文化科学
内蒙古大学講師を経て日本に留学、昭和62年東京外国語大学大学院モンゴル語科研究生を経て、北海学園大学人文学部教授。著書に「三島文学の原型」、共著に「三島由紀夫事典」「世界の中の三島由紀夫」などがある。
【著作】
◇三島文学の原型—始原・根茎隠喩・構造　テレングト・アイトル(艾特)著　日本図書センター　2002

デワルト, アルベルト
Dewald, Albert
南山大学文学部独語学独文学科教授, 南山学園常任理事

[生年月日]1927年5月8日
[没年月日]1994年2月15日
[国籍]ドイツ　[学歴]ドイツ聖アウグスチン大学哲学科[1959年]卒, ローマグレゴリアナ大学神学部卒, グレゴリアナ大学大学院環境保健学専攻[1963年]修士課程修了, 東京日本語学校[1965年]卒　[学位]STL(神学修士)　[専門]文化人類学　[団体]日本独文学会, Historischer Verein Fuerdie Saargegend (ドイツ)
1963年来日。'66年南山大学文学部講師、'74年助教授、'82年教授。のち文学部独語独文学科教授。なお'66年南山大学経理課長、のち南山学園理事、'71年事務局長を経て、同学園財務担当常任理事。同大学ヨーロッパ研究所の設立、運営などに尽力。著書に「西ドイツと日本—東西『優等生社会』の比較」がある。
[叙勲]ドイツ功労勲章十字小綬章[1993年]
【著作】
◇日本人の集団と個(三愛新書)　アルベルト・デワルト：人間と文化　27　三愛会　1987.2

田 家農　でん・かのう
Tian Jia-nong
華中師範大学客員教授, 中国国際友人研究会常任理事

[生年月日]1922年
[国籍]中国　[学歴]北京師範大学歴史学部[1947年]卒, 東京大学大学院　[専門]歴史学
東京大学大学院で東洋史を専攻した後、1946年以降華北総合大学政治学院、中原大学教育学院、華中師範大学歴史学部研究員、副教授、教授を歴任。'57年から中国対外文化連絡部専員、中国国際書店副社長。'64年から新聞工作に従事、'67年から「人民中国」編集長などを経て、'85年から華中師範大学客員教授、中国国際友人研究会常任理事。共著に「戦後日中関係50年—日中双方の課題は果たされたか」がある。

【著作】
◇戦後日中関係五十年—日中双方の課題は果たされたか　島田政雄,田家農著　島田政雄　1997.9

田雁　でん・がん
ジャーナリスト　蘇州大学助教授

[国籍]中国　[学歴]蘇州大学卒,東京大学大学院

蘇州大学卒業後、同大学の助教授となり、東京大学へ留学。同大大学院を経て、在日中国人向けの週刊新聞「中文導報」の記者として活躍。のち米国に活動の場を移す。政治経済を専門とする。著書に「蛇頭の生まれし都」。

【著作】
◇喪家の狗—実録！在日中国人残虐犯罪　田雁,向軒著,東山彰良訳　宝島社　2004.9
◇狂人国家・アメリカ、裸の王様・日本、子供の国・中国　田雁著,樋口謙一郎訳　戎光祥出版　2006.3

【ト】

ドーア, ロナルド
Dore, Ronard Philip
社会学者, 日本研究家　ロンドン大学経済パフォーマンス研究所特別研究員, ロンドン大学名誉教授

[生年月日]1925年2月1日
[国籍]英国　[出生地]ドーセット州ボーンマス　[学歴]ロンドン大学東洋アフリカ研究学院(SOAS)〔1947年〕卒　[資格]日本学士院客員会員〔1986年〕　[団体]ヨーロッパ日本学会

第二次大戦中、軍で日本語を学ぶ。戦後、ロンドン大学で日本の農村社会に関する研究を始める。1950年江戸教育の研究のため東京大学に留学。'51年「都市の日本人」研究のため東京に下宿。'51〜55年ロンドン大学講師。'55〜56年「農地改革」の研究のため山梨県や山形県の農村に住み込む。'56年からカナダのブリティッシュ・コロンビア大学アジア研究科準教授、その後、教授となりカナダにおける日本研究の基盤をつくる。'61年ロンドン大学助教授、'82年教授。のち名誉教授。この間、'69年サセックス大学開発研究所所員、同大技術交流センター副所長。'86年インペリアル・カレッジに設立された日欧産業比較研究センター所長。英国における代表的な知日家知識人。著書に「都市の日本人」「日本の農地改革」「徳川時代の教育」「学歴社会」「イギリスの工場・日本の工場」「新しい文明病」「貿易摩擦の社会学—イギリスと日本」「21世紀は個人主義の時代か」「日本型資本主義と市場主義の衝突」、対談集「日本との対話—不服の諸相」('94年)などがある。　[受賞]明治大学名誉博士〔1995年〕,エコノミスト賞(特別賞、第42回、日本)〔2002年〕「日本型資本主義と市場主義の衝突」

【著作】
◇紅毛お伊勢参り　R・ドーア：中央公論　71(4)　1956
◇漢文教育と愛国心—碧眼に映つた日本の一面　R・ドーア：思想　418　1959.4
◇スローガンの氾濫する国　R.P.ドーア：中央公論　76(1)　1961.1
◇都市の日本人　青» 和夫,塚本哲人訳　岩波書店　1962
◇日本の農地改革　並木正吉,高木径子,蓮見音彦訳　岩波書店　1965
◇日本近代化論の再検討　ロナルド・P.ドーア：比較近代論　未来社　1970
◇日本史・日本語・日本人—「いつも自己を批判…」「遊ぶのも一生懸命…」(対談)　ロナルド・ドーア,ドナルド・キーン：週刊朝日　1975.8.8
◇世界のなかの日本(講談社現代新書)　R.P.ドーア：戦後の日本　講談社　1978.7
◇日本的経営システムの位相　ロナルド・ドーア,山之内靖,永易浩一訳：経済評論　30(7)　1981.7
◇顔のない巨人—不安の中の選択(国際シンポジウム)　開高健,ドナルド・キーン,佐藤誠三郎,ロナルド・ドーア,山崎正和,永井陽之助,公文俊平,蠟山昌一,高坂正堯,馬場正雄,森口親司,李御寧：文芸春秋　60(7)　1982.6
◇日本の伝統はどこまで伝統的か〔ほか〕　開高健,ドナルド・キーン,李御寧,山崎正和,永井陽之助,高坂正堯,ロナルド・ドーア：日本は世界のモデルになるか　文芸春秋　1983.4
◇昭和後期農業問題論集　1　近藤康男責任編集,暉峻衆三編　農山漁村文化協会　1985.

◇5〈内容：進駐軍の農地改革構想-歴史の一断面-R. A. フィーリー「日本の農業改革」（R. P. ドーア）〉
◇貿易摩擦の社会学―イギリスと日本（岩波新書）　R. P. ドーア著, 田丸延男訳　岩波書店　1986.10
◇イギリスの工場・日本の工場―労使関係の比較社会学　ロナルド・P. ドーア著, 山之内靖, 永易浩一訳　筑摩書房　1987.10
◇世界の秩序をつくる意識がほしい　ロナルド・ドーア：月刊ウィークス　5(6)　1989.3
◇貧困な土壌, 貧困な精神　ロナルド・P. ドーア, 鎌田慧：世界　537　1990.2
◇21世紀は個人主義の時代か―西欧の系譜と日本　ロナルド・ドーア著, 加藤幹雄訳　サイマル出版会　1991.1
◇イギリスの工場・日本の工場　上（ちくま学芸文庫）　ロナルド・ドーア著, 山之内靖, 永易浩一訳　筑摩書房　1993.5
◇イギリスの工場・日本の工場　下（ちくま学芸文庫）　ロナルド・P. ドーア著, 山之内靖, 永易浩一訳　筑摩書房　1993.5
◇国際貢献のシナリオと当事者意識―「日本異質論」の底流にある"誤解"を超えて（対談）　ロナルド・ドーア, 鴨武彦：潮　411　1993.6
◇「こうしよう」と言える日本　ロナルド・ドーア著　朝日新聞社　1993.7
◇日本との対話―不服の諸相　ロナルド・ドーア編　岩波書店　1994.1
◇不思議な国日本　ロナルド・ドーア著　筑摩書房　1994.3
◇システムとしての日本企業―国際・学際研究　青木昌彦, ロナルド・ドーア編, NTTデータ通信システム科学研究所訳　NTT出版　1995.12〈内容：平等性と効率性のトレードオフ―日本の認識と選択（ロナルド・ドーア）〉
◇20世紀の総括と展望―日本の役割を中心として　東京シンポジウム（平和研会議報告）　世界平和研究所　1996.3〈内容：20世紀の総括と展望―日本の役割を中心として（ジェラルド・L. カーティス, ロナルド・P. ドーア, 佐藤誠三郎）〉
◇日本を問う日本に問う―続不服の諸相　ロナルド・ドーア編　岩波書店　1997.9
◇「公」を「私」すべからず―やっぱり不思議な国日本　ロナルド・ドーア著　筑摩書房　1997.10
◇記念（基調）講演〔2〕日本型資本主義持続の可能性―21世紀へ生き残れるか（第8回九州国際文化会議―21世紀への課題と展望―Aセッション　21世紀への日本の選択）　Ronald P. Dore：Fukuoka UNESCO　34　1998
◇九州国際文化会議報告書　第8回（1998）福岡ユネスコ協会編　福岡ユネスコ協会　1998.7〈内容：日本型資本主義持続の可能性―21世紀へ生き残れるか（Ronald P. Dore）〉

◇コメント―「教養」について考える（特集・第9回日本研究国際セミナー'98―ロナルド・ドーア教授の日本研究50年―Bセッション　日本の教育―江戸時代から現代）　Ronald P. Dore：Fukuoka UNESCO　35　1999
◇コメント―お二人の発表から（特集・第9回日本研究国際セミナー'98―ロナルド・ドーア教授の日本研究50年―Aセッション　都市と農村―戦後日本の社会変容）　Ronald P. Dore：Fukuoka UNESCO　35　1999
◇コメント―人間は何のために働くのか（特集・第9回日本研究国際セミナー'98―ロナルド・ドーア教授の日本研究50年―Cセッション　日本型システムをめぐって）　Ronald P. Dore：Fukuoka UNESCO　35　1999
◇基調講演　変動の激しい半世紀を振り返る（特集・第9回日本研究国際セミナー'98―ロナルド・ドーア教授の日本研究50年）　Ronald P. Dore：Fukuoka UNESCO　35　1999
◇討議（特集・第9回日本研究国際セミナー'98―ロナルド・ドーア教授の日本研究50年―Cセッション　日本型システムをめぐって）　中村隆英, 尾高煌之助, Ronald P. Dore：Fukuoka UNESCO　35　1999
◇「日本的経営」論争―株持ち合い解消, 資本効率重視など英米型経営に近づくのは危険か改革か　牛尾治朗, ドーア, R.：中央公論　114(1)　1999.1
◇ロナルド・ドーア教授の日本的経営論（特集・現地法人の経営スタイルを考える）　Ronald Dore：日外協マンスリー　214　1999.2
◇WDNETインタビュー　日本型経営参加の法制化の可能性―全従業員選出の監査役制度を提言―ロンドン大学経済・政治学院教授　ロナルド・P. ドーア　ロナルド・P. ドーア：経営民主主義　12　1999.12
◇「株主」が大事か「従業員」が大事か―日本的経営を讃える英国人VS代表的改革論者の激突（対談）（特集・アメリカの攻勢日本の応戦）　中谷巌, ロナルド・ドーア：中央公論　115(3)　2000.2
◇対談・"より成熟した国"となるための条件（知日家の視点）（どうする？どうなる？私たちの21世紀）　コータッツィ, サー・ヒュー, ドーア, ロナルド：文芸春秋　78(8増刊)　2000.6
◇現代の資本主義制度―グローバリズムと多様性　コーリン・クラウチ, ウォルフガング・ストリーク編, 山田鋭夫訳　NTT出版　2001.7〈内容：日本の独自性（ロナルド・ドーア）〉
◇日本型資本主義と市場主義の衝突―日・独対アングロサクソン　ロナルド・ドーア〔著〕, 藤井真人訳　東洋経済新報社　2001.12
◇市場主義と規律―日本型資本主義「悪」への異論（特集・商法大改正が加速する, 会社革

命の勝算）　ドーア, ロナルド：エコノミスト　80(17)　2002.4.16
◇日本型資本主義「悪」への異論(特集・商法大改正が加速する 会社革命の勝算—Seminar1 市場主義と規律)　Ronald Dore：エコノミスト　80(17)　2002.4.16
◇日本への提言〔2〕生産主義を重視せよ—競争一辺倒な社会への収斂には疑問　Ronald Dore：日本経済研究センター会報　887　2002.5.1
◇日本を問い続けて—加藤周一、ロナルド・ドーアの世界　加藤周一, ロナルド・ドーア監修, 福岡ユネスコ協会編　岩波書店　2004.7　〈内容：変動の激しい半世紀を振り返る（ロナルド・ドーア）グローバル・スタンダードにどこまで従うべきか（ロナルド・ドーア）対談:日本とは何か（加藤周一、ロナルド・ドーア））〉
◇「日本的経営」の何が残るか（午餐会講演）　ロナルド・ドーア：学士会会報　2004(6)　2004.11
◇特別対談 ロナルド・ドーア ロンドン大学LSEフェロー 笹森清 連合会長 社会連帯を犠牲にして進む「市場個人主義」にどう立ちむかうのか 労働組合は「日本的経営」を守れ！　Ronald P. Dore, 笹森清：連合　18(3)　2005.6
◇誰のための会社にするか（岩波新書）　ロナルド・ドーア著　岩波書店　2006.7

ドイチ, ロバート
Deutsch, Robert D.
文化人類学者　EBRコンサルティング社ディレクター

[生年月日] 1949年
[国籍] 米国　[出生地] ニューヨーク　[学位] 博士号（アルバート・アインシュタイン医科大学）
各国政府をクライアントに持つEBRコンサルティング社のディレクターを務め、大衆イメージの理論家として活躍している。
【著作】
◇米国人が恐れる「狂信的な日本人」(World Now)　ドイチ, ロバート：週刊現代　38(41)　1996.11.2

トインビー, アーノルド
Toynbee, Arnold Joseph
歴史家, 文明批評家

[生年月日] 1889年4月14日
[没年月日] 1975年10月22日
[国籍] 英国　[出生地] ロンドン　[学歴] オックスフォード大学〔1911年〕卒
オックスフォード大学で古代史を学び、卒後母校チベーリオル・カレッジの個人指導教師、1912～15年オックスフォード大学研究員。'18年第1次大戦中、外務省情報部に勤め、パリ講和会議には英国代表団中東部員として出席。'19～24年ロンドン大学教授。'25年王立国際問題研究所に入り、研究部長となり、年次刊行物「国際問題大観」の編集に従事。'29、'56、'67年の3回来日した知日家。大著「歴史の研究」（全12巻）は、西欧中心の考え方、東洋に対する西欧の優越感を克服し、人権、民族、文明の枠組みを超えた歴史に対する考え方を提示。ほかに「試練に立つ文明」「一歴史家の宗教観」「世界と西欧」「ヘレニズム」がある。
【著作】
◇日本と西欧（対談）　トインビー, 吉川幸次郎：中央公論　71(13)　1956.12
◇日本人はなぜ自信を持たないのか（対談）　アーノルド・トインビー, トレバー・P・レゲット：人と日本　1971.12
◇日本の活路　A.J.トインビー他著　国際PHP研究所 PHP研究所（発売）　1975

唐暉　とう・き
ジャーナリスト

[生年月日] 1962年
[国籍] 中国　[出生地] 湖南省　[学歴] 北京大学国際政治専攻
1997～99年「人民中国」雑誌社東京支局長として日本に駐在。2000年人民日報に転じ、のち「人民網」（人民日報Web）日本版に在勤。著書に「滞日実録—中国人特派員が見た日本」。
【著作】
◇滞日実録—中国人特派員が見た日本　唐暉著　東京文献センター　2003.10

滕軍　とう・ぐん
北京大学助教授

[生年月日] 1955年

[国籍]中国　[出生地]北京　[別名等]筆名＝東君　[学歴]北京外国語大学日本語学部〔1982年〕卒, 神戸大学大学院文化学研究科〔1993年〕博士課程修了　[学位]学術博士(神戸大学)　[専門]茶道文化
1984年日本文学を学ぶため神戸大学に留学。茶会に出席したことがきっかけで茶道の魅力にとりつかれ, 茶道の歴史を研究。傍ら裏千家でお点前を学ぶ。'89年夫と長男が中国に帰ったのちも単身で留学を続け, '92年中国で「日本茶道文化概論」を出版。'93年帰国後三大学で茶道を講義。'94年「茶文化の思想的背景に関する研究」で神戸大学の博士号を取得。北京大学助教授(東方), 茶道裏千家北京駐在講師。ほかの著書に「茶から茶道へ」, 共著に「中国茶文化探訪」などがある。
【著作】
◇〈意〉の文化と〈情〉の文化—中国における日本研究(中公叢書)　王敏編著,〔岡部明日香〕〔ほか訳〕　中央公論新社　2004.10〈内容：「和物」の誕生と草庵茶道の形成(滕軍)〉

唐　権　とう・けん
関西外国語大学非常勤講師, 平安女学院大学非常勤講師

[生年月日]1969年
[国籍]中国　[出生地]四川省　[学歴]総合研究大学院大学文化科学研究科国際日本研究専攻〔2002年〕博士後期課程修了　[学位]学術博士〔2002年〕　[専門]日中文化交流史, 日中比較文化論
1997年来日。関西外国語大学、平安女学院大学兼任講師。著書に「海を越えた艶ごと」がある。　[受賞]旅の文化研究所研究奨励賞〔2005年〕
【著作】
◇中国に伝存の日本関係典籍と文化財(国際シンポジウム)　国際日本文化研究センター編　国際日本文化研究センター　2002.3

湯　志鈞　とう・しきん
Tang Zhi-jun
歴史学者, 経学者　上海社会科学院歴史研究所副所長

[生年月日]1924年6月
[国籍]中国　[出生地]江蘇省武進県　[学歴]無錫国学専修学校卒, 復旦大学〔1947年〕卒
[専門]中国近代思想史
1950年まで復旦大学に文書組組員として勤務。'51～56年常州で中学・高校の教員を務め, '56年から上海社会科学院歴史研究所に勤務し近代思想史を研究。'66～77年の文化大革命期には上海市五・七幹部学校に入るが, '78年に歴史研究所に戻り, '82年から副所長。研究所勤務のかたわら, 復旦大学、華東師範大学で講義。主な著書に「戊戌変法史論」「章太炎政論選集」「康有為政論集」「中国経学史」など。
【著作】
◇近代中国の革命思想と日本—湯志鈞論文集　湯志鈞著, 児野道子訳　日本経済評論社　1986.11

陶　晶孫　とう・しょうそん
作家, 医学者

[生年月日]1897年
[没年月日]1952年2月12日
[国籍]中国　[別名等]名＝熾　[学歴]九州帝大卒
1906年来日、九州帝大に学ぶ。在学中, 郭沫若らの創造社同人となる。'29年帰国、「大衆文芸」の編集に従事。上海自然科学研究所研究員を経て, 台湾大学教授。'50年より日本に定住し、東京大学講師などを務めた。没後、「日本への遺書」が刊行された。
【著作】
◇近頃の日本　陶晶孫：新文明　1(3)　1951
◇日本への遺書　創元社　1952
◇日本見聞記　陶晶孫, 加藤周一編：外国人の見た日本　第5　筑摩書房　1961

鄧 相揚　とう・そうよう
民族学研究家, 医療検査技師

[生年月日]1951年
[国籍]台湾　[出生地]南投県埔里　[学歴]中台医専検科卒　[専門]タイヤル族, サオ族, 平埔族

埔里の牛眠山で育ち、平埔族の文化の消滅と変遷に関心を持つ。埔里のキリスト教病院勤務を経て、医療検査所を開業。仕事の傍ら、長年にわたり抗日霧社事件の調査やタイヤル族、サオ族、平埔族に関するフィールドワークを行う。編著書に「(埔里)平埔族古文書遡源」「埔里盆地平埔族グループの言語消滅の原因」「碧血英風」「タイヤルの素顔」「抗日霧社事件の歴史」などがある。

【著作】
◇抗日霧社事件の歴史—日本人の大量殺害はなぜ、おこったか(史実シリーズ)　鄧相揚著, 下村作次郎, 魚住悦子共訳　日本機関紙出版センター　2000.6
◇植民地台湾の原住民と日本人警察官の家族たち(史実シリーズ)　鄧相揚著, 下村作次郎監修, 魚住悦子訳　日本機関紙出版センター　2000.8
◇抗日霧社事件をめぐる人々—翻弄された台湾原住民の戦前・戦後(史実シリーズ)　鄧相揚著, 下村作次郎監修, 魚住悦子訳　日本機関紙出版センター　2001.11

唐 濤　とう・とう
Tang Tao
元・「留学生新聞」編集者

[生年月日]1956年
[国籍]中国　[出生地]天津　[団体]中国作家同盟江蘇分会

編著書に「中国語常用熟語400」(1993年)など。「夢破れる国日本—あなたの隣人はいま…」では中国人留学生や帰国者が遭遇する困難を描いた。

【著作】
◇夢破れる国日本—あなたの隣人はいま…(人間選書)　唐濤〔ほか〕編訳著　農山漁村文化協会　1994.3

陶 徳民　とう・とくみん
Tao De-min
関西大学文学部教授

[生年月日]1951年
[国籍]中国　[出生地]上海　[学歴]上海師範学院史学科〔1980年〕卒, 復旦大学歴史学〔1985年〕修士課程修了　[学位]文学博士(大阪大学)〔1991年〕　[専門]日本思想史, 中日関係史, 日中比較思想史

プリンストン大学研究員、ハーバード大学研究員、マサチューセッツ州立ブリッジウォーター・カレッジ助教授などを経て、関西大学教授。著書に「懐徳堂朱子学の研究」「日本漢学思想史論考」などがある。

【著作】
◇近世近代の地域と権力(大阪大学文学部日本史研究室創立50周年記念論文集)　清文堂出版　1998.12〈内容：藤沢南岳の国家主義教育思想(陶徳民)〉
◇共生から敵対へ—第4回日中関係史国際シンポジウム論文集　衛藤瀋吉編　東方書店2000.8〈内容：清末中日関係中的政治和文化—関于〈黄金十年〉論争的検討(陶徳民)〉
◇文化事象としての中国　関西大学文学部中国語中国文学科編　関西大学出版部　2002.3〈内容：五四文学革命に対する大正知識人の共鳴—吉野作造・青木正児の中国観と日本事情(陶徳民)〉

ドウス, ピーター
Duus, Peter
スタンフォード日本センター教授

[生年月日]1933年12月27日
[国籍]米国　[学歴]ハーバード大学, ミシガン大学　[専門]近代日本史

ハーバード大、ミシガン大で東アジア史を学んだ後、ハーバード大、スタンフォード大などで教壇に立つ。1957年以降、日本に焦点をしぼり日韓関係や明治以後の日本の産業革命をテーマに研究を続ける知日派。'61年初来日以来日本に通算約10年滞在。'91年より京都のスタンフォード日本センターで米国の学生たちに近代日本史を教える。著書に「Feudalism in Japan」('69年)、「The rise of modern Japan」('75年)など。

【著作】
◇アメリカ人の吉野作造論　B. S. シルバーマン〔ほか〕著, 宮本盛太郎〔ほか〕編訳　風行社　1992.4〈内容：クリスチャンの政治評論家・吉野作造（ピーター・ドウス）〉
◇帝国という幻想―「大東亜共栄圏」の思想と現実　ピーター・ドウス, 小林英夫編　青木書店　1998.8〈内容：想像の帝国―東アジアにおける日本（ピーター・ドウス）　朝鮮観の形成―明治期の支配イメージ（ピーター・ドウス）〉

ドゥトゥキナ, ガリーナ
Dutkina, Galina
編集者, 翻訳家

［生年月日］1952年7月
［国籍］ロシア　［出生地］タンボフ　［学歴］モスクワ大学アジアアフリカ研究所（日本史）卒
［専門］日本文学
ロシア科学アカデミー言語学準博士。モスクワ放送日本向け番組の編集・アナウンサー、テレビ朝日モスクワ支局の番組司会者等を経て、出版社ラドガで日・英文学の編集、翻訳を担当。日本文学では遠藤周作、上田秋成、江戸川乱歩、北村太郎などの作品を翻訳。「古今和歌集」ロシア語版の出版にも携わる。旧ソ連崩壊後の社会の動きや私生活を日記形式でつづった「ミステリー・モスクワ―ガーリャの日記1992」を1993年に出版、同年翻訳出版を機に来日。
【著作】
◇生誕100年記念小林多喜二国際シンポジウムpart2報告集　白樺文学館多喜二ライブラリー企画・編集, 島村輝監修　東銀座出版社（発売）　2004.12〈内容：小林多喜二の犠牲の意義（ガリーナ・ドゥートキナ）〉

ドゥーマス, ダニエル
Dumas, Daniel
英語教師　CEL英語ソリューションズ・チーフインストラクター

［生年月日］1959年
［国籍］米国　［出生地］ミシガン州　［学歴］サンディエゴ州立大学卒
1991年来日して以来、高校英語教師、大手英会話学校主任教師などを務める傍ら、通訳案内業国家試験対策および英検1級、準1級面接試験対策の指導を行うなど、一貫して英語教育に携わる。2001年1月CEL英語ソリューションズ設立と同時に参画。チーフ・インストラクターとして英語学習における日本人の長所・短所を踏まえた上での英語コミュニケーションスキルの指導を行う。著書に「英語で語る日本事情」がある。
【著作】
◇英語で語る日本事情　江口裕之, ダニエル・ドゥーマス著　ジャパンタイムズ　2001.5

ドゥルー, ジャン
Drew, John
詩人　ケンブリッジ大学, ケンブリッジ・ポエトリーワークショップ設立者

［国籍］英国　［学位］博士号（ケンブリッジ大学）
オックスフォードのセントマイケル校で教育を受けたのち、英国、カナダ、米国、インドで学ぶ。カナダ、シンガポール、中国、ハンガリーなどの多くの大学の教壇に立ち、1999年8月までケンブリッジ大学で教鞭を執る。その後、ハンガリーのジャマスパノニアス大学でブリティッシュスタディーズを1年間担当し、再びケンブリッジ大学に戻る。この間、'86年ケンブリッジ・ポエトリーワークショップを設立、海外や英国国内の多くの大学でワークショップを行う。著書に「India and the Romantic Imagination」（'86年）、「The Lesser VEHICLE」（'86年）、「In the Temple of Kali」（'91年）などがある。
【著作】
◇鎌倉の大仏　ジャン・ドゥルー著, 茂木淑子訳　創英社　2001.3

ドゥレ, ネリ
Delay, Nelly
美術史家

［専門］日本古典美術
日本の古典美術史を専門に研究。多くの展覧会にかかわり、多数の目録を作成。著書に「浮世絵」（1993年）などがある。

【著作】
◇日本の歴史—時を越える美と信仰(「知の再発見」双書) ネリ・ドゥレ著, 山折哲雄監修, 遠藤ゆかり, 藤丘樹実訳 創元社 2000.6

トゥンジョク, アフメット・メテ
Tuncoku, A. Mete
日本研究家 中東工科大学国際関係学科教授

[生年月日] 1946年
[国籍]トルコ [出生地]デニズリ [学歴]アンカラ大学政治学部〔1969年〕卒 [学位]法学博士(京都大学)
1970～78年京都大学法学部大学院に留学、日本とトルコの近代化の比較研究をテーマに日本語で論文を執筆し、法学博士号を取得。'78年から中東工科大学で教鞭をとる。'86～87年東京外国語大学アジア・アフリカ語文化研究所、'96年東京大学東洋文化研究所客員研究員として滞日。著書に「日本の対中国政策—1952～78年」「トルコと日本の近代化—外国人の役割」がある。 [受賞]国際交流奨励賞〔1999年〕

【著作】
◇トルコと日本の近代化—外国人の役割 メテ・トゥンジョク著 サイマル出版会 1996.12

トケイヤー, マービン
Tokayer, Marvin
ラビ, 教育者

[生年月日] 1936年
[国籍]米国 [出生地]ニューヨーク [学歴]イェシバ大学卒
1962年ラビの資格を取得。'68年来日、日本ユダヤ教団のラビとなり、在日ユダヤ人の生活相談役として活躍、10年滞日後帰国。テンプル・イスラエル・ハイスクール校長を務めたのち、ノースショア・ヒーブルー・アカデミー校長。ユニークな教育論、日本の古代史研究、日本人論など幅広いジャンルで執筆。著書に「ユダヤ・ジョーク集」「ユダヤ格言集」「ユダヤ5000年の知恵—聖典タルムード発想の秘密」「ユダヤ人の発想」「ユダヤ処世術」「日本には教育がない」「ラビ・トケイヤーの校長日記」「ユダヤ人5000年のユーモア」などがある。

【著作】
◇ユダヤ人と日本人(座談会) 竹山道雄, 村松剛, H. パッシン, M. トケイヤー:自由 13(7) 1971.7
◇日本人は死んだ—「仕方がない」の哲学では蘇生できない M. トケイヤー著, 箱崎総一訳 日新報道 1975
◇日本買いませんか M. トケイヤー著, 箱崎総一訳 双葉社 1976
◇日本病について—蝕まれた国の診断書 M. トケイヤー著, 加瀬英明訳 徳間書店 1977.12
◇裸の超大国ニッポン—憂日対談(プレジデントブックス) ポール・ボネ, M. トケイヤー著 プレジデント社 1979.4
◇新・日本人は死んだ—家庭から日本の崩壊が始まっている M. トケイヤー著, 横山総三訳 日新報道 1982.11
◇〈共同論文〉〔1〕対極の民・日本人とユダヤ人—ユダヤ人と初めて出会った日本人 R. M. トケイヤー, 高原剛一郎:自由 38(12) 1996.12
◇〈共同論文〉〔2〕対極の民・日本人とユダヤ人—明治期における友好関係 R. M. トケイヤー, 高原剛一郎:自由 39(1) 1997.1
◇〈共同論文〉〔3〕対極の民・日本人とユダヤ人—日本人はイスラエル建国に協力した R. M. トケイヤー, 高原剛一郎:自由 39(2) 1997.2
◇〈共同論文〉〔4〕対極の民・日本人とユダヤ人—日本人のユダヤ観を歪めた『シオンの議定書』 R. M. トケイヤー, 高原剛一郎:自由 39(3) 1997.3
◇〈共同論文〉〔5〕対極の民・日本人とユダヤ人—日本人の心を掴んだ典型的ユダヤ人 R. M. トケイヤー, 高原剛一郎:自由 39(4) 1997.4
◇〈共同論文〉〔6〕対極の民・日本人とユダヤ人 R. M. トケイヤー, 高原剛一郎:自由 39(5) 1997.5
◇〈共同論文〉〔7〕対極の民・日本人とユダヤ人—二十世紀の狂気の始まりと日本 R. M. トケイヤー, 高原剛一郎:自由 39(6) 1997.6
◇〈共同論文〉〔8〕対極の民・日本人とユダヤ人—戦時中、ユダヤ人を守った日本人 R. M. トケイヤー, 高原剛一郎:自由 39(7) 1997.7
◇〈共同論文〉〔9〕対極の民・日本人とユダヤ人—ユダヤ人を救った杉原ビザ発給の経緯

R. M. トケイヤー, 高原剛一郎：自由　39(8)　1997.8
◇〈共同論文〉〔10〕対極の民・日本人とユダヤ人—絶対者を見失った民は不幸である　R. M. トケイヤー, 高原剛一郎：自由　39(9)　1997.9
◇〈共同論文〉〔11〕対極の民・日本人とユダヤ人—ナチスと日米の対ユダヤ人姿勢　R. M. トケイヤー, 高原剛一郎：自由　39(10)　1997.10
◇〈共同論文〉〔12〕対極の民・日本人とユダヤ人—原爆投下に反対したユダヤ人科学者たち　R. M. トケイヤー, 高原剛一郎：自由　39(11)　1997.11
◇〈共同論文〉〔13〕対極の民・日本人とユダヤ人—東京裁判は戦勝国の復讐劇だった　R. M. トケイヤー, 高原剛一郎：自由　39(12)　1997.12
◇〈共同論文〉〔14〕対極の民・日本人とユダヤ人—ユダヤ人が造った新日本　R. M. トケイヤー, 高原剛一郎：自由　40(1)　1998.1
◇〈共同論文〉〔15〕対極の民・日本人とユダヤ人—イスラエル国家の独立と日本(完)　R. M. トケイヤー, 高原剛一郎：自由　40(2)　1998.2
◇聖書に隠された日本・ユダヤ封印の古代史—失われた10部族の謎　ラビ・マーヴィン・トケイヤー著, 久保有政訳　徳間書店　1999.1
◇日本人は死んだ—「仕方がない」の哲学では蘇生できない　新版　M. トケイヤー著, 箱崎総一訳　日新報道　2000.5
◇ユダヤ製国家日本—日本・ユダヤ封印の近現代史　マーヴィン.トケイヤー著, 加瀬英明訳　徳間書店　2006.1
◇日本とユダヤ魂の隠された絆—日本人の霊力を呼び覚ますユダヤ人の叡智！　中丸薫, ラビ・マーヴィン・トケイヤー著　徳間書店　2007.1

トッテン, ビル
Totten, Bill H.
アシスト社長

[生年月日] 1941年8月28日
[国籍]米国　[出生地]カリフォルニア州ロングビーチ　[本名]トッテン, ウィリアム　[学歴]カリフォルニア州立大学〔1963年〕卒　[学位]経済学博士(南カリフォルニア大学)〔1969年〕
1963年ロックウェル社を経て, '69年ソフト開発・情報処理のシステムディベロップメント(SDC)入社。ソフトウエア分野での日本市場の将来性に目をつけ, パッケージソフト販売を主張するが受け入れられず, '71年退社。'72年日本でアシスト社を設立, 社長に就任。10数年間で年間売上125億円, 従業員630名という業界第1位の汎用コンピュータ用ソフトウエア商社に成長させた。著書に「日本は悪くない—アメリカの日本叩きは『敗者』の喧嘩だ」「目を覚ませ、お人好しの日本」「アングロサクソンは人間を不幸にする」「銀行は強盗、外資はハイエナ」など。京都府在住。

【著作】
◇日本は悪くない—アメリカの日本叩きは「敗者の喧嘩」だ　ビル・トッテン著, 高橋呉郎訳　ごま書房　1990.8
◇転機に立つ日本—日本人よ、勤労の精神を忘れるな(カッパ・ブックス)　ビル・トッテン著　光文社　1992.10
◇「転機に立つ日本」の選択—"反面教師"アメリカの真似をまだ続けるのか!?　ビル・トッテン：宝石　20(12)　1992.12
◇日本人はアメリカにだまされている—このままでは日本人の99%は幸せになれない　ビル・トッテン著, 高橋呉郎訳　ごま書房　1994.2
◇アメリカ型価値観は日本を滅ぼす　田原総一朗, ビル・トッテン：サンサーラ　5(9)　1994.9
◇目を覚ませ、お人好しの日本—いつまでアメリカにだまされれば気がすむのか　ビル・トッテン著, 根井和美訳　ごま書房　1995.9
◇日本はアメリカの属国ではない　ビル・トッテン著, 喜田真弓訳　ごま書房　1997.7
◇いわれなき日本の劣等感(特別鼎談)(特集・「属国」日本)　ビル・トッテン, 井尻千男, 西部邁：発言者　43　1997.11
◇アメリカは日本を世界の孤児にする　ビル・トッテン著, パトリック・ヒートン訳　ごま書房　1998.1
◇日本は日本のやり方で行け！—アメリカに負けない方策　ビル・トッテン著　PHP研究所　1998.5
◇日本はアメリカに負けていない(Goma books)　ビル・トッテン著　ごま書房　1998.6
◇日本は悪くない(Goma books)　ビル・トッテン著　ごま書房　1998.7
◇日本はアメリカの属国ではない(Goma books)　ビル・トッテン著　ごま書房　1998.8
◇アメリカは日本を世界の孤児にする(Goma books)　ビル・トッテン著　ごま書房　1998.9

◇「この国」の雇用問題への提言 経営者よ、「日本型雇用」の良さを思い出せ―利益よりも社会への貢献や社員を大切にした時代にこそ「真の繁栄」があった(特集・自分の身は自分で守る「失業」の日本、生き残れる人、生き残れない人―より価値のある人材として成長できる好機と捉えよう) トテン、ビル:プレジデント 36(12) 1998.12
◇経営者よ、「日本型雇用」の良さを思い出せ(より価値のある人材として成長できる好機と捉えよう「失業」の日本生き残れる人、生き残れない人―「この国」の雇用問題への提言) ビル・トッテン:プレジデント 36(12) 1998.12
◇アメリカ型社会は日本人を不幸にする―「実力主義」は日本に合わない ビル・トッテン著 大和書房 1998.12
◇必ず日本はよみがえる!―さらば!グローバル・スタンダード ビル・トッテン著 PHP研究所 1998.12
◇ビル・トッテン(アシスト社長)―日本人の本来の価値観取り戻せ(セミナー再録) トテン、ビル:日経ベンチャー 172 1999.1
◇「日本型経営」には高齢化社会を生き抜く知恵がある(「もし、日本なかりせば」) トテン、B.:SAPIO 11(6) 1999.4.14
◇論語に学ぶ「人の道」(One Plus Book) ビル・トッテン、船井幸雄、呉智英、孔健、野村興児著 ビジネス社 1999.7
◇消費不況こうして突破する!―発想の大転換 ビル・トッテン著 PHP研究所 1999.8
◇日本企業はかつての日本的経営を取り戻せ(特集・どこへ行く?日本的経営、人と組織―特別インタビュー 国際人が斬る!日本的経営) Bill Totten:人材教育 12(1) 2000.1
◇日本よ!米国に盲従するな〔20〕日本人を幸せにする企業経営とは ビル・トッテン:月刊日本 4(5) 2000.5
◇「脱アメリカ」が日本を復活させる ビル・トッテン著 徳間書店 2000.10
◇日本人よ「米国の奴隷」から目を覚せ トテン、ビル:THEMIS 10(2) 2001.2
◇「日本という国に誇りを持って」―二人の在日外国人が日本再生を語った! ビル・トッテン、アーサー・ビナード:経済界 36(7) 2001.4.10
◇銀行は強盗、外資はハイエナ―日本再生の処方箋(小学館文庫) ビル・トッテン著 小学館 2002.10
◇鎖国と高度成長に見る日本(大特集・私は日本のここが好き!―南北アメリカ) トテン、ビル:文芸春秋 84(10臨増) 2006.8

トッド, エマニュエル
Todd, Emmanuel
人口学者, 歴史学者, 人類学者 フランス国立人口統計研究学研究所資料局長

[生年月日]1951年

[国籍]フランス [学歴]パリ政治学院卒 [学位]歴史学博士(ケンブリッジ大学) [専門]歴史人口学

1976年ソビエト体制の内部崩壊を宣言した予言的著書「最後の崩落」を発表。歴史人口学を駆使した若手の旗手として、'83年「第3の惑星―家族構造とイデオロギー・システム」を発表。全く新しい人類学的手法による成果を呈示し、フランス・ジャーナリズム界で賛否両論を巻きおこす。その後7年の作業を経て、'90年より練り上げられた成果を「新ヨーロッパ大全」として発表、フランスの各紙誌、テレビで話題となり、ベストセラーとなる。2002年米国同時多発テロ事件をきっかけに米国の脆弱性をテーマとした「帝国以後―アメリカ・システムの崩壊」を発表。他の著書に「Le Fou et le prolétaire」(1979年)、「L'Invention de la France」('81年)、「L'Enfance du monde」('84年)、「La Nouvelle France」('88年)、「移民の運命」('94年)、「経済の幻想」('98年)がある。2004年来日。
【著作】
◇特別対談・家族構造からみた新しい「日本」像 エマニュエル・トッド, 速水融, 三浦信孝訳:環 4 2001.1
◇「帝国以後」と日本の選択 エマニュエル・トッドほか著 藤原書店 2006.12

トデスキーニ, マヤ・モリオカ
Todeschini, Maya Morioka
パリ社会科学研究高等学院現代日本研究センター

[生年月日]1961年

[国籍]フランス [出生地]京都府 [学歴]ハーバード大学大学院博士課程 [専門]日本研究, 原爆問題

父はスイス人、母は広島県出身の日系2世。フランスとスイスの二重国籍を持つ。1982

年日本文学研究のため北海道大学に留学した時、広島を訪れる。'85年専攻を変更してハーバード大学でヒロシマ研究に没頭、研究生活で知り合った学者やジャーナリストら15人の書き下ろしの論文を集大成し、'95年「核時代に生きる私たち—広島・長崎から50年」を出版。分担執筆に「女がヒロシマを語る」もある。フランス語、日本語など5ケ国語に堪能。
【著作】
◇核時代に生きる私たち—広島・長崎から50年　マヤ・モリオカ・トデスキーニ編, 土屋由香〔ほか〕共訳　時事通信社　1995.8

ドネ, ピエール・アントワーヌ
Donnet, Pierre-Antoine
ジャーナリスト　AFP東京支局特派員

[生年月日]1953年
[国籍]フランス　[出生地]アルザス　[学歴]ストラスブール政治研究所卒, 国立パリ東洋言語・文化研究所中国語学科卒　[専門]中国問題, EC統合
1984〜89年AFP(フランス通信)北京特派員、のち経済部国際金融・国際経済機関担当デスクなどを経て、東京支局特派員。極東専門家として知られる。著書に「龍とネズミ」「チベット　受難と希望」「日本が世界を買う」「欧米を脅かす日本—繁殖する睡蓮」などがある。
[受賞]アレキサンドラ・デービッド・ニール文学賞「チベット　受難と希望」
【著作】
◇欧州を脅かす日本—繁殖する睡蓮　ピエール＝アントワーヌ・ドネ著, 山本一郎訳　サイマル出版会　1992.6

ドネリー, マイケル
Donnelly, Michael W.
トロント大学政治学科教授

[国籍]カナダ　[学歴]コロンビア大学卒　[学位]Ph. D.(コロンビア大学)　[専門]政治学
1975年カナダに移り、以後トロント大学で教える。'70〜73年招聘研究者として、また'81年には慶応大学の招聘教授として日本に滞在。'85〜88年トロント大学・ヨーク大学アジア太平洋研究センターの部長を務め、日本とカナダ間の政治・文化・経済の相互理解に努める。
【著作】
◇太平洋国家のトライアングル—現代の日米加関係　黒沢満, ジョン・カートン編　彩流社　1995.2〈内容：日米二国間経済関係の政治的管理(マイケル・W.ドネリー)〉

トビ, ロナルド
Toby, Ronald P.
東京大学大学院人文社会系研究科教授
イリノイ大学歴史学科・東洋学科教授

[生年月日]1942年
[国籍]米国　[出生地]ニューヨーク州　[学歴]コロンビア大学〔1965年〕卒　[学位]Ph. D.(コロンビア大学)〔1977年〕　[専門]日本史, 朝鮮史
コロンビア大学、カリフォルニア大学バークレー校を経て、イリノイ大学教授。のち東京大学教授に就任。この間、1965年以来、早稲田大学、東京大学史料編纂所、慶応義塾大学などで研究活動に従事。著書に「近世日本の国家形成と外交」などがある。
【著作】
◇近世日本の国家形成と外交　ロナルド・トビ著, 速水融〔ほか〕訳　創文社　1990.9
◇論集幕藩体制史　第1期　第8巻　藤野保編　雄山閣出版　1995.4〈内容：初期徳川外交政策における「鎖国」の位置づけ—幕府正当性確立の問題からみて(ロナルド・P.トビ)〉
◇境界の日本史　村井章介, 佐藤信, 吉田伸之編　山川出版社　1997.11〈内容：「毛唐人」の登場をめぐって—近世日本の対外認識・他者観の一側面(ロナルド・トビ)〉
◇環流する文化と美(日本海学の新世紀)　青柳正規, ロナルド・トビ編　角川書店飛鳥企画　2002.3

トフラー, アルビン
Toffler, Alvin
未来学者, 社会学者

[生年月日]1928年10月4日
[国籍]米国　[出生地]ニューヨーク市　[学歴]ニューヨーク大学〔1949年〕卒

自動車工場で5年間働いた後、1957年からジャーナリストに転じ、新聞記者、「フォーチュン」誌副編集長を経て、ラッセル・セイジ財団客員教授、コーネル大学客員教授、ロックフェラー財団顧問、未来学研究所顧問を歴任。'70年「未来の衝撃」を発表、加速度的な変化の中で人類の生き残る戦略を展開、ベストセラーとなり世界的な反響を呼んだ。次いで'80年には「第三の波」を発表し、流行語になるなど各分野に影響を与えた。他の著書に「文化の消費者」('64年)、「明日の教育」('74年)、「大変動」('83年)、「パワーシフト(力の変身)」('90年)、「戦争と平和」('92年)、「富の未来」(2006年)など。ハイディ夫人は共同研究者で「パワーシフト」などの共著者でもある。1969年に初来日、以後数度来日する。　[受賞]ニューヨーク大学名誉博士号、ウェスタン・オンタリオ大学名誉博士号、シンシナティ大学名誉博士号、マイアミ大学名誉博士号

【著作】
◇特別白熱討論・生き残るのは日本人かアメリカ人か(対談)　アルビン・トフラー,竹村健一:週刊現代　1978.8.24
◇「日本神話」のベールを剥ぐ(インタビュー)　Alvin Toffler,徳岡孝夫訳・解説:Will　2(8)　1983.8
◇アルビン・トフラーが語る、来たるべき「大変動」社会への日本の選択(インタビュー)　アルビン・トフラー:週刊宝石　1984.1.20
◇日本を解くキーワード(新春ビッグ対談)　アルビン・トフラー,竹村健一:Will　3(2)　1984.2
◇老齢化先進国日本への提言(インタビュー)　アルビン・トフラー:文芸春秋　66(8)　1988.7
◇アルビン・トフラーの戦争と平和—21世紀、日本への警鐘　アルビン・トフラー,ハイジ・トフラー著,徳山二郎訳　フジテレビ出版　1993.1
◇ジャメリカの危機—日米関係"再編"最後のシナリオ　アルビン・トフラー,黒岩祐治著　フジテレビ出版　1994.8
◇新年特別対談「ハイスピード社会」が迫る地球規模の発想—世界的な反響を呼んだ『未来の衝撃』の著者と訳者が語る激変する現代の「日本の課題」を問う(「特別企画」日本への提言)　トフラー,アルビン,徳山二郎:潮　467　1998.1

ドベラーレ, カレル
Dobbelaere, Karel
宗教社会学者　ルーベン大学教授

[生年月日]1933年
[国籍]ベルギー　[学歴]ルーベン・カトリック大学　[学位]博士号(ルーベン・カトリック大学)〔1966年〕　[資格]ベルギー王立アカデミー会員〔1993年〕

ベルギーのルーベン・カトリック大学に学んだ後、カリフォルニア大学バークレー校に留学。1966年に「カトリシズムの社会学的研究」と題する論文で博士号を取得。以来、ルーベン大学で教鞭をとり、のち、同大学教授として、社会学・宗教社会学を教える。'83〜91年国際宗教社会学会の会長を務め、その間、オックスフォード大学オール・ソウルズ・カレッジの客員研究員、日本の南山大学宗教文化研究所の客員研究員など、各地で研究を行う。世俗化論・宗教組織論の領域で宗教社会学の発展に寄与。カトリック教会などが学校や病院などの独自の社会内構造を構成する点に注目した宗教制度の"柱状化(pillarization)"理論で有名。著書に「宗教のダイナミックス—世俗化の宗教社会学」「タイム トゥ チャント—イギリス創価学会の社会学的考察」など。

【著作】
◇タイムトゥチャント—イギリス創価学会の社会学的考察　ブライアン・ウィルソン,カレル・ドベラーレ〔著〕,中野毅訳　紀伊国屋書店　1997.10

トーマス, ジェームス・エドワード
Thomas, James Edward
教育学者　ノッティンガム大学副学長,全英成人教育協会(NIACE)評議員,全英大学成人教育研究会議(SCUTREA)議長

[生年月日]1933年
[国籍]英国　[出生地]ウェールズ　[学歴]オックスフォード大学,ロンドン大学(心理学・経

済学） [学位]博士号（ヨーク大学）〔1970年〕 [専門]成人教育学
ハル大学助教授、ノッティンガム大学教授、成人教育学部長、教育学部長を経て、副学長。全英成人教育協会評議員、全英大学成人教育研究会議議長を務めるほか、「International Journal of Life-long Education」の編集者として国際的にも活躍、比較成人教育をリードする。この間4度来日、日本の成人教育の歴史や制度や企業における現職教育制度の調査研究にも取り組んでいる。
【著作】
◇日本社会教育小史—イギリスからの観察 J. E. トーマス著, 藤岡貞彦, 島田修一訳 青木書店 1991.3

トーマス, ロイ
Thomas, Roy
著述家

[国籍]カナダ
早稲田大学で日本史、文学、言語などを学び、国立国会図書館で研究員を務めた。最近25年のうち、ほとんどを日本で過ごす。著者に「中国・目覚めゆく巨人」「歪んだ大国・日本」がある。
【著作】
◇歪んだ大国・日本—繁栄を支える矛盾 R. トーマス著, 謝世輝訳 原書房 1990.11

ドミィトリエフ, ニコライ
Dmitriev, Nikolai
ロシア正教会神父

[生年月日]1960年
[国籍]ロシア
レニングラード神学校で留学中の日本人女性と知り合い結婚。1992年松本市の妻の両親と同居するためロシア正教会の神父として来日。'93年から同市でロシア語講座を始める。'94年長野冬季五輪のボランティア育成を目指して長野市で始まるロシア語講座の講師に。
【著作】

◇きっとわかりあえる！ロシア人・日本人—黒猫が怖いニコライ先生のハートフル・エッセイ ニコライ・ドミィトリエフ著, 山崎瞳訳 ボロンテ 2001.4

トムソン, ウィリアム
Thomson, William T.
電気工学者 カリフォルニア大学教授

[生年月日]1909年
[国籍]米国 [出生地]京都 [学歴]カリフォルニア大学バークレー校電気工学科卒 [学位]博士号（カリフォルニア大学） [専門]振動・波動理論
カンザス州立大学、ウィスコンシン大学等を経てカリフォルニア大学工学部教授、その後同大サンタバーバラ校工学部長を務める。この間グッゲンハイム特別研究員、フルブライト特別研究員、TRW空間工学のコンサルタント、ランド研究所研究員、米海軍技術研究所研究員、京都大学客員教授を歴任。専門は電気工学だが、応用数学、軌道力学、宇宙力学、構造力学など多岐にわたり、振動・波動理論の権威として知られる。UCSB技術工学オスィスの代表をつとめるかたわら、国際的な工学・科学関係専門誌の編集委員会の名誉会員として活躍する。著書・論文多数。ノンフィクション小説「青い目のタローさん」がある。
【著作】
◇青い目のタローさん ウィリアム・トムソン著, 小堀鐸二訳 河出書房新社 1989.11

ドライスデール, ピーター
Drysdale, Peter
経済学者 オーストラリア国立大学教授・日本研究センター所長

[生年月日]1938年
[国籍]オーストラリア [学歴]ニューイングランド大学経済学部卒 [学位]経済学博士（オーストラリア国立大学） [専門]国際貿易, 国際経済政策, 日本経済
1965年と'73年一橋大学に研究員として在籍。'81年オーストラリア国立大学教授。APEC

提唱者の一人でもある。'89年11月太平洋圏経済の現状と未来像を多角的に分析した著書「国際経済の多元主義─東アジアと太平洋の経済政策」で第1回アジア・太平洋賞を受賞した。ほかに「日豪の社会と相互作用」、共著に「オーストラリアの鉱物資源」('77年)がある。　[受賞]アジア・太平洋賞(第1回)〔1989年〕「国際経済の多元主義」　[叙勲]勲三等旭日中綬章(日本)〔2001年〕

【著作】
◇世界経済の生きる道─経済政策と開発　大来佐武郎博士古稀記念　宍戸寿雄, 佐藤隆三編訳　サイマル出版会　1987.6
◇アジアの台頭と日本の役割─中央大学経済研究所創立30周年記念国際シンポジウム(中央大学経済研究所研究叢書)　中央大学経済研究所編　中央大学出版部　1995.3〈内容：アジア太平洋経済の将来と日本の経済外交(ピーター・ドライスデール)〉

トラウツ, フリードリヒ・マクシミリアン
Trautz, Friedrich Maximilian
日本研究者　京都ドイツ文化研究所主任

[生年月日]1877年6月3日
[没年月日]1954年6月4日
[国籍]ドイツ　[出生地]カールスルーエ

ドイツ陸軍の野戦砲兵隊中尉としてバーデンに勤務、1909年休暇で日本に来遊。第一次世界大戦が勃発した際には陸軍大尉として西部戦線に参軍した。戦後、日本研究を志ざし「日本の仏舎利塔」の研究によりベルリン大学から学位を取得した。ベルリン民族学博物館の研究助手を経て、1926年東海道の研究で教授資格を得た。次いで、ベルリンの日本学会主事に就任した。1930年から1938年まで日本に滞在し、1934年から4ヶ年に亙って京都ドイツ文化研究所主任を務め日独文化交流に貢献した。1938年帰国。1954年6月4日に故郷のカールスルーエで死去した。遺言により高野山に遺骨は埋葬された。さらに、奈良大安寺にも分骨された。

【著作】
◇ジーボルト論攷. 第1冊　独逸文化研究所ジーボルト委員会　1944

◇参府旅行中の日記　シーボルト〔著〕, フリードリヒ・M.トラウツ〔編〕, 斎藤信訳　思文閣出版　1983.10

ドラッカー, ピーター
Drucker, Peter Ferdinand
経営学者, 経営コンサルタント　クレアモント大学大学院特別教授, ニューヨーク大学名誉教授

[生年月日]1909年11月19日
[没年月日]2005年11月11日
[国籍]米国　[出生地]オーストリア・ウィーン　[学歴]ウィーン大学卒　[学位]法学博士(フランクフルト大学)〔1931年〕

父は外国貿易省長官。1927年ギムナジウムを卒業し、ドイツの貿易会社に勤める。'30年夕刊紙の編集者になりヒトラー取材も行った。'33年処女作「フリードリヒ・ユーリス・シュタール─保守政治理論と歴史的展開」を発表。同年ナチスの迫害を逃がれて渡英、'37年渡米。'42～49年ベニントン大学教授、'50～72年ニューヨーク大学経営学教授、'71年～2003年クレアモント大学大学院社会科学特別教授を歴任。'43年米国に帰化。同年自動車大手ゼネラル・モーターズ(GM)よりトップ・マネジメントの研究を委託され、'50年GMのコンサルタントに就任。「現代の経営」('54年)は目標管理を提唱し、経営学ブームを起こす。「断絶の時代」('69年)では、グローバル化や知識社会の出現など現代社会の変動を予告し、世界的ベストセラーとなった。企業経営学の権威であると同時に社会学者でもある。自伝に「ドラッカー20世紀を生きて」(2005年)などがある。1959年初来日。日本経済の高度成長をいち早く予見し、日本の経営手法を世界に紹介。日本の企業経営者にも知人が多く、知日派としても知られた。日本の中世絵画の収集、研究でも知られた。　[受賞]テイラー・キー賞　[叙勲]勲三等瑞宝章(日本)〔1966年〕, 米国大統領自由勲章〔2002年〕

【著作】
◇ドラッカー教授に聞く「こうすれば日本経済は浮上する」(インタビュー)　ドラッカー, 金山宣夫：週刊ポスト　1974.1.1

◇日本—その成功と問題（「foreign Affairs」1974年4月号）　Peter F. Drucker, 田中和子, 高橋陽一訳：大蔵省調査月報　67(6)　1978.6
◇アメリカ式経営と日本式経営, どちらに未来があるか（異色対談）　ピーター・ドラッカー, 長谷川慶太郎：週刊朝日　1980.8.1
◇日本は21世紀に生き残れるか　P・F・ドラッカー：新潮45+　1982.8
◇欧米では, 要するに"ニッポン, こんな国いらない"なんです（対談）　ピーター・F. ドラッカー, 竹村健一：週刊ポスト　21(44)　1989.11.17
◇「日本株式会社」の復活はない　P. ドラッカー：中央公論　108(7)　1993.6
◇挑戦の時—往復書簡1　P. F. ドラッカー, 中内功〔著〕, 上田惇生訳　ダイヤモンド社　1995.4

トラン・ヴァン・トゥ
Tran Van Tho
早稲田大学社会科学部教授

[生年月日] 1949年
[国籍] ベトナム　[学歴] 一橋大学経済学部〔1973年〕卒, 一橋大学大学院経済学研究科〔1978年〕博士課程修了　[学位] 経済学博士（一橋大学）〔1993年〕　[専門] アジア研究概論, 国際経済
1968年日本政府の国費留学生として来日。桜美林大学助教授, 教授を経て, 早稲田大学社会科学部教授。日本経済研究センター主任研究員, ベトナム首相経済・行政改革諮問委員も務める。著書に「産業発展の国際的波及と多国籍企業」「産業発展と多国籍企業—アジア太平洋ダイナミズムの実証研究」, 分担執筆に「現代ベトナム経済—刷新（ドイモイ）と経済建設」。　[受賞] 大平正芳記念賞〔1989年〕「ベトナムの経済発展と日越関係及び太平洋分業への合意」, アジア太平洋賞（第5回）〔1993年〕「産業発展と多国籍企業—アジア太平洋ダイナミズムの実証研究」
【著作】
◇直接投資と技術移転—日本と北東・東南アジア（研究報告）　関口末夫, トラン・ヴァン・トゥ編　日本経済研究センター　1986.4
◇アジアの貿易と要素移動—ダイナミズムの実態と展望（研究報告）　トラン・ヴァン・トゥ編　日本経済研究センター　1990.5

◇最新アジア経済と日本—新世紀の協力ビジョン　トラン・ヴァン・トゥ, 原田泰, 関志雄著　日本評論社　2001.7
◇日本への提言〔6〕雁行型発展からプロダクトサイクル型発展へ転換せよ—日本経済の再浮揚戦略　Tran Van Tho：日本経済研究センター会報　893　2002.9.1

ドリフテ, ラインハルト
Drifte, Reinhard
日本研究者　ニューカッスル大学教授・東アジア研究センター所長

[生年月日] 1951年3月
[国籍] ドイツ　[学歴] ボーフム大学　[学位] 博士号（ボーフム大学）　[専門] 極東問題, 日本政治, 日本外交
1970年代日本に留学、早稲田大学、国際基督教大学などで戦後日本の外交を研究。のちジュネーブ国際問題研究所研究員、英国国際戦略研究所副所長、オックスフォード大学研究員などを経て、1989年からニューカッスル大学（英国）教授、同大東アジア研究センター所長。"日本の外交政策における安全保障要因"など極東問題の専門家。著書に「国連安保理と日本」がある。
【著作】
◇アジア太平洋と国際関係の変動—その地政学的展望　Dennis Rumley〔編〕, 高木彰彦, 千葉立也, 福嶋依子編　古今書院　1998.2〈内容：ポスト冷戦時代における日本の国際的影響力：経済大国の行方（ラインハルト・ドリフテ）〉
◇21世紀の日本外交—経済大国からX大国へ　ラインハルト・ドリフテ著, 吉田康彦訳　近代文芸社（発売）　1998.4
◇国連安保理と日本—常任理事国入り問題の軌跡　ラインハルト・ドリフテ著, 吉田康彦訳　岩波書店　2000.4
◇冷戦後の日中安全保障—関与政策のダイナミクス（Minerva21世紀ライブラリー）　ラインハルト・ドリフテ著, 坂井定雄訳　ミネルヴァ書房　2004.9

ドーリン, アレクサンドル
Dolin, Aleksandr Arkadievich
日本文学研究家　国際教養大学教授

[生年月日] 1949年11月18日

[国籍]ロシア　[出生地]モスクワ　[学歴]モスクワ大学東洋学研究所卒　[学位]文学博士
[専門]日本近現代文学, ロシア文学, 比較文学　[団体]ロシア連邦作家同盟
ロシアにおける近代日本文学研究の第一人者。ロシア科学アカデミー東洋学研究所所員、東京外国語大学助教授、教授を経て、2004年より国際教養大学教授。主著に「日本ロマン主義と近代詩の生成」「日本近代詩論」「日本の近代詩」「日本近代・現代詩歌史」がある。ほかに行きづまる旧ソ連社会を描いたドキュメント「約束の地の奴隷―終焉のソビエトから」(1991年)、「生贄の都モスクワ」など、訳書に「古今和歌集」のロシア語訳などがある。また、拳法の理論家として「拳法―闘争芸術の伝統」などの著書もある。　[受賞]日本翻訳文化賞(特別賞, 第32回)〔1995年〕「古今和歌集」
【著作】
　◇ソビエトの日本文学翻訳事情―古典から近代まで　アレクサンドル・A. ドーリン〔述〕, 国際日本文化研究センター編　国際日本文化研究センター　1993.1
　◇わたしの日本学―外国人による日本学論文集　3　京都国際文化協会編　文理閣　1994.3〈内容:斎藤茂吉の「赤光」と自然(アレクサンダー・ドーリン)〉
　◇ロシアにおけるD. キーン学派の日本学(特集・第10回日本研究国際セミナー'99 ドナルド・キーン教授と日本文学―日本文学史の世界的展開―Cセッション:世界における「日本文学史」)　Alexandre Dolin：Fukuoka UNESCO　36　2000

トールマン, ウィリアム
Tallman, William
日本研究家

[生年月日]1953年4月15日
[国籍]米国　[出生地]ミネソタ州バージニア市　[学歴]ミネソタ州立工科大学卒, ミネソタ州立工科大学大学院修了
ハーマスタイン研究所に勤務するかたわら、次々と新理論を発表、北米行動科学学会の重要なメンバーに。1990年来日し、東京都北区赤羽に研究所を開設し、日本研究を本格的に始める。著書に「チョンマゲ・カンパニー」「チャンバラ・ピープル(邦題・『日本人を斬る!』)」がある。
【著作】
　◇チャンバラ・ピープル―日本人を斬る!　ウィリアム・トールマン著, IBEJIN PRODUCTIONS訳編　扶桑社　1991.11

ドレーアー, ヴァルター
Dreher, Walther
教育学者　ケルン大学教授

[生年月日]1940年
[国籍]ドイツ　[出生地]バーデン・ブュルテムベルク州バーリンゲン　[学位]博士号(チュービンゲン大学)　[専門]知的障害者教育学
1960～62年シュトゥットガルト教育学研究所で教師教育学を学び、小学校で2年間現場教師を経験。'64～71年チュービンゲン大学で研究し、博士の学位を取得。'71年から4年間日本の大学でドイツ語教師を務める。'81年ケルン大学教授に就任。'96年からは同大学特殊教育学部の学部長を兼務。
【著作】
　◇広池千九郎とモラロジー―広池千九郎没後五十年記念論集　モラロジー研究所編　広池学園出版部　1989.12〈内容:広池千九郎博士へのオマージュ(ヴァルター・ドレーアー)〉

トレザイス, フィリップ
Trezise, Philip Harold
外交官, エコノミスト　米国国務次官補(経済担当), ブルッキングス研究所上級研究員

[生年月日]1912年5月27日
[没年月日]2001年8月26日
[国籍]米国　[出生地]ミシガン州　[学歴]ミシガン大学〔1939年〕卒　[専門]国際問題
1946年米国国務省に入省。'57～61年在日大使館経済担当公使、'61～65年経済担当国務次官補代理、'66～69年経済協力開発機構(OECD)大使、'69～71年経済担当国務次官補を歴任。'71年退官し、ブルッキングス研究所主任研究員、のち上級研究員。'82年読売新聞社調査研究本部客員研究員も務めた。この間、日米残存輸入制限交渉、繊維製品輸

311

入制限問題、ドル防衛緊急措置養成などでたびたび来日。日米の相互理解を進めたとして、'85年には勲二等旭日重光章を受けた。著書に「アジアの巨人・日本―日本経済の発展」など。　[叙勲]勲二等旭日重光章（日本）〔1985年〕
【著作】
◇日本は豊かな国か　フィリップ・トレザイス，永井陽之助，森口親司：日本は「ただ乗りの大国」か　文芸春秋　1981.12

トレバー，マルコム
Trevor, Malcolm
名古屋市立大学経済学部教授

[生年月日] 1932年
[国籍]英国　[出生地]ロンドン　[学歴]オックスフォード大学卒，ロンドン大学大学院修了　[学位]経済学博士（ロンドン大学）　[専門]日本企業研究
1962～71年京都に在住し、短大などで英語指導にあたる一方、日本企業の経営手法や労使関係を研究。帰国後、'76～78年ロンドン大学SOASで日本企業の実態調査に従事、'82年まではロンドン政策研究所の上級研究員。'89年4月名古屋市立大学大院経済学研究科教授として日本人の夫人とともに着任した。18年ぶりの日本で、担当講座は「国際人事管理論」。著書に「ジャパニーズ・カンパニー」「英国東芝の経営革新」。
【著作】
◇ジャパニーズ・カンパニー―外国人労働者が見た日本式経営　マイケル・ホワイト，マルコム・トレバー著，猪原英雄訳　光文社　1986.1
◇日本的経営はイギリスに根づくか　マルコ・トレバー，池田雅之：知識　90　1989.6

ドレフュス，ジュリー
Dreyfus, Julie
インテリアデザイナー，タレント　NHK教育テレビ「フランス語会話」講師

[生年月日] 1966年1月24日
[国籍]フランス　[出生地]パリ　[学歴]パリ大学東洋語学校卒

17～18歳のときオックスフォード大学、ケンブリッジ大学の語学学校で英語を学ぶ。その後、ロンドンでインテリアデザインを、パリ大学東洋語学校、大阪外国語大学で日本語を学ぶ。1986年来日。'87～91年NHK教育テレビ「フランス語講座」講師。またFM「ミュージック・ノン・ストップ」に出演するほか、雑誌「マリ・クレール」にエッセイを連載するなど活躍。'93年にはNHK「フランス語会話」の番組中のドラマで主役を演ずる。また、地球上の動物を救うための組織ブリジット・バルドーファンデーションの日本代表でもある。'90年ジェトロの輸入促進キャンペーン・スポークス・ウーマンに採用された。著書に「新しいパリの魅力」「ジュリーのこんなパリ知ってますか」「今晩、なに話す」などがある。CMモデル、女優としても活動。
【著作】
◇グローバルな視点で日本、日本人を考える（対談）　兼高かおる，ジュリー・ドレフェス：サンデー毎日　71（27）　1992.6.28
◇日本人のなかのヒーロー　ジュリー・ドレフュス，石島淑子訳：マリ・クレール　11（10）　1992.10
◇特別対談・東と西を結ぶもの―日本・フランス・アジアをめぐって　福原義春，ジュリー・ドレフュス：マリ・クレール　15（7）　1996.7

トンプソン，マルコム
Thompson, Malcolm
パークハイアット東京総支配人

[国籍]英国　[学歴]ロンドン大学〔1971年〕卒
1976年ハイアットインターナショナルコーポレーションに入社し、'87年料飲部門部長、'88年ハイアットリージェンシークーラム副総支配人、'93年ハイアットリージェンシーシドニー支配人、'95年ハイアットホテルキャンベラ総支配人などを経て、'98年パークハイアット東京総支配人に就任。高級感を売りとする外資系ホテルを日本で定着させる。
【著作】
◇日本が教えてくれるホスピタリティの神髄　マルコム・トンプソン著　祥伝社　2007.9

【ナ】

羅 英均　ナ・ヨンギュン
Nah Yong-gyun
英文学者　梨花女子大学名誉教授

[生年月日] 1929年1月1日
[国籍] 韓国　[出生地] ソウル　[別名等] 号＝如庭　[学歴] 梨花女子大学（英文学）〔1949年〕卒，梨花女子大学大学院〔1954年〕修了　[学位] 英文学博士（梨花女子大学）〔1975年〕　[団体] 韓国現代小説学会，韓国英語英文学会
1954年梨花女子大学専任講師，助教授，副教授を経て，'60年教授。'94年名誉教授。韓国シェイクスピア学会編集理事，韓国英語英文学会長，韓国現代小説学会長を務める。著書に「コンラッド研究」「戦後の英米小説の理解」「文学的散策」「日帝時代，わが家は」、訳書に「デラウェイ婦人」「から騒ぎ」「ヘンリー5世」などがある。　[叙勲] 韓国国民勲章牡丹章
【著作】
◇日帝時代，わが家は　羅英均〔著〕，小川昌代訳　みすず書房　2003.2

ナイ, ジョゼフ (Jr.)
Nye, Joseph Samuel (Jr.)
政治学者　ハーバード大学名誉教授
米国国防次官補

[生年月日] 1937年1月19日
[国籍] 米国　[出生地] ニュージャージー州　[学歴] プリンストン大学〔1958年〕卒, オックスフォード大学, ハーバード大学　[学位] Ph.D.（ハーバード大学）〔1964年〕　[資格] 米国芸術科学アカデミー会員　[専門] 国際政治学, 国際安全保障論, 公共政策
カーネギー国際平和基金、ジュネーブ国際問題研究大学院、英国国際問題研究所の客員研究員や教授を歴任。1969年よりハーバード大学教授。'77〜79年カーター政権の安全保障援助・科学・技術担当国務次官代理を務めた。'88年の大統領選では民主党の外交政策顧問となり、デュカキス政権実現のあかつきには国家安全保障担当の大統領補佐官になると言われた程のアメリカ国際政治学界有数の実力者。'93年CIA関連機関の国家情報会議（NIC）議長を経て、'94年クリントン政権の国務次官補（国際情勢総括）となり、"ナイ・イニシアティブ"と呼ばれる日米安保体制の再定義をめぐる作業を進めた。'95年12月辞任、ハーバード大学に戻り、ケネディ行政大学院院長に就任。2004年より名誉教授。著書に「Nuclear Ethics（『核戦略と倫理』）」（'86年）、「力と相互依存」、「不滅の大国アメリカ」、「リードする義務・変わる米国力の本質」（'90年）など多数ある。'98年には小説「ダーティー・ハンズ（汚れた手）」が米国に先駆けて日本で出版される。
【著作】
◇世界が求める「日本改造」―「21世紀の日本」委員会フォーラム　朝日新聞社編　朝日新聞社　1991.12〈内容：〈討論〉日米間の摩擦をどう克服するか（ジョゼフ・ナイ, 岡野加穂留, 松山幸雄）〉
◇オープンな社会が本当の近代化（「特別企画」日本への提言）　ナイ, ジョセフ：潮　467　1998.1
◇ガルブレイス、キッシンジャーほか緊急インタビュー 世界の知識人10人から「ドン底ニッポン」復活への提言！（新年大特集・どうなるニッポン！）　サミュエル・ハンチントン, ジョン・ガルブレイス, ヘルムート・シュミット, ヘンリー・キッシンジャー, 陳放, ジョゼフ・ナイ, スラク・シバラクサ, フランコ・カッラーロ, ウィリアム・クノーキ, チャールズ・クルーラック：週刊現代　41（2）1999.1.16・23

ナイル, アイヤパンピライ・マーダバン
Nair, A. M.
インド独立運動家　在日インド人会名誉会長, ナイルレストラン社長

[生年月日] 1905年
[没年月日] 1990年4月22日
[国籍] インド　[出生地] ケララ州トリバンドラム　[本名] Nair, Ayappan Pillai M.　[学

313

歴〕京都帝大工学部土木工学科〔1932年〕卒 インド南西部のトラバンコール藩王国（現・ケララ州）の都・トリバンドラムでクシャトリア（士族階級）の名家に生まれる。14歳の頃から社会改革運動に参加、17歳の時には高校の授業料値上げに反対してインド初の学生ストを実施。1928年日本へ留学、京都帝大に学ぶ。独立運動家のラス・ビハリ・ボースに出会い共鳴、独立運動に身を投じ、日本、モンゴル、旧満州で反英活動を展開。また満州国のオブザーバーとして同国高官らにさまざまな助言を行い、"五族協和"の理念の下に設立された建国大学の客員教授も務める。'42年インド独立連盟設立に参画。戦後は、東京裁判で日本人無罪論を展開したインド人裁判官・パル判事を助け、日印平和条約締結交渉にも尽力。この間、'39年日本人女性と結婚、'50年には東京・銀座にインド料理店ナイルレストランを開店。のちナイル商会、ナイルカンパニーを設立。在日インド人会会長も務めた。著書に回想録「知られざるインド独立闘争」がある。　〔叙勲〕勲三等瑞宝章〔1984年〕
【著作】
◇日本の生きる途　エー・エム　ナイル：経済往来　1953.2
◇ドイツ人とインド人の日本対談（対談）　フランツ・ブッシュ，エー・エム・ナイル：丸1954.11
◇日本女性の魅力を探る（座談会）　K・ニルソン，邱永漢，J．ボドアン，A．M．ナイル：週刊読売　1959.1.4

ナウマン，エドムント
Nauman, Edmund
地質学者　東京大学地質学教授　フォッサ・マグナの命名者

[生年月日] 1854年9月11日
[没年月日] 1927年2月1日
[国籍] ドイツ　[出生地] マイセン　[学歴] ミュンヘン大学〔1874年〕卒
ミュンヘン大学で地質学を専攻。1874年に学位を取得したのちバイエルン鉱山局地質課助手を勤め、W・ギュンベルの下で輝緑岩類の化学成分研究に従事。1875年（明治8年）日本政府の招きで来日し、東京開成学校で金石学や地質学などを講じた。1877年開成学校の東京大学改組に際して地質学教授に任ぜられたが、1878年内務省地理局内に設置された地質課（1882年農商務省地質調査所に改組）へ移り日本全国の地質調査に当たった。本州中部を南北に縦断する地溝帯をフォッサ・マグナと命名し、これを地質構造的な境界として日本列島を東北日本・南西日本と区分するなど、日本における地質学の創始者・紹介者として著名。また神奈川県横須賀などで旧象の化石を発掘、これがのちに地質学者の横山次郎によって"ナウマン象"と名付けられた。1885年の帰国後はミュンヘン大学で教鞭を執る傍らトルコやメキシコなどで地質調査を行い、日本に関する研究を含む多くの論文を発表。またヨーロッパに日本文化を紹介したが、好意的なものではなかったためドイツ留学中の森鷗外との間に論争が起こったことでも知られる。著書に「日本列島の生成とその構造」などがある。
【著作】
◇日本地質の探求—ナウマン論文集　ナウマン〔著〕，山下昇訳　東海大学出版会　1996.9

ナウマン，ネリー
Naumann, Nelly
日本学者，民俗学者　フライブルク大学教授

[生年月日] 1922年
[没年月日] 2000年9月29日
[国籍] ドイツ　[出生地] バーデン州レーラッハ　[学歴] ウィーン大学日本学研究所〔1945年〕卒　[学位] 博士号（日本学，中国学，民族学，民俗学，哲学）〔1946年〕　[専門] 日本神話
1947～54年中国に滞在。'54～55年バーゼル（スイス）の公立銅版画美術館、'56～60年ミュンヘンのバイエルン国立図書館に勤務。'66年からボーフム、ミュンスター、フライブルクの各大学で講師を務め、'70年フライブルク大学で日本学の大学教授資格を取得、'73年同大教授に就任。'85年定年退職。この間、厳格な実証主義に基づく日本研究を始め、その研究領域は民俗学の他、縄文時代論、神道、

日本神話など多岐に渡った。中でも'63〜64年に発表した「山の神」は日本の民俗学界にも影響を与え、日本で注目される契機となった。他の著書に「天の御柱の行廻」「久米歌と久米」「日本の固有宗教」「哭きいさちる神スサノオ」「日本の先史、縄文時代の物質精神文化」(遺著)などがある。夫も日本中世文学の研究者。日本へは4度来日し、柳田国男生誕百年記念国際シンポジウムで基調講演を行った他、縄文遺跡や民俗行事などを視察した。

【著作】
◇哭きいさちる神=スサノオ―生と死の日本神話像 ネリー・ナウマン論文集 ネリー・ナウマン著, 檜枝陽一郎, 田尻真理子訳 言叢社 1989.10
◇山の神 ネリー・ナウマン著, 野村伸一, 檜枝陽一郎訳 言叢社 1994.10
◇久米歌と久米 ネリー・ナウマン著, 檜枝陽一郎訳 言叢社 1997.6
◇生の緒―縄文時代の物質・精神文化 ネリー・ナウマン著, 檜枝陽一郎訳 言叢社 2005.3

ナカイ, ケイト
Nakai, Kate Wildman
上智大学比較文化学部教授,「Monumenta Nipponica」編集長

[生年月日]1942年
[出生地]カリフォルニア州 [学歴]ハーバード大学大学院〔1972年〕修了 [学位]Ph. D.(ハーバード大学)〔1972年〕 [専門]日本の政治文化史
著書に「新井白石の政治戦略」がある。将軍・側用人などの重要人物と新井白石との関係を踏まえながら、ブレーンとして立案した政策の意図を読み解き、白石の政治的意図を明らかにした労作として高い評価を得た。 [受賞]和辻哲郎賞(学術部門, 第14回)〔2002年〕「新井白石の政治戦略」

【著作】
◇新井白石の政治戦略―儒学と史論 ケイト・W. ナカイ著, 平石直昭, 小島康敬, 黒住真訳 東京大学出版会 2001.8

ナジタ, テツオ
Najita, Tetsuo
日本研究者 シカゴ大学名誉教授

[生年月日]1936年
[国籍]米国 [学歴]ハーバード大学大学院修了 [専門]近代日本政治史, 政治思想史
日本思想史研究のニューウェーブとして注目されるシカゴ学派の指導的存在として幅広く活躍。2003年立教大学国際センター招聘研究員を務める。著書に「原敬―政治技術の巨匠」「明治維新の遺産―近代日本の政治抗争と知的緊張」「懐徳堂―18世紀日本の『徳』の諸相」、編著に「戦後日本の精神史」他。

【著作】
◇明治維新 永井道雄, M. ウルティア編 国際連合大学 1986.6〈内容:明治維新における概念的意識(ナジタ・テツオ)〉
◇戦後日本の精神史―その再検討 テツオ・ナジタ〔ほか〕編 岩波書店 1988.12
◇アメリカ人の吉野作造論 B. S. シルバーマン〔ほか〕著, 宮本盛太郎〔ほか〕編訳 風行社 1992.4〈内容:吉野作造の政治思想における理想主義についての考察(テツオ・ナジタ)〉
◇懐徳堂―18世紀日本の「徳」の諸相(New history) テツオ・ナジタ〔著〕, 子安宣邦訳 岩波書店 1992.6
◇シンポジウム 1(批評空間叢書) 柄谷行人編著 太田出版 1994.4〈内容:江戸思想史への視点―奇人と差異あるいは儒者のネットワーク(子安宣邦, 酒井直樹, テツオ・ナジタ, ハリー・ハルトゥーニアン, 柄谷行人)〉
◇戦後日本の精神史―その再検討(岩波モダンクラシックス) テツオ・ナジタ, 前田愛, 神島二郎編 岩波書店 2001.9

ナッシュ, スティーブン
Nash, Stephen
国際経営コンサルタント

[生年月日]1928年
[国籍]米国 [出生地]ニューヨーク
貿易業務のかたわら、主として日米経済摩擦に関する経営コンサルティングに従事する。主な著書に「日本人と武士道」がある。

【著作】
◇日本人と武士道 スティーヴン・ナッシュ著, 西部邁訳 角川春樹事務所 1997.12

◇今月の発言 日本人と武士道(特集・武士道あるいは「決断の哲学」) スティーブン・ナッシュ, 西部邁：発言者 46 1998.2
◇日本人と武士道(ハルキ文庫) スティーヴン・ナッシュ著, 西部邁訳 角川春樹事務所 2004.5

ナホッド, オスカー
Nachod, Oskar
日本学者

[生年月日]1858年3月4日
[没年月日]1933年
[国籍]ドイツ [出生地]ドイツ・ライプチヒ
ドイツ・ライプチヒの富商の家に生まれ、商業学校で学ぶ。日本史に興味を持ち、独自に調査・研究して1897年「17世紀オランダ東インド会社と日本の関係」を著す。'26年に来日して講演を行い、北太平洋上に存在したとされる伝説上の金銀島探検航海についての研究成果を発表。編著は他に「(17世紀)日蘭交渉史」「日本史」などがある。
【著作】
◇十七世紀日蘭交渉史 オスカー・ナホッド著, 富永牧太訳 養徳社 1956

南 基鶴 ナム・キハク
翰林大学日本学科専任講師

[生年月日]1961年
[国籍]韓国 [出生地]龍仁 [学歴]ソウル大学東洋史学科卒, ソウル大学大学院東洋史学科修士課程修了, 檀国大学大学院史学科博士課程中退, 京都大学大学院文学研究科博士課程修了 [専門]日本中世史
翰林大学で日本史を研究。著書に「蒙古襲来と鎌倉幕府」(1996年)がある。
【著作】
◇蒙古襲来と鎌倉幕府 南基鶴著 臨川書店 1996.12
◇日本国家の史的特質 古代・中世 大山喬平教授退官記念会編 思文閣出版 1997.5〈内容：蒙古襲来と高麗の日本認識(南基鶴)〉
◇訪日学術研究者論文集—歴史 第6巻 日韓文化交流基金編 日韓文化交流基金 〔2002〕〈内容：日本中世前期における「武威」について(南基鶴)〉

南 相虎 ナム・サンホ
Nam San-ho
歴史学者 京畿大学人文学部副教授

[生年月日]1957年
[国籍]韓国 [出生地]ソウル [学歴]ソウル大学東洋史学科〔1981年〕卒, 筑波大学大学院歴史人類研究科〔1991年〕博士課程修了 [学位]歴史学博士(国学院大学)〔1997年〕
1991年京畿大学人文学部史学科講師を経て、副教授。著書に「昭和戦前期の国家と農村」がある。
【著作】
◇訪日学術研究者論文集—歴史 第1巻 日韓文化交流基金〔編〕 日韓文化交流基金 1999.3〈内容：昭和初期における国家と社会—帝国主義戦争下の農村の実態(南相虎)〉

南 富鎮 ナン・ブジン
静岡大学人文学部言語文化学科助教授

[生年月日]1961年
[国籍]韓国 [出生地]醴泉 [学歴]慶北大学国語国文学科卒, 筑波大学大学院文芸・言語研究科博士課程修了 [学位]学術博士(筑波大学) [専門]比較文学, 比較文化
高校の国語教師を経て、1990年日本の文部省国費留学生として筑波大学大学院に留学。日本学術振興会外国人特別研究員などを経て、静岡大学人文学部助教授。著書に「近代文学の"朝鮮"体験」「近代と日本と朝鮮人像の形成」などがある。
【著作】
◇植民地主義とアジアの表象 筑波大学文化批評研究会編 佐藤印刷つくば営業所 1999.3〈内容：田中英光の朝鮮と牧羊という鏡(南富鎮)〉
◇多文化社会における〈翻訳〉—複数的な文化状況とありうべき〈翻訳〉のかたち 筑波大学文化批評研究会編 佐藤印刷つくば営業所 2000.6〈内容：「内鮮結婚」の文学(南富鎮)〉
◇明治期雑誌メディアにみる〈文学〉 筑波大学近代文学研究会編 筑波大学近代文学研究会 2000.6〈内容：近代日本の朝鮮人像の形成—総合雑誌『太陽』と『朝鮮』を軸にして(南富鎮)〉

◇明治から大正へ―メディアと文学　筑波大学近代文学研究会編　筑波大学近代文学研究会　2001.11〈内容：近代日本の朝鮮人像の形成―李光洙「民族改造論」を中心に（南富鎮）〉
◇近代文学の〈朝鮮〉体験（遊学叢書）　南富鎮編　勉誠出版　2001.11
◇近代日本と朝鮮人像の形成（遊学叢書）　南富鎮著　勉誠出版　2002.7
◇〈翻訳〉の圏域―文化・植民地・アイデンティティ　筑波大学文化批評研究会編　イセブ　2004.2〈内容：なぜ日本語で書くのか（南富鎮）〉

ナンネリー, ジョン
Nunneley, John
元・軍人　ビルマ戦同志会（BCFG）会長

[生年月日] 1922年
[国籍] 英国　[出生地] オーストラリア・シドニー

第二次大戦中に将校としてアフリカ師団に配属。ビルマ（カボー谷）で負傷、その後、尖兵・斥候としての功績で全軍に布告された。新聞編集者、英国鉄道理事を務めた後、1990年英国と日本の旧敵同士の和解と日英間の友情を促進するビルマ戦同志会（BCFG）の会員となり、'96年会長。BCFG会員のビルマ戦回想録を編集し、'98年自身の体験録「アフリカ歩兵連隊の物語」を発刊。共著「日本兵のはなし―ビルマ戦線 戦場の真実」は英国で絶賛される。'86年フランス政府よりビウデパリ勲章を、2001年英国よりMBE勲章を受章。
[叙勲] ビウデパリ勲章〔1986年〕, MBE勲章〔2001年〕
【著作】
　◇日本兵のはなし―ビルマ戦線―戦場の真実　玉山和夫, ジョン・ナンネリー著, 企業OBペンクラブ訳　マネジメント社　2002.8

【 ニ 】

ニエミネン, カイ
Nieminen, Kai
作家, 翻訳家, 詩人

[生年月日] 1950年5月11日
[国籍] フィンランド　[出生地] ヘルシンキ
[学歴] ヘルシンキ大学（音楽学）

高名な翻訳家ベルッティ・ニエミネンの長男として生まれる。独学で日本語と日本文学を学び、国際交流基金の招待で来日、1979～80年日本に滞在。帰国後はヘルシンキ大学で日本文学の講義を行う。'71年に処女詩集「川はわたしの想いを運ぶ」を発表して以来、多数の詩集の他、多くの評論や研究発表を執筆。また、日本文学の翻訳も多数手掛け、なかでも翻訳した開高健「夏の間」（'77年）、松尾芭蕉の「奥の細道」（'81年）、「源氏物語・第4巻」（'90年）のフィンランド語訳はフィンランド政府翻訳賞を受賞。詩集の方でも「わたしは知らない」（'85年）、「揺れ動く大地」（'89年）でフィンランド政府文学賞に輝いた他、国内の多くの文学賞を受賞。また、'97年には長年に渡って日本文学の翻訳を手掛けてきた業績に対して平成九年度国際交流奨励賞の特別賞が贈られる。'99年にはエイノ・レイノ協会からエイノ・レイノ賞を得るなど、国内ばかりでなく国外でも高い評価を受ける文学界の重鎮である。'91～94年フィンランド・ペン会長を務めた。　[受賞] フィンランド政府翻訳家賞〔1977年・81年・90年〕「夏の間」「奥の細道」「源氏物語・第4巻」, フィンランド政府文学賞〔1989年〕「揺れ動く大地」, 国際交流奨励賞特別賞（1997年度）, エイノ・レイノ賞〔1999年〕
【著作】
　◇津島佑子―夢への道案内（世界のなかの日本文学'90）　Kai Nieminen：新潮（新潮社）　87（1）　1990.1

ニコライ
Nikolai
宣教師　日本ハリストス正教会創立者，ロシア正教会大主教

[生年月日] 1836年8月13日
[没年月日] 1912年2月16日
[国籍]ロシア　[出生地]スモレンスク県ベーリスキィ郡ベリョーザ村　[本名]カサートキン, イオアン・ドミートリヴィッチ〈Kasatkin, Ioan Dmitrovich〉　[別名等]別名＝ニコライ大主教　[学歴]ペテルブルク神学大学〔1860年〕卒

小学校を卒業したのち、ロシア・スモレンスク県の神学校に進み、1857年首席で卒業。その後官費生としてペテルブルク神学大学に入学。日本に関心を持ち、1860年函館のロシア領事館付司祭に応募。同年修道士となりニコライと改名、輔祭、ついで司祭に昇叙後、1861年（文久1年）宣教師として箱館（函館）に着任。木村謙斎、新島襄などについて日本語、日本史を学ぶ。1868年（明治元年）にキリシタン禁制下、沢辺琢磨ら3人に洗礼を授ける。1870年（明治3年）日本ロシア正教伝道会社（日本ハリストス正教会の前身）を設立、団長に任命される。1872年東京・神田駿河台に宣教団本部（本会）を設立。1874年日本人伝道者を集めて初めての布教会議を行う。1880年主教となり、ドストエフスキーと会う。1881～98年、全国各地を巡回。この間、のちの正教神学校の前身といわれる私塾でロシア語を指導、教え子に昇曙夢、瀬沼恪三郎、小西増太郎などがいる。1891年神田駿河台にニコライ堂を建立。1906年大主教に昇叙。1901年日本語訳新約聖書（ニコライ版）を出版。他の著書に「ニコライの見た幕末日本」などがある。また、1912年75歳で亡くなるまでの50年間日記を記録し、ロシア国立歴史古文書館に保管された。'70年ロシア正教会において聖人に列せられる。2007年「宣教師ニコライの全日記」（全9巻）が邦訳刊行された。

【著作】
◇ニコライの見た幕末期　講談社学術文庫 1949
◇ニコライの見た幕末日本（講談社学術文庫）中村健之介訳　講談社　1979
◇ニコライの見た幕末日本（講談社学術文庫）ニコライ著, 中村健之介訳　講談社　1979.5
◇明治の日本ハリストス正教会―ニコライの報告書　ニコライ著, 中村健之介訳編　教文館　1993.1
◇宣教師ニコライの日記抄　ニコライ著, 中村健之介〔ほか〕編訳　北海道大学図書刊行会　2000.6

ニコル, C. W.
Nicol, Clive William
作家, 探検家, ナチュラリスト　（財）C. W. ニコル・アファンの森財団理事長

[生年月日] 1940年7月17日
[出生地]英国・サウスウェールズ　[学歴]セントポール教育大学中退

英国の教育大学を中退して、20歳でカナダに移住。カナダ政府の職員として、北極の動物調査や環境問題にたずさわる。昭和37年空手修業のため初来日。40～42年カナダ水産研究所北極生物基地で海洋哺乳動物を研究。この間、41年捕鯨監視員として日本のキャッチャーボートに乗り組む。42年から2年間エチオピアの国立山岳公園の開設に従事。44年再来日、日本大学で水産学を学ぶ。50年沖縄海洋博カナダ副館長。日本の捕鯨に興味を抱き、53年捕鯨の基地・和歌山県太地町に移住し、取材を始める。この取材をもとに、のち小説「勇魚（いさな）」を書き上げ62年に出版、ベストセラーとなる。55年に日本女性と結婚し、日本永住権を得て、以後信州黒姫山麓に住む。59年地元の放置村を買い取って"アファンの森"と名付け、森の再生活動に従事、平成14年よりC. W. ニコルアファンの森財団理事長を務める。6年東洋工学環境専門学校（現・東京環境工科学園）副校長。7年8年がかりでカナダ国籍から日本国籍を取得。11年小説「風を見た少年」がアニメ映画化される。主な著書に、小説「ティキシィ」、「バーナード・リーチの日時計」「冒険家の食卓」「C. W. ニコルの青春記」「C. W. ニコルのおいしい博物誌」「盟約」「遭敵海域」など。冒険家としても知られ、10数回北極越冬隊長を務

め た。地球を愛するナチュラリストとしての発言も多い。空手5段。　[叙勲]名誉大英勲章第五位〔平成17年〕
【著作】
◇自然へのまなざし、それがなくなってしまったら　C・W・ニコル：Newton　1986.2
◇私のニッポン武者修業（角川選書）　C. W. ニコル著, 松田銑訳　角川書店　1986.12
◇C. W. ニコルの海洋記—くじらと鯨捕りの詩（実日新書）　C. W. ニコル著, 竹内和世, 宮崎一老訳　実業之日本社　1987.5
◇C. W. ニコルの黒姫日記　C. W. ニコル著, 竹内和世訳　講談社　1989.9
◇Tree　C. W. ニコル著, 竹内和世訳　徳間書店　1989.9
◇C. W. ニコルの森と海からの手紙　C. W. ニコル著, 竹内和世訳　講談社　1990.1
◇C. W. ニコルの海洋記（講談社文庫）　C. W. ニコル〔著〕, 竹内和世, 宮崎一老訳　講談社　1990.8
◇ツリー（アニメージュ文庫）　C. W. ニコル著, 竹内和世訳　徳間書店　1991.2
◇C. W. ニコルの旅行記（講談社文庫）　C. W. ニコル〔著〕, 竹内和世, 蔵野勇訳　講談社　1991.4
◇Forest　C. W. ニコル著, 竹内和世訳　徳間書店　1991.5
◇C. W. ニコルの黒姫通信　C. W. ニコル著, 森洋子訳　講談社　1992.7
◇C. W. ニコルの黒姫日記（講談社文庫）　C. W. ニコル〔著〕, 竹内和世訳　講談社　1992.9
◇C. W. ニコルの森と海からの手紙（講談社文庫）　C. W. ニコル〔著〕, 竹内和世訳　講談社　1993.1
◇わが友、日本人へ…（福武文庫）　C・W・ニコル：日本日記　福武書店　1993.2
◇C. W. ニコルの森の時間　C. W. ニコル著, 森洋子訳　読売新聞社　1994.12
◇信州の四季—写文集　上条光水写真, C. W. ニコル文　講談社　1997.4
◇C. W. ニコルの森の時間（中公文庫）　C. W. ニコル著, 森洋子訳　中央公論新社　2000.6
◇日本海軍地中海遠征記—若き海軍主計中尉の見た第一次世界大戦　片岡覚太郎著, C. W. ニコル編・解説　河出書房新社　2001.6
◇日本まさに荒れなんとす—人を幸福にする「森」と「都市」の思想　黒川紀章, C. W. ニコル著　致知出版社　2001.8
◇海洋記（C. W. ニコルの世界）　C. W. ニコル著, 竹内和世ほか訳　河出書房新社　2001.11
◇誇り高き日本人でいたい　C. W. ニコル著, 松田銑, 鈴木扶佐子, 千葉隆章訳　アートデイズ　2004.12

ニコルソン, ハーバート
Nicholson, Herbert V.
キリスト教宣教師

[生年月日]1892年
[没年月日]1983年
[国籍]米国　[出生地]ニューヨーク州
熱心なクエーカー教徒の家庭に三男として生まれる。1915年フレンド派の宣教師として来日。水戸で農村伝道を展開。関東大震災を体験。'35年老人ホーム・愛友園を建設。'40年スパイとして疑われ、米国に帰国。真珠湾攻撃の後、日系人のため、全米の収容所の慰問に奔走。日系人強制収容所の閉鎖と権利の擁護のため陳情活動を行う。'45年日本への原爆投下に対し、政府への抗議の書簡を送る。'47年終戦後の日本の食料危機を知り、山羊を日本に送る運動の先頭に立ち、沖縄を訪問。'50年日本に再来日。全国の結核療養所、ハンセン病療養所、刑務所などを訪問。'62年帰国。病院や看護ホームに入居している日系老人のため奉仕。'78年広島、長崎の原爆記念式出席のため来日。'81年戦時中に強制収用された日系人への補償に関する連邦委員会での聴聞会に証言者として出席。共著に「悲しむ人たちをなぐさめよ」がある。

にしゃんた, J. A. T. D.
Nishantha, J. A. T. D.
山口県立大学国際文化学部講師, 京都府名誉友好大使

[生年月日]1969年7月18日
[国籍]スリランカ　[本名]ニシャンタ, ジャヤシンハ・アーラッチラーゲー・トシタ・デーワップリヤ〈Nishantha, Jayasingha Arachilage Thusitha Devapriya〉　[学歴]立命館大学経営学部〔1993年〕卒、名城大学大学院商学研究科〔1995年〕修士課程修了、龍谷大学大学院経済学研究科〔2000年〕博士後期課程修了
[専門]国際経済論　[団体]日本経営学会, アジア経営学会, 国際開発学会

日本に憧れて1987年来日、新聞配達などのアルバイトをしながら立命館大学や龍谷大学で経済学などを学ぶ。2002年山口県立大学専任講師に就任。nippon株式会社グローバルコンテンツ社長の他に多文化共生センター理事、京都府名誉友好大使を務める。テレビ出演、講演、執筆活動を行う。著書に「留学生が愛した国・日本」がある。

【著作】
◇留学生が愛した国・日本—スリランカ留学生の日本体験記　J. A. T. D. にしゃんた著　現代書館　2002.5
◇日本的経営は海を越えられたか!?—スリランカ日系企業を歩いて、見て、聞いてきました　J. A. T. D. にしゃんた著　ふくろう出版　2006.3

ニッシュ, イアン・ヒル
Nish, Ian Hill
歴史学者　ロンドン・スクール・オブ・エコノミクス名誉教授　日英学術学会会長

[生年月日] 1926年
[国籍] 英国　[出生地] ロジアン州エディンバラ
[学歴] エディンバラ大学〔1951年〕卒, ロンドン大学卒, ロンドン大学大学院〔1956年〕修了　[学位] Ph. D.（ロンドン大学）〔1962年〕　[専門] 日英関係史, 極東外交史

19歳の頃から日本語学習を始め、第二次大戦後進駐軍の一員として来日。1956年シドニー大学講師、'63年ロンドン・スクール・オブ・エコノミクス（LSE）講師を経て、'80年教授、のち名誉教授。各分野の学会を統合した日欧及び日英学術学会会長などを歴任。日本史及び極東史として満州事変前後の外交政策を講ずる一方、日露戦争、日英同盟など日英関係史を研究。著書に「日露戦争の起源」「現代日本論:東西ヨーロッパからの研究視角」「日本の国際主義との闘い:日本・中国・国際連盟」「日英交流史」「霞ケ関から三宅坂」など多数。　[受賞] 国際交流基金賞（日本）〔1991年〕　[叙勲] 勲三等旭日中綬章（日本）〔1991年〕

【著作】
◇日本の外交政策1869-1942—霞が関から三宅坂へ　I. ニッシュ著, 宮本盛太郎監訳　ミネルヴァ書房　1994.4
◇日清戦争と東アジア世界の変容　上巻　東アジア近代史学会編　ゆまに書房　1997.9〈内容:日清戦争とイギリス（イアン・ニッシュ）〉
◇個人主義は育まれてきたか（特集・日本社会における『個人』 真の日本型フィランソロピーを創り上げていくために）　ニッシュ, イアン: アステイオン　49　1998.7
◇日英交流史—1600-2000　1　細谷千博, イアン・ニッシュ監修, 木畑洋一〔ほか〕編　東京大学出版会　2000.3〈内容:同盟のこだま（イアン・ニッシュ）〉
◇日英交流史—1600-2000　2　細谷千博, イアン・ニッシュ監修, 木畑洋一〔ほか〕編　東京大学出版会　2000.5〈内容:シンガポールから東京湾へ（ピーター・ロウ, イアン・ニッシュ）〉
◇欧米から見た岩倉使節団（Minerva日本史ライブラリー）　イアン・ニッシュ編, 麻田貞雄他訳　ミネルヴァ書房　2002.4
◇英国と日本—日英交流人物列伝　イアン・ニッシュ編, 日英文化交流研究会訳　博文館新社　2002.9
◇戦間期の日本外交—パリ講和会議から大東亜会議まで（Minerva日本史ライブラリー）　イアン・ニッシュ著, 関静雄訳　ミネルヴァ書房　2004.10

ニュート, ケビン
Nute, Kevin
室蘭工業大学工学部建設システム工学科助教授

[生年月日] 1958年
[学歴] ノッティンガム大学建築学科卒, ケンブリッジ大学大学院修了　[学位] Ph. D.　[専門] 生活空間工学

ロンドン、香港、シンガポールでプロの実力を養い、ケンブリッジ大学ジーザス・カレッジ校で博士号取得。カリフォルニア大学バークレー校フルブライト奨学生、東京大学での日本国際交流基金研究員を経て、室蘭工業大学助教授。著書に「フランク・ロイド・ライトと日本文化」がある。

【著作】
◇フランク・ロイド・ライトと日本文化　ケヴィン・ニュート著, 大木順子訳　鹿島出版会　1997.9

ニューファー, ジョン
Neuffer, John F.
政治アナリスト　三井海上基礎研究所主任研究員

[国籍]米国　[学歴]ウィットマン大学(政治学), コロンビア大学大学院〔1986年〕修士課程修了　[専門]政治学

埼玉県の高校に英語教師として赴任。「ユナイテッド・プレス」東京特派員、「東京中日新聞」ニューヨーク事務所、1987〜90年ニューヨーク日本総領事館などの勤務を経て、'91年から三井海上基礎研究所主任研究員。日米関係、米国のアジア政策などについて企業や政府機関に英文のニュースレターを出している。'98年7月自民党総裁候補だった小渕恵三を「ALL POLITICAL PIZZAZZ OF A COLD PIZZA」(冷めたピザのように政治的には刺激のない人)と表現。これが「冷めたピザ」と引用され世界的に有名になる。著書に「コミック日米摩擦」など。

【著作】
◇コミック日米摩擦　ローレンス・H. ビーゲルセン, ジョン・F. ニューファー編著, 小野耕世訳　講談社　1992.11

ニューマン, ジョセフ
Newman, Joseph
ジャーナリスト　「ニューヨーク・ヘラルド・トリビューン」紙東京特派員

[没年月日] 1995年4月15日
[国籍]米国

1937年ニューヨークで知り合った日本製鉄の役員・渋沢正雄の招きで来日。東京で発行の英字紙「ジャパン・アドバタイザー」を経て、'40〜'41年10月「ニューヨーク・ヘラルド・トリビューン」紙東京特派員として活躍、ヒトラーのソ連進攻を3週間前に予告したり、日本の御前会議が決定した極秘の南北2正面作戦をすっぱ抜くなど歴史的なスクープを東京発で打電した。第2次大戦後、同紙モスクワ支局長としてスターリン批判記事を書き、国外追放となる。'66年同紙廃刊で「USニューズ・アンド・ワールド・レポート」誌に転じる。著書に対米開戦に至った日本の政治、社会の全体像を描いた「グッドバイ ジャパン」がある。'94年半世紀ぶりに来日。

【著作】
◇グッバイ・ジャパン―50年目の真実　ジョセフ・ニューマン著, 篠原成子訳　朝日新聞社　1993.12

ニョーリ, ゲラルド
Gnoli, Gherardo
イラン研究家　中亜極東協会(イズメオ)会長

[生年月日] 1937年12月6日
[国籍]イタリア　[学歴]ローマ大学〔1962年〕卒　[学位]博士号

中近東、特にイランを研究。1965年ローマ大学イラン・中央アジア宗教史私講師。'65〜66ナポリ大学東洋学研究所イラン学講師、'68年より教授。'79年中亜極東協会(イズメオ)会長に就任、'92年3月国際交流基金の招聘で来日。著書に「Le iscrizioni giudeo-per-siane del Gūr(Afghanistan)」「Ricerche storiche sul Sīstān antico」「Zoroastor:time and homeland」など。

【著作】
◇イタリアの日本研究―中亜極東協会の役割　Gherardo Gnoli:日伊文化研究　31　1993.3

【 ヌ 】

ヌエット, ノエル
Nouette, Noël
詩人, フランス語教師

[生年月日] 1885年3月30日
[没年月日] 1969年9月30日
[国籍]フランス　[出生地]モリビアン県(ブルターニュ)ロクミネ町　[学位]文学博士

パリ近郊の高校卒業後、パリの出版社・ルネサンス・ド・リーブルの編集者となる。文人と交友を結び、文芸誌「ディバン」同人として詩作を発表。1910年詩集「葉隠れの星」を

出版、続いて2編9詩集を出す。'26年旧制静岡高校講師として来日。'30～47年東京外語で教え、のち東大、早大、法大、学習院大でフランス文学を講じた。この間詩、随筆を新聞に寄稿、ペン画で日本の名勝、旧跡を描いた。浮世絵も研究。'55年川島順平の協力で「東京誕生記」を出版、他に随筆集「東京のシルエット」などがある。'62年離日。

【著作】
◇私は空飛ぶ鳩になって東京を観る　ノエル・ヌエット：婦人画報　1953.11
◇東京のシルエット　酒井傳六訳　法政大学出版局　1954
◇東京誕生記　川島順平訳　朝日新聞社　1955
◇エドモン・ド・ゴンクールと日本美術　芹沢純子訳　大修館　1959

ヌシェラー, フランツ
Nuscheler, Franz
発展と平和のための研究所所長

[国籍]ドイツ　[学位]政治学博士（ハイデルベルク大学）〔1967年〕

1969年ハンブルク大学助教授を経て、'74年デュイスブルク大学教授。'89年発展と平和のための研究所所長に就任。著書に「日本のODA 海外援助―量と質の大いなる矛盾」がある。

【著作】
◇日本のODA―海外援助―量と質の大いなる矛盾　フランツ・ヌシェラー著, 佐久間マイ訳　スリーエーネットワーク　1992.7

【 ネ 】

ネイスビッツ, ジョン
Naisbitt, John
企業コンサルタント, 未来学者　ネイスビッツ・グループ社長　米国大統領特別補佐官

[生年月日] 1929年1月15日

[国籍]米国　[出生地]ユタ州グレンウッド
[学歴]ユタ大学卒, コーネル大学大学院修了
[専門]未来予測学

デンマーク生まれの祖父がモルモン教に入信し、ユタ州に安住の地を求めてアメリカに移民。母はデンマーク生まれ、父はスコットランド生まれ。17歳の時海兵隊に入り、2年後ユタ大学に。大学卒業後、イーストマン・コダック社に入社。その後、ケネディ大統領時代の厚生教育福祉長官補佐、ジョンソン大統領特別補佐官などを経て、IBMに転出。1967年独立し、情報サービス業を開始。政治・経済・社会などの分析・予測家として活躍。著書に80年代の変化を予測した「メガトレンド」('83年)のほか、続編「2000(トゥエンティハンドレッド)」('90年)、「日本と新世界秩序」(共著, '92年)、「日本という存在」(共著, '92年)などがある。

【著作】
◇日本という存在―ジャパンズ・アイデンティティ　ジョン・ネスビッツ, 木村尚三郎著, 長井京子訳　日本経済新聞社　1992.5

ネイフラー, トミ・カイザワ
Knaefler, Tomi Kaizawa
ジャーナリスト

[生年月日] 1929年
[国籍]米国　[出生地]ハワイ島パホア　[別名等]日本名＝海沢富　[学歴]ハワイ大学

大学在学中に「ホノルル・アドバタイザー」紙のコラムニストや夏期レポーターを務め、1952年にホノルル・スター・ブリティン紙に入社してから25年間新聞記者として活躍。その間ホノルル・プレスクラブ賞など数々の賞を受け、医療記事はハワイ医療協会、アメリカがん協会、アメリカ心理協会から表彰されたほか、'92年全米女性著作者連盟ホノルル支部からライフタイム・アチーブメント・アウォード（終身功労賞）を受けた。著書に「引き裂かれた家族―第二次世界大戦下のハワイ日系七家族」などがある。　[受賞]ホノルル・プレスクラブ賞, 全米著作者連盟ホノルル支部終身功労賞

【著作】
◇引き裂かれた家族—第二次世界大戦下のハワイ日系七家族　トミ・カイザワ・ネイフラー著, 尾原玲子訳　日本放送出版協会　1992.7

ネウストプニー, イジー
Neustupný, Jiří Václav
言語学者　桜美林大学大学院教授

[生年月日] 1933年
[国籍]オーストラリア　[出生地]プラハ(チェコスロバキア)　[学歴]カレル大学文学部極東言語歴史学科〔1957年〕卒, チェコスロバキア科学アカデミー大学院〔1963年〕博士課程修了　[学位]文学博士(プラハ東洋研究所)〔1963年〕　[専門]日本語, 日本語教育, コミュニケーション論, 社会言語学　[団体]国語学会, 日本語教育学会

27年間中部欧州で過ごし、1960〜62年東京大学文学部に留学。'63年日本語の音韻の文献学的研究によって博士号を取得する。'63〜'66年チェコスロバキア科学アカデミー東洋学研究所研究員。'66年オーストラリアへ移住し、同年よりモナシュ大学日本研究部日本語学科長。その後国際交流基金の招きで毎年のように来日する一方、メルボルン日本研究センター理事としてオーストラリアの日本研究の促進に従事。'81年オーストラリア人文科学アカデミー正会員。'93年大阪大学文学部教授に就任。'88年「日本語国際シンポジウム」(東京)に参加、日本語を日本研究から解放し、日本人と外国人の国際コミュニケーション、異文化理解の道具にすべきことを強調する。のち桜美林大学大学院教授。著書に「新しい日本語教育のために」「外国人とのコミュニケーション」(岩波新書)など。

【著作】
◇日本語国際シンポジウム報告書—海外における日本語教育の現状と将来　国際交流基金, 国際文化フォーラム編　国際文化フォーラム　1989.3〈内容:オーストラリアの日本語教育の特徴 (J. V. ネウストプニー)〉
◇新しい日本語教育のために　J. V. ネウストプニー著　大修館書店　1995.6
◇日本研究・京都会議　1994　国際日本文化研究センター, 国際交流基金編　国際日本文化研究センター　1996.3〈内容:オーストラリアにおける教師養成 (J. V. NEUSTUPNÝ)　Current Issues in Japanese-Foreign Contact Situations (J. V. NEUSTUPNÝ)〉
◇コミュニケーションとは何か(特集・日本人のコミュニケーション)　J. V. Neustupny：日本語学　18(7)　1999.6
◇日本語教育と日本語学習—学習ストラテジー論にむけて　宮崎里司, J. V. ネウストプニー共編　くろしお出版　1999.10
◇今日と明日の日本語教育—21世紀のあけぼのに(アルク新書)　J. V. ネウストプニー著　アルク　2000.8
◇言語研究の方法—言語学・日本語学・日本語教育学に携わる人のために　J. V. ネウストプニー, 宮崎里司共編著　くろしお出版　2002.4

ネーサン, ジョン
Nathan, John
カリフォルニア大学サンタバーバラ校教授

[生年月日] 1940年
[国籍]米国　[出生地]ニューヨーク　[学歴]ハーバード大学〔1961年〕卒, 東京大学〔1966年〕卒, ハーバード大学大学院修了　[学位]博士号(ハーバード大学)〔1968年〕　[専門]日本文化

1961年来日。'63年東京大学に学士入学後、三島由紀夫の「午後の曳航」を英訳。のち大江健三郎と出会い、「個人的な体験」の英訳を手掛ける。'68年帰国、ハーバード大学大学院を経て、プリンストン大学東洋学部教授。一方、映画に関心を寄せ、'70年代後半ドキュメンタリー映画〈ザ・ジャパニーズ〉3部作を制作・監督、全米の教育テレビ・ネットワーク(PBS)で放映され、評価を得る。以後、記録・教育映画の制作者としても活躍。'82年PBSで放映された「ザ・カーネル・ゴーズ・トゥ・ジャパン」でエミー賞受賞。著書に「三島由紀夫—ある評伝」「ソニー・ドリーム・キッズの伝説」、訳書に安部公房「赤い繭」「棒」、太宰治「ロマネスク」などがある。　[受賞]エミー賞(ドキュメンタリー部門)「ザ・カーネル・ゴーズ・トゥ・ジャパン」

【著作】

◇ソニードリーム・キッズの伝説　ジョン・ネイスン著, 山崎淳訳　文芸春秋　2000.6
◇三島由紀夫—ある評伝　新版　ジョン・ネイスン著, 野口武彦訳　新潮社　2000.8
◇ソニードリーム・キッズの伝説（文春文庫）ジョン・ネイスン著, 山崎淳訳　文芸春秋　2002.3
◇Mishima:A Biography　ジョン・ネイサン著　チャールズ・イー・タトル出版　2004.6

ネーピア, スーザン
Napier, Susan Jolliffe
日本文学者　テキサス大学三菱日本学科教授

[生年月日] 1955年
[国籍] 米国　[学位] Ph. D.（ハーバード大学）〔1984年〕　[専門] 近代日本文学, 日本アニメ論
1984〜85年テキサス大学助教授、'85〜86年プリンストン大学助教授、'86年テキサス大学助教授を経て、教授。この間、「AKIRA」の漫画や映画に接し、文化・芸術論として日本アニメの研究を開始。2000年「現代日本のアニメ」を出版。2003年来日。　[受賞] 日本児童文学学会賞（特別賞、第27回）〔2003年〕「現代日本のアニメ」
【著作】
◇日本文学における〈他者〉　鶴田欣也編　新曜社　1994.11〈内容：鏡の沙漠—近代日本文学における〈他者〉の構築（スーザン・J. ネイピア）〉
◇現代日本のアニメ—『AKIRA』から『千と千尋の神隠し』まで（中公叢書）　スーザン・J. ネイピア著, 神山京子訳　中央公論新社　2002.11

ネフ, ロバート
Neff, Robert C.
ジャーナリスト　「ビジネス・ウィーク」誌東京支局長

[生年月日] 1947年
[国籍] 米国　[出生地] ミズーリ州セントルイス　[学歴] ミシガン大学（政治学）, ミズーリ大学大学院修士課程修了
1960年13歳の時、宣教師の両親とともに来日し、高校まで日本のアメリカン・スクールに通う。'77年「ビジネス・ウィーク」誌ロサンゼルス支局に入社。ロンドン、ニューヨーク勤務を経て、'79年東京特派員、'89年から東京支局長。日本に関する特集記事で'90年米国海外記者クラブ賞を受賞。　[受賞] 米国海外記者クラブ賞〔1990年〕
【著作】
◇ロバート・ネフ（ビジネスウィーク誌特別編集委員）が斬る—日本の納税者はなぜもっと怒らないのか　ネフ, ロバート：THEMIS　9 (10)　2000.10

ネフスキー, ニコライ
Nevskii, Nikolai Aleksandrovich
東洋学者, 言語学者　ソ連科学アカデミー東洋学研究所研究員、レニングラード東洋学研究所講師

[生年月日] 1892年2月6日
[没年月日] 1937年11月24日
[国籍] ソ連　[出生地] ロシア・ヤロスラブリ　[学歴] ペテルブルグ大学東洋学部〔1914年〕卒　[専門] 日本学, 西夏学
1915年ペテルブルグ大学（のちのレニングラード大学）派遣の官費留学生として来日。民俗学者の柳田国男、折口信夫、伊波普猷らと親交を結び、日本文化、日本民俗学を研究。'17年のロシア革命のため帰国を延期し、'29年まで日本に滞在、小樽高商、次いで大阪外国語学校、京大などのロシア語講師を務める傍ら、日本各地を調査旅行し、東北のオシラ信仰、アイヌのユーカラ、沖縄宮古島のフォークロアなどに関する論文を「民族」その他の雑誌に発表。'22年北海道出身の萬谷磯子と結婚。'29年ソ連に帰国、レニングラード大学とレニングラード東洋学研究所の講師となり、日本文化研究、西夏語研究を続行したが、スターリンによる粛清の犠牲となり'37年10月夫妻ともに逮捕され、11月24日レニングラードで銃殺刑に処せられた。死後'57年に名誉回復され、'62年には西夏文献学等の業績に対しレーニン賞を授与された。'90年長らく不明だった没年と没地がソ連誌に掲載された略伝により判明。'91年、14年に及ぶ日本滞在中に沖縄宮古島の方言を記録したノ

ートのマイクロフィルムが、ソ連科学アカデミー東洋学研究所のL.グロムコフスカヤらにより早稲田大学図書館に寄贈された。邦訳書に「アイヌ・フォークロア」(北海道出版企画センター)がある。　[受賞]レーニン賞〔1962年〕

【著作】
◇月と不死(東洋文庫 185)　岡正雄編　平凡社　1971
◇アイヌ・フォークロア　ニコライ・ネフスキー著, エリ・グロムコフスカヤ編, 魚井一由訳　北海道出版企画センター　1991.9
◇宮古のフォークロア(弧琉球叢書)　ニコライ・A.ネフスキー著, リヂア・グロムコフスカヤ編, 狩俣繁久〔ほか〕共訳　砂子屋書房　1998.2
◇宮古方言ノート―複写本　下　ニコライ・A.ネフスキー[著], 沖縄県平良市教育委員会編　沖縄県平良市教育委員会　2005.3
◇宮古方言ノート―複写本　上　ニコライ・A.ネフスキー[著], 沖縄県平良市教育委員会編　沖縄県平良市教育委員会　2005.3

ネルソン, アレン
Nelson, Allen
反戦運動家, 元・軍人

[生年月日] 1947年
[国籍]米国　[出生地]ニューヨーク
ニューヨーク・ブルックリンのスラムで生まれる。1966年海兵隊員としてベトナム戦争に従軍、罪の重さにさいなまれ、戦争後遺症に陥った。除隊後は平和のための退役者の会に加わり、公立学校から軍に関する教育を取り除く運動を始める。'95年沖縄の米兵による少女暴行事件がきっかけで、沖縄などに駐留する米兵に家に帰ろうと呼びかける。一方、来日時に日本国憲法第9条を知り衝撃を受ける。以後、第9条の英文コピーを配り歩く。また、日本各地を回り、小さな非暴力教室を開催、憲法集会などにも出席。

【著作】
◇沖縄に基地はいらない―元海兵隊員が本当の戦争を語る(岩波ブックレット)　アレン・ネルソン, 國弘正雄〔著〕　岩波書店　1997.12

【ノ】

魯 成煥　ノ・ソンファン
蔚山大学人文大学日語日文学科教授

[生年月日] 1955年
[国籍]韓国　[出生地]大邱　[学歴]啓明大学日本学科〔1980年〕卒, 韓国外国語大学大学院〔1982年〕修士課程修了, 大阪大学大学院文学研究科日本学専攻〔1992年〕博士課程修了　[学位]文学博士(大阪大学)　[専門]日本語, 日本文学
文学・宗教を研究。著書に「不安を希望に変えた仏教の祈り」、シンポジウム発表に「神道研究における日韓協力方案」など。

【著作】
◇神々の祭祀と伝承―松前健教授古稀記念論文集　上田正昭編　同朋舎出版　1993.6〈内容：神功皇后の新羅征伐伝承に関する研究(魯成煥)〉

ノイマン, クリストフ
Neumann, Christoph
機械翻訳ソフト開発エンジニア

[生年月日] 1967年
[国籍]ドイツ　[出生地]西ドイツ・ミュンヘン
[学歴]ハンブルク大学, ボルドー大学, 筑波大学, 東京工業大学計算工学博士課程　[学位]博士号〔2000年〕
フランケン地方ヴュルツブルク育ち。高校卒業後、2年間兵役代替社会奉仕義務としてフランクフルトの老人ホームで働く。1989年ハンブルク大学に入学、一般言語学、日本語、ジャーナリズムを勉強。その時以来、フリージャーナリストとしても活動。'92年フランスのボルドー大学に移り、'94年言語学の修士と日本語の学士学位取得。'95年来日、筑波大学に留学。'97年東京工業大学計算工学博士課程入学、2000年博士学位取得。のち機械翻訳ソフト開発エンジニアとして活動。一

方、'98年からテレビ「ここがヘンだよ！日本人」にも出演。2001年日本人論「イケてない日本」を出版。
【著作】
◇イケてない日本―日本人のホントのところ　ノイマン・クリストフ著　インターメディア出版　2001

ノヴィエッリ，マリア・ロベルタ
Novielli, Maria Roberta
「クアデルニ・ディ・チネマ」記者

［生年月日］1964年
［国籍］イタリア　［出生地］バーリ　［学歴］ベネチア大学東洋学科日本語・日本文化専攻〔1989年〕卒　［専門］映画研究
卒論は「愛のコリーダ」。1991年来日、日本映画研究のため日本大学映画学科の研究生となり、大島渚、今村昌平、寺山修司らを研究。'92年4月からNHK教育テレビ「イタリア語」講座、慶応義塾大学外国語学校講師、日伊協会イタリア語講師。ロカルノ映画祭、ベネチア映画祭に寄稿、イタリア映画誌「クアデルニ・ディ・チネマ」記者。　［受賞］パウロ・ベルナゴッツィ賞〔1989年〕「大島渚の作品について」
【著作】
◇アメリカのサムライ―L. L. ジェーンズ大尉と日本（叢書・ウニベルシタス）　フレッド・G. ノートヘルファー〔著〕，飛鳥井雅道訳　法政大学出版局　1991.3

ノスコ，ピーター
Nosco, Peter
南カリフォルニア大学教授

［生年月日］1950年
［国籍］米国　［学歴］コロンビア大学卒，ケンブリッジ大学大学院修士課程修了　［学位］Ph. D.（コロンビア大学大学院）　［専門］江戸思想史，江戸社会史
セント・ジョンズ大学などで講師を経て、南カリフォルニア大学東アジア言語・文化・歴史部門教授。1991～96年同部門学科長を務める。著書に「Confucianism and Tokugawa Culture」（'89年）、「江戸社会と国学―原郷への回帰」（'90年）、「Japan Identity:Cultural Analyses」（'97年）などがある。
【著作】
◇江戸社会と国学―原郷への回帰　ピーター・ノスコ著, M. W. スティール、小島康敬監訳　ぺりかん社　1999.10

ノックス，ジョージ・ウィリアム
Knox, George William
宣教師

［生年月日］1853年8月11日年
［没年月日］1912年4月25日
［国籍］米国　［出生地］ニューヨーク州ローマ　［学歴］ハミルトン大学，オーバン神学校　［学位］神学博士号（プリンストン大学）〔1888年〕，文学博士号（ホバート大学）〔1904年〕
1877年長老派教会宣教師として来日し、キリスト教の伝道に従事するかたわら東京帝国大学文科大学において哲学および審美学を教授した。さらに東京一致神学校およびその後身である明治学院の神学教授、理事長等を歴任した。'93年帰国し'99年にはニューヨークのユニオン神学校教授となった。1911年東洋講演旅行に赴き、その途中の朝鮮で死去。著作に"A Japanese Philosophers"(1893)"Autobiography of Arai Hakuseki"(1902)および"The development of religions in Japan"(1907)等があり、日本アジア協会から刊行した。1891年から1年間は日本アジア協会副会長を務めた。
【著作】
◇東洋文明論　ジョージ・キリアム・ノックス著, 若宮卯之助訳　内外出版協会　1907
◇G・W・ノックス書簡集　G. W. ノックス［著］, 横浜指路教会教会史編纂委員会編　キリスト新聞社　2006.1

ノートヘルファー，フレッド
Notehelfer, Fred G.
歴史学者　カリフォルニア大学ロサンゼルス校歴史学部教授

［生年月日］1939年

[国籍]米国 [出生地]日本 [学歴]ハーバード大学卒,プリンストン大学大学院修了 [学位]博士号(プリンストン大学)〔1968年〕
ドイツ人宣教師の子として日本で生まれ、戦後の1947年カリフォルニアに移住したが、'53年に再来日して東京・中目黒のアメリカン・スクールに通学。'57年ハーバード大学に入学と同時に、E. ライシャワーに暖かく迎えられ、その勧めもあって日本に関して勉強するようになる。その後再三の来日を通じて、海老名弾正や熊本洋学校から日本の社会主義運動と幸徳秋水にまで興味を持つようになった。博士号取得後はプリンストン大学講師、カリフォルニア大学助教授を経て同大教授となる。この間'70～71年に国際基督教大学、同志社大学などの客員教授も歴任。著書に「幸徳秋水—日本の急進主義者の肖像」「アメリカのサムライ—L. L. ジェーンズ大尉と日本」など。
【著作】
◇幸徳秋水—日本の急進主義者の肖像 F. G. ノートヘルファー著,竹山護夫訳 福村出版 1980
◇アメリカのサムライ—L. L. ジェーンズ大尉と日本(叢書・ウニベルシタス 317) フレド・G. ノートヘルファー〔著〕,飛鳥井雅道訳 法政大学出版局 1991

ノートン, パトリック
Nothomb, Patrick
外交官 駐イタリア・ベルギー大使 駐日ベルギー大使

[生年月日] 1936年
[国籍]ベルギー [学歴]ルバンキリスト教大学卒 [学位]法学博士
1960年ベルギー外務省に入省。'68年在大阪総領事、'72年駐中国代理大使、'85年駐タイ・ラオス大使を経て、'88年駐日大使として赴任。ベルギー外務省きってのアジア通で、知日派。能楽を大阪総領事時代に習い覚え、"青い目の能楽師"の異名をとる。のち駐イタリア大使。男爵。著書に「Dans Stanleyville」「能楽師になった外交官」がある。
【著作】

◇能楽師になった外交官(中公新書) パトリック・ノートン著,大内侯子,栩木泰訳 中央公論新社 1999.8

ノビック, アルベルト
Novick, Albert
ジャーナリスト

[生年月日] 1948年
[国籍]米国 [出生地]ニューヨーク [学歴]明治大学〔1979年〕卒, 埼玉大学大学院〔1982年〕修士課程修了
1973年来日。早稲田大学語学研究所で日本語を学ぶ。大学院時代から英字読売新聞コラムニストとして活躍。その後朝日ジャーナル特約記者を経て、フリーとなる。著書に「在日アメリカ人100人に聞く—日本暮らしおもしろ比較」がある。
【著作】
◇米国人社員が見た日本の会社 アルベルト・ノヴィック:朝日ジャーナル 33(35) 1991.8.30
◇在日アメリカ人100人に聞く—日米暮らしおもしろ比較 アルベルト・ノヴィック著 三省堂 1994.5

ノビーレ, フィリップ
Nobile, Philip
ジャーナリスト

[生年月日] 1941年
[国籍]米国 [出生地]マサチューセッツ州ボストン [学歴]ボストン大学
ボストン大学で神学を修め、ベルギーのルーヴェン・カトリック大学で学位を取得。「ペントハウス」「ニューヨーク・マガジン」などの記者を務める。1990年週刊紙「ビレッジ・ボイス」に移り、'95年退社、フリーとなる。自ら"米国で最も論争を呼ぶジャーナリスト"と言い、サブカルチャー、人種問題を中心に権威に挑戦する記事、著作が多い。著書に「On the Steps of the Smithsonian(葬られた原爆展—スミソニアンの抵抗と挫折)」('95年)など。
【著作】

◇葬られた原爆展—スミソニアンの抵抗と挫折　フィリップ・ノビーレ編著, 三国隆志他訳　五月書房　1995.9

ノーマン, ハーバート
Norman, Herbert
外交官, 日本史研究家

[生年月日] 1909年9月1日
[没年月日] 1957年4月4日
[国籍]カナダ　[出生地]日本・長野県北佐久郡東長倉村(現・軽井沢町)　[本名]Norman, Edgerton Herbert　[学歴]トロント大学ビクトリア・カレッジ〔1933年〕卒, ケンブリッジ大学トリニティ・カレッジ〔1935年〕卒, ハーバード大学燕京インスティテュート(日本史・中国史)　[学位]Ph. D.(ハーバード大学)〔1939年〕

カナダ合同教会の牧師の子に生まれ, 15歳まで日本に滞在。ハーバード大学で日本問題などを研究。1939年カナダ外務省に入省。'40〜41年語学研修官として東京のカナダ公使館に勤務, 日本近代史を研究。'41年羽仁五郎の下で研究。太平洋戦争勃発後の'42年帰国し, 太平洋問題調査会(IPR)などで活動。'46〜50年駐日カナダ代表部首席。この間, '47〜78年日本アジア協会会長。'50年帰国後, カナダ外務省アメリカ極東局長, 情報局長を歴任。'51年サンフランシスコ対日講和会議には首席随員として出席。'53年ニュージーランド駐在高等弁務官, '54年より駐エジプト大使。'57年米国上院におけるマッカーシズム(赤狩り)に抗議して自殺した。著書に「日本における近代国家の成立」('40年), 「日本における兵士と農民」('43年), 「忘れられた思想家—安藤昌益のこと」('49年), 「ハーバート・ノーマン全集」(全4巻, 岩波書店)など。

【著作】
◇封建制下の日本人民　E. H. ノーマン述, 大窪愿二編　信濃毎日新聞社　1948
◇忘れられた思想家—安藤昌益のこと　上, 下(岩波新書)　大窪愿二編訳　岩波書店　1950
◇日本における近代国家の成立　E. H. ノーマン, 加藤周一編：外国人の見た日本　第5　筑摩書房　1961
◇忘れられた思想家—安藤昌益のこと 他2篇(ハーバート・ノーマン全集 第3巻 所収)　大窪愿二編訳　岩波書店　1977
◇日本政治の封建的背景 ほか(ハーバート・ノーマン全集 第2巻 所収)　大窪愿二編訳　岩波書店　1977
◇日本における近代国家の成立 ほか(ハーバート・ノーマン全集 第1巻 所収)　大窪愿二編訳　岩波書店　1977
◇日本の兵士と農民〔ほか〕(ハーバート・ノーマン全集 第4巻 所収)　大窪愿二編訳　岩波書店　1978
◇ハーバート・ノーマン全集　第1巻　増補　磯野富士子増補訳　大窪愿二編訳　岩波書店　1989.3
◇ハーバート・ノーマン全集　第2巻　増補　河合伸増補訳　大窪愿二編訳　岩波書店　1989.3
◇ハーバート・ノーマン全集　第3巻　大窪愿二編訳　岩波書店　1989.3
◇ハーバート・ノーマン全集　第4巻　大窪愿二編訳　岩波書店　1989.3

ノラ, ドミニク
Nora, Dominique
ジャーナリスト　「ヌーベル・オプセルバトゥール」誌ニューヨーク特派員

[生年月日] 1958年

[国籍]フランス　[出生地]パリ　[学歴]パリ国立農業大学卒

1981年農業省入省。退省後「リベラシオン」紙経済部記者, 「エクスプレス」誌ニューヨーク特派員などを歴任。著書に「ウォール街に憑かれた者たち」「ニッポンの市場侵略」など。　[受賞]フランス最高金融書賞〔1988年〕「ウォール街に憑かれた者たち」

【著作】
◇ニッポンの市場侵略—日本は本当に敵なのか?「サムライの抱擁」日本版　ドミニク・ノラ著, 横山研二訳　創知社　1991.10

ノーランド, マーカス
Nolland, Marcus
国際経済研究所主任研究員

[生年月日] 1959年

[国籍]米国　[学歴]ジョンズ・ホプキンズ大学大学院博士課程修了　[学位]経済学博士(ジョ

ンズ・ホプキンズ大学）　［専門］国際経済学，日本・東南アジア経済

世界銀行などを経て、ワシントンの国際経済研究所（IIE）主任研究員。この間、米大統領経済諮問委員会上級エコノミスト、1988〜89年埼玉大学大学院客員教授などを歴任。北朝鮮経済と南北朝鮮の経済統合の研究にも取り組み、2000年「黙示録を避けて—二つの朝鮮の将来」にまとめる。他の著書に「日本と世界経済」「太平洋海域国家の経済、発展途上国の将来像」がある。

【著作】
◇日米衝突は回避できるか　フレッド・バーグステン, マーカス・ノーランド共著, 佐藤英夫訳　ダイヤモンド社　1994.5

ノルドレット，マイケル
Naldrett, Michael J.
クラインオート・ベンソン証券会社東京支店エコノミスト

［生年月日］1957年
［国籍］英国　［出生地］ガーナ　［学歴］バーミンガム大学修士課程修了，プリンストン大学大学院博士課程修了

1989年クラインオート・ベンソン証券会社ロンドン本社入社。'90年同社東京支店で日本経済エコノミスト。毎週「日本経済論評」を執筆。'94年秋発表の「円バブル」論で注目され、国内外投資家の支持も高く「インスティテューショナル・インベスター」人気ランキング1位、日経金融新聞同3位。著書に「円バブルの崩壊」がある。

【著作】
◇円バブルの崩壊　マイケル・ノルドレット著, 服部美奈子訳　講談社　1995.9

【ハ】

河　宇鳳　ハ・ウボン
Ha Woo-bong
歴史学者　全北大学人文科学部史学科教授

［生年月日］1953年
［国籍］韓国　［出生地］密陽　［学歴］ソウル大学文理科学部国史学科卒, 西江大学大学院史学科博士課程修了　［学位］文学博士　［専門］近世韓日関係史

韓国陸軍士官学校教授部史学科教官を経て、国立全北大学人文科学部史学科教授。1993〜94年日本の東京大学客員研究員も務める。

【著作】
◇訪日学術研究者論文集—アカデミック　第2巻　日韓文化交流基金〔編〕　日韓文化交流基金　1999.3〈内容：「近世日本古学と朝鮮実学の‘古学思想’比較研究」—茶山丁若鏞と太宰春台を中心に（河宇鳳）〉
◇朝鮮実学者の見た近世日本　河宇鳳著, 井上厚史訳・解説　ぺりかん社　2001.8

馬　興国　ば・こうこく
遼寧大学外国語学院院長・日本研究所所長・アジア研究所所長

［生年月日］1946年
［国籍］中国　［学歴］大連外国語学院, 日本大学　［専門］中日関係史

国際日本文化研究センター、日本大学、神奈川大学に招かれ、講義・研究に携わる。のち、遼寧大学外国語学院院長、同大日本研究所所長、同大アジア研究所所長。著書に「千里同風録—中日習俗交流」「中国古典小説与日本文学」、編著に「中日関係史研究的新思考」、共編著に「中日文化交流史事典」「日中文化交流史叢書〈第5巻〉/民俗」などがある。

【著作】
◇正月の風俗—中国と日本　馬興国〔述〕, 国際日本文化研究センター編　国際日本文化研究センター　1992

329

バー, パット
Barr, Pat
歴史小説家

[生年月日] 1934年
[国籍]英国 [出生地]ノーリッジ市 [学歴]バーミンガム大学卒, ロンドン大学大学院修了
バーミンガム大学を卒後、ジャーナリストでアメリカ人のジョン・バーと結婚。1956年夫と共に来日し横浜、東京に3年間滞在ののち、'59年英国に戻り、ロンドン大学で、19世紀の日本をテーマに修士号を取得。その後'67年「夷狄襲来」、'68年「鹿鳴館」、'70年「評伝イザベラ・バード」、同年「フォーリン・デビルズ」など、日本や中国、インドを題材にした歴史小説を次々に発表し、作家としての地位を確立した。作品に生麦事件を扱った「ケンジロー」('85年)がある。
【著作】
◇異人の眼に映じた開国前夜(インタビュー) パット・バー, 池田雅之: 知識 86 1989.2

馬 立誠 ば・りっせい
作家 「人民日報」評論員・主任編集員

[生年月日] 1946年
[国籍]中国 [専門]中国の政治改革・経済改革
「人民日報」の社説、論説を書く一方、中国の政治体制改革、経済体制改革の研究を行う。著書に、小説集「緑の深淵」、雑文集「神通力」、評論集「墨中三昧」、古典詩歌注釈集「一詩一画」、共著に「交鋒―改革・解放をめぐる党内闘争の内幕」など。
【著作】
◇中国江沢民・胡錦涛政権を揺さぶる衝撃レポート民族主義的反日論は有害無益だ(俗流「日本論」を斬る) 馬立誠, 杉山祐之: 中央公論 118(3) 2003.3
◇〈反日〉からの脱却 馬立誠著, 杉山祐之訳 中央公論新社 2003.10
◇日本はもう中国に謝罪しなくていい 馬立誠著, 箭子喜美江訳 文芸春秋 2004.2

裴 崢 はい・そう
小樽商科大学言語センター教授

[生年月日] 1951年
[国籍]中国 [学歴]四川大学日本語学科, 札幌大学経済学部, 北海道大学大学院 [専門]中国語
北京の女子中学時代、文化大革命の下放政策で家族と離れ、地方で農作業などに従事。1973年四川大学日本語学科に入学。'86年来日し、北海道へ。のち中国の大学院を卒業後通訳や教師を務めたのち、私費留学生として札幌大学経済学部に入学。のち北海道大学大学院に進学。'92年小樽商科大学助教授を経て、教授。
【著作】
◇小樽商科大学創立85周年記念論集(人文研究) 小樽商科大学人文科学研究会人文研究編集委員編 小樽商科大学 1997.3〈内容：『山椒魚』の指導過程構成の試み(裴崢)〉

ハイ, ピーター
High, Peter Brown
名古屋大学言語文化部教授

[生年月日] 1944年9月6日
[国籍]米国 [出生地]ニューヨーク市 [学歴]アメリカン大学(ワシントンDC)英文学卒, カリフォルニア州立大学大学院修了 [学位] M. A. [専門]アメリカ文学, 比較言語文化, 日本映画 [団体]アメリカ文学学会中部支部, Association of Asian Scholars of the Pacific, Japan Association of Language Teachers
大学院卒業後、女子短大教師を務める。ベトナム戦争に反対し、徴兵を拒否、宣教師として1967年来日。その後、帰国して国務省の通訳、カリフォルニア州立大学英語講師など、さなざまな職業を経験し、'84年再来日。中部大学助教授を経て、'87年10月名古屋大学助教授、'89年教授。比較言語文化・英語担当。日本映画についての造詣が深く、'89年4月から総合言語センターの大学院コースで「日本映画社会史」の講義をする。著書に「アメリカ文学史」「アンポからばななまで―ニセ宣

教師が覗くニッポン」「帝国の銀幕―15年戦争と日本映画」。
【著作】
◇アンポからばななまで―ニセ宣教師が覗くニッポン 1967-1990　ピーター・B. ハーイ著　朝日新聞社　1991.1
◇帝国の銀幕―十五年戦争と日本映画　ピーター・B. ハーイ著　名古屋大学出版会　1995.8

パイ, マイケル
Pye, Michael
宗教学者

マールブルク大学所属。著書に「仏教とキリスト教の対話〈3〉浄土真宗と福音主義の信仰」がある。
【著作】
◇大乗の至極浄土真宗―国際真宗学会第6回大会報告　大谷大学真宗総合研究所国際仏教研究班編　大谷大学真宗総合研究所　1995.12〈内容：精神主義のより広い意味（マイケル・パイ）〉
◇仏教とキリスト教の対話―浄土真宗と福音主義神学　ハンス=マルティン・バールト, マイケル・パイ, 箕浦恵了編　法蔵館　2000.11〈内容：浄土真宗と福音主義神学の代表者によるパネルディスカッション（マイケル・パイ, シモーネ・ハイデッガー）〉
◇仏教とキリスト教の対話　2　マイケル・パイ, 宮下晴輝, 箕浦恵了編　法蔵館　2003.12

パイク, グラハム
Pike, Graham
トロント大学グローバル・エデュケーション国際研究所

[生年月日] 1952年
[専門] 教育学
ワールド・スタディーズの研究からヨーク大学グローバル・エデュケーション・センターにスカウトされ、のち、トロント大学グローバル・エデュケーション国際研究所に勤務。共著に「子どもの権利教育マニュアル―グローバルな活動事例と日本の実践報告」など。
【著作】
◇子どもの権利教育マニュアル―グローバルな活動事例と日本の実践報告　D. セルビー,
G. パイク著, 河内徳子〔ほか〕訳　日本評論社　1995.4

ハイジック, ジェームズ
Heisig, James
南山大学人文学部キリスト教学科教授

[生年月日] 1944年11月10日
[国籍] 米国　[出生地] マサチューセッツ州ボストン　[学歴] ケンブリッジ大学大学院修了　[学位] 哲学博士　[専門] 哲学, 比較思想
ニカラグアを経て、1979年来日、南山大学教授。南山宗教文化研究所所長も務めた。編著に「禅・京都学派・国家主義の問題」など多数。
【著作】
◇大乗の至極浄土真宗―国際真宗学会第6回大会報告　大谷大学真宗総合研究所国際仏教研究班編　大谷大学真宗総合研究所　1995.12〈内容：五感の恢復―時代の禁欲主義に抗して（ジェームズ・W. ハイジック）〉
◇世界のなかの日本の哲学　藤田正勝, ブレット・デービス編　昭和堂　2005.6〈内容：日本の哲学の場所：日本の哲学の場所（ジェームズ・ハイジック）〉
◇日本哲学の国際性―海外における受容と展望（Nanzan symposium）　J. W. ハイジック編　世界思想社　2006.3

ハイゼ, リヒャルト
Heise, Richard George Johannes Magnus
ドイツ語教師

[生年月日] 1869年5月
[没年月日] 1940年
[国籍] ドイツ　[出生地] キール
1902年来日、東京高等商業学校（現・一橋大学）ドイツ語講師のほか、学習院や慶応義塾などで教鞭をとった。皇族や明治の元勲をはじめ多くの知識人と親交を持つ。日本人と結婚し、'24年帰国。満州事変が勃発し対日批判が起こると論陣を張って日本を弁護した。'40年北京で亡くなったが、遺言により遺骨は福島県会津若松市の飯盛山に埋葬された。著書に「日本人の忠誠心と信仰」がある。　[叙勲] 勲三等旭日章（日本）
【著作】

◇日本人の忠誠心と信仰　リヒャルト・ハイゼ著, 瀬野文教訳　草思社　1997.7

バイチマン, ジャニーン
Beichman, Janine
大東文化大学文学部日本文学科教授

[国籍]米国　[出生地]ニューヨーク　[学歴]ニューヨーク大学卒, コロンビア大学大学院博士課程修了　[学位]Ph. D.(コロンビア大学)〔1974年〕　[専門]日本文学
コロンビア大学で日本文学を専攻。同大学院から博士号を正岡子規研究により取得。一貫して子規研究に打ち込み、修士号も正岡子規研究で「墨汁一滴」を研究。日本人研究者と結婚。上智大学講師、大東文化大学助教授を経て、教授。
【著作】
◇「国際」日本学との邂逅—第4回国際日本学シンポジウム報告書　お茶の水女子大学大学院人間文化研究科国際日本学専攻・比較社会文化学専攻編　お茶の水女子大学大学院人間文化研究科　2003.3〈内容:与謝野晶子とチチアン—『みだれ髪』の裸形の歌とイタリアンルネッサンスの画家チチアン(ティツィアーノ)の絵との接点(ジャニーン・バイチマン)〉

ハイデッガー, シモーネ
Heidegger, S.
尼僧道場に体験入門した女子留学生

[生年月日]1965年
[国籍]ドイツ　[出生地]シュバルツバルト地方ボンドルフ　[学歴]マールブルク大学
キリスト教家庭に生まれ、大叔父の哲学者ハイデッガーが生前教べんをとったマールブルク大学で、宗教学、日本学、とりわけ「日本浄土教とその現在的形態」を研究するうち、「仏教が国民の間に生き続ける日本で研究を」との念願かなって1989年4月に仏教大学研究生として来日。以後、日本浄土教を研究テーマに得意の日本語を生かして宗祖法然の遺訓「一枚起請文」の独訳に励むかたわら、'90年1月には、京都市東山区知恩院内の浄土宗尼僧道場に2週間、体験入門して道場生と生活を共にし、華道、茶道、書道を楽しく初体験した。
【著作】
◇仏教とキリスト教の対話—浄土真宗と福音主義神学　ハンス—マルティン・バールト, マイケル・パイ, 箕浦恵了編　法蔵館　2000.11〈内容:浄土真宗と福音主義神学の代表者によるパネルディスカッション(マイケル・パイ, シモーネ・ハイデッガー)〉

バイナー, アロン
Viner, Aron
エコノミスト

[学位]Ph. D.(ロンドン・スクール・オブ・エコノミックス)
東南アジアの経済開発に従事後、最近まで日本の四大証券会社の一つに在職した。日本の金融問題、特に金融機関やメーカーの国際金融活動についての専門家として多くの雑誌に論文を発表し、ボストンと東京を本拠にコンサルタントとしても活動している。著書に「Inside Japanese Financial Markets」など。
【著作】
◇ジャパン・マネーの脅威—日本の野心アメリカの苛立ち　アロン・ヴァイナー著, 斎藤精一郎訳　HBJ出版局　1989.7

バイニング, エリザベス・グレイ
Vining, Elizabeth Gray
児童文学作家　天皇陛下の元家庭教師

[生年月日]1902年10月6日
[没年月日]1999年11月27日
[国籍]米国　[出生地]ペンシルベニア州フィラデルフィア　[旧姓名]グレイ　[別名等]筆名=グレイ, エリザベス・ジャネット〈Gray, Elizabeth Janet〉　[学歴]ドレクセル大学大学院修了
図書館学を学び、1925年サウス・カロライナ大学図書館司書。'29年結婚。'33年夫と死別後作家活動に入り、主に児童文学を多数手がけ、'42年「旅の子アダム」を発表。'46年来日、学習院で英語を教え、また皇太子(当時)の英語教師を5年間担当、英語だけでなく人格形成にも影響を与えた。'69年ベトナム戦

争反対の座り込みで逮捕されたこともある平和主義者。帰米後'52年に「皇太子の窓」を発表、ベストセラーになった。'59年の皇太子の結婚式にも外国人としてただ一人招待された。'70年自伝を出版、'89年「天皇とわたし」として日本語抄訳されている。　[受賞]ニューベリー賞〔1942年〕「旅の子アダム」、生涯業績賞（フィラデルフィア市立自由図書館）〔1990年〕

【著作】
◇日本での四ケ年―皇太子と私 高橋たね訳 文藝春秋新社　1951
◇皇太子の窓 小泉一郎訳 文藝春秋新社　1953
◇日本・生存システムへの提言（インタビュー）2　E・バイニング夫人：週刊ポスト　1980.7.18
◇天皇とわたし　エリザベス・グレイ・ヴァイニング著、秦剛平、秦和子訳　山本書店　1989.12

ハイネ，ヴィルヘルム
Heine, Wilhelm Peter Bernhard
画家　ペリー艦隊付き画家

[生年月日] 1827年1月30日
[没年月日] 1885年10月5日
[国籍]ドイツ　[出生地]ドレスデン

生地の美術学校において絵画、製図及び建築を学び、1845年から3年間パリに留学する。1848年ドレスデン宮廷の建築を担当し、さらに宮廷劇場の舞台画家を務める。1852年アメリカに渡る。ペリー提督に会い、ペリー艦隊の日本遠征に海軍軍人として参加した。軍人の地位は得たが、本務は画家であり、遠征地のスケッチを作成することが仕事であった。1860年江戸滞在中多くのスケッチをのこし、当時の日本の風俗を欧米に紹介した。1860年の日本滞在中多くのスケッチを描き、「ペルリ提督遠征記」に掲載された。また、ペリー艦隊遠征中に多くの手紙を故国ドイツの肉親に送り、それらが後に「世界周航日本への旅」がまとめられた。アメリカに帰還後、南北戦争に従軍し陸軍准将に昇進する。その後、パリに駐在し、ついでリヴァプール駐在領事に任ぜられる。1871年ドレスデンに帰ったが晩年は病弱な晩年を過ごした。

【著作】
◇世界周航日本への旅　ハイネ〔著〕，中井晶夫訳　雄松堂出版　1983.11

ハイマス，ジョニー
Hymas, Johnny
写真家

[生年月日] 1934年
[国籍]英国　[出生地]ヨークシャー州ヨーク
[学歴]陸軍体育訓練学校〔1958年〕卒　[専門]風景写真

1958年から6年間軍で体育指導に携わる。その後、アクロバット・ダンサーとなり、世界中の劇場やナイトクラブに出演。一方、米国ハリウッドで写真を学び、夜はアクロバット、昼は写真の二重生活を送る。'69年38番目の国として来日、日本の自然に感動し以後毎年来日。'74年日本人と結婚し、東京に定住し、写真に専念。北海道から沖縄までくまなく歩き、自然と伝統文化を撮り続け、写真誌などに発表。'86年から日本の田んぼをテーマに撮影を始め、'94年写真集「たんぼ」を出版。他の写真集に「ふるさと」「ジョニー・ハイマンのこよみ」「庭のこころ」「面影の日本」「田舎」、ビデオ化された「JAPAN―The FourSeasons」（'90年）などがある。　[受賞]AVAマルチメディアグランプリ静止画ハイビジョン賞〔1991年〕「JAPAN The Four Seasons」，岩手農民大学農民文化賞（第6回）〔1995年〕

【著作】
◇日本の四季　ジョニー・ハイマス著　主婦の友社　1994.7
◇ふるさと―この国は特別に美しい　ジョニー・ハイマス著　ユーリーグ　1995.4
◇美しい日本のこころ　ジョニー・ハイマス著，ブライアン・ウィリアムズ画　求竜堂　1996.4
◇面影の日本　小泉八雲著，平井呈一訳，ジョニー・ハイマス写真　恒文社　1999.3

パイル, ケネス
Pyle, Kenneth B.
日米文化教育交流会議委員長

［国籍］米国　［学位］Ph. D.（ジョンズ・ホプキンズ大学）〔1965年〕　［専門］東アジア研究, 日本研究
1961～64年日本に留学。'65年からワシントン大学で教鞭を執り, '78～88年同大学国際問題大学院院長を務める。同大学ヘンリー・M・ジャクソン国際問題研究所理事を経て, 東アジア研究所教授。「Journal of Japanese Studies」誌の創刊者で元編集長。日米文化教育交流会議委員長を務めた。日本の国際的役割について多数の著作がある。著書に「The Trade Crisis:How Will Japan Respond？」「The Japanese Question（日本への疑問）」など。　［受賞］吉田賞（褒賞）〔1991年〕　［叙勲］勲三等旭日中綬章（日本）〔1999年〕

【著作】
◇新世代の国家像—明治における欧化と国粋　ケネス・B. パイル著, 五十嵐暁郎訳　社会思想社　1986.12
◇日本への疑問—戦後の50年と新しい道　ケネス・B. パイル著, 加藤幹雄訳　サイマル出版会　1995.8
◇近代日本と社会問題の発生—外国における日本研究の最近の傾向　Kenneth B. Pyle：法学新報　109（1・2）　2002.4

ハーウィット, マーティン
Harwit, Martin
スミソニアン航空宇宙博物館館長

［生年月日］1931年
［国籍］米国　［出生地］チェコスロバキア　［学位］博士号（マサチューセッツ工科大学）　［専門］天体物理学
15歳の時米国に移住。大学で物理学を専攻し, のちコーネル大学教授。同大学に「科学技術の歴史と哲学」プログラムを創設, 自らそのリーダーとなる。1987年からスミソニアン航空宇宙博物館館長。'95年米国初の本格的原爆展を企画するが, 広島に原爆を投下したB29爆撃機エノラ・ゲイの展示をめぐり旧軍人団体らの厳しい批判に遭い原爆展は中止となる。5月館長を辞任。'96年一連の原爆展中止の経緯を詳細に著した「拒絶された原爆展」を刊行, '97年日本語訳が発売。著書に「天体物理学概念」（'82年）がある。

【著作】
◇拒絶された原爆展—歴史のなかの「エノラ・ゲイ」　マーティン・ハーウィット〔著〕, 山岡清二監訳, 渡会和子, 原純夫訳　みすず書房　1997.7

ハウエル, ウィリアム
Howell, Willam G.
元・留学生

［生年月日］1970年
［国籍］米国
1993年日本に交換留学生として来日、社会学を専攻。'95年から外資系日本企業に勤務。

【著作】
◇さまよえる日本人—無責任社会の本質に迫る　人間・組織・社会の研究　ウィリアム・G. ハウエル著, 竹野伸彦訳編　チクマ秀版社　2001.5

パウエル, ジム
Powell, Jim
ジャーナリスト

［生年月日］1944年
［国籍］米国　［学歴］シカゴ大学（経済史）
シカゴ大学でミルトン・フリードマンに師事。「ニューヨーク・タイムズ」「ウォール・ストリート・ジャーナル」などに寄稿。フリートレード論を掲げて, 日本バッシングを唱えるタカ派の学者とまっこうから対決する論客。著書に「アメリカ不動産王国の素顔—スーパースターを生みつづける大地」「東京の子鬼たち」など。

【著作】
◇Tokyoの小鬼たち　ジム・パウエル著, 長賀一哉監訳　エムジー　1989.1

ハウエル, デービッド
Howell, David
政治家　英国下院議員（保守党）・外交委員長

[生年月日] 1936年1月18日
[国籍]英国　[出生地]ロンドン　[本名]Howell, David Arther Russell　[学歴]ケンブリッジ大学卒
コールドストリーム近衛連隊、大蔵省、「デイリー・テレグラフ」紙論説委員などを経て、1966年保守党下院議員。サッチャー政権の'79年エネルギー相、'81年運輸相を歴任後、'87～97年下院外交委員会委員長を務める。多彩な経歴を背景に鋭い歴史感覚とバランス感覚で知られ、英日2000年委員会委員長、英日21世紀委員会英国側議長などを務める。日英関係の専門家でもある。主著に「ヨーロッパからの提言」など。1997年バロンの称号を得る。　[叙勲]勲一等瑞宝章（日本）〔2001年〕
【著作】
◇ヨーロッパからの提言—日米欧三極体制へ向けて　デイビッド・ハウエル著, 高畑昭男訳　ティビーエス・ブリタニカ　1989.9
◇場所請負制とアイヌ—近世蝦夷地史の構築をめざして　札幌シンポジウム「北からの日本史」　北海道・東北史研究会編　北海道出版企画センター　1998.12〈内容：近世北海道における中間領域（ミドル・グランド）の可能性（デビット・L. ハウエル））
◇周縁文化と身分制　脇田晴子, マーチン・コルカット, 平雅行共編　思文閣出版　2005.3〈内容：近世社会における私的暴力と公的美徳（デビット・ハウエル））
◇ローカルヒストリーからグローバルヒストリーへ—多文化の歴史学と地域史　河西英通, 浪川健治, M. ウィリアム・スティール編　岩田書院　2005.8〈内容：地域社会に不穏をもたらす者たち（デビッド・ハウエル））

パウエル, ビル
Powell, Bill
ジャーナリスト　「ニューズウィーク」東京支局長

[生年月日] 1957年
[国籍]米国　[出生地]ニューヨーク　[学歴]ノースウエスタン大学歴史学科卒

「ビジネスウィーク」から1986年「ニューズウィーク」に移り、'89年から東京支局長。米国CBSテレビの経営難、ブラックマンデーなどの経済ニュース報道で賞を受賞。
【著作】
◇頑張れ、ニッポン　ビル・パウエル, 槇原久美子著, 藤本直道訳　ティビーエス・ブリタニカ　1995.11

パウエル, ブライアン
Powell, Brian William Farvis
日本文学研究家　オックスフォード大学東洋学部副学部長

[生年月日] 1939年
[国籍]英国　[学歴]オックスフォード大学東洋学部〔1962年〕卒　[学位]Ph. D.（オックスフォード大学）〔1972年〕　[専門]日本演劇
当初中国の古典を研究、22歳の頃から日本の能などに関心を抱き、オックスフォード大学東洋研究所で日本語を学ぶ。日本の左翼演劇の研究で博士号取得。'66～88オックスフォード大学セント・アントニーズ・カレッジ特別研究員、'66年以来同大東洋学部日本学科講師を務め、現在、東洋学部副学部長、同大キープル・カレッジ特別研究員。この間'86～87年京都大学人文科学研究所客員研究員、'87年オーストラリア国立大学客員研究員。'94年山本安英の会記念基金の第2回助成対象者となる。新劇、新派劇、歌舞伎などを研究、特に松井須磨子、真山青果に造詣が深い。著書に「Modern Japan」「Kabuki in Modern Japan」、共著に「Britain and Japan 1859～1991」、分担執筆に「視覚の19世紀—人間・技術・文明」などがある。
【著作】
◇Kabuki—Changes and prospects International Symposium on the Conservation and Restoration of Cultural Property　Tokyo National Research Institute of Cultural Properties　c1998〈内容：1930年代の歌舞伎—多様化の10年（ブライアン・パウエル））
◇日英交流史—1600-2000　5　細谷千博, イアン・ニッシュ監修, 都築忠七, ゴードン・ダニエルズ, 草光俊雄編　東京大学出版会　2001.8〈内容：二つの演劇文化が交わるとき（ブライアン・パウエル））

ハウスホーファー, カール
Haushofer, Karl
地政学者　駐日ドイツ大使館書記官, ミュンヘン大学教授

[生年月日] 1869年8月27日
[没年月日] 1946年3月13日
[国籍]ドイツ　[出生地]ミュンヘン
ミュンヘンの名家に生まれる。1887年から1919年までドイツ陸軍将校として軍務につく。この間、陸軍将官としてインド、中国、日本、シベリア等に旅行し、1909年から1910年までバイエルン参謀本部の委嘱で日本に滞在、日本陸軍の調査研究に従事する。帰国後、ミュンヘンの陸軍士官学校教官を経て、予備役に編入され陸軍少将となり、1921年軍役を退く。1919年ミュンヘン大学地理学教授、21年名誉教授となる。1934年から1937年までドイツ・アカデミー会長を務める。さらにヒトラーの外交顧問に就任し、第2次世界大戦までナチス外交政策に関わった。終戦後の1946年3月13日妻と共に自殺する。日本に関する著作として"Dai Nihon"(1913)および"Japan und Japaner"(1923)等がある。

【著作】
◇大日本　上巻　ハウスホーファー著, 若井林一訳　洛陽書院　1942
◇日本　佐々木能理男訳　第一書房　1943

パウフラー, アレクサンダー
Paufler, Alexander
実業家　ダイムラー・クライスラー日本上級副社長

[生年月日] 1953年
[国籍]ドイツ　[学位]M. B. A.(ザールラント州立大学), Ph. D.(ラインラント州立大学)
1981年よりダイムラー・ベンツの税務部門に勤務。'87年大手会計事務所東京支店勤務のため来日。'90年メルセデス・ベンツ日本財務担当役員、'95年上級副社長となり、財務、IT部門の改革に手腕を振るう。'99年ダイムラー・クライスラー日本上級副社長に就任。2000年三菱自動車上級執行役員。著書に「ダイムラー・クライスラー日本のIT革命」がある。

【著作】
◇ダイムラークライスラー日本のIT革命　アレキサンダー・パウフラー著, 肥田良夫訳　日経BP社　2001.4

ハヴラサ, ヤン
Havlasa, Jan
旅行家, 文筆家

[生年月日] 1883年
[没年月日] 1964年
[国籍]チェコスロバキア　[出生地]テプリツェ
文学者でジャーナリストとしても活躍した父を持ち、端役から文才を発揮する。旅行好きでヨーロッパ各地を回り、1901年に初の旅行体験小説「山かげ　スロヴァキア物語」を出版する。1912年にアメリカから世界旅行に出発し、同年5月24日に夫人とともに来日。日本各地を旅行し、北海道も訪れる。日本に関する著作として1917年～1932年に小説6冊、旅行記4冊を刊行した。第一次世界大戦後のヴェルサイユ講和会議に出席するなど政治分野でも活躍する。第二次大戦中は南アメリカで亡命生活を送る。戦後は一時帰国の後、1948年の共産党政権発足にともないアメリカに移住した。1930年刊行の旅行記「日本の秋」の北海道紀行の部分が邦訳され「アイヌの秋」として出版された。

【著作】
◇アイヌの秋—日本の先住民族を訪ねて　ヤン・ハヴラサ著, 長与進訳　未来社　1988.9

バーガー, ゴードン
Berger, Gordon Mark
歴史学者　南カリフォルニア大学教授・東アジアセンター所長

[生年月日] 1942年
[国籍]米国
日本近代史を研究。著書に「大政翼賛会」がある。

【著作】
◇日清戦争と東アジア世界の変容　下巻　東アジア近代史学会編　ゆまに書房　1997.9

〈内容：日清戦争と陸奥宗光―その心理的・歴史的側面（ゴードン・バーガー）〉
◇大政翼賛会―国民動員をめぐる相剋　ゴードン・M. バーガー著，坂野潤治訳　山川出版社　2000.10

バーガー，マイケル
Berger, Michael
メディアコンサルタント，元・ジャーナリスト　「サンフランシスコ・クロニクル」東京支局長

[生年月日] 1936年9月17日
[国籍]米国　[出生地]サンフランシスコ　[学歴]カリフォルニア大学バークレー校〔1960年〕卒

1961年初来日。「サンフランシスコ・クロニクル」「パシフィック・スターアンドストライプス」「ボストン・グローブ」「ニューリーダー・マガジン」などの記者として，日米関係を取材。'88〜93年「サンフランシスコ・クロニクル」東京支局長。この間，'75年アメリカ・シネ・フェスティバルで，監督・作家として，日本の経済成長を扱った「Growing up Japanese」でゴールデン・イーグル賞を受賞。'79年にはライシャワー教授監修のテレビ番組「Japan The Changing Tradition」のチーフ構成作家を務めるなど，日米相互理解のための幅広い活動を続ける。現在，メディアコンサルタントとして活躍。著書に「日本人を知らないアメリカ人・アメリカ人を知らない日本人」（共著）など。　[受賞]ゴールデン・イーグル賞〔1975年〕「Growing up Japanese」

【著作】
◇日本人を知らないアメリカ人アメリカ人を知らない日本人　加藤恭子，マイケル・バーガー著　ティビーエス・ブリタニカ　1987.9
◇日本人を知らないアメリカ人アメリカ人を知らない日本人　新版　加藤恭子，マイケル・バーガー著　ティービーエス・ブリタニカ　1990.5
◇公開シンポジウム「経済的インテグレーション」時代における日米協調（Occasional papers）　統計研究会編　統計研究会　1992.7
〈内容：パネルディスカッション:日米の産業協力のあり方と問題点（マイケル・バーガー，香川勉，五味269男，島田晴雄，山田充彦)〉
◇外国プレスのみた日本の記者会見　マイケル・バーガー：新聞研究　511　1994.5

バーガミニ，デービッド
Bergamini, David H.
科学解説家

[生年月日] 1928年10月11日
[没年月日] ?
[国籍]米国　[出生地]東京都　[出身地]豊島区池袋　[学歴]ダートマス大学〔1949年〕卒，オックスフォード大学〔1951年〕卒

東京築地の聖路加病院を建てた米国人建築技師のもと，東京池袋に生まれる。日中戦争中の1936年父と中国廬山に渡り，'37年の南京大虐殺を体験，さらに一家はフィリピンに渡り，'42年の皇軍のコレヒドル攻略，いわゆる"バターン死の行進"を目撃する。この間'41年12月よりバキオ，マニラで捕虜生活を送り，'45年マッカーサーの部隊に救出された。その後大学生活を経て'51〜61年にわたって「タイム」「ライフ」誌の寄稿家となった。'65年夏から1年間滞日，日本軍を憎み日本人を愛する米国人として調査，インタビューを続け，'71年「Japan's Imperial Conspiracy:How Emperor Hirohito led Japan into War against the West（天皇の陰謀）」を米国で公刊，'74年邦訳され話題を呼んだ。エドウィン・ライシャワーには嫌われ，不遇な後年をコンピューター・プログラマーとして送ったといわれる。

【著作】
◇天皇の陰謀―隠された昭和史 決定版　1　デイヴィッド・バーガミニ著，いいだもも訳　NRK出版部　1988.9
◇天皇の陰謀―隠された昭和史 決定版　2　デイヴィッド・バーガミニ著，いいだもも訳　NRK出版部　1988.9
◇天皇の陰謀―隠された昭和史 決定版　3　デイヴィッド・バーガミニ著，いいだもも訳　NRK出版部　1988.9
◇天皇の陰謀―隠された昭和史 決定版　4　デイヴィッド・バーガミニ著，いいだもも訳　NRK出版部　1988.9
◇天皇の陰謀―隠された昭和史 決定版　5　デイヴィッド・バーガミニ著，いいだもも訳　NRK出版部　1988.9
◇天皇の陰謀―隠された昭和史 決定版　6　デイヴィッド・バーガミニ著，いいだもも訳　NRK出版部　1988.9

◇天皇の陰謀―隠された昭和史 決定版 7 デイヴィッド・バーガミニ著，いいだもも訳 NRK出版部 1988.9

朴 宇熙 パク・ウヒ
ソウル大学国際経済学科教授

[生年月日] 1935年12月2日
[国籍]韓国　[出生地]清道　[学歴]ソウル大学経済学科〔1958年〕卒，マンチェスター大学大学院〔1968年〕修了　[学位]経済学博士（ソウル大学）〔1974年〕，経済学博士（東京大学）〔1990年〕　[専門]国際経済学
1967年ソウル大学助教授，のち副教授を経て現在、教授。その間、商工部貿易委員長、生産技術研究院長などを歴任。また、日本の通産省の海外諮問委員を委嘱され、日韓両国の政策にも関与する。著書に「The Adoption & Diffusion of Imported Technotogy」「韓国の経済発展」など。　[受賞]茶山経済学賞，エコノミスト賞
【著作】
◇NIRA-KDI共同シンポジウム2000年へ向けての日本と韓国の共通課題（International conference report series）　総合研究開発機構　1987.8〈内容：2000年に向けての韓・日の産業構造の変化と分業（朴宇熙)〉
◇世界経済の成長センター―アジア太平洋地域　法政大学第14回国際シンポジウム　平田喜彦編　多賀出版　1993.2〈内容：日本の構造調整と新たな国際技術分業（朴宇熙)〉

朴 檀 パク・カン
Park Kang
建国大学史学科講師

[生年月日] 1963年
[国籍]韓国　[出生地]ソウル　[学位]文学博士（高麗大学）〔1993年〕　[専門]近代日本史
1994年一橋大学客員研究員、上海の復旦大学客員研究員を歴任。著書に「日帝の大陸侵略史―華北事変」('93年)、「日本の中国侵略とアヘン」('94年)がある。
【著作】
◇日本の中国侵略とアヘン（Academic series）朴檀著，許東粲訳　第一書房　1994.11

朴 京子 パク・キョンジャ
国際服飾文化研究院長，国際服飾学会理事

[生年月日] 1923年12月27日
[国籍]韓国　[出生地]天安　[学歴]徳成女子大学家政学科〔1958年〕卒，お茶の水女子大学大学院〔1966年〕修了
著書に「韓国衣装構成」「礼論」「韓国服飾文化史」（日文）などがある。　[叙勲]韓国国民褒章，緑条素星勲章，韓国国民勲章冬柏章
【著作】
◇訪日学術研究者論文集―アカデミック　第6巻　日韓文化交流基金〔編〕　日韓文化交流基金　2000.3〈内容：言語、文化、社会に関する研究（朴京子)〉

朴 慶洙 パク・キョンス
江陵大学教養部専任講師

[生年月日] 1955年
[国籍]韓国　[出生地]大邱　[学歴]東北大学大学院博士課程修了　[専門]日本近世史
主要論文に「商家同族団の組織と理念」「巨大商人資本と幕藩権力」など。
【著作】
◇商家同族団の組織と理念―江戸時代三井家を事例として　朴慶洙：民族学研究　54(3) 1989.12
◇近世日本の都市と交通　渡辺信夫編　河出書房新社　1993.2〈内容：仙台城下商人仲間の成立（朴慶洙)〉
◇近世日本の生活文化と地域社会　渡辺信夫編　河出書房新社　1995.10〈内容：仙台藩の流通政策と地域経済圏（朴慶洙)〉
◇訪日学術研究者論文集―アカデミック　第1巻　日韓文化交流基金〔編〕　日韓文化交流基金　1999.3〈内容：仙台城下における株仲間の成立―享保期の薬種仲間を中心に（朴慶洙)〉

朴 権相 パク・クォンサン
ジャーナリスト　「東亜日報」顧問

[生年月日] 1929年10月25日
[国籍]韓国　[出生地]全羅北道扶安　[学歴]ソウル大学文理学部英文科〔1952年〕卒，ノー

スウェスタン大学新聞科修士課程修了，ハーバード大学大学院〔1965年〕修了
1952年言論界に入り，韓国日報論説委員、東亜日報編集局長・駐英特派員・論説主幹を歴任。'80年全斗煥政権による言論弾圧で追放を受けたが'87年言論界に復帰，コラムニスト。'90年に正式に復帰，週刊誌「時事ジャーナル」編集人兼主筆に。'94年「東亜日報」顧問。著書に「自由言論の命題」「民主主義とは何か」「アメリカを考える」ほか多数がある。
[受賞]中央言論文化賞，仁村賞（言論部門）
【著作】
◇訪日学術研究者論文集―アカデミック　第3巻　日韓文化交流基金〔編〕　日韓文化交流基金　1999.3〈内容：日本の政治改革と政権闘争の教訓（朴権相）〉

朴 恵淑　パク・ケイシュク
Park Hye-sook
三重大学人文学部教授

[生年月日]1954年4月20日
[国籍]韓国　[出生地]ソウル　[学歴]梨花女子大学卒，筑波大学大学院地球科学研究科博士課程修了　[学位]理学博士　[専門]環境地理学
梨花女子大学卒業後，来日し筑波大学大学院を修了。三菱化学生命科学研究所研究員などを経て，1995年四日市公害を研究するために三重大学人文学部に移り，同大助教授、2000年教授。
【著作】
◇環境快適都市をめざして―四日市公害からの提言　上野達彦，朴恵淑編著　中央法規出版　2004.1

朴 在旭　パク・ジェウク
Park Jea-wook
政治家　韓国国会議員（ハンナラ党），大邱外国語大学理事長　慶北外国語専門大学学長

[生年月日]1938年1月4日
[国籍]韓国　[出生地]慶尚北道慶山　[学歴]弘益大学（社会学）〔1960年〕卒

1981年11代韓国国会議員（韓国国民党），'95年慶北外国語専門大学学長，'97年ハンナラ党慶山地区党委員長などを歴任。また、同年大邱外国語大学を設立し、理事長を務める。2000年16代国会議員に当選。著書に「大きな風は道を聞かない」がある。
【著作】
◇訪日学術研究者論文集―アカデミック　第2巻　日韓文化交流基金〔編〕　日韓文化交流基金　1999.3〈内容：アジア地域経済圏の諸構想と日本の選択（朴在旭）〉

朴 在権　パク・ジェグォン
Park Jae-kwon
韓国陸軍士官学校教授

[国籍]韓国　[学歴]韓国陸軍士官学校（英語科）卒，韓国外国語大学（日本語科）卒，韓国外国語大学大学院日本語科（日本語学専攻）〔1984年〕修了，中央大学（日本）大学院文学研究科（日本語学専攻）〔1994年〕修了　[専門]日本語
著書に「核心日本語教本」「日戦争小説講読」「現代日本語・韓国語の格助詞の比較研究」など。
【著作】
◇現代日本語・韓国語の格助詞の比較研究　朴在権著　勉誠社　1997.6

朴 埈相　パク・ジュンサン
日本政治評論家

[生年月日]1966年
[国籍]韓国　[出生地]ソウル　[学位]政治学博士（明治大学）〔2003年〕
1992年来日。著書に「天皇制国家の形成と朝鮮植民地支配」がある。
【著作】
◇天皇制国家形成と朝鮮植民地支配　朴埈相著　人間の科学新社　2003.3

朴 俊熙　ぱく・じゅんひ
福岡女学院大学人文学部教授

[生年月日]1924年8月25日

[出生地]牙山　[学歴]ソウル大学教育学部教育学科〔1950年〕卒　[学位]文学博士(梨花女子大学)〔1975年〕　[専門]ハングル語
1956～89年梨花女子大学教育学部教育学科教授などを経て、'90年福岡女学院大学教授に就任。著書に「お母さん教室」「児童発達と指導」「韓国人の教育観」「『拡大志向』の日本人」などがある。　[叙勲]韓国国民勲章牡丹章
【著作】
◇「拡大志向」の日本人　朴俊熙著　東信堂　1986.11
◇外国人から見た日本の教育の国際化　朴俊熙：教育と医学　40(6)　1992.6

朴　順愛　パク・スンエ
社会学者　湖南大学助教授

[国籍]韓国　[学位]社会学博士(一橋大学)
韓国・日本の大衆文化を研究。著書に「日本の文化と社会」、論文「マンガとアニメーションに見る日本人の戦争観」がある。
【著作】
◇日本大衆文化と日韓関係―韓国若者の日本イメージ　朴順愛,土屋礼子編著　三元社　2002.5
◇訪日学術研究者論文集―一般　第11巻　日韓文化交流基金編　日韓文化交流基金〔2004〕〈内容：内閣府新設と内閣機能強化(朴順愛)〉

朴　成寿　パク・ソンスウ
歴史学者　韓国精神文化研究院教授,韓国大学院教授

[生年月日]1931年
[国籍]韓国　[出生地]全北茂朱　[学歴]ソウル大学教育学部歴史科卒, 高麗大学大学院修了　[専門]韓国史
成均館大学教授、国史編纂委員会編史室長を経て、韓国精神分化研究院、韓国大学院教授。日韓合同歴史教科書研究会に参加。著書に「檀君紀行―上古史の再照明」「歴史学概論」「独立運動史研究」「歴史理解と批判意識」「韓国近代史の再認識」など。
【著作】

◇韓国・檀君神話と英彦山開山伝承の謎―日韓古代史シンポジウム　長野覚,朴成寿編　海鳥社　1996.7

朴　忠錫　パク・チュンソク
Park Choong-seok
政治学者　梨花女子大学政治外交学科教授

[生年月日]1936年
[国籍]韓国　[学歴]延世大学政治外交学科卒
[学位]法学博士(東京大学)　[専門]韓国政治思想史,東洋政治思想
1986年東京大学客員教授を経て、'79年梨花女子大学教授。共編に「国家理念と対外認識」がある。
【著作】
◇国家理念と対外認識―17-19世紀(日韓共同研究叢書)　朴忠錫,渡辺浩編著　慶応義塾大学出版会　2001.5

朴　喆熙　パク・チョルヒ
政治学者　韓国外交安保研究院助教授　政策研究大学院大学助教授

[生年月日]1963年
[国籍]韓国　[学歴]ソウル大学大学院修士課程修了,コロンビア大学大学院　[専門]日本の政党・選挙
ソウル大学での修士論文は張勉民主政権崩壊の原因分析。1991年から米国コロンビア大学大学院に留学、旧北海道2区を対象に日本の政治を博士論文のテーマとして研究。'96年調査で来日。のち政策研究大学院大学助教授を経て、2002年韓国外交安保研究院助教授(日本担当)。著書に「代議士のつくられ方」がある。日本語に堪能。
【著作】
◇代議士のつくられ方―小選挙区の選挙戦略(文春新書 088)　朴喆熙著　文藝春秋　2000

パーク，トーマス
Park, Thomas B.
言語学者，歴史研究家　邪馬台問題研究所（Research Center of Yamato）所長

［生年月日］1929年1月1日
［国籍］米国　［出生地］咸鏡北道鏡城（現・北朝鮮）　［別名等］筆名＝朴炳植　［学歴］高麗大学経営大学院修了　［専門］日韓語源研究，日韓古代交流史
海外建設業会社の社長として，韓国経済界で活躍したが，1980年経済界を離れ，日韓両国の言語と歴史の研究に専念。'87年住まいをニューヨークから日本に移し，執筆・講演・テレビ出演など精力的に活躍。島根大学講師を経て，'92年ニューヨークの邪馬台問題研究所長。著書に「ヤマト言葉の起源と古代朝鮮語」「日本語の発見」「万葉集の発見」「ハッケヨイ！ハングル」「スサノオの来た道」「出雲風土記の謎」「慟哭の海」「柿本人麻呂と『壬申の乱』の影」「万葉集枕詞辞典」「ヤマト原記」など。

【著作】
◇ヤマト言葉の起源と古代朝鮮語　朴炳植著　成甲書房　1986.5
◇日本語の悲劇　朴炳植著　情報センター出版局　1986.7
◇日本語の成立証明—「音韻変化の法則」と身体各部位名称・人称代名詞など　朴炳植著　情報センター出版局　1987.1
◇日本原記—天皇家の秘密と新解『日本書紀』朴炳植著　情報センター出版局　1987.6
◇ハッケヨイ！ハングル—日本語のルーツは古代韓国語だった　ソンダル博士の語源講座（ミューブックス）　朴炳植著　毎日新聞社　1987.7
◇日本語の発見—「万葉集」が読めてきた　朴炳植著　学習研究社　1987.8
◇クマソは何語を話したか—ソンダル博士の方言講座九州・沖縄編（ミューブックス）　朴炳植著　毎日新聞社　1987.10
◇古代朝鮮と日本　朴炳植他著　泰流社　1987.11
◇万葉集の発見—「万葉集」は韓国語で歌われた　朴炳植著　学習研究社　1987.12
◇スサノオの来た道—ソンダル博士の方言講座・出雲編　朴炳植著　毎日新聞社　1988.8
◇卑弥呼は語る—言葉が復元する日本の古代史　朴炳植著　学習研究社　1989.5
◇古代朝鮮と日本　朴炳植他著　泰流社　1989.9
◇万葉集枕詞辞典　朴炳植著　小学館　1990.4
◇出雲族の声なき絶叫—記紀の陰謀と出雲風土記の抵抗　朴炳植著　新泉社　1991.1
◇日本語のルーツは古代朝鮮語だった—「吏読」に秘められたヤマト言葉の起源（記紀・万葉を古代朝鮮語で読むための必読シリーズ）　朴炳植著　HBJ出版局　1991.2
◇朴炳植日本古代史を斬る　朴炳植著　学習研究社　1991.9
◇消された「ウガヤ」王朝—『記紀』の裏にひそむ謎を解く　朴炳植著　毎日新聞社　1993.12
◇ヤマト原記—誰が〈日本人気質〉を創ったのか？　朴炳植著　情報センター出版局　1994.1
◇ヤマト渡来王朝の秘密　朴炳植著　三一書房　1998.5
◇ヤマト言葉語源辞典　朴炳植著　BANARY出版　2001.3
◇日本語の悲劇（学研M文庫）　朴炳植〔著〕学習研究社　2002.3

朴　煕泰　パク・ヒテ
日本語学者　外国語大学日語日文学科教授　韓国日語日文学会会長

［生年月日］1928年3月3日
［国籍］韓国　［出生地］ソウル　［学歴］立命館大学経済学科〔1958年〕卒，韓国外国語大学大学院日本語学科〔1975年〕卒
1976年韓国外国語大学助教授、のち副教授を経て、教授。著書に「標準新日本語教本」「新やさしい韓国語」などがある。　［叙勲］勲三等瑞宝章（日本）〔2001年〕
【著作】
◇日本研究・京都会議　1994　国際日本文化研究センター，国際交流基金編　国際日本文化研究センター　1996.3〈内容：韓国における日本語学習ニーズについて（朴煕泰）〉

朴　裕河　パク・ユハ
世宗大学日本文学科教授

［生年月日］1957年
［国籍］韓国　［出生地］ソウル　［学歴］慶応義塾大学文学部卒，早稲田大学大学院　［専門］近代日本文学

高校卒業後、来日して慶応義塾大学文学部、早稲田大学大学院に学び、日本文学を専攻。「日本近代文学とナショナル・アイデンティティ」で博士号を取得。帰国後、世宗大学日本文学科教授に。〈20世紀日本文学の発見〉シリーズを企画・編集し、夏目漱石、大江健三郎、柄谷行人らの著書を翻訳するなど、近現代の日本文学と思想を紹介しながら、民族・帝国・ジェンダーについての関心をもとに、日本近代文学に対する批判的な再解釈を試みる。また民族主義を超えた連帯を模索する韓日知識人の集まり・韓日連帯21を組織し、多様なメディアに寄稿と発言を続ける。著書に「反日ナショナリズムを超えて」「和解のために」などがある。　[受賞]日韓文化交流基金賞

【著作】
◇座談会昭和文学史　第5巻　井上ひさし, 小森陽一編著　集英社　2003〈内容：在日朝鮮人文学（金石範, 朴裕河述）〉
◇継続する植民地主義―ジェンダー・民族・人種・階級　岩崎稔〔ほか〕編著　青弓社　2005
◇反日ナショナリズムを超えて―韓国人の反日感情を読み解く　朴裕河著, 安宇植訳　河出書房新社　2005
◇和解のために―教科書・慰安婦・靖国・独島　朴裕河著, 佐藤久訳　平凡社　2006

朴 英哲　パク・ヨンチョル
Park Young-chul
経済学者　高麗大学経済学科教授　韓国金融研究院院長

[生年月日] 1939年9月17日
[国籍]韓国　[出生地]忠清北道　[学歴]ソウル大学商学部経済学科〔1963年〕卒, ミネソタ州立大学卒　[学位]経済学博士（ミネソタ州立大学）〔1968年〕　[専門]貨幣理論, 国際金融論

1972年高麗大学教授に就任。傍ら、'76年国際通貨基金（IMF）経済調査官、'84年韓国銀行（中央銀行）金融通貨運営委員、'86年韓国開発研究院（KDI）院長、'87年大統領経済首席秘書官、'92年韓国金融研究院院長を歴任。著書に「金融発展の課題と政策」「アジア太平洋地域の貿易」などがある。

【著作】
◇訪日学術研究者論文集―歴史　第2巻　日韓文化交流基金〔編〕　日韓文化交流基金　1999.3〈内容：日本列島の前期・中期旧石器時代文化研究（朴英哲）〉

朴 婉緒　パク・ワンソ
作家

[生年月日] 1931年10月20日
[国籍]韓国　[出生地]京畿道開豊郡　[学歴]淑明女高卒, ソウル大学文理学部国文学科〔1950年〕中退

1970年雑誌「女性新東亜」長編小説懸賞に「裸木」が当選、作家生活に入る。短編を発表し、創作集として刊行するほか、「文学思想」や「東亜日報」に長編小説を連載するなど活躍。作風はウィットやユーモア、弾力性に富み、幅広いテーマを扱う。「あなたはまだ夢見ているのか」は'90年度ベストセラーに。他に「傲慢と夢想」「都市の凶年」「その年の冬は暖かかった」「結婚」「新女性を生きよ」などがある。　[受賞]韓国文学作家賞〔1980年〕, 李箱文学賞〔1981年・1991年〕, 大韓民国文学賞〔1990年〕, 韓国中央文化大賞〔1993年〕, 韓国現代文学賞〔1993年〕, 東仁文学賞〔1994年〕

【著作】
◇新女性を生きよ―日本の植民地と朝鮮戦争を生きた二代の女の物語（教科書に書かれなかった戦争・らいぶ）　朴婉緒著, 朴福美訳　梨の木舎　1999.11

バークガフニ, ブライアン
Burke-Gaffney, Brian
長崎総合科学大学人間環境学部教授

[生年月日] 1950年8月15日
[国籍]カナダ　[出生地]ウィニペグ　[学歴]カールトン大学医学部中退　[専門]日本文化, 比較文化

ヨーロッパ、インドを経て、1972年来日。'73年臨済宗入門得度、来庵の僧名を受け、京都・妙心寺などで雲水修業を行う。'83年から長崎に住む。'86年長崎市の外人（国際）墓地に眠る人々の調査、研究を仲間とともに行い、

英国・米国を中心に19カ国722人の生涯を明らかにした。'91年調査結果に写真やエピソードも添え「ACROSS・THE・GULF・OF・TIME（時の流れを越えて—長崎国際墓地に眠る人々）」を出版。また、'88年ニューヨーク国連本部で開催された第3回軍縮特別総会で、本島長崎市長の演説を同時通訳。'92年NHK大河ドラマ「信長」にイエズス会巡察使バリニャーノ神父役で出演。同年長崎県民表彰を外国人として初めて受賞。のち、長崎総合科学大学教授。他の著書に「花と霜—グラバー家の人々」「庵（An）」など。　［受賞］長崎県民表彰〔平成4年〕

【著作】
◇時の流れを超えて—長崎国際墓地に眠る人々　レイン・アーンズ，ブライアン・バークガフニ著，フミコ・アーンズ〔ほか〕訳　長崎文献社　1991.7
◇花と霜—グラバー家の人々　ブライアン・バークガフニ著，平幸雪訳　長崎文献社　2003.12
◇華の長崎—アルバム長崎百年　秘蔵絵葉書コレクション　ブライアン・バークガフニ編著　長崎文献社　2005.2
◇霧笛の長崎居留地—ウォーカー兄弟と海運日本の黎明（長崎新聞新書）　ブライアン・バークガフニ著，山内素子訳　長崎新聞社　2006.3

バクシー，ラリット
Bakshi, Lalit
インド・ジャパン・トレードセンター理事長

［生年月日］1959年
［国籍］インド　［出生地］ニューデリー　［学歴］ネール大学大学院修了
バラモン。日印合弁事業を企画、立案するインド・ジャパン・トレードセンター（本社ニューデリー）会長・理事長。1985年来日、のち、日本・東京両商工会議所の日印経済委員。'95年映画「ボンベイから名古屋へ」を製作、インドで興行した。エッセイ集に「名古屋が変われば日本が変わる」がある。

【著作】
◇名古屋が変われば日本が変わる—文化、政治、経済の街　インド人ラリット・バクシーの提言　ラリット・バクシー著　六法出版社　1997.4

バーグステン，フレッド
Bergsten, C. Fred
経済学者　米国国際経済研究所（IIE）所長

［生年月日］1941年
［国籍］米国　［出生地］ニューヨーク　［学歴］タフツ大学フレッチャー・スクール〔1969年〕博士課程修了　［学位］Ph. D.（タフツ大学）〔1969年〕　［専門］国際経済学
1969〜71年国家安全保障会議（NSC）国際経済問題担当スタッフ、'72〜76年ブルッキングズ研究所シニア・フェロー、'77〜81年カーター政権で財務次官補（国際問題担当）、財務次官（金融担当）などを歴任。'81年国際経済研究所（IIE）を設立し所長。'88年から米国競争力強化委員会委員長。'93〜95年アジア太平洋経済協力会議（APEC）の賢人会議議長を務めた。世界三極体制の提案者として有名。民主党の有力ブレーンとしてクリントン政権で大きな影響力を持った。著書に「アメリカの経済戦略」、共著に「日米経済摩擦」などがある。

【著作】
◇円・ドル合意後の金融市場—金融市場開放のシナリオ　ジェフェリー・A. フランケル，C. フレッド・バーグステン著，高橋由人訳　東洋経済新報社　1985.10
◇日米経済摩擦—為替レートと政策協調　C. F. バーグステン，W. R. クライン著，奥村洋彦監訳　東洋経済新報社　1986.5
◇国際経済運営上のパートナーシップの諸条件—日米欧委員会タスク・フォース報告（トライアングル・ペーパーズ）　C. フレッド・バーグステン，エティエンヌ・ダビニヨン，宮崎勇著　日米欧委員会　c1987
◇日米衝突は回避できるか　フレッド・バーグステン，マーカス・ノーランド共著，佐藤英夫訳　ダイヤモンド社　1994.5

バーグランド，ジェフ
Berglund, Jeffrey L.
帝塚山学院大学人間文化学部教授

［生年月日］1949年4月6日

[国籍]米国　[出生地]南ダコタ州　[学歴]カールトン大学宗教学専攻〔1970年〕卒　[専門]英語教育

大学在学中の1969年6月～9月同志社大学に留学。'70年9月より同志社高で英会話、英語演習を教える傍ら、町の教室でも英語を指導。'92年大手前女子大学教授を経て、'98年帝塚山学院大学教授に就任。仏教やイスラム教を学び、夏目漱石や遠藤周作など日本文学にも親しむ。一方、映画「ゴジラ」「勝海舟」「極道の妻たち」の他、テレビ、ラジオにも多数出演。著書に「古都殺人まんだら」「さくらんぼに見えた梅干し―日本人何考えてんねん」、出演番組にテレビ「おはよう朝日です」「ナント素敵な熱中時代」、ラジオ「京都大好きラジオ」「World Language Trip」などがある。

【著作】
◇さくらんぼに見えた梅干し―日本人、なに考えてんねん　ジェフ・バーグランド著　プラザ　1995.12
◇日本から文化力―異文化コミュニケーションのすすめ　ジェフ・バーグランド著　現代書館　2003.10

バグワティ, ジャグディシュ
Bhagwati, Jagdish Notwarlal
経済学者　コロンビア大学教授

[生年月日]1934年7月26日

[国籍]米国　[出生地]インド・ボンベイ　[学歴]ボンベイ大学卒, ケンブリッジ大学大学院修士課程修了　[学位]Ph. D.（マサチューセッツ工科大学）　[専門]国際貿易論, 途上国経済
オックスフォード大学、インド統計大学、デリー商科大学で教鞭をとったあと、1969～80年マサチューセッツ工科大学(MIT)教授を務め、'80年よりコロンビア大学教授。ドゥンケル元GATT事務局長の特別顧問も務めた。著書に「保護主義」「危機に立つ世界貿易体制」、共編著に「スーパー301条―強まる『一方主義』の検証」など。

【著作】
◇貿易摩擦を超えて―日米シンポジウム報告書　国際大学日米関係研究所　1987.3〈内容：保護主義と日本（ジャディシュ・N. バグワティ, 喜多村浩)〉
◇危機に立つ世界貿易体制―GATT再建と日本の役割　ジャグディシュ・バグワティ著, 佐藤隆三, 小川春男訳　オータス研究所　1993.7

ハーシー, ジョン
Hersey, John Richard
ジャーナリスト, 作家

[生年月日]1914年6月17日
[没年月日]1993年3月24日

[国籍]米国　[出生地]中国・天津　[学歴]エール大学卒　[資格]米国芸術科学アカデミー会員
宣教師の子として生まれる。エール大学、ケンブリッジ大学に学ぶ。1937～44年「タイム」誌編集長、'44～45年「ライフ」誌編集長をつとめ、'42～46年「ニューヨーカー」「タイム」「ライフ」各誌の従軍記者として過ごす。第二次大戦後、'46年に広島を訪れ、原爆投下とその影響などを取材、「Hiroshima(ヒロシマ)」を「ニューヨーカー」誌に発表、全米で大きな反響を呼び、のちの平和運動"ノー・モア・ヒロシマ"の原典ともなった。そのほか報道文学と呼ばれる分野で、「バターンの兵士たち」「渓谷のなかへ」「アダノの鐘」「壁」「マーモット狩り」「戦争愛好者」「ヒロシマ その後」など注目を集める作品を数多く発表している。のちエール大学教授。　[受賞]ピュリッツァー賞〔1945年〕「アダノの鐘」, 谷本清平和賞（第6回）〔1994年〕

【著作】
◇ヒロシマ　増補版　ジョン・ハーシー著, 石川欣一, 谷本清, 明田川融訳　法政大学出版局　2003.7

バーシェイ, アンドルー
Barshay, Andrew E.
カリフォルニア大学バークレー校準教授

[生年月日]1953年6月8日

[国籍]米国　[学歴]カリフォルニア大学バークレー校〔1975年〕卒, カリフォルニア大学バークレー校〔1980年〕修士課程修了・〔1986

年〕博士課程修了　〔学位〕歴史学博士　〔専門〕日本史　〔団体〕米国歴史学会
ウィスコンシン大学、カリフォルニア大学バークレイ校準教授、同日本研究センター所長を経て、カリフォルニア大学バークレー校準教授。著書に「南原繁と長谷川如是閑─国家と知識人・丸山真男の二人の師」などがある。
【著作】
◇南原繁と長谷川如是閑─国家と知識人・丸山真男の二人の師（Minerva日本史ライブラリー）　A. E. バーシェイ著, 宮本盛太郎監訳　ミネルヴァ書房　1995.12

バージェス，アントニー
Burgess, Anthony
作家, 評論家

[生年月日] 1917年2月25日
[没年月日] 1993年11月22日
[国籍]英国　[出生地]マンチェスター　[本名]ウィルソン、ジョン・アントニー・バージェス〈Wilson, John Anthony Burgess〉　[別名等]別筆名＝ケル、ジョゼフ　[学歴]マンチェスター大学〔1940年〕卒
カトリック教徒の家庭に育ったが、のち〈背教者〉となる。大学卒業後、6年間陸軍教育部隊で軍務に服し、ついで教職に就いた。1954～59年までは植民省の教育行政監督官としてマライとボルネオに滞在。初めは作曲家を志していたが、やがて文筆活動に専念するようになる。小説家としては、'56～59年に発表した「マレー3部作」と言われる長編（「虎の時」「毛布の下の敵」「東のベッド」）でデビュー。代表作は鋭い社会批判をこめたSF「時計じかけのオレンジ」（'62年）で、スタンリー・キューブリック監督が'71年に映画化して話題を呼んだ。このほか、ミステリー、ラブ・ストーリー「その瞳は太陽に似ず」（'64年）など多彩な作品を発表し、多作家として現代イギリス小説界を代表する存在となった。評論では小説論「今日の小説」（'63年）「現代小説とは何か」（'67年）、ジョイス入門書「ヒア・カムズ・エヴリボディ」（'65年）などがある。
【著作】

◇ロンドンで本を読む　丸谷才一編著　マガジンハウス　2001.6〈内容:丸谷才一『たった一人の反乱』他（アントニー・バージェス）〉

ハーシッグ，アンドレア
Hirsig, Andrea
ジャーナリスト

[生年月日] 1965年9月
[国籍]米国　[出生地]シカゴ　[学歴]バッサー・カレッジ〔1988年〕卒
高校生の時1年間、交換留学生として東京・町田市の桜美林高等学校に学ぶ。1989年文部省のJETプログラムで来日、栃木県茂木町に配属され、四つの中学校で英語を教える。のち東京の翻訳会社を経てフリーのジャーナリスト。日本航空の「Winds」に旅行記、毎日新聞にメディア批評などを連載。著書に「『変わった子』でいいよ─アンドレアのニッポン出産・育児日記」がある。

ハース，ウィルヘルム
Haas, Wilhelm
外交官　駐日ドイツ大使

[生年月日] 1931年8月18日
[国籍]ドイツ　[出生地]ミュンヘン
外交官の父親とともに少年時代を東京と北京で過ごす。1955年外務省入省後、在日、在仏、在ケニア大使館、NATO事務局などに勤務し、'85年駐イスラエル大使を経て、'90年10月統一ドイツの初代駐日大使に就任。父親が駐日大使時代（'58～61年）に広報官として仕えたこともあり、流暢な日本語を話す。
【著作】
◇新しい国際秩序における日本の役割─日・米・欧のこれからの協力の方途を探る　国際情報戦略フォーラム特別シンポジウム議事録　国際情報戦略フォーラム特別シンポジウム　1991.12〈内容：新しい国際秩序における日本の役割─日・米・欧のこれからの協力の方途を探る（棚橋祐治, 船ංฐ洋一, マイケル・H. アマコスト, ヴィルヘルム・ハース, サー・ジョン・ホワイトヘッド, 倉成正）〉

バースタイン, ダニエル
Burstein, Daniel
ジャーナリスト　ブラックストーン・グループ上級顧問

[生年月日] 1953年
[国籍] 米国　[出生地] ロサンゼルス　[学歴] カリフォルニア大学バークレー校(政治学)卒
[専門] 国際経済, 財政問題
「ニューヨーク・タイムズ」「ロサンゼルス・タイムズ」「ニューヨーク・マガジン」を中心に活躍。環太平洋地域に関する問題をテーマとし、数々の賞を受賞。最初の著書「YEN!—円がドルを支配する日」('88年)は米国、日本など世界17ケ国で発売され、大ベストセラーになった。他に「ユーロクウェイク—『ヨーロッパ合州国』の誕生から新しい世界秩序へ」「日米株式会社」など、また、ビジネス・コンサルタントとしても活躍し、民間の投資銀行ブラックストン・グループで異業種企業の吸収・合併に手腕を発揮する。

【著作】
◇Yen!—円がドルを支配する日　ダニエル・バースタイン著, 鈴木主悦訳　草思社　1989.2
◇ユーロクエイク—「ヨーロッパ合州国」の誕生から新しい世界秩序へ　ダニエル・バースタイン著, 鈴木主税訳　三田出版会　1991.4
◇「日本たたき」は終わった　ダニエル・バースタイン, 烏賀陽正弘訳：潮　395　1992.3
◇世界の読み方、ニッポンの針路—日本はいま、何ができるか、何をなすべきか「創刊25周年記念シンポジウム」特別再録　D.ハルバースタム, 筑紫哲也, D.バースタイン, 佐々木毅：現代　26(3)　1992.3
◇日米株式会社—対立の時代から共生の時代へ　ダニエル・バースタイン著, 鈴木主税訳　三田出版会　1993.6
◇Yen復活—3つのキーワード(小学館文庫)　ダニエル・バースタイン著　小学館　2001.7

ハスラム, ジョナサン
Haslam, Jonathan
ケンブリッジ大学キングス・カレッジ政治学部教授

[国籍] 英国　[専門] ソ連・欧州の政治問題　[団体] 英国王立歴史学会(特別会員)

ソ連、欧州の政治問題を幅広く研究、近年は第2次世界大戦以降の北方領土問題を含むソ連の対日政策を取り上げている。著書に「ソ連の外交政策」「ソ連と欧州における核兵器政策」など。

【著作】
◇太平洋戦争の終結—アジア・太平洋の戦後形成　細谷千博〔ほか〕編　柏書房　1997.9〈内容：ソ連の対日外交と参戦(ジョナサン・ハスラム)〉

長谷川 イザベル　はせがわ・イザベル
Hasegawa Isabelle
上智大学外国語学部フランス語学科教授

[生年月日] 1942年12月2日
[出生地] フランス・リモージュ　[学歴] ポワティエ大学文学部歴史学科卒, ポワティエ大学大学院史学科フランス中世史専攻修士課程修了　[専門] 19世紀フランス女性史
東京日仏学院、NHKラジオ講座などのフランス語講師も務める。著書に「フランス式結婚・日本式結婚—しあわせの追求のしかた」がある。

【著作】
◇フランス式結婚・日本式結婚—しあわせの追求のしかた　長谷川イザベル著, 長谷川輝夫訳　中央公論社　1998.4

バーソロミュー, ジェームズ
Bartholmew, James R.
歴史学者　オハイオ州立大学準教授

[生年月日] 1941年
[国籍] 米国
専攻は日本科学史で1972年北里柴三郎と日本のバクテリア研究で博士号取得。'71〜77年オハイオ州立大学助教授、その後準教授となる。「日本における科学の成立」を現在の研究テーマとしている。アジア研究学会会員でもある。

【著作】
◇日本研究・京都会議　1994　国際日本文化研究センター, 国際交流基金編　国際日本文化研究センター　1996.3

バタイユ, ジョルジュ
Bataille, Georges
思想家, 作家

[生年月日] 1897年9月10日
[没年月日] 1962年7月9日
[国籍] フランス　[出生地] ピュイ・ド・ドーム県ビヨン　[学歴] 国立古文書学校卒

1922年パリ国立図書館員となり、'51年オルレアン図書館長。'30年代反ファシズム運動に参加。'37年カイヨワ、レーリスらと社会学研究会を設立。雑誌「ドキュマン」「社会批評」などで、思想、政治、社会、美術といった多分野にわたる評論活動を展開。'46年「クリティック」誌を創刊、終生編集長を務める。初めカトリックに傾倒したが、まもなく無神論に転じ、ニーチェの影響を受ける一方、社会学、精神分析などに関心を持ち、神なき時代の"聖なるもの"を求めて、死とエロチシズムを軸とする独自の人間観を形成した。著書に小説「眼球譚」('28年)、「マダム・エドワルダ」('41年)、評論「内的体験」('43年)、「ニーチェについて」('45年)、「エロティシズム」('57年)、「エロスの涙」('61年)など。日本でも「バタイユ著作集」(全15巻)が出ている。

【著作】
◇トラウマへの探究―証言の不可能性と可能性　キャシー・カルース編, 下河辺美知子監訳　作品社　2000.5 〈内容: 広島のひとたちの物語（ジョルジュ・バタイユ）〉

パターソン, トーケル
Patterson, Torkel L.
米国国務次官補代理　米国国家安全保障会議(NSC)アジア担当上級部長

[国籍] 米国　[出生地] カリフォルニア州シールビーチ　[学歴] 米国海軍兵学校〔1976年〕卒, 筑波大学大学院　[専門] 日米関係

海軍兵学校でソビエト問題を学んだのち、日本語、日本政治、日米関係などを学ぶ。1994年海軍を退役し、米国戦略国際問題研究所(CSIS)太平洋フォーラムの上席研究員に就任。2000年日本重視のアジア政策の必要性を説いた「アーミテージ報告書」を親日・知日派のアナポリス・グループの一人として提案。2001年ブッシュ政権発足に伴い国家安全保障会議(NSC)アジア担当上級部長に抜擢されるが、1年で辞任。2002年9月ベーカー駐日米国大使の上級顧問に就任。2004年3月国務次官補代理(南アジア担当)に就任。

【著作】
◇日米中安全保障協力を目指して　岡部達味, 高木誠一郎, 国分良成編　勁草書房　1999.1 〈内容: 米軍のプレゼンスと日米安保（トーケル・パターソン）〉

バチェラー, ジョン
Batchelor, John
宣教師, アイヌ研究家

[生年月日] 1854年3月20日
[没年月日] 1944年4月2日
[国籍] 英国　[出生地] サセックス州アクフィールド村　[学歴] イズリングトン神学校(ロンドン)卒

1875年東洋伝道のため、はじめ香港に行き、セント・ポールカレッジで神学・中国語を研究中、健康を害し、1877年静養のため函館に来日。アイヌ伝道を志し、一旦帰国して宣教師の勉学に励み、1883年再来日。函館に赴任し、日本聖公会宣教師として伝道に従事。1888年幌別に愛隣学校を開設。1892年札幌に本拠を移し、1897年アイヌ宣教教会を設立。アイヌ教宣活動やアイヌ語の研究に没頭し、聖書のアイヌ語訳や辞書作りに励んだ。1923年宣教師を辞任、バチラー学園(後称)を設立。'38年刊行の「An Ainu English Japanese Dictionary(アイヌ・英・和辞典)」は言語学、民族学に大きな影響を与えた。'40年第二次大戦勃発のため、帰国。他の著書に「蝦夷今昔物語」(1884年)、「The Ainu and Their Folklore(アイヌの伝承と民俗)」(1901年)など。'96年4月養女だったアイヌ女性宅から、アイヌ語の聖書やアイヌ語辞典等遺品約500点が発見された。北海道大学植物園内に旧宅が保存され、バチェラー記念館として残っている。

【著作】

◇わが人生の軌跡―ジョン・バチラー遺稿　ジョン・バチラー著, 仁多見巌, 飯田洋右訳編　北海道出版企画センター　1993.10
◇アイヌの伝承と民俗　ジョン・バチラー著, 安田一郎訳　青土社　1995.5
◇アイヌ・英・和辞典　第4版　ジョン・バチラー著　岩波書店　1995.6
◇アイヌの暮らしと伝承―よみがえる木霊　ジョン・バチェラー著, 小松哲郎訳　北海道出版企画センター　1999.11
◇近代地名研究資料集　第5巻　池田末則編・解説,［ジョン・バチラー］［著］§［菱沼右一］［著］　クレス出版　2005.8

ハーチャー, ピーター
Hartcher, Peter
ジャーナリスト　「ジ・オーストラリアン・ファイナンシャル・レビュー」東京支局長

[生年月日] 1964年
[国籍] オーストラリア
1986〜89年「シドニー・モーニング・ヘラルド」紙東京特派員。'93年から「ジ・オーストラリアン・ファイナンシャル・レビュー」東京支局長。記者としての専門分野は金融、政治。
【著作】
◇聖域の終わり―大蔵省の大罪　ピーター・ハーチャー著, 大前研一監修, 平野誠一訳　徳間書店　1997.2

パッカード, ジョージ
Packard, George R.
国際政治学者　米日財団理事長　国際大学学長

[生年月日] 1932年5月27日
[国籍] 米国　[出生地] ペンシルベニア州フィラデルフィア　[学歴] プリンストン大学〔1954年〕卒　[学位] 博士号（フレッチャー法律外交大学院）〔1963年〕
1956年駐留米軍少尉の時初来日。陸軍中尉を経て、'60年フォード基金フェローとして東京大学社会科学研究所に留学。'63〜65年ライシャワー駐日米大使の特別補佐官。その後、'65〜67年「ニューズウィーク」外交担当キャップ・ワシントン駐在、'67〜75年「フィラデルフィア・ブレティン」ホワイトハウス担当記者、編集局長、編集主幹、のちウィルソンセンター副所長などを経て、'79年から14年間ワシントンのジョンズ・ホプキンス大学高等国際問題研究大学院(SAIS)第4代学長を務める。'84年SAISにライシャワー・センター（東アジア研究センター）を設立、所長兼務。'94年4月新潟県南魚沼郡大和町の国際大学第3代学長に就任。'98年退任。同年米日財団理事長。日米の若い世代の人的交流を図る"日米ヤング・リーダーズ・プロジェクト"を提唱し、2000年8月ワシントン州シアトルで第1回会議が開催される。米国を代表する知日派知識人の一人。「プロテスト・イン・ジャパン」('66年)、「アメリカは何を考えているのか」('92年)など日米関係の著書・論文が多い。日本語、中国語に堪能。　[叙勲] 旭日重光章（日本）〔2007年〕
【著作】
◇日本のイメージ・中国のイメージ―アメリカにおけるその変移　ジョージ・R・パッカード：季刊芸術　1971.夏
◇揺れるアメリカの対日観―日米関係に見る20年の変化（対談）　ジョージ・R・パッカード, 本間長世：朝日ジャーナル　22(31)　1980.8.1
◇リヴィジョニスト3人衆の誤謬　ジョージ・R・パッカード, 小林克己訳：中央公論　105(1)　1990.1
◇日米衝突への道　大森実, ジョージ・R・パッカード著　講談社　1990.3
◇アメリカは何を考えているのか　ジョージ・R・パッカード著, 伊藤茂幸訳　講談社　1992.3
◇日本異質論者の時代は終わった　ジョージ・パッカード：日経ビジネス　686　1993.4.19
◇新外交政策？ 21世紀の日本のための幾つかの選択　ジョージ・パッカード：世界の窓　13　1997

パッカード, ハリー・G. C.
Packard, Harry G. C.
美術コレクター　メトロポリタン東洋美術研究センター会長, パッカード慈善財団理事

[没年月日] 1991年10月31日
[国籍] 米国　[出生地] ユタ州ソルトレークシティー　[学歴] ワシントン大学土木科卒　[専門] 日本美術

日本語学校で日本語を学び、第2次大戦で海軍に入り、沖縄で負傷。戦後、青島で日本人の引き揚げ業務に従事した後、GHQの通産局窯業課顧問となる。その時、日本美術に接してその魅力にとりつかれる。その後、カリフォルニア大学バークレー校、早稲田大学で日本美術史を学ぶ。1975年ニューヨーク・メトロポリタン美術館に入り、'87年の日本ギャラリーオープンの際の中心となった。'76年バハマにメトロポリタン東洋美術研究センターを設立。日本や欧米の研究者の援助に努める。水墨画を中心にした日本美術の収集家でもあり、コレクションの一部400点余を約15億円でニューヨークのメトロポリタン美術館に売却した。著書に「日本美術蒐集記」がある。
【著作】
◇日本美術蒐集記　ハリー・G.C.パッカード著　新潮社　1993.1

バック，パール
Buck, Pearl S.
作家

[生年月日] 1892年6月26日
[没年月日] 1973年3月6日
[国籍]米国　[出生地]ウェストバージニア州ヒルズボロ　[旧姓名]サイデンストリッカー，パール〈Sydenstricker, Pearl〉　[別名等]筆名=セッジズ，ジョン〈Sedges, John〉　[学歴]コーネル大学〔1913年〕卒
宣教師の父母に伴われ、生後まもなく中国に渡る。1910年大学入試のため帰国。卒業後、中国に戻り、農業経済学者ジョン・L.バックと結婚。'21〜31年南京大学英文学教授。'30年処女作「東の風、西の風」を発表。'31年には代表作「大地」を発表し、'32年ピュリッツァー賞を受賞。'34年帰国し、'35年離婚。同年再婚したがパール・バックの名のまま創作を続け、平和運動でも活躍した。'38年米国の女流文学者として初めてノーベル文学賞を受賞。他の小説に「神の人々」('51年)、「日本の国民」('66年)、翻訳に「水滸伝」('33年)など。'27年長崎を訪れた。　[受賞]ピュリッツァー賞(文学部門)〔1932年〕「大地」，ノーベル文学賞〔1938年〕
【著作】
◇日本民族への助言　パール・バック：改造臨増　1952.7

バックレー，ロジャー
Buckley, Roger W.
国際基督教大学教養学部国際関係学科教授

[生年月日] 1944年11月2日
[国籍]英国　[学歴]Univ. of Keele人文学部 International History and American Studies卒，ロンドン大学LSE・国際関係史専攻〔1979年〕博士課程修了　[学位]Ph. D.(ロンドン大学)〔1979年〕　[専門]国際関係史　[団体]日本国際政治学会，日本占領史学会，British Assoc. For Jap. Studies
国際大学国際関係学部助教授を経て、国際基督教大学教養学部教授。東京大学非常勤講師も務める。主著に「Occupation Diplomacy:Britain, the United States, and Japan, 1945 - 1952」「Japan Today」「ドキュメント超大国ニッポン—イギリス人の見た戦後の日本」(共著)など。
【著作】
◇世界史のなかの日本占領—法政大学第8回国際シンポジウム(法政大学現代法研究所叢書)　袖井林二郎編　法政大学現代法研究所　1985.3〈内容：「空白期」におけるイギリスの役割り〔報告〕(ロジャー・バックレイ)〉
◇世界システム論(国際政治)　日本国際政治学会編　日本国際政治学会　1986.5〈内容：トーマス・W.バークマン編『日本占領-その国際的背景』，ラインハート・ドリフテ著『日本の外交政策における安全保障要因、一九四五〜一九五二』，マイケル・M.ヨシツ著『日本とサンフランシスコ講和条約』(ロジャー・バックレイ)〉
◇超大国ニッポン—イギリス人の見た戦後の日本ドキュメント　ウィリアム・ホーズレイ，ロジャー・バックレイ著,菅原啓州監訳　日本放送出版協会　1991.8

349

バッジ, タッド
Budge, Todd
東京スター銀行頭取

［生年月日］1959年12月29日
［国籍］米国　［出生地］カリフォルニア州　［学歴］ブリガム・ヤング大学〔1984年〕卒
大学時代に2年間日本に滞在。1985年米国コンサルタント会社、ベイン・アンド・カンパニーの日本法人に就職。シティバンク日本法人、GEキャピタルなどを経て、2002年経営破綻した東京相和銀行に米投資ファンドのローン・スターが出資して誕生した東京スター銀行の取締役となる。2003年1月副頭取。同年5月頭取に就任、外国人として初めて単独で邦銀のトップとなる。17年東証第一部に上場。

【著作】
◇やればできる―日本初・外国人頭取の銀行改革　タッド・バッジ著　徳間書店　2004.3

パッシン, ハーバート
Passin, Herbert
人類学者、社会学者、日本研究家　コロンビア大学名誉教授、米国連合国軍最高司令部（GHQ）民間情報局世論社会調査課長

［生年月日］1916年12月16日
［没年月日］2003年2月26日
［国籍］米国　［出生地］イリノイ州シカゴ　［学歴］シカゴ大学人類学部〔1936年〕卒, シカゴ大学大学院文化人類学専攻〔1941年〕修士課程修了
日露戦争後に渡米したロシア移民の子に生まれる。1941年ノースウェスタン大学人類学科講師を経て、'43年農務省農業局、のち西部諸州から追放された日系人を対象に設置された戦時転住局に勤務。'44年ミシガン大学附置の陸軍日本語学校に入学、1年間の訓練を受け、'46年連合国軍最高司令部（GHQ）の職員として日本に赴任。民間情報教育局の調査・分析課に配属されて占領行政に従事、'51年世論・社会調査課長。世論調査や社会学的分析方法を日本に初めて紹介した。同年帰国、カリフォルニア大学バークレー校、オハイオ州立大学、ワシントン大学などを経て、'62年コロンビア大学社会学部東アジア研究所教授となり、日本の社会・文化の研究を進め、数多くの日本研究者を育成した。'87年退職。知日派として知られ、'67年民間交流の下田会議の創立に参加。'68年日米議員交流プログラム設立に尽力。またフォード財団の顧問として、多数の日本人学者の渡米を手助けした。'84年勲二等瑞宝章を受章。著書に「日本の社会と教育」「日本近代化と教育」「日本とアメリカ」「米陸軍日本語学校」「英語化する日本社会」など。　［叙勲］勲二等瑞宝章（日本）〔1984年〕

【著作】
◇ユダヤ人と日本人（座談会）　竹山道雄, 村松剛, H.パッシン, M.トケイヤー：自由　13（7）　1971.7
◇遠慮と貪欲―コトバによる日本人の研究（ノン・ブック）　ハバート・パッシン著　祥伝社　1978.4
◇アメリカ人の発想・日本人の発想―"合わせる"文化と"個"の文化　トライアングル対談　ハーバート・パッシンほか著　徳間書店　1979.5
◇日の丸と星条旗（座談会）　エズラ・ヴォーゲル, ハーバート・パッシン, 佐藤誠三郎：月刊ペン　1979.9
◇人材の国際化をめざして―日本人とアメリカ人（座談会）　ハーバート・パッシン, 水木泰, 加瀬英明：月刊ペン　1980.4
◇日米を揺がす「対決と依存」（座談会）　ハーバート・パッシン, 花井等, 加瀬英明, 中川八洋：人と日本　1982.3
◇外国人が予測する五年後のニッポン―日本が生活一流国になるための条件　ハーバード・パッシン他著, 佐桑徹訳編　日新報道　1988.2
◇外から見た"天皇教"―外国人記者座談会　アンドレアス・ガンドウ, 岡孝, ハバート・パッシン, 李民煕, サイモン・グローブ, 加瀬英明：文芸春秋　67（4）　1989.3臨増
◇日米における"プライベート"について　ハーバード・パッシン, 加瀬英明：自由　35（7）　1993.7
◇カルチャー・ショック―日本人の狂った審美眼　ハーバード・パッシン, 加瀬英明：自由　35（9）　1993.9

バッソンピエール, アルベール
Bassompierre, Albert Murie Léon Adolph de
外交官　駐日ベルギー大使

[生年月日] 1873年8月3日
[没年月日] 1956年4月2日
[国籍]ベルギー　[出生地]ブリュッセル　[学歴]ルーヴァン大学卒

大学卒業後、1897年コンゴ自由国の中央行政府に勤務したのち、1902年ベルギー外務省政治局に転じ、'20年まで在任。'04年から翌年にかけて、コンゴ外務局官房長。'13年から外務部長、'17年政治局長に就任し、第1次世界大戦時にその大任を果たした。'20年駐日ベルギー公使に任命され、翌'21年5月来日。同年6月大使に昇任し大正天皇の葬儀には特命全権大使に信任された。'28年11月日本の天皇即位式に際し、本国より男爵の爵位を授与された。在日外交団の副首席として活躍し、日本政府より二度にわたり旭日大勲章を受けた。'38年8月定年のため退任、翌年2月帰国した。駐日大使の職を終えるに際し、ベルギー国王よりレオポルト二世勲章大授章が贈られた。滞在中の覚書として"Le Baron de Bassompierre、Dix-huit ans d'Ambassadeur au Japon"(1945)がある。
【著作】
◇在日十八年―バッソンピエール大使回想録　Albert de Bassompierre著, 磯見辰典訳　鹿島研究所出版会　1972

バッツァー, エーリヒ
Batzer, Erich
IFO経済研究所筆頭理事

[生年月日] 1929年
[国籍]ドイツ　[出生地]バイエルン州　[学歴]ミュンヘン大学〔1953年〕卒　[学位]経済学博士　[専門]流通システム論
著書に「西ドイツ経済と卸売業」(1962年)、「商業の協業化」(編、'82年)、「ドイツ企業の対日取引」(共著、'86年)、「現代流通の構造・競争・政策」(共編)などがある。
【著作】
◇日本の流通システムと輸入障壁　E.バッツァー, H.ラウマー著, 鈴木武監訳　東洋経済新報社　1987.11

ハット, ジュリア
Hutt, Julia
キュレーター　ビクトリア・アンド・アルバート博物館東洋部アシスタント・キュレーター

[国籍]英国　[専門]東南アジア美術
東南アジアの美術に造詣が深く、特に日本の漆器に詳しい。「ビクトリア・アンド・アルバート博物館極東シリーズ」の中の「印籠」に関して執筆。著書に「日本の木版画―歌麿から棟方志功まで」がある。
【著作】
◇日本の木版画―歌麿から棟方志功まで　ジュリア・ハット著, 高野瑤子訳　千趣館　1992.7

バッハ, フェイス
Bach, Faith
女優, 文筆家　関東学園大学経済学部助教授

[生年月日] 1950年3月24日
[国籍]米国　[出生地]ボストン　[学歴]上智大学国際部(日本史)卒、ミネソタ大学大学院日本古典文学(万葉集)専攻修士課程修了　[学位]文学博士(オックスフォード大学)　[専門]国文学
子供の頃から女優兼ディレクターの母親より演技の薫陶を受ける。ミネソタ大学より「大伴坂上郎女の生涯と作品」で文学修士号、オックスフォード大学より「歌舞伎に於ける沢瀉屋の貢献」で博士号を取得。のち関東学園大学助教授。歌舞伎座と国立劇場の歌舞伎イヤホン解説者。フリーの女優、作家としても活躍。著書に「ブラボーKABUKI ブラボーJAPAN」がある。
【著作】
◇ブラボーkabukiブラボーJapan―歌舞伎を通して見た不思議の国日本　Faith Bach著, 久坂翠訳　トクマオリオン　1993.11

ハーデカ, ヘレン
Hardacre, Helen
ハーバード大学東亜言語・文化学科教授

[生年月日] 1949年
[国籍] 米国　[学歴] バンダービルト大学卒
[学位] Ph. D.（シカゴ大学）　[専門] 日本の近現代宗教

プリンストン大学、オーストラリア・グリフィス大学を経て、ハーバード大学東亜言語・文化学科教授。著書に「Lay Buddhism in Contemporary Japan, Kurozumikyo and the New Religions of Japan, Shinto and the State, 1868-1988」など。

【著作】
◇宗教の比較文明学　梅棹忠夫, 中牧弘允編　春秋社　1993.3〈内容：大本におけるジェンダーと千年王国（ヘレン・ハーデカ）〉
◇ジェンダーの日本史　上　脇田晴子, S. B. ハンレー編　東京大学出版会　1994.11〈内容：新宗教の女性教祖とジェンダー（ヘレン・ハーディカ）〉
◇アジアの宗教と精神文化　脇本平也, 田丸徳善編　新曜社　1997.4〈内容：浅野和三郎と二〇世紀初期日本における心霊主義（ヘレン・ハーデカ）〉

バーデキー, ナンシー
Bardacke, Nancy
助産婦

[国籍] 米国　[学歴] カリフォルニア大学バークレー校大学院文化人類学修士課程修了

サンフランシスコ医科大学でCNM（助産婦）の資格を取得。のち看護婦、助産婦を訓練するサンホセ州立大学ナース・ミッドワイフスクールの教壇に立つ。一方、カリフォルニア州オークランドで評論家として活躍する室謙二と再婚。1972年初めて来日した時経験した生活文化の違いを夫との共同生活で日常的に味わうようになり、それがきっかけで、夫とともに日米比較文化論ともいえる「日米生活対話—パソコン通信による16テーマ」を執筆。

【著作】
◇日米生活対話—パソコン通信による16テーマ　室謙二, ナンシー・バーデキー著　晶文社　1994.3

バード, イザベラ
Bird, Isabella Lucy
旅行家, 旅行作家

[生年月日] 1831年10月15日
[没年月日] 1904年10月7日
[国籍] 英国　[出生地] ヨークシャー州バラブリッジ

生来病弱だったため、医師のすすめで23歳の時に米国旅行に出る。1856年最初の旅行記「英国女性の見たアメリカ」を刊行。1878年5月上海経由で来日。同年9月にかけて日光、東北、北海道の各地を周り、東京に12月まで滞在。1880年「日本奥地旅行」を刊行し、旅行作家として名声を得た。1894年再来日し横浜に居住、1896年まで滞在。72歳まで旅を続け、イラン、トルコ、シナイ半島、モロッコ、マレー諸島、チベット・カシミール、中国、朝鮮半島などを踏破した。　[記念碑] 山形県金山町

【著作】
◇日本の知られざる辺境・北海道編　神成利男訳　郷土研究社　1969
◇日本奥地紀行　平凡社東洋文庫　1973
◇コタン探訪記—日本の知られざる辺境・北海道編　神成利男訳　北海道出版企画センター　1977（北海道ライブラリー 7）
◇明治初期の蝦夷探訪記　小針孝哉訳　さろるん書房　1977
◇新・ちくま文学の森　10　鶴見俊輔［ほか］編　筑摩書房　1995.6〈内容：「日本奥地紀行」より（イサベラ・バード）〉
◇日本奥地紀行（平凡社ライブラリー）　イサベラ・バード［著］, 高梨健吉訳　平凡社　2000.2
◇バード日本紀行（新異国叢書）　I. L. バード著, 楠家重敏, 橋本かほる, 宮崎路子訳　雄松堂出版　2002.8

バートゥ, フリードマン
Bartu, Friedemann
ジャーナリスト　「ノイエ・チューリヒャー・ツァイトゥング」紙記者

[生年月日] 1950年

[国籍]スイス　[学位]経済学博士(チューリヒ大学)
1970年に初来日、京都で半年学ぶ。'75～78年ペルーで広域農業改革プログラムに参加。'78年からスイスのノイエ・チューリヒ新聞記者。'80年ロンドンの経済・金融特派員。'83～91年東南アジア特派員としてシンガポールに駐在。'91年経済・金融担当特派員としてフランスに移る。この間、'87～90年シンガポール外国人特派員協会会長。著書に「The Ugly Japanese(嫌われる日本人)」がある。
【著作】
◇嫌われる日本人　フリードマン・バートゥ著, 堺屋太一監訳　日本放送出版協会　1994.10

パートノイ, フランク
Partnoy, Frank
サンディエゴ大学助教授

[生年月日] 1967年
[国籍]米国　[専門]金融学
カンザス大学で数学・経済学の学位を取得、エール大学ロー・スクールで法律学位を取得。証券会社ファースト・ボストンを経て、1994年モルガン・スタンレー証券に入社。デリバティブ(金融派生商品)の創出からセールスまで携わる。巨大金融機関の驚くべき内情を暴露した「大破局(フィアスコ)―デリバティブという『怪物』にカモられる日本」が米国ビジネス書部門でベストセラーとなる。
【著作】
◇大破局―デリバティブという「怪物」にカモられる日本　フランク・パートノイ著, 森下賢一訳　徳間書店　1998.2
◇大破局―デリバティブという「怪物」にカモられる日本(徳間文庫)　フランク・パートノイ著, 森下賢一訳　徳間書店　2001.4

バトラー, ケネス
Butler, Kenneth D.
国際ビジネス・コンサルタント　バトラー・コンサルティング社長

[生年月日] 1930年
[国籍]米国　[出生地]オレゴン州　[学位]博士号(ハーバード大学)〔1964年〕

1960～63年フルブライト研究生として東京大学留学。'63～67年エール大学日本文学助教授。'67から10年間、アメリカ、カナダ11大学連合日本研究センター所長。現在、英語・日本語のコンピュータ個人学習用ソフトを開発・販売している。著書に「黒船幻想―精神分析学から見た日米関係」(共著)。
【著作】
◇黒船幻想―精神分析学から見た日米関係(贈与の一撃叢書1)　岸田秀, K. D. バトラー著　トレヴィル　1986
◇黒船幻想―精神分析学から見た日米関係(河出文庫)　岸田秀, K・D・バトラー著　河出書房新社　1994

バトラ, ラビ
Batra, Ravi
経済学者　サザン・メソジスト大学教授

[生年月日] 1943年
[出生地]パンジャブ州(インド)　[学歴]デリー大学卒, サザン・イリノイ大学〔1966年〕卒　[学位]Ph. D.(サザン・イリノイ大学)　[専門]国際貿易論
大学卒業後、1969年渡米。'70年ウエスタン・オンタリオ大学(カナダ)講師を経て、'77年サザン・メソジスト大学教授。執筆、講演等で幅広く活躍。資本主義では富の蓄積の反動で60年ごとに恐慌が来るとしブラック・マンデーを予言した。著書「1990年の大恐慌」は日米でベストセラーに。ほかに「The Downfall of Capitalism and Communism」「1990年大恐慌を生き残る」「マネー・インフレ・大恐慌」「貿易は国を滅ぼす」「ラビ・バトラの世紀末大予言」などがある。'93年来日。
【著作】
◇ラビ・バトラの大予言　ラビ・バトラ著, ペマ・ギャルポ, 藤原直哉訳・解説　総合法令出版　1995.7
◇Japan繁栄への回帰　ラビ・バトラ著, 青柳孝直, 山田智彦訳　総合法令出版　1996.3
◇ラビ・バトラ20世紀最後の大予言　ラビ・バトラ著, ペマ・ギャルポ, 藤原直哉制作　神保出版会　1999.5
◇新世紀の大逆転―夜明けは日本から始まる　ラビ・バトラ著, ペマ・ギャルポ, 藤原直哉監訳　さんが出版　2000.3

◇2002年の大暴落―60年に一度の国難が日本を襲う！　ラビ・バトラ著，ペマ・ギャルポ，藤原直哉監訳　あ・うん　2001.7
◇日本国破産のシナリオ―破滅から黎明へ―光は極東の日本から　ラビ・バトラ緊急予告　ラビ・バトラ著，ペマ・ギャルポ，藤原直哉監訳　あ・うん　2006.3

パトリック，ヒュー
Patrick, Hugh T.
経済学者　コロンビア大学名誉教授

［生年月日］1930年
［国籍］米国　［出生地］ノースカロライナ州
［学歴］エール大学〔1951年〕卒　［学位］経済学博士（ミシガン大学）〔1960年〕　［専門］日本経済

エール大学教授を経て、コロンビア大学教授。1986年同大日本経済経営研究所所長、APEC研究所共同所長。この間、一橋大学、東京大学への交換教授として来日。米国でも屈指の日本経済研究者として知られる。著書に「アジアの巨人・日本」「太平洋地域の不況産業」、共編著に「スーパー301条」など。
［受賞］大平正芳記念賞（第8回）〔1992年〕「太平洋地域の不況産業」　［叙勲］勲二等瑞宝章（日本）〔1994年〕
【著作】
◇日本経済に対するより深い理解へ―ブルッキングスの日本研究および国際会議の成果について（座談会）　大川一司，貝塚啓明，H. パトリック，金森久雄：日本経済研究センター会報　272　1976.5.15
◇世界経済の生きる道―経済政策と開発　大来佐武郎博士古稀記念　宍戸寿雄，佐藤隆三編訳　サイマル出版会　1987.6〈内容：新時代に入った日本経済-国際経済システムのシナリオ（H. T. パトリック, H. ロソフスキー）〉
◇スーパー301条―強まる「一方主義」の検証　ジャグディシュ・バグワティ，ヒュー・パトリック編著，渡辺敏訳　サイマル出版会　1991.3〈内容：超黒字大国日本の責務（H. パトリック）〉
◇日本のメインバンク・システム　青木昌彦，ヒュー・パトリック編，東銀リサーチインターナショナル訳　東洋経済新報社　1996.5〈内容：日本のメインバンク・システム：概観　他（ヒュー・パトリック，ポール・シェアード）〉
◇日本金融システムの危機と変貌　星岳雄，ヒュー・パトリック編，筒井義郎監訳　日本経済新聞社　2001.5〈内容：日本の金融システム（星岳雄，ヒュー・パトリック）〉
◇ポスト平成不況の日本経済―政策志向アプローチによる分析　伊藤隆敏，H. パトリック, D. ワインシュタイン編，祝迫得夫監訳　日本経済新聞社　2005.9〈内容：経済の解決策（伊藤隆敏，H. パトリック）〉

ハドレー，エレノア
Hadley, Eleanor Martha
エコノミスト　GHQ民政局財閥担当調査官

［生年月日］1916年7月17日
［国籍］米国　［出生地］シアトル　［学歴］ミルズ女子大学卒，ワシントン大学卒，ハワイ大学卒　［学位］博士号（ラドクリフ大学）

戦前交換学生などで来日、1939年津田英学塾で英語を教えた。'43年戦略局に入ったが、翌年国務省商品課に移り、日本占領時の財閥解体政策立案に参画。'46年春GHQ民政局財閥担当調査官となり、'47年9月の帰国まで"鋭い分析力を持った美人調査官"として日本側関係者に印象づけた。帰国後連邦関税委員会、会計検査院などに勤め、スミス女子大学、ジョージ・ワシントン大学などで教えた。博士論文は'73年日本で「日本財閥の解体と再編成」として出版された。
【著作】
◇世界史のなかの日本占領―法政大学第8回国際シンポジウム（法政大学現代法研究所叢書）　袖井林二郎編　法政大学現代法研究所　1985.3〈内容：一九八三年から見た占領下の経済改革〔報告〕（エレノア・ハドレイ）〉
◇財閥解体―GHQエコノミストの回想　エレノア・M. ハドレー，パトリシア・ヘーガン・クワヤマ著，ロバート・アラン・フェルドマン監訳，田代やす子訳　東洋経済新報社　2004.7

バートン，ブルース
Batten, Bruce
桜美林大学国際学部国際学科助教授・国際教育センター長

［生年月日］1958年
［国籍］米国　［出生地］テキサス州　［学歴］オレゴン大学人文科学学部アジア学科卒，スタンフォード大学大学院人文科学研究科歴史学

専攻博士課程修了　[学位]文学博士（スタンフォード大学）　[専門]日本古代史　[団体]アジア学会，日本史研究会，九州史学研究会
日本前近代史の研究で博士号を取得。著書に「日本の『境界』」，分担執筆に「異国と九州 歴史における国際交流と地球形成」「新視点日本の歴史〈3〉」がある。　[受賞]Fulbright-Hays Doctoral Dissertation Grant〔1983年〕，日本国際交流基金賞〔1985年〕，社会科学研究振興会賞〔1983年〕
【著作】
◇日本の「境界」—前近代の国家・民族・文化　ブルース・バートン著　青木書店　2000.4

パノフ，アレクサンドル
Panov, Aleksandr Nikolaevich
外交官　駐日ロシア大使

[生年月日]1944年7月6日
[国籍]ロシア　[出生地]ソ連・ロシア共和国モスクワ　[学歴]モスクワ国際関係大学〔1968年〕卒　[学位]歴史学博士
ソ連外務省に入り、1968〜71年在日大使館勤務の後、'77年までモスクワ国際関係大学で日本史教授を務める。'77〜81年国連代表部2等書記官。本省に戻った後、'83〜88年再び在日大使館外交担当参事官。'88〜90年太平洋・東南アジア局次長、'90〜92年同局長。ソ連邦解体後の'92〜93年駐韓国ロシア大使、'94年1月外務次官（アジア太平洋地域担当）。'96年10月〜2004年3月駐日ロシア大使。ソロヴィヨフ，チジョフ歴代駐日大使らと並ぶロシア外務省きっての日本通。古事記から、夏目漱石、芥川龍之介にいたるまで日本文学に造詣が深い。著書に「日本外務省」「不信から信頼へ—北方領土交渉の内幕」など。
【著作】
◇不信から信頼へ—北方領土交渉の内幕　アレクサンドル・パノフ著，高橋実，佐藤利郎訳　サイマル出版会　1992
◇雷のち晴れ—日露外交七年間の真実　アレクサンドル・パノフ著，鈴木康雄訳　日本放送出版協会　2004

バビオー，シャーマン
Babior, Sharman Lark
カリフォルニア大学ロサンゼルス校人類学女性学講師，サンタモニカ・カレッジ人類学講師

[国籍]米国　[出生地]カリフォルニア州ロサンゼルス　[学歴]カリフォルニア大学サンディエゴ校人類学部〔1972年〕卒，カリフォルニア大学ノースリッジ校人類学〔1980年〕修士課程修了　[学位]人類学博士（カリフォルニア大学）〔1993年〕　[専門]文化人類学
1972〜73年エチオピア平和部隊に参加。'77〜78年バークレイ専門研究計画によりインド・ニューデリーで研究調査。'78〜80年サンタモニカで第2外国語とする人々に英語を教える。'83〜86年カリフォルニア大学ロサンゼルス校人類学部授業担当助手。'84年来日、'87年日本でフィールドワークを行なう。'88〜90年カリフォルニア大学ロサンゼルス校の女性の地位に関する学長諮問委員会委員。'90〜91年同大学女性学講師、'93年人類学・女性学講師、サンタモニカ・カレッジ人類学講師。著書に「女性への暴力—アメリカの文化人類学者がみた日本の家庭内暴力と人身売買」（'93年）がある。
【著作】
◇女性への暴力—アメリカの文化人類学者がみた日本の家庭内暴力と人身売買　シャーマン・L.バビオー著，大島静子他訳　明石書店　1996.12

パーペ，ヴォルフガング
Pape, Wolfgang
EU欧州委員会主席事務官

[生年月日]1947年
[国籍]ドイツ　[学歴]マールブルク大学，ジュネーブ大学，フライブルク大学　[学位]博士号（フライブルク大学）〔1978年〕
マールブルク、ジュネーブ、フライブルクの各大学で単位を取得し大学卒業。1973〜75年日本の大阪外国語大学、京都大学に留学。EC（現・EU）欧州委員会に入り、日本代表部勤務、本部第1総局（対外関係）アンチダンピ

ング担当官などを経て、主席事務官。'99年3月予算をめぐる不祥事の責任を取り総辞職した。
【著作】
◇カルテル国家・日本—長年、日本に駐在したEC官僚が、「非関税障壁」の面から覗いた異色の「日本人論」！　ヴォルフガング・バーペ、崎村茂久訳：正論　244　1992.12
◇国際化時代の独占禁止法の課題—正田彬教授還暦記念論文集　正田彬教授還暦記念論文集刊行委員会編　日本評論社　1993.10〈内容：カルテルへのコミュニケーションについて—日本における共謀についての個人的印象（ヴォルフガング・バーペ）〉
◇東アジア21世紀の経済と安全保障—ヨーロッパからの警告　ヴォルフガング・バーペ編, 田中素香, 佐藤秀夫訳　東洋経済新報社　1997.9〈内容：岐路に立つ日本 他（ヴォルフガング・バーペ，M. ボール）〉

パーマー, H. S.
Palmer, Henry Spencer
技術者

[生年月日] 1838年
[没年月日] 1893年
[国籍]英国　[出生地]マドラス島
1878年香港に赴任し工兵隊に勤務。1885年にイギリス工兵少将の身分で来日。日本政府の招きで、横浜・東京・大阪・神戸などの諸都市の水道設計に尽力し、日本最初の近代的水道を横浜に作り上げた。水道事業のかたわら、イギリスのタイムズ紙の東京通信員として、60編もの「東京通信」を送りつづけた。1885年から1893年までの、日本の政治・外交・経済・風俗に関する観察が記されている。没後、親友でジャパン・ウイークリー・メイル社の主筆兼経営者であったブリンクリーが、この中から文化誌に関する26編を選んで1冊に編集し、「黎明期の日本からの手紙」として刊行された。日本語訳は90年近く後の1982年にまとめた。これが"Letters from the land of the rising sun"（1894）である。この本の日本語訳がなかなか出なかった。1982年（昭和57）になって、孫にあたる樋口次郎が訳出した。
【著作】
◇黎明期の日本からの手紙　ヘンリー・S. パーマー〔著〕, 樋口次郎訳　筑摩書房　1982.12

◇条約改正と英国人ジャーナリスト—H. S. パーマーの東京発通信　樋口次郎, 大山瑞代訳　思文閣出版　1987

ハムザ, イサム
Hamzah, Isam
日本研究家　カイロ大学教授, カイロ大学文学部日本文学科長

[生年月日] 1956年
[国籍]エジプト　[学歴]カイロ大学日本語日本文学科　[学位]博士号（大阪大学）　[専門]近代日本思想史
1970年代日本に興味を持ち始める。'74年カイロ大学日本語日本文学科に1期生として入学。'78〜91年大阪大学大学院に留学し、博士号を取得。2007年カイロ大学文学部日本文学科長に就任。「竹取物語」などアラビア語への翻訳多数。
【著作】
◇アラブにおける日本観（特集・アラブ世界の読み方）　Isam R. Hamza：外交フォーラム　17(4)　2004.4

ハーラー, ステファン
Haller, Stefan M.
ジャーナリスト

[生年月日] 1952年
[国籍]スイス　[出生地]ヌーシャルテル州ラ・ショウ・ド・フォン
高校、大学時代に来日して以来、日本企業について研究。著書に「青い目が見たソニーVS松下・東芝」などがある。妻は日本人。
【著作】
◇青い目が見たソニーvs松下・東芝　ステファン・M. ハーラー著　東洋経済新報社　2000.11

バラカン, ピーター
Barakan, Peter
音楽評論家, ディスクジョッキー, ブロードキャスター

[生年月日] 1951年8月20日
[国籍]英国　[出生地]ロンドン　[学歴]ロンドン大学日本語科卒

ロンドン大学で日本語を専攻し、卒業後はレコード店員として働く。音楽業界紙で求人を見たことがきっかけで、1974年来日しシンコーミュージックに入社、国際部に勤務。'80年退社。この頃より放送の仕事を始め、'84年TBSテレビ「ポッパーズMTV」に出演、既存のビデオ・クリップ紹介番組と一線を画したVJとしての名を馳せる。以後、テレビ、ラジオの洋楽番組で活躍。'88年より「CBSドキュメント」の司会を務める。他の出演にベイFM「ベイ・シティ・ブルース」、インターFM「バラカン・ビート」、NHK-FM「ウィークエンド・サンシャイン」など。NHK総合テレビで日本文化を紹介する番組「Begin Japanology」の司会も務める。

【著作】
◇日本のウソ（対談）　ピーター・バラカン, 桐島洋子：平成義塾　4(5)　1992.5
◇日本語とのつきあい方（対談）（特集・異国語としての日本語）　ピーター・バラカン, 山口文憲：思想の科学　522　1995.3
◇私の好きな「美しい日本の言葉」（総力特集・文章力！）　川崎洋, ピーター・バラカン〔ほか〕：編集会議　14　2002.5
◇外国人の日本史観—「百聞の日本」、「一見の日本」　ピーター・バラカン〔ほか〕：諸君！　34(6)臨時増刊（歴史諸君！）　2002.5

バラバノフ, コスタ
Balabanov, Kosta
歴史学者　日本マケドニア友好協力協会会長

[生年月日] 1929年4月5日
[国籍] マケドニア　[出生地] ユーゴスラビア
[学歴] キリル・メトディオ大学（考古学・美術史）〔1954年〕卒　[学位] 博士号（美術史、キリル・メトディオ大学）〔1965年〕　[専門] イコン美術

オックスフォード大学客員教授、キリル・メトディオ大学教授、マケドニア博物館長を歴任。1969年日本でイコン展を開催以来、仏教を中心とする日本美術に興味を持つ。'91年マケドニア独立に伴い、日本マケドニア友好協力協会長、日本センター会長に就任。'95年以降、日本研究誌「曙」を編集し、日本文化の紹介に取り組む。2001年両国の文化交流に多大な貢献をしたとして、国際交流奨励賞を受賞。イコン美術の世界的権威として知られる。1995年再来日。著書に「マケドニアのイコン」「マケドニアのフレスコ画」などがある。　[受賞] 国際交流奨励賞（日本）〔2001年〕

【著作】
◇国際交流基金の活動から　平成13(2001)年度国際交流基金賞・国際交流奨励賞受賞のことば　平山郁夫, William Gerald Beasley, Kosta Balabanov（他）：国際交流（国際交流基金）　24(2)　2002.1

バラール, エチエンヌ
Barral, Etienne
ジャーナリスト

[生年月日] 1964年
[国籍] フランス　[出生地] パリ　[学歴] ソルボンヌ大学東洋語学院卒

1986年「ヌーヴェル・オプセルヴァトール」特派員として来日。以後、フランス向けのテレビや経済誌「オヴニー」で日本の最新情報をリポート。日本でも「AERA」「日経クリック」などに執筆。また長野五輪ではフランス語アナウンスを担当。'99年日本の若者文化と"オタク"について分析、考察した「OTAKU」をフランスで出版。フランスの新聞や自身が開設するホームページで反響を呼び、2000年日本語版「オタク・ジャポニカ」が刊行される。

【著作】
◇情報不足が日本たたきを招いた　エチエンヌ・バラール：AERA　3(7)　1990.2.13
◇オタク・ジャポニカ—仮想現実人間の誕生　エチエンヌ・バラール著, 新島進訳　河出書房新社　2000.5

哈日 杏子　はーりー・きょうこ
漫画家, エッセイスト

[国籍] 台湾　[出生地] 台北　[本名] 陳桂杏
15歳の時松田聖子に憧れて以来の日本ファン。1995年日本への語学留学が実現し、以後来日多数。'96年日本での体験を描いた4コマ漫画「早安（おはよう）!!日本」で使われた

"哈日""哈日症"という造語が流行語となり、"哈日族（ハーリーツー）"の教祖的存在となる。"哈日"と本名の一字を組み合わせた"哈日杏子"のペンネームで、エッセイ「私、哈日病になりました」をはじめ漫画、旅行ガイドなど日本に関係する多数の著書を発表。2001年初の日本語版エッセイ「哈日杏子のニッポン中毒」を刊行。他の著書に「哈日杏子の爆裂台北」など。6月5日生まれ。
【著作】
◇哈日杏子のニッポン中毒—日本にハマった台湾人トーキョー熱烈滞在記　哈日杏子文・イラスト, 小島早依訳　小学館　2001.2

バリー, デーブ
Barry, Dave
ジャーナリスト, ユーモア・コラムニスト
「マイアミ・ヘラルド」コラムニスト

[生年月日] 1947年
[国籍] 米国　[出生地] ニューヨーク州
1971年ペンシルベニア州ウェストチェスターのローカル新聞社デイリー・ローカル・ニューズに入社、5年間都市計画と下水道問題を専門に担当。のちコンサルタント会社の講師としてビジネスレターの書き方などを教える。その間ローカル紙のコラム欄にコラムを発表し続ける。'83年フロリダ州マイアミの「マイアミ・ヘラルド」紙に移り、ユーモア・コラムニストとして活躍。コラムは全米150以上の新聞に配信されている。これらのコラムをまとめた単行本に「デイヴ・バリーここに眠る」「デイヴ・バリーの40歳になったら」「デイヴ・バリーのアメリカを笑う」「デイヴ・バリーの笑えるコンピュータ」など。また、「デイヴ・バリーの 日本を笑う」（'92年）は著者初の取材に基づいて書かれた本で、"デイブ・バリー版ライジング・サン"と評判になる。　　[受賞] ピュリッツァー賞〔1988年〕
【著作】
◇デイヴ・バリーの日本を笑う　デイヴ・バリー著, 東江一紀訳　集英社　1994.2

ハリス, シェルダン
Harris, Sheldon H.
歴史学者　カリフォルニア州立大学名誉教授

[没年月日] 2002年8月31日
[国籍] 米国　[学歴] ハーバード大学卒　[学位] 博士号（コロンビア大学）〔1958年〕　[専門] 米国史
スタンフォード大学、カリフォルニア大学ロサンゼルス校などで教鞭を執り、カリフォルニア州立大学歴史学教授に就任。1991年退官、のち名誉教授。この間、'79年から度々中国を訪問。15の大学に招かれて講義するうち、'84年ハルビンで初めて旧日本軍の731部隊の人体実験のことを知る。以来、日本の戦争犯罪を追求。'94年著書「死の工場—隠蔽された731部隊」を発表。独自に集めた資料をもとに、日米両政府が共同で同部隊の存在を隠す工作をしていたと指摘した。
【著作】
◇死の工場—隠蔽された731部隊　シェルダン・H. ハリス著, 近藤昭二訳　柏書房　1999.7
◇世界が問う日本の戦争責任—戦争犯罪と戦後補償を考える国際市民フォーラム報告集　和解と平和の21世紀をめざして　「国際市民フォーラム報告集」編集委員会編　国際市民フォーラム　2000.8〈内容：細菌戦・毒ガス戦（分科会D）（シェルダン・ハリス）〉

ハリス, ビクター
Harris, Victor
大英博物館日本古美術部門副主事

[国籍] 英国
日本の金工、特に日本刀を専門に研究。著書に「A Book of Five Rings:Life and-Writings of the Swordsman Miyamoto Musashi」（'74年）、「Japanese Art Masterpiecesin the British Museum」（'91年）、「Japanese Imperial Craftmen:Meiji Art from the Khalili Collection」（'94年）、共著に「Kamakura Sculpture:The Renaissance of Japanese Sculputure」、「ナセル・D・ハリ・コレクション海を渡った日本の美術〈第2巻〉金工篇」など。

【著作】
◇ナセル・D・ハリリコレクション―海を渡った日本の美術 ＝ Decorative arts of meiji Japan 第2巻 金工篇 オリバー・インピー〔ほか〕執筆, 本田和美〔ほか〕翻訳 同朋舎出版 1995
◇明治の宝〈Meiji no takara: treasures of Imperial Japan〉 Metalwork, part 1 (The Nasser D. Khalili Collection of Japanese art 2) contributors, Oliver Impey, Malcolm Fairley, Victor Harris Kibo Foundation 1995
◇ガウランド 日本考古学の父〈William Gowland: the father of Japanese archaeology〉ヴィクター・ハリス, 後藤和雄責任編集, ヴィクター・ハリス〔ほか〕 朝日新聞社 2003

ハリデイ, ジョン
Halliday, Jon
経済史家

[国籍]英国
東アジアについて研究・執筆。日本に関する著書に「A Political History of Japanese Capitalism」「Japanese Imperialism Today」(共著, 邦訳「日本の衝撃」)がある。また南北朝鮮を何回か訪問し, 朝鮮問題に関する書物の共同執筆者として,「New Left Review」などの雑誌への寄稿者として活躍, 著書に「朝鮮戦争」('90年)がある。
【著作】
◇日本の衝撃―甦える帝国主義と経済侵略 J. ハリディ, G. マコーマック著, 林理介訳 実業之日本社 1973

ハーリヒ・シュナイダー, E.
Harich-Schneider, Eta
ハープシコード奏者

[生年月日] 1897年11月16日
[没年月日] ?
[国籍]ドイツ [出生地]オラーニエンブルク
ベルリンでピアノと音楽学を学んだのち, パリでハープシコードを学ぶ。1933年からベルリン高等音楽学校でハープシコードを教え, '41年来日。演奏, 教授活動のほか日本音楽を研究。'49年渡米, ニューヨークを中心に, バロック室内楽団を率いて活躍した。'55年ウィーン音楽アカデミー教授に就任。著書に「ハープシコード奏法Die Kunst des Cembalospiels」「雅楽と舞楽のリズム型」など。
【著作】
◇現代音楽と日本の作曲家 ハーリッヒ・シュナイダー著, 吉田秀和訳 創元社 1950

ハリール, カラム
Khalil, Karam
日本文学研究家 在日エジプト大使館文化参事官

[国籍]エジプト [学歴]カイロ大学日本語・日本文学科〔1980年〕卒 [学位]文学博士(筑波大学)〔1988年〕
1981年国費留学生として筑波大学に留学し, '84年修士号, '88年文学博士号を取得。その後, 母校カイロ大学の日本語・日本文学講師に。ヘルワン大学, カイロ・アメリカン大学でも教える。'95年から5年間サウジアラビアにも滞在。同国の大学で日本人, エジプト人の同僚とともに日本語学習のテキストを作成, エジプトで刊行した。その後, 在日エジプト大使館の文化参事官となり, 日本人にアラブ文化を伝える努力を続けている。著書に「日本中世に於ける夢概念の系譜と継承」がある。
【著作】
◇日本中世における夢概念の系譜と継承 カラム・ハリール著 雄山閣出版 1990.9

パル, ラハビノード
Pal, Radhabinod
裁判官, 法学者 極東国際軍事裁判(東京裁判)判事, 国連常設仲裁裁判所判事

[生年月日] 1886年1月27日
[没年月日] 1967年1月10日
[国籍]インド [出生地]ベンガル州(英領インド) [学歴]プレジデンシー大学(カルカッタ)大学卒, プレジデンシー大学院数学専攻〔1908年〕修士課程修了, カルカッタ大学大学院法学専攻博士課程修了 [学位]法学博士(カルカッタ大学)〔1924年〕

359

法学を志し、1910年インド連邦会計院勤務、'11〜20年ベンガル州アンナダモハン大学数学教授として教鞭をとった後、カルカッタ大学で法学を学ぶ。'23〜36年カルカッタ大学法科大学教授、'27〜41年インド政府所得税庁法律顧問、'36年ユール事件の弁護人として英国派遣、'41〜43年度カルカッタ高等裁判所判事を経て、'44年カルカッタ大学副学長。'46年極東国際軍事裁判(東京裁判)のインド代表判事に任命され東京に赴任。'48年11月の判決では法廷の多数意見に同意せず、後に"パル判決書"と呼ばれる大部の意見書を提出した。東京裁判の事後法的性格を指摘、戦争における個人責任を否定し、東京裁判の設置自体を疑問視して全被告の無罪を主張。戦勝国に立法権はなく、平和と人道に対する罪が国際法上の罪と認められないことを論じた。'52年以降国連国際法委員会の委員に選出され、'57年常設仲裁裁判所判事。主著に「国際関係における犯罪」「日本無罪論」などがある。'75年平凡社により神奈川県箱根町に"パール下中記念館"が建設された。'97年映画「プライド/運命の瞬間」(伊藤俊也監督)でも取り上げられた。

【著作】
◇日本無罪論―全訳　R.パール述　日本書房　1952

バルテュス
Balthus
画家　アカデミー・ド・フランス院長

[生年月日] 1908年2月29日
[没年月日] 2001年2月18日

[国籍] フランス　[出生地] パリ　[本名] クロソウスキー・ド・ローラ、バルタザール〈Klossowski de Rola, Balthazar〉
パリ亡命中のポーランド貴族の家に生まれ、祖母は詩人バイロンと縁続きのスコットランド人、父は著名な画家で美術史家、母も画家、兄ピエール・クロソウスキーは作家という芸術一家に育つ。独学で絵画を学び、12歳で詩人リルケの序文入りの挿絵集を出版し称賛され、画家の道に進む。1930年代からシュールレアリスムのグループと交友、日常的な光景や少女像を白昼夢のような画面に描いたが、のち特定の流派とは距離を置く。戦後はフランス東部の城で制作に専念。'61年アンドレ・マルロー文化相(当時)の要請でローマのアカデミー・ド・フランス院長に就任('76年まで)。この間、'62年文化使節として来日した際に節子夫人と出会い、'67年再婚、一女をもうけた。'77年からはスイス・ロシニエールのグラン・シャレに住み、制作を続けた。'84年京都で日本初の個展を開催。古典から学んだデッサン力、堅固な画面構成に加え、後年には中国の山水画や浮世絵の技法も取り入れ、幼時の夢想や情感を神秘的な画面に蘇らせる独自の作風を確立。生前にルーブル美術館に作品が常設展示されたことでも知られ、"20世紀最後の巨匠"と呼ばれた。またインタビューは受けず、自分の生涯や画業について説明することも、他人が書くことも拒むなど"孤高の画家"として知られた。代表作に「アリス」「本を読むカティア」「猫と鏡」シリーズ、「窓辺の少女」「街路」「コメルス・サン・タンドレ小路」「モンテ・カルヴェッロの風景」など。岡倉天心の「茶の本」や「源氏物語」「徒然草」「雨月物語」を愛読する親日家だった。　[受賞] 世界文化賞(第3回)〔1991年〕、ローマの鍵(イタリア)〔1996年〕

【著作】
◇アーティストによる日本人レポート　ブリュッス, M., ミロ, J., フンデルトワッサー, ホックニー, D., ビュッフェ, B., マチウ, G., カトラン, B., バルテュス, セザール, ティンゲリー, J., ガーベル, G., ボイル, M., アルマン, バイルレ, T., ティテュス=カルメル, G., アブラモヴィッチ, J., ベン・シャーン, シュマイサー, J., アレシンスキー：芸術新潮　35(4)　1984.4

バルト, ロラン
Barthes, Roland Gérard
批評家, 文学理論家, 記号学者　コレージュ・ド・フランス教授

[生年月日] 1915年11月12日
[没年月日] 1980年3月26日

［国籍］フランス　［出生地］シェルブール　［学歴］パリ大学卒

大学では古典文学を学ぶ。第二次大戦後ブカレスト、アレクサンドリアの大学でフランス語を教えた後、'53～59年国立科学研究センター（CNRS）で語彙の社会学的研究に従事、'62年以降パリの高等学術研究院指導教授を経て、'76年よりコレージュ・ド・フランス教授。第一作「零度のエクリチュール」（'53年）で"エクリチュール（文章態）"という概念を示して論壇の注目を集める。また当時登場してきた"ヌーヴォー・ロマン"を擁護し、いわゆる"ヌーヴェル・クリティック"の旗手として伝統派と激しく論戦した。他の著書に「記号学の原理」（'64年）、「モードの体系」（'67年）、「テクストの快楽」（'73年）など。'70年には日本について独自の分析をした『表徴の帝国』（『記号の国』）を発表した。2004年より「ロラン・バルト著作集」（全10巻、みすず書房）が刊行される。

【著作】
◇表徴の帝国　ロラン・バルト〔著〕, 宗左近訳　新潮社　1974
◇表徴の帝国（創造の小径）　ロラン・バルト著, 宗左近訳　新潮社　1991.12
◇表徴の帝国（ちくま学芸文庫）　ロラン・バルト著, 宗左近訳　筑摩書房　1996.11
◇記号の国—1970（ロラン・バルト著作集）　ロラン・バルト〔著〕, 石川美子訳　みすず書房　2004.11

ハルトゥーニアン，ハリー
Harootunian, Harry D.
シカゴ大学歴史学部・東アジア文明言語学部教授

［生年月日］1929年
［国籍］米国　［出生地］ミシガン州　［学位］博士号（ミシガン大学）　［専門］日本近代文化史

シカゴ大学教授、カリフォルニア大学サンタクルズ校教授などを経て、シカゴ大学教授。主な著書に「Toward Restoration」「Things Seen Unseen」など。

【著作】
◇シンポジウム　1（批評空間叢書）　柄谷行人編著　太田出版　1994.4〈内容：江戸思想史への視点—奇人と差異あるいは儒者のネットワーク（子安宣邦, 酒井直樹, テツオ・ナジタ, ハリー・ハルトゥーニアン, 柄谷行人）〉
◇記憶、追悼、そして国民道徳—靖国神社と戦後日本における国家と宗教の再統合（特集・靖国問題—国家と宗教）　Harry Harootunian, 星野靖二：現代思想　33(9)　2005.8
◇近代による超克—戦間期日本の歴史・文化・共同体　上　ハリー・ハルトゥーニアン［著］, 梅森直之訳　岩波書店　2007.4
◇近代による超克—戦間期日本の歴史・文化・共同体　下　ハリー・ハルトゥーニアン［著］, 梅森直之訳　岩波書店　2007.6

ハルトノ，ブディ
Hartono, A. Budi
社会運動家

［生年月日］1948年
［国籍］インドネシア　［出生地］ジャワ島ジョクジャカルタ　［学歴］ジャナバドゥラ大学法学部

1981年インドネシアのジャナバドゥラ大学法学部に入学し、'86年ジョクジャカルタLBHに参加。主に法律・人権問題で活躍し、従軍慰安婦問題でも中心となって活動。共著に「インドネシア従軍慰安婦の記録」がある。

【著作】
◇インドネシア従軍慰安婦の記録—現地からのメッセージ　ブディ・ハルトノ, ダダン・ジュリアンタラ著, 宮本謙介訳　かもがわ出版　2001.8

パルバース，ロジャー
Pulvers, Roger
劇作家, 演出家, 作家　東京工業大学世界文明センター長

［生年月日］1944年5月
［国籍］オーストラリア　［出生地］米国・ニューヨーク　［学歴］カリフォルニア大学ロサンゼルス校卒, ハーバード大学大学院修了

カリフォルニア大学で政治学を学び、ハーバード大学大学院修士課程でロシア地域研究を専攻する。のちワルシャワ大学にも留学した。ベトナム戦争の徴兵を忌避して、1967年から5年間日本に滞在し、京都産業大学でロシア語とポーランド語を教える。傍ら宮沢

賢治を読み日本語を習得。この間に多くの演劇人と交流し、初の劇作「ガリガリ夫人の完全犯罪」を発表。'72年オーストラリアへ渡り、'76年同国籍を取得。オーストラリア国立大学日本語学科助教授となったが、'80年劇作家、演出家として独立し、'82年から再び日本に住む。日本のテレビや雑誌などでのキレのある発言で幅広い人気をもつ。'91年京都府美山町へ移住。'92年離日、オーストラリアへ戻る。のち京都造形芸術大学教授、東京工業大学外国語研究教育センター教授を経て、同大世界文明センター長。主著に山下奉文将軍の裁判を取りあげた「ヤマシタ」、人形劇「マッカーサー」('77年)、小説「ウラシマタロウの死」('80年)、「アメリカ人をやめた私」、「1999年12月 最後の夜」(日本語)、「旅する帽子—小説ラフカディオ・ハーン」(2000年)などがある。「銀河鉄道の夜」等日本作品の英訳も数多く手がけている。また、映画「戦場のメリークリスマス」助監督、「アンネの日記」の脚本も手がけた。

【著作】
◇日本人のアメリカ・コンプレックスとアメリカ人の日本幻想(特別座談会) ダグラス・ラミス, ロジャー・パルバース, 池田雅之:正論 131 1984.2
◇世紀末のガイジン—日本人の異文化理解をめぐって(対談) 井上ひさし, ロジャー・パルバース:へるめす 1985.3
◇日本ひとめぼれ—ユダヤ系作家の生活と意見(同時代ライブラリー) ロジャー・パルバース著, 上杉隼人訳 岩波書店 1997.1
◇世界に拡がる宮沢賢治—宮沢賢治国際研究大会記録集 宮沢賢治学会イーハトーブセンター生誕百年祭委員会記念刊行部会編 宮沢賢治学会イーハトーブセンター 1997.9〈内容:21世紀賢治の旅(ロジャー・パルバース)〉
◇旅する帽子—小説ラフカディオ・ハーン ロジャー・パルバース著, 上杉隼人訳 講談社 2000.3
◇五行でわかる日本文学—英日狂演滑稽五行詩 ロジャー・パルバース著, 柴田元幸訳, 喜多村紀画 研究社 2004.5
◇父と暮せば—英対訳 井上ひさし著, ロジャー・パルバース訳 こまつ座 2004.8

ハルバースタム, デービッド
Halberstam, David
ジャーナリスト, 作家

[生年月日] 1934年4月10日
[没年月日] 2007年4月23日
[国籍]米国 [出生地]ニューヨーク市 [学歴]ハーバード大学〔1955年〕卒
父は軍医。ハーバード大学卒業後の1956年南部の地方紙「ナッシュビル・テネシアン」記者となり、公民権運動などを取材。'60年「ニューヨーク・タイムズ」に入社。コンゴ、ベトナム、ワルシャワで特派員として活躍。'64年ベトナム報道でピュリッツァー賞を受賞。'67年フリー。'71年まで「ハーパーズ・マガジン」客員編集長を務め、以後、著述に専念。代表作「ベスト・アンド・ブライテスト」('72年)はニュージャーナリズムの傑作といわれる。「覇者の驕り」('85年)では'80年代の日米自動車摩擦を取りあげた。他に「メディアの権力」('79年)、「ネクスト・センチュリー」('91年)、「ファイアハウス」(2002年)など。また、スポーツ・ノンフィクションの分野でも活躍し、作品に「勝負の分かれ目」「栄光と狂気」「男たちの大リーグ」「ザ・フィフティーズ」(1993年)、「ジョーダン」がある。 [受賞]ピュリッツァー賞(国際部門)〔1964年〕「ベトナム戦争報道」

【著作】
◇D・ハルバースタムが語る、日本観、アメリカ観、そして日米観—「情報保護主義ニッポン」国の取材を終えて D. ハルバースタム:朝日ジャーナル 25(38) 1983.9.16
◇要するに日本—欧米がやっと認識しはじめた、頭上の敵、日本… D・ハルバースタム:週刊新潮 1984.1.5
◇覇者の驕り 日本放送出版協会 1987
◇世界の読み方、ニッポンの針路—日本はいま、何ができるか、何をなすべきか「創刊25周年記念シンポジウム」特別再録 D. ハルバースタム, 筑紫哲也, D. バースタイン, 佐々木毅:現代 26(3) 1992.3
◇幻想の超大国—アメリカの世紀の終わりに デイビッド・ハルバースタム著, 狩野秀之訳 講談社 1993.2
◇幻想の超大国—アメリカの世紀の終わりに(講談社文庫) デイビッド・ハルバースタム〔著〕, 狩野秀之訳 講談社 1994.3

バルハフティク, ゾラフ
Warhaftig, Zorach
政治家　イスラエル宗教相, イスラエル国会議員

[生年月日] 1906年
[国籍] イスラエル　[出生地] ワルシャワ(ポーランド)　[学歴] ワルシャワ大学卒　[学位] 法学博士
1939年ワルシャワ脱出後、リトアニアと日本でユダヤ人難民の救出に尽力。'43～47年世界ユダヤ人会議ユダヤ問題研究所所長として難民問題、ナチスの犯罪行為を調査。'47～48年、ユダヤ民族評議会(独立後の国会)メンバーとして建国に尽力、独立宣言に署名。'48～81年イスラエル国会議員として国政に参加。この間、'62～74年宗教大臣を務める。'83年ヘブライ法の研究でイスラエル賞受賞。著書に「日本に来たユダヤ難民」がある。　[受賞] イスラエル賞〔1983年〕
【著作】
◇日本に来たユダヤ難民―ヒトラーの魔手を逃れて 約束の地への長い旅　ゾラフ・バルハフティク著, 滝川義人訳　原書房　1992.4

ハルペリン, モートン
Halperin, Morton H.
政治学者, 軍事評論家　米国国防次官補, ジョージ・ワシントン大学教授

[生年月日] 1938年
[国籍] 米国　[出生地] ニューヨーク市　[学歴] コロンビア大学, エール大学〔1959年〕修士課程修了　[学位] 博士号(エール大学)〔1961年〕　[団体] 米国市民自由連合, 米国科学者連盟
24歳頃から防衛政策や日中関係史を通じて日本に関心を持つようになった。1960～66年ハーバード国際情報センター研究員。'61～63年ハーバード大学専任講師、'64～66年助教授。'66～67年ジョンソン政権下で国防次官補代理(国家安全保障問題担当)、'69年国家安全保障委員会上級委員。'69～73年ブルッキングズ研究所上級研究員、'75～77年国家安全・市民自由保障計画委員長を経て、'78年から安全保障研究センター所長、コロンビア大学政治学準教授。'92年よりカーネギー国際平和財団上級研究員。'93年3月クリントン政権で国防次官補(民主主義・人権担当)に就任。のち退任。著書に「Bureaucratic Politics and Foreign Policy(官僚政治と外交)」('74年)、「Top Secret」(共著, '77年)、「Freedom vs. National Security」(共著, '77年)など。'92年5月沖縄返還20周年記念シンポジウムに出席のため来日。
【著作】
◇沖縄返還にみる戦後の国際関係の展開と日米関係―回顧と将来への展望 沖縄返還20周年記念セミナー　国際交流基金日米センター　1994.3〈内容：沖縄返還:米国政府の政策決定に関する私的回想(モートン・ハルパリン)〉

春遍 雀来　ハルペン・ジャック
漢字研究家, 翻訳家　(株)日中韓辞典研究所代表取締役

[生年月日] 1946年11月30日
[国籍] イスラエル　[出生地] ドイツ・ミュンヘン　[本名] Halpern, Jack　[学歴] ハンターカレッジ(ニューヨーク)卒　[専門] 漢字, 計算辞書学, 自然言語処理　[団体] ヨーロッパ辞書学会, アメリカ辞書学会, 言語処理学会, 機械翻訳協会, 日中韓辞典刊行会, 漢英辞典刊行会
子どもの頃、イスラエル、フランス、ブラジル、アメリカと移り住んだので、ヘブライ語、英語など12ケ国語を話す。米国の大学で天文学を専攻、22、3歳頃から日本語の独学を始め、1973年妻とともに来日、外国人日本語弁論大会で準優勝。工業技術書の和英翻訳、ベストセラーとなった「ユダヤ人の頭・日本人の頭」などを執筆。また来日以来漢英字典の編著に励み、人見楠郎昭和女子大学学長などの援助を得て、'90年「新漢英辞典」として刊行。'95年漢字に関する様々なデータを網羅した"包括的漢字情報データベース"づくりに乗り出す。
【著作】

◇春遍雀来氏の日本と日本語大論争　ジャック・ハルペン著　六興出版　1976
◇不思議な日本語不思議な日本人—日本語が通じない国ニッポン　ジャック・ハルペン著　青也書店　1978.2
◇ユダヤ人の頭日本人の頭—放浪民族と孤立民族の発想と論理（プレイブックス）　ジャック・ハルペン著　青春出版社　1979.6
◇ユダヤ人と日本人の国際感覚（県民カレッジ叢書）　春遍雀来〔述〕，富山県民生涯学習カレッジ編　富山県民生涯学習カレッジ　1990.3
◇地球国際人の時代がやってきた！（シリーズユダヤ人の眼）　ハルペン・ジャック著　ミルトス　1991.3
◇外国人と上手にコミュニケーションする秘訣（福武文庫）　ハルペン・ジャック：日本日記　福武書店　1993.2
【翻訳】
◇日本語情報処理　Ken Lunde著，春遍雀来，鈴木武生訳　ソフトバンク　1995

パルモア，アードマン
Palmore, Erdman Ballagh
社会学者　デューク大学名誉教授

[生年月日] 1930年
[国籍] 米国　[出生地] 山口県　[出身地] 徳山市（日本）　[学歴] デューク大学卒，シカゴ大学大学院修士課程修了　[学位] 社会学博士（コロンビア大学）　[専門] 社会老年学
宣教師の子として山口県徳山市に生まれ、5歳まで滞在。帰国後バージニア州で育った。フィンチ・カレッジやエール大学で教鞭をとり、1967年からデューク大学に勤務。'93年から同大老年学センター名誉教授。著書に「お年寄り―比較文化から見た日本の老人」('85年)、「エイジズム―優遇と偏見・差別」('90年)、「高齢期をいきる高齢期をたのしむ」などがある。
【著作】
◇お年寄り―比較文化からみた日本の老人　アードマン・パルモア，前田大作著，片多順訳　九州大学出版会　1988.7

ハーレン，ファン
Haren, Onno Zwicer van
政治家，外交官，文筆家

[生年月日] 1713年
[没年月日] 1779年
[国籍] オランダ
フリースラント州議会議員を務め、オーストリア継承戦争ではウィレム4世の側近として活躍、1748年のアーヘン講和条約ではオランダ全権大使を務める。のち、ウィレム5世の摂政アンナと対立、政治的陰謀に巻き込まれて失脚。その後は隠棲し文筆業に専念、多くの歴史劇やエッセイを創作した。評論分野の著書に「日本論」があり、ヨーロッパ各国の日本関係の文献を調べ、17世紀の日本におけるキリスト教迫害の歴史とオランダとの関係をまとめたものである。ハーレン自身は日本を訪れたことはなかった。
【著作】
◇日本論―日本キリシタンとオランダ　ファン・ハーレン著，井田清子訳　筑摩書房　1982.2

バロー，マーティン
Barrow, Martin
実業家　ジャーディン・マセソン取締役
香港立法評議会議員

[生年月日] 1944年3月
[国籍] 英国　[出生地] ランカシャー州
1965年香港を拠点とする英国系企業グループのジャーディンに入社、香港、日本、タイ勤務ののち、'76年日本支社長、'80年取締役、サウジアラビアの同社子会社社長を経て、'83年香港に戻る。香港と中国ビジネスの統括責任者に就任。他にグループ十数社の社長、会長を兼務。'88〜95年立法評議会の議員も務めるなど政界でも活躍。香港・日本経済委員会の貿易専門委員会部会長。妻は日本人。
【著作】
◇ニッポンのカイシャ、ここが不思議―アメリカ、イギリス、韓国、台湾。外国人社員が本音で語る「日本企業論」（座談会）　マーティン・バロウ，トニー・ディーマー，李鍾

赫, 林建華, カーラ・ラポポート：プレジデント　28(12)　1990.12

ハロラン, リチャード
Halloran, Richard
ジャーナリスト　「ニューヨーク・タイムズ」東京支局長

[生年月日] 1930年3月2日
[国籍] 米国　[出生地] ワシントンD. C.　[学歴] ダートマス大学, ミシガン大学大学院修士課程修了
1957年マグロウヒルの雑誌「ビジネスウィーク」記者となり, '62～64年特派員として滞日。'65年「ワシントン・ポスト」に転じ, '66～68年初代東京支局長を務める。'69年「ニューヨーク・タイムズ」に移り, '72～76年東京支局長として日本、韓国を中心に報道。その後も同紙で調査報道や国防総省の取材に携わる。'90年退社後はハワイに移住。地元紙「ホノルル・スター・ブリテン」論説主幹を務める他, 米韓、日米関係を中心にアジアの安全保障や外交問題について世界の各誌紙に寄稿。金大中韓国大統領とは長年交流を続ける。著書に「日本 見せかけと真実」などがある。　[叙勲] 勲四等瑞宝章〔1998年〕
【著作】
◇日本経済印象談—併せて日本と関係の深い米・東南アジア経済の現状はどうか　R・ハロラン：東商　183　1962.9
◇成長した日本—新たな試練期を迎える　R・ハロラン〔ほか〕：世界週報　47(27)　1966.7
◇日本—見かけと真相　リチャード・ハロラン著, 木下秀夫訳　時事通信社　1970
◇日本—見かけと真相　1～5完　リチャード・ハロラン, 木下秀夫訳：世界週報　51(10～14)　1970.3.10～4.7
◇軽蔑されない日本人に　R. ハロラン：日本—もう一つの大陸　PHP研究所　1971

パワーズ, デービッド
Powers, David
BBC東京特派員, 日本外国特派員協会会長

[生年月日] 1948年
[国籍] 英国　[学歴] ケンブリッジ大学卒
英国北部の生まれ。大学でロシア語とフランス語を専攻。レニングラードに1年留学した後、英国政府の情報センターを経て, 1972年BBC(英国放送協会)に入る。外信部を経て, '87年より東京特派員となり来日、新聞・雑誌のほかテレビ・ラジオでも活躍。'91年日本外国特派員協会会長。妻は日本人。
【著作】
◇「日本」はどう見られているか—外国人特派員座談会　東郷茂彦, G. ヒールシャー, D. パワーズ, 陸培春, V. ソーンツェフ：潮　382　1991.1
◇不思議の国の特派員　デビッド・パワーズ著, 木村千旗訳　日本放送出版協会　1992.10
◇在日外国人記者がみたニッポンのジャーナリズム(インタビュー)　9　David Powers, 今城力夫：総合ジャーナリズム研究　31(1)　1994.1

ハワード, エセル
Howard, Ethel
教育者

[生年月日] 1865年
[没年月日] 1931年
[国籍] 英国
1895年ドイツ皇帝ウィルヘルム2世の皇太子およびその弟妹の英語の家庭教師となる。1898年病に倒れ, 後帰国。1901年来日, '08年まで元薩摩藩主・島津家の家庭教師を務めた。帰国後, H. A. ベルと結婚。'14年には夫妻で来日した。著書に「明治日本見聞録—英国家庭教師婦人の回想」がある。
【著作】
◇薩摩国見聞記　島津久大訳　新人物往来社　1978
◇薩摩国見聞記——英国婦人の見た明治の日本　エセル・ハワード著, 島津久大訳　新人物往来社　1978.11
◇明治日本見聞録—英国家庭教師夫人の回想(講談社学術文庫)　エセル・ハワード〔著〕, 島津久大訳　講談社　1999.2

范　云濤　はん・うんとう
「中国ビジネスの法務戦略—なぜ日系企業は失敗例が多いのか」の著者

1963年上海生まれ。上海復旦大学外国語学部日本語科卒、92年京都大学法学部大学院博士課程修了(中国政府派遣留学)、95年まで同大学法学部助手(96年法学博士号)。95年中国弁護士資格とライセンスを取得。東京あさひ法律事務所、Beker&Mckenzie東京青山法律事務所に勤務の後、上海に帰国し、現地日系企業の「かけこみ寺」となる。現在、上海順調律師事務所弁護士、上海復旦大学日本研究センター客員研究員。上海外貿大学WTO研究学院客員教授、京都大学上海センター協力会理事。日本の経済団体の依頼による多くの来日講演および日中経済紛争の処理等で東京にも常設事務所を持つ。『100人@日中新時代』(中公新書)に「頼りになる敏腕渉外弁護士」として紹介される。
【著作】
◇日本の経済成長における戦後改革の役割及びその限界―戦後農政の展開過程を検証する 范云濤〔著〕, 富士ゼロックス小林節太郎記念基金編 富士ゼロックス小林節太郎記念基金 1996.9
◇中国ビジネスの法務戦略―なぜ日本企業は失敗例が多いのか 范云濤著 日本評論社 2004.7

韓 敬九 ハン・キョング
Han Kyung-koo
文化人類学者 韓国国民大学国際学部教授 江原大学人類学科教授

[生年月日]1956年
[国籍]韓国 [学歴]ソウル大学人類学科卒 [学位]人類学博士(ハーバード大学)
江原大学人類学科教授などを経て、2000年より韓国国民大学国際学部教授。
【著作】
◇グローバル化時代における平和と繁栄の為の日韓協力関係に向けて―Japan-Korea Leaders Forum 講演録 日韓国際シンポジウム 本田財団 〔2000.10〕〈内容:東アジアと文化の役割―国際化時代における日本文化の普遍性と特殊性(韓敬九)〉
◇韓日社会組織の比較(日韓共同研究叢書) 伊藤亜人, 韓敬九編著 慶応義塾大学出版会 2002.2〈内容:日本の近代組織―「イエ」型組織と運命共同体(韓敬九)〉

範 建亭 はん・けんてい
上海財経大学国際工商管理学院助教授

[生年月日]1964年
[国籍]中国 [出生地]上海 [学歴]関東学院大学経済学部〔1996年〕卒, 一橋大学大学院経済学研究科〔2001年〕博士課程修了 [学位]経済学博士 [専門]経済学
2002年一橋大学経済学研究科助手を経て、2003年上海財経大学国際工商管理学院助教授。
【著作】
◇国際事業局レポート 中国における日系企業の日本的経営・生産システム 範建亭:月刊経営労働 35(8) 2000.8

韓 相一 ハン・サンイル
国際政治学者 韓国国民大学社会学部教授, 韓国社会科学研究所理事長

[生年月日]1941年
[国籍]韓国 [出生地]平安南道 [学歴]高麗大学法学部〔1965年〕卒 [専門]日本の政治, 国際政治, 外交
東京大学客員研究員、スタンフォード大学客員教授。プリンストン大学客員教授を経て、国民大学教授。社会科学研究所理事長、日本評論の発行人も務める。著書に「日本軍国主義の形成過程」「日本の国家主義」ほか多数。
【著作】
◇20世紀アジアの国際関係―衛藤瀋吉先生古稀記念論文集 2 衛藤瀋吉先生古稀記念論文集編集委員会編 原書房 1995.11〈内容:日本における西欧の衝撃と危機意識(韓相一)〉

韓 準石 ハン・ジュンソク
Han Jun-sok
(株)東方顧問 駐日韓国公使

[生年月日]1930年2月24日
[国籍]韓国 [出生地]釜山市 [学歴]ソウル大学大学院経済学科修了
1960年代韓国の経済成長が始まる時期に、朴正煕大統領経済担当秘書官として経済政策の運営に関与。'70年韓国駐日公使として来日。

'72年から2年間イスラエルとハーバード大学に留学。'85年から'86年にかけてモラロジー研究所研究員として再来日し、韓国と日本の経済社会の比較研究を行う。韓国経済科学審議会常任委員、港湾庁長官や韓国テニス協会会長などを歴任するとともに、有力な知日家として活躍。'86年より(株)東方顧問。'89年「文の文化と武の文化―隣の国の同と異」(日本語)を出版。

【著作】
◇文の文化と武の文化―隣の国の同と異　韓準石著　有斐閣　1989.5

韓 水山　ハン・スサン
作家

[生年月日] 1946年
[国籍]韓国　[出生地]江原道　[学歴]慶熙大学英文科卒

1972年「東亜日報」新春文芸に短編「4月の終り」が当選。'77年長編小説「浮草」で今日の作家賞を受賞。「解氷期の朝」「砂の上の家」「四百年の約束」などで人気作家の地位を確立したが、'81年全斗煥政権下で"作品で軍部を批判した"との嫌疑で拷問にかけられた。'88～92年韓国を離れ、インド、台湾、日本に滞在。日本での体験をもとに「隣りの日本人」、日韓比較文化論「ポッコッもさくらも春になれば咲く」を執筆。'91年「他人の顔」で現代文学賞を受賞。2003年、原爆画の画家故・丸木位里・俊夫婦の作品「からす」にタイトルを得た長編小説「からす」を韓国で出版、ベストセラーとなる。韓国現代文学を代表する作家の一人。　[受賞]今日の作家賞(第1回)〔1977年〕「浮草」、現代文学賞(第36回)〔1991年〕「他人の顔」

【著作】
◇となりの日本人―韓国の若き作家が衝く異文化の深相　1～21完　韓水山:サンサーラ　4(1)～5(9)　1993.1～1994.9
◇隣の日本人―韓国からは日本がこう見える　韓水山著,方千秋訳　徳間書店　1995.9
◇韓国で賛否両論!いよいよ刊行「隣りの日本人」―私の真意　韓水山:サンサーラ　6(10)　1995.10

班 忠義　パン・チュンイ
ジャーナリスト,ノンフィクション作家,ドキュメンタリー作家

[生年月日] 1958年
[国籍]中国　[出生地]遼寧省撫順　[学歴]黒竜江大学日本語学部卒,上智大学大学院〔1991年〕修士課程修了,東京大学大学院〔1995年〕修士課程修了

銀行勤務を経て、1987年来日。敗戦の混乱の中子供の命を救うため中国に残った中国残留日本女性に関心を持ってもらおうと、14歳の時日本語を習った曽おばさんを題材に「曽おばさんの海」を執筆。また日本女性たちの里帰り運動にも携わる。一方、2000年日本軍の慰安婦として強制労働を強いられた韓国人女性の人生を描いた映画「チョンおばさんのクニ」を製作。2007年中国・山西省に駐屯した旧日本軍による現地女性に対する性暴力とその被害についての長編ドキュメンタリー映画「ガイサンシーとその姉妹たち」が10年の歳月をかけて完成。他の著書に「近くて遠い祖国」。　[受賞]ノンフィクション朝日ジャーナル大賞(第7回)〔1992年〕「曽おばさんの海」

【著作】
◇曽おばさんの海　班忠義著　朝日新聞社　1992.12

韓 炳三　ハン・ビョンサム
Han Byong-sam
考古学者　韓国国立中央博物館館長,韓国考古学研究会会長

[生年月日] 1935年10月3日
[没年月日] 2001年3月4日
[国籍]韓国　[出生地]平壌　[学歴]ソウル大学文理学部史学科〔1958年〕卒,京都大学大学院考古学専攻修了　[団体]韓国考古学研究会

1961年韓国国立中央博物館に入り、考古課長、首席学芸研究官、学芸研究室長を歴任。この間、'66年京都大学に留学し、日韓の美術交流に尽力。'75～84年国立慶州博物館館長を経て、'85～93年韓国国立中央博物館館長を務めた。また原三国時代の遺跡発掘など、考古学の発掘で多くの業績を残し、韓国考古

学研究会会長、韓国文化財委員会副委員長などを歴任。'89年10月福岡で開かれた西日本文化フォーラムで記念講演のため来日。'91年日韓の考古学者の交流と各種展覧会の開催に尽力したとして国際交流基金賞が授与された。共編に「日韓交渉の考古学」などがある。
[受賞]朝日学術奨励金〔1983年〕,国際交流基金賞(日本)〔1991年〕,雄山閣考古学賞(第1回)〔1992年〕「日韓交渉の考古学」
【著作】
◇日韓交渉の考古学 弥生時代篇 小田富士雄, 韓炳三編 六興出版 1991.6

樊 勇明 はん・ゆうめい
Fan Yong-ming
三井海上基礎研究所研究部長

[生年月日]1949年8月
[国籍]中国 [出生地]上海 [学歴]復旦大学国際政治学部〔1976年〕卒 [専門]国際経済,日本経済
1976年上海国際問題研究所に入所。'85年より日本のアジア経済研究所客員研究員。'86年帰国し,上海国際問題研究所日本研究室副主任,'89~90年早稲田大学社会科学研究所客員研究員を経て、上海国際問題研究所日本研究室主任。'96年4月三井海上基礎研究所研究部長。著書に「世界大国への道—日本経済国際化について」「アジアの擡頭と日本の投資」「中国の工業化と外国資本—経済開放の現状と展望」がある。
【著作】
◇日中京都シンポジウムアジア・太平洋地域の発展と地域間交流(International conference report series) 総合研究開発機構 1986.4 〈内容:日本の対外直接投資とアジア・太平洋地域の産業構造の調整(樊勇明)〉
◇日中上海シンポジウム—アジア・太平洋地域の発展と21世紀に向かう日中関係(International conference report series) 総合研究開発機構 1986.12
◇日中上海シンポジウム—東アジアの経済発展と地域協力(International conference report series) 総合研究開発機構 1989.9 〈内容:日本経済発展の戦略的転換およびその影響について(樊勇明)〉

ハーン, ラフカディオ
Hearn, Lafcadio
作家,文芸評論家,英語教師

[生年月日]1850年6月27日
[没年月日]1904年9月26日
[国籍]英国 [出生地]ギリシャ・リュカディア島(レフカス島) [本名]Hearn, Patrick Lafcadio [別名等]日本名=小泉八雲
英国陸軍軍医の父親とシチリア島生まれの娘との間に生まれ、幼い頃父親の生家・アイルランドのダブリンに移った。1869年渡米、シンシナティで苦労しながら新聞記者となる。1876年ニュー・オーリンズに移住。1882年ゴーチェの翻訳を刊行。1884年仏領西インド諸島を取材旅行。1890年ハーパー社の通信員として来日、日本滞在を決意し、B. H. チェンバレンの紹介で島根県立松江中学校の英語教師となる。翌年小泉セツ(節子)と結婚、熊本の第五高等学校に移る。1894年神戸に転じ「神戸クロニクル」論説記者。1896年日本に帰化し、小泉八雲と改名。同年上京、1896~1903年東京帝国大学英文学講師。'04年早稲田大学に移るがまもなく急逝。古い日本の風俗人情を愛し、「日本—一つの解明」「知られぬ日本の面影」「心」「怪談」「神国日本」「人生と文学」などの作品を通して日本を世界に紹介した。また民間の迷信を熱心に収集、「雪おんな」「耳なし芳一」「ろくろ首」などの怪談を発表した。「小泉八雲全集」(平井呈一訳,全12巻, 恒文社)、「ラフカディオ・ハーン著作集」(全15巻, 恒文社)がある。'97年故国アイルランドで作家の殿堂入り。 [受賞]熊本県近代文化功労者〔1990年〕 [記念館]小泉八雲記念館(島根県松江市),小泉八雲熊本旧居(熊本県熊本市)
【著作】
◇小泉八雲全集 第9巻 平井呈一訳 みすず書房 1954
◇日本—一つの解明 ラフカディオ・ハーン著,平井呈一訳 みすず書房 1954
◇日本の風土, 日本のこころ 小泉八雲, 大久保利謙編:外国人の見た日本 第3 筑摩書房 1961
◇東の国から L. ハーン:世界教養全集 第7 平凡社 1961

- ◇日本—一つの試論　ラフカディオ・ハーン著, 平井呈一訳　恒文社　1964
- ◇小泉八雲作品集　恒文社　1964
- ◇全訳小泉八雲作品集　第5・6巻(「日本瞥見記」上・下)　恒分社　1964
- ◇神国日本　ラフカディオ・ハーン：アメリカ古典文庫　22　研究社出版　1975
- ◇神国日本—解明への一試論(東洋文庫)　ラフカディオ・ハーン著, 柏倉俊三訳注　平凡社　1976
- ◇日本—一つの試論　小泉八雲著, 平井呈一訳　恒文社　1976
- ◇小泉八雲作品集—日本の印象　河出書房新社　1977
- ◇ラフカディオ・ハーン著作集　第7巻　池田雅之〔ほか〕訳　恒文社　1985.2
- ◇日本瞥見記　第2版　小泉八雲著, 平井呈一訳　恒文社　1986.2～1987.5
- ◇怪談・骨董他　第2版　小泉八雲著, 平井呈一訳　恒文社　1986.4
- ◇日本雑記—他　第2版　小泉八雲著, 平井呈一訳　恒文社　1986.4
- ◇日本—一つの試論　第2版　小泉八雲著, 平井呈一訳　恒文社　1986.5
- ◇東の国から・心　第2版　小泉八雲著, 平井呈一訳　恒文社　1986.5
- ◇ラフカディオ・ハーン著作集　第13巻　佐藤喬〔ほか〕訳　恒文社　1987.8
- ◇ラフカディオ・ハーン著作集　第9巻　池田雅之〔ほか〕訳　恒文社　1988.5
- ◇小泉八雲怪談奇談集　上(河出文庫)　小泉八雲著, 森亮ほか訳　河出書房新社　1988.6
- ◇小泉八雲怪談奇談集　下(河出文庫)　小泉八雲著, 森亮ほか訳　河出書房新社　1988.6
- ◇ラフカディオ・ハーン著作集　第5巻　斎藤正二〔ほか〕訳　恒文社　1988.7
- ◇ラフカディオ・ハーン著作集　第15巻　斎藤正二〔ほか〕訳　恒文社　1988.9
- ◇日本の面影(角川文庫)　ラフカディオ・ハーン著, 田代三千稔訳　角川書店　1989.6
- ◇明治日本の面影(講談社学術文庫)　小泉八雲著, 平川祐弘編　講談社　1990.10
- ◇神々の国の首都(講談社学術文庫)　小泉八雲著, 平川祐弘編　講談社　1990.11
- ◇クレオール物語(講談社学術文庫)　小泉八雲著, 平川祐弘編　講談社　1991.5
- ◇怪談—小泉八雲怪奇短編集(偕成社文庫)　小泉八雲作, 平井呈一訳　偕成社　1991.7
- ◇怪談(集英社文庫)　ラフカディオ・ハーン〔著〕, 繁尾久訳　集英社　1992.5
- ◇耳なし芳一・雪女—八雲怪談傑作集(講談社青い鳥文庫)　小泉八雲作, 保永貞夫訳, 小林敏也絵　講談社　1992.6
- ◇神戸クロニクル論説集(松蔭学術研究叢書)　ラフカディオ・ハーン〔著〕, 真貝義五郎編・訳　松蔭女子学院大学短期大学学術研究会　1992.12
- ◇怪談—完訳(ちくま文庫)　ラフカディオ・ハーン著, 船木裕訳　筑摩書房　1994.6
- ◇天の川幻想—ラフカディオ・ハーン珠玉の絶唱　小泉八雲著, 船木裕訳　集英社　1994.7
- ◇ラフカディオ・ハーンの神戸クロニクル論説集—『パレット文庫』版　ラフカディオ・ハーン著, 真貝義五郎訳　恒文社　1994.12
- ◇新・ちくま文学の森　5　鶴見俊輔〔ほか〕編　筑摩書房　1995.1〈内容：英語教師の日記から(抄)(小泉八雲)〉
- ◇ラフカディオ・ハーン3篇　新版(Sounds in kiddyland)　ラフカディオ・ハーン原作, ラボ教育センター制作局訳, 上野憲男絵　ラボ教育センター　1995.6
- ◇おとぎの国の妖精たち—小泉八雲怪談集(現代教養文庫)　ラフカディオ・ハーン著, 池田雅之訳編　社会思想社　1995.9
- ◇新・ちくま文学の森　13　鶴見俊輔〔ほか〕編　筑摩書房　1995.9〈内容：日本人の微笑(小泉八雲)〉
- ◇東の国から・心　小泉八雲著, 平井呈一訳　恒文社　1995.11
- ◇おとぎの国の妖怪たち—小泉八雲怪談集2(現代教養文庫)　ラフカディオ・ハーン著, 池田雅之訳編　社会思想社　1996.6
- ◇尖塔登攀記—外四篇　小泉八雲初期文集　復刻版　小泉八雲著, 佐藤春夫訳　恒文社　1996.6
- ◇怪談—芳一ものがたり(アニメ日本の名作)　小泉八雲原作　金の星社　1998.1
- ◇対訳小泉八雲作品抄　小泉八雲著, 平井呈一訳, 西川盛雄, アラン・ローゼン共編　恒文社　1998.9
- ◇怪談(大衆〈奇〉文学館)　ラフカディオ・ハーン著, 森一訳　勉誠出版　1998.10
- ◇面影の日本　小泉八雲著, 平井呈一訳, ジョニー・ハイマス写真　恒文社　1999.3
- ◇怪談(角川mini文庫)　ラフカディオ・ハーン〔著〕, 池田雅之訳編　角川書店　1999.4
- ◇作家の自伝　82(シリーズ・人間図書館)　佐伯彰一, 松本健一監修, 小泉八雲著, 池田雅之編訳解説　日本図書センター　1999.4
- ◇雪女の童話名作選　小泉八雲著, 平井呈一訳, 伊勢英子絵　偕成社　2000.2
- ◇新編日本の面影(角川文庫)　ラフカディオ・ハーン〔著〕, 池田雅之訳　角川書店　2000.9
- ◇怪談—不思議なことの物語と研究　改版(岩波文庫)　ラフカディオ・ハーン作, 平井呈一訳　岩波書店　2002.11
- ◇雪女・夏の日の夢(岩波少年文庫)　ラフカディオ・ハーン作, 脇明子訳　岩波書店　2003.3
- ◇小泉八雲日本の心　ラフカディオ・ハーン著, 和田久実監訳　彩図社　2003.8

◇怪談　ラフカディオ・ハーン著, 松浦茂夫訳　グレース　2003.11
◇『怪談』以前の怪談—小泉八雲こと, ラフカジオ・ハーン:記者時代の原稿選集 シンシナティ・インクワイアラー紙:1872-1875年　ラフカジオ・ハーン著, キャメロン・マクワーター, オウエン・フィンセン共編, 高橋経訳　同時代社　2004.4
◇妖怪・妖精譚—小泉八雲コレクション（ちくま文庫）　小泉八雲著, 池田雅之編訳　筑摩書房　2004.8
◇さまよえる魂のうた—小泉八雲コレクション（ちくま文庫）　小泉八雲著, 池田雅之編訳　筑摩書房　2004.11

范　力　はん・りき
青山学院大学非常勤講師, 白鷗大学経営学部客員研究員

[生年月日] 1961年
[国籍] 中国　[出生地] 山西　[学歴] 青山学院大学大学院〔平成10年〕博士課程修了　[学位] 歴史学博士　[専門] 中国史, 中日関係史
平成4年来日。青山学院大学非常勤講師、白鷗大学経営学部客員研究員を務める。

【著作】
◇戦時期における華北産業構造についての一考察(1930-40年代における中・日「戦争交流」についての研究)　范力〔著〕, 富士ゼロックス小林節太郎記念基金編　富士ゼロックス小林節太郎記念基金　1996.12
◇中日"戦争交流"研究—戦時期の華北経済を中心に　范力著　汲古書院　2002.12

パンゲ, モーリス
Pinguet, Maurice
フランス文学者, 比較文学者　東京日仏学院院長

[生年月日] 1929年5月5日
[没年月日] 1991年4月
[国籍] フランス　[学歴] パリ高等師範卒
1958年東大教養学科外国人講師として来日。'63〜68年東京日仏学院院長。'68年帰国してパリ第3大学助教授に。'79〜89年再び東大教養学科講師として日本に滞在。専門は日本と西洋の比較文学で、著書に「自死の日本史」('87年)、「テクストとしての日本」('87年)などがある。

【著作】
◇自死の日本史　モーリス・パンゲ著, 竹内信夫訳　筑摩書房　1986.5
◇テクストとしての日本　モーリス・パンゲ著, 竹内信夫〔ほか〕訳　筑摩書房　1987.5
◇自死の日本史(ちくま学芸文庫)　モーリス・パンゲ著, 竹内信夫訳　筑摩書房　1992.11

ハンソン, イーデス
Hanson, Edith
タレント　(社)アムネスティ・インターナショナル特別顧問

[生年月日] 1939年8月28日
[国籍] 米国　[出生地] インド・マスーリ　[学歴] オクラホマシティー大学〔1960年〕中退
父は宣教師。留学中の兄を頼って1960年来日。'63年文楽の人形遣いである吉田小玉と結婚するが、'65年離婚。この間、'63年テレビ「日本問答」、'64年映画「青い目の花嫁さん」など関西弁を話すタレントとしてマスコミに登場。'73年11月からの「週刊文春」誌上「ハンソン対談」などで名インタビュアーぶりを見せる。難民救済問題に関心を寄せ、'79年アムネスティ・インターナショナル日本支部会員となり、81年副支部長、'86〜99年同支部長、のち副支部長、特別顧問。'86年和歌山県の山村に転居。著書に「花の木登り協会」「インド片恋い」「私の日本・私の西洋」「会員制の国・ニッポン」「世界人権宣言」などがある。'84年日本男性と再婚。

【著作】
◇私の日本男性論　イーデス・ハンソン:婦人公論　1966.3
◇ニッポン語—この外人泣かせの無国籍ぶり　イーデス・ハンソン:サンデー毎日　1967.6.4
◇日本人とユダヤ人とアラブ人とアメリカ人(対談)　イーデス・ハンソン, 山本七平:週刊文春　1973.12.24・31合併
◇なんで日本語やるの?—日本語にぞっこん異色外人のニッポン談義　A・ホルバード, ジャロン・ローズ, ジャン・N・ロベール, ジョン・スピラム, イーデス・ハンソン:文芸春秋　1974.7
◇ニッポンの男ども(座談会)　フランソワーズ・モレシャン, イーデス・ハンソン, 深田祐介:サンデー毎日　1978.1.15
◇私の日本私の西洋　イーデス・ハンソン, 深田祐介著　文芸春秋　1978.6

◇日本人はどこから来たか（新春大型座談会）　司馬遼太郎, 陳舜臣, 大野晋, イーデス・ハンソン：週刊朝日　1981.1.2・9合併〜23
◇会員制の国・ニッポン　イーデス・ハンソン著　講談社　1982.9
◇日本人, 好きだなぁ―対談五〇〇回を終えて　イーデス・ハンソン：文芸春秋　62(4)　1984.4
◇ジャーナリスト・アイ―日本どうなる！どうする？　イーデス・ハンソンほか著　柏書房　1984.5
◇日本は多民族国家になりうるか（対談）　イーデス・ハンソン, 青木保：中央公論　106(9)　1991.9
◇「会員制の国」から「縁の世界」へ―イーデス・ハンソン（鼎談）　イーデス・ハンソン, 鶴見俊輔, 森毅：潮　395　1992.2
◇国籍って, じゃまくさいねぇ…（鼎談）　イーデス・ハンソン：日本文化の現在　潮出版社　1993.5

ハンソン, オッレ
Hansson, Olle
小児科医

[生年月日] 1936年
[没年月日] 1985年5月23日
[国籍] スウェーデン　[出生地] ストックホルム　[学位] 医学博士

1964年医師登録。ウプサラ大学、ヨッテボリィ大学小児神経科助教授、ヨッテボリィ東部病院小児神経科主任など歴任。'66年1月、論文を発表、スモンの原因について日本でキノホルム説が唱えられたときより4年半も早く、警告した。'76年1月20日、東京スモン訴訟の原告患者側の申請証人として東京地裁に出廷、当時の副作用症例の研究内容や発表経過、それをめぐる関連製薬会社の対応などについて証言した。以来、国際的な反キノホルム・反薬害運動を精力的にくり広げた。著書に「スモン・スキャンダル―世界を蝕む製薬会社」「チバガイギーの内幕―薬害の構造」がある。

【著作】
◇チバガイギーの内幕―薬害の構造　オッレ・ハンソン著, 斉藤正美訳　青木書店　1989.8

ハンソン, リチャード
Hanson, Richard
ジャーナリスト　アジア・タイムス東京特派員

[生年月日] 1951年
[国籍] 米国　[出生地] マサチューセッツ州　[学歴] マサチューセッツ州立大学卒, カリフォルニア大学バークレー校大学院修了

1976年来日し、APダウジョーンズ社、英国フィナンシャルタイムズ社などの特派員に。かたわら日本研究センターで日本語を学ぶ。'83年独立、ジャパン・フィナンシャル・リポート代表。のちカリフォルニア大学バークレー校特別研究員などを経て、'96年アジア・タイムス東京特派員。著書に「大蔵エリート　誇りと愚行」がある。

【著作】
◇「バブルの塔」は日本のエピローグ―外国人特派員思いっきり座談会　林国本, アンドレアス・ガンドウ, リチャード・ハンソン：サンサーラ　2(1)　1991.1
◇大蔵エリート誇りと愚行　リチャード・ハンソン〔著〕, 尾沢和幸訳　ティビーエス・ブリタニカ　1996.12

ハンター, ジャネット
Hunter, Janet
ロンドン・スクール・オブ・エコノミクス（LSE）教授

[生年月日] 1948年
[国籍] 英国　[出生地] ウースター　[学歴] オックスフォード大学大学院修了　[専門] 日本近代史

明治から昭和初期にかけての女子労働や通信の歴史などを研究。1970年以来2年に1度の割合で来日。

【著作】
◇ナセル・D. ハリリ・コレクション―海を渡った日本の美術　第1巻　オリバー・インピー, マルカム・フェアリー〔編〕, ジャネット・ハンター〔ほか〕執筆, 本田和美訳　同朋舎出版　1995.1〈内容：明治の時代背景（ジャネット・ハンター）〉
◇日英交流史―1600-2000　4　細谷千博, イアン・ニッシュ監修, 杉山伸也, ジャネット・ハンター編　東京大学出版会　2001.6〈内容：

日英経済関係史（杉山伸也, ジャネット・ハンター）〉

パンツァー, ペーター
Pantzer, Peter
ボン大学日本文化研究所教授・所長

[生年月日] 1942年
[国籍] オーストリア　[出生地] ザルツブルグ
[学歴] ウィーン大学卒　[学位] 博士号　[専門] 日本史
1968年明治時代から大正時代初頭にかけての日墺関係の研究によってウィーン大学より博士号取得。'68年から2年半, '76年から1年オーストリア政府交換留学生として滞日し, 東京大学などに在籍。ウィーン大学日本学研究所助教授を経て, ボン大学日本文化研究所教授, 同所長。著書に「ウィーンの日本」など。　[叙勲] 旭日中綬章（日本）〔2007年〕

【著作】
◇ウィーンの日本―欧州に根づく異文化の軌跡　ペーター・パンツァー, ユリア・クレイサ〔著〕, 佐久間穆訳　サイマル出版会　1990.3
◇ドイツ・オーストリアにおける日本学の現状　ペーター・パンツァー：日本研究　10　1994.8
◇Kabuki—Changes and prospects International Symposium on the Conservation and Restoration of Cultural Property Tokyo National Research Institute of Cultural Properties c1998〈内容：ドイツ, オーストリア, スイスにおける川上音二郎と貞奴（ペーター・パンツァー）〉
◇日本研究熱に特効薬はなかった―アレクサンダー・スラヴィク氏（1900—1997）追悼　Peter Pantzer：国際交流　20（3）　1998.4
◇日本・オーストリア修好130周年記念展―青山光子, クリムト, その時代　ペーター・パンツァー監修　日本オーストリア修好130周年記念展実行委員会　1999
◇研究と資料と情報を結ぶ―「日本研究学術資料情報の利用整備に関する国際会議」の記録　国際文化会館図書室編　国際交流基金　2002.12〈内容：中欧における日本研究図書館の状況―過去と現在:EAJRSの活動と目標に重点を置いて（ペーター・パンツァー）〉

ハンディ, チャールズ
Handy, Charles
コンサルタント, 著述家　ロンドン大学ビジネス・スクール名誉教授

[生年月日] 1932年
[国籍] 英国　[出生地] アイルランド　[学歴] オックスフォード大学卒, マサチューセッツ工科大学大学院修士課程修了　[専門] 経営哲学
シェル・インターナショナルなど多国籍企業で活躍後, ロンドン大学ビジネス・スクール教授, ウィンザー城の聖ジョージ館館長, 王立芸術協会会長など数々の要職を歴任。コンサルタント, 著述家として世界各地で活躍する一方, BBCの解説者としても人気を博している。著書に「組織の理解」「ディオニソス型経営」「組織の未来」「ビジネスマン価値逆転の時代」「パラドックスの時代――大転換期の意識革命」「もっといい会社, もっといい人生」などがある。英国のピーター・ドラッカーとも称される。

【著作】
◇100年繁栄するための条件（特集・21世紀に輝く会社―「脱日本・超米国」型を目指して）ジェリー・ポラス, チャールズ・ハンディ：日経ビジネス　922　1998.1.5

ハンティントン, サミュエル
Huntington, Samuel Phillips
政治学者　ハーバード大学教授・ジョン・オリン戦略研究所所長

[生年月日] 1927年4月18日
[国籍] 米国　[出生地] ニューヨーク　[学歴] エール大学, シカゴ大学, ハーバード大学　[学位] Ph. D.（ハーバード大学）〔1951年〕　[専門] 国際戦略論
1950年ハーバード大学講師, '53年助教授, '59年コロンビア大学戦争平和研究所に転じ, '62年よりハーバード大学教授, '89年より同大ジョン・オリン戦略研究所所長。この間, '77〜78年には米国最高の国防会議である国家安全保障会議の安全保障政策担当コーディネーターを務め, 国防長官および国家安全保障担当補佐官の諮問機関である統合

長期戦略委員会にも参加。'98年著書「文明の衝突」で冷戦終結後の国際関係について西欧文明、イスラム文明といった文化・文明という要素によって、国家の行動が決定される傾向が強まったなどと指摘。2001年9月米国同時多発テロ事件発生後、事前に予想していた本として話題となる。米国を代表する戦略論の専門家。他の著書に「American Politics」「Common Defense:Strategic Programs in National Politic」「Soldier and the State:The Theory and Politics of Civil-Military Relations(軍人と国家)」「変革期社会の政治秩序」など。

【著作】
◇文明の衝突　集英社　1998
◇ガルブレイス、キッシンジャーほか緊急インタビュー 世界の知識人10人から「ドン底ニッポン」復活への提言!（新年大特集・どうなるニッポン!）サミュエル・ハンチントン、ジョン・ガルブレイス、ヘルムート・シュミット、ヘンリー・キッシンジャー、陳放、ジョセフ・ナイ、スラク・シバラクサ、フランコ・カッラーロ、ウィリアム・クノーキ、チャールズ・クルーラック：週刊現代　41(2)　1999.1.16・23
◇「孤独な日本文明」と「アメリカ、中国両文明」との衝突　ハンチントン、S.：SAPIO　11(2)　1999.2.3
◇サミュエル・ハンチントン「21世紀、これが日本の役割だ!」（イミダスバートセミナー第二弾）サミュエル・ハンチントン、中西輝政、日高義樹：BART　3230　1999.4
◇文明の衝突と21世紀の日本（集英社新書）サミュエル・ハンチントン著、鈴木主税訳　集英社　2000.1
◇サミュエル・ハンチントン(『文明の衝突』の著者・ハーバード大教授)―孤立国家・日本の役割は減少する（どうする？どうなる？私たちの21世紀）ハンチントン、サミュエル：文芸春秋　78(8増刊)　2000.6

バーンランド, ディーン
Barnlund, Dean C.
コミュニケーション学者　サンフランシスコ州立大学教授

[生年月日] 1920年
[国籍]米国　[出生地]ミルウォーキー
日米間の異文化間コミュニケーションをテーマに研究。1951年博士号をノースウェスタン大で取得し、同大準教授を経て、ハワイ大客員教授就任。又カリフォルニア大等で研究活動を行った。国際基督教大客員教授として'68年、'72年に来日し、日本の多くの学者との交流や数々の実験調査を行い研究を進めた。著書、共著「The Dynamics of Discussion」（'60年）、「日本人の表現構造」（'73年）等。

【著作】
◇日本人の表現構造―ことば・しぐさ・カルチュア　ディーン・C. バーンランド著、西山千訳　サイマル出版会　1973
◇日本人の表現構造―公的自己と私的自己・アメリカ人との比較　新版　D. C. バーンランド著、西山千、佐野雅子訳　サイマル出版会　1979

ハンレー, スーザン
Hanley, Susan B.
日本研究家　ワシントン大学教授，「ジャーナル・オブ・ジャパニーズ・スタディーズ」編集長

[生年月日] 1939年
[国籍]米国　[出生地]ミネソタ州　[学歴]ハーバード大学卒, エール大学大学院修了
著書に「前工業化期日本の経済と人口」(共著)、「江戸時代の遺産―庶民の生活文化」など。

【著作】
◇"親シキ仲ニモ礼儀アリ"―アメリカ人と付き合う法　スーザン・B. ハンレー：中央公論　1980.10
◇江戸時代の遺産―庶民の生活文化（中公叢書）スーザン・B. ハンレー著、指昭博訳　中央公論社　1990.4

ハンロン, ケビン
Hanlon, Kevin
司祭　カトリック登美ケ丘教会主任司祭, 京都ノートルダム女子大学

[生年月日] 1958年
[国籍]米国　[出生地]ニューヨーク　[学歴]ワシントンカトリック大学宗教文学史専攻〔1979年〕　[学位]博士号（神学）〔1997年〕
[専門]聖書学
1985年に来日。'87年東京ヨセフ学院で日本語を学ぶ。'89年Our Lady Queen of Apostles

Chapel, Maryknoll, New York叙階式。のちカトリック登美ケ丘教会主任司祭、京都ノートルダム女子大学で聖書学の教鞭をとる。著書に「外国人司祭が観た日本のカトリック信徒」がある。
【著作】
◇外国人司祭が観た日本のカトリック信徒　ケビン・ハンロン著, 斎田靖子訳　エンデルレ書店　2001.10

【 ヒ 】

ビアー, ローレンス
Beer, Lawrence W.
法学者　コロラド大学教授, ラファイエット・カレッジ教授

[生年月日] 1932年
[国籍] 米国
日本の法律、政治が専門。1957年ゴザンガ大で修士号取得後、'66年ワシントン大で、博士号取得。その後コロラド大助教授、準教授を経て教授を歴任。後、ラファイエット・カレッジ教授。又その間上智大に交換教授として来日。日本への関心は父親の日本との木材貿易の仕事に影響されたため、又上智大日本語学科にイエズス会の学生として在籍したことも大きな契機となった。アジア研究学会会員。妻は日本人。主著、共著「The Constitutional Case Law of Japan」('78年)等。
【著作】
◇天皇神話から民主主義へ—日本の二つの憲法1889～2004年　ローレンス・W. ビーア, ジョン・M. マキ共著, 浅沼澄訳　信山社出版　2005.7

ビアード, ダニエル
Beard, Daniel P.
米国内務省開墾局総裁

[国籍] 米国　[学歴] ワシントン大学〔1965年〕卒　[学位] 博士号(ワシントン大学)〔1978年〕下院、上院議員の補佐官などを務めた後、下院資源委員会の事務局長に。1993年から内務省開墾局総裁。自然保護グループによるダム反対の提訴が相次いで勝訴したことや、連邦予算の削減などを理由に、'94年ダム建設からの撤退を宣言。'95年9月退任し、環境保護団体である全米オーデュボン協会地域副代表をつとめる。
【著作】
◇日本型談合ダム事業はもう世界に通用しませんよ(ダム政策、世界の潮流・日本の逆流)　ダニエル・ビアード, 天野礼子：週刊金曜日　4(39)　1996.10.18

ビアード, メアリー・リター
Beard, Mary Ritter
歴史家, 婦人問題研究家

[生年月日] 1876年
[没年月日] 1958年
[国籍] 米国　[出生地] インディアナ州インディアナポリス　[学歴] デ・ポー大学
1910年女性参政権運動のメンバーとなり、つづいて'13～17年アリス・ポールの指揮する女性参政権議会同盟で活動する。著書に「歴史力としての女性」('46年)のほか、歴史学者・経済学者の夫、チャールズ・ビアードとの共著「アメリカ文明の興降」('27年)、「アメリカ精神の歴史」('43年)などがある。
【著作】
◇日本女性史　メリー・R. ビアード著, 加藤シヅエ訳　河出書房　1953

ピエールサンティ, シルヴィオ
Piersanti, Silvio
ジャーナリスト　イタルメディア代表

[生年月日] 1935年
[国籍] イタリア　[出生地] ローマ　[学歴] サンタ・チェチリア音楽院(作曲, ピアノ)　[団体] イタリア記者協会
AP通信写真デスク、外信部長を20年以上にわたり務めた後独立。ニュースエージェンシー、イタルメディアを設立し、米国、英国、ドイツ、日本など多数の国のマスコミと提携。

イタリア南部大地震のルポなど、国内外のメディアに幅広く時事問題の記事を発表。一方、音楽評論家としても活動。著書に「飛躍中田英寿」などがある。　［受賞］イタリア総理大臣特別賞
【著作】
◇飛躍中田英寿—日本では報道されないヒデの勇姿（講談社文庫）　S. ピエールサンティ監修，〔片野道郎〕〔訳〕　講談社　1999.3

ヒギンズ，ジェイ・ウォーリー
Higgins, J. Wally
空軍人、鉄道写真家　JR東日本総合企画本部国際部顧問

［生年月日］1927年
［国籍］米国　［出生地］ニュージャージー州　［学歴］ミシガン大学卒

大学卒業後、アメリカ空軍に勤務。1956年、駐留米軍軍属として来日、以降も日本に滞在し全国をくまなく訪問する。滞日中、若い頃からの趣味である鉄道写真も多数撮影する。対象は国鉄はもとより都会の大手私鉄から地方の路面電車、軽便鉄道、拓殖鉄道、森林鉄道にいたるまで多岐にわたる。約6000枚に及ぶカラー写真は保存状態が良く貴重な資料となっている。永年親交のあった大井川鐵道顧問の白井昭氏の企画・プロデュースにより、超一級の資料として公開された。

【著作】
◇昭和30年代鉄道原風景—発掘カラー写真　路面電車編　J. Wally Higgins著　JTBパブリッシング　2005.1
◇昭和30年代鉄道原風景—発掘カラー写真　西日本私鉄編　J. Wally Higgins著　JTBパブリッシング　2005.1
◇昭和30年代鉄道原風景—発掘カラー写真　東日本私鉄編　J. Wally Higgins著　JTBパブリッシング　2005.1
◇昭和30年代鉄道原風景—発掘カラー写真　国鉄編　J. Wally Higgins著　JTBパブリッシング　2006.1
◇昭和30年代乗物のある風景—発掘カラー写真　東日本編　J. Wally Higgins著　JTBパブリッシング　2007.4
◇昭和30年代乗物のある風景—発掘カラー写真　西日本編　J. Wally Higgins著　JTBパブリッシング　2007.4

ビクトリア，ブライアン
Victoria, Brian
元・僧侶　オークランド大学助教授

［生年月日］1939年
［国籍］米国　［出生地］ネブラスカ州　［別名等］別名＝ヴィクトリア，ブライアン・大禅　［専門］禅

大学で哲学と神学を勉強し、ドイツを旅して戦争の惨状を知る。良心的徴兵拒否の道を選び、東京に宣教師として派遣される。のち、曹洞宗大本山永平寺に参禅、1965年出家。ベトナム反戦運動に参加、在留許可を取り消され帰国。オークランド大学助教授を務める。著書に禅仏教の戦争協力を批判した「ゼン・アット・ウォー」がある。ニュージーランド国籍も持つ。

【著作】
◇禅と戦争—禅仏教は戦争に協力したか　ブライアン・アンドルー・ヴィクトリア著，エィミー・ルィーズ・ツジモト訳　光人社　2001.5

ビゴー，ジョルジュ
Bigot, Georges Ferdinand
画家

［生年月日］1860年4月7日
［没年月日］1927年10月10日
［国籍］フランス　［出生地］パリ　［学歴］エコール・デ・ボーザール〔1876年〕中退

美術学校でカロリュス・デュラン、ジェロームに師事。早くから挿絵画家と知られ、ゾラの小説「ナナ」の挿絵を描いた。またゾラやフェリックス・ビュオらとの交際を通してジャポニスムの影響を受け日本に関心を持つ。1882年（明治15年）1月日本美術研究のため来日し、しばらく陸軍士官学校の画学教師を務め、その後、地方を旅行して数多くの風俗を4冊の銅版画集として刊行。1885年頃「改進新聞」の挿絵を描いた。1887年横浜居留地で漫画雑誌「トバエ（鳥羽絵）」などの風刺雑誌や風刺画集を刊行し、官憲にマークされる。日清戦争では英国の新聞「グラフィック」の特派画家として従軍し、1894年日本人女性と結婚し息子をもうけるが、1899年条約改正で

375

居留地廃止・官憲の弾圧を恐れ、1900年帰国。その後、日露戦争の従軍画家として再来日した。代表作に「日本人生活のユーモア画集」シリーズなどがある。

【著作】
◇ビゴー日本素描集(岩波文庫)　清水勲編　岩波書店　1986.5
◇ビゴー素描コレクション　1　芳賀徹〔ほか〕編　岩波書店　1989.6
◇ビゴー素描コレクション　2　芳賀徹〔ほか〕編　岩波書店　1989.7
◇ビゴー素描コレクション　3　芳賀徹〔ほか〕編　岩波書店　1989.8
◇ビゴー日本素描集　続(岩波文庫)　清水勲編　岩波書店　1992.12
◇ビゴーが描いた明治の女たち(100年前シリーズ)　ビゴー〔画〕,清水勲著　マール社　1997.4

ピゴット, F. S.
Piggott, Francis Stewart Gilderoy
外交官　駐日イギリス大使館付武官

[生年月日] 1883年3月18日
[没年月日] 1966年4月26日
[国籍]英国　[出生地]ロンドン　[学歴]ウーリッジ陸軍士官学校〔1900年〕卒

司法官の父親に伴い、1888年来日し3ヶ月滞在し、1891年任期満了のため一家で帰国。1897年パブリック・スクールのチェルトナム・カレッジに入学する。1899年ウーリッジ陸軍士官学校に130人の中7番目の成績で入学、第1番から7番まで全員チェルトナム・カレッジ出身者で占めたという。南阿戦争のため2ヶ年の修業期間が半分に短縮され、1900年末に卒業し陸軍工兵少尉に任官した。1904年東京駐在イギリス公使館付武官として来日し、1908年まで在職した。その後ジブラルタル在勤を経て再び1910年に来日した。第1次世界大戦に従軍し、終戦時にはワシントン軍縮会議に専門委員として参加した。1921年再び東京駐在イギリス大使館付武官として来日し1926年まで滞在、一旦帰国の後、1936年再び復職し、第2次世界大戦勃発直前まで在任した。終戦後1955年再び来日。この間の日英関係を自らの回想をこめて著した「断たれた

きずな」は日本に対する愛情の念にあふれている。

【著作】
◇斷たれたきずな—日英外交六十年　F. S. G. ピゴット著, 長谷川才次譯　時事通信社　1951.8
◇断たれたきずな　サー・フランシス・ピゴット著, 長谷川才次訳　時事通信社　1959

ピゴット, フランシス
Piggott, Francis Taylor
音楽学者, 法学者, 東洋学者

[生年月日] 1852年4月25日
[没年月日] 1925年3月12日
[国籍]英国　[出生地]ギルフォード

1888年日本政府の法律顧問として来日。雅楽や箏曲など日本音楽を広く研究した。代表的な著作として「日本の音楽と楽器 The Music and Musical Instruments of Japan」がある。'91年帰国。

【著作】
◇日本の音楽と楽器—明治二十年代に来日した英人の記録と研究　ピゴット著,服部竜太郎訳　音楽之友社　1967

ヒジヤ・キルシュネライト, イルメラ
Hijiya-Kirschnereit, Irmela
日本学者　ドイツ日本研究所所長　ベルリン自由大学教授

[生年月日] 1948年
[国籍]ドイツ　[出生地]コルンタール　[別名等]日本語名=日地谷・キルシュネライト, イルメラ　[学歴]ハンブルク大学(日本学), ボッフム大学(日本学)　[学位]文学博士(ボッフム大学)〔1975年〕　[資格]ヨーロッパ学士院　[専門]現代日本文学, 日本学　[団体]ヨーロッパ日本学協会

5歳の時、日本の工芸品や日本画を見て感動し、日本に興味を持つ。以後、書物やペンパルを通じて日本文化について学び、高校卒業後、日本語と日本文化の本格的な研究を始める。1970～72年早稲田大学、東京大学に留学。帰国後ボッフム大学(ルール大学)で研

鑽を積み、'75年三島由紀夫の研究で博士号取得。'77年ボッフム大学私講師。'80年724小説に関する研究で大学教授資格を取得。'85年一橋大学助教授、'86年トリーア大学日本学教授、'91年ベルリン自由大学日本学教授を経て、'96年ドイツ日本研究所所長に就任。大学での講義・演習を通して幅広く日本紹介に努める。インゼル社刊行の「日本文庫」の編集に従事。ヨーロッパ日本学協会会長も務める。著書に「Mishima Yukio's Roman"Kyôko no ie"」('76年)、「私小説―自己暴露の儀式」('81年)など。　[受賞]ライプニッツ賞，ドイツ連邦功労十字章

【著作】
◇私小説―自己暴露の儀式　イルメラ・日地谷＝キルシュネライト著，三島憲一〔ほか〕訳　平凡社　1992.4
◇皮膚の想像力＝The faces of skin　佐藤直樹，クリストフ・ガイスマール＝ブランディ，イルメラ・日地谷＝キルシュネライト編集　国立西洋美術館　2001
◇谷崎潤一郎国際シンポジウム　アドリアーナ・ボスカロ〔ほか〕著　中央公論社　1997.7
◇日本を問い続けて―加藤周一，ロナルド・ドーアの世界　加藤周一，ロナルド・ドーア監修，福岡ユネスコ協会編　岩波書店　2004.7
◇日本研究・京都会議　1994　国際日本文化研究センター，国際交流基金編　国際日本文化研究センター　1996.3
◇文学にみる二つの戦後―日本とドイツ　アーネスティン・シュラント, J. トーマス・ライマー編，大社淑子〔ほか〕訳　朝日新聞社　1995.8
◇文学者の声1984―第47回国際ペン東京大会論集　日本ペンクラブ編　小学館　1985.12

ピジョー，ジャクリーヌ
Pigeot, Jacqueline
日本文学研究家　パリ第7大学教授

[生年月日] 1939年
[国籍]フランス　[出生地]オルレアン　[学歴]パリ女子高等師範卒，ソルボンヌ大学文学部仏文学・古代(ギリシャ・ローマ)文学科〔1963年〕卒，フランス国立東洋語学校日本語学科〔1966年〕卒
1967年から3年間財団法人日仏会館研究員として在日。'70年からパリ第7大学で教べんをとりながら早稲田大学、京都大学などの客員研究員として再三来日。日本語、フランス語の両語による幅広い日本古典文学についての著作多数。共訳に「谷崎潤一郎全集」がある。
[受賞]山片蟠桃賞(第7回)〔1988年〕「道行文」他，日仏翻訳文学賞(第5回)〔1998年〕「谷崎潤一郎全集1」

【著作】
◇谷崎潤一郎国際シンポジウム　アドリアーナ・ボスカロ〔ほか〕著　中央公論社　1997.7〈内容:『吉野葛』における材源への言及の役割(ジャクリーヌ・ピジョー)〉
◇物尽し―日本的レトリックの伝統(フランス・ジャポノロジー叢書)　ジャクリーヌ・ピジョー著，寺田澄江，福井澄訳　平凡社　1997.11

ビーズリー，ウィリアム・ジェラルド
Beasley, William Gerald
歴史学者　ロンドン大学名誉教授

[生年月日] 1919年
[国籍]英国　[学位]Ph. D.　[専門]東アジア史,日英関係史　[団体]ヨーロッパ日本学会
1954〜83年ロンドン大学東アジア史教授。'78〜83年同大学日本研究センター所長。専攻は19世紀の日本史、東アジアにおける国際関係で特に日本帝国主義の特色について造詣が深い。2001年英国における日本研究の基礎固めと後進の育成に努めたことが評価され、国際交流基金賞を受賞。著書に「Great Britain and the Opening of Japan」('51年)、「The Modern History of Japan」('63年)、「日本帝国主義1894―1945」('87年)、「The Rise of Modern Japan」('90年)など。　[受賞]国際交流基金賞(日本)〔2001年〕

【著作】
◇日本文化の研究　W・G・ビーズレイ：あるびよん　7　1951.6
◇日本帝国主義1894-1945―居留地制度と東アジア　W.G.ビーズリー著，杉山伸也訳　岩波書店　1990.12
◇日英交流史―1600-2000　1　細谷千博，イアン・ニッシュ監修，木畑洋一〔ほか〕編　東京大学出版会　2000.3〈内容:衝突から協調へ(W.G.ビーズリー)〉

ピタウ，ヨゼフ
Pittau, Joseph
カトリック大司教，教育者　バチカン教育省局長，イエズス会総長顧問　上智大学学長

［生年月日］1928年10月20日
［国籍］イタリア　［出生地］サルデーニャ島
［学歴］バルセロナ大学哲学科卒，ハーバード大学卒　［学位］Ph．D．（ハーバード大学）
［専門］哲学，神学，政治学
1952年来日。上智大学で神学を学んだ後、ハーバード大学で政治学を学び、Ph．D．を取得。'63年上智大学法学部助教授となり、のち教授、理事長を経て、'75～81年学長を務める。この間、日本の私大連盟理事、カトリック大学連盟会長などを歴任。'81年ローマ法王にバチカンへ呼び戻され、イエズス会総長代理、ローマ法王補佐となり、'83年イエズス会総長顧問。'89年12月バチカンで行われたローマ法王ヨハネ・パウロ2世とゴルバチョフ・ソ連大統領（当時）の歴史的和解の会見に立ちあった。'92年ローマ法王庁立グレゴリア大学学長を経て、'98年バチカン教育省局長、同年10月大司教に就任。著書に「明治初期の立憲思想」「日本と日本人」「日本人への熱い手紙」など。2000年内藤寿七郎国際育児賞を受賞。　［受賞］岡野賞（日本）〔1988年〕、国際交流基金賞（日本）〔1993年〕、内藤寿七郎国際育児賞（日本）〔2000年〕

【著作】
◇私のみた日本および日本人　アイヴァン・ホール，ハンス・E・プリングスハイム，ヨゼフ・ピタウ，ケー・ヴィー・ナライン，村部保：経営者　25（1）　1971.1
◇ニッポンと日本人—見失われた心の再発見（Kanki book）　ヨゼフ・ピタウ著　かんき出版　1978.4
◇日本の心の再発見　ヨゼフ・ピタウ：新・日本人論　講談社　1980.6
◇外人の見た日本の近代化（三愛新書）　ヨゼフ・ピタウ：人間と文化　5　三愛会　1980.12
◇ニッポン人への熱い手紙—若者と教育をみつめて　ヨゼフ・ピタウ著　日本リクルートセンター出版部　1982.5
◇日本の若者は自分の家族　ヨゼフ・ピタウ：置き忘れ日本学　人間と歴史社　1986.5

◇聖地アッシジの対話—聖フランチェスコと明恵上人　河合隼雄，ヨゼフ・ピタウ著　藤原書店　2005.2

ピーターセン，マーク
Petersen, Mark F.
明治大学政治経済学部教授

［生年月日］1946年5月11日
［国籍］米国　［出生地］ウィスコンシン州　［学歴］コロラド大学英文学専攻卒，ワシントン大学大学院近代日本文学専攻博士課程修了
［専門］近代日本文学
コロラド大学の学生時代に英訳で川端康成や永井荷風を読み、初めて日本文学に触れる。卒業後、1980年フルブライト留学生として東京工業大学で正宗白鳥を研究。明治大学講師、助教授を経て、教授。「小説新潮」でコラムを連載するなど幅広く活動する。著書に「日本人の英語（正・続）」「心にとどく英語」「痛快！コミュニケーション英語学」、共著に「教師のためのロイヤル英文法」など。

【著作】
◇日本人の英語　正（岩波新書）　岩波書店　1988
◇英文にすれば恐くない？！（特集・笑える日本人）　ピーターセン，M．：新潮45　18（1）　1999.1
◇「『山の音』を日本語と英語で読む」（特集・日本語論—エッセイ「私にとって（日本語）とは何か」）　ピーターセン，マーク：環　4　2001.1
◇英語で発見した日本の文学—古き良き日本語と、新しく面白い日本語　マーク・ピーターセン著　光文社　2001.3
◇フォーラム「日本人」を自覚するとき—日本の食文化との出会い　マーク・ピーターセン：ジェトロセンサー　52（618）　2002.5

ピーターソン，ピーター
Peterson, Peter G.
実業家　ブラックストーン・グループ会長，ソニー取締役　リーマン・ブラザーズ社会長，米国商務長官

［生年月日］1926年6月5日
［国籍］米国　［出生地］ネブラスカ州カーニー
［学歴］マサチューセッツ工科大学（MIT）卒，

ノースウェスタン大学卒, シカゴ大学大学院（経営学）　［学位］M. B. A.（シカゴ大学）市場アナリストとなり、1953年シカゴのPR会社マッキャン・エリクソン社市場事業部長、'54〜58年副社長。'58年ベル・アンド・ハウエル社に移り副社長、'61年社長、'63〜71年CEO、'68〜71年会長を歴任。'71年ニクソン政権下で国際経済政策会議事務局長兼大統領補佐官となり、'72〜73年商務長官を務めた。'73〜75年老舗投資銀行リーマン・ブラザーズ社会長を経て、'85年10月より自ら設立した投資銀行ブラックストーン・グループ（本社・ニューヨーク）会長。知日派としても知られ、'89年には日米賢人会議の米国側代表だった。'91年6月ソニー非常勤取締役（ソニー初の社外取締役）。

【著作】
◇ポスト冷戦時代の日米関係　ピーター・G.ピーターソン著, 天谷直弘監訳　日本経済新聞社　1990.10
◇ひ弱ならざる花・日本—ドル・ショックの仕掛人に問う日米摩擦の根本原因　P. ピーターソン：Voice　212　1995.8

ビーチ, ジェリー
Beach, Jerry
スポーツライター

「New York Sportscene」編集者、「rouze.com」主席ライターなどを歴任。「New York Mets Inside Pitsh」「Mets Magazine」「The Long Island Press」などに、球界事情を執筆。著書に「松井秀喜 ザ・ヤンキー」がある。

【著作】
◇松井秀喜ザ・ヤンキー　ジェリー・ビーチ著, 三室毅彦訳　MCプレス　2004.4

ビックス, ハーバート
Bix, Herbert P.
ニューヨーク州立大学ビンガムトン校教授

［生年月日］1938年
［国籍］米国　［学歴］ハーバード大学大学院修了　［学位］Ph. D.　［専門］平和社会論, 日本近現代史

大学卒業後、海軍士官として神奈川県横須賀市に赴任。日本人と結婚し、日本近現代史を専攻する学者に転身。法政大学で10年間教鞭を取り、一橋大学大学院社会学研究科教授を経て、2001年ニューヨーク州立大学ビンガムトン校教授に就任。同年、2000年米国で出版した「Hirohito and the Making of Modern Japan」でピュリッツァー賞を受賞。2002年同書の日本語訳書「昭和天皇」が刊行される。他の共編著に「東京裁判と国際検察局」がある。　［受賞］ピュリッツァー賞（ノンフィクション書籍部門）〔2001年〕「Hirohito and the Making of Modern Japan」

【著作】
◇世界史のなかの日本占領—法政大学第8回国際シンポジウム（法政大学現代法研究所叢書）　袖井林二郎編　法政大学現代法研究所　1985.3〈内容：セッション 日本占領のバランス・シート（萩原進、ハーバート・ビックス）〉
◇昭和天皇　上　ハーバート・ビックス著, 吉田裕監修, 岡部牧夫, 川島高峰訳　講談社　2002.7
◇昭和天皇　下　ハーバート・ビックス著, 吉田裕監修, 岡部牧夫, 川島高峰, 永井均訳　講談社　2002.11
◇昭和天皇　上（講談社学術文庫）　ハーバート・ビックス［著］, 吉田裕監修, 岡部牧夫, 川島高峰訳　講談社　2005.7
◇昭和天皇　下（講談社学術文庫）　ハーバート・ビックス［著］, 吉田裕監修, 岡部牧夫, 川島高峰, 永井均訳　講談社　2005.8

ビッソン, トーマス・アーサー
Bisson, Thomas Arther
アジア学者　GHQ民政局員

［生年月日］1900年11月8日
［没年月日］1988年7月7日
［国籍］米国　［出生地］ニューヨーク市　［学歴］コロンビア大学〔1924年〕卒

1929年外交政策協会に勤務、機関誌に論文を発表し、アジア問題の専門家として知られるようになる。'33年ルーズベルト政権下で社会主義に接近。'37年オーエン・ラティモアらと中国・延安を訪ね、毛沢東、朱徳らと会見。帰国後、著書「China in Japan」でアジア学者としての地位を固めた。'43〜45年太平洋問題調査会（IPR）勤務。'45年10〜12月

米国戦略爆撃調査団の一員として来日、'46年3月〜'47年5月GHQ民政局員として占領改革に従事。'50年マッカーシー旋風のなかで沈黙を強いられる。ほかの著書に「ビッソン日本占領回想記」（邦訳'83年）がある。
【著作】
◇敗戦と民主化—GHQ経済分析官の見た日本　T. A. ビッソン著, 内山秀夫訳　慶応義塾大学出版会　2005.12

ヒッチコック, ロマイン
英語教師

［生年月日］1851年
［没年月日］1923年
［国籍］米国　［専門］考古学
米国の国立博物館で顕微鏡部長を務めていたが、1886年（明治19年）8月来日。大阪の第三高等中学（現・京都大学）で英語教師を務める傍ら、日本の古代文化に強い興味を抱き、お雇い外国人の先輩である英国冶金技師ゴーランドと共同で近畿地方の古墳などの調査に当たった。帰国後、「神道、日本人の神話」「日本の古墳」などの論文を発表した。
【著作】
◇日本史の黎明—八幡一郎先生頌寿記念考古学論集　八幡一郎先生頌寿記念考古学論集編集委員会編　六興出版　1985.3〈内容：R. ヒッチコック著（一八九〇年）エゾ地の古代竪穴居住者（R. ヒッチコック）〉
◇世界の民族誌　1　R. ヒッチコック〔著〕, 北構保男訳　六興出版　1985.4

ピーティ, マーク
Peattie, Mark Robert
スタンフォード大学フーバ研究所上級研究員

［生年月日］1930年
［国籍］米国　［出生地］ニース（フランス）　［学歴］ポモナ大学〔1951年〕卒, スタンフォード大学大学院〔1952年〕修士課程修了　［学位］博士号（プリンストン大学）〔1972年〕　［専門］日本政治史
1955年〜68年米国文化交流庁勤務。'72年プリンストン大学で石原莞爾の研究によって博士号を取得。同年ペンシルベニア州立大学助教授。学位論文は'75年「『日米対決』と石原莞爾」として公刊される。米国広報庁仙台、京都各文化センター館長、'82年マサチューセッツ州立大学教授を経て、'93年スタンフォード大学上級研究員。ハワイ大学客員教授も兼任。
【著作】
◇「日米対決」と石原莞爾　マーク・R. ピーティ著, 大塚健洋〔ほか〕共訳　たまいらぼ　1993.1
◇植民地—帝国50年の興亡（20世紀の日本）　マーク・ピーティー著, 浅野豊美訳　読売新聞社　1996.12
◇帝国という幻想—「大東亜共栄圏」の思想と現実　ピーター・ドウス, 小林英夫編　青木書店　1998.8〈内容：ミクロネシアにおける日本の同化政策（マーク・R. ピーティ）〉

日向　ノエミア　ひなた・ノエミア
上智大学外国語学部ポルトガル語学科講師, 慶応義塾大学法学部講師

［国籍］ブラジル　［出生地］サンパウロ　［旧姓名］坂根　［学歴］サンパウロ大学卒　［専門］ポルトガル語
日系2世。サンパウロ大学卒業後、東京都立大学に留学。日本人と結婚し、昭和49年から日本に在住。上智大学と慶応義塾大学でポルトガル語の講師を務める。一方ブラジル移民1世の父・坂根茂とともに、日系ブラジル人や彼らを雇用する企業向けの辞書を執筆し、平成2年「ローマ字ポ和辞典」を出版。他の共著に日本人向けの「ローマ字和ポ辞典」がある。
【著作】
◇日本語誤用分析（日本語学叢書）　明治書院編集部編　明治書院　1997.6〈内容：日本人と挨拶するときの難しさ—ブラジル人の場合（日向ノエミア）〉

ビナード, アーサー
Binard, Arthur
詩人

［生年月日］1967年

[国籍]米国　[出生地]ミシガン州デトロイト
[学歴]コルゲート大学英米文学部〔1990年〕卒
表意文字に深い興味を抱き、1990年来日。詩作など執筆活動のかたわら日本文学を研究。'97年東京都豊島区が外国人向けに発行している広報誌に「詩にみる豊島」を連載。2006年米国の画家ベン・シャーンが第五福竜丸事件を描いた連作〈ラッキー・ドラゴン〉シリーズに日本語で文を付け、核批判の絵本「ここが家だ ベン・シャーンの第五福竜丸」を刊行した。詩集に「釣り上げては」、訳書に小熊秀雄「焼かれた魚」、翻訳絵本に「どんな きぶん?」、エッセイに「日本語ぽこりぽこり」がある。　[受賞]中原中也賞(第6回)〔2000年〕「釣り上げては」、講談社エッセイ賞(第21回)〔2005年〕「日本語ぽこりぽこり」

【著作】
◇「日本という国に誇りを持って」—二人の在日外国人が日本再生を語った！ ビル・トッテン, アーサー・ビナード : 経済界　36(7)　2001.4.10
◇空からやってきた魚　アーサー・ビナード著　草思社　2003.7
◇うごく浮世絵!?(びじゅつのゆうえんち)　よぐちたかお作, アーサー・ビナード英文　福音館書店　2005.1
◇日本語ぽこりぽこり　アーサー・ビナード著　小学館　2005.3
◇出世ミミズ(集英社文庫)　アーサー・ビナード著　集英社　2006.2
◇日々の非常口　アーサー・ビナード著　朝日新聞社　2006.8

ピーノルト, ルイス
Pinault, Lewis
元・経営コンサルタント　米国航空宇宙局(NASA)

[国籍]米国　[出生地]ロードアイランド州
[学歴]マサチューセッツ工科大学〔1982年〕卒
日本鋼管で3年間勤務したのち、ロンドン大学へ留学。1985年東京のボストン・コンサルティング・グループに入社。以来12年間、BCGをはじめジェミニ・コンサルティング、アーサー・D・リトル、クーパース&ライブランドなど、一流のコンサルティング会社に所属し、パートナーを務める。'97年業界を去り、米国航空宇宙局(NASA)に勤務。2000年コンサルティング業界の欺瞞と策略に満ちた実体を暴露した著書「コンサルティングの悪魔」を発表し、話題となる。

【著作】
◇コンサルティングの悪魔—日本企業を食い荒らす騙しの手口　ルイス・ピーノルト著, 森下賢一訳　徳間書店　2000.10

ヒーバート, ジェームズ
Hiebert, James
教育学者　デラウェア大学教授

[国籍]米国　[学位]博士号(ウィスコンシン大学)〔1979年〕　[資格]全米科学アカデミー会員　[専門]教科教育学, 数学教育, 理科教育
第3回国際数学・理科教育調査ビデオ研究数学授業分析の代表、2000年スウェーデン国立教育センター、同国文部省のコンサルタントなどを歴任。「認知と指導」「数学的な考え方と学習」の編集委員も務める。

【著作】
◇日本の算数・数学教育に学べ—米国が注目するjugyou kenkyuu　ジェームズ・W. スティグラー, ジェームズ・ヒーバート著, 湊三郎訳　教育出版　2002.11

ピヒト, ゲオルク
Picht, Georg
哲学者　福音主義学術協会研究所長

[生年月日]1913年
[没年月日]1982年
[国籍]ドイツ　[出生地]シュトラスブルク
[学歴]ベルリン大学卒
フライブルク大学古典研究所を経て、1946年から10年間、ビルクレホーフ・ギムナジウムの校長を務めた。現実的な哲学者としては、伝統的ヨーロッパ哲学の根底への深い洞察の上に、科学技術文明時代における政治、哲学、神学、科学、教育などに関して注目すべき発言を残した。'58年以後は、福音主義学術協会研究所長として、哲学、神学、社会科学、自然科学にわたる学際的研究を主宰。その重要な成果は、'85年以降刊行の「講義・著作集」

に収められている。'65〜78年ハイデルベルク大学神学部教授。ハイデッガーと親交を持ち、強い影響を受ける。ほかに「ドイツの教育破綻」('64年)、「いま、ここで」('80年)、「真理・理性・責任」('89年)などの著書がある。

【著作】
◇いま、ここで—アウシュヴィッツとヒロシマ以後の哲学的考察(叢書・ウニベルシタス)　ゲオルク・ピヒト〔著〕, 浅野遼二〔ほか〕訳　法政大学出版局　1986.2
◇いま、ここで—アウシュヴィッツとヒロシマ以後の哲学的考察　続(叢書・ウニベルシタス)　ゲオルク・ピヒト〔著〕, 大野篤一郎〔ほか〕訳　法政大学出版局　1992.3

ヒベット, ハワード
Hibbett, Howard Scott
日本文学研究家　ハーバード大学名誉教授

[生年月日] 1920年7月27日
[国籍] 米国　[出生地] オハイオ州アクロン
[学歴] ハーバード大学　[学位] 博士号(ハーバード大学)〔'50年〕　[団体] アジア研究学会

ハーバード大学でエリセーエフ教授に師事し、日本文学を専攻、とくに江戸文学と近代小説の研究に取り組む。太平洋戦争中は陸軍に勤務し、1950年同大で博士号を取得。'52年よりカリフォルニア大学ロサンゼルス校で日本語・日本文学を教え、'58年ハーバード大学フェアバンク東アジア研究センター教授、'63年正教授となる。訳筆の正確さ、流麗さには定評があり、谷崎潤一郎の「鍵」「瘋癲老人日記」「春琴抄」などや川端康成の作品を英訳。また西鶴の研究もあり、代表的著作「The Floating World in Japanese Fiction(日本小説における浮世絵)」('59年)では西鶴、江島其磧を中心に浮世草子の魅力を巧みに説き明かし、日本文学の海外への紹介に大いに貢献した。ほかの著書に「Modern Japanese」('65年, 共著)、「Contemporary Japanese Literature」('77年)など。

【著作】
◇国際日本文学研究集会会議録　第8回(1984)　国文学研究資料館編　国文学研究資料館　1985.3〈内容：江戸文学のユーモア(Howard S. Hibbett)〉
◇江戸の笑い(国文学研究資料館共同研究報告)　ハワード・S. ヒベット, 長谷川強編　明治書院　1989.3
◇西鶴文学の魅力　西鶴三百年祭顕彰会編　勉誠社　1994.9〈内容：西鶴と人間喜劇(ハワード・ヒベット)〉
◇谷崎潤一郎国際シンポジウム　アドリアーナ・ボスカロ〔ほか〕著　中央公論社　1997.7〈内容：谷崎作品における滑稽な悪戯(ハワード・ヒベット)〉
◇笑いと創造　第1集　ハワード・ヒベット, 日本文学と笑い研究会編　勉誠出版　1998.7
◇世界の中の川端文学　川端文学研究会編　おうふう　1999.11〈内容：川端康成の印象—「美しさと哀しみと」のことなど(ハワード・S. ヒベット)〉
◇笑いと創造　第2集　ハワード・ヒベット, 日本文学と笑い研究会編　勉誠出版　2000.3
◇笑いと創造　第3集　ハワード・ヒベット, 文学と笑い研究会編　勉誠出版　2003.2
◇笑いと創造　第4集　ハワード・ヒベット, 文学と笑い研究会編　勉誠出版　2005.11

ビベロ, ロドリゴ・デ
Vivero y Velasco, Rodrigo de
政治家　フィリピン臨時総督

[生年月日] 1564年
[没年月日] 1636年
[国籍] スペイン　[出生地] メキシコ

スペイン植民地下のメキシコに生まれる。1576年にスペインに渡り、王妃アナ、国王フィリップ2世に仕える。メキシコに戻り、プエブラ市裁判所長官、ベラクルス城塞長官などを経て、1608〜1609年、スペイン支配下のフィリピン臨時総督に命ぜられる。1609年7月、臨時総督の任を終え帰国の途中、一行370名余りは暴風雨にあい、貿易船サンフランシスコ号が漂流し、9月30日、現在の千葉県御宿町の田尻海岸に漂着する。フィリピンやメキシコとの交易を望んでいた徳川家康がこれを知り、ビベロ一行を江戸と駿府に招き通商交渉を行なった。すぐに交易開始には至らなかったが、家康はウイリアム・アダムス(三浦按針)に帆船サン・ブエナベントゥーラ号(安針号)を建造させ、ビベロ一行をメキシコに送り届けると共に日本人22人を同行させ、通商の可能性を調べさせる。メキシコ側は礼と返答をかねてビスカイノ一行を日本に送り、

ビスカイノ一行の帰国の際、伊達政宗家臣の支倉常長使節団が同行する。しかしその後、日本は鎖国となり、メキシコとの交流は中断された。ビベロは、江戸、駿府、京都、大坂、豊後臼杵を経て駿府に戻り、1610年8月浦賀を出航し帰国するまでの見聞録を残した。宣教師以外の外国人による当時の見聞記として貴重な史料となっている。
【著作】
◇ドン・ロドリゴ日本見聞録 村上直次郎訳 雄松堂書店（異国叢書 8） 1966
◇日本見聞記―1609年 ロドリゴ・デ・ビベロ〔著〕、大垣貴志郎監訳、JT中南米学術調査プロジェクト編 たばこと塩の博物館 1993.12

ヒューズ, ジョージ
Hughes, George
東京大学大学院客員教授

［生年月日］1944年
［国籍］英国 ［出生地］ロンドン ［学歴］サセックス大学〔1969年〕卒 ［学位］文学博士（ケンブリッジ大学）〔1974年〕
1972年東北大学、'75年大阪大学、'77年ウェールズ大学、'78年バッキンガム大学、'83年広島大学で教師を歴任し、'85年東京大学文学部教授を経て、大学院客員教授。著書に「ハーンの轍の中で―ラフカディオ・ハーン/外国人教師/英文学教育」がある。
【著作】
◇ハーンの轍の中で―ラフカディオ・ハーン外国人教師英文学教育 ジョージ・ヒューズ著、平石貴樹, 玉井暲訳 研究社 2002.10

ヒュースケン, H.
Heusken, Henricus Conradus Joannes
通訳 駐日アメリカ公使館付通訳官

［生年月日］1832年
［没年月日］1861年
［国籍］オランダ ［出生地］アムステルダム
15歳のとき、父親のもとで商人になる決心をする。しかし間もなく父親がなくなり、病弱の母とともに残される。1853年、21歳の時、家業を捨ててアメリカに移住する決意を固める。ニューヨークに渡るが、収入は少なく、次々に職業を変える経験もする。タウンゼンド・ハリスが特命全権大使として日本に赴任するにあたり、英語とオランダ語のできる通訳を求めていることを知り、応募して採用される。1856年8月21日、駐日アメリカ総領事ハリスに同行して下田に上陸。日米修好通商条約の締結に貢献し、イギリス、プロシアの対日条約締結にも協力した。4年5か月を日本で過ごし、万延元年12月5日（西暦1861年）、江戸で尊攘派の鹿児島藩士におそわれ、翌日死亡。幕末外交をつぶさに記録した「日本日記」を残したが、そこからは、当時日本にいた外国人の中でも最も日本に同情的であったことが伺われる。
【著作】
◇ヒュースケン『日本日記』青木枝朗訳 校倉書房 1971
◇ヒュースケン日本日記（岩波文庫） 青木枝朗訳 岩波書店 1989.7

ビュートー, ロバート
Butow, Robert J. C.
歴史学者 ワシントン大学歴史学科教授

［没年月日］（生没年不詳）
［国籍］米国
1953年にスタンフォード大学から日本の終戦外交に関する論文で博士号を取得、専門は日本政治史。終戦直後にはGHQ情報部で日本語関係の仕事に従事し、その後、プリンストン大学で教える。主著は「終戦外史」（'58年）。
【著作】
◇終戦外史―無条件降服までの経緯 ロバート・J. C. ビュートー著, 大井篤訳 時事通信社 1958

ヒューブナー, A. F. v.
Hübner, Alexander F. v.
外交官

［生年月日］1811年
［没年月日］1892年
［国籍］オーストリア

メッテルニヒの時代に外交官の道に進む。1851年～1859年に第二帝政下のパリで大使を務め、クリミア戦争の終結に際し全権大使となる。1867年に外交官を引退。1871年アイルランドから世界一周の旅に出る。同年7月24日横浜に上陸し、日本に約2カ月滞在し、翌年1872年1月にマルセイユに帰着する。帰国後に旅行記「世界周遊記」を著す。アメリカ篇、日本篇、中国篇の3部からなる中の第2部の日本篇が「オーストリア外交官の明治維新」として翻訳出版された。
【著作】
◇オーストリア外交官の明治維新―世界周遊記〈日本篇〉 アレクサンダー・F. V. ヒューブナー著, 市川慎一, 松本雅弘訳 新人物往来社 1988.7

ビリエルモ, V. H.
Viglielmo, Valdo Humbert
ハワイ大学教授

［生年月日］1926年
［国籍］米国 ［学歴］ハーバード大学卒 ［学位］文学博士 ［専門］夏目漱石研究
イタリア系。日本占領軍兵士として初来日。東京大学にも通い、夏目漱石の研究家として「明暗」の英訳も手がける。日本滞在中、明治学院大学、国際基督教大学で教鞭をとり、三島由紀夫とも親交があった。数年前から、反戦運動に連帯。日本の哲学、文化、天皇制にも造詣が深い。
【著作】
◇外国人の見た日本人の道徳的心性―道徳における折衷主義 ヴィリエルモ:現代道徳講座 第3巻 河出書房 1955
◇日本人と日本文化（座談会） 岸本英夫, 邱永漢, V. H. ヴィリエルモ, W. レエル:自由 2 1960.1

ヒリヤー, ジャック・ロナルド
Hillier, Jack Ronald
日本美術研究家, 画家 大英博物館名誉顧問

［生年月日］1912年8月29日
［没年月日］1995年1月5日
［国籍］英国 ［学歴］ホルボーン美術学校

少年時代、近所のヴィクトリア&アルバート博物館に通ったのが美術を好むきっかけとなった。16歳の頃から絵と版画の魅力にとりつかれ、エッチング画を志望したが、家が貧しかったため、木工木版に取り組む。1940～45年空軍に勤務。戦後、木版画家に戻り、わずかの日本の錦絵を入手したのがきっかけになり、'50年日本の木版美術研究を決意する。'53～77年サザビー社東洋絵画部顧問としてオークション用の日本画を鑑定、公私に渡り日本美術コレクションのカタログを多数手がけ、数多くの展覧会で舞台裏の"縁の下の力持ち"として活躍した。著書に「日本色彩版画の巨匠たち」（'54年）、「四条派の美術」（'74年）、「日本の刊本美術」（'87年）、版画集に「懐かしきサリー州の水車小屋」（'51年）など。 ［受賞］内山賞（日本浮世絵協会）〔1982年〕、内山特別功労賞〔1988年〕 ［叙勲］勲四等旭日小綬章〔1992年〕
【著作】
◇浮世絵―ベベール・コレクション 上巻, 下巻 ジャック・ヒリア, 鈴木重三, 安達豊久編 日本経済新聞社 1976

ヒル, フアン
Gil, Juan
歴史学者 セビリア大学哲文学部教授

［生年月日］1939年
［学歴］マドリード大学, ボローニャ大学
マドリード大学で教鞭を執った後、1971年セビリア大学に移り、同大哲文学部教授に就任。西欧古典語講座を担当する。著書に「イダルゴとサムライ」（'91年）、「地理上の発見を支える伝説とユートピア」（'89～90年）、「コロンブスの書棚」（'92年）、「大汗を求めて」（'93年）などがある。
【著作】
◇イダルゴとサムライ―16・17世紀のイスパニアと日本（叢書・ウニベルシタス） フアン・ヒル著, 平山篤子訳 法政大学出版局 2000.12

ヒールシャー, ゲプハルト
Hielscher, Gebhard
ジャーナリスト　「南ドイツ新聞」極東特派員

[生年月日] 1935年
[国籍]ドイツ　[出生地]東プロイセン・ティルジット(現・ロシア領)　[学歴]西ベルリン自由大学, フライブルク大学法学部〔1960年〕卒　[資格]弁護士

1966年弁護士資格を取得。'67年旧西独の労働運動団体、フリードリヒ・エーベルト財団(FE財団)初代東京事務所長として来日。'69年にフリーランス記者として西ドイツをはじめスイス、オーストリアの新聞・雑誌に寄稿した後、'71年〜2000年「南ドイツ新聞」極東特派員を務める。1979年より在日外国報道協会会長。在日外国特派員協会会長も務めた。著書に「自信と過信 日本人に言いたいこと」「ニッポンやぶにらみ」などの他、日本人の妻との共著に「ヤーパンの評判」がある。

【著作】
◇西ドイツ人のみた円高ニッポン—王様の座追われた日本の消費者　G・ヒールシャー：エコノミスト　57(2)　1979.1.16
◇ヤーパンの評判—ドイツ人記者の目　ゲプハルト・ヒールシャー著, 恵子・ヒールシャー訳　朝日イブニングニュース社　1981.3
◇フシギなニッポンの政府と新聞(座談会)　G・ヒールシャー, カーン・ユスフザイ, 李度珩：文芸春秋臨増　1981.7
◇自信と過信—日本人に言いたいこと　ゲプハルト・ヒールシャー著, ヒールシャー恵子訳　サイマル出版会　1985.10
◇世界融和時代に問われる"日本人の心"　ゲプハルト・ヒルシャー：財界　38(5)　1990.2.20臨増
◇「日本」はどう見られているか—外国人特派員座談会　東郷茂彦, G. ヒールシャー, D. パワーズ, 陸培春, V. ソーンツェフ：潮　382　1991.1
◇「利害制民主主義」の国ニッポン—政治家でなくロビイストを選ぶ国(座談会)　ゲプハルト・ヒールシャー, 宋熙永, T. R. リード, アンドリュー・ホルバート：東洋経済　5135　1993.4.9臨増
◇真の豊かさを求めて—日独の政治・経済・社会システムと価値観を探る 日独シンポジウム 日独協会, ベルリン日独センター編　〔日独協会〕　1994.11〈内容：主要テーマ：新しい時代での日本人の価値観(日)/ドイツ統一と欧州統合下のドイツ人アイデンティティー(独)〉(山崎正和, グレゴリー・クラーク, 三島憲一, テオ・ゾマー, ヨゼフ・クライナー, ハンス・ディーター・シェール, ゲプハルト・ヒールシャー)〉
◇在日外国人記者がみたニッポンのジャーナリズム(インタビュー)　15　ゲプハルト・ヒールシャー, 今城力夫：総合ジャーナリズム研究　32(4)　1995.10
◇日本的社会の特徴—制度と実行の乖離(特集・外国人特派員が見た、霞が関と日本の行政)　Gebhard Hielscher：時評　46(10)　2004.10

ヒルシュマイヤー, ヨハネス
Hirschmeier, Johannes
カトリック神父　南山大学学長

[生年月日] 1921年10月28日
[没年月日] 1983年6月16日
[国籍]ドイツ　[出生地]シュレジエン(シレジア)　[学歴]聖アウグスティン大学(旧西独・ボン)神学校哲学科〔1948年〕卒, ロンドン市立大学〔1951年〕卒, ハーバード大学大学院経済学専攻博士課程修了　[学位]経済学博士(ハーバード大学)〔1960年〕　[専門]経済発展論, 経営史

11歳で神言会修道院の全寮制中学校に入る。4年間の軍隊経験を経て、神学校・大学で哲学、神学を学び、1951年神父となり、'52年宣教師として来日。東京日本語学校で2年間日本語学習ののち、米国ハーバード大学大学院で経済学を学ぶ。'56年ハーバード大学助手、'57年南山大学助手、'60年経済学部講師となり経済学、商業史を講じた。'62年助教授、'67年教授、'68年経営学部教授、'69年南山大学理事、'70年学長補佐、'71年副学長を経て、'72年学長に就任。日本企業史の研究で知られ、著書に「日本における企業者精神の生成」「ふだん着のニッポン経済」(日本語)、共著に「日本の経営発展—近代化と企業経営」「西ドイツと日本」などがある。　[受賞]日本経済経営図書文化賞〔1978年〕「日本における企業者精神の生成」ほか

【著作】

◇日本における企業者精神の生成　J. ヒルシュマイア著, 土屋喬雄, 由井常彦訳　東洋経済新報社　1965
◇日本の経営発展―近代化と企業経営（南山大学経済経営研究叢書）　J. ヒルシュマイヤー, 由井常彦著　東洋経済新報社　1977
◇西ドイツと日本―東西"優等生社会"の比較（V-books）　J. ヒルシュマイヤー, A. デワルト著　東洋経済新報社　1979
◇ふだん着のニッポン経済　J. ヒルシュマイヤー著　ダイヤモンド社　1981
◇日本の経営発展（エグゼクティブ・マネジメント 13）　J. ヒルシュマイヤー, 由井常彦著　東洋経済新報社　1985

ヒルズボロウ, ロミュラス
Hillsborough, Romulus
作家

[国籍]米国　[出生地]マサチューセッツ州ボストン
17歳の時に空手と出会って日本にひかれ、大学卒業後、1978年来日。東京都内で英会話を教えながら日本語学校と空手道場に通う。いったん帰国後再来日し、'94年まで通算16年間滞在。写真週刊誌記者、翻訳などで生計を立てながら、幕末関連の歴史書、坂本竜馬の手紙・史料などを読みあさり、帰国後フリーランス記者を経て、作家に。'99年坂本竜馬の小説風伝記「Ryoma」を出版。妻は日本人。
【著作】
　◇新選組―将軍警護の最後の武士団　ロミュラス・ヒルズボロウ著, 正木恵美訳　バベルプレス　2007.6

ヒレン, アーネスト
Hillen, Ernest
「アーネストの長い3年―8歳で日本軍捕虜となったオランダ少年」の著者

[国籍]カナダ　[出生地]オランダ
父の仕事にともない、3歳の時、当時のオランダ領ジャワ島の紅茶プランテーションに移り住む。1942年日本軍のジャワ島侵攻により、約3年間収容所生活を経験。'52年カナダに移住。「サタデーナイトマガジン」誌の編集者として活躍する。'95年収容所体験記「アーネストの長い3年―8歳で日本軍捕虜となったオランダ少年」を出版。
【著作】
　◇アーネストの長い3年―8歳で日本軍捕虜となったオランダ少年（講談社文庫）　アーネスト・ヒレン〔著〕, 西田佳子〔訳〕　講談社　1995.6

ヒロタ, デニス
Hirota, Dennis
浄土真宗本願寺派国際センター聖典翻訳主任

[国籍]米国　[出生地]カリフォルニア州
日系3世。幼い頃から日系人が集まる寺院で仏教に触れる。ベトナム戦争中に兵役を拒否し、平和教育に従事した経験を持つ。一方、ワシントンで反戦を説くベトナム人僧侶と出会ったことがきっかけで仏教国の文化に興味を持ち、1972年来日。龍谷大学の聴講生として古文を勉強。のち、浄土真宗本願寺派に認められて同派国際センターで聖典翻訳に取り組み、同センター聖典翻訳主任を務める。'98年23年がかりで英訳した宗祖・親鸞の著作英訳集（全2巻）が出版された。
【著作】
　◇大乗の至極浄土真宗―国際真宗学会第6回大会報告　大谷大学真宗総合研究所国際仏教研究班編　大谷大学真宗総合研究所　1995.12〈内容：親鸞の言語観―信心と解釈（デニス・ヒロタ）〉
　◇日本浄土思想と言葉―なぜ一遍が和歌を作って、親鸞が作らなかったか（日文研フォーラム）　デニス・ヒロタ〔述〕, 国際日本文化研究センター編　国際日本文化研究センター　1998.3
　◇親鸞―宗教言語の革命者　デニス・ヒロタ著　法蔵館　1998.8

ピンカートン, エリザベス
Pinkerton, Elizabeth
作家, 教育家

[国籍]米国　[学歴]ウィスコンシン州立大学卒, カリフォルニア州立大学卒, ハーバード大学校長研修所修了
25年間カリフォルニア州エルクグローブの小学校で教諭および校長として、児童教育の改

善に貢献。この間、カリフォルニア北部とサクラメント郡の歴史を研究し、作家としても活動。のちエルクグローブ統一学校区の特別事業の統括責任者を務める。共著に「アメリカを動かした日系女性—第二次世界大戦中の強制収容と日系人のたたかい」などがある。

【著作】
◇アメリカを動かした日系女性—第二次世界大戦中の強制収容と日系人のたたかい　メアリー・ツカモト，エリザベス・ピンカートン著，宇久真雄〔ほか〕訳　琉球新報社　2001.10

ビング，サムエル
Bing, Samuel
美術商

[生年月日]1838年2月26日
[没年月日]1905年
[国籍]フランス　[出生地]ドイツ・ハンブルグ
ドイツ人として生まれ、ガラスの工場を経営していたが、1871年フランス国籍を取得。その際ジーグフリートからサムエルに名前を変えた。パリに移住したのち極東美術の販売で成功した。美術品の買い付けのため'75年に来日し、大量の中国及び日本の美術品を収集して帰国。'88年5月から'91年4月まで満3ヶ年の間、仏・英・独の3ヶ国語版の月刊雑誌「芸術の日本」を刊行し日本美術をヨーロッパへ紹介した。いわゆるジャポニスムとしてフランス文化に影響を与えることとなった。

【著作】
◇芸術の日本：1888〜1891　サミュエル・ビング編，大島清次〔ほか〕翻訳　美術公論社　1981.1

ピント，F. メンデス
Pinto, Fernão Mendes
商人, 冒険家

[生年月日]1509年？
[没年月日]1583年7月8日
[国籍]ポルトガル　[出生地]モンテモル・オ・ヴェリョ
1509年から11年までの間にポルトガル中部に生まれる。1521年叔父に連れられてリスボンに出てさる貴婦人に仕えるが、1年たらずで同家を出て24歳の頃東方巡歴の夢を抱く。東洋で財産を築くことは当時の若者の憧れの的だった。1537年リスボンからインド行の船に乗船する。マラッカを本拠としてモルッカ諸島やスマトラ、シャム（タイ）、明（中国）、日本等極東全域で貿易をおこなって巨利を得た。自身の語るところによれば4度日本を訪れている。「遍歴記」によれば1544年来日し、ポルトガル船による種ケ島鉄砲伝来者の一人であったという。1551年3度目の来日の際に当時日本各地で布教を続けていたイエズス会士のフランシスコ・ザヴィエル（1506-1552）の人柄に感銘を受け、他の会士とも親交を結んだ。帰国直前に莫大な財産をイエズス会に寄付し、54年同会に加わる。その後56年にインド副王の使節として他の会士と一緒に豊後（現・大分県）の大友宗麟を訪れる。まもなく還俗し、1556年11月に日本を去り、翌年2月にゴアに帰国。国王に褒賞を申請したが顧みられず、リスボン近郊のアルマダで貧窮のうちに「遍歴記」を執筆しながら余生を送った。

【著作】
◇東洋遍歴記　1　メンデス・ピント〔著〕，岡村多希子訳　平凡社　1979.11
◇東洋遍歴記　2　メンデス・ピント〔著〕，岡村多希子訳　平凡社　1980.2
◇東洋遍歴記　3　メンデス・ピント〔著〕，岡村多希子訳　平凡社　1980.3

【フ】

歩平　ぷー・ぴん
Bu Ping
中国社会科学院近代史研究所所長

[生年月日]1948年
[国籍]中国　[出生地]北京　[学歴]ハルピン師範大学歴史学部卒　[専門]中日関係史, 北東アジアの国際関係史　[団体]中国中日関係史学会, 黒龍江省歴史学会

黒龍江省社会科学院歴史研究所所長を経て、1992年同科学院副院長・日本問題研究センター主任。黒龍江省歴史学会副会長も務めた。旧日本軍の遺棄兵器を追跡調査、被害実態を明らかにし、日本政府による早期処理を訴えた。のち中国社会科学院近代史研究所長に就任。2006年中日歴史共同研究の中国側座長を務める。民間の歴史共通副教材作りにも参加。中国政府・共産党の対日政策の立案に影響力があるとされる。著書に「東北抗日救亡運動の人物伝」「東北国際約章集釋」「日本の中国侵略と毒ガス兵器」など。

【著作】
◇日本の中国侵略と毒ガス兵器　歩平著, 山辺悠喜子, 宮崎教四郎監訳　明石書店　1995.7
◇日本軍の細菌戦・毒ガス戦―日本の中国侵略と戦争犯罪　七三一部隊国際シンポジウム実行委員会編　明石書店　1996.5〈内容：第二次世界大戦における日本軍隊の化学戦（歩平）〉
◇日本人の「愛国」と「自虐」について（歴史を改竄・歪曲させる「自由主義史観」）　歩平, 山辺悠喜子：中帰連　1　1998.9

ファー, スーザン
Pharr, Susan J.
政治学者　ハーバード大学教授・日米関係プログラム所長

[生年月日] 1944年
[国籍] 米国　[出生地] ジョージア州アトランタ　[学歴] エモリー大学卒, コロンビア大学大学院修了　[学位] 政治学博士（コロンビア大学）　[専門] 日本政治, 日米関係, 南北問題
エモリー、コロンビア両大学で政治学を学んだ後、東京大学と上智大学で日本の政治を研究。国際開発庁を経て、1977年ウィスコンシン州立大学政治学部教授、'85年ジョージタウン大学教授、同大戦略国際問題研究センター日本部長、'87年からハーバード大学教授・日米関係プログラム所長。ほかにハーバード大学国際関係研究所常務理事、全米科学アカデミー会員。日本の政治と社会、日米関係、南北問題について多くの著書・論文がある。主著に「日本の女性活動家」。

【著作】
◇日本占領の研究　坂本義和, R. E. ウォード編　東京大学出版会　1987.2〈内容：女性の権利をめぐる政治（スーザン・J. ファー）〉
◇現代社会論　改訂新版　竹中和郎, 駒井洋編　日本評論社　1987.10〈内容：日本女性の政治活動家（スーザン・ファー）〉
◇日本の女性活動家　スーザン・J. ファー著, 賀谷恵美子訳　勁草書房　1989.9

ファイナン, ウィリアム
Finan, William F.
エレクトロニクス・コンサルタント　テクネコン分析研究会社代表

[生年月日] 1940年
[国籍] 米国　[出生地] ワシントンD. C.　[学歴] コーネル大学工学部〔1968年〕卒　[学位] 経済学博士（ペンシルベニア大学）〔1978年〕
米国上院、下院、商務省において日米ハイテク貿易問題担当。エレクトロニクス専門のコンサルタント会社を経営。著書に「An Assessment of U. S. Competitivenessin High-Technology Industries」(1983年)、共著に「日本の技術が危ない―検証・ハイテク産業の衰退」など。

【著作】
◇日本の技術が危ない―検証・ハイテク産業の衰退　ウィリアム・ファイナン, ジェフリー・フライ著, 生駒俊明, 栗原由紀子訳　日本経済新聞社　1994.4

ファイファー, ジョージ
Feifer, Goerge
ジャーナリスト, 作家, 翻訳家

[生年月日] 1934年
[国籍] 米国　[学歴] ハーバード大学卒, コロンビア大学卒
モスクワ大学に留学。フリーのジャーナリスト、作家、翻訳家として活動。著書に「さらば、モスクワ」「ペトロフカから来た少女」「運命の時間」「天王山―沖縄戦と原子爆弾」などがある。

【著作】
◇天王山―沖縄戦と原子爆弾　上　ジョージ・ファイファー著, 小城正訳　早川書房　1995.6

◇天王山—沖縄戦と原子爆弾　下　ジョージ・ファイファー著, 小城正訳　早川書房　1995.6

ファイラー, ブルース
Feiler, Bruce S.
ライター

［国籍］米国　［出生地］ジョージア州サバナ
［学歴］エール大学卒, ケンブリッジ大学国際関係学修士課程修了
関西大学に留学後共同通信の記者に。その後も多くの新聞や雑誌に寄稿し、1991年教育関係のライターとして「ワシントン・ポスト」から表彰された。著書に「お辞儀の秘密—アメリカ人教師のニッポン呆然日記」「Under the Big Top」がある。
【著作】
◇お辞儀の秘密—アメリカ人教師のニッポン呆然日記　ブルース・S.ファイラー著, 山本俊子訳　早川書房　1995.7

ファイン, シャーウッド
Fine, Sherwood M.
経済コンサルタント　GHQ経済科学局長顧問

［生年月日］1914年8月11日
［国籍］米国　［出生地］ニューヨーク市　［学歴］ニューヨーク大学卒, コロンビア大学大学院修士課程修了, ハーバード大学大学院経済政策専攻博士課程修了　［学位］Ph. D.（ハーバード大学）
博士論文は「公共支出と戦後経済政策」。1938年財務省に入り、'44年外国経済局トルコ課長などを務めた。'45年10月来日し連合国軍最高司令部（GHQ）経済科学局外国貿易課長顧問、同局長顧問として占領終結まで財政、金融、貿易・関税、財閥解体、物価統制、占領費支出など広範にわたり占領下の日本の経済政策を関与した。'53年帰国後、国防省、国務省国際開発局、OECD開発部長、国連機関などに勤務。のち経済コンサルタントとして活躍。
【著作】

◇総司令部の見た日本　シャーウッド・M・ファイン：世界週報　30(24)　1949.6

ファウラー, テッド
Fowler, Ted
カリフォルニア大学アーバイン校教授

［生年月日］1947年
［国籍］米国　［出生地］カリフォルニア州　［本名］ファウラー、エドワード〈Fowler, Edward〉　［学歴］ミシガン大学　［学位］博士号（カリフォルニア大学バークレー校）〔1981年〕　［専門］近代日本文学
高校時代の1964年アメリカン・フィールド・サービス（AFS）の交換留学生として来日。ミシガン大学ではサイデンステッカー教授に日本文学を学び、近現代の日本文学がどのように翻訳され、また米国人にどう受け取られているかという視点で研究を続ける。'89年デューク大学准教授を経て、カリフォルニア大学アーバイン校教授。二葉亭四迷の言文一致運動の意義、東京下町文化、日本の私小説について研究するために滞日、山谷にも入り、ドヤに住む人々の証言を取る。著書に「告白文学の修辞学—大正時代の私小説を中心に」「山谷ブルース—〈寄せ場〉の文化人類学」がある。
【著作】
◇山谷ブルース—「寄せ場」の文化人類学　エドワード・ファウラー著, 川島めぐみ訳　洋泉社　1998

ファルケンハイム, ペギー
西オンタリオ大学政治学部助教授

［国籍］カナダ　［学歴］ウェルスリー大学（米国）卒　［学位］博士号（コロンビア大学）　［専門］政治学
トロント大学国際協力事務所長を経て、1986年から西オンタリオ大学政治学部助教授。著・論文に「モスクワと東京—北東アジアの遅い雪解け」「ゴルバチョフの対日政策」「日ソと北方領土」など。
【著作】

◇国際情勢の展望と日ソ関係のこれから―国際シンポジウム'86報告　国際シンポジウム'86組織委員会　〔1987〕〈内容：ゴルバチョフの対日政策（ペギー・L. ファルケンハイム）　ゴルバチョフの対日政策（ペギー・L. ファルケンハイム）〉

ファローズ, ジェームズ
Fallows, James M.
ジャーナリスト　「USニューズ・アンド・ワールド・リポート」編集長

[生年月日]1942年8月2日
[国籍]米国　[出生地]フィラデルフィア　[学歴]ハーバード大学〔1970年〕卒, オックスフォード大学〔1972年〕卒
ハーバード大学在学中, 同大学生新聞「ハーバード・クリムゾン」編集長。オックスフォード大学留学後, フリーのジャーナリストになる。公民権運動や, ラルフ・ネーダーのグループで消費者運動にも参与。「ワシントン・マンスリー」誌編集員, フリーの雑誌ライター, 「テキサス・マンスリー」誌編集次長を経て, '78～79年カーター元大統領の主席スピーチ・ライターを務め, '79年より「アトランティック・マンスリー」ワシントン編集長。'86～89年日本とマレーシアに在住。'96年「USニューズ・アンド・ワールド・リポート」編集長に就任。"日本封じ込め"を主張する日米見直し派の代表的論客の一人。「ザ・ウォーター・ロード」「ナショナル・ディフェンス」「日本封じ込め論」、「日米関係を読む」（共著）などの著書がある。

【著作】
◇日本人「純血」論の危険な落とし穴　ジェームズ・ファローズ：ニューズウィーク日本版　1(37)　1986.10.16
◇日本人はあなたや私と違う　ジェームズ・ファローズ, 堀内一郎訳：諸君　18(12)　1986.12
◇日本封じ込め　ジェームズ・ファローズ, 小松修幸訳：中央公論　104(7)　1989.7
◇日本人には「マイウェイ」は似合わない！（対談）　ジェームズ・ファローズ, デーブ・スペクター：週刊文春　31(48)　1989.12.7
◇日本封じ込め―強い日本vs. 巻き返すアメリカ　ジェームズ・ファローズ著, 大前正臣訳　ティビーエス・ブリタニカ　1989.12

◇『日本封じ込め』の真意を問う（対談）　ジェームズ・ファローズ, 竹村健一：週刊ポスト　22(3)　1990.1.19
◇対決！日米の病根を叩く―「日本封じ込め」「NOと言える日本」の真実（対談）　石原慎太郎, J. ファローズ：文芸春秋　68(1)　1990.1
◇沈まない太陽　ジェームズ・ファローズ著, 土屋京子訳　講談社　1995.2
◇日本異質論者が見る「失われた10年」自らの「封じ込め」に"成功"した日本へ（俗流「日本論」を斬る）　ジェームズ・ファローズ, 石川幸憲：中央公論　118(3)　2003.3

黄　順姫　ファン・スンヒー
筑波大学大学院人文社会科学研究科助教授

[生年月日]1958年
[国籍]韓国　[学歴]九州大学大学院教育学研究科〔1987年〕博士課程単位取得後退学　[学位]社会学博士(筑波大学)〔1990年〕　[専門]教育社会学, 文化社会学, スポーツ社会学
1994～95年アイオワ大学アジア太平洋研究所招請在外研究員。のち筑波大学社会科学系専任講師を経て, 助教授。著書に「エリート教育と文化」「日本のエリート高校」「W杯サッカーの熱狂と遺産」、訳書に「教育社会学」、「子どもたちはこう育ちたい」がある。　[受賞]韓国日本学会賞(学術賞)「日本のエリート高校」

【著作】
◇日本のエリート高校―学校文化と同窓会の社会史　黄順姫著　世界思想社　1998
◇戦後身体文化における日本・韓国比較研究　黄順姫　黄順姫　2002
◇W杯サッカーの熱狂と遺産―2002年日韓ワールドカップを巡って　黄順姫編　世界思想社　2003
◇同窓会の社会学―学校的身体文化・信頼・ネットワーク　黄順姫著　世界思想社　2007

黄　完晟　ファン・ワンソン
Hwang Wan-shung
九州産業大学経済学部教授

[生年月日]1954年
[国籍]韓国　[出生地]全羅南道　[学歴]韓国国民大学経商学部卒, 山口大学大学院経済学研

究科修士課程修了，京都大学大学院経済学研究科博士課程修了　［学位］経済学博士〔1990年〕　［専門］経済学
サービス産業の日米比較研究、中小企業と日本経済を研究。著書に「日本都市中小工業史」がある。
【著作】
◇日本都市中小工業史（日本資本主義史叢書）　黄完晟著　臨川書店　1992.2

ブイ，ヘンリー
Bowie, Henri P.
美術研究家

［生年月日］1848年4月1日
［没年月日］1920年12月24日
［国籍］米国　［出生地］カリフォルニア州　［学歴］カリフォルニア大学卒業
大学卒業後、実業界に入り若くして巨万の富を得るほどの成功を収めた。1893年初めて来日し日本美術の拾集に努め、以来数次にわたり来日、永く京都に滞在し久保田米遷、島田墨化らに師事し日本画を学んだ。自ら武威と名乗り親日家として知られた。作家の平野威馬雄の父、タレントの平野レミの祖父に当る。
【著作】
◇日本画の描法　ヘンリー・P. ブイ著, 平野威馬雄訳　濤書房　1972

フィアラ，カレル
Fiala, Karel
福井県立大学学術教養センター教授

［生年月日］1946年
［国籍］チェコスロバキア　［出生地］プラハ
［学歴］カレル大学日本文学科日英文学科卒, カレル大学大学院日本学科修士課程修了, 京都大学大学院文学研究科〔1979年〕博士課程修了　［学位］文学博士, 哲学博士　［専門］日本中世文学
1985～86年京都大学招聘学者、国際交流基金フェロー。'90年2月カレル大学日本学科長、同年から1年間国際日本文化研究センター客員助教授。'91年国際交流基金により京都大学に招かれる。のち福井県立大学教授に就任。チェコスロバキア・日本協会副会長兼駐日代表、関西チェコスロバキア協会名誉顧問。
著書に「日本語複合動詞論」「平家物語チェコ語訳・注釈」「現代日本語の意味論」「日本語の情報構造と統語構造」など。
【著作】
◇異文化との出会い—日本文化を読み直す　神奈川大学言語研究センター編, ヴァン・C. ゼッセル, アンドリュー・ガーストル, ジャン - ピエール・ベルトン, ヴィクトル・ルイビン, カレル・フィアラほか著　勁草書房　1995.7
◇世界に拡がる宮沢賢治—宮沢賢治国際研究大会記録集　宮沢賢治学会イーハトーブセンター生誕百年祭委員会記念刊行部会編　宮沢賢治学会イーハトーブセンター　1997.9〈内容：チェコ共和国における日本詩歌の翻訳伝統と宮沢賢治（カレル・フィアラ）〉
◇日本語の情報構造と統語構造（ひつじ研究叢書）　カレル・フィアラ著　ひつじ書房　2000.7
◇海外における源氏物語の世界—翻訳と研究（国際日本文学研究報告集）　伊井春樹編　風間書房　2004.6〈内容：『源氏物語』チェコ語訳の試み（カレル・フィアラ）〉

フィスター，パトリシア
Fister, Pat
国際日本文化研究センター客員助教授

［生年月日］1953年
［国籍］米国　［出生地］米国オハイオ州　［学歴］カンザス大学大学院博士課程修了　［専門］日本美術
カンザス大学助教授、国際日本文化研究センター寄付研究部門助手を経て、1995年から客員助教授。著書に「近世の女流画家たち—美術とジエンダー」などがある。
【著作】
◇近世の女性画家たち—美術とジェンダー　パトリシア・フィスター著　思文閣出版　1994.11
◇国際人間学入門（白鳳叢書）　山折哲雄編著　春風社　2000.3〈内容：文智尼と元瑶尼の「観音図」—唐本観音図の受容をめぐって（パトリシア・フィスター）〉
◇日文研所蔵近世艶本資料集成　2　菱川師宣 4（日文研叢書）　早川聞多編著, 栗山茂久, P. フィスター訳,［菱川師宣］［画］　国際日本文化研究センター　2003.3

◇日文研所蔵近世艶本資料集成　2 鈴木春信 1（日文研叢書）　早川聞多編著, 栗山茂久, P. フィスター訳,［鈴木春信］［画］　国際日本文化研究センター　2003.3
◇日文研所蔵近世艶本資料集成　3 川嶋信清 1（日文研叢書）　早川聞多編著, 栗山茂久, P. フィスター訳,［川嶋信清］［画］　国際日本文化研究センター　2004.9
◇日文研所蔵近世艶本資料集成　3 北尾重政 1（日文研叢書）　早川聞多編著, 栗山茂久, P. フィスター訳,［北尾重政］［画］　国際日本文化研究センター　2004.9
◇日文研所蔵近世艶本資料集成　3 礒田湖竜斎 1（日文研叢書）　早川聞多編著, 栗山茂久, P. フィスター訳,［礒田湖竜斎］［画］　国際日本文化研究センター　2004.9

フィッシャー, アドルフ
Fischer, Adolf
美術史家, 民俗研究家　ケルン市東洋美術館館長

［生年月日］1856年
［没年月日］1914年
［国籍］オーストリア　［専門］東アジア美術, 東アジア民俗

東アジアの美術や民俗の研究に従事。ケルン市東洋美術館館長を務めた。明治中期に訪日、日本に魅了され、生涯7度に渡って日本を訪れた。著書に「明治日本印象記―オーストリア人の見た百年前の日本」などがある。

【著作】
◇100年前の日本文化―オーストリア芸術史家の見た明治中期の日本　アドルフ・フィッシャー著, 金森誠也, 安藤勉訳　中央公論社　1994.6
◇明治日本印象記―オーストリア人の見た百年前の日本（講談社学術文庫）　アドルフ・フィッシャー〔著〕, 金森誠也, 安藤勉訳　講談社　2001.12

フィッシャー, ジェリー
Fisher, Jerry K.
マカレスター大学教授, ハーバード・ブロードキャスティング・グループ社極東支配人

［国籍］米国　［学位］哲学博士　［専門］日本史, 歴史, コミュニケーション学

早稲田大学などで教職経験があり、日米でコンサルタント、翻訳などに携わる。ミネソタ州セントポールのマカレスター・カレッジ教授（日本史）を務めた。のちハーバード・ブロードキャスティング・グループ社アジア担当部長、1984年から極東支配人。

【著作】
◇日米共通理解の基礎になるもの―世界に記憶される日本人とは　ジェリー・K・フィッシャー, 鈴木茂訳：エコノミスト　52（38）1974.9.10
◇「ショーグン」が米国に植えつけた「日本人は忠実」「日本人は過激」のイメージ　Jerry K. Fisher, 市雄貴訳：朝日ジャーナル　22（46）　1980.11.14

フィッシャー, フリーダ
Fischer, Frieda
美術史家　ケルン東洋美術館第2代館長

［生年月日］1874年
［没年月日］1945年
［国籍］ドイツ　［専門］東アジア美術

夫アドルフ・フィッシャーとともに5回の日本美術研究旅行を経験。第2代ケルン東洋美術館館長を務めた。著書に「明治日本美術紀行―ドイツ人女性美術史家の日記」がある。

【著作】
◇明治日本美術紀行―ドイツ人女性美術史家の日記（講談社学術文庫）　フリーダ・フィッシャー〔著〕, 安藤勉訳　講談社　2002.7

フィッシュ, ハミルトン
Fish, Hamilton
政治家　米国下院議員（共和党）

［生年月日］1888年
［国籍］米国　［出生地］ニューヨーク　［学歴］ハーバード大学〔1910年〕卒

1914～16年ニューヨーク州議会議員。第1次大戦に従軍の後、'19年下院議員に選出され、'45年まで12回にわたり選出された。米国の孤立主義の指導的代表者で、フランクリン・ルーズベルト大統領の外交政策を批判している。著書に「日米・開戦の悲劇―誰が第2次大戦を招いたのか」がある。

【著作】
◇日米・開戦の悲劇―誰が第二次大戦を招いたのか　ハミルトン・フィッシュ著, 岡崎久彦監訳　PHP研究所　1985.8
◇日米・開戦の悲劇―誰が第二次大戦を招いたのか（PHP文庫）　ハミルトン・フィッシュ著, 岡崎久彦監訳　PHP研究所　1992.12

フィッセル, J.
Fisscher, Johan Frederik Overmeer
外交官　長崎出島商館員

［生年月日］1800年2月18日
［没年月日］1848年10月23日
［国籍］オランダ　［出生地］ハルデルウェク
1819年オランダ領インドに渡り、1820年（文政3）長崎商館の筆者頭として来日し、1822年2月から6月にかけて商館長コック・ブロムホフに従って江戸参府を行う。1829年2月24日コルネリス・ハウトマン号で離日。この船は1928年台風のため稲佐に打ち上げられシーボルト事件のきっかけとなった船であった。バタビアを経て1830年祖国オランダに帰国。9年に及ぶ日本滞在での体験や資料をもとに、1833年にはアムステルダムで著書「日本風俗備考」を出版した。フィッセルが収集した日本関係資料はライデンの国立民族学博物館に、図書類はライデン大学に保管されている。

【著作】
◇日本風俗備考（1・2）庄司三男　沼田次郎訳注　平凡社（東洋文庫 326, 341）　1978
◇日本風俗備考（2）　平凡社東洋文庫　1978
◇ヅーフ日本回想録§フィッセル参府紀行（異国叢書）　ヅーフ［著］, 斎藤阿具訳註, 斎藤文根校訂§フィッセル［著］, 斎藤阿具訳註, 斎藤文根校訂　雄松堂出版　2005.5

フィッツシモンズ, トマス
Fitzsimmons, Thomas
詩人　オークランド大学英文学教授

［生年月日］1926年
［国籍］米国　［学歴］スタンフォード大学, コロンビア大学卒
16歳で商船員になったが、19歳からは5つの大学で英・仏文学、国際関係などを学ぶ。フルブライト交換教授として日、仏、ルーマニアへ。数回にわたって来日し大岡信教授と親交があり、1982年には大岡氏の英訳選詩集を編集、'83年に英語による連詩集「揺れる鏡の夜明け」を共同執筆。ほかに英訳「日本現代詩集」など。

【著作】
◇日本合わせ鏡の贈り物　トマス・フィッツシモンズ著, 大岡信, 大岡玲訳　岩波書店　1986.8

フィールズ, ジョージ
Fields, George
国際ビジネスコンサルタント　ペンシルベニア大学ウォートンスクール客員教授　ASIサーベイ・リサーチ・グループ社長

［生年月日］1928年
［国籍］オーストラリア　［出生地］東京都　［学歴］シドニー大学経済学部卒　［団体］オーストラリア市場調査協会（終身名誉会員）
初等・中等教育を日本で受ける。1965年来日。ASIマーケットリサーチ社長を経て、ASIサーベイ・リサーチ・グループ会長。'93年ペンシルベニア大学ウォートンスクール客員教授、'94年産能大学大学院客員教授。また、フィールズ・アソシエイツ代表を務める。ビジネスだけでなく文化面でも日本、アジアへの造詣が深い。TBS「ブロードキャスター」にコメンテーターとして出演。著書に「フィールズ氏が見た不・可・思・議・な・日・本・人」「殿と重役―多価値（マルチ・バリュー）型組織はどうつくられるのか」「日本企業の勘違い」「日本解剖」「世界市場争奪戦」、共著に「フィールズ氏の西洋忠臣蔵」などがある。

【著作】
◇電気釜でケーキがつくれるか―不思議の国ニッポンのマーケティング戦略　ジョージ・フィールズ：文芸春秋　1982.5
◇フィールズ氏が見た不可思議な日本人（山手新書）　ジョージ・フィールズ著　山手書房　1983.1
◇日本解剖―経済大国の源泉　1　NHK取材班, ジョージ・フィールズ著, ジェームズ・C. アベグレン, 牛尾治朗著　日本放送出版協会　1987.3

◇日本解剖―経済大国の源泉　2　NHK取材班, ジョージ・フィールズ著, 唐津一, 内橋克人著　日本放送出版協会　1987.4
◇日本解剖―経済大国の源泉　3　NHK取材班, ジョージ・フィールズ著, 伊丹敬之, 上前淳一郎著　日本放送出版協会　1987.5
◇日本解剖―経済大国の源泉　4　NHK取材班, ジョージ・フィールズ著, 深田祐介, 香西泰著　日本放送出版協会　1987.6
◇日本解剖―経済大国の源泉　5　NHK取材班, ジョージ・フィールズ著, 林健二郎, 堺屋太一著　日本放送出版協会　1987.7
◇日本解剖―経済大国の源泉　6　NHK取材班, ジョージ・フィールズ著, 諸井虔, 香西泰編　日本放送出版協会　1987.8
◇日本人の価値観は変わる―ユニークな社会の形成へ　ジョージ・フィールズ：東洋経済　4777　1988.2
◇日本的組織の特殊性と普遍性〔含 質疑応答〕（講演）　ジョージ・フィールズ：賃金レポート　25(5)　1991.5
◇フィールズさんのなぜ日本はわかりにくいか―ニッポンの常識, 非常識 不思議ニッポンの「なぜ, どうして？」(News package chase) ジョージ・フィールズ著　アイペックプレス　1991.6
◇ここに「日本的経営」の原点がある―今もビジネスマンに圧倒的人気を誇る男の魅力　ジョージ・フィールズ：プレジデント　30(6)　1992.6
◇日本企業の勘違い―だから「アンフェア」と言われる　ジョージ・フィールズ著　日本生産性本部　1992.11
◇日本異質論の限界　ジョージ・フィールズ：サンデー毎日　72(31)　1993.7.18
◇祭りに見る変わらない日本, 変わる日本　ジョージ・フィールズ：サンデー毎日　72(36)　1993.8.15
◇今, 困っているのは日本異質論者　ジョージ・フィールズ：サンデー毎日　73(3)　1994.1.23
◇当たり前の日本人にびっくりする外国人　ジョージ・フィールズ：サンデー毎日　73(11)　1994.3.20
◇「和魂」異変あり―江戸型資本主義の終焉と新世代の抬頭　ジョージ・フィールズ著　生産性出版　1994.10
◇変容する「日本型経営」　人本主義から個調主義へ　ジョージ・フィールズ：賃金レポート　30(10)　1996.10
◇「脱平等」から始まる新しい日本型経営モデル（ニッポンへの一言〔2〕）　フィールズ, ジョージ：経済界　34(13)　1999.7.6
◇民間活力を阻む日本人のトップダウン志向（ニッポンへの一言〔4〕）　フィールズ, ジョージ：経済界　34(15)　1999.8.3

◇日本的経営が招いた東海村の臨界事故（ニッポンへの一言〔10〕）　フィールズ, ジョージ：経済界　34(21)　1999.11.9
◇個人と全体のハーモニーをとる個調主義が今後の課題（特集・どこへ行く？日本的経営, 人と組織―特別インタビュー 国際人が斬る！日本的経営）　George Fields：人材教育　12(1)　2000.1
◇だから日本に投資する！―なぜ今, 日本は「買い」なのか　ジョージ・フィールズ, 片平秀貴, ジェリー・ウィンド著, 山本晶他訳　ピアソン・エデュケーション　2000.12
◇外国から見た経済の破局と政治の玉虫色決着（ニッポンへの一言〔44〕）　フィールズ, ジョージ：経済界　36(7)　2001.4.10
◇外からは不可解な日本の政治と日本人の政治観（ニッポンへの一言〔46〕）　フィールズ, ジョージ：経済界　36(9)　2001.5.15
◇改革か革命か, 小泉政権誕生は独特の日本型「政変」（ニッポンへの一言〔48〕）　フィールズ, ジョージ：経済界　36(11)　2001.6.12
◇存在意義を問われる日本型政治システムとアメリカ型資本主義（天下の正論・巷の暴論）　フィールズ, ジョージ：経済界　37(5)　2002.3.5
◇講演 世界の視点で考える「日本的経営の行方」　ジョージ・フィールズ：福島の進路　238　2002.6
◇年長者の雇用に悪影響をもたらす日本的経営（天下の正論・巷の暴論）　フィールズ, ジョージ：経済界　37(13)　2002.7.9

フィールド, ノーマ
Field, Norma
シカゴ大学人文学部東アジア言語文化学科教授・学科長

[生年月日]1947年
[国籍]米国　[出生地]日本・東京都　[学歴]ピュツァ大学, プリンストン大学大学院〔1983年〕博士課程修了　[学位]博士号（プリンストン大学）〔1983年〕　[専門]日本文学, 日本近代文化

父は米国人, 母は日本人。高校まで東京の母の元で育つ。1965年ピュツァ大学入学のため渡米。'66年フランスに留学, '68年の"5月革命"に関わる。米国に戻り, プリンストン大学で「源氏物語」を学び, '83年博士号を取得。日米間を往復しながら日本文学・日本文化を研究する。2000年よりプロレタリア文学者・小林多喜二の研究を始め, 2004年秋より1年

間研究のため祖母の故郷である北海道・小樽に滞在。著書に「The Splender of Longing in the Tale of Genji」（1987年）、「天皇の逝く国で」（'94年）、「祖母のくに」（2000年）がある。　　［受賞］全米図書賞「天皇の逝く国で」

【著作】
◇立教大学―シカゴ大学共同シンポジウム記念公開講演―立教国際シンポジウム'85　立教大学　1986.3〈内容：非惨な島国のパラドックス（ノーマ・フィールド））
◇天皇の逝く国で　ノーマ・フィールド〔著〕, 大島かおり訳　みすず書房　1994.2
◇日本社会は圧迫感にみちています　ノーマ・フィールド, 小邦宏治：エコノミスト　72(12)　1994.3.15
◇沖縄文化の源流を探る―環太平洋地域の中の沖縄　復帰20周年記念沖縄研究国際シンポジウム　「復帰20周年記念沖縄研究国際シンポジウム」実行委員会編　「復帰20周年記念沖縄研究国際シンポジウム」実行委員会　1994.3〈内容：普遍性・個なるもの・商品―沖縄への期待（ノーマ・フィールド））
◇国際文化学の創造へ―アメリカの日本研究者として考えること（講演録）　ノーマ・フィールド：山口県立大学国際文化学部紀要 4　1998.3
◇大江健三郎（日本文学研究論文集成）　島村輝編　若草書房　1998.3〈内容：ネイティヴとエイリアン・汝と我―大江健三郎の神話・近代・虚構（ノーマ・フィールド））
◇生誕100年記念小林多喜二国際シンポジウム part2報告集　白樺文学館多喜二ライブラリー企画・編集, 島村輝監修　東銀座出版社（発売）　2004.12〈内容：リチャード・ライドと小林多喜二を結ぶもの（ノーマ・フィールド））

フィン, リチャード
Finn, Richard B.
アメリカン大学名誉教授, 米国国務省日本部長

［生年月日］1917年
［没年月日］1998年8月17日
［国籍］米国　［学歴］ハーバード大学国際関係学科〔1939年〕卒, ハーバード大学ロースクール〔1942年〕博士課程修了　［専門］日米関係史

第2次大戦中は米海軍日本語情報将校, 1947～54年外交官として日本に駐在。帰国後, 国務省に入り, 極東委員会の米国スタッフとなり, GHQと極東委員会との確執を身をもって体験した。のち日本部長をつとめ, '69年沖縄返還交渉時には沖縄からの核兵器撤去に尽力。'79年退官。のちアメリカン大学教授を務める。親日家として日米関係の研究を続けた。'98年米国で出版された南京事件に関する本「レイプ・オブ・南京」を批判する論文を発表し話題となった。日本語に堪能。著書に「マッカーサーと吉田茂」など。

【著作】
◇マッカーサーと吉田茂　上, 下　リチャード・B. フィン〔著〕, 内田健三監修　同文書院インターナショナル　1993
◇マッカーサーと吉田茂　上, 下（角川文庫 9672, 9673）　リチャード・B. フィン〔著〕, 内田健三監訳　角川書店　1995

フィングルトン, エーモン
Fingleton, Eamonn
ジャーナリスト

［生年月日］1948年
［学歴］トリニティ大学（経済学, 数学, 英語学）卒　［専門］経済

「フィナンシャル・タイムズ」や「フォーブス」などの記者としてロンドン、ニューヨークで活躍。1986年以降は活動拠点を日本に移す。'95年に発表した論文「日本の目に見えぬリヴァイアサン（巨大な怪物）」で、日本の経済発展における大蔵省の役割を描き、世界中の注目を集めた。その後、この論文をさらに発展させた日本論「見えない繁栄システム」を発表、米国の各大学で日米関係のテキストとして採用されるなど、話題を呼んだ。他の著書に「製造業が国を救う」がある。

【著作】
◇日本が宣伝する「日本没落説」　E・フィングルトン：中央公論　110(10)　1995.7
◇ホット・トピックス―西欧の文化ウイルスと誤った日本観　イーモン・フィングルトン：LA international　33(9)　1996.7
◇見えない繁栄システム―それでも日本が2000年までに米国を追い越すのはなぜか　エーモン・フィングルトン著, 中村仁美訳　早川書房　1997.2
◇製造業が国を救う―技術立国・日本は必ず繁栄する　エーモン・フィングルトン著, 中村仁美訳　早川書房　1999.12

馮 昭奎 ふう・しょうけい
愛知大学客員教授, 中華全国日本経済学会副会長　中国社会科学院日本研究所副所長

［生年月日］1940年
［国籍］中国　［出生地］上海　［学歴］清華大学電子工学科〔1965年〕卒　［専門］日本経済
10歳の時, 父の転勤で北京に移る。大学で電子工学を学び, 西安の微電子研究所への就職が決まるが, 農村幹部の思想教育のため河北省に1年派遣され, 文化大革命により1966～69年安徽省の農村に下放された。文化大革命後, 国の留学生に選ばれ'79～81年静岡大学電子工業研究所に留学。のちに日本の経済と科学技術発展の速さを研究した方が中国に役立つのではと考え, 転身。'83年中国社会科学院日本研究所に入り, 日本経済発展の研究に従事。副所長を務め, 2000年退官。2005年愛知大学客員教授。
【著作】
◇中国の「対日新思考」は実現できるか—「対中新思考」のすすめ　馮昭奎著, 酒井誠監訳, 村田忠禧〔ほか〕訳　日本僑報社　2004.11
◇胡錦濤の対日政策—中国共産党・国家・軍を動かす歴代指導者が語った「日中関係」　馮昭奎, 鈴木孝昌著　日本僑報社　2004.12

ブーヴィエ, ニコラ
Bouvier, Nicolas
作家, 写真家

［生年月日］1929年
［国籍］スイス　［出生地］ジュネーブ
1953～54年旧ユーゴスラビア, ギリシャ, トルコ, イラン, アフガニスタン, パキスタンを旅し, この時の記録「世界の慣習」は新世代の紀行作家のバイブルと称され, 多くの読者を獲得。続いてスリランカを訪れ, 旅行記「Poisson Scorpion（かさご）」で'82年フランス批評家大賞を受賞。スリランカから'55年横浜港に上陸, 以後'70年まで数度にわたって日本に滞在。フランスの出版界, ジャーナリズムで活躍。他の著書に「日本の原像を求めて」がある。　［受賞］フランス批評家大賞〔1982年〕「Poisson Scorpion（かさご）」
【著作】
◇日本の原像を求めて　ニコラ・ブーヴィエ著, 高橋啓訳　草思社　1994.11

プゥート, G.
Poeth, G. G. J. M.
エラスムス大学経営大学院教授

［生年月日］1943年
［国籍］オランダ　［学歴］エラスムス大学院経済学研究科修了　［学位］Ph. D.　［専門］経営学
INSEAD、デルフト大学を経て、エラスムス大学経営大学院教授。著書に「Japanese Ports and Automation」(1981年)、「Telecommunication Development in Japan」('85年)、「The Japanese Temptation: Japanese Management and the Management of Japan」('86年)、「The Basics of Accounting」('89年)、「Introduction to Finance and Accounting」('91年)、「カンパニー資本主義—日米欧のマネジメント比較から」ほか。
【著作】
◇カンパニー資本主義—日米欧のマネジメント比較から　根本孝, G. G. Poeth共著　中央経済社　1992

フェアバンク, ジョン
Fairbank, John King
歴史家　ハーバード大学歴史学教授

［生年月日］1907年5月24日
［没年月日］1991年9月14日
［国籍］米国　［出生地］サウス・ダコタ州ヒューロン　［学歴］ハーバード大学〔1929年〕卒, オックスフォード大学　［学位］博士号（オックスフォード大学）〔1936年〕　［専門］中国研究
独学で中国語を学び, 1930年代に中国に留学。'36～77年ハーバード大学歴史学教授, '59年同大東アジア研究所を創設し, 所長（～'72年）, '73～77年東アジア研究評議会議長。この間, '42年重慶駐在米国大使特別顧問, '45年在中国USIS所長を務めるなど, 米

政府の対中政策に携わった。'50年代初めマッカーシーの赤狩りの対象となる。中国研究の第一人者で、米国内の多くの中国研究者を育てた。全米アジア学会会長、米国歴史学会会長などを歴任。著書に「合衆国と中国」「現代の中国」「中国沿岸における貿易と外交」「中国新史」「中国回想録」など。
【著作】
◇アジアにおける次の政策 ジョン・K.フェアバンク等著,日本太平洋問題調査会訳 東洋経済新報社 1950

フェアリー，マルカム
Fairley, Malcolm
装飾美術鑑定家

[国籍]英国 [専門]明治・大正時代の日本の装飾美術

サザビーズで19世紀ヨーロッパの装飾美術鑑定家として養成され、彫刻を専門とする。1978年東洋部門に転属、当時注目を浴びつつあった後期美術品の図録編集を引き継ぐ。'89年バリー・デイヴィース・オリエンタル・アート入社。のち、共同経営者。明治・大正時代の日本の装飾美術を専門とし、明治の装飾美術に関する図録を何冊か手がけ、専門誌や展覧会図録にも寄稿。共著に「The Dragon King of the Sea」「海を渡った日本の美術」がある。
【著作】
◇ナセル・D.ハリリ・コレクション—海を渡った日本の美術 第3巻 オリバー・インピー,マルカム・フェアリー〔編〕,オリバー・インピー〔ほか〕執筆,本田和美訳 同朋舎出版 1994.11
◇ナセル・D.ハリリ・コレクション—海を渡った日本の美術 第2巻 オリバー・インピー,マルカム・フェアリー〔編〕,オリバー・インピー〔ほか〕執筆,本田和美訳 同朋舎出版 1995.3
◇ナセル・D.ハリリ・コレクション—海を渡った日本の美術 第2巻〔下〕 オリバー・インピー,マルカム・フェアリー〔編〕,オリバー・インピー〔ほか〕執筆,本田和美訳 同朋舎出版 1995.5
◇ナセル・D.ハリリ・コレクション—海を渡った日本の美術 第4巻 オリバー・インピー〔ほか編〕,郷家忠臣〔ほか〕執筆,菊池裕子訳 同朋舎出版 1995.7
◇ナセル・D.ハリリ・コレクション—海を渡った日本の美術 第4巻〔下〕 オリバー・インピー,マルカム・フェアリー〔編〕,郷家忠臣〔ほか〕執筆,菊池裕子訳 同朋舎出版 1995.8
◇ナセル・D.ハリリ・コレクション—海を渡った日本の美術 第5巻〔上〕 オリバー・インピー,マルカム・フェアリー〔編〕,オリバー・インピー〔ほか〕執筆,本田和美訳 同朋舎出版 1995.9
◇ナセル・D.ハリリ・コレクション—海を渡った日本の美術 第5巻〔下〕 オリバー・インピー,マルカム・フェアリー〔編〕,オリバー・インピー〔ほか〕執筆,本田和美訳 同朋舎出版 1995.10

フェスカ，マックス
Fesca, Max
農学者 ゲッティンゲン大学教授,ベルリン農業大学教授

[生年月日]1846年3月31日
[没年月日]1917年10月31日
[国籍]ドイツ [出生地]ゲッティンゲン [専門]土性・地質の調査,日本の農業

1864年ハノーバー王国リューネブルクの農場で農夫として働き、1872年7〜8月ヴェーンデの農業試験場で土壌に関する試験を行う。1875年英国の農業視察に出かけ、ロンドン家畜市場、シレンセウター農学校などを訪問。農業問題の社会経済面にも深い関心を持ち、30歳の若さで「イギリス農業論」(1876年)を著した。1882〜94年農商務省の招聘で農商務省地質局土性試験場監督として来日。地質調査所の土性調査を主宰するほか、駒場農学校(1890年以降農科大学)、帝国大学農科大学の教師を務めた。1883年甲斐国(山梨県)の土性調査をなし、「甲斐国土性図並びに説明書」を作成、ベルリンで開催された第3回万国地質学会議において好評を博した。1886年北海道を実地調査し「日本農業及北海道植民論」(1888年)を発表。その後、日本各地を歩き、「農業改良案」(1888年)「地産要覧図」(1889年)を取りまとめた。1894年には日本各地の土性に応じた物産増進の方法、経済上の関係を評論した「日本地産論」を発表。日本の農政に対して多くの提言を行い、ドイツの農学

の紹介とあわせて、のちの日本の農業政策に多大な貢献を果たした。帰国後、ベルリン農業大学教授、ヴィッツェンハウゼンの植民学校教授、ゲッティンゲン大学教授を務めた。
【著作】
◇日本地産論　通編　マキス・フエスカ編述、農商務省地質調査所編　農商務省地質調査所　1891
◇日本地産論　〔第2〕上巻　フェスカ著、地質調査所訳　金田新太郎　1894
◇日本地産論　食用作物篇　フェスカ著、桜井武雄訳　日本評論社　1944
◇日本地産論（明治大正農政経済名著集2 所収）近藤康男編　農山漁村文化協会　1977
◇日本地産論（明治大正農政経済名著集2 所収）近藤康男編　農山漁村文化協会　1977
◇明治大正農政経済名著集　2　近藤康男編　農山漁村文化協会　1977.1

フェノロサ, アーネスト・フランシスコ
Fenollosa, Ernest Francisco
日本美術研究家　ボストン美術館東洋部主管　日本美術の評価と振興に尽くす

[生年月日] 1853年2月18日
[没年月日] 1908年9月21日
[国籍]米国　[出生地]マサチューセッツ州セイレム　[学歴]ハーバード大学哲学専攻〔1874年〕卒、ハーバード大学大学院〔1876年〕修了　1878年大森貝塚の発見で知られる動物学者・モースの仲介により来日。東京帝国大学で哲学や政治学などを講じる傍ら、日本美術を研究。1882年講演で日本画の復興を説き、日本美術界に大きな影響を与えた。1884年岡倉天心と鑑画会を組織し、日本画創造運動を展開、狩野芳崖や橋本雅邦らを見いだす。同年岡倉と法隆寺夢殿を開き、秘仏であった救世観音を初めて世に出した。1886年東京帝大を退官、岡倉を伴い美術取調べのために渡欧。東京美術学校創設に尽力し、1889年同校が開校すると教鞭を執った。1890年帰国してボストン美術館の初代東洋部主管に就任、1896年まで勤務。その後、数回来日。1908年旅行先のロンドンで客死した。　[叙勲]勲三等瑞宝章
【著作】

◇東亜美術史綱　創元社　1947
◇東洋美術史綱　東京美術　1978, 1981
◇フェノロサ美術論集　アーネスト・F. フェノロサ著、山口静一編　中央公論美術出版　1988.9
◇フェノロサ社会論集　フェノロサ〔著〕、山口静一編　思文閣出版　2000.2
◇アーネスト・F. フェノロサ文書集成—翻刻・翻訳と研究　上　アーネスト・F. フェノロサ〔原著〕、村形明子編著　京都大学学術出版会　2000.6
◇アーネスト・F. フェノロサ文書集成—翻刻・翻訳と研究　下　アーネスト・F. フェノロサ〔原著〕、村形明子編著　京都大学学術出版会　2001.5
◇フェノロサ美術論集　アーネスト・F. フェノロサ著、山口静一編　中央公論美術出版　2004.5

フェルドマン, エリック
Feldman, Eric A.
法学者　ペンシルベニア大学ロースクール教授　日本美術の評価と振興に尽くす

[国籍]米国
ニューヨーク大学法と社会研究所副所長などを経て、ペンシルベニア大学ロースクール教授。この間、フルブライト・フェローとして東京大学の司法政策比較国際センターに派遣される。「ロサンゼルスタイムズ」「アメリカ比較法学ジャーナル」「社会と法研究」「ヘイスティングセンター・リポート」「ランセット」などの出版物に、法と社会、日本の保健政策、HIV・エイズに関する文を執筆。
【著作】
◇日本における権利のかたち—権利意識の歴史と発展　エリック・A. フェルドマン著、山下篤子訳　現代人文社　2003.12
◇血液クライシス—血液供給とHIV問題の国際比較　エリック・A. フェルドマン、ロナルド・ベイヤー編著、山田卓生、宮沢節生、杉山真一日本語版編集、山下篤子訳　現代人文社　2003.12〈内容：日本のHIVとエイズ—私的紛争から公的スキャンダルへ（エリック・A. フェルドマン）〉

フェルドマン, オフェル
Feldman, Ofer
同志社大学政策学部教授　日本美術の評価と表揚に尽くす

[生年月日] 1954年2月27日
[国籍]イスラエル　[出生地]テルアビブ　[学歴]ヘブライ大学社会学部（政治学専攻）〔1982年〕修士課程修了, 東京大学大学院社会学研究科社会心理学専攻〔1987年〕博士課程修了　[学位]社会学博士〔1987年〕　[専門]政治心理学, 国際比較論　[団体]日本新聞学会, 日本選挙学会, International Political Science Associaiton

イスラエルの大学院を修了後、1982年来日。茨城大学人文学部助教授、筑波大学助教授を経て、同志社大学政策学部教授。著書に「人間心理と政治」「イメージでよむ『永田町』」「政治心理学」など。　[受賞]エリク・エリクソン賞〔1993年〕

【著作】
◇イメージで読む「永田町」　フェルドマン・オフェル著　未來社　1992

フェルドマン, ロバート・アラン
Feldman, Robert Aran
エコノミスト　モルガン・スタンレー証券マネージングディレクター・経済研究主席

[生年月日] 1953年
[国籍]米国　[学歴]エール大学〔1976年〕卒　[学位]Ph. D.（マサチューセッツ工科大学）〔1983年〕

1970年留学生として来日し、日本銀行などで研究に従事。チェース・マンハッタン銀行、国際通貨基金（IMF）調査局、ニューヨーク連邦準備銀行、'89年ソロモン・ブラザーズアジア証券マネージング・ディレクター・日本主席エコノミストなどを経て、'98年からモルガン・スタンレー証券に勤務。日本の金融、経済全般を担当。外資系証券会社きっての日本経済通として知られる。著書に「日本の衰弱」など。

【著作】
◇国際環境の変容と日米関係　細谷千博, 有賀貞編　東京大学出版会　1987.2〈内容：日本の金融市場の国際化（ロバート・A. フェルドマン）〉
◇日本の衰弱—高生産性を取り戻せ　ロバート・アラン・フェルドマン著　東洋経済新報社　1996.7
◇鈍感な日本人—日本が抱える3つの矛盾に反応できない危機意識ゼロの構造的欠陥（特集・ニッポン信用失墜）　フェルドマン, ロバート・A.：エコノミスト　75（14）　1997.4.1
◇転換期の世界と日本の活路—資本主義の新たな挑戦 第27回読売国際シンポジウム 講演と討論のための論文　YIES（読売国際経済懇話会）　1997.9〈内容：日本の財政政策—期待と懸念（ロバート・A. フェルドマン）〉
◇問われるコーポレート・ガヴァナンス（コーポレート・ガヴァナンス）　日本コーポレート・ガヴァナンス・フォーラム編　日本コーポレート・ガヴァナンス・フォーラム　1997.12〈内容：特別講演「日本の衰弱」—問われるコーポレート・ガヴァナンス（ロバート・フェルドマン）〉
◇日本の再起—CRICサイクルから脱却せよ　ロバート・アラン・フェルドマン著　東洋経済新報社　2001.5
◇構造改革の先を読む—復活する経済と日本株　ロバート・アラン・フェルドマン著　東洋経済新報社　2005.11

フェーレ, ヘンドリック・ファン・デル
Veere, Hendrik van der
ライデン大学講師

[生年月日] 1954年
[国籍]オランダ　[出生地]ロッテルダム　[学歴]ライデン大学〔1985年〕卒　[学位]Ph. D.（ライデン大学）〔1998年〕　[専門]仏教, 日本語

ライデン大学でサンスクリット語、チベット語、中国語、日本語、仏教哲学を学ぶ。その後、ライデン大学講師となり、日本語と仏教の講座を担当。この間2度、大正大学綜合仏教研究所の客員研究員となり、密教、両部神道、巡礼を研究。1992年真言宗豊山派において得度、修行を始める。'96年伝法灌頂を授かる。著書に「即身成仏（さとり）への情熱—覚鑁上人伝」、共著に「Nakatomi Harae Kunge, Purification and Enlightenment in

Late Heian Japan」、共編に「Function and Meaning in Buddhist Art」がある。
【著作】
◇即身成仏への情熱——覚鑁上人伝　ヘンドリック・ファン・デル・フェーレ著, 高橋尚夫監修, 木村秀明, 白石凌海訳　ノンブル　1998.7
◇五輪九字明秘密釈の研究　ヘンドリック・ファン・デル・フェーレ著, 白石凌海訳　ノンブル　2003.3

フォーゲル, ジョシュア
Fogel, Joshua A.
カリフォルニア大学サンタバーバラ校教授

[生年月日] 1950年
[国籍] 米国　[出生地] ニューヨーク　[学歴] シカゴ大学〔1972年〕卒　[学位] 博士号（コロンビア大学）〔1980年〕　[専門] 中国史, 日中関係史
1976～78年京都大学に留学。博士号は内藤湖南に関する論文で取得した。ハーバード大学準教授を経て'89年カリフォルニア大学サンタバーバラ校教授。著書に「内藤湖南 ポリティックスとシノロジー」「中江丑吉と中国」など。[受賞] アジア・太平洋賞（特別賞・第5回）〔1993年〕「中江丑吉と中国」
【著作】
◇内藤湖南ポリティックスとシノロジー　J. A. フォーゲル著, 井上裕正著　平凡社　1989.6
◇中江丑吉と中国——ヒューマニストの生と学問　ジョシュア・A. フォーゲル著, 阪谷芳直訳　岩波書店　1992.1
◇歴史学のなかの南京大虐殺　ジョシュア・A. フォーゲル編, 岡田良之助訳　柏書房　2000.5
◇西洋近代文明と中華世界——京都大学人文科学研究所70周年記念シンポジウム論集　狹間直樹編　京都大学学術出版会　2001.2
◇共生から敵対へ——第4回日中関係史国際シンポジウム論文集　衛藤瀋吉編　東方書店　2000.8

フォス, グスタフ
Voss, Gustave
カトリック司祭　栄光学園名誉学園長, 日本カトリック学校連合会理事長

[生年月日] 1912年
[没年月日] 1990年3月19日
[国籍] ドイツ　[出生地] ドルトムント　[学歴] ギムナジウム卒
1933年イエズス会から神学生として派遣され、来日。のち、米国留学を経て、'46年再来日。上智大教授ののち、'47年旧制栄光中学（現・栄光学園）を創立し、初代校長に。'56年理事長に就任。'77年名誉学園長。「真のエリート教育」の必要性を唱え、中高一貫教育で、同校を全国有数の進学校に育て上げた。一方、家庭教育や父親の大切さを指摘し、学歴偏重の日本の教育を批判した。著書に「日本の父へ」「日本の父へ再び」「どう教えどう育てるか」（共著）など。
【著作】
◇日本への遺書　グスタフ・フォス：新潮45　9（5）　1990.5

フォス, フリッツ
Vos, Frits
日本文学研究者　ライデン大学名誉教授

[生年月日] 1918年11月6日
[国籍] オランダ　[出生地] デルフト市　[学歴] ライデン大学文学部〔1940年〕卒　[学位] 文学博士〔1957年〕
1946～58年ライデン大学文学部日本語講師、'58～83年同大日本語科教授、'78年同大日本・朝鮮研究センター所長を経て、'83年より同大名誉教授。主な著作に「伊勢物語の研究」（'57年）、「禅の研究」（'64年）、「日本語と日本文学」（'77年）、「オランダにおける日本研究」（'81年）、「日本語のなかのオランダ語」（'83年）など。蘭日協会会長、蘭韓協会会長を歴任したオランダきっての知日家。[受賞] 片山蟠桃賞（第3回）〔1984年〕、国際交流基金賞（日本）〔1992年〕　[叙勲] オランダ・ライオン勲章ナイト章〔1983年〕, 勲三等旭日中綬章〔1983年〕
【著作】
◇シンポジウム「日本文化と東アジア」——1985～1986（日本文化研究所研究報告）　東北大学文学部附属日本文化研究施設編　東北大学文学部附属日本文化研究施設　1988.3〈内

容：中国仙人の外遊—日本と朝鮮文学における東方朔（フリッツ・フォス）〉

フォースバーグ, アーロン
Forsberg, Aaron
歴史学者　米国国務省

[生年月日] 1964年
[国籍] 米国　[出生地] ワシントン州シアトル
[学歴] ホイットマン大学〔1986年〕卒, テキサス大学オースティン校大学院歴史学部〔1992年〕博士課程修了　[学位] Ph. D.（テキサス大学オースティン校）
1993年10月東京のメリーランド大学アジア局へ講師として来日後, '98年9月横浜市アメリカ・カナダ大学連合日本研究センター客員研究員として赴任。'99年7月〜2001年2月東京のホワイト&ケース外国法事務弁護士事務所に翻訳者として勤務。2001年3月より経済担当の国務省官僚となる。
【著作】
◇アメリカと日本の奇跡—国際秩序と戦後日本の経済成長1950-60　アーロン・フォースバーグ著, 杉田米行訳　世界思想社　2001.6

フォーラー, マティ
Forrer, Matthi
日本美術研究家

日本の美術と文化に関する数多くの論文を発表。特に木版画と書籍出版への造詣が深い。葛飾北斎と歌川広重に関して多くの論文を出版。のち日蘭関係と初期にオランダに持ち帰られた日本の品々を研究。
【著作】
◇シーボルトと日本—その生涯と仕事　アルレッテ・カウヴェンホーフェン, マティ・フォーラー本文　Hotei出版　c2000
◇復原オランダ商館—長崎出島ルネサンス　西和夫編　戎光祥出版　2004.2
◇江戸時代の日本とオランダ—日蘭交流400年記念シンポジウム報告　記念シンポジウム実行委員会編　洋学史学会　2001.3
◇日蘭交流400年の歴史と展望—日蘭交流400周年記念論文集 日本語版（日蘭学会学術叢書）　レオナルド・ブリュッセイ, ウィレム・レメリンク, イフォ・スミッツ編　日蘭学会　2000.4

フォーレッチ, エルンスト
Voretzsch, Ernst Arthur
外交官　駐日ドイツ大使

[生年月日] 1868年8月13日
[国籍] ドイツ　[学歴] ゲッティンゲン大学, ベルリン大学
大学を出た後外交官となり, 1901年インドの副領事として赴任, '07年には領事に昇格, のちポルトガル駐箚公使に任命された。'24年ポルトガルのアジュダ図書館でフロイスの「日本史」第1部および1588・93年の写本を発見。キリシタン研究者G. シュールハンマーが確証し, 博士により第1部がドイツ語に翻訳された。'29年1月駐日ドイツ大使として来日し日独親善に努めた。'33年帰国。
【著作】
◇日葡交通　第1輯　日葡協会　1929

ブガーエワ, タグマーラ・パーブロブナ
Bugaeva, Dagmara Pavlona
歴史学者　レニングラード国立大学日本文学科教授

[生年月日] 1925年
[国籍] ロシア　[出生地] セルギエフ・パサト　[学歴] レニングラード国立大学東洋学部〔1949年〕卒　[学位] 博士号〔1987年〕　[専門] 日本文学
1953年レニングラード国立大学（現・サンクト・ペテルブルク国立大学）で歴史学博士候補を取得。同大助教授を経て, 教授。日本の農民運動の研究論文のほか, 北村透谷に関する論文も多数ある。著書に「近代日本の先駆的啓蒙家たち」「19世紀末の日本の社会政治評論家たち」などがある。
【著作】
◇近代日本の先駆的啓蒙家たち　デ・ペ・ブガーエワ著, 亀井博訳　平和文化　1996

フクシマ, グレン
Fukushima, Glenn S.
実業家, 弁護士 エアバス・ジャパン社長・CEO 在日米国商工会議所会頭, 米国通商代表部（USTR）日本部長

[生年月日] 1949年9月9日
[国籍] 米国 [出生地] 日本 [学歴] スタンフォード大学〔1972年〕卒, ハーバード大学ビジネス・スクール及びロー・スクール卒
日系2世の父が米国軍人として東京の連合国軍総司令部（GHQ）に勤務していたため、日本で生まれ、小学生の時米国に帰国。スタンフォード大学卒業後、ハーバード大学ビジネス・スクール、同ロー・スクール卒。その後ハーバード大学大学院のライシャワー、ボーゲル両教授らのもとで日本研究に入り、助手を務めた。この間、慶応義塾大学、東京大学に留学。1982年弁護士資格を取得。ロサンゼルスの大手法律事務所で弁護士として活躍しているところをスカウトされ、'85年米国通商代表部（USTR）に入省、'88年日本部長（通商代表補代理）に就任。日米摩擦が激化する中で日系米人として日米通商交渉の最前線で活躍。'90年以降は民間企業に奉職し、日本AT&T副社長、'98年アーサー・D・リトル社長、2000年米国EDA（電子回路設計自動化）ソフト大手のケイデンス・デザイン・システムズの日本法人社長を歴任。2004年日本NCR共同社長に就任するが、半年で退任。2005年エアバス・ジャパン社長兼CEO（最高経営責任者）に就任。一方、1993年から在日米国商工会議所副会頭を5年間務め、'97年12月～'99年12月会頭を務めた。著書に「日米経済摩擦の政治学」「変わるアメリカ・変わるか日本」。 [受賞] 大平正芳記念賞（第9回）〔1993年〕「日米経済摩擦の政治学」

【著作】
◇日米経済摩擦の政治学 グレン・S. フクシマ著, 渡辺敏訳 朝日新聞社 1992.7
◇アメリカで注目される「日本変化論」の落とし穴 グレン・フクシマ：東洋経済 5095 1992.9.12
◇21世紀への選択—日本的政治文化の問題点（対談） グレン・S. フクシマ, 鴨武彦：潮 410 1993.5
◇変わるアメリカ・変わるか日本 グレン・S. フクシマ著 世界文化社 1993.9
◇亜米利加＝Nippon—日米〈共生〉のパラダイム 東京大学教養学部附属アメリカ研究資料センター 1994.12〈内容：経済摩擦への対応（グレン・フクシマ） マスコミの責任（グレン・S. フクシマ）〉
◇現代アジア危機からの再生（慶応義塾大学法学部政治学科開設百年記念講座） 国分良成編 慶応義塾大学出版会 1999.4〈内容：アジアの中の日米関係（グレン・S. フクシマ）〉
◇日米対論・誰のための規制緩和か—消費者に手厚い米国の"撤廃"と、生産者中心の日本的"緩和"の落差を問う フクシマ, G., 宮内義彦：中央公論 114(6) 1999.6
◇2001年、日本は必ずよみがえる グレン・S. フクシマ著 文芸春秋 1999.6
◇激突対談・日本型VS. アメリカ型、勝つのはどっちだ―重視すべきは従業員か株主か。日米再逆転はあるのか（特集・日本型経営の危機） 伊丹敬之, フクシマ, グレン：文芸春秋 77(10) 1999.10
◇連結決算導入で起こる日本型経営システムの変革（ニッポンへの一言〔17〕） フクシマ, グレン・S.：経済界 35(4) 2000.2.29
◇21世紀の日本に求められるリーダー像（ニッポンへの一言〔43〕） フクシマ, グレン・S.：経済界 36(6) 2001.3.27
◇日本人には理解しにくい米国人の「中国観」（ニッポンへの一言〔47〕） フクシマ, グレン・S.：経済界 36(10) 2001.5.29

フクヤマ, フランシス
Fukuyama, Francis
国際政治学者 ジョンズ・ホプキンズ大学高等国際問題研究大学院（SAIS）教授 米国国務省政策企画局次長

[生年月日] 1952年10月27日
[国籍] 米国 [出生地] イリノイ州シカゴ [学歴] コーネル大学〔1974年〕卒, ハーバード大学大学院修了 [学位] 政治学博士（ハーバード大学）〔1981年〕
父が日系2世、母が日本人の日系3世。コーネル大学でラテンとギリシャの古典文学を専攻したあと、フランスへ留学。旧ソ連研究に転じ、1981年ハーバード大学で博士号取得。同年国務省入省。政策企画スタッフとなり、カーター政権の遺産、パレスチナ自治交渉を担当。'83年戦略問題の民間研究機関・ランド研究所に転出、旧ソ連研究を深めた。'89年ブッ

シュ政権で国務省政策企画局次長に登用される。同年保守系の政治・外交誌「ナショナル・インタレスト」に共産主義の敗退を証明し、西側の自由民主主義を人類の究極の思想と断じた論文「歴史の終わり」を発表、世界的な反響を呼んだ。その後ランド研究所に復帰し上級研究員、'99年ジョージ・メイスン大学教授を経て、2001年ジョンズ・ホプキンス大学教授。ブッシュ政権の外交政策の基軸をなす新保守主義(ネオコン)の戦略理論家として知られたが、2006年著書「岐路に立つ米国」でネオコンに"決別宣言"し話題を呼ぶ。他の著書に「歴史の終わりと最後の人」(1992年)、「『信』無くば立たず—『歴史の終わり』後、何が繁栄の鍵を握るのか」、「『大崩壊』の時代」、「人間の終わり」、「アメリカの終わり」などがある。
【著作】
◇冷戦後の日米同盟—「成熟の歴史」終わりの始まり　フランシス・フクヤマ、コンダン・オウ著、近藤剛訳　徳間書店　1994.4
◇歴史観とは論争によって止揚すべきものだ(徹底検証・日本人の歴史観を歪めたのは誰か?)　Francis フクヤマ：SAPIO　9(5)　1997.3.26

藤 ジニー　ふじ・ジニー
藤屋旅館女将, 鉱山温泉おかみ会副会長

[生年月日] 1966年3月26日
[国籍]米国　[出生地]カリフォルニア州サンフランシスコ　[旧姓名]Pugh, Jeanie　[学歴]リンフィールド大学卒
リンフィールド大学で生物学と化学を専攻。3年の時、交換留学生として日本に半年間滞在。卒業後の昭和63年、英語指導助手として山形県に赴任。鉱山温泉の老舗藤屋旅館の7代目と出会い、平成3年結婚。若女将として修業を続ける傍ら、鉱山温泉おかみ会の副会長としても活躍。9年県の女性施策推進懇話会に選ばれた。15年公共広告機構のテレビCM"ニッポン人には日本が足りない"に出演して話題となる。
【著作】
◇ニッポン人には、日本が足りない。—銀山温泉老舗旅館・ジニー女将が綴る繁盛記　藤ジニー著　日本文芸社　2003.6

フジタニ, タカシ
Fujitani, Takashi
カリフォルニア大学サンディエゴ校準教授

[生年月日] 1953年
[国籍]米国　[出生地]イリノイ州シカゴ　[学位]博士号(歴史学, カリフォルニア大学バークレー校)　[専門]日本近現代史
1983〜85年一橋大学社会学部に留学ののちカリフォルニア大学バークレー校歴史学部で博士号を取得。カリフォルニア大学サンタ・クルーズ校助教授を経て、同大サンディエゴ校歴史学部準教授。著書に「天皇のページェント」などがある。
【著作】
◇天皇のページェント—近代日本の歴史民族誌から(NHKブックス)　T. フジタニ著, 米山リサ訳　日本放送出版協会　1994.11
◇ライシャワーの傀儡天皇制構想—希代の知日家は、第二次大戦中、戦後占領政策に天皇と日系アメリカ人部隊を活用するプランを画策していた　フジタニ, T.：世界　672　2000.3
◇植民地主義と人類学(京都大学人文科学研究所共同研究報告)　山路勝彦, 田中雅一編著　関西学院大学出版会　2002.5

フジモリ, アルベルト
Fujimori, Alberto
政治家　ペルー大統領

[生年月日] 1938年7月28日
[国籍]ペルー　[出生地]リマ郊外ミラフローレンス　[本名]Fujimori, Alberto Kenyo　[別名等]日本名=藤森謙也　[学歴]ラモリナ国立農科大学〔1960年〕卒
両親が熊本県出身の日系2世。'71年ラモリナ国立農科大学数学科教授となり、'84〜89年学長。'88年に政治組織"カンビオ(変化)90"を無党派の学者とともに創設、総裁に。'90年の大統領選に彗星の如く登場し、6月作家バルガス・リョサを破って当選。7月日系人初の

大統領に就任。'92年3月国賓として来日。'95年4月大統領選再選。12月トゥパク・アマル革命運動（MRTA）によるペルー日本大使公邸人質事件が発生、'97年4月22日特殊部隊による強行突入を決行、人質は無事救出された。2000年4月の大統領選で3選。フジモリ政権の陰の実力者といわれたモンテシノス国家情報局（SIN）元顧問による国会での野党議員買収工作が発覚し、9月早期退陣を表明。11月ブルネイでのアジア太平洋経済協力会議（APEC）出席後、急きょ来日。その後帰国せず、国会から罷免される。12月日本国籍保有が明らかに。2001年2月職務放棄と業務不履行の罪で逮捕状が出される。2004年3月禁固30年の求刑。2005年次期ペルー大統領選への立候補を表明し日本を出国、チリの首都サンティアゴに入るが、チリの警察に身柄を拘束される。2007年7月日本の参院選比例区に国民新党から立候補するが落選。9月21日チリ最高裁は身柄引き渡しを認め、22日ペルー側に身柄を引渡された。　［受賞］河内町名誉町民（熊本県）〔1990年〕、上智大学名誉博士号〔1992年〕、熊本県栄誉彰〔1992年〕、熊本市民栄誉章〔1992年〕、慶応義塾大学名誉博士号〔1994年〕、東京農業大学名誉博士号〔1996年〕

【著作】
◇日本はテロと戦えるか　アルベルト・フジモリ, 菅沼光弘著　扶桑社　2003.2

ブジョストフスキー, エドワード
Brzostowski, Edward
カトリック神父　浅田カトリック教会神父

［生年月日］1932年
［出生地］ポーランド　［学位］神学博士（グレゴリアン大学）〔1962年〕
1963年ローマから来日。'69年慶応大学通信講座国文学学士号取得。'71年より川崎市浅田カトリック教会神父。川崎に布教に訪れてから、'74年欧米人として全国初の公害病認定患者となる。'82年川崎公害訴訟の提訴の時、原告団に加わる。著書に「小さき者から学んだ叫び」「主をほめたたえよ」「不思議な日本人」、訳書に「シルワンの手記」他。　［受賞］田尻賞（第5回）〔1996年〕

【著作】
◇不思議な日本人　エドワード・ブジョストフスキー著　東研出版　1988.7
◇不思議な日本人　エドワード・ブジョストフスキー著　東研出版　1990.2
◇不思議な日本人　増補版　エドワード・ブジョストフスキー著　東研出版　1992.10

ブース, アラン
Booth, Alan
作家, 演劇研究家

［生年月日］1946年
［没年月日］1993年1月26日
［国籍］英国　［出生地］ロンドン・レイトンストーン　［学歴］バーミンガム大学文学部卒
大学で演劇を学んだ後、シェークスピア劇など古典劇の演出家として活躍。1970年来日し、能を研究。早稲田大学英文科で教鞭をとった後、長年「朝日イブニングニュース」のコラムを担当した。日本の伝統芸能についてだけでなく、日本映画評や社会時評を雑誌、週刊誌にも執筆した。'92年3月永住権を取得。著書に「悪魔と神とカメラマン」「ニッポン縦断日記」「津軽」「西郷隆盛の道」がある。

【著作】
◇ニッポン縦断日記（シリーズ・ザ・スポーツノンフィクション）　アラン・ブース著, 柴田京子訳　東京書籍　1988.10
◇津軽—失われゆく風景を探して　アラン・ブース著, 柴田京子訳　新潮社　1992.10
◇西郷隆盛の道—失われゆく風景を探して　アラン・ブース著, 柴田京子訳　新潮社　1993.7
◇飛騨白川郷へ—失われゆく風景を探して　アラン・ブース著, 柴田京子訳　新潮社　1994.6
◇津軽—失われゆく風景を探して（新潮文庫）　アラン・ブース著, 柴田京子訳　新潮社　1995.11
◇津軽—失われゆく風景を探して（東電文庫）　アラン・ブース著, 柴田京子訳　東京電力　1996.9

ブスケ, ジョルジュ・イレール
Bousquet, George Hilaire
法律家　司法省顧問

[生年月日] 1846年3月3日
[没年月日] 1937年1月15日
[国籍]フランス　[出生地]パリ
パリ控訴院弁護士を務め、1872年1月12日、明治政府の招聘でお雇い外国人法律家第1号となり、司法省法律顧問として3月24日に横浜港に到着した。法学教育のほか立法事業に参画、また江藤新平が主査となった民法典の編纂に従事した。1876年3月任期を1ヶ年延長したのちに帰国。帰国後はコンセイユ・デタの役人となったほか詳細は不明。在日中の経験をまとめた「日本見聞記」は総合的な日本文化論として評価が高い。1899年日本政府より勲二等旭日章が贈られた。
【著作】
◇日本見聞記―フランス人の見た明治初年の日本　1　ブスケ著, 野田良之, 久野桂一郎共訳　みすず書房　1977.6
◇日本見聞記―フランス人の見た明治初年の日本　2　ブスケ著, 野田良之, 久野桂一郎共訳　みすず書房　1977.11

プズー・マサビュオー, ジャック
Pezeu Massabuau, Jacques
奥羽大学文学部フランス語フランス学科教授

[生年月日] 1930年
[国籍]フランス　[出生地]パリ　[学歴]ソルボンヌ大学卒　[学位]文学国家博士　[専門]地理学
南ベトナム・サイゴン(現ホーチミン市)などで高校教員を務めたのち、1960年来日。日仏会館研究員、東京大学客員教授、日仏学院教員など歴任後、奥羽大学文学部フランス語教授。著書に「La maison japonaise et la neige」「Japanese Islands, Tuttle-Tokyo」「家屋(いえ)と日本文化」などがある。
【著作】
◇わたしのニッポン発見―フランス人のアジア像(Sanseido books 29)　ジャーク・プズー著, 平山卓訳　三省堂　1972
◇家屋(いえ)と日本文化(フランス・ジャポノロジー叢書)　ジャック・プズー=マサビュオー著, 加藤隆訳　平凡社　1996

フック, グレン・ドーソン
Hook, Glenn Dawson
シェフィールド大学日本研究所主任教授

[生年月日] 1949年
[国籍]英国　[学歴]ブリティッシュコロンビア大学政治学部卒, ブリティッシュコロンビア大学大学院修士課程修了　[専門]国際政治学, 平和研究
1974年に来日し、大阪外国語大学、日本研究センターで日本語を学ぶ。'75~'77年東京大学社会科学研究所、東洋文化研究所で日本政治を学び、'79年岡山大学講師となる。'81年ハンガリーの国際平和研究会の学会誌に発表した論文が国際的に評価された。'88年2月~3月国立オーストラリア大学客員研究員。'88年4月英国シェフィールド大学教授に就任。広島大学平和科学研究センター客員研究員。
【著作】
◇軍事化から非軍事化へ―平和研究の視座に立って　グレン・D.フック著　御茶の水書房　1986.11
◇企業体制　上(現代日本企業)　工藤章, 橘川武郎, グレン・D.フック編　有斐閣　2005.12
◇グローバル・レビュー(現代日本企業)　工藤章, 橘川武郎, グレン・D.フック編　有斐閣　2006.3〈内容：内容:日本研究のグローバルな再検討(グレン・D.フック, 工藤章)〉

ブッシュ, ルイス
Bush, Lewis
著述家　弘前高校(旧制)教授

[生年月日] 1907年5月6日
[没年月日] 1987年2月14日
[国籍]英国　[出生地]ロンドン　[学歴]ウースター・カレッジ卒　[団体]日本ペンクラブ, 東京倶楽部
1932年仏教、日本史を勉強するため来日。旧制弘前、山形両高校で3年間ずつ英語を教えた。第2次大戦中は志願兵として英海軍に従軍したが香港陥落とともに日本軍の捕虜となり、この時の体験を書いた著書「おかわいそ

うに」('56年)は日本でベストセラーとなった。戦後は英国映画の日本への輸入につとめる一方、NHKラジオ放送の英語ニュースを担当。'74年帰国した。
【著作】
◇Japan pre-war and post-war(日本―戦前戦後) ルイス・ブッシュ：アサヒグラフ　1948.6.16
◇「東條の憲兵」を敵として――親日捕虜の人間記録　ルイス・ブッシュ：文芸春秋　1955.12
◇おかわいそうに―東京捕虜収容所の英兵記録　明石洋二訳　文芸春秋新社　1956
◇青い目で見たニッポンムスメの魅力　L・ブッシュ，L・ブルー〔ほか〕：キング　1956.5
◇書いた人書かれたもの―捕虜の目にうつった日本人　ルイス・ブッシュ：週刊新潮　1956.8.27
◇日本人が好きなんだ　ルイス・ブッシュ：日本週報臨増　1959.8.1

フッチニ, ジョセフ
Fucini, Joseph J.
経済ジャーナリスト

［国籍］米国　［学歴］ミシガン大学卒
英語学の学位を持ち、数多くの雑誌に寄稿している。妻との共著で「Experience, Inc.」「Entrepreneurs」「ワーキング・フォー・ザ・ジャパニーズ―日本人社長とアメリカ人社員」がある。
【著作】
◇ワーキング・フォー・ザ・ジャパニーズ―日本人社長とアメリカ人社員　ジョセフ・J．フッチニ, スージー・フッチニ著，中岡望訳　イースト・プレス　1991.12

フッチニ, スージー
Fucini, Suzy
経済ジャーナリスト

［国籍］米国
哲学の学位を持ち、数多くの雑誌に寄稿している。夫との共著で「Experience, Inc.」「Entrepreneurs」「ワーキング・フォー・ザ・ジャパニーズ―日本人社長とアメリカ人社員」がある。
【著作】
◇ワーキング・フォー・ザ・ジャパニーズ―日本人社長とアメリカ人社員　ジョセフ・J．フッチニ, スージー・フッチニ著，中岡望訳　イースト・プレス　1991.12

プティ, オスマン
Puteh, Othman
作家　マレーシア国民大学文学部講師

［生年月日］1944年
［国籍］マレーシア　［出生地］マラッカ
短編や青少年向け文学作品を中心に精力的な作家活動を続けている。主な作品に、「年老いた英雄」(1974年)、「マレーシア短編集」('68年)、「わが心のヒロシマ―マラヤから来た南方特別留学生」など。
【著作】
◇わが心のヒロシマ―マラヤから来た南方特別留学生　オスマン・プティ著，小野沢純〔ほか〕訳　勁草書房　1991.7

フーベル, ゲルハルト
Huber, Gerhard
宣教師　カトリック札幌管区長

［生年月日］1896年
［没年月日］(没年不詳)
［国籍］ドイツ　［出生地］フランクフルト　［学歴］フルダ神学校卒
高校卒業後に第一次世界大戦が勃発、オーストリア軍将校として志願しルーマニア、ロシアの進行作戦に携わる。この戦争体験から伝道者としての道を選び、フルダ神学校に入学、後に司祭に叙される。1927年、憧れの日本への派遣が許可され来日。札幌フランシスコ修道院に着任する。1930年帯広カトリック教会を創設、同11年カトリック札幌管区長となる。近世初頭の蝦夷のキリシタンの存在を知り、資料を収集、1938年に北海道帝国大学で講義し、その原稿を整理して翌1939年に「蝦夷切支丹史」を出版した。蝦夷切支丹史の研究は、本書が基礎となり戦後に充実する。戦後は管区長を退任し小樽に移り住み、小樽商科大学等で教鞭を取る。他の著作に、日本キリシタン史の聖人殉教を扱った「二六聖

人」や、キリシタン物語に取材した小説「あやめ」、ドイツ・カトリックの日本進出半世紀の歴史をまとめた「ジャパン」などがある。
【著作】
◇蝦夷切支丹史 永田富智解説 （株）北海道編集センター（復刻叢書＜北海道の名著＞第1巻） 1973
◇日本26聖人物語（聖母文庫） ゲルハルト・フーバー著，アンジェルス・アショフ訳 聖母の騎士社 1993.7

フライ，ジェフリー
Frey, Jeffrey
メリーランド大学工学部教授

［生年月日］1938年
［国籍］米国 ［出生地］ニューヨーク市 ［学歴］コーネル大学電気工学科〔1960年〕卒 ［学位］Ph. D.（カリフォルニア大学）〔1965年〕コーネル大学教授を経て、1987年よりメリーランド大学教授。その間'77年および'85年東京大学客員研究員。著書に「Microwave Integrated Circuits」('85年)、共著に「日本の技術が危ない─検証・ハイテク産業の衰退」がある。
【著作】
◇日本の技術が危ない─検証・ハイテク産業の衰退 ウィリアム・ファイナン，ジェフリー・フライ著，生駒俊明，栗原由紀子訳 日本経済新聞社 1994.4

プライアー，H. J. S.
Pryer, Henry James Stovin
動物学者 東京博物館臨時嘱託

［生年月日］1850年6月10日
［没年月日］1888年2月17日
［国籍］英国 ［出生地］ロンドン ［専門］日本産昆虫，蝶類
幼時より生物に興味を抱き、18歳の頃イギリス産蝶類標本の大コレクションを持つほどだった。1871年長兄を頼って中国に渡る。同年来日。横浜において貿易に従事する。77年東京博物館に入り、四国や奈良で動物を採集した。専門は鱗翅類であったが、昆虫や鳥類にも興味を示した。英米人系の日本文化研究団体である日本アジア協会に属し、同会の機関誌に日本の動物についての論考を5本投稿した。16年間にわたり、日本各地に赴き動物採集に打ち込み、採集した標本はヨーロッパの権威者に送付して指導を乞うた。1878年にはイギリス動物学会通信員に推選された。1887年日本産蝶類に関する研究書の第1巻を刊行したが、惜しくも37歳の若さで横浜で世界、市内山手の外人墓地に埋葬された。研究書の第2巻は彼の死後出版された。
【著作】
◇日本蝶類図譜 ヘンリー・ジェームズ・ストヴィン・プライヤー著，江崎悌三訳・解説，白水隆校訂 科学書院 1982.11

プライス，ジョー
Price, Joe D.
美術コレクター

［国籍］米国 ［出生地］オクラホマ州
父親が石油パイプラインの開発で財をなした富豪。1953年大学の卒業記念に米国で伊藤若冲筆「葡萄図」などを購入。以後、東京、京都、奈良などの画商や社寺、旧家を歩き、江戸時代の日本画約300点を買い求め、美術館建設資金500万ドルを添えてロサンゼルス・カウンティー美術館に寄贈、館の一角に海外で初めての日本美術館を誕生させる。館内に日本美術研究室、研究者用の宿泊施設まで建設。若冲の他、曽我蕭白、酒井抱一、鈴木其一などのコレクションでは質、量ともに日本美術コレクターの中でも群を抜く存在。2006年東京国立博物館でプライスコレクション「若冲と江戸絵画」展が開催される。2007年京都嵯峨芸術大学客員教授。妻は日本人。
［受賞］国際交流基金賞（日本）〔2006年〕
【著作】
◇若冲になったアメリカ人─ジョー・D・プライス物語 ジョー・D. プライス著，山下裕二インタビュアー 小学館 2007.6

プライス, マーガレット
Price, Margaret Elizabeth
ジャーナリスト, 日本文化研究家

[生年月日] 1956年
[国籍] オーストラリア　[出生地] メルボルン
[学歴] クイーンズランド大学卒, クイーンズランド大学大学院修士課程修了
グリフィス大学語学センター日本語講師、1982年から10年間毎日新聞「マイニチ・デイリー・ニュース」のスタッフライターを歴任。のちフリーのジャーナリストとして日本語の紀行文、エッセイなどを執筆。NHK「ニュース9」の副音声の英語ニュースを読む。著書に「マーガレットの神楽坂日記」「セクシーな日本」、訳書に「ブッシュ・ベイビーズ」などがある。

【著作】
◇マーガレットの神楽坂日記―なごやか日本出会いの記　マーガレット・プライス著, 伊藤延司〔訳〕　淡交社　1995.8
◇ニッポン英語で丸かじり―英語人による日本人のための表現小事典　マーガレット・プライス, 伊藤延司著　NECクリエイティブ　1996.9
◇外国人の疑問に英語で答える本―Explaining Japan in English　マーガレット・プライス, 伊藤延司著　ジャパンタイムズ　1998.5
◇トレンド英語日本図解辞典　タイモン・スクリーチ, マーガレット・プライス, マーク・大島明編　小学館　1999.1
◇セクシーな日本　マーガレット・プライス著　NECメディアプロダクツ　2000.9

ブライス, レジナルド
Blyth, Reginald Horace
英文学者　学習院大学教授, 東京大学講師

[生年月日] 1898年12月3日
[没年月日] 1964年10月28日
[国籍] 英国　[出生地] イルフォード　[学位] 文学博士(東京大学)〔1954年〕
ロンドン大学で英文学を専攻し、俳句の研究論文で文学博士号を得る。また日本文化の中でも禅に関心を持ち、参禅し鈴木大拙の著作を熟読。1924年京城帝国大学教師、40年旧制第四高校教師を務めるが、太平洋戦争により神戸で抑留生活を送る。'45年学習院教師。'46年東京大学講師。'51年学習院大学英文学教授を務める。'47年には皇太子の英文学特別講義を行った。戦後、華族学校(現・学習院)存続のためGHQとの交渉にあたる。37年には日本女性と結婚。著書に「Haiku」「History of Zen」などがある。

【著作】
◇日本人へひと言　プライス, ミラー, レッドマン：朝日新聞　1949.11.9
◇禅と文学(叢書禅と日本文化)　柳田聖山編集・解説　ぺりかん社　1997.4〈内容：禅と英文学 俳句をどうよむか(R. H. ブライス)〉
◇俳句　R. H. ブライス著, 村松友次, 三石庸子共訳　永田書房　2004.4

ブラインズ, ラッセル
Brines, Russell
ジャーナリスト　AP通信社東京支局長

[生年月日] 1911年
[国籍] 米国　[出生地] コロラド州デンバー
[学歴] ポモナ・カレッジ卒
1939～41年AP通信社東京特派員となる。マニラ特派員時代に太平洋戦争のため、ジャーナリスト・作家として知られる夫人バーバラ・ブラインズとともに日本軍にマニラ、上海で22ケ月抑留され、'43年の交換船で米国へ送還される。戦後ただちにAP通信東京支局長となり、新聞記者嫌いのマッカーサー元帥に信頼され、連合国記者でマッカーサーを批判しなかったものが少ない中、同元帥の忠実な政策報道者となり、日本の新聞・雑誌に最も多く登場した外人記者の一人となる。著書に「マッカーサーズ・ジャパン」('48年, 邦訳'49年)がある。

【著作】
◇マックアーサーズ・ジャパン　長谷川幸雄訳　中央公論社　1949
◇極東情勢と日本(座談会)　レ・バロット, R・ブラインズ, 鈴木文史朗：中央公論　1949.4
◇マッカーサーズ・ジャパン―米人記者が見た日本戦後史のあけぼの　長谷川幸雄訳　朝日ソノラマ　1977 昭和24年版の復刊

ブラウ, モニカ
Braw, Monica
作家, 歴史家　「スウェンスカ・ダグブラデト」東アジア特派員

[生年月日] 1945年
[学歴] ルント大学（スウェーデン）卒　[学位] 哲学博士

スウェーデンの日刊誌「スウェンスカ・ダグブラデト」の東アジア特派員として日本滞在は10年以上に。小説、ノンフィクションなど10冊の著書があり、1988年、第二次大戦後の日本での米占領軍の検閲の実態を明らかにした「検閲―禁じられた原爆報道」を出版。エッセー「東京物語」も出版されるという、大の日本ファン。夫もフィンランドのジャーナリストで日本滞在中。

【著作】
◇検閲1945-1949―禁じられた原爆報道　モニカ・ブラウ著, 立花誠逸訳　時事通信社　1988.2

ブラウン, エバレット
Brown, Everett
フォトジャーナリスト

[生年月日] 1959年
[国籍] 米国　[出生地] ワシントン

大学で文化人類学を学び、卒業後、アイダホ州立博物館勤務を経て、カメラマンとして「ロサンゼルス・タイムス」などで活躍。1988年来日、東京を拠点に、自然や民族学的なテーマを中心に人間の営みを撮り続ける。著書に「俺たちのニッポン」など。

【著作】
◇俺たちのニッポン　エバレット・ブラウン写真・文, 稲垣収訳　小学館　1999.7

ブラウン, ジャニス
Brown, Janice
文学研究者

[生年月日] 1945年
[国籍] カナダ　[学歴] ブリティッシュ・コロンビア大学博士課程修了　[専門] 日本近代文学

主な論文に「山の音における芸術と生命」「Hayashi Fumiko Late Chrysanthemum」など。「井伏鱒二研究」に共同執筆。

【著作】
◇日本の母―崩壊と再生　平川祐弘, 萩原孝雄編　新曜社　1997.9〈内容：母性再考―林芙美子のテキストにおける悪しき母（ジャニス・ブラウン））〉

ブラウン, ブレンダン
Brown, Brendan
エコノミスト　三菱UFJ証券インターナショナル経済調査部ディレクター

[生年月日] 1951年
[国籍] 英国　[学歴] ケンブリッジ大学卒　[学位] Ph. D.（ロンドン大学）

イングランド銀行、ナットウエスト投資銀行、ロンドンの東京三菱インターナショナル・チーフエコノミストを経て、三菱UFJ証券調査部で研究を行う。シカゴ大学経営学修士およびロンドン大学経済学博士。国際経済エコノミストとしてグローバルな資本移動と為替相場の分析が専門。『ヨーヨー円』（東洋経済新報社、2003年）をはじめ、国際金融に関して多くの著作や論文があり、「日経金融新聞」への寄稿多数。

【著作】
◇ヨーヨー円―日本経済の破壊者　ブレンダン・ブラウン〔著〕, 田村勝省訳　東洋経済新報社　2003.1
◇ユーロは存続できるか？　ブレンダン・ブラウン著, 田村勝省訳　シュプリンガー・フェアラーク東京　2004.10

ブラキストン, T. W.
Blakiston, Thomas Wright
陸軍軍人, 動物学者

[生年月日] 1832年12月27日
[没年月日] 1891年10月15日
[国籍] 英国　[出生地] ハンプシャー州リミングトン　[学歴] 陸軍士官学校卒

イギリス貴族の家に生まれる。陸軍に入りクリミヤ戦争で戦功をあげ大尉に昇進する。1857年退役。のちパリザー探検隊に参加し、

ロッキー山脈や揚子江の測量と調査を行い、1860年帰国。製材事業を志しシベリアに渡るが、ロシア政府より許可が得られず、1861年日本に渡り函館に居住する。1862年製材事業を開始。仕事のかたわら鳥類の採集と研究に打ち込む。動物の分布が津軽海峡を境に本州と北海道で明らかに異なることを示し、境界線はブラキストン・ラインとして知られている。1862年（文久2）から1882年（明治15）の間に数回にわたり北海道を旅行したが、その記録を1883年（明治16）の2月から10月にかけて「ジヤパン・ガゼット」紙に掲載した。
【著作】
◇蝦夷地の中の日本　近藤唯一訳　高倉新一郎校訂　八木書店　1979
◇えぞ地の旅（北海道ライブラリー）　T. W. ブラキストン著、西島照男訳　北海道出版企画センター　1985.1

プラタップ, アディカリ・チュトラ
詩人　トリブバン大学非常勤講師

［国籍］ネパール　［専門］日本文学
1970〜72年上智大学に留学。帰国後「雪国」「坊っちゃん」「銀河鉄道の夜」などをネパール語に翻訳、出版。国際交流基金の研究員として'96〜97年滞在、明治学院大学で日本文学史をネパール語で執筆。ネパールの日本文学紹介のパイオニア。
【著作】
◇世界に拡がる宮沢賢治―宮沢賢治国際研究大会記録集　宮沢賢治学会イーハトーブセンター生誕百年祭委員会記念刊行部会編　宮沢賢治学会イーハトーブセンター　1997.9〈内容：Reading Kenji from the Vedic Point of View（アディカリ・チェトラ・プラタップ）〉

ブラッカー, カーメン
Blacker, Carmen Elizabeth
民俗学者　ケンブリッジ大学教授

［生年月日］1924年7月13日
［国籍］英国　［出生地］ロンドン　［学歴］ロンドン大学東洋アフリカ学科卒　［学位］博士号（ロンドン大学）〔1957年〕　［資格］ブリティッシュ・アカデミー会員〔1989年〕　［専門］日本宗教史, 日本伝説
1958〜91年ケンブリッジ大学日本語教授。'86年京都大学客員研究員。著書に「あずさ弓―日本におけるシャーマン的行為」、編著に「古代の宇宙論」「占いと神託」「遙かなる目的地―ケンペルと徳川日本の出会い」など。日本の伝説研究のほか、「南方熊楠、よみがえる日本の天才」などの論文により海外へ南方熊楠を紹介したことで知られる。　［受賞］南方熊楠賞（特別賞, 第7回）〔1997年〕
【著作】
◇あずさ弓―日本におけるシャーマン的行為　岩波書店　1979
◇日本人にとって「異人」とは何か（講演）Carmen Blacker, 村田充八, 柏岡富英訳：中央公論　105(6)　1990.6
◇あずさ弓―日本におけるシャーマン的行為　上（同時代ライブラリー）　C. ブラッカー著, 秋山さと子訳　岩波書店　1995.6
◇神道と日本文化―国際シンポジウム　講演録　神道国際学会編　神道国際学会　1995.6〈内容：講演　神道と自然の聖なる次元（カーメン・ブラッカー）〉
◇あずさ弓―日本におけるシャーマン的行為　下（同時代ライブラリー）　C. ブラッカー著, 秋山さと子訳　岩波書店　1995.7
◇南方熊楠のあゆみ―第10回記念南方熊楠賞受賞者講演記録集　南方熊楠邸保存顕彰会　2000.12〈内容：人文の部特別賞　イギリス人の目で見た南方熊楠（カーメン・ブラッカー）〉

ブラック, ジョン・レディ
Black, John Reddie
ジャーナリスト

［生年月日］1827年1月8日
［没年月日］1880年6月11日
［国籍］英国　［出生地］スコットランド　［学歴］クライスツ・ホスピタル卒
代々海軍の軍人を輩出した家に生まれる。英国海軍をやめたのち、商人として成功を目指してオーストラリアに渡るがうまくいかず、帰国途中の1861年頃に日本の土を踏む。間もなく日本最初期の新聞「ナガサキ・シッピング・リスト・アンド・アドヴァタイザー」の創

刊者であるハンサードに招かれて横浜で刊行されていた「ジャパン・ヘラルド」の記者となり、1866年ハンサードの死後独立して時事ニュース主体の日刊夕刊英字新聞「ジャパン・ガゼット」を創刊。1872年には日本語の日刊新聞「日新真事誌」を創刊、明治政府の左院御用を受けるが、1874年民撰議院設立建白書をスクープしたことが自由民権運動の高揚の端緒となり、政府の警戒を招いた。1875年1月左院顧問に就任して「日新真事誌」の経営から退く。同年6月新聞の発行に政府の許可を必要とし、外国人の関与を禁止する「新聞紙条例」と、政府批判を規制する「讒謗律」が制定されると、同年9月官職を解かれ、事実上日本でのジャーナリスト生命を絶たれた。1876年無許可で「万国新聞」を創刊するが、間もなく政府の干渉により発行中止となり、上海へ移住。同地で写真入り雑誌「ザ・ファー・イースト」を刊行する傍ら、幕末から明治にかけての日本を綴った「ヤング・ジャパン」の執筆に取りかかるが、体調を崩し、療養のために戻った横浜で死去した。長男のヘンリー・ジェームス・ブラックはのちに快楽亭ブラックを名乗り、外国人落語家として活躍した。

【著作】
◇みかどの都　金井圓，広瀬靖子編訳　桃源社　1968
◇ヤング・ジャパン　第1〜第3　ねず・まさし，小池晴子訳　平凡社　1970（東洋文庫 156, 166, 176）

ブラックマン, アーノルド・チャールズ
Brackman, Arnold Charles
ジャーナリスト，作家　ウェスタン・コネティカット州立大学教授

［生年月日］1923年
［没年月日］1983年
［国籍］米国　［出生地］ニューヨーク　［学歴］ニューヨーク大学〔1945年〕卒
UP記者となり、1946年東京裁判取材のため来日。'48年ジャカルタ支局長、'51〜55年「クリスチャン・サイエンス・モニター」特派員として東南アジアで活動。'56年帰国し「ニューヨーク・タイムズ」の「週刊ニュース」解説者を'60年まで務めた。のち、ウェスタン・コネティカット州立大学教授となり、ジャーナリズムを講義した。アジア報道に力を注いだ他、「The Last Emperor（最後の皇帝）」「The Dream of Troy（トロイの夢）」「The Search for the Gold of Tutankhamen（ツタンカーメンの黄金を求めて）」など、古代史研究をめぐる物語、伝記、ダーウィニズムの流布にまつわる秘話を書くなどして国際的に令名を高める。とくに120年前のダーウィンの陰謀を指摘し、忘れられていた偉人ウォレスを再評価した「ダーウィンに消された男」は人々に衝撃を与えた。他に「東京裁判―もう一つのニュルンベルク」がある。　［受賞］Overseas Press Club Award〔1970年〕「The Communist Collapse in Indonesia」

【著作】
◇東京裁判―もう一つのニュルンベルク　アーノルド・C．ブラックマン著，日暮吉延訳　時事通信社　1991.8

ブラッシュ，クルト
Brasch, Kurt
文学研究家，美術研究家

［生年月日］1907年
［没年月日］1974年1月6日
［国籍］ドイツ　［出生地］京都（日本）　［学位］文学博士号〔1963年〕
父は親日家で第三高等学校ドイツ語教授で浮世絵の研究家、母は日本人。少年期、父の版画の手伝いを通して日本語、日本の文化に触れる。1928年同志社高等商業学校卒業、京城ドイツ領事館勤務後帰国。'48年再来日、貿易商を営み、K．ブラッシュ商会を設立、代表取締役。この間仏教美術、日本文学を専門に研究。著書に「禅画と日本人」（木耳社，'75年）等がある。　［叙勲］一級功労十字勲章（西ドイツ）〔1971年〕，勲四等旭日小綬章

【著作】
◇白隠と禅画　千足高保訳　日独協会　1957
◇禅と芸術　2（叢書禅と日本文化）　倉沢行洋編集・解説　ぺりかん社　1997.2〈内容：禅

画に見る円相の画 芸術、美術を超越した禅韻縹渺たる円相とは（クルト・ブラッシュ））

ブラッドリー, ジェームズ
Bradley, James
「硫黄島の星条旗」の共著者

[生年月日] 1954年
[国籍] 米国

太平洋戦争の末期、硫黄島摺鉢山で米国国旗を掲げた6人の兵士の一人、ジョン・H.ブラッドリーの息子。1973年上智大学に留学。父は太平洋戦争当時の事情を語ること無く'94年死去。その沈黙の理由を知るため、務めていた広告会社を辞め、6人の"その後"を調べ歩く。2000年作家のロン・パワーズとの共著で「硫黄島の星条旗」を出版、米国で大ベストセラーとなる。2006年クリント・イーストウッド監督により「父親たちの星条旗」として映画化され話題となる。2002年来日。
【著作】
◇知日家イギリス人将校シリル・ワイルド—泰緬鉄道建設・東京裁判に携わった捕虜の記録 ジェイムズ・ブラッドリー著, 小野木祥之訳 明石書店 2001.8
◇硫黄島の星条旗（文春文庫） ジェイムズ・ブラッドリー, ロン・パワーズ著, 島田三蔵訳 文藝春秋 2002.2

フラナガン, ダミアン
Flanagan, Damian
日本文学研究家

[生年月日] 1969年
[国籍] 英国 [学歴] ケンブリッジ大学モードリン校、神戸大学大学院博士課程 [学位] 文学博士〔2000年〕

ケンブリッジ大学在学中に図書館で夏目漱石の「吾輩は猫である」の英訳本を見つけ、夏目漱石の研究に取り組む。のち国際基督教大学、神戸大学大学院に留学。2003年日本語で綴った「日本人が知らない夏目漱石」を刊行。
【著作】
◇日本人が知らない夏目漱石 ダミアン・フラナガン著 世界思想社 2003.7

ブラネン, クリスタリン
Brannen, Christalyn
経営コンサルタント BLCインターナショナル・ビジネス・コンサルタンツ

[国籍] 米国

日本に20年間暮らし、日米両国で教育を受ける。カリフォルニア州バークレーでBLCインターナショナル・ビジネス・コンサルタンツを設立。日米間のビジネスに関する教育およびコンサルティングを国内外で幅広く行なっている。共著に「日本人のセクハラ—欧米キャリア女性が見た」がある。
【著作】
◇欧米キャリア女性が見た日本人のセクハラ クリスタリン・ブラネン, トレーシー・ワイレン著, 安次嶺佳子訳 草思社 1994.3

プラマー, キャサリン
Plammer, Katherine
英語教師

[国籍] 米国 [出生地] ウィスコンシン州 [学歴] ウィスコンシン大学卒 [専門] 日本人漁民漂流譚

日本関係への興味から、日本語を習得。日本に滞在し、英語教師を職業とするかたわら、アメリカに渡った初期の日本人の難破船"漂流民"に関心を持ち、専ら江戸期における漁民漂流譚を研究している。著書に"The Shogun's Reluctant Ambassadors SEA DRIFTERS"「最初にアメリカを見た日本人」他。
【著作】
◇最初にアメリカを見た日本人 キャサリン・プラマー著, 酒井正子訳 日本放送出版協会 1989.10

ブラムセン, ウィリアム
Bramsen, William
海洋学者, 暦学者

[生年月日] 1850年8月10日
[没年月日] 1881年12月8日

[国籍]デンマーク　[出生地]コペンハーゲン　[学歴]コペンハーゲン大学〔1870年〕卒　[専門]日本暦,日本貨幣

大学卒業後中国に渡り、デンマーク人の経営する大北電信会社に入社した。翌年長崎支局に赴任、さらに上海との間を往復していたが、当時三菱郵船の顧問をしていた同国人のフレデリックス・クレブスの紹介で大日本汽船会社の通訳兼秘書として就職した。1880年「和洋対暦表」を丸善から刊行し、日本の暦日と太陽日を正確に対照できるようにした。この書物は同年12月に内務省から刊行された「三正綜覧」に先立つものである。さらに同年2月には"Transactions of Asiatic-Society"誌上に"On Japanese Chronology and Calendars"と題する論文を発表し陰陽暦対照表を併せて掲載している。日本貨幣の研究にも従事し、収集した日本の古銭のコレクションはコペンハーゲンの国立博物館の貴重な資料として保存されていると伝えられる。他の著書に「英文日本貨幣史」がある。

【著作】
◇和洋対暦表　撫蘭仙編　丸屋善七等〔刊年不明〕

プラムディヤ・アナンタ・トゥール
Pramoedya Ananta Toer
作家

[生年月日]1925年2月6日
[没年月日]2006年4月30日
[国籍]インドネシア　[出生地]中部ジャワ州ブロラ(ジャワ島中北部)　[学歴]イスラム高等学校〔1945年〕卒

ジャカルタの中央参議院附属の速記学校卒後、1942年日本の同盟通信社ジャカルタ支局に入り資料部副主任となるが退職。'45年インドネシア独立宣言後ジャカルタに帰国。出版社・自由インドネシアの声に入社。そこで処女作「クランジ―プカシの陥落」を出版。'47年反オランダ宣伝文書所持のかどで逮捕され、拷問・投獄を受ける。'49年釈放。'65年クーデター未遂事件"9.30事件"により再び逮捕され、'79年まで政治犯として流刑地ブル島に拘留される。この間、大河小説「人間の土地」の執筆を始め、"ブル4部作"が日本語を含む約40ケ国語に翻訳され海外で高い評価を得た。現代インドネシアを代表する作家としてたびたびノーベル賞候補にも挙げられ、'95年マグサイサイ賞を受賞。出国禁止処分も30年以上に及んだが、'99年ハビビ政権により処分を解かれ、欧米を訪問。日本には、2000年福岡アジア文化賞大賞受賞を機に来日。2001年第二次大戦の日本軍政下で従軍慰安婦にさせられた女性の聞き書きをまとめた「日本軍に棄てられた少女たち」を出版した。　[受賞]マグサイサイ賞(報道・文学・創造的コミュニケーション賞)〔1995年〕,福岡アジア文化賞(大賞,第11回)〔2000年〕　[叙勲]フランス芸術文化勲章シュバリエ章

【著作】
◇日本軍に棄てられた少女たち―インドネシアの慰安婦悲話　プラムディヤ・アナンタ・トゥール著,山田道隆訳　コモンズ　2004.8

フランク, ベルナール
Frank, Bernard
日本学研究家　コレージュ・ド・フランス教授,日仏会館館長

[生年月日]1927年2月28日
[没年月日]1996年10月15日
[国籍]フランス　[出生地]パリ　[学歴]パリ大学法学部・文学部卒,国立東洋語学校卒　[学位]文学博士　[資格]フランス学士院会員,日本学士院外国人会員〔1983年〕

国立東洋語学校で日本語、中国語を学ぶ。1954～57年日本留学、「平安時代における方角禁忌の研究」をまとめる。「今昔物語」の研究で博士号を取得。国立科学研究センター勤務後、'61年パリ大学日本史・言語学教授となる。日仏会館館長('72～74年)、ギメ東洋美術館(フランス国立東洋美術館)日本部門主任も務めた。またギメ東洋美術館の倉庫から法隆寺の阿弥陀如来像の右脇侍仏・勢至菩薩立像を発見したことでも知られる。'80年よりコレージュ・ド・フランス教授。著書に「方忌みと方違え―平安時代の方角禁忌に関する研究」「日本に於ける仏教寺院」「日本の

仏教パンテオン」「過去を維持した歴史」「フランス東洋学50年と日本学」などがある。'98年10月一周忌にあわせ著書「風流と鬼—平安の光と闇」が日本で出版される。　[受賞]レジオン・ド・ヌール章　[叙勲]芸術文化勲章,勲二等瑞宝章〔昭和61年〕

【著作】
◇風流と鬼—平安の光と闇（フランス・ジャポノロジー叢書）　ベルナール・フランク著,仏蘭久淳子他訳　平凡社　1998.10
◇日本仏教曼荼羅　ベルナール・フランク［著］,仏蘭久淳子訳　藤原書店　2002.5
◇「お札」にみる日本仏教　ベルナール・フランク［著］,仏蘭久淳子訳　藤原書店　2006.9

フランクル, ピーター
Frankl, Peter
数学者, 大道芸人　算数オリンピック専務理事　早稲田大学理工学部教授

[生年月日] 1953年3月26日
[国籍] フランス　[出生地] ハンガリー・カボシュバール　[別名等] 日本名=富蘭平太　[学歴] オトボス大学大学院数学科修了, パリ第7大学大学院修了　[学位] 数学博士（オトボス大学・パリ第7大学）　[資格] ハンガリー学士院会員　[専門] 組合せ論

ユダヤ人。4歳の時にすでに2桁の掛け算ができた。1970年国際数学オリンピックで銀メダル。'71年金メダルを獲得。同年ブダペストのオトボス大学数学科に入学, '75年パリ第7大学に国費留学。'77年数学博士号取得。'78年サーカス芸人国家試験合格。'79年フランスに亡命, 国立科学研究センター（CNRS）研究員となる。'80〜88年英国, 西ドイツ, インド, 米国, スウェーデンなどに招かれ講演・共同研究を行う。'82年日本学術振興会の奨学金で東京大学に3ケ月留学, 以来熱烈な親日家。'87年フランス国籍を取得。'88年より日本に在住。のち早稲田大学理工学部教授などを務めた。研究の傍ら, 大道芸を全国各地で披露, "大道数学者"と呼ばれている。語学に堪能で日本語を含め11ケ国語を話し, 訪れた国は60ケ国以上。論文数は200編にものぼる。日本人に人生を楽しくするコツを伝えよ

うと, 講演のために日本中を駆け回る日々を送る。日本語の著書に「数学放浪記」「ピーター流外国語習得術」「世界青春放浪記」「新ニッポン見聞録」「美しくて面白い日本語」「日本人のための英語術」などのほか, 共著に「現代組合せ論」「入門組合せ論」「幾何学の散歩道」「数学オリンピック1984〜1989全問題詳細」などがある。帝人, エプソンなどのCMなどにも出演。　[受賞] 国際数学オリンピック銀賞, 金賞〔1970年, 71年〕, レーニ賞, グリュンワルド賞

【著作】
◇日本の資源は「日本人の知恵」!（対談）　ピーター・フランクル, 桂文珍：潮　394　1992.1
◇新ニッポン見聞録　ピーター・フランクル著　Wave出版　1992.4
◇子供たちが危ない（福武文庫）　ピーター・フランクル：日本日記　福武書店　1993.2
◇新ニッポン見聞録　ピーター・フランクル著　Wave出版　1993.6
◇ニッポンたてヨコ斜め　ピーター・フランクル著　Wave出版　1994.4
◇旅ゆけば日本　ピーター・フランクル著　世界文化社　1994.7
◇新ニッポン見聞録 2　ピーター・フランクル著　Wave出版　1995.4
◇"自由な"日本人になってほしい（週刊ジパング情報〔1〕）　フランクル, ピーター：週刊読売　55(15)　1996.4.14
◇外から日本を見る（週刊ジパング情報〔22〕）　フランクル, ピーター：週刊読売　55(41)　1996.9.22
◇よいニッポンだめなニッポン　ピーター・フランクル著　扶桑社　1998.2
◇美しくて面白い日本語　ピーター・フランクル著　宝島社　2002.4
◇美しくて面白い日本語（宝島社文庫）　ピーター・フランクル著　宝島社　2003.2
◇なぜニッポン人は美しい風景を捨てるのか—親日家8人からの熱きメッセージ　明拓出版編集部編, ピーター・フランクル, ダリオ・ポニッスィ, 孔健, アマドゥ・トゥンカラ, 紀井奈栗守, ビル・トッテン, 郭洋春, キム・ヨンジャ著　明拓出版　2006.2

プランゲ, ゴードン
Prange, Gordon W.
歴史学者　メリーランド大学教授

[生年月日] 1910年
[没年月日] 1980年5月15日

［国籍］米国　［学歴］アイオワ大学卒　［学位］博士号（アイオワ大学）　［専門］太平洋戦争史, 日本占領史

第二次世界大戦に海軍少佐として参戦。戦後、メリーランド大学教授となり、終身その職にあった。1945年末、GHQ参謀第2部（G2）戦史室長に就任して東京に赴任。太平洋戦争史の編さんに従事し、廃棄処分になる予定だった新聞、雑誌、書籍などの資料を米国に送り、ゴードン・W・プランゲ文庫（メリーランド大学マッケルディン図書館）を作った。特に真珠湾攻撃に関しては、資料収集だけでなく、日米関係者に数千回のインタビューを行い、「TORA！TORA！TORA！（トラ・トラ・トラ―太平洋戦争はこうして始まった）」を書き上げた。他の著書に「At Dawn We Slept（その朝、我々は眠っていた）」「Miracle at Midway（ミッドウェーの奇跡）」「Target Tokyo（ゾルゲ・東京を狙え）」など。2007年、真珠湾攻撃の際、無線封止をしていたことを裏付ける旧日本軍の「戦時日誌」がプランゲ文庫で見つかった。

【著作】
◇ゾルゲ・東京を狙え　ゴードン・W. プランゲ著, ドナルド・M. ゴールドスタイン, キャサリン・V. ディロン編, 千早正隆訳　原書房　1985.5-8
◇真珠湾は眠っていたか　1　ゴードン・W. プランゲ著, 土門周平, 高橋久志訳　講談社　1986.12
◇真珠湾は眠っていたか　2　ゴードン・W. プランゲ著, 土門周平, 高橋久志訳　講談社　1986.12
◇真珠湾は眠っていたか　3　ゴードン・W. プランゲ著, 土門周平, 高橋久志訳　講談社　1987.1
◇トラトラトラ―太平洋戦争はこうして始まった　ゴードン・W. プランゲ著, 千早正隆訳　並木書房　1991.11
◇トラトラトラ―太平洋戦争はこうして始まった　新装版　ゴードン・W. プランゲ著, 千早正隆訳　並木書房　2001.6
◇ミッドウェーの奇跡　上　新装版　ゴードン・W. プランゲ著, ドナルド・M. ゴールドスタイン, キャサリン・V. ディロン編, 千早正隆訳　原書房　2005.2
◇ミッドウェーの奇跡　下　新装版　ゴードン・W. プランゲ著, ドナルド・M. ゴールドスタイン, キャサリン・V. ディロン編, 千早正隆訳　原書房　2005.2
◇ゾルゲ・東京を狙え　上　新装版　ゴードン・W. プランゲ著, ドナルド・M. ゴールドスタイン, キャサリン・V. ディロン編, 千早正隆訳　原書房　2005.5
◇ゾルゲ・東京を狙え　下　新装版　ゴードン・W. プランゲ著, ドナルド・M. ゴールドスタイン, キャサリン・V. ディロン編, 千早正隆訳　原書房　2005.5

ブランシャール, オリヴィエ
Blanchard, Olivier Jean
経済学者　マサチューセッツ工科大学教授

［生年月日］1948年12月27日

［国籍］フランス　［出生地］アミアン　［学歴］パリ大学, マサチューセッツ工科大学　［学位］Ph. D.　［資格］米国芸術科学アカデミー会員　［専門］ヨーロッパ経済, マクロ経済学

1977～81年ハーバード大学助教授を経て、'81～83年準教授。'83～85年マサチューセッツ工科大学準教授ののち、'85年経済学部教授に就任。'84年から「Quarterly Journal of Economics」編集委員を務める。世界銀行、IMF、OECD、EUなど多数の国際機関で、財政政策の効果、期待の役割、価格硬直性、バブルの生成・崩壊などのマクロ経済研究をはじめ、西ヨーロッパの失業問題、ロシア・東ヨーロッパの市場経済移行問題などヨーロッパの問題について数多くの研究を行う。著書に「ブランシャール マクロ経済学」、共著に「Lectures on Macroeconomics」などがある。

【著作】
◇日本の金融危機―米国の経験と日本への教訓　三木谷良一, アダム・S. ポーゼン編, 清水啓典監訳　東洋経済新報社　2001.8〈内容：ディスカッション:日本の金融政策―バブル, 流動性の罠と金融政策（オリヴィエ・ブランシャール）〉

ブランデン, エドマンド・チャールズ
Blunden, Edmund Charles
詩人, 批評家　オックスフォード大学教授

[生年月日] 1896年11月1日
[没年月日] 1974年1月20日
[国籍] 英国　[出生地] ケント州メードスーン近郊　[学歴] オックスフォード大学卒　[資格] 日本学士院名誉会員〔1950年〕
第一次大戦に従軍し、その随想録「戦争余韻」(1928年)で有名になる。復員後、オックスフォード大に再入学。卒業後「アセーニアム」誌の編集員となり、1922年詩集「羊飼い」でホーソーンデン賞を受賞して詩人としての地位を確立。'24〜27年東京帝大で英文学を講義し帰国後、'31〜43年オックスフォード大学マートンカレッジで教鞭を執る。'47年文化使節として再来日し、日本各地で600回におよぶ講演を行い、'50年帰国。'53〜64年香港大学の英文学教授、'66〜68年オックスフォード大学詩学教授を務めた。"ジョージ王朝詩人"の一人で、他の詩集に「荷車ひき」('20年)、「長き歳月にわたり」('57年)などがあり、またハント、ラム、シェリ、ハーディンなどの伝記研究がある。'50年日本学士院名誉会員となる。　[受賞] ホーソーンデン賞〔1922年〕「羊飼い」　[叙勲] 勲三等旭日中綬章
【著作】
◇日本の文化について—ある想像の対話　エドマンド・ブランデン, 西脇順三郎訳: 世界週報　30(1)　1949.1
◇日本遍路　富山茂訳　朝日新聞社　1950
◇日本の友への告別の言葉　E・ブランデン: 中央公論　1950.4
◇日本における二年　E・ブランデン: 文芸春秋　1950.5
◇ブランデンの愛の手紙—ひとつの日英文化交流史(20世紀メモリアル)　岡田純枝著・監修　平凡社　1995.1

ブランドン, ジェームズ
Brandon, James R.
演劇学者　ハワイ大学教授　在日米国大使館文化書記官

[生年月日] 1927年
[国籍] 米国　[学歴] ウィスコンシン大学大学院修了　[学位] 博士号(ウィスコンシン大学)
[専門] 歌舞伎
1955年外交官としてインドネシアに赴任。'57〜61年在日の米国大使館文化書記官を務めた。退官後、ミシガン州立大学教授を経て、'68年からハワイ大学演劇学部教授。歌舞伎脚本を多数翻訳し、のちニューヨーク市立大学教授のサミュエル・ライターと共同で英語の歌舞伎脚本集の編集に携わる。主な著書に「Guide to Theater in Asia」('76年)などがある。
【著作】
◇Kabuki—Changes and prospects International Symposium on the Conservation and Restoration of Cultural Property　Tokyo National Research Institute of Cultural Properties　c1998〈内容: 西洋演劇界における歌舞伎公演の価値と実用性(ジェームズ・ブランドン)〉

ブラントン, リチャード・ヘンリー
Brunton, Richard Henry
海事技師　日本の灯台の父

[生年月日] 1841年12月
[没年月日] 1901年4月24日
[国籍] 英国　[出生地] スコットランド・アバディーン
父親は船長。スコットランドの私立学校で学んだ後、技師見習いとなり、鉄道工事に従事。1868年(慶応4年)灯台建設の必要性を感じた徳川幕府が英国公使パークスに技師雇い入れを依頼、その技師として選ばれ来日。灯明台築造方首長として採用されたが、まもなく明治に改元、そのまま明治政府に雇用された。8年間の滞日中に犬吠埼灯台など30基にのぼる灯台を建築し"日本の灯台の父"と呼ばれる。また横浜の市街化計画や日本最初の鉄道

敷設にも携わった。1876年任期満了のために帰国。
【著作】
◇お雇い外人の見た近代日本（講談社学術文庫）　リチャード・H.ブラントン著,徳力真太郎訳　講談社　1986.8

ブリッジズ, ブライアン
Bridges, Brian
英国王立国際問題研究所（チャタム・ハウス）研究員, JATIインターナショナル（国際関係コンサルタント）代表

[生年月日]1948年
[国籍]英国　[学位]歴史学博士（スワンシー大学）　[専門]国際関係
博士号取得後、早稲田大学で日本外交史を研究。BBC勤務を経て英国王立国際問題研究所（チャタム・ハウス）研究員に。1985～88年日英2000年委員会事務局長。日本語に堪能。著書に「太平洋アジア─危険と希望」（共著）など。
【著作】
◇1990年代における日本の戦略的課題─JIIA-IISS国際シンポジウム　日本国際問題研究所　1993.3〈内容：〔報告〕一九九〇年代における日本の戦略的プライオリティ（ブライアン・J.ブリッジズ）〉
◇国際社会の変容と行為体─普及版　多賀秀敏編　成文堂　1999.9〈内容：ひとつの欧州外交政策に向けて─対日関係の事例研究（ブライアン・ブリッジズ）〉

フリードマン, ジョージ
Friedman, George
政治学者　ルイジアナ州立大学附属地政学センター所長, ヘリテージ財団研究員

[生年月日]1949年2月1日
[国籍]米国　[出生地]ブダペスト（ハンガリー）　[学歴]ニューヨーク市立大学〔1970年〕卒　[学位]博士号（コーネル大学）　[専門]政治哲学, 安全保障問題, 国際関係論
3歳の時、家族と共に米国に移住。1974年からペンシルベニア州のディッキンソン大学で教鞭をとり、のち政治学教授。その後、ルイジアナ州立大学附属地政学センター所長。ヘ

リテージ財団研究員でもあり、マサチューセッツ工科大学、陸軍戦略大学でも講座を持つ。メレディス・フリードマンとの共著に「The Coming War With Japan（ザ・カミング・ウォー・ウィズ・ジャパン）」（'91年）、「The Future of War（戦場の未来）」がある。
【著作】
◇ザ・カミング・ウォー・ウィズ・ジャパン─「第二次太平洋戦争」は不可避だ　ジョージ・フリードマン, メレディス・ルバード著, 古賀林幸訳　徳間書店　1991.7

フリードリヒ, ハイケ
Friedrich, Heike
元・水泳選手（自由形）, 元・水泳コーチ

[国籍]ドイツ　[出生地]東ドイツ・カールマルクスシュタット
1985年ヨーロッパ選手権で女子100メートル、200メートル自由形を制し、'86年の世界選手権では200メートル、400メートル自由形のほかリレー2種目も優勝、四つの金メダルを獲得した。同年200メートルで1分57秒55の世界記録をマーク。'88年ソウル五輪では200メートルで金メダル、400メートルで銀メダル。'90年東西ドイツ統一で練習環境が激変し、'91年引退。'92～95年来日して千葉県船橋市のスイミングクラブでコーチを務める。のち、化粧品チェーンの地域マネージャーを務める傍ら、海外からのスポーツ合宿誘致なども手掛ける。
【著作】
◇公認上級、一種コーチ研修会講演集　平成5年度　日本水泳連盟競技力向上コーチ委員会　〔1993〕〈内容：講演 1.旧東ドイツの自由形強化策 / 2.トップを維持し続ける為の、練習方法 / 3.日本と旧東ドイツとの練習方法の相違点（ハイケ・フリードリヒ）〉

ブリトン, ドロシー
Britton, Dorothy
作曲家, 詩人, 作家

[国籍]英国　[出生地]神奈川県　[出身地]横浜市

日英米3国で教育を受け、フランスのダリウス・ミョーに作曲を学ぶ。以後日本で音楽や文学関係に広く活躍。著書に「日本の国立公園」、訳書に「奥の細道」、黒柳徹子「ベスト・オブ窓ぎわのトットちゃん」、歌詞英訳にオペラ「夕鶴」など多数。
【著作】
◇百代の夢—奥の細道・芭蕉企画事業・講演録集成　奥の細道・芭蕉企画事業十周年記念誌編集委員会編　草加市奥の細道まちづくり市民推進委員会　1998.9〈内容：私とおくのほそ道—翻訳家・音楽家としての立場から（ドロシー・ブリトン）〉

ブリューネ, アンドレ
Brunet, André
在日フランス総領事館一等参事官

[生年月日] 1926年
[国籍] フランス　[出生地] リヨン　[専門] 日本語、中国語
1954年来日し、関西日仏学館を経て、神戸・大阪総領事館に勤務し、一等参事官を務める。日本語や中国語研究が専門で日本の文明一般や日本語文法・会話に関心がある。
【著作】
◇可愛いさの代りに魅力を考えたら　アンドレ・ブリュネ：婦人画報　1959.7
◇外交辞令はぬきにして—元フランス総領事のおもしろすぎた日本体験　アンドレ・ブリューネ著　広済堂出版　1991.1
◇日本人ビジネスマンへの7つの直言（在日外国人の眼）　アンドレ・ブリューネ著　日本経営協会総合研究所　1991.3

ブリュネ, アンドレ
Brunet, André
日本研究家, 元・外交官　神戸大阪フランス総領事

[生年月日] 1926年
[没年月日] 1998年8月30日
[国籍] フランス　[出生地] リヨン　[学歴] フランス国立東洋言語学校中国語・日本語科卒、パリ大学卒　[専門] 日仏文化交流史
1954年駐日フランス大使館付外交官補として来日。'55年から京都・関西日仏学館で講師をしながら外交官試験に挑戦し、'59年合格。書記官、参事官を経て、'78年から神戸・大阪フランス総領事を務め、'86年退官。5月から立命館大学非常勤講師、'88年国際関係学部教授、国際センター所長を兼務。著書に「外交辞令はぬきにして—フランス総領事のおもしろすぎた日本体験」。　[受賞] 大阪市市民表彰〔1985年〕　[叙勲] 勲三等瑞宝章、レジオン・ド・ヌール勲章〔1980年〕, オフィシェ勲章
【著作】
◇百年前に於ける日本人のフランスに関する知識　A・ブリュネ：東方学　15　1932.12

ブリーン, ジョン
Breen, Jon
宗教学者　ロンドン大学アフリカ・東洋学院教授

[国籍] 英国
日本の神道を研究し、2006年のシンポジウム「神道研究の国際的ネットワーク形成」などで来日。内外の神道研究者の協力ための「神道ネットワーク基金」「神道辞典翻訳委員会」設立を提唱。
【著作】
◇神道と日本文化—国際シンポジウム 講演録　神道国際学会編　神道国際学会　1995.6〈内容：講演 幕末維新期の神道と天主教との出会い（ジョン・ブリーン）　パネル・ディスカッション：神道と異教（アレックス・カー, 中西旭, 鎌田東二, 深見東州, ジョン・ブリーン, 梅田善美）〉
◇神道—その普遍性—神道国際学会設立記念国際シンポジウム 講演録　神道国際学会編　神道国際学会　1996.7〈内容：神道の文化と日本の日常性について（アレックス・カー, 大原康男, 深見東州, ジョン・ブリーン）〉
◇イギリスにおける日本研究の現状(分科会 記憶のエクリチュール)　ジョン・ブリーン：新しい日本学の構築　2　お茶の水女子大学大学院人間文化研究科国際日本学専攻　2001.3
◇新しい日本学の構築—国際日本学シンポジウム 報告書　2　お茶の水女子大学大学院人間文化研究科専攻編　お茶の水女子大学大学院人間文化研究科国際日本学専攻　2001.3〈内容：明治初年—儀礼論の視点から（ジョン・ブリーン）　イギリスにおける日本研究の現状（ジョン・ブリーン）〉

◇日英交流史—1600-2000　5　細谷千博, イアン・ニッシュ監修, 都築忠七, ゴードン・ダニエルズ, 草光俊雄編　東京大学出版会　2001.8〈内容：明治初年の外交儀礼（ジョン・ブリーン）〉

ブリンクリー, ジョエル
Brinkley, Joel
ジャーナリスト　「ニューヨーク・タイムズ」エルサレム支局長

[国籍]米国　[出生地]ワシントンD.C.　[学歴]ノースキャロライナ大学卒
AP通信社のリポーターとしてスタート。リッチモンドの新聞社の記者を経て、1979年ベトナム軍のカンボジア侵攻を報道し、国際報道部門のピュリッツァー賞を受賞。その後、「ニューヨーク・タイムズ」ワシントン支局にスカウトされ、ニカラグアとコントラの取材に力を注いだ。'88年からエルサレム支局長。著書に「神に見放された土地」など。　[受賞]ピュリッツァー賞
【著作】
　◇デジタルテレビ日米戦争—国家と業界のエゴが「世界標準」を生む構図　ジョエル・ブリンクリー著, 浜野保樹, 服部桂共訳　アスキー　2001.4

ブリンクリー, ジョン
Brinkley, John R.
仏教研究者　立正大学教授

[生年月日]1887年
[没年月日]1964年
[国籍]英国　[出生地]東京・芝（日本）　[別名等]Brinkley, John Donald
日本の小学校を終え、英独仏に留学。ロンドン大学卒。戦前は東京商大、大正大等で教鞭を執る。第二次大戦中陸軍少佐、極東軍事裁判A級翻訳課長を務め、1953年立正大学英語教授。天台宗権僧正を贈位。剣道三段、柔道二段。
【著作】
　◇日本文化の世界性と仏教　ジョン・ブリンクリー：大法輪　15(9)　1948.9

◇外国人の見た日本人の道徳的心性—日本の新しい道　ブリンクリー：現代道徳講座　第3巻　河出書房　1955
◇みる人がみれば大した国—ひとつの日本観　J・ブリンクレー：教育技術　12(5)　1957

フルーグフェルダー, グレゴリー・M.　Pflugfelder, Gregory M.

[生年月日]1959年
[国籍]米国　[出生地]ペンシルベニア州スワースモア　[学歴]ハーバード大学〔1981年〕卒, 早稲田大学大学院文学研究科史学（日本史）専攻博士課程　[専門]近代日本女性史
父はドイツ生まれの建築家、母はロシア生まれの数学者で、1954年ともにアメリカに移民。'78年ハーバード大学2年のとき東アジア言語・文化学部に転じ、日本語の集中コースを受ける。'79〜80年早稲田大学国際部に留学。'81年日本政府奨励金留学生として来日。'82年同大大学院文学研究科博士課程史学専攻入学。近代日本女性史を研究。著書に「政治と台所—秋田県女子参政権運動史」（'86年）がある。　[受賞]小野梓記念学術賞〔1984年〕「地方における女子参政権獲得運動の成立と展開—婦選獲得同盟秋田支部の場合」(修士論文)、山川菊栄記念賞（第6回・1986年度）「政治と台所」
【著作】
　◇政治と台所—秋田県女子参政権運動史　グレゴリー・M.フルーグフェルダー著　ドメス出版　1986

プルースト, ジャック
Proust, Jacques
ポール・ヴァレリー大学名誉教授

[生年月日]1926年
[国籍]フランス　[学歴]エコール・ノルマル卒　[専門]18世紀フランス文学・思想, 文学理論
著書に「Diderot et l'Encyclopédie」（邦訳「百科全書」）、「Lecturesde Diderot:L'Objet et le Texte」など。
【著作】

◇16-18世紀ヨーロッパ像—日本というプリズムを通して見る　ジャック・プルースト〔著〕，山本淳一訳　岩波書店　1999.11

プルチョウ，ヘルベルト
Plutschow, Herbert E.
城西国際大学人文学部教授，カリフォルニア大学ロサンゼルス校名誉教授

[生年月日] 1939年
[国籍] 米国　[出生地] チューリヒ（スイス）　[学歴] ソルボンヌ大学ロシア文学科卒，パリ国立大学東洋言語学部〔1962年〕卒，早稲田大学大学院日本文学・比較文学専攻〔1966年〕修士課程修了，コロンビア大学大学院〔1968年〕博士課程修了　[学位] Ph. D.（コロンビア大学）〔1973年〕　[専門] 日本古典文学，日本文化史

イリノイ大学准教授、カリフォルニア大学ロサンゼルス校准教授を経て、教授。日本における旅の文学を研究し、山伏として吉野から熊野まで歩いた事もある。また、日本の文芸誌に評論を執筆。1981年には国際基督教大学客員教授、'86年より北海道国際交流センターによる「日本語・日本文化講座夏季セミナー」のディレクターを務める。2002年城西国際大学人文学部教授。著書に「旅する日本人」、「Four Japanese Travel Diaries of the Middle Ages」、共編に「日本紀行文学便覧」、共著に「自然と文明の想像力」など。日本語の他、独、仏、ロシア語など6ケ国語に堪能。

【著作】
◇神々の祭祀と伝承—松前健教授古稀記念論文集　上田正昭編　同朋舎出版　1993.6〈内容："袖"についての一・二の考察（ヘルベルト・プルチョワ）〉
◇日本における宗教と文学—創立十周年記念国際シンポジウム　国際日本文化研究センター編　国際日本文化研究センター　1999.11〈内容：文学の宗教的起源—西洋と日本（ヘルベルト・プルチョウ）〉
◇「ニッポン通」の眼—異文化交流の四世紀　ヘルベルト・プルチョウ著　淡交　1999.12
◇外国人が見た十九世紀の函館　ヘルベルト・プルチョウ著　武蔵野書院　2002.7

◇グランド・ティー・マスター—15代千宗室家元の茶道　ヘルベルト・プルチョウ著　淡交社　2002.12
◇江戸の旅日記—「徳川啓蒙期」の博物学者たち（集英社新書）　ヘルベルト・プルチョウ著　集英社　2005.8

ブルックス，ダグラス
Brooks, Douglas
船大工

[国籍] 米国　[学歴] オレゴン大学（海洋学）卒
祖父が木造船の大工だったので幼時から興味を持ち、大学卒業後木造船建造を職業に。外国船の建造技術に関心が強く、英国、ノルウェーの小型木造船を手掛ける。1990年初来日。鯨の歴史を研究する畑中久泰と知り合い、米国の捕鯨ボート復元に取り組む。その後、帰国し米国各地の博物館に船大工として勤務。小型帆船などの建造、大型船のレプリカの作製、古い蒸気船の修復などを行う。'96年新潟・佐渡のたらい舟職人に弟子入り。2000年口伝で継承されている日本の小型木造船造りの技術を、船大工の下で船を造りながら学び、詳細な設計図、写真、英文文献にまとめて出版するため来日。2002年東京・江東区の和船復元プロジェクトに参加。

【著作】
◇佐渡のたらい舟—職人の技法（鼓童叢書）　ダグラス・ブルックス著、ウエルズ智恵子日本語訳，本間弘美，ジョニ・ウエルズ英語訳　鼓童文化財団　2003.8

ブルディエ，マルク
Bourdier, Marc
建築家　フランス国立社会科学高等研究院現代日本研究センター研究員

[生年月日] 1954年
[国籍] フランス　[出生地] マンシュ県　[学歴] Ecole d'Architecture de Paris〔1979年〕卒　[学位] 工学博士（東京大学）〔1991年〕
フランス政府承認建築家資格取得。また、コンサルタントとしてパリ近郊団地建築改修を手掛ける。1981年から日本に留学、京都大学工学部建築学科加藤研究室で「日本の大工組

織とその労働条件」に関して研究、同時に工務店の見習いとして日本建築を学ぶ。'83年から建設省建築研究所第五研究部設計計画研究室の客員研修生。'85～90年は東京大学工学部建築学科坂本・松村研究室の外国人研究員として「同潤会共同住宅に見る木造住宅と鉄筋コンクリート共同住宅の相互の影響」に関する研究を行う。'90年より国立社会科学高等研究院現代日本研究センター研究員として「公共集合住宅史の日仏比較論」などに関する研究に従事。著書に「同潤会アパート原景」('92年)。　[受賞]日本都市計画学会賞（1992年度・論文奨励賞)「同潤会アパート原景」

【著作】
◇同潤会アパート原景―日本建築史における役割(住まい学大系)　マルク・ブルディエ著　住まいの図書館出版局　1992.8

ブルーノ, マルコ
Bruno, Marco
作曲家, 作詞家, ノンフィクション作家, 映画字幕翻訳家　動物愛護支援の会代表

[生年月日]1945年
[国籍]オーストリア
父はイタリア人、母はオーストリア人。20歳の時来日。作詞・作曲家など多彩な活動の中でアガサ・クリスティー原作の映画「ナイル殺人事件」の主題歌、パッショナータ「卑弥子」などのヒット曲を出す。また、動物ボランティア活動を始め、捨て犬、捨てネコの里親探しに取り組み、東京MXテレビで日本初の里親探し番組を進行。著書に「ペットはぼくの家族」がある。　[受賞]ゴールデンディスク賞、オーストリア・フィラッハ動物愛護協会名誉賞〔1987年〕「動物ボランティア活動」

【著作】
◇マルコの東方犬聞録―日本の犬だけには生まれ変わりたくない！(犬と人シリーズ)　マルコ・ブルーノ著　ハート出版　2000.2

フルフォード, ベンジャミン
Fulford, Benjamin
ジャーナリスト, ノンフィクション作家「フォーブス」アジア太平洋支局長

[生年月日]1961年
[国籍]カナダ　[学歴]上智大学
父親は外交官。来日して上智大学で学び、カナダに帰国後、同地の大学を卒業。のち再来日し、金融専門のジャーナリストとして活動を開始。大手経済紙の記者などを経て、1998年米経済誌「フォーブス」のアジア太平洋支局長を務める。その後、日本を拠点にフリーのジャーナリストとして活躍。著書に「日本がアルゼンチン・タンゴを踊る日」「暴かれた『闇の支配者』の正体」「騙されるニッポン」などがある。

【著作】
◇日本がアルゼンチン・タンゴを踊る日―最後の社会主義国家はいつ崩壊するのか？(Kobunsha paperbacks)　ベンジャミン・フルフォード著　光文社　2002.12
◇ヤクザ・リセッション―さらに失われる10年(Kobunsha paperbacks)　ベンジャミン・フルフォード著　光文社　2003.10
◇泥棒国家の完成(Kobunsha paperbacks)　ベンジャミン・フルフォード著　光文社　2004.3
◇まんが八百長経済大国の最期(Kobunsha paperbacks)　ベンジャミン・フルフォード著, 藤波俊彦作画　光文社　2004.9
◇日本マスコミ「臆病」の構造―なぜ真実が書けないのか　ベンジャミン・フルフォード著　宝島社　2004.11
◇日本マスコミ「臆病」の構造―なぜ真実が書けないのか　改訂版　ベンジャミン・フルフォード著　宝島社　2005.6
◇泥棒国家日本と闇の権力構造―ぶっ壊します！　中丸薫, ベンジャミン・フルフォード著　徳間書店　2005.9
◇幸せを奪われた「働き蟻」国家日本―Japanシステムの偽装と崩壊　カレル・ヴァン・ウォルフレン, ベンジャミン・フルフォード著　徳間書店　2006.3
◇さらば小泉グッバイ・ゾンビーズ―目覚めよ日本人、これがラスト・チャンス！(Kobunsha paperbacks)　ベンジャミン・フルフォード著　光文社　2006.3
◇イケダ先生の世界―青い目の記者がみた創価学会　ベンジャミン・フルフォード著　宝島社　2006.10

◇金満破産、待ったなし！葬送行進曲が聞こえる　ベンジャミン・フルフォード著　あ・うん　2006.10
◇日本マスコミ「臆病」の構造—なぜ真実が書けないのか（宝島社文庫）　ベンジャミン・フルフォード著　宝島社　2006.10

ブルマ, イアン
Buruma, Ian
ジャーナリスト

[生年月日] 1951年
[出生地] オランダ　[学歴] ライデン大学（中国文学・歴史），日本大学芸術学部（日本映画）
1970年〜'75年、ライデン大学で中国の文学と歴史を学ぶ。'75年〜'77年には日本大学芸術学部で日本映画を専攻。「Far Eastern Economic Review」誌（香港）の文化欄を担当したことがある。
【著作】
◇反論・梅原猛氏はやはりヤマトイスト　イアン・ブルマ, 中村京子訳：中央公論　102(12)　1987.10
◇戦争の記憶—日本人とドイツ人　イアン・ブルマ著, 石井信平訳　ティビーエス・ブリタニカ　1995.4
◇イアン・ブルマの日本探訪—村上春樹からヒロシマまで　イアン・ブルマ〔著〕, 石井信平訳　ティビーエス・ブリタニカ　1998.12
◇日蘭交流400年の歴史と展望—日蘭交流400周年記念論文集 日本語版（日蘭学会学術叢書）　レオナルド・ブリュッセイ, ウィレム・レメリンク, イフォ・スミッツ編　日蘭学会　2000.4〈内容：東京が暗くなった夜—昭和天皇崩御の日（イアン・ブルマ）〉
◇Inventing Japan　Modern Library　2003
◇戦争の記憶（ちくま学芸文庫）　イアン・ブルマ著, 石井信平訳　筑摩書房　2003.7
◇近代日本の誕生（クロノス選書）　イアン・ブルマ著, 小林朋則訳　ランダムハウス講談社　2006.10

ブルーム, ジャスティン
Bloom, Justin L.
技術コンサルタント　テクノロジー・インターナショナル社社長

[生年月日] 1924年
[国籍] 米国　[出生地] ペンシルベニア州ピッツバーグ　[学歴] カリフォルニア工科大学パサデナ校（応用化学）卒

民間企業数社と米国原子力委員会に勤務後、1973年国務省エネルギー技術室長に抜擢される。'75年米国大使館科学技術担当参事官として東京に赴任、'81年まで滞日。その後'83年まで同科学技術担当参事官としてロンドンに滞在して国務省を退職、同年新たに設立された技術コンサルタント会社テクノロジー・インターナショナル社の社長になる。国際間の技術移転やエネルギーの研究開発などの専門知識を買われ、マサチューセッツ工科大学はじめ欧米の大学で講義をしたり、日本での関連会議に出席するなど、幅広く活躍。著書に「日本の驚異—最強の技術力はいかにしてつくられたか」（'90年）がある。
【著作】
◇日本の驚異—最強の技術力はいかにしてつくられたか　ジャスティン・L.ブルーム著, 科学技術問題研究会訳　三田出版会　1992.6

ブルムズ, アンデルス
Bröms, Anders
経営コンサルタント　SAMサマルベタンデ・コンサルティング・マネージング・パートナー

[国籍] スウェーデン　[学歴] スウェーデン王立技術研究所（工学, コンピューター・サイエンス）
スウェーデンのコンサルタント会社SAMサマルベタンデ・コンサルティング社共同創立者、マネージング・パートナー。スウェーデン王立技術研究所で工学、コンピューター・サイエンス専攻。
【著作】
◇トヨタはなぜ強いのか—自然生命システム経営の真髄　H.トーマス・ジョンソン, アンデルス・ブルムズ著, 河田信訳　日本経済新聞社　2002.4

ブルーメンタール, トゥビア
Blumenthal, Tuvia
経済学者　ベン・グリオン大学準教授

[生年月日] 1936年

[国籍]イスラエル　[出生地]イスラエル　[学歴]ヘブライ大学〔1962年〕修士課程修了，大阪大学大学院修了　[学位]博士号（大阪大学）〔1966年〕　[団体]日本理論経済学会，ヨーロッパ日本学会

1967～68年ハーバード大学専任講師となり，その後，ヘブライ大学講師，オーストラリア国立大学客員教授などを経て，ベン・グリオン大学準教授に就任。日本の経済力の向上を見て，イスラエルにも日本研究のスペシャリストの必要性を感じ研究し始め，日本経済，経済構造を専門とする。著書に「Saving in Postwar Japan」（'70年）などがある。

【著作】
◇日本経済の成長要因　トビア・ブルメンタール著　日本経済新聞社　1972
◇Labor adjustment policy in Japan (Discussion paper series A No. 285)　Tuvia Blumenthal　〔一橋大学経済研究所〕　1993

ブレ，コリーヌ
Bret, Corinne
ジャーナリスト，作家　「リベラシオン」東京特派員

[国籍]フランス　[出生地]モロッコ・アガディール　[学歴]パリ大学法学部卒，パリ東洋語学校日本語科〔1981年〕卒

1975年から3年間日本に留学。パリ東洋語学校卒業後の'82年フランス日刊紙「リベラシオン」東京特派員として再来日，'91年退職。'89年「スタジオボイス」フリー編集長もつとめた。「朝まで生テレビ」のパネラーとしても活躍。'90年日本で女児を出産。著書に「水中出産」「創造の国・ジャポン」「赤ちゃん・ザ・革命人」「おへそを眺めながら」，共著に「天安門への返信」などがある。

【著作】
◇日本人の「め」　コリーヌ・ブレ：Studio Voice　1985.9
◇日本には日常に贅沢がある　コリーヌ・ブレ：ミセス　1986.11
◇ここまできた日本研究（若手ジャポノロジスト座談会）　ジャン・フランソワ・サブレ，コリーヌ・ブレ，ピエール・スイリ：中央公論　103(10)　1988.10
◇平和のなかの「個」（特集・新「国粋主義」の土壌）　ブレ，コリーヌ：世界　656　1998.12
◇人間アナーキー　コリーヌ・ブレ編著　モジカンパニー　2002.1

プレオブラジェンスキー，コンスタンチン
Preobrazhensky, Konstantin
作家，ジャーナリスト，人権活動家　ソ連国家保安委員会（KGB）諜報員

[生年月日]1953年
[国籍]ロシア　[出生地]ソ連・ロシア共和国モスクワ　[学歴]モスクワ大学附属アジア・アフリカ大学日本語科卒，東海大学

1973年シベリア展で初来日し，'75年東海大学留学を経て，'76年KGB（ソ連国家保安委員会）に入る。'80年から5年間，KGBのスパイとしてタス通信の東京特派員を務め，のち"日本を愛したスパイ"と呼ばれるようになる。'91年ソ連崩壊後KGBを辞め，フリーのジャーナリストや作家，通訳を務めながら人権活動に携わる。著書に「日本を愛したスパイ」「日本のKGB」などがある。日本好きを公言するが，前歴のため日本政府はビザ発行を許可していない。

【著作】
◇日本を愛したスパイ—KGB特派員の東京奮戦記　コンスタンチン・プレオブラジェンスキー著，名越陽子訳　時事通信社　1994.7

ブレーカー，マイケル
Blaker, Michael
政治学者　コロンビア大学東アジア研究所主任研究員

[生年月日]1940年
[国籍]米国

日本政治が専門。大卒後日本に留学し一橋大学で，日本政治，主に日本外交史と政策形成過程の研究を行った。その後帰国し，日本政治学をコロンビア大大学院で専攻。1973年コロンビア大から第二次大戦時の日本の国際交渉のパターン研究で博士号を取得。著書「根まわし，かきまわし，あとまわし」（'76年）。

【著作】

◇根まわしかきまわしあとまわし—日本の国際交渉態度の研究　マイケル・ブレーカー著，池井優訳　サイマル出版会　1976

フレーザー，ジョージ・サザーランド
Fraser, George Sutherland
詩人，批評家

［生年月日］1915年11月8日
［没年月日］1980年1月
［国籍］英国　［出生地］スコットランド　［学歴］セント・アンドルーズ大学

オーデン一派の政治的傾向に反発した「新黙示派」の詩人としてスタート。1950～52年文化使節として来日、戦争によって中断されていた文化交流の修復と拡大に大きく貢献。帰国後、ジャーナリズム界で批評家として活躍し、その後、レスター大学で英文学を講じた。詩集に「故郷の哀歌」('44年)、評論に「現代作家とその世界」('53年)、「イェーツ」('54年)、「ディラン・トマス」('59年)、「幻想と修辞」('59年)、「エズラ・パウンド」('60年)など。

【著作】
◇日本の印象　G・S・フレイザア：文学界　4(9)　1950.9
◇日本の美しさ　G・S・フレイザア：文学界　5(1)　1951.1
◇日本印象　平松幹夫編　朝日新聞社　1952

フレーザー，メアリー・C.
Fraser, Mary (Crawford)
イギリス駐日全権公使夫人

［生年月日］1851年
［没年月日］1922年
［国籍］米国　［出生地］ローマ

夫はイギリス駐日全権公使ヒュー・フレーザー卿。アメリカ人彫刻家の父親とニューヨークの資産家の出である母親との間に三女として生まれる。ヒュー・フレーザーと1874年に結婚。1889年イギリス公使夫人として来日したが、夫の思わぬ他界のため1894年(明治27)に離日。日本の印象記を1899年に執筆、元駐日イギリス大使のヒュー・コータッツイが全体を5分の4ほどの分量に編集し、刊行された。外国人女性による日本見聞記としては、クララ・ホイットニーの「クララの明治日記」に先立つ貴重な資料であり、新渡戸稲造の「武士道」の序文でも紹介されている。

【著作】
◇霧と幻—軽井沢にて，夏　鱗形屋　1980
◇英国公使夫人の見た明治日本　メアリー・フレイザー著，ヒュー・コータッツィ編，横山俊夫訳　淡交社　1988.3

ブレジンスキー，ズビグニュー
Brzezinski, Zbigniew K.
政治学者，政治家　戦略国際問題研究所(CSIS)顧問　米国大統領補佐官

［生年月日］1928年3月28日
［国籍］米国　［出生地］ポーランド・ワルシャワ　［学歴］マッギル大学〔1949年〕卒，ハーバード大学大学院〔1953年〕修了　［学位］政治学博士（ハーバード大学）〔1953年〕　［専門］国際問題（ロシア・東欧・中国問題）

1938年カナダへ移住。'58年米国籍取得。ハーバード大学ソ連問題研究所員を経て、'53年スタンフォード大学ロシア研究センター講師、'62年コロンビア大学教授兼共産主義問題研究所長、傍ら国務省顧問。'73年日米欧三極委員会事務局長を経て、'77～81年民主党のカーター政権下の国家安全保障担当大統領特別補佐官を務め、対ソ強硬政策を主張。'81～89年再びコロンビア大学教授。'88年の大統領選では共和党のブッシュ候補を支持、'89年1月ブッシュ政権誕生とともに、外交政策に関するブレーンの中心的役割を担う。また、'81年よりワシントンD. C. に本拠を置くシンクタンク戦略国際問題研究所(CSIS)の顧問を務め、'89年よりジョンズ・ホプキンズ大学アメリカ外交政策大学院のRobert Osgood教授。主著に「ソビエト全体主義と粛清」('56年)「ソビエト・ブロック」('60年)「テクネトロニック・エージ」('70年)「ひよわな花・日本」('72年)「ゲーム・プラン」('86年)「大いなる失敗—20世紀における共産主義の誕生と終焉」('89年)などがある。

【著作】

◇ひよわな花・日本　サイマル出版会　1972
◇Z・ブレジンスキーが直言！「日本がやるべき事を勘違いするな」（総力リポート　第7弾）ブレジンスキー，ズビグニュー：週刊ポスト　33（46）　2001.11.9

プレストウィッツ，クライド (Jr.)
Prestowitz, Clyde V. (Jr.)
米国経済戦略研究所所長　米国商務省審議官

[生年月日] 1941年9月6日
[国籍] 米国　[出生地] デラウェア州ウィルミントン　[学歴] スワスモア大学〔1963年〕卒，ハワイ大学東西センター文学修士課程極東政策・経済学専攻修了，ペンシルベニア大学ウォートン・スクール経営修士課程修了　[専門] 経済戦略，日本経済

ハワイ大学東西センターを経て、1964年慶応義塾大学に留学。'66年国務省入省。'68年米国製紙会社スコット・ペーパーに転進。'75年欧州のゼゴン・ゼンダー・インターナショナル社などを顧客に持つコンサルタント会社を経営。'79年商務省入りし、'81年レーガン政権下で国際経済政策担当次官補代理に迎えられ、同次官補を経て、'83年商務省審議官（日本担当）に就任、'86年退官まで日米貿易交渉の米側実務責任者として活躍した。その後、カーネギー財団平和研究所主任研究員を経て、'90年6月経済戦略研究所所長に就任。日本語、ドイツ語、フランス語を流暢に話すことができる。日米半導体交渉の舞台裏をえぐった著書「日米逆転―成功と衰退の軌跡」（'88年）は日米両国でベストセラーになった。他に「日本の実力」「ならずもの国家アメリカ」「東西逆転」など。

【著作】
◇日本は社会の"開放"を（インタビュー）　C.プレストウィッツ，西岡公訳：中央公論　102（11）　1987.9
◇日米逆転―成功と衰退の軌跡　C.V.プレストウィッツ Jr. 著, 國弘正雄訳　ダイヤモンド社　1988.9
◇危険な依存―アメリカを脅かす日本！　クライド・プレストウィッツ〔ほか〕著, 舛添要一監訳　騎虎書房　1990
◇日本の実力　C・V・プレストウィッツ Jr. 著, 國弘正雄訳　ダイヤモンド社　1990
◇危険な依存―アメリカを脅かす日本！　クライド・プレストウィッツ他著, 舛添要一監訳　騎虎書房　1990.10
◇日本は欧米と異なる『民主主義国家』だと認識せよ―アジアの経済的、軍事的リーダーとなる条件　C.V.プレストウィッツ：SAPIO　3（22）　1991.11.28
◇祖国アメリカはなぜ嫌われる―かつての日本叩きの論客が改めて問う「米国論」（総力特集・アメリカ不信）　プレストウィッツ：文芸春秋　80（13）　2002.10
◇東西逆転―アジア・30億人の資本主義者たち　クライド・プレストウィッツ著, 柴田裕之訳　日本放送出版協会　2006.3

フレデリック, クレインス
Frederik, Cryns
国際日本文化研究センター助手

[学歴]ルーヴェン・カトリック大学文学部〔1993年〕Licentic課程修了　[学位]人間環境学博士（京都大学）　[専門]蘭史
京都大学大学院人間・環境学研究科で日欧交流史を専攻。日本学術振興会特別研究員を経て、国際日本文化研究センター助手。共著に「低地諸国（オランダ・ベルギー）の言語事情」がある。
【著作】
◇江戸時代における機械論的身体観の受容　クレインス・フレデリック著　臨川書店　2006.2

ブレムナー, ブライアン
Bremner, Brian
ジャーナリスト　「ビジネス・ウィーク」東京支局長

[学歴]マーケット大学, マイアミ大学大学院, シェフィールド大学大学院東アジア研究所
ナショナル・パブリック・ラジオの在東京ゲスト・コメンテーターを務めた経験をもち、のち「ビジネス・ウィーク・オンライン」に週刊コラムを執筆。著書に「巨額を稼ぎ出すハローキティの生態」がある。　[受賞]オーバーシーズ・プレス・クラブ賞
【著作】
◇巨額を稼ぎ出すハローキティの生態　ケン・ベルソン, ブライアン・ブレムナー著, 酒井泰介訳　東洋経済新報社　2004.7

ブレーメン, ヤン・ファン
Bremen, Jan van
ライデン大学日本韓国研究センター助教授

[生年月日]1946年
[国籍]オランダ　[学歴]アムステルダム大学文化人類学科卒　[学位]Ph. D.（カリフォルニア大学）　[専門]文化人類学
主な論文に「Indonesian studies in Japanese anthropology, Anthropology and Japanese studies, A beacon for the twenty-first century:Confucianism after the Tokugawa era in Japan」など。
【著作】
◇宗教の比較文明学　梅棹忠夫, 中牧弘允編　春秋社　1993.3〈内容：日本の新儒教―遺産と展望（ヤン・ファン・ブレーメン）〉
◇日蘭交流400年の歴史と展望―日蘭交流400周年記念論文集　日本語版（日蘭学会学術叢書）　レオナルド・ブリュッセイ, ウィレム・レメリンク, イフォ・スミッツ編　日蘭学会　2000.4〈内容：文化人類学研究における日蘭交流（ヤン・ファン・ブレーメン）〉

フロイス, ルイス
Frois, Luis
イエズス会宣教師

[生年月日]1532年
[没年月日]1597年7月8日
[国籍]ポルトガル　[出生地]リスボン
書記として王室に仕えた後、1548年2月16歳でイエズス会に入会し、1カ月後東インド派遣の命をうけた。1548年10月9日インドのゴアに到着、聖パウロ学院に入学し、修練士として哲学や神学、聖書学等を研究する。さらに学院長及び管区長の秘書として母国へ送る布教報告の書翰作成に携わる。ゴアにおいて鹿児島生まれの日本人ヤジロウとザヴィエルと出会い日本伝道を志ざす。1554年に日本に渡ろうとマラッカに赴いたが果せず、1557年にゴアに戻る。1561年には司祭に叙せられた。1562年イエズス会幹部によって日本へ派遣され、1563年7月6日（永禄6年6月16日）、長崎の西彼杵半島横瀬浦に上陸する。1565年1月（永禄7年12月）に京都に入ったが、戦火に追われ京都を去り堺に逃れる。1568年織田信長が上洛の後、1969年3月京都に帰った。二条城の堀橋において信長に謁見し知遇を得、庇護を得て布教を続ける。1576年12月後任のイタリア人オルガンティノに中日本布教長の職をゆずり、九州に転じた。76年から81年までは豊後（現・大分県）臼杵に、同年春から秋にかけて再び京都に、その後86年まで口之津や長崎、加津佐に滞在し「日本史」編纂に携わる。1583年「日本史」編纂の命を受け、以

後こ の仕事に没頭する。1586年に三度目の上京を果たし豊臣秀吉と会見するが、翌1587年豊臣秀吉は「伴天連追放令」を発した。1592年10月フロイスはヴァリニアーノとマカオに赴き、3年間滞在。1595年再び長崎に戻り「日本史」の編纂に従事した後、長崎において死去した。著書「日本史」は1549年(天文18)から1578年(天正6)までのイエズス会による布教事蹟やエピソード等を中心に、日本の歴史を年代順にまとめたもので、フロイスの見聞に基づく記述が、誇張や修辞を交えず正確に記されているため、史料的価値が高い。

【著作】
◇日本史—キリシタン伝来のころ 柳谷武夫訳 平凡社 1963-78(東洋文庫4, 35, 65, 164, 330)〔刊年不明〕
◇九州三侯遣欧使節行記 正編、続編 東洋堂 1942, 1949
◇日本史—キリシタン伝来のころ 柳谷武夫訳 平凡社(東洋文庫4, 35, 65, 164, 330) 1963-78
◇日欧文化比較 岡田章雄訳注(大航海時代叢書 第11 所収)岩波書店 1965
◇日欧文化比較 岡田章雄訳注(大航海時代叢書 第11 所収)岩波書店 1965
◇イエズス会日本年報 上、下 村上直次郎訳 柳谷武夫編 雄松堂書店(新異国叢書 3, 4) 1969
◇イエズス会士日本通信 耶蘇会士日本通信 豊後・下篇 上、下巻 村上直次郎訳 柳谷武夫編 雄松堂書店(新異国叢書 1〜2) 1969
◇回想の織田信長—フロイス「日本史」より 松田毅一、川崎桃太編訳 中央公論社 1973
◇ヨーロッパ文化と日本文化 岩波文庫 1991
◇ヨーロッパ文化と日本文化 岩波文庫 1991
◇フロイス 日本史 3 〔普及版〕 ルイス・フロイス著, 松田毅一, 川崎桃太訳 中央公論社 1991.12
◇フロイス 日本史 4 〔普及版〕 ルイス・フロイス著, 松田毅一, 川崎桃太訳 中央公論社 1991.12
◇フロイス 日本史 5 〔普及版〕 ルイス・フロイス著, 松田毅一, 川崎桃太訳 中央公論社 1991.12
◇日本二十六聖人殉教記—1597・聖ペトロ・バプチスタ書簡—1596-97 ルイス・フロイス〔著〕, 結城了悟訳・解説, 純心女子短期大学長崎地方文化史研究所編 純心女子短期大学 1995.2
◇日本二十六聖人殉教記(聖母文庫) ルイス・フロイス著, 結城了悟訳 聖母の騎士社 1997.8
◇完訳フロイス日本史 1(中公文庫) ルイス・フロイス著, 松田毅一, 川崎桃太訳 中央公論新社 2000.1
◇完訳フロイス日本史 2(中公文庫) ルイス・フロイス著, 松田毅一, 川崎桃太訳 中央公論新社 2000.2
◇完訳フロイス日本史 3(中公文庫) ルイス・フロイス著, 松田毅一, 川崎桃太訳 中央公論新社 2000.3
◇完訳フロイス日本史 4(中公文庫) ルイス・フロイス著, 松田毅一, 川崎桃太訳 中央公論新社 2000.4
◇完訳フロイス日本史 5(中公文庫) ルイス・フロイス著, 松田毅一, 川崎桃太訳 中央公論新社 2000.5
◇完訳フロイス日本史 6(中公文庫) ルイス・フロイス著, 松田毅一, 川崎桃太訳 中央公論新社 2000.6
◇完訳フロイス日本史 7(中公文庫) ルイス・フロイス著, 松田毅一, 川崎桃太訳 中央公論新社 2000.7
◇完訳フロイス日本史 8(中公文庫) ルイス・フロイス著, 松田毅一, 川崎桃太訳 中央公論新社 2000.8
◇完訳フロイス日本史 9(中公文庫) ルイス・フロイス著, 松田毅一, 川崎桃太訳 中央公論新社 2000.9
◇完訳フロイス日本史 10(中公文庫) ルイス・フロイス著, 松田毅一, 川崎桃太訳 中央公論新社 2000.10
◇完訳フロイス日本史 11(中公文庫) ルイス・フロイス著, 松田毅一, 川崎桃太訳 中央公論新社 2000.11
◇完訳フロイス日本史 12(中公文庫) ルイス・フロイス著, 松田毅一, 川崎桃太訳 中央公論新社 2000.12
◇ヨーロッパ文化と日本文化(岩波文庫) ルイス・フロイス著, 岡田章雄訳注 岩波書店 2002.12

フロスト, エレン
Frost, Ellen Luise
エコノミスト 米国通商代表部(USTR)参事官(通商政策担当)

[生年月日]1945年
[国籍]米国 [学歴]ラドクリフ大学〔1966年〕卒, ハーバード大学大学院博士課程修了 [学位]博士号(ハーバード大学)〔1972年〕 [専門]日米関係

国務省、議会上院、財務省を経て、1977〜81年国防総省次官補代理(国際経済・科学技術担当)。'81年から民間に転じ、ウェスティン

グハウス社政府計画・日米関係部長を経て、ユナイテッド・テクノロジー社(ワシントン)国際担当部長。のち、国際経済研究所上級研究員を経て、'93年3月通商代表部(USTR)参事官(通商政策担当)。著書に「日米新時代をどう切り開くか」「新しい日米関係」など。
【著作】
◇日米新時代をどう切り開くか エレン・フロスト[著],天谷直弘監訳 ティビーエス・ブリタニカ 1988.5
◇中台関係・日米同盟・沖縄—その現実的課題を問う 沖縄クエスチョン2006 橋本晃和,マイク・モチヅキ,高良倉吉編 冬至書房 2007.5

ブロズナハン, リージャー
Brosnahan, Leger
イリノイ州立大学英語英文学准教授

[生年月日]1929年12月11日
[国籍]米国 [出生地]ミズーリ州カンザス
[別名等]東アジア経済統合とその沖縄への影響 [学歴]ジョージタウン大学〔1951年〕卒 [学位]博士号(ハーバード大学)〔1958年〕 [専門]英文学
ノースウェスタン大学、ハワイ大学、メリーランド大学で教鞭をとり、1963〜64年パリ大学、'64〜65年リヨン大学でフルブライト研究員として研究のかたわら教える。'68年以降イリノイ州立大学英語英文学准教授。'65年の初来日以来、日本滞在は5回に及び、'68〜69年宮城教育大学、'69〜70年東京のCOLTDとELECでフルブライト教授として研究と英語教育に従事。'80〜82年上海外語学院客員教授。会話教材に「英会話世界の旅」('74年)、著書に「しぐさの比較文化」「中国人と英語国民のジェスチャー」など。
【著作】
◇しぐさの比較文化—ジェスチャーの日英比較 リージャー・ブロズナハン著,岡田妙,斎藤紀代子訳 大修館書店 1988.3

ブロード, クレイグ
Brod, Craig
カリフォルニア大学バークレー校講師

[国籍]米国 [出生地]ロサンゼルス [学歴]サンフランシスコ大学卒, ヘイワード大学卒
[専門]精神療法
大学卒業後、カリフォルニア大学バークレー校で精神療法の講師を務める傍ら、GE、アメリカ銀行等の顧問を兼務している。その間、「生産性と人間性の調和し得るコンピュータ・オフィス」の研究に従事。
【著作】
◇クリエイティブ・チャイルド—子どもの創造性と日本の未来 クレイグ・ブロード,ナンシー・ラム著,戸田真澄訳 ビジネス社 1993.7

ブローム, ヴィンフリート
Brohm, Winfried
法学者 コンスタンツ大学法学部教授

[生年月日]1932年3月4日
[国籍]ドイツ [出生地]カールスルーエ [学位]博士号〔1958年〕 [専門]公法学,行政学
1967年フライブルク大学法学・社会学部で「経済行政の構造」と題する論文で教授資格を取得。マールブルク大学、マンハイム大学、ギーセン大学で教えた後、'69年ビーレフェルト大学教授に就任。'73年以来コンスタンツ大学法学部教授。'75〜88年バーデン・ブルテンベルク州上級行政裁判所判事を兼任。国内外の多数の学術団体・専門委員会にも委員として参加。著書に「州高権と連邦行政—連邦国家における計画の前提問題」('68年)、「国土・都市計画法における発展」('79年)、「都市における交通緩和」('85年)、共著に「都市計画法の比較研究—日独比較を中心として」などがある。
【著作】
◇都市計画法の比較研究—日独比較を中心として ヴィンフリート・ブローム,大橋洋一著 日本評論社 1995.11

フローレンツ，カール・アドルフ
Florenz, Karl Adolf
言語学者

[生年月日] 1865年1月10日
[没年月日] 1939年2月9日
[国籍] ドイツ　[出生地] プロシア・エルファルト　[学歴] ライプチヒ大学卒業　[学位] 博士号（ライプチヒ大学）, 文学博士（東京帝国大学）〔1899年〕

大学ではドイツ文学、ローマンス語、ドイツ語および東洋諸語を研究。1886年10月から約2年間ベルリンのオリエンタル・セミナリーに在籍した。この間、インドにおけるサンスクリットの教授に推薦されたが辞退し、1888年4月日本招聘に応じ翌年4月東京帝国大学文科大学講師となった。以後同大学においてドイツ語、ドイツ文学および言語学を教授し、約27年間その職に留まった。さらに日本文化の研究に従事し、1899年6月東京帝国大学に神代記註釈に関する論文を提出し文学博士の学位を授与された。1900年8月勲四等旭日章を贈られ、1905年12月には勅任待遇となった。1914年6月満期前に解約帰国、日本政府は年金1500円を給付した。帰国後はハンブルク大学教授をつとめた。1922年4月7日東京帝国大学名誉教師の称号を贈られた。著作には1906年ライプチヒの書店から出版された「日本文学史」があり、さらに日本文化に関して多くの論文がある。

【著作】
◇日本文学史　カール・フローレンツ著, 土方定一, 篠田太郎訳　楽浪書院　1936

プロンコ，マイケル
Pronko, Michael
文筆家　明治学院大学文学部英文学科助教授

[生年月日] 1960年
[国籍] 米国　[出生地] カンザス州カンザスシティ　[学歴] ブラウン大学哲学専攻, カンザス大学大学院英語教育学修士, ウィスコンシン大学大学院比較文学博士課程　[専門] アメリカ文学・文化・映画

カンザス大学非常勤講師、北京外国語大学Foreign Expert、東京女子大学非常勤講師、国際基督教大学講師などを経て、明治学院大学助教授。「The Japan Times」のコラムニストも務める。著書に「僕、トーキョーの味方です」など。

【著作】
◇僕、トーキョーの味方です―アメリカ人哲学者が日本に魅せられた理由　マイケル・プロンコ著, 矢羽野薫訳　メディアファクトリー　2006.6

ブロンフェンブレンナー，マーティン
Bronfenbrenner, Martin
経済学者

[生年月日] 1914年
[国籍] 米国　[専門] 比較経済システム論, 国際経済学

日本の経済発展の研究や、所得分配論などの分野でも活躍。著書に「所得分配理論」（1971年）などがある。

【著作】
◇世界経済の生きる道―経済政策と開発　大来佐武郎博士古稀記念　宍戸寿雄, 佐藤隆三編訳　サイマル出版会　1987.6〈内容：ネガティブ・スクリーニング論-日本企業の雇用者選抜の論理（M. ブロンフェンブレナー）〉

【へ】

ベアト，フェリーチェ
Beato, Felice
写真師

[生年月日] 1825年
[没年月日] 1904年
[出生地] ギリシャ・コルフ島（ケルキラ島）

兄は写真家で、1864年の第2回幕府遣欧使節をエジプトのスフィンクスの前で撮影したことでも知られるアントニオ・ベアト。1850年頃からマルタ島で写真制作に携わり、写真家のロバートソンと知り合う。1855年従軍写

師の任についたロバートソンの助手として、クリミア戦争に従軍。1857年ロバートソンや兄とともにインドに赴き、セポイの乱の戦況を撮影、生々しい戦争描写で評価された。1860年のアロー号戦争の際、北京に侵攻した英仏軍に写真師として同行。この時、風刺画家として名高いワーグマンと出会った。1863年ワーグマンの勧めで来日し横浜に居住。以来、外国人に制限が多い当時の日本において精力的に行動し、下関戦争や生麦事件などの重大事件や日本の人物、風俗、風景を数多く撮影。これらは構図も的確で解像度も高く、幕末期における日本の文化・風俗・政治を知る第一級の資料とされる。1865年ワーグマンとともにベアト・アンド・ワーグマン商会を設立し、写真や絵画の製造・複製に従事。1867年大坂で徳川幕府第15代将軍・徳川慶喜の肖像写真を撮影したが、のちにこれを販売しようとしたため物議をかもした。1869年ワーグマンとのコンビを解消し、横浜でスタジオを開業。1871年米国海軍の従軍写真家となり、朝鮮に赴いた。1877年ネガや撮影道具一式をスチルフリードに譲ってからは写真より遠ざかり、相場などに手を出して失敗。1882年日本を離れてビルマに渡り、家具や工芸品の通信販売を業とした。ヨーロッパでは"カメラの騎士"と評されて人気も高く、ドイツやフランスでは写真集が出版されている。

【著作】
◇F.ベアト幕末日本写真集　横浜開港資料館, 横浜開港資料普及協会編　横浜開港資料普及協会　1987.2
◇幕末日本の風景と人びと—フェリックス・ベアト写真集　フェリックス・ベアト〔著〕, 横浜開港資料館編　明石書店　1987.12
◇外国人カメラマンが撮った幕末日本(F.ベアト写真集)　F.ベアト〔撮影〕, 横浜開港資料館編　明石書店　2006.4
◇幕末日本の風景と人びと(F.ベアト写真集)　F.ベアト〔撮影〕, 横浜開港資料館編　明石書店　2006.7
◇F・ベアトが見た日本　F.ベアト〔撮影〕, 金子三郎編訳　リーブ企画（製作）　2006.12

ベアワルド, ハンス
Baerwald, Hans Herman
政治学者, 日本研究家　カリフォルニア大学名誉教授

[生年月日] 1927年6月18日
[国籍]米国　[出生地]東京都　[出身地]渋谷区　[学歴]カリフォルニア大学バークレー校〔1950年〕卒　[専門]現代日本政治

日本に染料を輸出するユダヤ系ドイツ人貿易商の長男。少年時代を日本で過ごし、1940年ナチの迫害を逃れて一家で米国に渡る。カリフォルニア大学在学中に応召。戦後、'46～49年語学将校として連合国軍総司令部（GHQ）民生局に勤務、公職追放などに携わる。'49年帰国、カリフォルニア大学に復学し日本政治を研究。'56年マイアミ大学准教授を経て、'62～91年カリフォルニア大学ロサンゼルス校（UCLA）政治学教授。南カリフォルニア日本研究セミナー議長。また、'65年以降、2回にわたって国際基督教大学客員教授を務め、毎年1回は来日している知日派学者の一人。日本の議会・政治、特に派閥の研究で知られる。著書に「指導者追放」「日本人と政治文化」などがある。　[叙勲]勲二等瑞宝章（日本）〔1989年〕

【著作】
◇指導者追放—占領下日本政治史の一断面　袖井林二郎訳　勁草書房　1970
◇日本占領の研究　坂本義和, R. E. ウォード編　東京大学出版会　1987.2〈内容：初期占領政策と議会の再生（ハンス・H. ベアワルド）〉

ベイ, アリフィン
Bey, Arfin
神田外語大学名誉教授

[生年月日] 1925年
[国籍]インドネシア　[出生地]スマトラ中部パダンパンジャン　[学歴]ジョージタウン大学大学院国際政治学科〔1961年〕博士課程修了　[学位]政治学博士　[専門]国際政治, イスラム研究

1944年南方特別留学生第2期生として日本留学。広島文理大予科に在学中に被爆を体験する。戦後帰国し、民族独立戦争に参加。'52年インドネシア外務省試験をパスし、'54〜57年海外放送のアナウンサーとしてニューヨーク国連放送局に勤務。ジョージタウン大学大学院修了後、'67までジャカルタ英字新聞「インドネシア・ヘラルド」編集長。同年より在日インドネシア大使館参事官。後、筑波大学客員教授、ブン・ハッタ大学副学長を経て、神田外語大学教授。現在、マラヤ大学客員教授。主な著書に「魂を失ったニッポン」「近代化とイスラーム」などがある。

【著作】
◇誤解か、不作法か　アリフィン・ベイ：反日感情　日新報道出版部　1973
◇魂を失ったニッポン　アリフィン・ベイ著　未央社 啓明書房（発売）　1976
◇日本の生活文化を考える　グレゴリー・クラーク，アリフィン・ベイ，國弘正雄：国際交流講演会・座談会記録集　神奈川県渉外部国際交流課　1979.3
◇日本人への提言（三愛新書）　アリフィン・ベイ：人間と文化　3　三愛会　1980.10
◇インドネシアから―いまは経済的ナショナリズムだが（インタビュー）　Arifin Bey, 大野明男：思想の科学 第7次　14　1982.2臨増
◇反世界からみた日本　アリフィン・ベイ：中央公論経営問題　1982.春
◇異文化とのつき合い方（座談会）　波多野敬雄，ウィリアム・H．ブラウン，木村治美，アリフィン・ベイ，武田勝彦，古田暁：知識　40　1985.4

ヘイズ，サムエル（3世）
Hayes, Samuel L.（III）
ハーバード大学ビジネス・スクール教授

[国籍]米国　[出生地]フィラデルフィア　[学歴]ハーバード大学卒　[学位]経営学博士
[専門]投資銀行論
1975年ハーバード大学ビジネス・スクール教授に就任。数回来日し、日本の証券市場を調査。'90年元同僚と共に、ニューヨーク、東京、ロンドンの3市場を比較・分析した著書「投資銀行―三都物語」をまとめた。他に「アメリカの投資銀行」など。

【著作】

◇世界三大金融市場の歴史―インベストメント・バンキングの起源と発展、その世界戦略　サミュエル・L．ヘイズ，フィリップ・M．ヒュバード〔著〕，細谷武男訳　ティビーエス・ブリタニカ　1991.12

ベイリー，デービッド
Bayley, David H.
政治学者　デンバー大国際関係大学院教授

[生年月日]1933年
[国籍]米国　[出生地]ニューヨーク　[学位]博士号（プリンストン大学）
専門は警察制度、警察活動の国際比較研究。プリンストン大学で博士号取得。インド学者としてインド警察の研究を行っていたが、日本警察の特異性に魅かれ来日。東京、大阪、福岡、青森、愛知の5都府県で6ヶ月の実地調査を行い、実に数百人の警察官にインタビューし、その成果を「ニッポンの警察―そのユニークな交番活動」（1977年）に著す。デンバー大国際関係大学院政治学教授。ミッドウエスト・日本セミナー会員。アジア研究学会会員。

【著作】
◇ニッポンの警察―そのユニークな交番活動　デイビッド・ベイリー〔著〕，新田勇〔ほか〕訳　サイマル出版会　1980

ペヴェレリ，ジュリー・ブロック
京都工芸繊維大学大学院工芸科学研究科教授

[生年月日]1955年
[国籍]フランス　[学歴]エクサンプロバンス大学文学部現代文学科〔1977年〕卒，パリ第1大学大学院哲学研究科芸術哲学専攻〔1993年〕博士課程修了　[学位]美学博士（パリ第一大学）〔1993年〕，文学博士（京都大学）〔1994年〕　[専門]比較文学，美学
安部公房の小説「砂の女」「他人の顔」に衝撃を受け研究者を志す。作品研究のほか、安部の詩をフランス語に翻訳。そのほか、評論家・加藤周一や作家・大岡昇平なども研究。

1997年京都工芸繊維大学助教授を経て、2007年教授。
【著作】
◇加藤周一と日本文化雑種性の問題—雑種性から普遍性へ（特集・第11回日本研究国際セミナー2000—世界における日本研究と加藤周一——Aセッション：自伝「羊の歌」及び「日本文化雑種性」論に見る加藤周一）　P. Julie Brock：Fukuoka UNESCO　37　2001
◇加藤周一における文化の雑種性をめぐって　Julie Brock：京都工芸繊維大学工芸学部研究報告 人文　50　2001
◇日本を問い続けて—加藤周一，ロナルド・ドーアの世界　加藤周一，ロナルド・ドーア監修，福岡ユネスコ協会編　岩波書店　2004.7

ペヴズネル, Y. K.
Pevzner, Yakov Khatskelevich
経済学者　ソ連科学アカデミー研究員

［生年月日］1914年
［国籍］ソ連　［学歴］モスクワ東洋大学日本学科〔1936〕卒　［学位］経済学博士
1938年から41年までソ連科学アカデミー世界経済および世界政治研究所研究員、1956年からは科学アカデミー世界経済および国際関係研究所研究員を務める。独占資本主義について多くの業績がある。1960年には日本における国家独占資本主義の研究で経済学博士となる。　［受賞］ソ連学術国家賞〔1977〕
【著作】
◇日本の財閥 全3巻 社会経済調査会訳 岩崎書店　1952
◇日本経済における国家　ヤ・ペヴズネル著，国際関係研究所訳　協同産業株式会社出版部　1978.4
◇日ソ間の経済関係—歴史と現状　ペヴズネル，ストリャロフ編，新読書社編集部訳　新読書社　1986.2

ベケシュ, アンドレイ
Bekeš, Andrej
筑波大学文芸・言語学系外国人教師

［生年月日］1949年
［学歴］筑波大学大学院　［専門］言語学
著書に「テクストとシンタクス」「講座 日本語と日本語教育〈16〉/日本語教育の現状と課題」（分担執筆）がある。

【著作】
◇テクストとシンタクス—日本語におけるコヒージョンの実験的研究（日本語研究叢書）　アンドレイ・ベケシュ著　くろしお出版　1987.1

ベーコン, アリス・メーベル
Bacon, Alice Mabel
女子教育家　「明治日本の女たち」の著者

［生年月日］1858年
［没年月日］1918年
［国籍］米国　［出生地］コネティカット州
会衆派の牧師の子として生まれる。14歳の時、ベーコン家が日本人女子留学生・山川捨松のホスト・ファミリーとなったことから津田梅子や永井繁子とも知り合い、日本への強い関心を育む。1888年来日、華族女学校や東京女子師範学校で1年間教鞭を執る。1899年再来日、女子英学塾で2年間教鞭を執った。帰国後、日本滞在中の見聞をもとに「明治日本の女たち」など3冊の著作を出版した。
【著作】
◇華族女学校教師の見た明治日本の内側　アリス・ベーコン著，久野明子訳　中央公論社　1994.9
◇明治日本の女たち（大人の本棚）　アリス・ベーコン〔著〕，矢口祐人，砂田恵理加共訳　みすず書房　2003.9

ベスター, テオドール
Bestor, Theodore C.
ハーバード大学教授

［国籍］米国　［出生地］イリノイ州　［学歴］スタンフォード大学大学院〔1983年〕博士課程修了　［専門］文化人類学，日本研究
15歳の時父親の仕事で初来日。日本への関心が芽生え、大学時代に2年間、卒業後に7年間東京で暮らす。博士論文は「東京に於ける町内の近隣組織」。その後も東京の地域社会や流通機構、日本食文化の研究を続ける。'86年コロンビア大学助教授を経て、のちハーバード大学教授。著書に「東京の町内」「くじらの文化人類学」（共著）「Neighborhood Tokyo」（'89年）「TSUKIJI（築地）」（2004年）など。

夫人はコロンビア大学ドナルド・キーンセンター計画部長。　[受賞]有沢広巳記念賞「Neighborhood Tokyo」、米国人類学協会経済人類学部門最優秀賞〔2006年〕「TSUKIJI」
【著作】
◇東京のある町における葛藤、伝統、正統性　C. Theodore Bestor, 向井元子訳：民族学研究　54(3)　1989.12
◇築地　テオドル・ベスター著, 和波雅子, 福岡伸一訳　木楽舎　2007.1

ヘスリンク, レイニアー・H.
Hesselink, Reiner H.
ノーザン・アイオワ大学歴史学準教授, 東京大学史料編纂所客員研究員

[国籍]オランダ　[学歴]アムステルダム市立大学〔1972年〕卒　[専門]日蘭交渉史
ハワイ大学ティーチング・アシスタントを経て、ノーザン・アイオワ大学準教授。東大史料編纂所で「長崎オランダ商館長日誌」の翻訳にあたる。岩手県山田村に着岸したオランダ人の捕縛から帰還までの史実を掘り起こし、その顛末を描いた論文によって博士号を取得。著書に「日本洋学史の研究」（共同執筆）など。
【著作】
◇オランダ人捕縛から探る近世史　レイニアー・H. ヘスリンク著, 鈴木邦子訳　山田町教育委員会　1998.6
◇日蘭交流400年の歴史と展望—日蘭交流400周年記念論文集 日本語版（日蘭学会学術叢書）　レオナルド・ブリュッセイ, ウィレム・レメリンク, イフォ・スミッツ編　日蘭学会　2000.4〈内容：鎖国（松井洋子, レイニアー・H. ヘスリンク）　出島（レイニアー・H. ヘスリンク）　オランダ人の目で見た日本—17世紀の記録（レイニアー・H. ヘスリンク）　芝蘭堂の阿蘭陀正月（レイニアー・H. ヘスリンク）〉
◇日蘭交流400周年記念デ・レイケ記念シンポジウム『文明を支えるもの～日蘭の厳しい国土条件と社会基盤～』記録集　デ・レイケ記念シンポジウム実行委員会事務局　2001.3〈内容：文明を支えるもの—日蘭の厳しい国土条件と社会基盤（杉本苑子, 川勝平太, 津田和明, レイニアー・H. ヘスリンク, 藤芳素生）〉

ペツォルト, ブルーノ
Petzoldt, Bruno
ドイツ語教師, 仏教学者

[生年月日]1873年
[没年月日]1949年2月16日
[国籍]ドイツ　[出生地]ドイツ・ブレスロー（現ポーランド・ヴロツワフ）　[学歴]ライプチヒ大学, ベルリン大学
大学卒業後、パリ、ロンドン、中国に渡りしばらく滞在したのち来日。1917年から1943年まで東京の第1高等学校でドイツ語講師をつとめるかたわら、仏教研究に専念した。晩年には天台宗の僧位を受けた。著名な音楽家であった夫人とともに比叡山裳立山に葬られた。
【著作】
◇比較宗教学への試み—ゲーテと大乗仏教　ブルーノ・ペツォルト著, 小嶋昭道, 喜里山博之訳　叡山学院　2000.3

ベッカー, ヘルムート
Becker, Helmut
ジャーナリスト　「ディ・ツァイト」「ベルゼン・ツァイトゥンク」極東特派員

[生年月日]1943年
[国籍]ドイツ　[出生地]カッセル市　[学歴]マールブルク大学, フランクフルト大学, フランブルク大学　[学位]法学博士
マールブルク、フランクフルト、フライブルクの各大学で法学、経済学を学ぶ。MBA。1970～75年マールブルク大学国際関係研究所極東部助教授、'75～85年上智大学大学院教授。'78年から「ディ・ツァイト」「ベルゼン・ツァイトゥンク」極東特派員。著書に「崩壊！バブル大国"ニッポン"—これからどうなる証券・銀行・大蔵省」（共著）がある。
【著作】
◇崩壊！バブル大国"ニッポン"—これからどうなる証券・銀行・大蔵省　蔦信彦, 岩国哲人, 奥村宏, 安井多市, ヘルムート・ベッカー, 近藤鉄雄, 週刊東洋経済特別取材班著　東洋経済新報社　1991

ペッパー，トマス
Pepper, Thomas
エコノミスト　ハドソン研究所上級研究員

［国籍］米国　［専門］日本の産業政策
インジアナ州インジアナポリスに本部を持つシンクタンク・ハドソン研究所の上級研究員として4年以上にわたりアジア太平洋地域の経済問題を共同研究。その一環として米政府の委託を請けた日本の産業政策に関する調査研究を行ない、「日本の競争力─アメリカが見た日本経済の源泉」（共著）にまとめた。
【著作】
◇日本の競争力─アメリカが見た日本経済の源泉　T. ペッパー〔ほか〕著，野村誠訳　ダイヤモンド社　1989.10

ペドゥッラ，アルフレード
Pedullà, Alfredo
スポーツジャーナリスト

［生年月日］1964年
［国籍］イタリア　［出生地］レッジョ・カラブリア
イタリアの3大スポーツ紙のひとつ「コリエーレ・デッロ・スポルト」の記者を務める。セリエB所属のサッカークラブチーム・レッジーナが史上初のセリエA昇格を果たした1999年、同クラブの歴史を綴った「偉大なるレッジーナ」をスポーツ記者である父との共著で出版。2002年から「カラブリア・サッカー年鑑」の編纂にも携わる。著書に「SHUNSUKE─中村俊輔イタリアの軌跡」などがある。
【著作】
◇Shunsuke─中村俊輔イタリアの軌跡　アルフレード・ペドゥッラ著，片野道郎訳　朝日新聞社　2003.11
◇Shunsuke─中村俊輔イタリアの軌跡（朝日文庫）　アルフレード・ペドゥッラ著，片野道郎訳　朝日新聞社　2005.6

ベネット，アレック
Bennett, Alexander
国際日本文化研究センター助手

［生年月日］1970年
［国籍］ニュージーランド　［出生地］オークランド　［本名］ベネット，アレクサンダー〈Bennett, Alexander〉　［学歴］カンタベリー大学（ニュージーランド）〔平成6年〕卒，カンタベリー大学大学院〔平成8年〕修士課程修了，京都大学大学院人間環境学研究科〔平成13年〕博士後期課程修了　［学位］人間・環境学博士（京都大学）〔平成13年〕　［専門］武道文化　［団体］日本武道学会
17歳の時に日本に留学、留学先の高校で剣道部に入ったことがきっかけで日本の武道や武士道に興味を持つ。京都大学留学中に「武士道」で博士号を取得。1988年ニュージーランドに帰国後、剣道の道場を開く。のち再び来日し、2002年国際日本文化研究センター助手。同年剣道の英字季刊誌「KENDO WORLD」を創刊。武道関係の書の英訳にも携わる。
【著作】
◇安定社会の総合研究─ことがゆらぐ・もどるなかだちをめぐって　第9回京都国際セミナー　横山俊夫〔ほか〕編　京都ゼミナールハウス　1998.10〈内容：武、バランス、そして教育─学校武道が求める教育的要素とは何か（アレック・ベネット）〉
◇日本の教育に"武道"を─21世紀に心技体を鍛える　山田奨治，アレキサンダー・ベネット編　明治図書出版　2005.11
◇ボクは武士道フリークや！─ニュージーランドの学生が日本武道にハマってさあ大変！　アレック・ベネット著　小学館　2006.2

ベネット，ジョン
Bennett, John
レディング大学コンストラクション・マネジメント学科教授・建設戦略センター所長

［学位］理学博士　［団体］英国王立積算士協会（RICS）
1952年から主任積算士（QS）、建築エコノミストとして活躍。'75年レディング大学コン

ストラクション・マネジメント学科教授に就任し、同大学建設戦略センターの所長も兼務。著書に「建設のプロジェクトマネジメント」「建設プロジェクト組織―日米欧の非核と2001年展望」がある。

【著作】
◇建設プロジェクト組織―日米欧の比較と2001年展望　ジョン・ベネット著,プロジェクト・マネジメント研究会訳　鹿島出版会　1994.2

ベネディクト,ルース
Benedict, Ruth Fulton
文化人類学者

[生年月日] 1887年6月5日
[没年月日] 1948年9月17日
[国籍]米国　[出生地]ニューヨーク　[旧姓名]Fulton, Ruth　[学歴]バッサー・カレッジ〔1909年〕卒,コロンビア大学大学院修了[学位]Ph.D.〔1923年〕

1914年に結婚後、アン・シングルトンの筆名で詩作。'19年からコロンビア大学大学院でF.ボアズのもとで人類学を学ぶ。「北米における守護霊の概念」('23年)で学位取得後ボアズの助手となり、同年コロンビア大学講師、'30年助教授を経て、'36年人類学教授。その間、北米各地のインディアンの調査に従事、'34年「文化の型」を刊行して大きな反響を呼んだ。異った文明の基礎をなしている心理学的構造を解明し、一つの文化全体を理解するための統合的な方法論を唱え、現代人類学における〈文化とパーソナリティーの問題〉の先駆となった。反ナチス運動に加わり、ナチスの人種主義への反論「人種」('43年)などを刊行。大戦中は軍に協力し、'43〜46年情報局に勤務、ルーマニア人、タイ人、ついで日本人を対象に研究。'46年「菊と刀―日本文化の型」を発表、菊と刀を愛する日本人の行動様式を探求し日本の学界にも大きな影響を与えた。'47年アメリカ人類学会会長。

【著作】
◇菊と刀　社会思想社　1948
◇菊と刀―日本文化の型　再版　ルース・ベネディクト著,長谷川松治訳　社会思想研究会出版部　1949
◇菊と刀―日本文化の型　普及版　ルース・ベネディクト著,長谷川松治訳　社会思想研究会出版部　1950
◇菊と刀　上巻(現代教養文庫)　ルース・ベネディクト著,長谷川松治訳　社会思想研究会出版部　1951
◇菊と刀―日本文化の型　下巻(現代教養文庫)　ルース・ベネディクト著,長谷川松治訳　社会思想研究会出版部　1951
◇菊と刀〈抄〉　ベネディクト:現代教養全集第15　筑摩書房　1959
◇菊と刀―万分の一の恩返し　R.ベネディクト,加藤周一編:外国人の見た日本　第5　筑摩書房　1961
◇菊と刀　R.ベネディクト:世界教養全集　第7　平凡社　1961
◇菊と刀　R.ベネディクト,梅棹忠夫ほか編:現代のエスプリ　〔第5,6〕　至文堂　1965
◇菊と刀―定訳(現代教養文庫)　ルース・ベネディクト著,長谷川松治訳　社会思想社　1967
◇菊と刀―日本文化の型　社会思想社　1972
◇菊と刀　ルース・ベネディクト:日本教養全集　18　角川書店　1974
◇日本人の行動パターン(NHKブックス)　ルース・ベネディクト著,福井七子訳　日本放送出版協会　1997.4
◇菊と刀―日本文化の型(講談社学術文庫)　ルース・ベネディクト著,長谷川松治訳　講談社　2005.5

ベフ,ハルミ
Befu, Harumi
文化人類学者　スタンフォード大学名誉教授

[生年月日] 1930年
[国籍]米国　[出生地]カリフォルニア州ロサンゼルス　[別名等]漢字名=別府春海　[学歴]カリフォルニア大学卒,ウィスコンシン大学大学院人類学専攻博士課程修了　[学位]人類学博士(ウィスコンシン大学)〔1962年〕　[専門]日本文化論　[団体]ヨーロッパ日本学会

少年期を日本で過ごした後、1947年帰米。'78〜79年フルブライト奨学生となり、日本文化論の研究で来日。スタンフォード大学人類学科教授を経て、'96〜2000年京都文教大学文化人類学科教授兼同大人類学研究所所長。著書に「日本・文化人類学的入門」「増補イデオロギーとしての日本文化論」「日系アメリカ人の歩みと現在」など。

【著作】
◇利己的日本人—小説「白い巨塔」の交換論的分析　別府春海：季刊人類学　8(3)　1977
◇日本—文化人類学的入門（現代教養文庫）　ハルミ・ベフ著，栗田靖之訳　社会思想社　1977.7
◇間違いだらけの「日本人論」—新しい日本社会論を目指して（座談会）　別府春海，杉本良夫，ロス・マオア：朝日ジャーナル　22(36)　1980.9.12
◇イデオロギーとしての日本文化論（インタビュー）　別府春海：思想の科学　380　1984.2
◇日本の国際化を憂う〔上〕　別府春海：思想の科学　380　1984.2
◇単一的家族観を超えて—日本社会に託する家族の理想　別府春海：思想の科学　422　1987.1
◇イデオロギーとしての日本文化論　ハルミ・ベフ著　思想の科学社　1987.7
◇イデオロギーとしての日本文化論　増補　ハルミ・ベフ著　思想の科学社　1990.7
◇イデオロギーとしての日本文化論　増補新版　ハルミ・ベフ著　思想の科学社　1997.6
◇日系アメリカ人の歩みと現在　ハルミ・ベフ編　人文書院　2002.9
◇日系人とグローバリゼーション—北米，南米，日本　レイン・リョウ・ヒラバヤシ，アケミ・キクムラ＝ヤノ，ジェイムズ・A. ヒラバヤシ編，移民研究会訳　人文書院　2006.6 〈内容：グローバルに拡散する日本人・日系人の歴史とその多様性（ハルミ・ベフ）〉

ヘボン，ジェイムズ・カーティス
Hepburn, James Curtis
医師, 宣教師, 辞書編纂者

［生年月日］1815年3月13日
［没年月日］1911年9月21日
［国籍］米国　［出生地］ペンシルベニア州ミルトン　［別名等］漢字名＝平文　［学歴］プリンストン大学卒〔1832年〕，ペンシルバニア大学医学部卒〔1836年〕　［学位］医学博士

医学を学びニュー・ヨークで開業。1859年日本開国の報を聞き，夫妻で長老派宣教師として来日。10月18日に神奈川に上陸し成仏寺本堂に居を定めた。来日アメリカ人宣教師として最も早い一員だった。1861年春神奈川宗興寺に施療所を開設。1866年日本最初の和英辞典「和英語林集成」の原稿が完成し，9月，岸田吟香とともに上海に赴き，美華書院で印刷した。同書院には長崎で本木昌造らに活版印刷を伝授したW. ガンブルがいた。この辞書で，かな文字を英語の綴り式にアルファベットで表記するヘボン式ローマ字が考案，用いられた。1867年俳優沢村田之助の脱疽の手術をし名医といわれた。1874年9月ヘボン施療所において横浜第一長老公会が設立され，現在の横浜指路教会の前身となる。1880年夫人が横浜に設立したヘボン塾は，現在の明治学院の前身校の一つとなる。1885年設立されたローマ字会の顧問に就任。1889年明治学院の初代総理に推薦された。1891年同学院総理を辞し，1892年10月帰国。ニュー・ジャージ州イースト・オレンジに隠退した。1905年3月日本政府より勲三等旭日章を贈られた。

【著作】
◇和英語林集成—Japanese-English and English-Japanese dictionary　平文編訳　〔出版者不明〕　1872
◇和英語林集成—Japanese and English dictionary, with an English and Japanese index　美国平文先生編訳，松村明，飛田良文解説　北辰　1966
◇和英語林集成　再版　J. C. ヘボン著　東洋文庫　1970
◇ヘボンの手紙　ヘボン著，高谷道男編訳　有隣堂　1976
◇和英語林集成（講談社学術文庫）　J. C. ヘボン〔編〕，松村明解説　講談社　1980.4

ペマ・ギャルポ
Pema Gyalpo
作家, 国際情勢コメンテーター　桐蔭横浜大学法学部教授, チベット文化研究所名誉所長, 岐阜女子大学名誉教授　ダライ・ラマ亡命政府極東・大洋州代表

［生年月日］1953年6月
［出生地］チベット・カム地方ニャロン（現・中国チベット自治区）　［学歴］亜細亜大学法学部〔1976年〕卒, 東京外国語大学アジア・アフリカ語学研究所研究生修了　［学位］Ph. D.　［専門］チベット研究, 国際関係学　［団体］日本文芸家クラブ

1959年ダライ・ラマのチベット脱出に伴いインドに亡命し，'65年来日。埼玉の中学・高校に通う。'74年チベット文化研究会を設立，研究所所長に就任。'77年亜細亜大学アジア研

究所嘱託研究員、'83年より拓殖大学海外事情研究所客員講師も務める。'90年外国人初の日本作家クラブ(現・日本文芸家クラブ)会員となる。また'80年～'90年4月ダライ・ラマ亡命政府極東・大洋州代表をつとめた。'91年岐阜女子大学客員助教授となり、'92年客員教授、'96年教授に就任。'97年拓殖大学海外事情研究所客員教授、'98年慶応義塾大学訪問教授を兼務。のち、桐蔭横浜大学教授。傍らテレビ「関口宏のサンデーモーニング」に出演。2007年参院選比例区に国民新党から立候補。著書に「チベット入門」「チベットはどうなっているのか？」「『おかげさま』で生きる」「『国』を捨てられない日本人の悲劇」「日本の宗教」「『お陰様』イズムの国際関係」、監訳に「チベット女戦士アデ」、共訳に「私のチベット」など。　〔受賞〕日本翻訳文化賞(第32回)〔1995年〕「ラビバトラの大予言」
【著作】
◇日本の宗教(Horei hard books)　ペマ・ギャルポ著　総合法令出版　1995.8
◇「国」を捨てられない日本人の悲劇　ペマ・ギャルポ著　講談社　1998.2
◇在日33年の目からみた日本―日本にはこのような国になりたいというビジョンがない　ペマ・ギャルポ：先見経済　44(9)　1999.9
◇新世紀の大逆転―夜明けは日本から始まる　ラビ・バトラ著、ペマ・ギャルポ、藤原直哉監訳　さんが出版　2000.3
◇「日本人へ」最後の通告(小学館文庫)　ペマ・ギャルポ編著　小学館　2001.7
◇立ち上がれ日本！―目醒めよ、麗しの国　ペマ・ギャルポ著　雷韻出版　2001.8
◇日本の叡知は語る―21世紀の日本像　世界宗教者平和会議日本委員会編　世界宗教者平和会議日本委員会　2002.3〈内容：言論界「共生」と「おかげさま」の思想(ペマ・ギャルポ)〉

ベラー, ロバート
Bellah, Robert Neelly
社会学者, 日本研究家　カリフォルニア大学バークレー校教授

[生年月日] 1927年2月23日
[国籍] 米国　[出生地] オクラホマ州アルタス
[学歴] ハーバード大学〔1950年〕卒　[学位] 博士号〔1955年〕　[専門] 比較社会学, 宗教社会学

ハーバード大学大学院でタルコット・パーソンズに師事、社会学、極東言語学を専攻。ハーバード大学中近東研究センター研究員、同大教授を歴任。1967年からカリフォルニア大学バークレー校社会学教授を務める。社会システム学派の指導的理論家の一人で宗教社会学者としても有名。著書に「日本近代化と宗教倫理」('57年)、「社会変革と宗教倫理」('73年)、「破られた契約」('75年)、「徳川時代の宗教」、共著に「心の習慣」、「善い社会」('91年)などがある。
【著作】
◇日本近代化と宗教倫理　R. ベラー著, 堀一郎, 池田昭訳　未来社　1962
◇近代日本における価値意識と社会変革　ロバート・N. ベラー：比較近代化論　未来社　1970
◇日米倫理教育会議報告書　第4回　上広倫理財団編　上広倫理財団　1994.8〈内容：合衆国と日本における個人主義、コミュニティー、および倫理(ロバート・N. ベラー)　講演：国際時代における日本人とアメリカ人の役割(ロバート・N. ベラー)〉
◇徳川時代の宗教(岩波文庫)　R. N. ベラー著, 池田昭訳　岩波書店　1996.8

ペリー, ジョン カーティス
Perry, John C.
タフツ大学フレッチャー法律外交大学院教授

[学歴] エール大学大学院修了, ハーバード大学大学院修了　[学位] 歴史学博士〔1962年〕
[専門] 東アジア史
1976年ハーバード大学日本研究所客員教授を経て、'81年タフツ大学フレッチャー法律外交大学院教授。太平洋圏の交通史に関して研究。早稲田大学、国際大学客員教授も務める。またアメリカ、日本、韓国、ロシアなどで講演活動、テレビ出演、新聞、雑誌への寄稿と活躍。著書に「鷲の翼の下で―占領下日本1945-47」「西へ！―アメリカ人の太平洋開拓史」など。　[叙勲] 勲三等瑞宝章〔1991年〕
【著作】

◇鷲の翼の下で―占領下日本1945-47　J. C. ペリー著, 国本義郎訳　筑摩書房　1982

ベーリー, デービッド
Baley, David H.
ニューヨーク州立大学刑事司法大学院教授

[生年月日] 1933年
[国籍] 米国　[出生地] ニューヨーク州　[学歴] デニスン大学哲学科卒, オックスフォード大学卒, プリンストン大学大学院修了　[学位] 博士号 (プリンストン大学)　[専門] 比較国際刑事司法学, 犯罪社会学
1972年に初来日、青森・下北半島の駐在所まで足をのばした6ヶ月に及ぶフィールドリサーチで「安全な国」を支える交番活動の存在を発見。調査をまとめた「ニッポンの警察―そのユニークな交番活動」('76年) は、国際的に高い評価を得、シンガポールでは交番制度を導入、米国でもデトロイト、ヒューストンなどで試験的に交番が登場した。アイゼンハワー財団理事長などを歴任。来日は20回を超える。他の著書に「Patterns of Policing」「The New Blue Line」「A Model of Community Policing」「新・ニッポンの警察」など。
【著作】
　◇新・ニッポンの警察―日本の治安はなぜよいのか　デビッド・H. ベイリー著, 金重凱之, 柳沢昊訳　サイマル出版会　1991.10

ペリー, ノエル
Péri, Noël
日本学者　パリ外国宣教会宣教師, 東京音楽学校講師

[生年月日] 1865年8月22日
[没年月日] 1922年6月25日
[国籍] フランス　[出生地] ヨヌ県　[学歴] パリ大学卒　[専門] 能楽
外国宣教会付属神学校で学んだ後、1889年に宣教師として来日する。横浜、名古屋、松本などで司祭として布教活動を行った後、1899年から東京音楽学校の講師を1904年まで務め、和声学および作曲法を教える。1902年にはパリ外国宣教会を脱会し、日本学、とくに能楽の研究に専念した。1906年に離日。上海を経てハノイに移り、ハノイ極東フランス学院の研究員として能楽の研究を続けた。日本研究の業績は、能楽のほかにも、枕草子や東海道中膝栗毛の翻訳、歴史考証、仏教、邦楽、日本語、日本町など幅広い。
【著作】
　◇能　ノエル・ペリー〔著〕, 井畔武明訳　桜楓社　1975
　◇十番の能―注釈　ノエル・ペリー〔著〕, 井畔武明〔訳〕編　桜楓社　1976

ペリー, マシュー・C.
Perry, Matthew Calbraith
軍人　東インド洋艦隊司令長官, 海軍大佐

[生年月日] 1794年4月10日
[没年月日] 1858年3月4日
[国籍] 米国　[出生地] ロードアイランド州

1809年海軍に入り、西インド諸島、地中海、アフリカ沿岸等に勤務。1852年東インド艦隊司令長官となる。同年11月日本開国の任務を帯び、第13代アメリカ大統領フィルモアの親書を携え日本に向けて出航。インド洋から中国を経て、琉球諸島、小笠原諸島に上陸し、1853年7月浦賀沖に来航、さらに江戸湾小柴沖にまで近接した。これが黒船来航として日本中に大きな衝撃を与えた。7月14日久里浜に上陸し、親書を幕府代表に手渡し日本開国を迫る。この年は一旦退去し、翌1854年1月ふたたび来航。7隻のアメリカ海軍軍艦を率いて軍事力を背景に条約締結を果たす。3月に日米和親条約を、6月下田において追加条約に調印する。下田、函館の2港を開港させ、漂流民救護、食糧・飲料水等欠乏品の補給、領事の駐在、最恵国条款等の承認を取り付けた。帰途、琉球王国とも修好条約を調印する。香港経由でアメリカに帰国後、政府の委嘱により「日本遠征記」（全3巻）を刊行した。2年後にニューヨーク市の自宅で死去。

【著作】
◇ペルリ提督日本遠征記　第2（岩波文庫）　ペルリ著，土屋喬雄，玉城肇共訳　岩波書店　1948
◇ペルリ提督日本遠征記（四）　岩波文庫　1955
◇日本遠征日記（新異国叢書）　ペリー〔著〕，金井円訳　雄松堂出版　1985.10
◇ペルリ提督日本遠征記　ペルリ著，土屋喬雄，玉城肇共訳　臨川書店　1988.6
◇ペリー提督日本遠征日記（地球人ライブラリー）　マシュー・C. ペリー原著，木原悦子訳　小学館　1996.10
◇歴史の目撃者　ジョン・ケアリー編，仙名紀訳　朝日新聞社　1997.2
◇ペルリ提督琉球訪問記　神田精輝著訳　国書刊行会　1997.7
◇ペリー艦隊日本遠征記　V. 3　M. C. Perry著，オフィス宮崎訳・構成　栄光教育文化研究所　1997.10

ヘリゲル, オイゲン
Herrigel, Eugen
哲学者

[生年月日]1884年3月20日
[没年月日]1955年4月18日
[国籍]ドイツ　[出生地]リヒテナウ　[学歴]ハイデルベルク大学（神学・哲学）

第一次大戦に従軍。1922年ハイデルベルク大学哲学講師。'24〜29年東北帝国大学に招かれ哲学、古典語の教鞭をとり、西南ドイツ学派の思想を日本に紹介した。かたわら禅理解を深め、"弓聖"と呼ばれた弓術家・阿波研造について弓道を修業。この時の経験をまとめた「日本の弓術」で知られる。'29年帰国しエルランゲン大学教授に就任。第二次大戦後はガルミッシュに引退した。他の著書に「数の論理」、「弓と禅」（新訳・「無我と無私」）など。

【著作】
◇弓と禅　稲富栄次郎, 上田武訳　協同出版株式会社　1956
◇弓と禅　稲富栄次郎, 上田武訳　福村書店　1959
◇日本文化の伝統と将来—弓と禅　オイゲン・ヘリゲル，唐木順三編：外国人の見た日本　第4　筑摩書房　1961
◇弓と禅　福村出版　1981
◇禅の道（講談社学術文庫）　オイゲン・ヘリゲル〔著〕，榎木真吉訳　講談社　1991.9
◇禅と武道（叢書禅と日本文化）　鎌田茂雄編集・解説　ぺりかん社　1997.12〈内容：弓と禅（オイゲン・ヘリゲル）〉
◇近代弓道書選集　第7巻（昭和期 4）　復刻版　全日本弓道連盟監修, 入江康平編　本の友社　2002.4〈内容：弓術に就いて（オイゲン・ヘリゲル）〉
◇日本の弓術（岩波文庫）　オイゲン・ヘリゲル述, 柴田治三郎訳　岩波書店　2003.4
◇無我と無私—禅の考え方に学ぶ　オイゲン・ヘリゲル著, 藤原美子訳, 藤原正彦監訳　ランダムハウス講談社　2006.11

ヘリング, アン
Herring, Ann
法政大学経済学部教授

[生年月日]1930年9月1日
[国籍]米国　[出生地]オレゴン州　[学歴]ワシントン大学人文科日本文化史専攻卒　[専

門]児童文化史　[団体]日本児童文学学会, 日本英学史学会, Die Pirckheimer Gesellschaft 大学在学中日本に3年近く留学。1973年から法政大学教授。杉並区図書館協議会委員も務める。著書に「江戸児童図書へのいざない」「千代紙の世界—近世近代日本の木版もよう紙の歴史と美学」「日本児童図書翻訳こと始」、訳書に「ハンプティ・ダンプティの本—イギリス・アメリカのわらべ唄」他。　[受賞]モービル児童文学賞(1973年度)
【著作】
◇千代紙の世界　アン・ヘリング著　講談社インターナショナル　1987.3
◇江戸児童図書へのいざない(くもん選書)　アン・ヘリング著　くもん出版　1988.8
◇元禄から平成まで変わらないこと—日本橋から見た風景　講演会記録(Working paper)　アン・ヘリング講演　法政大学比較経済研究所　2005.5

ベル, ダニエル
Bell, Daniel
社会学者, ジャーナリスト　ハーバード大学名誉教授

[生年月日]1919年5月10日
[国籍]米国　[出生地]ニューヨーク　[学歴]ニューヨーク市立大学卒, コロンビア大学大学院　[学位]社会学博士(コロンビア大学)
[資格]米国芸術科学アカデミー会員
青年時代に社会主義運動に参加。大学卒業後「フォーチュン」誌の労働問題編集者を経て、シカゴ大学教授、1958〜69年コロンビア大学教授、'69年よりハーバード大学教授をつとめた。著書「イデオロギーの終焉」('60年)で、政治における狂言主義や絶対的理念の終わりと市民的秩序の始まりとして'50年代のアメリカの思想状況を総括。「脱工業社会の到来」('73年)では、生産中心の社会からサービス中心の社会への移行を基調とする現代社会の脱工業社会論を展開した。ほかに「ラディカル・ライト」('63年)、「西暦2000年にむかって」('68年)、「資本主義社会の文化的矛盾」('76年)、「21世紀への予感」「知識社会の衝撃」などの著書がある。論壇誌「パブリック・インタレスト」編集委員、米国芸術科学アカデミー・西暦2000年委員会委員長も務める。
【著作】
◇西暦2000年の日本　ダニエル・ベル, ヘンリー・ロソフスキー, トーマス・ホルステッド, ノーマン・ミネタ, ウィリアム・シャーマン[ほか]：サンデー毎日　1976.2.8
◇可能性の日本—ハーバード大学知日派教授が問う　ダニエル・ベル, エズラ・F. ボーゲル対談, 崎谷哲夫編著　実業之日本社　1979.1
◇日本文化に未来はあるか(国際シンポジウム)　ロバート・リフトン, クロード・レヴィ＝ストロース, ダニエル・ベル, 公文俊平, 高坂正堯, 小松左京, 山崎正和, 芳賀徹, 米山俊直, 森口親司, 永井陽之助, 佐藤誠三郎：文芸春秋　1980.6
◇「日本たたき」はなぜ起きる？　ダニエル・ベル, 坂口アリス訳：朝日ジャーナル　34(17)　1992.4.17
◇縮小する政府の役割(大特集・日本社会における「公」と「私」—21世紀に向けて公知と公徳をいかに培うか)　ベル, ダニエル：アステイオン　45　1997.7

ベル, ヨハネ
Bel, Jean
カトリック司祭　帝塚山大学教養学部講師

[国籍]フランス　[学歴]トゥールーズ大学大学院修了, 慶應義塾大学文学部卒　[学位]社会学博士(トゥールーズ大学)
1963年フランシスコ会の宣教師として来日。慶応義塾大学で日本文学を学ぶ。カトリック司祭。22年間関東に住み、'89年から奈良に住む。教会を持たず自由な宣教活動を行う。帝塚山大学教養学部で社会学を、龍谷大学文学部でフランス語と社会学を講ずる。著書に「ベル神父のフランス食物誌」がある。
【著作】
◇ベル神父街を行く—日本語で考えた日仏比較文化(中公新書)　ヨハネ・ベル著　中央公論社　1995.12

ベルク, オギュスタン
Berque, Augustin
フランス社会科学高等研究院教授　宮城大学教授

[生年月日]1942年9月6日

[国籍]フランス　[出生地]モロッコ・ラバト　[学歴]パリ大学大学院修了　[学位]文学博士, 地理学博士（パリ大学）　[専門]文化地理学, 風土学

1969年から7年間アテネフランス、北海道大学などで教壇に立ち、'84～88年東京の日仏会館フランス学長、エコール・プラティーク・デ・オートゼチュード社会科学高等研究院教授・現代日本研究所長、'99～2001年宮城大学教授を経て、フランス社会科学高等研究院教授。外国人の日本研究家にしては珍しい北海道研究家。和辻哲郎の"風土性"の理論を展開。著書に「空間の日本文化」「風土の日本」「日本の風景・西欧の景観」「地球と存在の哲学―環境倫理を越えて」「風土学序説」など多数。　[受賞]山片蟠桃賞〔1998年〕

【著作】
◇空間の日本文化　オギュスタン・ベルク〔著〕, 宮原信訳　筑摩書房　1985.6
◇日本の特性生かした国際化の道は―「縁」と「場」を重視する原理の普遍性（対談）　オギュスタン・ベルク, 小金芳弘：エコノミスト　65(22)　1987.5.26
◇日本社会の集合的アイデンティティ　オギュスタン・ベルク：UP　1987.5
◇風土の日本―自然と文化の通態　オギュスタン・ベルク著, 篠田勝英訳　筑摩書房　1988.9
◇日本の風景・西欧の景観―そして造景の時代（講談社現代新書）　オギュスタン・ベルク著, 篠田勝英訳　講談社　1990.6
◇風土の日本（ちくま学芸文庫）　オギュスタン・ベルク著, 篠田勝英訳　筑摩書房　1992.9
◇都市のコスモロジー―日・米・欧都市比較（講談社現代新書）　オギュスタン・ベルク著, 篠田勝英訳　講談社　1993.11
◇空間の日本文化（ちくま学芸文庫）　オギュスタン・ベルク著, 宮原信訳　筑摩書房　1994.3
◇エデンの園と新たなパラダイムのはざまに―日本における風土論　Augustin Berque, 篠田勝英訳：思想　856　1995.10
◇都市の日本―所作から共同体へ　オギュスタン・ベルク著, 宮原信, 荒木亨訳　筑摩書房　1996.2

ベルクマン, ステン
Bergman, Sten
物理学者, 探検家

[生年月日]1895年
[没年月日]？
[国籍]スウェーデン

1920年最初のカムチャツカ探検以降、ニューギニアなどを精力的に探査。著書に「カムチャツカ探検記」「千島紀行」がある。

【著作】
◇千島紀行　加納一郎訳　時事通信社　1961（時事新書）
◇千島紀行（加納一郎著作集 2 所収）教育社　1986
◇千島紀行（朝日文庫）　ステン・ベルクマン著, 加納一郎訳　朝日新聞社　1992.9

ベルスマ, ルネ
Bersma, René P.
外交官

[国籍]カナダ　[出生地]オランダ・ロッテルダム　[学歴]ロヨラ・カレッジ, カールトン大学卒

1959年家族とともにカナダ・モントリオールに移住。大学で古典語学を学ぶ。卒業後、カナダ国籍を取得し、外交官として東南アジア・南アメリカ・ヨーロッパ諸国に赴任。'95年退官。のち、Titia Cock Blomhoff (1786-1821) の伝記「ティツィア―日本へ旅した最初の西洋婦人」を執筆・刊行する。

【著作】
◇ティツィア―日本へ旅した最初の西洋婦人　ルネ・ベルスマ著, 松江万里子訳　シングルカット社　2003.7

ベルソール, A.
Bellessort, André
歴史家, 評論家

[生年月日]1866年
[没年月日]1942年

アメリカや日本、スウェーデンの風景・文明・文学をはなやかな筆致で伝える。作品に「若いアメリカ」(1897年) や「日本旅行・日本社

会」(1902年)などがあり、歴史家、批評家としても「聖フランシスコ・ザヴィエル伝」('17年)などがある。いずれも広い教養と美的感覚を示す。
【著作】
◇明治滞在日記　A. ベルソール著, 大久保昭男訳　新人物往来社　1989.4

ベルソン, ケン
Belson, Ken
ジャーナリスト　ニューヨーク・タイムズ東京支局記者

[国籍]米国　[出生地]ニューヨーク　[学歴]コロンビア大学大学院ジャーナリズム科修了
1988年に初来日。英語教師、フリーライターなどを経て、コロンビア大学大学院のジャーナリズム科で学ぶ。卒業後の'96年再来日。2001年ニューヨーク・タイムズ東京支局の経済担当リポーターとなる。
【著作】
◇巨額を稼ぎ出すハローキティの生態　ケン・ベルソン, ブライアン・ブレムナー著, 酒井泰介訳　東洋経済新報社　2004.7

ベルチエ, フランシス
Berthier, Francois
彫刻研究家

[国籍]フランス
東洋文明官立言語研究所に所属し、後に、東京大学で日本の彫刻研究に従事する。ヨーロッパ日本学会会員である。
【著作】
◇秋山光和博士古稀記念美術史論文集　秋山光和博士古稀記念論文集刊行会編　便利堂 1991.7〈内容：仏教彫刻の一最高峰―半跏思惟像（フランソワ・ベルチエ）〉

ヘールツ, A. J. C.
Geerts, A. J. C.
化学者, 薬学者

[生年月日]1843年3月20日
[没年月日]1883年8月30日

[国籍]オランダ　[出身地]ウーデンタイク
[本名]ヘールツ, アントン・ヨハネス・コルネリス〈Geerts, Anton Johannes Cornelius〉
オランダのユトレヒト軍医学校化学助教授を務めていた1869年、日本政府に招かれて来日。長崎医学校でK. W. ハラタマの後任の理化学教師を務めた。1873年長崎税関の委嘱により輸入キニーネの分析を行った際に薬品試験所の必要性を上申し、1874年東京・日本橋に我が国初の薬品試験所である司薬場が開設された。1875年京都司薬場に赴任、化学教育にも当たったが、同司薬場閉鎖のため京都を離れ、横浜司薬場に移った。1877年からコレラが流行すると衛生局長の長与専斎を援け防疫対策に従事。我が国の薬事行政と公衆衛生の確立に貢献した。著書に「日本温泉考」などがある。　[叙勲]勲五等旭日小綬章(日本)
【著作】
◇ヘールツ日本年報　庄司三男訳　雄松堂出版 （新異国叢書 第2輯 5）　1983
◇日本年報　ヘールツ〔著〕, 庄司三男訳　雄松堂出版　1983.9

ベルツ, エルウィン・フォン
Baelz, Erwin von
医師, 医学者　東京帝大医科大学教師

[生年月日]1849年1月13日
[没年月日]1913年8月31日

[国籍]ドイツ　[出生地]シュワーベン　[学歴]テュービンゲン大学医学部, ライプツィヒ大学臨床医学〔1872年〕卒　[学位]医学博士
[専門]内科学
1876年(明治9年)明治政府に招かれて来日。東京医学校(のちの東京大学医学部)教師として生理学・精神科・産婦人科・内科を担当。本郷のお雇い外国人教師館に住む。1887年頃、荒井はつ(のち花と呼ばれた)と結婚。1890年明治天皇および皇太子嘉仁親王の侍医に就任。1902年東大を退官し、宮内省御用掛を務める。'05年帰国、シュトゥットガルトに住み、熱帯病理学会会長、人類学会東洋部長などを歴任。'08年日本を再訪。在日中は日本の風土病に注目し、脚気の研究や温泉の効用を発表、また日本文化の研究にも従事した。著書

に「ベルツの日記」「日本鉱泉論」などがある。　［叙勲］勲一等瑞宝章（日本）〔1900年〕，旭日大綬章（日本）〔1905年〕　［記念館］草津ベルツ記念館（群馬県草津町）　［記念碑］草津温泉，胸像＝東京大学構内

【著作】
◇ベルツの「日記」　エルウイン・ベルツ〔著〕，浜辺正彦訳　岩波書店　1939
◇ベルツの日記・第一部（上）　岩波文庫　1951
◇ベルツの日記・第二部（下）　岩波文庫　1955
◇ベルツの日記（上・下）トク・ベルツ編　菅沼竜太郎訳　1979（岩波文庫）
◇ベルツの日記　上（岩波文庫）　トク・ベルツ編，菅沼竜太郎訳　岩波書店　1992.3
◇ベルツの日記　下（岩波文庫）　トク・ベルツ編，菅沼竜太郎訳　岩波書店　1992.3
◇ベルツ日本再訪―草津・ビューティヒハイム遺稿日記篇　エルヴィン・ベルツ著，若林操子監修，池上弘子訳　東海大学出版会　2000.9
◇ベルツ日本文化論集　エルヴィン・ベルツ著，若林操子編訳，山口静一〔ほか〕訳　東海大学出版会　2001.4

ヘルベルト，ウォルフガング
Herbert, Wolfgang
甲南大学講師，大阪経済大学講師

［生年月日］1960年
［国籍］オーストリア　［学歴］ウィーン大学大学院日本学専攻博士課程〔1988年〕修了　［専門］日本学
1988年に3度目の来日以降、日本に在住している。甲南大学、大阪経済大学のドイツ語講師のほか、大阪ドイツ文化センターのドイツ語講師も務める。著書に「『豊かさ』と『貧しさ』と―人間の大切さ忘れた日本の暮らし体験記」。

【著作】
◇「豊かさ」と「貧しさ」と―人間の大切さ忘れた日本の暮らし体験記　ウォルフガング・ヘルベルト著　日本機関紙出版センター（発売）　1990.9

ヘルマン，ドナルド
Hellman, Donald C.
ワシントン大学ヘンリー・M・ジャクソン国際問題研究所教授

［生年月日］1933年
［国籍］米国　［出生地］ニューヨーク州　［学歴］プリンストン大学（国際政治学）卒，カリフォルニア大学バークレー校　［学位］政治学博士（Ph. D.）（カリフォルニア大学）〔1964年〕　［専門］日本外交，日米関係史
バンダービルト大学を経て、1967年からワシントン大学ヘンリー・M・ジャクソン国際問題研究所助教授、'72年教授。日本に関する多数の著作があり、代表的なものに、「Japanese Domestic Politcis and Foreign Policy（戦後日本の政治と外交）」「Japan and East Asia, The New International Order（日本と東アジア）」「日米同盟の再構築」など。

【著作】
◇日米同盟の再構築―国際的リーダーシップをどう分担するか　ジョン・H．メイキン，ドナルド・C．ヘルマン編，岩瀬孝雄〔ほか訳〕　中央公論社　1989.6

ベルント，エンノ
Berndt, Enno
立命館大学経営学部教授

［生年月日］1960年
［国籍］ドイツ　［出生地］東ベルリン　［学歴］フンボルト大学東洋学部日本学科〔1987年〕卒　［学位］社会学博士（フンボルト大学）〔1990年〕　［専門］経営学
1976年モスクワ・オリンピック水泳候補選手指名。'89～91年朝日新聞ベルリン支局嘱託、'91～94年野村総合研究所・日本支社嘱託研究員、'94年立命館大学経営学部助教授を経て、教授。著書に「ドイツからみた日本的経営の危機―ニュー・ディールの模索」、共編に「ベルリン1989」がある。

【著作】
◇「日本的経営」からの脱却―ニュー・ディール（社会契約更新）の模索　上，下　Enno Berndt：立命館経営学　33(3, 4)　1994.9, 11

◇ドイツからみた日本的経営の危機―ニュー・ディールの模索　エンノ・ベルント著　花伝社，共栄書房〔発売〕　1995.4

ベルント，ジャクリーヌ
Berndt, Jaquelline
横浜国立大学教育人間科学部助教授

[生年月日] 1963年10月10日
[国籍] ドイツ　[出生地] イエナ　[学歴] フンボルト大学日本学・美学専攻〔1987年〕卒, フンボルト大学大学院美学部〔1990年〕博士課程修了　[学位] 美学博士〔1991年〕　[専門] 文化論的美学, 近・現代日本文化
1991年立命館大学外国人常勤講師を経て、'95年助教授。のち横浜国立大学教育人間科学部助教授。著書に「マンガの国ニッポン―日本の大衆文化・視覚文化の可能性」、分担執筆に「比較文化キーワード」などがある。
【著作】
◇「国際日本文化研究センター」―日本学研究者への挑戦　ジャクリーヌ・ベルント, シュテッフィ・リヒター, 小沢弘明訳：歴史評論 490　1991.2
◇マンガの国ニッポン―日本の大衆文化・視覚文化の可能性　ジャクリーヌ・ベルント著, 佐藤和夫, 水野邦彦訳　花伝社　1994.11

卞　崇道　べん・すうどう
Bian Chong-Dao
中国社会科学院大学院教授

[生年月日] 1942年
[国籍] 中国　[出生地] 江蘇省沐陽県　[学歴] 北京国際関係学院日本語科〔1969年〕卒, 中国社会科学院大学院哲学研究科修了　[専門] 日本近現代哲学
関西大学大学院に留学。東京大学文学部外国人研究員を経て、中国社会科学院哲学研究所研究員、同学院東方文化研究センター副主任、中国社会科学院大学院教授。「今日東方」「中日関係史研究」各編集長も務める。主な編著書に「近代日本の哲学者」「安藤昌益 日本・中国共同研究」「戦後日本の哲学者」「日本近代思想のアジア的意義」など。
【著作】

◇中国の視点からみる日本の近代化（第二部 課題別セッション報告書 p23 第Ⅳセッション 日本の近代化と社会変動）　卞崇道：統合と多様化 新しい変動の中の人間と社会　法政大学　1996.3
◇甦る和辻哲郎―人文科学の再生に向けて（叢書倫理学のフロンティア）　佐藤康邦, 清水正之, 田中久文編　ナカニシヤ出版　1999.3〈内容：和辻倫理学の現代的意義（卞崇道）〉
◇戦後日本哲学思想概論　卞崇道編著, 本間史訳　農山漁村文化協会　1999.11〈内容：序論 他（卞崇道）〉
◇東アジアと哲学　藤田正勝, 卞崇道, 高坂史朗編　ナカニシヤ出版　2003.2〈内容：現代中国の日本哲学研究（卞崇道）〉
◇世界のなかの日本の哲学　藤田正勝, ブレット・デービス編　昭和堂　2005.6〈内容：中国の哲学と日本の哲学との対話（卞崇道）〉

ベンダ，ユージン
Benda, Eugene F.
建築家, 美術家, 都市計画家　コロラド州立大学教授

[国籍] 米国
プラハ工科大学で建築学と工学の学位を取得後、アルバー・アールトとル・コルビュジエのオフィスで実務にたずさわり、この両先達から建築の目的や意味について多くのことを学ぶ。その後、都市景観の研究者としてバンコック、北京、エディンバラ、グラスゴー、京都、リバプール、ミュンヘン、シュトゥットガルトの各大学で講義やセミナー等を行う。一方、プラハ、リバプール、エディンバラ、デンバー等で実務にたずさわる。コロラド州立大学では新しい建築の教科課程を開設、教授に。京都大学で4年間、客員教授も務める。著書に「北アメリカの教育」「建築における新しい意味」「海外から学ぶこと」「人間と空間の交響詩」など。
【著作】
◇人間と空間の交響詩―京都　ユージン・ベンダ写真・絵と文, 上田篤訳　Edition Wacoal　1990.4

ベントゥーラ, レイ
Ventura, Rey
「ぼくはいつも隠れていた―フィリピン人学生不法就労記」の著者

［生年月日］1962年
［国籍］フィリピン　［学歴］サント・トマス大学（マニラ）中退
サント・トマス大学を中退した後、ケソン市のトリニティ・カレッジで政治学を修める。在学中に左翼運動に参加し、フィリピンで非合法の共産党予備党員になったが、1987年に日本に留学。一時帰国するが翌年再び日本を訪れ、学生ビザの失効後も居残り、横浜・寿町で約1年間日雇いの生活を送る。不法就労者として日本で生活した時の体験をつづった文章が英国人ジャーナリストの目にとまり、'92年ロンドンで「アンダーグラウンド・イン・ジャパン」と題し出版され、'93年には「ぼくはいつも隠れていた」として日本でも刊行された。のち日本人妻とマニラに住み、デザイン・印刷業を営む。
【著作】
◇ぼくはいつも隠れていた―フィリピン人学生不法就労記　レイ・ベントゥーラ著、松本剛史訳　草思社　1993.2
◇横浜コトブキ・フィリピーノ　レイ・ベントゥーラ著，森本麻衣子訳　現代書館　2007.2

ペンペル, T. J.
Pempel, T. J.
政治学者　コロラド大学教授

［生年月日］1942年
［国籍］米国　［学歴］コロンビア大学〔1966年〕卒, コロンビア大学〔1969年〕修士課程修了　［学位］博士号（コロンビア大学）〔1972年〕　［専門］日本の保守政治
20歳の頃から日本に興味を抱き、大学入学後、本格的に日本研究を始める。1970年フルブライト奨学金を得て日本に留学、国立教育研究所で研究に従事。'72年コーネル大学助教授、'82年教授。'80～85年同大東アジア研究所所長を経て、'91年からコロラド大学教授。国務省や日本協会の顧問も務めた。著書・編書に「Patterns of Japanese Policy Making」（'78年）、「ComparativePublic Policy:A Cross-National Bibliography」（'78年）など。
【著作】
◇日本占領の研究　坂本義和，R. E. ウォード編　東京大学出版会　1987.2〈内容：占領下における官僚制の「改革」―ミイラとりのミイラ（T. J. ペンペル）〉
◇21世紀の日本、アジア、世界―日本国際政治学会・米国国際関係学会合同国際会議からの展望　日本国際政治学会編　国際書院　1998.5〈内容：揺らぐ予測―日本の政治経済の変動について（T. J. ペンペル）〉
◇日本の高等教育政策―決定のメカニズム（高等教育シリーズ）　T. J. ペンペル著，橋本鉱市訳　玉川大学出版部　2004.6

【ホ】

ホイヴェルス, ヘルマン
Heuvers, Hermann
カトリック司祭　上智大学学長，東京麹町教会主任司祭

［生年月日］1890年8月31日
［没年月日］1977年6月9日
［国籍］ドイツ　［出生地］ウェストファーレン州ドライエルワルデ　［学歴］ファルケンブルク大学（オランダ・科学）
1909年イエズス会入会のためオランダに渡り、エクサーテン修練院に入る。'11年オランダのファルケンブルク大学に入学。'20年司祭に叙階。'22年ハンブルク大学でK. A. フローレンツ博士から日本語と日本文学の講義を受け、'23年イエズス階宣教師として来日。'37年上智大学第2代学長に就任。'46～49年旧制第一高等学校、'50～56年東京帝国大学でドイツ語の教鞭をとる。霊性と深い日本理解によって多大の感化を日本人に与え続けた。著書に「日本で四十年」「人生の秋に―ホイヴェルス随想選集」「キリストのことば」「細川ガラシア夫人」などがある。
【著作】
◇日本で四十年　ヘルマン・ホイヴェルス著　春秋社　1964

◇細川ガラシア夫人(Shunju books)　ヘルマン・ホイヴェルス著　春秋社　1966
◇ホイヴェルス神父日本人への贈り物　H・ホイヴェルス著, 土居健郎, 森田明編　春秋社　1996
◇ホイヴェルス神父日本人への贈り物　新装版　ヘルマン・ホイヴェルス著, 土居健郎, 森田明編　春秋社　2002

ホイットニー, コートニー
Whitney, Courtney
軍人　GHQ民政局長

[生年月日] 1897年5月20日
[没年月日] 1969年3月21日
[国籍] 米国　[出生地] ワシントンD. C.　[学歴] ジョージ・ワシントン大学　[学位] 法学博士(ジョージ・ワシントン大学)
第1次大戦に参戦し、1918年陸軍少尉。ワシントンD. C. の陸軍航空部隊勤務のかたわらジョージ・ワシントン大学で学位取得。フィリピン勤務を経て、'26年ワシントンの航空部隊司令官付広報担当将校。'27年軍務を退き弁護士を開業、以後'40年まで主にフィリピンで米系企業や投資家を顧客とした。この間ダグラス・マッカーサーと親密になり、その膨大な資産の運用をまかされる。'40年8月少佐として現役復帰。日米開戦後オーストラリアに逃れたマッカーサーのスタッフの一員となり、フィリピン群島内の反日ゲリラ活動を指揮。'43年米陸軍太平洋軍民政部長、'44年10月マッカーサーと共にレイテ島上陸、'45年1月准将。同年8月連合軍最高司令官マッカーサーに随伴して厚木基地に進駐、12月GHQ(連合軍最高司令部)民政局長に就任。思想的には保守の立場ながら日本の民主改革に力を注ぎ、新憲法制定では改正作業の総指揮をとった。マッカーサーの側近第1号をもって任じ、文書も多く代筆、総司令官の代弁者として日本政府に対する通告などを行なった。GHQ内で参謀第2部(G2)ウィロビー少将との対立・確執は有名。'50年少将。'51年マッカーサー解任とともに退役して共に帰国。以後マッカーサーの死までスポークスマンを務めた。著書に「マッカーサー―歴史とのランデブー」がある。

【著作】
◇日本におけるマッカーサー―彼はわれわれに何を残したか　コートニー・ホイットニー著, 毎日新聞社外信部訳　毎日新聞社　1957

ホイト, エドウィン
Hoyt, Edwin P.
ノンフィクション作家

[国籍] 米国
新聞記者、特派員生活などを経て著作活動に入り、戦史物、ノンフィクション物を手がける。「The Last Cruise of the Emden(エムデン号最後の航海)」(1966年)「Blue Skies and Blood:the Battle of the Coral Sea(サンゴ海の戦い―史上最初の空母戦)」('75年)「The Emperor and The Man(世界史の中の昭和天皇)」などの作品がある。

【著作】
◇空母ガムビアベイ(航空戦史シリーズ)　E. P. ホイト著, 戸高文夫訳　朝日ソノラマ　1986.9
◇世界史の中の昭和天皇―「ヒロヒト」のどこが偉大だったか(Crest)　エドウィン・ホイト著, 樋口清之監訳　クレスト社　1993.5
◇ガダルカナルの戦い―アメリカ側から見た太平洋戦争の天王山　エドウィン・P. ホイト著, 井原裕司訳　元就出版社　2001.6
◇空母ガムビアベイ(学研M文庫)　E. P. ホイト〔著〕, 戸高文夫訳　学習研究社　2002.7

方軍　ほう・ぐん
作家　北京社会科学院中日関係研究センター副研究員

[生年月日] 1954年
[国籍] 中国　[出生地] 北京　[学歴] 北京朝陽夜間大学(日本語)〔1984年〕卒　[団体] 中国作家協会
1970年首都鋼鉄公司工員となる。'73年軍に入隊し、軍隊時代に中国共産党に入党。'80年より北京朝陽夜間大学で日本語を学ぶ。'84年卒業し、読売新聞北京支局で日本人記者の助手を務め、のち日本大使館領事部に勤務。'90年北京の新聞社の記者となり、'91年日本に留学。二つの大学で社会学と経済統計学を学ぶ。'97年3月帰国、同年12月日中戦争に参

加した元日本軍兵士の戦争体験の聞き書きを基にした処女作「我認識的鬼子兵（邦題『私が出会った日本兵―ある中国人留学生の交遊録』）」を刊行。同書は'97年度の中国十大ベストセラーに選出、翌年中国最高レベルの中国図書奨を受賞、'99年度に中国中央実験話劇院により上演され、北京映画製作所で映画化も進められる。北京・盧溝橋の中国人民抗日戦争紀念館で研究の傍ら、北京社会科学院中日関係研究センター副研究員も務める。〔受賞〕中国図書奨〔1998年〕「我認識的鬼子兵」
【著作】
◇私が出会った日本兵―ある中国人留学生の交遊録　方軍著，関直美訳　日本僑報社　2000.8

彭　晋璋　ほう・しんしょう
対中投資コンサルタント　日中総合開発会長，中国綜合開発研究院東京事務所駐日代表

[生年月日] 1945年
[国籍] 中国　[学歴] 北京外国語大学卒　[専門] 中国ビジネス
1974年中国国務院対外貿易省研究員時代、中国展覧会開設のために初来日。'90年中国綜合開発研究院東京事務所駐日代表。'91年日本青年会議所の会員企業が設立したコンサルタント会社シーディーアイ・ジャパン会長に就任。のち日中総合開発会長。中国ビジネス開発センター首席研究員も務める。日本語に堪能。
【著作】
◇日中両国の相互理解にむけて　彭晋璋：対論「日本探究」　講談社　1987.5
◇静岡アジア・太平洋学術フォーラム記録集　第1回　〔静岡県〕　〔1997〕〈内容：日本の進出企業が抱えている諸問題（パラサート・チティワタナポン，ダン・ドゥック・ダン，淵本康方，石村和清，小出正夫，岡村一八，彭晋璋）〉

方　美麗　ほう・びれい
Fang Mei-li
筑波大学外国語センター中国語教員，東京外国語大学非常勤講師

[国籍] 中国　[学歴] 横浜国立大学教育学部国語教育学科〔1992年〕卒，横浜国立大学教育学研究科国語教育研究科〔1994年〕修士課程修了，お茶の水女子大学大学院人間文化研究科〔1997年〕博士課程修了　[専門] 言語学
東京外国語大学アジア・アフリカ研究所非常勤研究員、台湾輔仁大学日本語学科助理教授、静岡大学教育学部非常勤講師集中講義兼任を経て、筑波大学外国語センター中国語教員、東京外国語大学非常勤講師。
【著作】
◇新しい日本学の構築―国際日本学シンポジウム　報告書　2　お茶の水女子大学大学院人間文化研究科国際日本学専攻編　お茶の水女子大学大学院人間文化研究科国際日本学専攻　2001.3〈内容：言語教育のための対照分析及びその応用―日本語と中国語の対照分析から（方美麗）　台湾における日本語教育の現状（方美麗）〉
◇物に対する働きかけを表す連語―日中対照研究　方美麗〔著〕　亜細亜技術協力会海山文化研究所　2004.3
◇「移動動詞」と空間表現―統語論的な視点から見た日本語と中国語　方美麗著　白帝社　2004.5
◇21世紀言語学研究―鈴木康之教授古希記念論集　04記念行事委員会編　白帝社　2004.7〈内容：移動と場所との関係（方美麗）〉

ボグナー，ボトンド
イリノイ大学教授

[生年月日] 1944年
[国籍] 米国　[出生地] ブダペスト（ハンガリー）
[学歴] ブダペスト工業大学大学院，カリフォルニア大学ロサンゼルス校　[専門] 建築学
日本の建築を理解するために東京工業大学大学院で日本建築を学ぶ。以後20年間にわたり日本建築を見続け、日本の伝統的な建築物にも造詣が深い。著書に日本の現代建築家を紹介した「New Japanese Architecture」「The Japan Guide」などがある。
【著作】

◇ザ・ニュー・ジャパニーズ・アーキテクチャー　Botond Bognar著　シグマユニオン, オーク出版サービス〔発売〕　1991.4

ボーゲル, エズラ
Vogel, Ezra Feivel
社会学者　ハーバード大学教授・東アジア研究センター所長　米国国家情報会議（NIC）東アジア太平洋担当上級専門官

［生年月日］1930年7月11日
［国籍］米国　［出生地］オハイオ州デラウェア
［学歴］ウェスレイアン大学〔1950年〕卒, ハーバード大学大学院修了　［学位］社会学博士号（ハーバード大学）〔1958年〕　［専門］日本研究, 中国研究
1958年にハーバード大学で博士号を取得した後、初めて日本で2年間過す。その後'75～76年、'82～83年にも滞日。香港での調査経験も多い。この間、'60～61年エール大学助教授、'61～67年ハーバード大学助教授を経て、'67年に同大社会学教授となり、'73年同大学東アジア研究センター所長。'80年国際関係センターの日米関係に関するプログラム責任者などを歴任。その後も毎年日本を訪れ、米国でも有数の日本通。日本に関する著書も多く、なかでも「ジャパン・アズ・ナンバーワン」('79年）は大ベストセラーになった。'88年の米国大統領候補デュカキス陣営の東アジア政策のブレーンの一人。'93年9月～'95年夏大学を休職して中央情報局（CIA）の関連機関の国家情報会議（NIC）東アジア・太平洋担当上級専門官をつとめた。のちライシャワー日本研究所理事。中国研究者としても著名。他の著書に「日本の新中間階級—サラリーマンとその家族」「可能性の日本」、九州を取り上げた「ジャパン・アズ・ナンバーワン再考」、「中国の実験」「アジア四小龍」などがある。　［受賞］国際交流基金賞（日本）〔1996年〕

【著作】
◇日本人の親子関係と育児様式　E. F. ボーゲル, 祖父江孝男編：現代のエスプリ　〔第23〕至文堂　1969

◇リーダーシップとディシジョン・メイキング　E. F. ヴォーゲル：講座・比較文化　第6巻　研究社出版　1977.9
◇フェア・シェアとフェア・プレイ—日本特有の集団主義こそ余りにも個人主義的なアメリカの組織が陥った病いへの解毒剤ではないか（対談）　E・F・ヴォーゲル, 広中平祐：諸君　1977.11
◇日本株式会社の実態（「ハーバード・ビジネス・レビュー」誌1978年5・6月号）　Ezra F. Vogel, 平山靖也訳：大蔵省調査月報　67(8)　1978.8
◇可能性の日本—ハーバード大学知日派教授が問う　ダニエル・ベル, エズラ・F. ヴォーゲル対談, 崎谷哲夫編著　実業之日本社　1979.1
◇ジャパンアズナンバーワン—アメリカへの教訓　エズラ・F. ヴォーゲル著, 広中和歌子, 木本彰子訳　ティビーエス・ブリタニカ　1979.6
◇日米関係を考える—日本に学ぶ点多いアメリカ　Ezra F. Vogel：日本経済研究センター会報　348　1979.7.15
◇"Japan as No. 1"？—日本賛歌の危ない落とし穴（対談）　Ezra F. Vogel, 永井道雄：朝日ジャーナル　21(36)　1979.9.21
◇「洋魂和才」の時代—アメリカでの日本研究　エズラ・ヴォーゲル：中央公論　1979.9
◇日の丸と星条旗（座談会）　エズラ・ヴォーゲル, ハーバート・パッシン, 佐藤誠三郎：月刊ペン　1979.9
◇道路を除いて日本はNo. 1の国　エズラ・F・ヴォーゲル：週刊文春　1979.12.13
◇80年代・日本は何をなすべきか（日米国際座談会）　E. O. ライシャワー, E. F. ヴォーゲル, I. S. プール, 猪瀬博, 飽戸弘：文芸春秋　1980.1
◇それでもジャパン・アズ・ナンバーワンだ！（インタビュー）　エズラ・F・ヴォーゲル：サンデー毎日　1980.1.6
◇日本人の才覚診断—その国際センスから商業観まで　野田一夫編, エズラ・F. ヴォーゲル講話　日本リクルートセンター出版部　1982.5
◇ジャパン、それでも、ナンバーワン　エズラ・F・ヴォーゲル, 安藤博, 安藤博訳：諸君　14(12)　1982.12
◇日本&日本人に「明日」はあるか（対談）　両角良彦, エズラ・ヴォーゲル：サンデー毎日　62(2)　1983.1.9
◇日本はやはりナンバーワンである　E. F. ヴォーゲル：東洋経済　4421　1983.1.1
◇ジャパンアズナンバーワン再考—日本の成功とアメリカのカムバック　エズラ・F. ヴォーゲル著, 上田惇生訳　ティビーエス・ブリタニカ　1985.1

◇バックス・ニッポニカ—世界一の経済大国、最大の債権国・日本の世紀がきた　エズラ・ヴォーゲル, 伊藤拓一訳:NEXT　3(8)　1986.8
◇エズラ・ボーゲルの「日はまだ昇る」論　エズラ・ボーゲル:月刊ウィークス　7(6)　1991.1臨増
◇誌上対決・エモットvsボーゲル（対談）　ビル・エモット, エズラ・ボーゲル:月刊ウィークス　7(6)　1991.1臨増
◇加速する「ジャパン・アズ・No.1」—課題は三流の政治（対談）　ボーゲル・E., 鈴木正俊:サンサーラ　2(8)　1991.8
◇特別対談・国際社会に向かう日本の視点—世界から問われる「日本型システム」はどこに問題点があるのか。日本の役割の可能性を分析する。(「新春特別企画」21世紀のための日本人論。)　エズラ・ボーゲル, 竹中平蔵:潮　443　1996.2
◇「欧米の日本過小評価の歴史に惑わされるな」('97知の羅針盤「いま、日本が誇れるもの」)　ヴォーゲル, E.：SAPIO　9(2)　1997.2.5
◇ハイブリッド国家日本の創造—新時代への道しるべとアメリカの再生から学ぶこと　エズラ・ヴォーゲル, 仲津真治著　ぎょうせい　1997.12
◇ジャパンアズナンバーワン—それからどうなった（未来ブックシリーズ）　エズラ・F.ヴォーゲル著, 福島範昌訳, バーナード・クリッシャー企画・監修　たちばな出版　2000.5
◇ヴォーゲル、日本とアジアを語る（平凡社新書）　エズラ・ヴォーゲル, 橋爪大三郎著　平凡社　2001.4
◇ジャパンアズナンバーワン　新版　エズラ・F.ヴォーゲル著, 広中和歌子, 木本彰子訳　阪急コミュニケーションズ　2004.12

ボーゲル, スティーブン
Vogel, Steven K.
政治学者　カリフォルニア大学バークレー校准教授

[生年月日]1961年
[国籍]米国　[出生地]マサチューセッツ州ボストン　[学歴]プリンストン大学〔1983年〕卒　[学位]政治学博士（カリフォルニア大学バークレー校）〔1993年〕　[専門]日本政治, 比較政治経済学

社会学者の父、エズラ・ボーゲルの日本滞在に伴い、13歳で来日。日本の高校を卒業後、プリンストン大学へ。「ジャパン・タイムズ」記者を経て、母校で修士号、カリフォルニア大学バークレー校で博士号を取得。その後、日欧の比較研究のため、欧州各地に2年間滞在。1993年カリフォルニア大学アーバイン校助教授,'95年ハーバード大学助教授を経て、のちカリフォルニア大学バークレー校准教授。バークレー世界経済会議研究員なども務める。'97年日本の規制社会を研究した「規制大国日本のジレンマ」を出版。他の著書に「より自由な市場、より多くの規制」などがある。

【著作】
◇対立か協調か—新しい日米パートナーシップを求めて　スティーヴン・K.ヴォーゲル編著, 読売新聞社調査研究本部訳　中央公論新社　2002.5
◇新・日本の時代—結実した穏やかな経済革命　スティーヴン・ヴォーゲル著, 平尾光司訳　日本経済新聞社　2006.5

ホジソン, C. P.
Hodgson, Christopher Pemberton
外交官　駐日イギリス箱館駐在領事

[生年月日]1821年
[没年月日]1865年10月11日
[国籍]英国　[出生地]アイルランド

オーストラリアで5年間滞在の後、イギリスに戻り、オーストラリアの印象記を刊行する。のちエジプト、アビシニア、アラビア、セイロンを訪れ、1849年に帰国。1851年からスペイン国境に近いフランス西部のポーの街で無給のイギリス副領事となり、外交官としての生活を始める。1859年6月18日に長崎のイギリス領事として来日。同年函館が開港されたため函館に転じる。1860年8月まで在任し、翌年3月離日。イギリスに帰国の後、フランスに渡り、かつての赴任地のポーに移住し、同地で没した。函館在任中は植物採集に熱心で、標本をイギリスのキュー植物園のウィリアム・フッカー卿のもとに送った。長崎・箱館での滞在記を1861年にロンドンで刊行した。

【著作】
◇長崎函館滞在記　ホジソン著, 多田実訳　雄松堂出版　1984.9

ボーシャン, エドワード・ロバート
Beauchamp, Edward Robert
教育学者　ハワイ大学教授

[生年月日] 1933年
[国籍] 米国　[学歴] ワシントン大学大学院修了　[学位] 博士号 (ワシントン大学) 〔1973年〕
日米教育関係が専門。朝鮮動乱に従軍中、休暇で来日し京都に遊ぶ。帰国後、大学院で日本語を学ぶ。1969年ハワイ大学助教授。'73年グリフィス研究で博士号を取得。'75年慶応大学と国際基督教大学で交換教授として来日。アジア研究学会、日本研究学会会員に所属。著書「An American Teacher in Meiji Japan」('76年)、「Education in Contemporary Japan」('82年)。

【著作】
◇教育は「危機」か―日本とアメリカの対話　天野郁夫〔ほか〕編　有信堂高文社　1987.4〈内容：日米の教育改革の伝統（エドワード・R. ボーシャン）〉

ボスカロ, アドリアーナ
Boscaro, Adriana
日本研究者　ヨーロッパ日本研究協会会長

[生年月日] 1935年
[国籍] イタリア　[学歴] ベネチア大学〔1969年〕卒　[団体] ヨーロッパ日本学会
1969～71年文部省の給費留学生として東京大学資料編纂所で学ぶ。のち度々来日し、ベネチア大学でアジア史を講じる一方、16世紀の日本交渉史、キリシタン史、現代日本文学の研究を行う。'74年、'76年に遠藤周作の翻訳をイタリアの日本研究誌「Il Giappone」に発表。また谷崎潤一郎の人と作品についての著作、論文も発表。ヨーロッパ日本研究協会会長を務めた。著書に「Sixteenth Century European Printed Works on the First Japanese Mission to Europe（最初の日本遣欧使節に関する16世紀欧州における出版物）

」('73年)。　[受賞]岡野賞（日本）〔1990年〕[叙勲]勲三等瑞宝章（日本）〔1999年〕
【著作】
◇谷崎潤一郎国際シンポジウム　アドリアーナ・ボスカロ〔ほか〕著　中央公論社　1997.7〈内容：序文（アドリアーナ・ボスカロ）あの足の跡をたどって（アドリアーナ・ボスカロ）〉

ボストン, アーサー
Boston, Arthure
日本研究家

[生年月日] 1945年
[国籍] 米国
米国東部の古い港町に生まれる。アイビー・リーグの名門校で東洋史を専攻。在学中より来日し、卒業後も度々日本を訪れ日本史と日本文化を研究。在日企業の顧問をしながら、中国・東南アジアを回る。のち、米国に帰国。著書に「日本人は鰯の群れ」がある。

【著作】
◇日本人は鰯の群れ―戦後民主主義は間違っていた！　アーサー・ボストン著, 細川呉港訳　光人社　2001.9

ポズニェーエフ, D. M.
Pozdneev, Dmitrii Matveevich
東洋学者

[生年月日] 1865年
[没年月日] 1942年
[国籍] ロシア　[学歴] キーエフ神学大学卒, ペテルブルグ大学卒
キーエフ神学大学とペテルブルグ大学に学び、1906年～1910年に日本に留学する。この間にニコライ大主教と親交を得る。東洋学者として、ペテルブルグ大学、東洋学院、東洋実業学院、レニングラード大学、レニングラード東洋学院、フルンゼ記念陸軍大学などで教鞭をとり、日本、中国、モンゴルなどに関する研究を多数発表する。ニコライ没後、1912年2月にペテルブルグでニコライ大主教追悼講演が行なわれ、その原稿を基に「明治日本とニコライ大主教」が1912年に刊行された。

【著作】
◇明治日本とニコライ大主教（もんじゅ選書）ドミートリー・マトヴェーヴィチ・ポズニェーエフ〔著〕,中村健之介編訳　講談社　1986.11

ホーズレー, ウィリアム
Horsley, William
ジャーナリスト　BBCボン特派員

[生年月日] 1947年
[国籍] 英国　[学歴] オックスフォード・ペンブローク大学（英文学・日本学）
BBC東京支局長を経て、BBCボン特派員に。著書に「日本は豊かか」「英作文がうまくなる100日コース」「ドキュメント　超大国ニッポン—イギリス人の見た戦後の日本」（共著）など。
【著作】
◇日本は豊かか—BBC特派員英語リポート（Simul Academy Cassette book）ウイリアムズ・ホーズレー著,ホーズレー順子訳　サイマル出版会　1987
◇超大国ニッポン—ドキュメント　イギリス人の見た戦後の日本　ウィリアム・ホーズレイ,ロジャー・バックレイ著,菅原啓州監訳　日本放送出版協会　1991

ホセ, リディア・N. ユー
Jose, Lydia N. Yu
政治学者　アテネオ・デ・マニラ大学政治学科教授

[国籍] フィリピン　[学歴] 上智大学大学院博士課程修了　[学位] 博士号（上智大学）　[専門] フィリピン・日本関係史
国際関係論で博士号を取得。アテネオ・デ・マニラ大学政治学科・日本研究プログラム教授（同政治学科長、日本研究プログラム長を歴任）を務める。日比交流史研究フォーラム副代表も務める。
【著作】
◇近現代日本・フィリピン関係史　池端雪浦,リディア・N. ユー・ホセ編　岩波書店　2004.2

ポーゼン, アダム
Posen, Adam S.
エコノミスト　国際経済研究所（IIE）上級研究員

[生年月日] 1966年
[国籍] 米国　[学位] 政治経済学博士（ハーバード大学）　[専門] マクロ経済政策,日本経済
1992～93年ドイツのシンクタンクの研究員を務めるとともに、ドイツ銀行で旧東欧での外国からの投資の調査を担当。'93～94年ブルッキングス研究所研究員。'94～97年にはニューヨーク連邦銀行のエコノミストとして、金融政策や金融システムの安定の問題に取り組み、ドイツ経済の見通しや先進7ケ国（G7）の経済の現状や欧州通貨統合を調査するチームの一員となる。のち、ワシントンに本拠を置く国際経済研究所（IIE）上級研究員。著書に「日本の景気回復」「日本経済の再挑戦」「日本の金融危機」などがある。
【著作】
◇日本経済の再挑戦—成長回復への3つの政策　アダム・S. ポーゼン著,三原淳雄,土屋安衛訳　東洋経済新報社　1999.5
◇日本の金融危機—米国の経験と日本への教訓　三木谷良一,アダム・S. ポーゼン編,清水啓典監訳　東洋経済新報社　2001.8〈内容：ディスカッション：日本の金融政策—デフレ金融政策の政治経済学　他（アダム・S. ポーゼン））

ポーター, マイケル
Porter, Michael E.
ハーバード大学ビジネススクール教授

[国籍] 米国　[出生地] ミシガン州アナーバー　[学歴] プリンストン大学工学部航空機械工学科〔1969年〕卒,ハーバード大学ビジネススクール修士課程修了　[学位] M. B. A.〔1971年〕, Ph. D.（ハーバード大学）〔1973年〕
[専門] 経営戦略論
1973年以来ハーバード大学ビジネススクールで教鞭をとり、'82年に同校史上最も若くして正教授となる。AT&T、ウェスティングハウス、ロイヤル・ダッチ・シェルなど多くの企業の経営戦略のアドバイザーも務める。

主要編著書に「競争の戦略」('80年)、「競争優位の戦略」('85年)、「グローバル企業の競争戦略」、「国の競争優位」('90年)など。
【著作】
◇日本モデルの限界と再生への道筋(フォーリン・アフェアーズ論文) ポーター, マイケル, 竹内弘高：論座　52　1999.8

ボダルト・ベイリー, ベアトリス
Bodart-Bailey, Beatrice M.
大妻女子大学比較文化学部教授

[生年月日]1942年
[国籍]ドイツ　[出生地]シュベーリン　[学歴]オーストラリア国立大学卒、オーストラリア国立大学大学院修了　[学位]文学博士　[専門]日本史
1970年頃ドイツの航空会社の社員として東京の事務所に勤務。傍ら、上智大の語学教室で日本語を学ぶ。織部石灯篭の中にマリア像を見かけたことがきっかけで日本史に興味を持ち、'87年江戸時代来日したドイツ人医師ケンペルの著作に出会い、'91年日本国際文化研究センター客員助教授として来日後ケンペルの足跡を調査し、「日本誌」の英訳に誤訳を発見、その生涯を「将軍のための歌」という本にまとめた。オーストラリアの外交官と結婚、同国立大学リサーチ・フェローに。のち神戸大学経済学部教授を経て、大妻女子大学教授。他の著書に「ケンペルと徳川綱吉―ドイツ医師と将軍との交流」、共著に「遙かなる目的地―ケンペルと徳川日本の出合い」などがある。
【著作】
◇ケンペルと徳川綱吉―ドイツ人医師と将軍との交流(中公新書)　B. M. ボダルト=ベイリー著, 中直一訳　中央公論社　1994.1
◇遙かなる目的地―ケンペルと徳川日本の出会い　ベアトリス・M. ボダルト=ベイリー, デレク・マサレラ編, 中直一, 小林早百合訳　大阪大学出版会　1999.7

ホッパー, ヘレン
Hopper, Helen M.
ピッツバーグ大学準教授

[国籍]米国　[学歴]ワシントン大学, スタンフォード大学(日本語学)　[学位]博士号(ワシントン大学)　[専門]日本史
大学卒業後、日本に2年間滞在。N. Y. のエンパイア・ステート・カレッジの準教授を経て、ピッツバーグ大学準教授。著書に「加藤シヅエ 百年を生きる」(1996年)。
【著作】
◇加藤シヅエ百年を生きる　ヘレン・M. ホッパー著, 加藤タキ訳　ネスコ　1997.3

ボードリ, ピエール
Baudry, Pierre
エス・ビー・エイ社長

[生年月日]1943年
[国籍]フランス　[出生地]パリ　[学歴]パリ大学法学部卒
政府派遣により日本原子力研究所、科学技術庁などでフランス語を教える。1973年再来日、外資系企業向けの日本国内マーケティング調査会社エス・ビー・エイを設立、社長に就任。日本語を流暢に話し、日本文化に造詣が深い。パチンコ台の収集家でもあり、20年間で700台を集め、南フランス・モンペリエの別荘に保管。これらのほとんどがフランス製であることから、"パチンコはヨーロッパで生まれ日本に広まった"との自説を展開する。　[叙勲]フランス国家功労勲章シュバリエ章〔1992年〕
【著作】
◇ハダカになりたがる日本人(座談会)　ピーター・ミルワード, ウォルター・ストーク, ピエール・ボードリ, マシュー J. サイデン：現代　1977.5
◇阪神・淡路地域復興国際フォーラム会議記録集〔総理府阪神・淡路復興対策本部〕〔1995〕〈内容：阪神・淡路地域における情報通信、生活・文化産業の発展に向けた課題(ピエール・ボードリ, スコット・グラーゴ, トーマス・オッシンジャー)〉

ボートン, ヒュー
Borton, Hugh
日本学者　コロンビア大学教授, ヘイバーフォード・カレッジ学長

[生年月日] 1903年5月14日
[没年月日] 1995年8月6日
[国籍] 米国　[学歴] ヘイバーフォード・カレッジ〔1926年〕卒, コロンビア大学大学院〔1932年〕修了, 東京帝国大学, ライデン大学　[学位] 博士号(ライデン大学)〔1937年〕
米国の第一世代の知日家。25歳の時、American Friends Service Committeeの代表として来日。1931〜37年コロンビア大学や東京帝国大学などで日本史を研究。'37年徳川期の農民一揆をテーマとした論文でライデン大学から博士号授与。'37〜47年コロンビア大学講師、準教授、'47〜57年同大学教授、'57〜67年ヘイバーフォード・カレッジ学長、'69〜83年コロンビア大学上級研究準教授を歴任。アジア研究学会会員。著書「Peasant Uprising in Japan of the Tokugawa Period」('68年)、「Japan since 1931:Its Political and Social Developments」('73年)、「Japan between East and West」('76年)等多数。

【著作】
◇連合国占領下の日本　ヒュー・ボートン, F.C. ジョーンズ, B. R. バーン共著, 小林昭三訳　憲法調査会事務局　1958
◇戦後日本の設計者—ボートン回想録　ヒュー・ボートン著, 五百旗頭真監修, 五味俊樹訳　朝日新聞社　1998.3

ホートン, マック
Horton, Mack H.
翻訳家　カリフォルニア大学助教授

[生年月日] 1952年
[国籍] 米国　[出生地] マサチューセッツ州ボストン　[学歴] ハーバード大学大学院〔1981年〕修士課程修了　[学位] 博士号(カリフォルニア大学バークレー校)〔1989年〕　[専門] 日本文学
「日本古典文学」の研究で博士号取得。ドナルド・キーンが初めて西洋に紹介した中世の連歌師・宗長が著した日記の翻訳、研究本を手掛けたことが評価され、コロンビア大学のドナルド・キーン日本文化研究所より日米友好委員会賞を受賞。日本の文学、歴史、建築に関する翻訳を数多く手掛ける。他の訳書に「源氏物語」などがある。　[受賞] ドナルド・キーン日本文化研究所日米友好委員会賞(1993年度)

【著作】
◇源氏物語　〔紫式部〕〔原著〕, 宮田雅之切り絵, マック・ホートン英訳　講談社インターナショナル　2001.10
◇国際化の中の日本文学研究(国際日本文学研究報告集)　伊井春樹編　風間書房　2004.3　〈内容：連歌とジャズ(マック・ホートン)〉

ポニッスィ, ダリオ
Ponissi, Dario Louis
俳優, ダンサー　THE ACTING SOCIETY主宰, 成蹊大学講師

[国籍] イタリア　[学歴] トリノ大学卒　[団体] 現代舞踊協会, 日本ヴェルディ協会(理事)
当初は写真家を目指したが、やがて演劇やダンスに興味を持ち、ニューヨークに留学。同地で日本人ダンサーに来日を勧められ、1987年来日。現代舞踊協会に所属して舞台の客演、演劇ワークショップなどを行う傍ら、外国人モデル・タレント事務所に所属してCMなどに出演。'94年からNHKテレビ・ラジオのイタリア語番組で講師を始め、自身のコーナーでは企画・構成・脚本・演出から、作詞・作曲・衣装・小道具までを担当。2001年NHK大河ドラマ「北条時宗」にマルコ・ポーロ役で出演。

【著作】
◇なぜニッポン人は美しい風習を捨てるのか—親日家8人からの熱きメッセージ　明拓出版編集部編, ピーター・フランクル, ダリオ・ポニッスィ, 孔健, アマドゥ・トゥンカラ, 紀井奈栗守, ビル・トッテン, 郭洋春, キム・ヨンジャ著　明拓出版　2006.2

ボブ，ダニエル
Bob, Daniel E.
ジャパン・ソサエティー日米関係プログラム・アシスタントディレクター

[国籍]米国　[学歴]エール大学卒，ハーバード大学大学院修了
全米にわたるインタビュー、アンケート調査に基づき、在米日本企業に対する米国民の意識を探った著書「アメリカ市民が見た日本企業」を出版。
【著作】
◇アメリカ市民が見た日本企業—期待される企業市民像　ジャパン・ソサエティー編，ダニエル・ボブ著，青木栄一，大原進訳　日本経済新聞社　1991.4
◇日米戦後関係史—パートナーシップ 1951-2001　入江昭，ロバート・A. ワンプラー編，細谷千博，有賀貞訳　講談社インターナショナル　2001.9〈内容：合衆国議会と日本（ダニエル・E. ボブ）〉

ボ・ミン・ガウン
Bo Min Gaung
政治家　ビルマ内相

[生年月日]1920年
[没年月日]1983年
[国籍]ミャンマー　[出生地]ターヤーワディ県
アウンサン将軍の副官を経て内相（1958年4～10月）、運輸相などを歴任した。著書に「アウンサン将軍と三十人の志士—ビルマ独立運動義勇軍と日本」がある。
【著作】
◇アウンサン将軍と三十人の志士—ビルマ独立義勇軍と日本（中公新書）　ボ・ミンガウン著，田辺寿夫訳編　中央公論社　1990.7

ボーラス，マイケル
Borrus, Michael G.
カリフォルニア大学バークレー校教授・国際経済円卓会議（BRIE）共同議長

[国籍]米国　[学歴]プリンストン大学卒　[学位]法学博士（ハーバード大学）〔1982年〕　[資格]弁護士
国際経済・企業戦略を研究。大統領半導体諮問委員会の特別メンバーなどを歴任。
【著作】
◇日米産業競争の潮流—経済摩擦の政治経済学　ジョン・ザイスマン，ローラ・タイソン編著，国則守生〔ほか〕訳　理工図書　1990.8
◇日米経済関係の新段階—国際シンポジウム（エコ・フォーラム）　統計研究会編　統計研究会　1993.10〈内容：冷戦後の貿易—新たな日米関係の構築（マイケル・ボーラス）〉

ポラック，クリスチャン
Polak, Christian
経営コンサルタント　セリク社長

[生年月日]1950年8月6日
[国籍]フランス　[出生地]ピレネー地方　[学歴]パリ大学東洋語学研究所〔1971年〕卒，一橋大学大学院法学研究科〔1980年〕博士課程修了　[学位]法学博士　[団体]日本歴史学会，日本仏学史学会，日本ペンクラブ，八雲会
日本政府国費留学生として来日、早稲田大学語学研究所に入る。1972年一橋大学に移り、'80年同大大学院博士課程を修了。「1914～25年までのフランスの極東政策と日仏関係」で学位を取得。同年フランス外務省派遣日仏会館研究員。'81年に日仏企業の業務提携・合併などのコンサルティングを行うセリク社を設立。'84年ボロレジャポン社設立。'87年スカックジャポン社社長。'96年から欧州最大の自動車用シートメーカー、ベルトランフォールの日本法人・ベルトランフォール・ジャパン社長。日仏クラブ駐日フランス代表や日本の経済審議会国民生活小委専門委員、同臨時委員も務める。日仏外交関係を中心とした幕末の歴史に詳しく、著書に「ジャポニチュード」「日本外交史」「フランス・日本学」「函館の幕末・維新」などがある。　[受賞]フランス国家功労賞〔1989年〕
【著作】
◇孤高ナショナリズムの島・日本—現職フランス外交官による日本および日本人の分析　ティエリ・ド・ボッセ，クリスチャン・P・ポラック，大友竜訳，倉田保雄解説：中央公論 93（4）　1978.4

◇ジャポニチュード—日本の深層構造　ティエリ・ド・ボッセ, クリスチャン・ポラック著, 荒木亨訳　サイマル出版会　1980
◇「第二の開国」の波　クリスチャン・ポラック：中央公論　1981.1
◇滞日10年の"誤解"—この不思議な国ニッポン　クリスチャン・ポラック：中央公論　1981.3
◇絹と光—知られざる日仏交流100年の歴史　江戸時代～1950年代　クリスチャン・ポラック著　アシェット婦人画報社　2002.5
◇筆と刀—日本の中のもうひとつのフランス　1872-1960　クリスチャン・ポラック著, 在日フランス商工会議所企画・編集, 石井朱美, 後平澪子, 望月一雄訳　在日フランス商工会議所　c2005

ホラーマン, レオン
Hollerman, Leon
経済学者　セント・オラーフ・カレッジ経営経済学教授

[国籍]米国

クレアモント・マッケナ・カレッジ及びクレアモント・グラデュエート・スクールの経済学教授などを歴任。日本の各界に幅広い人脈を有し、日本経済の実態面に精通したジャパノロジスト。著書に「『日本株式会社』の崩壊」など。

【著作】
◇「日本株式会社」の崩壊—そして、その後にくるもの　レオン・ホラーマン著, 益戸欽也訳　産能大学出版部　1990.9

ホランド, ハリソン
Holland, Harrison M.
スタンフォード大学北東アジア・米国国際フォーラム研究員　サンフランシスコ州立大学日米研究所所長

[生年月日] 1921年
[国籍]米国　[専門]日本の外交・安全保障

1947～54年国務省、'54～71年駐日大使館勤務。日本在勤中に日本語をマスターし、'60～62年日米領事協定の交渉に当たる。'62～66年日米安保条約にかかわる事案を担当。'71年サンフランシスコ州立大学日本研究所教授となり、'73年同大学に日米研究所を創設、'80年代まで所長を務めた。その後、慶応義塾大学客員研究員などを経てスタンフォード大学の研究員に。日本の外交・安全保障に関する著書や論文を多数発表、近著に「防衛管理—日本のジレンマ」「日本とアメリカの20世紀」など。

【著作】
◇日米外交比較論　ハリソン・M.ホーランド著, 池井優監訳　慶応通信　1986.12
◇日米同盟に未来はあるか　ジョン・K.エマソン, ハリソン・M.ホランド著, 岩島久夫, 岩島斐子訳　朝日新聞社　1991.3
◇危機における日米同盟関係の管理—日本、アメリカに挑む　ハリソン・M.ホーランド著, 富賀勉訳　東亜印刷工芸社(印刷)　1994.11
◇知られざる日本—山形にみるその保守のこころ　ハリソン・M.ホーランド著, 富賀勉訳述　エイル語学研究所　1998.4

ボリア, ディミトリー
Boria, Dimitri
写真家　連合国軍総司令部(GHQ)専属カメラマン

[生年月日] 1902年3月13日
[没年月日] 1990年5月20日
[国籍]米国　[出生地]アルバニア

1921年19歳で米国に移住。ミシガン州デトロイトで美術を学び、カリフォルニア州ハリウッドに移る。'40年徴兵され、訓練や諜報のための写真や映画を習得。'45年5月国連の雇われ、ヨーロッパの戦禍の跡と復興の様子を撮影するカメラマンとなる。'47年連合国軍総司令部(GHQ)の専属カメラマンとして来日し、占領下の日本を撮影。昭和天皇の全国巡幸に同行するなど約14年にわたって活動した。'61年帰国。'90年に亡くなる直前に日本で撮った約3万点の写真をバージニア州のマッカーサー記念館に寄付した。これらの写真が、2007年「GHQカメラマンが撮った敗戦ニッポン」として出版された。

【著作】
◇GHQカメラマンが撮った戦後ニッポン—カラーで蘇る敗戦から復興への記録　ディミトリー・ボリア撮影, 杉田米行編著　アーカイブス出版　2007.5
◇続・GHQカメラマンが撮った戦後ニッポン—カラーで蘇るあの時代の日々　ディミトリ

ー・ボリア写真撮影, 杉田米行編著　アーカイブス出版　2007.7

堀江 インカピロム・プリヤー ほ
りえ・インカピロムプリヤー
Horie Ingkaphirom Preeya
タイ国立研究所日本語研究センター第三研究室主任研究官

［国籍］タイ　［出生地］バンコク　［別名等］通称=堀江プリヤー　［学歴］タマサート大学卒, 東京外国語大学大学院修士課程修了, カリフォルニア大学バークレー校社会言語学専攻博士課程修了　［学位］Ph. D.（社会言語学, カリフォルニア大学）　［専門］社会言語学
タマサート大学で日本語を教えたのち, 平成2年から国語研究所日本語教育センター主任研究官を務める。夏目漱石「こころ」のタイ語訳を教え子と出版, ベストセラーを記録した。共著に「桜の国を見る」「日本留学ハンドブック」「日本でのサバイバル・ハンドブック」「武士の700年」「日本語文法」「プリヤーのタイ語会話」、訳書に「日本語ノート〈1〜7〉」「日本のエチケット」他がある。
【著作】
◇アジアにおける異文化交流—ICU創立50周年記念国際会議　飛田良文〔ほか〕編　明治書院　2004.3〈内容：あいまいな日本語とタイ（堀江・インカピロム・プリヤー）〉

ホリオカ, チャールズ・ユウジ
Horioka, Charles Yuji
大阪大学社会経済研究所教授

［生年月日］1956年9月7日
［国籍］米国　［出生地］マサチューセッツ州ボストン　［学歴］ハーバード大学経済学部〔1977年〕卒, ハーバード大学大学院経営経済学〔1983年〕博士課程修了　［学位］Ph. D.（経営経済学, ハーバード大学）〔1985年〕　［専門］計量経済学, マクロ経済学　［団体］日本経済学会（学会誌編集委員）, アメリカ経済学会, 東京経済研究センター, National Bureau of Economic Research（全米経済研究所, リサーチ・アソシエート）, International Economic Review（副編集長）

京都大学助教授を経て, 大阪大学社会経済研究所助教授, のち教授。この間, IMFコンサルタント, スタンフォード大学客員助教授, コロンビア大学客員准教授なども務めた。著書に「高齢化社会の貯蓄と遺産・相続」「日米家計の貯蓄行動」など。　［受賞］中原賞〔平成13年〕
【著作】
◇日米家計の貯蓄行動（郵政研究所研究叢書）　チャールズ・ユウジ・ホリオカ, 浜田浩児編著　日本評論社　1998.3

ポリワーノフ, エフゲニー・ディミトリーヴィチ
Polivanov, Evgenii Dimitrievich
言語学者

［生年月日］1891年3月12日
［没年月日］1938年1月25日
［国籍］ロシア　［出生地］スモレンスク　［学歴］ペテルブルグ大学, オリエンタル・プラクチカル・アカデミー日本語科　［専門］日本語方言
1919年から'21年まで母校ペテルブルグ大学教授として教鞭を取った。'21年モスクワに移りコミンテルンで働き, のちタシュケントに転じたが, '27年再びモスクワに帰り社会科学研究所に於いて語学の研究に従事した。'14年来日, 長崎県三重村他で日本語の方言を採集しアクセントの分析など比較研究を行なった。翌'15年にも再び来日した。ポリワーノフは東京帝国大学心理学教室で実験したが, その際助手を務めたのが佐久間鼎であった。佐久間の「日本音声学」（'29年）はポリワーノフの影響を受けたと云われる。'38年スターリン粛正の犠牲となり逮捕の末獄された。同年1月25日スモレンスクの獄中で死亡したと伝えられる。「日本語研究」は村山七郎訳編で'71年刊行された。ポリワーノフに対する研究は従来殆ど行われていなかったが'88年に至りV. ラルツエフによる伝記が発表された。
【著作】
◇日本語研究　E. D. ポリワーノフ著, 村山七郎編訳　弘文堂　1976

ホール, アイバン
Hall, Ivan
学習院大学教授

[生年月日] 1932年
[国籍] 米国　[学歴] プリンストン大学卒, ハーバード大学大学院日本史専攻博士課程修了
[専門] 日本史

ハーバード大学で博士号取得。1977～84年日米友好基金事務総長代理兼在日代表の後、慶応義塾大学客員教授、学習院大学教授を歴任。米国屈指の知日家として知られる。

【著作】
◇私のみた日本および日本人　アイヴァン・ホール、ハンス・E・プリングスハイム、ヨゼフ・ピタウ、ケー・ヴィー・ナライン、村部保：経営者　25(1)　1971.1
◇知の鎖国―外国人を排除する日本の知識人産業　アイヴァン・ホール著、鈴木主税訳　毎日新聞社　1998.3

ホール, エドワード
Hall, Edward Twitchell
人類学者　ノースウェスタン大学教授

[生年月日] 1914年5月16日
[国籍] 米国　[出生地] ミズーリ州ウェブスター・グローブス　[学歴] パモナ大学、デンバー大学、アリゾナ大学　[学位] 哲学博士(コロンビア大学) 〔1942年〕　[専門] 比較文化論、文化間コミュニケーション

ピーボディー博物館に勤めた後、1946年よりデンバー大学、ベニントン大学、イリノイ工科大学などで教え、'67年ノースウェスタン大学教授となる。この間、'50～55年国務省の依頼で海外派遣要員の訓練にあたったり、ハーバード大学ビジネス・スクールなどの客員教授も務めた。人類学者としてミクロネシア、米国南西部、ヨーロッパなどで調査研究し、フィールド経験をもとに人間交渉の諸形態を中心に比較文化論を展開。文化間コミュニケーションを専門として、"プロクセミックス(Proxemics)"という学問を提唱した。著書に「沈黙の言語」('59年)、「かくれた次元」('66年)、「文化を超えて」などがある。

【著作】
◇かくれた差異―ドイツ人を理解するために　エドワード・T・ホール、ミルドレッド・リード・ホール著、勝田二郎訳　メディアハウス出版会　1986.4
◇摩擦を乗り切る　エドワード・T・ホール、ミルドレッド・R・ホール著、國弘正雄訳　文芸春秋　1987.2
◇文化の差異をいかに超えるか(対談)　エドワード・T・ホール、青木保：中央公論　103(1)　1988.1

ホール, ジョン
Hall, John Whitney
歴史学者、日本研究家　エール大学名誉教授

[生年月日] 1916年9月23日
[没年月日] 1997年10月21日
[国籍] 米国　[出生地] 日本・東京　[学歴] アマースト大学〔1939年〕卒、ハーバード大学大学院東アジア言語学科〔1950年〕修了　[学位] 博士号〔1950年〕　[専門] 日本史

宣教師の息子として東京で生まれる。14歳の頃から京都の文化、特に能、狂言に関心をもつ。1939年から2年間、同志社大学予科において英語を教授。'41年米海軍日本語学校へ入学。卒業後、海軍情報将校として対日戦に従事。戦後、'48年からミシガン大学で教鞭をとり、'55年準教授、'57年日本研究センター長、'59年教授。この間、'50年に田沼意次研究で博士号を取得。'61～83年エール大学史学科教授。日本前近代社会の構造、封建制度、日本の近代化等の研究に取り組んだ。またマス・メディアや講演などを通じて幅広く日本を紹介するオピニオン・リーダーとして活躍。'58年より10年間にわたって日本近代化に関する日米共同研究の議長を務めた。著書に「日本における近代化の問題」「日本の歴史」「徳川社会と近代化」「室町時代」などがある。

【著作】
◇日本見たまま(座談会)　ジョン・W・ホール、ジェームス・A・ココリス、ジョセフ・L・サトン、エドウィン・L・ネビル、ガストン・T・シガー：地上　6(6)　1952.6
◇日本の歴史　上　ジョン・W・ホール著、尾鍋輝彦訳　講談社　1970

◇日本の歴史 下 ジョン・W. ホール著, 尾鍋輝彦訳 講談社 1970
◇徳川社会と近代化 ジョン・W. ホール, マリウス・B. ジャンセン編, 宮本又次, 新保博監訳 ミネルヴァ書房 1973
◇日本文化と東洋 吉川幸次郎, 白鉄, ジョン・W. ホール：日本文化研究国際会議議事録 日本ペンクラブ 1973
◇室町時代—その社会と文化 豊田武, ジョン・ホール編 吉川弘文館 1976
◇1980年代における日本研究 ジョン・W. ホール：米国における日本研究 国際交流基金 1984.3
◇米国における日本研究 ジョン・W. ホール： THIS IS 1(6) 1984.9

ホール, ベイジル
Hall, J. Basil
海軍軍人

[生年月日] 1788年12月31日
[没年月日] 1844年9月11日
[国籍] 英国 [出生地] スコットランド・エディンバラ

実験地質学の創始者といわれるジェイムス・ホール卿の二男に生まれる。母親は伯爵の令嬢。は1802年に海軍に入り、対ナポレオン戦争で戦功をあげる。1814年に10門の大砲をもつライラ号の艦長に任じられる。1816年7月ライラ号の艦長として沖縄に来航。滞在中、住民達の国民性、社会性、言語等について詳細に調査し、1818年に「朝鮮沿岸及び大琉球島航海探検記」として刊行する。1823年に海軍を退く。1842年精神に異常をきたし、2年後に死去した。明治期のイギリス人日本学者バジル・ホール・チェンバレンの外祖父にあたる。

【著作】
◇▽大琉球島探検航海記▽ 須藤利一訳 野田書房 1940
◇大琉球島航海記 須藤利一訳（異国船来琉記） 法政大学出版会 1974
◇朝鮮・琉球航海記—1816年アマースト使節団とともに（岩波文庫） ベイジル・ホール著, 春名徹訳 岩波書店 1986.7

ボール, マクマホン
Ball, MacMahon
政治学者, 経済学者, 国際政治評論家
メルボルン大学教授, 連合国対日理事会イギリス連邦代表

[生年月日] 1901年8月29日
[没年月日] 1986年12月26日
[国籍] オーストラリア [出生地] ビクトリア州 [本名] Ball, William MacMahon [学歴] メルボルン大学卒, ロンドン大学

第2次大戦中の1940〜44年オーストラリア国営放送（ABC）海外放送監督官、ほかに南西太平洋連合軍政治戦争委員会委員をつとめ、'45年メルボルン大学教授となる。'46年4月来日し、'47年秋まで連合国対日理事会（Allied Council for Japan）イギリス連邦代表および駐日オーストラリア代表部主席。帰国後、メルボルン大学教授に復帰。アジア諸国を歴訪し、極東問題の権威として知られた。主著に「日本—敵か味方か（Japan—enemy or ally）」（'48年）、「アジアの民族主義と共産主義（Nationalism and communism in East Asia）」（'52年）、「日本占領の日々—マクマホン・ボール日記」など。

【著作】
◇日本—敵か味方か マクマホン・ボール著, 中山立平, 内山健吉訳 筑摩書房 1953
◇アジアの目的・日本の目的（対談） マクマホン・ボール, 羽仁五郎：中央公論 1954.4
◇日本占領の日々—マクマホン・ボール日記 マクマホン・ボール〔著〕, アラン・リックス編, 竹前栄治, 菊池努訳 岩波書店 1992.4

ボルガ, ファン
Volga, Fun
エッセイスト

[生年月日] 1959年
[国籍] アルゼンチン [学歴] コルドバ・カトリック大学電子工学科卒, 上智大学大学院

10才からブリティッシュアカデミーに通い、英語をマスター。1983年初来日。上智大学大学院でマネジメントを学んだ後、日本の大手コンピュータ会社、銀行で海外マーケティングや国際ビジネスのマネジャーとして活躍。

また、英語系雑誌を中心にエッセイストとして執筆活動を続け、自らが体験した様々なカルチャー・ギャップを「不思議の国ニッポン体験記」として英文雑誌「ミニワールド」に連載。同様の単行本シリーズ「どーも・どーも・パラダイス」は英文書籍としてのベストセラーになり、'92年アルゼンチン作家協会エッセイ賞を受賞。
【著作】
◇どーもどーもパラダイス―おもろすぎるわ日本人！(English zone books) ファン・ボルガ著　中経出版　2003

ホルスティン，ウィリアム
Holstein, William J.
ジャーナリスト　「ビジネス・ウィーク」誌記者

[国籍]米国　[専門]日米関係
日本特派員10数年のキャリアがあり、日米問題の専門家。著書に「The Japanese Power Game」など。
【著作】
◇ザ・ジャパニーズ・パワーゲーム―アメリカのどこが、なぜダメなのか？　ウイリアム・J・ホルスタイン著, 田原総一朗監訳　JICC出版局　1991

ボルドリーニ，ステーファノ
Boldrini, Stefano
サッカージャーナリスト

[生年月日]1959年
[国籍]イタリア　[出生地]ローマ
イタリア最大の発行部数を誇る「コリエーレ・デッラ・セーラ」のASローマ担当記者を経て、フリーのジャーナリスト。長いスポーツ記者歴を持ち、ローマ通としてASローマに関する小事典「ローマの名の下に In nome della Roma」を出版。他の著書に「NAKATA―中田英寿イタリア戦記」などがある。
【著作】
◇Nakata―中田英寿イタリア戦記　ステーファノ・ボルドリーニ著, 片野道郎訳　朝日新聞社　2001.9

◇Nakata―中田英寿イタリア戦記（朝日文庫）ステーファノ・ボルドリーニ著, 片野道郎訳　朝日新聞社　2003.7

ポールトン，コーディ
Poulton, Cody
ビクトリア大学助教授

[生年月日]1955年
[国籍]カナダ　[学歴]トロント大学博士課程
[専門]日本近代文学
著書に「龍潭譚」、共同執筆に「井伏鱒二研究」「アニミズムを読む―日本における自然・生命・自己」など。
【著作】
◇日本文学における〈他者〉　鶴田欣也編　新曜社　1994.11〈内容：泉鏡花における他者の馴致（コーディ・ポールトン）〉
◇日本研究・京都会議　1994　国際日本文化研究センター, 国際交流基金編　国際日本文化研究センター　1996.3
◇日本の母―崩壊と再生　平川祐弘, 萩原孝雄編　新曜社　1997.9〈内容：詩神との婚姻―泉鏡花の『草迷宮』における母性像（コーディ・ポールトン）〉

ホルバート，アンドリュー
Horvat, Andrew
ジャーナリスト　東京経済大学客員教授　アジア財団駐日代表

[生年月日]1946年
[国籍]カナダ　[出生地]ハンガリー・ブタペスト　[学歴]ブリティッシュ・コロンビア州立大学〔1968年〕卒、ブリティッシュ・コロンビア大学大学院近代アジア史・日本言語学専攻〔1970年〕修士課程修了
父はユダヤ系ハンガリー人で、1956年10歳の時にハンガリー動乱が起き、両親とともにカナダに亡命。'62年カナダ国籍を取得。'66年ブリティッシュ・コロンビア大学在学中に交換学生として慶応義塾大学に留学。'71年再来日。「英文毎日」のコラムを皮切りに、AP通信東京支局員、「ロサンゼルス・タイムズ」東京特派員、「サザン・ニュース・オブ・カナダ」アジア支局長などを経て、'86年英紙「ザ・インディペンデント」東京特派員。'88

年6月～'89年日本外国特派員協会会長。'90年フリー。'94～96年スタンフォード大学東アジア研究センター客員研究員。'97年ジョンズ・ホプキンス大学全米外国語政策研究所主任研究員。また、「ユーロ・マネー」誌東京特派員も務める。'99年アジアと米国との相互理解を目指すアジア財団駐日代表。2006年東京経済大学国際歴史和解研究所客員教授。著書に「袋小路のニッポン論」、訳書に「夢の兵士」などがある。

【著作】
◇なんで日本語やるの？―日本語にぞっこん異色外人のニッポン談義　A・ホルバード, ジャロン・ローズ, ジャン・N・ロベール, ジョン・スピラム, イーデス・ハンソン：文芸春秋　1974.7
◇それでも私は日本人になりたい―ユダヤの目がとらえたニッポン　A. ホルバート著, 豊田行二訳　日新報道　1976
◇会社とつきあう方法（ビジネス作家対談）深田祐介, 山田智彦, アンドリュー・ホルバート：週刊文春　1977.8.11
◇袋小路のニッポン人論―"日本人論"が日本をダメにする　A. ホルバート著　講談社　1977.10
◇在日外国人記者がみたニッポンのジャーナリズム（インタビュー）2　アンドルー・ホルバート, 今城力夫：総合ジャーナリズム研究　29(2)　1992.4
◇「利害制民主主義」の国ニッポン―政治家でなくロビイストを選ぶ国（座談会）　ゲップハルト・ヒールシャー, 宋熙永, T. R. リード, アンドリュー・ホルバート：東洋経済　5135　1993.4.9臨増
◇日本人の虚言癖について　アンドリュー・ホルバート：週刊新潮　40(25)　1995.6.29
◇開国ノススメ―孤立化するニッポンへの問題提起（Bilingual books）　アンドリュー・ホルバート著　講談社インターナショナル　1998.7
◇土俵に上がりたがる女たちへ―平等が伝統を"押し倒す"愚　ジェームソン, S., ホルバート, A., 加瀬英明, サイデンステッカー, E.：諸君！　32(5)　2000.5

ホロウェイ, ナイジェル
Holloway, Nigel
ジャーナリスト　「ファー・イースタン・エコノミック・レビュー」編集部長

[国籍]英国　[出生地]ロンドン　[学歴]オックスフォード大学卒

「ファー・イースタン・エコノミック・レビュー」シンガポール支社の特派員として東南アジア各国に行き、その後、世界銀行やBBC、「エコノミスト」誌記者を経て、「ファー・イースタン・エコノミック・レビュー」（香港）に編集部員として勤務。著書に「日本金融制度の罪と罰―外国人アナリストだからこれだけ言える」がある。

【著作】
◇日本金融制度の罪と罰―外国人アナリストだからこれだけ言える　ロバート・ゼレンスキー, ナイジェル・ホロウェイ著, 石関一夫訳　ティビーエス・ブリタニカ　1992.9

ボワイエ, ロベール
Boyer, Robert
エコノミスト　フランス国立科学研究センター（CNRS）教授, 数理経済計画予測研究センター（CEPREMAP）教授, 社会科学高等研究院（EHESS）研究部長

[生年月日]1943年3月
[国籍]フランス　[出生地]ニース　[学歴]エコール・ポリテクニク卒　[専門]数理経済学, 経済分析

政治学研究所に学び、1971年数理経済学・経済分析の専門研究課程を修了。建設省、CERC（所得・費用研究所）、大蔵省を経て、'78年国立科学研究センター（CNRS）教授に就任。'84年から社会科学高等研究院（EHESS）研究部長を兼務。また、数理経済計画予測研究センター（CEPREMAP）のエコノミストとして経済の現状分析をその方法・モデルの開拓とともにすすめている。'94年10月～'95年2月一橋大学経済研究所客員教授を務めた。経済学におけるレギュラシオン学派の中心的な存在。著書に「蓄積・インフレ・危機」（共著）、「世紀末資本主義」（編著）、「レギュラシオン理論」「第二の大転換―EC統合化のヨーロッパ経済」「戦後日本資本主義」など。'89年以来来日多数。

【著作】
◇戦後日本資本主義―調整と危機の分析　山田鋭夫, ロベール・ボワイエ編　藤原書店　1999.2

ホワイティング, アレン
Whiting, Allen S.
アリゾナ大学教授

[生年月日]1926年
[国籍]米国　[専門]政治学
米国国務省職員、香港副総領事などを歴任。著書に「中国人の日本観」がある。

【著作】
◇中国人の日本観　アレン・S. ホワイティング著, 岡部達味訳　岩波書店　1993.12
◇中国人の日本観(岩波現代文庫 学術)　アレン・S. ホワイティング〔著〕, 岡部達味訳　岩波書店　2000.3

ホワイティング, ロバート
Whiting, Robert
ジャーナリスト, 作家

[生年月日]1942年10月21日
[国籍]米国　[出生地]ニュージャージー州　[学歴]カリフォルニア州立大学卒, 上智大学国際学部〔1972年〕卒
兵役中は府中の空軍施設に配属。1967年以来おおむね日本での暮らしをつづける。上智大学の卒論が「自民党派閥の分析」。米国では日本紹介のジャーナリストとして知られる。'77年に発表した著書「菊とバット」は日米両国で話題となり、来日するプロ野球外人選手たちの必読書といわれる。'89年刊行の「You Gotta Have Wa(和をもって日本となす)」は米国でベストセラーになり、ピュリッツァー賞にノミネートされた。野球を通じた日米比較文化論を多く執筆し、ほかの著書に「ニッポン野球は永久に不滅です」「ガイジン力士物語—小錦と高見山」「日米野球摩擦」「ベースボール・ジャンキー」「TOKYOジャンキー」「東京アンダーワールド」など。

【著作】
◇菊とバット—プロ野球にみるニッポンスタイル　ロバート・ホワイティング著, 鈴木武樹訳　サイマル出版会　1977
◇サムライ・ベースボールに見る日米比較文明論　ロバート・ホワイティング：リーダーズ・ダイジェスト　1980.6
◇日本人が野球に沸き立つとき(座談会)　なだいなだ, Robert Whiting, 長田弘：朝日ジャーナル　22(46)　1980.11.14
◇長島茂雄と王貞治の比較から導き出される"もうひとつの日本人論"(新春異色対談)　R・ホワイティング, W・グラシック：プレイボーイ　1981.1.1
◇日本人と巨人軍—外人ジャーナリストの見た"ジャイアンツ現象"　R・ホワイティング：Sports Graphic Number別冊　1984.3.25
◇拝啓日本プロ野球　R. ホワイティング著, 松本正志訳　飛鳥新社　1985.4
◇ニッポン野球は永久に不滅です(ちくまぶっくす)　ロバート・ホワイティング著, 松井みどり訳　筑摩書房　1985.5
◇ジェシーとサリー—ガイジン力士物語　ロバート・ホワイティング著, 松井みどり訳　筑摩書房　1986.11
◇スポーツに見たり日本の正体(インタビュー)　ロバート・ホワイティング, 松井みどり翻訳・構成：翻訳の世界　12(9)　1987.9
◇ニッポン野球は永久に不滅です(ちくま文庫)　ロバート・ホワイティング著, 松井みどり訳　筑摩書房　1987.12
◇日本人はアメリカ人より薄情で恩知らずだね　ロバート・ホワイティング, 松井みどり訳：週刊朝日　94(17)　1989.4.21
◇ガイジン力士物語—小錦と高見山(ちくま文庫)　R. ホワイティング著, 松井みどり訳　筑摩書房　1989.8
◇日本人のための日本野球なんて古臭いスローガンだ　ロバート・ホワイティング, 松井みどり訳：週刊朝日　95(12)　1990.3.23
◇和をもって日本となす　ロバート・ホワイティング著, 玉木正之訳　角川書店　1990.3
◇日米野球摩擦　ロバート・ホワイティング著, 松井みどり訳　朝日新聞社　1990.4
◇米国人にはわからない日本流フェアプレー　ロバート・ホワイティング, 松井みどり訳：週刊朝日　95(47)　1990.11.2
◇さらばサムライ野球　ウォーレン・クロマティ, ロバート・ホワイティング共著, 松井みどり訳　講談社　1991.3
◇ベースボール・ジャンキー　ロバート・ホワイティング著, 松井みどり訳　朝日新聞社　1991.3
◇菊とバット(文春文庫)　ロバート・ホワイティング著, 松井みどり訳　文芸春秋　1991.4
◇日本人はみな疲れている　ロバート・ホワイティング, 松井みどり訳：週刊朝日　96(28)　1991.7.12
◇日本たたきを知らないアメリカ人　ロバート・ホワイティング, 松井みどり訳：週刊朝日　96(32)　1991.8.9
◇日本株式会社スキャンダル　ロバート・ホワイティング, 松井みどり訳：週刊朝日　96

(31) 1991.8.2
◇「ジャパン・バッシング」は和製英語だ ロバート・ホワイティング, 松井みどり訳：週刊朝日 96(40) 1991.9.27
◇なぜ, 日本人はすぐ謝るのか ロバート・ホワイティング, 松井みどり訳：週刊朝日 96(39) 1991.9.20
◇日本は生まれ変わりつつあるのか ロバート・ホワイティング, 松井みどり訳：週刊朝日 96(54) 1991.12.27
◇和をもって日本となす 上(角川文庫) ロバート・ホワイティング〔著〕, 玉木正之訳 角川書店 1992.2
◇和をもって日本となす 下(角川文庫) ロバート・ホワイティング〔著〕, 玉木正之訳 角川書店 1992.2
◇「ライジング・サン」の恐るべき衝撃 ロバート・ホワイティング, 松井みどり訳：週刊朝日 97(17) 1992.4.24
◇さらばサムライ野球(講談社文庫) ウォーレン・クロマティ, ロバート・ホワイティング〔著〕, 松井みどり訳 講談社 1992.4
◇Tokyoジャンキー—東京中毒 ロバート・ホワイティング著, 松井みどり訳 朝日新聞社 1993.1
◇「アンチ小錦」の大合唱の中で(福武文庫) ロバート・ホワイティング：日本日記 福武書店 1993.2
◇日出づる国の「奴隷野球」—憎まれた代理人・団野村の闘い ロバート・ホワイティング著, 松井みどり訳 文芸春秋 1999.11
◇東京アンダーワールド ロバート・ホワイティング〔著〕, 松井みどり訳 角川書店 2000.6
◇東京アウトサイダーズ(東京アンダーワールド) ロバート・ホワイティング〔著〕, 松井みどり訳 角川書店 2002.4
◇東京アンダーワールド(角川文庫) ロバート・ホワイティング〔著〕, 松井みどり訳 角川書店 2002.4
◇海を越えた挑戦者たち(角川文庫) ロバート・ホワイティング〔著〕, 松井みどり訳 角川書店 2002.12
◇東京アウトサイダーズ(角川文庫) ロバート・ホワイティング〔著〕, 松井みどり訳 角川書店 2004.1
◇イチロー革命—日本人メジャー・リーガーとベースボール新時代 ロバート・ホワイティング著, 松井みどり訳 早川書房 2004.10
◇世界野球革命(ハヤカワ文庫) ロバート・ホワイティング著, 松井みどり訳 早川書房 2007.4

ホワイト, ショーン
White, Sean
コンサルタント ノース・リバー・ベンチャーズ経営者

[国籍]米国 [学歴]トロント大学経済学部卒, ケンブリッジ大学大学院経済史専攻修士課程単位取得

1976年ノーザン・ビジネス・インフォメーション(NBI)を創立し, '88年まで社長を務める。'90年までNBIの新商品の開発を指揮するためマグロー・ヒルに在籍。のち株式市場の最新情報を把握しアドバイスを与えるコンサルティング会社・ノース・リバー・ベンチャーズを経営。共著に「日本の弱点—アメリカはそれを見逃さない」「スピードの経営革命」などがある。

【著作】
◇日本の弱点—アメリカはそれを見逃さない フランシス・マキナニー, ショーン・ホワイト著, 鈴木主税監訳 NTT出版 1993.10
◇賢明な企業—環境サバイバルで発展した10社 フランシス・マキナニー, ショーン・ホワイト著, 鈴木主税訳 NTT出版 1996.7

ホワイト, メアリー
White, Mary
社会学者 ボストン大学教授, ハーバード大学ライシャワー日本研究所研究員

[国籍]米国 [出生地]ワシントンD.C. [学歴]ハーバード大学〔1963年〕卒, ハーバード大学大学院日本倫理学専攻〔1966年〕修了
[学位]社会学博士〔1980年〕 [専門]日米教育の比較研究

大学では日本の倫理学を専攻し, 1975年から1年間東京に滞在する。ボストン大学准教授を経て, 教授。ハーバード大学ライシャワー日本研究所研究員も務める。日米教育の比較研究を含め, 日本の国際化・教育・家庭・社会・人口問題の研究を続ける。著書に「日本の教育の挑戦」('87年),「ママ, どうしてあんなに勉強しなくちゃいけないの」「マテリアル・チャイルド」など。

【著作】

◇特異な"一億総反省" メリー・I. ホワイト：THIS IS 2(12) 1985.11
◇新・日本人論—世界の中の日本人 読売新聞調査研究本部編 読売新聞社 1986.4〈内容：日本人論—日本人のアイデンティティと国際化に関する覚え書き（メリー・I. ホワイト）〉
◇ママ、どうしてあんなに勉強しなくちゃいけないの メリー・ホワイト著、井出義光訳 集英社 1992.6
◇マテリアル・チャイルド メリー・ホワイト著 同文書院インターナショナル 1993.6
◇国際交流フォーラム 平成7年度 国立婦人教育会館編 国立婦人教育会館 1996.11〈内容：教育と人生の選択肢に見る矛盾—日米の女性の人生におけるアクセス、内容、機会（メリー・I. ホワイト））〉
◇パスタとノスタルジアと日本人（コラム・オン・ジャパン〔93〕）ホワイト、メリー：ニューズウィーク日本版 16(32) 2001.8.29
◇ON JAPAN「日本的価値観」に霧が立ち込める—グローバル化した世界で伝統回帰を論じる無意味 Merry White：ニューズウィーク日本版 20(47) 2005.12.7

ボワソナード，ギュスターヴ・エミール

Boissonade, de Fontarabie Gustave Emile
法律家　司法省法律学校教師

[生年月日]1825年6月7日
[没年月日]1910年6月27日
[国籍]フランス　[出生地]パリ郊外ヴァンサンヌ　[学歴]パリ大学　[学位]法学博士号〔1852年〕

1864年グルノーブル大学法科教授となり、のちパリ大学に転じ経済学を教えた。1873年パリ在住の日本人に憲法および刑法の講義を依頼され、さらに日本において新法典編纂と法学教育を担当することを懇請された。1873年11月来日し、翌1874年3月に司法省法律学校の法律専門教師に就任した。これが、わが国近代法学教育の嚆矢である。同校はのち文部省に移管され、現在の東京大学法学部の前身となるに至った。彼は法学教育のかたわら、不平等條約改正や民法草案作成等に尽力した。1895年3月帰国。1896年パリを去り、南仏のアンティーブに隠棲、一切の公職を辞し余生を送った。　[叙勲]勲一等瑞宝章（日本）

【著作】
◇日本立法資料全集　別巻115　ボアソナード訂定, 富井政章校閲, 本野一郎〔ほか〕著 信山社出版 1998.3
◇日本立法資料全集　別巻116　ボアソナード訂定, 富井政章校閲, 本野一郎〔ほか〕著 信山社出版 1998.3
◇ボワソナード民法典資料集成—明治12-19年前期1 ボワソナード民法典研究会編 雄松堂出版 1999.6

彭　飛　ぽん・ふぇい

Peng Fei
京都外国語大学教授

[生年月日]1958年2月18日
[出生地]中国・上海　[学歴]復旦大学外国語外国文学部卒, 大阪市立大学大学院博士課程前期修了, 大阪市立大学大学院博士課程後期修了　[学位]文学博士（大阪市立大学）〔平成5年〕　[専門]日本文学, 日本語, 世界の文字, 文化比較　[団体]言語学会, 日本語教育学会, 国語学会

昭和59年来日。大阪市立大学大学院で博士号を取得。国際日本文化研究センター客員助教授、京都外国語大学助教授を経て、教授。平成14年日本に帰化。著書に「日本語の配慮表現に関する研究」「外国人を悩ませる日本人の言語慣習に関する研究」「日本語の特徴」「大阪ことばの特徴」「大阪ことばと外国人」「中国旅行ハンドブック」など。　[受賞]留学生の主張（日本語による弁論大会）金賞・外務大臣賞〔昭和60年〕

【著作】
◇大阪ことばと中国語　彭飛編著　東方書店 1988.2
◇外国人を悩ませる日本人の言語慣習に関する研究　彭飛著　和泉書院 1990.12
◇大阪の特徴—外国人留学生から見た　彭飛著　和泉書院 1993.4
◇「ちょっと」はちょっと…—ポン・フェイ博士の日本語の不思議　彭飛著　講談社 1994.9
◇ポンフェイ博士の知れば知るほど「はてな？」のニッポン　彭飛著　祥伝社 1999.2
◇大阪ことばと外国人（中公文庫）　彭飛著　中央公論新社 1999.3
◇国語国文学藻—井手至先生古稀記念論文集 井手至先生古稀記念会編　和泉書院 1999.

12〈内容：中国雲南「トンパ経典」における神話伝承の特徴—日本神話伝承との類似モチーフをめぐって（彭飛）〉
◇日本語の特徴—外国人を悩ませる日本語から見た 漢字と外来語編　彭飛著　凡人社　2003.3
◇日本語の「配慮表現」に関する研究—中国語との比較研究における諸問題　彭飛著　和泉書院　2004.2

ポンス, フィリップ
Pons, Philippe
ジャーナリスト　「ル・モンド」紙極東支局長

[生年月日] 1942年
[国籍] フランス　[出生地] パリ　[学歴] パリ大学法学部・文学部卒
2年間東京日仏会館のリサーチ・フェローとして日本に滞在。1975年「ルモンド」紙記者となり、'76〜81年東京特派員、'81〜85年ローマ特派員を経て、'86年から極東支局長。社会科学高等研究院の現代日本研究センター創立者の一人。著書に「From Edoto Tokyo（江戸から東京へ—町人文化と庶民文化）」など、訳書に川端康成「京都」がある。
【著作】
◇不思議、Tokyo。—フランス人の見たニッポン　フィリップ・ポンスほか著, 田中千春訳　講談社　1985.7
◇フランス・メディアにみる日本像　フィリップ・ポンス：国際交流　43　1987
◇西洋と日本—そのゆがんだ鏡像　フィリップ・ポンス, 大友竜ική：朝日ジャーナル　33(2)　1991.1.18
◇江戸から東京へ—町人文化と庶民文化　フィリップ・ポンス著, 神谷幹夫訳　筑摩書房　1992.10
◇裏社会の日本史　フィリップ・ポンス著, 安永愛訳　筑摩書房　2006.3

ポンソンビ・フェーン, リチャード・アーサー
Ponsonby‐Fane, Richard Arthur
英語教師, 神道研究者

[生年月日] 1878年
[没年月日] 1937年12月10日
[国籍] 英国　[出生地] ロンドン　[学位] 法学博士（香港大学）
1919年来日し東京の成蹊学園で3年間英語を教えた。日本文化、とくに皇室および神道の研究のため京都に移住し、京都府立第1中学校において無給の英語教師として働いた。和服を着用し、食事も和食という、純日本風の生活であったという。来日前は香港総督秘書をつとめるかたわら、香港大学で教鞭をとったこともあった。　[叙勲] 勲四等瑞宝章
【著作】
◇君と臣　ポンソンビー述, 明治聖徳記念学会編　明治聖徳記念学会　1920
◇二荒山神社—トラベル ブルチン掲載　ポンソンビ＝フエーン〔著〕, 長野晟〔訳〕　宇都宮二荒山神社々務所　1936
◇鹿島大神及香取大神　ポンソンビ著,〔佐藤芳二郎訳〕　本尊美翁記念会　1939

ポンペ・ファン・メールデルフォールト
Pompe van Meerdervoort, Johannes Lydius Catherines
医師　陸軍軍医

[生年月日] 1829年5月5日
[没年月日] 1908年10月7日
[国籍] オランダ　[出生地] オランダ・西フランダース地方ブルッヘ（現ベルギー領ブルージュ）　[学歴] ユトレヒト陸軍軍医学校〔1849〕卒　[専門] 解剖学
オランダ陸軍将校であった父の赴任先で生まれる。陸軍軍医学校卒業後、海軍に入る。オランダ海軍による長崎での海軍伝習の第二次教育派遣隊の一員に選ばれ、隊長カッテンダイケに従い1857年（安政4）9月来日。以来5年間にわたり、松本良順をはじめ多くの日本人医師の育成に当たる。日本における最初の系統的な人体解剖やコレラの防疫等をおこない、1861年（文久元）日本で最初の西洋式病院を設立した。1859年オランダ海軍派遣団の帰国後も日本に残り1862年11月1日オランダ商船「ヤコブ・エン・アンナ」号で帰国した。帰国後の1866年は日本滞在見聞記を刊行する。1874年、かつての教え子の榎本武揚がロシア公使としてペテルブルグに赴任した際、外交

官顧問として家族とともに赴く。日本の医学の発展への貢献から1879年日本政府より勲四等旭日小綬章を贈られた。
【著作】
◇ポンペ日本滞在見聞記―日本における五年間 沼田次郎, 荒瀬進訳 雄松堂書店（新異国叢書 第10巻） 1968
◇日本滞在見聞記―日本における五年間（新異国叢書） ポンペ著, 沼田次郎, 荒瀬進共訳 雄松堂書店 1968
◇日本滞在見聞記―日本における五年間（新異国叢書） ポンペ著, 沼田次郎, 荒瀬進共訳 雄松堂書店 1978.10

【 マ 】

マイエット, パウル
Mayet, Paul
政治経済学者, 官吏

[生年月日]1846年
[没年月日]1920年1月9日
[国籍]ドイツ
渡欧中の木戸孝允に郵便貯金制度を説いたのが縁で1875年来日し、東京医学校（東京大学医学部）のドイツ語とラテン語の教師を務める。1879年大蔵省顧問に転じ、太政官会計部顧問、駅逓局顧問、農商務省調停役などを歴任。火災・農業保険制度、公債制度、華士族救済、北海道開拓など、財政・農政に関する立案と献策に従事した。1893年ドイツに帰国、1894年ドイツ統計局員となった。著書に「日本農民ノ疲弊及其救治策」などがある。
【著作】
◇日本農民ノ疲弊及其救治策 パ・マイエット著, 青山大太郎等訳 青山大太郎 1893
◇日本農民ノ疲弊及其救治策（明治農業論集所収）服部之総、小西四郎監修 創元社 1955
◇日本農民ノ疲弊及其救治策（明治大正農政経済名著集3所収）近藤康男編 農山漁村文化協会 1975

マイダンス, カール
Mydans, Carl
写真家

[生年月日]1907年
[没年月日]2004年8月16日
[国籍]米国 [出生地]マサチューセッツ州ボストン [学歴]ボストン大学新聞学科〔1930年〕卒
ボストン大学在学中から地元有力紙などの記者として活動。5年間米国農業安定局（FSA）に勤務の後、1936年「ライフ」に創刊スタッフとして参加。以来世界をまたにかけ戦争写真を撮り続ける。'40年より東南アジア諸国などを取材、'42年太平洋戦争勃発によりライフ記者の妻・シェリーと共に日本軍捕虜となり、フィリピンと中国で2年間を過ごした。'43年捕虜交換により帰国し再びニュース活動に従事。'44年マッカーサー元帥のフィリピン再上陸、翌45年ミズーリ号上の日本の降伏文書調印式など歴史的瞬間を撮影した。'47年「タイム・ライフ」東京支局長に就任し、7年間日本を撮り続けた。'72年ライフ退社。以降も世界各地を取材。妻との共著に「マッカーサーの日本 カール・マイダンス写真集」などがある。'95年8月"写真が語る戦後50年"展のため来日した。
【著作】
◇マッカーサーの日本―カール・マイダンス写真集 1945〜1951 カール・マイダンス, シェリー・スミス・マイダンス著, 石井信平訳 講談社 1995.7

マイダンス, シェリー
Mydans, Shelley
ジャーナリスト, 作家

[没年月日]2002年3月7日
[国籍]米国 [出生地]カリフォルニア州パロアルト [本名]マイダンス, シェリー・スミス
雑誌「ライフ」の記者を務め、同誌カメラマンで夫のカールとともにフィリピンに滞在。その最中に太平洋戦争開戦を迎え、日本軍の捕虜として2年弱の抑留生活を送った。1943年捕虜交換で帰国、その体験を小説として発

表した。戦後、「タイム」「ライフ」の東京支局長となった夫とともに日本に滞在、同誌に寄稿した。夫との共著に「マッカーサーの日本 カール・マイダンス写真集」などがある。
【著作】
◇日本のディレンマ　シェリ・マイダンス：世界　52　1950.4
◇マッカーサーの日本―カール・マイダンス写真集 1945～1951　カール・マイダンス, シェリー・スミス・マイダンス著, 石井信平訳　講談社　1995.7

マイナー, アール
Miner, Earl
プリンストン大学教授

［生年月日］1927年
［没年月日］2004年4月17日
［国籍］米国　［出生地］ウィスコンシン州　［学歴］ミネソタ大学大学院博士課程修了　［学位］文学博士　［専門］英文学, 比較文学
プリンストン大学教授として松尾芭蕉の句集や平安の王朝文学の研究に従事し、日本の古典文学を海外に紹介。京都大学などでも教え、国際比較文学会会長も務めた。主著に「西洋文学の日本発見」「東西比較文学研究」「日本古典文学事典」など。　［受賞］山片蟠桃賞（第6回）〔1987年〕「日本古典文学事典」など、小泉八雲賞（第2回）〔1991年〕「コンパラティブ・ポエティックス（比較詩学）」　［叙勲］勲三等旭日中綬章〔1994年〕
【著作】
◇西洋文学の日本発見　E. マイナー著, 深瀬基寛, 村上至孝, 大浦幸男訳　筑摩書房　1959
◇東西比較文学研究（世界の日本文学シリーズ）　アール・マイナー著　明治書院　1990.7
◇日本研究・京都会議　1994　国際日本文化研究センター, 国際交流基金編　国際日本文化研究センター　1996.3〈内容：Bashō's Laughter and Saikaku's Tears（Earl MINER）〉

マイヤー, デービッド
Myers, David
セントラル・クイーンズランド大学人文社会学部長・比較文学教授

［生年月日］1942年
［国籍］オーストラリア　［出生地］ニューサウスウェールズ州　［学歴］シドニー大学卒　［専門］比較文学
ドイツのミュンヘンで学位を取得。著書に「The Short Fiction of Patrick White」「Australian Myths in Fiction and Film 1890s～1990s」「The Great Literacy Debate:English in Australian Today」「コアラの国と桜の国」（共著）がある。
【著作】
◇コアラの国と桜の国　古賀邦平, デイビッド・マイヤー共著　海南書房　1992.11
◇ザ・トヨタウェイ―実践編　上　ジェフリー・K. ライカー, デイビッド・マイヤー著, 稲垣公夫訳　日経BP社　2005.11
◇ザ・トヨタウェイ―実践編　下　ジェフリー・K. ライカー, デイビッド・マイヤー著, 稲垣公夫訳　日経BP社　2005.11

マイヨール, ジャック
Mayol, Jacques
ダイバー

［生年月日］1927年4月1日
［没年月日］2001年12月22日
［国籍］フランス　［出生地］中国・上海　［専門］イルカの生態
父は建築家で、13歳まで上海のフランス租界で過ごす。幼い頃は佐賀県唐津の海岸に泳ぎに来ていた。マルセイユの高校を卒業後、スウェーデンや北極圏など世界中を旅行。30歳のとき米国フロリダ州のマイアミ海洋水族館でイルカの調教師となる。イルカの泳ぎにヒントを得て、長時間の素潜り（フリーダイビング）や水中遊泳方法を学んだ。のちカリブ海のケイコス諸島で素潜りによるイセエビ漁に従事。知人の水中カメラマンの勧めで、1966年水深60メートルの素潜りに成功。'68年70メートル、'75年92メートルと記録を伸ばし、'76年素潜りで初の100メートルの記録をつくった。'83年には105メートルまで記録を更新した。'88年自身がモデルとなった映画「グレート・ブルー」（リュック・ベッソン監督）が大ヒット。のちに完全版「グラン・ブルー」として公開された。イルカの生態研究でも知られた。著書に「イルカと、海へ還

る日」「海の記憶を求めて」「海の人々からの遺産」、自伝CD-ROMに「ホモ・デルフィナス・スクラップブック・ジャック・マイヨール自伝」('95年)などがある。たびたび日本を訪れ、'70年伊豆半島沖で76メートルの素潜りを行った。'96年にも来日し、福岡からヨットで日本一周の航海を行った。
【著作】
◇海の人々からの遺産　ジャック・マイヨール著　翔泳社　1999.9

マウラー, P. リード
Maurer, Paul Reed
日本ファーマ・プロモーション社長

[生年月日] 1937年
[国籍] 米国　[出生地] ペンシルベニア州
地元の高校や大学で教べんをとった後、1964年米国イーライ・リリー社に入社。'71年日本イーライ・リリー社副社長、'76年日本エム・エス・ディ会長、'77年米国メルク社副社長、その後米国製薬工業協会の日本代表を経て、日本ファーマ・プロモーション(NPP)社長。
【著作】
◇日本市場での競争—在日18年の実戦経験　リード・マウラー著, 林治郎訳　サイマル出版会　1989.8

マウル, ハインツ・エーバーハルト
Maul, Heinz Eberhard
ジャーナリスト

[生年月日] 1937年
[国籍] ドイツ　[学歴] ドイツ連邦空軍参謀大学卒, ボン大学大学院日本現代政治史専攻修士課程修了　[学位] 哲学博士
日本の防衛庁防衛研究所への留学を経て、在日ドイツ大使館付武官として勤務。1992年退役し、フリージャーナリストとして日本、アジア、中東を重点に執筆活動を行う。その間ボン大学において日本現代政治史研究で修士号を取得。さらに、論文「ナチズムの時代における日本帝国のユダヤ政策」により哲学博士号取得。ドイツ語のほか、英語、フランス語、日本語にも堪能。
【著作】
◇日本はなぜユダヤ人を迫害しなかったのか—ナチス時代のハルビン・神戸・上海　ハインツ・エーバーハルト・マウル著, 黒川剛訳　芙蓉書房出版　2004.1

毛 丹青　まお・たんちん
エッセイスト

[生年月日] 1962年
[国籍] 中国　[学歴] 北京大学〔1985年〕卒
北京大学時代日本の経済、文化に興味を持ち日本語を習得。卒業後中国社会科学院の哲学研究所員に。1987年三重大学人文学部に留学し日本独自の仏教としての浄土真宗を研究。のち神戸市内の貿易会社勤務の傍ら、'93年「歎異抄」を初めて中国語に訳し北京で出版。神戸では阪神大震災も体験。'97年エッセイ「発見日本虫」を中国で出版、反響を呼んだ。のち国際交流サービスに在籍、現代中国の作家をCD-ROMで紹介するなど日中文化交流に尽力、中国や香港、日本の中国語誌等で執筆活動も行う。他の著書に「にっぽん 虫の眼紀行」「にっぽんやっぱり虫の眼で見たい」、訳書に柳田聖山「無の探究—中国禅」がある。
【著作】
◇にっぽん虫の眼紀行　毛丹青著　法蔵館　1998.12
◇にっぽんやっぱり虫の眼で見たい　毛丹青著　朝日新聞社　2000.12
◇にっぽん虫の眼紀行—中国人青年がみた「日本の心」(文春文庫)　毛丹青著　文芸春秋　2001.11
◇普通の日本人の魅力(大特集・外国人52人が語る私は日本のここが好き!—アジア・中東・オセアニア)　毛丹青：文芸春秋　84(10臨増)　2006.8

マオア, ロス
Mouer, Ross E.
日本研究者　モナシュ大学アジア言語・研究学部教授

[生年月日] 1944年
[国籍] 米国　[出生地] ニューヨーク　[学歴] ルイス・アンド・クラーク大学卒, 慶応義塾大

学　［学位］博士号（タフツ大学フレッチャー・スクール）
慶応義塾大学、日本労働協会で学んだ後、タフツ大学フレッチャー・スクールで博士号を取得。のちモナシュ大学（メルボルン）アジア言語・研究学部教授。共著に「日本人論の方程式」「Images of Japanese Society」などがある。

【著作】
◇続・くたばれジャパノロジー――中根千枝説への方法論的疑問　ロス・マオア：現代の眼　20(7)　1979.7
◇間違いだらけの「日本人論」――新しい日本社会論を目指して（座談会）　別府春海，杉本良夫，ロス・マオア：朝日ジャーナル　22(36)　1980.9.12
◇日本人は「日本的」か――特殊論を超え多元的分析へ（東経選書）　杉本良夫，ロス・マオア著　東洋経済新報社　1982.2
◇日本人論に関する12章――通説に異議あり　杉本良夫，ロス・マオア編著　学陽書房　1982.9
◇"日本人論"における暗黙の選択　ロス・マオア：思想の科学　380　1984.2
◇国を越える「比較主義」の視点　ロス・マオア，杉本良夫：思想の科学　380　1984.2
◇Australian Images of Japan and the Japanese　Ross Mouer, Frank Foley：オーストラリア研究紀要　11　1985.12
◇個人・間人・日本人――ジャパノロジーを超えて　ロス・マオア，杉本良夫編著　学陽書房　1987.10
◇日本人論の方程式（ちくま学芸文庫）　杉本良夫，ロス・マオア著　筑摩書房　1995.1
◇日本人論に関する12章（ちくま学芸文庫）　杉本良夫，ロス・マオア編著　学陽書房　2000.12

マキ，ジョン・M.　Maki, John M.

［生年月日］1909年
［国籍］米国　［出生地］米国ワシントン州タコマ
日本移民の子として生まれたが、すぐに米国人の家庭の養子となる。1932年ワシントン大学を卒業、文学士となる。1936年来日、1939年まで日本で勉学。1946年再来日、GHQ民生局に勤務。のちハーバード大学に学び、政治学博士となる。1958‐1959年フルブライト奨学金により来日し、日本の憲法を研究した。

【著作】
◇W. S. クラーク――その栄光と挫折　ジョン・エム・マキ著，高久真一訳　北海道大学図書刊行会　1986.12
◇天皇神話から民主主義へ――日本の二つの憲法1889～2004年　ローレンス・W. ビーア，ジョン・M. マキ共著，浅沼澄訳　信山社出版　2005.7

マキジャニ，アージャン
Makhijani, Arjun
エネルギー環境問題調査研究所（IEER）所長

［生年月日］1945年
［国籍］米国　［学歴］カリフォルニア大学バークレー校博士課程修了　［専門］核エネルギー問題
核兵器拡散・放射線被害の問題を研究。問題米国議会科学技術評価局をはじめ、数多くの機関の顧問を務めている。

【著作】
◇Why Japan？―原爆投下のシナリオ（World books）　アージュン・マキジャニ，ジョン・ケリー著，関元訳　教育社　1985.9

マキナニー，フランシス
McInerney, Francis
コンサルタント　ノース・リバー・ベンチャーズ経営者

［国籍］米国　［出生地］英国　［学歴］トロント大学（経済学），ケンブリッジ大学大学院（経済史）修士課程修了
カナダで育つ。1988年までノーザン・ビジネス・インフォメーション（NBI）副社長を務める。NBIを成功させマグロー・ヒルに売却後、NBIのコンサルタント業務を指揮するため'90年まで在籍。のち株式市場の最新情報を把握しアドバイスを与えるコンサルティング会社・ノース・リバー・ベンチャーズを経営。共著に「日本の弱点――アメリカはそれを見逃さない」「スピードの経営革命」などがある。

【著作】
◇日本の弱点――アメリカはそれを見逃さない　フランシス・マキナニー，ショーン・ホワイト著，鈴木主税監訳　NTT出版　1993.10

◇賢明な企業―環境サバイバルで発展した10社　フランシス・マキナニー，ショーン・ホワイト著，鈴木主税訳　NTT出版　1996.7
◇松下ウェイ―内側から見た改革の真実　フランシス・マキナニー著，沢崎冬日訳　ダイヤモンド社　2007.2

マクファーソン，イアン
MacPherson, Ian
ビクトリア大学ブリティッシュ・コロンビア協同組合研究所所長　カナダ協同組合連合会（CCA）会長

[国籍]カナダ　[専門]協同組合
カナダのウィニペグ大学やビクトリア大学で教鞭を執るほか，1989～93年カナダ協同組合連合会（CCA）初代会長を務めるなど，各種協同組合の理事を歴任，'92～95年国際協同組合同盟（ICA）から新協同組合原則の起案を委託される。'99年ICAケベック大会，2000年ICAアジア太平洋協同組合フォーラムなど世界各地での国際協同組合運動のイベントで理論的指導者として報告を行う。また，1992～99年ビクトリア大学人文学部長を務め，2000年1月から同大学内のブリティッシュ・コロンビア協同組合研究所を立ち上げ，所長に就任。日本協同組合連絡協議会や日本生協連などの招きで度々来日，日本協同組合学会で特別報告を行う。
【著作】
◇先進国生協運動の基本的価値―国際シンポジウム報告　日本生協連国際部編　コープ出版　1992.1〈内容：SESSION 日本の生協にとっての基本的価値とは何か（スヴェン・オーケ・ベーク，イアン・マクファーソン，ライヤ・イトコネン，ジークフリート・ロム，高村勘））〉

マクファーレン，アラン
Macfarlane, Alan
ケンブリッジ大学教授

[生年月日]1941年12月20日
[国籍]英国　[出生地]インド・アッサム州　[本名]Macfarlane, Alan Donald James　[学歴]オックスフォード大学歴史学専攻卒，ロンドン大学大学院人類学専攻博士課程修了　[学位]歴史学博士号（オックスフォード大学），人類学博士号（ロンドン大学）　[資格]ブリティッシュ・アカデミー会員〔1986年〕　[専門]歴史人類学
1971～75年ケンブリッジ大学研究員，'75～81年講師，'81～91年上級講師を経て，'91年より教授。キングス・カレッジ特別研究員も務める。著書に「ラルフ・ジョスリンの家族生活」「テューダ期およびスチュアート期イングランドにおける魔女」（'70年），「史的共同体の再構」（'77年），「イギリス個人主義の起源―家族・財産・社会変化」（'78年），「資本主義の文化―歴史人類学的考察」（'87年），「再生産の歴史人類学」（'99年）などがある。
【著作】
◇イギリスと日本―マルサスの罠から近代への跳躍　アラン・マクファーレン著，船曳建夫監訳，北川文美，工藤正子，山下淑美訳　新曜社　2001.6

マクラクラン，クレイグ
McLachlan, Craig
トレッキング・ガイド

[生年月日]1962年
[国籍]ニュージーランド
日本語に堪能。1993年99日間で日本列島を徒歩縦断，'95年30日間で四国八十八ケ所巡礼，'97年78日間で日本百名山を踏破。'98年富山県から静岡県まで3000メートル以上の山をすべて登る日本横断に成功。著書に「ニッポン縦断歩き旅」「ニッポン百名山よじ登り」「四国八十八か所ガイジン夏遍路」がある。
【著作】
◇ニッポン縦断歩き旅（小学館文庫）　クレイグ・マクラクラン著，橋本恵訳　小学館　1998.8
◇ニッポン百名山よじ登り（小学館文庫）　クレイグ・マクラクラン著，橋本恵訳　小学館　1999.8
◇四国八十八か所ガイジン夏遍路（小学館文庫）　クレイグ・マクラクラン著，橋本恵訳　小学館　2000.7
◇西国三十三か所ガイジン巡礼珍道中（小学館文庫）　クレイグ・マクラクラン著，橋本恵訳　小学館　2003.10

マクレー, ヘミッシュ
McRae, Hamish Malcolm Donald
金融ジャーナリスト 「ザ・インデペンデント」アソシエイト・エディター

［生年月日］1943年10月20日
［国籍］英国 ［学歴］トリニティカレッジ（経済学）卒、エディンバラ大学卒、ダブリン大学卒 1966年「リバプール・ポスト」を振り出しに、'67年「ザ・バンカー」、'72年「ユーロマネー」、'75年「ガーディアン」などで金融セクションの担当記者や責任編集者を歴任。'89年「ザ・インデペンデント」に移籍し、経済、金融部門担当編集長を経て、アソシエイト・エディター。'79年金融セクションのジャーナリストを称えるハロルド・ウインコット賞を受賞。英国国営放送のBBCやLBCにおいてブロードキャスターとしても高い人気を得る。著書に「2020年地球規模経済の時代」、妻との共著に「キャピタル・シティ」「Londonasa financial Centre」、「目覚めよ！日本」などがある。 ［受賞］ハロルド・ウインコット賞〔1979年〕、ファーストアメックス銀行エッセイ賞〔1987年〕
【著作】
◇目覚めよ！日本—ニューエコノミーへの変革 中前忠、ヘイミシュ・マクレイ著 日本経済新聞社 1999.7

マクロン, キャサリーン
Macklon, Catherine
ビジネスコンサルタント, 著述家

［生年月日］1945年
［国籍］英国 ［出生地］バッキンガムシャー州
［学歴］ロンドン大学地理学科〔1966年〕卒
［専門］英国事情
ミドル・クラスの家庭に生まれる。英国陸軍中佐の夫と21年間の結婚生活の後離婚。長年高校の教師を務めた。日英ビジネス・コンサルタント会社を共同経営。1993年に退社し、以後著作並びに英国社会などについて講演を行う。著述家のほか、英国最大手の女性向けインターネットのマネージャーとしても活躍する。著書に「イギリス人の日本人観」「裸にされたイギリス人」「日本人のボス—在英日本企業に働くイギリス人の目」「ティーカップをあたためて」「大英帝国下 ある英国紳士の生き方」、小説「日本の男と恋に落ちて」などがある。
【著作】
◇イギリス人の日本人観—70人のイギリス人とのインタビュー キャスリーン・マクロン著, 柳本正人訳 草思社 1990.11
◇日本人のボス—在英日本企業に働くイギリス人の目 キャスリーン・マクロン著, 柳本正人訳 草思社 1991.11

マクワン, フランシス
Macouin, Francis
ギメ東洋美術館図書館長

［国籍］フランス ［学歴］ポワチエ大学 ［専門］歴史学
韓国の成均館大学でフランス語を教授。1978年フランス国立ギメ東洋美術館図書館長に就任。著書に「シャルル・ヴァラとシャルル・シャイエ＝ロンの2人の朝鮮旅行記」「日本の開国—あるフランス人の見た明治」など。
【著作】
◇日本の開国—エミール・ギメ あるフランス人の見た明治（「知の再発見」双書） 尾本圭子, フランシス・マクワン著, 尾本圭子訳 創元社 1996.2

マコーマック, ガバン
McCormack, Gavan Patrick
歴史学者 オーストラリア国立大学教授

［生年月日］1937年
［国籍］オーストラリア ［出生地］メルボルン ［学歴］メルボルン大学卒, ロンドン大学博士課程修了 ［学位］博士号（ロンドン大学）〔1974年〕 ［専門］アジア近・現代史
大学卒業後ヒッピーのように放浪して東洋に興味を持つ。1962年仏教研究のため初来日。オーストラリアのラトローブ大学、英国のリーズ大学で教鞭をとり、'91年から京都大学経済研究所客員教授。中国語と日本語に堪能。妻は日本人。著書に「朝鮮戦争の真実」

「日本の衝撃」（'73年），共著に「泰緬鉄道—捕虜とロームシャと朝鮮人と」など。

【著作】
◇日本の衝撃—甦える帝国主義と経済侵略　J. ハリディ, G. マコーマック著, 林理介訳　実業之日本社　1973
◇ネオ・ナショナリズムの波頭を見上げて（討論）　John W. Dower, Gavan McCormack, 杉本良夫：中央公論　103(1)　1988.1
◇共生時代の日本とオーストラリア—日本の開発主義とオーストラリア多機能都市　ガバン・マコーマック〔ほか〕編　明石書店　1993.11〈内容：「ハイ・タッチ」：日本の開発におけるレジャーとリゾート（ガバン・マコーマック）〉
◇空虚な楽園—戦後日本の再検討　ガバン・マコーマック〔著〕, 松居弘道, 松村博訳　みすず書房　1998.1
◇小笠原諸島—アジア太平洋から見た環境文化　郭南燕, ガバン・マコーマック編著　平凡社　2005.4

マーシャル, チェスター
Marshall, Chester
著述家, 元・軍人

［生年月日］1917年
［国籍］米国　［学歴］ボーリングリーン商業大学卒
23歳で米国陸軍航空隊に志願入隊。1944年4月第21爆撃兵団・第73爆撃飛行団配属。同年11月B29で東京空襲に参加, 以降日本空襲・偵察任務飛行にパイロットとして出動。戦後は中尉として10年空軍勤務のあと, 新聞・出版業界で30年活動。退職後, B29の日本空襲作戦に関する著述に専念。著書に「B-29日本爆撃30回の実録」がある。

【著作】
◇B-29日本爆撃30回の実録—第2次世界大戦で東京大空襲に携わった米軍パイロットの実戦日記　チェスター・マーシャル著, 髙木晃治訳　ネコ・パブリッシング　2001.5

マシューズ, ゴードン
Mathews, Gordon
文化人類学者　香港中文大学準教授

［生年月日］1978年

［学歴］エール大学アメリカ学部卒　［学位］博士号（文化人類学, コーネル大学）〔1993年〕
1980〜83年日本に滞在し英語教師を兼ねながら日本研究をする。のち, '85〜87年日本に滞在。'94年まで米国ハーバード大学ライシャワー日本研究所に勤務。同年香港中文大学人類学部助教授を経て, 準教授。'99年東京外国語大学大学院客員教授。

【著作】
◇人生に生きる価値を与えているものは何か—日本人とアメリカ人の生きがいについて　ゴードン・マシューズ著・簡約, 宮川陽子訳　三和書籍　2001.7

マスデン, カーク
Masden, Kirk
英語教師　熊本学園大学海外事情研究所所長

［生年月日］1958年
［国籍］米国　［出生地］ウィスコンシン州マディソン市　［学歴］ウィスコンシン大学オークレア校（音楽）〔1981年〕卒, 東京芸術大学, イリノイ大学大学院（教育政策）　［専門］日本比較文化論
1978〜79年上智大学に留学し, 日本語を勉強。'81〜85年東京芸術大学で邦楽, 民族音楽を学び, 修士号を取得。この間'83〜85年NHKセンターで英語教師のアルバイトをする。'90年イリノイ大学大学院生となり, 教育政策研究を専攻。のち熊本学園大学海外事情研究所所長。著書に「じゃまになるカタカナ英語—外来語から正しいアメリカ英語へ」（共著）がある。

【著作】
◇じゃまになるカタカナ英語—外来語から正しいアメリカ英語へ（洋販新書）　カーク・マスデン, 三浦昭共著　洋販出版　1990.6
◇日米における「ダミングダウン」と「愛国心」（特集・足もとから国家を問う）　Kirk Masden：教育　49(11)　1999.11

マストランジェロ, マティルデ
Mastrangelo, Matilde
NHKイタリア語会話講師, 東京大学文学部講師

[国籍]イタリア　[出生地]ナポリ　[学歴]ナポリ東洋大学日本語専攻卒, 東京大学大学院総合文化研究科修士課程修了
1983年からナポリ東洋大で日本語を専攻。'88年から2度目の来日、東大大学院に在籍し表象文化論を専攻。'90年春からNHKテレビ・イタリア語会話の講師として活躍。のち東京大学文学部講師も務める。編著に「イタリア語・絵会話」。
【著作】
◇江戸の文事　延広真治編　ぺりかん社　2000.4〈内容：近世における「さんせう太夫」ものの展開（マティルデ・マストランジェロ）〉

マセ, フランソワ
Macé, François
フランス国立東洋言語文化研究所教授

[生年月日]1947年
[国籍]フランス　[出生地]パリ　[学歴]ソルボンヌ大学大学院歴史学専攻〔1969年〕修士課程修了, フランス国立東洋語学院〔1974年〕卒　[学位]フランス国家文学博士号〔1984年〕
[専門]宗教史
ソルボンヌ大学で宗教史を専攻し、1969年同大学歴史修士課程を修了。その後'71年にフランス国立東洋語学院に入学し故森有正氏に師事、'74年日本語学士号を取得する。'76～79年には研究員として京都大学に留学し、'79～86年愛媛大学フランス語外国人教師を務める。その間'84年にフランス国家文学博士号を受ける。'87年よりフランス国立東洋言語文化研究所（旧東洋語学院）助教授、のち教授。主著に「古事記神話の構造」「古代日本の死と葬儀」など。
【著作】
◇古事記神話の構造　フランソワ・マセ著　中央公論社　1989.5
◇日本文化と宗教—宗教と世俗化（国際シンポジウム）　国際日本文化研究センター編　国際日本文化研究センター　1996.3〈内容：古代日本人の世界賛歌—『古事記』の歌の表現と和歌の誕生（フランソワ・マセ）〉
◇日本研究・京都会議　1994　国際日本文化研究センター, 国際交流基金編　国際日本文化研究センター　1996.3〈内容：フランス語圏における日本社会・文化に関する最近の研究動向（François MACÉ）〉
◇立教国際シンポジウム報告書—近代日本における時間の概念と経験　北山晴一編　立教大学　1997.3〈内容：近代日本における「起源」の思想（François MACÉ）〉
◇古代の日本と渡来の文化　上田正昭編　学生社　1997.4〈内容：『清寧・顕宗記』について—『古事記』のむすびを読む（フランソワ・マセ）〉

マッカーサー, イアン
McArthur, Ian
共同通信社海外部

[生年月日]1950年
[国籍]オーストラリア　[出生地]ゴールドコースト　[学歴]クイーンズランド大学日本語科卒
文部省奨学金により慶応義塾大学で日本語を学ぶ。その後ブリスベーン市で新聞記者、英語教師、TV取材班コーディネーター、ヘラルド・アンド・ウィークリー・タイムズ社東京特派員などを務め、1989年再来日、共同通信記者となる。日本語の著書に長年研究を続けている外国人落語家について書いた「快楽亭ブラック」がある。　[受賞]翻訳特別功労賞〔平成5年〕「快楽亭ブラック」
【著作】
◇英語で挑戦！不思議日本語　イアン・マッカーサー文, 玉置百合子訳・解説, 上田武二絵　講談社　1985.12
◇快楽亭ブラック—忘れられたニッポン最高の外人タレント　イアン・マッカーサー著, 内藤誠, 堀内久美子共訳　講談社　1992.9

マッカーサー, ダグラス
MacArthur, Douglas
軍人　米国陸軍元帥, 日本占領連合国軍最高司令官

[生年月日]1880年1月26日
[没年月日]1964年4月5日

[国籍]米国　[出生地]アーカンソー州リトルロック　[学歴]米国陸軍士官学校〔1903年〕卒　1905年日露戦争観戦武官となった父の副官として来日。'19年から米陸軍士官学校校長、'28年からフィリピンで勤務後、'30年陸軍参謀総長（最年少）に就任。'41年在比米極東陸軍司令官に任命された。太平洋戦争の緒戦で日本軍に敗れ、'42年3月「アイ・シャル・リターン」と言い残してオーストラリアに脱出。7月に反攻に転じ、'44年9月レイテ島上陸、12月に元帥となり、'45年2月マニラを解放。日本降伏直後の'45年8月30日、日本占領連合国軍最高司令官（SCAP）、米国極東軍最高司令官として厚木飛行場に進駐。以後約6年間、日本の支配者となりGHQ（総司令部）を通して数々の占領政策を実施した。その間、'50年6月の朝鮮動乱勃発後は国連軍司令官を兼務したが、戦争拡大を主張してトルーマン大統領と対立、'51年4月に極東でのすべての要職を解任された。帰国後は、米議会で「老兵は死なず、消えゆくのみ」の名セリフを残す。また議会で「アメリカがもう40代なのに対して日本は12歳の少年」と述べ、この発言の真意については、新生日本を擁護、あるいは日本の未熟さを指摘、と解釈が分かれる。著書に「マッカーサー回想記」など。バージニア州ノーフォークにマッカーサー記念館がある。

【著作】
◇日本と米国の相互依存　ダグラス・マッカーサー：中央公論　1959.12
◇吉田茂＝マッカーサー往復書簡集—1945-1951　吉田茂,マッカーサー〔著〕,袖井林二郎編訳　法政大学出版局　2000.5
◇マッカーサー大戦回顧録　上（中公文庫）　ダグラス・マッカーサー著,津島一夫訳　中央公論新社　2003.7
◇マッカーサー大戦回顧録　下（中公文庫）　ダグラス・マッカーサー著,津島一夫訳　中央公論新社　2003.7

マッカーシー, ティモシー
McCarthy, Timothy F.
金融家　日興アセットマネジメント会長・CEO

[生年月日]1951年9月19日
[国籍]米国　[出生地]カリフォルニア州サンテマオ　[学位]M. B. A.（ハーバード大学）〔1978年〕

1983年メリルリンチ証券バイスプレジデント、'97年チャールズ・シュワブ社長を経て、'98年アドバイザーテック証券を設立、会長に就任。株の売り買いや引き受けではなく投資信託を中心とした資産運用で、ファイナンシャル・プランナー（FP）と呼ばれる投資アドバイザーを通じて投資情報を提供する"投資アドバイザー証券"として活動。'99年日興ビーンズ証券取締役。2004年1月日興アセットマネジメント顧問となり、3月社長を経て、7月会長兼CEO（最高経営責任者）に就任。著書に「おカネに目覚めよ、日本人！」などがある。

【著作】
◇おカネに目覚めよ、日本人！　ティモシー・マッカーシー著　毎日新聞社　2000.10

マッカーシー, ポール
McCarthy, Paul
駿河台大学現代文化学部教授

[生年月日]1944年1月29日
[国籍]カナダ　[出生地]ウィニペッグ　[学歴]ミネソタ大学文学部英米文学科〔1966年〕卒,ハーバード大学大学院日本文学専攻博士課程修了　[学位]Ph. D.（ハーバード大学）〔1975年〕　[専門]近代日本文学,宗教　[団体]日本宗教学会,ヨーロッパ日本学協会, Association of Asian Studies, Association of Teachers of Japanese

立教大学助教授を経て、駿河台大学教授。谷崎潤一郎の文学の英訳と研究、仏教とキリスト教の比較研究、谷崎潤一郎の文学の英訳と研究をテーマとする。著書に「Tanizaki Jun'ichiro's Childhood Years」

(Harper-Collins)、「A Cat, a Man, and Two Women」(Kodansha International)、「The Gourmet Club, a Sextet」(Kodansha International)、「Umehara Takeshi's Lotus and Other Tales of Medieval Japan」などがある。[受賞]日米友好基金・日本文学翻訳賞〔平成3年〕「猫と庄造と二人のをんな」
【著作】
◇谷崎潤一郎国際シンポジウム　アドリアーナ・ボスカロ〔ほか〕著　中央公論社　1997.7〈内容：谷崎文学における他者としての西洋（ポール・マッカーシー）〉
◇日本の想像力　中西進編　JDC　1998.9〈内容：谷崎文学における他者としての西洋の想像（ポール・マッカーシー）〉

マテオ, イバーラ
Mateo, Ibarra C.
ジャーナリスト

[生年月日] 1962年
[国籍]フィリピン　[出生地]ブラカン州　[学歴]フィリピン国立大学マスコミュニケーション学部〔1984年〕卒, 上智大学大学院外国語学研究科比較文化学専攻〔1996年〕修士課程修了, 上智大学大学院文学研究科社会学専攻博士課程
フィリピン国立大学在学中から「マニラ・デイリー・ブルティン」、「フィリピン・デイリー・エクスプレス」、「マラヤ」で記者活動を始める。1987～92年共同通信社マニラ支局英文記者。'86年の"ピープルズ・パワー革命"から、コラソン・アキノ政権時代を取材。'92年文部省留学生として来日。上智大学大学院文学研究科新聞学専攻研究生、'97～98年東京外国語大学非常勤講師を経て、上智大学大学院文学研究科社会学専攻博士課程に在籍。著書に「折りたたみイスの共同体」がある。
【著作】
◇折りたたみイスの共同体　イーバラ・C. マテオ著, 北村正之訳　フリープレス　1999.4
◇「滞日」互助網—折りたたみ椅子の共同体　イーバラ・C. マテオ著, 北村正之訳　フリープレス　2003.7

マトラナウスキー, ビル
Mutranowski, Bill
イラストレーター

[国籍]米国　[出生地]ウィスコンシン州ミルウォーキー　[学歴]ウィスコンシン・マジソン大学
1986年来日。「Japan Times Weekly」など数多くの新聞・雑誌で風刺画やイラストを描く。神奈川県横浜市在住。著書に「なんでそーなの、ニッポン人!?」がある。
【著作】
◇なんでそーなの、ニッポン人!?　ビル・マトラナウスキー作・絵　チャールズ・イー・タトル出版　2004.2

マーハ, ジョン
Maher, John C.
国際基督教大学大学院教育学研究科教授

[生年月日] 1951年1月22日
[国籍]英国, アイルランド　[出生地]英国・リーズ　[学歴]ロンドン大学哲学部哲学科卒, エジンバラ大学大学院文芸学言語学研究科応用言語学専攻博士課程修了　[学位]Ph. D.
[専門]言語学　[団体]英国言語学会
英国とアイルランドの国籍を持つ。国際基督教大学助教授、1990年準教授を経て、教授。著書に「日本における文化と言語の多様性」、共著に「日本のバイリンガムリズム」「エスニシティの社会学」などがある。
【著作】
◇日本のバイリンガリズム　ジョン・C. マーハ, 八代京子編著　研究社出版　1991
◇新しい日本観・世界観に向かって—日本における言語と文化の多様性　ジョン・C. マーハ, 本名信行編著　国際書院　1994

マハティール・モハマド
Mahathir Mohamad
政治家　マレーシア首相, 統一マレー国民組織(UMNO)総裁

[生年月日] 1925年12月20日
[国籍]マレーシア　[出生地]ケダ州アロースター　[本名]マハティール・ビン・モハマド

〈Mahathir bin Mohamad〉　［学歴］マラヤ大学（現・シンガポール大学）医学部〔1953年〕卒　［学位］医学博士〔1953年〕

1946年統一マレー国民組織（UMNO）の結成に参加。'64年下院議員に初当選。'65年UMNO最高評議会委員に当選。'69年ラーマン首相と対立しUMNOを追放されるが、'72年復党、'74年下院議員に返り咲き、同年教育相。閣僚を歴任の後、'81年よりUMNO総裁、7月マレーシア第4代首相に就任。マレーシア初の平民宰相となる。就任直後から日本や韓国に見習って経済開発を進めようとする"ルック・イースト・ポリシー（東方政策）"を提唱し、経済発展をもたらした。'94年東アジア経済協議体（EAEC）構想を提唱。また、東南アジア諸国連合の牽引役を務める。2003年10月首相退任。2004年3月政界を引退。独自のアジア的価値感を持つ強力な指導者として欧米とも渡り合ったが、国内ではマレー人優遇や野党の弾圧などで摩擦も生んだ。2006年UMNOの地元代議員選挙に立候補したが、落選した。著書に「アジアから日本への伝言」がある。　［受賞］理化学研究所名誉フェロー（日本）〔2007年〕

【著作】
◇光は東方にあり―いま日本人に言いたいこと（インタビュー）　マハティール・ビン・モハマド：バート　2（3）　1992.2.10
◇世界の英知から日本人への直言　モハマド・マハティール：週刊現代　37（3）　1995.1.28
◇マハティール日本再生アジア新生（未来ブックシリーズ）　マハティール・ビン・モハマッド著，福島範昌訳　たちばな出版　1999.3
◇アジアから日本への伝言　マハティール・モハマド著，加藤暁子訳　毎日新聞社　2000.12
◇立ち上がれ日本人（新潮新書）　マハティール・モハマド著，加藤暁子訳　新潮社　2003.12
◇日本人よ。成功の原点に戻れ―真のグローバリゼーションを目指して　マハティール・ビン・モハマド著，橋本光平訳・構成　PHP研究所　2004.2

マーフィー，R. ターガート
Murphy, R. Taggart
経済評論家　筑波大学大学院ビジネス科学研究科教授

［生年月日］1952年
［国籍］米国　［出生地］ワシントンD. C.　［学歴］ハーバード大学卒　［学位］M. B. A.（ハーバード大学）

バンク・オブ・アメリカ、チェース・マンハッタンなどを経て、ゴールドマン・サックス証券東京支店キャピタル・マーケット・グループ担当副社長。1991年より経済評論家として活動。日本に在住し、「ニューヨーク・タイムズ」などで健筆をふるう。'98年筑波大学客員教授。のち教授。著書に「日本経済の本当の話〈上・下〉」「動かぬ日本への処方箋」、共著に「円デフレ」などがある。　［受賞］米国出版社協会賞〔2002年〕「円デフレ」

【著作】
◇日本経済の本当の話　上　R. ターガート・マーフィー著，畑水敏行訳　毎日新聞社　1996.4
◇日本経済の本当の話　下　R. ターガート・マーフィー著，畑水敏行訳　毎日新聞社　1996.4
◇動かぬ日本への処方箋　R. ターガート・マーフィー著，畑水敏行訳　毎日新聞社　1997.7
◇未来はいま決まる―ビッグバンの予測と現実　リチャード・クー，ピーター・タスカ，R. ターガート・マーフィー〔述〕，堺屋太一編著　フォレスト出版　1998.6
◇日本は金持ち。あなたは貧乏。なぜ？―普通の日本人が金持ちになるべきだ　R. ターガート・マーフィー，エリック・ガワー著，飛永三郎訳　毎日新聞社　1999.3
◇円デフレ―日本が陥った政策の罠　三国陽夫，R. ターガート・マーフィー著　東洋経済新報社　2002.12

マライーニ，フォスコ
Maraini, Fosco
文化人類学者，写真家　イタリア日本文化研究学会会長，イタリア日本学研究会名誉会長，フィレンツェ大学名誉教授

［生年月日］1912年11月15日
［没年月日］2004年6月8日

[国籍]イタリア　[出生地]フィレンツェ　[学歴]フィレンツェ大学〔1937年〕卒，オックスフォード大学大学院修了　[専門]日本研究，アイヌ民族研究

1937年イタリアのチベット学術探検隊に参加し，翌年にはアイヌ研究のため北海道大学の助手に。2年半ほど白老町や二風谷など道内各地を回って，祭りなどのセレモニーに使われるイクパスイ(棒酒べら)約1000本を研究し論文にまとめた('42年イタリア語で出版)。'41年京都大学のイタリア語講師となったが，その後第二次大戦末期にイタリアが降伏したため敵国人として名古屋などの収容所で抑留生活を送った。戦後，東洋研究を再開，チベットや日本，カラコルム，ヒンズークシに写真，映画取材と精力的に活動し，アジア民族学(特にチベットやアイヌ研究)で知られたほか，登山に関する著書も執筆した。'62年オックスフォード大学アントニーカレッジ・フェロー，のちフィレンツェ大学日本語・日本文学教授。アイヌ民族など日本研究では欧州の第一人者とされ，'82年日本におけるイタリア語学向上，日本研究の普及，日本文化の紹介に寄与した功が認められ，勲三等旭日中綬章を受賞した。'87〜88年京都の国際日本文化センター客員教授も務めた。'89年写真展「東洋の道」が日本で初めて開催された。著書に「日本との出会い」「ヒマラヤの真珠」「アイヌのイクパスイ(イクパスイ・デリ・アイヌ)」など。妻は日本人で，娘のダーチャは歴史小説などの作家として知られる。　[受賞]国際交流基金賞(日本)〔1986年〕，銀杯(日本)〔1998年〕　[叙勲]勲三等旭日中綬章(日本)〔1982年〕

【著作】
◇ドイツ宣教師の見た明治社会　C. ムンチンガー著，生熊文訳　新人物往来社　1987.7
◇海女の島—舳倉島　F. マライーニ著，牧野文子訳　未来社　1989.9
◇イタリアの日本研究　フォスコ・マライーニ：日本研究　10　1994.8
◇アイヌのイクパスイ　フォスコ・マライーニ著，ロレーナ・ステンダールディ訳，アイヌ民族博物館編　アイヌ民族博物館　1994.12

マリー, ジャイルズ
Murray, Giles
ジャーナリスト　読売新聞社

[生年月日]1966年
[国籍]英国　[出生地]ロンドン　[学歴]セントアンドリュース大学古文学専攻卒

1991年来日し，マーケティング会社勤務，フリーのコピーライター，翻訳者を経て，'96年より読売新聞社に勤務。'98年同社主催"英国祭'98"の子供用ガイドブックを編集・出版。著書に「インスタント・ビジネス日英会話」「日本語をペラペラ話すための13の秘訣」「『英国』おもしろ雑学事典」などがある。

【著作】
◇数字で読む日本人(Bilingual books)　溝江昌吾著，ジャイルズ・マリー訳　講談社インターナショナル　2002.3
◇対訳・日本を創った12人　堺屋太一著，ジャイルズ・マリー訳　講談社インターナショナル　2003.11

マリオット, ヘレン
Marriott, Helen
言語学者

[学歴]モナシュ大学卒　[学位]博士号(モナシュ大学)　[専門]日本語社会言語学，応用言語学方法論，アカデミックインターアクション・リテラシー

スィンバン工科大学を経て，1988年よりモナシュ大学に勤務。共編著に「接触場面と日本語教育—ネウストプニーのインパクト」がある。

【著作】
◇日本研究・京都会議　1994　国際日本文化研究センター，国際交流基金編　国際日本文化研究センター　1996.3〈内容：Intercultural Communication of Foreign Youth in Japan (Helen E. MARRIOTT)〉
◇社会言語学と異文化コミュニケーション(II 全体会議 新しい日本学構築のために 第1部 過去の経験・現在かかえている問題・将来への提言 基調報告)　ヘレン・マリオット：新しい日本学の構築　お茶の水女子大学大学院人間文化研究科国際日本学専攻　1999.12
◇新しい日本学の構築—お茶の水女子大学大学院人間文化研究科国際日本学専攻シンポ

ジウム報告書　お茶の水女子大学大学院人間文化研究科国際日本学専攻編　お茶の水女子大学大学院人間文化研究科国際日本学専攻　1999.12〈内容：日本人留学生の学習パターン（ヘレン・マリオット）〉
◇接触場面と日本語教育—ネウストプニーのインパクト　宮崎里司, ヘレン・マリオット編　明治書院　2003.9

マルコ・ポーロ
Marco Polo
商人, 旅行家

[生年月日] 1254年9月15日
[没年月日] 1324年1月8日
[国籍] イタリア　[出生地] ヴェネツィア
商人の子として生まれる。1271年、父・叔父とともにペルシアから中央アジアの天山南路を越える陸路で元の都に赴く。皇帝フビライ（世祖）に謁見し、以後17年にわたり元に仕える。1990年王女ボルガナに随行し、海路でインド南部を経て、1995年ヴェネツィアに帰国する。1999年のヴェネツィアとジェノヴァの戦いで捕虜となった際、旅行記を口述、これをルスティケロ・ダ・ピサが記録したものが「東方見聞録」である。「東方見聞録」の原題"La Description du Monde"は「世界の叙述」の意で、モンゴル帝国の歴史と住民についての記述が中心となっている。全4冊の第3冊にはジパング（日本）の記述もある。マルコ・ポーロ自身は日本を訪れたことがなく、黄金でできた宮殿（中尊寺金色堂のこととされる）など大幅な誇張を含む。しかしながら日本の存在をヨーロッパに伝えた書物として、大航海時代までのヨーロッパのアジア観に大きな影響を与えた。ジパングはJapanの語源となった。

【著作】
◇東方見聞録　マルコ・ポーロ原著, 佐野保太郎編　赤城正蔵　1914
◇マルコ・ポーロ東方見聞録　マルコ・ポーロ著, 青木一夫訳　校倉書房　1960
◇東方見聞録　マルコ・ポーロ著, 青木富太郎訳　社会思想社　1969
◇東方見聞録　1　マルコ・ポーロ著, 愛宕松男訳注　平凡社　1970
◇東方見聞録　2　マルコ・ポーロ〔著〕, 愛宕松男訳注　平凡社　1971
◇世界探検全集　1　河出書房新社　1978.2
◇東方見聞録　マルコ・ポーロ〔著〕, 青木富太郎訳　社会思想社　1983.2
◇東方見聞録—マルコ・ポーロの旅　1　マルコ・ポーロ〔著〕, 愛宕松男訳　平凡社　1983.11
◇東方見聞録—マルコ・ポーロの旅　2　マルコ・ポーロ〔著〕, 愛宕松男訳　平凡社　1984.1
◇東方見聞録　マルコ・ポーロ著, 青木富太郎訳　日本点字図書館（製作）　1986.4
◇東方見聞録　マルコ・ポーロ著, 長沢和俊訳・解説　小学館　1996.1
◇東方見聞録—完訳　1　マルコ・ポーロ著, 愛宕松男訳注　平凡社　2000.2
◇東方見聞録—完訳　2　マルコ・ポーロ著, 愛宕松男訳注　平凡社　2000.2
◇マルコ・ポーロ東方見聞録—全訳：『驚異の書』fr. 2810写本　マルコ・ポーロ〔著〕, 月村辰雄, 久保田勝一本文訳, フランソワ・アヴリル, マリー＝テレーズ・グセ解説, 小林典子, 駒田亜紀子, 岩黒三恵訳　岩波書店　2002.3
◇東方見聞録　マルコ・ポーロ〔著〕, 青木富太郎訳　紀伊國屋書店（発売）　2004.2

マルナス, フランシスク
Marnas, Francisque
パリ外国宣教会宣教師

[生年月日] 1859年3月11日
[没年月日] 1932年10月
[国籍] フランス　[出生地] リヨン
リヨン大神学校で哲学を学び、さらにローマに留学して神学を学ぶ。1888年にリヨンの司祭に叙階される。日本のキリシタン史に関心を抱き、1889年来日し、日本におけるキリスト教の歴史の調査に当たる。1892年及び1902年にも来日してキリシタン研究を行なった。2回目の来日の際には大阪の名誉司教総代理に任命された。滞日中にキリシタンの史料を集め、ヨーロッパに残された数多くの宣教師の書簡をも精査し、1896年に「日本キリスト教復活史」を刊行した。1921年クレルモン・フェランの司教に就任した。

【著作】
◇日本キリスト教復活史　フランシスク・マルナス著, 久野桂一郎訳　みすず書房　1985.5

マレー，ジェフリー
Murray, Geoffrey
ジャーナリスト 「Japan Digest」誌編集者

[生年月日] 1942年
[国籍] 英国

1958年ジャーナリズムの世界に入る。新聞、雑誌、ラジオ、テレビの仕事をしながら経歴のほとんどをアジアで過ごす。'60年代半ば、ロイター通信のベトナム戦争特派員。オーストラリア、インド、イラン、英国、日本、韓国にも滞在。'74～84年東京をベースにフリーランスライターとして活躍。'84年シンガポールに移り、日刊紙「Straits Times」海外部副編集長を経て、ジャーナリズムの教師になる。ロンドンに住み、英国人のための季刊誌「Japan Digest」の編集と中国の北京にある通信社の顧問。著書に「Mariko Mother」('76年)、「大英帝国の日本企業事情―いらっしゃいませ、ニッポン」など。

【著作】
◇大英帝国の日本企業事情―いらっしゃいませ、ニッポン。 ジェフリー・マレー著，海部一男訳 PHP研究所 1991.3
◇イギリスの日本企業事情 ジェフリー・マレー著 PHP研究所 1991.11

マンスフィールド，マイケル
Mansfield, Michael Joseph
政治家，外交官 駐日米国大使，米国民主党上院内総務

[生年月日] 1903年3月16日
[没年月日] 2001年10月5日
[国籍] 米国 [出生地] ニューヨーク市 [学歴] モンタナ州立大学〔1933年〕卒，モンタナ州立大学大学院(歴史学，政治学)〔1934年〕修士課程修了

アイルランド系。1918年米国海軍に入隊、'22年海兵隊に所属。'22～31年坑夫、鉱山技師をしながらモンタナ鉱業学校に学ぶ。'33年モンタナ州立大学を卒業、その後同大学院に通いながら教鞭をとり、'42年まで歴史・政治学教授。'43～52年モンタナ州選出下院議員。この間、'44年ルーズベルト大統領の命により中国調査団団長として中国を訪れた。'52年モンタナ州選出の上院議員に当選。'61年から民主党上院内総務を務めた。'77年1月引退。同年6月民主党のカーター大統領の要請で第22代駐日大使に就任。共和党のレーガン政権に代わっても交代はなく、戦後最長の11年半にわたって大使を務めた。貿易不均衡や防衛関係摩擦が多発する時期の日米関係の改善に大きな功績を残し、官・民を問わず日米双方から大きな信頼を得た。'88年11月勇退。'89年1月大手証券会社ゴールドマン・サックスの極東部門担当顧問となった。著書に「日本ほど重要な国はない」「私の日本報告」「未来は太平洋にあり」など。 [受賞] ネルソン・ロックフェラー公共サービス賞〔1988年〕，東京都名誉都民〔1988年〕，博愛賞〔1989年〕，南山大学名誉博士号〔1990年〕，トーマス・オニール賞(第1回)〔1996年〕 [叙勲] 勲一等旭日桐花大綬章(日本)〔1989年〕，自由勲章(米国大統領)〔1989年〕

【著作】
◇日本ほど重要な国はない―21世紀は太平洋の世紀 新版 マイク・マンスフィールド著，小関哲哉訳 サイマル出版会 1984.7
◇日本へのメッセージ 日米関係を引き裂いてはならない マイク・マンスフィールド：エコノミスト 63(45) 1985.10.15
◇未来は太平洋にあり マイク・マンスフィールド〔著〕，國弘正雄訳・解説 サイマル出版会 1992.4

マンデルボーム，ジャン
Mandelbaum, Jean
貿易コンサルタント フランス・パシフィック・コンサルタンツ社長，フランス政府貿易顧問，パリ第4大学教授

[生年月日] 1938年
[国籍] フランス [出生地] ベジエ [学歴] 高等商業学校(HEC)卒 [専門] 国際マーケティング

アジア、中南米を中心とする貿易コンサルティングに携わる。パリ第4大学教授(国際マーケティング)も務めながら、「ル・モンド」「ル・ポワン」などに寄稿。著書に「Le Marché

Japonais」「La Leçon Japonaise」(共著)「日欧衝突—いかに回避するか」(共著)など。
【著作】
◇日欧衝突—いかに回避するか　ジャン・マンデルボーム, ダニエル・アベール著, 山本一郎訳　サイマル出版会　1992.6

マンフレッド, リングホーファー
Manfred, Ringhofer
大阪産業大学人間環境学部教授

[生年月日]1951年
[国籍]オーストリア　[学歴]ウイーン大学大学院修了　[学位]哲学博士(ウイーン大学)
[専門]比較社会論　[団体]人権問題研究会, 国際在日韓国・朝鮮人研究会(IASK)
1982年大阪産業大学専任講師、'87年助教授を経て、教授。ブータン難民を支援するNGO・アフラジャパン代表。またアムネスティ奈良45グループ代表、サークル90(身体障害者自立運動)代表などを務める。共著に「アジア市民と韓朝鮮人」がある。
【著作】
◇市民の目からみた国際化—シンポジウム・国際社会と市民交流　石井米雄, 仲尾宏編　京都国際交流センター　1989.3〈内容：外国人の生活と仕事—日本社会のこれからの課題(リングホーファ・マンフレッド)〉
◇アジア市民と韓朝鮮人　徐竜達先生還暦記念委員会編　日本評論社　1993.7〈内容：日本人大学生の在日韓国・朝鮮人に対する意識調査(中間報告)—ある大阪私大のケーススタディ(リングホーファー・マンフレッド)〉

マンロー, ニール・ゴードン
Munro, Neil Gordon
医師, 考古学者, 人類学者

[生年月日]1863年6月16日
[没年月日]1942年4月11日
[出生地]英国・スコットランド・ダンディー市(一説にはエディンバラ市)　[学歴]エディンバラ大学医学部〔明治21年〕卒　[学位]医学博士(エディンバラ大学)〔明治42年〕
明治21年(1888年)インド航路の船医となり、勤務の傍らインドで遺跡発掘を試みる。24年病気療養のため横浜に上陸、横浜ゼネラルホスピタルで療養し、長期滞在を希望した。26年同病院の第8代院長に就任。以後、医業を続けながら、貝塚の発掘など日本各地の遺跡の調査、考古学的研究や、アイヌ研究に従事。38年「Coins of Japan」を出版し、王立アジア協会の会員に推薦された。同年日本に帰化。41年「Prehistoric Japan」を刊行。44年日本における石器時代人をアイヌとみる説を提示したが当時の日本の学会からは相手にされなかった。大正12年関東大震災後、横浜ゼネラルホスピタルを辞して軽井沢に移り、軽井沢サナトリウム(軽井沢マンロー病院)院長に就任。昭和5年ロックフェラー財団からアイヌ研究に対して助成金が与えられた。7年より北海道平取村の二風谷に自邸を設け、地域住民の診療に当りながらアイヌの民族誌的記録を積み重ねた。第二次大戦中にはスパイの嫌疑をかけられるなど不遇のうちに没した。遺稿に「Ainu Creed and Cult」(37年刊)がある。　[記念館]マンロー博士記念館(北海道平取町)　[記念碑]記念碑(北海道平取町)
【著作】
◇アイヌの信仰とその儀式　ニール・ゴードン・マンロー著, B. Z. セリグマン編, 小松哲郎訳　国書刊行会　2002.9

【 ミ 】

ミアーズ, ヘレン
Mears, Helen
法学者, 東洋学者

[生年月日]1900年
[没年月日]1989年
[国籍]米国
1920年から日米が開戦する前まで2度にわたって中国と日本を訪れ、東洋学を研究。戦争中はミシガン大学、ノースウェスタン大学などで日本社会について講義をおこなう。'46年連合国最高司令官総司令部(GHQ)の諮問機関"労働政策11人委員会"のメンバーとして来日、戦後日本の労働基本法の策定に携わ

る。著書に「アメリカの鏡・日本」('48年)がある。

【著作】
◇アメリカの反省—アメリカ人の鏡としての日本 原百代訳 文芸春秋新社 1953
◇アメリカの鏡・日本 アイネックス(株) 1995
◇アメリカの鏡・日本 ヘレン・ミアーズ著, 伊藤延司訳 アイネックス 1995.7
◇アメリカの鏡・日本 ヘレン・ミアーズ著, 伊藤延司訳 東京ヘレン・ケラー協会点字出版局 1998.8
◇アメリカの鏡・日本 新版 ヘレン・ミアーズ著, 伊藤延司訳 角川学芸出版 2005.5
◇アメリカの鏡・日本 抄訳版(角川oneテーマ21) ヘレン・ミアーズ[著], 伊藤延司訳 角川書店 2005.6

ミケシュ, ロバート
Mikesh, Robert C.
元・空軍パイロット スミソニアン協会航空宇宙博物館上級学芸員

[国籍]米国
21年間米国空軍にパイロットとして勤務し、各種プロペラ機やジェット機のほか、主にマーチンB-57キャンベラを操縦。また8年間日本に駐留した。その後、21年間スミソニアン協会国立航空宇宙博物館に勤務し、世界最大の歴史的航空機コレクションの修復作業を管理。著書に「サムライたちのゼロ戦」がある。

【著作】
◇サムライたちのゼロ戦 ロバート・C. ミケシュ著, 立花薫訳 講談社 1995.7
◇破壊された日本軍機—TAIU(米航空技術情報部隊)の記録・写真集 ロバート・C. ミケシュ著, 石沢和彦訳 三樹書房 2004.4

満谷, マーガレット　みつたに, マーガレット
共立女子大学文芸学部助教授

[生年月日]1953年1月5日
[国籍]米国　[出生地]ペンシルベニア州ピッツバーグ　[学歴]ウースター大学(米国)卒, 東京大学大学院人文科学研究科博士課程修了
[専門]近代日本文学
ウースター大学3年のとき、早稲田大学国際部に1年留学。1973年再来日し、名古屋の椙山女学園短期大学の講師を経て、東京大学大学院で比較文学を学ぶ。修士論文は「樋口一葉」。61年東京工業大学助教授、のち共立女子大学助教授。また、日本文学の翻訳、紹介に努める。訳書に大江健三郎「人生の親戚」、多和田葉子「犬婿取り」。

【著作】
◇日本文学における「私」 中西進編 河出書房新社 1993.12
◇美女の図像学 川本皓嗣編 思文閣出版 1994.3
◇論集樋口一葉 樋口一葉研究会編 おうふう 1996.11〈内容:一葉と翻訳—『十三夜』の運命(満谷マーガレット)〉
◇共同研究日本の近代化と女性(研究叢書) 共立女子大学総合文化研究所神田分室 1998.2〈内容:女性作家の「近代」花圃、曙、一葉(満谷マーガレット)〉
◇境界の「言語」—地球化地域化のダイナミクス 荒このみ, 谷川道子編著 新曜社 2000.10〈内容:多和田葉子と「翻訳」(満谷マーガレット)〉

ミッチェナー, ジェームズ
Michener, James
作家

[生年月日]1907年2月3日
[没年月日]1997年10月16日
[国籍]米国　[出生地]ニューヨーク市　[本名]Michener, James Albert　[学歴]スワスモア大学〔1929年〕卒
両親不明のためアベル・ミッチェナーの運営するホームで育つ。成績優秀なため奨学金を授与されて大学に進み、首席で卒業。1936〜40年ノース・コロラド大学教授、'40〜41年ハーバード大学客員教授。第二次大戦に従軍したときの体験をもとに、1947年短編集「南太平洋物語」を発表、ピュリッツァー賞を受賞する。この作品はミュージカル「南太平洋」としても脚色、上演され、評判になった。このほか「トコリの橋」('53年)、「サヨナラ」('54年)、「ハワイ」('59年)、「センテニアル」('74年)、長編大作「宇宙への旅立ち」「ポーランド」「チェサピーク物語」などがある。また日本文化にも深い関心を示し、浮世絵研究書「ゆれ動く世界」を執筆した。全40冊の著

書は全世界で7500万冊以上売れた。'93年以来じん臓病の闘病生活を送っていたが、'97年10月人工透析治療を自らの意思で中止、尊厳死の道を選んだ。　[受賞]ピュリッツァー賞〔1948年〕「南太平洋物語」
【著作】
◇私はなぜ日本が好きか　ジェームズ・A・ミッチェナー：リーダーズ・ダイジェスト　1956.7
◇洋服に着替えた蝶々夫人―アメリカ人気作家の眼にうつった日本娘　ジェームズ・A・ミッチェナー：リーダーズ・ダイジェスト　1956.10

ミットフォード, アルジャーノン・バートラム
Mitford, Algernon Bertram Freeman-M., 1st Baron Redesdale
外交官　駐日イギリス公使館付書記官

[生年月日]1837年2月24日
[没年月日]1916年8月17日
[国籍]英国　[学歴]イートン校卒, オックスフォード大学クライスト・チャーチ校卒　[専門]日本語, 日本文化
1863年ロシアのペテルブルクに赴任した。1865年北京駐在を経て、1866年イギリス公使Sir H. S. パークスに随行しSir アーネスト・メイスン・サトウやW. G. アストン等とともに来日。明治維新後は、京都において明治政府との折衝に当った。1873年帰国。のちにリーズデイル卿となる。外交官を辞しイギリス国会議員に選出された。イギリス王室から明治天皇にガーター勲章が贈られたが、その時の使節コンノート殿下の随員として1906年に来日。「ミットフォード日本日記」「昔の日本の物語」「英国外交官の見た幕末維新」（学術文庫）など、日本に関する日本語および日本文化に関する著作が多いく、日本文化紹介に功績があった。「昔の日本の物語」には忠臣蔵や佐倉宗五郎の話が書かれており、西欧に「ハラキリ」という日本語が知られる原点となった。

【著作】
◇英国外交官の見た幕末維新　A. B. ミットフォード著, 長岡祥三訳　新人物往来社　1985.8
◇英国貴族の見た明治日本　A. B. ミットフォード著, 長岡祥三訳　新人物往来社　1986.7
◇英国外交官の見た幕末維新―リーズデイル卿回想録（講談社学術文庫）　A. B. ミットフォード〔著〕, 長岡祥三訳　講談社　1998.10
◇ミットフォード日本日記―英国貴族の見た明治　講談社学術文庫　2000
◇ミットフォード日本日記―英国貴族の見た明治　講談社学術文庫　2000
◇ミットフォード日本日記―英国貴族の見た明治（講談社学術文庫）　A. B. ミットフォード〔著〕, 長岡祥三訳　講談社　2001.2

ミヒエル, ヴォルフガング
Michel, Wolfgang
九州大学大学院比較社会文化学府教授

[生年月日]1946年6月9日
[国籍]ドイツ　[学歴]フランクフルト大学卒　[専門]ドイツ語　[団体]日本独文学会, 異文化間教育学会, 日本医史学会（理事）, 洋学史学会（会長）, Gesellschaft für Interkulturelle Germanistik
日欧文化交流史関係の多数の論文、著書を発表し、とりわけ江戸、明治初期の医学交流及びヨーロッパにおける日本像の変遷の解明を進める。1984年九州大学言語文化部助教授、のち大学院比較社会文化学府教授。　[叙勲]ドイツ連邦共和国功労勲章〔2004年〕

【著作】
◇村上玄水資料　1（中津市歴史民俗資料館分館村上医家史料館資料叢書）　ヴォルフガング・ミヒェル編　中津市歴史民俗資料館分館村上医家史料館　2003.3
◇村上玄水資料　2（中津市歴史民俗資料館分館村上医家史料館資料叢書）　ヴォルフガング・ミヒェル編　中津市歴史民俗資料館分館村上医家史料館　2004.2〈内容：新旧西洋外科術が混在する地方蘭学者の史料村上玄水写の「カスハル書口訣」を中心に（ヴォルフガング・ミヒェル）〉
◇村上玄水資料　3（中津市歴史民俗資料館分館村上医家史料館資料叢書）　ヴォルフガング・ミヒェル編　中津市歴史民俗資料館分館村上医家史料館　2005.3
◇人物と交流　1（中津市歴史民俗資料館分館村上医家史料館資料叢書）　ヴォルフガング・ミヒェル編　中津市歴史民俗資料館分館村上医家史料館　2006.3
◇中津市歴史民俗資料館分館医家史料館叢書　6　ヴォルフガング・ミヒェル編　中津市歴史民俗資料館分館医家史料館　2007.3
◇村上医家史料館蔵の薬箱及びランビキについて　第2版（中津市歴史民俗資料館分館村上医家史料館資料叢書）　ヴォルフガング・ミヒェル編, W. ミヒェル, 遠藤次郎, 中村輝子［著］　中津市教育委員会　2007.3

ミヨシ, マサオ
Miyoshi, Masao
カリフォルニア大学サンディエゴ校教授

［国籍］米国　［出生地］東京都　［学歴］東京大学文学部卒　［学位］英文学博士（ニューヨーク大学）　［専門］英文学, 非西欧文学, 比較文学（英日）

カリフォルニア大学バークレー校教授を経て、同大学サンディエゴ校教授に。シカゴ大学、ハーバード大学客員教授もつとめる。著書に「Accomplices of Silence（沈黙の共犯―日本の現代小説）」「As We Saw Them（我ら見しままに―万延元年遣米使節の旅路）」など。

【著作】
◇なぜこんなにこじれるのか？日米文化摩擦の位相―ジャパノロジスト座談会in USA　酒井直樹, ハリー・ハルトゥーニアン, J. ビクター・コシュマン, ボブ・ワカバヤシ, マサオ・ミヨシ, 山口二郎：月刊Asahi　2(7)　1990.7
◇オフ・センター――日米摩擦の権力・文化構造　マサオ・ミヨシ著, 佐復秀樹訳　平凡社　1996.3
◇大江健三郎（日本文学研究論文集成）　島村輝編　若草書房　1998.3〈内容：歴史と思考の文脈と作家―大江健三郎の話相手（マサオ・ミヨシ）〉

ミラー, アラン
Miller, Alan S.
メリーランド大学気候変動センター所長

［国籍］米国　［学歴］コーネル大学卒　［資格］弁護士　［専門］気象学

ミシガン大学で法律と公共政策の修士号取得。その後、ワシントンD. C. で環境に関する弁護士として環境保護庁、Natural Resource Defense Council世界資源研究所などで14年間経験を積む。1987年フルブライト研究助成金を得て、半年間東京大学法学部日本エネルギー法研究所に滞在。著書に「The Sky is the Limit—Strategies for Protecting the Ozone Layer」（'86年）、「Growing Power—Bioenergy for Development and Industry」（'85年）など多数。

【著作】
◇外から見た日本法　石井紫郎, 樋口範雄編　東京大学出版会　1995.8〈内容：米国から見た日本の環境政策（アラン・ミラー）〉
◇日本、よいしがらみ悪いしがらみ　アレン・S. ミラー, 賀茂美則著　日本経済新聞社　2002.11

ミラー, ヘンリー
Miller, Henry
作家

［生年月日］1891年12月26日
［没年月日］1980年6月7日
［国籍］米国　［出生地］ニューヨーク市ヨークビル　［本名］Miller, Henry Valentine

ドイツ系の仕立屋の子として生まれた。生後まもなくブルックリンに移り少年期を過ごした。早くからさまざまな仕事に従事。放浪癖があり、1930年ほとんど無一文でヨーロッパに渡る。30年代パリに住み、飢餓と隣合わせの生活の中でジェームズ・ジョイスらと交友を重ねる。この間発表した「Tropic of Cancer（北回帰線）」（'34年）や「Tropic of Capricorn（南回帰線）」（'39年）は大胆な性描写で20世紀文学に大きな衝撃を与えた。この2冊は'60年代まで〈猥せつ性〉のため祖国では出版も持ち込みも許されなかった。'40年動乱のヨーロッパをあとにして米国に帰国、カリフォルニア州ビッグサーに住み"The Rosy Crucifixion（薔薇色の十字架）"と名づけられる自伝的3部作（「セクサス」「プレクサス」「ネクサス」）の発表をはじめる。このほか、評論に「The World of Sex（性の世界）」（'40年）、「The Air—Conditioned Nightmare（冷房装置の悪夢）」（'45年）、自叙伝「The Books in My Life（わが人生における書物）」（'52年）などの著作がある。'67年に日本人歌手ホキ・徳田と結婚して話題になったこともある。'95年生前の水彩画や手紙が長野県大町の温泉開発会社に寄贈された。

【著作】
◇日本人へひと言　ブライス, ミラー, レッドマン：朝日新聞　1949.11.9
◇この不可思議なまでに崇高な…日本女性の"こころ"　ヘンリー・ミラー：週刊読売　1975.7.26

ミリュコフ, アナトリー
Milyukov, Anatolii Illarionovich
経済学者　モスビジネス銀行副頭取

[国籍]ロシア　[学歴]モスクワ財政大学大学院〔1965年〕修了　[学位]経済学博士
労働・賃金国家委員会、共産党中央委経済部などに勤務。のち大統領府の社会・経済発展分析・政治予測部部長、最高会議経済顧問を経て、'94年モスビジネス銀行副頭取に就任。編著書に「日本経済に学べ―ソ連・ミリューコフ報告」がある。

【著作】
◇日本経済に学べ―ソ連・ミリューコフ報告（朝日文庫）　A.ミリューコフ編著, 中村裕, 服部倫卓訳　朝日新聞社　1991.2

ミルワード, ピーター
Milward, Peter
カトリック神父　上智大学名誉教授, ルネッサンス研究所所長

[生年月日]1925年10月12日
[国籍]英国　[出生地]ロンドン　[学歴]オックスフォード大学〔1954年〕卒, 上智大学大学院修了　[学位]文学博士　[専門]古典文学, 英文学　[団体]Renaissance Institute, Hopkins Society of Japan, Newman Society of Japan
1943年イエズス会入会。'54年来日、上智大学で神学を学ぶ。'60年叙階式を受け、カトリック神父になる。'62～95年上智大学教授。同大ルネサンス研究所所長も務めた。'96～2002年東京純心女子大学現代文化学部教授兼学部長。シェイクスピア研究者としても知られる。著書に「イギリス人と日本人」「イギリスの心」「イギリスの学校生活」「英文学のための動物植物事典」「うっかり先生回想録」「信ずる心のすすめ」「ミルワード氏の昆虫記」「ミルワード先生のユーモア日記」「ネコの哲学」「ザビエルの見た日本」他多数。
[受賞]ヨゼフ・ロゲンドルフ賞（第15回）〔1999年〕「ザビエルの見た日本」

【著作】
◇ハダカになりたがる日本人（座談会）　ピーター・ミルワード, ワルター・ストーク, ピエール・ボードリ, マシュー J.サイデン：現代　1977.5
◇イギリス人と日本人（講談社現代新書）　ピーター・ミルワード著, 別宮貞徳訳　講談社　1978.1
◇「会社は永遠…」の生き方・死に方―詰め腹の思想を外国人はどう見ているのか（座談会）　渡辺昇一, G・クラーク, P・ミルワード, 鈴木卓郎：経済往来　1979.4
◇私の日本人論　ピーター・ミルワード：教育と医学　27(8)　1979.8
◇日本人の日本しらず―あなたを動かす"生き方、考え方"　愛蔵版　ピーター・ミルワード著, 別宮貞徳訳　青春出版社　1980.1
◇ミルワード神父の日本見聞録　ピーター・ミルワード著, 別宮貞徳訳　春秋社　1981.6

◇日英米もののみかた（現代教養選書）　ピーター・ミルワード著，難波田紀夫訳　匠出版　1986.8
◇ミルワード師の天眼鏡—ニッポンこころ模様　ピーター・ミルワード著，別宮貞徳編訳　主婦の友社　1989.2
◇うっかり先生回想録—日本で教えて三十三年　ピーター・ミルワード著，安西徹雄訳　南窓社　1990.11
◇ミルワード＝日本人への旅（丸善ライブラリー）　ピーター・ミルワード〔著〕，中山理訳　丸善　1991.8
◇お茶とミサ—東と西の「一期一会」　ピーター・ミルワード著，森内薫，別宮貞徳訳　PHP研究所　1995.4
◇お茶の巡礼—ローマ・アッシジ・リスボン　ピーター・ミルワード著，金子一雄訳　河出書房新社　1997.1
◇シェイクスピアと日本人（講談社学術文庫）　ピーター・ミルワード〔著〕，中山理訳　講談社　1997.11
◇ザビエルの見た日本（講談社学術文庫）　ピーター・ミルワード〔著〕，松本たま訳　講談社　1998.11
◇国境を越えた源氏物語—紫式部とシェイクスピアの響きあい（エンゼル叢書）　岡野弘彦，ピーター・ミルワード，渡部昇一，松田義幸，江藤裕之，須賀由紀子著　PHPエディターズ・グループ，PHP研究所〔発売〕　2007.10

ミルン，ジョン
Milne, John
鉱山技師，地震学者　日本地震学会副会長

[生年月日] 1850年12月30日
[没年月日] 1913年7月31日
[国籍] 英国　[出生地] リバプール　[学歴] ロンドン大学卒，王立鉱山学校卒
ロンドン大学や王立鉱山学校で地質学・鉱山学を修めたのち鉱山技師となる。のち地質学者としてヨーロッパやアラビアで地質調査に参加。1876年ロンドンからシベリア経由で来日，工部大学校の御雇い外国人教師となり，鉱山学と地質学を講じた。工部大学校の帝国大学工科大学改組後も引き続き教壇に立った。1880年横浜地震を機に地震学の研究を始め，同年日本地震学会の発足と同時に副会長に就任。1888年に論文「地震学上の重要問題」を著して地震学の今後に対する12の問題提起を行った。また日本地震史の研究や観測データの収集，地震計の開発，地震災害の軽減・予防の研究を行うなど，地震学の基礎固めや研究体制確立に大きな業績を残し，"地震学の父"と呼ばれる。1895年イギリスに帰国後は，国際的な地震観測網作成に意欲を見せた。また，考古学や人類学にも関心があった。夫人のトネは日本人。著書に「地震」「地震学」などがある。　[記念碑] 函館
【著作】
◇ミルンの日本人種論—アイヌとコロボックル　吉岡郁夫，長谷部学共訳　雄山閣出版　1993.8

閔 庚燦　ミン・キョンチャン
Min Kyung-chan
音楽学者　韓国芸術総合学校音楽院教授

[国籍] 韓国　[学歴] ソウル大学（音楽理論），東京芸術大学大学院音楽研究科修了　[専門] 音楽教育，韓国近現代音楽
韓国芸術総合学校音楽院研究員，専任講師を経て，教授。1980年代末に北朝鮮の革命歌謡を研究，そのルーツに関心を持つ。'92年から3年間東京芸術大学大学院に留学，図書館で植民地体制下の韓国の音楽教科書を見つけたのがきっかけで，日本の植民地時代の音楽教育に興味を持ち調べる。'96年研究成果の発表を兼ね，コンサート「日韓唱歌の源流をたずねて」を企画。'98年金日成が作曲したものとされる革命歌「朝鮮人民革命軍」などが小山作之助作曲の日本軍歌「日本海軍」と同じ曲だとする研究を「韓国音楽史学報」に発表。2002年には日韓両国の子どもたちが互いの国の童謡や唱歌を歌ったCD「Dream Together！」を企画・制作する。
【著作】
◇異文化交流と近代化—京都国際セミナー1996　松下鈞編　「異文化交流と近代化」京都国際セミナー1996組織委員会　1998.7 〈内容：韓国唱歌の形成課程における日本唱歌の影響について（閔庚燦）〉

閔 徳基　ミン・ドクギ
清州大学歴史教育科専任講師

[生年月日] 1954年10月

[国籍]韓国　[学歴]清州大学歴史教育科卒,早稲田大学大学院文学研究科史学専攻(日本史)博士課程修了　[学位]文学博士(早稲田大学)　[専門]歴史教育
日本史・韓日関係史を研究。著書に「前近代東アジアのなかの韓日関係」がある。
【著作】
　◇中近世の史料と方法―論集　滝沢武雄編　東京堂出版　1991.10〈内容:新井白石の「日本国王」復号論（閔徳基〉
　◇前近代東アジアのなかの韓日関係　閔徳基著　早稲田大学出版部　1994.7

閔 丙勲　ミン・ビョンフン
文学者　大田大学校助教授

[国籍]韓国　[学歴]専修大学文学部〔1996年〕卒　[学位]文学博士（専修大学）〔2001年〕　[専門]日本文学
韓国湖南大学校、光州大学校非常勤講師ののち、2002年度から韓国の大田大学校専任講師を経て、助教授。著書に「歌物語の淵源と享受」などがある。
【著作】
　◇歌物語の淵源と享受　閔丙勲著　おうふう　2002.2

【ム】

ムアンギ, ゴードン・サイラス
四国学院大学社会学部教授

[生年月日]1946年
[国籍]ケニア　[学歴]ナイロビ大学卒, 京都大学大学院法学研究科〔1978年〕修了　[専門]平和学, 国際関係論
京都大学アフリカ地域研究センター研修員を経て、四国学院大学文学部助教授、のち社会学部教授。共著に「アフリカ読本」。
【著作】
　◇アフリカ文化と日本文化　Gordon Cyrus Mwang, 巣山靖司訳:日本の科学者　20(11)　1985.11
　◇アフリカからきた日本研究者　ゴードン・C・ムアンギ:対論「日本探究」　講談社　1987.5
　◇国際化社会と在日外国人の人権―シンポジウム・人の国際化 その現状と将来　仲尾宏編著　京都国際交流センター　1990.4
　◇アフリカ人からみた日本人　G. C. ムアンギ:国際化社会と在日外国人の人権　京都国際交流センター　1990.4

ムガール, フマユン
Mughal, Humayun A.
通訳, アジア評論家, スパイス・ハーブ研究家

[生年月日]1961年5月15日
[学歴]イスラマバード大学(パキスタン, 日本語専攻)〔1984年〕卒
パキスタン日本大使館、外務省などで通訳に従事。1985年日本国際交流基金の日本語選抜試験で招待来日。九州大学で聴講生として心理学を学ぶ。'87年よりペルシャ絨毯店を経営。イスラム文化研究会を主宰。英語、ウルドゥ語、パンジャビ語の国際会議や法廷通訳を務め、アジア評論家としても幅広く活躍。また「朝まで生テレビ」やスパイス・ハーブ料理研究家としてテレビ料理番組等にも出演。著書に「Let's me come to Pakistan」(パキスタン語)、「イスラムは日本を変えるか？」がある。
【著作】
　◇イスラムは日本を変えるか？―国際結婚はグローバル化の切り札　H. A. ムガール著　文芸社　2001.4

ムースハルト, ヘルマン
Moeshart, Herman J.
日本史研究家　ライデン大学文学部写真歴史部講師・同写真絵画博物館写真副部長, ライデン市博物館美術館協会会長

[国籍]オランダ　[出生地]アムステルダム郊外
6、7歳の頃、祖父が集めていたたばこの中にオマケとして入っていた「世界の風景」という小さな写真の中に日本の写真を見て以来、日本、東洋への夢は年を追ってふくらんでいき、オランダに眠っていた800点に及ぶ「幕

末日本」の映像の収集、研究家となる。「木曽義仲」の人間像に興味を持ち、研究論文では武人としての純粋さと、京へ出て政治にまみれてゆく義仲の二面性を掘り下げた。1986年、10年間温めていた構想、「甦る幕末」東京展の開幕に合わせて来日。自身も写真をとり'83年夏「海岸」をテーマに東京で個展を開いている。

【著作】
◇ポルスブルック日本報告—1857-1870 オランダ領事の見た幕末事情（東西交流叢書）　ポルスブルック〔著〕，ヘルマン・ムースハルト編著, 生熊文訳　雄松堂出版　1995.5
◇日蘭交流400年の歴史と展望—日蘭交流400周年記念論文集 日本語版（日蘭学会学術叢書）　レオナルド・ブリュッセイ, ウィレム・レメリンク, イフォ・スミッツ編　日蘭学会　2000.4〈内容：写真術の日本伝来（H. J. ムースハルト）　ボードイン兄弟の日本（H. J. ムースハルト））
◇ポルスブルック日本報告—一八五七—一八七〇 オランダ領事の見た幕末事情（東西交流叢書）　ポルスブルック〔著〕，ヘルマン・ムースハルト編著, 生熊文訳　雄松堂出版 2007.6
◇江戸時代の日本とオランダ—日蘭交流400年記念シンポジウム報告　記念シンポジウム実行委員会編　洋学史学会　2001.3

ムールティ, ナーラーシンハ
Murthy, P. A. Narasimha
ジャワハルラール・ネール大学教授

［生年月日］1933年
［国籍］インド　［出生地］カルナータカ州　［学歴］デリー大学インド国際問題研究学院卒
［専門］日本現代史
インドにおける日本研究の第一人者。著書に「日本における近代ナショナリズムの発生」（1974年）など。

【著作】
◇インドと対日講和—戦後冷戦構造とインドの選択　P. A. Narasimha Murthy（著），宮崎章（訳・解説）:思想（岩波書店）　703　1983.1
◇「モデルから異質へ—ウォルフレン『日本・権力構造の謎』と欧米の日本観」: 思想（岩波書店）　1992.3

【 メ 】

メイサー, ダリル
Macer, Darryl
筑波大学生物科学系助教授

［生年月日］1962年
［学歴］ケンブリッジ大学大学院修了　［専門］分子生物学, 生命倫理
筑波大学助教授の傍ら、ユネスコ国際生命倫理委員会委員、学校における生命倫理教育ネットワーク代表、ユウバイオス倫理研究会代表、HUGO（ヒトゲノム解析機構）倫理委員、IUBS（国際生物学連合生命倫理計画）生命倫理プログラム委員長などを務める。

【著作】
◇遺伝子工学の日本における受けとめ方とその国際比較　ダリル・メイサー〔著〕　ユウバイオス倫理研究会　1992

メイニー, ケビン
Maney, Kevin
ジャーナリスト　「USAツデー」記者

［国籍］米国
1985年から「USAツデー」で経済コラムを担当するベテラン記者。'91年からメディアと技術の融合について精力的に取材し、同紙に30件以上のカバーストーリーを書いている。著書に「メガメディアの衝撃—日本ひとり負けの構図」（'95年）など。

【著作】
◇メガメディアの衝撃—日本ひとり負けの構図　ケビン・メイニー著, 古賀林幸訳　徳間書店　1995.11

メーキン, ジョン
Makin, John H.
エコノミスト　アメリカン・エンタープライズ研究所（AEI）上級研究員

［国籍］米国　［学位］経済学博士（Ph. D.）（シカゴ大学）　［専門］財政政策

ワシントン大学教授、同大経済研究所理事を経て、共和党系シンクタンクのアメリカン・エンタープライズ研究所（AEI）上級研究員となり、財政政策研究部長兼務。また議会予算局経済諮問委員会委員、ニューヨークの投資会社、カックストンのチーフ・エコノミストでもある。財政政策に関する著書が多く、代表的なものに「U. S. Fiscal Policy:Its Effects at Home and Abroad」「Real Tax Reform:Replacing the Income Tax」など。日本問題に精通していることでも知られる。

【著作】
◇日米同盟の再構築―国際的リーダーシップをどう分担するか　ジョン・H. メイキン, ドナルド・C. ヘルマン編, 岩瀬孝雄〔ほか訳〕 中央公論社　1989.6

メーソン, ジョセフ
Mason, Joseph Warren Teets
ジャーナリスト, 神道家　ユナイテッド・プレス社記者

[生年月日] 1879年1月3日
[没年月日] 1941年5月13日
[国籍] 米国　[出生地] ニュー・ヨーク州ニューバーグ　[学歴] ニュー・ヨーク大学卒

大学卒業後ジャーナリズム界に入る。1899年渡英、ロンドンのスクリップス・マクレー通信の特派員となり、のち同社ヨーロッパ支配人となり。1907年ユナイテッド・プレス社ヨーロッパ支配人に就任。翌年アメリカに帰国の後はイギリスの大手新聞社デイリー・エキプレスのニュー・ヨーク特派員として勤務のかたわら、第1次世界大戦中はユナイテッド・プレスの軍事記者としても活躍し、さらに戦後は同社外交記者として働いた。ヨーロッパ在任中、哲学者のクローチェやベルグソン等と親交を結び、さらに日本の末松謙松と出会い、日本の神道や王陽明思想について教えを受け、神道の信仰・研究に進む。神道研究書「創造的自由」（1926）や「創造的東洋」（1928）をそれぞれニュー・ヨークおよびロンドンで刊行。1932年来日して各地で講演を行った。他の著作に「神ながらの道」がある。ニュー・ヨークで死去し、本人の遺志により遺骨は日本に送り届けられ、多磨霊園に埋葬された。日本政府より勲四等旭日小綬章が授与された。

【著作】
◇神ながらの道―日本人に潜在する創造的生命意識を解明する　今岡信一良訳　たま出版　1980
◇神ながらの道―日本人のアイデンティティ（個性）と創造性の再発見　J. W. T. メーソン著, 今岡信一良訳　たま出版　1989.5
◇神話学名著選集　15　松村一男, 平藤喜久子監修, J. W. T. メーソン著, 今岡信一良訳　ゆまに書房　2005.3

メチニコフ, レフ・イリイチ
Metchnikov, Lev Il'ich
革命家, 語学教師, 日本文化研究者　東京外国語学校ロシア語教師, ヌーシャテル・アカデミー教授

[生年月日] 1838年5月18日
[没年月日] 1888年6月18日
[国籍] ロシア　[出生地] セント・ペテルスブルグ

大学在学中に革命を志ざす学生運動に参加して大学を追放となり、スイスに渡った。1860年イタリアの自由運動に参加、のちパリに移住しパリ・コミューンの救援活動に加わったが、再びジュネーブに転じ、1872年9月、たまたま日本から留学中だったのちの陸軍大臣大山巌と知り合い、フランス語の教師となった。1874年東京外国語学校ロシア語科教師として来日し、1876年まで在職、同校において数学、歴史も教えた。病を得てアメリカ経由でジュネーブに帰り、在日中収集した日本に関する資料をまとめ、1876年から1877年にかけて「明治維新論」を、1881年には「日本帝国」を刊行した。1883年から1888年までヌーシャテル・アカデミーにおいて比較地理学および統計学の教授をつとめた。

【著作】
◇亡命ロシア人の見た明治維新　レフ・イリイッチ・メーチニコフ〔著〕, 渡辺雅司訳　講談社　1982.5
◇回想の明治維新――ロシア人革命家の手記　メーチニコフ著, 渡辺雅司訳　岩波書店　1987.3

メラノビッチ, ミコワイ
Melanowicz, Mikołaj
ワルシャワ大学東洋学研究所日本学科教授

[生年月日] 1935年
[国籍] ポーランド　[専門] 日本近代文学
谷崎潤一郎、安部公房、大江健三郎などの研究、翻訳に務める。著書に「日本文学」など。
【著作】
◇谷崎潤一郎国際シンポジウム　アドリアーナ・ボスカロ〔ほか〕著　中央公論社　1997.7
◇日本研究・京都会議　1994　国際日本文化研究センター, 国際交流基金編　国際日本文化研究センター　1996.3

メリニチェンコ, ウラジーミル
Melnichenko, Vladimir Efimovich
レーニン中央博物館館長

[生年月日] 1946年
[国籍] ウクライナ　[学歴] キエフ大学〔1968年〕卒, キエフ大学大学院　[学位] 歴史学博士　[専門] ウラジーミル・レーニン研究
1976～87年ウクライナ共産党中央委員会の社会部部長、党文献保管所所長。'89年ソ連邦共産党中央委員会歴史学部部長を経て、'91年レーニン中央博物館館長。のち同館はエリツィン大統領により閉鎖されたため、最後の館長となる。2000年東京で行われたレーニン生誕130周年記念シンポジウムの講演のため来日。著書に「レーニンと日本」などがある。
【著作】
◇レーニンと日本　メリニチェンコ著, 伊集院俊隆解説・監修, 佐野柳策, 松沢一直, 吉田知子訳　新読社　2001.11

【モ】

莫 邦富　もー・ばんふ
Mo Bang-fu
ジャーナリスト, 作家　莫邦富事務所代表

[生年月日] 1953年
[国籍] 中国　[出生地] 上海　[学歴] 上海外国語大学卒　[団体] 日本ペンクラブ
上海外国語大学卒業後、同大講師を経て、1985年に来日。知日派ジャーナリストとして、政治経済から文化にいたるまで幅広い分野で発言を続け、"新華僑""蛇頭(スネークヘッド)"といった新語を日本に定着させた。「蛇頭」「中国全省を読む地図」、訳書「ノーと言える中国」はベストセラーとなり、話題作に「新華僑」「日本企業がなぜ中国に敗れるのか」「これは私が愛した日本なのか」などがある。現在、朝日新聞be(土曜版)で「mo@china」を連載中。東京経営者協会評議委員、東京メトロポリタンテレビジョン放送番組審議委員、中国山東省青島市開発区顧問、岩波書店講座シリーズ「アジア新世紀」編集委員などを務める。2007年外国人研修生の支援組織・外国人研修生権利ネットワークの共同代表に就任。
【著作】
◇ことばの論文集—春日正三先生還暦記念　春日正三先生還暦記念「ことばの論文集」刊行会編　双文社出版　1991.7〈内容：地理的環境による語彙の発達ぶりの相違(莫邦富)〉
◇来日中国人の素顔—中国人ジャーナリストが見た　莫邦富著　海風書房　1993.4
◇中国人から見た不思議な日本語　莫邦富著　河出書房新社　1998.3
◇中国人は落日の日本をどう見ているか　莫邦富著　草思社　1998.8
◇お金はアタマと汗で稼げ!—新華僑「二万円」で成功する秘訣　莫邦富著　海竜社　2000.4
◇中国人から見た不思議な日本語(日経ビジネス人文庫)　莫邦富著　日本経済新聞社　2002.9

モイジ, ドミニク
Moisi, Dominique
国際政治学者, コラムニスト　フランス国際関係研究所(IFRI)上級顧問

[生年月日] 1946年
[国籍] フランス　[出生地] パリ　[学歴] パリ政治学院卒, パリ大学法学部〔1969年〕卒　[学位] 政治学博士(パリ大学)　[専門] フランス外交, 欧米関係, 安全保障

ハーバード大学研究員, 国立行政学院(ENA)准教授を経て, 1979年仏国際関係研究所に入り, '92年より副所長, のち上級顧問。「フォーリン・アフェアーズ」をはじめ, 各国の外交評論誌に寄稿, 欧州外交を中心に活躍。雑誌「ポリティック・エトランジェール」編集長, 英国紙「フィナンシャル・タイムズ」のコラムニストも務める。著書に「20世紀の危機と戦争」「共産体制」「21世紀のフランス外交」など。

【著作】
◇ナルシシズム日本に警告する─成功に戸惑う肥満少年・日本よ, 国際社会に通用する価値を生み出せ　ドミニク・モイジ：THIS IS 読売　2(1)　1991.4

毛 振明　もう・しんめい

[国籍] 中国　[出生地] 北京　[学歴] 北京体育学院〔1982年〕卒　[専門] 比較教育学

1984年10月, 第3期政府派遣留学生として来日, 広島大学大学院教育学研究科博士課程に学び, '90年3月「中日体育教育における"体育学生"と"学習集団"問題に関する比較研究」という博士論文をまとめた。

【著作】
◇情報系体育科教育研究の系譜─佐藤裕教授退官記念論文集　坂本和丈, 松岡重信編著　新体育社　1994.3〈内容：中日の体育授業の比較研究（毛振明）〉

モーガン, ジェームス
Morgan, James C.
実業家　アプライド・マテリアルズ会長・CEO　国際半導体製造装置材料協会(SEMI)会長

[国籍] 米国　[学位] M.B.A.(コーネル大学)

ベンチャー事業の金融業務などを経て, 1976年半導体製造装置メーカーのアプライド・マテリアルズ社長に就任, '77年CEO(最高経営責任者), '87年会長を兼務。また国際半導体製造装置材料協会(SEMI)会長を務める。著書に「ニッポン戦略─世界で成功したければ日本で勝負しろ」がある。知日派として知られる。

【著作】
◇ニッポン戦略─世界で成功したければ日本で勝負しろ　J.C.モーガン, J.J.モーガン著, 植山周一郎訳　ダイヤモンド社　1991

モース, エドワード・シルベスター
Morse, Edward Sylvester
動物学者, 考古学者　東京帝国大学理学部教授　大森貝塚を発見

[生年月日] 1838年6月18日
[没年月日] 1925年12月20日
[国籍] 米国　[出生地] メーン州ポートランド　[学歴] ハーバード大学卒　[学位] Ph.D.(ボードウィン大学)〔1871年〕

少年時代から熱心に貝類を集め, 特に陸貝の分類に興味を抱く。1859年ハーバード大学の動物学教授であるルイ・アガシーの助手となる。1877年腕足類の研究のために来日。同年開設されたばかりの東京帝国大学理学部生物学科の教授に招かれ, 2年間に渡って動物学を講じる。ダーウィンの進化論を紹介するなど日本近代動物学の基礎を築いた他, 横浜から東京へ向かう途中, 大森付近で貝塚を発見し, 日本における考古学の先駆者としても広く知られている。考古学以外にも, 陶器や日本建築の研究も行った。同年帰国。1880年セイレムのピーボディ博物館館長に就任, 1916年まで務めた。著書に「日本の住まい」「日

本その日その日」「大森貝塚」がある。JR東日本の大森駅ホームに"日本考古学発祥の地"として、出土した土器を模した記念碑がある。死後、蔵書が遺言により東京大学へ寄贈された。　［叙勲］勲二等瑞宝章
【著作】
◇日本その日その日　上, 下　石川欣一訳　科学知識普及会　1929
◇日本その日その日　創元社　1939（創元選書）
◇日本その日その日　E. モース：世界教養全集　第7　平凡社　1961
◇日本その日その日　平凡社　1970-71
◇日本その日その日　全3巻　石川欣一訳　平凡社　1970（東洋文庫171, 172, 179）
◇日本のすまいとその周囲　エドワード・S. モース：アメリカ古典文庫　22　研究社出版　1975
◇日本人の住まい(生活の古典双書)　E. S. モース著, 斎藤正二, 藤本周一共訳　八坂書房　1979.4
◇日本人の住まい　八坂書房　1991
◇日本人の住まい　E. S. モース著, 斎藤正二, 藤本周一共訳　八坂書房　1991.1
◇大森貝塚（岩波文庫）　E. S. モース著, 近藤義郎, 佐原真編訳　岩波書店　1995.8
◇新・ちくま文学の森　15　鶴見俊輔〔ほか〕編　筑摩書房　1995.12〈内容：東京における生活（モース）〉
◇日本人の住まい　新装版　E. S. モース著, 斎藤正二, 藤本周一訳　八坂書房　2000.2
◇日本人の住まい　新装版　E. S. モース著, 斎藤正二, 藤本周一訳　八坂書房　2004.4

モース, ピーター
Morse, Peter
浮世絵研究家　ホノルル美術館研究員

［没年月日］1993年1月3日
［国籍］米国　［出生地］カリフォルニア州
東京・大森貝塚を発見したエドワード・モースの弟のひ孫に当たる。サンフランシスコ・オペラの作曲者、ワシントンで学芸員などを経て、1967年からホノルル美術館副主任研究員。大学時代から北斎の浮世絵の収集と研究に従事。個人コレクションとしては世界一の250点を集め、前人未踏の「北斎全作品目録」を作成。'88年4月には東京・原宿の大田記念美術館の要請でコレクションの初公開展が催された。'94年同コレクションが北斎の生まれ故郷、東京都墨田区に戻ることが決定。
【著作】
◇北斎百人一首―うばがゑとき　〔葛飾北斎画〕, ピーター・モース著, 高階絵里加訳　岩波書店　1996.12

モース, ロナルド
Morse, Ronald A.
カリフォルニア大学ロサンゼルス校教授

［生年月日］1938年
［国籍］米国　［出生地］ニューヨーク市　［学歴］カリフォルニア大学バークレー校〔1964年〕卒, プリンストン大学大学院日本研究博士課程修了　［学位］Ph. D.（プリンストン大学）〔1974年〕　［専門］日本研究, 中国問題
カリフォルニア大学、プリンストン大学で東洋史や柳田国男研究に取り組み、その間2回日本に留学。1974年国防総省戦略貿易チーム主任研究員、'77年国務省上級日本研究員、'81年からウッドロー・ウィルソン国際学術研究所アジア・プログラム部長として活躍。'88年3月から米国議会図書館館長特別補佐官としてシンポジウム、文化交流など特別プログラムの責任者を務めた。'90年経済戦略研究所（ESI）副理事長などを経て、'91年8月アナポリス・インターナショナル会長。'92年6月日本の郵政省郵政研究所客員研究官兼任。'93年12月メリーランド大学国際プロジェクト部長、麗沢大学教授を経て、カリフォルニア大学ロサンゼルス校教授。米国きっての知日派で、米関係者100余人の対日強硬度を毎年発表することでも知られる。著書に「柳田国男と日本の民俗学」、「The Legends of Tone」（'75年）、「近代化への挑戦」（'77年）、「The Politics of Japan's Energy Strategy」などがある。
【著作】
◇21世紀の日本はこうなる（座談会）　日下公人, 吉富勝, R. モース：文芸春秋　65(13)　1987.10
◇目をさませ、日米関係―「日米共栄条約」で世界は再出発する　ロナルド・モース〔ほか〕著　PHP研究所　1995.12

◇21世紀日本は沈む太陽になるのか　ロナルド・モース, 花井等, 加瀬英明著　広済堂出版　1998.6
◇自力再生への選択—日本の政治・経済・企業倫理を救う道　ロナルド・モース, 高巌編著　広池学園出版部　1998.11
◇改革へ新たなモデル必要な日本　モース, ロナルド：世界週報　81(28)　2000.7.25
◇日本の重要性に疑問抱く米国　モース, ロナルド・A.：世界週報　83(40)　2002.10.22

モチヅキ, マイク・マサト
Mochizuki, Mike Masato
ジョージ・ワシントン大学エリオット校教授

［生年月日］1950年
［国籍］米国　［出生地］石川県　［出身地］金沢市（日本）　［学歴］ブラウン大学政治学科卒, ハーバード大学政治学博士課程修了　［学位］博士号（ハーバード大学）〔1982年〕　［専門］日本外交論, 日米関係

日系3世。東京大学法学部に2年間留学。ランド研究所アジア太平洋政策部長、南カリフォルニア大学国際関係学部準教授、エール大学政治学部準教授などを経て、ブルッキングス研究所主任研究員。1995年クリントン政権の軍備管理軍縮局補佐官に任命される。対日政策のブレーンの一人。のちジョージ・ワシントン大学エリオット校(国際関係大学院)日米関係講座の初代教授に就任。

【著作】
◇日本外交の危機認識(年報・近代日本研究)　近代日本研究会編　山川出版社　1985.10〈内容：比較の中の日本政治—アメリカにおける現代日本政治研究（マイク・モチヅキ）〉
◇日本は本当に変わるのか　マイケル・モチズキ：中央公論　109(12)　1994.11
◇日米戦後関係史—パートナーシップ 1951-2001　入江昭, ロバート・A. ワンプラー編, 細谷千博, 有賀貞監訳　講談社インターナショナル　2001.9〈内容：アジア太平洋地域における日米関係（マイク・モチヅキ）〉
◇中台関係・日米同盟・沖縄—その現実的課題を問う沖縄クエスチョン2006　橋本晃和, マイク・モチヅキ, 高良倉吉編　冬至書房　2007.5〈内容：中国に関しての日米同盟のジレンマ（マイク・モチヅキ述）〉

モトワニ, プレム
Motwani, Prem
ネール大学教授

［生年月日］1954年
［国籍］インド　［出生地］ニューデリー　［学歴］デリー大学卒, ジャワハルラル・ネール大学卒, ジャワハルラル・ネール大学大学院〔1978年〕修了　［専門］日本史, 日本語

デリー大学卒業後、ジャワハルラル・ネール大学で日本語を学び、大学院で日本近代史を学ぶ。1978年同大学日本語科専任講師、のち助教授を経て、教授。この間、'81〜82年大阪外国語大学、東京大学に留学。'88年国際交流基金の招きで3回目の来日を果たし、1年間の滞在中に国立国語研究所で日本語を研究。'89年外国人向けの日本外来語辞典「外来語の意味と関係」を出版。東京FMへのリポートや、日本の雑誌などにインド事情について寄稿。他の著書に「日常外来語用法事典」「外国語用法辞典」「日英略語・略称辞典」、共著に「Teach Yourself Japanese」、編著書に「インド人が語るニューインド最前線！」などがある。

【著作】
◇日常外来語用法事典　プレム・モトワニ著　丸善　1991.3
◇資料紹介—インドにおける日本研究の動向　Prem Motwani：アジア資料通報　35(1)　1997.2

モラエス, ヴェンセスラウ・デ
Moraes, Wenceslau de
外交官, 作家, 日本研究家

［生年月日］1854年5月30日
［没年月日］1929年7月1日
［国籍］ポルトガル　［出生地］リスボン　［学歴］ポルトガル海軍兵学校〔1875年〕卒

ポルトガルの海軍士官を務め、1891年マカオ港港務副司令となる。この間、1889年(明治22年)初来日、以来度々来日。1898年(明治31年)帰国命令を拒み、日本に移住。福本ヨネと結婚し神戸に住み、ヨネ没後の1913年、彼女の郷里徳島に移り、めい斎藤コハルと暮

らす。この間、1899年神戸のポルトガル副領事、1912年神戸・大阪総領事を務めた。また、本国の新聞・雑誌に寄稿。多くの著書によって日本人の生活や風俗を紹介した。著書に「極東遊記」「大日本」「日本便り」「茶道」「徳島の盆踊」「おヨネとコハル」「日本歴史瞥見」などの他、「定本モラエス全集」(全5巻、花野富蔵訳、集英社)がある。　[記念館]モラエス館(徳島県徳島市)　[記念碑]記念碑(兵庫県神戸市東遊園地、徳島県徳島市新町橋2丁目、徳島県徳島市眉山下緑地帯)

【著作】
◇日本通信I～III(モラエス全集 第2巻 所収)花野富蔵訳 集英社 1969
◇茶の湯 ほか(モラエス全集 第4巻 所収)花野富蔵訳 集英社 1969
◇日本通信III～VI(モラエス全集 第3巻 所収)花野富蔵訳 集英社 1969
◇日本精神 ほか(モラエス全集 第5巻 所収)花野富蔵訳 集英社 1969
◇極東遊記 ほか(モラエス全集 第1巻 所収)花野富蔵訳 集英社 1969
◇おヨネとコハル 集英社 1969
◇オヨネとコハル ヴェンセスラウ・デ・モラエス〔著〕、高橋都彦、深沢暁訳注 大学書林 1986.10
◇おヨネとコハル 彩流社 1989
◇おヨネとコハル(ポルトガル文学叢書) ヴェンセスラウ・デ・モラエス著、岡村多希子訳 彩流社 1989.12
◇日本精神(講談社学術文庫) W. de・モラエス〔著〕、花野富蔵訳 講談社 1992.3
◇モラエスの絵葉書書簡—日本発、ポルトガルの妹へ ヴェンセスラウ・デ・モラエス著、岡村多希子訳 彩流社 1994.3
◇日本精神(ポルトガル文学叢書) ヴェンセスラウ・デ・モラエス著、岡村多希子訳 彩流社 1996.1
◇ポルトガルの友へ—モラエスの手紙(ポルトガル文学叢書) ヴェンセスラウ・デ・モラエス著、岡村多希子編訳 彩流社 1997.2
◇徳島の盆踊り—モラエスの日本随想記(講談社学術文庫) W. de モラエス〔著〕、岡村多希子訳 講談社 1998.1
◇おヨネとコハル 増補改訂版(ポルトガル文学叢書) ヴェンセスラウ・デ・モラエス著、岡村多希子訳 彩流社 2004.8

モラスキー, マイケル
Molasky, Michael
日本研究者, ジャズピアニスト　ミネソタ大学アジア言語文学部準教授

[生年月日]1956年
[国籍]米国　[出生地]ミズーリ州セントルイス　[学歴]シカゴ大学大学院東アジア言語文明学科博士課程修了　[学位]Ph. D.(シカゴ大学)〔1994年〕　[専門]戦後日本, 沖縄文学
高校、大学時代はフラメンコギターを習う。大学唯一の日本人教授の指導でマンツーマンの日本研究を始め、30歳の時に大学院に進学。この間、早稲田大学にも留学。のちミネソタ大学準教授として教鞭を執る。傍ら、プロのジャズピアニストとしても活躍。2004年立教大学国際センター招聘研究員連続セミナーで、ジャズの生演奏と連続講義「日本におけるジャズ受容」を行うため来日。2006年「戦後日本のジャズ文化」でサントリー学芸賞を受賞。流暢な日本語を操る。　[受賞]サントリー学芸賞(社会・風俗部門, 第28回)〔2006年〕「戦後日本のジャズ文化」
【著作】
◇沖縄文化の源流を探る—環太平洋地域の中の沖縄 復帰20周年記念沖縄研究国際シンポジウム 「復帰20周年記念沖縄研究国際シンポジウム」実行委員会編　「復帰20周年記念沖縄研究国際シンポジウム」実行委員会 1994.3〈内容:男と国家の狭間で—沖縄の戦後小説における女性像を考えて(マイケル・モラスキー)〉
◇占領の記憶記憶の占領—戦後沖縄・日本とアメリカ　マイク・モラスキー著、鈴木直子訳 青土社 2006.3

モーラン, ブライアン
Moeran, Brian
人類学者　ロンドン大学東洋アフリカ研究学院(SOAS)人類学科教授

[生年月日]1944年1月27日
[国籍]英国　[出生地]ロンドン　[学歴]ロンドン大学東洋アフリカ研究学院(SOAS)〔1975年〕卒　[学位]社会人類学博士　[専門]社会人類学, 日本研究, 民芸研究

アイルランド系イギリス人。16歳の時、俳句や短歌の英訳を読んで日本に興味を持つ。パブリック・スクールを出て10年近くスペイン、ギリシャ、日本を転々とし1971年にロンドン大学東洋アフリカ研究学院（SOAS）に入学。'77年7月来日、九州の大分県日田市の小鹿田皿山に入り焼き物と民芸運動を研究。'81年日本の民芸の世界を実証的に書いたドクター論文が認められ、ロンドン大学アジア人類学部助教授に迎えられる。'86年同日本語学科主任教授を経て、ロンドン大学教授。著書に「Okubo Diary」「ロンドン大学日本語学科」「日本文化の記号学―下駄履きモーランが見たニッポン大衆文化」などがある。これまで3回来日し通算9年間日本に滞在、日本の広告代理店で研究活動を続けた。

【著作】
◇ロンドン大学日本語学科―イギリス人と日本人と　ブライアン・モーラン著　情報センター出版局　1988.6
◇ナアナア社会とケチ文化のゆくえ　ブライアン・モーラン：翻訳の世界　13（9）　1988.9
◇放浪の果ての民芸研究（インタビュー）　ブライアン・モーラン, 池田雅之：知識　81　1988.9
◇人間の魅力で文化を発信する（インタビュー）　ブライアン・モーラン, 池田雅之：潮　382　1991.1
◇日本文化の記号学―下駄履きモーランが見たニッポン大衆文化　ブライアン・モーラン著, 村山紀昭, 黒川武訳　東信堂　1993.1

モリス, J. F.
Morris, John Francis
宮城学院女子短期大学国際文化科助教授

［生年月日］1952年
［国籍］オーストラリア　［学歴］東北大学大学院文学研究科国史学専攻博士課程修了　［学位］文学博士　［専門］日本史
1990年宮城学院女子短期大学国際文化科助教授（日本文化論）。著書に「近世日本知行制の研究」「近世日本の民衆文化と政治」（分担執筆）がある。

【著作】
◇近世日本知行制の研究　J・F・モリス著　清文堂出版　1988
◇近世日本の民衆文化と政治　渡辺信夫編　河出書房新社　1992
◇近世社会と知行制　J・F・モリス, 白川部達夫, 高野信治共編　思文閣出版　1999

モリス, アイバン
Morris, Ivan
日本文化研究家

［生年月日］1925年11月29日
［没年月日］1976年7月19日
［国籍］英国　［出生地］ロンドン　［学歴］ハーバード大学（日本文学）　［学位］博士号（ロンドン大学）〔1951年〕
父は米国人、母はスウェーデン人。第2次大戦中は英国軍将校として米国海軍日本語学校で日本語習得プログラムに参加し、日本の研究をするきっかけとなった。博士号取得後、BBCと英国外務省に勤務。1956年来日して日本研究に専念。'60年コロンビア大学で教鞭をとり、'66年オックスフォード大学アントニー学寮のフェローとなる。三島由紀夫著「金閣寺」、大岡昇平著「野火」、大仏次郎著「帰郷」などの翻訳を通じ、日本文化の紹介に努めた。他の著書に「光源氏の世界」（'64年）、「失敗の気高さ」（'75年）などがある。

【著作】
◇光源氏の世界（筑摩叢書 154）　I. モリス著, 斎藤和明訳　筑摩書房　1969
◇高貴なる敗北―日本史の悲劇の英雄たち　アイヴァン・モリス著, 斎藤和明訳　中央公論社　1981

モリス, ジョン
Morris, John
英国放送協会（BBC）極東部長, 慶応義塾大学英文学教授

［生年月日］1895年8月27日
［没年月日］1980年12月13日
［国籍］英国　［出生地］サリー州リッチモンド
［学歴］ケンブリッジ大学（人類学）〔1933年〕卒
［学位］Ph. D.（ケンブリッジ大学）〔1937年〕
1915年ケンブリッジ大学に入学したが、'15～18年第1次世界大戦勃発のため兵役に服し、'15～34年インドのグルカ連隊付武官と

なる。この間、'22年からインド、中央アジア、チベット、ネパール、アフリカなどを旅行し、エベレスト探検隊にも参加。'38年外務省の招きにより来日、慶応義塾大学教授となり、東京文理科大学、東京帝国大学講師を兼任、英語と英文学を教えた。太平洋戦争勃発により'42年帰国、英国放送協会（BBC）に勤務し、放送解説者として、大戦中は対日放送に活躍。'43〜52年極東部長、'52年より第三放送副調を務め、'46年と'51年にBBC特派員として再来日。著書に「ジョン・モリスの戦中ニッポン滞在記」などがある。

【著作】
◇ジョン・モリスの戦中ニッポン滞在記　ジョン・モリス著, 鈴木理恵子訳　小学館　1997.7

モーリス・スズキ, テッサ
Morris Suzuki, Tessa I. J.
オーストラリア国立大学教授

[生年月日] 1951年
[国籍]オーストラリア　[出生地]英国　[学歴]ブリストル大学卒　[学位]Ph. D.（バース大学）　[専門]日本経済史, 日本経済思想史
1974年から1年半、英会話の教師をしながら日本に滞在。その時期に韓国にも行く。'81年オーストラリアに移住。英国環境省、オーストラリア国立ニュー・イングランド大学助教授・アジア・太平洋研究所主席研究員を経て、オーストラリア国立大学教授。一橋大学客員教授を1年間務める。著書に「Showa:An Inside History of Hirohito's Japan」（'84年）、「Beyond Computopia:Information, Automation and Democracy in Japan」（'88年）、「日本の経済思想—江戸期から現代まで」「グローバリゼーションのなかのアジア」「辺境から眺める—アイヌが経験する近代」「批判的な想像力のために」「北朝鮮へのエクソダス『帰国事業』の影をたどる」など。

【著作】
◇日本の経済思想—江戸期から現代まで　テッサ・モーリス=鈴木著, 藤井隆至訳　岩波書店　1991.11

◇辺境から眺める—アイヌが経験する近代　テッサ・モーリス=鈴木〔著〕, 大川正彦訳　みすず書房　2000.7
◇批判的想像力のために—グローバル化時代の日本　テッサ・モーリス=スズキ著　平凡社　2002.5
◇対談・「ニッポン大好き」のゆくえ（フォーラム・愛国心って何だろう）　モーリス・スズキ, テッサ, 香山リカ：論座　100　2003.9
◇岩波講座 アジア・太平洋戦争　3　倉沢愛子, 杉原達, 成田竜一, テッサ・モーリス-スズキ, 油井大三郎ほか編集委員　岩波書店　2006.1
◇岩波講座 アジア・太平洋戦争　7　倉沢愛子, 杉原達, 成田竜一, テッサ・モーリス-スズキ, 油井大三郎ほか編集委員　岩波書店　2006.5
◇北朝鮮へのエクソダス—「帰国事業」の影をたどる　テッサ・モーリスースズキ著, 田代泰子訳　朝日新聞社　2007.5

モリソン, サミュエル・エリオット
Morison, Samuel Eliot
歴史家, コロンブス研究家　米国歴史協会会長

[生年月日] 1887年7月9日
[没年月日] 1976年5月15日
[国籍]米国　[出生地]マサチューセッツ州ボストン　[学歴]ハーバード大学卒　[専門]アメリカ史
1915年以後ハーバード大学で教鞭を執り、'22〜25年オックスフォード大学アメリカ史教授。第一次大戦に従軍し、'19年パリ平和会議米国代表の随員として出席。第二次大戦では海軍作戦に参加。'50年米国歴史協会会長。ハーバード大学のコロンブス探検隊の隊長を務め、コロンブスの足跡をたどるなど、コロンブス研究の大家として知られた。著書に「大洋の提督」（'42年）、「John Paul Jones」（'59年）、「伝記 ペリー提督の日本開国」（'67年）、「第2次世界大戦におけるアメリカ合衆国海軍の作戦」「アメリカ史」「アメリカの歴史」「大航海者コロンブス—世界を変えた男」など。　[受賞]ピュリッツァー賞（文学部門）〔1943年・1960年〕「大洋の提督」「John Paul Jones」

【著作】

◇伝記ペリー提督の日本開国　サミュエル・エリオット・モリソン著, 座本勝之訳　双葉社　2000.4
◇モリソンの太平洋海戦史　サミュエル・エリオット・モリソン著, 大谷内一夫訳　光人社　2003.8

モーリッシュ, ハンス
Molisch, Hans
植物学者　ウィーン大学総長

［生年月日］1856年12月6日
［没年月日］1937年12月8日
［出生地］オーストリア帝国ブリュン（現・ブルノ）　［学歴］ウィーン大学理学部〔1880年〕卒　［学位］理学博士〔1880年〕　［資格］ウィーン学士院会員〔1908年〕
先祖代々の園芸農家に生まれる。1876年ウィーン大学に入学、植物生理学を学び、1880年理学博士号を得る。1889年グラーツ高等工芸学校教授、1894年プラハ大学教授を経て、1909年ウィーン大学植物生理学教室主任教授に就任。1897年から研究旅行に出、ジャワや中国を歴訪、日本にも約半月滞在した。1921年日本の東北帝国大学生物学科新設に伴い'22年来日。1年目の'23年は植物解剖学を、2年目の'24年は植物生理学を講じた。'25年3月米国経由で帰国。'26年ウィーン大学総長に就任。'32年ウィーン学士院副院長。東北帝大時代は休暇の合間を縫って樺太から鹿児島まで日本各地を訪れ、帰国後に滞日旅行記「Im Lande der aufgehenden Sonne（日出づる国にて）」を刊行、2003年には「植物学者モーリッシュの大正ニッポン観察記」として邦訳出版された。また1年目の講義に先立つ1922年12月、物理学者のアルバート・アインシュタインが東北帝大を訪れた際に、歓迎会の席でアインシュタインと共に会場壁面に墨汁で大きくサインを残したが、戦災により焼失した。　［叙勲］勲三等旭日章（日本）〔1925年〕　［記念碑］瑞鳳寺（宮城県仙台市）
【著作】
◇植物学者モーリッシュの大正ニッポン観察記　ハンス・モーリッシュ著, 瀬野文教訳　草思社　2003.8

モリモト, アメリア
Morimoto, Ameria
ペルー国立考古文化人類学博物館顧問研究員

［生年月日］1949年
［国籍］ペルー　［出生地］リマ　［学歴］リカルド・パルマ大学卒, ペルー・カトリック大学卒　［専門］歴史学, 人類学, 社会学
日系3世。サンマルコス大学博物館学科設立準備委員。著書に「ペルーの日本人移民」「Población de Origen Japones En el Perū:Perfil Actual」（1991年）ほか。
【著作】
◇ペルーの日本人移民　アメリア・モリモト著, 今防人訳　日本評論社　1992.3
◇日系人とグローバリゼーション―北米、南米、日本　レイン・リョウ・ヒラバヤシ, アケミ・キクムラ＝ヤノ, ジェイムズ・A. ヒラバヤシ編, 移民研究会訳　人文書院　2006.6〈内容：社会政治学的観点からみたペルーの日系人像（アメリア・モリモト）〉

モール, オットマール・フォン
Mohl, Ottmar von
貴族

［生年月日］1846年
［没年月日］1922年
［国籍］ドイツ
プロイセン王国少年侍従、さらには1873年から1879年までドイツ皇后兼プロイセン王妃アウグスタのもとで枢密顧問秘書などをへて、1886年当時在ペテルブルク・ドイツ領事であり、また彼の妻ヴァンダも貴族の出でプロイセンの宮廷女官を勤めた。日本の皇室・国家制度確立のため、1887年4月～1889年4月までの2年間、外務省のお雇い外国人として来日。日本滞在中の日記風のメモに基づき、見聞記を執筆、1904年に刊行した。
【著作】
◇ドイツ貴族の明治宮廷記　オットマール・フォン・モール著, 金森誠也訳　新人物往来社　1988.4

モレシャン, フランソワーズ
Moréchand, Françoise
ライフスタイルコーディネーター　共立女子大学客員教授

[国籍]フランス　[出生地]パリ　[専門]ファッション, 美容

1958(昭和33)年、初来日。NHKテレビ「楽しいフランス語」に出演。'64年いったん帰国、ディオールやレブロンに勤務し、ニューヨークで美容コンサルタントの資格を取得。'74年シャネル社美容部長として再来日。'75年フランス音楽評論家、プロデューサーの永滝達治と結婚。のちフリーのファッション・アドバイザーとして、テレビ、雑誌などで活躍。'92年石川県加賀市の実住院にアトリエを持ち、もれしゃん塾を主宰。'99年ファッション誌「VOGUE NIPPON」の創刊に携わる。共立女子大学客員教授、日本ユネスコ協会連盟理事、フランス政府対外貿易顧問も務める。著書に、ベストセラーとなった「失敗しないおしゃれ」、自伝「セーヌ左岸そだち」「ラ・ガイジン」、「娘アガタへの手紙」などがある。　[叙勲]フランス国家功労勲章シュバリエ章〔1981年〕、フランス国家功労勲章オフィシエ章〔1999年〕、レジオン・ド・ヌール勲章シュバリエ章〔2004年〕

【著作】
◇ニッポンの男ども(座談会)　フランソワーズ・モレシャン, イーデス・ハンソン, 深田祐介:サンデー毎日　1978.1.15
◇ラ・ガイジン―日本と結婚した女　フランソワーズ・モレシャン著, 永滝達治訳　講談社　1991.5
◇これからも日本と日本人を愛します―フランソワーズ・モレシャン　フランソワーズ・モレシャン:ワールドプラザ　17　1991.9
◇第2次地方の時代(福武文庫)　フランソワーズ・モレシャン:日本日記　福武書店　1993.2
◇日本人が理想を取り戻すために　フランソワーズ・モレシャン:フォーブス日本版　4(1)　1995.1
◇三人寄ればニッポンが見える―エレガンス・老いと死・ユーモア　アルフォンス・デーケン, フランソワーズ・モレシャン, フィリップ・グロード著　旬報社　1997.12

モンタヌス, A.
Montanus, Arnoldus
宣教師, 歴史家

[生年月日]1625年
[没年月日]1683年
[国籍]オランダ

アムステルダムでラテン学校校長を一時勤めた。「東インド会社遣日使節紀行(モンタヌス日本誌)」(1669)、「未知新大陸南アメリカ誌」(1671)、「東方奇観」(1651)など、世界各地の歴史地理に関する書物を多く著わした。「モンタヌス日本誌」は、16世紀末期以来、ポルトガルやスペインの宣教師たちが書き送った報告書や、17世紀前半に日本に派遣されたオランダ使節たちの日記などの資料を基に、ポルトガル船来航より江戸時代前期までの日本の国土、国情、歴史、人種、宗教、風習などを詳述した地誌として、当時のヨーロッパで歓迎された。著者モンタヌス自身は日本を訪れたことはなかった。

【著作】
◇モンタヌス日本誌　和田萬吉訳　丙午出版社　1925
◇モンタヌス日本誌　日本語版復刻(モンタヌス「日本誌」英語版)　モンタヌス〔著〕, 和田万吉訳　柏書房　2004.4

モンテイロ, ジョアキン
Monteiro, Joaquim
同朋大学仏教文化研究所研究員

[生年月日]1955年
[国籍]ブラジル　[出生地]リオデジャネイロ
[学歴]Santa Ursula大学卒　[専門]仏教
著書に「信の冒険」「日本的霊性からの解放」、分担執筆に「浄土真宗の平和学」がある。

【著作】
◇日本的霊性からの解放―信仰と歴史認識・菩提心の否定と浄土真宗　ジョアキン・モンテイロ著　金沢出版社　1995.2
◇天皇制仏教批判　ジョアキン・モンテイロ著　三一書房　1998.7

モンブラン, C.
Montblanc, Comte des Cantons de
外交官, 政商　在パリ公務弁理職

[生年月日] 1832年
[没年月日] 1893年
[国籍] フランス

フランス貴族。1861年から翌年にかけて来日し、日本人青年斉藤健次郎を伴なって帰国。1865年にブリュッセルにおいて商社を結成し、翌年パリにおいても武器その他の輸入商社設立の契約を結ぶ。1867年パリ万国博覧会に派遣された薩摩藩代表岩下方平の顧問に就任、万国博覧会の出展をめぐり幕府方の面目を潰すような行動をとった。同年末に来日し、鹿児島を経て大阪に赴いた。帰国後、公務弁理職の名儀でパリ駐在の弁務使に加わる。幕末外交史の裏面で暗躍した外交官であり、政商であった。白山伯と号し、妻は薩摩留学生の面倒を見たとされる。

【著作】
◇幕末ジャポン1―世界の中の日本　C. モンブラン：モンブランの日本見聞記　新人物往来社　1987.10

モンロー, アレクサンドラ
日本協会ギャラリー館長

[国籍] 米国　[出生地] ニューヨーク州　[学歴] ニューヨーク大学大学院美術学研究科美術史専攻〔1990年〕修士課程修了

13歳から3年間兵庫県で生活。1977～78年同志社大交換学生、のち上智大で日本語、日本文化を学んだ。'82から6年間ニューヨークのジャパン・ソサエティーに勤め、'88年フリー。'89年ニューヨークの国際現代芸術センター「草間弥生回顧展」、'90年東京で開催の「生誕100年国吉康雄回顧展」を手がけた。'91年横浜美術館ゲストキュレーター（客員学芸員）として招かれ、'93年同館開催の特別展「日本の戦後美術」を企画担当。'94年、'95年横浜、ニューヨーク、サンフランシスコで「戦後日本の前衛美術」を担当。'98年5月日本協会ギャラリー（米国）館長に就任。

【著作】
◇井上有一国際シンポジウム基調論文集（〈あしたの文字〉研究井上有一を中心に）　京都造形芸術大学　2000.11〈内容：戦後日本美術における伝統論（アレクサンドラ・モンロー）〉

【ヤ】

ヤマダ, ハル
Yamada, Haru
ウェストミンスター大学言語学科首席講師

[学歴] ジョージタウン大学大学院社会言語学博士課程　[専門] 国際コミュニケーション学

日本人の両親の間に生まれ、父の仕事の関係で幼少時代は3年おきに日本と米国を行き来する生活を送る。著書に「喋るアメリカ人 聴く日本人」などがある。

【著作】
◇喋るアメリカ人聴く日本人　ハル・ヤマダ著、須藤昌子訳　成甲書房　2003.9

ヤマダ, ミツエ
Yamada, Mitsuye
詩人

[国籍] 米国　[出生地] 日本・九州

九州に生まれ、米国・シアトルで育つ。第二次世界大戦中、家族とともにアイダホ州の強制収容所に収容された。のち、カリフォルニア大学アーバイン校アジア系アメリカ研究講座で教鞭を執る。作品集に「収容所ノート」がある。

【著作】
◇収容所ノート―ミツエ・ヤマダ作品集　ミツエ・ヤマダ著、石幡直樹、森正樹訳　松柏社　2004.6

梁 奉鎮　ヤン・ボンジン
経営学者, 経済ジャーナリスト　世宗大学経営大学院教授

[生年月日] 1952年

［国籍］韓国　［学歴］ソウル大学〔1975年〕卒　［学位］経営学博士（カンザス大学）
大学卒業後、英字紙のコリア・ヘラルドに入社。米国留学後、1985年帰国し、現代グループに役員として入る。韓国経済新聞で経済部長、証券部長、国際部長、編集局総括副局長を歴任。'97年韓国経済が通貨危機に瀕すと、ワシントン特派員として渡米。通貨危機を克服する過程を韓国の立場と米国的な視覚で比較観察しつつ、さまざまな記事を執筆。2003年世宗大学に移り、経営大学院副院長として学生を指導。
【著作】
◇甦る韓国、安楽死する日本　梁奉鎮筆, 呂〔ドン〕植訳　竹村出版　2003.4

ヤング, ジェフリー
Young, Jeffrey D.
経済アナリスト　ソロモン・ブラザーズ・アジア証券副社長

［国籍］米国　［学歴］リード・カレッジ歴史学〔1986年〕卒, プリンストン大学〔1991年〕修士課程修了
米国議会調査局に勤務。1992年ソロモン・ブラザーズに入社。
【著作】
◇日本の首相選出プロセス─候補者の横顔と米国への影響（米国議会調査局報告書）　ジェフリー・ヤング〔著〕, C-NET〔訳〕　C-NET　1991.11
◇日本の生活水準と米国の対応（米国議会調査局報告書）　ジェフリー・ヤング〔著〕, C-NET〔訳〕　C-NET　1992.6

ヤング, マイケル
Young, Michael K.
ジョージ・ワシントン大学法学部長
米国国務省次席法律顧問

［生年月日］1949年
［国籍］米国　［出生地］カリフォルニア州サクラメント　［学歴］ブリガム・ヤング大学（政治学・日本語学）卒, ハーバード大学ロー・スクール卒　［専門］日本法律研究, 会社法
W.レーンキスト最高裁判事（当時）のロー・クラークを務めた後、1978年から2年間東京大学法学部に客員研究員として在籍。その後、コロンビア大学助教授を経て、同大教授・日本法律研究センター所長に。'89年から2年間同大を一時休職して国務省次席法律顧問を務める。のちジョージ・ワシントン大学法学部長。法意識国際比較研究会代表も務める。著書に「『法』は日米を隔てるか」など。
【著作】
◇「法」は日米を隔てるか（ジェトロ叢書）　マイケル・K.ヤング著, 佐藤紘彰訳　日本貿易振興会　1989.12
◇アメリカ人からみた日本人の契約観（特集・日本人の契約観と法意識）　Michael K. Young：ジュリスト　1096　1996.9.1

ヤング, ルイーズ
Young, Louise
日本史研究家　ニューヨーク大学助教授

［国籍］米国　［出生地］ウィスコンシン州マディソン　［学位］Ph. D.（コロンビア大学）　［専門］日本近代史
著書に「総動員帝国─満洲と戦時帝国主義の文化」などがある。
【著作】
◇総動員帝国─満州と戦時帝国主義の文化　ルイーズ・ヤング〔著〕, 加藤陽子〔ほか〕訳　岩波書店　2001.2

【ユ】

兪 華濬　ユ・ファジュン
玄海人クラブ代表

［国籍］韓国　［出生地］晋州
1歳の時在日韓国代表部福岡出張所（現・在福岡韓国総領事館）に転勤した父とともに来日し6歳まで過ごす。18歳の時再来日、日本の大学を卒業後東京を拠点にジャーナリズムの世界に入り、1988年ソウルオリンピックの時フリーライターとして通信社に寄稿した韓国

リポートが注目を集める。一方、焼き物に関するハイビジョン番組制作の取材で佐賀県の有田町を訪れ、日本の磁器の祖とされる朝鮮の陶工たちの焼き物を目にして町に親しみを覚え、のち移住。'94年東京に設立していた国際コンサルティング会社も移し、ジャーナリストのほか長崎県立大学の講師も務める。傍ら'93年有田町に韓国文化交流センターを設立し、韓国語の指導や、韓国の大学に日本の書籍を送るなど草の根の日韓交流に取り組む。'99年代表を務める民間の日韓交流クラブ・玄海人クラブがサントリー地域文化賞を受賞。
【著作】
◇新時代の日韓文化交流—平成11年度国際交流基金地域交流振興賞記念シンポジウム 国際交流基金国際交流相談室 2000.11〈内容:新時代の日韓文化交流(兪華澄)〉

柳 永益　ユ・ヨンイク
延世大学国際学大学院教授・現代韓国学研究所所長

[国籍]韓国　[学歴]ソウル大学政治学科卒　[学位]博士号(ハーバード大学)　[専門]韓国近現代史
ヒューストン大学副教授、高麗大学教授、翰林大学教授を経て、延世大学国際学大学院碩座教授、同大現代韓国学研究所所長。また日韓歴史研究促進共同委員会の韓国側委員を務める。著書に「日清戦争期の韓国改革運動」(1990年)、「韓国近現代史論」('92年)、「李承晩の生と夢」('97年)、「東学農民蜂起と甲午更張」('98年)、共著に「韓国人の対米認識」('94年)、編著に「修正主義と韓国現代史」('98年)などがある。
【著作】
◇日清戦争期の韓国改革運動—甲午更張研究(韓国の学術と文化)　柳永益著、秋月望、広瀬貞三訳　法政大学出版局　2000.5

兪 英九　ユ・ヨング
Yoo Young-ku
ジャーナリスト　中央日報社統一文化研究所常任研究員

[生年月日]1959年
[国籍]韓国　[学歴]漢陽大学政治外交学科卒、漢陽大学大学院政治学修士課程修了　[専門]北朝鮮問題
漢陽大学中ソ研究所研究員を経て、中央日報社に入社。以後研究者兼記者として北朝鮮問題を担当。1996年慶応義塾大学訪問研究員。著書に「作られた英雄・金日成 秘録・朝鮮民主主義人民共和国」、共著に「金正日 衝撃の実像」「南北韓を往来した人たち」などがある。
【著作】
◇訪日学術研究者論文集—歴史　第1巻　日韓文化交流基金〔編〕　日韓文化交流基金　1999.3〈内容:韓日・朝日関係の固定化課程に関する小考—55年体制から65年の韓日国交正常化まで(兪英九)〉

劉 卿美　ユウ・キョンミ
長崎大学大学教育機能開発センター講師

[生年月日]1967年
[国籍]韓国　[出生地]ソウル　[学歴]韓国外国語大学日本語日本文学科卒、お茶の水女子大学大学院人間文化研究科比較文化学専攻博士課程修了　[学位]人文科学博士　[専門]比較文化学
東海大学講師を経て、長崎大学大学教育機能開発センター講師。著書に「今すぐ話せる韓国語・自由自在編」「よく分かる韓国語」など。
【著作】
◇新しい日本学の構築—お茶の水女子大学大学院人間文化研究科国際日本学専攻シンポジウム報告書　お茶の水女子大学大学院人間文化研究科国際日本学専攻　お茶の水女子大学大学院人間文化研究科国際日本学専攻　1999.12〈内容:屏風歌とその周辺、絵画との関わり(劉卿美)〉
◇平安貴族社会における専門歌人の研究—屏風歌を中心にして　劉卿美〔著〕、富士ゼロックス小林節太郎記念基金編　富士ゼロックス小林節太郎記念基金　1999.12

熊 達雲　ゆう・たつうん
Xiong da-yun
山梨学院大学法学部法学科教授

［国籍］中国　［出生地］江西省高安市　［学歴］上海外国語大学日本語学部〔1975年〕卒, 中国社会科学院研究生院修了, 早稲田大学大学院政治学研究科〔1996年〕博士後期課程単位取得　［学位］政治学博士（早稲田大学）〔1998年〕　［専門］中国法, 中国法制史, 現代中国論, 中日関係史　［団体］日本アジア政治経済研究学会, 日本行政学会, 法制史学会
1980～85年天津社会科学院日本研究所勤務、'88～90年中国国家人事部行政管理科学研究所勤務。'90～92年東京大学文学部外国人研究員、日本国際交流基金フェローシップ。'98年山梨学院大学法学部助教授、のち教授に就任。中国北京大学アジア・アフリカ研究所客員教授、中国南昌大学客員教授を兼任。著書に「近代中国官民の日本視察」、共著に「中国人の日本研究史」、共編著に「最新教科書現代中国」「現代中国の法制と法治」などがある。　［受賞］優秀学術著作三等賞
【著作】
◇中国人の日本研究史（東アジアのなかの日本歴史）　武安隆, 熊達雲著　六興出版　1989.8
◇近代中国官民の日本視察（山梨学院大学社会科学研究所叢書）　熊達雲著　山梨学院大学社会科学研究所　1998.8
◇順法・ルール守りの国民性（特集・隣国から見た日本）　熊達雲：CUC view & vision　20 2005.9

ユルスナール, マルグリット
Yourcenar, Marguerite
作家

［生年月日］1903年6月8日
［没年月日］1987年12月17日
［国籍］フランス　［出生地］ベルギー・ブリュッセル　［本名］Crayencour, Marguerite de　［資格］アカデミー・フランセーズ会員〔1980年〕, 米国芸術科学アカデミー会員
ベルギーの貴族の家に生まれ、文化的な教育を受け、広く旅をした。1939年米国に移住、'79年に米国とフランスの二重国籍を認められる。ギリシャ・ローマなど古典の深い教養と端正な文体、鋭い洞察力で知られるフランス文学の代表的作家で、「ハドリアヌス帝の回想」（1951年）、「黒の過程」（'68年）でそれぞれフェミナ賞を受賞したのをはじめ、多くの文学賞をうけた。ノーベル文学賞候補として何度も話題にのぼった。また300年をこす仏アカデミー史上で初めての女性会員に'80年に選ばれた。日本への関心も強く、短編集「東方綺譚」の一編は「源氏物語」に題材をとったものであり、'81年に三島由紀夫論「三島由紀夫あるいは空虚なビジョン」も刊行。
［受賞］フェミナ賞〔1951年〕「ハドリアヌス帝の回想」, フェミナ賞〔1968年〕「黒の過程」
【著作】
◇三島あるいは空虚のヴィジョン　第3版　マルグリット・ユルスナール著, 渋沢竜彦訳　河出書房新社　1990.11
◇三島由紀夫あるいは空虚のヴィジョン（河出文庫）　マルグリット・ユルスナール〔著〕, 渋沢竜彦訳　河出書房新社　1995.12

尹 相仁　ユン・サンイン
漢陽大学文学部助教授

［生年月日］1955年
［国籍］韓国　［出生地］ソウル　［学歴］西江大学国文科卒, 東京大学大学院総合文化研究科比較文学比較文化専攻博士課程修了　［学位］学術博士（東京大学）　［専門］近代日本文学, 比較文学
1991～92年ロンドン大学客員研究員。著書に、絵画を中心とした世紀末美学との関わりで漱石像を描いた「世紀末と漱石」（'94年）がある。　［受賞］サントリー学芸賞（第16回）「世紀末と漱石」
【著作】
◇世紀末と漱石　尹相仁著　岩波書店　1994.2
◇美女の図像学　川本皓嗣編　思文閣出版　1994.3〈内容：ヒロインの図像学―漱石のラファエル前派的想像力（尹相仁）〉
◇村上春樹（日本文学研究論文集成）　木股知史編　若草書房　1998.1〈内容：冒険の時代―韓国の「村上春樹現象」（尹相仁）〉

尹 貞玉　ユン・ジョンオク
韓国挺身隊問題対策協議会共同代表
梨花女子大学英文科教授

[生年月日]1925年
[国籍]韓国　[出生地]金剛山近郊　[学歴]梨花女子大学卒　[専門]英文学、19世紀イギリス小説
1943年ソウルの梨花女子専門学校をやめ、'45年の終戦後に復学。梨花女子大学で英文学を専攻、のち英国に留学。'58年梨花女子大学教授。'80年に訪日し、戦時中の"朝鮮人従軍慰安婦"調査を開始。北海道、下関、沖縄等で慰安婦だった女性を訪ね、'88年済州島での女性と観光国際セミナーで報告。また、'90年1月にはハンギョレ新聞に同調査記録を発表。同年梨花女子大学教授を辞し、11月より韓国挺身隊問題対策協議会に専念。
【著作】
◇朝鮮人女性が見た「慰安婦問題」―明日をともに創るために(三一新書)　尹貞玉他著　三一書房　1992.8
◇平和を希求して―「慰安婦」被害者の尊厳回復へのあゆみ　尹貞玉著、鈴木裕子編・解説　白沢社　2003.8

【ヨ】

楊 暁捷　よう・ぎょうしょう
Yang Xiao-jie
日本文学者　カルガリー大学准教授

[生年月日]1959年
[国籍]中国　[学歴]北京大学卒、京都大学大学院　[学位]文学博士　[専門]日本中世文学
著書「文化・遊び・すごろく」で第3回ニューテクノロジー振興懸賞論文優秀賞を受賞。
[受賞]ニューテクノロジー振興懸賞論文優秀賞(第3回)「文化・遊び・すごろく」
【著作】
◇鬼のいる光景―絵巻『長谷雄草紙』を読む(日文研フォーラム)　楊暁捷〔述〕、国際日本文化研究センター編　国際日本文化研究センター　2000.3
◇鬼のいる光景―『長谷雄草紙』に見る中世(角川叢書)　楊暁捷著　角川書店　2002.2

楊 暁文　よう・ぎょうぶん
滋賀大学教育学部助教授

[生年月日]1962年
[国籍]中国　[学歴]吉林大学大学院修了、神戸大学大学院文学博士課程　[学位]博士(文学、神戸大学)　[専門]中国文学、異文化論
北京語言文化大学などを経て、1991年文部省国費留学生として来日。滋賀大学専任講師を経て、助教授。著書に「豊子愷研究」「異邦人とJapanese」などがある。
【著作】
◇異邦人とJapanese―異文化とは何か国際理解とは何か　楊暁文著　白帝社　1997.7
◇危い時代の日本と日本人(特集・私にとっての国 国にとってのあなた)　楊暁文:まなぶ 491　1999.6

楊 合義　よう・ごうぎ
平成国際大学教授

[生年月日]1934年
[国籍]台湾　[出生地]台南　[学歴]京都大学大学院東洋史研究科博士課程修了　[専門]政治史
台湾政治大学国際関係研究センターに勤務。助理研究員、副研究員、研究員、同研究センター駐東京代表を経て、2002年平成国際大学教授。
【著作】
◇日米同盟と台湾　中村勝範、楊合義、浅野和生著　早稲田出版　2003.11

楊 儒賓　よう・じゅひん
中国文学者

[国籍]台湾
台湾清華大学中国文学系教授。
【著作】
◇日本漢学研究初探　楊儒賓、張宝三共編　勉誠出版　2002.10〈内容:葉適と荻生徂徠(楊儒賓)〉

楊　大慶　よう・だいけい
ジョージ・ワシントン大学歴史学部助教授

[生年月日]1964年
[出生地]中国・南京　[専門]日本外交史,植民地史
中国系。ジョージ・ワシントン大学歴史学部助教授を務める。
【著作】
◇日本の戦争責任をどう考えるか―歴史和解ワークショップからの報告　船橋洋一編著　朝日新聞社　2001.8〈内容：日中両国の和解―その問題点と展望（楊大慶）〉
◇記憶としてのパールハーバー　細谷千博,入江昭,大芝亮編　ミネルヴァ書房　2004.5〈内容：錯綜する記憶（楊大慶著）〉
◇国境を越える歴史認識―日中対話の試み　劉傑,三谷博,楊大慶編　東京大学出版会　2006.5

楊　伯江　よう・はくこう
国際政治学者　中国現代国際関係研究所教授

[国籍]中国　[専門]日米同盟,日本外交,中日関係,北東アジア地域問題
日本の総合研究開発機構、1991～92年日本国際フォーラム客員研究員、中国現代国際関係研究所研究員、助教授を経て、'99年教授。北東アジア研究室副主任、2000年ハーバード大学フェアバンクセンター客員研究員も兼任。国際関係の著書、論文多数。
【著作】
◇90年代における中日関係の展望―チャンスとチャレンジ（研究員報告シリーズ）　楊伯江〔著〕　日本国際フォーラム　1992.10
◇日中関係をどう構築するか―アジアの共生と協力をめざして　毛里和子,張蘊嶺編　岩波書店　2004.3〈内容：中国の対日認識の変化（楊伯江）〉

楊　斌　よう・ひん
実業家　欧亜集団創業者,北朝鮮新義州特別行政区行政長官

[生年月日]1963年
[国籍]オランダ　[出生地]中国・江蘇省南京中国系。5歳で父母と死別、貧困の中で育つ。人民解放軍に入隊し、軍役を終えた後、1986年オランダのライデン大学に留学。'88年オランダに移住。繊維事業を7年間自営し、24億円の元手資本を貯めて帰国。瀋陽で切り花事業を始め、欧亜集団（ユーロアジア・グループ）を設立、中国の生花市場を支配する"花王"と呼ばれる。'89年オランダ国籍を取得し、瀋陽に園芸テーマーパーク・オランダ村を開発、観光と不動産事業も手掛ける。2001年米国の経済誌「フォーブス」の長者番付で中国2位にランクイン。2002年9月北朝鮮が新たに設置した中朝国境の新義州特別行政区の初代行政長官に任命されるが、11月贈賄などの容疑で中国当局に逮捕される。
【著作】
◇投稿論文 日本型雇用労働慣行の変容　楊斌：月刊経営労働　37(8)　2002.8
◇21世紀経営学の課題と展望（経営学論集）　日本経営学会編　千倉書房　2002.9〈内容：日本企業：「信頼システム」の構造,機能と「慣性領域」（楊斌）〉

ヨリッセン, エンゲルベルト
Jorissen, Engelbert
京都大学総合人間学部国際文化学科助教授

[生年月日]1956年8月14日
[出生地]旧西ドイツ　[学歴]ケルン大学文学部卒,ケルン大学大学院ロマンス文献学・ポルトガル文献学・日本学専攻博士課程修了　[学位]Ph.D.　[専門]比較文学・比較文化　[団体]日本独文学会、アフリカにおけるポルトガル語の国家のドイツ学会、ポルトガル語の国々の学問・文化と経学の学会
ケルン大学講師を経て、1993年京都大学総合人間学部助教授。著書に「ルイス・フロイスの『小冊子』における日本像」「カルレッティ氏の東洋見聞録」、訳書にイルミヤフ・ヨベル「スピノザ 異端の系譜」など。　[受賞]ポルトガルカモインズ賞〔1980年〕
【著作】
◇カルレッティ氏の東洋見聞録―あるイタリア商人が見た秀吉時代の世界と日本（21世紀図

書館）エンゲルベルト・ヨリッセン著, 谷進, 志田裕朗〔訳〕 PHP研究所 1987.3
◇十六・七世紀イエズス会日本報告集 第1期第1巻 松田毅一監訳 同朋舎出版 1987.7〈内容:「イエズス会年報集」（エンゲルベルト・ヨリッセン）〉
◇現代における人間と宗教—何故に人間は宗教を求めるのか 有福孝岳編著 京都大学学術出版会 1996.9〈内容:一六、一七世紀における日本とキリスト教（エンゲルベルト・ヨリッセン）〉
◇「東洋の使徒」ザビエル 1 ザビエル渡来450周年記念行事委員会編 上智大学 1999.11〈内容:一六・一七世紀のインドと日本におけるイエズス会士のテキスト—思想史、文学、ポスト・コロニアリズムからの解釈の試み（エンゲルベルト・ヨリッセン）〉
◇日本における宗教と文学—創立十周年記念国際シンポジウム 国際日本文化研究センター編 国際日本文化研究センター 1999.11〈内容:十六世紀カトリックの不寛容主義とルイス・フロイスの文学（エンゲルベルト・ヨリッセン）〉

ヨーン, バルバラ
フンボルト大学教授, ベルリン州政府顧問

[国籍]ドイツ [専門]外国人統合問題, 移民問題

ベルリン市外国人課長、ベルリン州政府初の外国人オンブズマンを務めた。著書に「ファティマ、ヤニス、ブランコのために」「移民が移民でなくなるとき—ベルリンのユグノー、ボヘミアン、ユダヤ人」など。

【著作】
◇日本とドイツの外国人労働者—シンポジウム（シリーズ外国人労働者） 手塚和彰〔ほか〕編 明石書店 1991.7〈内容:日本における外国人労働者の雇用問題についての二、三の考察（バルバラ・ヨーン）〉

ヨンパルト, ホセ
Llompart, José
カトリック司祭 上智大学名誉教授, イエズス会司祭

[生年月日] 1930年3月3日
[国籍]スペイン [出生地]マヨルカ [学歴]ボン大学法学部卒, ボン大学大学院法学研究科法学専攻博士課程修了 [学位]法学博士（ボン大学）〔1967年〕 [専門]法哲学 [団体]日本法哲学会, I. V. R., Görres Gessellschaft 1954年初来日。11歳で宣教師を志し、17歳で故郷を離れる。'61年フランクフルトでイエズス会司祭叙階。'62～63年ベルギー滞在。'63年から日本に住み、上智大学法学部講師、助教授を経て、教授。のち名誉教授。著書に「人間の尊厳と国家の権力」「刑法の七不思議」「私の中の日本」、共著に「現代社会と人権」など。 [受賞]Das Grosse silberne Ehrenzeichen für Verdienste umdie Republik Österreich〔1981年〕

【著作】
◇にんげん研究ニッポン人 ホセ・ヨンパルト著 新潮社 1982.7
◇外国から見た日本、日本から見た外国（三愛新書） ホセ・ヨンパルト:人間と文化 50 三愛会 1990.8
◇日本国憲法哲学（成文堂選書） ホセ・ヨンパルト著 成文堂 1995.4
◇法の理論 17 ホセ・ヨンパルトほか編 成文堂 1997.11〈内容:日本から見た世界の現代法哲学・法理論の分裂とその原因（ホセ・ヨンパルト）〉
◇私の中の日本 ホセ・ヨンパルト〔著〕, 高橋早代訳 新潮社 1998.11
◇日本で学んだこと Jose Llompart〔著〕, 高橋早代編 芸林書房 2000.2
◇日本人の論理と合理性—生ける法を手掛かりに ホセ・ヨンパルト著 成文堂 2000.5

【ラ】

羅 栄渠 ら・えいきょ
Luo Rong-qu
北京大学史学科教授

[生年月日] 1927年
[国籍]中国 [出生地]四川省 [学歴]北京大学史学科卒 [専門]歴史学 [団体]中国太平洋歴史学会（専務理事）, 東方文化研究会（学術委員）
「世界現代化過程研究双書」編集長。儒教文化圏についての論文もある。著書に「偉大な

る反ファシズム戦争」「中国人のアメリカ発見の謎」「西洋化から現代化へ」。
【著作】
◇日中比較近代化論―松阪大学日中シンポジウム　山田辰雄，中井良宏編　晃洋書房　1996.5〈内容：近代化に向う中国の道―日本の近代化の歩みとの比較（羅栄渠）〉

来 新夏　らい・しんか
歴史学者

[国籍]中国　[専門]中国近現代史
南開大学歴史系教授、図書館長、図書館系主任（学部長）などを歴任。中国歴史学界の重鎮として活躍している。著書に「中国軍閥の興亡―その形成発展と盛衰滅亡」ほか。
【著作】
◇日中地方史誌の比較研究　斉藤博，来新夏編著　学文社　1995.6

ライエル，トーマス・レジナルド
Lyell, Thomas Reginald
英語教師

[生年月日]1886年
[没年月日]1956年5月5日
[学歴]ケンブリッジ大学卒
1928年に来日。東京商船学校、東京外国語学校、東京文理科大学、早稲田大学、東京高等学校等でそれぞれ英語を教えた。第2次世界大戦中は帰国したが戦後再び来日し、早稲田大学、上智大学、玉川大学等で教えた。さらにNHKのカレント・トピックスの名アナウンサーとして知られた。著作には「英語慣用句辞典」等がある。
【著作】
◇一英国人の見たる日本及日本人　トマス・ライエル著，野口啓祐訳　創元社　1950

ライカー，ジェフリー
Liker, Jeffrey K.
経済学者　ミシガン大学経営工学部教授

[国籍]米国　[出生地]コネティカット州　[学歴]ノースイースタン大学〔1976年〕卒

1982年ミシガン大学教授。同大ジャパン・テクノロジーマネジメントプログラムとリーン生産開発プログラムの創設者で、ディレクター。米国でのトヨタ研究の第一人者で、トヨタに関する著作で新郷重夫賞を受賞。著書に「ザ・トヨタウェイ」（上・下）がある。　[受賞]新郷重夫賞
【著作】
◇ザ・トヨタウェイ　上　ジェフリー・K.ライカー著，稲垣公夫訳　日経BP社　2004.7
◇ザ・トヨタウェイ　下　ジェフリー・K.ライカー著，稲垣公夫訳　日経BP社　2004.7
◇ザ・トヨタウェイ―実践編　上　ジェフリー・K.ライカー，デイビッド・マイヤー著，稲垣公夫訳　日経BP社　2005.11
◇ザ・トヨタウェイ―実践編　下　ジェフリー・K.ライカー，デイビッド・マイヤー著，稲垣公夫訳　日経BP社　2005.11
◇トヨタ製品開発システム　ジェームズ・M.モーガン，ジェフリー・K.ライカー著，稲垣公夫訳　日経BP出版センター（発売）　2007.2

ライシャワー，エドウィン
Reischauer, Edwin Oldfather
東洋学者，日本研究家　日本交渉学会名誉会長，駐日米国大使，ハーバード大学教授

[生年月日]1910年10月15日
[没年月日]1990年9月1日
[国籍]米国　[出生地]日本・東京　[学歴]オベリン大学〔1931年〕卒，ハーバード大学大学院〔1932年〕修了　[学位]文学博士，哲学博士（ハーバード大学）〔1939年〕
日本で生まれ育ち、1927年19歳で帰国。ハーバード大学大学院に進み、'33～38年パリ大学、北京の大学、東京大学、京都大学に留学。'39年慈覚大師円仁の研究でハーバード大学で博士号を取得し、同年より同大学講師。第二次大戦中、日本の専門家として国務省、陸軍省に動員され、対日情報戦に従事した。'46年ハーバード大学助教授、'50年教授。'56～61年同大学燕京研究所長、極東語学部副部長を歴任。'61年ケネディ政権下で駐日大使となり、以来5年間、安保闘争でささくれだった日米関係の緊密化につとめ、"ライシャワー時代"という新たな一ページをしるした。この

間'64年3月精神異常の少年に刺され大けがをしたことがある。'66〜81年再びハーバード大学教授。'72年国際交流基金諮問委員。'89年6月日本交渉学会名誉会長。「世界史上の円仁—唐代中国への旅」「米国と日本」「ライシャワーの見た日本—日米関係の歴史と展望」「ザ・ジャパニーズ」「日本への自叙伝」など日本関係の著書多数。米国の知日派の第一人者。ハル（春）夫人は明治の元勲・松方正義の孫。

【著作】
◇日本—過去と現在　エドウィン・ライシャワー著, 岡野満訳　時論社　1948
◇アジアにおける次の政策　日本太平洋問題調査会訳　東洋経済新報社　1950
◇アメリカにおける日本研究　E・O・ライシャワー：朝日ジャーナル　1960.11.6
◇日本との私的な対話　E．ライシャワー：世界　181　1961.1
◇日本近代文化の歴史的評価　E・ライシャワー, 中山伊知郎：中央公論　1961.9
◇日本文化について（対談）　E．O．ライシャワー・桑原武夫：文芸　1962.3
◇日本の奇跡—今後の進路はいずこへ　E・O・ライシャワー：世界週報　47(33)　1966.8
◇日本—過去と現在　エドウィン・O．ライシャワー著, 鈴木重吉訳　時事通信社　1967
◇ライシャワーの見た日本　E．O．ライシャワー著, 林伸郎訳　徳間書店　1967
◇日本という国　エドウィン・O・ライシャワー：国際報道　1967.1
◇自然なパートナー・日本（上院外交委聴聞会証言）　E・O・ライシャワー：世界週報　48(7)　1967.2
◇日本との対話　エドウィン・O．ライシャワー著, 金山宣夫訳注　原書房　1968
◇日本—国のあゆみ　エドウィン・O．ライシャワー著, 鈴木重吉訳　時事通信社　1971
◇日本よ再びアジアの孤児になるな（インタビュー）　ライシャワー：現代　1971.9
◇日本—過去と現在—　時事通信社　1976
◇ザ・ジャパニーズ　文藝春秋　1979
◇ザ・ジャパニーズ　文藝春秋　1979
◇日本人論—舌のもつれた巨漢　Edwin O. Reischauer, 國弘正雄訳：文芸春秋　57(1)　1979.1
◇ザ・ジャパニーズ—日本人　エドウィン・O．ライシャワー著, 國弘正雄訳　文芸春秋　1979.6
◇80年代・日本は何をなすべきか（日米国際座談会）　E．O．ライシャワー, E．F．ヴォーゲル, I．S．ブール, 猪瀬博, 飽戸弘：文芸春秋　1980.1

◇日本人の80年代悲観論を排す（対談）　板坂元, E・O・ライシャワー：週刊現代　1980.1.5・10合併
◇国際化時代における日本の役割—明治大学創立100年記念講演　エドウィン・O・ライシャワー：週刊朝日　1980.6.13
◇日本への自叙伝　エドウィン・O．ライシャワー著, NHK取材班構成, 大谷堅志郎訳　日本放送出版協会　1982.6
◇ライシャワーの直言　エドウィン・O．ライシャワーほか著, 赤谷良雄訳　日本リクルートセンター出版部　1983.11
◇ライシャワーの日本史　エドウィン・O．ライシャワー著, 國弘正雄訳　文芸春秋　1986.10
◇「日本は特殊だ」という意識を捨てよ　エドウィン・O・ライシャワー：ニューズウィーク日本版　2(20)　1987.5.21
◇わが愛する日本へ、自己満足からの脱却を　エドウィン・O．ライシャワー：朝日ジャーナル　29(27)　1987.6.26
◇日本と私・七つの挿話　エドウィン・O．ライシャワー, 徳岡孝夫訳：文芸春秋　65(13)　1987.10
◇ライシャワー自伝　エドウィン・O．ライシャワー著, 徳岡孝夫訳　文芸春秋　1987.10
◇真の国際化とは—ライシャワーから日本の次の世代へ　エドウィン・O．ライシャワー著, 國弘正雄訳　チャールズ・イー・タトル出版　1988.10
◇特別対論・21世紀への日本生存システムを考える—世界的歴史学者が解読する『昭和日本の興亡』　ポール・ケネディ, エドウィン・ライシャワー：週刊ポスト　21(3)　1989.1.20
◇日本の国際化—ライシャワー博士との対話　E．O．ライシャワー〔ほか〕著, 小林ひろみ, 納谷祐二訳　文芸春秋　1989.10
◇ザ・ジャパニーズ・トゥデイ　エドウィン・O．ライシャワー著, 福島正光訳　文芸春秋　1990.1
◇知日派E・ライシャワー博士の憂鬱（インタビュー）　エドウィン・ライシャワー：SAPIO　2(7)　1990.4.12
◇ライシャワーの見た日本（徳間文庫）　E．O．ライシャワー著, 林伸郎訳　徳間書店　1991.12
◇真の国際化とは—ライシャワーから日本の次の世代へ　第2版　エドウィン・O．ライシャワー著, 國弘正雄訳　チャールズ・イー・タトル出版　1992.4
◇ライシャワーの遺言—Bridge to the 21st century—Exploring Dr. Reischauer's thinking　納谷祐二, 小林ひろみ著　講談社　1993.9
◇円仁唐代中国への旅—『入唐求法巡礼行記』の研究（講談社学術文庫）　エドウィン・O．

ライシャワー〔著〕，田村完誓訳　講談社　1999.6
◇ライシャワーの日本史（講談社学術文庫）　エドウィン・O. ライシャワー〔著〕，國弘正雄訳　講談社　2001.10

ライシュ，マイケル
Reich, Michael R.
生化学者, 政治学者　ハーバード大学助教授

[生年月日] 1950年
[国籍] 米国　[学歴] エール大学（生化学）卒，エール大学政治学博士課程　[専門] 環境問題
1971〜74年滞日。日米学生会議で知り合ったN. ハドルとともに日本の公害の実態調査や住民運動家，公害被害者へのインタビューを行い，'75年「夢の島—公害からみた日本研究」を出版。環境問題をはじめとする市民運動に積極的にかかわっていく研究者として注目されている。その他の著書に「日本人の死生観」（共著）など。
【著作】
◇夢の島—公害からみた日本研究　ノリ・ハドル，マイケル・ライシュ，ナハーム・スティスキン著, 本間義人, 黒岩徹訳　サイマル出版会　1975
◇日本人の死生観　上, 下（岩波新書 黄-15, 16）加藤周一, M. ライシュ, R. J. リフトン著, 矢島翠訳　岩波書店　1977

ライース，ムハマッド
Raees, Muhammad
（株）林原総合研究所次長

[生年月日] 1943年
[国籍] パキスタン　[出生地] インド　[学歴] 横浜国立大学工学部応用化学科〔1964年〕卒
4歳でパキスタン、14歳で日本に移住。都立新宿高の聴講生を経て、横浜国立大へ。卒業後、千代田化工を経て、東洋エンジニアリングへ。ダッカ駐在のあと退社、一時渡米。帰国後、日本製鋼所を経て、1976年岡山にある食品・製薬会社の林原に入社。滞日年数は30年以上に及ぶ。著書に「外人課長のニッポン企業論」「外人広報室長のニッポン透視学」がある。

【著作】
◇外人広報室長のニッポン透視学　ムハンマド・ライース著　時事通信社　1987.2
◇外人課長が見たニッポン株式会社（PHP文庫）　ムハンマド・ライース著　PHP研究所　1989.10

ライダー，サミュエル
Ryder, Samuel
作家

[生年月日] 1963年
[国籍] 英国　[出生地] マージーサイド州リバプール
大学で経済学理論と比較文化論を学んだ後、100以上の国を旅し、政治と経済、あるいは文化との関連性について考察を探める。のち日本に滞在し、執筆活動に従事。著書に「ライオンは眠れない」がある。
【著作】
◇ライオンは眠れない　サミュエル・ライダー著, 葉夏生訳　実之日本社　2001.11
◇トラ・トラ・ライオン！　サミュエル・ライダー著, 夏生一暁訳　マガジンハウス　2003.10
◇ライオンは眠れない（幻冬舎文庫）　サミュエル・ライダー著, 葉夏生訳　幻冬舎　2004.12

ライマン，エツコ・オバタ
Reiman, Etsuko Obata
アリゾナ州立大学準教授

[生年月日] 1938年
[国籍] 米国　[学歴] 慶応義塾大学（英語・英文学）卒, シートン・ホール大学大学院（東洋学・日本語教育専攻）修士課程修了, ウィスコンシン大学大学院（日本語学専攻）修士・博士課程修了　[学位] Ph. D.（ウィスコンシン大学）　[専門] 日本語学
シートン・ホール大学、アイオワ大学の各講師を経て、アリゾナ州立大学準教授。日本では毎年5〜8月の期間、慶応義塾大学客員教授、成城大学客員研究員、国立国語研究所客員研究員等の席を経ながら研究活動を続ける。著書に「日本人の作った漢字」（'90年）。
【著作】

◇日本語教育国際シンポジウム報告書　南山大学　1990.4〈内容:片仮名と日本語教育(エツコ・ライマン)〉
◇日本近代語研究　1　近代語研究会編　ひつじ書房　1991.10〈内容:渡米した日本語―概観と資料(エツコ・オバタ・ライマン)〉
◇日本近代語研究　2　近代語研究会編　ひつじ書房　1995.12〈内容:渡米した日本語の研究調査法と社会背景(エツコ・オバタ・ライマン)〉
◇アメリカ人の意識『日本って、安心?大丈夫?』(エッセイ特集・放送と文化)　ライマン,エツコ・オバタ:放送文化　19　1996.1
◇在外日本人のナショナル・アイデンティティ―国際化社会における「個」とは何か　岩崎久美子編著,エツコ・オバタ・ライマン,相良憲昭[著]　明石書店　2007.1

ライマン, ベンジャミン・スミス
Lyman, Benjamin Smith
鉱山技師　北海道開拓使測量技師,ペンシルベニア州立地質局副長

[生年月日] 1835年12月11日
[没年月日] 1920年8月30日
[国籍]米国　[出生地]マサチューセッツ州ノーサンプトン市　[学歴]ハーバード大学卒　[専門]地質・油田調査

パリのエコール・ド・ミン(鉱山学校)に入学、地質、鉱物で学んだ後、1861年ドイツに転じ、フライブルク市ベルク・アカデミー(国立鉱山学校)で勉強を続けた。1862年アメリカへ帰国、伯父J. P. レズレー博士のもとでアメリカ各地の地質鉱床の調査に従事した。1870年にはイギリス政府の依頼でインドのパンジャブ地方の油田調査を行なったが、翌年アメリカに帰った。1872年11月開拓使の招きで助手のH. S. マンローとともに来日。北海道各地の地質・鉱床の調査を行ない1873年6月には第1回報告書を提出した。翌年には石狩川の水源調査を実施し、同年北海道地質検査巡回記事、調査報文および地図等を提出した。さらに1875年には幌内地方その他に関する調査報文および地図等を作成した。翌1876年に道内の調査を完了し、「北海道地質総論」および「日本蝦夷地質要略之図」等を提出した。この年東京に移り工部省嘱託となった。さらに北海道のみならず新潟、静岡地方の油田調査に従事し、東北、北陸、中国、九州、四国の各地の地質図の作成に当った。1881年任期満了により帰国、ペンシルベニア州フィラデルフィア市に居住し、ペンシルベニア州立地質局副長として1895年まで勤務した。さらに日本に関する多くの論文を学術雑誌に発表、その後石炭鉱山の顧問技師として活躍した。開拓使所属の青年を選び数学や物理等鉱山測量に関する学問を教授し、数多くの専門測量家を育成した。

【著作】
◇北海道地質測量報文　辺治文・土茂治・来曼(ベンジャミン・スミス・ライマン)著,山内徳訳　開拓使　1873
◇北海道地質測量報文　辺治文・土茂治・来曼(ベンジャミン・スミス・ライマン)著,山内徳訳　開拓使　1877
◇日本油田地質測量書　辺・司・来曼(ベンジャミン・スミス・ライマン)著　工部省　1877
◇北海道地質測量幌内煤田報文　辺・士・来曼述　開拓使　1877
◇北海道地質総論　辺治文・土茂治・来曼著,開拓使訳　開拓使　1878

ラウエル, ミロ
Rowell, Milo E.
法律家　GHQ民政局法規課長

[生年月日] 1903年7月25日
[国籍]米国　[出生地]サンフランシスコ　[学歴]スタンフォード大学(法律)卒,ハーバード大学(法律)

1926年弁護士となる。'43年第2次大戦で軍務につき、占領行政の研修を受け、教官も務めた。戦後来日、GHQ民政局法規課長として憲法改正のための調査を行い、'45年12月鈴木安蔵らの憲法研究会が発表した憲法草案要綱などを検討。ホイットニー民政局長らGHQの日本国憲法草案起草作業に参画、日本側の「松本案」を拒否、吉田茂外相にGHQの日本国憲法草案(マッカーサー草案)を手交した会議にも同席。陸軍中佐。ラウエル所蔵の憲法改正問題GHQ記録(ラウエル文書)は、秘密扱い解除後、'65年高柳賢三あてに届けられ、高柳ほか編著『日本国憲法制定の過程』('72年)として公刊された。

【著作】
◇日本国憲法制定の過程―連合国総司令部側の記録による　1，2　高柳賢三，大友一郎，田中英夫編著　有斐閣　1972

ラウシュ，ジョナサン
Rauch, Jonathan
ジャーナリスト　「ナショナル・ジャーナル」編集委員

[生年月日] 1960年
[国籍] 米国　[出生地] アリゾナ州　[学歴] エール大学卒

「ロサンゼルス・タイムズ」紙や国際、経済誌を飾る花形記者の一人として首都ワシントンを拠点に活躍。のち「ナショナル・ジャーナル」編集委員。日米問題研究のため1990年来日、半年間の滞在で日本の生活を体験。著書に「THE OUTNATION―日本の魂を求めて」がある。

【著作】
◇The outnation―日本は「外圧」文化の国なのか　ジョナサン・ラウチ著，近藤純夫訳　経済界　1992.12

ラウファー，ベルトルト
Laufer, Berthold
東洋学者，人類学者

[生年月日] 1874年10月11日
[没年月日] 1934年9月13日
[国籍] 米国　[出生地] ケルン（ドイツ）　[学歴] ベルリン大学，ライプツィヒ大学　[学位] 哲学博士（ライプツィヒ大学）〔1897年〕，法学博士（シカゴ大学）

1898年渡米。1898〜99年ジェサップ北太平洋探検隊長として樺太島、黒龍江下流域を探検、次いで1901〜04年中国を踏査して民族学資料を収集。帰米後、米国自然史博物館助手、コロンビア大学講師を経て、'08年よりシカゴのフィールド博物館に勤め、'15年同館人類学部長となる。'30〜31年米国東洋学会会長。この間、'08〜10年と'23年の2度にわたり中国およびチベットを調査、日本にも訪れた。博学で知られ、中国とその周辺地域の民族学、考古学、美術、文献学に通じた。著書に「漢代の中国陶器」（'09年）、「ダイヤモンド考」（'15年）、「シノ・イラニカ―有用植物の伝播の歴史」（'19年）ほか多数。

【著作】
◇鵜飼―中国と日本　ベルトルト・ラウファー〔著〕，小林清市訳　博品社　1996.8

ラウマー，ヘルムート
Laumer, Helmut
エコノミスト　バイエルン独日協会会長

[生年月日] 1931年
[国籍] ドイツ　[学歴] ミュンヘン大学〔1953年〕卒　[学位] 経済学博士

ミュンヘン大学で経済学を修めたあと、西独5大経済研究所の一つ、IFO研究所に入り、同研究所理事・欧日経済研究センター所長、のち常務理事に。バイエルン独日協会会長も務める。著書に「流通システムの日独比較」、「小売業の市場構造と競争関係」（1971年）、「日本の商品流通」（'79年）、「現代流通の構造・競争・政策」など。　[叙勲] 勲四等瑞宝章（日本）〔2002年〕

【著作】
◇流通システムの日独比較　H. ラウマー著，鈴木武監訳　九州大学出版会　1986.3
◇日本の流通システムと輸入障壁　E. バッツァー，H. ラウマー著，鈴木武監訳　東洋経済新報社　1987.11

ラウレス，ヨハネス
Laures, Johannes
歴史学者，経済学者，宣教師　上智大学教授

[生年月日] 1891年11月21日
[没年月日] 1959年8月3日
[国籍] ドイツ　[出生地] フレリンゲン　[学歴] ウッドストック大学，コロンビア大学　[専門] キリシタン史，経済学

1906年にブリュムのギムナジウムに入学、'13年4月にはイエズス会に入会し、第一次世界大戦では西部戦線の傷病兵看護に当たった。終戦後オランダで哲学及び神学を修め、'23年8月司祭叙階。のちアメリカに渡ってウッドストック大学やコロンビア大学などで哲学・

神学とともに経済学を学び、コロンビア大学で博士号を取得。'28年に来日し、上智大学経済学部教授に就任、経済学を講じたが、のちにキリシタン研究を志し、同大学内に北京ペイタン教会図書館文献やマニラ聖トマス大学図書館文献などを集めてキリシタン文庫を設立。'42年同大学に史学科が創設されると同時に同学科長に就任した。また著述活動も旺盛に行い、'57年キリシタン文献目録「吉利支丹文庫」を大成させた。著書は他にも「聖フランシスコ=ザヴィエルの生涯」「高山右近の生涯」などがある。
【著作】
◇高山右近の生涯―日本初期基督教史　ヨハネス・ラウレス著,松田毅一訳　エンデルレ書店　1948
◇きりしたん大名　ヨハネス・ラウレス著,山辺二郎訳　弘文堂書房　1948
◇高山右近の生涯―日本初期基督教史　松田毅一訳　中央出版　1948
◇高山右近の研究と史料　ヨハネス・ラウレス著,松田毅一訳　六興出版社　1949
◇日本に來た聖サビエル　翰林書院　1949

ラガナ,ドメニコ
Lagana, Domenico
法政大学経済学部教授

[生年月日] 1925年8月15日
[国籍]イタリア　[学歴]ブエノスアイレス大学卒　[資格]英語教師(アルゼンチン)〔1955年〕　[専門]日本文学,日本語
一時アルゼンチン国籍となるが、のちイタリアに復帰。30歳を過ぎてから日本語を独習。1972年日本ペンクラブ主催「日本文化研究国際会議」出席のため初来日。'74年国際交流基金の招きで再来日し、2年間滞在。'77年3度目の来日後定住。のち法政大学教授。著書に「ラガナ一家のニッポン日記」「日本語とわたし」「招かれざる客たち」「これは日本語か」、長編小説「ビアンカネラ物語」など。
【著作】
◇ラガナ一家のニッポン日記　ドメニコ・ラガナ著　文芸春秋　1974
◇親切な日本人の不親切―日本語とぼく(邂逅篇)古い小説のように　ドメニコ・ラガナ：中央公論　1974.8
◇ラガナ一家のニッポン日記　続　ドメニコ・ラガナ著　文芸春秋　1975
◇日本語と日本人(三愛新書)　ドメニコ・ラガナ：人間と文化　2　三愛会　1980.8
◇ラガナ一家のニッポン日記(角川文庫)　ドメニコ・ラガナ著　角川書店　1983.10
◇招かれざる客たち　ドメニコ・ラガナ著　筑摩書房　1983.11
◇ラガナ一家のニッポン日記　続(角川文庫)　ドメニコ・ラガナ著　角川書店　1983.12
◇これは日本語か　ドメニコ・ラガナ著　河出書房新社　1988.10

駱　為龍　らく・いりゅう
Luo Wei-long
中華日本学会常務副会長

[生年月日] 1933年
[国籍]中国　[出生地]浙江省　[学歴]北京大学東方語学部日本語科〔1956年〕卒　[専門]日本学
新華社、日中友好協会で主に編集、翻訳の仕事に携わる。1974〜86年「北京日報」特派員、東京支局長として東京に滞在。帰国後、北京市新聞工作者協会副秘書長、北京大学東方文化研究所研究員、'88年社会科学院日本研究所所長を経て、中華日本学会常務副会長。
[受賞]ラジオ短波アジア賞〔1986年〕
【著作】
◇日本研究・京都会議　1994　国際日本文化研究センター,国際交流基金編　国際日本文化研究センター　1996.3〈内容：中国における日本研究について(駱為龍)〉
◇ジャパンスナップ―北京日報東京支局長として過ごした10年間　駱為竜,陳耐軒著,三潴正道監訳,而立会訳　日本僑報社　2005.9
◇新中国に貢献した日本人たち―友情で綴る戦後史の一コマ　中国中日関係史学会編,武吉次朗訳　日本僑報社　2003.10
◇日本語国際シンポジウム報告書―海外における日本語教育の現状と将来　国際交流基金,国際文化フォーラム編　国際文化フォーラム　1989.3

ラーク,ロイ
Larke, Roy
流通科学大学商学部流通学科教授

[生年月日] 1962年

[国籍]英国 [学歴]シェフィールド大学〔1985年〕卒, 早稲田大学大学院商学研究科研修〔1988年〕修了, スターリング大学大学院〔1991年〕博士課程修了 [学位]Ph. D. (スターリング大学) [専門]消費者行動分析, 流通科学
流通科学大学助教授を経て、教授。著書に「Japanese Retailing」「日本の流通統計ハンドブック」、共著に「だれも教えなかった論文・レポートの書き方—正しい卒論の書き方 世界に通用する欧米式論文が書ける!」などがある。
【著作】
◇新時代のマーケティング理論と戦略方向—宇野政雄教授古希記念出版 早稲田大学大学院宇野研究室編 ぎょうせい 1992.3〈内容:日本人の消費者行動—店舗選択行動を中心に(ロイ・ラーク)〉

ラサール, エノミヤ
Lassalle, H. M. Enomiya
カトリック神父 イエズス会司祭, エリザベス音楽大学名誉教授, 上智大学教授

[生年月日] 1898年11月11日
[没年月日] 1990年7月7日
[出生地]ウェストファーレン州エックステルンブロック町(ドイツ) [旧姓名]ラサール, フーゴー [別名等]日本名=愛宮真備 [専門]神学, ドイツ語, 禅
21歳でカトリック修道会のイエズス会に入会。英国、オランダの大学で神学、哲学を専攻し、昭和2年司祭となり、4年来日、布教の傍ら上智大学で教鞭を取る。11年から広島市に移住、被爆し翌年から世界各国で原爆の悲惨さを訴えた。23年日本国籍を取得、日本名を愛宮真備(広島市の愛宮神社と奈良時代の学者・吉備真備にちなむ)とする。同年エリザベト音楽大学の創設メンバーとなり、宗教学、倫理学の教授をつとめる。29年広島市に世界平和記念聖堂を建立した。一方、31年以来、原田祖岳、山田耕雲に師事し、参禅体験を深め、43年ごろから日本の禅をヨーロッパに紹介。禅修業の指導、講演に従事し広島市、檜原村、ドイツ国内に禅道場「神冥窟(しんめいくつ)」などを創設した。東洋的修業とキリスト教的神秘思想の比較研究を続け、国内外の諸宗教の対話の推進に努めた。平成元年1月から禅指導のため渡欧。「禅—悟りへの道」「禅と神秘思想」「人間はどこへ行く」(ドイツ語)などの著書がある。 [受賞]マイツ国立大学神学名誉博士, 広島市名誉市民〔昭和43年〕
【著作】
◇禅—悟りへの道 愛宮真備著, 池本喬, 志山博訪訳 理想社 1967
◇禅とキリスト教 エノミヤ・ラサール著, 柴田健策訳 春秋社 1974
◇神体験への道としての禅冥想—神秘的祈りへの手引 愛宮真備著, 保田史郎訳 エンデルレ書店 1975
◇禅と神秘思想 エノミヤ・ラサール著, 柴田健策訳 春秋社 1987.4
◇禅と神秘思想 エノミヤ・ラサール著, 柴田健策訳 春秋社 1994.6

ラージ, アンドルー
Large, Andrew Mcleod Brooks
銀行家 英国証券投資委員会(SIB)委員長

[生年月日] 1942年8月7日
[国籍]英国 [出生地]ケント州ゴードハースト [学歴]ケンブリッジ大学ウィンチェスター・カレッジ卒, INSEAD卒
1964〜71年英国石油、'71〜79年オリオン銀行、'80〜89年スイス銀行、'83〜87年SBCI(ロンドン)副会長、'90〜92年ラージ, スミスアンドウォルター会長、'92年より証券投資委員会(SIB)委員長。
【著作】
◇転換期の世界と日本の活路—資本主義の新たな挑戦 第27回読売国際シンポジウム 講演と討論のための論文 YIES(読売国際経済懇話会) 1997.9〈内容:日本版ビッグバンの意義イギリスの経験(アンドルー・ラージ)〉

ラズ, ヤコブ
Raz, Jacob
文化人類学者 ヘブライ大学教授, テルアビブ大学教授

[生年月日] 1944年

[国籍]イスラエル　[出生地]テルアビブ　[学位]博士号(早稲田大学)　[専門]文化人類学
早稲田大学において日本の演劇と民族芸能研究で博士号を取得。1986～90年まで日本のやくざ組織と接触し、文化人類学的考察を試みる。著書に「転倒芸能の比較学」「日本芸能の観客論」「やくざの文化人類学」など。また日本文学の翻訳紹介も手がける。
【著作】
◇ヤクザの文化人類学—ウラから見た日本　ヤコブ・ラズ著，高井宏子訳　岩波書店　1996.11
◇ヤクザの文化人類学—ウラから見た日本(岩波現代文庫　社会)　ヤコブ・ラズ〔著〕，高井宏子訳　岩波書店　2002.7

ラスキン, ボリス
Laskin, Boris
翻訳家　プログレス出版社極東部長

[生年月日]1927年
[国籍]ソ連　[学歴]モスクワ東洋大学日本科〔1948年〕卒　[専門]日本文学　[団体]ソ連作家同盟
1948年モスクワのプログレス出版社入社、極東部長を務める。川端康成、井伏鱒二、井上靖、山本周五郎などの小説を訳し、開高健の「日本三文オペラ」「青い月曜日」「ロビンソンの末裔」「ずばり東京」「玉砕ける」などをロシア語に翻訳。
【著作】
◇掌の思い出　ボリス・ラスキン著　潮出版社　1992.11

ラズロ, トニー
Laszlo, Tony
ジャーナリスト　一緒企画代表

[生年月日]1960年
[国籍]米国
ハンガリー人の父とイタリア人の母との間に生まれる。1985年来日。'87年日本語検定1級合格。日本語による討論会、演劇活動などを主宰。'94年演劇「ホネホネホネ」を制作・上演。神戸の大震災被災地で行った500人へのインタビューをもとに支援演劇を制作。女子栄養大学などで非常勤講師を務める。著書に「地球環境のためにできること」などがある。数ヶ国語に堪能。妻は漫画家の小栗左多里で、2002年妻が2人の生活について描いたコミックエッセイ「ダーリンは外国人」がベストセラーとなる。バラエティ「世界一受けたい授業」に出演。
【著作】
◇あいまいな国を支えるギャッピーな構造と日本人(徹底研究「憲法と安保」〔7〕)　ラズロ, トニー：週刊金曜日　5(41)　1997.10.31
◇最悪の人種差別主義国ニッポン(異信伝真〔4〕)　ラズロ, T.：週刊金曜日　6(9)　1998.2.27
◇日本の失敗から学ぼう(異信伝真〔12〕)　ラズロ, T.：週刊金曜日　6(17)　1998.4.24

ラックストン, イアン
Ruxton, Ian C.
九州工業大学助教授

[生年月日]1956年
[国籍]ペルー　[出生地]リマ　[学歴]チェルトナム・カレッジ, ケンブリッジ大学〔1978年〕卒　[専門]日英関係史
会計の仕事に2年間携わったのち、パブリック・スクールでドイツ語と英語の教師となる。1988年来日し、英語教師を経て、'94年九州工業大学で教鞭を執る。のち、助教授。2003年「アーネスト・サトウの生涯」を出版。
【著作】
◇アーネスト・サトウの生涯—その日記と手紙より(東西交流叢書)　イアン・C. ラックストン著, 長岡祥三, 関口英男訳　雄松堂出版　2003.8
◇日露戦争　1　軍事史学会編　錦正社　2004.12〈内容：英国公使サー・アーネスト・サトウが北京から見た日露戦争(I. ラックストン)〉

ラッセル, ジョン
Russell, John G.
岐阜大学地域科学部教授

[生年月日]1956年
[国籍]米国　[出生地]ニューヨーク市ハーレム　[本名]ラッセル, ジョン・ゴードン　[学歴]アムハースト大学〔1979年〕卒, ハーバー

ド大学大学院〔1988年〕博士課程修了　［学位］Ph. D.（ハーバード大学）〔1988年〕　［専門］文化人類学

1977年交換留学生として同志社大に留学。のちハーバード大で博士号を取得。この間、日本の精神病院における患者への対応や、日本の大衆文化にみる対黒人観の研究などを続ける。'89年国際交流基金の招きで来日、千葉県立衛生短期大学研修員に。'94年岐阜大学教養部助教授を経て、教授。著書に「日本人の黒人観」「偏見と差別はどのようにつくられるか―黒人差別・反ユダヤ意識を中心に」など。

【著作】
◇日本人はなぜ「壁」をつくるのか―黒人が見たニッポン（座談会）　カレン・アントン, ジョン・ラッセル, ロバート・オルブライト, J. R. ダッシュ：朝日ジャーナル　32(40)　1990.10.5
◇日本人の黒人観―問題は「ちびくろサンボ」だけではない　ジョン・G. ラッセル著　新評論　1991.3
◇偏見と差別はどのようにつくられるか―黒人差別・反ユダヤ意識を中心に　ジョン・G. ラッセル著　明石書店　1995.10

ラッセル, デービッド
フリーライター

［生年月日］1952年
［国籍］米国　［出生地］ニューヨーク州　［学歴］コロンビア大学大学院修士課程修了

大学院で日本文学を専攻。1982年来日し、「ビジネス・トウキョウ」誌副編集長などを歴任した。

【著作】
◇故なき日本人の自信喪失―在日外国人リーダーが語る　デビッド・ラッセル：東洋経済　5082　1992.7.11

ラップ, ラルフ
Lapp, Ralph Eugene
原子物理学者

［生年月日］1917年8月24日
［没年月日］2004年9月7日
［国籍］米国　［出生地］ニューヨーク州バッファロー　［学歴］シカゴ大学〔1940年〕

第二次大戦中、原爆計画"マンハッタン計画"に参加し、冶金部門を担当。1945年アルゴンヌ国立冶金研究所副所長。'46年米国陸軍参謀本部科学顧問、'49年国防総省核研究・開発局部長など軍部の核開発に従事。広島への原爆投下直前の'45年7月トルーマン大統領に対し、日本に降伏の機会を与えなければ原爆投下は"正当化できない"との嘆願書を送った77人の科学者の一人。戦後は、太平洋のビキニ環礁で"死の灰"を浴びた第五福竜丸事件（'54年）を、'58年出版の著書「福竜丸」で世界に紹介し、核爆発で起きる"フォールアウト（放射性降下物）"の危険性をいち早く世界に伝えた。一方、'61年地球科学、海洋学、大気圏、宇宙の四つの科学部門の研究・開発・実用化をはかる"四科学者会社"を設立し、実業的科学者として活躍した。他の著書に「核戦争になれば」「兵器文化」など。

【著作】
◇福竜丸　ラルフ・E. ラップ〔著〕, 八木勇訳　みすず書房　1958

ラティシェフ, イーゴリ
Latyshev, Igor Aleksandrobits
ジャーナリスト　プラウダ東京支局長, ロシア科学アカデミー主任研究員

［生年月日］1925年
［没年月日］2006年10月6日
［国籍］ロシア　［出生地］ロシア共和国スモレンスク　［学歴］モスクワ東洋大学大学院〔1952年〕修了　［学位］歴史学博士　［専門］日本研究

ソ連科学アカデミー東洋学研究所所員を経て、1957年プラウダ特派員として来日、東京支局を開設。3期15年にわたって支局長を務めた。'91年11月財政難で支局閉鎖となる。東洋学研究所日本学部長も務めた。強硬な北方領土反対論者としても知られた。著書に「太平洋戦争前夜の日本帝国主義の国内政治」「日本の国家体制」「日本の支配政党の自民党」「日本、日本人、日本研究者」など。

【著作】

◇日本の憲法問題 本間七郎訳 刀江書院 1962
◇明治維新 永井道雄, M. ウルティア編 国際連合大学 1986.6〈内容：明治維新―未完のブルジョア革命（I. ラティシェフ）〉
◇ロシア金塊の行方―シベリヤ出兵と銀行 ラティシェフ著, 伊集院俊隆, 井戸口博訳 新読書社 1997.4
◇ロシアと日本行き詰った領土論争 イーゴリ・ラティシェフ著, 藤田昌男訳 丸昌翻訳書院 2005.5

ラビナ, マーク
Ravina, Mark
歴史学者　エモリー大学准教授

[生年月日] 1961年
[学歴] コロンビア大学卒　[学位] 博士号（スタンフォード大学）　[専門] 日本史
専攻は日本史。特に18・19世紀の政治史を中心に研究している。
【著作】
◇「名君」の蹉跌―藩政改革の政治経済学（叢書「世界認識の最前線」）　マーク・ラビナ著, 浜野潔訳　NTT出版　2004.2

ラフィーバー, ウォルター
LaFeber, Walter
歴史学者　コーネル大学歴史学部教授

[生年月日] 1933年8月30日
[国籍] 米国　[出生地] インディアナ州ウォルカートン　[学歴] ハノーバー大学〔1955年〕卒, スタンフォード大学大学院〔1956年〕修士課程修了　[学位] 博士号（ウィスコンシン大学）〔1959年〕　[専門] 米国史
歴史学者として多くの書物を著し, 米国の外交政策論争に強い影響を及ぼす。著書に「衝突―歴史を通した米日関係」「アメリカの時代―戦後史のなかのアメリカ政治と外交」「アメリカ, ロシアと冷戦―1945～96年」「マイケル・ジョーダンと新グローバル資本主義」など。　[受賞] グスターバス・マイアズ賞, ベバリッジ賞（米国歴史学会）
【著作】
◇国際環境の変容と日米関係　細谷千博, 有賀貞編　東京大学出版会　1987.2〈内容：ベトナム戦争と日米関係（ウォルター・ラフィーバー）〉

◇超えられなかった過去―戦後日本の社会改革の限界（フォーリン・アフェアーズ論文）　ラフィーバー, ウォルター：論座 54　1999.10

ラブソン, スティーブ
Rabson, Steve
ブラウン大学助教授

[国籍] 米国　[学歴] ミシガン大学卒, 上智大学大学院修士課程修了　[学位] Ph. D.（ハーバード大学）
著書に「Okinawa:Two Postwar Novellas」（1989年）、分担執筆「アメリカと日本」がある。
【著作】
◇アメリカと日本　上智大学アメリカ・カナダ研究所編　彩流社　1993.6〈内容：ロード・アイランドの「対日戦勝記念日」―州議会における対立した認識と議題内容（スティーブ・ラブソン）〉
◇沖縄占領―未来へ向けて　シンポジウム　宮城悦二郎編著　ひるぎ社　1993.9〈内容：占領と文学『カクテル・パーティー』の受け取り方―時代の変化と共に（スティーブ・ラブソン）〉

ラフルーア, ウィリアム・R.
LaFleur, William R.
カリフォルニア大学ロサンゼルス校東アジア言語文化部教授

[生年月日] 1936年
[国籍] 米国　[出生地] ニュージャージー州　[学歴] カルビン大学, ミシガン大学, シカゴ大学　[専門] 中世日本仏教・文学
大学で宗教史, 比較文学を専攻。主著に「中世日本の仏教と文学における"カルマ"」「文化的視角からみた仏教」「西行詩選『ミラーフォーザムーン』」ほか。　[受賞] 和辻哲郎文化賞（第1回・学術部門）〔1989年〕「廃墟に立つ理性―戦後合理性論争における和辻哲郎の位相」
【著作】
◇日本における宗教と文学―創立十周年記念国際シンポジウム　国際日本文化研究センター編　国際日本文化研究センター　1999.11〈内容：エロスとその子達―日本人の歴史から学ぶ（ウィリアム・ラフルーア）〉

◇水子―〈中絶〉をめぐる日本文化の底流　ウィリアム・R. ラフルーア著, 森下直貴, 遠藤幸英, 清水邦彦, 塚原久美訳　青木書店　2006.1

ラーベ, ジョン
Rabe, John
シーメンス社南京支社長

［生年月日］1882年
［没年月日］1950年
［国籍］ドイツ　［出生地］ハンブルク
1908年中国に渡り、26歳で貿易会社の中国駐在員となり、のちジーメンス社の南京駐在員。'31年ジーメンス社南京支社長となり、北京の発電、成都の放送などの工事を受注。中国近代化事業に加わった。'37〜38年にかけて、旧日本軍が行った南京大虐殺では国際安全区委員会委員長として約25万人の中国人避難民の救済に奔走した。'38年帰国し、ヒトラーあてに南京事件の報告書を提出したが、秘密警察に逮捕され、南京事件について発言しないことを条件に釈放される。第2次大戦後ナチス党員だったことを問われ、職場を追放されそうになったが、南京での功績が認められて復帰した。'96年中国系米国人ジャーナリストにより、家族が非公開のまま保管していた報告書が発見された。'97年日記「南京の真実」が刊行され、世界的反響を呼んだ。
【著作】
◇南京の真実　ジョン・ラーベ著, エルヴィン・ヴィッケルト編, 平野卿子訳　講談社　1997.10
◇南京の真実（講談社文庫）　ジョン・ラーベ著, エルヴィン・ヴィッケルト編, 平野卿子訳　講談社　2000.9

ラ・ペルーズ, ジャン・フランソワ・ガロー・ド・
La Pérouse, Jean-Francois de Galaup, comte de
海軍士官・探検家

［国籍］フランス
18世紀のフランスの士官・探検家。太平洋探険を命じられ、南米大陸からハワイ諸島、東南アジアを周り、サハリンとアジア大陸の間に位置する間宮海峡近辺まで北上。宗谷海峡（ラ・ペルーズ海峡）を航海し、アイヌ民族とも接触、その後千島列島を探検した。
【著作】
◇ラペルーズ世界周航記―日本近海編　ラペルーズ〔著〕, 小林忠雄編訳　白水社　1988.2
◇太平洋周航記　上・下　ラペルーズ著, 佐藤淳二訳　岩波書店　2006

ラミス, C. ダグラス
Lummis, Charles Douglas
津田塾大学学芸学部国際関係学科教授

［生年月日］1936年8月27日
［出生地］米国・カリフォルニア州サンフランシスコ　［学歴］カリフォルニア大学バークレー校政治学科〔1958年〕卒　［学位］Ph. D.
［専門］日本社会論, 西洋政治思想史
1960年海兵隊員として初来日、京都・奈良・東京などに暮らす。'60年代の外国人べ平連に参加、英文季刊誌「AMPO」編集に携わる。'80〜2000年津田塾大学教授を務める。退職後、沖縄を拠点に執筆や講演活動を行う。米国の環境学者ドネラ・メドウズのコラムがインターネット上に電子メールで流され、受けとった人々により加筆されたメールを2001年口承文芸研究家の池田香代子と共に年鑑や専門機関に照合、現実に近い数字に加筆修正・翻訳し「世界がもし100人の村だったら」として出版、ベストセラーとなる。他の著書に「ラディカルな日本国憲法」「タコ社会の中から」「最後のタヌキ」「イデオロギーとしての英会話」「内なる外国―『菊と刀』再考」「影の学問・窓の学問」「ラディカル・デモクラシー」「経済成長がなければ私たちは豊かになれないのだろうか」などがある。
【著作】
◇内なる外国―『菊と刀』再考　C. ダグラス・ラミス著, 加地永都子訳　時事通信社　1981.3
◇日本人のアメリカ・コンプレックスとアメリカ人の日本幻想（特別座談会）　ダグラス・ラミス, ロジャー・パルバース, 池田雅之：正論　131　1984.2

◇タコ社会の中から―英語で考え、日本語で考える(晶文社セレクション) C. ダグラス・ラミス著, 中村直子訳 晶文社 1985.2
◇ステロタイプとしての日本人観―アメリカにおける〈日本〉イメージの変遷(講演) 上 C. Douglas Lummis：早稲田人文自然科学研究 27 1985.3
◇ステロタイプとしての日本人観―アメリカにおける〈日本〉イメージの変遷 ダグラス・ラミス：第三文明 1985.4
◇日本人論の深層―比較文化の落し穴と可能性 ダグラス・ラミス, 池田雅之〔共著〕 はる書房 1985.11
◇ラディカルな日本国憲法 C. ダグラス・ラミス著, 加地永都子ほか訳 晶文社 1987.9
◇世界のなかの日本―「一種の平和」はいつ終わるか ダグラス・ラミス：明日の日本を考える 筑摩書房 1988.6
◇最後のタヌキ―英語で考え、日本語で考える。(晶文社セレクション) C. ダグラス・ラミス著, 中村直子訳 晶文社 1988.8
◇フダン着の国際人たち―日本人の国際性を問う「ダグラス・ラミス」インタビュー集 C. ダグラス・ラミス著, 板坂元他訳 バベル・プレス 1988.9
◇ナゼ日本人ハ死ヌホド働クノデスカ?―対談(岩波ブックレット) ダグラス・ラミス, 斎藤茂男〔述〕 岩波書店 1991.6
◇異常な日本, 不思議なアメリカ(対談) ダグラス・ラミス, 國弘正雄：月刊社会党 435 1991.12
◇フクロウを待つ―英語で考え、日本語で考える C. ダグラス・ラミス著, 中村直子訳 晶文社 1992.4
◇内なる外国(ちくま学芸文庫) C. ダグラス・ラミス著, 加地永都子訳 筑摩書房 1997.1
◇憲法と戦争 C. ダグラス・ラミス著 晶文社 2000.8
◇経済成長がなければ私たちは豊かになれないのだろうか C. ダグラス・ラミス著 平凡社 2000.9
◇『菊と刀』再考〔2〕(〈COE国際シンポジウム ポスターセッション〉生・老・死:日本人の人生観―内からの眼、外からの眼―人生) C. Douglas Lummis：国立歴史民俗博物館研究報告 91 2001.3
◇グラウンド・ゼロからの出発―日本人にとってアメリカってな~に 鶴見俊輔, ダグラス・ラミス著 光文社 2002.10
◇やさしいことばで日本国憲法―for peace-loving people 新訳条文+英文憲法+憲法全文 池田香代子訳, C. ダグラス・ラミス監修・解説 マガジンハウス 2002.12
◇日本は、本当に平和憲法を捨てるのですか? C. ダグラス・ラミス著, まや・ラミス訳, ヒロンベリー絵 平凡社 2003.11
◇オキナワを平和学する! 石原昌家, 仲地博, C. ダグラス・ラミス編 法律文化社 2005.9
◇反戦平和の手帖―あなたしかできない新しいこと(集英社新書) 喜納昌吉, C. ダグラス・ラミス著 集英社 2006.3
◇憲法は、政府に対する命令である。 ダグラス・ラミス著 平凡社 2006.8

ラムザイヤー, マーク
Ramseyer, J. Mark
シカゴ大学教授

[生年月日]1954年
[国籍]米国 [出生地]シカゴ [学歴]ハーバード大学ロー・スクール〔1982年〕卒 [専門]会社法, 法と経済学, 日本法
宣教師の父と共に1972年まで日本に居住。大学卒業後は連邦高裁のロー・クラークや弁護士をつとめたあと、1986年カリフォルニア大学ロサンゼルス校(UCLA)ロースクール助教授、次いで教授。現在、シカゴ大学教授。東京大学客員教授。この間、'85~86年と'88年には東大法学部で研究した。主著に「法と経済学―日本法の経済分析」。 [受賞]サントリー学芸賞〔1990年〕「法と経済学―日本法の経済分析」

【著作】
◇法と経済学―日本法の経済分析 マーク・ラムザイヤー著 弘文堂 1990.7
◇日本政治の経済学―政権政党の合理的選択 M. ラムザイヤー, F. ローゼンブルス著, 川野辺裕幸, 細野助博訳 弘文堂 1995.3
◇外から見た日本法 石井紫郎, 樋口範雄編 東京大学出版会 1995.8〈内容：「保護立法」の経済学と政治学――九一一年の日本の工場法(マーク・ラムザイヤー)〉
◇公法学の法と政策―金子宏先生古稀祝賀 下巻 碓井光明〔ほか〕編 有斐閣 2000.9〈内容：どうして日本の納税者は勝てないのか?(J. マーク・ラムザイヤー, エリック・B. ラスムセン)〉
◇日本経済論の誤解―「系列」の呪縛からの解放 三輪芳朗, J. マーク・ラムザイヤー著 東洋経済新報社 2001.9
◇産業政策論の誤解―高度成長の真実 三輪芳朗, J. マーク・ラムザイヤー著 東洋経済新報社 2002.12
◇法と経済学―日本法の経済分析 マーク・ラムザイヤー著 弘文堂 2004.12
◇「戦後日本の経済システム」という神話(特集・占領期再考―「占領」か「解放」か) 三

輪芳朗, J. Mark Ramseyer：環　22　2005. Sum
◇日本政治と合理的選択—寡頭政治の制度的ダイナミクス1868-1932(ポリティカル・サイエンス・クラシックス)　M. ラムザイヤー, F. ローゼンブルース著, 河野勝監訳, 青木一益, 永山慶之, 斉藤淳訳　勁草書房　2006.4
◇経済学の使い方—実証的日本経済論入門　三輪芳朗, J. マーク・ラムザイヤー著　日本評論社　2007.3

ラムステッド, グスタフ
Ramstedt, Gustav John
東洋語学者　ヘルシンキ大学教授, 駐日フィンランド公使

[生年月日] 1873年10月22日
[没年月日] 1950年11月25日
[国籍]フィンランド　[資格]フィンランド学士院会員　[専門]アルタイ比較言語学, モンゴル語, エスペラント語
少年時代から種々の言語に関心を持ち、大学卒業後、語学の教師を勤める傍ら、1898～1901年ボルガ中流山地のチェレミス人の言語の実地踏査を手始めに、外蒙古ウラン・バートルで蒙古語ハルハ方言の調査、'03～05年ボルガ下流地方および東トルキスタンの調査旅行、'09～12年前後2回の蒙古旅行など、いく度もアジア諸地域の実地調査、研究旅行を行い、近代アルタイ言語学、モンゴル語学の基礎を築いた。学説としてはアルタイ諸語の系統論が有名で、アルタイ比較言語学の権威。'06～17年ヘルシンキ大学講師、'17～41年同大員外教授。長年にわたりフィンランド東洋学会およびフィン・ウゴル学会を主宰し、晩年はフィンランド学士院会員となる。一方、'19年以降新たに独立した母国のために活躍した。また'19～30年駐日公使を務め、この間、日本語及び朝鮮語の研究を続けた。エスペラント学者としても有名。主著に「カルムイク語辞典」「朝鮮語文法」「朝鮮語語源研究」「アルタイ諸語と日本語の比較」「七回の東方旅行」「滞日十年」などがある。
【著作】
◇フィンランド初代公使滞日見聞録　グスタフ・ヨン・ラムステット著, 坂井玲子訳　日本フィンランド協会　1987.1

ラング, アンドルー
Lang, Andrew
詩人, 民俗学者, 歴史家, 古典学者

[生年月日] 1844年3月31日
[没年月日] 1912年7月20日
[国籍]英国　[出生地]スコットランド　[学歴]セント・アンドルース大学, オックスフォード大学
詩、翻訳、昔話や童話の再話、歴史研究、小説と広範囲に活躍。自然信仰を秘めた抒情詩や物語詩を発表。「プリジオ王子」などスコットランドを舞台にした童話を書き、童話集を編集した。またイギリス民俗学会の設立に尽力した。著書に「風習と神話」「宗教と形成」、「History of Scotland」(4巻)、「The mystery of Mary Stuart」、「ラング世界童話全集」(全12巻, 偕成社文庫)などがある他、ホメーロスなどの翻訳がある。
【著作】
◇妖怪(書物の王国)　岡本綺堂ほか著　国書刊行会　1999.5〈内容：日本の幽霊譚(ラング)〉

ラングフォード, マイク
Langford, Mike
コマーシャル写真家

[国籍]オーストラリア
ニュージーランドでコマーシャルフォトの分野で活躍し、デビュー早々から数々の賞を受賞。1985年オーストラリアに移住後は同国内はもとより海外の雑誌や本でも活躍する。中でも「Han Suyin's China」「Korea:Land of Morning Calm」など、アジアで撮った作品にはひときわ生彩がある。シドニーを本拠に、撮影の合間に講演や審査員をこなしながら各地を旅行。[受賞]マスター・オブ・フォトグラフィー(ニュージーランド写真家協会)〔1990年〕
【著作】
◇素晴らしい日本—その風景・伝統・四季　マイク・ラングフォード写真, グレゴリー・クラーク文　チャールズ・イー・タトル出版　1991.7

ランドー，アーノルド・ヘンリー・ザービジ
Landor, Arnold Henry Savage
画家，探検家

[生年月日]1865年
[没年月日]1924年12月28日
[国籍]英国　[出生地]イタリア
フランスで画家として教育を受け、人類学、地質学学会に関係し、日本の他、チベット、ヒマラヤ、南米、アフリカなどの探検記や著書を残している。1890年北海道内を146日間にわたり旅行。

【著作】
◇エゾ地一周ひとり旅—思い出のアイヌ・カントリー　A. S. ランドー著, 戸田祐子訳　未来社　1985.6

【 リ 】

李 恩民　り・おんみん
Li En-min
桜美林大学国際学部助教授

[生年月日]1961年
[国籍]中国　[出生地]山西省万栄県　[学歴]山西師範大学歴史学系〔1983年〕卒, 南開大学大学院博士課程修了, 一橋大学大学院博士課程修了　[学位]歴史学博士〔1996年〕（南開大学）, 社会学博士〔1999年〕（一橋大学）　[専門]日中経済関係史, 中国近現代史, 現代中国社会論
南開大学歴史学系専任講師、宇都宮大学国際学部外国人教師などを経て、桜美林大学国際学部助教授。SGRA研究員も務める。著書に「転換期の中国・日本と台湾」などがある。
[受賞]大平正芳賞〔2003年〕「転換期の中国・日本と台湾」

【著作】
◇転換期の中国・日本と台湾—1970年代中日民間経済外交の経緯　李恩民著　御茶の水書房　2001.11

李 均洋　り・きんよう
Li Jun-yang
日本文学者　中国首都師範大学外国語学院日本語学科教授

[生年月日]1954年
[国籍]中国　[学歴]中国西北大学言語文学部（外国文学）卒, 同志社大学大学院文学研究科中国文学専攻〔1989年〕修士課程修了　[学位]博士号（愛知学院大学）　[専門]中日比較文学, 中日比較言語
中国西北大学卒業後、同大外国文学研究室助手、講師を経て、1986年10月国費留学生として来日。同志社大学大学院修士課程修了後帰国、'92年8月中国西北大学助教授に就任。'94年10月国際日本文化研究センター客員研究員として日本に滞在し、日中文化の比較研究に従事する。'97年2月帰国。'98年3月北京の中国首都師範大学外国語学院日本語学部に移り、教授に就任。著書に「日本文学概説」、編著に「国際交流における日本学研究」ほか論文多数。　[受賞]中国外国文学学会東方学分会学術評賞著作1等賞（第1回）〔1994年〕, 北京市哲学社会科学優秀成果2等賞（第5回）〔1998年〕

【著作】
◇古代の日本と渡来の文化　上田正昭編　学生社　1997.4〈内容：「回」「S」「瓠」の神話学と宗教学の考察—中・日古代文化交流をめぐって（李均洋）〉

李 景芳　り・けいほう
広西大学外国語学部助教授

[国籍]中国　[学歴]広州外国語学院（中国）卒, 追手門学院大学大学院修士課程修了
追手門学院大学非常勤講師、滋賀女子短期大学非常勤講師を務める。著書に「わかりやすい中国語 初級」、訳書に「心の画巻」などがある。

【著作】
◇中国人を理解する30の「ツボ」—考えすぎる日本人へ（講談社＋α新書）　李景芳著　講談社　2004.8

◇日本人と中国人永遠のミゾ—ケンカしないですむ方法(講談社+α新書)　李景芳著　講談社　2005.9

李 国棟　り・こくとう
広島大学文学部文学科外国人教師

[生年月日] 1958年10月
[国籍]中国　[出生地]北京　[学歴]北京外国語学院日本語学部〔1982年〕卒, 北京大学大学院日本文学〔1985年〕修士課程修了　[学位]博士号(広島大学)〔1999年〕　[専門]中日文学比較研究
1989年アサヒ・フェローシップ(朝日国際奨励金)を受賞して来日。北京外国語師範学院日本語学部講師、広島大学教育学部客員研究員を経て、'91年広島大学文学部文学科中国語学講座外国人教師。2000年から首都師範大学客員教授を兼任。著書に「夏目漱石文学主脈研究」「日本見聞録—こんなにちがう日本と中国」「魯迅と漱石」などがある。　[受賞]京都国際文化協会賞〔1991年〕
【著作】
◇日本見聞録—こんなにちがう日本と中国　李国棟著　白帝社　1992.10
◇日本人の日曜日と中国人の日曜日(福武文庫)　李国棟：日本日記　福武書店　1993.2
◇わたしの日本学—外国人による日本学論文集　3　京都国際文化協会編　文理閣　1994.3〈内容：漱石文学の展開と漢学の骨子(李国棟)〉
◇日本見聞録—こんなにちがう日本と中国　新版　李国棟著　白帝社　1996.2
◇日中文化の源流—文学と神話からの分析　李国棟著　白帝社　1996.6
◇日本見聞録—こんなにちがう日本と中国　第3版　李国棟著　白帝社　2002.4

リー, サン・キョン
Lee, Sang Kyong
ウィーン大学演劇学研究所・日本学研究所助教授

[生年月日] 1934年
[出生地]大邱(韓国)　[別名等]漢字名=李相景
[学歴]ソウル大学(英文学・独文学)　[学位]博士号(インスブルック大学)　[専門]比較演劇

1972年からウィーン大学で教鞭をとる。その間給費研究員として日本、米国、カナダに滞在、演劇研究に従事する一方、日本やドイツの大学に招聘され講義を行っている。'92年オーストリア・韓国修好条約締結百周年に因んだ国際シンポジウムを主催した。著書に「能とヨーロッパ演劇」「日本演劇—伝統と現代」「東西演劇の出合い—能、歌舞伎の西洋演劇に与えた影響」など。
【著作】
◇東西演劇の出合い—能、歌舞伎の西洋演劇への影響　サン・キョン・リー著, 田中徳一訳　新読書社　1993.10
◇Kabuki—Changes and prospects International Symposium on the Conservation and Restoration of Cultural Property　Tokyo National Research Institute of Cultural Properties　c1998〈内容：歌舞伎のヨーロッパ演劇への影響(サンキョン・リー)〉
◇日米演劇の出合い　サン・キョン・リー著, 田中徳一訳　新読書社　2004.3

李 小牧　り・しゃむ
Li Xiao-mu
ガイド　「歌舞伎町案内人」の著者

[生年月日] 1960年8月27日
[国籍]中国　[出生地]湖南省長沙　[学歴]東京モード学園
8歳から21歳まで湖南省青少年歌舞団のバレエダンサーとして活躍、この間主役もこなす。その後文芸新勤記者、貿易会社勤務などを経て、1988年私費留学生として来日。日本語学校で日本語を学び、東京モード学園初の中国人留学生となる。新宿・歌舞伎町でさまざまなアルバイトをしたことをきっかけに、外国人に歌舞伎町を案内するガイド業を開始。同業界で外国人ガイドの第一人者となる。2002年歌舞伎町での体験を綴った著書「歌舞伎町案内人」を出版。一方、中国モード雑誌「時装」の記者兼カメラマンとしても活動し、在日中国人向けの新聞「僑報」を創刊。
【著作】
◇歌舞伎町案内人　李小牧著, 根本直樹編　角川書店　2002.8

◇新宿歌舞伎町アンダーワールドガイド—歌舞伎町案内人が明かす『眠らない街』の真実　李小牧著　日本文芸社　2003.9
◇歌舞伎町案内人（角川文庫）　李小牧〔著〕，根本直樹編　角川書店　2004.3

李 鍾元　リー・ジョンウォン
Lee Jong-won
立教大学法学部政治学科教授

［生年月日］1953年8月10日
［国籍］韓国　［出生地］大邱　［学歴］ソウル大学工学部〔昭和49年〕中退，国際基督教大学教養学部社会科学科国際政治専攻〔昭和59年〕卒，東京大学大学院法学政治学研究科国際政治専攻〔昭和63年〕修士課程修了　［学位］博士（法学）〔平成8年〕　［専門］国際政治，アメリカ外交，アジア政治外交論　［団体］アメリカ学会（理事），日本国際政治学会（理事），日本政治学会（理事），日本平和学会
昭和63年東京大学法学部助手，平成3年東北大学法学部助教授を経て，8年立教大学助教授，9年教授。この間，10〜12年米国プリンストン大学客員研究員。著書に「東アジア冷戦と韓米日関係」，分担執筆に「いま，歴史問題にどう取り組むか」「日本・アメリカ・中国」などがある。　［受賞］アメリカ学会清水博賞〔平成8年〕「東アジア冷戦と韓米日関係」，大平正芳記念賞（第13回）〔平成9年〕「東アジア冷戦と韓米日関係」，アメリカ歴史家協会（OAH）外国語著作賞〔平成11年〕「東アジア冷戦と韓米日関係」
【著作】
◇戦後外交の形成（年報・近代日本研究）　近代日本研究会編　山川出版社　1994.11〈内容：韓日国交正常化の成立とアメリカ——一九六〇〜六五年（李鍾元）〉
◇東アジア冷戦と韓米日関係　李鍾元著　東京大学出版会　1996.3
◇日朝交渉—課題と展望　姜尚中，水野直樹，李鍾元編　岩波書店　2003.1

李 相哲　り・そうてつ
ジャーナリスト　龍谷大学社会学部教授

［生年月日］1959年9月
［出生地］中国　［本名］竹山相哲　［学歴］北京中央民族大学（民族言語文学学部）〔昭和57年〕卒，上智大学大学院文学研究科新聞学専攻〔平成7年〕博士課程修了　［学位］博士（新聞学）　［専門］ジャーナリズム論　［団体］日本政治学会，日本マス・コミュニケーション学会，国際高麗学会
昭和57〜62年中国黒龍江日報記者。上智大学国際関係研究所客員研究員を経て，龍谷大学教授。中国経済発展研究所（東京）所長，ジョージア州立大学地球問題研究所上級研究員を兼任。著書に「満州における日本人経営新聞の歴史」「漢字文化の回路　東アジアは何か」，エッセイに「文明社会の猿」「焼き芋屋の哲学」「小指の日本文化」，共著に「満州は何だったのか」「中国進出企業の人事・労務管理マニュアル」，監修に「中国経済関係法令集」ほか多数。
【著作】
◇満州における日本人経営新聞の歴史　李相哲著　凱風社　2000.5
◇漢字文化の回路—東アジアとは何か　李相哲著　凱風社　2004.9

李 長波　り・ちょうは
京都大学大学院人間環境学研究科助手

［生年月日］1962年
［国籍］中国　［出生地］黒龍江省海倫県　［学歴］大連外国語学院（中国）日本語学科〔1983年〕卒，京都大学大学院人間環境学研究科〔1999年〕博士課程修了　［専門］日本語学
1983年大連外国語学院日本語学科助手，'87年講師を経て，京都大学大学院人間・環境学研究科助手。著書に「日本語指示体系の歴史」，共訳に「中国の漢字問題」がある。
【著作】
◇日本語指示体系の歴史　李長波著　京都大学学術出版会　2002.5

李 廷江　り・ていこう
中央大学法学部教授

［生年月日］1954年

[国籍]中国　[出生地]瀋陽　[学歴]清華大学〔1977年〕卒,東京大学大学院〔1988年〕博士課程修了　[学位]Ph. D.
著書に「近衛篤麿と清末要人」がある。
【著作】
◇日中両国の伝統と近代化—依田憙家教授還暦記念　『依田憙家教授還暦記念論文集』編集委員会編　竜渓書舎　1992.4〈内容：中国革命と近代日本（李廷江）〉
◇アジア太平洋における統合と地域主義（アジア研究所・研究プロジェクト報告書）　中村均〔ほか著〕　亜細亜大学アジア研究所　1997.3〈内容：日本のアジア太平洋外交—その軌跡と展望（李廷江）〉
◇九十年代の日中関係—平成6・7年度研究プロジェクト「転換期の日中関係」（アジア研究所・研究プロジェクト報告書）　李廷江〔ほか著〕　亜細亜大学アジア研究所　1997.3〈内容：転換期における日中関係—その危機的な構造について（李廷江）〉
◇共生から敵対へ—第4回日中関係史国際シンポジウム論文集　衛藤瀋吉編　東方書店　2000.8〈内容：19世紀末中国における日本人顧問—「李鴻章工作」と「張之洞工作」との関連を中心にして（李廷江）〉
◇日本財界と近代中国—辛亥革命を中心に　第2版　李廷江著　御茶の水書房　2003.12
◇近衛篤麿と清末要人—近衛篤麿宛来簡集成（明治百年史叢書）　衛藤瀋吉監修,李廷江編著　原書房　2004.3

李 登輝　り・とうき
Li Deng-hui
政治家　台湾綜合研究院名誉会長　台湾総統,台湾国民党主席

[生年月日] 1923年1月15日
[国籍]台湾　[出生地]台北県三芝郷　[学歴]京都帝大農学部農林経済学科〔1946年〕中退,台湾大学農業経済学系〔1948年〕卒,アイオワ州立大学大学院(農業経済学)〔1953年〕修士課程修了,コーネル大学大学院農業経済学〔1968年〕博士課程修了　[学位]農業経済学博士(コーネル大学)〔1968年〕
1948〜52年台湾大学講師。'52〜56年台湾省農林庁技正兼経済分析係長。'55〜57年台湾大学教授兼合作金庫研究員。'58〜78年台湾大学非常勤教授。この間,'71年国民党に入党。'72年行政院政務委員(無任所相)として入閣、政界入りした。'78〜81年台北市長,'79年国民党中央常務委員,'81年台湾省政府首席などを歴任。敵の少ない温厚な性格,日本語、英語にも堪能な経済通のテクノクラートといわれ,蒋経国総統(当時)の信頼が厚く,'84年3月副総統に指名された。'88年1月蒋経国の死去にともない総統に昇格。本省人として初めて総統になった。同年7月国民党主席。'90年3月総統再選。'91年4月"反乱平定時期"（中国共産党を反乱勢力と規定した時期)の終了を宣言。'93年8月党主席再選。'95年6月母校コーネル大学の同窓会に出席するため訪米,注目を集める。'96年3月台湾初の総統直接選挙に当選し,5月就任。2000年3月総統選で国民党が大敗した責任を取り,党主席を辞任。同年5月総統を退任。この間,台湾の民主化、自由化、経済発展をリードした。2001年8月新党・台湾団結連盟(台連)を発足させるが,このために9月には国民党籍を剥奪される。著書に「愛と信仰」「台湾の主張」『武士道』解題」などがある。2000年11月心臓の冠状動脈の拡張手術を行い,2001年4月心臓病治療のため来日。2004年12月観光目的で来日。2005年10月訪米しワシントンのナショナル・プレスクラブで記者会見。　[受賞]コーネル大学国際傑出校友栄誉賞〔1990年〕,山本七平賞(第8回)〔1999年〕「台湾の主張」,拓殖大学名誉博士号〔2000年〕,後藤新平賞(第1回)〔2007年〕　[叙勲]モラサン金大十字勲章〔1989年〕,ニカラグア最高栄誉国会勲章チャモロ十字勲章〔1994年〕

【著作】
◇中華民国前総統・李登輝「彷徨う日本、日本人」を糾す—国難を乗り越えるためのリーダーの心得とは(新世紀の風貌〔50〕)　李登輝,青樹明子：プレジデント　40(7)　2002.4.15
◇人類最高の指導理念・「武士道」日本人よ!武士道を見直し民族の誇りを取り戻そう　李登輝：月刊日本　7(2)　2003.2
◇日本文明力を信ぜよ!　李登輝：月刊日本　8(4)　2004.4
◇武士道と愛国心について—古今東西に通じる道徳の大もと。それが武士道だ　浅田次郎,李登輝：文芸春秋　82(15)　2004.11
◇特別インタビュー 日本人よ,粛々と靖国神社に参拝しよう—国を守るために斃れた兵士

を悼まねば、国家は根本を失う(「靖国」「広島」「東京裁判」「60年前の戦争」に決着を)　李登輝：SAPIO　17(16)　2005.8・9.24・7

李　徳純　り・とくじゅん
中国社会科学院外国文学研究所特約研究員

[生年月日] 1926年
[国籍]中国　[出生地]遼寧省奉天　[学歴]中国東北大学英文科卒　[専門]近代日本文学、比較文学　[団体]中国現代文化学会(常務理事)、日本ペンクラブ
1944年来日して旧制一高に留学。戦後、中国に帰り、解放後、外交官としてつとめた。しかし、文学への熱はさめず、職を辞して日本の戦後文学の研究を続ける。'64年より中国社会科学院外国文学研究所特約研究員。著書に「戦後日本文学管窺―中国的視点」「戦後日本文学」「愛・美・死―日本文学論」、訳書に「非色」(有吉佐和子著)、「潮騒」(三島由紀夫著)、「闘牛」(井上靖著)、「日本沈没」(小松左京著)など。
【著作】
◇戦後日本文学管窺―中国的視点(世界の日本文学シリーズ)　李徳純著、杉山太郎〔ほか訳〕　明治書院　1986.5
◇世界の中の川端文学　川端文学研究会編　おうふう　1999.11〈内容：「伊豆の踊子」論(李徳純)〉

李　寧　り・ねい
立命館大学非常勤講師

[生年月日] 1956年5月19日
[国籍]中国　[出生地]南京市　[学歴]遼寧大学(中国)日本語学科〔1976年〕卒、筑波大学大学院地域研究研究科〔1992年〕修士課程修了　[専門]日本文学
北京国際関係学院講師を経て、1987年9月来日。立命館大学、同志社大学非常勤講師。著書に「老舎と漱石―生粋の北京人と江戸っ子」がある。
【著作】
◇老舎と漱石―生粋の北京人と江戸っ子(新典社文庫7)　李寧著　新典社　1997

李　年古　り・ねんこ
ジャーナリスト　日中ナレッジセンター代表

[生年月日] 1959年
[国籍]中国　[出生地]湖南省　[学歴]東京学芸大学大学院社会学専攻修了、東京国際大学大学院(社会心理学)修士課程修了
長沙テレビ局記者、ニュース部副部長を経て、1987年来日。'95年東京リスマチック中国情報センター室長、「中国経済週刊」編集長となる。'96年から企業内研修を実施。「近代中小企業」などに記事を執筆する。著書に「中国人との交渉術」がある。
【著作】
◇日本人には言えない中国人の価値観―中国人とつきあうための68の法則　李年古著　学生社　2006.9

リー, フランク・ハーバート
Lee, Frank Herbert
英語教師

[生年月日] 1869年
[没年月日] 1957年10月28日
[国籍]英国　[学歴]オックスフォード大学キーブル・カレッジ卒
1915年イギリス内務省に入り'19年まで勤務した。'19年来日し、江田島の海軍兵学校において6年間英語を教えた。のち上京し'25年東京商科大学および学習院に奉職、翌'26年3月から東京帝国大学文学部講師として英語を教え、'28年3月末まで在職した。勲五等旭日章、勲四等瑞宝章を贈られた。'41年12月から翌年7月まで東京で抑留されたが、'42年7月に交換船でインドに送還された。インドでしばらく働いた後'46年イギリスに帰った。著作に"A Tokyo Calendar"('34)および"Days and years in Japan"('35)があり、いずれも北星堂書店から刊行された。
【著作】
◇Days and years in Japan―滞日印象筆にまかせて　Popular ed.　Frank H. Lee　北星堂書店　1935

◇A Tokyo calendar—with impressions of an impressionable〈東京繁盛記〉 Poupular ed. Frank H. Lee 北星堂書店 1937

李 分一　リ・ブンイル
Lee Bun-il
吉備国際大学社会学部国際社会学科教授

[生年月日]1958年2月10日
[国籍]韓国　[出生地]京畿道利川　[学歴]韓国慶熙大学校〔1985年〕，上智大学大学院外国語学研究科国際関係論専攻〔1993年〕博士課程修了　[学位]国際関係論博士(上智大学)〔1993年〕　[専門]政治学　[団体]日本政治学会,日本国際政治学会,韓国政治学会
1985年来日。'92〜94年上智大学国際関係研究所助手、'94〜96年吉備国際大学社会学部講師、'96年助教授を経て、2003年教授。著書に「現代韓国の政治と社会」「政治学概論」「現代日本の政治と社会」「現代韓国と民主主義」がある。
【著作】
◇現代日本の政治と社会　李分一著　西日本法規出版　1998.4
◇近代日本の天皇制国家と政党政治　李分一：吉備国際大学社会学部研究紀要　14　2004

李 芒　り・ぼう
Li Mang
日本文学者,翻訳家

[生年月日]1920年2月
[国籍]中国　[出生地]遼寧省撫順市　[学歴]奉天鉄道学院機務科卒　[団体]中国和歌俳句研究会(会長),中国作家協会
機関助手、脚本家等を経て、日本文学者、翻訳家に。1979年6月社会科学院代表団員として訪日、同学院外国文学研究所東方文学(日本)研究室主任。日本文学研究会も主宰する。日本文学の評論、翻訳多数。評論に「投石集―日本文学古今談」、訳に「黒島伝治小説集」、三島由紀夫「春の雪」他。和歌・俳句の研究・紹介・漢訳にも努め、'89年日本でも「山頭火の世界―山頭火秀句漢訳集」が出版された。2000年正岡子規国際俳句賞を受賞。
[受賞]正岡子規国際俳句賞(第1回)〔2000年〕
【著作】
◇和漢比較文学の周辺(和漢比較文学叢書)　和漢比較文学会編　汲古書院　1994.8〈内容：俳句と漢訳・漢詩・漢俳(李芒)〉
◇世界の中の川端文学　川端文学研究会編　おうふう　1999.11〈内容：日本の伝統と川端康成(李芒)〉

リアドン,ジム
Rearden, Jim.
元・軍人,編集人

[国籍]米国
17歳で米国海軍へ志願し、第2次大戦中は駆逐艦ラバリングの乗組員として太平洋各地で転戦。戦後アラスカに居を移し、アラスカ大学で野生生物管理を教える。1968年雑誌「アラスカ」の野外部門編集長に就任、'88年引退するまでアラスカの野生動物や環境問題などに関する記事で多数の読者を魅了した。著書に、第2次大戦中の一機の零戦とそのパイロット古賀忠義一飛曹について日米双方の関係者のインタビューなどを通じて得た膨大な資料を集大成した「古賀一飛曹の零戦―太平洋戦争の流れを変えた一機」がある。
【著作】
◇古賀一飛曹の零戦―太平洋戦争の流れを変えた一機　ジム・リアドン著,漆島嗣治訳　柵出版社　1993.6

陸 慶和　りく・けいわ
Lu Qin-ghe
蘇州大学国際文化交流学院副教授

[国籍]中国　[専門]中日文化論
著書に「こんな中国人こんな日本人」がある。
【著作】
◇こんな中国人、こんな日本人―ひとりの中国人教師から見た中国と日本　陸慶和著,沢谷敏行編,沢谷敏行,春木紳輔,切通しのぶ訳　関西学院大学出版会　2001.12

陸 培春　りく・ばいしゅん

ジャーナリスト，コラムニスト　日中経済新聞社副社長

[生年月日] 1947年2月21日
[国籍] マレーシア　[出生地] クアラルンプール　[本名] 陸土生　[別名等] 筆名＝倉洋　[学歴] 東京外国語大学日本語学科〔1979年〕卒
[専門] 日本語, 日本問題　[団体] 日本記者クラブ, フォーレンプレスセンター, 国際文化会館, 日本華僑総会

1973年来日、東京外語大学と国際学友会で学ぶ。'78年シンガポールの華字紙「星洲日報」初代東京特派員、'83年「南洋商報」と「星洲日報」が合併して生まれた「南洋・星洲聯合早報」東京特派員に。その後、「聯合早報」の在日コラムニストとして活躍。著書に「驕る日本人」「飽食日本」「日本に何を学ぶのか」「豊かで貧困なニッポン人へ！」「四字熟語でわかる 中国4000年の発想源」「PKOアジア人と日本の高校生はどう考えているか」「アジアから見た日本の教科書問題」など。　[受賞] ラジオたんぱアジア特別賞 (第1回) 〔1985年〕「日本漫歩」, マレーシア福聯会優秀賞 (ルポルタージュ部門) 〔1983年, 90年〕「日本と日本人」「日本漫歩」

【著作】
◇飽食日本―東南アジアは日本に学べるか　陸培春著, 花野敏彦訳　サイマル出版会　1986.2
◇私たちは日本人を誤解しているか (シンポジウム)　陸培春：第三文明　1986.3
◇あいかわらずの差別意識が　陸培春：中央公論　101 (5)　1986.5
◇日本に何を学ぶのか―シンガポール記者の目　陸培春著, 福永平和, 謝立慈訳　勁草書房　1986.7
◇あなたもアジアの一員であると考えるべきだ―「世界の孤児」日本人は自分自身を大切にする発想が必要だ (シンガポール)　陸培春：BIG MAN　1987.1
◇驕る日本人―日本は東南アジアの友人か　陸培春著, 花野敏彦, 鎌田文彦訳　サイマル出版会　1987.2
◇金持ちニッポン―驕りの中に未来はあるか　陸培春：AERA　1 (6)　1988.6.28
◇豊かで貧困なニッポン人へ！―マレーシア・シンガポールから (Journalist-eye)　陸培春著　梨の木舎　1989.5
◇「共生」意識　陸培春：公明　336　1990.1
◇異質な人間に門を閉ざし続ける異質さ　陸培春：プレジデント　28 (6)　1990.6
◇「日本」はどう見られているか―外国人特派員座談会　東郷茂彦, G. ヒールシャー, D. パワーズ, 陸培春, V. ソーンツェフ：潮　382　1991.1
◇アジア特派員が見た日本 (対談)　姜天錫, 陸培春：公明　355　1991.8
◇アジアから見たニッポン―東京特派員5000日コラム (徳間文庫)　陸培春著　徳間書店　1992.8
◇日本人の誤解　陸培春：サンデー毎日　72 (26)　1993.6.13
◇アジア特派員が見た日本とアジア―「東京発」もうひとつのアジア報道　陸培春著　ダイヤモンド社　1993.10
◇アジアからみた日本の「国際貢献」(メッセージ21)　陸培春〔著〕　労働旬報社　1993.11
◇東京発アジア電 (徳間文庫)　陸培春著　徳間書店　1994.8
◇アジア人が見た8月15日　陸培春著　かもがわ出版　1995.8
◇「脱米入亜」のすすめ　陸培春著　芙蓉書房出版　1996.9
◇アジアの中の日本　陸培春：未来をひらく教育　113　1998.7

リース, ルードヴィッヒ
Riess, Ludwig
歴史学者　東京帝国大学教師

[生年月日] 1861年12月1日
[没年月日] 1928年12月27日
[国籍] ドイツ　[出生地] ドイッチュ・クローネ　[学歴] ベルリン大学卒

フンボルト・ギムナジウムなどで学んだのちベルリン大学に入り、歴史学、地理学を専攻、その傍ら歴史学者ランケの写字生を務めた。1884年「中世におけるイギリス議会選挙」の論文で学位を取得し、1887年2月に日本政府の招きに応じて来日、帝国大学文科大学内に新設された史学科の教師に任ぜられた。以後15年に渡って在職し、ヨーロッパの歴史やドイツの歴史学研究法を講じてランケの文献実証学的な歴史学を日本に紹介。喜田貞吉や白鳥庫吉、内田銀蔵ら明治大正期の学界を担う多くの歴史学者を育て、史学科の振興に大きく貢献、日本における近代歴史学の基礎を築いた。また、1889年には渡辺洪基、重野安

繹、三上参次らと協力して史学会の設立に尽力、1891年から翌年にかけては慶応義塾大学部の補助外国教師を兼任した。1902年に職を辞して帰国、'03年以降ベルリン大学で教鞭を執り、その傍らハイデルベルグ大学教授ゲオルグ・ウェーバーの遺著の改訂刊行に努めた。'26年交換教授としてアメリカに渡るが病気のために開講できず帰国し、翌年ドイツ日本研究所理事に就任。主な著書に「台湾島史」「日本雑記」「日本近代史」「世界史の使命」などがある。
【著作】
◇ドイツ歴史学者の天皇国家観　ルートヴィヒ・リース著, 原潔, 永岡敦訳　新人物往来社　1988.6

リズデール, ジュリアン
Ridsdale, Julian Errington
政治家　英国下院議員, 英日議員連盟会長

[生年月日] 1915年6月8日
[没年月日] 2004年7月22日
[国籍]英国　[出生地]サセックス州　[学歴]英国陸軍士官学校卒, ロンドン大学東洋語学校卒
1938〜39年在日大使館に駐在武官補佐として勤務、外務官僚や軍将校らと親交を結んだ。第二次大戦に従軍。'46年少佐で陸軍を退役。'54年保守党から下院議員に当選、以後'92年まで38年間務めた。'61年英日議員連盟の創設に尽力し、'64〜92年同連盟会長。'76〜79年ロンドン日本協会理事長。'81年ナイト爵に叙せられた。'90年大阪花博では英国政府代表を務めた。日本語を操り、英下院きっての知・親日派として日英友好に尽くした。　[叙勲]CBE勲章〔1977年〕, 勲一等瑞宝章（日本）〔1990年〕
【著作】
◇日本への提言　1　サー・ジュリアン・リズデール：リーダーズ・ダイジェスト　36(7)　1981.7

リースマン, デービッド
Riesman, David
社会学者, 批評家　ハーバード大学教授

[生年月日] 1909年9月22日
[没年月日] 2002年5月10日
[国籍]米国　[出生地]ペンシルベニア州フィラデルフィア　[学歴]ハーバード大学〔1931年〕卒, ハーバード大学法律大学院
1935年弁護士となり、'36年ボストンに弁護士事務所を開設。'37〜41年バッファロー大学教授。その後、ニューヨークで弁護士として活躍するが、'49〜58年シカゴ大学教授、'58〜81年ハーバード大学教授を務めた。この間、'50年都市の中流階級を描いた著書「孤独な群衆」を発表。米国人の性格が時代とともに"伝統指向型""内部指向型""他人指向型"に変遷していると指摘し、"豊かな社会"とそこに生きる人間の抱える問題を鋭く分析。'60年代後半には、専門である社会学について"極度に政治化されている"と批判したことで注目された。現代米国の代表的な社会学者、批評家として知られた。またベトナム戦争中は平和運動にも関わった。他の著書に「群衆の顔」「T. ベブレン」「個人主義の再検討」「何のための豊かさか」「大学革命」「日本における対話—その近代化と政治と文化」など。
【著作】
◇日本日記　デイヴィッド・リースマン, イーヴリン・リースマン著, 加藤秀俊, 鶴見良行訳　みすず書房　1969

リチー, ドナルド
Richie, Donald
映画評論家, 映像史家, 作家

[生年月日] 1924年4月17日
[国籍]米国　[出生地]オハイオ州ライマ　[学歴]コロンビア大学〔1954年〕卒
1946年12月占領軍の一員として来日。以後日本に定住し、'47〜49年軍の新聞「星条旗」に映画批評を寄稿したのを皮切りに、'54〜69年「ジャパン・タイムズ」に執筆。ほかに「ニューヨーク・タイムズ」「ワシントン・ポスト」

などを通じて多くの日本映画を海外に紹介。その功績により日本映画製作者連盟、米国映画批評家協会、日本政府より表彰される。小津安二郎監督、黒沢明監督の作品を初めて海外に紹介したことでも知られる。執筆活動は映画評論、文芸評論、音楽エッセイ、日本文化論、歌舞伎・狂言の脚本と多岐にわたる。主著に「小津安二郎の美学―映画のなかの日本」「黒沢明の世界」「映画のどこをどう読むか」など。またすぐれた16ミリ映画作家で、'59～69年にかけて30本余りの映画を撮影、60年代の日本のアンダーグラウンド映画のリーダーとしても活躍。作品に「熱海ブルース」、土方巽出演の「犠牲」、高橋睦郎の詩を翻案した「死んだ少年」など。　[受賞]川喜多賞(第1回)〔1983年〕, 東京都文化賞(第9回)〔1993年〕, 国際交流基金賞〔平成7年〕

【著作】
◇日本人への旅　ドナルド・リチー著, 山本喜久男訳　ティビーエス・ブリタニカ　1981.7
◇黒沢明の映画(現代教養文庫)　ドナルド・リチー著, 三木宮彦訳　社会思想社　1991.4
◇小津安二郎の美学―映画のなかの日本(現代教養文庫)　ドナルド・リチー著, 山本喜久男訳　社会思想　1993.3
◇黒沢明の映画　増補版(現代教養文庫)　ドナルド・リチー著, 三木宮彦訳　社会思想社　1993.4
◇十二人の賓客―日本に何を発見したか　ドナルド・リチー〔著〕, 安西徹雄訳　ティビーエス・ブリタニカ　1997.3
◇谷崎潤一郎国際シンポジウム　アドリアーナ・ボスカロ〔ほか〕著　中央公論社　1997.7〈内容:谷崎潤一郎―作品の映画化をめぐって(ドナルド・リチー)〉
◇日本の映画　ドナルド・リチー著, 梶川忠, 坂本季詩雄訳　行路社　2001.7
◇素顔を見せたニッポン人―心に残る52人の肖像　ドナルド・リチー著, 菊池淳子訳　フィルムアート社　2003.8
◇イメージ・ファクトリー―日本×流行×文化　ドナルド・リチー著, 松田和也訳　青土社　2005.9

リーチ, バーナード
Leach, Bernard Howell
陶芸家

[生年月日]1887年1月5日
[没年月日]1979年5月6日
[国籍]英国　[出生地]香港　[学歴]スレイド美術学校(ロンドン)〔1908年〕中退

生後間もなく母と死別し、日本在住の祖父母に引きとられ、幼時を京都で過ごす。その後、英国に戻るが、日本への憧れから1909年銅版画家として来日。東京・上野桜木町で「白樺」の同人にエッチングを教える。のち宮川香山に師事し楽焼を始め、'12年6代目尾形乾山に入門、'16年師の本窯を譲り受け、千葉県我孫子の柳邸に築窯、'19年焼失するまで製陶に専念した。この間、富本憲吉、柳宗悦、浜田庄司らと親交を結び、日本の民芸運動に大きく貢献した。'20年浜田を伴って帰国。'21年コーンウォール州セント・アイブズに築窯、'36年デボン州ダーティントン・ホールに移り、以後ここを本拠とする。東洋陶磁の特質にイギリスの伝統的な陶技を適応させ、独自の作風を築いた。戦後はアメリカ、北欧でも指導し、日本にも度々訪れ、国際文化交流に貢献した。著書に「陶工の本」('40年)「陶工の仕事」('67年)などがある。　[受賞]勲二等瑞宝章(日本)〔1966年〕, 国際交流基金賞(1974年度)

【著作】
◇敗けた国の文化(座談会)　石川欣一, 高村光太郎, バーナード・リーチ, 浜田庄司, 柳宗悦:中央公論　1953.4
◇日本絵日記　柳宗悦訳　毎日新聞社　1955
◇バーナード・リーチ日本絵日記　講談社学術文庫　2002
◇バーナード・リーチ日本絵日記(講談社学術文庫)　バーナード・リーチ〔著〕, 柳宗悦訳, 水尾比呂志補訳　講談社　2002.10

リチャードソン, ブラッドリー
Richardson, Bradley M.
オハイオ州立大学日本研究所所長

[生年月日]1929年
[国籍]米国　[学歴]ハーバード大学卒　[専門]日本政治

東京大学留学を経て、オハイオ州立大学日本研究所所長。米国で著名な日本政治の専門家。著書に「日本の政治文化」「日本の有権者」など多数。

【著作】
◇現代日本の政治　スコット・C. フラナガン，ブラッドリー・M. リチャードソン著，中川融監訳　敬文堂　1980
◇ジャパンビジネスと社会　B. リチャードソン，上田太蔵編，中村元一監訳　東洋経済新報社　1982

リックス, アラン
Rix, Alan Cordon
日本研究家　クイーンズランド大学日本・中国研究学科主任教授

［生年月日］1949年
［国籍］オーストラリア　［出生地］シドニー
［学歴］オーストラリア国立大学政治学部〔1972年〕卒　［学位］博士号(オーストラリア国立大学)〔1978年〕　［専門］日本政治, 日本外交, 日豪関係, 太平洋地域協力
1973～74年と'76年に文部省奨学金を受け東京大学法学部に留学し美濃部都政を研究。'77～79年オーストラリア大学助教授。'79～84年ブリスベンのグリフィス大学現代アジア学部教授を経て, '85年クイーンズランド大学教授。'88年同大アジア言語研究センター所長。オーストラリアを代表する現代日本研究者の一人。著書に「Japan's Economic Aid:Policymaking and Politics」「Coming to Terms:The Politics of Australia's Trade Relation with Japan 1947-57」など。　［受賞］環太平洋学術研究助成〔1989年〕「Japan's Foreign Policy Leadership」（研究テーマ）
【著作】
◇新・日本人論—世界の中の日本人　読売新聞調査研究本部編　読売新聞社　1986.4〈内容：日本の太平洋地域外交—協力の意味付け（アラン・リックス)〉
◇日本占領の日々—マクマホン・ボール日記　マクマホン・ボール〔著〕, アラン・リックス編, 竹前栄治, 菊池努訳　岩波書店　1992.4

リットン, ビクター
Lytton, Victor Alexandar George Robert
政治家　国際連盟英国代表

［生年月日］1876年8月9日
［没年月日］1947年10月25日
［国籍］英国
1916年と'19年から海軍次官, '20年インド国務次官, '22年ベンガル州知事, '25年インド総督代理などを経て, '31年国際連盟英国代表となった。同年満州事変が勃発すると, 同連盟調査団長として中国、日本を視察, '32年事変を日本の侵略行為とし満州国を否認した「リットン報告書」をまとめ提出した。
【著作】
◇リットン報告書—英文・和文　中央公論社　1932.11
◇リットン報告書　中央公論社（中央公論 別冊）1932.11

リップ, ダグラス
Lipp, Douglas
企業コンサルタント　ダグラス・リップ＆アソシエイツ社長

［国籍］米国　［出生地］カリフォルニア州　［学歴］カリフォルニア州立大学大学院(国際経営学)修士課程修了
国際基督教大学、南山大学に2年間留学し, 日本語、日本史を学ぶ。その後, ウォルト・ディズニープロダクションズに入社し, 東京ディズニーランド創業に人事トレーニングのマネージャーとして参加。のちNECを経て, 独立。日米・カナダ企業のコンサルタントを行う。著書に「TDL（東京ディズニーランド）大成功の真相—ディズニーランド日本上陸記」「グローバルマネジメント」がある。
【著作】
◇TDL（東京ディズニーランド）大成功の真相—ディズニーランド日本上陸記　ダグラス・リップ著, 賀川洋訳　NTT出版　1994.3

リディン, オロフ・グスタフ
Lidin, Olof Gustaf
コペンハーゲン大学教授

［生年月日］1926年
［国籍］デンマーク　［出生地］インダルスリデン（スウェーデン）　［学歴］ウプサラ大学卒, ストックホルム大学卒　［学位］Ph. D.(カリフォルニア大学)〔1967年〕　［専門］日本思想史, 日本近代文学

22歳の頃なんとなく日本の言葉や文化に興味をもつようになり、25歳の時本格的な日本研究に取りくむ。1959〜68年カリフォルニア大学バークレー校で日本語を組織的に学習。'67年荻生徂徠についての論文で博士号取得。'69年よりコペンハーゲン大学教授。'74〜75年京都大学、'78〜79年東京大学から招かれ来日。'82〜85年ヨーロッパ日本研究学会会長。著書に「The Life of Ogyu Sorai」('73年)、「Abe Kobo's Philosophy of the Box」('83年)、「Japans Religioner」「日本とは何なのか—国際化のただなかで」(共著)など。

【著作】
◇徳川時代思想における荻生徂徠　オロフG.リディン〔述〕,国際日本文化研究センター編　国際日本文化研究センター　1994

リード,ウォーレン
Reed, Warren
著述家

[生年月日]1945年
[国籍]オーストラリア　[出生地]ホバート
[学歴]タスマニア大学卒

タスマニア大学卒業後、早大と東大法学部に留学。1976年オーストラリア外務省に入省。日本、エジプト、インドのオーストラリア大使館に勤務。その後著述、国際政治評論、コンサルタント業に転じる。「儒教ルネッサンス」「オーストラリアと日本」などの著書がある。フランス語、日本語、中国語に堪能。

【著作】
◇オーストラリアと日本—新しいアジア世界を目指して(中公新書)　ウォーレン・リード著,田中昌太郎訳　中央公論社　1992.4

リード,トム
Reid, Tom
ジャーナリスト　「ワシントン・ポスト」紙極東総局長

[生年月日]1944年5月13日
[国籍]米国　[出生地]メリーランド州ボルティモア　[本名]リード,トーマス〈Reid, Thomas R.〉　[学歴]プリンストン大学〔1966年〕卒

大学ではラテン語とギリシャ語を学ぶ。海軍に5年間勤務した後、巡回控訴審裁判所の法律書記を経て、1973年熊本大学教養学部で教鞭をとる。'77年から「ワシントン・ポスト」紙の記者となり、議会、政治関係の取材にあたる。'85年デンバー支局を経て、'90年極東総局長として東京に赴任。'93年1月皇太子妃決定の記事を送稿。日本のマスコミは報道協定に縛られて報じていなかったので、第1報になった。'95年8月離任。独自のパソコンソフトを開発、特約コラムも書く。著書に「誰も知らないアメリカ議会」「チップに組み込め」、日本観察記「トムの目トムの耳」「ニッポン見聞録」など。

【著作】
◇トムの目トムの耳—日本人の気がつかないニッポンの姿　トム・リード〔著〕　講談社　1994.4
◇ニッポン見聞録—大好きな日本人へ贈る新・開国論(Bilingual books)　トム・リード著,柴田京子訳　講談社インターナショナル　1996.8
◇日本への関心を喪った米マスコミ(聞いた日本見た日本〔158〕)　リード,トム：週刊新潮　41(40)　1996.10.24
◇意外に盛んな米国人の「日本研究」(聞いた日本見た日本〔211〕)　リード,トム：週刊新潮　42(44)　1997.11.20

リード,ロバート
Reed, Robert S.
画家

[出生地]シカゴ　[学歴]オーベリン大学美術学科卒

大学時代、東洋美術を学び1977年に来日。'85年「奥の細道」2400キロ全行程を、行脚と日付を合わせて歩く。120枚のスケッチをし、30点ほどのパステル画にまとめ'88年5月お気に入りの町、仙台で個展を開く。青森—下関間をスケッチしながら50日間走ったこともある。著書に「ぼくの細道」がある。講演に招かれたり、名句を英訳したりと忙しい。

【著作】

◇私と奥の細道―奥の細道三〇〇年芭蕉祭記録集記念講演・シンポジウム再録　奥の細道300年芭蕉祭実行委員会企画・編集　奥の細道300年芭蕉祭実行委員会　1990.1〈内容：アメリカから見た旅人芭蕉（ロバート・リード）〉

リトルウッド，イアン
Littlewood, Ian
サセックス大学講師

[国籍]英国　[専門]英文学
1986～87年青山学院大学客員助教授。「ジェーン・オースティン評論集」（全4集）を監修。著書に「日本のアイデア」（'96年）がある。
【著作】
◇日本人が書かなかった日本―誤解と礼賛の450年　イアン・リトルウッド著，紅葉誠一訳　イースト・プレス　1998.3

リトルトン，C. スコット
Littleton, C. Scott
オクシデンタル大学教授

[生年月日]1933年
[国籍]米国　[学位]博士号（カリフォルニア大学ロサンゼルス校）　[専門]社会人類学
オクシデンタル大学社会人類学科教授。著書に「新比較神話学」「アーサー王伝説の起源―スキタイからキャメロットへ」などがある。
【著作】
◇比較神話学の展望　松原孝俊，松村一男編　青土社　1995.12〈内容：ヤマトタケル―日本伝承の中の「アーサー王的」英雄像（C. スコット・リトルトン）〉

リービ 英雄　リービ・ひでお
Levy, Ian Hideo
作家　法政大学国際文化学部教授

[生年月日]1950年11月29日
[国籍]米国　[出生地]カリフォルニア州バークレー　[本名]リービ，ヒデオ・イアン　[学歴]プリンストン大学東洋学専攻〔1973年〕卒，プリンストン大学大学院博士課程修了　[学位]文学博士（プリンストン大学）〔1978年〕
[専門]日本文学，ジャパノロジー，比較文化，英語教育　[団体]日本文芸家協会，PENクラブ（ニューヨーク支部）
外交官の父と共に台湾，香港などを移り住み，16歳から日本に住む。早大，東大，成城大学で「万葉集」を学び，その後，京大，東大で客員研究員。1977年プリンストン大学講師，'78年助教授を経て，スタンフォード大学日本文学準教授に。'87年小説「星条旗の聞こえない部屋」（日本語）で作家デビュー。'88年小説「新世界」を発表。'90年4月から日本の聖徳大学人文学部教授となり比較文化を講義する。'94年4月法政大学第一教養部教授。'99年4月国際文化学部教授。'67年以降日米を往復し，現在，東京在住。'91年「海燕」誌の文芸時評を担当するほか，「中央公論」「文芸春秋」「潮」「新潮」「文学界」などに論文・エッセイ等を発表。主著に日本語で「星条旗の聞こえない部屋」「日本語の勝利」「日本語を書く部屋」「千々にくだけて」，英訳「万葉集」，英文「柿本人麻呂」他，現代日本文学の英訳など。　[受賞]日米友好基金翻訳賞（第1回）〔1979年〕，全米図書賞〔1982年〕「万葉集」（英訳），野間文芸新人賞（第14回）〔1992年〕「星条旗の聞こえない部屋」，大仏次郎賞（第32回）〔2005年〕「千々にくだけて」，国際交流奨励賞（2007年度）
【著作】
◇アメリカ文明と日本人―新春日米作家対談　司馬遼太郎，リービ英雄：週刊朝日　98(2)　1993.1.15
◇誰も語らなかった「日本文化と日本人」（対談）　リービ英雄，トーマス・R. リード：バート　3(6)　1993.3.22
◇万葉集　リービ英雄英訳，井上博道写真　ピエ・ブックス　2002.2
◇英語でよむ万葉集（岩波新書）　リービ英雄著　岩波書店　2004.11

リプシッツ，ヘンリク
Lipszyc, Henryk
日本研究者　ワルシャワ大学講師　駐日ポーランド大使

[生年月日]1941年5月17日
[国籍]ポーランド　[出生地]ソ連・ウクライナ共和国リボフ　[学歴]ワルシャワ大学東洋

学研究所日本学科〔1964年〕卒　［専門］日本演劇

1965年からポーランド科学アカデミー東洋学部門で研究生活を送り、'70〜91年ワルシャワ大学東洋学研究所日本学科講師として日本語と日本文化を講じた。この間、'72年初来日、早稲田大学で2年間江戸文学を研究。'74年、'84年にも来日し、日本演劇史を中心に研究。'81年ワレサ連帯議長（当時）が来日した際、通訳として同行。この関係からその後戒厳令導入で拘禁される不遇も経験した。'92年2月駐日大使に就任。'96年ワルシャワの日本館建設に向け資金集めに奔走。同年7月離日。のちワルシャワ大学講師。ポーランド有数の日本研究者で、歌舞伎などの日本の演劇紹介では第一人者。また日本で出版されたポーランド語の入門書や辞典の編集などにも参加。英語、ドイツ語、ロシア語も堪能。　［叙勲］勲二等旭日重光章（日本）〔2002年〕

【著作】
◇ショパンポーランド・日本展—日本・ポーランド国交樹立80周年および国際ショパン年記念事業　〔カタログ編集：ヘンリク・リプシツ［ほか］〕　日本・ポーランド国交樹立80周年および国際ショパン年記念展実行委員会　1999

リフトン, ロバート・ジェイ
Lifton, Robert Jay
ニューヨーク市立大学精神医学・心理学教授

［生年月日］1926年
［国籍］米国　［出生地］ニューヨーク市　［専門］精神医学

精神医学を学んだ青年期にはフロイト派、新フロイト派の影響を受ける。しかし1952年空軍付き精神科医として日本へ赴任し、東アジアと関係を持ったことを転機にこの両派から離脱し新しいタイプの精神医学者をめざす。以来古典的精神分析との知的対決を深めつつ、大量虐殺と個人的・社会的変容を主題とした調査研究を行う。'62年広島に住み、被爆者との面接を重ね、それをもとに'67年「死の内の生命」を出版。のちハーバード大学東ア

ジア研究所、エール大学などを経て、ニューヨーク市立大学教授。他の著書に「思想改造の心理」「終りなき現代史の課題」「日本人の死生観」「現代、死にふれて生きる」などがある。

【著作】
◇日本人の死生観　上（岩波新書）　加藤周一, M. ライシュ, R. J. リフトン著, 矢島翠訳　岩波書店　1977.5
◇日本人の死生観　下（岩波新書）　加藤周一, M. ライシュ, R. J. リフトン著, 矢島翠訳　岩波書店　1977.10
◇日本文化に未来はあるか（国際シンポジウム）　ロバート・リフトン, クロード・レヴィ＝ストロース, ダニエル・ベル, 公文俊平, 高坂正堯, 小松左京, 山崎正和, 芳賀徹, 米山俊直, 森口親司, 永井陽之助, 佐藤誠三郎：文芸春秋　1980.6
◇アメリカの中のヒロシマ　上　R. J. リフトン, G. ミッチェル〔著〕, 大塚隆訳　岩波書店　1995.11
◇アメリカの中のヒロシマ　下　R. J. リフトン, G. ミッチェル〔著〕, 大塚隆訳　岩波書店　1995.12
◇核と対決する20世紀（核と人間）　岩波書店　1999.7〈内容：ヒロシマの真実を再訪する（ロバート・J. リフトン, グレッグ・ミッチェル）〉
◇終末と救済の幻想—オウム真理教とは何か　ロバート・J. リフトン〔著〕, 渡辺学訳　岩波書店　2000.6

リブラ, タキエ・スギヤマ
Lebra, Takie Sugiyama
人類学者　ハワイ大学名誉教授

［生年月日］1930年
［国籍］米国　［出生地］日本・静岡県　［学歴］津田塾大学卒, 学習院大学卒　［学位］博士号（社会学, ピッツバーグ大学）　［専門］比較文化学, 社会人類学

日系1世。1954年日本の大学を卒業後、渡米。留学中に米国人の人類学者と結婚し、'72年米国に帰化。講師としてハワイ大学で教鞭を執り始め、以来外から日本の様々な社会現象や人々の生き方を見つめ、社会構造や精神文化を他国と比較し分析研究する。のち同大人類学部教授を経て、名誉教授。著書に「Japanese Patterns of Behavior」「Japanese Women」「近代日本の上流階級」、編著に

529

「Japanese Social Organization」などがある。毎年ほぼ1回来日。
【著作】
◇日本研究・京都会議　1994　国際日本文化研究センター, 国際交流基金編　国際日本文化研究センター　1996.3

リーマン, アントニー
Liman, Anthony V.
トロント大学教授

[生年月日] 1932年
[国籍]カナダ　[出生地]プラハ(チェコスロバキア)　[学歴]チェコ国立外国語大学(英文学), プラハ大学(日本語), カレル大学(プラハ)博士課程修了　[学位]文学博士(チャールズ大学)　[専門]日本近現代文学
1966年法政大学および早稲田大学大学院に研究生として来日。'67年カナダのトロント大学東アジア学部に赴任し、亡命後、帰化。現代および近代の日本文学が専門で、特に井伏鱒二の作品研究に先鞭をつけた。その他、俳句や川端康成、志賀直哉、谷崎潤一郎を中心に戦後文学を研究。主な翻訳に「Waves」(共訳、井伏鱒二「さざなみ軍記」)、「Castaways」(共訳、井伏鱒二「ジョン万次郎漂流記」)など。

【著作】
◇迷路の世界とこころの楽園—女性像をロシア・カナダ文学の中から、日本では谷崎・川端、大江らの作品から探る　アントニー・リーマン：展望　1975.9
◇谷崎潤一郎国際シンポジウム　アドリアーナ・ボスカロ〔ほか〕著　中央公論社　1997.7
◇日本の母—崩壊と再生　平川祐弘, 萩原孝雄編　新曜社　1997.9〈内容：「母を恋ふる記」における母体の風景(アンソニー・リーマン)〉
◇日本の想像力　中西進編　JDC　1998.9〈内容：宮沢賢治の歌う風景—『風の又三郎』(アントニー・リーマン)〉

林 華生　りむ・ほぁしん
Lim Hua-sing
早稲田大学大学院アジア太平洋研究科教授

[生年月日] 1946年
[国籍]マレーシア　[学歴]一橋大学大学院経済学研究科〔1974年〕修士課程修了, ロンドン大学大学院〔1980年〕博士課程修了　[学位]Ph. D.(ロンドン大学)〔1980年〕　[専門]アジア経済論, 日本経済論, 華人経済論
1980年シンガポール東南アジア研究所研究員、のちシンガポール国立大学助教授を経て、'89年中京大学商学部教授、'91年経営学部教授。のち早稲田大学アジア太平洋研究センター教授。著書に「ASEAN経済の地殻変動」「アジア『四極』経済」「JAPAN'S ROLE IN ASIA」など多数。

【著作】
◇日本・ASEAN共存の構図—脱米入亜時代のために　林華生著, 中川多喜雄, 吉村雄策訳　文真堂　1995.3

劉 岸偉　りゅ・あんうぇい
Liu An-wei
東京工業大学外国語研究教育センター教授

[生年月日] 1957年
[国籍]中国　[出生地]北京　[学歴]北京外国語学院アジア・アフリカ学部日本語科〔1981年〕卒, 北京大学大学院修了, 東京大学大学院総合文化研究科〔1989年〕博士課程修了　[学位]学術博士〔1990年〕　[専門]比較文学, 比較文化　[団体]日本比較文学会
北京の大学、大学院で日本文学を広く学び、1982年来日。東大大学院で上田秋成、蕪村など江戸文学を研究。札幌大学教養部講師、助教授を経て、東京工業大学教授。著書に「東洋人の悲哀—周作人と日本」がある。　[受賞]サントリー学芸賞(第14回, 社会・風俗部門)〔1992年〕「東洋人の悲哀」

【著作】
◇シンポジウム「日本文化と東アジア」—1985〜1986(日本文化研究所研究報告)　東北大

学文学部附属日本文化研究施設編　東北大学文学部附属日本文化研究施設　1988.3〈内容：蒲松齢と上田秋成における伝統と創造―孤憤説を中心にして（劉岸偉）〉
◇江戸の思想―論集　高崎哲学堂設立の会　1989.5〈内容：俳人蕪村と詞（劉岸偉）〉
◇討議（特集・第9回日本研究国際セミナー'98―ロナルド・ドーア教授の日本研究50年―Bセッション　日本の教育―江戸時代から現代）　天野郁夫, 劉岸偉, 竹内洋：Fukuoka UNESCO　35　1999
◇講舎と書院―近世日中の儒学と教育（特集・第9回日本研究国際セミナー'98―ロナルド・ドーア教授の日本研究50年―Bセッション　日本の教育―江戸時代から現代）　劉岸偉：Fukuoka UNESCO　35　1999
◇江戸の文事　延広真治編　ぺりかん社　2000.4〈内容：一茶を読む（劉岸偉）〉
◇日本を問い続けて―加藤周一、ロナルド・ドーアの世界　加藤周一, ロナルド・ドーア監修, 福岡ユネスコ協会編　岩波書店　2004.7〈内容：講舎と書院（劉岸偉）〉

柳 玟和　リュ・ミンファ
古代日本語・朝鮮語学者　釜山大学副教授

[生年月日] 1963年5月
[国籍] 韓国　[出生地] 釜山　[学位] 文学博士（奈良女子大学）〔1992年〕
国語学の研究で博士号を取得。著書に「『日本書紀』朝鮮固有名表記字の研究」がある。
【著作】
◇『日本書紀』朝鮮固有名表記字の研究（研究叢書）　柳玟和著　和泉書院　2003.3

劉 永鴿　りゅう・えいこう
Liu Eiko
作新学院大学経営学部教授

[生年月日] 1957年10月18日
[国籍] 中国　[出生地] 山西省　[学歴] 山西大学経済学部〔1982年〕卒, 立教大学大学院経済学研究科〔1994年〕博士課程修了　[学位] 経営学博士（立教大学）〔1994年〕　[専門] マーケティング　[団体] 日本経営学会, 日本労務学会, アジア経営学会
中国・山西大学経済学部助手、講師を経て、1988年に来日。'94年八戸大学商学部専任講師となり、'96年助教授。のち作新学院大学教授。著書に「日本企業の中国戦略」、共著に「日本企業のアジア戦略」、共訳に「フォーディズムとフレキシビリティ」などがある。
【著作】
◇日本企業の中国戦略　劉永鴿著　税務経理協会　1997

劉 毅　りゅう・き
Liu Yi
中国共産党中央委員　中国国家旅行局局長

[生年月日] 1930年
[国籍] 中国　[出生地] 山東省乳山県
1947年中国共産党に参加。'53年山東省財政経済委員会科長、'55年同省財政貿易弁公室副処長、処長、主任、'77年商業省次官、'78年商業相などを経て、'88年国家旅行局局長に就任。'92年10月、中国共産党第14回全国代表大会で中央委員候補に当選。'98年政協常務委員。
【著作】
◇〈意〉の文化と〈情〉の文化―中国における日本研究（中公叢書）　王敏編著,〔岡部明日香〕〔ほか訳〕　中央公論新社　2004.10〈内容：神道と靖国神社（劉毅）〉

劉 吉　りゅう・きつ
中国国家体育委員会副主任

[生年月日] 1937年
[国籍] 中国　[出生地] 吉林省洮南県　[学歴] 清華大学物理工程系〔1962年〕卒
無錫市党委研究室主任、中国科学技術大学党委副書記、国防科学技術大学政治部副主任などを歴任。
【著作】
◇21世紀の日本の繁栄―ある中国人学者の分析（華南経済の現状と21世紀への課題）　劉吉：NIRA政策研究　11(12)　1998.12

劉 暁峰　りゅう・ぎょうほう
歴史学者

[生年月日] 1962年11月

[国籍]中国　[出生地]吉林省吉林　[学歴]東北師範大学中文系〔1983年〕卒，東北師範大学大学院中文系古典文学専攻〔1986年〕修士課程修了，富山大学大学院人文科学研究科日本史学専攻〔1995年〕修士課程修了，京都大学大学院文学研究科国史専攻博士後期課程〔1998年〕単位取得退学　[学位]文学博士（京都大学）〔2000年〕
1988年清華大学思想文化研究所講師を経て，日本に留学し，博士号を取得。2000年から清華大学文学院歴史系で教鞭を執る。
【著作】
　◇日本社会の史的構造　古代・中世　大山喬平教授退官記念会編　思文閣出版　1997.5〈内容：卯杖から見た中国古代年中行事の伝来時期（劉暁峰））
　◇古代日本における中国年中行事の受容　劉暁峰著　桂書房　2002.9

劉　傑　りゅう・けつ
早稲田大学社会科学部教授

[生年月日]1962年9月2日
[国籍]中国　[出生地]北京　[学歴]北京外国語大学附属学校，東京大学文学部国史学科国史学専修課程〔1986年〕卒，東京大学大学院人文科学研究科国史学専攻〔1993年〕博士課程修了　[学位]文学博士　[専門]日本近現代政治外交史　[団体]日本歴史学会，史学会，軍事史学会，日本国際政治学会，東アジア近代史学会
1982年19歳で国費留学生として来日。聖心女子大学、フェリス女学院大学、淑徳短期大学各非常勤講師を経て、早稲田大学専任講師，助教授、2003年教授。コロンビア大学客員研究員も務める。著書に「日中戦争下の外交」、共編に「石射猪太郎日記」、共訳に「周仏海日記」などがある。　[受賞]大平正芳賞〔1996年〕「日中戦争下の外交」
【著作】
　◇戦争状態下における日本の対中政策の構造　劉傑〔著〕，富士ゼロックス小林節太郎記念基金編　富士ゼロックス小林節太郎記念基金　1993.3
　◇日中戦争下の外交　劉傑著　吉川弘文館　1995.2
　◇淑徳短期大学研究論文集　1　淑徳短期大学　1995.3〈内容：昭和期日本の対中外交の再検討―「汪兆銘工作」をめぐる諸問題（劉傑））
　◇政府と民間―対外政策の創出（年報・近代日本研究）　近代日本研究会編　山川出版社　1995.11〈内容：昭和十三〜十四年の新中央政権構想―「呉佩孚工作」を中心に（劉傑））
　◇漢奸裁判―対日協力者を襲った運命（中公新書）　劉傑著　中央公論新社　2000.7
　◇国境を越える歴史認識―日中対話の試み　劉傑，三谷博，楊大慶編　東京大学出版会　2006.5

劉　甦朝　りゅう・そちょう
北京大学国際政治学部助教授

[生年月日]1950年10月2日
[国籍]中国　[出生地]北京　[学歴]北京大学東方言語学部卒，北京大学大学院国際政治研究科修了　[専門]国際政治
日本大学法学部、成蹊大学法学部各講師も務める。共著に「国際関係史」、訳書に浦野起央「国際関係理論史」、共訳に「第二次世界大戦後 戦争全史」などがある。
【著作】
　◇釣魚台群島（尖閣諸島）問題　研究資料匯編　浦野起央，劉甦朝，植栄辺吉編修　刀水書房　2001.9

劉　徳有　りゅう・とくゆう
Liu De-yon
ジャーナリスト，翻訳家　中国文化部副部長

[生年月日]1931年
[国籍]中国　[出生地]遼寧省大連　[団体]中華日本学会（会長），中国国際交流協会，中国ジャーナリスト協会，中国翻訳者協会
日本支配下の大連で日本語教育を受ける。1952年から北京の外文出版社に勤務。'64年から15年間、新華社と光明日報の駐日特派員を務めた後、「人民中国」雑誌社編集委員、'79〜84年外文出版発行事業局副局長、文化部部長補佐、'86年副部長を歴任。'90年中華日本学会初代会長。中国対外文化交流協会常務副会長、中国翻訳者協会副会長、北京大学客員教授も兼務。流暢な日本語と的確な目

で日本の表裏を観察、報道してきた中国有数の知日派ジャーナリストで、中日友好21世紀委員会委員も務めた。また芥川龍之介、大江健三郎らの作品の翻訳にも従事。2002年日中関係50年を綴った著書「時は流れて」を出版。他の著書に「日本探索十五年」「日本語の面白さ」「日本語の旅―中国人の再発見」、訳書に「占領下の日本の情況の分析」「祈祷」「残像」などがある。

【著作】
◇日本探索十五年―中国の記者は日本で何を見たか　劉徳有著，田島淳訳　サイマル出版会　1982.4
◇日本語の面白さ―中国人が語る〈日語趣談〉　劉徳有著，村山孚訳　サイマル出版会　1986.8
◇日本語の旅―中国人の再発見　劉徳有著，塚本尋訳　サイマル出版会　1991.12
◇郭沫若・日本の旅　劉徳有著，村山孚訳　サイマル出版会　1992.10
◇時は流れて―日中関係秘史五十年　上　劉徳有著，王雅丹訳　藤原書店　2002.7
◇時は流れて―日中関係秘史五十年　下　劉徳有著，王雅丹訳　藤原書店　2002.7
◇新中国に貢献した日本人たち―友情で綴る戦後史の一コマ　中国中日関係史学会編，武吉次朗訳　日本僑報社　2003.10〈内容：横川次郎氏を偲ぶ（劉徳有）〉
◇「中国的」「日本的」の過去と現在―中日文化比較の一考察（特集・進む文化交流）　劉徳有：外交フォーラム　18（12）　2005.12

劉莉　りゅう・り
Liu Li
「Oin通信」編集長

[生年月日] 1956年
[国籍]中国　[出生地]河北省　[学歴]北京外国語学院卒，信州大学大学院人文科学研究科〔1989年〕修士課程修了
中国国際旅行社北京分社に入社。1986年来日。'89年アドプロ・ナカツに入社。'92年同グループのアンプル総合経営研究所に移籍、「Oin通信」（屋外文字放送全国ネットワーク協議会の情報誌）編集長・国際課長。SBC放送「五人囃子」などに出演、依頼講演に活躍。著書に「劉莉の目で見た日本」がある。

【著作】
◇劉莉の目で見た日本　劉莉著　櫟　1993.12

リュケン，ミカエル
Lucken, Michael
日本美術研究家　フランス国立東洋言語文化学院助教授

[生年月日] 1969年
[国籍]フランス　[出生地]スイス・ジュネーブ　[学位]博士号（フランス国立東洋言語文化学院）
パリ日本文化会館の出版担当などを経て、フランス国立東洋言語文化学院で博士号を取得。のち同学院助教授。2002年著書「20世紀の日本美術」で渋沢クローデル賞を受賞。同書では、現代日本の絵画、彫刻、写真芸術について表現様式の変遷に光りをあて、社会変化との相関関係を浮き彫りにした。　[受賞]渋沢クローデル賞（第19回）〔2002年〕「20世紀の日本美術」

【著作】
◇20世紀の日本美術―同化と差異の軌跡　ミカエル・リュケン著，南明日香訳　三好企画　2007.3

呂　玉新　りょ・ぎょくしん
Lu Yu-xin
セント・ジョンズ大学（米国）アジア研究所院生助手

[生年月日] 1953年
[国籍]中国　[出生地]上海　[学歴]ハルピン師範大学卒　[専門]日本語，中国語
大学を出て上海職工学院外国語学部教師となる。1985年日中の言語・慣用句・諺の比較研究のため、国立国語研究所外国人研究員として来日、茨城大学外国人講師もつとめた。その後米国セント・ジョンズ大学アジア研究所で研究に従事。著書に「日本・中国 慣用句対照辞典」（共著）、「日本語・中国語意味対照辞典」（共著）、「現代日語構詞解析」、「日本人の知らない 東京とニューヨーク」。

【著作】
◇日本語教育学の視点―国際基督教大学大学院教授飛田良文博士退任記念　論集編集委

員会編　東京堂出版　2004.9〈内容：言語改革と社会変革（呂玉新）〉

呂 元明　りょ・げんめい
Lu Yuan-ming
日本文学研究者　中国東北師範大学教授

［生年月日］1925年
［国籍］中国　［出生地］遼寧省丹東市　［別名等］筆名＝日月　［学歴］長白師範学院歴史地理系，吉林大学社会科学系，中国東北大学（現・東北師範大学）文学院国文科〔1950年〕卒　［専門］中日文学交流史

幼少期、山東省、遼寧省、吉林省を転々とする。日中戦争後の日本軍による粛正を経験。第二次大戦中は臨江近くの鉱山で労働を強いられ、鉱夫として日本の敗戦を迎える。大学卒業後、東北師範大学外国文学教育研究室主任、日本文学研究室主任、同学学術委員会副主席を経て、教授。初めはロシア文学を教えていたが、のち日本文学と中日文学交流史の研究・教育に転向。全国日本文学研究会副会長、吉林省中日韓文化交流研究所長も務める。日中戦争中に発行された中国の新聞や雑誌の中から日本人による反戦文学を集め、単行本2冊ほどの"残留文学"を発掘。プロレタリア文学出身の鹿地亘、エスペランチストに反ファシズムを訴えた長谷川テルらを取り上げ、1993年「忘れられた在中国日本反戦文学」として中国で出版。2001年日本で翻訳され、「中国語で残された日本文学」として刊行。また、旧満州で創刊された日本語雑誌「藝文」を約10年をかけて中国東北地方の図書館を探し歩き、39冊分発掘、2007年に日本で復刻版が刊行される。他の著書に「マヤコフスキー伝」「ロシア文学史」「日本文学史」「日本文学論釈」などがある。書家としても知られる。

【著作】
◇十五年戦争と文学—日中近代文学の比較研究　山田敬三, 呂元明編　東方書店　1991.2
◇植民地と文学　日本社会文学会編　オリジン出版センター　1993.5〈内容：東北淪陥期における抗日思想文化闘争（呂元明）〉
◇文学・社会へ地球へ　西田勝退任・退職記念文集編集委員会編　三一書房　1996.9〈内容：野川隆の文学—中国東北に残した足跡（呂元明）〉
◇近代日本と「偽満州国」　日本社会文学会編　不二出版　1997.6〈内容：夏目漱石『満韓ところどころ』私見（呂元明）　日本人作家の植民地支配への抵抗—正義と良知による創作（呂元明）　「満州文学」研究の過去と未来（呂元明）〉
◇世界と漱石国際シンポジウム報告書　「'96くまもと漱石」推進100人委員会編　「'96くまもと漱石」推進100人委員会　1997.9〈内容：地球的視野による夏目漱石（清水孝純、ジェイ・ルービン、キム・レーホ、アレキサ・小嶋、千種キムラ・スティーブン、呂元明、呉英珍、権赫建）〉
◇中国語で残された日本文学—日中戦争のなかで　呂元明著, 西田勝訳　法政大学出版局　2001.12

廖 祥雄　りょう・しょうゆう
Liao Hsiang-hsiung
外交官，国際ジャーナリスト，元・映画監督　台北駐日経済文化代表事務所新聞広報部長

［生年月日］1933年
［国籍］台湾　［学歴］台湾師範大学卒，サンフランシスコ州立大学修士課程修了

日本統治下の台湾に生まれ、小学校6年まで日本人として育つ。終戦後、日本、米国で研修したのち映画監督となり、20数本の劇場映画を製作。その中にはジュディ・オング主演の「小翠」なども含まれる。映像プロデューサーとしても手腕を発揮。1987年監督業から新聞局電影事業処処長に転じ映画行政を担当。'89年からは外交官に転じ亜東関係協会東京弁事処新聞組長として日本に滞在。また国際ジャーナリストとしても活躍、「日本人のここが面白い」ほか多数の著書がある。

【著作】
◇日本人のここが面白い　廖祥雄著　早稲田出版　1993.3

凌 星光　りょう・しんくゎん
Ling Xing-guang
日中関係研究所所長, 中国社会科学院世界経済政治研究所研究員(教授), 福井県立大学名誉教授

[生年月日] 1933年2月15日
[国籍]中国　[出生地]東京都　[出身地]江東区深川　[旧姓名]凌定民　[学歴]一橋大学経済学部〔昭和28年〕中退, 湖北大学(現・中南財経大学)国民経済計画学部〔昭和34年〕卒
[専門]中国経済, 日中関係, 北東アジア経済
[団体]環日本海学会, 国際経済学会, 中国世界経済学会(理事)

昭和28年一橋大学中退後中国に帰国し、上海財経学院(現・上海財経大学)に入学。大学調整により30年中南財経学院(後合併して湖北大学)に移る。天津で教員となり、文革中は河北大学、北京大学、北京第二外国学院などで日本語教師をつとめる。53年中国社会科学院に入り、世界経済・政治研究所先進国経済研究室日本経済組長、研究室副主任、主任を歴任。この間57年アジア経済研究所(東京)客員研究員。63年再来日。平成元年9月明治学院大学国際学部講師、慶応義塾大学客員教授。2年3月金沢大学経済学部教授、4年福井県立大学教授に就任。中国改革派のエコノミストとして活躍。北京市政治協商会議委員、中国経済体制改革委員会特別研究員などを歴任。著書に「中国経済の離陸」「社会主義と資本主義」「中国の前途」のほか、日本語論文集「21世紀中国の民主社会主義」、中国語論文集「中日経済体制比較研究」「日本経済分析与中日経済関係」「世界経済与日本政治」「世界・中国和日本」などがある。

【著作】
◇社会主義と資本主義—日本経済の強さの秘密は社会主義にあり　凌星光著　ごま書房　1990.3
◇日本的経営にみる社会主義的要素—労使関係を中心に　凌星光：竜谷大学経済学論集 32(3)　1992.12
◇対日感情が悪化する中国の知識人層—ナショナリズムの相互増幅を避けよ　凌星光：論座 67　2000.12
◇石原慎太郎君への公開状　凌星光著　日本僑報社　2004.3

リョング, ステファン
Leong, Stephen
マレーシア戦略国際問題研究所所長補佐

[生年月日] 1938年
[国籍]マレーシア　[出生地]クアラルンプール　[学歴]イリノイ大学〔1960年〕卒, カリフォルニア大学バークレー校大学院〔1962年〕修士課程修了　[学位]博士号(カリフォルニア大学ロサンゼルス校)〔1976年〕　[専門]国際関係, 対日関係, 東アジア経済

大学では歴史学、政治学を研究。東京大学などで客員研究員を務め、マラヤ大学副教授を経て、1992年からマレーシア戦略国際問題研究所主任研究員・日本研究センター所長を経て、'95年所長補佐。著書に「マレーシアの人的資源開発と1980年以後の日本の貢献」などがある。

【著作】
◇世界史のなかの日本占領—法政大学第8回国際シンポジウム(法政大学現代法研究所叢書)　袖井林二郎編　法政大学現代法研究所　1985.3〈内容：マラヤにおける日本軍政〔討論〕(ステファン・レオン)〉

リール, アドルフ・フランク
Reel, Adolf Frank
弁護士　山下奉文裁判の弁護人

[生年月日] 1907年6月30日
[没年月日] 2000年4月
[国籍]米国　[出生地]ウィスコンシン州ミルウォーキー　[学歴]ハーバード大学(法律)〔1931年〕卒

ボストンで弁護士開業。1942年第二次大戦で軍務につき、陸軍大尉。日本降伏後の'45年9月フィリピンにおける日本軍の残虐行為の責任者・戦犯山下奉文第14方面最高司令官(陸軍大将)がマニラ米軍法廷に起訴され、その弁護人に任命された。すでに死刑が確定していたようなこの裁判で、司法の公正のため尽力、死刑判決後、米連邦最高裁に出頭、再審

を求めたが受け入れられなかった。山下大将に直接の責任がなく、裁判手続きも不備だったと批判する著書「山下裁判」（'49年、'71年再刊）は日本占領期間中、日本語への翻訳が禁止され（'52年出版）、GHQ民政局長ホイットニーが「山下将軍裁判・覚書」（'50年）を出して反論した。'49年からラジオ・テレビ関係会社副社長、社長などを務めた。

【著作】
◇山下裁判　上　A.フランク・リール著，下島連訳　日本教文社　1952
◇山下裁判　下　A.フランク・リール著，下島連訳　日本教文社　1952
◇現代教養全集　第18　臼井吉見編　筑摩書房　1960

リン，アブラハム
Lin, Abraham
太平洋産業研究院首席顧問

[生年月日] 1943年
[国籍]韓国　[学位]経済学博士　[専門]経済学
KDI首席研究員、仁荷大学教授を経て現在、太平洋産業研究院首席顧問。著書に「ブロック経済の読み方」がある。

【著作】
◇90年代ブロック経済の読み方—孤立大国日本の行くえ　アブラハム・リン著　第一企画出版　1989.5

林　暁光　りん・ぎょうこう
金沢学院大学文学部講師

[生年月日] 1955年
[国籍]中国　[出生地]湖南省　[学歴]寧夏大学中国語言文学部〔1982年〕卒，中央大学大学院社会学専攻〔1986年〕博士課程修了　[学位]社会学博士　[専門]マスコミ，中国文化論
新聞記者を経て、1988年日本の中央大学大学院に学ぶ。著書に「現代中国のマス・メディア—近代化と民主化の岐路」がある。

【著作】
◇〈意〉の文化と〈情〉の文化—中国における日本研究（中公叢書）　王敏編著，〔岡部明日香〕〔ほか訳〕　中央公論新社　2004.10〈内容：中国共産党の対日政策の変容（林暁光）〉

林　金莖　りん・きんけい
Lin Chin-ching
外交官　台湾総統府国策顧問，亜東関係協会会長，駐日台北経済文化代表事務所代表

[生年月日] 1923年7月18日
[没年月日] 2003年12月10日
[国籍]台湾　[出生地]台南　[別名等]字＝剛本　[学歴]復旦大学，台湾大学法学部〔1950年〕卒，早稲田大学大学院法学専攻修士課程修了　[学位]法学博士（亜細亜大学）〔1988年〕
1950年高文行政官、'52年高文外交官試験に合格。以来、台湾外交部（外務省）で対日関係を担当。'59年在日大使館書記官、'67年外交部日韓科長を経て、'71年在日大使館政務参事官。'72年9月の日台断交時には断交前後の実務処理にあたった。'73～89年10月亜東関係協会駐日副代表。'89年帰国、行政院経済建設委員会委員を務める傍ら、大学で教鞭をとる。'93年4月駐日台北経済文化代表事務所代表。'96～2001年台北の亜東関係協会会長を務め、日台の実務関係発展に尽した。台湾きっての知日派として知られ、日本語に堪能。国際法学者としても知られ、著書「梅と桜」は戦後の日台関係を体系的にまとめた貴重な資料として有名。他の著書に「戦後の日華関係と国際法」などがある。

【著作】
◇運命共同体としての日本と台湾—ポスト冷戦時代の国家戦略　中村勝範編著　展転社　1997.7〈内容：日華関係の回顧と展望（林金莖）〉

林　景明　りん・けいめい
Lim King-bing
人権運動家　台湾元日本兵の補償を要求する会代表幹事

[生年月日] 1929年9月
[国籍]台湾　[出生地]台北県新荘郡山脚（現・泰山）　[学歴]台北成功高（旧・台北二中）〔1948年〕卒，拓殖大学卒
1945年3月台北第二中学3年修了と同時に日本陸軍に入隊。8月まで学徒兵として兵営生

活を送る。農業、小学校教師、中国国民党兵士などを経て、'62年農業研修の形で来日。拓殖大学に留学生として入学後、日本残留を決意。'63年と'67年に不法残留で入管の施設に収容された。'70年退去強制令書発布処分取り消し訴訟を東京地裁に提起。傍ら人権運動家として、雑誌への寄稿や集会参加に通じて台湾の政治犯釈放を訴えるほか、台湾元日本兵の補償を要求する会の代表幹事として運動を続ける。著書に「知られざる台湾」などがある。'93年31年ぶりに帰郷し、「知られざる日本」の執筆に取り組む。他の著書に「日本統治下と台湾の『皇民化』教育」がある。

【著作】
◇私はなぜ日本人を告発するか　林景明：現代の眼　15(5)　1974.5

林 志行　りん・しこう
エコノミスト　国際戦略デザイン研究所代表

[生年月日] 1958年
[出生地] 台湾・台北　[別名等] 英語名＝Lin, Thomas　[学歴] 筑波大学大学院博士課程単位取得　[専門] アジア情勢分析、リスクマネジメント、eビジネス戦略、地域活性化　[団体] 電気学会

日興証券投資工学研究所、日本総合研究所主任研究員を経て、2003年独立。総務省地方におけるIT人材の交流拠点形成に関する研究会、外務省支援委員会改革専門家会議、経済産業省沖縄経済産業発展研究会、沖縄県産学官共同研究推進会議などの各種委員を務める。著書に「中国アジアビジネス、WTO後の企業戦略」「図解日本版ドットコムビジネス勢力図」「台湾のしくみ」「インターネット企業戦略」「アジアビジネスの落とし穴」などがある。

【著作】
◇アジアと日本の未来は「沖縄」が握っている！（特集・世の中暗いニュースばかりではない！―元気が出るデータ100）　林志行：THE21　15(2)　1998.2
◇クラスター組織でチームの自律と活性化を目指せ(特集・どこへ行く？日本的経営、人と組織―特別インタビュー　国際人が斬る！日本的経営)　林志行：人材教育　12(1)　2000.1

林 少華　りん・しょうか
日本文学者，翻訳家

[生年月日] 1952年
[国籍] 中国　[出生地] 吉林省長春　[学歴] 吉林大学卒

吉林大学で日本文学を専攻し、1999年から海洋大学で教壇に立つ。日本の小説の翻訳を手掛け、20作品を超える村上春樹の小説を翻訳。「ノルウェイの森」「海辺のカフカ」などが中国でベストセラーとなる。夏目漱石や川端康成の作品の翻訳も手掛ける。2002〜2003年国際交流基金の招きで日本に滞在。

【著作】
◇〈意〉の文化と〈情〉の文化―中国における日本研究(中公叢書)　王敏編著，〔岡部明日香〕〔ほか訳〕　中央公論新社　2004.10〈内容：ひろがる「村上春樹現象」（林少華)〉

林 水福　りん・すいふく
文学者　台湾文学協会理事長，国立高雄第一科技大学教授・外語学院院長

[生年月日] 1953年
[国籍] 台湾　[学位] 文学博士(東北大学)　[専門] 日本文学

日本の東北大学で博士号を取得。著書に「讃岐典侍日記研究」「台湾現代詩集」などがある。

【著作】
◇国文学年次別論文集中古　昭和59(1984)年　学術文献刊行会編　朋文出版　1985.10〜11〈内容：『讃岐典侍日記』上下巻における「われ」の位相（林水福)〉
◇国文学年次別論文集中古　昭和60(1985)年　学術文献刊行会編　朋文出版　1986.10〜11〈内容：『讃岐典侍日記』下巻の表現（林水福)〉
◇日本文芸の潮流―菊田茂男教授退官記念　東北大学文学部国文学研究室編　おうふう　1994.1〈内容：『侍』の表現についての試論―自然描写を中心にして（林水福)〉
◇論集平安文学　第2号　後藤祥子ほか編　勉誠社　1995.5〈内容：讃岐典侍日記作者の対人感情（林水福)〉

◇日本文学国際会議会議録　輔仁大学外国語学部日本語文学研究所・日本語文学科〔1997〕〈内容：遠藤周作の文学―登場する女性をめぐって（林水福）〉
◇蔡茂豊教授古稀記念論文集　東呉大学日本語文学系編著　東呉大学〔2002〕〈内容：遠藤周作文学における宗教観の変容（林水福）〉
◇漂白過海的啄木論述―国際啄木学会台湾高雄大会論文集　台湾啄木学会編著　台湾啄木学会　2003.7〈内容：台湾における啄木研究の歩みと展望（林水福）〉

林　代昭　りん・だいしょう
北京大学国際関係学院教授, 北京中日関係学会副会長, 北京社会科学院中日関係研究センター副主任

[生年月日] 1938年
[国籍] 中国　[出生地] 上海　[学歴] 北京大学歴史系〔1969年〕卒　[専門] 中国現代史, 現代中日関係史
大学卒業後、北京大学教員となる。1989年以降、日本大学経済学部、成蹊大学アジア太平洋研究センター、明治学院大学法学部などの客員研究員として度々来日。著書に「戦後中日関係史」「中国監察制度史」「中国近代現代人事制度史」、分担執筆に「日中文化交流史叢書〈1〉歴史」などがある。
【著作】
◇戦後中日関係史　林代昭著, 渡辺英雄訳　柏書房　1997.11

林　治波　りん・ちは
ジャーナリスト, コラムニスト　「人民日報」論説委員

[生年月日] 1963年
[国籍] 中国　[学歴] 中国人民大学歴史学部〔1983年〕卒　[団体] 中国抗戦史学会（理事）
中国軍事科学院軍事歴史研究部で解放軍戦史と抗日戦争史研究に従事、2000年人民日報に転属、新聞評論に携わる。のち「人民日報」評論員（論説委員）、主任編輯、「人民論壇」「今日談」編集長。「人民網」「千龍網」にコラムを持ち、数多くの評論を掲載。著書に「日中『新思考』とは何か―馬立誠・時殷弘論文への批判」。

【著作】
◇日中「新思考」とは何か―馬立誠・時殷弘論文への批判　金熙徳, 林治波著　日本僑報社　2003.9

林　丕雄　りん・ひゆう
淡江大学教授・日本研究所長

[生年月日] 1931年1月26日
[国籍] 台湾　[出生地] 台南　[学歴] 淡江大学英文科卒　[専門] 日本文学
淡江大学助手を十数年務める一方、石川啄木の研究に従事し、日本文学研究のため慶応大学、日本大学などで訪問研究員。1985年から麗沢大学客員教授。'88年淡江大学教授となり、'89年から同大日文系主任。のち同大日本研究所長。この間、麗沢大学と淡江大学の間で短期交換留学制度を整備するなど日台交流にも力を尽くす。著書に「日本の文学と風土」（全6冊）など。　[受賞] 啄木文学賞（岩手日報社）〔1989年〕「石川啄木の世界」
【著作】
◇知日派台湾知識人からの警醒の檄文！「色あせた桜花」（いま、日本が誇れるもの〔2〕）林丕雄：SAPIO　9(10)　1997.6.11

林　曼麗　りん・まんれい
Lin Mun-lee
台北故宮博物院院長

[生年月日] 1954年8月8日
[国籍] 台湾　[学歴] 台湾師範大学文学院美術学系〔1976年〕卒, 東京大学大学院教育学研究科芸術教育専攻〔1988年〕博士課程修了　[学位] 博士（教育学, 東京大学）
美術教師を2年間務めた後、9年間日本に留学し、東京大学で明治の近代化の中での絵画教育を研究して1988年博士号を取得。'92年台北師範学院助教授、'96年11月～2000年7月台北市立美術館長、2001年10月～2003年2月国家文化芸術基金会理事長などを歴任。2004年5月台北の故宮博物院副院長を経て、2006年1月閣僚ポストである同院長に女性で初めて就任。本省人（台湾人）としては2人目。院長就任前から大改修を指揮し、2007年2月リニ

ューアルオープンした。著書に「近代日本図画教育方法史研究」など。知日派で、日本語に堪能。
【著作】
◇日本図画教育における「表現」の発見　林曼麗著　林曼麗　1987
◇近代日本図画教育方法史研究―「表現」の発見とその実践　林曼麗著　東京大学出版会　1989

リンカーン, エドワード
Lincoln, Edward J.
経済学者　ニューヨーク大学教授　駐日米国大使特別補佐官（経済担当）

［生年月日］1949年
［国籍］米国　［学歴］アーモスト大学〔1971年〕卒, エール大学大学院修了　［学位］経済学博士（エール大学）〔1978年〕　［専門］日本経済, 日米経済関係
1971～72年同志社大学アーモスト館で英語を教え、'75～77年一橋大学に留学。その後、ジョンズ・ホプキンズ大学高等国際問題研究大学院（SAIS）講師として日本経済を教えた後、'84年からブルッキングズ研究所上級研究員。のちニューヨーク大学教授。この間、'74～84年日米経済協会副会長。'94年1月モンデール駐日大使の特別補佐官に就任。'96年7月退任。著書に「日本の産業政策」（'84年）、「北東アジアにおける日本の経済的役割」（'86年）、「経済的成熟期を迎えた日本」（'88年）、「日本の不平等貿易」（'90年）、「新生日本の条件」など。米国の対日経済政策にも影響を与えている。知日派、夫人は日本人。　［受賞］大平正芳記念賞（第5回）〔1989年〕「経済的成熟期を迎えた日本」
【著作】
◇新生日本の条件　エドワード・リンカーン著, 山岡洋一訳　講談社　1994.3
◇エドワード・リンカーン・モンデール駐日米国大使経済担当特別顧問「改革進まぬ日本に落胆」（トレンド＆ニュース インタビュー）リンカーン, エドワード：日経ビジネス　852　1996.8.5・12
◇わかっていて何故できない!?　バッカじゃなかろか「政・官・財」―日本人は「悪い知らせ」に耳を傾けようとしない。大戦の敗北いらいこの悪癖は治らない　エドワード・リンカン, 宮本政於：諸君！　30(9)　1998.9
◇それでも日本は変われない―構造改革・規制緩和の掛け声の裏で　エドワード・リンカーン著, 伊藤規子訳　日本評論社　2004.12

リンス, ウルリヒ
Lins, Ulrich
ドイツ学術交流会ボン本部日本担当責任者

［生年月日］1943年
［国籍］ドイツ　［出生地］ケルン　［学歴］ケルン大学, ボン大学　［学位］哲学博士　［専門］日本学　［団体］ドイツ学術交流会
大学では歴史学と日本学を専攻。著書に「危険な言語」「Die Omoto-Bewegung und der radiale Nationalismus in Japan」、共著書に「ドイツの社会―民族の伝統とその構造」「ドイツの統合」など。
【著作】
◇大本教団と日本の超国家主義　Ulrich Lins［著］, 足立政喜, 兼松寛訳　丸善京都出版サービスセンター（製作）　2007.6

リンゼイ, ローレンス
Lindsey, Lawrence
エコノミスト　米国大統領補佐官（経済担当）, 米国連邦準備制度理事会（FRB）理事

［生年月日］1954年7月18日
［国籍］米国　［出生地］ニューヨーク　［学歴］ハーバード大学大学院博士課程修了　［学位］博士号（ハーバード大学）
ハーバード大学大学院生の頃、恩師のフェルドスタイン元大統領経済諮問委員長に目をかけられ同委員会の職員に。大学に戻り、大学教授を務めた後、大統領府入り。レーガン政権、ブッシュ政権下で大統領特別補佐官として政策立案に幅広く携わる。1991年11月連邦準備制度理事会（FRB）理事に史上最年少の36歳で就任。グリーンスパン議長のもとで金融政策に携わる。'97年2月退任。のち保守系シンクタンクのアメリカン・エンタープライズ・インスティテュート経済主任。また、'98

年ブッシュJr. テキサス州知事の経済顧問となる。2001年1月ブッシュJr. 大統領のもと、経済担当の大統領補佐官に就任。2002年12月辞任。著書に「経済を操る人形遣いたち」がある。日本にも頻繁に訪れ、経済界や政界などに知人が多い。
【著作】
◇日本の成長の実験?―日本の税制改革に関する提言　ローレンス・リンゼイ〔著〕, 日興リサーチセンター〔訳〕　日興リサーチセンター　〔1998〕
◇経済を操る人形遣いたち―日米独・経済三国志　ローレンス・B. リンゼー著, 神崎泰雄訳　日本経済新聞社　1999.8

リンダイヤ, エヴェルト・ウィレム
Lindeijer, Evert Willem
高校教師　「ネルと子どもたちにキスを―日本の捕虜収容所から」の著者

[没年月日] 1981年
[国籍] オランダ　[出生地] ロッテルダム　[学歴] ライデン大学理学部卒　[学位] 博士号(ライデン大学)〔1935年〕
1935年オランダ領東インド(当時)へ渡り、バンドンのキリスト教系高等学校の理科の教師となる。のち太平洋戦争が勃発、衛生兵として徴集される。日本軍による同地の占領により捕虜となり、'43年10月家族を残し、1200人の連合軍捕虜とともに日本本土へ海上輸送される。釜石の日鉄工業(当時)の鉄鉱山などで強制労働に従事し、同地で終戦を迎える。'46年7月オランダに帰国。高校教師を経て、半官半民の研究機関に勤務。この間、米国航空宇宙局(NASA)、オランダ国防省などにも関係した。没後の2000年、日本の捕虜収容所での生活や家族への想いを綴った日記が「ネルと子どもたちにキスを―日本の捕虜収容所から」として出版される。
【著作】
◇ネルと子供たちにキスを―日本の捕虜収容所から　エヴェルト・ウィレム・リンダイヤ〔著〕, 村岡崇光監訳　みすず書房　2000.7

リンダウ, ルドルフ
Lindau, Rudolph
外交官　駐日スイス領事

[生年月日] 1830年
[没年月日] 1910年
[国籍] ドイツ　[出生地] プロシア・ガーデレーゲン　[学歴] モンペリエ大学文学部卒
大学卒業後、フランスの外務大臣の秘書となる。1859年、スイスの時計組合から派遣されることとなったスイス通商調査派遣隊の隊長として来日する。日本市場を調査し幕府との交渉を進めて、のちに訪問するエメ・アンベール率いるスイス通商使節団の先遣隊の任務を果たすためである。1859年9月来航。しかし幕府との交渉は進捗せず、1860年にいったん上海に渡る。1861年9月にふたび長崎に戻り、日本各地を訪れた。この時の1年間の見聞をもとに日本論を著す。1862年9月3日に横浜を離れ、4年ぶりに帰欧。1864年、彼は条約締結後のスイス駐日領事として三度目の来日、1869年にプロシアに帰国。以後パリ駐在のプロシア大使館員などを務めた。
【著作】
◇スイス領事の見た幕末日本　ルドルフ・リンダウ著, 森本英夫訳　新人物往来社　1986.2
◇日本周航記　ロドルフ・リンダウ著, 飯盛宏訳　西田書店　1992.11

リンハルト, セップ
Linhart, Sepp
社会学者, 日本学者　ウィーン大学教授, 墺日学術交流会会長

[生年月日] 1944年5月
[国籍] オーストリア　[出生地] オーストリア東部　[学歴] ウィーン大学日本語学科卒　[学位] Ph. D. (社会学)(ウィーン大学)〔1970年〕　[団体] ヨーロッパ日本研究学会
12歳の頃から日本に興味を抱き、1963年ウィーン大学入学後本格的に日本研究に取り組む。卒後'67～68年北海道大学で関清秀、'68～69年東京大学で福武直、'69～70年ウィーン大学でA. スラヴィークの指導を受け、北海道の農村社会における社会変動に関する論

文で博士号取得。'69〜78年ウィーン大学講師、'78年教授、同大日本文化研究所所長。この間'77〜78年国際交流基金のフェロー、'86年ワシントン大学客員教授、'88年京都大学人文科学研究所客員研究員、'88〜91年ヨーロッパ日本研究者協会会長。墺日学術交流会会長も務めた。日本語が堪能で'67年以降たびたび来日。ヨーロッパの代表的な日本学者。著書に「Arbeit, Freizeit und Familie in Japan」('76年)、「Organisationsformen alter Menschen in Japan」('83年)、「拳の文化史」、共著に「老いの人類史」、「視覚の19世紀」ほかがある。　［叙勲］旭日中綬章（日本）〔2007年〕

【著作】
◇改革後の東ヨーロッパの日本研究　セップ・リンハルト：日本研究　10　1994.8
◇往生考—日本人の生・老・死　国立歴史民俗博物館国際シンポジウム　宮田登, 新谷尚紀編　小学館　2000.5〈内容：「翁」から「いじわる婆さん」へ—日本における老人の社会史（セップ・リンハルト）〉
◇ヨーロッパの日本研究者、ウィーンに集う　Sepp Linhart：遠近　8　2005.6.12・1
◇東京とウィーン—占領期から60年代までの日常と余暇　明治大学・ウィーン大学第5回共同シンポジウム論文集　吉田正彦, 井戸田総一郎編　明治大学文学部　2007.3〈内容：なぐさめと希望（セップ・リンハルト）〉

【　ル　】

ルイス, ジョナサン
Lewis, Jonathan Robert
東京電機大学理工学部助教授

[生年月日] 1965年
[国籍] 英国　[学歴] オックスフォード大学（ドイツ文学, フランス文学）〔1987年〕卒, スターリング大学大学院博士課程, シェフィールド大学大学院　[学位] 政治学博士
ドイツのギムナジウムや埼玉県の高校で英語助手を務めたのち、1994年東京大学助手。'96年助教授を経て、'99年東京電機大学助教授。著書に「インターネットで日本語はどうなるか」がある。

【著作】
◇インターネットで日本語はどうなるか　西垣通, ジョナサン・ルイス著　岩波書店　2001.3

ルオフ, ケネス
Ruoff, Kenneth J.
日本研究者　ポートランド州立大学助教授

[生年月日] 1966年
[国籍] 米国　[出生地] ニューヨーク州イサカ
[学歴] ハーバード大学東洋学部卒, コロンビア大学大学院博士課程　[学位] 博士号（コロンビア大学）　[専門] 現代天皇制
英語圏における現代天皇制研究の第一人者。高校の中国史の授業でアジアに興味を持ち、ハーバード大学東洋学部に進学。コロンビア大学大学院では天皇制を通じた日本の民主主義を研究。1987年初来日。'94〜96年北海道大学法学部助手、講師。のちポートランド州立大学助教授、同大日本センター所長。著書に「国民の天皇　戦後日本の民主主義と天皇制」。　[受賞] 大仏次郎論壇賞（日本, 第4回）〔2004年〕「国民の天皇　戦後日本の民主主義と天皇制」

【著作】
◇国民の天皇—戦後日本の民主主義と天皇制　ケネス・ルオフ著, 高橋紘監修, 木村剛久, 福島睦男訳　共同通信社　2003.12

ルクレール, リシャー
Leclerc, Richard
ケベック州政府国際関係省アジア・パシフィック部日本課参事官

[国籍] カナダ　[出生地] ケベック州モントリオール　[学位] 博士号（ラヴァル大学）
日本の文部省の奨学金を得て、1991〜93年筑波大学に留学。地理学を専攻したほか、ケベック・日本関係を研究。ラヴァル大学、ケベック大学などで日本関係の講義、コンピューターに関する授業を担当。のちケベック州政府国際関係省アジア・パシフィック部日本課

参事官。著書に「日本で活躍したケベック人の歴史」がある。
【著作】
◇富士山の陰に咲く白百合—日本におけるケベック人百年史　Richard Leclerc著, 角田実〔訳〕　〔ケベック州政府国際関係省〕〔1998〕
◇日本で活躍したケベック人の歴史　リシャール・ルクレール著, 大島俊之, 大島英子訳　三交社　1999.12

ルサン, アルフレッド
Roussin, Alfred Victor
海軍軍人　海軍少将, 軍管区司令長官

[生年月日]1839年4月10日
[没年月日]1919年4月18日
[国籍]フランス　[出生地]ナント　[学歴]エコール・ポリテクニーク〔1857年〕
1859年フランス海軍に入り副主計官としてツーロンなどで軍務につく。1862年中国に派遣された後、1863年4月にラ・セミラミス号の主計補佐官として日本を訪れる。フランス東洋艦隊司令長官ジョレス海軍大将の秘書官として1865年2月までの滞日期間に下関砲撃事件に二度参戦。幕末日本の諸事件を見聞し、帰国後の1866年に「フランス士官の下関海戦記」を出版した。のち、1896年に海軍少将に昇進、司令長官、軍管区司令長官等を歴任した。　[叙勲]レジオン・ドヌール勲章〔1864年〕, レジオン・ドヌール・オフィシエ勲章〔1885年〕
【著作】
◇フランス士官の下関海戦記　アルフレッド・ルサン著, 樋口裕一訳　新人物往来社　1987.12

ルーシュ, バーバラ
Ruch, Barbara
コロンビア大学中世日本研究所所長・名誉教授

[国籍]米国　[出生地]フィラデルフィア　[学歴]コロンビア大学卒　[学位]博士号(コロンビア大学)　[専門]日本中世文学
ハーバード大学、ペンシルベニア大学を経て、コロンビア大学教授、同大中世日本研究所長を兼務。恩師ドナルド・キーン博士にちなむドナルド・キーン日本文化センターをコロンビア大学に設立することを提案。1986年設立準備のためと資金集めに奔走し来日。日本中世文学研究の第一人者として知られる。著書に「もう一つの中世像」など。　[受賞]南方熊楠賞(第1回)〔1991年〕「『奈良絵本』などに関する研究」, 女性史青山なを賞(特別賞)〔1992年〕「もう一つの中世像」, 山片蟠桃賞〔1999年〕　[叙勲]勲三等宝冠章(日本)〔1999年〕
【著作】
◇もう一つの中世像—比丘尼・御伽草子・来世　バーバラ・ルーシュ著　思文閣出版　1991.6
◇南方熊楠賞のあゆみ—第10回記念南方熊楠賞受賞者講演記録集　南方熊楠邸保存顕彰会　2000.12〈内容：人文の部 日本の中世文学—もう一つの自然像(バーバラ・ルーシュ)〉

ルトワク, エドワード
Luttwak, Edward Nicolae
国際政治学者　戦略国際問題研究センター(CSIS)上級研究員

[生年月日]1942年11月4日
[国籍]米国　[出生地]トランシルバニア(現・ルーマニア)アラド　[学歴]ロンドン大学経済学部卒　[学位]政治学博士(ジョンズ・ホプキンズ大学)　[専門]国際軍事戦略問題, 中東問題
米国に帰化。レーガン政権下で歴代国防長官の戦略問題顧問を務める一方、カリフォルニア大学バークレー校、日本、英国、インドなどの大学で教鞭をとる。ワシントンDCの戦略国際問題研究センター(CSIS)地経学部長を経て、上級研究員。戦略問題の権威で、湾岸戦争、朝鮮問題など重要問題で米政府に助言する。"米国第三世界化論"を展開。著書に「ペンタゴン」「戦争と平和の論理」「勝利の意味について」「アメリカンドリームの終焉」「ターボ資本主義」など多数。
【著作】
◇「日本はアメリカの新・仮想敵国」論こそ危険だ！〈緊急対論〉　E.ルトワック, 長谷川慶太郎：週刊ポスト　26(47)　1994.12.16

ルバード, メレディス
Lebard, Meredith
ハリスバーグ・エリア・コミュニティ・カレッジ教師

[生年月日] 1951年9月21日
[国籍] 米国　[出生地] メルボルン（オーストラリア）　[学歴] シドニー大学卒, シドニー大学大学院修了　[専門] 安全保障問題, 国際関係論

ペンシルベニア州ハリスバーグのコミュニティ・カレッジの教師。著書に「カミング・ウォー・ウィズ・ジャパン―『第二次太平洋戦争』は不可避だ」（共著）。1991年初来日。

【著作】
◇ザ・カミング・ウォー・ウィズ・ジャパン―「第二次太平洋戦争」は不可避だ　ジョージ・フリードマン, メレディス・ルバード著, 古賀林幸訳　徳間書店　1991.7

ルービン, ジェイ
Rubin, Jay
日本文学者, 翻訳家　ハーバード大学教授

[生年月日] 1941年
[国籍] 米国　[出生地] ワシントン

ハーバード大学教授として教鞭を執る傍ら、日本の小説を英訳。夏目漱石、坂口安吾、村上春樹など、時代、テーマなどが異なる様々な作家の作品を手掛ける。2003年村上春樹の「ねじまき鳥クロニクル」の翻訳「The Wind-Up Bird Chronicle」で野間文芸翻訳賞を受賞。他に「ノルウェイの森」などの英訳がある。　[受賞] 野間文芸翻訳賞（第14回）〔2003年〕「The Wind-Up Bird Chronicle」

【著作】
◇漱石作品論集成　第5巻　玉井敬之, 村田好哉編　桜楓社　1991.1〈内容：『三四郎』―幻滅への序曲（ジェイ・ルービン））〉
◇世界と漱石国際シンポジウム報告書　「'96くまもと漱石博」推進100人委員会編　「'96くまもと漱石博」推進100人委員会　1997.9〈内容：地球的視野による夏目漱石（清水孝純, ジェイ・ルービン, キム・レーホ, アレキサ・小嶋, 千種キムラ・スティーブン, 呂元明, 呉英珍, 権赫建)〉

◇ハルキ・ムラカミと言葉の音楽　ジェイ・ルービン著, 畔柳和代訳　新潮社　2006.9
◇芥川龍之介短篇集　芥川龍之介著, ジェイ・ルービン編　新潮社　2007.6

ルプレヒト, ロナルド
Ruprecht, Ronald
京都ドイツ文化センター館長

[生年月日] 1935年
[国籍] ドイツ　[出生地] マグデブルク　[専門] ドイツ史

歴史・ドイツ文学をチュービンゲン、ザールブリュッケン、ゲッティンゲンの各大学で、またパリ大学で政治学を学ぶ。1968年ゲーテ・インスティトゥート職員。のちアクラ、モントリオール、ラゴスを経て、京都ドイツ文化センター館長。'84～88年にはバイロイト大学アフリカ・センター所長を務めた。共編に「転換の年1945年」「NGO、ODA援助は誰のためか―日本とドイツと第三世界」「歴史とアイデンティティ―日本とドイツにとっての1945年」がある。

【著作】
◇歴史とアイデンティティ―日本とドイツにとっての1945年　山口定, R. ルプレヒト編　思文閣出版　1993.8

ルベリエ, ロジェ
Leverrier, Roger
カトリック神父　韓国外国語大学教授

[生年月日] 1928年
[国籍] フランス　[出生地] ブルターニュ地方メレー　[別名等] 韓国名=呂東贊　[学歴] パリ外邦伝教会神学大学〔1953年〕卒　[専門] 韓国学, フランス語

1956年から13年間、韓国慶尚南北道の各地で宣教活動に従事。'69年から韓国外国語大学フランス語科教授。この間東国大学大学院で仏教科の博士コースも履習。布教活動を通じての草の根レベルでの韓国人との交流の体験に加え、大学人として韓国の知識人、上流階層の実態にも詳しく、また東洋思想にも通暁している韓国学の碩学の一人。韓国永住権を

持ち、夫人も韓国人。著書に「日本人はなぜ韓国人を理解できないのか」。
【著作】
◇日本人はなぜ韓国人を理解できないのか—島国根性と半島根性（カッパ・ブックス）　ロジェ・ルベリエ著，鶴真輔訳　光文社　1989.5

ルマレシャル, ジャン・マリー・ルイ
Lemaréchal, Jean‐Marie Louis
宣教師

[生年月日] 1842年6月12日
[没年月日] 1912年3月29日
[国籍] フランス　[出生地] フレーヌ・フジェール
1866年司祭になり最初は故郷の司教区で活躍した。1869年パリ外国宣教会に入会し、翌1870年1月日本に向けて出発した。浦上の信者達が流刑地から帰って来た1873年頃にはすでに長崎で活動していた。旧キリシタン達の記録を収集し、のちにマルナスの著書に貴重な資料として用いられた。1874年には横浜に転任、その後盛岡や仙台において伝道に従事したのち、さらに新潟に赴任した。1888年F. N. ミドンの後任として横浜のサン・モール修女会司祭および司教P. M. オズーフの副代牧となった。「和仏大辞典」の編集に心血を注ぎ、1904年に刊行するに至った。1906年オズーフ司教の歿後、その後を継いだが、1908年健康上の理由から静岡に退いた。
【著作】
◇和仏小辞典　ルマレシャル編訳　天主堂　1904
◇日本聖詠　ルマレシャル著　三才社　1907
◇明治期讃美歌・聖歌集成　第7巻　大空社　1996.5
◇明治期讃美歌・聖歌集成　第8巻　大空社　1996.5

ルーメル, クラウス
Luhmer, Klaus S. J.
上智大学名誉教授

[生年月日] 1916年
[国籍] ドイツ　[出生地] 西ドイツ　[学歴] ボン大学卒、デトロイト大学大学院〔1952年〕博士課程修了　[学位] Ph. D.〔1952年〕　[専門] 教育学
上智大学教授、上智学院理事長、日本モンテッソーリ協会会長を務めた。著書に「自由教育思想の系譜」「教育を考える」「英知と自由の育成」、共訳に「モンテッソーリ教育法 子ども—社会—世界」など。
【著作】
◇教養講座講演集　第1集　日本大学工学部『教養講座講演集』編集委員会編　日本大学工学部　1987.10〈内容：変動する社会と大学—日本とドイツの比較（クラウス・ルーメル)〉

ルルーシュ, ピエール
Lellouche, Pierre
政治家，政治学者　フランス下院議員

[生年月日] 1951年
[国籍] フランス　[出生地] チュニジア　[専門] 戦略論
フランス国際関係研究所副所長を経て、1989年ジャック・シラク、パリ市長外交顧問。'93年下院議員に当選。'95年5月シラクの大統領就任に伴い、外交顧問を退任、大統領の私的顧問をつとめる。安全保障問題に関する著書、論文が多数ある。'91年大著「Le Nouveau Monde（新世界無秩序）」を出版、冷戦以後の世界を分析、注目を集める。他の著書に「L'Avenir de la Guerre」('85年)他。　[受賞] Aujourd'hui賞〔1992年〕「新世界無秩序」
【著作】
◇国際情勢の展望と日ソ関係のこれから—国際シンポジウム'86報告　国際シンポジウム'86組織委員会　〔1987〕〈内容：東西間における政治戦略戦争の展開と日本の役割—ヨーロッパ人の立場から（ピエール・ルルーシュ）　東西間における政治戦略競争の展開と日本の役割——ヨーロッパ人の立場から（ピエール・ルルーシュ))〉

【レ】

レイ, ハリー
Wray, Harry
桜花学園大学教授

[生年月日] 1931年4月24日
[国籍] 米国 [出生地] ネブラスカ州 [学歴] ネブラスカ大学教育社会科学科〔1954年〕卒, ハワイ大学大学院博士課程修了 [学位] Ph.D.(ハワイ大学)〔1971年〕 [専門] 東アジア史, 日本史
歴史、東アジア史を研究。1983年来日。'86年イリノイ州立大学準教授、明星大学招聘教授、横浜国立大学勤務を経て、南山大学教授、のち桜花学園大学教授。米占領下の日本の教育に関する論文多数。またタイの小学校に給食費や奨学金を援助する団体・CAN HELP THAILANDを設立し活動。 [受賞] 日本学校図書館協会賞〔1987年〕, 日本図書館協会賞〔1987年〕
【著作】
◇占領下の教育改革と検閲―まぼろしの歴史教科書 髙橋史朗, ハリー・レイ著 日本教育新聞社出版局 1987.1
◇独ソ・日米開戦と五十年後―日・米・独・ソ国際シンポジウム 中井晶夫〔ほか〕共編 南窓社 1993.2〈内容:パネルディスカッション(エバーハルト・イエッケル, ジョナサン・アトリー, アレクセイ・M.フィリトフ, 黒沢文貴, アレクセイ・V.ザゴルスキー, ハリー・レイ, デイビッド・スピーヴァック, 髙橋, 蠟山道雄, 中井晶夫)〉

レイサイド, ジェームズ
Raeside, James
慶応義塾大学法学部教授

[生年月日] 1957年
[国籍] 英国 [本名] レイサイド, ジェームス・マシュー [学歴] オックスフォード大学卒, オックスフォード大学大学院修了 [学位] 文学博士, Ph.D. [専門] 英語

1988年慶応義塾大学講師として招かれ、法学部助教授を経て、教授。比較文学の立場から日本文学を研究。共著に「英語論文に使う表現文例集」などがある。
【著作】
◇「国際化のなかの日本語」(特集・日本語論―エッセイ「私にとって(日本語)とは何か」) レイサイド, ジェイムズ:環 4 2001.1

レヴィ・ストロース, クロード
Lévi-Strauss, Claude
文化人類学者 コレージュ・ド・フランス名誉教授

[生年月日] 1908年11月28日
[国籍] フランス [出生地] ブリュッセル(ベルギー) [学歴] パリ大学法学部〔1932年〕卒 [学位] 文学博士〔1948年〕 [資格] アカデミー・フランセーズ会員〔1973年〕 [専門] 構造人類学, 神話学
両親ともフランス系ユダヤ人。パリ大学で法学と哲学を学ぶ。ビシー政権下を逃れて'41年米国に亡命、ここで多くの人類学者と交流を深める。'45年帰仏。'46年駐米フランス大使館付文化参事官、'50年ユネスコ文化使節としてパキスタン、インドを訪れる。同年パリ高等学術研究院指導教授。'59年コレージュ・ド・フランスで社会人類学講座の初代教授となり(～'82年)、'74年アカデミー・フランセーズ会員。構造言語学の方法を人類学に導入し構造人類学を樹立。「悲しき熱帯」('55年)「今日のトーテミズム」('62年)「野性の思考」('62年)を発表し、構造主義の旗頭と目される。その後構造分析の方法を用いた神話研究で思想界に大きな影響を与えた。日本神話・日本美術にも造詣が深い。他の著作に「構造人類学」('58年, 73年)「神話の論理」(全4巻, '64～71年)がある。 [叙勲] レジオン・ド・ヌール勲章〔1991年〕, 勲二等旭日重光章(日本)〔1993年〕
【著作】
◇日本文化に未来はあるか(国際シンポジウム) ロバート・リフトン, クロード・レヴィ=ストロース, ダニエル・ベル, 公文俊平, 高坂正堯, 小松左京, 山崎正和, 芳賀徹, 米山俊

直, 森口親司, 永井陽之助, 佐藤誠三郎：文芸春秋　1980.6
◇構造・神話・労働―クロード・レヴィ＝ストロース日本講演集　クロード・レヴィ＝ストロース著, 大橋保夫編, 三好郁朗〔ほか〕訳　みすず書房　1979.4
◇日本研究の意義（講演）　クロード・レヴィ＝ストロース, 朝吹亮二訳：日仏文化　40　1981.3
◇世界の中の日本文化―混合と独創の文化　Claude Lévi-Strauss, 大橋保夫訳：中央公論　103(5)　1988.5
◇悲しき熱帯　1, 2（中公クラシックス）　レヴィ＝ストロース著, 川田順造訳　中央公論新社　2001.4, 5
◇レヴィ＝ストロース講義（平凡社ライブラリー）　クロード・レヴィ＝ストロース著, 川田順造, 渡辺公三訳　平凡社　2005.7

レーヴィッシュ, マンフレート
Löwisch, Manfred
法学者　フライブルク大学教授・学長

[生年月日] 1937年3月8日
[国籍] ドイツ　[出生地] イエーナ　[学位] 法学博士〔1961年〕
1969年教授資格を得て, 同年からフライブルク大学法学部教授。著書に「Arbeitsrecht」（'70年）、「Das Schuldverhältnis」（'75年）、共著に「比較労働法―日本・ドイツ・EC」などがある。
【著作】
◇比較労働法―日本・ドイツ・EC（国際比較法シリーズ）　M. レーヴィッシュ, 西谷敏著, 吉田美喜夫〔ほか〕訳　晃洋書房　1995.4

レーヴィット, カール
Löwith, Karl
哲学者

[生年月日] 1897年1月9日
[没年月日] 1973年5月24日
[国籍] ドイツ　[出生地] ミュンヘン　[学歴] フライブルク大学, ミュンヘン大学, マールブルク大学　[学位] 博士号（ミュンヘン大学）〔1923年〕
父は著名な画家、母はユダヤ人。1914年第一次大戦が始まると志願兵となり、前線で重傷を負う。戦後'19年フライブルク大学に入り、哲学をフッサール、ハイデッガーに学ぶ。'23年ミュンヘン大学のM. ガイガーのもとで博士号取得。'24年ハイデッガーに従ってマールブルク大学へ行き、'28年大学教授資格を取得、同年同大学講師となる。ナチスのユダヤ人迫害のため'34年ローマへ逃れ、'36年日本へ、さらに'41年アメリカへ亡命。日本では東北大学講師を務めた。'52年18年振りに帰国し、'64年までハイデルベルク大学正教授を務め、哲学史・社会思想史を研究、特に19世紀以降のドイツ精神史の解明に優れた業績を挙げた。著書に「キルケゴールとニーチェ」（'33年）、「ヘーゲルからニーチェへ」（'41年）、「世界史と救済のできごと」（'53年）、「貧しい時代の思想家―ハイデッガー」（'53年）、「論文集・歴史的実存の批判」（'60年）、「神と人間と世界」（'67年）、「ヤーコプ・ブルクハルト―歴史のなかの人間」など。
【著作】
◇ヨーロッパ精神と日本　K. レヴィット, 唐木順三編：外国人の見た日本　第4　筑摩書房　1961
◇日本の政府間関係―都道府県の政策決定　スティーヴン・R. リード著, 森田朗〔ほか〕訳　木鐸社　1990.9

レヴンウォース, チャールズ
Leavenworth, Charles S.
歴史学者, 外交官　長崎駐在アメリカ副領事

[生年月日] 1874年7月17日
[没年月日] 1949年
[国籍] 米国　[出生地] コネチカット州ニュー・ヘイヴン　[学歴] ウエズレイヤン大学卒, イエール大学　[学位] 修士号〔1899年〕
大学卒業後イギリスに渡り、ケンブリッジ大学、ロンドン大学で研究に従事した。中国に渡り上海の南洋帝国大学の教授として歴史学を講じ、1905年まで在職。この間'04年夏に琉球を訪れ、古記録文献類の調査研究をおこなった。さらにアメリカ副領事として長崎に赴任したが、その後健康を害し日本を去り、イギリスおよびフランスで療養生活を送ったのち、'14年故郷のニュー・ヘイヴンに帰った。

著書に'05年上海ヘラルド社から刊行された「琉球島」等がある。
【著作】
◇琉球の島々―1905年　チャールズ・S. レブンウォース原著, 山口栄鉄, 新川右好訳　沖縄タイムス社　2005.10

レガメ, フェリックス
Régamey, Félix
画家

[生年月日] 1844年8月7日
[没年月日] 1907年
[国籍]フランス　[出生地]パリ
デッサン画家を父に持つ美術一家に生まれる。美術学校を卒業後、デッサン学校や建築専門学校で教鞭をとる。1871年から1873年までロンドンに住み、「イラストレイティッド・ロンドン・ニュース」に原稿を送る。そのほかフランス、アメリカの絵入り新聞などにも投稿する。1876年8月にサンフランシスコからエミール・ギメとともに来日。2カ月半ほど滞在の間、ギメに同行して東京・日光・京都などを訪れる。その後、中国、インドを旅行し、各国の様子を描いた作品を1878年のパリ万国博に展示した。1899年には美術教育視察のため再来日する。二度目の来日では長崎・神戸・横浜・東京を訪れ、庶民の生活をデッサンした。その旅行記"Japon"は1903年にパリで刊行され、一部が邦訳刊行されている。
【著作】
◇日本素描紀行　レガメ〔著〕, 青木啓輔訳　雄松堂出版　1983.7

レーク, チャールズ
Lake, Charles D.（II）
実業家, 弁護士　アメリカンファミリー生命保険会社代表者・副会長, 在日米国商工会議所会頭

[生年月日] 1962年1月8日
[国籍]米国　[出生地]サウスカロライナ州
[学歴]ハワイ州立大学卒、ジョージ・ワシントン大学法律大学院〔1990年〕修了
母は日本人、父は米国人で3歳から中学卒業まで東京・目黒で育つ。高校からハワイに移り、大学卒業後、再度来日、東大大学院で学ぶ。帰国後弁護士資格を取得。1990年米国通商代表部日本部で日米構造協議やコンピューター交渉を担当。'92年日本部長となり、'93～'94年の日米新経済協議では保険合意を担当するなど数多くの対日交渉に関わる。'94年退職。イーストマン・コダック顧問弁護士を経て、'99年米国のアメリカンファミリー生命保険に入社。2001年日本法人の副社長を経て、2003年社長に就任。のち代表者・副会長。2006年1月から在日米国商工会議所会頭。日本の文化、社会に精通した知日派として知られる。妻は共和党の有力者、ドメニチ上院議員の娘。
【著作】
◇「日本も独自の味を出せば活躍できる」（国際会計基準が「日本型経営」をこう変える）　レイク, チャールズ：エコノミスト　臨増　1999.11.1

レゲット, トレバー
Leggett, Trevor
日本研究家, 柔道家　BBC日本部長, 駐日英国大使館員

[生年月日] 1914年
[没年月日] 2000年8月1日
[国籍]英国　[出生地]ロンドン　[本名]Legget, Trevor Pryce　[学歴]ロンドン大学〔1934年〕卒
1934年英国外務省に入省。'39～42年大使館員として日本に滞在。'46年BBC日本語部に入り、'50～69年部長を務める。この間、'32年ロンドンの武道会で柔道を始め、谷幸雄、小泉軍治らに師事、7段となり英国での柔道の普及に貢献した。退職後は仏典の翻訳のほか、禅、柔道、将棋など日本文化紹介の執筆に従事した。著書に「武士道と紳士道」「他山の玉石」「日本武道のこころ」などがある。
[叙勲]勲三等瑞宝章（日本）〔1984年〕
【著作】
◇日本人はなぜ自信を持たないのか（対談）　アーノルド・トインビー, トレバー・P. レゲット：人と日本　1971.12
◇紳士道と武士道―日英比較文化論　トレバー・レゲット著　サイマル出版会　1973

◇紳士道と武士道—日英比較文化論　新版　トレバー・レゲット著　サイマル出版会　1983.6
◇英国知性が語るニッポン（インタビュー）　4　トレバー・レゲット：知識　82　1988.10
◇日本武道のこころ—伝統と新しい時代精神　トレバー・レゲット著，板倉正明訳　サイマル出版会　1993.12
◇紳士道と武士道—コモンセンスの思想、サムライの伝統　トレヴァー・レゲット著，大蔵雄之助訳　麗沢大学出版会　2003.7

レザノフ，ニコライ・ペトロヴィッチ
Rezanov, Nikolai Petrovich
遣日ロシア特使

[生年月日] 1764年4月8日
[没年月日] 1807年3月13日
[国籍] ロシア　[出生地] サンクト・ペテルスブルグ

ロシア・アメリカ会社の設立をはかりシベリアに来航、アラスカにおける貿易利権を得るためであった。1803年8月クロンシュタットを出航して大西洋を横断、ハワイを経てカムチャッカに至り、さらに南下して1804年長崎に渡来、日本との通商条約締結を求めた。幕府はこれを拒絶したので、漂流民を引き渡し滞在6カ月ののちに退去。彼は幕府の対応を不服とし、部下のL. N. A. フヴォストフとダヴィドフに命じて樺太等において日本人集落を襲撃させ、村落や漁船を破壊した。1806年にはアメリカに渡りサン・フランシスコに上陸したが、首都ペテルスブルグに帰任の途中に死去。
【著作】
◇日本滞在日記—1804—1805（岩波文庫）　レザーノフ著，大島幹雄訳　岩波書店　2000.8

レナト，ステファニ
Renato, Stefani
神父，市民運動家

[生年月日] 1937年
[没年月日] 2003年10月6日
[国籍] イタリア　[団体] カトリック名古屋教区正義と平和委員会

フィアット自動車工場勤務を経て、21歳の時に神学校に入る。1961年香港に渡り哲学を学ぶ。'64年来日。上智大学神学部に入学、'70年司祭となる。'78年愛知県に移り、同年から"刈谷カトリック働く人々の家"に住み、若い労働者と交流。'85年南山大学の学生らが結成した"ニカラグアに医療品を送る会"の事務局を担当、孤児への教育援助など活動の輪を広げた他、名古屋で国際交流を目指す13の市民団体でつくる名古屋第三世界NGOセンター（現・名古屋NGOセンター）の責任者も務めた。'89年小牧市の小牧カトリック教会の担当司祭を経て、カトリック守山教会神父。自ら"活動のうち本職の教会が3割、市民運動が7割"と称して平和、差別、国際交流、教育、死刑廃止問題と多彩な活動を続け、なかでも登校拒否の中学生を立ち直らせたのがきっかけで、教育問題には特に関心を寄せた。2002年東ティモールの教会へ赴任。2003年10月同国で交通事故死した。著書に「日本人の知らない日本」「日本社会は不思議か変か」などがある。　[受賞] 名古屋弁護士会人権賞〔1992年〕
【著作】
◇日本人の知らない日本　ステファニ・レナト編著　柘植書房　1991.9
◇日本社会は不思議か変か—国際化ニッポン　ステファニ・レナト著　柘植書房　1995.5

レノレ，アンドレ
L'Hénoret, André
カトリック司祭

[生年月日] 1935年
[国籍] フランス　[出生地] パリ　[学歴] カトリック大学神学校〔1963年〕卒

司祭となり、1969年までパリ・モンマルトル地区で青少年の指導をおこなう。'70年労働司祭として川崎市浅田教会に派遣され、'90年まで日本に滞在。この間、川崎の建設現場をはじめ、零細下請け企業で長年働く。'76年「自動車絶望工場」（鎌田慧著）を仏訳。著書に日本の労働現場と社会を見つめた「出る杭はうたれる—フランス人労働司祭の日本人論」がある。

【著作】
◇出る杭はうたれる——フランス人労働司祭の日本人論（同時代ライブラリー）　アンドレ・ルノレ著，花田昌宜，斉藤悦則訳　岩波書店　1994.3
◇出る杭は打たれる——フランス人労働司祭の日本人論（岩波現代文庫 社会）　アンドレ・ルノレ〔著〕，花田昌宜，斉藤悦則訳　岩波書店　2002.3

レビン, ヒレル
Levine, Hillel
歴史家，社会学者，著作家　ボストン大学教授，ユダヤ学研究所所長，ハーバード大学ロシアセンター理事

［生年月日］1946年
［国籍］米国　［学位］博士号（ハーバード大学）
ユダヤ系。ハーバード大学、エール大学を経て、ボストン大学教授。ユダヤ学研究所所長、ハーバード大学ロシアセンター理事の他、北京大学などの客員教授をつとめる。1993年リトアニアのビリニュス大学で講義をしていた時、第2次大戦中リトアニアで多くのユダヤ人をナチスの迫害から救った外交官・杉原千畝に強くひかれる。その後杉原に救われたユダヤ人を訪ね、米国、イスラエル、オーストラリア、ドイツ、ロシアなどを回り独自の調査を行う。'94年講義を兼ねて来日、外務省外交史料館で杉原の活動を裏付ける貴重な文書を見つけた。著書に「反ユダヤ主義の経済起源」「アメリカのユダヤ共同体の死」「千畝——一万人の命を救った外交官・杉原千畝の謎」などがある。

【著作】
◇千畝——一万人の命を救った外交官杉原千畝の謎　ヒレル・レビン著，諏訪澄，篠輝久監修・訳　清水書院　1998.8

レーフェルド, ジョン
Rehfeld, John E.
実業家　イータック（ETAK）社社長・CEO、セイコーインスツルメンツUSA社外役員

［生年月日］1940年
［国籍］米国

A・D・リトル、IBMなどに勤務した後、東芝アメリカ副社長、セイコーインスツルメンツUSA社長を歴任。通算12年間にわたり日本企業に勤務した。著書に「洋魂和才の経営——米ハイテク経営者の体験的日本論」がある。

【著作】
◇洋魂和才の経営——米ハイテク経営者の体験的日本論　ジョン・E. レーフェルド著，原礼之助訳　日経BP出版センター　1995.2

レフチェンコ, スタニスラフ
Levchenko, Stanilav A.
ソ連国家保安委員会（KGB）情報部員在日ソ連スパイ網を証言

［生年月日］1941年7月28日
［出生地］モスクワ（ソ連）　［学歴］モスクワ大学アジア・アフリカ研究所卒
大学で日本語、日本史、日本経済、日本文学を学び、卒業後国家保安委員会（KGB）第1総局第7局日本課に勤務。1975年2月KGB将校（少佐）として「ノーボエ・ブレーミア（新時代）」誌特派員に偽装して来日、KBG東京支局工作活動班に属し、日本の政界、学界、マスコミ界の情報収集、宣伝工作などを担当した。'79年10月米国へ亡命。'82年12月米国下院情報特別公聴会で日本での活動について証言（レフチェンコ証言）、その協力者は外交官、政治家、ジャーナリストなど約200人に達することを暴露、日本国会はレフチェンコ騒動に巻き込まれたが真相は不明、刑事訴追も出来ず、自民党のスパイ活動防止法提出のきっかけとなった。安全保障問題のコンサルタントとして活躍。

【著作】
◇KGBの見た日本——レフチェンコ回想録　スタニスラフ・A. レフチェンコ著　日本リーダーズダイジェスト社　1984

レフラー, ロバート
Leflar, Robert B.
アーカンソー大学ロースクール教授

［生年月日］1951年

［国籍］米国　［出生地］アーカンソー州　［学歴］ハーバード大学〔1972年〕, ハーバード大学ロースクール卒　［専門］医療分野の法律
1972年早稲田大学に留学。帰国後ハーバード大学ロースクールを卒業。在学中に当時、アーカンソー州司法長官のクリントンと知り合う。'92年東京大学法学部客員研究員として滞日。その後、アーカンソー大学ロースクール助教授を経て、教授。2006年には東大法科大学院特任教授も務めた。
【著作】
　◇外から見た日本法　石井紫郎, 樋口範雄編　東京大学出版会　1995.8〈内容：日本とアメリカのインフォームド・コンセント—レトリック、現実、そして政治（ロバート・レフラー）〉
　◇日本の医療と法—インフォームドコンセント・ルネッサンス　ロバート・B.レフラー著, 長沢道行訳　勁草書房　2002.9

レペタ, ローレンス
Repeta, Lawrence
弁護士　大宮法科大学院大学教授

［生年月日］1951年
［国籍］米国　［出生地］ニューヨーク州バッファロー　［学歴］ワシントン大学ロースクール修了　［専門］アメリカ法特殊問題, 国際取引実務　［団体］日本自由人権協会
21歳の時、米国海兵隊員として来日し、岩国基地に勤務。除隊後、米国の大学に戻り、独学で日本語をマスター。1979年ワシントン州の弁護士資格をとり、シアトルを本拠に日米の渉外法律事務を扱う。東京地裁で傍聴メモが認められず、'85年に提訴、'89年3月"法廷で傍聴メモをとってもよい"との最高裁判決を勝ちとった。この間の記録を「MEMOがとれない」と題して出版。のちテンプル大学ジャパン副学長を経て、大宮法科大学院大学教授。情報公開法制定推進会議世話人を経て、情報公開クリアリングハウス理事も務める。
【著作】
　◇Memoがとれない—最高裁に挑んだ男たち　Lawrence Repeta〔ほか〕著　有斐閣　1991.10

　◇情報公開法におけるアメリカと日本（特集・文化比較の中の日本法—第3回国際シンポジウム—アメリカと日本）　Lawrence Repeta, 井上貴也訳：比較法　40　2003.3

レーベデワ, イリーナ
Lebedeva, Irina
ソ連科学アカデミー東洋学研究所日本経済課長

［生年月日］1950年2月13日
［国籍］ソ連　［学歴］モスクワ大学〔1972年〕卒　［専門］日本経済
経済学を研究。著書に「ソ連は日本をどう見ているか？」（共著）。
【著作】
　◇ソ連は日本をどう見ているか？—急進展する民主化の原点と政策　コンスタンチン・サルキソフ, イリーナ・レベデヴァ〔ほか〕共著　日新報道　1991.9
　◇ソ連の日本研究—文学・経済学・歴史学　ユリア・ミハイロバ, イリーナ・レベデバ, ネリー・レシチェンコ：日本研究　10　1994.8

レーマン, ジャン・ピエール
Lehmann, Jean-Pierre
スイス経営開発国際研究所（IMD）教授

［生年月日］1945年
［国籍］フランス　［学歴］ジョージタウン大学卒　［学位］博士号（オックスフォード大学）　［専門］日本研究, 東アジア
1992年からストックホルム商科大学・欧州日本研究所所長。'97年スイス経営開発国際研究所（IMD）教授に就任。日本や東アジア地域の政治経済の動向を長年、研究。欧米や日本の多国籍企業のコンサルタントも務める。著書に「Japan and Europe in Global Perspective」などがある。
【著作】
　◇グローバル・リーダーシップに挑戦せよ—日本的経営のジレンマと課題（特集・日本の将来を左右する産業競争力）　Jean-Pierre Lehmann, Dominique V. Turpin：Keidanren　47（4）　1999.4

レーリング, ベルナルト
Röling, Bernard V. A.
法律家　東京裁判判事, フローニンゲン大学教授

[生年月日] 1906年12月26日
[没年月日] 1985年3月16日
[国籍] オランダ　[出生地] ヘルトーゲンボッシュ　[学歴] ユトレヒト大学卒, ナイメーヘン大学卒　[専門] 刑法
ユトレヒト大学で刑法学を教えたあと、1941～45年ナチ占領下でミデルブルク、ユトレヒト各裁判所判事を務める。'46年に極東国際軍事裁判（東京裁判）のオランダ代表判事に任命され、日本の戦犯を裁いた。同裁判の判決では多数判決に対して個別意見書を提出、共同謀議の認定に異を唱えた五人の判事の一人。その後'49年から'72年までフローニンゲン大学教授を務める一方、ストックホルム国際平和研究所などのメンバーとして、国際平和に尽力した。'83年、35年ぶりに来日している。
【著作】
◇レーリンク判事の東京裁判―歴史的証言と展望　B. V. A. レーリンク, A. カッセーゼ著, 小菅信子訳　新曜社　1996.8

レーン, リチャード
Lane, Richard
日本美術研究者, 日本文学研究者　ホノルル美術館学芸員

[生年月日] 1926年
[国籍] 米国　[学位] 文学博士（コロンビア大学）〔1958年〕　[専門] 浮世絵
東京大学、早稲田大学、京都大学の大学院で学ぶ。日本の現代語および江戸時代語に通じ、コロンビア大学やメリーランド大学などで日本語、日本文学、日本美術を教えるとともにホノルル美術館の学芸員も務めた。近年40年間の大半は日本に住み、北斎をはじめとする浮世絵に造詣が深い。著書に「Masters of the Japanese Print」（1962年）、「Images from the Floating World」（'78年）、日本語の著書に「浮世絵の初期絵巻」「北斎―伝記画集」（'89年）がある。
【著作】
◇北斎―伝記画集　リチャード・レイン著, 竹内泰之訳　河出書房新社　1995.3
◇枕絵―新篇初期版画　リチャード・レイン責任編集　学習研究社　1995.11
◇色道取組十二番―大判錦絵秘画帖（定本・浮世絵春画名品集成）　磯田湖竜斎〔画〕, リチャード・レイン編・著　河出書房新社　1996.2
◇江戸の春・異邦人満開―エトランジェ・エロティック（定本・浮世絵春画名品集成）　リチャード・レイン著, 林美一監修, 大家京子訳　河出書房新社　1998.2
◇初春色ごよみ（定本・浮世絵春画名品集成）　葛飾北斎〔画〕, リチャード・レイン著　河出書房新社　2000.9
◇浮世絵消された春画（とんぼの本）　リチャード・レインほか著　新潮社　2002.12
◇歌麿の謎美人画と春画（とんぼの本）　リチャード・レイン, 林美一ほか著　新潮社　2005.11

レング, ジャン・ピエール
Leng, Jean-Pierre
外交官　駐ジュネーブEU代表部大使　駐日EU代表部大使

[生年月日] 1931年
[国籍] フランス　[出生地] ボルドー　[学歴] エックス大学卒, ポワチエ大学大学院修了
1959年EC（欧州共同体）委員会対外関係総局に入り、'76～79年駐米EC委員会代表部副代表、'79～84年パリで駐経済協力開発機構（OECD）のEC代表部大使、'84～88年ブリュッセルで繊維・鉄鋼交渉特別代表を務め、工業部門の貿易問題局長兼任。'88年対外関係総局長（北米など担当）を経て、'90年7月～'94年3月駐日EC代表部大使。のち駐ジュネーブ大使。
【著作】
◇法とヨーロッパ統合―21世紀への挑戦 国際シンポジウム　関西大学法学研究所編　関西大学法学研究所　1993.10〈内容：EC統合と日本（ジャン・ピエール・レング）〉

レンツ, イルゼ
Lenz, Ilse
ボッフム大学社会学部教授

［生年月日］1948年
［国籍］ドイツ　［学歴］オハイオ州立大学, 天理大学, ミュンヘン大学　［学位］博士号（ベルリン自由大学）〔1983年〕　［専門］社会学, 女性学, 日本学
ミュンスター大学社会学研究所を経て、ボッフム大学社会学部教授に。著書に「資本主義の発達、生存維持生産と女性労働:日本の事例」(1984年)、分担執筆に「新・世界の女たちはいま」('93年)「変容する男性社会―労働, ジェンダー日独比較」('93年)など。
【著作】
◇変容する男性社会―労働、ジェンダーの日独比較　原ひろ子, 大沢真理編　新曜社　1993

レンハルト, ゲーロ
マックス・プランク教育研究所

［生年月日］1941年
［国籍］ドイツ　［専門］教育政策
著書に「職業的継続教育と労働分配」「学校と官僚的合理性」など。
【著作】
◇日本とドイツの外国人労働者―シンポジウム（シリーズ外国人労働者）　手塚和彰〔ほか〕編　明石書店　1991.7〈内容：日本人は移民と共生できるか？―訪日後に考えたこと（ゲーロ・レンハルト）〉

レーンホルム, ルードヴィヒ・ヘルマン
Loenholm, Ludwig Hermann
法学者　司法省顧問

［生年月日］1854年
［国籍］ドイツ　［学歴］ライプチヒ大学卒, ハレ大学
1885年ライプチッヒ地方裁判所判事となり、ついで1898年同地方裁判所部長となった。1906年には枢密参事官に栄転した。1889年来日し、東京の独逸協会学校に招かれ法律学教師となった。翌1890年9月には帝国大学法科大学ドイツ法教師となり、以来契約更新すること7回に及び21年間在職した。帝国大学において学生をよく指導し、その数は900名を超した。教育のかたわら司法省顧問をも兼任、わが国の法学思想の普及に努めた。日本の民法および商法を英語に翻訳した。多年の功績に対し日本政府より勲三等瑞宝章および旭日章を贈られた。また大蔵省において「財政経済新報」を編集し、かつ多くの論文を発表した。退職後アメリカに渡ったが生活が苦しく、かつての教え子達の手により救援の手が差しのべられた。
【著作】
◇日独ノ関係　レーンホルム著, 斎藤鉄太郎訳　八尾書店　1885
◇内地雑居論資料集成　5　稲生典太郎編　原書房　1992.11〈内容：新条約下の外国人の地位（英文）(ルードウィッヒ・レンホルム著)〉

【ロ】

ロイ, パトリシア
Roy, Patricia E.
ビクトリア大学教授

［国籍］カナダ　［学歴］ブリティッシュ・コロンビア大学卒, トロント大学大学院修士課程修了　［学位］Ph. D.（ブリティッシュ・コロンビア大学）
著書に「A White Man's Provinee:British Columbia Politicians and Chinese and Japanese Immigrants, 1858-1914」、共著に「引き裂かれた忠誠人―第二次世界大戦中のカナダ人と日本人」がある。
【著作】
◇引き裂かれた忠誠心―第二次世界大戦中のカナダ人と日本人　飯野正子, 高村宏子, パトリシア・E. ロイ, ジャック・L. グラナスティン著　ミネルヴァ書房　1994.2

ロイド, アーサー
　Lloyd, Arthur
　宣教師, 英語教師, ラテン語教師

[生年月日] 1852年4月10日
[没年月日] 1911年10月27日
[国籍] 英国　[出生地] インド北部パンジャブ州シムラ　[学歴] ケンブリッジ大学

1885年にイギリス聖公会SPG宣教師として来日。最初東京芝聖アンデレ教会で伝道に従事したが、のち慶応義塾に英語英文学およびラテン語教師として招かれた。1898年T. S. チングの跡を継いで立教学院総理に就任した。立教における講義は一切日本語を使わず、授業は真剣且つ厳格であったという。1903年ラフカディオ・ハーンの後任として東京帝国大学で英文学を教授することとなった。同年9月に立教学院総理の席をH. St. G. タッカーに譲った。日本語に堪能で明治天皇の御製や尾崎紅葉の「金色夜叉」、徳冨蘆花の「自然と人生」の英訳を行なった。

【著作】
◇中等和文英訳　アーサー・ロイド, 元田作之進編　普及舎　1902
◇小学英語読本　No. 1-4　アーサー・ロイド, 元田作之進著　英語普及協会　1903
◇和英対照作文辞彙　アーサー・ロイド, 佐々木文美共著　鐘美堂　1903 3版
◇和英新辞典―註解　アーサー・ロイド英訳, 山口造酒, 入江祝衛編　賞文館　1907
◇日本お伽噺　アーサ・ロイド訳　有楽社　1909

ローウェル, パーシバル
　Lowell, Percival
　天文学者

[生年月日] 1855年3月13日
[没年月日] 1916年11月12日
[国籍] 米国　[出生地] マサチューセッツ州ボストン　[学歴] ハーバード大学数学〔1876年〕卒

ボストンの資産家の家庭に生まれる。大学卒業後ヨーロッパを旅行したのち実業家として活躍。1883～1893年日本に滞在。この経験を基に「極東の魂」「能登・人に知られぬ日本の辺境」「神秘な日本」などを著した。帰国後C. フラマリオンの火星の人工運河説に触発され、火星の観測を行うため私財を投じて1894年アリゾナにローウェル天文台を設立、以後火星人の存在を仮想し、その検証に熱意を注いだ。1916年「惑星の発生」を著し、天王星の摂動にかかわる天体は海王星だけではなく、他にもう1つの未知の惑星があることを予知した。死後'30年トンボーによってこの惑星は発見され冥王星と名づけられた。著書に「火星と運河」('06年)、「生命の住む火星」('09年)などがある。

【著作】
◇極東の魂　公論社　1977
◇極東の魂（公論選書）　パーシヴァル・ローエル著, 川西瑛子訳　公論社　1989.7
◇能登・人に知られぬ日本の辺境　パーシヴァル・ローエル著, 宮崎正明訳　十月社　1991.10

ロガチョフ, イーゴリ
　Rogachev, Igor A.
　外交官　駐中国ロシア大使

[生年月日] 1932年3月1日
[国籍] ロシア　[学歴] モスクワ国際関係大学〔1955年〕卒

1956年ソ連外務省に入り、在中国大使館、在米大使館勤務を経て、1971年中ソ国境交渉代表団員、'72年外務省第一極東部次長、'78年東南アジア部長、'83年第一極東部長（中国担当）。'86年6月アジア社会主義諸国局長、8月外務次官（アジア担当）。'91年ロシア外務省特命大使を経て、'92年5月駐中国大使。

【著作】
◇「苦闘」ペレストロイカ―改革者たちの希望と焦り　世界日報外報部訳・編　世界日報社　1990.10〈内容：日米安保に対するソ連の見方（イーゴリ・ロガチョフ）〉

鹿　錫俊　ろく・しゃくしゅん
　島根県立大学総合政策学部助教授

[生年月日] 1955年
[国籍] 中国　[学歴] 復旦大学大学院歴史学研究科〔1988年〕修士課程修了, 復旦大学大学院歴史・国際政治学研究科〔1991年〕博士課

程修了，一橋大学大学院法学研究科〔1995年〕博士課程単位取得　〔学位〕博士（歴史，法学，復旦大学，一橋大学）〔1993年・1998年〕　〔専門〕国際関係

一橋大学法学部助手，日本学術振興会特別研究員を経て，島根県立大学総合政策学部助教授。

【著作】
- ◇'99島根国際シンポジウム報告書　島根県〔2000〕〈内容：歴史の負の遺産と新しい日中関係の構築（鹿錫俊）〉
- ◇共生から敵対へ―第4回日中関係史国際シンポジウム論文集　衛藤瀋吉編　東方書店　2000.8〈内容：「直接交渉」問題を巡る日中間の対応（1931～1932年）（鹿錫俊）〉
- ◇中国国民政府の対日政策―1931-1933　鹿錫俊著　東京大学出版会　2001.1

ロゲンドルフ，ヨゼフ
Roggendorf, Joseph
教育者，宣教師　イエズス会宣教師

〔生年月日〕1908年5月10日
〔没年月日〕1982年12月27日
〔国籍〕ドイツ　〔出生地〕ラインラント

ギムナジウムを卒業後イエズス会に入会し，ドイツおよびフランスの神学校に於いて神学，および哲学を学ぶ。1933年司祭に任ぜられ，翌1934年イエズス会教師として来日。東京で日本語を学び，英文学科が設立された上智大学で教鞭をとる。1937年ロンドン大学に留学，アフリカ・東洋研究所の日本学科大学院に進んだ。1940年再来日し上智大学に復帰。第二次世界大戦中も日本に留まり，多くの日本の若者達の精神的指導者としての役割を果した。戦後，日本再建のための公開講義でジョセフ・キーナンらとともに特別講義を行い，その講義内容を納めた「日本再建の諸問題」の第1章「日米文化交流の可能性」で，大戦は精神の貧困からもたらされたため，日米両文化は双方のもっともよいものをもちよるべき，と説いている。　〔叙勲〕十字功労章一級（ドイツ），勲四等端宝章〔1968年〕

【著作】
- ◇日本再建の諸問題―アメリカの諸権威は語る　朝日新聞社編　朝日新聞社　1946
- ◇G・B・サンソムの日本文化史研究　ヨゼフ・ロゲンドルフ：ソフィア　1(4)　1952.12
- ◇ヨーロッパから見た日本文化　J・ロゲンドルフ：理想　311　1954.4
- ◇外国人の見た日本人の道徳的心性―生かさるべきヒューマニズムの伝統　ヨゼフ・ロゲンドルフ：現代道徳講座　第3巻　河出書房　1955
- ◇日本文化の伝統と変遷　高柳賢三，竹山道雄，木村健康，高坂正顕，鈴木成高，西谷啓治，平林たい子，林健太郎，関嘉彦，大平善梧，河北倫明，唐木順三，石井良助，直井武夫，ハバート・パシン，E. G. サイデンステッカー，ジョセフ・ロゲンドルフ：日本文化の伝統と変遷　新潮社　1958
- ◇生きていたサムライ精神―日本人の性格　ヨゼフ・ロゲンドルフ：自由　1961.2
- ◇日本文化の伝統と変遷　高柳賢三，西谷啓治，高坂正顕，林健太郎，ジョセフ・ロゲンドルフ，久保正幡，竹山道雄，鈴木成高，平林たい子，坂田吉雄：日本的なるもの　新潮社　1964
- ◇日本人は排他的か　J・ロゲンドルフ：諸君　1975.2
- ◇外から見た日本の中　J・ロゲンドルフ：心　28(11)　1975.11
- ◇和魂・洋魂―ドイツ人神父の日本考察　ヨゼフ・ロゲンドルフ，加藤恭子著　講談社　1979.9

ロコバント，エルンスト
Rokoband, Erunst
東洋大学法学部法律学科教授

〔生年月日〕1944年1月19日
〔国籍〕ドイツ　〔出生地〕東プロイセン　〔学歴〕ボン大学東アジア言語研究所〔1969年〕修了，ボン大学大学院地域研究科公法専攻博士課程修了　〔学位〕文学博士（ボン大学）〔1976年〕　〔専門〕日本学（国家学，国家法学），ドイツ語　〔団体〕宗教法学会，日本公法学会，ドイツ東洋文化研究協会

1970～72年日本に留学。'78年ドイツ東洋文化研究協会（OAG）研究主事，'85年会長。国学院大学日本文化研究所研究員を経て，'85年東洋大学助教授，のち教授。'88年日本で初めてのドイツ語圏日本学者の学会を企画した。

【著作】
- ◇国家神道を考える　エルンスト・ロコバント〔述〕，国際日本文化研究センター編　国際日本文化研究センター　1991.3

◇ドイツ文化と日本の文化（対談）　エルンスト・ロコバント，飯塚毅：バンガード　13(7)　1992.7

ロシェ，アラン
Rocher, Alain
モントリオール大学比較文学科助教授

[生年月日] 1957年
[出生地]カサブランカ(モロッコ)　[学歴]グルノーブル大学〔1975年〕卒　[学位]フランス国家博士〔1989年〕　[専門]古典文学，神話学
1976年大学教員資格(古典文学)を取得し，同年来日。熊本大学外国人教師を経て，東京大学教養学部外国人教師。のちモントリオール大学比較文学科助教授。共著に「CDゼミフランス語聴解コース―NHKラジオ講座で『旅』を聴く」、訳書にジャン・ポール・クレベール「動物シンボル事典」（共訳）。
【著作】
◇往生考―日本人の生・老・死　国立歴史民俗博物館国際シンポジウム　宮田登，新谷尚紀編　小学館　2000.5〈内容：死の神話学（アラン・ロシェ）〉

ロジャーズ，デービッド
Rogers, David J.
サービス・イノベーションズ社社長

[生年月日] 1941年
[国籍]米国　[出生地]イリノイ州　[学歴]ルーズベルト大学(英文学・経営学)卒
セールス、マーケティング、自己開発セミナースクールであるサービス・イノベーションズ社の社長。著書に「武士道」「古今の名将に学ぶ経営戦略」がある。
【著作】
◇武士道―「気」の心理術　デービッド・ロジャーズ著，川勝久訳　ティビーエス・ブリタニカ　1985.9

ロジャース，マイナー・リー
Rogers, Minor
ワシントン・アンド・リー大学教授

[生年月日] 1930年

[国籍]米国　[学歴]ハーバード大学(比較宗教学)卒，プリンストン大学(日本史)　[学位]博士号　[専門]比較宗教学，日本史
ハーバード大学中にキリスト教と日本仏教の比較宗教学を専攻。浄土真宗中興の祖・蓮如を紹介されて以来、蓮如の研究を20年以上も地道に続けている。1961年から4年間、聖公会宣教師として訪日した時から日本語を勉強。帰国後、プリンストン大学で日本史を学ぶ。日本語教師の妻のアンとともに蓮如の手紙である御文を全巻英訳、'90年研究の集大成「RENNYO」を日本で出版。'89年9月4度目の来日。
【著作】
◇Rennyo—the second founder of Shin Buddhism : with a translation of his letters (Nanzan studies in Asian religions 3)　Minor and Ann Rogers　Asian Humanities Press　1991

魯迅　ろじん
Lu-xun
作家，思想家，文学史家

[生年月日] 1881年9月25日
[没年月日] 1936年10月19日
[国籍]中国　[出生地]浙江省紹興　[本名]周樹人〈ZhouShu-ren〉　[別名等]幼名＝樟寿，字＝矛才，別筆名＝唐俟，巴人　[学歴]仙台医学専門学校(現・東北大学医学部)卒
裕福な官僚地主の家に生まれるが、少年期に家が没落して辛酸をなめた。1902年官費留学生として日本留学、医学を学んだが、帰国後再び来日し文学を志した。'09年帰国。郷里で教師となり、北京大学などで教鞭をとる。'18年処女作「狂人日記」を発表。中編小説「阿Q正伝」('21～22年)で中国社会底辺の人間像を描き、代表作となる。後年はマルクス主義に傾き中国左翼作家連盟を中心にファシズムに抵抗した。邦訳作品集に「魯迅選集」（全12巻、'56年)、「魯迅文集」（全6巻、竹内好訳、筑摩書房、'76～78年)、「魯迅全集」（全16巻)がある。日本への留学時、仙台医学専門学校での恩師であった藤野厳九郎との心の交流を

描いた短篇「藤野先生」は、中国の教科書にも掲載されるなど広く親しまれている。
【著作】
◇外国人の見た日本　第3　筑摩書房　1961〈内容：藤野先生（魯迅著, 竹内好訳）〉
◇魯迅文集（第二巻）「藤野先生」　筑摩書房　1976
◇藤野先生　魯迅〔著〕, 駒田信二訳　講談社　1998.5
◇藤野先生と魯迅―惜別百年　「藤野先生と魯迅」刊行委員会編　東北大学出版会　2007.3

ロス, アンドルー
Roth, Andrew
ジャーナリスト, 評論家

[生年月日] 1919年4月23日
[国籍] 米国　[出生地] ニューヨーク　[学歴] コロンビア大学〔1939年〕卒
両親はハンガリーから米国に移り住んだ。1940年コロンビア大学で修士号を取得し、太平洋問題調査会（IPR）研究員などを経て、第二次大戦中は海軍大尉として対日諜報活動に従事。'45年に「Dilemma of Japan（日本のジレンマ）」（邦訳'70年）を発表、財閥の天皇制を温存して戦後日本の立て直しを図ろうとする米国の日本占領政策を批判し、自由主義者や社会主義者を中心とする戦後政権の確立を提唱したが、当時日本語訳の出版は許可されなかった。戦後、「ネーション」誌の論説記者等ジャーナリストとして活躍、中東、極東、東南アジア、日本などを歩き、多くの雑誌に活発に寄稿を続けた。日本では、'49年以降雑誌「世界」などに論文を寄せた。'50年代には進歩派ジャーナリストとして、マッカーシズムの"赤狩り"の対象となった。その後、英国を根拠地として世界各国の雑誌・新聞への寄稿活動を続ける傍ら、'84年から「ニュース・ステーツマン」の政治問題特派員を務めた。
【著作】
◇日本のジレンマ　アンドルー・ロス著, 小山博也訳　新興出版社　1970

ロス, コリン
Ross, Colin
ジャーナリスト

[生年月日] 1885年
[没年月日] 1945年
[国籍] オーストリア　[出生地] ウィーン
第一次大戦時、オーストリアの新聞特派員として活躍。著書に「日中戦争見聞記」がある。
【著作】
◇日中戦争見聞記―1939年のアジア　コリン・ロス著, 金森誠也, 安藤勉訳　新人物往来社　1990.4
◇日中戦争見聞記―1939年のアジア（講談社学術文庫）　コリン・ロス〔著〕, 金森誠也, 安藤勉訳　講談社　2003.8

ローズ, リチャード
Rhodes, Richrad L.
ジャーナリスト, 作家

[生年月日] 1937年7月4日
[国籍] 米国　[出生地] カンザスシティ　[学歴] エール大学卒
「ハーパーズ」「プレイボーイ」「ローリング・ストーン」など全米誌に寄稿。鋭い切り口には定評があり、著書にノンフィクション「Looking for America」（1979年）、「原子爆弾の誕生」（'87年）、「アメリカ農家の12ヵ月」（'89年）、「A Hole in the World」（'90年）、「死の病原体プリオン」（'97年）、小説「The Ungodly」（'73年）ほか多数がある。　[受賞] ピュリッツァー賞〔1988年〕「原子爆弾の誕生」, 全米図書賞〔1988年〕「原子爆弾の誕生」, 全米批評家協会賞〔1988年〕「原子爆弾の誕生」
【著作】
◇原子爆弾の誕生―科学と国際政治の世界史　上　リチャード・ローズ著, 神沼二真, 渋谷泰一訳　啓学出版　1993.9
◇原子爆弾の誕生―科学と国際政治の世界史　下　リチャード・ローズ著, 神沼二真, 渋谷泰一訳　啓学出版　1993.10
◇原子爆弾の誕生　上　リチャード・ローズ〔著〕, 神沼二真, 渋谷泰一訳　紀伊国屋書店　1995.6

◇原子爆弾の誕生　下　リチャード・ローズ〔著〕，神沼二真，渋谷泰一訳　紀伊国屋書店　1995.6

ローゼン，アラン　Rosen, Alan D.

[生年月日]1945年
[学歴]ペンシルベニア大学(米国)卒　[学位]文学博士　[専門]17世紀イギリス文学
熊本大学教育学部講師，陶芸家としても活躍。共著に「ラフカディオ・ハーン再考」「ロックの心」「ビートルズの心」，共編に「対訳小泉八雲作品抄」「ファッションとアパレル英語小事典」などがある。
【著作】
◇ラフカディオ・ハーン再考—百年後の熊本から　熊本大学小泉八雲研究会編　恒文社　1993.10〈内容：ハーンの熊本時代—再評価の試み（アラン・ローゼン）〉
◇アメリカ作家の異文化体験(開文社叢書)　田中啓介，里見繁美編著　開文社出版　1999.3〈内容：ハーンと弓道（アラン・ローゼン）〉

ローゼンストーン，ロバート　Rosenstone, Robert A.
カリフォルニア工科大学教授

[生年月日]1936年
[国籍]カナダ　[出生地]モントリオール　[学位]博士号(カリフォルニア大学)　[専門]歴史学
カリフォルニア大学で博士号を取得した後，オレゴン大学に勤務。1975年よりカリフォルニア工科大学歴史学教授。著書に「Crusade of the Left:The Lincoln Battalion in the Spanish Civil War」「Romantic Revolutionary:A Biography of John Reed」「ハーン，モース，グリフィスの日本」などがある。
【著作】
◇ハーン、モース、グリフィスの日本　R. A. ローゼンストーン著，杉田英明，吉田和久訳　平凡社　1999.10

ローゼンブルス，フランシス　Rosenbluth, Frances McCall
カリフォルニア大学サンディエゴ校(UCSD)国際関係・太平洋研究大学院助教授

[国籍]米国　[学歴]バージニア大学〔1980年〕卒　[学位]博士号(コロンビア大学)〔1988年〕　[専門]政治学，国際関係
東京大学に留学し，日本の規制緩和政策，金融政策を研究。コロンビア大学研究員，バージニア大学助教授などを経て，1989年カリフォルニア大学サンディエゴ校(UCSD)国際関係・太平洋研究大学院助教授。
【著作】
◇日本政治の経済学—政権政党の合理的選択　M. ラムザイヤー，F. ローゼンブルス著，川野辺裕幸，細野助博訳　弘文堂　1995.3
◇日本政治と合理的選択—寡頭政治の制度的ダイナミクス1868-1932(ポリティカル・サイエンス・クラシックス)　M. ラムザイヤー，F. ローゼンブルース著，河野勝監訳，青木一益，永山勝之，斉藤淳訳　勁草書房　2006.4

ロソフスキー，ヘンリー　Rosovsky, Henry
経済学者　ハーバード大学教授

[生年月日]1927年
[国籍]米国　[学歴]ウィリアム・アンド・メアリー大学〔1949年〕卒，ハーバード大学大学院〔1953年〕修士課程修了　[学位]Ph. D.(ハーバード大学)〔1959年〕　[資格]米国芸術科学アカデミー会員〔1969年〕　[専門]経済史，日本の経済成長，高等教育
ハーバード大学の教授として長らく同大学の管理・運営にあたる。主な著書に「Capital Formation in Japan 1968—1940」('61年)，「日本の経済成長」(共著，'73年)，「大学の未来へ—ハーヴァード流大学人マニュアル」がある。　[受賞]シュンペーター賞〔1963年〕，エンサイクロペディア・ブリタニカ・アチーブメント・アワード〔1981年〕　[叙勲]勲二等瑞宝章〔1988年〕
【著作】
◇西暦2000年の日本　ダニエル・ベル，ヘンリー・ロソフスキー，トーマス・ホルステッド,

ノーマン・ミネタ, ウィリアム・シャーマン〔ほか〕: サンデー毎日　1976.2.8
◇世界経済の生きる道―経済政策と開発　大来佐武郎博士古稀記念　宍戸寿雄, 佐藤隆三編訳　サイマル出版会　1987.6〈内容:新時代に入った日本経済-国際経済システムのシナリオ(H. T. パトリック, H. ロソフスキー)〉

ロック, マーガレット
Lock, Margaret M.
マクギル大学医学人類学部人文社会学科教授

[国籍]米国　[専門]医療人類学
元医療人類学会会長。著書に「Health, Illness and Medical Care in Japan―Cultural and Social Dimensions」('1987年, 共編)、「Biomedicine Examined」('88年, 共編)、「都市文化と東洋医学」など。
【著作】
◇都市文化と東洋医学　マーガレット・ロック著, 中川米造訳　思文閣出版　1990.11
◇ジェンダーの日本史　上　脇田晴子, S. B. ハンレー編　東京大学出版会　1994.11〈内容:女性の中年期・更年期と高齢化社会(マーガレット・ロック)〉
◇脳死と臓器移植の医療人類学　マーガレット・ロック〔著〕, 坂川雅子訳　みすず書房　2004.6
◇更年期―日本女性が語るローカル・バイオロジー　マーガレット・ロック[著], 江口重幸, 山村宜子, 北中淳子共訳　みすず書房　2005.9

ロティ, ピエール
Loti, Pierre
作家, 海軍軍人

[生年月日]1850年1月14日
[没年月日]1923年6月10日
[国籍]フランス　[出生地]ロッシュフォール
[本名]ルイ・マリ・ジュリアン・ヴィオ〈Louis Marie Julien Viaud〉　[学歴]フランス海軍兵学校
1867年ブレストの海軍兵学校に入学。士官候補生として地中海や南米、北米、北海などを回る。1872年タヒチ島でマオリ族の女たちに愛されて深い感銘を受け、その時に付けられたあだ名"ロティ"を筆名として用いる。海軍士官として各地を回り、1879年イスタンブールでの悲恋を綴った小説「アジヤデ」を発表。以後も「ロティの結婚」(1880年)、「アフリカ騎兵の物語」(1881年)など訪れた各地の風物と異国女性との交流を繊細で官能的な筆致で綴り、独特の哀感をたたえた異国趣味文学を作り上げ、"新ロマン主義"と呼ばれた。1885年、1900年に来日、その印象を元に「お菊さん」(1887年)、「秋の日本」(1889年)を発表。長崎庶民の生活や皇室、鹿鳴館など当時の日本文化を広く外国に伝え、ラフカディオ・ハーン(小泉八雲)に来日を決心させた他、プッチーニのオペラ「蝶々夫人」のモデルになったといわれる。1891年41歳と最年少の若さで文人として最高の栄誉であるアカデミー・フランセーズの会員に選ばれた。'10年海軍を退役。他の作品に「氷島の漁夫」(1886年)、「ラムンチョ」(1897年)、「イスパハンをさして」('04年)などがある。　[記念碑]長崎公園(長崎県長崎市)
【著作】
◇おかめ八目　飯田旗軒訳　春陽堂　1912(?)
◇日本印象記　高瀬俊郎訳　新潮社　1914, 1915(?)
◇秋の日本　村上菊一郎, 吉永清訳　角川書店　1953〈角川文庫〉
◇秋の日本風物誌　下田行男訳　勁草書房　1953
◇秋の日本　ピエール・ロチ, 大久保利謙編：外国人の見た日本　第3　筑摩書房　1961
◇秋の日本　P. ロチ:世界教養全集　第7　平凡社　1961
◇ロチのニッポン日記―お菊さんとの奇妙な生活　船岡末利編訳　有隣堂　1979(有隣新書)
◇秋の日本(抄訳)村上菊一郎, 吉永清訳(世界教養選集 第9巻 所収)平凡社　1984
◇世界教養選集 第9巻「秋の日本〔抄訳〕」　平凡社　1984

ローテルムンド, ハルトムート
Rotermund, Hartmut O.
フランス国立高等研究院宗教学部教授

[生年月日]1939年
[出生地]ビュルツブルグ(ドイツ)　[専門]日本宗教史, 民俗学
1968年からフランス国立高等研究院宗教学部教授。著書に「疱瘡神―江戸時代の病いを

めぐる民間信仰の研究」「中世山伏の研究」「呪歌の研究」、編著に「日本古代宗教史読本」などがある。

【著作】
◇江戸末期における疱瘡神と疱瘡絵の諸問題　ハルトムート O. ローターモンド〔述〕, 国際日本文化研究センター編　国際日本文化研究センター　1993
◇疱瘡神—江戸時代の病いをめぐる民間信仰の研究　H・O・ローテルムンド著　岩波書店　1995
◇疱瘡神—江戸時代の病いをめぐる民間信仰の研究　ハルトムート・オ・ローテルムンド著　岩波書店　1995.3
◇往生考—日本人の生・老・死　国立歴史民俗博物館国際シンポジウム　宮田登, 新谷尚紀編　小学館　2000.5
◇日本文化と宗教—宗教と世俗化（国際シンポジウム）　国際日本文化研究センター編　国際日本文化研究センター　1996.3

ロード, ウォルター
Load, Walter
作家

[生年月日] 1917年
[没年月日] 2002年5月19日
[国籍] 米国　[出生地] メリーランド州ボルティモア

1941～45年軍務を経て、作家に転身。真珠湾攻撃やミッドウェー海戦などのノンフィクション分野で活躍。'55年タイタニック号の生存者約60人にインタビューし、船がどのように沈んだかを克明に記述した著書「タイタニック号の最後」を出版。同書はベストセラーとなり、'98年レオナルド・ディカプリオ主演で大ヒットした映画「タイタニック」の製作にも助言者として携わった。「真珠湾攻撃」（'57年）など真珠湾攻撃についての著作の執筆にあたっても、来日して当時のパイロットに取材、ジャーナリスティックな語り口を歴史小説に応用した先駆者と言われる。

【著作】
◇真珠湾攻撃（小学館文庫）　ウォルター・ロード著, 宮下嶺夫訳　小学館　2000.1

ロバーツ, ジョン
Roberts, John G.
フォトジャーナリスト

[生年月日] 1913年
[没年月日] 1993年
[国籍] 米国　[出生地] コネティカット州ニューブリテン　[学歴] シカゴ大学

シカゴ大学で生物学を学んだのち、フォトジャーナリストに。1959年から東京に住み、日米の政財界の黒い霧について論文、記事を多数発表、日米双方のメディアで健筆をふるう。著書に「三井—日本における政治と経済の三百年」、共著に「軍隊なき占領—ウォール街が『戦後』を演出した」などがある。

【著作】
◇軍隊なき占領—ウォール街が「戦後」を演出した　グレン・デイビス, ジョン・G. ロバーツ〔著〕, 森山尚美訳　新潮社　1996.12
◇軍隊なき占領—戦後日本を操った謎の男（講談社+a文庫）　ジョン・G. ロバーツ, グレン・デイビス〔著〕, 森山尚美訳　講談社　2003.3

ロバートソン, ジェニファー
Robertson, Jennifer E.
文化人類学者　ミシガン大学文化人類学部教授・副学部長

[生年月日] 1953年
[国籍] 米国　[出生地] ミシガン州デトロイト
[学歴] コーネル大学（美術史）〔1975年〕卒
[学位] Ph. D.（文化人類学, コーネル大学）〔1985年〕　[専門] 日本の文化的植民政策

3歳から14歳まで東京で育つ。その後も日本に住んだ経験を持つ親日家で、日本の文化的植民政策を研究する。学術論文を多数発表。著書に「Native and Newcomer:Making andRemaking a Japanese City」（1991年, '94年）、「踊る帝国主義—宝塚をめぐるセクシュアルポリティクスと大衆文化」などがある。
[受賞] クルト・バイル賞〔1999年〕「踊る帝国主義」

【著作】
◇踊る帝国主義—宝塚をめぐるセクシュアルポリティクスと大衆文化　ジェニファー・ロバ

ートソン著, 堀千恵子訳　現代書館　2000.
10

ロビンソン, ドナルド・L.
スミス・カレッジ政治学部教授

［生年月日］1936年
［国籍］米国　［学歴］エール大学卒　［学位］博士号（コーネル大学）　［専門］米国憲法, 日本国憲法
米国歴史協会、米国政治科学協会主催の憲法プログラム、プロジェクト1987のチームリーダー、憲法制度200年祭（フォード基金）顧問などを務め、米国の憲法研究の中心的存在。'89年同志社大学で1年間講義をした。'91年民主党候補として米国下院選に立候補するが落選。日本国憲法に関する研究、出版も多く、共著に「日米憲法体制比較」がある。
【著作】
◇翻訳 ドナルド・ロビンソン（スミス大学教授）運命の選択—第二次大戦後、日本とアメリカはどう変貌したか？　Donald L. Robinson, 井上徹也：同志社法学　57（2）　2005.7

ロベール, ジャン・ノエル
Robert, Jean-Noël
フランス国立高等研究院第5部教授

［生年月日］1949年
［国籍］フランス　［出生地］パリ　［学歴］パリ東洋語東洋文明研究院日本語学科〔1970年〕卒, パリ第七大学大学院修了　［学位］文学博士（パリ第七大学）〔1987年〕　［専門］日本仏教史, 天台教学
1973年国際交流基金の招きで京都・大谷大学に留学、日本最初の天台宗の教義書「天台法華宗義集」の存在を知り、研究を始める。帰国後フランス国立科学研究所で日本仏教史を研究すると同時に高等研究院とパリ第7大学で講義を受け持つ。その後、フランス国立高等研究院第5部教授に就任。'97年初めて法華経を漢文から仏語に翻訳した。'98年には慈円の「法華百首」の翻訳出版する。　［受賞］渋沢クローデル賞（第5回）〔1988年〕「9世紀初期における日本の天台宗の教義」
【著作】
◇なんで日本語やるの？—日本語にぞっこん異色外人のニッポン談義　A・ホルバード, ジャロン・ローヅ, ジャン・N・ロベール, ジョン・スピラム, イーデス・ハンソン：文芸春秋　1974.7
◇往生考—日本人の生・老・死 国立歴史民俗博物館国際シンポジウム　宮田登, 新谷尚紀編　小学館　2000.5〈内容：日本仏教のなかの「生・老・死」（J. N. ロベール）〉

ロベルジュ, クロード
Roberge, Claude
上智大学名誉教授

［生年月日］1928年9月10日
［国籍］カナダ　［学歴］モントリオール大学〔1949年〕卒, 上智大学大学院修了, モントリオール大学大学院〔1962年〕修士課程修了, モーンス大学（ベルギー）大学院〔1970年〕修士課程修了　［専門］音声学　［団体］大韓民国音声学会（名誉会員）, 日本フランス語フランス文学会, 日本音声学会, 日本VT法協会（会長）, 日本臨床VT法協会（会長）
1955年に来日。'62年から上智大学で教鞭をとり、同大学フランス語学科教授として、専門の音声学を生かしながら、言語障害児の治療や、効果的なフランス語教育を実践。'89年4月上智大学大学院外国語研究科言語学専攻主任。のち同大聴覚言語障害研究センター所長を経て、名誉教授。著書に「発音矯正と語学教育」、編著に「ザグレブ言語教育」など。　［叙勲］フランス政府勲章〔1984年〕
【著作】
◇日本語の発音指導—VT法の理論と実際　クロード・ロベルジュ, 木村匡康編著　凡人社　1990.2

ローマー, ケネス
Roemer, Kenneth M.
文学者　テキサス大学アーリントン校英文科教授

［生年月日］1945年
［国籍］米国　［学歴］ハーバード大学卒　［学位］文学博士（ペンシルベニア大学）〔1971年〕

[専門]アメリカインディアン文学, ユートピア文学, アメリカ学
1982～83年島根大学外国人教師, '88年国際基督教大学客員教授, '95年日本学術振興会研究員として来日。著書「The Obsolete Necessity:America in Utopian Literature(廃用の必需品:ユートピア文学におけるアメリカ)」('76年)はピュリッツァー賞候補となる。他の著書に日本での体験を綴った「道ばたで出会った日本―松江・ハーン・ヒロシマ」などがある。
【著作】
◇道ばたで出会った日本―松江・ハーン・ヒロシマ ケネス・M. ローマー著, 市川博彬訳 彩流社 2002.9

ローレン, トーマス
Rohlen, Thomas Payne
スタンフォード日本センター(京都)所長

[生年月日]1940年
[国籍]米国 [出生地]イリノイ州エバンストン
[学歴]プリンストン大学〔1962年〕卒, ペンシルベニア大学大学院〔1970年〕修了 [学位]Ph. D.(ペンシルベニア大)〔1971年〕
[専門]文化人類学
プリンストン大学卒業後, 外交官になり, 1963年～65年大阪の米国領事館に勤務。'68～69年福井市の一銀行で人類学的現地調査を行い, '70年までペンシルベニア大学大学院で文化人類学を専攻。'71年同大で博士号取得。'71～74年カリフォルニア大サンタ・クルズ校助教授, 准教授。その後, スタンフォード大研究員, ハーバード大学教授を経て, '86年スタンフォード大学教授に転じ, '89年京都に開校したスタンフォード日本センター所長に就任。知日派学者。著書「For Harmony and Strength, Japanese White Collar Organization in Anthropological Perspective」「Japan's High Schools(日本の高校―成功と代償)」のほか, 日本, アジア, 環太平洋地域に関する論文多数。 [受賞]大平正芳記念賞(第1回)〔1985年〕「日本の高校―成功と代償」, アメリカ教育研究協会賞「日本の高校」
【著作】
◇日本の高校―成功と代償 トーマス・ローレン著, 友田泰正訳 サイマル出版会 1988.3

ローレンス, ニール・ヘンリー
Lawrence, Neal Henry
カトリック神父, 歌人

[生年月日]1908年
[没年月日]2004年11月3日
[国籍]米国 [専門]英語短歌
太平洋戦争末期の沖縄上陸作戦と戦後の復興に米軍海軍将校として関わり, マッカーサー司令部の外交部員も務める。1960年神父として3度目の来日後, 司牧の傍ら東京大学などで国際政治や英語を教える。のち長野県富士見町にある聖ベネディクト会八ケ岳三位一体修道院の神父に就任。一方, 南原繁東大総長との交流から短歌に興味を持ち, 歌集を翻訳, '75年から英語短歌の創作を始める。米国やギリシャなどで開かれた世界詩人会議では海外に短歌を紹介した。歌集に「花開くとき」など。
【著作】
◇魂の内なる輝き ニール・ヘンリー・ローレンス作, 結城文訳・解説 邑書林 1999.1
◇花開くとき―英語短歌集 ニール・ヘンリー・ローレンス〔著〕, ヴェロニカ佐藤信子編・訳 すえもりブックス 2000.10

ロング, ダニエル
Long, Stephen Daniel
首都大学東京日本語教育分野助教授

[生年月日]1963年4月26日
[国籍]米国 [出生地]テネシー州ジャクソン [学歴]テネシー州立大学人文学部卒, 大阪大学大学院博士課程文学研究科日本学専攻
[学位]文学博士 [専門]国語学, 言語学 [団体]国語学会, 日本言語学会, 人文地理学会
1982年来日し, 国際基督教大学などで学ぶ。社会言語学の研究を続け, 大阪樟蔭女子大学日本語研究センター講師, '96年助教授を経

て、東京都立大学助教授。2005年首都大学東京日本語教育分野助教授。一方、来日以来主に大阪に住み大阪ことばに興味を持つ。1993年中国人留学生・彭飛(ポン・フェイ)が出版した「大阪ことばの特徴」の英訳を担当した。共著に「社会言語学図集」「新・方言学を学ぶ人のために」、共訳に「生きた言葉をつかまえる」などがある。

【著作】
◇大阪ことばの特徴—外国人留学生から見た 彭飛著 和泉書院 1993.4
◇方言の現在 小林隆〔ほか〕編 明治書院 1996.3〈内容：日本語方言との比較から見たアメリカ方言の現在(ダニエル・ロング)〉
◇小笠原学ことはじめ(小笠原シリーズ) ダニエル・ロング編著 南方新社 2002.9
◇小笠原ハンドブック—歴史、文化、海の生物、陸の生物(小笠原シリーズ) ダニエル・ロング, 稲葉慎編著 南方新社 2004.9
◇小笠原ことばしゃべる辞典(小笠原シリーズ) ダニエル・ロング, 橋本直幸編 南方新社 2005.5
◇日本のフィールド言語学—新たな学の創造にむけた富山からの提言(日本海総合研究プロジェクト研究報告) 真田信治監修, 中井精一, ダニエル・ロング, 松田謙次郎編 桂書房 2006.5

ロングフェロー, チャールズ・アップルトン　Longfellow, Charles Appleton

[国籍]米国

アメリカの詩人ヘンリー・ロングフェローの息子。明治4年～6年にかけて蝦夷から長崎まで旅行。富士山や京都・大阪・長崎を訪ね、アイヌと交流するなどの経験を「ロングフェロー日本滞在記」としてまとめた。

【著作】
◇ロングフェロー日本滞在記 山田久美子訳 平凡社 2004

ロンドン, ナンシー　London, Nancy R.
J・P・モルガン社(ロサンゼルス)副社長

[国籍]米国　[学歴]エール大学卒, ハーバード大学ロースクール卒　[資格]弁護士

著書に「日本企業のフィランソロピー—アメリカ人が見た日本の社会貢献」。

【著作】
◇日本企業のフィランソロピー—アメリカ人が見た日本の社会貢献 ナンシー・R・ロンドン著, 平山真一訳 ティビーエス・ブリタニカ 1992.5
◇公益法人論文選—公益法人協会創立25周年記念 公益法人協会 1997.10〈内容：日本の民間公益活動を考える〔87/12:講演〕(ナンシー・ロンドン)〉

【ワ】

ワイズ, デービッド　Wise, David A.
政治経済学者　ハーバード大学ケネディスクール教授

[生年月日]1937年
[国籍]米国　[学位]Ph. D.(カリフォルニア大学)

ハーバード大学助教授を経て、同大学ケネディスクール政治経済学教授、全米経済研究所(NBER)高齢化プログラム・ディレクターを務める。

【著作】
◇「日米比較」企業行動と労働市場—日本経済研究センター・NBER共同研究 橘木俊詔, デービッド・ワイズ編 日本経済新聞社 2001.9

ワイツゼッカー, リヒャルト・フォン　Weizsäcker, Richard von
政治家　ドイツ大統領

[生年月日]1920年4月15日
[国籍]ドイツ　[出生地]シュトゥットガルト
[学歴]ベルリン大学卒, オックスフォード大学卒, グルノーブル大学卒, ゲッティンゲン大学　[学位]法学博士(ゲッティンゲン大学)〔1954年〕

男爵家の名門に生まれる。第二次大戦中は国防軍に従軍。'54年キリスト教民主同盟

(CDU)に入党。'69〜84年旧西ドイツ連邦議会議員、'79〜81年連邦議会副議長。'81年6月〜'84年6月ベルリン州首相兼旧西ベルリン市長を務めた。'84年7月旧西ドイツ大統領に就任。'85年5月に行ったドイツの戦争責任への自覚を再度促した終戦40周年記念演説（ワイツゼッカー演説）は、同じ敗戦国の日本をはじめ世界各地で大きな反響を呼んだ。'89年5月再選。'90年10月東西ドイツ統一に伴い、初代統一ドイツ大統領に就任。'94年退任。'98年11月ユダヤ人補償基金評議会評議員を務める。〔受賞〕ハインリッヒ・ハイネ賞〔1991年〕
【著作】
◇心に刻む歴史—ドイツと日本の戦後50年　ワイツゼッカー前独大統領講演全録　改訂新版（東京ブックレット16）　東京新聞出版局　1995.11
◇ドイツと日本の戦後50年　Richard von Weizsacker〔述〕、中山純注釈　郁文堂　1996.4

ワイルズ, ハリー・エマーソン
Wildes, Harry Emerson
著述家, 日本研究家　GHQ民間歴史局社会・政治課長

[生年月日] 1890年4月3日
[国籍] 米国　[出生地] デラウェア州ミドルタウン　[学歴] ハーバード大学（経済学）卒、ペンシルベニア大学大学院修了　[学位] 博士号
1913〜15年ベル電話会社勤務、のち高校教師となり、'30年以降編集者、コラムニストなどとして活動。この間'24〜25年慶応義塾大学で経済学を講じ、日本研究家として知られる。第2次大戦中はワシントンの戦時情報局に勤務、日本占領のための要員訓練などにあたる。日本降伏後、連合国軍最高司令部（GHQ）民政局に転じ、憲法起草作業にも参画、'50年1月〜52年7月GHQ民間歴史局（統計資料局を改称）の社会・政治課長。著書に占領時代の体験にもとづいた「東京旋風」（'54年）がある。
【著作】
◇東京旋風—これが占領軍だった　H・E・ワイルズ著、井上勇訳　時事通信社　1954

ワイレン, トレーシー
Wilen, Tracey
ヒューレット・パッカード

[国籍] 米国
ニューヨークの広告代理店、アップル・コンピュータを経て、ヒューレット・パッカードに勤務。日本をはじめ、アジア・ヨーロッパ諸国の企業を相手にビジネス経験を積む。共著に「欧米キャリア女性が見た日本人のセクハラ」がある。
【著作】
◇欧米キャリア女性が見た日本人のセクハラ　クリスタリン・ブラネン, トレーシー・ワイレン著, 安次嶺佳子訳　草思社　1994.3

ワインスタイン, デービッド
Weinstein, David E.
経済学者　コロンビア大学経済学部教授

[生年月日] 1964年
[国籍] 米国　[学歴] エール大学〔1985年〕卒
[学位] 博士号（ミシガン大学）〔1991年〕
学者の両親と共に1歳で日本に移り住む。大学卒業後、ソニー厚木支店に勤務。のち通産省通商産業研究所、東京大学、大蔵省財政金融研究所などの研究員として頻繁に来日。1989年、'90年ブッシュ米国大統領（当時）の経済諮問委員会ジュニア・エコノミストを務める。'91〜97年ハーバード大学助教授、準教授。'97年ミシガン大学準教授を経て、'99年よりコロンビア大学経済学部教授。
【著作】
◇日本財政破綻回避への戦略　貝塚啓明, アン・O・クルーガー編　〔刊年不明〕
◇Tackling Japan's fiscal challenges　日本経済新聞出版社　2007.5

ワインスタイン, マーティン
Weinstein, Martin E.
モンタナ大学教授

[生年月日] 1934年
[国籍] 米国　[出生地] ニューヨーク　[学歴] 南カリフォルニア大学卒, コロンビア大学大学院博士課程修了　[学位] 政治学博士

563

コロンビア大学東アジア研究所、ブルッキングズ研究所、1975年～77年駐日米国大使特別補佐官、米国国際戦略問題研究センター日本担当部長、イリノイ大学教授を経て、'92年モンタナ大学教授。著書に「日本の政治家群像」ほかがある。

【著作】
◇The Origins and Basic Conception of Japan's Post‐war Defense Policy　Martin E. Weinstein：国際東方学者会議紀要（東方学会）　13　1968
◇Voices from Overseas, 世界からの辛口提言―国際安全保障 経済繁栄の前提条件　Martin E. Weinstein：通産ジャーナル　22(1)　1989.1
◇オピニオン・ワイド　毎日新聞　1992年1月5日付

ワカバヤシ, ボブ
Wakabayashi, Bob Tadashi
日本史研究家　ヨーク大学教授

[生年月日]1950年
[国籍]米国　[出生地]オハイオ州　[学位]博士号（プリンストン大学）
日系。カナダのヨーク大学助教授を経て、教授。著書に「Anti-Foreignism and Western Learning in Early-Modern Japan」など。

【著作】
◇なぜこんなにこじれるのか？日米文化摩擦の位相―ジャパノロジスト座談会in USA　酒井直樹、ハリー・ハルトゥーニアン, J. ピクター・コシュマン、ボブ・ワカバヤシ、マサオ・ミヨシ、山口二郎：月刊Asahi　2(7)　1990.7

ワーグナー, ウィーラント
Wagner, Wieland
ジャーナリスト　「シュピーゲル」極東特派員

[生年月日]1959年
[国籍]ドイツ　[出生地]エッケルンフェルデ
[学歴]フライブルク大学文学部卒
1985～88年上智大学、東京大学に留学。'90年VWDドイツ経済通信社に入社、同年7月から初代東京支局長。'93年帰国し、1年間大学で教鞭を執る。'95年「シュピーゲル」に入社。同年極東特派員として来日。著書に「明治初期の日本外交」（ドイツ語）など。

【著作】
◇キャンペーン的なニュース報道が多い日本メディア（NEWS MEDIA NOTES―外国人記者の目）　ワーグナー, ヴィーラント, 島津友美子：放送文化　62　1999.8
◇討議 ジャーナリズムと社会（特集・「第12回日本研究国際セミナー2001」―21世紀の世界と日本の課題―Aセッション ジャーナリズムと社会）　藤田博司, 加藤周一, Wieland Wagner：Fukuoka UNESCO　38　2002
◇討議（特集1　第14回日本研究国際セミナー2004自由主義者 石橋湛山の思想と評論―その小日本主義をめぐって―第1部 "湛山の日本近・現代における思想史的意味"）　山口正, Wieland Wagner, 鶴見俊輔：Fukuoka UNESCO　41　2005

ワグネル, ゴットフリート
Wagener, Gottfried
窯業指導者

[生年月日]1831年7月5日
[没年月日]1892年11月8日
[国籍]ドイツ　[出身地]ハノーバー　[学歴]ゲッティンゲン大学　[学位]理学博士
幼い頃から勉学に優れ、ゲッティンゲン大学で高等教員資格を取得。フランスやスイスで教職に就き、1868年石鹸製造会社設立に加わり来日。佐賀藩の依頼により有田焼の改良に取り組み、我が国初の石炭窯を導入して大きな成果を上げた。のち上京、大学南校（現・東京大学）で物理や語学を講じ、1873年ウィーン万博、1876年フィラディルフィア万博では顧問として出品する工芸品の調査・選定や技術指導、帰国後の報告書編纂などに携わり、成功に導いた。1878年京都舎密局に赴任して同地の産業振興に尽力、日本の伝統産業に西洋の最新技術を注入し、特に石炭窯や釉下彩技法により陶磁器や七宝焼きを飛躍的に発展させた。1881年建言が採用されて東京職工学校が設立され、1884年同校陶器玻璃科の主任教師となった。我が国近代窯業の父と呼ばれる。

【著作】
◇維新産業建設論策集成　G. ワグネル著, 土屋喬雄編　北隆館　1944

◇維新産業建設論策集成　G.ワグネル〔著〕，土屋喬雄編　原書房　1976

ワッツ，ウィリアム
Watts, William
世論調査専門家　ポトマック・アソシエイツ所長

［国籍］米国　［出生地］ニューヨーク　［学歴］シラキュース大学〔1953年〕卒，ハーバード大学大学院（ロシア研究）〔1956年〕修士課程修了　［専門］日米関係
1956年国務省に入り，'58〜60年韓国，'61〜63年ソ連勤務を経て，'69〜70年国家安全保障会議シニア・スタッフを務めた。現在、ジョンズ・ホプキンズ大学高等国際問題研究大学院（SAIS）のリサーチ機関，ポトマック・アソシエイツ所長。定期的にアメリカ国民の対日意識調査を行いその分析を通して日米関係を論じている。SAIS講師、ギャラップ調査機関顧問兼任。来日多数。
【著作】
◇トラブル・パートナー——日本vsアメリカ:奇妙なカップル　ウィリアム・ワッツ著，加藤寛，隈部まち子訳　講談社　1984

ワトソン，ライアル
Watson, Lyall
生命科学者

［生年月日］1939年4月12日
［国籍］英国　［出生地］モザンビーク　［学歴］ウィットウォータースランド大学（南アフリカ）卒，ナタール大学（南アフリカ）卒　［学位］医学博士，博士号（動物行動学）　［団体］リンネ協会（特別会員）
ロンドン大学で学び、1964〜65年ヨハネスブルグ動物園長。のちオックスフォード大学客員教授。'73年生物の超自然現象の観察に数学、考古学、文化人類学の成果まで取り入れた著書「スーパーネイチャー」がベストセラーとなる。'73〜78年国際捕鯨委員会セーシェル代表。執筆活動、探査船によるフィールドワークにわたる幅広い学識と行動力で知られる。またBCMバイオロジックを主宰し、科学関連のコンサルティング、企画製作を行う。15年間に20数回も来日した親日家で、剣道をたしなみ大相撲の解説もこなす。　［受賞］Knighthood of the Golden Order（オランダ）〔1985年〕
【著作】
◇共鳴する神々——鎮守の森からのメッセージ　ライアル・ワトソン〔ほか〕著　みき書房　1995.1
◇儀礼があるから日本が生きる！　ライアル・ワトソン著　たちばな出版　2001.8

王　秀英　ワン・スヨン
Wang Su-young
詩人，作家

［生年月日］1937年
［国籍］韓国　［出生地］釜山　［学歴］延世大学卒
詩人として韓国の文壇にデビュー。1977年韓国の女性雑誌の駐日特派員として来日。'94年フリーに。'96年詩集「祖国のキッテにはいつも涙が」で尚火詩人賞、'98年「朝鮮人の傷跡」で月灘文学賞を受賞。2000年日本での日常を書いた「チョパリを掴んだ朝鮮人」を韓国で刊行。この他、小説、翻訳も手掛ける。　［受賞］尚火詩人賞〔1996年〕「祖国のキッテにはいつも涙が」，月灘文学賞〔1998年〕「朝鮮人の傷跡」
【著作】
◇角が立つ韓国人丸くおさめる日本人　王秀英著　海竜社　2000.11

ワンダーリック，ハーバート
Wunderlich, Herbert J.
南フロリダ大学副学長

［生年月日］1906年5月9日
［国籍］米国　［出生地］アイダホ州　［学歴］ハーバード大学大学院（歴史学）〔1934年〕修士課程修了，米国陸軍省民政訓練学校〔1945年〕卒　［学位］教育学博士（スタンフォード大学）〔1952年〕　［専門］教育学
1945年来日、CI&E教育課、教科書・カリキュラム担当将校。'46年帰国。スタンフォード大学、カンザス州立大学等学生部長、南フロリ

ダ大学副学長を歴任。著書に「占領下日本の教科書改革」がある。
【著作】
◇占領下日本の教科書改革　H. J. ワンダーリック著, 土持ゲーリー法一監訳　玉川大学出版部　1998.9

ワンプラー, ロバート
Wampler, Robert A.
ジョージ・ワシントン大学ナショナル・セキュリティ・アーカイブ日米プロジェクト主任

日米関係を専門とする。沖縄の1965年の立法院選挙で保守勢力を優位にすることで沖縄統治の安定を図ろうと、アメリカCIAから資金が持ち込まれたことを示す秘密文書を発見。共編著に「日米戦後関係史1951-2001」がある。
【著作】
◇日米戦後関係史—パートナーシップ 1951-2001　入江昭, ロバート・A. ワンプラー編, 細谷千博, 有賀貞監訳　講談社インターナショナル　2001.9〈内容：運勢の逆転？アメリカにおける「ジャパン・アズ・ナンバーワン」（ロバート・A. ワンプラー）〉

国別索引

国別索引目次

東アジア …… 569
　韓国 …… 569
　北朝鮮 …… 571
　中国 …… 571
　香港 …… 573
　台湾 …… 573
　チベット …… 573

東南アジア …… 573
　ベトナム …… 573
　タイ …… 574
　ミャンマー …… 574
　シンガポール …… 574
　マレーシア …… 574
　インドネシア …… 574
　フィリピン …… 574

南アジア …… 574
　インド …… 574
　パキスタン …… 574
　ネパール …… 574
　スリランカ …… 574

西アジア・中東 …… 574
　トルコ …… 574
　レバノン …… 574
　イスラエル …… 574

ヨーロッパ …… 575
　英国 …… 575
　アイルランド …… 577
　ドイツ …… 577
　スイス …… 578
　オーストリア …… 578
　チェコスロバキア …… 578
　チェコ …… 578
　ポーランド …… 578
　フランス …… 579

　ベルギー …… 580
　オランダ …… 580
　スペイン …… 580
　ポルトガル …… 581
　イタリア …… 581
　フィンランド …… 581
　スウェーデン …… 581
　ノルウェー …… 581
　デンマーク …… 581
　ソ連 …… 581
　ロシア …… 581
　ウクライナ …… 582
　ルーマニア …… 582
　ブルガリア …… 582
　マケドニア …… 582

アフリカ …… 582
　エジプト …… 582
　モロッコ …… 582
　ギニア …… 582
　ケニア …… 582
　南アフリカ …… 582

北アメリカ …… 582
　カナダ …… 582
　米国 …… 583

中南米 …… 590
　メキシコ …… 590
　ブラジル …… 590
　アルゼンチン …… 590
　ペルー …… 590

オセアニア …… 590
　オーストラリア …… 590
　ニュージーランド …… 591
　ハワイ …… 591

【東アジア】

韓国

安 東濬 ……………………… 18
安 秉直 ……………………… 18
李 元植 ……………………… 21
李 元淳 ……………………… 21
李 元馥 ……………………… 22
李 御寧 ……………………… 22
李 康勲 ……………………… 23
李 基鐸 ……………………… 23
李 基文 ……………………… 23
李 吉鉉 ……………………… 24
李 光奎 ……………………… 24
李 鍾恒 ……………………… 24
李 鐘允 ……………………… 24
李 進 ………………………… 25
李 寿甲 ……………………… 25
李 忠烈 ……………………… 25
李 庭植 ……………………… 25
李 大淳 ……………………… 25
李 東元 ……………………… 25
李 男徳 ……………………… 26
李 憲模 ……………………… 26
李 永植 ……………………… 26
任 東権 ……………………… 27
林 八龍 ……………………… 28
任 孝宰 ……………………… 28
林 永春 ……………………… 28
任 栄哲 ……………………… 29
禹 守根 ……………………… 30
呉 淇坪 ……………………… 53
呉 善花 ……………………… 54
呉 善華 ……………………… 56
姜 仁求 ……………………… 91
姜 再鎬 ……………………… 92
姜 声允 ……………………… 92
姜 東鎮 ……………………… 92
姜 範錫 ……………………… 93
金 日坤 ……………………… 99
金 元龍 ……………………… 99
金 基桓 ……………………… 100

金 慶敏 ……………………… 100
金 光植 ……………………… 100
金 光洙 ……………………… 100
金 公七 ……………………… 101
金 思燁 ……………………… 101
金 長権 ……………………… 101
金 正根 ……………………… 102
金 正勲 ……………………… 102
金 智龍 ……………………… 102
金 素雲 ……………………… 102
金 成珪 ……………………… 103
金 達寿 ……………………… 103
金 賛会 ……………………… 104
金 春美 ……………………… 104
金 宅圭 ……………………… 104
金 泰俊 ……………………… 104
金 泰昌 ……………………… 105
金 泰勲 ……………………… 105
金 都亨 ……………………… 105
金 学鉉 ……………………… 106
金 芳漢 ……………………… 106
金 鉉球 ……………………… 106
金 柄徹 ……………………… 106
金 渙 ………………………… 107
金 浩燮 ……………………… 107
金 文吉 ……………………… 107
金 容雲 ……………………… 107
金 容徳 ……………………… 108
金 永明 ……………………… 109
金 完燮 ……………………… 109
金 太基 ……………………… 117
丘 秉朔 ……………………… 124
権 五琦 ……………………… 125
権 錫永 ……………………… 125
権 丙卓 ……………………… 126
権 寧夫 ……………………… 126
高 濬煥 ……………………… 156
高 鮮徽 ……………………… 156
高 柄翊 ……………………… 156
池 景来 ……………………… 188
池 東旭 ……………………… 188
沈 箕載 ……………………… 195

沈 奉謹	195	崔 永禧	265
張 明秀	200	曺 喜澈	270
曺 亨均	209	趙 文富	270
趙 豊衍	209	鄭 在貞	278
趙 明哲	210	鄭 夢準	278
曺 良旭	210	鄭 友治	285
曺 永禄	210	羅 英均	313
鄭 仁和	214	南 基鶴	316
鄭 于沢	214	南 相虎	316
鄭 銀淑	214	南 富鎮	316
鄭 敬謨	214	魯 成煥	325
鄭 貴文	215	河 宇鳳	329
鄭 求宗	215	朴 宇熙	338
鄭 秀賢	215	朴 橿	338
鄭 炳浩	215	朴 京子	338
丁 海昌	216	朴 慶洙	338
鄭 鴻永	216	朴 権相	338
田 麗玉	216	朴 恵淑	339
全 栄来	216	朴 在旭	339
申 敬澈	221	朴 在権	339
申 熙錫	222	朴 埈相	339
陳 明順	222	朴 俊熙	339
申 潤植	222	朴 順愛	340
宣 一九	243	朴 成寿	340
蔡 毅	177	朴 忠錫	340
徐 廷範	244	朴 喆熙	340
徐 賢燮	245	朴 熙泰	341
孫 安石	248	朴 裕河	341
孫 承喆	250	朴 英哲	342
宋 熙永	250	朴 婉緒	342
成 恵卿	251	韓 敬九	366
宋 敏	251	韓 相一	366
宋 永仙	251	韓 準石	366
池 明観	262	韓 水山	367
崔 基鎬	263	韓 炳三	367
崔 吉城	263	黄 順姫	390
崔 光準	263	黄 完晟	390
崔 相龍	263	閔 庚燦	484
崔 章集	264	閔 德基	484
崔 碩莞	264	閔 丙勲	485
崔 書勉	264	梁 奉鎮	497
崔 博光	264	俞 華濬	498
崔 孝先	265	柳 永益	499

兪 英九	499
劉 卿美	499
尹 相仁	500
尹 貞玉	501
リー、サン・キョン	518
李 鍾元	519
李 分一	522
柳 玟和	531
リン、アブラハム	536
王 秀英	565

北朝鮮

朱 栄憲	203

中国

安 志敏	18
于 青	30
于 耀明	31
王 亜新	57
王 維	58
王 偉彬	58
王 芸生	58
王 永祥	58
王 家驊	59
王 学珍	59
王 巍	59
王 暁秋	59
王 暁平	60
王 金林	60
区 建英	60
王 建康	60
王 宏	61
汪 向栄	61
王 効平	61
王 珊	62
王 志松	62
王 守華	62
王 泰平	63
王 智新	63
王 仲殊	63
王 廸	64
王 敏	64
王 勇	65
王 耀華	66

王 嵐	66
欧陽 菲	66
何 燕生	74
夏 応元	74
賈 蕙萱	75
夏 剛	75
何 治浜	75
何 天義	76
解 学詩	76
郭 沫若	77
韓 暁	92
魏 常海	95
邱 奎福	112
金 熙徳	117
金 智栄	118
邢 志強	148
厳 安生	152
厳 紹璗	153
呉 学文	155
胡 金定	155
胡 潔	155
胡 志昂	155
胡 蘭成	157
高 海寛	157
孔 健	157
黄 幸	158
高 増傑	158
孔 令敬	160
謝 南光	195
謝 端明	195
姜 克実	199
朱 炎	201
朱 家駿	201
朱 京偉	201
朱 慧玲	201
朱 建栄	201
朱 実	202
朱 捷	202
周 恩来	203
周 作人	203
徐 向東	209
徐 送迎	209
尚 会鵬	211

蒋 道鼎	211	趙 文斗	276
蒋 立峰	212	趙 鳳彬	276
沈 海濤	221	趙 夢雲	277
沈 才彬	222	陳 雲	278
盛 毓度	239	陳 永福	279
石 暁軍	240	陳 永明	279
石 剛	240	陳 啓懋	279
石 平	241	陳 捷	279
薛 鳴	241	沈 仁安	280
銭 鷗	243	陳 振濂	280
銭 学明	243	陳 生保	280
雋 雪艶	243	陳 沢禎	280
蘇 徳昌	244	陳 肇斌	281
宋 文洲	245	陳 平	281
曽 文彬	245	陳 力衛	281
孫 歌	248	丁 幸豪	285
孫 琪剛	249	鄭 敏	285
孫 久富	249	鄭 励志	285
孫 東民	250	田 家農	296
孫 平化	250	田 雁	297
段 躍中	261	唐 暉	299
遅 子建	262	滕 軍	299
唱 新	269	唐 権	300
張 建華	269	湯 志鈞	300
趙 安博	270	陶 晶孫	300
張 偉	271	唐 濤	301
張 威	271	陶 徳民	301
張 偉雄	271	馬 興国	329
張 蘊嶺	272	馬 立誠	330
張 輝	272	裴 崢	330
張 起旺	272	范 云濤	365
張 競	272	範 建亭	366
趙 軍	273	班 忠義	367
張 荊	273	樊 勇明	368
張 健	273	范 力	370
趙 建民	273	歩 平	387
張 建明	274	馮 昭奎	396
張 建立	274	卞 崇道	444
張 香山	274	方 軍	446
張 晶	274	彭 晋璋	447
趙 静	275	方 美麗	447
張 蔵蔵	275	彭 飛	463
張 風波	276	毛 丹青	467

莫 邦富	488	王 増祥	63
毛 振明	489	**台湾**	
熊 達雲	500	易 錦銓	46
楊 暁捷	501	何 義麟	74
楊 暁文	501	魏 栄吉	95
楊 伯江	502	許 慶雄	112
羅 栄渠	503	許 国雄	112
来 新夏	504	許 世楷	113
駱 為龍	509	許 文龍	113
李 恩民	517	金 美齢	122
李 均洋	517	呉 密察	157
李 景芳	517	黄 文雄	159
李 国棟	518	蔡 錦堂	177
李 小牧	518	蔡 焜燦	177
李 相哲	519	蔡 茂豊	178
李 長波	519	謝 雅梅	189
李 廷江	519	朱 德蘭	202
李 德純	521	蒋 緯国	210
李 寧	521	蒋 介石	211
李 年古	521	鍾 清漢	211
李 芒	522	戴 国煇	252
陸 慶和	522	張 超英	276
劉 岸偉	530	張 茂森	277
劉 永鴿	531	陳 鵬仁	281
劉 毅	531	鄧 相揚	301
劉 吉	531	哈日 杏子	357
劉 暁峰	531	楊 合義	501
劉 傑	532	楊 儒賓	501
劉 甦朝	532	李 登輝	520
劉 徳有	532	廖 祥雄	534
劉 莉	533	林 金莖	536
呂 玉新	533	林 景明	536
呂 元明	534	林 水福	537
凌 星光	535	林 丕雄	538
林 暁光	536	林 曼麗	538
林 少華	537		
林 代昭	538	**チベット**	
林 治波	538	ペマ・ギャルポ	436
鹿 錫俊	553		
魯迅	555	**【東南アジア】**	

香港

ベトナム
グエン・ズイ・ズン ……… 125

573

タイ
　トラン・ヴァン・トゥ ……………… 310
タイ
　スリチャイ・ワンガェーオ ……… 237
　堀江 インカピロム・プリヤー ……. 456
ミャンマー
　ボ・ミン・ガウン ………………… 454
シンガポール
　黄 彬華 ……………………………… 159
　卓 南生 ……………………………… 255
マレーシア
　ウンク・アジズ …………………… 45
　陳 立人 ……………………………… 282
　ブティ, オスマン ………………… 406
　マハティール・モハマド ………… 474
　陸 培春 ……………………………… 523
　林 華生 ……………………………… 530
　リョング, ステファン …………… 535
インドネシア
　アラム, バクティアル …………… 13
　スリヨハディプロジョ, サイデマ
　　ン …………………………………… 238
　ハルトノ, ブディ ………………… 361
　ブラムディヤ・アナンタ・トゥー
　　ル …………………………………… 413
　ベイ, アリフィン ………………… 430
フィリピン
　アゴンシリョ, テオドロ ………… 5
　アビト, ルベン …………………… 11
　コンスタンティーノ, レナト …… 175
　デアシス, レオカディオ ………… 284
　ベントゥーラ, レイ ……………… 445
　ホセ, リディア・N. ユー ………… 451
　マテオ, イバーラ ………………… 474

【南アジア】
インド
　ウィシュワナタン, サウィトリ …… 32
　サヴィトリ, ヴィシュワナタン …… 180
　シャルマ, M. K. ………………… 198

　セット, アフターブ ……………… 241
　タゴール, ラビンドラナート ……. 255
　ナイル, アイヤンピライ・マー
　　ダバン ……………………………… 313
　バクシー, ラリット ……………… 343
　バトラ, ラビ ……………………… 353
　パル, ラハビノード ……………… 359
　ムールティ, ナーラーシンハ …… 486
　モトワニ, プレム ………………… 491
パキスタン
　カーン・ユスフザイ, U. D. ……… 95
　ズベル, ムハマド ………………… 234
　ムガール, フマユン ……………… 485
　ライース, ムハマッド …………… 506
ネパール
　シュレスタ, マノジュ …………… 208
　プラタップ, アディカリ・チュト
　　ラ …………………………………… 410
スリランカ
　にしゃんた, J. A. T. D. …………… 319

【西アジア・中東】
トルコ
　アルク, ウムット ………………… 14
　ウトカン, ネジャッティ ………… 44
　エセンベル, セルチュク ………… 46
　トゥンジョク, アフメット・メ
　　テ …………………………………… 303
レバノン
　石黒 マリーローズ ……………… 27
イスラエル
　アイゼンシュタット, シュモー
　　ル …………………………………… 3
　アシュケナージ, マイケル ……… 6
　アルトマン, アブラハム ………… 15
　コーヘン, エリ …………………… 168
　シロニー, ベン・アミー ………… 221
　バルハフティク, ゾラフ ………… 363
　春遍 雀来 ………………………… 363
　フェルドマン, オフェル ………… 399

ブルーメンタール, トゥビア *422*
ラズ, ヤコブ *510*

【ヨーロッパ】

英国

アストン, ウィリアム *6*
アダムズ, フランシス *7*
アーチャー, ジェフリー *8*
アトキンソン, デービッド *9*
アトキンソン, ロバート *9*
アトリー, フリーダ *10*
アレン, ジョージ *17*
アレン, ルイ *17*
インピー, オリバー・R. *29*
ウィリアムソン, ヒュー *34*
ウィルキンソン, エンディミヨン *35*
ウィルソン, ディック *35*
ウェストン, ウォルター *36*
ウェッブ, ジョージ *37*
ウェーリー, アーサー *37*
ウッド, クリストファー *44*
エドワーズ, ジャック *48*
エモット, ビル *48*
オッペンハイム, フィリップ *69*
オリファント, ローレンス *71*
オールコック, ラザフォード *71*
ガウランド, ウィリアム *76*
カーカップ, ジェームズ *77*
ガードナー, ケネス *82*
ガビンズ, ジョン・ハリントン *83*
キップリング, ラドヤード *97*
ギル, トム *115*
キーン, デニス *118*
キング, フランシス *123*
グッドマン, ロジャー *129*
クーパー, マイケル *131*
クランプ, ジョン *139*
クランプ, トーマス *139*
ケネディ, ポール *149*
コータッチ, ヒュー *163*
コックス, リチャード *164*
ゴードン・スミス, リチャード *167*

コナフトン, R. M. *168*
コリック, マーティン *169*
コンティヘルム, マリー *176*
コンドル, ジョサイア *177*
サッチャー, マーガレット *181*
サトウ, アーネスト *182*
サンソム, キャサリン *186*
サンソム, ジョージ・ベイリー *186*
シートン, アリステア *192*
シュピルマン, クリストファー *205*
ジョンストン, ボブ *217*
シンハ, ラダ *223*
スクリーチ, タイモン *226*
スコット・ストークス, ヘンリー *226*
ストックウイン, ジェームズ・アーサー *229*
ストーリー, ジョージ・リチャード *230*
スノードン, ポール *232*
セジウィック, ミッチェル *241*
ソマーズ, ジェフリー *247*
ソーン, クリストファー *249*
ダウナー, レズリー *254*
タスカ, ピーター *256*
ターニー, アラン *258*
ダニエルズ, ゴードン *258*
チェックランド, オリーブ *265*
チェンバレン, バジル・ホール *266*
チャップマン, ジョン *268*
チャンセラー, エドワード *269*
チャンドラー, デービッド *270*
ディオシー, アーサー *286*
ディキンズ, F. V. *286*
ディニーン, ジャクリーン *287*
デール, キャロライン *295*
ドーア, ロナルド *297*
トインビー, アーノルド *299*
ドゥルー, ジャン *302*
トーマス, ジェームズ・エドワード *307*
トレバー, マルコム *312*
トンプソン, マルコム *312*

英国　　　　　　　　　　国別索引　　　　　　　　　ジャパンスタディ

ナンネリー, ジョン …………… 317	ブラントン, リチャード・ヘンリー …………………………… 416
ニッシュ, イアン・ヒル ………… 320	ブリッジズ, ブライアン ………… 417
ニュート, ケビン ……………… 320	ブリトン, ドロシー ……………… 417
ノルドレット, マイケル ………… 329	ブリンクリー, ジョン …………… 419
バー, パット …………………… 330	フレーザー, ジョージ・サザーランド …………………………… 424
ハイマス, ジョニー ……………… 333	ベアト, フェリーチェ ………… 429
ハウエル, デービッド …………… 335	ベネット, ジョン ……………… 434
パウエル, ブライアン …………… 335	ホジソン, C. P. ………………… 449
バージェス, アントニー ………… 345	ホーズレー, ウィリアム ………… 451
ハスラム, ジョナサン …………… 346	ホール, ベイジル ……………… 458
バチェラー, ジョン ……………… 347	ホロウェイ, ナイジェル ………… 460
バックレー, ロジャー …………… 349	ポンソンビ・フェーン, リチャード・アーサー ………………… 464
ハット, ジュリア ……………… 351	マクファーレン, アラン ………… 469
バード, イザベラ ……………… 352	マクレー, ヘミッシュ …………… 470
パーマー, H. S. ………………… 356	マクロン, キャサリーン ………… 470
バラカン, ピーター ……………… 356	マーハ, ジョン ………………… 474
ハリス, ビクター ……………… 358	マリー, ジャイルズ ……………… 476
ハリデイ, ジョン ……………… 359	マレー, ジェフリー ……………… 478
バロー, マーティン ……………… 364	マンロー, ニール・ゴードン …… 479
パワーズ, デービッド …………… 365	ミットフォード, アルジャーノン・バートラム ……………… 481
ハワード, エセル ……………… 365	ミルワード, ピーター …………… 483
ハーン, ラフカディオ …………… 368	ミルン, ジョン ………………… 484
ハンター, ジャネット …………… 371	モーラン, ブライアン …………… 492
ハンディ, チャールズ …………… 372	モリス, アイバン ……………… 493
ピゴット, F. S. ………………… 376	モリス, ジョン ………………… 493
ピゴット, フランシス …………… 376	ライエル, トーマス・レジナルド …………………………… 504
ビーズリー, ウィリアム・ジェラルド ………………………… 377	ライダー, サミュエル …………… 506
ヒューズ, ジョージ ……………… 383	ラーク, ロイ …………………… 509
ヒリヤー, ジャック・ロナルド …… 384	ラージ, アンドルー ……………… 510
フェアリー, マルカム …………… 397	ラング, アンドルー ……………… 516
ブース, アラン ………………… 404	ランドー, アーノルド・ヘンリー・ザービジ …………………… 517
フック, グレン・ドーソン ……… 405	リー, フランク・ハーバート …… 521
ブッシュ, ルイス ……………… 405	リズデール, ジュリアン ………… 524
ブライアー, H. J. S. …………… 407	リーチ, バーナード …………… 525
ブライス, レジナルド …………… 408	リットン, ビクター ……………… 526
ブラウン, ブレンダン …………… 409	リトルウッド, イアン …………… 528
ブラキストン, T. W. …………… 409	ルイス, ジョナサン ……………… 541
ブラッカー, カーメン …………… 410	
ブラック, ジョン・レディ ……… 410	
フラナガン, ダミアン …………… 412	
ブランデン, エドモンド・チャールズ ………………………… 416	

576

レイサイド, ジェームズ 545
レゲット, トレバー 547
ロイド, アーサー 553
ワトソン, ライアル 565

アイルランド
シャーキー, ジョン 197
ジョンストン, ウィリアム 217

ドイツ
アダミ, ノルベルト 7
ヴェルナー, シャウマン 38
ヴェルナー, リチャード 38
エーデラー, ギュンター 47
オイルシュレーガー, ハンス・ディーター 57
オイレンブルク, フリードリッヒ 57
ガンドウ, アンドレアス 94
クニッピング, エルヴィン 130
クライバウム, ゲルト 133
クラインシュミット, ハラルド 133
クラウス, ウイリー 133
グラウビッツ, ヨアヒム 134
クラハト, クラウス 138
クルマス, フロリアン 143
クロコウ, クリスティアン・グラーフ・フォン 145
グンデルト, ヴィルヘルム 147
ケンペル, エンゲルベルト 153
サヴァリッシュ, ウォルフガング 180
シーボルト, アレキサンダー・ゲオルク・グスタフ・フォン 193
シーボルト, フィリップ・フランツ・フォン 194
シャモニ, ウォルフガング 198
シュタイン, ローレンツ・フォン 204
シュタルフ, ユルゲン 204
シュネー, ハインリッヒ 205
シュミーゲロー, ヘンリク 206
シュミット, ヘルムート 207
シュリーマン, ハインリッヒ 208

シリング, ドロテウス 219
ジンガー, クルト 223
シンチンガー, ロベルト 223
ズンダーマイヤー, テオ 238
ゾルゲ, リヒアルト 248
タウト, ブルーノ 253
チースリク, フーベルト 267
ディルクセン, ヘルベルト・フォン 288
デーケン, アルフォンス 288
デュモリン, ハインリヒ 292
デュルクハイム, カールフリート 292
デランク, クラウディア 293
デワルト, アルベルト 296
トラウツ, フリードリヒ・マクシミリアン 309
ドリフテ, ラインハルト 310
ドレーアー, ヴァルター 311
ナウマン, エドムント 314
ナウマン, ネリー 314
ナホッド, オスカー 316
ヌシェラー, フランツ 322
ノイマン, クリストフ 325
ハイゼ, リヒャルト 331
ハイデッガー, シモーネ 332
ハイネ, ヴィルヘルム 333
ハウスホーファー, カール 336
パウフラー, アレクサンダー 336
ハース, ウィルヘルム 345
バッツァー, エーリヒ 351
パーペ, ヴォルフガング 355
ハーリヒ・シュナイダー, E. 359
ヒジヤ・キルシュネライト, イルメラ 376
ピヒト, ゲオルク 381
ヒールシャー, ゲプハルト 385
ヒルシュマイヤー, ヨハネス 385
フィッシャー, フリーダ 392
フェスカ, マックス 397
フォス, グスタフ 400
フォーレッチ, エルンスト 401

577

ドイツ

フーベル, ゲルハルト	406
ブラッシュ, クルト	411
フリードリヒ, ハイケ	417
ブローム, ヴィンフリート	428
フローレンツ, カール・アドルフ	429
ペツォルト, ブルーノ	433
ベッカー, ヘルムート	433
ヘリゲル, オイゲン	439
ベルツ, エルウィン・フォン	442
ベルント, エンノ	443
ベルント, ジャクリーヌ	444
ホイヴェルス, ヘルマン	445
ボダルト・ベイリー, ベアトリス	452
マイエット, パウル	465
マウル, ハインツ・エーバーハルト	467
ミヒェル, ヴォルフガング	481
モール, オットマール・フォン	495
ヨリッセン, エンゲルベルト	502
ヨーン, バルバラ	503
ラウマー, ヘルムート	508
ラウレス, ヨハネス	508
ラサール, エノミヤ	510
ラーベ, ジョン	514
リース, ルードヴィッヒ	523
リンス, ウルリヒ	539
リンダウ, ルドルフ	540
ルプレヒト, ロナルド	543
ルーメル, クラウス	544
レーヴィッシュ, マンフレート	546
レーヴィット, カール	546
レンツ, イルゼ	552
レンハルト, ゲーロ	552
レーンホルム, ルードヴィヒ・ヘルマン	552
ロゲンドルフ, ヨゼフ	554
ロコバント, エルンスト	554
ローテルムンド, ハルトムート	558
ワイツゼッカー, リヒャルト・フォン	562
ワーグナー, ウィーラント	564

ワグネル, ゴットフリート	564

スイス

アンベール, エーメ	21
インモース, トーマス	30
クネヒト, ペトロ	130
ゴデール, アルメン	165
ジュノー, マルセル	205
ゾペティ, デビット	247
バートゥ, フリードマン	352
ハーラー, ステファン	356
ブーヴィエ, ニコラ	396

オーストリア

金子 マーティン	83
クーデンホーフ・カレルギー, リヒャルト・ニコラウス	129
クライナー, ヨーゼフ	131
クラウス, フリードリッヒ	134
クレイサ, ジュリア	144
シェアマン, スザンネ	190
スラヴィーク, アサクサンダー	236
パンツァー, ペーター	372
ヒューブナー, A. F. v.	383
フィッシャー, アドルフ	392
ブルーノ, マルコ	421
ヘルベルト, ウォルフガング	443
マンフレッド, リングホーファー	479
モーリッシュ, ハンス	495
リンハルト, セップ	540
ロス, コリン	556

チェコスロバキア

コジェンスキー, J.	162
チハーコーヴァー, ヴラスタ	267
ハヴラサ, ヤン	336
フィアラ, カレル	391

チェコ

シュラムコヴァ, スターニャ	207

ポーランド

コズィラ, アグネシカ	163
コタンスキ, ヴィエスワフ	164

ブジョストフスキー, エドワード	404
メラノビッチ, ミコワイ	488
リプシッツ, ヘンリク	528

フランス

アヴリル, フィリップ	4
アベール, ダニエル	12
アリュー, イヴ・マリ	14
アンサール, ピエール	19
ヴァレ, オドン	32
ヴァンデルメルシュ, レオン	32
ウーブリュー, ジャン・ベルナール	45
エック, ロジェ・ヴァン	47
エライユ, フランシーヌ	49
エリセーエフ, セルゲイ	50
オリガス, ジャン・ジャック	70
カシオン, メルメ・ド	78
ガリグ, アンヌ	86
ギメ, エミール	110
ギラン, リオネル	114
ギラン, ロベール	114
クーシュー, ポール・ルイ	126
クラフト, ウーグ	138
クローデル, ポール	145
グロード, フィリップ	146
コリア, バンジャマン	169
コルヌヴァン, エレーヌ	172
ゴーン, カルロス	174
サカイ, セシル	181
サブレ, ジャン・フランソワ	182
ジェルマントマ, オリヴィエ	191
シフェール, ルネ	192
ジャン, ショレー	199
ジュゲ, ユージェン	204
ジュフロワ, アラン	206
ジョデル, エチエンヌ	213
ジョリヴェ, ミュリエル	213
シラク, ジャック	218
ジロー, イヴェット	220
スキャルシャフィキ, マークエステル	225
スタイシェン, ミカエル	226

ステゼル, ジャン	229
スムラー, アルフレッド	236
セイズレ, エリック	239
セルヴァン・シュレベール, ジャン・ジャック	242
ソテール, クリスチャン	247
ティエボー, フィリップ	286
テマン, ミシェル	290
デュアメル, ジョルジュ	291
デュバール, モーリス	292
デュルト, ユベール	293
デリダ, ジャック	294
トッド, エマニュエル	305
トデスキーニ, マヤ・モリオカ	305
ドネ, ピエール・アントワーヌ	306
ドレフュス, ジュリー	312
ヌエット, ノエル	321
ノラ, ドミニク	328
長谷川 イザベル	346
バタイユ, ジョルジュ	347
バラール, エチエンヌ	357
バルテュス	360
バルト, ロラン	360
パンゲ, モーリス	370
ビゴー, ジョルジュ	375
ピジョー, ジャクリーヌ	377
ビング, サムエル	387
ブスケ, ジョルジュ・イレール	405
ブズー・マサビュオー, ジャック	405
フランク, ベルナール	413
フランクル, ピーター	414
ブランシャール, オリヴィエ	415
ブリューネ, アンドレ	418
ブリュネ, アンドレ	418
プルースト, ジャック	419
ブルディエ, マルク	420
ブレ, コリーヌ	423
ペヴェレリ, ジュリー・ブロック	431
ペリー, ノエル	438
ベル, ヨハネ	440
ベルク, オギュスタン	440

| ベルギー | 国別索引 | ジャパンスタディ |

ベルソール, A. 441
ベルチエ, フランシス 442
ボードリ, ピエール 452
ポラック, クリスチャン 454
ボワイエ, ロベール 460
ボワソナード, ギュスターヴ・エ
　ミール 463
ポンス, フィリップ 464
マイヨール, ジャック 466
マクワン, フランシス 470
マセ, フランソワ 472
マルナス, フランシスク 477
マンデルボーム, ジャン 478
モイジ, ドミニク 489
モレシャン, フランソワーズ 496
モンブラン, C. 497
ユルスナール, マルグリット 500
ラ・ペルーズ, ジャン・フランソ
　ワ・ガロー・ド・ 514
リュケン, ミカエル 533
ルサン, アルフレッド 542
ルベリエ, ロジェ 543
ルマレシャル, ジャン・マリー・ル
　イ 544
ルルーシュ, ピエール 544
レヴィ・ストロース, クロード 545
レガメ, フェリックス 547
レノレ, アンドレ 548
レーマン, ジャン・ピエール 550
レング, ジャン・ピエール 551
ロシェ, アラン 555
ロティ, ピエール 558
ロベール, ジャン・ノエル 560

ベルギー

ヴァン・ブラフト, ヤン 32
グロータース, ウィレム 145
シュミーゲロー, ミシェル 206
スィンゲドー, ヤン 224
ダンヴェール, ルイ 261
ドベラーレ, カレル 307
ノートン, パトリック 327
バッソンピエール, アルベール 351

フレデリック, クレインス 426

オランダ

ウォルフレン, カレル・ファン 40
エルスケン, エド・ファン・デ
　ル 50
カウスブルック, ルディ 76
カッテンディーケ, ヴィレム・ホ
　イセン・ファン 80
カロン, フランソア 90
ゴッホ, フィンセント・ウィレム・
　ファン 165
シュトラッツ, C. H. 205
ズーフ, ヘンドリック 233
ティチング, イザーク 287
デ・レーケ, ヨハネス 295
ハーレン, ファン 364
ヒュースケン, H. 383
フィッセル, J. 393
プュート, G. 396
フェーレ, ヘンドリック・ファン・
　デル 399
フォス, フリッツ 400
ブルマ, イアン 422
ブレーメン, ヤン・ファン 426
ヘスリンク, レイニアー・H. 433
ヘールツ, A. J. C. 442
ポンペ・ファン・メールデルフォー
　ルト 464
ムースハルト, ヘルマン 485
モンタヌス, A. 496
楊斌 502
リンダイヤ, エヴェルト・ウィレ
　ム 540
レーリング, ベルナルト 551

スペイン

オルファネール, ヤシント 72
カスタニエダ, ハイメ 78
デ・プラダ, マリア・ヘスス 290
ビベロ, ロドリゴ・デ 382
ヒル, フアン 384

ヨンパルト, ホセ 503

ポルトガル
アルヴァレス, ジョゼ 14
アルヴァレス, マヌエラ 14
ピント, F. メンデス 387
フロイス, ルイス 426
モラエス, ヴェンセスラウ・デ 491

イタリア
アミトラーノ, ジョルジョ 13
アルミニヨン, V. F. 16
ヴァリニャーノ, アレッサンドロ 31
ヴォルピ, ヴィットリオ 40
ヴォルペ, アンジェラ 43
ヴルピッタ, ロマノ 45
オルシ, マリーア・テレーザ 71
ガッティ, フランチェスコ 80
ガッリ, パオロ 81
カルツァ, ジャン・カルロ 88
ジェレヴィーニ, アレッサンドロ 191
ストラミジョリ, ジュリアナ 230
ディ・ルッソ, マリーサ 288
ニョーリ, ゲラルド 321
ノヴィエッリ, マリア・ロベルタ 326
ピエールサンティ, シルヴィオ 374
ピタウ, ヨゼフ 378
ペドゥッラ, アルフレード 434
ボスカロ, アドリアーナ 450
ポニッスィ, ダリオ 453
ボルドリーニ, ステーファノ 459
マストランジェロ, マティルデ 472
マライーニ, フォスコ 475
マルコ・ポーロ 477
ラガナ, ドメニコ 509
レナト, ステファニ 548

フィンランド
イトコネン, ライヤ 27
ニエミネン, カイ 317

ラムステッド, グスタフ 516

スウェーデン
アンベッケン, エルスマリー 20
ヴァリエー, ラーシュ 31
ヴィルマン, O. E. 36
カミンスキ, マレック 86
ツンベルグ, カール 284
ハンソン, オッレ 371
ブラウ, モニカ 409
ブルムズ, アンデルス 422
ベルクマン, ステン 441

ノルウェー
ガルトゥング, ヨハン 88

デンマーク
スエンソン, エドゥアルド 224
ブラムセン, ウィリアム 412
リディン, オロフ・グスタフ 526

ソ連
エレンブルグ, イリヤ 52
エロシェンコ, ワシリー 52
オフチンニコフ, フセヴォロド 70
ゴレグリャード, ウラジスラフ 172
ジバゴ, レオニード 192
デレヴィヤンコ, クズマ 295
ネフスキー, ニコライ 324
ペヅネル, Y. K. 432
ラスキン, ボリス 511
レーベデワ, イリーナ 550

ロシア
アクーニン, ボリス 5
アルチュノフ, セルゲイ 15
アルパートフ, ウラジーミル 15
アルハンゲリスキー, ワレンティン 16
ヴィッテ, セルゲイ 33
カタソノワ, エレーナ 79
キム, レーホ 109
キリチェンコ, アレクセイ 115
グザノフ, ヴィタリー 126

クズネツォフ, セルゲイ・イリイ
  チ 127
クチコ, ウラジーミル 128
クナーゼ, ゲオルギー 130
グリゴリエワ, タチアナ 139
クルーゼンシュテルン, イヴァン・
  フェードロヴィチ 143
ケーベル, ラファエル・フォン 150
コマロフスキー, ゲオルギー 169
コワレンコ, イワン 173
ゴンチャローフ, イワン 175
ザゴルスキー, アレクセイ 181
サルキソフ, コンスタンチン 184
スラヴィンスキー, ボリス 237
セルギイ・ティホミロフ 242
ソクーロフ, アレクサンドル 246
ソコロワ・デリューシナ, タチア
  ナ 246
タブロフスキー, ユーリー 259
チジョフ, リュドヴィク 266
ツェリッシェフ, イワン 283
ツベートフ, ウラジーミル 284
ドゥトゥキナ, ガリーナ 302
ドミィトリエフ, ニコライ 308
ドーリン, アレクサンドル 310
ニコライ 318
パノフ, アレクサンドル 355
ブガーエワ, タグマーラ・バーブ
  ロブナ 401
プレオブラジェンスキー, コンス
  タンチン 423
ポズニェーエフ, D. M. 450
ポリワーノフ, エフゲニー・ディ
  ミトリーヴィチ 456
ミリュコフ, アナトリー 483
メチニコフ, レフ・イリイチ 487
ラティシェフ, イーゴリ 512
レザノフ, ニコライ・ペトロヴィッ
  チ 548
レフチェンコ, スタニスラフ 549
ロガチョフ, イーゴリ 553

ウクライナ

カルポフ, ヴィクトル・ワシーリ
  エヴィチ 90
メリニチェンコ, ウラジーミル 488

ルーマニア
エリアーデ, ミルチア 49

ブルガリア
ディーチェフ, トードル 287

マケドニア
バラバノフ, コスタ 357

【アフリカ】

エジプト
エルセバイ, アブデル・バセッ
  ト 51
ハムザ, イサム 356
ハリール, カラム 359

モロッコ
エルマンジャ, マフディ 51

ギニア
サンコン, オスマン 185

ケニア
ムアンギ, ゴードン・サイラス 485

南アフリカ
デルポート, ジャネット妙禅 295

【北アメリカ】

カナダ
アーシー, イアン 6
アリスター, ウィリアム 13
カーティス, ケネス 81
カンボン, ケネス 94
グーセン, セオドア 127
クープランド, ダグラス・キャン
  ベル 131
ゲイン, マーク 148
コバヤシ, カサンドラ 168
サンジャック, バーナード 186
シェパード, ローウェル 190

582

シュルツ, ジョン	208	アンガー, J. マーシャル	18
セイウェル, ジョン	239	アンコビック, デニス	19
ダッシュ, J. R.	257	アーンズ, レーン	19
ドネリー, マイケル	306	アンダーソン, アラン	20
トーマス, ロイ	308	アンダーソン, リチャード	20
ニコル, C. W.	318	アンダーソン, レオン	20
ノーマン, ハーバート	328	アンドラ, ポール	20
パイク, グラハム	331	イエリン, ロバート・リー	27
バークガフニ, ブライアン	342	インブリー, ウィリアム	29
ヒレン, アーネスト	386	ウィグモア, ジョン・ヘンリー	32
ファルケンハイム, ペギー	389	ウィーズナー, マサミ・コバヤシ	33
ブラウン, ジャニス	409	ウィーラー, ジミー	34
フルフォード, ベンジャミン	421	ウィリアムズ, ジャスティン (Sr.)	34
ベルスマ, ルネ	441	ウィリス, パティ・クリスティナ	35
ポールトン, コーディ	459	ウィルコックス, ブラッドリー	35
ホルバート, アンドリュー	459	ウィルソン, リチャード	36
マクファーソン, イアン	469	ウェッツラー, ピーター	37
マッカーシー, ポール	473	ウォーカー, ジョン・カール	39
リーマン, アントニー	530	ウォーナー, ラングドン	39
ルクレール, リシャー	541	ウォルドロン, アーサー	40
ロイ, パトリシア	552	ウォロノフ, ジョン	43
ローゼンストーン, ロバート	557	ウーダン, シェリル	43
ロベルジュ, クロード	560	ウッダード, ウィリアム	44
		ウッドワード, トレイシー	44

米国

アイアコッカ, リー	3	エアハート, バイロン	46
アインシュタイン, アルバート	3	エズラティ, ミルトン	46
アキタ, ジョージ	4	エッカート, カーター	47
アシュトン, ドリー	6	エマーソン, ジョン	48
アダチ, バーバラ	7	エメリック, マイケル	48
アッカーマン, エドワード	8	エルドリッジ, ロバート	51
アッシャー, デービッド	9	エンゼル, ロバート	52
アップハム, フランク	9	エントウィッセル, バーゼル	52
アディス, スティーブン	9	エンブリー, ジョン	53
アードマン, ポール	10	エンライト, ジョセフ	53
アパム, フランク	10	オア, マーク・テイラー	56
アベグレン, ジェームス・クリスチャン	11	オアー, ロバート (Jr.)	56
アマコスト, マイケル・ヘイドン	12	オウ, コンダン	61
アーミテージ, リチャード・リー	12	オオイシ, ジーン	66
アルペロビッツ, ガー	16	オキモト, ダニエル	67
アレツハウザー, アルバート	17	オザキ, ロバート	67
		オーシュリ, ラブ	67

583

オーシロ, ジョージ	68	キャンプ, ジェフリー	110
オータニ, レイモンド・ヨシテル	68	キャンベル, カート	110
オダネル, ジョー	68	キャンベル, ジョン	111
オーバードーファー, ドン	69	キャンベル, ルース	111
オーバービー, チャールズ	69	キャンベル, ロバート	111
オームス, ヘルマン	70	ギューリック, シドニー・ルイス	112
オルソン, ローレンス	72	キーリー, ティモシー・ディン	114
オールドリッジ, アルフレッド	72	桐谷 エリザベス	115
オルブライト, ロバート	73	ギル, ロビン	116
カー, E. バートレット	73	ギルバート, ケント	116
カー, アレックス	73	ギレスピー, ジョン	117
ガーストル, アンドルー	78	キーン, E. B.	117
カズンズ, ノーマン	79	キーン, ドナルド	118
カッツ, リチャード	80	キーン, マーク・ピーター	123
カップ, ロッシェル	81	キングストン, J.	124
カーティス, ジェラルド	81	キンモンス, アール	124
カーニー, レジナルド	82	クー, リチャード	124
カバット, アダム	83	クスマノ, マイケル	127
カーフ, クリフトン	84	クックス, アルビン	128
カプラン, デービッド・E.	84	グッドマン, デービッド	128
カーボー, ジョン (Jr.)	84	クラー, ルイス	131
カマーゴ, オーランド	85	グライムス, ウィリアム	133
カミングス, ウィリアム	85	クラウス, エリス	134
カミングス, ブルース	85	クラウダー, ロバート	134
カリー, ウィリアム	86	クラーク, ウィリアム	134
カール, ダニエル	87	グラシック, W.	137
カルダー, ケント	87	クラズナー, スティーブン	137
ガルビン, ロバート	89	グラック, キャロル	138
ガルブレイス, ジョン・ケネス	89	クランシー, ジュディス	139
ガロン, シェルドン	90	クリストフ, ニコラス	140
ガワー, エリック	91	クリッシャー, バーナード	140
カワバタ, ダグラス	91	グリフィス, ウイリアム・エリオット	140
カン, T. W.	91	グリーン, ボブ	141
カーン, ハーマン	93	グリーン, マイケル	142
ガンサー, ジョン	93	グルー, ジョセフ・クラーク	142
カーンズ, ケビン	94	クルーグマン, ポール	142
キサラ, ロバート	96	グレイスティーン, ウィリアム (Jr.)	144
ギッシュ, ジョージ	96	クレモンス, スティーブン	144
キッシンジャー, ヘンリー	96	クローニン, パトリック	146
キーナート, マーティ	97		
キーナン, ジョセフ・ベリー	98		
ギブニー, フランク	98		

クローニン, リチャード	147	シェクナー, リチャード	190
ケイディン, マーティン	148	シェンク, ヒューバート	191
ゲッパート, リチャード	149	ジップル, リチャード	191
ケプロン, ホーレス	150	ジベール, ステファン	192
ケラー, マリアン	151	シーボルト, ウィリアム	193
ゲラー, ロバート	151	シャイブリー, ドナルド・ハワード	196
ケーリ, オーティス	151	シャウイン, テリー・リー	196
ケリー, ポール	152	シャーウィン, ボブ	196
ゲルサンライター, デービッド	152	シャーウィン, マーティン	196
コーウィン, チャールズ	161	シャウプ, カール	197
コーエン, スティーブン	161	シャーマン, ビル	197
コーエン, セオドア	161	シャーマン, フランク・エドワード	198
コーガン, トーマス・ジョセフ	162	シャラー, マイケル	198
コシュマン, J. ビクター	162	シャーン, ベン	199
コトキン, ジョエル	165	ジャンセン, マリウス	200
コトラー, フィリップ	166	ジュエル, マーク	204
ゴードン, アンドルー	166	シュロスタイン, スティーブン	208
ゴードン, ベアテ・シロタ	167	ジョーダン, デイヴィッド・スター	212
コーヘン, J. B.	168	ショット, フレデリック	212
コリンズ, ロバート	170	ショッパ, レオナード	213
コール, イェスパー	170	ショート, ケビン	213
コール, ロバート	170	ジョンソン, ウラル・アレクシス	217
コルカット, マーティン	171	ジョンソン, シーラ	217
ゴールド, ハル	171	ジョンソン, チャルマーズ	218
ゴールドマン, アラン	171	ジョンソン, ポール	218
コールマン, サミュエル	172	シラネ, ハルオ	219
コレン, レナード	173	シルバースティン, ジョエル	220
コワルスキ, フランク	173	シルババーグ, ミリアム	220
コンデ, デービッド	176	シンプソン, ジェームズ	224
ゴントナー, ジョン	176	スカラピーノ, ロバート	224
ザイスマン, ジョン	178	スカレラ, ガレット	225
サイデンステッカー, エドワード・ジョージ	178	スクーランド, ケン	225
サクソンハウス, ゲイリー	181	スタインホフ, パトリシア	227
サミュエルズ, リチャード	183	スタトラー, オリバー	227
サミュエルソン, ポール	183	スターリングス, バーバラ	228
サリバン, J. J.	184	スティーブンソン, ハロルド	228
サルズ, ジョナ	184	スティール, M. ウィリアム	228
サロー, レスター・カール	185	ステグナー, ウォーレス	229
サンガー, デービッド	185	ストークス, ブルース	229
サンダース, ソル	187		
サンド, ジョルダン	188		
シェイ, ジョン	190		

ストロバー, マイラ	230	ツカモト, メアリー	283
ストロング, サラ	231	ディーズ, ボーエン	287
スナイダー, ゲーリー	231	ディングマン, ロジャー	288
スノー, エドガー	231	デコスタ, アンソニー	289
スペクター, デーブ	233	デスラー, I. M.	289
スミス, シーラ	234	デービッツ, ジョエル・ロバート	290
スミス, パトリック	234	デビッツ, ロイズ	290
スミス, ヘンリー(2世)	235	デビッドソン, キャシー	290
スミス, ユージン	235	デ・メンテ, ボイエ	291
スミス, ロバート	235	デューイ, ジョン	291
スミット, ナンシー	236	デュブロ, アレック	292
スワード, ジャック	238	テラサキ, グエン	293
セイヤー, ナサニエル	239	デリカット, ケント	294
セイン, デービッド	240	ドイチ, ロバート	299
セルフ, ベンジャミン	242	ドウス, ピーター	301
ゼレンスキー, ロバート	242	ドゥーマス, ダニエル	302
ゼンゲージ, トーマス	244	トケイヤー, マービン	303
ソーベル, ロバート	247	トッテン, ビル	304
ソーントン, リチャード	252	トビ, ロナルド	306
タイソン, ローラ・ダンドレア	252	トフラー, アルビン	306
タイタス, デービッド	253	トムソン, ウィリアム	308
タカキ, ロナルド	255	ドラッカー, ピーター	309
タツノ, シェリダン	257	トールマン, ウィリアム	311
ダテル, ユージーン	257	トレザイス, フィリップ	311
タトル, チャールズ・イー	257	ナイ, ジョゼフ(Jr.)	313
タナカ, ケネス	257	ナカイ, ケイト	315
タナベ, ジョージ(Jr.)	258	ナジタ, テツオ	315
ダニエルズ, ロジャー	259	ナッシュ, スティーブン	315
ダフィ, ジェニファー	259	ニコルソン, ハーバート	319
タムラ, リンダ	259	ニューファー, ジョン	321
ダルビー, ライザ	259	ニューマン, ジョセフ	321
ダワー, ジョン	260	ネイスビッツ, ジョン	322
チェリー, キトレッジ	265	ネイフラー, トミ・カイザワ	322
チャ, ビクター	267	ネーサン, ジョン	323
チャイルズ, フィリップ・メイソン	268	ネーピア, スーザン	324
チャップマン, ウィリアム	268	ネフ, ロバート	324
チャン, アンドルー	268	ネルソン, アレン	325
チャンセラー, ジョン	269	ノスコ, ピーター	326
チャンドラー, クレイ	270	ノックス, ジョージ・ウィリアム	326
趙 全勝	275	ノートヘルファー, フレッド	326
チョート, パット	277	ノビック, アルベルト	327
ツインコータ, マイケル	282		

ノビーレ, フィリップ	327	ハルペリン, モートン	363
ノーランド, マーカス	328	パルモア, アードマン	364
ハイ, ピーター	330	ハロラン, リチャード	365
ハイジック, ジェームズ	331	ハンソン, イーデス	370
バイチマン, ジャニーン	332	ハンソン, リチャード	371
バイニング, エリザベス・グレイ	332	ハンティントン, サミュエル	372
		バーンランド, ディーン	373
パイル, ケネス	334	ハンレー, スーザン	373
ハーウィット, マーティン	334	ハンロン, ケビン	373
ハウエル, ウィリアム	334	ビアー, ローレンス	374
パウエル, ジム	334	ビアード, ダニエル	374
パウエル, ビル	335	ビアード, メアリー・リター	374
バーガー, ゴードン	336	ヒギンズ, ジェイ・ウォーリー	375
バーガー, マイケル	337	ビクトリア, ブライアン	375
バーガミニ, デービッド	337	ピーターセン, マーク	378
パーク, トーマス	341	ピーターソン, ピーター	378
バーグステン, フレッド	343	ビーチ, ジェリー	379
バーグランド, ジェフ	343	ビックス, ハーバート	379
バグワティ, ジャグディシュ	344	ビッソン, トーマス・アーサー	379
ハーシー, ジョン	344	ヒッチコック, ロマイン	380
バーシェイ, アンドルー	344	ピーティ, マーク	380
ハーシッグ, アンドレア	345	ビナード, アーサー	380
バースタイン, ダニエル	346	ピーノルト, ルイス	381
バーソロミュー, ジェームズ	346	ヒーバート, ジェームズ	381
パターソン, トーケル	347	ヒベット, ハワード	382
パッカード, ジョージ	348	ビュートー, ロバート	383
パッカード, ハリー・G. C.	348	ビリエルモ, V. H.	384
バック, パール	349	ヒルズボロウ, ロミュラス	386
バッジ, タッド	350	ヒロタ, デニス	386
パッシン, ハーバート	350	ピンカートン, エリザベス	386
バッハ, フェイス	351	ファー, スーザン	388
ハーデカ, ヘレン	352	ファイナン, ウィリアム	388
バーデキー, ナンシー	352	ファイファー, ジョージ	388
パートノイ, フランク	353	ファイラー, ブルース	389
バトラー, ケネス	353	ファイン, シャーウッド	389
パトリック, ヒュー	354	ファウラー, テッド	389
ハドレー, エレノア	354	ファローズ, ジェームズ	390
バートン, ブルース	354	ブイ, ヘンリー	391
バビオー, シャーマン	355	フィスター, パトリシア	391
バリー, デーブ	358	フィッシャー, ジェリー	392
ハリス, シェルダン	358	フィッシュ, ハミルトン	392
ハルトゥーニアン, ハリー	361	フィッツシモンズ, トマス	393
ハルバースタム, デービッド	362	フィールド, ノーマ	394

587

フィン, リチャード	395	ブロンコ, マイケル	429
フェアバンク, ジョン	396	ブロンフェンブレンナー, マーティン	429
フェノロサ, アーネスト・フランシスコ	398	ベアワルド, ハンス	430
フェルドマン, エリック	398	ヘイズ, サムエル(3世)	431
フェルドマン, ロバート・アラン	399	ベイリー, デービッド	431
フォーゲル, ジョシュア	400	ベーコン, アリス・メーベル	432
フォースバーグ, アーロン	401	ベスター, テオドール	432
フクシマ, グレン	402	ペッパー, トマス	434
フクヤマ, フランシス	402	ベネディクト, ルース	435
藤 ジニー	403	ベフ, ハルミ	435
フジタニ, タカシ	403	ヘボン, ジェイムズ・カーティス	436
フッチニ, ジョセフ	406	ベラー, ロバート	437
フッチニ, スージー	406	ペリー, ジョン カーティス	437
フライ, ジェフリー	407	ベーリー, デービッド	438
プライス, ジョー	407	ペリー, マシュー・C.	438
ブラインズ, ラッセル	408	ヘリング, アン	439
ブラウン, エバレット	409	ベル, ダニエル	440
ブラックマン, アーノルド・チャールズ	411	ベルソン, ケン	442
ブラッドリー, ジェームズ	412	ヘルマン, ドナルド	443
ブラネン, クリスタリン	412	ベンダ, ユージン	444
ブラマー, キャサリン	412	ペンペル, T. J.	445
プランゲ, ゴードン	414	ホイットニー, コートニー	446
ブランドン, ジェームズ	416	ホイト, エドウィン	446
フリードマン, ジョージ	417	ボグナー, ボトンド	447
ブリーン, ジョン	418	ボーゲル, エズラ	448
ブリンクリー, ジョエル	419	ボーゲル, スティーブン	449
フルーグフェルダー, グレゴリー・M.	419	ボーシャン, エドワード・ロバート	450
プルチョウ, ヘルベルト	420	ボストン, アーサー	450
ブルックス, ダグラス	420	ポーゼン, アダム	451
ブルーム, ジャスティン	422	ポーター, マイケル	451
ブレーカー, マイケル	423	ホッパー, ヘレン	452
フレーザー, メアリー・C.	424	ボートン, ヒュー	453
ブレジンスキー, ズビグニュー	424	ホートン, マック	453
プレストウィッツ, クライド(Jr.)	425	ボブ, ダニエル	454
フロスト, エレン	427	ボーラス, マイケル	454
ブロズナハン, リージャー	428	ホラーマン, レオン	455
ブロード, クレイグ	428	ホランド, ハリソン	455
		ボリア, ディミトリー	455
		ホリオカ, チャールズ・ユウジ	456
		ホール, アイバン	457

ホール, エドワード	457	ヤマダ, ハル	497
ホール, ジョン	457	ヤマダ, ミツエ	497
ホルスティン, ウィリアム	459	ヤング, ジェフリー	498
ホワイティング, アレン	461	ヤング, マイケル	498
ホワイティング, ロバート	461	ヤング, ルイーズ	498
ホワイト, ショーン	462	楊 大慶	502
ホワイト, メアリー	462	ライカー, ジェフリー	504
マイダンス, カール	465	ライシャワー, エドウィン	504
マイダンス, シェリー	465	ライシュ, マイケル	506
マイナー, アール	466	ライマン, エツコ・オバタ	506
マウラー, P. リード	467	ライマン, ベンジャミン・スミス	507
マオア, ロス	467	ラウエル, ミロ	507
マキ, ジョン・M.	468	ラウシュ, ジョナサン	508
マキジャニ, アージャン	468	ラウファー, ベルトルト	508
マキナニー, フランシス	468	ラズロ, トニー	511
マーシャル, チェスター	471	ラッセル, ジョン	511
マシューズ, ゴードン	471	ラッセル, デービッド	512
マスデン, カーク	471	ラップ, ラルフ	512
マッカーサー, ダグラス	472	ラビナ, マーク	513
マッカーシー, ティモシー	473	ラフィーバー, ウォルター	513
マトラナウスキー, ビル	474	ラブソン, スティーブ	513
マーフィー, R. ターガート	475	ラフルーア, ウィリアム・R.	513
マンスフィールド, マイケル	478	ラミス, C. ダグラス	514
ミアーズ, ヘレン	479	ラムザイヤー, マーク	515
ミケシュ, ロバート	480	リアドン, ジム	522
満谷, マーガレット	480	リースマン, デービッド	524
ミッチェナー, ジェームズ	480	リチー, ドナルド	524
ミヨシ, マサオ	482	リチャードソン, ブラッドリー	525
ミラー, アラン	482	リップ, ダグラス	526
ミラー, ヘンリー	482	リード, トム	527
メイニー, ケビン	486	リード, ロバート	527
メーキン, ジョン	486	リトルトン, C. スコット	528
メーソン, ジョセフ	487	リービ 英雄	528
モーガン, ジェームズ	489	リフトン, ロバート・ジェイ	529
モース, エドワード・シルベスター	489	リブラ, タキエ・スギヤマ	529
モース, ピーター	490	リール, アドルフ・フランク	535
モース, ロナルド	490	リンカーン, エドワード	539
モチヅキ, マイク・マサト	491	リンゼイ, ローレンス	539
モラスキー, マイケル	492	ルオフ, ケネス	541
モリソン, サミュエル・エリオット	494	ルーシュ, バーバラ	542
モンロー, アレクサンドラ	497	ルトワク, エドワード	542
		ルバード, メレディス	543

589

メキシコ　　　　　　　　　国別索引　　　　　　　　ジャパンスタディ

ルービン, ジェイ 543
レイ, ハリー 545
レヴンウォース, チャールズ 546
レーク, チャールズ 547
レビン, ヒレル 549
レーフェルド, ジョン 549
レフラー, ロバート 549
レペタ, ローレンス 550
レーン, リチャード 551
ローウェル, パーシバル 553
ロジャーズ, デービッド 555
ロジャース, マイナー・リー 555
ロス, アンドルー 556
ローズ, リチャード 556
ローゼン, アラン 557
ローゼンブルス, フランシス 557
ロソフスキー, ヘンリー 557
ロック, マーガレット 558
ロード, ウォルター 559
ロバーツ, ジョン 559
ロバートソン, ジェニファー 559
ロビンソン, ドナルド・L. 560
ローマー, ケネス 560
ローレン, トーマス 561
ローレンス, ニール・ヘンリー 561
ロング, ダニエル 561
ロングフェロー, チャールズ・アップルトン 562
ロンドン, ナンシー 562
ワイズ, デービッド 562
ワイルズ, ハリー・エマーソン ... 563
ワイレン, トレーシー 563
ワインスタイン, デービッド 563
ワインスタイン, マーティン 563
ワカバヤシ, ボブ 564
ワッツ, ウィリアム 565
ワンダーリック, ハーバート 565

【中南米】

メキシコ
　コバルビアス, F. D. 168

ツェケリー, ガブリエル 283

ブラジル
　日向 ノエミア 380
　モンテイロ, ジョアキン 496

アルゼンチン
　サンチス・ムニョス, ホセ・ラモン 187
　ボルガ, ファン 458

ペルー
　フジモリ, アルベルト 403
　モリモト, アメリア 495
　ラックストン, イアン 511

【オセアニア】

オーストラリア
　アクロイド, ジョイス 5
　アンソン, ギャリー 19
　ウィリアムズ, ハロルド・S. 34
　ウォーナー, デニス 39
　ウォーナー, ペギー 39
　クラーク, グレゴリー 135
　クロフォード, ジョン 147
　ケント, ポーリン 153
　ゴードン, ハリー 166
　コールドレイク, ウィリアム 172
　シェアード, ポール 189
　スピンクス, ウェンディ 232
　タイラー, ロイヤル 253
　ダニエルス, クリスチャン 258
　ダンロップ, エドワード 261
　ドライスデール, ピーター 308
　ネウストプニー, イジー 323
　ハーチャー, ピーター 348
　パルバース, ロジャー 361
　フィールズ, ジョージ 393
　プライス, マーガレット 408
　ボール, マクマホン 458
　マイヤー, デービッド 466
　マコーマック, ガバン 470
　マッカーサー, イアン 472
　マリオット, ヘレン 476

590

モリス, J. F. *493*
　モーリス・スズキ, テッサ *494*
　ラングフォード, マイク *516*
　リックス, アラン *526*
　リード, ウォーレン *527*

ニュージーランド
　キムラ・スティーブン, チグサ *109*
　ケンリック, ダグラス・ムーア *154*
　ベネット, アレック *434*
　マクラクラン, クレイグ *469*

ハワイ
　カラカウア *86*

分野別索引

分野別索引目次

人文科学 ………… 595
  学術・書誌学 ………… 595
  哲学・思想 ………… 595
  東洋思想 ………… 595
  心理学 ………… 595
  宗教・神話 ………… 595
  神道 ………… 596
  仏教 ………… 596
  キリスト教 ………… 596
  歴史 ………… 596
  人物研究 ………… 601
  地理・紀行 ………… 602

社会科学 ………… 603
  政治・外交 ………… 603
  法律 ………… 607
  経済 ………… 607
  財政 ………… 610
  社会・文化 ………… 610
  教育 ………… 615
  民俗 ………… 616
  軍事・安全保障 ………… 616

科学技術 ………… 617
  自然科学 ………… 617
  生物学 ………… 617
  医学 ………… 617
  環境問題 ………… 617

技術・工業 ………… 617
  建築・土木 ………… 617
  機械工学 ………… 617
  電気・電子 ………… 618
  海洋・船舶 ………… 618
  生活科学 ………… 618

産業 ………… 618
  国土・産業 ………… 618
  農林漁業 ………… 618
  商業 ………… 618
  運輸 ………… 618
  通信 ………… 619

芸術 ………… 619
  美術 ………… 619
  彫刻 ………… 619
  絵画・書道 ………… 619
  写真 ………… 619
  工芸 ………… 619
  音楽 ………… 619
  演劇・映画 ………… 620
  スポーツ ………… 620
  諸芸 ………… 620

言語・文学 ………… 620
  言語 ………… 620
  文学 ………… 621

【人文科学】

学術・書誌学
段 躍中 ……………………… 261
陳 捷 ………………………… 279
唐 権 ………………………… 300

哲学・思想
カスタニエダ, ハイメ ……………… 78
魏 常海 ……………………… 95
コシュマン, J. ビクター ………… 162
スティール, M. ウィリアム ……… 228
デューイ, ジョン ………………… 291
デリダ, ジャック ………………… 294
バルト, ロラン …………………… 360
パンゲ, モーリス ………………… 370
ピヒト, ゲオルク ………………… 381
マセ, フランソワ ………………… 472

東洋思想
王 家驊 ………………………… 59
王 守華 ………………………… 62
王 廸 …………………………… 64
オームス, ヘルマン ……………… 70
オルソン, ローレンス …………… 72
ガッティ, フランチェスコ ……… 80
金 文吉 ……………………… 107
クランプ, ジョン ………………… 139
コシュマン, J. ビクター ………… 162
デュモリン, ハインリヒ ………… 292
湯 志鈞 ……………………… 300
ナカイ, ケイト ………………… 315
ナジタ, テツオ ………………… 315
ノスコ, ピーター ………………… 326
ノーマン, ハーバート …………… 328
ハイジック, ジェームズ ………… 331
ハルトゥーニアン, ハリー ……… 361
ブガーエワ, タグマラ・パーブ
　ロブナ ……………………… 401
卞 崇道 ……………………… 444
楊 儒賓 ……………………… 501
リディン, オロフ・グスタフ …… 526

リフトン, ロバート・ジェイ ……… 529
劉 岸偉 ……………………… 530

心理学
オーシロ, ジョージ ……………… 68
ケーリ, オーティス ……………… 151
蔡 焜燦 ……………………… 177
サイデンステッカー, エドワード・
　ジョージ …………………… 178
シンチンガー, ロベルト ………… 223
デュルクハイム, カールフリー
　ト …………………………… 292
ドレーアー, ヴァルター ………… 311
ナッシュ, スティーブン ………… 315
ハイゼ, リヒャルト ……………… 331
ハルトゥーニアン, ハリー ……… 361
韓 準石 ……………………… 366
ビリエルモ, V. H. ……………… 384
ブリンクリー, ジョン …………… 419
ベラー, ロバート ………………… 437
ロゲンドルフ, ヨゼフ …………… 554
ロジャーズ, デービッド ………… 555

宗教・神話
アンダーソン, リチャード ……… 20
ヴァレ, オドン …………………… 32
エアハート, バイロン …………… 46
エリアーデ, ミルチア …………… 49
呉 善花 ……………………… 54
キサラ, ロバート ………………… 96
厳 紹璗 ……………………… 153
スキャルシャフィキ, マークエス
　テル ………………………… 225
池 明観 ……………………… 262
鄭 友治 ……………………… 285
ナウマン, ネリー ………………… 314
魯 成煥 ……………………… 325
ハイゼ, リヒャルト ……………… 331
ハーデカ, ヘレン ………………… 352
ハルトゥーニアン, ハリー ……… 361
ブラッカー, カーメン …………… 410
プルチョウ, ヘルベルト ………… 420
ブレーメン, ヤン・ファン ……… 426
ペツォルト, ブルーノ …………… 433

ペマ・ギャルポ ……………… *436*
ベラー, ロバート ……………… *437*
マセ, フランソワ ……………… *472*
メーソン, ジョセフ ……………… *487*
ラフルーア, ウィリアム・R. …… *513*
李 国棟 ……………………… *518*
リトルトン, C. スコット ………… *528*
リフトン, ロバート・ジェイ ……… *529*
リンス, ウルリヒ ……………… *539*
ローテルムンド, ハルトムート …… *558*

神道

アシュケナージ, マイケル ……… *6*
アストン, ウィリアム …………… *6*
ウッダード, ウィリアム ………… *44*
王 守華 ……………………… *62*
カー, アレックス ……………… *73*
コタンスキ, ヴィエスワフ ……… *164*
コマロフスキー, ゲオルギー …… *169*
サトウ, アーネスト ……………… *182*
ブラッカー, カーメン …………… *410*
ブリーン, ジョン ……………… *418*
ポンソンビ・フェーン, リチャー
  ド・アーサー ………………… *464*
メーソン, ジョセフ ……………… *487*
劉 毅 ………………………… *531*
ロコバント, エルンスト ………… *554*
ワトソン, ライアル ……………… *565*

仏教

アビト, ルベン ………………… *11*
アンダーソン, リチャード ……… *20*
インモース, トーマス …………… *30*
ヴァン・ブラフト, ヤン ………… *32*
エアハート, バイロン …………… *46*
何 燕生 ……………………… *74*
グンデルト, ヴィルヘルム ……… *147*
タナカ, ケネス ………………… *257*
タナベ, ジョージ (Jr.) ………… *258*
崔 孝先 ……………………… *265*
張 偉 ………………………… *271*
ドベラーレ, カレル ……………… *307*
パイ, マイケル ………………… *331*
ハイジック, ジェームズ ………… *331*

ハイデッガー, シモーネ ………… *332*
ビクトリア, ブライアン ………… *375*
ヒロタ, デニス ………………… *386*
フェーレ, ヘンドリック・ファン・
  デル ………………………… *399*
ブライス, レジナルド …………… *408*
フランク, ベルナール …………… *413*
ヘリゲル, オイゲン ……………… *439*
モンテイロ, ジョアキン ………… *496*
ライシャワー, エドウィン ……… *504*
ラサール, エノミヤ ……………… *510*
ロジャース, マイナー・リー …… *555*
ロベール, ジャン・ノエル ……… *560*

キリスト教

ヴォルペ, アンジェラ …………… *43*
オルファネール, ヤシント ……… *72*
カション, メルメ・ド …………… *78*
カリー, ウィリアム ……………… *86*
グリフィス, ウイリアム・エリオ
  ット ………………………… *140*
ケーリ, オーティス ……………… *151*
シリング, ドロテウス …………… *219*
スタイシェン, ミカエル ………… *226*
ズンダーマイヤー, テオ ………… *238*
セルギイ・ティホミロフ ………… *242*
チースリク, フーベルト ………… *267*
ニコライ ……………………… *318*
ニコルソン, ハーバート ………… *319*
バチェラー, ジョン ……………… *347*
ハーレン, ファン ……………… *364*
ハンロン, ケビン ……………… *373*
ピタウ, ヨゼフ ………………… *378*
フーベル, ゲルハルト …………… *406*
フロイス, ルイス ……………… *426*
ポズニェーエフ, D. M. ………… *450*
マルナス, フランシスク ………… *477*
ミルワード, ピーター …………… *483*
ヨリッセン, エンゲルベルト …… *502*
ルマレシャル, ジャン・マリー・ル
  イ …………………………… *544*

歴史

アイゼンシュタット, シュモール	3	王 家驊	59
アゴンシリョ, テオドロ	5	王 学珍	59
アダミ, ノルベルト	7	王 巍	59
アトリー, フリーダ	10	王 暁秋	59
アパム, フランク	10	王 金林	60
アラム, バクティアル	13	区 建英	60
アルヴァレス, ジョゼ	14	王 建康	60
アルヴァレス, マヌエラ	14	汪 向栄	61
アルトマン, アブラハム	15	王 雪萍	62
アルハンゲリスキー, ワレンティン	16	王 仲殊	63
アルペロビッツ, ガー	16	王 勇	65
アレン, ルイ	17	オダネル, ジョー	68
安 志敏	18	オーバードーファー, ドン	69
安 東濬	18	オフチンニコフ, フセヴォロド	70
安 秉直	18	カー, E. バートレット	73
アーンズ, レーン	19	何 義麟	74
李 元植	21	何 天義	76
李 元淳	21	解 学詩	76
李 康勲	23	カウスブルック, ルディ	76
李 光奎	24	ガウランド, ウィリアム	76
李 鍾恒	24	郭 沫若	77
李 鐘允	24	カタソノワ, エレーナ	79
李 進	25	カーニー, レジナルド	82
李 寿甲	25	金子 マーティン	83
李 大淳	25	カミングス, ブルース	85
李 永植	26	カルポフ, ヴィクトル・ワシーリエヴィチ	90
任 孝宰	28	ガロン, シェルドン	90
任 栄哲	29	カロン, フランソア	90
インモース, トーマス	30	姜 仁求	91
ウィリアムズ, ジャスティン (Sr.)	34	韓 暁	92
ウェッツラー, ピーター	37	姜 声允	92
ウォーナー, デニス	39	姜 東鎮	92
ウォーナー, ペギー	39	姜 範錫	93
ウォルフレン, カレル・ファン	40	カンボン, ケネス	94
エドワーズ, ジャック	48	魏 栄吉	95
エライユ, フランシーヌ	49	魏 常海	95
エントウィッセル, バーゼル	52	ギブニー, フランク	98
エンライト, ジョセフ	53	金 日坤	99
呉 善花	54	金 元龍	99
王 芸生	58	金 慶敏	100
		金 光植	100
		金 光洙	100

597

金 長権	101	コーエン, セオドア	161
金 達寿	103	コシュマン, J. ビクター	162
金 春美	104	コータッチ, ヒュー	163
金 宅圭	104	コックス, リチャード	164
金 泰俊	104	コトキン, ジョエル	165
金 都亨	105	ゴードン, アンドルー	166
金 鉉球	106	ゴードン, ハリー	166
金 浩燮	107	コバヤシ, カサンドラ	168
金 容雲	107	コマロフスキー, ゲオルギー	169
金 容徳	108	コルカット, マーティン	171
キム, レーホ	109	ゴールド, ハル	171
金 完燮	109	コールドレイク, ウィリアム	172
キャンベル, ロバート	111	コールマン, サミュエル	172
許 世楷	113	ゴレグリャード, ウラジスラフ	172
ギラン, ロベール	114	コンスタンティーノ, レナト	175
キリチェンコ, アレクセイ	115	コンティヘルム, マリー	176
金 太基	117	蔡 毅	177
金 智栄	118	蔡 錦堂	177
キーン, ドナルド	118	サイデンステッカー, エドワード・ジョージ	178
金 美齢	122	ザゴルスキー, アレクセイ	181
権 丙卓	126	サトウ, アーネスト	182
グザノフ, ヴィタリー	126	サンジャック, バーナード	186
クズネツォフ, セルゲイ・イリイチ	127	サンソム, ジョージ・ベイリー	186
クックス, アルビン	128	サンド, ジョルダン	188
グッドマン, デービッド	128	沈 箕載	195
クナーゼ, ゲオルギー	130	沈 奉謹	195
クーパー, マイケル	131	シャイブリー, ドナルド・ハワード	196
クライナー, ヨーゼフ	131	シャーウィン, マーティン	196
クラインシュミット, ハラルド	133	シャーキー, ジョン	197
グラック, キャロル	138	姜 克実	199
グリフィス, ウイリアム・エリオット	140	張 明秀	200
クルーグマン, ポール	142	ジャンセン, マリウス	200
クローデル, ポール	145	朱 徳蘭	202
ケンリック, ダグラス・ムーア	154	朱 栄憲	203
胡 潔	155	シュタイン, ローレンツ・フォン	204
胡 志昂	155	シュネー, ハインリッヒ	205
高 潗煥	156	ジュノー, マルセル	205
高 柄翊	156	シュリーマン, ハインリッヒ	208
呉 密察	157	趙 明哲	210
高 増傑	158	曹 永禄	210
黄 文雄	159		

蒋 緯国	210	崔 碩茺	264
蒋 立峰	212	崔 博光	264
鄭 求宗	215	崔 永禧	265
鄭 秀賢	215	チェックランド, オリーブ	265
全 栄来	216	チャップマン, ウィリアム	268
シロニー, ベン・アミー	221	チャップマン, ジョン	268
申 敬澈	221	張 偉雄	271
沈 才彬	222	趙 建民	273
申 熙錫	222	鄭 在貞	278
スクリーチ, タイモン	226	沈 仁安	280
スタインホフ, パトリシア	227	陳 平	281
スタトラー, オリバー	227	ツカモト, メアリー	283
スティール, M. ウィリアム	228	鄭 敏	285
ストーリー, ジョージ・リチャード	230	ディオシー, アーサー	286
		ディングマン, ロジャー	288
スノー, エドガー	231	テラサキ, グエン	293
スノードン, ポール	232	デルポート, ジャネット妙禅	295
ズーフ, ヘンドリック	233	田 家農	296
スミス, シーラ	234	ドーア, ロナルド	297
スラヴィーク, アサクサンダー	236	鄧 相揚	301
スラヴィンスキー, ボリス	237	陶 徳民	301
セイヤー, ナサニエル	239	ドウス, ピーター	301
石 暁軍	240	ドゥレ, ネリ	302
宣 一九	243	トゥンジョク, アフメット・メテ	303
銭 鷗	243		
ゾルゲ, リヒアルト	248	トケイヤー, マービン	303
孫 安石	248	トビ, ロナルド	306
孫 歌	248	トーマス, ロイ	308
ソーン, クリストファー	249	ドーリン, アレクサンドル	310
孫 承喆	250	羅 英均	313
宋 敏	251	ナウマン, ネリー	314
宋 永仙	251	ナジタ, テツオ	315
戴 国煇	252	ナホッド, オスカー	316
タウト, ブルーノ	253	南 基鶴	316
タカキ, ロナルド	255	南 相虎	316
ダニエルス, クリスチャン	258	南 富鎮	316
ダニエルズ, ゴードン	258	ナンネリー, ジョン	317
ダニエルズ, ロジャー	259	ニッシュ, イアン・ヒル	320
ダワー, ジョン	260	ニューマン, ジョセフ	321
ダンロップ, エドワード	261	ネウストプニー, イジー	323
池 明観	262	ノヴィエッリ, マリア・ロベルタ	326
崔 基鎬	263		
崔 吉城	263	ノビーレ, フィリップ	327

599

ノーマン, ハーバート	328	ファー, スーザン	388
河 宇鳳	329	ファイファー, ジョージ	388
バー, パット	330	フィッシュ, ハミルトン	392
パイル, ケネス	334	フィールド, ノーマ	394
ハウエル, デービッド	335	フィン, リチャード	395
バーガー, ゴードン	336	フェノロサ, アーネスト・フランシスコ	398
バーガミニ, デービッド	337	フォーゲル, ジョシュア	400
朴 橿	338	フォス, フリッツ	400
朴 慶洙	338	フォーラー, マティ	401
朴 権相	338	フクヤマ, フランシス	402
朴 順愛	340	ブッシュ, ルイス	405
朴 成寿	340	ブラインズ, ラッセル	408
バーク, トーマス	341	ブラウ, モニカ	409
朴 英哲	342	ブラックマン, アーノルド・チャールズ	411
バークガフニ, ブライアン	342	ブラマー, キャサリン	412
ハスラム, ジョナサン	346	プラムディヤ・アナンタ・トゥール	413
バーソロミュー, ジェームズ	346	プランゲ, ゴードン	414
バックレー, ロジャー	349	ブリュネ, アンドレ	418
ハドレー, エレノア	354	ブリーン, ジョン	418
バートン, ブルース	354	ブルースト, ジャック	419
パーマー, H. S.	356	プルチョウ, ヘルベルト	420
ハリス, シェルダン	358	ブルマ, イアン	422
ハリス, ビクター	358	ブレーメン, ヤン・ファン	426
ハルトゥーニアン, ハリー	361	フロイス, ルイス	426
ハルトノ, ブディ	361	ベアト, フェリーチェ	429
ハワード, エセル	365	ベアワルド, ハンス	430
韓 炳三	367	ベーコン, アリス・メーベル	432
范 力	370	ヘスリンク, レイニアー・H.	433
パンツァー, ペーター	372	ベフ, ハルミ	435
ハンレー, スーザン	373	ベラー, ロバート	437
ヒジヤ・キルシュネライト, イルメラ	376	ペリー, ジョン カーティス	437
ビーズリー, ウィリアム・ジェラルド	377	ペンペル, T. J.	445
ビックス, ハーバート	379	ホイットニー, コートニー	446
ヒッチコック, ロマイン	380	ホイト, エドウィン	446
ピーティ, マーク	380	方 軍	446
ビュートー, ロバート	383	方 美麗	447
ヒル, フアン	384	ホセ, リディア・N. ユー	451
ヒルズボロウ, ロミュラス	386	ボダルト・ベイリー, ベアトリス	452
ヒレン, アーネスト	386	ボートン, ヒュー	453
ピンカートン, エリザベス	386		
歩 平	387		

ボ・ミン・ガウン	454	ライシャワー, エドウィン	504
ポラック, クリスチャン	454	ラウレス, ヨハネス	508
ボリア, ディミトリー	455	駱 為龍	509
ホール, ジョン	457	ラックストン, イアン	511
ボール, マクマホン	458	ラティシェフ, イーゴリ	512
ボールトン, コーディ	459	ラビナ, マーク	513
ホワイト, メアリー	462	ラブソン, スティーブ	513
ポンス, フィリップ	464	ラーベ, ジョン	514
マイダンス, カール	465	李 均洋	517
マイダンス, シェリー	465	李 国棟	518
マキジャニ, アージャン	468	李 廷江	519
マクファーレン, アラン	469	リース, ルードヴィッヒ	523
マクワン, フランシス	470	リチー, ドナルド	524
マーシャル, チェスター	471	リックス, アラン	526
マセ, フランソワ	472	リトルウッド, イアン	528
マッカーサー, ダグラス	472	リフトン, ロバート・ジェイ	529
マライーニ, フォスコ	475	劉 岸偉	530
マンフレッド, リングホーファー	479	劉 暁峰	531
ミットフォード, アルジャーノン・バートラム	481	劉 傑	532
ミヒェル, ヴォルフガング	481	呂 元明	534
閔 徳基	484	リョング, ステファン	535
ムースハルト, ヘルマン	485	林 代昭	538
メチニコフ, レフ・イリイチ	487	リンダイヤ, エヴェルト・ウィレム	540
メラノビッチ, ミコワイ	488	リンハルト, セップ	540
モース, エドワード・シルベスター	489	ルサン, アルフレッド	542
モチヅキ, マイク・マサト	491	ルプレヒト, ロナルド	543
モラエス, ヴェンセスラウ・デ	491	レイ, ハリー	545
モラスキー, マイケル	492	レヴンウォース, チャールズ	546
モリス, ジョン	493	レーリング, ベルナルト	551
モーリス・スズキ, テッサ	494	ロイ, パトリシア	552
ヤマダ, ミツエ	497	ロゲンドルフ, ヨゼフ	554
ヤング, ルイーズ	498	ロス, コリン	556
柳 永益	499	ローゼンストーン, ロバート	557
俞 英九	499	ロード, ウォルター	559
劉 卿美	499	ワイツゼッカー, リヒャルト・フォン	562
熊 達雲	500		
尹 貞玉	501	**人物研究**	
楊 大慶	502	ウィグモア, ジョン・ヘンリー	32
羅 栄渠	503	王 永祥	58
来 新夏	504	オオイシ, ジーン	66
		ガンサー, ジョン	93
		キーン, ドナルド	118

クニッピング, エルヴィン	130	ライシャワー, エドウィン	504
クラーク, ウィリアム	134	ラックストン, イアン	511
グリフィス, ウイリアム・エリオット	140	リチー, ドナルド	524
ゴードン, ベアテ・シロタ	167	ルーシュ, バーバラ	542
サイデンステッカー, エドワード・ジョージ	178	レビン, ヒレル	549

地理・紀行

サンダース, ソル	187	アルミニヨン, V. F.	16
シャラー, マイケル	198	アンベール, エーメ	21
周 恩来	203	ウェストン, ウォルター	36
シロニー, ベン・アミー	221	ウェッブ, ジョージ	37
ダワー, ジョン	260	エレンブルグ, イリヤ	52
チェックランド, オリーブ	265	王 芸生	58
チースリク, フーベルト	267	オーシュリ, ラブ	67
張 香山	274	オダネル, ジョー	68
ディキンズ, F. V.	286	キップリング, ラドヤード	97
デュモリン, ハインリヒ	292	金 達寿	103
ノートヘルファー, フレッド	326	ギメ, エミール	110
ノートン, パトリック	327	クラーク, グレゴリー	135
バイニング, エリザベス・グレイ	332	クラフト, ウーグ	138
バークガフニ, ブライアン	342	グリフィス, ウイリアム・エリオット	140
バーシェイ, アンドルー	344	グルー, ジョセフ・クラーク	142
ビックス, ハーバート	379	クルーゼンシュテルン, イヴァン・フェードロヴィチ	143
ピーティ, マーク	380	クローデル, ポール	145
フェノロサ, アーネスト・フランシスコ	398	ケプロン, ホーレス	150
フォーラー, マティ	401	ケーベル, ラファエル・フォン	150
フジタニ, タカシ	403	ケンペル, エンゲルベルト	153
ブラッカー, カーメン	410	コジェンスキー, J.	162
ブラッドリー, ジェームズ	412	サイデンステッカー, エドワード・ジョージ	178
ベルスマ, ルネ	441	サトウ, アーネスト	182
ホイト, エドウィン	446	サンソム, キャサリン	186
ボダルト・ベイリー, ベアトリス	452	シーボルト, フィリップ・フランツ・フォン	194
ホッパー, ヘレン	452	周 作人	203
ボートン, ヒュー	453	シュネー, ハインリッヒ	205
マキ, ジョン・M.	468	シュリーマン, ハインリッヒ	208
マリー, ジャイルズ	476	ショート, ケビン	213
ミルワード, ピーター	483	スエンソン, エドゥアルド	224
モリソン, サミュエル・エリオット	494	ズーフ, ヘンドリック	233
モール, オットマール・フォン	495	セルギイ・ティホミロフ	242
		タウト, ブルーノ	253

ダウナー, レズリー ……………… 254
タゴール, ラビンドラナート ……… 255
崔 書勉 …………………………… 264
チェンバレン, バジル・ホール …… 266
ツンベルグ, カール ……………… 284
ディ・ルッソ, マリーサ …………… 288
デュバール, モーリス …………… 292
陶 晶孫 …………………………… 300
ニコライ …………………………… 318
ニコル, C. W. …………………… 318
ハイマス, ジョニー ……………… 333
ハウスホーファー, カール ………… 336
ハヴラサ, ヤン …………………… 336
バチェラー, ジョン ……………… 347
バード, イザベラ ………………… 352
ハワード, エセル ………………… 365
ビベロ, ロドリゴ・デ …………… 382
ヒュースケン, H. ………………… 383
ヒューブナー, A. F. v. …………… 383
フィッシャー, アドルフ …………… 392
フィッセル, J. …………………… 393
ブース, アラン …………………… 404
ブスケ, ジョルジュ・イレール …… 405
ブラキストン, T. W. ……………… 409
フランクル, ピーター …………… 414
ブラントン, リチャード・ヘンリ
ー ……………………………… 416
フレーザー, メアリー・C. ……… 424
ベアト, フェリーチェ …………… 429
ベネディクト, ルース …………… 435
ペリー, マシュー・C. …………… 438
ヘリゲル, オイゲン ……………… 439
ベルク, オギュスタン …………… 440
ベルクマン, ステン ……………… 441
ベルソール, A. ………………… 441
ベルツ, エルウィン・フォン ……… 442
ホール, ベイジル ………………… 458
ポンペ・ファン・メールデルフォー
ルト …………………………… 464
マイヨール, ジャック …………… 466
マクラクラン, クレイグ ………… 469
マコーマック, ガバン …………… 470
マルコ・ポーロ ………………… 477

ミットフォード, アルガーノン・
バートラム …………………… 481
モーリッシュ, ハンス …………… 495
モンタヌス, A. ………………… 496
モンブラン, C. ………………… 497
ヨリッセン, エンゲルベルト ……… 502
ライマン, ベンジャミン・スミ
ス ……………………………… 507
ラムステッド, グスタフ ………… 516
ランドー, アーノルド・ヘンリー・
ザービジ ……………………… 517
リチー, ドナルド ……………… 524
リーチ, バーナード ……………… 525
リンダウ, ルドルフ ……………… 540
レーヴィット, カール …………… 546
レガメ, フェリックス …………… 547
レザノフ, ニコライ・ペトロヴィッ
チ ……………………………… 548
ローウェル, パーシバル ………… 553
ロゲンドルフ, ヨゼフ …………… 554
ロティ, ピエール ………………… 558
ローマー, ケネス ………………… 560
ロング, ダニエル ………………… 561

【社会科学】

政治・外交
アキタ, ジョージ ………………… 4
アードマン, ポール ……………… 10
アビト, ルベン …………………… 11
アマコスト, マイケル・ヘイド
ン ……………………………… 12
アーミテージ, リチャード・リ
ー ……………………………… 12
アルク, ウムット ………………… 14
アンコビック, デニス …………… 19
アンダーソン, アラン …………… 20
アンダーソン, レオン …………… 20
李 基鐸 …………………………… 23
李 庭植 …………………………… 25
李 東元 …………………………… 25
李 憲模 …………………………… 26
林 永春 …………………………… 28
禹 守根 …………………………… 30

603

于 青	30	金 永明	109
ウィシュワナタン, サウィトリ	32	金 完燮	109
ヴィッテ, セルゲイ	33	キャンベル, カート	110
ウィルキンソン, エンディミヨン	35	許 国雄	112
ウォルドロン, アーサー	40	許 世楷	113
ウォルフレン, カレル・ファン	40	キーン, E. B.	117
ウトカン, ネジャッティ	44	金 熙徳	117
易 錦銓	46	金 太基	117
エセンベル, セルチュク	46	金 美齢	122
エマーソン, ジョン	48	クー, リチャード	124
エモット, ビル	48	グエン・ズイ・ズン	125
エルドリッジ, ロバート	51	権 五琦	125
エルマンジャ, マフディ	51	権 寧夫	126
呉 淇坪	53	グッドマン, デービッド	128
呉 善花	54	グラウビッツ, ヨアヒム	134
オアー, ロバート (Jr.)	56	クラーク, ウィリアム	134
王 偉彬	58	クラーク, グレゴリー	135
王 芸生	58	クラズナー, スティーブン	137
王 永祥	58	グラック, キャロル	138
オウ, コンダン	61	クランプ, トーマス	139
王 珊	62	グリーン, マイケル	142
王 泰平	63	クレイサ, ジュリア	144
王 敏	64	グレイスティーン, ウィリアム (Jr.)	144
オキモト, ダニエル	67	クレモンス, スティーブン	144
オーバードーファー, ドン	69	クローニン, パトリック	146
オームス, ヘルマン	70	クローニン, リチャード	147
夏 応元	74	ゲッパート, リチャード	149
何 義麟	74	ゲラー, ロバート	151
夏 剛	75	厳 安生	152
解 学詩	76	高 鮮徽	156
郭 沫若	77	高 海寛	157
カーティス, ジェラルド	81	黄 幸	158
カーボー, ジョン (Jr.)	84	黄 彬華	159
カミングス, ブルース	85	黄 文雄	159
カルダー, ケント	87	コータッチ, ヒュー	163
ガルトゥング, ヨハン	88	コワレンコ, イワン	173
姜 再鎬	92	コンスタンティーノ, レナト	175
カーンズ, ケビン	94	コンティヘルム, マリー	176
キッシンジャー, ヘンリー	96	サヴィトリ, ヴィシュワナタン	180
ギブニー, フランク	98	サッチャー, マーガレット	181
金 基桓	100	サトウ, アーネスト	182
金 容雲	107		

サミュエルズ, リチャード	183	セイン, デービッド	240
サルキソフ, コンスタンチン	184	石 平	241
サンガー, デービッド	185	セルヴァン・シュレベール, ジャン・ジャック	242
サンチス・ムニョス, ホセ・ラモン	187	銭 鷗	243
池 東旭	188	徐 賢燮	245
ジバゴ, レオニード	192	曽 文彬	245
ジベール, ステファン	192	ソーン, クリストファー	249
シーボルト, ウィリアム	193	孫 東民	250
謝 南光	195	宋 煕永	250
シャーキー, ジョン	197	孫 平化	250
シャラー, マイケル	198	タイタス, デービッド	253
ジャンセン, マリウス	200	卓 南生	255
朱 建栄	201	タゴール, ラビンドラナート	255
シュピルマン, クリストファー	205	ダニエルズ, ゴードン	258
シュミット, ヘルムート	207	ダワー, ジョン	260
シュルツ, ジョン	208	崔 相龍	263
シュレスタ, マノジュ	208	崔 章集	264
曹 亨均	209	崔 書勉	264
曹 良旭	210	チェックランド, オリーブ	265
蒋 介石	211	チャ, ビクター	267
蒋 道鼎	211	チャップマン, ジョン	268
蒋 立峰	212	チャンドラー, デービッド	270
鄭 銀淑	214	趙 文富	270
鄭 敬謨	214	趙 安博	270
鄭 求宗	215	張 藴嶺	272
ジョンソン, ウラル・アレクシス	217	趙 軍	273
ジョンソン, シーラ	217	張 香山	274
ジョンソン, チャルマーズ	218	趙 全勝	275
シラク, ジャック	218	張 蔵蔵	275
シロニー, ベン・アミー	221	張 茂森	277
沈 海濤	221	鄭 夢準	278
スカラピーノ, ロバート	224	陳 捷	279
スカレラ, ガレット	225	陳 肇斌	281
スタインホフ, パトリシア	227	陳 鵬仁	281
スターリングス, バーバラ	228	ツェリッシェフ, イワン	283
ストックウィン, ジェームズ・アーサー	229	デスラー, I. M.	289
スミス, シーラ	234	デレヴィヤンコ, クズマ	295
スラヴィンスキー, ボリス	237	田 家農	296
セイウェル, ジョン	239	陶 徳民	301
セイヤー, ナサニエル	239	ドウス, ピーター	301
		トッテン, ビル	304
		トッド, エマニュエル	305

トデスキーニ, マヤ・モリオカ	305	フォースバーグ, アーロン	401
ドネリー, マイケル	306	フクシマ, グレン	402
トフラー, アルビン	306	フクヤマ, フランシス	402
ドリフテ, ラインハルト	310	フジモリ, アルベルト	403
ナイ, ジョゼフ(Jr.)	313	ブリッジズ, ブライアン	417
ナジタ, テツオ	315	フリードマン, ジョージ	417
ニッシュ, イアン・ヒル	320	ブリーン, ジョン	418
ネイスビッツ, ジョン	322	フルーグフェルダー, グレゴリー・M.	419
馬 立誠	330	ブルマ, イアン	422
パイル, ケネス	334	ブレーカー, マイケル	423
ハーウィット, マーティン	334	ブレジンスキー, ズビグニュー	424
ハウエル, デービッド	335	ブレーメン, ヤン・ファン	426
パウエル, ブライアン	335	フロスト, エレン	427
バーガー, マイケル	337	ブローム, ヴィンフリート	428
朴 埈相	339	ヘスリンク, レイニアー・H.	433
朴 忠錫	340	ペマ・ギャルポ	436
朴 喆熙	340	ベル, ダニエル	440
朴 裕河	341	ヘルマン, ドナルド	443
ハース, ウィルヘルム	345	ペンペル, T. J.	445
パターソン, トーケル	347	ボーゲル, エズラ	448
ハーチャー, ピーター	348	ボーゲル, スティーブン	449
パッカード, ジョージ	348	ホセ, リディア・N. ユー	451
バックレー, ロジャー	349	ボブ, ダニエル	454
バラバノフ, コスタ	357	ポラック, クリスチャン	454
バルハフティク, ゾラフ	363	ホランド, ハリソン	455
ハルペリン, モートン	363	ボール, マクマホン	458
韓 敬九	366	ホルスティン, ウィリアム	459
韓 相一	366	ホワイティング, アレン	461
ハンソン, イーデス	370	マウル, ハインツ・エーバーハルト	467
ハンソン, リチャード	371	マコーマック, ガバン	470
ハンター, ジャネット	371	マッカーサー, ダグラス	472
パンツァー, ペーター	372	マンスフィールド, マイケル	478
ハンティントン, サミュエル	372	マンフレッド, リングホーファー	479
ピゴット, F. S.	376	ムースハルト, ヘルマン	485
ビッソン, トーマス・アーサー	379	ムールティ, ナーラーシンハ	486
ファルケンハイム, ペギー	389	メーキン, ジョン	486
フィン, リチャード	395	メリニチェンコ, ウラジーミル	488
馮 昭奎	396	モイジ, ドミニク	489
フェアバンク, ジョン	396	モース, ロナルド	490
フェルドマン, エリック	398	モチヅキ, マイク・マサト	491
フェルドマン, オフェル	399		
フェルドマン, ロバート・アラン	399		

モール, オットマール・フォン	495	ロバーツ, ジョン	559
ヤング, ジェフリー	498	ワイツゼッカー, リヒャルト・フォン	562
兪 華濬	498	ワインスタイン, マーティン	563
熊 達雲	500	ワッツ, ウィリアム	565
楊 合義	501	ワンプラー, ロバート	566
楊 大慶	502		
楊 伯江	502	**法律**	
ライシャワー, エドウィン	504	アップハム, フランク	9
駱 為龍	509	オーバービー, チャールズ	69
ラッセル, ジョン	511	キーナン, ジョセフ・ベリー	98
ラフィーバー, ウォルター	513	丘 秉朔	124
ラブソン, スティーブ	513	ゴードン, ベアテ・シロタ	167
ラミス, C. ダグラス	514	シュタイン, ローレンツ・フォン	204
ラムザイヤー, マーク	515	ジョデル, エチエンヌ	213
李 恩民	517	段 躍中	261
李 鍾元	519	パル, ラハビノード	359
李 廷江	519	ビアー, ローレンス	374
李 分一	522	ボワソナード, ギュスターヴ・エミール	463
陸 培春	523	マキ, ジョン・M.	468
リズデール, ジュリアン	524	ミラー, アラン	482
リチャードソン, ブラッドリー	525	ヤング, マイケル	498
リックス, アラン	526	ヨンパルト, ホセ	503
リットン, ビクター	526	ラウエル, ミロ	507
リード, ウォーレン	527	ラティシェフ, イーゴリ	512
リフトン, ロバート・ジェイ	529	ラミス, C. ダグラス	514
劉 傑	532	ラムザイヤー, マーク	515
劉 甦朝	532	リール, アドルフ・フランク	535
劉 徳有	532	レーヴィッシュ, マンフレート	546
凌 星光	535	レフラー, ロバート	549
林 暁光	536	レペタ, ローレンス	550
林 金莖	536	レーリング, ベルナルト	551
林 治波	538	レーンホルム, ルードヴィヒ・ヘルマン	552
ルオフ, ケネス	541	ロビンソン, ドナルド・L.	560
ルクレール, リシャー	541		
ルトワク, エドワード	542	**経済**	
ルバード, メレディス	543	アイアコッカ, リー	3
ルルーシュ, ピエール	544	アヴリル, フィリップ	4
レーヴィット, カール	546	アッシャー, デービッド	9
レフチェンコ, スタニスラフ	549	アトキンソン, デービッド	9
ロガチョフ, イーゴリ	553	アードマン, ポール	10
鹿 錫俊	553		
ロス, アンドルー	556		
ローゼンブルス, フランシス	557		

607

アベグレン, ジェームス・クリスチャン	11	クー, リチャード	124
アベール, ダニエル	12	クスマノ, マイケル	127
アレツハウザー, アルバート	17	クライナー, ヨーゼフ	131
アレン, ジョージ	17	クライバウム, ゲルト	133
李 御寧	22	グライムス, ウィリアム	133
李 吉鉉	24	クラウス, ウイリー	133
イトコネン, ライヤ	27	クラーク, グレゴリー	135
ウィルキンソン, エンディミヨン	35	クラズナー, スティーブン	137
ウィルソン, ディック	35	クランプ, ジョン	139
ヴェルナー, リチャード	38	クルーグマン, ポール	142
ヴォルピ, ヴィットリオ	40	クローニン, リチャード	147
ウォルフレン, カレル・ファン	40	クロフォード, ジョン	147
ウォロノフ, ジョン	43	高 鮮徽	156
ウッド, クリストファー	44	孔 健	157
エズラティ, ミルトン	46	黄 文雄	159
エッカート, カーター	47	コーエン, スティーブン	161
エモット, ビル	48	コトキン, ジョエル	165
エンゼル, ロバート	52	コーヘン, J. B.	168
王 維	58	コール, イェスパー	170
王 効平	61	コール, ロバート	170
欧陽 菲	66	ゴールドマン, アラン	171
オキモト, ダニエル	67	ゴーン, カルロス	174
オザキ, ロバート	67	ザイスマン, ジョン	178
オッペンハイム, フィリップ	69	サクソンハウス, ゲイリー	181
何 治浜	75	サリバン, J. J.	184
解 学詩	76	サロー, レスター・カール	185
カッツ, リチャード	80	シェアード, ポール	189
カップ, ロッシェル	81	謝 端明	195
カーティス, ケネス	81	朱 炎	201
カルダー, ケント	87	朱 慧玲	201
ガルブレイス, ジョン・ケネス	89	朱 徳蘭	202
ガワー, エリック	91	シュミーゲロー, ヘンリク	206
カワバタ, ダグラス	91	シュミーゲロー, ミシェル	206
カン, T. W.	91	ジョンソン, チャルマーズ	218
カーン, ハーマン	93	シルバースティン, ジョエル	220
ガンドウ, アンドレアス	94	シンハ, ラダ	223
カーン・ユスフザイ, U. D.	95	スターリングス, バーバラ	228
金 日坤	99	スピンクス, ウェンディ	232
キャンプ, ジェフリー	110	ズベル, ムハマド	234
金 熙徳	117	スミット, ナンシー	236
キングストン, J.	124	スワード, ジャック	238
		ゼレンスキー, ロバート	242
		銭 学明	243

ゼンゲージ, トーマス ……………… 244	パトリック, ヒュー ………………… 354
宋 文洲 …………………………… 245	ハドレー, エレノア ………………… 354
タイソン, ローラ・ダンドレア …… 252	バーペ, ヴォルフガング …………… 355
ダウナー, レズリー ………………… 254	ハリデイ, ジョン …………………… 359
タスカ, ピーター …………………… 256	ハロラン, リチャード ……………… 365
ダテル, ユージーン ………………… 257	范 云濤 …………………………… 365
タムラ, リンダ ……………………… 259	範 建亭 …………………………… 366
段 躍中 …………………………… 261	樊 勇明 …………………………… 368
唱 新 ……………………………… 269	ハンディ, チャールズ ……………… 372
チャンセラー, エドワード ………… 269	ピーターソン, ピーター …………… 378
趙 文斗 …………………………… 276	ピーノルト, ルイス ………………… 381
チョート, パット …………………… 277	ヒルシュマイヤー, ヨハネス ……… 385
陳 啓懋 …………………………… 279	ファイン, シャーウッド …………… 389
ツィンコータ, マイケル …………… 282	ファローズ, ジェームズ …………… 390
ツェケリー, ガブリエル …………… 283	フィールズ, ジョージ ……………… 393
ツェリッシェフ, イワン …………… 283	フィングルトン, エーモン ………… 395
丁 幸豪 …………………………… 285	プート, G. ………………………… 396
鄭 励志 …………………………… 285	フェルドマン, ロバート・アラン …………………………… 399
ドーア, ロナルド …………………… 297	フクシマ, グレン …………………… 402
トッテン, ビル ……………………… 304	フック, グレン・ドーソン ………… 405
ドネ, ピエール・アントワーヌ …… 306	ブラウン, ブレンダン ……………… 409
ドライスデール, ピーター ………… 308	ブラネン, クリスタリン …………… 412
ドラッカー, ピーター ……………… 309	ブランシャール, オリヴィエ ……… 415
トラン・ヴァン・トゥ ……………… 310	ブルーメンタール, トゥビア ……… 422
トレザイス, フィリップ …………… 311	プレストウィッツ, クライド(Jr.) ………………………… 425
トレバー, マルコム ………………… 312	ブロンフェンブレンナー, マーティン …………………………… 429
にしゃんた, J. A. T. D. …………… 319	ヘイズ, サムエル(3世) …………… 431
ニューファー, ジョン ……………… 321	ペヴズネル, Y. K. ………………… 432
ヌシェラー, フランツ ……………… 322	ペッパー, トマス …………………… 434
ネイフラー, トミ・カイザワ ……… 322	ベルント, エンノ …………………… 443
ネフ, ロバート ……………………… 324	ボーゲル, エズラ …………………… 448
ノラ, ドミニク ……………………… 328	ボーゲル, スティーブン …………… 449
ノルドレット, マイケル …………… 329	ボーゼン, アダム …………………… 451
バイナー, アロン …………………… 332	ポーター, マイケル ………………… 451
パウエル, ジム ……………………… 334	ボブ, ダニエル ……………………… 454
バーガー, マイケル ………………… 337	ボーラス, マイケル ………………… 454
朴 宇煕 …………………………… 338	ホラーマン, レオン ………………… 455
朴 在旭 …………………………… 339	ホリオカ, チャールズ・ユウジ …… 456
バーグステン, フレッド …………… 343	ホロウェイ, ナイジェル …………… 460
バースタイン, ダニエル …………… 346	
バッジ, タッド ……………………… 350	
パートノイ, フランク ……………… 353	
バトラ, ラビ ………………………… 353	

609

ボワイエ, ロベール	460	趙 文富	270
ホワイト, ショーン	462	ワインスタイン, デービッド	563

社会・文化

マキナニー, フランシス	468	アインシュタイン, アルバート	3
マクファーソン, イアン	469	アクロイド, ジョイス	5
マクレー, ヘミッシュ	470	アーシー, イアン	6
マクロン, キャサリーン	470	アダムズ, フランシス	7
マッカーシー, ティモシー	473	アーチャー, ジェフリー	8
マテオ, イバーラ	474	アンサール, ピエール	19
マーフィー, R. ターガート	475	アンソン, ギャリー	19
マレー, ジェフリー	478	アンベッケン, エルスマリー	20
マンデルボーム, ジャン	478	李 元馥	22
ミリュコフ, アナトリー	483	李 御寧	22
ムアンギ, ゴードン・サイラス	485	李 光奎	24
莫 邦富	488	石黒 マリーローズ	27
モーガン, ジェームス	489	任 東權	27
モース, ロナルド	490	林 永春	28
モーリス・スズキ, テッサ	494	任 栄哲	29
モリモト, アメリア	495	ヴァリエー, ラーシュ	31
梁 奉鎮	497	ヴァリニャーノ, アレッサンドロ	31
楊 斌	502	ヴァンデルメルシュ, レオン	32
ライダー, サミュエル	506	ウィーズナー, マサミ・コバヤシ	33
ライマン, エツコ・オバタ	506	ウィリアムソン, ヒュー	34
ラージ, アンドルー	510	ウィルソン, ディック	35
ラムザイヤー, マーク	515	ヴィルマン, O. E.	36
李 廷江	519	ウォルフレン, カレル・ファン	40
林 華生	530	ウォロノフ, ジョン	43
劉 永鴿	531	ウーダン, シェリル	43
凌 星光	535	ウーブリュー, ジャン・ベルナール	45
リン, アブラハム	536	ヴルピッタ, ロマノ	45
林 志行	537	エアハート, バイロン	46
リンカーン, エドワード	539	エック, ロジェ・ヴァン	47
リンゼイ, ローレンス	539	エーデラー, ギュンター	47
レーク, チャールズ	547	エモット, ビル	48
レーフェルド, ジョン	549	エルセバイ, アブデル・バセット	51
レーマン, ジャン・ピエール	550	エロシェンコ, ワシリー	52
レング, ジャン・ピエール	551	エンブリー, ジョン	53
ローゼンブルス, フランシス	557	呉 善花	54
ロソフスキー, ヘンリー	557		
ロンドン, ナンシー	562		
ワイズ, デービッド	562		

財政

クー, リチャード	124
シャウプ, カール	197

オイレンブルク, フリードリッヒ	57	ギューリック, シドニー・ルイス	112
王 暁平	60	許 慶雄	112
王 増祥	63	許 文龍	113
王 敏	64	ギラン, リオネル	114
オキモト, ダニエル	67	ギラン, ロベール	114
オフチンニコフ, フセヴォロド	70	桐谷 エリザベス	115
オリファント, ローレンス	71	ギル, トム	115
オルブライト, ロバート	73	ギル, ロビン	116
カー, アレックス	73	ギルバート, ケント	116
解 学詩	76	ギレスピー, ジョン	117
カーカップ, ジェームズ	77	キーン, ドナルド	118
郭 沫若	77	金 美齢	122
ガーストル, アンドルー	78	キンモンス, アール	124
カズンズ, ノーマン	79	クチコ, ウラジーミル	128
カッテンディーケ, ヴィレム・ホイセン・ファン	80	グッドマン, デービッド	128
ガッリ, パオロ	81	グッドマン, ロジャー	129
ガビンス, ジョン・ハリントン	83	クーデンホーフ・カレルギー, リヒャルト・ニコラウス	129
カプラン, デービッド・E.	84	クープランド, ダグラス・キャンベル	131
カマーゴ, オーランド	85	クライナー, ヨーゼフ	131
カミンスキ, マレック	86	クラウダー, ロバート	134
カラカウア	86	クラーク, グレゴリー	135
ガリグ, アンヌ	86	クランシー, ジュディス	139
カール, ダニエル	87	クリストフ, ニコラス	140
ガルトゥング, ヨハン	88	クリッシャー, バーナード	140
ガルブレイス, ジョン・ケネス	89	グリーン, ボブ	141
カーン・ユスフザイ, U. D.	95	クルマス, フロリアン	143
キサラ, ロバート	96	クロコウ, クリスティアン・グラーフ・フォン	145
ギッシュ, ジョージ	96	グロータース, ウィレム	145
ギブニー, フランク	98	グロード, フィリップ	146
金 智龍	102	ゲイン, マーク	148
金 成珪	103	ケニー, ダン	149
金 宅圭	104	ケネディ, ポール	149
金 泰俊	104	ケーリ, オーティス	151
金 泰昌	105	ケリー, ポール	152
金 学鉉	106	ケント, ポーリン	153
金 渙	107	ケンリック, ダグラス・ムーア	154
金 容雲	107	呉 学文	155
キャンベル, ジョン	111	高 鮮徽	156
キャンベル, ルース	111	胡 蘭成	157
邱 奎福	112		

611

孔 健	157	鄭 敬謨	214
黄 文雄	159	丁 海昌	216
コーガン, トーマス・ジョセフ	162	鄭 鴻永	216
コータッチ, ヒュー	163	田 麗玉	216
コバルビアス, F. D.	168	シルバースティン, ジョエル	220
コーヘン, エリ	168	シロニー, ベン・アミー	221
コリック, マーティン	169	申 潤植	222
コリンズ, ロバート	170	ジンガー, クルト	223
ゴールド, ハル	171	シンハ, ラダ	223
コルヌヴァン, エレーヌ	172	スィンゲドー, ヤン	224
ゴンチャローフ, イワン	175	スタインホフ, パトリシア	227
コンデ, デービッド	176	ステグナー, ウォーレス	229
サイデンステッカー, エドワード・ジョージ	178	ステゼル, ジャン	229
		ストークス, ブルース	229
サブレ, ジャン・フランソワ	182	ストラミジョリ, ジュリアナ	230
サミュエルソン, ポール	183	ストロバー, マイラ	230
サンコン, オスマン	185	スナイダー, ゲーリー	231
池 東旭	188	スノードン, ポール	232
謝 雅梅	189	スペクター, デーブ	233
シェパード, ローウェル	190	スミス, パトリック	234
ジェルマントマ, オリヴィエ	191	スミス, ロバート	235
ジップル, リチャード	191	スムラー, アルフレッド	236
シートン, アリステア	192	スリチャイ・ワンガェーオ	237
シフェール, ルネ	192	スリヨハディプロジョ, サイデマン	238
シーボルト, アレキサンダー・ゲオルク・グスタフ・フォン	193	スワード, ジャック	238
シャルマ, M. K.	198	盛 毓度	239
シャーン, ベン	199	セイズレ, エリック	239
ジャンセン, マリウス	200	セジウィック, ミッチェル	241
朱 捷	202	薛 鳴	241
朱 徳蘭	202	セット, アフターブ	241
ジュゲ, ユージェン	204	蘇 徳昌	244
ジュノー, マルセル	205	徐 賢燮	245
シュラムコヴァ, スターニャ	207	ソテール, クリスチャン	247
シュロスタイン, スティーブン	208	ゾペティ, デビット	247
徐 向東	209	ソマーズ, ジェフリー	247
尚 会鵬	211	孫 琪剛	249
ジョーダン, デイヴィッド・スター	212	戴 国煇	252
		卓 南生	255
ショッパ, レオナード	213	タスカ, ピーター	256
ジョリヴェ, ミュリエル	213	ダッシュ, J. R.	257
鄭 仁和	214	タトル, チャールズ・イー	257
鄭 銀淑	214	ターニー, アラン	258

ダフィ, ジェニファー	259
タブロフスキー, ユーリー	259
段 躍中	261
池 明観	262
崔 吉城	263
崔 章集	264
崔 書勉	264
チェックランド, オリーブ	265
チェリー, キトレッジ	265
チジョフ, リュドヴィク	266
チハーコーヴァー, ヴラスタ	267
チャンセラー, ジョン	269
チャンドラー, クレイ	270
張 荊	273
張 健	273
趙 静	275
張 超英	276
趙 鳳彬	276
陳 雲	278
陳 沢禎	280
陳 力衛	281
陳 立人	282
ツベートフ, ウラジーミル	284
デアシス, レオカディオ	284
ディーチェフ, トードル	287
ディルクセン, ヘルベルト・フォン	288
デーケン, アルフォンス	288
デービッツ, ジョエル・ロバート	290
デビッツ, ロイズ	290
デビッドソン, キャシー	290
テマン, ミシェル	290
デ・メンテ, ボイエ	291
デュアメル, ジョルジュ	291
デュブロ, アレック	292
デュルト, ユベール	293
デリカット, ケント	294
デール, キャロライン	295
デワルト, アルベルト	296
田 雁	297
ドーア, ロナルド	297
トインビー, アーノルド	299
唐 暉	299
滕 軍	299
ドゥーマス, ダニエル	302
トケイヤー, マービン	303
トッテン, ビル	304
ドミィトリエフ, ニコライ	308
トムソン, ウィリアム	308
トラウツ, フリードリヒ・マクシミリアン	309
トールマン, ウィリアム	311
ドレフュス, ジュリー	312
ナイル, アイヤパンピライ・マーダバン	313
南 富鎮	316
ニコル, C. W.	318
にしゃんた, J. A. T. D.	319
ニョーリ, ゲラルド	321
ヌエット, ノエル	321
ノイマン, クリストフ	325
ノックス, ジョージ・ウィリアム	326
ノビック, アルベルト	327
ハイ, ピーター	330
ハイネ, ヴィルヘルム	333
ハウエル, ウィリアム	334
パウエル, ビル	335
朴 宇熙	338
朴 京子	338
朴 順愛	340
バーグランド, ジェフ	343
ハーシー, ジョン	344
ハーシッグ, アンドレア	345
長谷川 イザベル	346
パッシン, ハーバート	350
バッソンピエール, アルベール	351
ハーデカ, ヘレン	352
バーデキー, ナンシー	352
バートゥ, フリードマン	352
バトラー, ケネス	353
バートン, ブルース	354
パノフ, アレクサンドル	355
バビオー, シャーマン	355
ハムザ, イサム	356

バラカン, ピーター	356	ブラック, ジョン・レディ	410
バラール, エチエンヌ	357	フランクル, ピーター	414
哈日 杏子	357	ブランデン, エドマンド・チャールズ	416
バリー, デーブ	358	ブリューネ, アンドレ	418
ハリス, シェルダン	358	ブルディエ, マルク	420
バルテュス	360	フルフォード, ベンジャミン	421
ハルバースタム, デービッド	362	ブレ, コリーヌ	423
春遍 雀来	363	フレーザー, ジョージ・サザーランド	424
パルモア, アードマン	364	ブロンコ, マイケル	429
バロー, マーティン	364	ベイ, アリフィン	430
ハロラン, リチャード	365	ヘスリンク, レイニアー・H.	433
パワーズ, デービッド	365	ベッカー, ヘルムート	433
韓 敬九	366	ベネディクト, ルース	435
韓 水山	367	ベフ, ハルミ	435
ハーン, ラフカディオ	368	ペマ・ギャルポ	436
パンゲ, モーリス	370	ベル, ダニエル	440
ハンソン, イーデス	370	ベル, ヨハネ	440
バーンランド, ディーン	373	ベルク, オギュスタン	440
ハンレー, スーザン	373	ヘールツ, A. J. C.	442
ビアード, ダニエル	374	ヘルベルト, ウォルフガング	443
ビアード, メアリー・リター	374	ベントゥーラ, レイ	445
ビゴー, ジョルジュ	375	ホイヴェルス, ヘルマン	445
ビーズリー, ウィリアム・ジェラルド	377	彭 晋璋	447
ピタウ, ヨゼフ	378	ボーゲル, エズラ	448
ヒールシャー, ゲプハルト	385	ホジソン, C. P.	449
ピント, F. メンデス	387	ボストン, アーサー	450
ファー, スーザン	388	ホーズレー, ウィリアム	451
ファイラー, ブルース	389	堀江 インカピロム・プリヤー	456
ファウラー, テッド	389	ホール, アイバン	457
ファローズ, ジェームズ	390	ホール, エドワード	457
黄 順姫	390	ホール, ジョン	457
フィアラ, カレル	391	ボルガ, ファン	458
フィッシャー, ジェリー	392	ホルバート, アンドリュー	459
フィッツシモンズ, トマス	393	ホワイティング, ロバート	461
フィールズ, ジョージ	393	ホワイト, メアリー	462
フィールド, ノーマ	394	彭 飛	463
ブーヴィエ, ニコラ	396	ポンス, フィリップ	464
フォス, グスタフ	400	マイナー, アール	466
ブジョストフスキー, エドワード	404	マイヤー, デービッド	466
ブズー・マサビュオー, ジャック	405	毛 丹青	467
プライス, マーガレット	408	マオア, ロス	467

マクロン, キャサリーン	470	李 年古	521
マコーマック, ガバン	470	陸 慶和	522
マシューズ, ゴードン	471	陸 培春	523
マトラナウスキー, ビル	474	リースマン, デービッド	524
マハティール・モハマド	474	リチー, ドナルド	524
ミアーズ, ヘレン	479	リード, トム	527
満谷, マーガレット	480	リブラ, タキエ・スギヤマ	529
ミッチェナー, ジェームズ	480	劉 毅	531
ミラー, アラン	482	劉 吉	531
ミラー, ヘンリー	482	劉 徳有	532
ミルワード, ピーター	483	劉 莉	533
ムアンギ, ゴードン・サイラス	485	廖 祥雄	534
ムガール, フマユン	485	林 景明	536
莫 邦富	488	リンハルト, セップ	540
モラエス, ヴェンセスラウ・デ	491	ルベリエ, ロジェ	543
モーラン, ブライアン	492	レヴィ・ストロース, クロード	545
モリス, J. F.	493	レゲット, トレバー	547
モリス, アイバン	493	レナト, ステファニ	548
モリス, ジョン	493	レノレ, アンドレ	548
モレシャン, フランソワーズ	496	レーベデワ, イリーナ	550
ヤマダ, ハル	497	レンツ, イルゼ	552
ヤング, ジェフリー	498	レンハルト, ゲーロ	552
楊 暁文	501	ローウェル, パーシバル	553
ヨーン, バルバラ	503	鹿 錫俊	553
ヨンパルト, ホセ	503	ロシェ, アラン	555
ライエル, トーマス・レジナルド	504	ロック, マーガレット	558
ライシュ, マイケル	506	ローテルムンド, ハルトムート	558
ライース, ムハマッド	506	ロベール, ジャン・ノエル	560
ライダー, サミュエル	506	ローマー, ケネス	560
ラウシュ, ジョナサン	508	ロングフェロー, チャールズ・アップルトン	562
ラガナ, ドメニコ	509	ワイルズ, ハリー・エマーソン	563
駱 為龍	509	ワイレン, トレーシー	563
ラズ, ヤコブ	510	ワカバヤシ, ボブ	564
ラズロ, トニー	511	ワーグナー, ウィーラント	564
ラッセル, デービッド	512		
ラミス, C. ダグラス	514	**教育**	
ラングフォード, マイク	516	李 元淳	21
李 景芳	517	オア, マーク・テイラー	56
李 国棟	518	王 智新	63
李 小牧	518	王 嵐	66
李 相哲	519	オータニ, レイモンド・ヨシテル	68
李 登輝	520	カミングス, ウィリアム	85

615

民俗			
金 泰勲	105	シャウイン, テリー・リー	196
グッドマン, ロジャー	129	スミス, ロバート	235
スクーランド, ケン	225	ダルビー, ライザ	259
スティーブンソン, ハロルド	228	崔 吉城	263
孫 安石	248	張 競	272
段 躍中	261	鄭 友治	285
張 偉雄	271	ティチング, イザーク	287
鄭 在貞	278	ドイチ, ロバート	299
陳 永明	279	ナウマン, ネリー	314
唐 濤	301	ネフスキー, ニコライ	324
トーマス, ジェームス・エドワード	307	馬 興国	329
パイク, グラハム	331	バチェラー, ジョン	347
朴 俊熙	339	バック, パール	349
ヒーバート, ジェームズ	381	ヒッチコック, ロマイン	380
ブロード, クレイグ	428	フジタニ, タカシ	403
ペンペル, T. J.	445	プライス, マーガレット	408
ボーシャン, エドワード・ロバート	450	ベーコン, アリス・メーベル	432
ホワイト, メアリー	462	ベネディクト, ルース	435
毛 振明	489	ボーゲル, エズラ	448
モーラン, ブライアン	492	ポニッスィ, ダリオ	453
ルーメル, クラウス	544	マライーニ, フォスコ	475
レイ, ハリー	545	マンロー, ニール・ゴードン	479
ローレン, トーマス	561	モース, エドワード・シルベスター	489
ワンダーリック, ハーバート	565	モラエス, ヴェンセスラウ・デ	491
		ラング, アンドルー	516
民俗		リー, フランク・ハーバート	521
アルチュノフ, セルゲイ	15	劉 暁峰	531
任 東権	27	ローテルムンド, ハルトムート	558
ウィリアムズ, ハロルド・S.	34	ワトソン, ライアル	565
エンブリー, ジョン	53		
オイルシュレーガー, ハンス・ディーター	57	**軍事・安全保障**	
賈 蕙萱	75	ウォーナー, デニス	39
金 贊会	104	ウォーナー, ペギー	39
金 柄徹	106	ウンク・アジズ	45
クネヒト, ペトロ	130	カルダー, ケント	87
クライナー, ヨーゼフ	131	金 慶敏	100
クラウス, フリードリッヒ	134	金 美齢	122
クラハト, クラウス	138	クラーク, グレゴリー	135
ケント, ポーリン	153	グリーン, マイケル	142
孔 令敬	160	クローニン, リチャード	147
シェクナー, リチャード	190	コナフトン, R. M.	168
		コワルスキ, フランク	173
		ジョンソン, ポール	218

616

ストーリー, ジョージ・リチャード	230	マウラー, P. リード	467
セルフ, ベンジャミン	242	ミヒェル, ヴォルフガング	481
銭 学明	243	レフラー, ロバート	549
チャイルズ, フィリップ・メイソン	268	ロック, マーガレット	558
ネルソン, アレン	325	**環境問題**	
フック, グレン・ドーソン	405	シャーマン, ビル	197
プレオブラジェンスキー, コンスタンチン	423	朴 恵淑	339
ベイリー, デービッド	431	**技術・工業**	
ベーリー, デービッド	438	アッカーマン, エドワード	8
モリソン, サミュエル・エリオット	494	アトキンソン, ロバート	9
リアドン, ジム	522	コリア, バンジャマン	169
		コレン, レナード	173
【科学技術】		ゴントナー, ジョン	176
自然科学		ザイスマン, ジョン	178
ショート, ケビン	213	サミュエルズ, リチャード	183
ディーズ, ボーエン	287	シェンク, ヒューバート	191
ディニーン, ジャクリーン	287	張 輝	272
トラン・ヴァン・トゥ	310	張 晶	274
ナウマン, エドムント	314	黄 完晟	390
ブラムセン, ウィリアム	412	フィングルトン, エーモン	395
生物学		ブルーム, ジャスティン	422
コールマン, サミュエル	172	**建築・土木**	
シーボルト, フィリップ・フランツ・フォン	194	コールドレイク, ウィリアム	172
シュトラッツ, C. H.	205	タウト, ブルーノ	253
ショート, ケビン	213	デ・レーケ, ヨハネス	295
プライアー, H. J. S.	407	ニュート, ケビン	320
ミルン, ジョン	484	ベネット, ジョン	434
メイサー, ダリル	486	ボグナー, ボトンド	447
医学		**機械工学**	
ウィルコックス, ブラッドリー	35	キーリー, ティモシー・ディン	114
ウォーカー, ジョン・カール	39	クスマノ, マイケル	127
金 正根	102	クラー, ルイス	131
バタイユ, ジョルジュ	347	ケイディン, マーティン	148
ハンソン, オッレ	371	ケラー, マリアン	151
フェルドマン, エリック	398	ゲルサンライター, デービッド	152
フレデリック, クレインス	426	ソーベル, ロバート	247
		デコスタ, アンソニー	289
		パウフラー, アレクサンダー	336
		フッチニ, ジョセフ	406
		フッチニ, スージー	406
		ブルムズ, アンデルス	422

マイヤー, デービッド 466
ミケシュ, ロバート 480
ライカー, ジェフリー 504

電気・電子
　オキモト, ダニエル 67
　ガルビン, ロバート 89
　ジョンストン, ボブ 217
　ソーベル, ロバート 247
　ネーサン, ジョン 323
　ハーラー, ステファン 356
　ファイナン, ウィリアム 388
　フライ, ジェフリー 407
　ブリンクリー, ジョエル 419
　マキナニー, フランシス 468
　メイニー, ケビン 486

海洋・船舶
　ブルックス, ダグラス 420
　ラップ, ラルフ 512
　ローズ, リチャード 556

生活科学
　ジョリヴェ, ミュリエル 213

【産業】

国土・産業
　ウィーラー, ジミー 34
　オキモト, ダニエル 67
　サミュエルズ, リチャード 183
　タツノ, シェリダン 257
　バクシー, ラリット 343
　フェスカ, マックス 397
　プレストウィッツ, クライド (Jr.) 425
　ボードリ, ピエール 452
　ボーラス, マイケル 454
　ラムザイヤー, マーク 515
　ワグネル, ゴットフリート 564

農林漁業
　金 宅圭 104
　キーン, マーク・ピーター 123

シンプソン, ジェームズ 224
陳 永福 279
ドーア, ロナルド 297
ニコル, C. W. 318
范 云濤 365
ブルーノ, マルコ 421
マイエット, パウル 465
ラウファー, ベルトルト 508

商業
　ウォロノフ, ジョン 43
　オータニ, レイモンド・ヨシテル 68
　クラーク, グレゴリー 135
　クルーグマン, ポール 142
　コーエン, スティーブン 161
　コトラー, フィリップ 166
　朱 徳蘭 202
　シュロスタイン, スティーブン 208
　ツィンコータ, マイケル 282
　トラン・ヴァン・トゥ 310
　ノーランド, マーカス 328
　バーグステン, フレッド 343
　バグワティ, ジャグディシュ 344
　バッツァー, エーリヒ 351
　パトリック, ヒュー 354
　フィールズ, ジョージ 393
　ブレムナー, ブライアン 426
　ベスター, テオドール 432
　ヘリング, アン 439
　ラウマー, ヘルムート 508
　ラーク, ロイ 509

運輸
　張 風波 276
　トンプソン, マルコム 312
　ヒギンズ, ジェイ・ウォーリー 375
　フォーレッチ, エルンスト 401
　藤 ジニー 403
　ベルソン, ケン 442
　ラ・ペルーズ, ジャン・フランソワ・ガロー・ド 514

リップ，ダグラス ……………… 526	コンドル，ジョサイア ……………… 177

通信

クラウス，エリス ……………… 134	ジュフロワ，アラン ……………… 206

【芸術】

美術

インピー，オリバー・R. ………… 29	スクリーチ，タイモン ……………… 226
ウッドワード，トレイシー ……… 44	スミス，ヘンリー（2世）………… 235
オールコック，ラザフォード ……… 71	陳 振濂 ……………………………… 280
カバット，アダム ………………… 83	ハット，ジュリア ………………… 351
クライナー，ヨーゼフ …………… 131	ビゴー，ジョルジュ ……………… 375
コンティヘルム，マリー ………… 176	ビナード，アーサー ……………… 380
シャーマン，フランク・エドワード ……………………………… 198	ヒリヤー，ジャック・ロナルド …… 384
鄭 于沢 …………………………… 214	ブイ，ヘンリー …………………… 391
鄭 貴文 …………………………… 215	フィスター，パトリシア ………… 391
タウト，ブルーノ ………………… 253	ブラッシュ，クルト ……………… 411
張 競 ……………………………… 272	ベルチエ，フランシス …………… 442
デランク，クラウディア ………… 293	ベルント，ジャクリーヌ ………… 444
パッカード，ハリー・G. C. …… 348	モース，ピーター ………………… 490
ハンター，ジャネット …………… 371	モンロー，アレクサンドラ ……… 497
ビング，サムエル ………………… 387	楊 暁捷 …………………………… 501
フィスター，パトリシア ………… 391	林 曼麗 …………………………… 538
フィッシャー，フリーダ ………… 392	レーン，リチャード ……………… 551
フェアリー，マルカム …………… 397	
フェノロサ，アーネスト・フランシスコ …………………………… 398	**写真**
プライス，ジョー ………………… 407	エルスケン，エド・ファン・デル ……………………………… 50
満谷，マーガレット ……………… 480	スミス，ユージン ………………… 235
尹 相仁 …………………………… 500	ニコル，C. W. …………………… 318
リュケン，ミカエル ……………… 533	ハイマス，ジョニー ……………… 333
	ベンダ，ユージン ………………… 444

彫刻

アシュトン，ドリー ……………… 6	**工芸**
ウォーナー，ラングドン ………… 39	イエリン，ロバート・リー ……… 27
	ウィルソン，リチャード ………… 36

絵画・書道

アディス，スティーブン ………… 9	ソーントン，リチャード ………… 252
ガードナー，ケネス ……………… 82	ティエボー，フィリップ ………… 286
カーフ，クリフトン ……………… 84	
カルツァ，ジャン・カルロ ……… 88	**音楽**
ゴッホ，フィンセント・ウィレム・ファン …………………………… 165	王 耀華 …………………………… 66
	サヴァリッシュ，ウォルフガング ……………………………… 180
	朱 家駿 …………………………… 201
	ジロー，イヴェット ……………… 220
	ハーリヒ・シュナイダー，E. …… 359
	ピゴット，フランシス …………… 376
	関 庚燦 …………………………… 484

演劇・映画

リプシッツ, ヘンリク ……………… 528

演劇・映画
インモース, トーマス ……………… 30
エメリック, マイケル ……………… 48
ガーストル, アンドルー …………… 78
キャンベル, ロバート ……………… 111
キーン, ドナルド …………………… 118
ゴデール, アルメン ………………… 165
サルズ, ジョナ ……………………… 184
シェアマン, スザンネ ……………… 190
ソクーロフ, アレクサンドル ……… 246
タイラー, ロイヤル ………………… 253
ダウナー, レズリー ………………… 254
ダンヴェール, ルイ ………………… 261
ネーピア, スーザン ………………… 324
ノヴィエッリ, マリア・ロベルタ …………………………………… 326
ハイ, ピーター ……………………… 330
パウエル, ブライアン ……………… 335
バッハ, フェイス …………………… 351
パンツァー, ペーター ……………… 372
ブランドン, ジェームズ …………… 416
ペリ, ノエル ………………………… 438
マッカーサー, イアン ……………… 472
リー, サン・キョン ………………… 518
リチー, ドナルド …………………… 524
ロバートソン, ジェニファー ……… 559

スポーツ
キーナート, マーティ ……………… 97
グラシック, W. …………………… 137
シェイ, ジョン ……………………… 190
シャーウィン, ボブ ………………… 196
シュラムコヴァ, スターニャ ……… 207
スミス, パトリック ………………… 234
ニコル, C. W. ……………………… 318
ピエールサンティ, シルヴィオ …… 374
ビーチ, ジェリー …………………… 379
ブラウン, エバレット ……………… 409
フリードリヒ, ハイケ ……………… 417
ペドゥッラ, アルフレード ………… 434
ベネット, アレック ………………… 434
ヘリゲル, オイゲン ………………… 439

ボルドリーニ, ステーファノ ……… 459
ホワイティング, ロバート ………… 461
レゲット, トレバー ………………… 547

諸芸
アダチ, バーバラ …………………… 7
コンドル, ジョサイア ……………… 177
ショット, フレデリック …………… 212
成 恵卿 ……………………………… 251
張 建立 ……………………………… 274
プルチョウ, ヘルベルト …………… 420
ペリー, ノエル ……………………… 438
ミルワード, ピーター ……………… 483

【言語・文学】

言語
アーシー, イアン …………………… 6
アリュー, イヴ・マリ ……………… 14
アルバートフ, ウラジーミル ……… 15
アンガー, J. マーシャル …………… 18
李 基文 ……………………………… 23
李 男徳 ……………………………… 26
林 八龍 ……………………………… 28
任 栄哲 ……………………………… 29
インブリー, ウィリアム …………… 29
エリセーエフ, セルゲイ …………… 50
呉 善花 ……………………………… 54
王 亜新 ……………………………… 57
王 建康 ……………………………… 60
王 宏 ………………………………… 61
カション, メルメ・ド ……………… 78
金 公七 ……………………………… 101
金 思燁 ……………………………… 101
金 芳漢 ……………………………… 106
キーン, ドナルド …………………… 118
グロータース, ウィレム …………… 145
邢 志強 ……………………………… 148
蔡 茂豊 ……………………………… 178
サンジャック, バーナード ………… 186
池 景来 ……………………………… 188
ジャン, ショレー …………………… 199
朱 京偉 ……………………………… 201
朱 捷 ………………………………… 202

鍾 清漢	211	満谷, マーガレット	480
鄭 秀賢	215	莫 邦富	488
鄭 炳浩	215	モトワニ, プレム	491
スペクター, デーブ	233	ライマン, エツコ・オバタ	506
石 剛	240	ラガナ, ドメニコ	509
薛 鳴	241	駱 為龍	509
徐 廷範	244	李 相哲	519
蘇 徳昌	244	李 長波	519
宋 敏	251	柳 玟和	531
チェンバレン, バジル・ホール	266	劉 徳有	532
チャン, アンドルー	268	呂 玉新	533
張 建華	269	林 水福	537
曹 喜澈	270	ルイス, ジョナサン	541
張 威	271	レイサイド, ジェームズ	545
張 偉雄	271	ロイド, アーサー	553
張 起旺	272	ロベルジュ, クロード	560
張 麗華	277	ロング, ダニエル	561
陳 力衛	281		
南 富鎮	316	**文学**	
ネウストプニー, イジー	323	アクーニン, ボリス	5
ネーサン, ジョン	323	アストン, ウィリアム	6
ネフスキー, ニコライ	324	アミトラーノ, ジョルジョ	13
朴 京子	338	アリスター, ウィリアム	13
朴 在権	339	アリュー, イヴ・マリ	14
パーク, トーマス	341	アンドラ, ポール	20
朴 熙泰	341	李 御寧	22
バチェラー, ジョン	347	李 忠烈	25
春遍 雀来	363	于 耀明	31
日向 ノエミア	380	ヴァリエー, ラーシュ	31
フィアラ, カレル	391	ウィリス, パティ・クリスティナ	35
フランクル, ピーター	414	ウェーリー, アーサー	37
プロズナハン, リージャー	428	ヴェルナー, シャウマン	38
ベケシュ, アンドレイ	432	呉 善華	56
ヘボン, ジェイムズ・カーティス	436	王 暁平	60
方 美麗	447	王 志松	62
ポリワーノフ, エフゲニー・ディミトリーヴィチ	456	王 敏	64
彭 飛	463	オリガス, ジャン・ジャック	70
マスデン, カーク	471	オルシ, マリーア・テレーザ	71
マッカーサー, イアン	472	オールドリッジ, アルフレッド	72
マーハ, ジョン	474	夏 剛	75
マリオット, ヘレン	476	ガーストル, アンドルー	78
		カバット, アダム	83
		金 光洙	100
		金 公七	101

金 思燁	101	陳 明順	222
金 正勲	102	シンチンガー, ロベルト	223
金 素雲	102	スコット・ストークス, ヘンリー	226
金 達寿	103		
金 賛会	104	ストロング, サラ	231
金 春美	104	雋 雪艶	243
キム, レーホ	109	徐 廷範	244
キムラ・スティーブン, チグサ	109	ソコロワ・デリューシナ, タチアナ	246
キャンベル, ロバート	111		
キーン, デニス	118	孫 久富	249
キーン, ドナルド	118	タイラー, ロイヤル	253
キング, フランシス	123	ダルビー, ライザ	259
権 錫永	125	段 躍中	261
クーシュー, ポール・ルイ	126	遅 子建	262
グーセン, セオドア	127	崔 光準	263
グラック, キャロル	138	崔 博光	264
グリゴリエワ, タチアナ	139	チェンバレン, バジル・ホール	266
厳 紹璗	153	張 建明	274
胡 金定	155	趙 夢雲	277
胡 潔	155	陳 生保	280
胡 志昂	155	デ・プラダ, マリア・ヘスス	290
コーウィン, チャールズ	161	テレングト アイトル	296
コシュマン, J. ビクター	162	ドゥトゥキナ, ガリーナ	302
コズィラ, アグネシカ	163	ドゥルー, ジャン	302
コタンスキ, ヴィエスワフ	164	ドーリン, アレクサンドル	310
ゴードン・スミス, リチャード	167	ナウマン, ネリー	314
蔡 毅	177	南 富鎮	316
サイデンステッカー, エドワード・ジョージ	178	ニエミネン, カイ	317
		ニコル, C. W.	318
サカイ, セシル	181	ネーサン, ジョン	323
ジェレヴィーニ, アレッサンドロ	191	ネーピア, スーザン	324
		ネフスキー, ニコライ	324
シフェール, ルネ	192	裴 峋	330
シャモニ, ウォルフガング	198	バイチマン, ジャニーン	332
朱 実	202	ハイマス, ジョニー	333
ジュエル, マーク	204	朴 婉緒	342
シュタルフ, ユルゲン	204	バージェス, アントニー	345
徐 送迎	209	ハリール, カラム	359
趙 豊衍	209	パルバース, ロジャー	361
鄭 炳浩	215	班 忠義	367
ジョンストン, ウィリアム	217	ハーン, ラフカディオ	368
シラネ, ハルオ	219	ハンソン, イーデス	370
シルバパーグ, ミリアム	220		

ヒジヤ・キルシュネライト, イルメラ	376	李 寧	521
ピジョー, ジャクリーヌ	377	李 芒	522
ピーターセン, マーク	378	リチー, ドナルド	524
ビナード, アーサー	380	リード, ロバート	527
ヒベット, ハワード	382	リービ 英雄	528
ヒューズ, ジョージ	383	リーマン, アントニー	530
フィアラ, カレル	391	劉 岸偉	530
フィールド, ノーマ	394	劉 徳有	532
プティ, オスマン	406	呂 元明	534
ブライス, レジナルド	408	林 少華	537
ブラウン, ジャニス	409	林 水福	537
ブラタップ, アディカリ・チュトラ	410	林 丕雄	538
フラナガン, ダミアン	412	ルーシュ, バーバラ	542
フランク, ベルナール	413	ルービン, ジェイ	543
ブリトン, ドロシー	417	ロイド, アーサー	553
ブルチョウ, ヘルベルト	420	魯迅	555
フローレンツ, カール・アドルフ	429	ローゼン, アラン	557
ペヴェレリ, ジュリー・ブロック	431	ローレンス, ニール・ヘンリー	561
ベフ, ハルミ	435	王 秀英	565
ボスカロ, アドリアーナ	450		
ホートン, マック	453		
ポールトン, コーディ	459		
マイナー, アール	466		
マストランジェロ, マティルデ	472		
マッカーシー, ポール	473		
満谷, マーガレット	480		
ミヨシ, マサオ	482		
ミルワード, ピーター	483		
閔 丙勲	485		
メラノビッチ, ミコワイ	488		
モース, エドワード・シルベスター	489		
モラスキー, マイケル	492		
劉 卿美	499		
ユルスナール, マルグリット	500		
尹 相仁	500		
ラスキン, ボリス	511		
ラフルーア, ウィリアム・R.	513		
李 徳純	521		

ジャパンスタディ「日本研究」人物事典

2008年3月25日 第1刷発行

発 行 者／大髙利夫
編集・発行／日外アソシエーツ株式会社
　　　　　〒143-8550 東京都大田区大森北1-23-8　第3下川ビル
　　　　　電話(03)3763-5241(代表)　　FAX(03)3764-0845
　　　　　URL http://www.nichigai.co.jp/
発 売 元／株式会社紀伊國屋書店
　　　　　〒163-8636 東京都新宿区新宿3-17-7
　　　　　電話(03)3354-0131(代表)
　　　　　ホールセール部(営業)　電話(044)874-9657

　　　　電算漢字処理／日外アソシエーツ株式会社
　　　　印刷・製本／株式会社平河工業社

不許複製・禁無断転載　　《中性紙H-三菱書籍用紙イエロー使用》
〈 落丁・乱丁本はお取り替えいたします 〉
ISBN978-4-8169-2095-0　　**Printed in Japan, 2008**

本書はディジタルデータでご利用いただくことができます。詳細はお問い合わせください。

現代外国人名録2008
B5・1,500頁　定価50,400円(本体48,000円)　2008.1刊

政治家、経営者、学者、芸術家、スポーツ選手など21世紀の世界各国・各界で活躍中の人物13,268人を収録。職業、肩書、国籍、生年月日、学歴、受賞歴など詳細なプロフィールがわかる。

事典 日本人の見た外国
A5・510頁　定価9,800円(本体9,333円)　2008.1刊

江戸時代から戦前までに海外へ渡航した日本人によって書かれた文献を通して、日本人の外国体験・外国観を解説。漂流記、使節団の記録、留学生の日記、冒険記など377点を収録、著者の人物像、著作の成立背景、内容を詳しく紹介。

「日本研究」図書目録1985-2004—世界の中の日本
A5・690頁　定価29,400円(本体28,000円)　2005.5刊

国内で出版された、外国人著者による日本研究の邦文図書5,360点の目録。思想・歴史・紀行・政治・経済・社会・教育・科学・工業・産業・芸術・言語・文学など、あらゆる分野を網羅。

文献目録 日本論・日本人論
　1996〜2006　A5・740頁　定価26,000円(本体24,762円)　2007.6刊
　1945〜1995　A5・610頁　定価20,370円(本体19,400円)　1996.12刊

日本論・日本人論に関する図書・雑誌記事を著編者ごとに一覧できる文献目録。社会学者・人類学者のほか、政治家、ジャーナリスト、作家、タレントなど国内外の様々な人物の文献を収録。

国際関係図書目録 2001-2005
定価各34,650円(本体33,000円)

①日本対欧米・南米・アフリカ　A5・800頁　2006.7刊
②日本対アジア・オセアニア　A5・830頁　2006.8刊
③世界の国際関係　A5・1,030頁　2006.9刊

2001〜2005年に刊行された国際関係についての図書を幅広く収録、地域・テーマ別に一覧できる図書目録。政治・経済・社会・軍事などに関するものから、文化交流、体験記まで、様々なテーマで通覧できる。

データベースカンパニー
日外アソシエーツ　〒143-8550　東京都大田区大森北1-23-8
TEL.(03)3763-5241　FAX.(03)3764-0845　http://www.nichigai.co.jp/